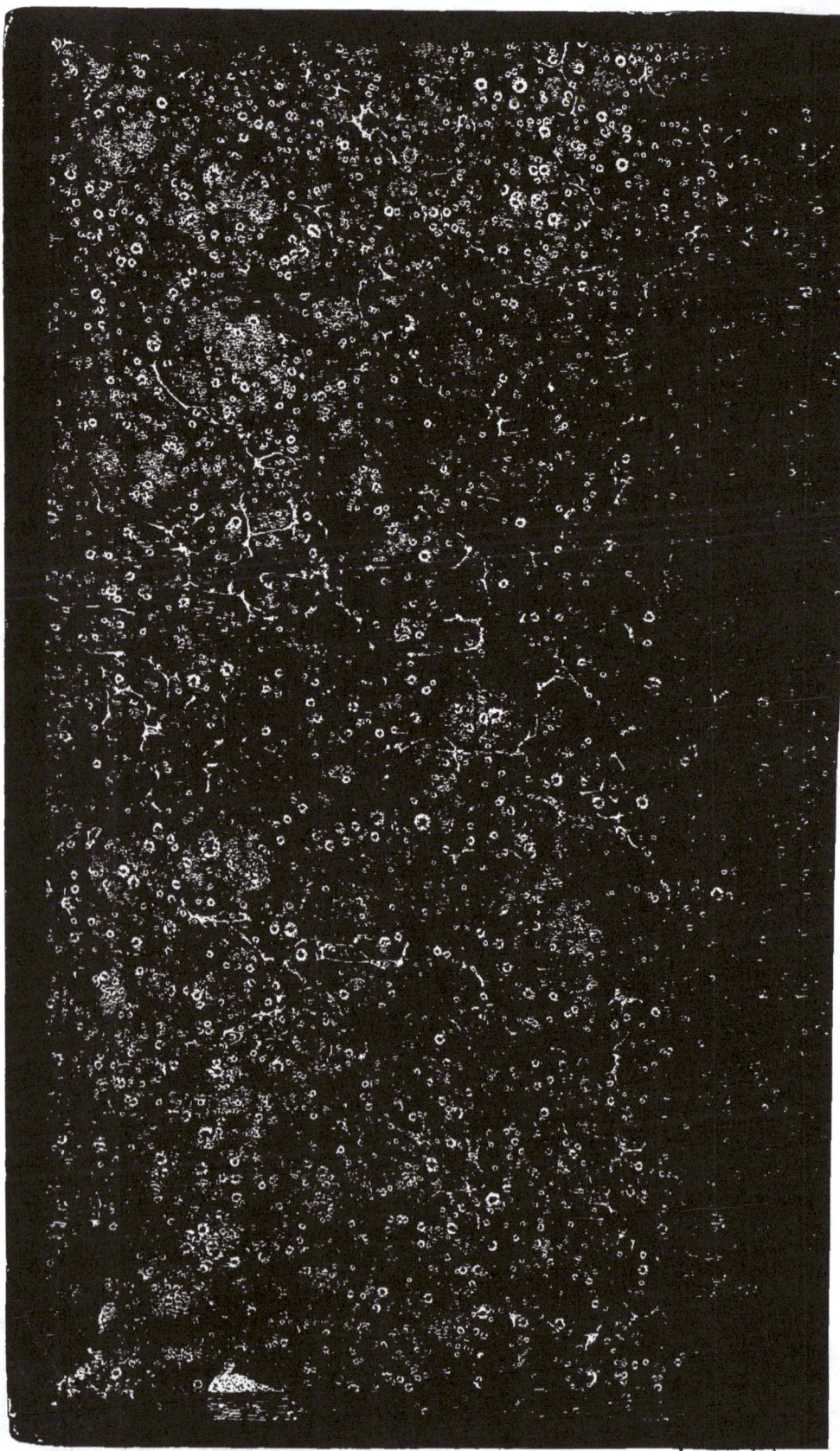

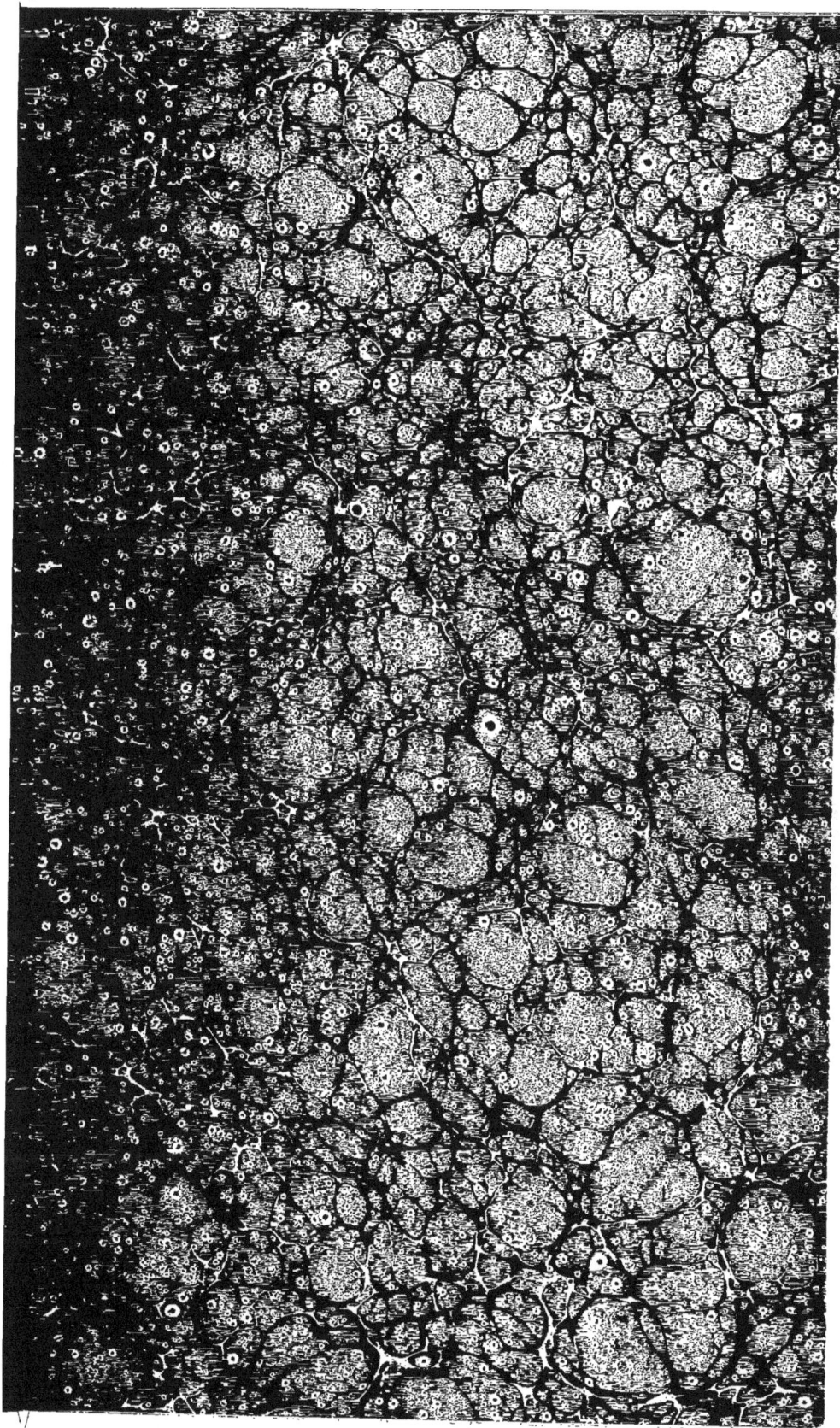

Paris. — Typographie de J. Best, rue Saint-Maur-Saint-Germain, 15.

EXPLICATION

THÉORIQUE ET PRATIQUE

DU CODE NAPOLÉON

CONTENANT

L'ANALYSE CRITIQUE DES AUTEURS ET DE LA JURISPRUDENCE

COMMENTAIRE-TRAITÉ

DES PETITS CONTRATS

ET DE LA CONTRAINTE PAR CORPS

PAR PAUL PONT

CONSEILLER A LA COUR IMPÉRIALE DE PARIS

CONTINUATEUR DE V. MARCADÉ

> La science du droit consiste autant dans
> la réfutation des faux principes que dans la
> connaissance des véritables.
> *Répertoire de* MERLIN, Vᵉ *Novation.*

TOME PREMIER

PRÊT. — DÉPOT ET SÉQUESTRE. — CONTRATS ALÉATOIRES. — MANDAT

PARIS

COTILLON, LIBRAIRE DU CONSEIL D'ÉTAT,

ÉDITEUR DE LA REVUE CRITIQUE DE LÉGISLATION ET DE JURISPRUDENCE, ETC.

6, rue Saint-Hyacinthe-Saint-Michel, 6.

1863

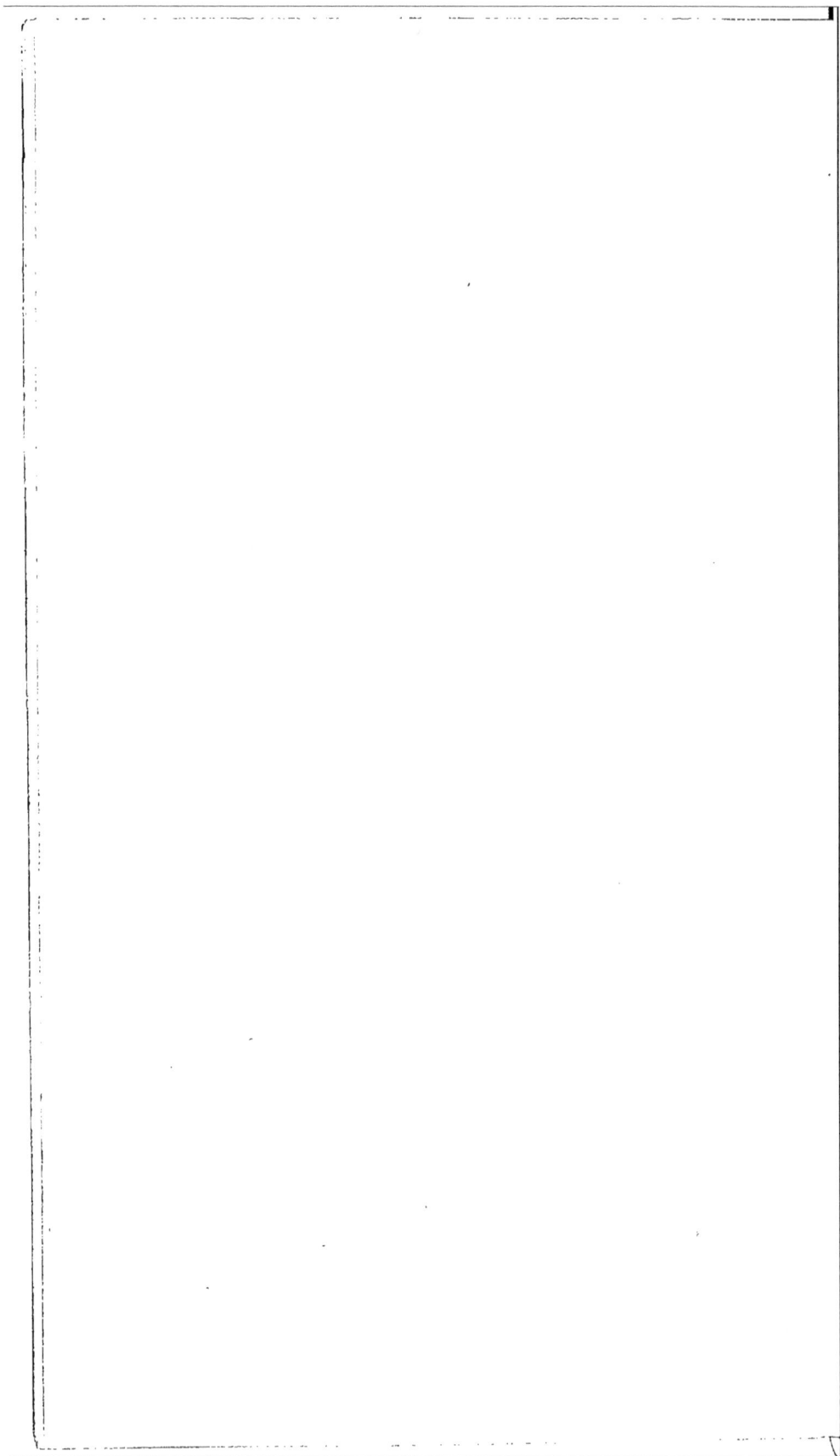

EXPLICATION
DU CODE NAPOLÉON.

LIVRE TROISIÈME.

TITRE X.

DU PRÊT

(Décrété le 9 mars 1804. — Promulgué le 19.)

1. Les rédacteurs du Code Napoléon, après avoir posé, dans le titre III de ce livre, les règles applicables à tous les contrats en général, ont cru devoir s'occuper, dans les titres suivants, de certains contrats particuliers pour en formuler les règles spéciales; et ils ont traité d'abord de quelques contrats particuliers dont l'intérêt est le mobile à peu près exclusif : tels sont le *Contrat de mariage,* la *Vente,* le *Louage,* la *Société.*

Mais les conventions qui interviennent entre les hommes n'ont pas toutes nécessairement l'intérêt pour mobile; il y a des contrats qui procèdent particulièrement de la sympathie ou du sentiment de bienveillance et d'affection qui porte l'homme à rendre, autant qu'il le peut, service à son semblable. Les conventions de cet ordre ne pouvaient manquer d'appeler à leur tour l'attention du législateur. Son attention s'y est fixée en effet; et, après les *Donations,* le *Prêt* est le premier des contrats de cette nature dont il s'est occupé dans le titre spécial que nous avons maintenant à commenter.

1874. — Il y a deux sortes de prêt :
Celui des choses dont on peut user sans les détruire,
Et celui des choses qui se consomment par l'usage qu'on en fait.
La première espèce s'appelle *prêt à usage,* ou *commodat;*
La deuxième s'appelle *prêt de consommation,* ou simplement *prêt.*

1

SOMMAIRE.

I. — 2. Le mot *prêt* vient du latin *præstare*, qui signifie *fournir, procurer*. Et conformément à cette étymologie, le prêt implique l'idée d'un acte, d'un contrat par lequel une personne fournit et procure une chose à une autre personne pour que celle-ci use de cette chose pendant un certain temps et la rende ensuite.

II. — 3. Le caractère de ce contrat, de même que l'obligation qui en résulte au moins quant au mode d'exécution, sont sujets à une variation notable, que notre article fait pressentir en disant qu'il y a deux sortes de prêt, le prêt à usage et le prêt de consommation, mais dont il reste à rechercher et à préciser la cause. A cet égard, on peut dire que cette variation procède notamment de l'intention des contractants et tient à la valeur que les parties attribuent ou sont censées attribuer, en contractant, à la chose qui fait l'objet de la convention.

4. Notons, en effet, qu'une chose quelconque peut être envisagée soit comme ayant la valeur générale des autres choses de même nature, soit comme ayant une valeur propre, spéciale, indépendante. Dans ce dernier cas, la chose est juridiquement ce qu'on nomme un *corps certain* ; dans le premier, elle prend le nom de *quantité* ou *chose fongible*. C'est là un point important ; et avant d'aller plus avant, nous essayerons de le mettre en lumière en le spécialisant.

Par exemple, citons l'argent monnayé ; c'est la chose fongible par excellence. Il arrivera bien rarement, en effet, que les parties attachent une valeur particulière, spéciale à telle ou telle pièce de monnaie. Une pièce de cinq francs vaut une autre pièce de cinq francs, et vaut également cinq pièces d'un franc quelles qu'elles soient. Il n'y a donc pas d'intérêt, pour la partie à laquelle une certaine somme est due, à réclamer telles pièces plutôt que telles autres pièces de monnaie ; et dès qu'en définitive la totalité des pièces à elle remises forme l'entier montant de la somme à laquelle elle a droit, elle se tient et doit se tenir pour satisfaite.

Au contraire, supposons que la chose promise soit, par exemple, une maison, un champ, un cheval, un fusil, il arrivera toujours ou presque toujours que le créancier aura intérêt à exiger la chose même qui a été promise. En effet, une autre chose de même espèce, une autre maison, un autre champ, un autre cheval, un autre fusil, ne remplirait pas son objet ; car il a traité en vue des qualités particulières, de la valeur propre, des avantages spéciaux de la chose qui a fait l'objet de la convention ; c'est là ce qu'il est en droit d'attendre, et ce qu'il n'obtiendrait pas en recevant une chose de même espèce autre que celle qui a été précisée et individualisée par la convention, cette chose fût-elle considérée généralement comme plus précieuse. C'est en raison de ce caractère d'individualité et de certitude que la chose prend ici le nom de corps certain.

5. Or, appliquons ceci au contrat de prêt, et nous trouvons aussitôt l'explication des choses.

Deux personnes conviennent ensemble que l'une d'elles, que l'on nomme *prêteur,* procurera et fournira à l'autre, que l'on appelle *emprunteur,* telle chose dont ce dernier usera pendant un certain temps et qu'il rendra ensuite au prêteur : quel est le caractère de cette convention ? Et en quoi consiste l'obligation de restituer qui en résulte ? Nous répondons maintenant, avec et d'après les explications qui précèdent, que cela dépend du point de vue où les parties se sont placées en contractant. Ou bien elles ont considéré la chose, objet du prêt, comme un corps certain ; ou bien elles l'ont envisagée comme chose fongible. Dans le premier cas, c'est la chose même qui doit être restituée ; et alors celui qui prête n'en retient pas moins la propriété de la chose, l'emprunteur ne pouvant pas l'aliéner et en acquérant simplement l'usage. Dans le second cas, ce que l'emprunteur est tenu de rendre, ce n'est pas la chose même qui a été prêtée, c'en est une autre de même espèce ; et alors l'emprunteur devient réellement *propriétaire* de la chose prêtée, tellement qu'il en peut disposer, l'aliéner ou la détruire, sauf à s'en procurer une autre semblable au moment de la restitution et à satisfaire ainsi à son obligation envers le prêteur, lequel reste avec un simple *droit de créance.*

6. Dans son économie, l'art. 1874 répond à ces idées. Après avoir dit qu'il y a deux sortes de prêt, cet article désigne successivement le prêt de l'une et l'autre sorte par une appellation qui en fait ressortir le caractère distinctif. L'un des deux, comme on vient de le voir, implique seulement une aliénation momentanée de l'*usage* de la part de l'emprunteur : notre article le désigne sous la dénomination de *prêt à usage,* en lui maintenant aussi le nom de *commodat,* du mot latin *commodatum* qui servait à le désigner. L'autre implique la transmission de la propriété au profit du prêteur ; et si notre article ne lui maintient pas l'appellation romaine *mutuum,* mot dont l'étymologie

telle qu'elle nous est donnée par Justinien (1) (étymologie d'ailleurs contestable), se rattachait nettement à cette idée de transmission de propriété, il lui en donne une autre qui n'est ni moins précise, ni moins expressive : il l'appelle *prêt de consommation,* ce qui indique bien le droit pour l'emprunteur, non-seulement de se servir de la chose prêtée, mais encore de la *consommer,* c'est-à-dire d'en disposer.

III. — 7. Mais si, au point de vue de la division qu'il énonce, notre article est d'une exactitude parfaite, nous n'en saurions dire autant assurément de l'idée qui semble en avoir inspiré les définitions, et en particulier celle du prêt de consommation.

D'après cette idée, les choses fongibles ne seraient autres que les choses de consommation; car notre article dit de cette sorte de prêt, lequel se produit, comme nous venons de le voir, quand la chose prêtée a été envisagée comme fongible par les parties, que c'est *celui des choses qui se consomment par l'usage qu'on en fait.* Or, il y a, dans cette assimilation absolue des choses fongibles avec les choses qui se consomment par l'usage qu'on en fait, *quæ primo usu, ipso usu consumuntur,* comme disaient les Romains, une erreur grave qu'il importe de relever ici, bien qu'elle ait été déjà relevée par Marcadé (t. II, n°s 391 et 392).

8. Le caractère de chose fongible résulte essentiellement de l'intention des parties, et par conséquent il se fonde sur une relation entre ces parties et la chose. Pour nous servir d'une expression allemande qui, au surplus, tend à se répandre dans notre langue juridique, c'est un caractère *subjectif.*

Au contraire, le caractère de chose se consommant par le premier usage ou par l'usage qu'on en fait dérive avant tout de la nature de la chose considérée en elle-même, abstraction faite de toute influence étrangère. Ceci, à vrai dire, est moins du domaine du droit que du domaine de l'économie politique, qui nous indique qu'il est des choses qui ne servent qu'autant qu'on les détruit et dont l'usage consiste dans la consommation même, comme les comestibles, les combustibles, et qu'il en est d'autres qui servent à des usages continus et répétés, comme les maisons, les meubles, les vêtements, les machines, les animaux de trait, les animaux servant à la reproduction, etc.

9. Or, nous le répétons, c'est au caractère de fongibilité de la chose, c'est-à-dire à une qualité résultant de l'intention, qu'il se faut attacher exclusivement pour reconnaître le simple prêt, le prêt de consommation, et le distinguer du commodat. Et par cela même on pressent ce qu'il y a d'inexact à dire de ce prêt que c'est celui des choses de consommation.

Sans doute, il arrivera le plus souvent que les choses qui se consomment par le premier usage seront considérées aussi comme fongibles par les parties. Et en effet, il est clair que celui qui prête à une

---

(1) ... Et quandoque nobis non eædem res, sed aliæ ejusdem naturæ et quantitatis redduntur : unde etiam *mutuum* appellatum est, quia ita a me tibi datur, *ut ex meo tuum fiat...* (Inst., lib. III, tit. xiv, pr.)

personne une certaine quantité de blé, de vin, d'huile, ne s'attend pas, en général, à recevoir, le jour de la restitution venu, la chose même qu'il a prêtée. Le service qu'il entend rendre consiste précisément à laisser à l'emprunteur la faculté d'user de la chose prêtée, c'est-à-dire de la consommer ; par cela même il entend que celui-ci, n'étant plus en mesure de rendre la chose en nature, se libérera en donnant l'équivalent.

Néanmoins le contraire peut se produire exceptionnellement. Par exemple, il se peut que Paul voulant, dans un but quelconque, dans un intérêt connu de lui seul, faire croire à un tiers qu'il a du blé quand réellement il n'en a pas, emprunte son blé à Pierre en lui promettant de lui rendre identiquement le même blé ; voilà un cas dans lequel une chose de consommation ne sera pas considérée par les parties comme fongible et où le prêt de cette chose de consommation constitue cependant, par l'intention des parties, un commodat ou prêt à usage.

10. Ce cas, à la vérité, sera fort rare. Mais le cas inverse, celui où des choses destinées à un usage permanent et répété sont cependant considérées par les parties comme fongibles, en sorte que le prêt dont elles sont l'objet constitue un prêt de consommation, est très-fréquent au contraire. Ce cas se vérifie chaque fois que les parties conviennent entre elles que l'emprunteur pourra aliéner l'objet du prêt. Cette convention, qui peut être expresse ou tacite, sera présumée si l'emprunteur ne peut user de cet objet qu'en l'aliénant. Tel sera le cas, par exemple, où la chose prêtée sera de l'argent comptant. C'est là, en effet, l'objet le plus fréquent des prêts de consommation ; c'est, ainsi que nous l'avons dit plus haut, la chose fongible par excellence, et cela même démontre le vice du système qui identifie les choses fongibles avec les choses qui se consomment par le premier usage, puisque l'argent comptant, chose essentiellement fongible, est en même temps l'une des choses qui, essentiellement aussi, sont le plus destinées à un usage continu et répété, et qui se consomment le moins par suite de cet usage.

A la vérité, les partisans de ce système pensent échapper à cette contradiction par l'argument emprunté à Justinien, qui, après avoir cité les principales choses se consommant par l'usage, ajoute qu'il *faut placer à peu près sur la même ligne* l'argent monnayé, l'usage qu'on en fait consistant à l'échanger et en amenant ainsi, en quelque sorte, l'extinction continuelle : *quibus proxima est pecunia numerata, namque ipso usu assidua permutatione quodammodo extinguitur.* (Inst., lib. II, tit. IV, § 2.) Mais cet argument forcé, même en le supposant admissible quand il s'agit d'argent monnayé, serait, en tout cas, tout à fait hors de propos dans les mille autres hypothèses qui peuvent se produire. Par exemple, un libraire de province manque de tel ou tel ouvrage dont il a besoin immédiatement pour satisfaire une pratique qui le lui demande ; il en emprunte un exemplaire à son confrère en promettant de lui en rendre un autre quand il aura reçu ceux qu'il attend de Paris. Par exemple encore, un marchand a besoin, pour conclure sur-le-champ une affaire importante, d'un certain nombre de chevaux qu'il ne pourrait pas fournir ou compléter actuellement ; il s'adresse à un autre marchand, son confrère, auquel il emprunte le complément qui lui est nécessaire, sous promesse de lui rendre le même nombre de chevaux quand seront arrivés ceux qu'il fait acheter en Angleterre. Certes on ne dira ici ni du livre, ni des chevaux, comme on dit de l'argent, que ce sont choses spécialement destinées à l'échange. Et voilà des cas où des choses destinées à un usage permanent et répété sont néanmoins considérées comme fongibles par les contractants, et deviennent ainsi, par la volonté, par la seule intention des parties, l'objet d'un simple prêt, d'un prêt de consommation.

11. C'est donc par une erreur évidente que les rédacteurs du Code, suivant d'ailleurs en cela les indications de Pothier, qui, à cet égard, n'a pas sa netteté habituelle (1), ont identifié les choses fongibles avec celles qui se consomment par le premier usage. Entre ces deux idées voisines mais non identiques, comme le dit justement M. de Savigny (2), il y a une nuance marquée que nous avons essayé de faire ressortir dans les observations qui précèdent ; et pour résumer ces observations en même temps que pour rectifier les formules de notre article, nous disons :

Le contrat de prêt, qui est de deux sortes, varie suivant que les parties ont considéré la chose prêtée comme un corps certain ou comme une chose fongible :

Dans le premier cas, le prêteur reste propriétaire de la chose prêtée, et c'est cette chose même que l'emprunteur est tenu de lui rendre à l'époque fixée pour la restitution : cette sorte de prêt s'appelle *prêt à usage* ou *commodat ;*

Dans le second cas, la propriété est transférée à l'emprunteur, et celui-ci est tenu seulement à rendre une chose de même espèce que celle qu'il a reçue : cette sorte de prêt se nomme *prêt de consommation* ou simplement *prêt*.

En toute hypothèse où les parties n'ont pas manifesté leur intention ou leur volonté d'une manière positive, la question de savoir si elles ont entendu conclure un prêt à usage ou un prêt de consommation se résoudra dans chaque espèce, eu égard à la situation des contractants, à la nature soit de la chose, soit de l'usage convenu, aux circonstances accessoires du prêt.

IV. — 12. Il ne nous reste plus, avant d'aborder l'étude des caractères particuliers à chacune des deux espèces de prêt, qu'à préciser un caractère qui leur est commun. Le prêt, d'usage ou de consommation, constitue toujours un contrat *réel,* en ce sens que l'obligation qui lui est propre ne peut naître et se former qu'autant que la chose qui fait l'objet du contrat a été livrée par le prêteur à l'emprunteur. « Le prêt, dit très-exactement Domat, est une de ces sortes de conventions où

---

(1) *Voy. Du Prêt* (n°s 14 et 17), et surtout *Des Oblig.* (n° 624).
(2) *Droit des Obligations* (§ 39, note C, p. 401, 1re édit.).

l'on s'oblige à rendre une chose, et où, par conséquent, l'obligation ne se contracte que par la délivrance de la chose prêtée. » (1) C'était aussi la doctrine de Pothier (2); et elle est généralement suivie aujourd'hui (3).

13. Toutefois il ne faudrait pas conclure de là que la *convention de prêter* ou la simple *promesse de prêt* soit nulle. Sans doute, nous n'irons pas jusqu'à dire, avec quelques auteurs, qu'aujourd'hui la *promesse* doit être assimilée au *prêt* lui-même, notre Code ayant laissé à l'écart la distinction des Romains entre les contrats *réels* et les contrats *consensuels*, et ayant posé en principe que le lien de droit se forme désormais par le seul consentement (4). Mais nous ne disons pas non plus que, sous le Code Napoléon, il en soit de la *promesse de prêter* comme dans le droit romain, où, ainsi que tout autre pacte nu, elle produisait simplement une obligation naturelle. La vérité est, qu'une telle promesse est valable et obligatoire aujourd'hui, comme toute convention régulièrement conclue et faite avec l'intention de s'obliger. Il en résulte non-seulement que celui qui a reçu la promesse est fondé, en cas de refus, à réclamer des dommages-intérêts, mais encore qu'il est en droit, si la chose est possible, de se faire mettre en possession de l'objet promis. Cela a été reconnu expressément par la Cour de Colmar dans une espèce où la promesse avait pour objet l'usage d'un local; la Cour a déclaré que la promesse n'a pas, en ce cas, le caractère d'une simple obligation de faire se résolvant en dommages-intérêts, et que les juges doivent dès lors prescrire toutes mesures coercitives nécessaires pour l'exécution de la convention (5). C'est en ce sens et dans cette mesure que la promesse de prêt est valable et obligatoire, parce qu'il y a là une convention propre qui, ayant pour base l'intention ou la volonté de s'obliger et n'étant pas illicite, ne saurait rester sans effet dans l'état de notre législation actuelle.

Mais, répétons-le, cette convention n'est pas encore le prêt qui ne peut exister sans que la tradition ait eu lieu soit volontairement, soit par autorité de justice en cas de refus du promettant. Jusque-là, elle reste soumise aux règles applicables à tous les contrats en général; et c'est seulement par la tradition qu'elle devient un prêt véritable et se place sous l'empire des règles propres à ce contrat, lesquelles diffèrent des principes généraux notamment en ce qui concerne les risques de la chose et la responsabilité des parties (art. 1882, 1883, 1887, 1889, 1891, 1893, 1898).

---

(1) *Voy.* Domat (*Lois civiles*, liv. I, tit. v, sect. 1, n° 3).
(2) *Voy.* Pothier (*Du Prêt*, n° 6).
(3) *Voy.* MM. Delvincourt (t. III, p. 199 du texte et 400 des notes, édit. de 1824); Duranton (t. XVII, n°ˢ 486 et 487); Troplong (*Du Prêt*, n° 6); Massé et Vergé, sur Zachariæ (t. IV, p. 456, note 1); Mourlon (t. III, p. 373, 5ᵉ édit.). — *Voy.* cependant MM. Toullier (t. VI, n° 17); Duvergier (*Du Prêt*, n° 25).
(4) *Voy.* notamment MM. Toullier et Duvergier (*loc. cit.*).
(5) Colmar, 8 mai 1845 (S. V., 47, 2, 117; Dalloz, 46, 2, 219; *J. Pal.*, 1846, t. I, p. 161). — *Voy.* aussi les auteurs cités aux notes précédentes. — *Junge* : MM. Taulier (t. VI, p. 421); Aubry et Rau, d'après Zachariæ (3ᵉ édit., t. III, p. 203, note 3). — *Voy.* cependant MM. Massé et Vergé (*loc. cit.*).

V. — 14. Ceci dit, nous allons, en suivant les dispositions du Code, nous occuper successivement et en détail des deux sortes de prêt; puis, à l'occasion du prêt de consommation, nous traiterons, en suivant encore le Code, d'une forme particulière de ce contrat, le *prêt à intérêt*, qui, nous l'établirons plus loin, aurait été mieux placé dans le titre du *Louage* (*infrà*, n°s 221 et suiv.).

CHAPITRE PREMIER.

DU PRÊT A USAGE, OU COMMODAT.

SOMMAIRE.

15. Division.

15. Les rédacteurs du Code ont divisé ce chapitre en trois sections, dans lesquelles il est successivement traité :
1° De la nature du prêt à usage ;
2° Des engagements de l'emprunteur ;
3° Et des engagements de celui qui prête à usage.

SECTION PREMIÈRE.

DE LA NATURE DU PRÊT A USAGE.

1875. — Le prêt à usage ou commodat est un contrat par lequel l'une des parties livre une chose à l'autre pour s'en servir, à la charge par le preneur de la rendre après s'en être servi.

1876. — Ce prêt est essentiellement gratuit.

1877. — Le prêteur demeure propriétaire de la chose prêtée.

SOMMAIRE.

I. 16. Définition du prêt à usage et division.

II. 17. C'est un contrat réel qui se forme par la tradition : renvoi. — 18. En quoi il diffère d'autres contrats qui se forment aussi par la tradition : du dépôt, du louage de services, du gage, etc. — 19. C'est simplement l'usage de la chose qui est concédé : conséquence.

III. 20. La gratuité est de l'essence du contrat, en quoi il se rapproche de la donation. — 21. Néanmoins la gratuité n'est pas exclusive d'un certain calcul. Il se peut même que la convention tourne directement à l'avantage du prêteur et n'en constitue pas moins un prêt.

IV. 22. Le prêteur conserve et retient sur la chose le droit qu'il avait auparavant. Disposition incomplète de l'art. 1877. — 23. Du principe que le prêteur conserve ses droits sur la chose il résulte qu'il a une action réelle pour se la faire rendre. — 24. Toutefois l'action est prescriptible si la chose est aux mains de tiers. — 25. *Secùs* tant que la chose est détenue par l'emprunteur. — 26. Transition.

V. 27. Le prêt à usage est, de sa nature, un contrat unilatéral. Conséquences. — 28. Cependant il peut accidentellement prendre le caractère synallagmatique; c'est pourquoi on le classe parmi les contrats *synallagmatiques imparfaits*. — 29. Observation en ce qui concerne les promesses de prêter.

VI. 30. La preuve du prêt à usage est soumise aux règles ordinaires sur la preuve des obligations conventionnelles. — 31. Néanmoins la chose ne serait pas nécessairement perdue pour le prêteur à défaut de preuve écrite de la convention. — 32. Dans le cas de prêt d'immeubles, le prêteur peut prouver par titres ou témoins sinon le prêt, au moins son droit à la propriété ou à la possession. — 33. *Quid* dans le cas de prêt à usage de meubles? Discussion. — 34. Suite : le prêteur peut prouver de la même manière son droit de propriété. — 35. Cette preuve faite, l'emprunteur peut être condamné à des dommages, s'il a détruit ou détérioré la chose. — 36. Transition.

I. — 16. Selon la définition de Pothier, « le prêt à usage est un contrat par lequel un des contractants donne gratuitement à l'autre une chose pour s'en servir à un certain usage; et celui qui la reçoit, s'oblige de la lui rendre après qu'il s'en est servi. » Les rédacteurs du Code ont emprunté à Pothier cette définition, dont les parties essentielles sont reproduites dans les art 1875 à 1877. En les reprenant successivement, nous aurons à parler de la nature et de l'objet du contrat; de la gratuité de la convention; de son effet en ce qui concerne les droits à la chose, ce qui nous permettra de préciser les caractères du contrat et, en même temps, les rapports et les différences qu'il présente avec plusieurs autres conventions. Nous dirons ensuite à quelle classe de contrats appartient le prêt à usage et comment l'existence en peut être prouvée.

II. — 17. L'art. 1875 exprime d'abord que le prêt à usage est un *contrat par lequel* l'une des parties *livre* une chose à l'autre. Peut-être la formule n'est-elle pas d'une exactitude et d'une correction parfaites, en ce que la *livraison,* base même de la convention et principe générateur de l'obligation qui en résulte, est un fait matériel qui n'est pas accompli *par le contrat,* lequel se borne uniquement à constater l'accord des parties. Néanmoins, l'expression a sa portée, et il faut la retenir : elle montre que la tradition, comme nous l'avons déjà fait remarquer, est un des éléments essentiels du prêt, qui, ainsi et en ce sens, est un contrat réel (*suprà,* n° 12).

18. Le même article ajoute que la chose est livrée à l'emprunteur *pour s'en servir...* Ceci caractérise la convention et sert à la faire distinguer de plusieurs contrats qui se forment aussi par la tradition, mais où la tradition a une cause tout autre que l'intention de procurer l'*usage* de la chose à celui qui la reçoit.

Par exemple, vous envoyez chez moi votre bibliothèque dans le but unique de m'en confier la garde avec le soin de veiller à sa conservation : ce n'est pas un prêt; c'est un *dépôt,* si je prends la charge gratuitement; c'est un *louage de services,* si je la prends moyennant un prix.

Ou bien l'envoi de votre bibliothèque m'est fait en vue de me procurer une garantie qui me réponde du payement de ma créance de 5 000 francs : c'est là un *gage,* ce n'est pas un prêt.

Ou encore, je vous remets une chose pour vous permettre de la voir, de l'estimer, de l'essayer avant de l'acheter : ce n'est pas un prêt à usage proprement dit; c'est un *contrat innommé,* une mesure prise en vue d'un marché possible ou projeté (1).

_____

(1) *Voy.* Pothier (n°ˢ 93 et suiv.). — *Junge :* MM. Delvincourt (t. III, p. 405, note 1,

19. Un dernier trait est à relever ici dans l'art. 1875 : cet article précise que l'emprunteur reçoit la chose *à la charge de la rendre après s'en être servi*. Ainsi, la chose qui doit être rendue est la chose même qui a été prêtée. Par là, le prêt à usage se distingue du prêt de consommation où l'emprunteur ne doit rendre qu'une chose de même espèce. C'est par là également que le prêt à usage, qui sous d'autres rapports s'identifie avec la donation, comme nous l'allons voir tout à l'heure, se distingue néanmoins de ce contrat où, sauf les cas de révocation, la chose livrée ne doit pas être rendue du tout par celui qui l'a reçue. En effet, par la donation, la propriété de la chose donnée passe des mains du donateur en celles du donataire, tandis que le prêt à usage ne confère pas la propriété de la chose au preneur. C'est, du reste, ce qu'exprime l'art. 1877, auquel nous allons arriver, après avoir traité d'un autre élément essentiel du prêt à usage, la *gratuité*.

III. — **20.** *Ce prêt est essentiellement gratuit,* nous dit en effet l'art. 1876, qui, en cela, ajoute un élément essentiel à la définition incomplète contenue dans l'article précédent. La gratuité est donc de l'essence du prêt à usage ; et c'est par là que ce contrat, ainsi que nous venons de le dire, se rapproche de la donation, laquelle est le contrat à titre gratuit par excellence. On peut dire même du prêt à usage, comme on peut le dire de tous les autres contrats de bienfaisance si les éléments en sont analysés avec soin, qu'il est, au fond, une donation d'une nature particulière. Et en effet, tandis que la donation proprement dite est l'abandon gratuit du droit le plus complet qu'on puisse avoir sur une chose, le droit de propriété, le prêt est l'abandon gratuit de l'un des éléments de la propriété, l'usage. On peut donc le qualifier une *donation d'usage,* comme on pourrait qualifier *donation de services* le mandat ou le dépôt, qui n'est lui-même qu'un mandat d'un genre particulier ; comme on pourrait qualifier le cautionnement *donation de crédit.*

Quoi qu'il en soit, la gratuité est de l'essence du prêt à usage ; c'est par là que sans équivoque possible on distinguera ce prêt des contrats à titre onéreux qui reposent sur la tradition faite dans le but de procurer l'usage de la chose livrée à celui qui la reçoit. « Si pour accorder l'usage, dit très-bien Pothier, j'exige de vous quelque récompense, c'est un commerce : ce n'est plus le contrat de prêt à usage ; c'est une autre espèce de contrat, qui est, ou celui de *louage,* si la récompense consiste dans une somme d'argent, ou un contrat sans nom, tenant plus du contrat de louage que du prêt, lorsque c'est quelque autre chose que vous vous obligez de me donner, ou lorsque vous vous obligez de faire pour moi quelque chose. » (1) Ce sera donc seulement

---

édit. de 1824) ; Duranton (t. XVII, n° 496) ; Duvergier (*Du Prêt,* nᵒˢ 22 et suiv.).— Comp., Cass., 15 mai 1834 (S. V., 34, 1, 573 ; *J. Pal.,* t. XXVI, p. 518 ; Dalloz, 34, 1, 265).

(1) *Voy.* Pothier (*Du Prêt à usage et du précaire,* n° 3). *Voy.* aussi l'exposé des motifs de la loi par **M. Galli** (Locré, t. XV, p. 36 ; Fenet, t. XIV, p. 450).

quand la tradition impliquera un contrat de bienfaisance, c'est-à-dire quand elle aura lieu sans aucun esprit de gain de la part de celui qui aura livré la chose, quand celui-ci aura eu en vue uniquement de rendre un service gratuit, que la convention intervenant entre le prêteur et l'emprunteur constituera le prêt à usage.

21. Remarquons néanmoins que la bienveillance et la gratuité, qui sont de l'essence du prêt, peuvent n'être pas exemptes d'un certain calcul. Celui qui prête aujourd'hui peut avoir une arrière-pensée, celle de trouver l'emprunteur plus disposé à lui rendre service s'il l'y provoque un jour. On peut même entrevoir des cas où le prêt tournera directement à l'avantage du prêteur, par exemple si celui-ci prête sa voiture et son cheval à son mandataire, qui, ainsi, pourra conclure plus rapidement l'affaire dont il est chargé.

Mais le jurisconsulte n'a pas ici, plus qu'en aucun autre contrat, à rechercher le motif premier, *la cause éloignée* du contrat ; il ne doit se préoccuper que du motif immédiat, *de la cause prochaine et directe* (1) : et dès que le contrat lui apparaît comme constituant un service unilatéral, rendu par l'une des parties à l'autre sans équivalent juridique, il ne saurait hésiter à y voir un contrat de bienfaisance et à le considérer comme soumis aux règles propres à ces sortes de contrats. De même qu'il y a donation de la part du propriétaire d'une chose dans l'abandon volontaire et gratuit qu'il fait de cette chose à un tiers, quels que soient les motifs par lesquels le donateur s'est dirigé, de même il y aura prêt dans l'abandon gratuit, non pas de la propriété, mais de l'usage temporaire d'une chose, quels que soient les motifs qui ont déterminé le propriétaire à faire cet abandon.

IV. — 22. Le dernier élément essentiel de la convention de prêt à usage, c'est que le prêteur *conserve et retient le droit* qu'il avait auparavant sur la chose. L'art. 1877 dit, en ce sens, que *le prêteur reste propriétaire de la chose prêtée ;* mais la disposition est incomplète, car nous verrons dans le commentaire de l'art. 1878 (*infrà,* n° 44) qu'on peut prêter la chose d'autrui. Notre formule, empruntée d'ailleurs à M. Delvincourt (2), est donc sinon plus exacte, au moins plus complète que celle de la loi, qui s'est préoccupée du cas ordinaire, *de eo quod plerumquè fit,* c'est-à-dire du cas où le prêteur est propriétaire. La règle qu'il pose alors constate, entre le prêt à usage et le prêt de consommation, une différence nouvelle, laquelle a son corollaire dans cette autre différence déjà signalée (*suprà,* n° 19), quant au mode d'exécution de l'obligation de rendre. Ajoutons que non-seulement la propriété reste au prêteur et ne passe pas à l'emprunteur, mais encore que celui-ci n'acquiert pas même la possession de la chose dans le sens juridique du mot : il n'a qu'une possession précaire ; il est simplement détenteur (3).

23. Du principe que le prêteur conserve et retient le droit qu'il

---

(1) *Voy.* Marcadé (sur l'art. 1108, t. IV, n° 400).
(2) *Voy.* M. Delvincourt (t. III, p. 196 et 405, note 4).
(3) *Voy.* Pothier (n° 4).

avait auparavant sur la chose, et spécialement qu'il en reste propriétaire nonobstant le prêt, résulte la conséquence qu'il a une action réelle
pour se la faire rendre, soit par l'emprunteur, soit par les tiers en faveur desquels l'emprunteur l'aurait aliénée, ou entre les mains desquels elle se trouverait par une cause quelconque. Mais il y a ici une
différence notable à préciser.

24. Si la chose prêtée se trouve aux mains d'un tiers auquel le prêteur la réclame, celui-ci pourra, et ce sera son unique ressource, opposer la prescription en tant qu'il serait en position et dans le cas d'invoquer ce moyen. Le cas, d'ailleurs, ne sera pas rare, au moins dans
l'hypothèse où il s'agirait de meubles corporels, puisque la prescription en est instantanée (C. Nap., art. 2279). A la vérité, la loi fait
une exception pour les objets volés ou perdus. Mais l'exception n'aurait pas ici toute sa portée, et spécialement elle n'en aurait aucune si
l'objet du prêt avait été vendu par l'emprunteur au tiers auquel le prêteur en demanderait la restitution. Car, on le verra dans notre commentaire des art. 1880 et 1884, la vente, par l'emprunteur, de la
chose prêtée, ne constitue pas un vol, ni même un abus de confiance
(n° 71). En sorte que la circonstance que la chose prêtée aurait été
vendue par l'emprunteur ne ferait pas obstacle à la prescription instantanée au profit du tiers qui l'aurait achetée.

25. Que si l'objet réclamé par le prêteur est aux mains de l'emprunteur, c'est autre chose. L'emprunteur, tant qu'il reste détenteur de la
chose prêtée, quelle qu'elle soit, n'en peut prescrire la propriété par
aucun laps de temps. C'est une conséquence nécessaire du principe,
de la nature même de sa possession. Simple détenteur de la chose,
l'emprunteur a eu, dès l'origine, une possession *précaire* dont il n'a
jamais pu changer le titre. Et cette possession, qui n'est pas utile pour
faire acquérir la propriété par la prescription, réclame perpétuellement,
selon l'expression de Pothier, pour la restitution de la chose à celui
qui l'a prêtée. Donc, lorsque le prêteur prouve, même après trente
ans, qu'il est propriétaire, il doit recouvrer sa chose (1); et il peut,
M. Duranton en fait la très-juste remarque, même après trente ans,
faire cette preuve à l'aide de l'acte de prêt. Car si cet acte est prescrit,
en tant que productif d'obligation, il subsiste dans toute sa force comme
moyen de prouver le droit de propriété contre celui qui, emprunteur
à l'origine et détenteur à ce titre, est censé, jusqu'à preuve contraire,
avoir toujours continué de détenir au même titre.

26. Ce serait le cas d'insister ici sur la preuve du prêt. Toutefois,
nous avons à présenter auparavant quelques observations touchant la
forme et le point de savoir à quelle classe de contrats il convient de
rattacher la convention.

V. — 27. Le prêt à usage est-il un contrat synallagmatique ou un
contrat unilatéral? De sa nature, il est évidemment unilatéral, puis-

---

(1) *Voy.* Pothier (n° 47). *Voy.* aussi MM. Duvergier (n° 96); Duranton (t. XVII,
n° 542); Mourlon (*Rép. écrit.*, t. III, p. 384, 5ᵉ édit.). — *Voy.* cependant M. Buguet,
sur Pothier (*loc. cit.*).

que la seule obligation qui en dérive nécessairement est celle qui incombe à l'emprunteur de restituer la chose au terme convenu et dans l'état où il l'a reçue. Aussi un acte sous seings privés constatant la convention n'aurait-il pas besoin d'être dressé en double original (art. 1325) : un seul suffirait, à la condition d'être signé par l'emprunteur.

28. Cependant il peut arriver, par suite de certaines circonstances, par exemple si l'emprunteur avait fait des dépenses nécessaires pour la conservation de la chose, que le prêteur fût à son tour obligé envers l'emprunteur : le contrat peut ainsi exceptionnellement et par accident prendre un caractère synallagmatique. Cette particularité doit le faire ranger, comme les autres contrats où elle se rencontre, parmi les contrats *synallagmatiques imparfaits* (1). Toutefois, il n'en doit pas moins, pour tout ce qui concerne les questions de preuve, être traité comme contrat unilatéral.

29. Quant à la promesse de prêt, dont nous avons cherché plus haut à déterminer la portée et à préciser le caractère (*voy.* nos 12 et 13), elle est également unilatérale. Mais ici ce n'est plus l'emprunteur, c'est celui de qui émane la promesse de prêter qui, jusqu'au moment de la tradition, est seul obligé. Aussi un acte signé de celui-ci suffirait à l'existence légale de la convention : et c'est ce que déclare l'arrêt de Colmar, dont nous avons eu déjà à apprécier la décision sur un autre point (voy. *loc. cit.*).

VI. — 30. Complétons notre commentaire des art. 1875 à 1877 par l'examen des questions de preuve en ce qui concerne le prêt à usage. Ces questions présentent quelques points délicats qui, d'ailleurs, dépendent tous du parti à prendre sur la question préliminaire de savoir si le prêt doit être prouvé suivant les règles ordinaires de la preuve des obligations conventionnelles, et spécialement s'il peut être prouvé autrement que par écrit dès qu'il a pour objet une valeur supérieure à 150 francs.

La question était vivement controversée sous l'empire des ordonnances de 1566 et de 1667, dont les art. 1341 et suivants de notre Code ont reproduit les dispositions. Les anciens auteurs citent deux arrêts du Parlement de Paris qui ont admis la preuve testimoniale d'un *commodat* ou *prêt de courtoisie,* comme dit Charondas : l'un, en date du 11 avril 1574, rendu à la prononciation de Pâques; l'autre du mois de mars 1624, prononcé par M. le président Séguier dans l'espèce d'une femme qui avait prêté à sa voisine un collier de perles de la valeur de cinq cents écus, et qui, ayant offert de vérifier par la déposition de vingt témoins qu'elle avait fait le prêt, fut autorisée à faire cette preuve.

Danty, qui rappelle ces arrêts, en défendait énergiquement le principe. Le prêt, disait-il en substance, est un contrat essentiellement de bonne foi et de loyauté. Il se traite, non pas comme une affaire

---

(1) *Voy.* Pothier (n° 3); MM. Delvincourt (au texte, p. 196); Troplong (n° 9); Mourlon (*loc. cit.*, p. 374); Berriat Saint-Prix (t. III, n° 7491). — *Voy.* cependant MM. Toullier (t. VI, n° 19); Taulier (t. VI, p. 421).

juridique, mais comme une de ces relations journalières qui assurent la bonne harmonie entre amis et voisins. Jamais un prêteur n'a songé à demander à son emprunteur un écrit en reconnaissance du prêt; une pareille défiance constituerait une véritable offense faite à ce dernier. On peut donc dire que le prêteur a été dans l'impossibilité *morale* de se procurer une preuve littérale, et par suite que l'esprit de la loi ne peut être de lui refuser la preuve testimoniale, dans le cas où la mauvaise foi de l'emprunteur le forcerait de recourir à ce moyen. — Tel était aussi l'avis de Despeisses (1).

Sous l'empire du Code Napoléon, ces mêmes idées se sont fait jour, et on les trouve reproduites dans un arrêt déjà ancien de la Cour de Colmar, le seul, d'ailleurs, qui ait statué sur la question (2). En voici l'espèce.

Briffault, payeur à Colmar, ayant fait faillite, l'agent judiciaire du Trésor fit saisir ses meubles. Aussitôt après la saisie, Sitter se présenta et réclama deux pièces d'eau-de-vie qui se trouvaient dans la cave de Briffault; il demanda à être admis à la preuve de faits tendant à établir que les deux pièces d'eau-de-vie lui appartenaient et que Briffault lui avait prêté l'usage de la cave dans laquelle elles se trouvaient. Ce dernier intervenait et déclarait qu'en effet les deux pièces étaient la propriété de Sitter. En cet état, le Tribunal de Colmar autorisa la preuve, et puis par un jugement ultérieur il ordonna la distraction des deux pièces réclamées. — Appel des deux jugements par l'agent judiciaire du Trésor : il soutenait qu'il s'agissait, dans l'espèce, d'un dépôt volontaire qui ne peut être prouvé que par écrit, et dont, par conséquent, le tribunal n'aurait pas dû autoriser la preuve par témoins. Mais l'appel fut rejeté par la Cour de Colmar, qui, après avoir rappelé les faits, pour écarter l'idée de *dépôt volontaire,* ajoutait, entre autres motifs, « qu'on ne saurait voir, au cas particulier, qu'un *prêt à usage ou commodat.* Briffault a prêté sa cave gratuitement à l'intimé pour y conserver ses eaux-de-vie, en une année où la vendange avait été si abondante que personne n'a pu, pour ainsi dire, loger tous ces liquides chez soi. Si les eaux-de-vie eussent péri, la perte eût été pour le compte de l'intimé, au lieu que dans le cas d'un dépôt volontaire le dépositaire est responsable de la perte de la chose déposée; — Considérant que les jurisconsultes rangent le prêt à usage parmi les contrats de bienfaisance; que le législateur qui défend la preuve par témoins du dépôt volontaire, sans l'avoir prohibée dans le cas du prêt à usage, *a regardé la facilité de confier quelque chose à un ami, qui nous le demande, comme un fait plutôt que comme une convention;* et c'est d'un fait que les juges *à quo* ont permis à l'intimé de faire la preuve par témoins; c'est-à-dire que les eaux-de-vie lui appartiennent, et que Briffault n'a fait que lui confier sa cave; *cette confiance, dans ce cas*

---

(1) *Voy.* Danty, sur Boiceau (2ᵉ part., add. sur le chap. vii, nᵒˢ 6 et 7, p. 527); Despeisses (*Du Commodat,* § 7, nᵒ 7).
(2) Colmar, 18 avril 1806 (S. V., 6, 2, 965, et Coll. nouv., 2, 2, 136; Dalloz, *Rép. alph.,* 11, 342).

et autres semblables, est fréquente dans la société, et fondée sur les premiers sentiments de l'humanité : ce serait la détruire que d'exiger un écrit et si on ôtait la liberté de prouver le fait par des témoins...»

Mais ces idées sont en opposition manifeste avec le texte de l'art. 1341 du Code Napoléon, de même, du reste, que celles de Danty, dont elles sont la reproduction, étaient en opposition autrefois avec le texte des ordonnances. Aussi est-il à remarquer que l'opinion contraire était posée en thèse, comme un principe certain, comme une règle de droit, et nullement comme un point de controverse. Tel est notamment le procédé de Pothier, qui, après avoir indiqué que le prêt à usage est de la classe des contrats *juris gentium,* en ce qu'il est régi par les seules règles du droit naturel et n'est assujetti à aucune formalité par le droit civil, ajoute : « Si, de même que tous les autres contrats, il doit être rédigé par écrit, lorsque la chose qui en fait la matière est d'une valeur qui excède 100 livres, *c'est pour la preuve du contrat que cette forme est requise,* et non pour la substance. » (1) La même chose s'induit aujourd'hui, d'une manière non moins certaine, des termes de l'art. 1341 du Code Napoléon. « Il doit être passé acte devant notaire ou sous signature privée, dit cet article, de toutes choses excédant la somme ou valeur de 150 francs...» Il y a là une disposition trop générale, une prescription trop formelle pour que la règle puisse fléchir devant des considérations purement de fait. Quant à l'impossibilité morale qu'on invoque en faveur du prêteur, en supposant qu'elle existe réellement, elle n'a pas été, comme raison juridique, jugée suffisante par les rédacteurs du Code pour motiver une exception à la règle générale de l'art. 1341. Et en effet, si cette impossibilité morale se rencontre quelque part, c'est assurément en matière de dépôt. Aucun contrat n'est plus ni même autant que le dépôt un contrat de confiance ; et le déposant, qui demande un service, osera bien moins encore que le prêteur, qui en rend un, réclamer une reconnaissance écrite au dépositaire. Cependant le Code, dans l'art. 1923, exige formellement que le dépôt d'une valeur excédant 150 francs soit constaté par écrit. A plus forte raison la règle générale doit-elle être appliquée au commodat, et faut-il reconnaître que la preuve écrite de la convention doit être produite pour que soit le prêteur, soit l'emprunteur, en puissent exciper (2).

31. Toutefois, hâtons-nous de le dire, il ne s'ensuit pas que le prêteur qui n'aura pas d'écrit à opposer à l'emprunteur niant le prêt devra nécessairement perdre sa chose. Sans doute ce résultat est possible, mais il se produira rarement : car le prêteur trouvera presque toujours, en dehors du contrat de prêt. quelque moyen juridique propre à lui faire recouvrer la chose dont il s'est imprudemment dessaisi.

32. Par exemple, la chose prêtée est-elle un immeuble, le prêteur,

---

(1) *Voy.* Pothier (n° 8).'—*Voy.* aussi Boiceau (*De la Preuve par témoins,* 1re part., chap. viii, p. 62).
(2) Conf. MM. Toullier (t. IX, n° 30); Duranton (t. XIII, n° 313, et t. XVII, n° 498); Duvergier (n° 51); Troplong (n°s 58 à 68); Taulier (t. VI, p. 421).

s'il en est propriétaire, pourra intenter la revendication contre l'emprunteur, ou même contre les tiers qui auraient reçu la chose de ce dernier. S'il n'est que possesseur, il pourra encore intenter les actions possessoires contre eux, pourvu qu'il soit dans les délais (C. de proc., art. 23). Le prêteur ne sera dépourvu de tout recours que dans le cas, presque impossible à supposer, où il n'aurait ni la propriété ni la possession de l'immeuble prêté. Or, sauf ce cas, tout à fait exceptionnel, le prêteur ayant, soit l'action possessoire, soit l'action en revendication, pourra, suivant les principes les plus certains, établir son droit tant par titres que par témoins. C'est par là que M. Troplong a cherché à justifier la décision rendue par la Cour de Colmar, dans l'espèce rapportée au n° 30, à l'occasion d'un commodat qui, en effet, avait eu pour objet partie d'un immeuble (1). Toutefois la décision ne se défend pas même par ce moyen auquel, d'ailleurs, la Cour de Colmar ne s'est pas arrêtée et ne pouvait pas même s'arrêter. L'espèce y résistait absolument : car le procès s'agitait non point entre le prêteur revendiquant sa chose et l'emprunteur niant le prêt, mais entre ce dernier excipant au contraire du commodat et un tiers saisissant contre lequel l'emprunteur voulait établir, par la preuve du prêt, la légitimité de sa demande en distraction. Et c'est sans doute parce que la Cour de Colmar ne pouvait, dans l'espèce, se rattacher ni à l'action possessoire, ni à la revendication pour ouvrir la voie à la preuve testimoniale qu'il était dans son dessein d'autoriser, qu'elle a cherché la raison de décider dans ces considérations de fait qui, ainsi que nous l'avons vu, ne tiennent pas plus, aujourd'hui, devant l'art. 1341 du Code Napoléon, qu'elles ne tenaient, autrefois, devant les anciennes ordonnances. — Quoi qu'il en soit, le moyen en lui-même reste comme la sauvegarde du prêteur d'immeubles toutes les fois qu'il sera dans le cas de l'employer.

33. La chose prêtée est-elle un meuble, le prêteur, s'il n'a pas la preuve écrite de la convention, est beaucoup plus menacé. La simple possession ne serait pas un titre suffisant pour qu'il pût vaincre la résistance de l'emprunteur, et recouvrer contre ce dernier niant le prêt la chose qu'il lui aurait prêtée; car l'action possessoire, au moins en général, est inapplicable aux meubles (2). C'est donc dans le cas où il serait propriétaire qu'il pourrait espérer de recouvrer le meuble prêté : il aurait alors cette ressource de la revendication que le prêteur n'aurait pas contre un tiers de bonne foi (*suprà*, n° 24), mais qui ne saurait lui être refusée contre l'emprunteur lui-même détenant la chose et refusant de la rendre.

34. Toutefois la solution est contestée. Quand il s'agit de meubles, dit notamment M. Troplong (3), il suffit d'être possesseur pour devenir en même temps propriétaire au moyen d'une prescription instantanée (art. 2279). Est-ce que l'emprunteur ne pourra pas alléguer cette pres-

(1) *Voy.* M. Troplong (n°ˢ 67 et 68).
(2) *Voy.* MM. Boitard et Colmet-Daage (*Leçons de procéd. civ.*, t. I, n° 628).
(3) *Voy.* M. Troplong (*loc. cit.*, n°ˢ 61 à 65).

cription, soutenir qu'elle s'est accomplie en sa faveur, et repousser ainsi la revendication faite par le prêteur, en prétendant que c'est lui maintenant qui est propriétaire? A la vérité, l'une des conditions de la prescription ainsi invoquée, c'est la bonne foi du possesseur. Mais la bonne foi se présume toujours jusqu'à preuve contraire; le prêteur ne pourrait donc faire tomber la présomption qu'en prouvant que l'emprunteur est de mauvaise foi. Or, la preuve de la mauvaise foi est impossible dans l'espèce, car elle exige comme préliminaire indispensable la preuve du fait, c'est-à-dire une preuve interdite au prêteur, quand le prêt étant d'une valeur supérieure à 150 francs, la convention n'a pas été constatée par écrit. En sorte que le prêteur devra succomber devant l'exception que lui oppose l'emprunteur.

Qu'il nous soit permis de le dire : le raisonnement est défectueux au moins dans sa dernière partie. Comment donc la preuve de la mauvaise foi exigerait-elle préalablement la preuve du prêt à usage? Sans doute, prouver le prêt, ce serait bien prouver la mauvaise foi de l'emprunteur qui oppose l'exception; mais ce n'est pas assurément la seule manière de la prouver. Il s'agit ici, en définitive, d'une demande en revendication. Eh bien, si le demandeur prouve d'abord que la chose revendiquée lui appartient; s'il prouve ensuite que cette chose est tombée fortuitement aux mains et en la possession du défendeur; s'il prouve, enfin, que ce dernier sait bien que la chose ne lui appartient pas, il aura établi des faits qui ne présupposent en aucune manière l'existence du prêt, et en même temps il aura, certes, prouvé la mauvaise foi du défendeur, celui-là ne pouvant être de bonne foi qui détient indûment la chose qu'il sait n'être pas sienne. Sans doute, le demandeur n'arrivera pas aisément à faire sa preuve; mais quelque difficulté qu'il y doive rencontrer, cela ne saurait, en principe, créer un obstacle au droit qu'il a de le tenter; et s'il réussit, il devra triompher par ce moyen de la revendication que la loi, encore une fois, n'a pu avoir la pensée de lui refuser (1).

35. Ajoutons que, toujours en l'absence de la preuve écrite du prêt, la preuve de la propriété chez le prêteur et de la mauvaise foi chez l'emprunteur suffirait pour faire condamner ce dernier à des dommages-intérêts s'il avait détruit ou détérioré la chose, ou s'il l'avait vendue à un tiers de bonne foi, contre lequel, ainsi que nous l'avons établi plus haut (n° 24), la revendication ne serait pas possible.

36. Ici se terminent nos observations sur les art. 1876 et 1877; il faut maintenant rechercher quelles choses peuvent être l'objet d'un commodat.

1878. — Tout ce qui est dans le commerce, et qui ne se consomme pas par l'usage, peut être l'objet de cette convention.

---

(1) Comp. Bugnet, sur Pothier (n° 19, à la note).

SOMMAIRE.

I. — 37. Toutes les choses qui sont dans le commerce peuvent être prêtées à usage : c'est la disposition de l'art. 1878, dont la généralité embrasse dès lors les immeubles aussi bien que les meubles. En général et le plus communément, il est vrai, la convention a pour objet l'usage des choses mobilières; mais l'usage des immeubles en peut aussi être la matière : la loi n'y fait pas obstacle. Ainsi, de même qu'on peut prêter à usage sa voiture, ses chevaux, son argenterie, ses bijoux, ses livres, etc., de même on pourrait prêter à usage sa maison ou partie de sa maison, par exemple le grenier ou la cave, comme c'était le cas dans l'espèce citée au n° 30. Nous n'avons, sur ce point, rien de plus à préciser, si ce n'est que le commodat se distingue encore par là du prêt de consommation ou prêt simple, lequel, habituellement, a pour objet des choses mobilières (*infrà*, n° 148).

38. Mais il convient de s'arrêter aux conditions nécessaires pour qu'une chose quelconque puisse être donnée en commodat. L'art. 1878 en indique deux, dont l'une, au surplus, celle dont nous allons parler tout d'abord, est inexactement définie.

II. — 39. En premier lieu, il n'y a prêt à usage qu'autant que la chose prêtée a été considérée comme corps certain par les parties. Notre art. 1878, qui, d'ailleurs, reproduit littéralement le texte de Pothier (1), manque donc de précision et de netteté en disant que *tout ce qui ne se consomme pas par l'usage* peut être l'objet de la convention ; et nous y retrouvons la trace de l'erreur dans laquelle les rédacteurs du Code sont tombés en confondant ou plutôt en identifiant les choses de consommation avec les choses fongibles (*suprà*, n°ˢ 7 et 8). Pris à la lettre, cet article conduirait à penser que les choses qui se consomment par l'usage ne peuvent être l'objet d'un commodat; et c'est, en effet, ce que Pothier a posé en principe : « Étant de la nature de

---

(1) *Voy.* Pothier (n° 14).

ce contrat, dit-il, que celui à qui la chose est prêtée s'oblige à la rendre elle-même *in individuo,* après qu'il s'en sera servi, il en résulte que les choses dont on ne peut se servir qu'en les consommant et les détruisant ne peuvent être l'objet de ce contrat. » (1) Mais Pothier lui-même modifie cette doctrine dans ce qu'elle a d'absolu, en ajoutant aussitôt que, « néanmoins, ces choses peuvent quelquefois faire l'objet du contrat de prêt à usage; savoir, lorsqu'elles sont prêtées, non pour l'usage naturel auquel ces choses sont destinées, mais seulement pour la montre, *ad ostentationem...* C'est ce qu'ont coutume de faire les receveurs infidèles qui, ayant donné à usure l'argent de leur caisse, empruntent de leurs amis des sacs d'argent, lorsqu'ils savent qu'on doit venir visiter leur caisse, pour la faire paraître remplie, et les rendent *in individuo,* aussitôt que la visite a été faite. » (2) Il est donc vrai que même les choses de consommation peuvent faire la matière d'un commodat; et nous rectifions notre article, qui suppose le contraire sans l'exprimer précisément, en disant que de telles choses peuvent, en effet, être prêtées à usage, à la condition qu'elles seront considérées par les parties non comme fongibles, mais comme corps certain (voy. *suprà,* nᵒˢ 7 et 8).

III. — 40. Il faut, en second lieu, pour qu'une chose quelconque puisse faire l'objet d'un prêt à usage, que *cette chose soit dans le commerce.* Ainsi dispose notre article, qui en cela applique au prêt à usage un principe général dans les conventions dont les choses peuvent être l'objet (C. Nap., art. 1128). A cet égard, il y a quelques points à préciser.

41. Il est bien certain d'abord que les choses hors du commerce, comme celles qui appartiennent au domaine public, ou bien encore comme les livres infâmes, les gravures obscènes, les armes prohibées, toutes choses qui ne peuvent être vendues ni même possédées régulièrement par les particuliers, ne sauraient par cela même faire l'objet d'un commodat valable.

C'est la doctrine généralement admise. Mais Pothier, et quelques auteurs d'après lui, y font une exception, et enseignent qu'il est un cas où un tel prêt serait possible et même louable : celui où le prêteur aurait été dirigé par un sentiment honnête, par exemple s'il avait prêté un mauvais livre que l'emprunteur aurait reçu pour le réfuter (3). Nous ne croyons pas, quant à nous, que l'intention des parties puisse, en une telle hypothèse, avoir cet effet prépondérant. De deux choses l'une : ou l'objet prêté est prohibé par la loi, et, dans ce cas, la circulation de cet objet, dans quelque intention que ce puisse être, constitue une infraction aux lois, et ne peut, dès lors, devenir la base d'un contrat valable; ou bien, au contraire, la chose prêtée, quoiqu'on puisse la considérer comme pernicieuse en soi, est tolérée par la loi, et dès

(1) *Voy.* Pothier (nᵒ 17).
(2) *Ibid.*
(3) *Voy.* Pothier (nᵒ 16). — *Junge :* MM. Massé et Vergé, sur Zachariæ (t. IV, p. 458, note 7); Boileux (t. VI, p. 373); Dalloz (vᵒ *Prêt,* nᵒ 36); Troplong (nᵒ 33).

lors tous les contrats dont elle est l'objet, quelque mauvaise et blâmable que soit l'intention des parties, sont valables, car nous ne saurions nous montrer plus sévères que la loi.

42. Toutefois il est un cas où l'intention sera nécessairement dominante et devra faire annuler la convention : c'est celui où la chose aura été prêtée pour commettre un crime ou un délit ou pour en faciliter la perpétration. Alors la cause même du prêt serait manifestement illicite, et la convention devrait être annulée par une application toute naturelle des principes généraux (C. Nap., art. 1131 à 1133). Ajoutons même que le prêteur, en ce cas, se rendrait complice du crime ou du délit à l'accomplissement duquel la chose prêtée aurait servi (C. pén., art. 59 et 60), et par suite pourrait être poursuivi et condamné comme tel.

43. Mais il y a un point important à préciser. Il résulte de ce qui précède qu'à notre sens le prêt d'une chose prohibée par la loi doit être déclaré nul en toute hypothèse, de même que le prêt d'une chose non prohibée lorsque le prêteur a su, en la prêtant, qu'elle devait servir à commettre un crime ou un délit. Supposons cependant que le contrat s'est formé et a été exécuté : quelle sera la position respective du prêteur et de l'emprunteur? Selon plusieurs auteurs, il y aurait lieu de refuser au prêteur toute action en justice, soit pour obtenir des dommages-intérêts, soit pour faire ordonner la restitution de la chose prêtée (1). Nous ne saurions partager cet avis, qui conduit au résultat au moins singulier, et en tout cas peu juste, d'avantager, aux dépens du prêteur, un emprunteur qui n'est pas moins coupable que lui. Sans doute, il faut bien reconnaître que, le prêt étant nul, le prêteur n'en pourra pas faire la base de son action en justice. Mais ce n'est pas à dire que la nullité du prêt doive ou puisse empêcher le prêteur de faire valoir les droits qu'il a sur la chose en dehors du contrat. Or, ce contrat supprimé (et il faut bien qu'on le supprime, puisque, étant nul, c'est comme s'il n'existait pas), que reste-t-il? Un état de fait qui, dans le cas du moins où le prêteur était propriétaire, doit, par application des règles exposées plus haut (n°s 31 à 35), lui permettre d'intenter la revendication contre l'emprunteur, puisque ce dernier détient sans cause (la cause ne pouvant plus être dans le prêt, qui est nul) une chose qui ne lui appartient pas (2).

IV. — 44. Quand les deux conditions nécessaires à la formation du commodat se trouvent réunies, il importe peu que la chose prêtée n'appartienne pas à celui qui en a consenti le prêt. En effet, pour procurer l'usage d'une chose, il n'est pas nécessaire d'en avoir la propriété, et on conçoit fort bien qu'on prête la chose d'autrui, pourvu que soi-même on en ait l'usage. Ainsi, l'usufruitier, le locataire, le possesseur de bonne ou de mauvaise foi, le voleur même, peuvent prêter la chose qu'ils détiennent.

Seulement il y a ceci à noter, que le prêt de la chose d'autrui, obli-

---

(1) *Voy.* notamment MM. Duranton (t. XVII, n° 505); Troplong (*Du Prêt,* n° 34; *Des Contr. aléat.,* n° 173); Massé et Vergé, sur Zachariæ (t. IV, p. 458, note 7).
(2) *Voy.,* en ce sens, M. Duvergier (n° 32).

gatoire entre le prêteur et l'emprunteur, sera comme non avenu pour les tiers, qui pourront faire valoir leurs droits sur la chose, sans tenir compte d'un contrat qui leur est étranger, et ainsi porter atteinte à ce contrat par voie indirecte (1). Par exemple : Paul, possesseur d'une chose qui a été volée à Joseph, la livre à Pierre à titre de commodat. Joseph a le droit de revendiquer sa chose entre les mains de ce dernier : s'il use de ce droit et fait triompher son action, Pierre cesse à l'instant d'avoir l'usage de la chose, et du même coup il est affranchi de l'obligation de rendre à laquelle le commodat avait donné naissance; il peut même, si Paul son prêteur était de mauvaise foi, lui demander des dommages-intérêts (*infrà*, n° 125).

45. Terminons sur cet article en faisant remarquer que si le détenteur de la chose d'autrui peut consentir le prêt à usage de cette chose, le propriétaire, qui n'en aurait pas la possession par une cause quelconque, ne le pourrait pas. Les deux termes de la proposition s'induisent du principe que le commodat est un contrat réel qui ne se forme que par la tradition (*suprà*, n° 12). Le possesseur est seul dans le cas d'accomplir ce fait juridique, qui est le principe générateur de l'obligation résultant du contrat; et cela explique comment il se fait que celui qui a la possession de la chose sans en avoir la propriété peut consentir le prêt à usage, tandis que celui qui a la propriété sans avoir la possession ne le peut pas.

46. D'où cette conséquence, étrange au premier aspect, que le propriétaire, qui ne peut pas prêter à usage la chose dont il n'a pas la possession, pourrait l'emprunter lui-même du possesseur. Ainsi, un nu propriétaire pourrait emprunter de l'usufruitier la chose dont il a la nue propriété (2). Ce ne serait pas ici le cas d'opposer le brocard cité par Pothier : *Commodatum rei suæ esse non potest ;* car le commodat procure au nu propriétaire l'usage de la chose, ce que justement il n'a pas lorsque la propriété se trouve démembrée de l'usufruit entre ses mains.

1879. — Les engagements qui se forment par le commodat, passent aux héritiers de celui qui prête, et aux héritiers de celui qui emprunte.

Mais si l'on n'a prêté qu'en considération de l'emprunteur, et à lui personnellement, alors ses héritiers ne peuvent continuer de jouir de la chose prêtée.

SOMMAIRE.

I.   47. Les engagements résultant du commodat passent aux héritiers des contractants. — 48. Sous ce rapport, le commodat diffère du mandat. — 49. Toutefois, dans le commodat, les engagements ne passent aux héritiers que par suite d'une présomption d'intention ; mais cette présomption tombe devant la preuve contraire.

---

(1) Comp. M. Troplong (n°ˢ 38 et 39). *Voy.* aussi MM. Duranton (t. XVII, n° 514); Duvergier (n° 33).

(2) *Voy.* Pothier (n° 19). — *Junge :* MM. Duvergier (n° 35); Troplong (n° 42).

II. 50. Il en est ainsi dans le *contrat à précaire*, qui est une variété de prêt à usage. — 51. D'après le droit romain et l'ancien droit français, la mort de l'emprunteur, mais non pas toujours celle du prêteur, mettait fin à ce contrat. — 52. Il en était autrement d'une autre espèce de précaire qui avait pour objet la concession, non point de l'usage, mais de la possession d'une chose. — 53. Application des anciens principes dans notre droit actuel.

III. 54. Transition aux conditions de capacité requises pour la validité du contrat.— Le commodat rentre dans les actes d'administration. — 55. En conséquence, il est valablement contracté entre ceux qui, sans avoir la faculté de disposer de leurs biens, peuvent néanmoins les administrer : du mineur émancipé; de la femme séparée; du prodigue. — 56. Ils ont la faculté de prêter non moins que celle d'emprunter à usage. Réfutation de l'opinion contraire. — 57. Mais le contrat est interdit aux incapables, qui n'ont pas le droit d'administrer: du mineur; de l'interdit; de la femme séparée. Toutefois le contrat serait, non pas nul absolument, mais seulement annulable sur la demande de l'incapable. — 58. Conséquences : situation du contractant capable dans le cas où l'incapable a figuré au contrat comme prêteur; — 59. Et dans celui où il y a figuré comme emprunteur. — 60. Mais, par un tempérament d'équité, il doit être permis à la personne capable qui a contracté avec un incapable de sommer ce dernier ou son représentant légal d'avoir à prendre parti. — 61. D'ailleurs, en bien des cas, les prêts et surtout les emprunts faits par un incapable doivent être considérés comme conclus en vertu d'un mandat tacite de leur représentant légal. — 62. Du cas où le mineur devenu majeur conserve la chose à lui prêtée en minorité. — 63. Transition aux obligations résultant du commodat.

I. — 47. D'après l'art. 1122 du Code Napoléon, on est censé avoir stipulé pour soi et pour ses héritiers, à moins que le contraire ne soit exprimé ou ne résulte de la nature de la convention. L'art. 1879 fait au commodat spécialement l'application de cette règle générale. Le législateur suppose que si ce contrat a sa base dans un sentiment de bienveillance personnelle, il n'y a pourtant dans sa nature rien qui fasse obstacle à la continuation, entre les héritiers, du rapport de droit qui s'est établi primitivement entre leurs auteurs. Et il dit en conséquence, par la première disposition de l'art. 1879, que les engagements qui se forment par le commodat passent aux héritiers de celui qui prête et aux héritiers de celui qui emprunte.

48. Sous ce rapport, le cas de commodat diffère de celui de mandat. Ce dernier contrat est essentiellement fondé aussi sur l'estime et la confiance personnelle qu'ont deux personnes l'une pour l'autre; mais la loi n'admet pas que les engagements résultant du contrat passent aux héritiers, car elle met au nombre des causes susceptibles de dissoudre le mandat la mort soit du mandant, soit du mandataire (C. Nap., art. 2003).

49. Au surplus, s'il en est autrement dans le commodat, c'est en thèse générale seulement, et non pas d'une manière nécessaire. En effet, l'art. 1879, en même temps qu'il pose le principe, consacre le droit, pour les tribunaux, de juger d'après les circonstances, et de décider s'il a été ou non dans l'intention des parties de stipuler dans un intérêt exclusivement personnel. C'est l'objet du second paragraphe de cet article, aux termes duquel lorsqu'on n'a prêté qu'en considération de l'emprunteur et à lui personnellement, ses héritiers ne peuvent continuer de jouir de la chose prêtée.

Il n'y a pas, on le comprend bien, de règle générale à poser pour fixer la mesure de ce droit d'appréciation. Tout ce qu'on peut dire, c'est que les circonstances qui guideront le juge seront tirées en général soit des clauses et conditions ajoutées au prêt, soit de la nature de la chose comparée à la profession des parties : par exemple, s'il a été prêté des livres de droit à un avocat dont l'héritier ou l'ayant cause est un industriel, on décidera certainement que ce dernier n'a aucune raison de retenir les livres prêtés à son auteur.

II. — 50. Voici pourtant une forme particulière du prêt à usage dont il convient de parler à ce propos, et dans lequel l'intention des parties à cet égard pourrait s'induire en quelque sorte de la nature même et du caractère du contrat ; nous voulons parler de la convention connue sous le nom de *contrat à précaire*.

51. Le précaire tire son caractère distinctif de la réserve faite par le prêteur de rentrer en possession de sa chose quand il lui plaira de la redemander. C'est une espèce de prêt sans terme ; une sorte de tolérance de la part du prêteur qui laisse momentanément l'usage de sa chose à un autre, mais avec la pensée de la reprendre à sa volonté ; un état de fait plutôt que de droit. Fort rare aujourd'hui, cette convention a son origine dans le droit romain, dont les textes nous montrent qu'elle était largement pratiquée à Rome. Seulement, le précaire, selon l'expression de Pothier, *n'y était pas en tout contrat ni quasi-contrat ;* celui qui avait accordé précairement l'usage de la chose n'avait, pour se la faire rendre, que des remèdes prétoriens, tels que l'*interdictum de precario*, et en outre une action *præscriptis verbis*, laquelle n'était qu'une action *utile*, ou, en d'autres termes, qui n'avait son fondement que dans l'équité et la juridiction prétorienne (1).

Dans notre ancien droit français, où, loin d'admettre ces principes, on tenait que toute promesse de donner, faire ou ne pas faire quelque chose crée le lien de droit, la convention de précaire n'était pas moins un vrai contrat que le prêt à usage ; toutefois, il était passé dans la pratique avec son caractère distinctif, c'est-à-dire que celui qui avait accordé précairement l'usage d'une chose n'était pas obligé de laisser la chose au précariste ou à l'emprunteur pendant un certain temps, et qu'il pouvait la reprendre quand il le voulait et même dès le lendemain s'il lui plaisait de le faire (2). Dans un tel état de choses, on comprend que soit dans les principes du droit romain, soit dans ceux de notre ancienne jurisprudence, on ne pouvait guère considérer le précaire comme héréditaire. Aussi les jurisconsultes s'accordaient-ils à reconnaître que le précaire finissait par la mort de l'emprunteur. La question de savoir s'il finissait également par la mort du prêteur était, à la vérité, un point de controverse, et l'on trouve, dans le droit romain, des textes en apparence contradictoires (*voy.* l. 4, ff. *Locat.*, et l. 8, § 2, *De Precario*) ; mais, en définitive, on tenait grand compte des circonstances, des

(1) *Voy.* Pothier (n° 88).
(2) *Ibid.* (n° 89).

termes dans lesquels la convention s'était formée; et quand il était précisé, par exemple, que le précaire ne durerait qu'autant qu'il plairait au prêteur, on reconnaissait que la convention ne devait plus se soutenir après la mort de ce dernier (1).

52. Du reste, il y avait une autre espèce de précaire par lequel on accordait non plus l'usage, mais la possession d'une chose, et qui était arrivé à un bien plus grand degré de stabilité. Celui-ci a eu également son origine dans le droit romain, et s'était introduit sous l'influence des causes qui, dans les derniers temps de l'empire romain, amenèrent l'accroissement démesuré et excessif des grandes propriétés, *latifundia*. Les propriétaires de ces domaines immenses, se mettant au-dessus de la loi et résistant à l'autorité impériale, profitaient de l'affaiblissement de la population libre pour l'absorber en quelque sorte; et le petit propriétaire, privé de toute protection, achetait celle de son puissant voisin en lui abandonnant son patrimoine, dont celui-ci, par politique ou par commisération, lui concédait cependant la possession à précaire et moyennant une redevance.

Les chartes des quatrième, cinquième et sixième siècles relatives à la France sont pleines de ces abandons de terres suivis d'un contrat de précaire. On voit, en y regardant de près, comment le précaire tendit peu à peu vers la stabilité. L'attachement que les propriétaires dépossédés conservaient pour leurs terres les poussait à faire tous leurs efforts pour assurer la possession à leurs enfants; et la faculté laissée au propriétaire de faire cesser le précaire à sa volonté en reprenant le bien ayant été incessamment restreinte, entravée et même contestée, il arriva enfin que la règle selon laquelle le précaire finissait par la mort du précariste fut mise à l'écart, et que le contrat, devenu héréditaire, passa de la tête du précariste sur celle de ses enfants.

53. Mais à côté de cette espèce de précaire subsistait l'autre contrat ayant pour objet la concession de l'usage d'une chose; il subsiste encore aujourd'hui, sinon comme contrat mentionné par le Code, au moins comme variété du commodat, et on peut lui appliquer les principes spéciaux auxquels il était soumis en droit romain. Si donc il arrivait, ce que d'ailleurs on voit encore parmi les habitants de la campagne, que le contrat se formât entre deux personnes, on déciderait, suivant en cela l'intention des parties telle qu'elle résulte de la nature même de la convention, que le contrat ne survit pas à la mort de l'emprunteur, et que, dans le cas du moins où la faculté serait expressément réservée au prêteur de reprendre sa chose à sa volonté, le contrat ne survit pas non plus à la mort de ce dernier.

III. — 54. Nous avons traité jusqu'ici des conditions intrinsèques nécessaires à la formation et à la validité du prêt à usage. Il nous reste maintenant, avant d'aborder avec les articles qui vont suivre les obligations résultant du contrat, à nous occuper des conditions extrinsèques

---

(1) *Voy*. M. Troplong (n° 47) et les autorités qu'il cite. *Voy*. cependant Domat (n° 13).

sans lesquelles ces obligations ne sauraient exister; en d'autres termes, nous avons à rechercher quelle est la capacité requise soit chez le prê- teur, soit chez l'emprunteur. Le principe en cette matière et la raison de décider sont que le prêt à usage rentre dans les actes d'administra- tion, puisqu'il ne conduit ni à une aliénation, ni à une acquisition de propriété.

55. D'après cela, on peut dire que le prêt à usage sera valablement consenti entre tous ceux qui, sans avoir la faculté de disposer de leurs biens, peuvent néanmoins les administrer. Ainsi en est-il du mineur émancipé, de l'individu pourvu d'un conseil judiciaire, de la femme séparée de biens. A la vérité, il y a des textes qui interdisent à ces di- verses personnes la faculté spécialement d'*emprunter* (C. Nap., art. 483, 499, 513; — *voy.* aussi art. 217). Mais il est évident, par l'économie même des dispositions dans lesquelles la prohibition est contenue, que le législateur a eu en vue exclusivement le prêt de consommation, ou le prêt simple qui a pour résultat un transport de propriété, qui constitue ainsi un acte de disposition, et même, l'expérience ne le prouve que trop, l'un des plus dangereux et des plus propres à con- duire à leur ruine les personnes peu réfléchies. Il n'y a pas de motif assurément pour comprendre dans la prohibition le commodat, qui ne présente pas les mêmes dangers, et qui, rentrant dans les actes d'ad- ministration, doit, encore une fois, être permis à ceux qui ont la ca- pacité d'administrer.

56. Notons toutefois quelques dissidences dans la doctrine. Plu- sieurs auteurs, distinguant entre le prêt et l'emprunt, pensent que le prêt du moins, sinon l'emprunt, excède la capacité soit du mineur émancipé et de l'individu pourvu d'un conseil judiciaire (1), soit même de la femme séparée (2). Mais, à notre avis, la distinction n'est pas fondée : nous regardons comme impossible de reconnaître que le mineur émancipé, la femme séparée, l'individu pourvu d'un conseil judiciaire, qui seraient suffisamment capables, par exemple, pour em- prunter la charrue et les bœufs du voisin à l'effet de labourer leurs terres, ne le seraient pas suffisamment pour prêter à leur tour leurs bœufs et leur charrue au voisin qui aurait à labourer chez lui. Telle n'a pu être la pensée de la loi, qui, assurément, n'a pas entendu enle- ver aux personnes dont il s'agit ici la faculté de prêter à usage, quand elle les autorise à consentir des contrats bien plus importants, le louage, par exemple, et bien autrement compromettants pour leur patrimoine (3).

57. Quant aux personnes placées sous le coup d'une incapacité telle qu'elles ne peuvent pas même administrer, la conséquence de notre principe est qu'elles ne peuvent valablement ni prêter, ni emprunter à usage. Ainsi en est-il des mineurs, des interdits ou des personnes

---

(1) *Voy.* notamment M. Duvergier (nᵒˢ 46 et 48).
(2) *Voy.* M. Mourlon (5ᵉ édit., t. III, p. 375). — *Contrà*, M. Duvergier (nᵒ 47).
(3) Conf. MM. Duranton (t. XVII, nᵒˢ 510 et suiv.); Taulier (t. VI, p. 420); Troplong (nᵒˢ 55 et suiv.); Massé et Vergé, sur Zachariæ (t. IV, p. 458 et 459, note 7).

placées dans un établissement d'aliénés, des femmes mariées non séparées de biens (C. Nap., art. 1124). Est-ce à dire que tout commodat dans lequel une de ces personnes aurait figuré comme partie sera nul absolument et radicalement? En aucune manière. Le contrat sera simplement annulable sur la demande de l'incapable, et il ne laissera pas de lier provisoirement le cocontractant capable. Précisons ceci, en reprenant successivement les deux hypothèses qui peuvent se présenter, celle où l'incapable figure au contrat comme prêteur et celle où il y figure comme emprunteur.

58. L'incapable joue, dans le contrat, le rôle de prêteur : dans ce cas, il pourra à son gré, soit tenir le prêt pour valable, soit en demander la nullité.

S'il opte pour le premier parti, c'est-à-dire s'il n'excipe pas de la nullité du prêt, la personne capable avec laquelle il a contracté reste définitivement liée par cela même, et tenue de toutes les obligations découlant du contrat.

Au contraire, si, excipant de son incapacité personnelle, le prêteur invoque la nullité du contrat, il peut à l'instant même reprendre la chose prêtée sans en laisser l'usage à l'emprunteur. Il n'est pas même, sauf le cas de dol, responsable du dommage que les vices de la chose ont pu causer à ce dernier (voy. *infrà* le commentaire de l'art. 1891); et si l'emprunteur a fait des dépenses extraordinaires et nécessaires à la conservation de la chose, le prêteur incapable ne sera tenu de les lui restituer que comme à un gérant d'affaires (C. Nap., art 1375).

59. L'incapable joue, dans le contrat, le rôle d'emprunteur : la position de son cocontractant capable est beaucoup plus dure encore.

D'une part, si la chose prêtée a des vices qui ont causé un dommage à l'incapable, ou encore si celui-ci a été entraîné à faire des frais extraordinaires pour la conservation de cette chose, il pourra, en maintenant le contrat ou en s'abstenant d'en demander la nullité, obtenir du prêteur qu'il lui paye une indemnité.

Au contraire, d'une autre part, si l'emprunteur incapable a détruit ou détérioré la chose, s'il l'a vendue et en a dissipé le prix, il pourra, en invoquant la nullité du contrat, réduire le prêteur capable à n'avoir d'autres actions que celles qu'il peut invoquer en dehors du prêt, par exemple l'action en revendication (*suprà*, nos 31 à 34). Encore même faut-il remarquer que le prêteur n'obtiendrait la chose, au moyen de la revendication, que telle qu'elle existerait aux mains de l'incapable et sans aucune indemnité pour les diminutions qu'elle aurait subies, sauf néanmoins en deux cas : le cas où l'incapable aurait tiré profit de ces diminutions, car la loi veut que nul, sans excepter les incapables, ne s'enrichisse aux dépens d'autrui; et le cas où l'incapable aurait commis un dol, car les incapables répondent de leur dol.

60. Cette situation est fort grave surtout pour le prêteur de bonne foi; mais elle est une conséquence nécessaire de l'état juridique de l'incapable auquel ce prêteur a imprudemment confié sa chose. Néanmoins nous pensons qu'un tempérament y pourrait être apporté. Ainsi, le prê-

teur dont les droits sont ainsi compromis pourrait, ce nous semble, faire sommation à l'emprunteur, ou plutôt au représentant légal de ce dernier, d'avoir à prendre parti. Et nous n'apercevons pas comment ce prêteur pourrait être écarté par les tribunaux si, pour sortir d'incertitude et ne plus être à la discrétion de l'emprunteur incapable, il lui tenait ce langage : « Voulez-vous que le prêt soit valable? J'y consens; mais alors donnez, dans la forme voulue, une ratification qui vous lie envers moi comme je suis lié envers vous. Voulez-vous, au contraire, que le contrat soit nul? J'y consens encore; mais dites-le, afin que je puisse user à l'instant des actions que j'ai en dehors du prêt pour rentrer en possession de ma chose et la soustraire ainsi aux risques qu'elle court dans vos mains. »

61. Remarquons au surplus, en terminant, qu'en beaucoup de cas les prêts et surtout les emprunts faits par des incapables devront être considérés comme conclus en vertu d'un mandat tacite de leur protecteur, père, tuteur ou mari. Ceux-ci seraient certainement obligés de répondre d'un objet d'étude ou de plaisir prêté à leur fils, ou d'un article de ménage prêté à leur femme, le tout, bien entendu, dans les limites des relations journalières d'amitié et de bon voisinage.

62. Mais nous n'allons pas jusqu'à dire, avec plusieurs auteurs, que si le mineur parvenu à sa majorité, ou plus généralement l'incapable devenu capable, conserve la chose à lui prêtée, les règles du prêt à usage sont désormais applicables au contrat (1). Annulable à l'origine, le commodat reste annulable tant qu'il n'est pas confirmé par une ratification ultérieure : telle était déjà la décision des lois romaines (1. 1, § 2, ff. *Commod.*). Si la ratification n'intervient pas, c'est en dehors du contrat que le prêteur devra chercher un moyen d'action. Et ce moyen ne fera pas défaut dans l'hypothèse même prévue par les auteurs dont nous contestons la solution, l'hypothèse où l'incapable devenu capable fait ou laisse périr la chose par sa faute. En effet, cette faute constituerait, abstraction faite du prêt, un délit civil, et par cela même elle obligerait celui qui l'aurait commise à réparer le dommage qui en serait résulté.

63. Après nous être expliqué tant sur les caractères essentiels du prêt à usage ou commodat que sur la preuve du contrat, nous avons à traiter des engagements et obligations qui en découlent, en le supposant valable et prouvé. C'est l'objet des deux sections qui vont suivre, et qui déterminent successivement les engagements de l'emprunteur et ceux du prêteur.

SECTION II.

DES ENGAGEMENTS DE L'EMPRUNTEUR.

1880. — L'emprunteur est tenu de veiller en bon père de famille à la garde et à la conservation de la chose prêtée. Il ne peut s'en servir

---

(1) *Voy.*, sur ces divers points, MM. Toullier (t. VII, n° 587); Duvergier (n°ˢ 39 et suiv.); Duranton (n°ˢ 507 et suiv.); Troplong (n°ˢ 50 et suiv.); Massé et Vergé, sur Zachariæ (*loc. cit.*).

qu'à l'usage déterminé par sa nature ou par la convention; le tout à peine de dommages-intérêts, s'il y a lieu.

1881. — Si l'emprunteur emploie la chose à un autre usage, ou pour un temps plus long qu'il ne le devait, il sera tenu de la perte arrivée, même par cas fortuit.

1882. — Si la chose prêtée périt par cas fortuit dont l'emprunteur aurait pu la garantir en employant la sienne propre, ou si, ne pouvant conserver que l'une des deux, il a préféré la sienne, il est tenu de la perte de l'autre.

1883. — Si la chose a été estimée en la prêtant, la perte qui arrive, même par cas fortuit, est pour l'emprunteur, s'il n'y a convention contraire.

1884. — Si la chose se détériore par le seul effet de l'usage pour lequel elle a été empruntée, et sans aucune faute de la part de l'emprunteur, il n'est pas tenu de la détérioration.

1886. — Si, pour user de la chose, l'emprunteur a fait quelque dépense, il ne peut pas la répéter.

SOMMAIRE.

I.   64. Aperçu général et division.
II. 65. Du droit que l'emprunteur acquiert par l'effet du contrat de prêt à usage.— 66. Nature de ce droit : en quoi il diffère de celui de l'usager et de l'usufruitier. — 67. Mesure et étendue de ce droit : l'emprunteur peut employer la chose à l'usage déterminé par sa nature ou par la convention (art. 1880) : règles d'appréciation.— 68. L'emprunteur qui reste dans les limites est irresponsable, quelles que soient les conséquences de l'usage auquel il devait employer la chose prêtée (art. 1884) : exemples. — 69. Toutefois, il est tenu des frais, tant pour les soins qu'il doit donner à la chose prêtée que pour approprier cette chose à l'emploi auquel il la destine (art. 1886). La dépense est obligatoire pour lui et non facultative. *Quid* en ce qui concerne certaines autres dépenses extraordinaires? Renvoi. — 70. Du cas où l'emprunteur excède son droit : c'est lorsqu'il emploie la chose à un autre usage que celui auquel elle est destinée ou la retient au delà du temps fixé par la convention. Rejet d'un tempérament proposé par Pothier et admis par quelques auteurs. — 71. En ce cas, l'emprunteur peut être condamné à des dommages-intérêts (art. 1880); mais notre droit diffère du droit romain, qui voyait dans l'abus ou l'excès un vol d'usage : il en est ainsi même quand il y a détournement par l'emprunteur de la chose prêtée. — 72. En outre, l'emprunteur qui a excédé son droit est tenu de la perte arrivée même par cas fortuit (art. 1881); — 73. Même dans le cas où la chose eût également péri chez le prêteur. Controverse. — 74. Transition.
III. 75. Des obligations de l'emprunteur. — Il doit, sous peine de dommages-intérêts, s'il y a lieu, veiller à la garde et à la conservation de la chose prêtée.— 76. Mais quel est le degré de vigilance qu'il y doit apporter? Ancienne théorie des trois fautes rejetée. — 77. Substitution à cette théorie d'une autre qui n'est pas encore celle du Code. — 78. Sous le Code, la vigilance exigée de l'emprunteur est celle du bon père de famille. En conséquence, l'emprunteur n'est affranchi de toute responsabilité qu'autant qu'il évite la faute, même légère, *culpa levis* ou *in abstracto*. — 79. Néanmoins les juges ont un pouvoir d'appréciation à la faveur duquel ils peuvent se montrer moins exigeants, suivant les circonstances, le caractère et l'intention présumée des parties. — 80. Le

préteur pourrait demander la résolution du contrat contre l'emprunteur qui
méconnaîtrait cette première obligation.

IV. 81. L'emprunteur doit restituer la chose à lui prêtée. C'est l'obligation principale
résultant du contrat. — 82. Quand la restitution doit-elle être effectuée? —
83. A qui doit-elle être faite? Hypothèses diverses. Du prêt consenti par un
incapable, et par celui qui n'est pas propriétaire de la chose prêtée. — 84. Où
la restitution doit-elle avoir lieu?

V. 85. En thèse générale, la perte de la chose ne libère pas l'emprunteur, dont l'obligation se résout alors en dommages-intérêts; — 86. Même dans le cas de perte
partielle ou de détérioration. — 87. *Quid* si la chose vient à être retrouvée après
le payement de l'indemnité? — 88. Mais la règle que la perte de la chose ne
libère pas l'emprunteur n'est pas absolue. Elle ne s'applique pas à la perte par
cas fortuit ou force majeure; — 89. Même quand c'est le prêt lui-même qui a
été l'occasion de l'accident. — 90. Toutefois la règle fléchit en divers autres
cas : 1° Du cas où l'emprunteur excède son droit. Renvoi. — 91. 2° Du cas où
la perte par cas fortuit ou force majeure a été précédée de quelque faute de la
part de l'emprunteur. — 92. 3° Du cas où l'emprunteur a pu garantir la chose
prêtée de l'accident en employant la sienne propre, et de celui où, ne pouvant
garantir que l'une des deux, il a préféré la sienne (art. 1882).— 93. Examen de
la première hypothèse. — 94. Examen de la seconde hypothèse : distinctions.
— 95. Suite. — 96. 4° Du cas où l'emprunteur s'est chargé expressément des
cas fortuits. — 97. Cette convention est présumée par la loi si la chose a été
estimée lors du contrat (art. 1883).

I. — 64. Le contrat de prêt à usage crée, pour l'emprunteur, à la
fois des droits et des obligations : d'un côté, l'emprunteur acquiert le
droit de se servir de la chose prêtée; d'un autre côté, il contracte l'obligation principale de rendre cette même chose, et par conséquent celle
de veiller avec soin à sa conservation pendant la durée du prêt. Pothier, envisageant à ce double point de vue la situation de l'emprunteur, s'est occupé distinctement, dans le chapitre II de son Traité du
prêt à usage, du droit créé par la convention (sect. 1re, nos 20 et suiv.)
et des obligations qui en découlent (sect. 2, nos 23 et suiv.).

Toutefois les rédacteurs du Code ne procèdent pas ainsi : ils considèrent principalement, dans le droit qu'a l'emprunteur de se servir
de la chose prêtée, les limites dans lesquelles l'exercice de ce droit est
renfermé, c'est-à-dire la nécessité pour l'emprunteur de ne se servir
de la chose qu'à l'usage indiqué soit par sa nature, soit par la volonté
des parties; en sorte qu'ils voient là une obligation, un engagement
nouveau, et nullement un droit. De là la formule du premier des six
articles que nous réunissons ici, lequel article dit que l'emprunteur est
tenu de veiller en bon père de famille à la garde et à la conservation
de la chose prêtée; et qu'il ne peut s'en servir qu'à l'usage déterminé
par sa nature ou par la convention; le tout à peine de dommages-
intérêts, s'il y a lieu.

Du reste, ni cet article, ni aucun autre de la même section, ne mentionnent formellement une autre obligation, qui cependant est capitale
et caractéristique dans le contrat, qui même est la seule qui en dérive
nécessairement (voy. *suprà,* n° 27) : nous voulons parler de l'obligation
de rendre la chose prêtée au terme fixé par la convention, ou, à défaut
de convention, après que la chose a servi à l'usage pour lequel elle a

été prêtée. Mais si cette obligation n'est pas expressément formulée par la loi, il y a bien des textes qui la supposent (notamment art. 1885, 1887, 1888, etc.); et, à vrai dire, celles qu'énumère l'art. 1880 sont consacrées en vue de celle-là et pour en assurer l'exécution. Nous pouvons donc et nous devons la comprendre dans le commentaire de nos articles qui, ainsi, aura pour objet : — le droit qu'a l'emprunteur à l'usage de la chose, et la mesure de ce droit; — l'obligation dont il est tenu de veiller à la garde et à la conservation de la chose, et le degré de vigilance qu'il y doit apporter; — l'obligation qui lui est imposée de restituer la chose prêtée et les conditions dans lesquelles la restitution doit être effectuée; — enfin le point de savoir comment et dans quels cas la perte ou la détérioration de la chose prêtée libère l'emprunteur de cette dernière obligation.

II. — 65. L'emprunteur acquiert, par l'effet du contrat de prêt à usage, le droit d'user de la chose, avec toute la latitude que supposent l'intention des parties et l'objet auquel elles ont entendu que la chose servît. Quelle est la nature de ce droit? Quelles en sont les conditions et l'étendue? C'est ce qu'il faut préciser.

66. Le droit à l'usage que confère le commodat naît contre le preneur de l'obligation corrélative prise par ce dernier de laisser l'emprunteur se servir de la chose pendant le temps et pour l'usage pour lequel il la lui a prêtée : ce n'est donc pas un droit dans la chose; c'est un droit purement personnel (1). Il se distingue, sous ce rapport, des droits de l'usager et de l'usufruitier, qui sont des droits dans la chose. Il s'en distingue sous un autre rapport encore : c'est que le droit de l'usager et celui de l'usufruitier comprennent, en tout ou en partie, les fruits produits par la chose, tandis que l'emprunteur n'a rien que l'usage de la chose, dans le sens strict du mot. S'il lui était permis par la convention de prendre une part des fruits, ce ne serait plus un prêt pur et simple, ce serait un contrat mélangé de prêt et de donation.

67. Quant à la mesure et à l'étendue du droit, elles n'ont d'autres limites que celles qui sont fixées par la nature de la chose prêtée ou par la convention (art. 1880). Ainsi, les parties ont-elles eu le soin de déterminer la durée du prêt, le service que l'emprunteur pourra tirer de la chose prêtée et l'usage qu'il en devra faire, la mesure et l'étendue du droit conféré à ce dernier seront dans les termes, dans les stipulations mêmes de la convention. Au contraire, les parties ont-elles gardé le silence à cet égard, soit qu'elles aient jugé à propos de se taire, soit qu'elles aient négligé de s'expliquer, la mesure et l'étendue du droit seront déterminées par la nature de la chose prêtée et par la position des contractants. Par exemple, si je prête à un cultivateur mon cheval de trait, il sera naturel de supposer que le cheval a été prêté pour être employé aux travaux des champs; si je prête mon cheval de selle, il est clair que le cheval est prêté pour être monté, et non pour être envoyé au labour. Si je prête à un ami étranger qui veut passer

---

(1) Voy. Pothier (n° 20). — Junge · M. Troplong (n° 17).

quelques jours à Paris deux ou trois chambres dans ma maison, cet ami pourra seul se servir de ces chambres et les habiter ; mais si je les prête à un hôtelier dont l'hôtel est pour le moment encombré, l'emprunteur y pourra placer des voyageurs.

Sur tout ceci, on le comprend bien, les tribunaux ont un pouvoir souverain d'appréciation. N'y insistons donc pas davantage, et attachons-nous distinctement aux deux hypothèses qui peuvent se produire, celle où l'emprunteur se renferme strictement dans son droit, et celle où il l'excède.

68. Tant que l'emprunteur, usant de la chose prêtée, reste dans les limites de l'usage telles qu'elles sont fixées soit par la nature de cette chose, soit par la convention, il est dans son droit ; et quelles que soient les conséquences de l'usage auquel il devait employer et a effectivement employé la chose prêtée, il reste affranchi de toute responsabilité. Cela s'induit avec évidence de l'art. 1884, aux termes duquel si la chose se détériore *par le seul effet de l'usage pour lequel elle a été empruntée et sans aucune faute de l'emprunteur,* il n'est pas tenu de la détérioration. Citons quelques exemples.

En publiant le récit de courses qui ont eu lieu à Fontainebleau le 22 juin 1862, les journaux rapportent que l'un des prix a été remporté par M. de T... montant un cheval qui lui avait été prêté par M. de J... Supposons que le cheval se fût abattu en courant, qu'il se fût couronné ou même qu'il se fût blessé de telle manière qu'il fût désormais perdu pour son maître, M. de J... n'eût été fondé à réclamer de M. de T... aucune indemnité, aucune réparation du dommage ; car, d'une part, ce dernier, en faisant courir le cheval, l'avait exactement employé à l'usage pour lequel le cheval avait été prêté ; et d'une autre part, celui qui prête son cheval pour le faire courir dans un steeple-chase n'est pas fondé à se plaindre si le cheval est victime de l'un de ces accidents que le prêteur a dû nécessairement prévoir comme pouvant résulter de l'usage pour lequel ce cheval lui a été emprunté.

Il en faut dire autant dans le cas où l'emprunteur aurait demandé et obtenu le cheval du prêteur pour le mener à la guerre.

La Cour de Rennes a fait une application exacte de la règle dans une autre espèce : celle où trois chevaux et une voiture, prêtés à un fermier, avaient été employés par ce dernier à conduire de la pierre sur la grande route. Les conditions du prêt n'avaient pas été réglées par le contrat ; il fallait donc chercher la mesure de l'usage permis à l'emprunteur tant dans la nature de la chose prêtée que dans la position des parties. Or, il était constant en fait que des charrois pareils à ceux auxquels les chevaux prêtés avaient été employés étaient faits journellement par les chevaux du fermier ; que le travail n'était pas excessif, les courses n'étant pas éloignées ; que dès qu'il avait acheté des chevaux, l'emprunteur en attelait toujours quelques-uns des siens avec ceux du prêteur, et qu'enfin les soins, le traitement et la nourriture étaient les mêmes pour tous, sans distinction aucune. Dans ces circonstances, la Cour jugea et devait juger que le prêteur n'avait aucun droit à l'indemnité par lui prétendue à raison de la mort de l'un de ses chevaux survenue pendant la durée du prêt (1).

Tout ceci montre que plus l'usage doit être périlleux ou extraordinaire, plus les parties ont intérêt à préciser et à s'expliquer nettement dans le contrat. Cela peut être intéressant même au point de vue de la validité de la convention ; car il ne serait pas impossible d'arriver à un point où, sous prétexte d'usage, le prêteur finirait par abandonner la disposition de sa chose, ce qui constituerait une véritable donation, en sorte que les règles du prêt à usage ne suffiraient plus à la perfection du contrat.

69. Si l'emprunteur est affranchi de toute responsabilité quand il se renferme strictement dans l'exercice de son droit, ce n'est pas à dire que l'usage de la chose prêtée doive toujours et nécessairement être exempt de toute charge. L'art. 1886 dispose, au contraire, que si *pour user de la chose* l'emprunteur a fait quelque dépense, *il ne peut pas la répéter.* Cela, d'ailleurs, irait de droit quand même le législateur ne s'en serait pas expliqué. Il est bien clair, en effet, que les frais faits par l'emprunteur à raison des soins qu'il est obligé de donner à la chose, comme aussi les frais faits pour approprier cette chose à l'emploi auquel il la destine, doivent être à sa charge comme conséquence du droit qu'il a d'en user. Ainsi, celui qui emprunte un cheval doit payer sa nourriture ; si par suite du service auquel il l'emploie ce cheval a besoin de nouveaux fers, il doit les faire poser à ses frais. L'objet du prêt est-il une maison, l'emprunteur est tenu des réparations locatives, lesquelles, étant à la charge du locataire qui paye le loyer de la chose, doivent à plus forte raison être à la charge de l'emprunteur qui a l'usage de la chose sans le payer (2).

Nous disons plus ici, on le remarque, que ce qui résulte, sinon de l'esprit, au moins du texte de l'art. 1886. Pris à la lettre, cet article signifierait que l'emprunteur ne peut pas répéter la dépense *dans le cas où il l'aurait faite.* Mais évidemment la pensée de l'article va plus loin ; le législateur a entendu dire que l'emprunteur *est tenu de faire la dépense* dès qu'elle devient nécessaire. Domat disait en ce sens que « si, *pour user de la chose empruntée,* on est obligé à quelque dépense, celui qui l'emprunte *en sera tenu.* » (3) Les termes de notre article sont moins expressifs, sans doute, mais la pensée en est la même ; ils impliquent assurément l'idée que toutes ces dépenses sont charges corrélatives à l'obligation de garder et conserver la chose ; et si, l'emprunteur ayant négligé de les faire, il arrivait que l'usage de la chose eût des conséquences dommageables pour le prêteur, ce dernier aurait droit à une indemnité, car, répétons-le, les dépenses dont il s'agit sont, non pas facultatives, mais obligatoires pour l'emprunteur (4).

---

(1) *Voy.* Rennes, 3 déc. 1813 (Dalloz, v° *Prêt,* n° 94, à la note).
(2) *Voy.* là-dessus Pothier (n° 81). *Voy.* aussi MM. Duvergier (n° 79) ; Troplong (n° 138).
(3) Domat (sect. 2, n° 14).
(4) MM. Duvergier (n°⁵ 77 et suiv.) ; Troplong (n° 134).

Il en est certaines autres qui, au contraire, sont à la charge du prêteur et que celui-ci doit rembourser quand l'emprunteur les a faites : ce sont les dépenses extraordinaires, dont nous parlerons en traitant des engagements de celui qui prête à usage (*infrà*, art. 1890).

70. Voyons maintenant le cas où l'emprunteur excède son droit. Ce cas se vérifie, soit lorsque l'emprunteur emploie la chose prêtée à un autre usage que celui qui est déterminé par sa nature ou par la convention, soit lorsqu'il la retient au delà du temps convenu pour la durée du prêt.

Pothier, dont l'opinion, consacrée par le droit romain (1. 76, ff. *De Furtis*), est admise aujourd'hui par quelques auteurs (1), propose un tempérament. « Par exemple, dit-il, si quelqu'un m'a prêté à Orléans un cheval pour aller à Beaugency, je ne puis pas m'en servir pour aller plus loin. Mais si, étant arrivé à Beaugency, il m'est survenu une affaire plus loin, que je n'avais pas prévue lorsque j'ai emprunté le cheval, et que les relations d'amitié que j'ai avec celui qui me l'a prêté et la connaissance que j'ai de son caractère obligeant me donnent lieu d'être persuadé qu'il ne m'aurait pas refusé son cheval pour aller jusqu'au lieu où cette affaire m'est survenue, je puis licitement m'en servir pour aller jusque-là. » Nous disons, quant à nous, que rien dans le texte du Code n'autorise cette limitation. Le principe, c'est que l'emprunteur ne peut se servir de la chose qu'à l'usage déterminé par sa nature ou par la convention; et ce principe est posé en termes absolus tant par l'art. 1880 que par l'art. 1881. Il n'est donc pas permis de distinguer. Et la distinction de Pothier est d'autant moins admissible que la supposition sur laquelle elle repose est démentie en définitive par la réalité du fait. Car enfin, quand et comment la difficulté pourrait-elle se produire devant les tribunaux? C'est dans le cas seulement où le prêteur viendrait à réclamer contre l'usage abusif qui aurait été fait de sa chose. Or la réclamation démontrerait par elle-même l'erreur dans laquelle l'emprunteur serait tombé en supposant que le prêteur aurait autorisé cet usage s'il eût été informé. Il faut donc rester dans la rigueur des principes : l'emprunteur excède son droit toutes les fois qu'il emploie la chose prêtée autrement qu'à l'usage déterminé par sa nature ou par la convention. S'il agit ainsi, c'est à ses périls et risques; il pourra se faire sans doute que le prêteur soit porté par son caractère obligeant, par ses relations d'amitié à ne pas réclamer quand la chose lui sera rendue, et alors la difficulté n'aura ni le prétexte ni l'occasion de se produire. Mais si, au contraire, le prêteur proteste et réclame, la difficulté, qui naît alors, doit se résoudre en sa faveur; car l'emprunteur ayant excédé son droit ne peut pas dire qu'il s'est servi licitement de la chose. Il ne pourra donc pas échapper aux sanctions établies par la loi (2).

Et maintenant voyons en quoi consistent ces sanctions.

71. D'une part, l'emprunteur qui a excédé son droit, soit en rete-

---

(1) Pothier (n° 21); MM. Troplong (n° 98); Vergé et Massé, sur Zachariæ (t. IV, p. 459, note 1).
(2) *Voy.* en ce sens M. Duranton (t. XVII, n° 518).

nant la chose au delà du terme convenu, soit en ne se renfermant pas strictement dans l'usage qui lui a été concédé, doit, aux termes de l'art. 1880, des dommages-intérêts au prêteur pour le préjudice qu'il lui a ainsi causé. Mais l'article ne va pas au delà ; et par conséquent il s'écarte des rigueurs de la loi romaine, qui voyait dans le fait par l'emprunteur d'excéder son droit, non pas seulement un manquement à la bonne foi requise dans le contrat de prêt à usage, mais encore un vol qu'elle plaçait, sous le nom de vol d'usage, à côté du vol de la propriété, et qu'elle punissait avec la même sévérité (ll. 1, § 3, ff. *De Furtis ;* 40 *Commod.*). D'après Pothier, il en était ainsi encore sous l'ancienne jurisprudence française (1). Toutefois c'est un point contesté (2); mais dans tous les cas il est certain aujourd'hui que notre législation, moins rigoureuse, ne connaît plus les vols d'usage. L'emprunteur qui excède son droit est seulement en faute, ce qui peut entraîner une condamnation à des dommages-intérêts, *s'il y a lieu,* selon l'expression de notre art. 1880, c'est-à-dire si le fait a causé un préjudice au prêteur.

Un cas néanmoins s'est présenté dans lequel l'excès a été si grave que le fait a été d'abord considéré comme constituant, sinon un vol proprement dit, au moins un abus de confiance : nous voulons parler du cas où l'emprunteur, manquant à tous ses devoirs et méconnaissant les obligations dérivant du contrat, a disposé de la chose en la vendant. Deux arrêts de cassation avaient décidé, en effet, que le détournement d'une chose reçue à titre de prêt à usage, et sous la condition de la restituer en nature, doit être considéré comme une violation de dépôt, et par suite comme constituant l'abus de confiance puni par l'art. 408 du Code pénal (3). Au premier aperçu, il en faut convenir, on incline vers cette solution. Quand le détournement de la chose louée et la violation du dépôt ou du mandat tombent sous l'application de la loi pénale, comment se peut-il qu'un fait aussi grave que le détournement de la chose prêtée échappe à toute répression ? Cependant, en y regardant de près, on voit qu'il n'y a là ni vol ni abus de confiance : il n'y a pas vol, puisque le fait essentiel, l'appréhension frauduleuse, manque ici, la chose ayant été remise volontairement par le prêteur à l'emprunteur qui en a disposé; il n'y a pas abus de confiance, parce que l'art. 408 du Code pénal, qui définit ce délit, parle du détournement frauduleux des choses confiées à titre de *louage, dépôt, mandat,* et que le principe d'interprétation restrictive, admis en droit pénal, ne permet pas d'ajouter aux cas énumérés dans cet article le cas de prêt à usage, qui n'y est pas dénommé. Cela a été reconnu en définitive par les chambres réunies de la Cour de cassation dans un arrêt dont la doctrine est aujourd'hui généralement suivie (4).

72. D'une autre part, et indépendamment des dommages-intérêts,

(1) Pothier (n° 22).
(2) *Voy.* M. Troplong (n° 100).
(3) Cass., 22 juin 1839 et 9 juillet 1840 (S. V., 39, 1, 629; 40, 1, 724; Dalloz, 39, 1, 352; 40, 1, 430; *J. Pal.,* à leur date).
(4) Rej., 17 mars 1841 (S. V., 42, 1, 941; Dalloz, 44, 1, 398; *J. Pal.,* à sa date).
— *Voy.* aussi MM. Bélic et Chauveau (t. V, p. 429); Troplong (n° 91).

l'emprunteur qui emploie la chose à un autre usage ou pour un temps plus long qu'il ne le devait, est tenu de la perte arrivée même par cas fortuit. Telle est la disposition formelle de l'art. 1881, qui, en ceci, fait exception à la règle générale dont nous aurons à nous occuper bientôt, et d'après laquelle le prêteur restant toujours propriétaire, c'est lui qui a les risques de la chose, lui qu'atteint le cas fortuit. C'est, du reste, la peine de la faute commise par l'emprunteur, et l'exception n'eût-elle pas été formellement exprimée par l'art. 1881, les principes généraux consacrés par l'art. 1302 du Code y auraient conduit.

73. Mais l'art. 1302 ajoute que cependant la responsabilité cesse d'avoir lieu, dans le cas où la chose fût également périe, abstraction faite de la faute du débiteur : et presque tous les auteurs, appliquant cette restriction au cas de commodat, enseignent en conséquence que si, par exemple, ayant emprunté un cheval pour un jour ou pour aller à Saint-Cloud, je le garde plusieurs jours ou le mène à Versailles, je ne serais pas responsable, cependant, de la mort de ce cheval par suite d'un coup de sang qui l'aurait frappé pendant la demeure ou l'usage illicite, parce qu'il serait mort également sans ces circonstances (1). Ceci n'est pas admissible à notre avis. L'art. 1881 dispose en termes généraux ; nous n'y trouvons aucune distinction, et c'est une raison de croire que les rédacteurs du Code ont voulu déroger, en ce point, à la règle de l'art. 1302. Il y a tel cas, nous le verrons tout à l'heure en expliquant l'art. 1882, où l'emprunteur est responsable de la perte survenue par cas fortuit, sans qu'il ait cependant aucune faute à se reprocher. Qu'y aurait-il donc d'étonnant à ce que dans celui-ci, où l'emprunteur est manifestement sorti des limites que lui assignait le contrat, le législateur, déterminé par un juste sentiment de préférence pour le prêteur, eût été porté à frapper avec quelque rigueur celui qui est en faute ?... (2)

74. Ceci complète nos observations touchant le droit que le contrat de prêt à usage confère à l'emprunteur. Nous avons à nous expliquer maintenant sur les obligations que la convention met à sa charge.

III. — 75. L'art. 1880 place au premier rang celle de veiller en bon père de famille à la garde et à la conservation de la chose prêtée. Toutefois, nous savons que l'obligation principale de l'emprunteur, dans le prêt à usage, et même la seule qui dérive nécessairement du contrat, est l'obligation de rendre la chose prêtée. Le législateur ne méconnaît pas cette nécessité ; et, à vrai dire, c'est pour que l'emprunteur soit en mesure, le moment venu, de rendre la chose qu'il est tenu de la *garder,* c'est-à-dire de s'attacher à prévenir la perte, le détournement ou le vol, et de la *conserver,* c'est-à-dire de prendre les soins propres à éviter qu'elle soit détériorée.

D'ailleurs le législateur ne se borne pas à prescrire la garde et la con-

---

(1) *Voy.* MM. Delvincourt (t. III, p. 406, note 6); Duvergier (n° 64); Duranton (n° 520); Troplong (n° 101); Mourlon (t. III, p. 380, 5e édit.).
(2) *Voy.* MM. Aubry et Rau (3e édit., t. III, p. 429, note 2); Zachariæ, édit. Massé et Vergé (t. IV, p. 459, note 1).

servation de la chose ; il place sa prescription sous une sanction de
dommages-intérêts, *s'il y a lieu,* en d'autres termes si, à défaut de
vigilance ou de soins suffisants pendant sa détention, l'emprunteur a
laissé périr la chose, l'a perdue ou endommagée.

76. Mais quel est le degré de vigilance que le prêteur est en droit
d'exiger de l'emprunteur, et dans quelle mesure doit-il ses soins à la
chose prêtée pour éviter d'être réputé en faute? On a beaucoup discuté
là-dessus. Les anciens jurisconsultes avaient établi, à ce propos, toute
une théorie qu'ils croyaient reproduite du droit romain, où assurément
elle ne se trouve pas. Ils distinguaient trois espèces de fautes : — la
faute lourde, *culpa lata,* que ne commettent pas même les hommes
les plus négligents et qu'ils assimilaient au dol : c'était la seule dont
fût tenu celui qui, dans un contrat de bienfaisance, procurait à l'autre
partie un avantage purement gratuit ; — la faute légère, *culpa levis,*
que ne commet pas un administrateur diligent : c'était celle dont étaient
tenues les deux parties dans un contrat à titre onéreux ; — enfin la
faute très-légère, *culpa levissima,* que ne commettent pas les administrateurs les plus vigilants : c'était celle dont répondait, dans un
contrat de bienfaisance, celui qui recevait un avantage gratuit. — D'a-
près cette théorie, le prêteur n'eût été tenu que de la faute lourde,
tandis que l'emprunteur eût répondu même de la faute très-légère (1).

77. Cependant, dès avant le Code, la théorie des trois fautes avait
été contestée, et on avait tenté de lui en substituer une autre plus conforme aux véritables principes du droit romain, si toutefois on peut
ramener à une règle fixe ces principes tout de tempérament et d'é-
quité (2). Cette théorie ne reconnaissait plus que deux espèces de
fautes : l'une qu'on appréciait en prenant pour type le bon père de
famille : c'était par conséquent l'ancienne *culpa levis,* à laquelle on
donnait le nom nouveau de *culpa in abstracto ;* l'autre qu'on appréciait
en prenant pour point de comparaison le soin déployé par une personne
dans la gestion de ses propres affaires : c'était quelque chose qui se rap-
prochait de la faute lourde, *culpa lata,* et on la désignait sous la dénomination de *culpa in concreto.*

D'après les auteurs qui défendaient cette théorie, la diligence exclusive de la *culpa in abstracto* était la règle ; il n'y avait que certains
contrats exceptionnels, la société et les contrats analogues, où les
parties fussent tenues simplement de la *culpa in abstracto.*

78. Cette théorie, plus simple déjà que celle des trois fautes, a été
elle-même simplifiée par le Code Napoléon, qui exige, d'une manière
générale, pour tous les contrats soit à titre gratuit, soit à titre onéreux,
et pour toutes les parties, l'absence de la faute que ne commet pas un
bon père de famille, l'ancienne *culpa levis,* ou *culpa in abstracto.*
Telle est la disposition de l'art. 1137, qui ajoute, cependant, que l'o-
bligation de veiller à la conservation de la chose est plus ou moins

---

(1) *Voy.* l'exposition de cette théorie dans Pothier (*Obligations*, n° 42), et son
application au commodat (*Du Prêt,* n° 48).
(2) *Voy.* sur ce point **M.** de Fresquet (*Tr. élém. du droit romain,* t. II, p. 79 à 86).

étendue relativement à certains contrats dont les effets, à cet égard, sont expliqués sous les titres qui les concernent.

La plupart des auteurs (1), trop imbus de l'utilité d'une théorie des fautes telle qu'il en existait dans l'ancien droit, ont cru voir dans cette réserve et dans les deux ou trois dispositions exceptionnelles auxquelles renvoie l'art. 1137 (2) le renversement du principe si nettement posé dans la première partie de cet article; notamment en ce qui touche le prêt à usage, ils ont tenté de faire revivre l'ancienne *culpa levissima* de Pothier. Mais cette prétention, que Marcadé a déjà combattue (3), tombe d'elle-même quand on compare l'art. 1880 avec l'art 1137, dont il reproduit le sens et presque les expressions. Les rédacteurs ont, précisément pour le prêt à usage, confirmé par une disposition particulière le principe général par eux établi touchant la prestation des fautes; et quand on rapproche du texte de l'art. 1880 les textes si différents de Domat et de Pothier, que les rédacteurs du Code avaient certainement sous les yeux, on demeure convaincu qu'ils ont eu la pensée de remplacer par une décision nouvelle celle de ces auteurs.

79. Ce n'est pas, d'ailleurs, que nous entendions contester le pouvoir d'appréciation qui appartient aux tribunaux : les juges pourront évidemment et devront prendre en considération le caractère et la qualité des parties, leur intention présumée, la pensée qui a présidé au prêt, suivant qu'il a été consenti dans l'intérêt exclusif de l'emprunteur ou dans l'intérêt commun des deux contractants. Mais nous maintenons qu'en l'absence de circonstances spéciales, la vigilance ordinaire d'un bon administrateur devra toujours être exigée de l'emprunteur, et que celui-ci ne s'exonérera pas en alléguant, en prouvant même qu'il a veillé à la conservation de la chose prêtée comme il aurait veillé à la conservation de la sienne propre : s'il peut négliger impunément ses intérêts, il ne lui est pas permis de négliger ceux du prêteur, toujours en droit d'attendre de lui la vigilance du bon père de famille.

80. Ajoutons un dernier mot sur cette obligation du commodataire. Celui qui, en y manquant, tirerait de la chose à lui prêtée un service abusif ou contraire à la convention, serait exposé non-seulement à la condamnation en dommages-intérêts dont nous venons de parler, mais encore à voir prononcer la résolution du contrat sur la demande du prêteur (4).

IV. — 81. La dernière, la principale et véritable obligation de l'emprunteur est de rendre la chose au prêteur. S'il manque à faire la restitution, sans prouver qu'il en a été empêché par une force majeure, il sera tenu de tout le préjudice que le retard aura causé au prêteur, et même, comme nous le verrons bientôt, de la perte de la chose arrivée

---

(1) MM. Toullier (t. VI, n⁰ˢ 230 et suiv.); Duvergier (n° 55); Duranton (t. X, n° 398, et t. XVII, n° 521); Ducaurroy (*Inst.*, n° 1067).
(2) Art. 804, 1927, 1992, d'après lesquels l'héritier bénéficiaire, le dépositaire et les coassociés ne répondent que de leurs fautes graves.
(3) *Voy.* Marcadé sur l'art. 1137 (t. IV, n⁰ˢ 506 et suiv.). — *Junge :* MM. Troplong (n° 77) et Mourlon (t. III, p. 379, 5ᵉ édit.).
(4) *Voy.* M. Duvergier (n° 73).

par cas fortuit. Quand la restitution doit-elle être effectuée? A qui doit-elle être faite? Où doit-elle avoir lieu? Ce sont les questions que nous avons d'abord à résoudre. Nous verrons ensuite si et dans quelle mesure la perte de la chose libère l'emprunteur de l'obligation de la rendre.

82. L'emprunteur doit restituer la chose au terme convenu, soit que la convention fixe ce terme par l'indication de la date, soit qu'elle le détermine par l'indication du temps pour lequel le prêt a été fait. Que si la convention est muette, la restitution doit avoir lieu après que la chose a servi à l'usage pour lequel elle avait été prêtée. Mais, en toute hypothèse, la simple expiration du terme suffit, sans assignation ni sommation, pour mettre l'emprunteur en demeure de rendre. L'art. 1881 contient, sur ce point, une dérogation notable à la règle contraire posée par l'art. 1139 (1). Notons seulement que rien ne s'oppose à ce que le terme soit prorogé entre les parties. Quelques auteurs enseignent même qu'une prorogation tacite pourrait, en certains cas, être induite des circonstances. Mais nous nous sommes expliqué là-dessus (voy. *suprà,* n° 70).

83. C'est au prêteur lui-même que la restitution doit être faite, lorsqu'il est capable de recevoir sa chose. Que si le prêteur est un mineur, un interdit ou une femme non séparée de biens, la restitution devra être opérée entre les mains du représentant légal, c'est-à-dire le tuteur ou le mari.

Il est bien entendu, du reste, que le prêteur, le tuteur et le mari pourraient constituer un mandataire auquel la remise de la chose serait faite utilement, en ce cas, par l'emprunteur.

Seulement il faut remarquer, en ce qui concerne le tuteur et le mari, qu'en fait leur mandataire tacite sera assez habituellement l'incapable lui-même, c'est-à-dire le mineur ou la femme mariée, qui, peut-être, auront déjà joué ce même rôle de mandataire tacite lorsque le prêt a été consenti (voy. *suprà,* n° 61). Cependant il n'importe pas moins d'observer qu'à raison de leur incapacité ce n'est pas comme *prêteurs* qu'ils reçoivent leur chose, mais comme mandataires de leur protecteur légal, qui seul a qualité pour recevoir. Dès lors, si l'emprunteur ne parvenait pas à prouver l'existence du mandat tacite, il serait exposé à des réclamations de la part de ce dernier, et ne pourrait pas exciper, pour s'en défendre, de la restitution qu'il aurait faite à l'incapable.

Il y a une dernière hypothèse : c'est celle où le prêt aurait été fait par une personne qui ne serait pas propriétaire de la chose prêtée (voy. *suprà,* n° 44). Dans ce cas, la chose n'en doit pas moins être restituée à celui qui a fait le prêt. L'emprunteur ne saurait en aucune façon invoquer la circonstance que celui-ci n'est pas propriétaire pour se dispenser de faire la restitution, quand même il s'agirait d'une chose volée par le prêteur. Car l'art. 1938, qui autorise le dépositaire à re-

(1) *Voy.* MM. Duvergier (n° 82); Troplong (n° 105); Aubry et Rau (3ᵉ édit., t. III, p. 429 et note 3). — Req., 3 juin 1850 (S. V. 50, 1, 201; *J. Pal.,* 1851, t. I, p. 184).

fuser de restituer une chose volée par le déposant, ne s'applique pas au cas de prêt (1). L'emprunteur pourra seulement, s'il s'y croit obligé en conscience, avertir la personne au préjudice de laquelle la chose a été soustraite, et la prévenir qu'elle ait à réclamer et à faire une saisie-arrêt qui mette obstacle à la restitution.

84. En ce qui concerne le lieu où la restitution doit être faite, la règle générale est dans l'art. 1247, aux termes duquel tout payement d'un corps certain doit être fait, sauf convention contraire, au lieu où se trouvait la chose à l'époque du contrat. Or, la chose prêtée se trouvant presque toujours chez le prêteur à l'époque du prêt, c'est donc au domicile du prêteur que la restitution devra avoir lieu. Que si le prêteur avait changé d'habitation depuis le contrat, la chose devrait lui être rendue, selon l'intention présumée des parties, à son nouveau domicile, à moins que cette obligation ne fût trop onéreuse pour l'emprunteur. Les juges ont nécessairement, sur tous ces points, un pouvoir d'appréciation à la faveur duquel ils arriveront aisément à la solution équitable des différends qui pourraient s'élever entre les parties.

V. — 85. Passons à des difficultés bien autrement sérieuses. La question est maintenant de savoir si la perte de la chose libère l'emprunteur de l'obligation de restituer. En thèse générale, il faut dire que la perte de la chose ne libère pas l'emprunteur. Seulement, l'obligation de restituer se résout alors, par la force même des choses, en dommages et intérêts.

86. D'ailleurs, ce que nous disons ici pour le cas où il y a perte totale de la chose doit être étendu au cas où la chose est détériorée ou perdue en partie. Il y aura seulement des différences nécessaires quant à quelques points de détail. Ainsi, s'agit-il d'une simple détérioration ou d'une perte partielle qui n'empêcheront pas le prêteur de se servir de la chose, la différence portera sur les dommages, dont le chiffre sera nécessairement moins élevé que dans le cas de perte totale de la chose. S'agit-il d'une perte partielle, d'une détérioration telle que le prêteur serait désormais empêché de se servir de sa chose pour l'usage auquel il l'employait auparavant, cela, sans doute, équivaudrait, quant à lui, à une perte totale, et il devrait être indemnisé absolument comme si la chose était totalement perdue; mais alors l'emprunteur aurait le droit de garder pour lui ce qui resterait de la chose (2).

87. Voici, néanmoins, ce qui peut se produire. Lorsque la chose n'a pas été matériellement détruite, par exemple lorsqu'elle a été volée ou momentanément égarée, il peut se faire qu'elle soit retrouvée après que le prêteur a été indemnisé pécuniairement. L'emprunteur pourra-t-il alors la rendre au prêteur et lui redemander le montant de l'indemnité à lui payée? Nous répondons négativement avec tous les auteurs. Le prêteur a pu se procurer un autre objet pour remplacer celui qu'il a perdu et qui lui serait maintenant inutile. Il peut donc se refuser à le

---

(1) *Voy.* Pothier (n°⁵ 18 et 46); **MM.** Duvergier (n° 88); Duranton (n° 514). Comp. M. Troplong (n° 514).

(2) *Voy.* Pothier (n° 70). — *Junge* : M. Delvincourt (t. III, p. 407, note 4).

recevoir, et l'emprunteur, quelque embarrassé qu'il soit de cet objet, n'aura pas à se plaindre, car il a commis une faute dont il est moins puni, en définitive, qu'il ne devait s'y attendre, puisqu'il recouvre la chose et qu'ainsi il a la représentation de l'indemnité, qu'il avait dû considérer comme donnée sans compensation.

Si c'est le prêteur qui retrouve l'objet, il aura le choix de rendre à l'emprunteur ou cet objet, ou l'indemnité en argent qu'il a reçue (1). Il ne saurait garder l'un et l'autre, car il s'enrichirait injustement, par là, aux dépens d'autrui.

88. La règle que la perte de la chose ne libère pas l'acquéreur de l'obligation de rendre n'est pas absolue. Elle ne s'applique pas notamment dans l'hypothèse où la chose est perdue par cas fortuit ou force majeure. Comme le prêt à usage ne transfère pas la propriété, la chose, pendant la durée du prêt, est aux risques du propriétaire, qui, dès lors, et sauf les cas exceptionnels auxquels nous allons bientôt arriver, reste chargé des cas fortuits.

Mais la preuve du cas fortuit ou de la force majeure est à la charge de l'emprunteur. Obligé de veiller sur la chose à lui prêtée, répondant par suite de la conservation de cette chose, il est présumé, s'il ne la représente pas, avoir mal rempli son obligation; si bien que la perte qu'il allègue lui est provisoirement imputable. C'est en prouvant le cas fortuit ou la force majeure qu'il fera tomber cette présomption rigoureuse et qu'il aura le bénéfice de la règle *res perit domino*.

89. Tout ceci est admis sans difficulté, dans le cas du moins où la perte est arrivée par un de ces accidents naturels et ordinaires que l'emprunteur n'a pu ni prévoir ni empêcher, et qui aurait causé la perte de la chose quand même elle n'aurait pas été prêtée : tel serait, par exemple, le cas où un cheval prêté serait venu à mourir par l'effet d'une maladie à laquelle il n'aurait pas été possible de porter remède.

Mais le point a été autrefois l'objet d'une vive controverse dans le cas où c'est le prêt même qui a occasionné l'accident auquel la chose n'aurait pas été exposée si elle n'eût pas été prêtée. On cite, à titre d'exemple, le cas où un cheval ayant été prêté pour faire un voyage, l'emprunteur, pendant qu'il est en chemin, est attaqué par des voleurs qui tuent le cheval ou l'emmènent. Pothier rapporte la controverse élevée entre Puffendorf et Barbeyrac d'une part, Titius et Wolff de l'autre : les premiers soutenant qu'en ce cas la chose prêtée est aux risques de l'emprunteur, et que, la preuve du cas fortuit ou de la force majeure fût-elle faite, le prêteur doit être indemnisé; les autres prétendant que, même en ce cas, la chose prêtée reste aux risques du prêteur. Pothier tient pour ce dernier avis, qui est en effet le meilleur et qui se justifie par cette raison décisive que, dans le cas donné, le prêt, s'il est l'occasion de la perte de la chose, n'en est pas la *cause*, en sorte qu'il

---

(1) *Voy.* Cujas (*Comment. ad.*, lib. XXIX; *Pauli ad edictum*, l. 17, § 17, ff. Commod.); Pothier (nᵒˢ 68 et 85); MM. Duvergier (nᵒ 102); Troplong (nᵒ 94).

n'y a aucun motif raisonnable pour faire fléchir la règle d'après laquelle les risques de la chose restent à celui qui en a la propriété (1).

90. Au contraire, la règle fléchit en d'autres cas. Nous nous sommes expliqué déjà sur celui où l'emprunteur a excédé son droit, soit en employant la chose à un autre usage que celui pour lequel elle a été prêtée, soit en la retenant au delà du terme convenu (art. 1881). Nous renvoyons à nos précédentes explications (suprà, nᵒˢ 72 et 73), et nous passons à d'autres cas qu'il faut maintenant préciser.

91. La perte de la chose, bien que survenue par cas fortuit ou force majeure, retombe néanmoins sur l'emprunteur si elle a été précédée ou accompagnée de quelque faute de la part de ce dernier. Ainsi, la chose a été volée, incendiée, perdue dans une inondation ; l'emprunteur ne sera exonéré qu'autant que ces accidents n'auront pas eu lieu par suite de sa négligence : par exemple, si l'incendie a été allumé par la foudre ou a commencé dans une maison voisine ; si l'inondation a été déterminée par la crue imprévue et subite d'un fleuve ou la rupture d'une digue dont l'entretien n'était pas à la charge de l'emprunteur, etc.

Du reste, à cet égard, comme en ce qui concerne le cas fortuit lui-même (suprà, nᵒ 88), l'obligation de prouver incombe à ce dernier. L'emprunteur devra donc établir, non pas seulement que la chose prêtée a été volée, détruite par le feu ou emportée par l'eau, mais encore qu'il lui a été impossible de la soustraire à l'accident, et que toute la vigilance qu'il aurait déployée aurait été trompée par l'événement ; par exemple : en ce que le vol a eu lieu par violence, à l'aide d'escalade ou d'effraction et bien que la chose fût placée en lieu sûr ; en ce que l'inondation ou l'incendie a été si subit que l'emprunteur a eu le temps à peine de se sauver lui-même et n'a pu rien emporter avec lui.

92. Il y a encore exception à la règle que le cas fortuit est à la charge du prêteur lorsque l'emprunteur a pu garantir la chose de l'accident en employant la sienne propre, ou lorsque, ne pouvant garantir que l'une des deux, il a préféré la sienne. C'est la disposition formelle de l'art. 1882, dans lequel sont prévus deux cas qu'il faut examiner successivement.

93. En premier lieu, l'emprunteur est en faute si, lorsqu'il pourrait employer sa chose propre à un travail, à un service, à une opération quelconque, il y emploie cependant la chose qui lui a été prêtée. Il contrevient par là, dans une certaine mesure, à la règle ci-dessus expliquée, qui lui interdit d'employer la chose à un autre usage que celui pour lequel elle a été prêtée ; car, en définitive, le contrat de prêt repose sur la supposition, de la part du prêteur, que la chose est prêtée en vue d'un besoin auquel l'emprunteur n'aurait pu satisfaire avec ses propres ressources. Quoi qu'il en soit, l'emprunteur fait un usage indu de la chose prêtée quand il pourrait se servir utilement de la sienne ; il doit donc, c'est de toute justice, répondre de la perte ou de la dété-

---

(1) Voy. Pothier (nᵒ 55); MM. Delvincourt (t. III, p. 196 et p. 406, note 6); Duranton (nᵒ 51); Troplong (nᵒ 89).

rioration survenue en un tel cas. Par exemple, un cultivateur emprunte la voiture de son voisin, parce que les siennes sont insuffisantes pour les travaux du moment : il ne devra néanmoins se servir de cette voiture qu'autant que toutes les siennes seront déjà employées. S'il manque à ce devoir, s'il se sert de la voiture du voisin, alors que l'une des siennes n'est pas utilisée, il commet une faute et répond de la perte survenue même par cas fortuit, à la suite de l'usage indu et indélicat qu'il a fait de la chose prêtée. La première disposition de l'art. 1882 s'applique à ce cas.

94. La seconde disposition statue dans l'hypothèse d'un accident tellement rapide, tellement prompt que l'emprunteur n'a pas eu la possibilité de sauver tous les objets menacés. La chose prêtée ne se trouve pas parmi celles qu'il a préservées ; elle a péri dans le sinistre : pourra-t-il prétendre que la perte est pour le prêteur, et que, quant à lui, il est libéré de l'obligation de rendre ? Il faut distinguer.

S'il a été impossible à l'emprunteur de sauver la chose prêtée, soit à raison de l'endroit où elle se trouvait placée au moment de l'accident, soit à raison du tumulte qui ne lui a pas laissé la faculté de choisir et l'a forcé d'emporter au hasard les premiers objets qui se sont trouvés sous sa main, il n'a aucune faute à se reprocher; il est donc libéré de l'obligation de rendre et n'est tenu d'aucune indemnité. — Si, au contraire, l'emprunteur pouvait, en sacrifiant sa propre chose, sauver celle qui lui a été prêtée, il a manqué, en ne le faisant pas, au devoir de reconnaissance que le prêt lui imposait ; il est en faute et doit répondre de la perte comme s'il en avait été la cause directe.

En effet, l'art. 1882 édicte la responsabilité de l'emprunteur seulement pour le cas où, pouvant conserver et sa propre chose et la chose prêtée, il a cependant *préféré* la sienne. La loi condamne précisément cette préférence injuste chez l'emprunteur qui, manquant au devoir de la reconnaissance, sacrifie à son intérêt propre l'intérêt du prêteur. Par cela même elle affranchit virtuellement celui qui, surpris dans un accident tel qu'il ne lui a pas été possible de faire un choix, ne saurait être responsable de ce qu'il s'est trouvé que la chose du prêteur a péri, tandis que la sienne a été sauvée.

95. Mais c'est la seule distinction que le texte de notre article permette de faire ; et, par conséquent, nous n'admettons pas l'opinion suivant laquelle, dans l'hypothèse où l'emprunteur a préféré sa chose à celle du prêteur et l'a conservée, il faudrait comparer la valeur et l'importance respectives des deux choses, et exonérer l'emprunteur si la sienne était la plus précieuse (1). Pothier s'est élevé contre cette distinction, et l'art. 1882 la repousse également par la généralité de ses termes. C'est l'avis qui prévaut (2). Certes, l'emprunteur agira en homme prudent et sage, et n'encourra moralement aucun blâme, en

(1) *Voy.* MM. Duranton (n° 527); Duvergier (n°° 66 et 68).
(2) MM. Massé et Vergé, sur Zachariæ (t. IV, p. 460, note 3); Dalloz (v° *Prêt*, n° 86); Mourlon (5ᵉ édit., t. III, p. 381 et 382); Troplong (n° 117). — *Voy.* Pothier (n° 56).

cherchant à sauver tout d'abord les objets les plus précieux, sans s'inquiéter de savoir s'ils sont ou non à lui. Mais la loi a considéré qu'en agissant ainsi il n'en fait pas moins un bénéfice aux dépens du prêteur, et que, dans ce cas spécial, il est de toute justice que celui qui profite de l'usage de la chose en supporte les risques.

96. Enfin, il y a une dernière exception à la règle qui met les risques de la chose prêtée à la charge du prêteur : c'est lorsque l'emprunteur s'est chargé expressément des cas fortuits. En effet, le principe que la perte de la chose arrivée par cas fortuit libère l'emprunteur, qui n'est pas en faute, de l'obligation de rendre, n'est pas de l'essence du prêt à usage. Les parties peuvent donc modifier le principe par une convention spéciale qui mette tous les cas fortuits à la charge de l'emprunteur.

97. Cette convention est même supposée par la loi dans le cas où la chose a été estimée lors du contrat. L'art. 1883 dit en effet que « si la chose a été estimée en la prêtant, la perte qui arrive, même par cas fortuit, est pour l'emprunteur, s'il n'y a convention contraire. » Les parties sont présumées avoir voulu, en faisant l'estimation, fixer le montant de l'indemnité que l'emprunteur aurait à verser s'il ne rendait pas la chose au prêteur, et cela quelle que fût la cause qui l'empêchât de la rendre.

Notons d'ailleurs que l'estimation n'a pas d'autre portée ni d'autre résultat. Elle n'a pas pour effet, comme en matière de constitution de dot (C. Nap., art. 1551), de transférer la propriété, ni de permettre à l'emprunteur de rendre la chose à l'expiration du terme convenu, ou d'en donner l'estimation, à son choix. Le prêteur restant propriétaire de la chose, c'est cette chose même, quand elle existe, qui doit lui être rendue (1).

1885. — L'emprunteur ne peut pas retenir la chose par compensation de ce que le prêteur lui doit.

SOMMAIRE.

I. 98. La disposition de notre article est étrangère à la matière de la compensation. — 99. On a donc supposé à tort que le législateur a voulu interdire la compensation même dans le cas où la chose prêtée étant perdue par la faute de l'emprunteur, celui-ci serait débiteur, non plus d'un corps certain, mais d'une valeur représentative. — 100. De même on a supposé à tort que notre article aurait eu en vue le cas où des choses fongibles seraient prêtées seulement *ad pompam et ostentationem*.

II. 101. Notre article a pour objet unique de ne pas permettre à l'emprunteur, même créancier du prêteur, de retenir la chose prêtée, et de se soustraire ainsi à l'obligation de rendre résultant du commodat. — 102. La disposition de la loi n'a d'utilité véritable qu'à la condition d'être entendue en ce sens. — 103. En ce point, le Code s'écarte de la doctrine de Pothier en n'admettant pas que l'emprunteur, créancier des dépenses par lui faites à l'occasion de la chose

(1) *Voy.* MM. Delvincourt (t. III, p. 496, note 3); Duvergier (n° 72); Duranton (n° 533); Troplong (n° 122).

prêtée, ait le droit de rétention jusqu'à l'entier payement de ces dépenses par le prêteur. — 104. Ces dépenses, en tant qu'elles ont eu pour but la conservation de la chose, donnent à l'emprunteur un privilége dans les termes de l'art. 2102, § 2.

I. — 98. L'obligation de rendre est si étroite dans le contrat de prêt à usage et en découle si nécessairement que l'emprunteur ne peut, au terme convenu, retenir la chose, sous prétexte qu'il serait créancier du prêteur. C'est tout ce qui résulte de l'art. 1885, qui, d'ailleurs, se serait mieux défendu contre les fausses interprétations si la rédaction en eût été plus précise et plus nette.

Et tout d'abord il faut écarter l'idée de compensation, bien que l'expression se trouve dans l'article. La compensation ne peut avoir lieu qu'entre choses fongibles. Or, il est de l'essence du prêt à usage de n'avoir pour objet que des corps certains. L'idée de compenser l'objet d'un prêt à usage avec un autre objet quelconque ne se comprendrait donc pas; et le législateur, en reproduisant dans l'art. 1885 la prohibition contenue déjà dans l'art. 1293, § 2, et en disant que « l'emprunteur ne peut pas retenir la chose *par compensation* de ce que le prêteur lui doit », aurait écrit la disposition la plus inutile en même temps qu'exprimé une vérité des plus naïves, s'il eût entendu dire que le corps certain existant aux mains de l'emprunteur n'est pas susceptible de compensation avec les sommes qui peuvent être dues par le prêteur.

Cependant quelques auteurs n'en prennent pas moins notre article à la lettre, et sans lui donner cette signification, ils en imaginent d'autres qu'il n'est pas possible non plus de lui prêter.

99. D'une part, on a supposé que le législateur a voulu interdire la compensation même dans le cas où la chose prêtée étant perdue par la faute de l'emprunteur, l'obligation de rendre se trouverait transformée en une obligation de dommages-intérêts (1). Mais le texte même de la loi est décisif contre une telle supposition, puisque notre article et l'art. 1293 parlent l'un et l'autre d'opposer en compensation ou de retenir par compensation *la chose même* qui a été prêtée. Le législateur n'a donc pas en vue le cas où cette chose serait détruite ou perdue par la faute de l'emprunteur, qui désormais serait débiteur d'une somme représentative en argent. Ce cas, auquel notre article est évidemment étranger, reste sous l'empire des principes généraux en matière de compensation, c'est-à-dire que la compensation aurait lieu de plein droit, et éteindrait réciproquement les deux dettes du prêteur et de l'emprunteur jusqu'à concurrence de leurs quotités respectives. C'est la doctrine généralement admise (2), et nous ajoutons, contre l'avis de M. Duvergier (3), qu'il en serait ainsi même dans l'hypothèse, bizarre et assurément peu pratique, où l'emprunteur aurait fait périr la chose précisé-

(1) *Voy.* notamment M. Delvincourt (t. III, p. 408 et 409, note 9).
(2) *Voy.* Pothier (n° 44). *Sic* MM. Toullier (t. VII, n° 383); Aubry et Rau (3e édit., t. III, p. 429); Duranton (t. XVII, n° 527); Marcadé (art. 1293, t. IV, n° 831) Massé et Vergé, sur Zachariæ (t. IV, p. 461, note 10); Troplong (n° 131).
(3) M. Duvergier (n° 93).

ment pour transformer sa dette de corps certain en une dette de somme d'argent. Ce dol de l'emprunteur ne détruirait en aucune manière les conditions inhérentes à la compensation, qui aurait sa raison d'être, en cette hypothèse, tout comme si la chose avait péri par la faute involontaire de l'emprunteur.

100. D'une autre part, on a supposé que notre article se réfère spécialement au cas où le commodat aurait eu pour objet des *choses fongibles* prêtées seulement *ad pompam et ostentationem* pour être rendues identiquement les mêmes, et a en vue d'interdire à l'emprunteur même créancier de retenir la chose par compensation, bien que ce cas, a-t-on dit, mette en présence des choses liquides et compensables (1). Mais nous savons qu'il n'y a pas des choses qui soient fongibles ou non fongibles par leur nature; que l'intention des parties seule détermine la fongibilité (*suprà*, n° 9); en sorte que si une chose, bien qu'ordinairement fongible, a été prêtée pour être rendue en nature, elle a cessé par cela même d'être fongible, et a revêtu le caractère de corps certain : les auteurs dont nous combattons la doctrine se trompent donc en disant que le cas par eux supposé met en présence des choses compensables, puisqu'un corps certain ne saurait jamais entrer comme élément dans une compensation. Et puis ils se méprennent assurément en présentant cette hypothèse comme celle que l'art. 1885 aurait eu en vue, car les rédacteurs du Code ne croyaient pas même que les choses fongibles pussent faire l'objet d'un prêt à usage (*suprà*, n° 11). Et dès lors une explication qui a pour base la réalisation de cette circonstance est manifestement fautive, les rédacteurs du Code n'ayant pas pu prévoir une hypothèse qui n'était pas possible à leurs yeux.

II. — 101. Quelle est donc la pensée de la loi? C'est, nous le répétons, de marquer avec énergie ce qu'il y a d'étroit dans l'obligation de rendre résultant du commodat. Les rédacteurs du Code n'ont pas songé à la compensation proprement dite; et c'est dans un sens légèrement inexact que ce mot est écrit dans l'art. 1885; mais ils ont craint que l'emprunteur, créancier du prêteur, n'entendît retenir la chose prêtée jusqu'à ce qu'il fût payé, comme par une sorte de nantissement ou de *droit de rétention,* suivant l'expression consacrée. Cette pensée s'induit des termes mêmes de la loi, et notamment du mot *retenir*, qui ne saurait s'appliquer à une compensation proprement dite, chacune des deux parties respectivement débitrices et créancières *opposant* mais ne retenant pas la somme qui lui est due en compensation de celle qu'elle doit. Et en outre cette pensée est nettement indiquée dans les travaux préparatoires du Code, où l'on voit que l'art. 1885 n'est que la reproduction de la loi dernière au Code *Commod. : Prætextu debili restitutio commodati non probabiliter recusatur* (2); ce qui est fort significatif, cette loi faisant allusion non pas à la compensation véritable, mais au droit de rétention.

---

(1) MM. Toullier (*loc. cit.*); Duvergier (n° 91); Troplong (n° 130).
(2) Exposé des motifs de M. Galli (Locré, t. XV, p. 36; Fenet, t. XIV, p. 450).

102. Ainsi entendue, la disposition de notre article a son incontestable utilité. Non pas, sans doute, qu'à raison des créances de l'emprunteur étrangères au contrat de prêt, il fût utile de dire que la chose prêtée ne pourrait pas être retenue jusqu'à payement par le prêteur. Les principes généraux auraient suffi à écarter la prétention contraire de l'emprunteur auquel, même en l'absence de notre article, il eût été interdit de retenir, sous prétexte qu'il serait devenu créancier, la chose prêtée sur laquelle il n'a pas de droit réel, et de se constituer ainsi, après coup, un gage qu'aucune convention ne lui aurait conféré. — Mais certaines créances peuvent naître du prêt lui-même au profit de l'emprunteur envers le prêteur; en effet, d'après les art. 1890 et 1891 (voy. *infrà,* nᵒˢ 122 et suiv.), l'emprunteur doit être remboursé des frais qu'il a dû faire pour la conservation ou l'amélioration de la chose, et il doit être indemnisé du préjudice qui lui aurait été causé par les défauts de la chose prêtée, si ces défauts, connus du prêteur au moment du prêt, n'ont pas été par lui déclarés. Or, c'est précisément à raison de ces créances que notre art. 1885 a son utilité.

103. En ce point, donc, les rédacteurs du Code se sont écartés des anciennes doctrines. En effet, selon Pothier, l'un des moyens qu'avait l'emprunteur de se défendre de rendre la chose prêtée résultait des impenses qu'il avait faites pour la conservation de cette chose, car l'emprunteur « a cela de commun avec tous ceux qui ont fait des impenses pour la conservation d'une chose qui se trouve en leur possession, qu'ils ont un droit de rétention de cette chose pour s'en faire rembourser, la chose étant censée obligée par lesdites impenses, *veluti quodam pignoris jure.* » (1) Nous n'avons pas, quant à présent, à nous expliquer sur la théorie générale du droit de rétention, ni à rechercher si ce droit doit ou non être généralisé : nous avons déjà réservé ce point dans notre *Traité-Commentaire des Priviléges et Hypothèques* (nᵒ 22), et nous en avons renvoyé l'examen à notre commentaire sur le *Nantissement.* Tout ce que nous voulons dire ici, sans rien préjuger, d'ailleurs, sur la question générale, c'est que spécialement l'art. 1885 est exclusif de l'idée que le droit de rétention appartienne à l'emprunteur même dans la mesure et dans les termes où l'emprunteur en pouvait user d'après Pothier. Nous n'ignorons pas que la plupart des auteurs sont à cet égard d'un avis différent (2), et tiennent, dans un système d'ailleurs peu concordant : les uns, que le droit de rétention doit être accordé à l'emprunteur à raison de sa créance non-seulement pour dépenses de conservation et amélioration, mais encore pour le préjudice causé par les défauts ou les vices de la chose; les autres, que ce droit appartient à l'emprunteur, mais seulement à raison des dépenses qui ont procuré l'amélioration de la chose. Sans nous arrêter à ces distinctions auxquelles, d'ailleurs, répugne la généralité des termes de notre article,

_____

(1) Pothier (nᵒ 43).
(2) *Voy.* MM. Delvincourt (t. III, p. 400, note 1); Toullier (t. VII, nᵒ 384); Duvergier (nᵒ 92); Dalloz (nᵒ 118); Massé et Vergé, sur Zachariæ (t. III, p. 461, note 10); Troplong (nᵒ 128).

nous contestons le système dans son principe : nous le contestons, non
pas seulement parce qu'il n'y a pas, dans le titre *Du Prêt*, de disposition analogue à celle de l'art. 1948, qui, dans le cas de *dépôt*, donne
au dépositaire le droit de rétention à raison des créances dont il s'agit
ici, mais encore et surtout parce qu'il y a, au contraire, notre art. 1885,
dont la disposition ne peut être interprétée autrement que comme consacrant le refus de ce droit (1). Telle a été la pensée des rédacteurs du
Code, qui en se séparant, en ce point, de Pothier, leur guide habituel,
ont obéi à la logique des choses, en même temps qu'ils sont restés
dans la justice et dans la vérité. Le droit de rétention au profit de
l'emprunteur s'expliquerait mal autant qu'il s'explique bien au profit
du dépositaire. Celui-ci *rend* un service au déposant, et l'on conçoit
qu'il puisse retenir la chose déposée jusqu'à l'entier payement de ce
qui lui est dû à raison du dépôt. Au contraire, l'emprunteur, dans le
prêt à usage, *reçoit* un service, et l'on ne comprendrait pas que lorsqu'il a retiré de la chose prêtée le profit et l'utilité dont le prêteur a
consenti à se priver gratuitement pour lui, il lui fût permis de retenir
cette chose parce qu'il y a fait telle ou telle dépense, de s'en faire ainsi,
en quelque sorte, un gage, et de répondre par cette marque de défiance
à l'acte bienveillant et tout de confiance dont il a été l'objet de la part
du prêteur !

104. Remarquons, d'ailleurs, que si l'emprunteur n'acquiert pas le
droit de rétention à raison de ses dépenses, ce n'est pas à dire qu'il
soit privé de toute garantie. Ces dépenses, en tant qu'elles auraient eu
pour but la conservation de la chose prêtée, affecteront cette chose elle-
même en donnant à l'emprunteur le privilége de conservation dans les
conditions et dans les termes de l'art. 2102, § 2, du Code Napoléon.

1886. — *Voy. le commentaire de cet article avec celui des articles* 1880 *et suiv.* (*supra*, n° 69).

1887. — Si plusieurs ont conjointement emprunté la même chose,
ils en sont solidairement responsables envers le prêteur.

SOMMAIRE.

I. 105. Présomption sur laquelle est fondée la solidarité établie par notre article. —
106. Mais la disposition n'en doit pas être étendue ; et par conséquent l'obligation se divise dans le cas où, le prêt ayant été fait à un seul, l'emprunteur vient
à mourir laissant plusieurs héritiers. Exception.

I. — 105. La solidarité ne se présume pas (C. Nap., art. 1202).
Elle ne peut résulter que d'une convention expresse ou d'une disposition
de la loi. L'art. 1887 présente un cas de solidarité procédant de cette
dernière cause. La loi prend ici pour base la supposition que celui qui
a confié sa chose à plusieurs emprunteurs, sans la diviser entre eux, a

_____

(1) *Voy.* Conf. MM. Duranton (t. XVII, n° 538) ; Taulier (t. VI, p. 425) ; Mourlon
(*Exam. crit.*, n° 231, p. 736 et suiv.).

eu la pensée de rendre à chacun un service aussi complet que s'il eût emprunté seul, et a dès lors entendu que chacun serait responsable de la chose envers lui pour le tout : l'art. 1887 déclare en conséquence que si plusieurs ont conjointement emprunté la même chose, ils en sont solidairement responsables envers le prêteur. C'était la règle en droit romain, ainsi qu'il apparaît par la loi 5, § 15, ff. *Commod.;* et si un autre texte, au même titre, indique au contraire que, dans le cas d'un prêt consenti à plusieurs, chacun des emprunteurs n'est tenu que pour sa part (l. 21, § 1), on n'en convenait pas moins que la règle était dans la solidarité consacrée par le premier de ces deux textes, le second étant expliqué par la supposition qu'il existait, dans l'espèce qu'il avait en vue, la clause particulière « que les emprunteurs ne seraient chargés de la chose prêtée en commun, que chacun pour leur part. » (1)

106. Mais la solidarité constituant une grave dérogation au droit commun, il s'ensuit qu'elle doit être rigoureusement renfermée dans les limites qui lui sont assignées par la convention ou par la loi. C'est pourquoi, si une chose a été prêtée à une personne qui vient à mourir laissant plusieurs héritiers, l'obligation résultant du prêt se divise entre ces derniers; chacun n'en est tenu que pour sa part (C. Nap., art. 1220), à moins que l'un des héritiers détienne seul la chose empruntée, auquel cas, en vertu d'une autre exception au principe de la divisibilité (art. 1221, § 2), celui-ci peut être actionné pour le tout (2).

SECTION III.

DES ENGAGEMENTS DE CELUI QUI PRÊTE A USAGE.

SOMMAIRE.

107. Aperçu et division.

107. Nous avons déjà dit (nos 27 et 28) que le prêt à usage est un contrat synallagmatique imparfait, c'est-à-dire que, unilatéral de sa nature et ne comportant nécessairement d'obligation qu'à la charge de l'emprunteur, il peut cependant, accidentellement et par suite de circonstances particulières, être l'occasion de certaines obligations pour le prêteur. Notre section, la dernière de ce chapitre, indique ces obligations dans les quatre articles dont le commentaire va suivre. Il faut dire pourtant que les troisième et quatrième articles seulement sont relatifs aux obligations formelles et positives du prêteur; quant aux deux premiers, ils s'occupent : l'un, de l'obligation purement négative de laisser la chose prêtée à l'emprunteur jusqu'au terme convenu ; l'autre, d'une exception à cette règle. — Quoi qu'il en soit, nous allons suivre, pour l'explication de ces divers points, l'ordre tracé par le Code.

1888. — Le prêteur ne peut retirer la chose prêtée qu'après le

(1) *Voy.* Pothier (n° 65). — *Junge* : M. Delvincourt (t. III, p. 409, note 10).
(2) *Voy.* Pothier (n° 66). — *Junge* : MM. Delvincourt (*loc. cit.*); Toullier (t. VI, n° 750); Massé et Vergé, sur Zachariæ (t. IV, p. 462, note 11); Troplong (n° 140).

terme convenu, ou, à défaut de convention, qu'après qu'elle a servi à l'usage pour lequel elle a été empruntée.

1889. — Néanmoins, si, pendant ce délai, ou avant que le besoin de l'emprunteur ait cessé, il survient au prêteur un besoin pressant et imprévu de sa chose, le juge peut, suivant les circonstances, obliger l'emprunteur à la lui rendre.

SOMMAIRE.

I.   108. Caractère de l'obligation imposée au prêteur de laisser à l'emprunteur l'usage de la chose prêtée jusqu'à la fin du prêt.

II. 109. 1° Du cas où le terme est fixé par la convention. Le prêteur doit laisser l'usage de la chose à l'emprunteur tant que le terme n'est pas expiré. — 110. Il peut être tenu de laisser la chose à l'emprunteur au delà du terme quand la stipulation n'est pas suffisamment explicite et impérative; — 111. Et même, la stipulation fût-elle impérative, quand l'emprunteur a besoin, à l'expiration du délai convenu, de quelque temps encore pour achever de se servir de la chose prêtée.

III. 112. 2° Du cas où il n'y a pas de terme convenu. L'emprunteur, alors, ne peut retirer sa chose qu'après qu'elle a servi à l'usage pour lequel elle a été empruntée; — 113. Ou plutôt, qu'après qu'elle a pu être employée à cet usage. — 114. Si la chose prêtée est susceptible d'un usage permanent, les juges peuvent, à défaut d'un délai conventionnel, fixer la durée de l'engagement. — 115. Modification de ces règles en ce qui concerne le contrat de prêt à précaire. — 116. Transition à l'examen des cas où l'emprunteur est relevé de l'obligation dont il s'agit.

IV. 117. Du cas où il survient au prêteur un besoin pressant et imprévu de sa chose pendant qu'elle est aux mains de l'emprunteur. Art. 1889. — 118. La restitution immédiate ne peut être exigée, en ce cas, qu'autant que le besoin de sa chose survenu au prêteur est à la fois imprévu et pressant. — Et même dans cette situation, l'emprunteur peut être autorisé à donner des équipollents. — Développements.

V.   119. Autres exceptions. — 120. Du cas où l'emprunteur a retiré, dès avant le terme fixé, tout ce qu'il attendait de la chose. — 121. Du cas où l'emprunteur vient à mourir avant l'échéance du terme sans avoir achevé de se servir de la chose. Renvoi.

I. — 108. Nous nous sommes expliqué plus haut sur le droit qu'a l'emprunteur de garder l'objet du prêt jusqu'à l'expiration du terme fixé par la convention ou indiqué par la nature même de cet objet et l'usage auquel il est destiné (*suprà*, n° 82). Ce droit suppose une obligation corrélative de la part du prêteur, l'obligation de laisser à l'emprunteur la chose prêtée, laquelle obligation, selon l'expression de Pothier (1), naît tant du consentement donné par le prêteur à ce que l'emprunteur retire du prêt tout le service espéré, que de la bonne foi qui ne lui permet pas de rétracter ce consentement donné volontairement et en toute liberté. C'est cette obligation, toute négative comme nous le disions tout à l'heure, que l'art. 1888 constate en disposant que « le prêteur ne peut retirer la chose prêtée qu'après le terme convenu, ou, à défaut de convention, qu'après qu'elle a servi

(1) N° 76.

à l'usage pour lequel elle a été empruntée. » — Reprenons successivement les deux hypothèses prévues dans cet article.

II. — 109. Quand le terme est fixé par la convention, par exemple
quand, en vous prêtant mon cheval, je stipule que je vous en cède gratuitement l'usage pour huit jours, le terme stipulé est, en général, la
règle pour les deux parties. Ainsi tant que les huit jours ne sont pas
expirés, le prêteur doit s'interdire toute réclamation tendant à retirer
le cheval des mains de l'emprunteur. Mais, d'un autre côté, dès qu'à
l'expiration du terme le cheval est réclamé, l'emprunteur en doit faire
la restitution au prêteur. Il dirait vainement que le cheval ne lui a pas
rendu tous les services qu'il en voudrait retirer et qu'il a besoin de le
garder encore. Ce serait imposer au prêteur la bienfaisance qui doit
toujours être volontaire, et l'emprunteur y serait d'autant moins fondé
qu'en définitive il a déjà reçu du prêteur un service purement gratuit.
Ce dernier peut donc invoquer la convention, et dire qu'ayant attendu
jusqu'au jour qu'elle donne pour limite à la durée de son engagement,
il a satisfait à son obligation et peut reprendre sa chose.

C'est la règle générale; elle comporte néanmoins quelques tempéraments.

110. Et d'abord, les juges, qui, en ce point, ont une certaine latitude
d'appréciation, peuvent rechercher dans les circonstances et même
dans les termes de la convention quelle a été l'intention des parties, et
notamment si, quand un délai a été fixé, le prêteur et l'emprunteur ont
bien entendu qu'en aucune hypothèse la chose prêtée ne resterait pas
aux mains de ce dernier même un seul jour au delà du terme stipulé.
Par exemple, si vous m'avez prêté un cheval pour labourer mon champ,
ou un manuscrit pour le copier, en stipulant que je garderais ces objets
pendant huit jours, temps suffisant pour atteindre le but que je me propose, les juges, appréciant la clause relative au délai, pourront dire
qu'elle n'est pas absolument impérative, décider, en conséquence, que
vous avez entendu compter seulement les jours où j'ai pu me servir du
cheval ou du manuscrit, et retrancher du calcul les jours où, soit à cause
du mauvais temps, soit par suite d'une blessure à la main, j'ai été empêché de labourer ou d'écrire.

111. Ce n'est pas tout : même dans le cas où la stipulation d'un
délai est conçue en termes plus précis, les juges peuvent encore, en
raison de telle ou telle circonstance qu'il leur appartient d'apprécier, ne
pas accueillir la demande du prêteur exigeant, à l'échéance du terme,
la restitution immédiate de la chose prêtée. Pothier explique en ce sens
que si, au moment où on atteint le terme convenu, l'emprunteur avait
besoin de quelques jours encore pour achever de se servir de la chose à
l'usage pour lequel elle lui a été prêtée, le prêteur, s'il ne souffre aucun
préjudice du retard, doit laisser encore la chose à l'emprunteur pendant ce temps. Pothier va plus loin : il enseigne que quand même le
prêteur souffrirait quelque préjudice du retard, si le préjudice que souffrirait l'emprunteur par l'effet d'une restitution immédiate était beaucoup plus grand, on devrait, encore en ce cas, laisser la chose à ce

dernier, à la charge toutefois par lui d'indemniser le prêteur du préjudice résultant du retard (1). De tels tempéraments rentrent trop évidemment dans l'esprit du contrat, dans la pensée de bienveillance qui en est le principe, pour qu'ils ne doivent pas être admis encore aujourd'hui (2).

III. — 112. Nous arrivons ainsi, et tout naturellement, à la seconde hypothèse de l'art. 1888, celle où aucun terme n'est fixé par la convention. Notre article, supposant lui-même qu'il n'a pas été dans l'intention des parties de rendre et de recevoir un service à demi, dispose qu'en l'absence de tout délai conventionnel, le prêteur ne pourra retirer sa chose qu'après qu'elle aura servi à l'usage pour lequel elle a été empruntée. Le législateur considère avec raison que le prêteur est lié, par le consentement qu'il a donné à la formation du contrat, pour tout le temps nécessaire à l'usage que l'emprunteur s'est proposé de faire de la chose en l'empruntant. Le prêteur, dit très-exactement Pothier (3), ne pourrait, sans injustice, en demander la restitution auparavant ; car, quoiqu'il ait pu sans injustice ne la point prêter du tout, ayant bien voulu la prêter pour un certain usage, il s'est obligé de la laisser à l'emprunteur pendant tout le temps nécessaire ; autrement il tromperait l'emprunteur, qui a compté sur ce prêt, et qui aurait pu, sans cela, prendre d'autres mesures et se procurer auprès d'autres personnes la chose dont il avait besoin.

113. Néanmoins précisons ceci : quand la loi dit que le prêteur ne peut retirer sa chose *qu'après qu'elle a servi* à l'usage pour lequel elle a été empruntée, il est juste d'entendre que le prêteur est fondé à exiger la restitution quand la chose *a pu être employée* à cet usage. Il ne faudrait pas, en effet, que l'emprunteur pût, en négligeant de se servir de la chose, la retenir et la garder indéfiniment. Je vous prête mon cheval pour labourer votre champ ; rien ne vous empêche de vous mettre à l'œuvre, et vous n'en faites rien : je serai en droit de vous retirer mon cheval à l'expiration du temps qui vous aurait été nécessaire pour labourer votre champ.

114. De même quand on dit que le prêteur, en l'absence de tout délai conventionnel, est lié pour tout le temps nécessaire à l'usage de la chose prêtée ou à l'obtention du service que l'emprunteur s'est proposé d'en retirer, cela s'entend naturellement du cas où il s'agit d'un service que la chose prêtée procure dans une période de temps plus ou moins longue, mais qui au moins est limitée et peut être approximativement déterminée. Ainsi, dans le cas où un cheval a été prêté pour faire tel ou tel voyage, dans celui où un manuscrit a été emprunté en vue de le lire ou de le copier, le prêteur est lié et ne peut pas demander la restitution du cheval ou du manuscrit avant l'accomplissement de la période de temps nécessaire soit pour faire le voyage, soit pour lire ou copier le manuscrit. Mais supposez que la chose prêtée soit susceptible d'un usage permanent et qui se continue d'une manière

---

(1) Pothier (n° 28).
(2) *Voy.* M. Mourlon (5ᵉ édit., t. III, p. 377).
(3) Pothier (n° 24).

indéfinie, comme une chambre qu'on habite, un hangar où on remise des voitures; il est clair qu'on ne pourra pas opposer au prêteur le consentement qu'il a donné à la formation du contrat pour l'obliger à laisser la chose à l'emprunteur tant qu'il pourra convenir à celui-ci d'en faire usage. En un tel cas, si le prêteur a été assez imprévoyant pour ne pas fixer le jour où il lui sera permis de reprendre sa chose, les tribunaux y devront pourvoir en déterminant la durée de l'engagement. Ils jugeront, à cet égard, d'après les circonstances, et, comme le dit la Cour de Colmar (1) dans une espèce déjà citée, d'après l'intention des parties telle qu'elle pourra être révélée tant pas leur position respective que par la nature de l'engagement contracté.

115. Dans tout ce qui précède, d'ailleurs, nous avons eu en vue le prêt à usage tel qu'il est réglé par les dispositions du Code Napoléon. Si, au lieu d'un tel prêt, les parties avaient conclu le contrat de précaire dont nous avons parlé plus haut (nos 50 et suiv.), il n'y aurait plus à s'occuper de cette obligation négative que constate l'art. 1888, puisque le caractère propre de ce contrat est dans la réserve faite par le prêteur de rentrer en possession de sa chose quand il lui convient de la redemander. Aussi tient-on généralement que le précariste, qui peut s'attendre à chaque instant à ce que la chose lui soit reprise, doit l'employer à un usage qui en permette la restitution immédiate (2).

Toutefois, il ne faut pas croire que, même dans le cas de précaire, il y aurait lieu d'écouter le prêteur qui, capricieusement, sans intérêt pour lui et au grand préjudice du précariste, viendrait réclamer sa chose immédiatement après l'avoir livrée. Avant tout, il convient que le précaire reste ce qu'il est à l'origine, un contrat de bienfaisance; et il cesserait de l'être, il deviendrait même une cause de préjudice pour l'emprunteur si celui-ci était tellement à la discrétion du prêteur qu'il dût à la première réquisition, quelles que fussent les circonstances, effectuer la restitution sans pouvoir obtenir ni remise ni délai. Disons avec Domat, dont l'opinion, du reste, est généralement suivie aujourd'hui, que si celui qui a prêté à précaire peut retirer la chose avant l'usage fini, l'ayant donnée à la condition de la retirer quand il lui plairait, « cela ne doit pas s'étendre à la liberté indiscrète de retirer la chose sans aucun délai, et dans un contre-temps qui causât du dommage à celui qui s'en servait; mais on doit donner le temps que demande la raison selon les circonstances. » (3)

116. Ces points établis en ce qui concerne l'obligation négative pour le prêteur, de ne retirer la chose prêtée qu'après le terme convenu, ou qu'après qu'elle a servi à l'usage pour lequel elle a été empruntée, nous n'avons pas à insister davantage sur l'obligation elle-même, et nous passons à l'examen de quelques cas exceptionnels

---

(1) Colmar, 8 mai 1845 (S. V., 47, 2, 157; Dalloz, 46, 2, 219; *J. Pal.*, 1846, t. I, p. 162).

(2) *Voy.* notamment MM. Duvergier (no 127) et Troplong (no 156).

(3) Domat (tit. V, sect. 3, no 2). *Voy.* aussi Pothier (no 89) et MM. Duvergier (no 129); Troplong (no 155); Mourlon (t. III, p. 377, 5e édit.).

dans lesquels le prêteur peut et doit être relevé de cette obligation.

IV. — 117. L'art. 1889 a prévu l'un de ces cas : c'est celui où avant l'expiration du terme convenu, ou avant que l'emprunteur se soit servi de la chose pour l'usage en vue duquel il l'avait empruntée, il arrive que le prêteur en a lui-même un besoin pressant et imprévu. Il est permis alors au prêteur de ne pas attendre le terme de l'engagement, et, selon l'expression de notre article, le juge peut, suivant les circonstances, obliger l'emprunteur à rendre la chose au prêteur.

Au premier aperçu, c'est là une dérogation notable à ce principe de notre droit que les conventions sont libres et que, régulièrement formées, elles tiennent lieu de loi à ceux qui les ont faites (C. Nap., art. 1134). Toutefois, on peut dire que cette dérogation est plus apparente que réelle, en ce que la loi ne fait ici, en définitive, qu'interpréter la volonté et l'intention des parties. Elle part, en effet, de cette supposition que le prêteur ne s'est dessaisi de sa chose que parce qu'il pouvait lui-même s'en passer ; et prévoyant le cas où il surviendrait au prêteur un besoin imprévu et pressant de sa chose, elle suppose, comme le disait M. Galli au Corps législatif (1), que le contrat a été formé sous la condition tacite que le prêteur, ce cas échéant, pourrait faire résoudre le commodat et obtenir la restitution de sa chose avant le terme convenu ou avant que le besoin de l'emprunteur eût cessé. — Il n'en est pas moins vrai cependant qu'il s'agit ici de rompre une convention librement formée ; et c'est une raison puissante pour que, dans l'application, la disposition de la loi soit maintenue dans ses termes précis. Voyons donc en quel cas et à quelles conditions elle peut être appliquée.

118. Je vous ai prêté, pour un ou deux mois, une chose dont, pendant ce temps, je viens à avoir moi-même besoin : ce n'est pas à dire que je pourrai demander, avant l'expiration du terme, que la chose me soit rendue ; il faudra voir si le besoin que j'en ai est imprévu et pressant, ou bien si j'ai pu le prévoir quand j'ai consenti le prêt, et si je peux remettre à le satisfaire.

Dans ce dernier cas, le besoin qui me survient de ma chose ne saurait empêcher le contrat de suivre son cours et d'arriver à son terme. Par cela seul que j'ai consenti à faire le prêt, j'ai consenti à me priver de la chose prêtée pendant le temps pour lequel je vous en ai cédé l'usage, et à subir la gêne qui en pourrait résulter pour moi dans le soin et le gouvernement de mes affaires. C'est ma faute si, prévoyant que je pourrais moi-même avoir besoin de la chose pendant qu'elle serait aux mains de l'emprunteur, je n'ai pas formellement stipulé la faculté de l'y reprendre au moment où j'en aurais besoin, fût-ce même avant le terme convenu. Peut-être aussi est-ce intentionnellement que j'ai gardé le silence à cet égard, voulant et entendant bien, pour n'être pas bienfaisant à moitié, sacrifier ma commodité à la vôtre, et, en ce point, faire passer votre intérêt avant le mien. Quoi qu'il en soit, ce n'est pas le cas dans lequel l'art. 1889 peut recevoir son application.

---

(1) *Voy.* Exposé des motifs (Locré, t. XV, p. 36 et 37 ; Fenet, t. XIV, p. 451).

Mais le besoin de la chose prêtée qui survient au prêteur est-il imprévu et pressant, c'est alors que cet article devient applicable. Ainsi, au moment où je vous prêtais une chose pour un ou deux mois, rien ne pouvait me faire pressentir l'événement qui s'est produit avant l'expiration de ce terme, et qui fait que cette chose m'est nécessaire aujourd'hui si absolument que je ne puis pas m'en passer, et que momentanément je ne puis pas la remplacer par une autre; je suis dans le cas prévu par l'art. 1889, et, sans attendre ce terme, je demande la restitution de la chose prêtée.

Remarquons seulement qu'il faut la réunion des deux circonstances; il faut que le besoin soit à la fois imprévu et pressant : ce sont les termes mêmes de la loi. Le besoin qui serait imprévu sans être pressant, en ce sens que le prêteur pourrait sans dommage et sans grave inconvénient différer à le satisfaire, ou le besoin qui serait pressant sans être imprévu, en ce sens que le prêteur pouvait le prévoir au moment où le prêt a été consenti, serait insuffisant pour autoriser le prêteur à demander la restitution de la chose avant l'expiration du terme.

Et ajoutons que même dans le cas où les deux circonstances se trouveraient réunies, la restitution avant le terme ne devra pas toujours et nécessairement être ordonnée. Pothier cite, à titre d'exemple, le cas où des étais ont été prêtés à l'emprunteur pour soutenir les planchers de sa maison. Si, dit-il, le prêteur, ayant besoin tout à coup de ses étais pour soutenir sa propre maison, les redemande, l'emprunteur doit être reçu dans ses offres de fournir à ses dépens d'autres étais au prêteur, pour que celui-ci s'en serve à la place des siens, que l'emprunteur ne pourrait retirer sans risque (1). Cette solution, admise encore aujourd'hui par la majorité des auteurs, est contredite cependant par M. Duvergier (2). Nous la regardons néanmoins comme parfaitement exacte et comme se combinant à merveille avec les termes de l'art. 1889, qui, loin de mettre le juge dans la nécessité d'ordonner la restitution anticipée de la chose prêtée, le laisse libre de se prononcer suivant les circonstances.

V. — 119. Le cas prévu par l'art. 1889 n'est pas le seul dans lequel le prêteur puisse demander la restitution avant le terme convenu. D'autres cas se produisent par la force même des choses.

120. Il en est ainsi lorsque, dès avant le terme, l'emprunteur a déjà retiré du commodat tout le service qu'il en attendait. Ainsi, je vous ai emprunté votre cheval pour huit jours, afin de labourer mon champ, ou votre manuscrit pour le copier. Je me suis mis à l'œuvre immédiatement, et au bout de six jours mon champ est labouré ou ma copie est faite. Je n'ai plus aucune raison pour retenir le cheval ou le manuscrit, et vous êtes fondé à m'en demander la restitution sans attendre que les huit jours convenus soient expirés.

---

(1) Pothier (n° 25).
(2) *Voy.* Duvergier (n° 107). Mais *Voy.* MM. Troplong (n° 153); Duranton (t. XXVII, n° 546); Boileux (t. VI, p. 390); Taulier (t. VI, p. 426); Massé et Vergé, sur Zachariæ (t. IV, p. 462, note 3).

121. Il en est de même lorsque le prêt ayant été fait à la seule considération de l'emprunteur et à lui personnellement, ce dernier vient à mourir avant de s'être servi complétement de la chose à l'usage pour lequel il l'avait empruntée. Mais il faut trouver dans les circonstances la preuve nette et précise que le commodat avait eu lieu dans l'intérêt exclusif de l'emprunteur ; car, s'il en était autrement, le principe que l'on est censé avoir stipulé pour soi et pour ses héritiers aurait toute sa force, et le prêteur serait obligé de laisser aux héritiers de l'emprunteur l'usage de la chose prêtée jusqu'à l'échéance du terme fixé par la convention (1). Nous nous sommes expliqué là-dessus dans notre commentaire de l'art. 1879 (voy. *suprà*, n°s 47 et suiv.).

1890. — Si, pendant la durée du prêt, l'emprunteur a été obligé, pour la conservation de la chose, à quelque dépense extraordinaire, nécessaire, et tellement urgente qu'il n'ait pas pu en prévenir le prêteur, celui-ci sera tenu de la lui rembourser.

SOMMAIRE.

I. 122. Distinctions suivant lesquelles l'emprunteur a un recours contre le prêteur à raison des dépenses extraordinaires qu'il a été obligé de faire pour la conservation de la chose prêtée.—123. L'obligation du prêteur de rembourser les dépenses est personnelle et non réelle. Conséquences.

I. — 122. Nous avons dit, dans notre commentaire de l'art. 1886 (*suprà*, n° 69), que l'emprunteur supporte définitivement les frais faits pour l'entretien de la chose et pour son appropriation à l'usage auquel il la destinait. Mais s'il a fait, à l'occasion de la chose, des dépenses extraordinaires, il est juste qu'il ne les supporte pas également sans recours, sans quoi le prêteur s'enrichirait à ses dépens. Le commodat est et doit rester un contrat de bienfaisance de la part du prêteur envers l'emprunteur, non de la part de l'emprunteur envers le prêteur.

Ce dernier sera donc tenu de rembourser la dépense ; c'est là véritablement la seule obligation *positive* qui puisse, dans le commodat, être à la charge du prêteur, celle dont parle l'art. 1888 étant purement négative (n°s 107 et 108). Toutefois, l'obligation n'est pas absolue ; elle comporte certaines distinctions qui doivent être ainsi précisées :

S'il s'agit d'une dépense utile ou même nécessaire, mais non pas tellement urgente qu'elle doive être faite sur-le-champ, l'emprunteur doit avertir le prêteur, et s'entendre avec lui sur la manière d'opérer cette dépense. L'emprunteur doit nécessairement prendre cette précaution pour obtenir du prêteur le remboursement de la somme totale qu'il aura avancée pour l'exécution des travaux convenus. Que si la précaution a été par lui négligée, il ne pourra recourir contre le prêteur que comme un gérant d'affaires (C. Nap., art. 1372), et il devra même être

_____

(1) *Voy.* Pothier (n° 27). — MM. Delvincourt (t. III, p. 197 du texte, et 408 note 7); Duranton (t. XVII, n° 500); Aubry et Rau (3e édit., t. III, p. 430 et note 1).

assimilé, pour les constructions simplement utiles faites sur un immeuble, au possesseur de mauvaise foi (art. 555).

Dans tous les cas, au contraire, où la dépense est nécessaire et tellement urgente que l'emprunteur n'a pu prévenir le prêteur, l'emprunteur a droit au remboursement intégral des sommes par lui avancées.

123. L'obligation du prêteur, relativement au remboursement des avances, est personnelle et non réelle. D'où suit :

Que le prêteur n'en serait déchargé ni par la perte de la chose survenue postérieurement aux dépenses, ni par l'abandon qu'il voudrait faire de la chose à l'emprunteur (1) ;

Et qu'il continue à en être tenu même après que l'emprunteur a consenti à faire la restitution de la chose prêtée. Ce dernier pourrait-il se refuser à faire cette restitution et élever la prétention de retenir la chose, comme gage de sa créance, jusqu'à ce qu'il en soit payé? C'est la question que nous examinons plus haut et que nous résolvons par la négative, contre l'avis de la plupart des auteurs (*suprà*, n° 103).

1891. — Lorsque la chose prêtée a des défauts tels, qu'elle puisse causer du préjudice à celui qui s'en sert, le prêteur est responsable, s'il connaissait les défauts et n'en a pas averti l'emprunteur.

SOMMAIRE.

I.   124. Le prêteur, qui procure à l'emprunteur un service gratuit, n'est pas obligé à la garantie. Mais il y a deux exceptions à la règle.

II.   125. *Première exception.* — Le prêteur doit garantir l'emprunteur du dommage résultant soit de son dol, soit de son fait personnel. — 126. Mais en aucun cas il ne doit garantie à raison des troubles émanant de tiers.

III. 127. *Deuxième exception.* — Vices cachés de la chose connus et non déclarés par le prêteur. — 128. Le prêteur en est tenu, mais seulement à la condition : 1° Qu'il ait connu l'existence de ces vices ; — 129. 2° Que, les ayant connus, il ait omis de prévenir l'emprunteur de leur existence ; — 130. 3° Enfin que l'emprunteur n'ait pas pu les apercevoir et en reconnaître l'existence par lui-même, à l'inspection de la chose prêtée. — Application de la règle par la jurisprudence.

I. — 124. Dans la vente, et dans les autres contrats à titre onéreux qui comportent la tradition d'une chose par l'une des parties à l'autre, celui qui livre est tenu de l'obligation de garantie, qui consiste à indemniser celui qui reçoit la chose : 1° des troubles apportés par des tiers à sa jouissance, en vertu de droits, vrais ou prétendus, émanant du chef de son cocontractant ; 2° du dommage à lui causé par les vices cachés et non déclarés de la chose (C. Nap., art. 1625).

Dans les contrats à titre gratuit, au contraire, la règle est que l'obligation de garantie n'existe pas, et les raisons en sont faciles à concevoir. D'une part, celui qui est gratifié par le contrat serait mal venu à se plaindre de ce que le service qui lui est procuré sans retour de sa

---

(1) Pothier (n° 83). — MM. Delvincourt (t. III, p. 410, note 1) ; Duranton (t. XVII, n° 548).

part est moins grand qu'il ne l'avait espéré; et d'autre part, celui qui gratifie, n'y étant nullement tenu, est présumé avoir simplement voulu livrer la chose telle qu'elle se comporte, sans se faire garant d'aucune de ses qualités.

La règle, d'ailleurs, a été, de tout temps, parfaitement constante, si bien que les rédacteurs du Code ont jugé inutile de la formuler expressément; mais elle se trouve implicitement dans plusieurs dispositions de nos lois. Nous signalons en particulier celle de notre article qui, en soumettant le prêteur à la garantie dans un cas spécial, indique par cela même qu'en principe le prêteur n'en est pas tenu. En pareil cas surtout, il est vrai de dire que les exceptions confirment la règle. Mais il importe de voir quelles sont ces exceptions.

II. — 125. Il en est une d'abord dont notre article ne parle pas, mais qui dérive d'une règle applicable à tous les contrats en général, aux contrats à titre gratuit non moins qu'aux contrats à titre onéreux : nous voulons parler de la règle d'après laquelle chacun est responsable de son dol et de son fait personnel. Donc si l'emprunteur éprouve un dommage résultant soit du dol, soit du fait personnel du prêteur, il a droit à la garantie.

Par exemple, Pierre, sous couleur de rendre service à Paul, lui livre, de mauvaise foi et afin de lui nuire, la chose d'autrui, sachant bien qu'elle ne lui appartient pas et que Paul, emprunteur, aura bientôt à se débattre avec le véritable propriétaire et à subir l'action en revendication que celui-ci pourra exercer (*suprà*, nº 44) : il y a là le dol qui engage la responsabilité de Pierre, prêteur, et l'oblige à la garantie envers Paul, emprunteur.

Par exemple encore, Pierre a prêté sa chose à Paul, et, sans aucun motif sérieux ni valable, il veut la reprendre avant le terme convenu (*suprà*, nºs 109 et suiv.) : il y a là le fait personnel qui, le cas échéant où Paul, emprunteur, en éprouverait du dommage, obligerait Pierre, prêteur, à le réparer.

Telle est la première exception.

126. Mais ajoutons, pour compléter nos observations sur ce point, qu'en faisant abstraction du fait personnel et du dol, le prêteur ne saurait en aucun cas être tenu à la garantie à raison des troubles émanant des tiers. Il n'en est pas à cet égard du commodat comme du contrat de louage, par la raison toute simple qu'à la différence du louage, qui procure un avantage matériel au bailleur en retour de la jouissance qu'il concède, le commodat ne profite qu'à l'emprunteur. Il est donc juste que le prêteur, qui ne reçoit rien en retour de l'usage qu'il cède, ne soit pas tenu au delà de son fait personnel. C'est à l'emprunteur, quand il vient à être troublé par des tiers dans l'usage qu'il fait de la chose, à se défendre lui-même contre eux s'il le peut et comme il le peut (1).

---

(1) *Voy.* Pothier (nº 79). — MM. Duvergier (nºs 108 et 109); Duranton (t. **XVII**, nº 547); Troplong (nº 154).

III. — 127. Venons maintenant à une seconde exception : elle est établie par notre article, lequel précise un cas spécial où le prêteur est responsable du préjudice causé par les défauts de la chose prêtée. L'art. 1891 dit, en effet, que lorsque la chose prêtée a des défauts tels qu'elle puisse causer du préjudice à celui qui s'en sert, le prêteur est responsable, *s'il connaissait les défauts et n'en a pas averti l'emprunteur.* La disposition est fort explicite et très-nette.

128. Ainsi, pour qu'il y ait lieu à la garantie, il faut d'abord qu'en livrant la chose prêtée le prêteur ait connu les défauts qui en pouvaient rendre l'usage dommageable. Donc, s'il a ignoré l'existence de ces défauts, quelque grande qu'ait pu être sa négligence à cet égard, et quel que soit le préjudice qui en soit résulté pour l'emprunteur, la garantie n'est pas due par le prêteur. En ce point et sous ce rapport, le commodat diffère de la vente et des contrats à titre onéreux en général, dans lesquels la règle est, au contraire, que celui qui livre la chose est tenu, en principe, des vices cachés, quand même il ne les aurait pas connus (C. Nap., art. 1643).

129. Il faut ensuite, pour qu'il y ait lieu à la garantie, que le prêteur, s'il a connu les défauts de la chose prêtée, ait omis de prévenir l'emprunteur de leur existence. Il est bien clair, en effet, que si celui-ci a été averti et que néanmoins il ait persisté à se servir de la chose, c'est à ses risques et périls qu'il l'a fait, et n'a aucun droit à être indemnisé, quel qu'ait été le dommage éprouvé.

130. Enfin, même en l'absence de tout avertissement spécial du prêteur à l'emprunteur, la responsabilité du prêteur peut n'être pas engagée. En effet, si les vices ou les défauts de la chose sont apparents et notoires tellement que l'emprunteur, à supposer qu'il ne les connaisse pas, puisse les apercevoir et en reconnaître l'existence à la seule inspection de la chose prêtée, la responsabilité du prêteur, même quand il n'a pas prévenu l'emprunteur d'une manière spéciale, est pleinement dégagée : le dommage, quel qu'il soit, que celui-ci peut éprouver en se servant de la chose, doit rester à sa charge, sans compensation ni indemnité, parce qu'il ne peut imputer qu'à lui-même l'inattention et l'imprévoyance sans lesquelles ce dommage eût été certainement évité.

Ce point de droit était récemment mis en question devant la Cour de Limoges. Il s'agissait, dans l'espèce, d'un prêt consenti par la ville de Limoges, lequel prêt avait pour objet les bâtiments nécessaires à une exposition. Il était arrivé que par un violent coup de vent, au milieu d'une bourrasque, un vitrage avait été détaché de ce bâtiment, dont la construction était vicieuse ou n'avait pas une solidité suffisante, et en tombant avait endommagé l'un des objets exposés. Dans ces circonstances, le propriétaire auquel avait été concédée gratuitement la place par lui occupée crut devoir intenter contre la ville une action en garantie. Mais l'action fut rejetée par le motif que, dans le contrat de commodat formé avec chaque exposant, la ville n'était tenue que des seuls engagements de celui qui prête à usage ; qu'elle n'aurait été responsable des dommages causés aux exposants qu'autant que ces dommages seraient résultés soit de son fait personnel, soit des défauts de la chose prêtée, si, les connaissant, elle n'en avait pas averti l'emprunteur; qu'il n'y avait dans l'espèce rien de semblable à reprocher à la ville, et qu'au contraire l'emprunteur avait à s'imputer d'avoir, en connaissance de cause, accepté à titre de commodat un bâtiment dont les vices prétendus de construction étaient, dans tous les cas, assez apparents pour ne pas échapper à son examen (1).

Cette décision traduit de la manière la plus exacte la pensée de notre article; elle ne peut qu'être approuvée.

CHAPITRE II.

DU PRÊT DE CONSOMMATION, OU SIMPLE PRÊT.

SOMMAIRE.

131. Division.

131. Après avoir formulé, dans le premier chapitre de ce titre, les règles spéciales au *prêt à usage*, le législateur s'occupe, dans le second, *du prêt de consommation*, qui est la deuxième sorte de prêt annoncée dans l'art. 1874 (*suprà*, n° 6). La division établie par le législateur étant la même dans les deux chapitres, nous traiterons ici, comme nous l'avons fait à propos du commodat : 1° de la nature du contrat; 2° des obligations du prêteur; 3° des engagements de l'emprunteur.

Toutefois, il faut noter dès à présent, sauf à y revenir plus tard (*infrà*, n° 170), qu'en ceci les rédacteurs du Code se sont écartés de la méthode de Pothier, qui voit, dans le prêt de consommation, le plus unilatéral des contrats, et qui, par conséquent, ne fait figurer dans sa division de la matière que les engagements de l'emprunteur, le prêteur, dit-il, ne contractant, de son côté, envers l'emprunteur, aucune obligation qui naisse de la nature de ce contrat (2).

SECTION PREMIÈRE.

DE LA NATURE DU PRÊT DE CONSOMMATION.

SOMMAIRE.

132. Observation préliminaire.

132. Cette section est composée de six articles dont les trois premiers seulement (art. 1892, 1893, 1894) répondent exactement à la pensée que la rubrique révèle. Les trois derniers (art. 1895, 1896, 1897) ont trait, non pas au caractère ou à la nature du prêt de consommation, mais bien à la chose qui doit être rendue par l'emprunteur ou à la mesure des obligations naissant du contrat. Ces derniers articles eussent donc été mieux à leur place dans la troisième section,

---

(1) *Voy.* Limoges, 12 novembre 1859 (Dalloz, 60, 2, 51).
(2) Pothier (*Du Prêt de consomption*, n°ˢ 20 et 51).

dont les dispositions ont précisément pour objet de déterminer les engagements de l'emprunteur. C'est pourquoi nous rattacherons le commentaire de ces articles à celui des art. 1902 et suivants, qui forment la troisième section, laissant dans celle-ci les seules dispositions qui, en précisant la nature du prêt de consommation, rentrent dans son objet direct.

1892. — Le prêt de consommation est un contrat par lequel l'une des parties livre à l'autre une certaine quantité de choses qui se consomment par l'usage, à la charge par cette dernière de lui en rendre autant de même espèce et qualité.

1893. — Par l'effet de ce prêt, l'emprunteur devient le propriétaire de la chose prêtée; et c'est pour lui qu'elle périt, de quelque manière que cette perte arrive.

1894. — On ne peut pas donner à titre de prêt de consommation, des choses qui, quoique de même espèce, diffèrent dans l'individu, comme les animaux : alors c'est un prêt à usage.

SOMMAIRE.

I. — 133. Nous avons eu déjà occasion de signaler le trait distinctif, la différence capitale qui existe entre le prêt à usage, dont nous venons de traiter, et le prêt de consommation, qui va maintenant faire l'objet de notre examen (*suprà*, n° 11) : dans le premier, l'emprunteur doit rendre la chose même qui lui a été prêtée, et c'est ce que la définition de l'art. 1875 a indiqué de la manière la plus nette (*suprà*, n°s 16 et suiv.); dans le second, c'est une autre chose semblable à celle qui a été prêtée qui doit être rendue, et l'art. 1892 est également précis à cet égard en définissant le prêt de consommation « un contrat par lequel une des parties livre à l'autre une certaine quantité de choses... à la charge par cette dernière *de lui en rendre autant de même espèce et qualité.* »

Mais d'autres différences encore, moins importantes à la vérité, séparent ces deux sortes de prêt, entre lesquelles existent aussi des ressemblances nombreuses. Ces rapports et ces différences vont être précisés, comme aussi les rapports du prêt de consommation avec d'autres contrats, dans le commentaire de nos articles, lesquels se réfèrent aux conditions nécessaires à la perfection du prêt de consommation, à ses caractères, à ses effets, aux choses qui en peuvent faire l'objet, aux personnes entre lesquelles il peut se former. Nous nous occuperons successivement de ces divers points.

II. — 134. Parmi les conditions nécessaires à la perfection du contrat, il en est une qui doit être signalée en première ligne, bien que nos articles n'en parlent pas : c'est le consentement. En effet, de même que tous les autres contrats, le prêt de consommation exige le consentement des parties contractantes, lequel consentement, ainsi que l'exprime Pothier, doit intervenir sur tout ce qui forme la substance du contrat, et par conséquent sur la chose prêtée, sur la translation de propriété de cette chose, et sur l'obligation de rendre une chose semblable (1).

135. C'est là une nécessité qui résulte des principes généraux du droit, et nous n'aurions pas songé à y insister si ce point, qui est le plus simple du monde, n'eût été, entre les auteurs, le sujet de discussions empruntées au droit romain et qui ne nous paraissent guère plus de mise dans notre législation actuelle. Plusieurs textes du Digeste ont prévu l'hypothèse, au moins fort bizarre, où une personne aurait livré à une autre une certaine chose, dans l'intention de faire un dépôt ou une donation, tandis que celui à qui la chose est livrée veut et pense la recevoir à titre de prêt (2). Ces textes décident que bien que le consentement des parties ne concoure pas, sinon sur la chose même, au moins sur la translation de propriété ou sur l'obligation de rendre, néanmoins l'idée de prêt, le *mutuum*, doit prévaloir, au moins dans le cas où la chose a été consommée de bonne foi par celui qui l'a reçue.

Mais il faut prendre garde que ces textes disposent et statuent principalement au point de vue de l'action que pouvait faire valoir celui qui avait livré la chose; et c'est par là que la question avait une importance capitale dans les principes du droit romain, à cause de la rigueur et du nombre strictement limité des actions. Or, la situation n'est pas la même dans notre droit, qui s'est heureusement affranchi de ce rigorisme des formes; elle doit donc être envisagée en elle-même; et en ramenant les choses à leur point de vue simple et naturel, nous n'hésitons pas à dire, contre l'avis de Pothier, dont la doctrine a été suivie par plusieurs auteurs (3), que la décision des lois romaines n'est plus susceptible d'application aujourd'hui, et que là où, comme dans l'espèce, il n'y a pas consentement sur la nature du contrat, il n'y a pas de contrat du tout. C'est une application de la règle générale rappelée par Marcadé dans son commentaire de l'art. 1110 du Code Napoléon, lorsqu'il dit : « Quand l'erreur tombe sur la nature du contrat; quand, par exemple, faute d'avoir bien expliqué notre pensée, vous avez cru me louer votre cheval, et que, moi, j'ai cru vous l'acheter, alors il n'y a pas de contrat. Il est clair, en effet, que nous ne nous sommes pas entendus, qu'il n'y a pas eu entre nous accord d'idées, rencontre de volontés, *consensus in idem placitum;* il n'y a donc pas de convention. » (4)

Si donc il arrivait, par impossible, qu'entre deux parties qui se sont rapprochées pour contracter, l'une entendît livrer à titre de dépôt ou de donation une chose que l'autre croirait recevoir à titre de prêt de

---

(1) Pothier (n° 16).
(2) *Voy.* les lois 18 et § 1, ff. *De Reb. cred.,* et l. 36, *De Acq. rer. dom.*
(3) Pothier (n⁰ˢ 16 et 17); MM. Duranton (n° 569); Duvergier (n⁰ˢ 139 et suiv.); Troplong (n⁰ˢ 193 et 194).
(4) Marcadé (t. IV, n° 406).

consommation, il faudrait dire qu'il n'y a là ni prêt, ni dépôt, ni donation, qu'il n'y a pas de convention, en un mot. C'est simplement un état de fait : le propriétaire qui a livré sa chose devra être admis à intenter, soit la revendication, si la chose existe encore en nature aux mains de celui qui l'a reçue, soit, si la chose a été consommée de bonne foi par ce dernier, une action fondée sur le principe que nul ne doit s'enrichir *sans cause* aux dépens d'autrui.

Nous n'insistons pas davantage sur la première condition nécessaire à la perfection du prêt de consommation, et nous passons à la seconde, qui, celle-ci, est clairement indiquée dans la définition que l'art. 1892 donne du contrat.

136. Il est essentiel que tradition soit faite à l'emprunteur de la chose prêtée. L'art. 1892 s'explique nettement à cet égard en disant que le prêt de consommation est le contrat par lequel l'une des parties *livre* à l'autre une certaine quantité de choses. En ceci le prêt de consommation ne diffère pas du prêt à usage, la tradition étant, comme nous l'avons expliqué plus haut, une nécessité commune aux deux sortes de prêt (*suprà*, n°s 12 et suiv.). Toutefois, elle a ici un caractère essentiellement différent, en ce qu'elle doit être translative de la propriété : c'est un point indiqué déjà (*loc. cit.*), et auquel nous reviendrons plus amplement en nous occupant des effets de la convention (*voy.* n° 150). Il s'agit uniquement ici du fait matériel de la tradition.

137. C'est, disons-nous, une condition nécessaire; et, par conséquent, toute convention intervenant entre les parties, en vue d'un prêt, constitue une simple promesse jusqu'à la tradition. Cette convention, obligatoire bien qu'elle ne soit pas encore le prêt (n° 13), se produit fréquemment, en matière de prêt de consommation, sous le nom de *crédit* ou d'*ouverture de crédit* (1). Voici dans quelles circonstances. Une personne part pour un voyage, pour Londres, par exemple, et ne sachant pas combien de temps elle sera retenue dans cette ville, où elle se propose de séjourner, elle ne veut pas emporter avec elle une forte somme d'argent anglais, qui peut-être n'a pas cours en certains autres pays où elle doit se rendre, et qu'elle ne serait pas sûre de dépenser entièrement en Angleterre. Elle s'adresse donc à un banquier de Paris et le prie de lui remettre une lettre portant ouverture de crédit, jusqu'à concurrence d'une certaine somme, chez un banquier de Londres. Si le banquier de Paris consent à remettre cette lettre, et si le banquier de Londres consent à y faire honneur, il y aura là une promesse de prêt obligatoire pour ce dernier, qui désormais sera tenu de fournir, si le porteur de la lettre le demande, le total de la somme acceptée. Mais la convention ne passera à l'état de prêt que lorsque celui-ci fera usage du crédit, et seulement dans la mesure où il en fera usage. C'est par la numération des espèces, par le versement effectif qui sera fait en ses mains, c'est-à-dire par la tradition, que le contrat de prêt arrivera à sa perfection, et donnera naissance aux obligations qui en résultent.

---

(1) *Voy.* notre Comment. *Des Priv. et Hyp.* (n°s 711 et suiv.).

138. Jusque-là, le futur prêteur est seul obligé : il est tenu de transférer à l'emprunteur la chose dont provisoirement il conserve la propriété, et, par conséquent, il reste avec la responsabilité des risques. Toutefois, cette dernière conséquence est contestée, au moins dans le cas où la chose que le prêteur a promis de prêter est un corps certain et déterminé, par exemple quand le prêteur a promis la pièce de vin qu'il a dans sa cave, les dix sacs de blé qui sont dans son grenier. M. Duvergier (1) enseigne qu'en un tel cas la chose est aux risques de l'emprunteur dès le jour même du contrat, par application de l'art. 1138 du Code Napoléon, aux termes duquel « l'obligation de livrer la chose est parfaite par le seul consentement des parties contractantes. Elle rend le créancier propriétaire et met la chose à ses risques dès l'instant où elle a dû être livrée... » Mais précisément cet article ne s'applique pas aux contrats réels, et c'est en quoi ceux-ci diffèrent des contrats ordinaires, en vue desquels est écrite la règle générale de l'art. 1138. Cet article s'occupe des contrats parfaits par le seul consentement des parties, tandis que le prêt n'est parfait, comme M. Duvergier le reconnaît lui-même, que par la tradition de la chose. Donc, à moins d'une clause particulière, que les parties sont toujours libres d'ajouter au contrat, la chose reste, jusqu'à la tradition, aux risques du prêteur (2). La tradition seule opère la translation de propriété, effet nécessaire du contrat (art. 1893, et *infrà*, n°s 150 et suiv.), et met la chose aux risques de l'emprunteur, auquel la propriété est transférée.

139. Toutefois, la tradition nécessaire à la perfection du contrat peut être faite autrement que par une livraison matérielle accompagnant ou suivant de près le contrat. On applique ici la règle écrite, pour la vente, dans l'art. 1606, d'après lequel la délivrance des effets mobiliers s'opère, — ou par la tradition réelle, — ou par la remise des clefs des bâtiments qui les contiennent, — ou même par le seul consentement des parties, si le transport ne peut pas s'en faire au moment de la vente ou si l'acheteur les avait déjà en son pouvoir à un autre titre.

140. Ainsi, d'une part, je vous prête, étant à Paris, cent sacs de blé qui se trouvent renfermés dans mon grenier de Pontoise, et à l'instant même je vous remets la clef de mon grenier, d'où vous retirerez quand vous voudrez les cent sacs de blé : le contrat est formé par cette tradition feinte qui, au point de vue de la perfection du contrat, équivaut à la tradition réelle.

141. D'une autre part, j'ai mis chez vous en dépôt cent pièces de vin, et nous convenons, à quelque temps de là, que je vous prête ces cent pièces de vin, à la charge par vous de m'en rendre autant à une époque déterminée : la convention seule, le consentement que nous y donnons suffit à la perfection du contrat, et, à ce point de vue, tient lieu de la tradition matérielle que je ne puis vous faire, la chose prêtée étant déjà par devers vous. Et par conséquent, dès le moment où intervient la conven-

---

(1) *Voy.* M. Duvergier (n° 146). — *Junge* : MM. Mourlon (5e édit., t. III, p. 385); Boileux (t. VI, p. 396).
(2) *Voy.* MM. Duranton (n° 556); Troplong (n° 184).

tion, la chose est aux risques de l'emprunteur, originairement dépositaire. C'est ce qui caractérise le contrat nouveau et le différencie de celui auquel il succède, le premier eût-il été accompagné de la permission donnée par le déposant au dépositaire de se servir de la chose déposée s'il en a besoin. Dans cette dernière hypothèse, en effet, le prêt n'a lieu qu'au moment où le dépositaire, ayant besoin de la chose, la retire du lieu où elle était déposée et s'en sert ; et conséquemment c'est à ce moment seulement qu'il prend les risques à sa charge (l. 9, § *fin.*, et l. 10, ff. *De Reb. cred.*) (1).

142. Ceci nous conduit à d'autres hypothèses où, bien que la tradition ne soit pas faite directement par le prêteur, on voit cependant apparaître le prêt de consommation. Par exemple, vous avez besoin d'une somme d'argent que je ne puis pas vous prêter, ne l'ayant pas à ma disposition ; mais je vous donne un corps certain dont, après l'avoir vendu, vous garderez le prix à titre de prêt. Ici, bien que l'argent ne passe pas directement de mes mains dans les vôtres, il n'y en aura pas moins l'équivalent d'une tradition par l'effet de laquelle nous serons liés l'un envers l'autre par la convention de prêt.

Mais à quel moment le prêt prendra-t-il naissance, et quand la responsabilité du risque pèsera-t-elle sur l'emprunteur? Cela seul peut être mis en question dans cette hypothèse. Les Romains, bien qu'ils admissent que le prêt est un contrat réel, considéraient, en quelque sorte, la tradition comme opérée par la remise du corps certain à l'emprunteur, et par conséquent ils mettaient, au moins dans certains cas, la chose aux risques de l'emprunteur même avant la vente (l. 11, pr. et § 4, ff. *De Reb. cred.*). Aucun texte, dans notre Code, ne consacre cette décision exceptionnelle ; il en faut conclure que chez nous les risques du corps certain sont, jusqu'à la vente, à la charge du prêteur. C'est seulement par la transformation du corps certain en argent que le prêt sera réalisé, et par suite que les risques passeront à l'emprunteur. Le Code contient une décision analogue, laquelle est également en opposition avec les principes du droit romain, pour le cas de dépôt (C. Nap., art. 1929) : il n'y a pas de raison pour ne pas assimiler à ce cas celui où le corps certain, au lieu d'être remis en dépôt, est livré spécialement pour être vendu (2).

III. — 143. Le prêt de consommation appartient à la classe des contrats *réels* (3). Après les observations qui précèdent touchant la tradition et le rôle essentiel qu'elle joue dans le contrat, nous n'avons pas à insister sur ce premier caractère du contrat. Notons seulement, ou plutôt rappelons qu'il n'y a pas à distinguer entre le cas où la convention de prêter à titre de consommation porte sur un corps certain et celui où

---

(1) *Voy.* Pothier (nᵒ 3). *Voy.* aussi MM. Duranton (nᵒ 560) ; Duvergier (nᵒ 187). — *Voy.* cependant Domat (liv. I, tit. vi, sect. 1, nᵒ 12).
(2) *Voy.* MM. Duvergier (nᵒ 190) ; Troplong (nᵒˢ 269, 270). Comp. un arrêt de la Cour de cass. du 2 déc. 1812 (S. V., 13, 1, 33), qui déclare valable un prêt dit d'argent, alors que la chose fournie consistait en valeurs négociables de portefeuille.
(3) *Voy.* Pothier (nᵒ 20).

elle porte sur une chose qui n'est pas individuellement déterminée. Nous avons déjà écarté cette distinction en combattant l'opinion des auteurs qui supposent que si le contrat est *réel* dans le premier cas, il est *consensuel* dans le second (*suprà*, n° 138).

144. Une fois conclu, le prêt de consommation est de la classe des contrats *unilatéraux ;* car il ne produit d'obligation que d'un côté : le prêteur oblige l'emprunteur envers lui ; mais, de son côté, il ne contracte aucune obligation envers l'emprunteur (1). Il est vrai qu'il y a dans ce chapitre même une section spéciale où il est traité des *engagements du prêteur*. Mais nous verrons, par le commentaire même de cette section, que le contrat n'en doit pas moins être tenu pour unilatéral (*infrà*, n° 170).

145. Maintenant, quelle est l'obligation qui en résulte à la charge de l'emprunteur ? C'est là aussi l'objet d'une section spéciale de notre chapitre, et sans anticiper sur les développements qu'elle comporte, nous nous bornons à mentionner ici l'obligation de l'emprunteur, parce qu'elle est caractéristique et sert à distinguer le prêt de consommation de quelques autres contrats. L'emprunteur est tenu de rendre au prêteur non pas la chose même qu'il a reçue, mais une autre chose de même espèce. C'est par là que le prêt de consommation diffère du *prêt à usage* (n° 19) : le contrat constituerait soit une *donation,* si l'emprunteur ne devait rien rendre, soit une *vente à terme,* s'il rendait une somme d'argent à la place de la chose prêtée, soit un *échange à terme,* s'il rendait une chose d'une espèce différente.

146. Enfin, le prêt de consommation est un contrat *gratuit* par *sa nature ;* et c'est en cela encore qu'il se distingue du *prêt à usage,* lequel, d'après l'art. 1876, est *essentiellement* gratuit (*suprà*, n° 20). Sous ce rapport, les deux sortes de prêt ne différaient pas dans notre ancien droit français ; on les considérait également l'un et l'autre comme renfermant un bienfait de la part du prêteur, en ce que ce dernier accordait la faculté de se servir de la chose prêtée, sans pouvoir retirer aucune utilité du contrat, qui se faisait pour le seul intérêt de l'emprunteur (2). Mais aujourd'hui il est permis au prêteur de stipuler un prix annuel en retour du service qu'il rend à l'emprunteur. C'est ce prix qu'on appelle *intérêt,* d'où le nom de *prêt à intérêt* donné au contrat ainsi modifié. Il n'est donc plus contraire à l'essence du prêt que la chose rendue soit supérieure en quantité à la chose reçue ; par exemple, que l'emprunteur s'oblige à rendre 1 050 francs pour 1 000 francs qu'il a reçus, ou 105 pièces de vin en retour de 100 pièces qui lui ont été livrées : c'est la conséquence du principe que la gratuité est seulement de la nature et n'est plus de l'essence du prêt de consommation. Que si, au contraire, la chose rendue devait être inférieure en quantité à la chose prêtée, par exemple si, ayant reçu 100 pièces de vin, le prêteur n'en devait rendre que 60, il n'y aurait prêt que jusqu'à concurrence de ces

(1) Pothier (*loc. cit.*).
(2) *Voy.* Pothier (n° 19).

60 pièces que l'emprunteur se serait obligé à rendre ; il y aurait donation quant aux 40 pièces de surplus (1).

IV. — 147. Ainsi fixés sur les caractères du contrat, voyons quelles choses peuvent faire l'objet d'un prêt de consommation. En principe, toutes les choses qui sont dans le commerce peuvent être la matière du contrat. Les observations que nous aurions à présenter à cet égard seraient absolument conformes à celles que nous avons faites à propos du prêt à usage dans notre commentaire de l'art. 1878 (*suprà*, n°ˢ 37 et suiv.) : nous ne pouvons donc que nous y référer.

148. Toutefois, il importe de faire remarquer que, dans la pratique, les immeubles sont toujours considérés comme corps certains ; et, en effet, il serait difficile de concevoir comment on pourrait les considérer comme choses fongibles. Aussi est-on fondé à dire qu'en fait le prêt de consommation n'a jamais que des meubles pour objet.

149. Mais tous les meubles qui sont dans le commerce peuvent être la matière du contrat. Relevons à ce propos ou plutôt notons de nouveau quelques inexactitudes de langage dans le texte de nos articles. Le Code paraît excepter de la classe des choses qui peuvent faire l'objet du prêt de consommation celles *qui ne se consomment pas par l'usage* (art. 1892) et celles qui, quoique de même espèce, diffèrent par l'individu, comme les animaux (art. 1894). Ici encore apparaît la trace de l'identification faite à tort par les rédacteurs du Code entre les choses fongibles et les choses de consommation ; nous savons que même des corps certains, des animaux notamment, quoiqu'ils soient le plus souvent prêtés à usage, peuvent fort bien faire l'objet d'un prêt de consommation, si les parties les considèrent comme choses fongibles. Nous nous sommes expliqué là-dessus, dans notre commentaire de l'art. 1874, de manière à n'avoir pas à y revenir ici (voy. *suprà*, n°ˢ 7 et suiv.).

V. — 150. Passons à l'effet du prêt de consommation. « Par l'effet de ce prêt, dit l'art. 1893, l'emprunteur devient le propriétaire de la chose prêtée, et c'est pour lui qu'elle périt, de quelque manière que cette perte arrive. » Ainsi, la tradition réelle, dont nous parlions tout à l'heure (n°ˢ 136 et suiv.), ne suffit pas à elle seule ; la tradition efficiente dans le contrat de prêt de consommation est celle par l'effet de laquelle la propriété de la chose prêtée est transférée à l'emprunteur. Cette translation de la propriété, qui est essentielle et distinctive dans le *mutuum*, a été cependant contestée dans l'ancienne jurisprudence. Saumaise a cherché à établir que le prêteur retient le *dominium* de la somme ou quantité qu'il a prêtée, non pas, à la vérité, des individus composant cette somme ou quantité, mais de la somme ou quantité considérée *indeterminatè et abstrahendo à corporibus*, qui doit lui être rendue par l'emprunteur à qui il n'en avait accordé que l'usage. Mais Pothier s'élevait avec une énergie et une vivacité qui ne sont pas habituelles chez lui contre la théorie de « cet auteur très-érudit, et grand littérateur, mais nullement jurisconsulte » : Saumaise, disait-il, con-

(1) Pothier (n° 14).

fondant en ceci le *jus in re* et le *jus ad rem*, renverse tout le système de la science; le droit du prêteur étant, en toute hypothèse, un droit contre la personne de l'emprunteur qui s'est obligé à rendre la chose, est par cela même un droit de créance personnelle, et nullement le *dominium* de la chose prêtée, lequel est un *jus in re*, un droit qui suit la chose et ne peut plus subsister sans une chose qui en soit le sujet (1).

Quoi qu'il en soit, la discussion, aujourd'hui, serait sans objet en présence de l'art. 1893, qui, consacrant la doctrine soutenue par Pothier et puisée par lui dans les lois romaines, déclare expressément que par l'effet du prêt l'emprunteur *devient le propriétaire* de la chose prêtée.

151. Le même article déduit ensuite une conséquence de ce principe en disposant que c'est pour l'emprunteur que la chose prêtée périt, de quelque manière qu'elle vienne à périr. Et en effet, par cela même que l'emprunteur est devenu propriétaire, il a pris pour lui la charge des risques dans la mesure même où cette charge pèse sur le propriétaire. Ainsi la perte de la chose, fût-elle arrivée par cas fortuit ou force majeure, ne le libérerait pas envers le prêteur. Nous avons déjà signalé cette différence accessoire, mais fort importante au point de vue pratique, entre le prêt à usage et le prêt de consommation; et la Cour de cassation l'a consacrée en décidant que les fonds remis au mandataire de l'emprunteur, même avec condition que ce mandataire ne s'en dessaisirait qu'après certaines justifications, sont néanmoins, dès lors, aux risques de l'emprunteur, si bien qu'en cas de déconfiture du mandataire avant l'accomplissement de la condition et la remise des fonds aux mains de l'emprunteur, celui-ci n'en supporte pas moins la perte des fonds, sans aucun recours contre le prêteur (2).

152. Et maintenant faut-il induire du principe cette autre conséquence que le prêt de la chose d'autrui est impossible et doit nécessairement être invalidé? A cet égard, Pothier pose en thèse que pour que le prêt de consommation soit valable, il faut que le prêteur soit le propriétaire de la chose prêtée, ou, s'il ne l'est pas, que ce soit du consentement du propriétaire qu'il en fasse le prêt, puisque autrement il ne pourrait pas en transférer la propriété (3). Ceci semble, en effet, rentrer parfaitement dans les conditions essentielles du contrat. Si l'acquéreur doit devenir propriétaire, dans le prêt de consommation, c'est pour qu'il acquière le droit de se servir de la chose prêtée, c'est-à-dire d'en disposer à son gré même en la consommant. Or, comment l'emprunteur qui reçoit la chose *à non domino* acquerrait-il, avec la propriété, le droit de disposer de la chose prêtée et de la consommer, quand le prêteur, de qui il reçoit la chose, n'avait lui-même ni cette

---

(1) Pothier (nos 8 à 12).
(2) Req., 7 mars 1842 (S. V., 42, **1**, 207; *J. Pal.*, 1842, t. I, p. 430; Dalloz, 42, **1**, 138). *Voy.* aussi MM. Duvergier (nos 188 et 190); Troplong (nos 266 et suiv.); Mourlon (5e édit., t. III, p. 387); Massé et Vergé, sur Zachariæ (t. IV, p. 464, note 4).
(3) Pothier (n° 4).

propriété, ni ce droit ?... Ceci néanmoins doit se combiner avec la règle « qu'en fait de meubles possession vaut titre », laquelle ira parfois, mais non toujours, à l'encontre de cette doctrine.

153. Ainsi, il est des choses auxquelles ne s'applique pas la maxime « en fait de meubles possession vaut titre. » Sans parler des meubles incorporels qui y échappent pour la plupart, mais qui peuvent alors difficilement faire l'objet d'un prêt de consommation, supposons le prêt de meubles perdus ou volés. Ces meubles pouvant être revendiqués par le propriétaire pendant trois ans (art. 2279), si la revendication est en effet exercée, le prêt sera, conformément à la doctrine de Pothier, annulé comme fait *à non domino*, et se résoudra en dommages-intérêts que l'emprunteur, s'il a été de bonne foi, pourra réclamer au prêteur.

154. Allons plus loin : supposons que les choses prêtées soient de celles auxquelles s'étend la maxime « en fait de meubles possession vaut titre », et qu'on ne se trouve pas dans l'exception de perte ou de vol ; même dans cette situation, le prêt de la chose d'autrui ne sera pas nécessairement valable. En effet, la prescription instantanée, à l'aide de laquelle l'emprunteur pourrait repousser la revendication exercée par le propriétaire, est pour lui un moyen purement *facultatif*. S'il répugne à sa conscience de l'employer, il ne résistera pas à la demande en revendication du propriétaire, et encore dans ce cas le prêt se trouvera annulé et se résoudra en dommages-intérêts que le prêteur devra à l'emprunteur de bonne foi.

155. Mais, dans cette dernière hypothèse, si l'emprunteur juge à propos d'employer le moyen que la loi met à sa disposition, s'il lui convient d'opposer au propriétaire réclamant sa chose la maxime « en fait de meubles possession vaut titre », il le peut faire assurément ; et alors le prêt se trouve établi dans ses conditions essentielles et constitutives, car l'emprunteur a acquis, par la prescription instantanée, la propriété que le prêteur n'avait pas lui-même, et, avec cette propriété, le droit de disposer de la chose à son gré, même en la consommant. C'est avec cette réserve qu'il faut admettre et appliquer la doctrine générale émise par Pothier.

156. Ce n'est pas tout : il y a un autre cas, celui-ci réservé par Pothier lui-même, où le prêt, quoique fait *à non domino,* n'en reste pas moins formé et doit être maintenu avec tous ses effets. C'est lorsque l'emprunteur a consommé de bonne foi la chose prêtée par celui qui n'en était pas propriétaire (C. Nap., art. 1238). Comme le dit Pothier, la raison de ceci est sensible : si la translation de propriété est nécessaire dans le prêt de consommation, c'est pour que l'emprunteur puisse se servir des choses prêtées en les consommant, ce qu'il n'aurait pas le droit de faire s'il n'était pas propriétaire. Mais lorsque, en fait, il a consommé les choses, même sans en avoir le droit, il est indifférent que la propriété lui en ait été transférée ou non. Le prêt, par la consommation qui a suivi, lui a procuré le même service que si la propriété des choses prêtées lui avait été transférée effectivement, et par consé-

quent il doit produire tous les effets attachés au contrat (1). — Dans cette hypothèse, du reste, il importe peu que le prêt ait eu pour objet des choses volées ou perdues, ou des choses non volées ni perdues : la solution s'applique également à l'un et à l'autre cas.

157. Ajoutons enfin qu'en toute hypothèse encore le prêt, quoique fait *à non domino*, sera validé et désormais inattaquable si le propriétaire de la chose prêtée ratifie le contrat (2).

VI. — 158. Nous n'avons plus, pour compléter le commentaire de nos articles, qu'à rechercher entre quelles personnes le prêt de consommation peut être contracté, ou, en d'autres termes, quelle est la capacité nécessaire pour former le contrat. Nous nous expliquerons successivement ici, comme par rapport au commodat (nᵒˢ 54 et suiv.), sur la capacité requise pour prêter et sur la capacité requise pour emprunter; puis nous déterminerons les effets du prêt ou de l'emprunt conclu par un incapable.

159. *Capacité requise pour prêter.* — Le prêt de consommation emportant nécessairement transport de propriété, n'est plus, comme le prêt à usage, un simple acte d'administration : c'est un acte de disposition au premier chef. Donc le prêteur doit avoir le pouvoir de disposer de ses biens, ou, en d'autres termes, *la capacité d'aliéner.*

Ainsi, sont incapables de consentir un prêt valable, non-seulement les mineurs non émancipés, les interdits ou les personnes placées dans un établissement d'aliénés, les femmes mariées qui n'ont pas l'administration de leurs biens, mais encore les mineurs émancipés, si ce n'est avec l'autorisation de leur curateur (art. 482), les personnes pourvues d'un conseil judiciaire, si ce n'est avec l'assistance de ce conseil (art. 499 et 513).

160. Quant aux femmes mariées qui ont l'administration de leurs biens, la loi leur accorde, au moins lorsqu'elles sont séparées de biens *judiciairement,* le droit de disposer de leur mobilier et de l'aliéner (art. 1449). Il semblerait résulter de là que les femmes séparées judiciairement sont capables de consentir un prêt de consommation, et c'est en effet l'opinion admise par les auteurs, qui, d'ailleurs, se bornent à la formuler sans la justifier autrement (3). Toutefois, on est conduit logiquement à dire, au contraire, que, même séparée judiciairement, la femme n'est pas capable d'un tel acte, si l'on réfléchit que, d'après une jurisprudence aujourd'hui constante, à laquelle adhère la presque unanimité des auteurs, le droit d'aliéner son mobilier est accordé à la femme, dans ce cas, comme conséquence du droit qu'elle a d'administrer ses biens, en sorte qu'elle ne peut aliéner ses meubles que pour les besoins de son administration (4). Il n'y a donc pas là cette capa-

---

(1) *Voy.* Pothier (nᵒˢ 5 et 6); MM. Delvincourt (t. III, p. 410, note 1); Duranton (nᵒ 565); Troplong (nᵒ 187); Mourlon (*loc. cit.*, p. 390).
(2) *Voy.* M. Duranton (nᵒ 558).
(3) *Voy.* MM. Duvergier (nᵒ 161); Troplong (nᵒ 205); Boileux (t. VI, p. 400).
(4) C'est l'opinion que nous avons émise dans le *Traité du contrat de mariage,* que nous avons publié avec M. Rodière (t. II, nᵒ 882). *Voy.,* en ce sens, MM. Battur (t. II, nᵒˢ 514 et 652); Bellot (t. III, p. 374 et suiv.); Duranton (t. II, nᵒ 492); Chardon

cité pleine d'aliéner nécessaire pour consentir valablement un prêt de consommation, c'est-à-dire un acte de disposition au premier chef.

161. A plus forte raison en est-il ainsi de la femme séparée de biens *contractuellement* et de la femme dotale en ce qui touche ses paraphernaux. Celles-ci n'ont pas même pour elles, du moins à nos yeux, l'argument, insuffisant d'ailleurs comme on vient de le voir, que l'art. 1449 fournit aux femmes judiciairement séparées. Nous avons soutenu, avec M. Rodière, dans notre *Traité du contrat de mariage*, contrairement à l'avis émis par la majorité des auteurs (1), que la disposition de cet article, fait pour la femme séparée judiciairement, soit de corps, soit de biens, ne doit pas être étendue, par analogie, et que la femme séparée contractuellement ne peut pas aliéner même son mobilier sans l'autorisation maritale, pas plus que la femme dotale ne peut, sans cette autorisation, aliéner ses biens paraphernaux. Cette opinion, à peu près isolée quand nous l'avons émise (2), a été embrassée depuis par quelques auteurs, notamment par M. Troplong (3); nous la maintenons d'autant plus; et par une déduction logique à laquelle il nous semble difficile d'échapper, nous concluons que la femme séparée en vertu de son contrat de mariage n'a pas la capacité requise pour consentir un prêt de consommation.

162. Du reste, de ce que les femmes mariées, séparées ou non, les mineurs et les interdits sont incapables par eux-mêmes de faire un tel prêt, il ne s'ensuit en aucune façon que ce contrat doive leur rester prohibé d'une manière absolue. Le prêt de consommation est souvent, au moins depuis que nos lois permettent de stipuler des intérêts, un acte des plus avantageux pour le prêteur : c'est, en effet, l'un des moyens les plus commodes de placer et de faire valoir son argent. Aussi, tout en refusant aux incapables la faculté de prêter directement et par eux-mêmes, la loi a-t-elle pris des mesures pour que les incapables puissent conclure ce contrat avec le concours ou par le ministère de leurs protecteurs légaux.

Ainsi la femme mariée, en supposant qu'elle ait des meubles propres susceptibles de faire l'objet d'un prêt, peut les prêter avec le consentement de son mari.

Ainsi encore le tuteur peut, et même doit, sous peine d'être personnellement responsable, placer les capitaux des mineurs et des interdits dont il administre les biens, c'est-à-dire les prêter à intérêt (art. 455

(*Puiss. mar.*, n° 157); Valette, sur Proudhon (t. I, n° 463); Massol (*Sép. de corps*, p. 230, n° 20); Odier (t. I, n° 405); Demolombe (t. IV, n° 163); Marcadé (art. 1449, n° 3); Troplong (t. II, n°s 1410 à 1419). *Voy.* encore Req., 12 fév. 1828, 18 mars 1829, 7 déc. 1829; Cass., 5 mai 1829, 7 déc. 1830, 3 janv. 1831, 21 août 1839 (S. V., 28, 1, 356; 29, 1, 181; 31, 1, 22; 39, 1, 663]. — *Voy.* cependant MM. Taulier (t. V, p. 138; Zachariæ (§ 516 et note 57).
(1) *Voy.* MM. Delvincourt (t. III, p. 53, et p. 98, note 1); Toullier (t. XIII, n° 106); Bellot (t. IV, p. 300); Duranton (t. XV, n° 313); Valette, sur Proudhon (t. I, p. 463); Seriziat (n° 339); Taulier (t. V, p. 384); Aubry et Rau, d'après Zachariæ (t. IV, p. 534, note 9); Marcadé (art. 1449, n° 4).
(2) *Voy.* notre *Tr. du cont. de mar.*, t. II, n°s 709, 710 et 788. Elle n'était admise alors que par M. Benoît (n° 21).
(3) *Voy.* M. Troplong (t. IV, n°s 3691 et 3692). — *Junge:* M. Odier (t. III, n° 1449).

et 456). Ajoutons d'ailleurs que le tuteur, à qui tout acte de libéralité est interdit, ne peut pas consentir valablement un prêt de consommation proprement dit; en d'autres termes, un prêt sans intérêt.

163. *Capacité requise pour emprunter.* — Celui qui emprunte s'oblige à rendre, et, comme il n'emprunte que pour disposer immédiatement de la chose prêtée, en l'aliénant ou en la détruisant, il doit nécessairement prendre la chose à restituer sur son propre patrimoine. Aussi l'emprunt a-t-il été considéré, de tout temps, comme l'un des actes les plus graves et les plus compromettants pour la fortune de celui qui y a recours : ceci est vrai surtout quand des intérêts sont stipulés et viennent chaque année grossir le capital. La conséquence est que l'emprunt ne doit être permis qu'à celui qui a *la pleine capacité de s'obliger*.

Notre droit, en laissant à certaines personnes une capacité restreinte, celle d'administrer leurs biens sans en pouvoir disposer, leur donne, par voie de conséquence, le droit de s'obliger dans les limites de l'administration qu'il leur accorde. Ce n'est pas cette faculté de s'obliger dans des limites restreintes qui est exigée pour pouvoir emprunter valablement; c'est, nous le répétons, la pleine capacité de s'obliger, laquelle correspond à la faculté de disposer de ses biens. L'emprunt est donc interdit à tous les incapables, sans distinction.

164. Cependant, comme beaucoup d'autres actes susceptibles de tourner à mal, l'emprunt, bien combiné, peut être d'une très-grande utilité. Si entre les mains d'un administrateur inhabile et inexpérimenté il peut conduire à la ruine, entre les mains d'un homme actif et intelligent il peut mener à l'indépendance et à la fortune, en permettant à celui qui sait marcher dans cette voie du crédit, dont l'emprunt est la manifestation directe, d'étendre avec le cercle de ses affaires le chiffre de ses bénéfices. Bien plus, il est tel cas où l'emprunt est non-seulement utile, mais nécessaire, soit pour éteindre des dettes lourdes et exigibles, soit pour faire des réparations urgentes. Aussi la loi, tout en défendant l'emprunt par les incapables, a-t-elle cru devoir veiller, aussi bien que pour le prêt (*suprà*, n° 162), à ce qu'on pût emprunter pour eux, sauf l'accomplissement de certaines formalités établies par elle pour la sauvegarde de leurs intérêts.

165. Ainsi, des emprunts peuvent être faits au nom du mineur pour cause d'une nécessité absolue ou d'un avantage évident (art. 457), sauf l'autorisation du conseil de famille et l'homologation du tribunal (art. 458). Le conseil ne doit accorder son autorisation qu'autant qu'il a été constaté, par un compte sommaire présenté par le tuteur, que les deniers, effets mobiliers et revenus du mineur sont insuffisants.

Ces dispositions s'appliquent aux emprunts faits au nom des mineurs émancipés (art. 483) et des interdits (art. 509).

La femme mariée peut emprunter avec l'autorisation de son mari ou de la justice (art. 217 et 218); la personne pourvue d'un conseil judiciaire, avec l'assistance de ce conseil (art. 499 et 513).

Enfin, les communes peuvent emprunter : celles qui ont un revenu de 100 000 francs ou plus, en vertu d'une loi ; celles qui ont moins de 100 000 francs de revenu, en vertu d'un décret impérial (l. du 15 mai 1818, art. 43). Il résultait même du décret de décentralisation du 25 mars 1852 (tableau A, § 37) que, lorsque le terme de remboursement n'excédait pas dix années et que le remboursement devait avoir lieu au moyen des ressources ordinaires, ou que la création des ressources extraordinaires se trouvait dans la compétence des préfets, l'emprunt pouvait être fait par la commune en vertu d'une autorisation préfectorale. Mais cette disposition du décret a été rapportée par la loi du 10 mars 1853 ; en sorte qu'aujourd'hui un décret impérial est toujours nécessaire.

166. *Effets du prêt ou de l'emprunt contracté par les incapables.* — Dans le droit romain, ces actes étaient viciés d'une nullité radicale (Inst., *Quib. alien. licet*, § 2, 2, 8). Mais ce point a été modifié dans notre législation française : le prêt ou l'emprunt contracté par un incapable n'est pas nul ; il est simplement annulable (art. 1125) (1).

167. Si donc un incapable a consenti un prêt, il pourra tenir le contrat pour valable s'il le juge avantageux, ou pour nul dans le cas contraire. S'il opte pour ce dernier parti, il dirigera contre l'emprunteur, à supposer que la chose prêtée se trouve encore aux mains de ce dernier, une action en revendication pour le contraindre à la lui restituer immédiatement ; et si la chose a été aliénée ou consommée, l'incapable en pourra demander la valeur à l'emprunteur en vertu de cette maxime de notre droit, que nul ne doit s'enrichir injustement aux dépens d'autrui (2).

Ces questions sont examinées par les auteurs surtout dans l'hypothèse du prêt consenti par un mineur. Mais quelques-uns enseignent que le prêt est validé si l'emprunteur, croyant avoir affaire à un cocontractant majeur, a consommé de bonne foi les objets prêtés (3). Toutefois cette opinion, fondée uniquement sur des textes du droit romain (l. 19, § 1, ff. *De Reb. cred.*; Inst., § 2, *Quib. alien. lic.*), où elle se rattachait au système d'actions limitées que pouvait faire valoir le mineur, ne trouve aucun appui dans nos lois actuelles. Il est vrai que l'art. 1238 déclare le payement d'une somme fait à un créancier par un incapable validé par la consommation que le créancier aurait faite de bonne foi de la somme payée. Mais ici il n'y a ni créance, ni payement proprement dit, puisque le contrat était nul, comme passé avec un mineur. Il en serait autrement d'un prêt consenti par un majeur, et c'est précisément en raison de la validité de ce prêt que nous avons appliqué à l'emprunteur l'art. 1238, pour le cas où il reçoit et consomme de bonne foi la chose d'autrui (*voy.* n° 156).

168. Si l'incapable a fait un emprunt, il pourra de même opter pour

(1) *Voy.* MM. Toullier (t. VII, n° 6); Duvergier (n° 152 à 155); Duranton (n° 568); Troplong (n° 202); Mourlon (5ᵉ édit., t. III, p. 389).
(2) *Voy.* MM. Duranton (n° 566); Troplong (n° 187).
(3) *Voy.* notamment Pothier (n° 7 et 21) et M. Duranton (n° 567). — Mais *voy.* MM. Duvergier (n° 155); Troplong (n° 203).

la validité ou pour la nullité, suivant qu'il aura intérêt à prendre l'un ou l'autre parti. En invoquant la validité du prêt, il pourra conserver, jusqu'au jour fixé pour la restitution, la disposition de la chose prêtée aux conditions déterminées par le contrat. Si, au contraire, il préférait opposer la nullité, il se déchargerait par là de l'obligation de rendre, et le prêteur n'aurait de recours contre lui que dans les trois cas suivants :

1° Si la chose prêtée était encore entre les mains de l'emprunteur incapable, cas dans lequel le prêteur procéderait par la revendication ;

2° Si l'emprunteur s'était dessaisi de la chose par dol, cas auquel le prêteur aurait une action en dommages-intérêts, les incapables répondant de leur dol ;

3° Si l'emprunteur avait tiré quelque profit de la chose, auquel cas le prêteur pourrait le poursuivre jusqu'à concurrence de ce profit, en vertu de la maxime que nul ne doit s'enrichir injustement aux dépens d'autrui.

Ces ressources, on le voit, sont assez précaires, et le prêteur imprudent sera souvent exposé à perdre sans compensation la chose qu'il aura livrée à un emprunteur incapable. Aussi croyons-nous qu'il y aurait au moins lieu, comme nous l'avons décidé à l'occasion du prêt à usage (voy. *suprà*, n° 60), d'accorder au cocontractant capable le droit de sommer l'incapable de prendre parti, de tenir le contrat pour nul ou pour valable, à son choix, mais de lui faire connaître son intention, afin qu'il puisse prendre ses mesures et agir en conséquence.

1895.— L'obligation qui résulte d'un prêt en argent, n'est toujours que de la somme numérique énoncée au contrat.

S'il y a eu augmentation ou diminution d'espèces avant l'époque du payement, le débiteur doit rendre la somme numérique prêtée, et ne doit rendre que cette somme dans les espèces ayant cours au moment du payement.

1896. — La règle portée en l'article précédent n'a pas lieu, si le prêt a été fait en lingots.

1897. — Si ce sont des lingots ou des denrées qui ont été prêtés, quelle que soit l'augmentation ou la diminution de leur prix, le débiteur doit toujours rendre la même quantité et qualité, et ne doit rendre que cela.

169. Ces trois articles ont trait, comme nous en avons déjà fait la remarque (*suprà*, n° 132), à l'exécution de l'obligation de rendre qui résulte du prêt de consommation. A ce titre, ils complètent les art. 1902 et suivants, qui se rapportent aux engagements de l'emprunteur. Le commentaire en sera donc présenté avec celui de ces derniers articles (voy. *infrà*, n°ˢ 195 à 214).

SECTION II.

SOMMAIRE.

170. Le prêt de consommation n'engendre d'obligation que de la part de l'emprunteur ; c'est donc à tort que les rédacteurs du Code consacrent une section spéciale à ce qu'ils appellent *les obligations du prêteur*. — Transition.

170. Le prêt de consommation n'est pas, comme le prêt à usage (voy. *suprà*, n° 28), un contrat synallagmatique imparfait ; c'est un contrat simplement unilatéral : il n'engendre d'obligation que de la part de l'emprunteur. On peut donc s'étonner de voir ici les rédacteurs du Code consacrer une section spéciale à ce qu'ils appellent les *obligations du prêteur*. Mais, d'un autre côté, en y regardant de près, on remarque qu'en définitive les dispositions contenues dans cette section répondent assez mal à l'idée que l'intitulé ou la rubrique suppose, en ce qu'elles ont trait : celle-ci, non pas à une obligation qui *naîtrait* du contrat, mais à des devoirs imposés au prêteur et qu'il doit remplir *antérieurement* au contrat (art. 1898) ; celle-là, non pas à une obligation proprement dite, à une obligation positive, mais à cette obligation purement négative où est le prêteur de ne pas redemander sa chose avant le terme convenu (art. 1899 à 1901).

Au surplus, ce n'est pas par inadvertance ou par amour de la symétrie, et pour appliquer au *mutuum* les divisions déjà adoptées pour le commodat, que les rédacteurs du Code ont introduit dans ce chapitre cette section spéciale *aux obligations du prêteur*. La section a été maintenue après discussion, sur les observations de Tronchet et du consul Cambacérès, contrairement à l'avis de Regnault de Saint-Jean d'Angely, qui se fondait sur l'opinion de Pothier pour en demander la suppression (1). Il n'en est pas moins vrai que le prêteur ne contracte envers l'emprunteur aucune obligation qui *naisse* de la nature du contrat de prêt de consommation. C'est évident par les principes du droit romain. Et quand M. Troplong, qui d'ailleurs est au fond de notre avis sur le caractère unilatéral du contrat (2), cherche cependant à justifier le langage des rédacteurs du Code en s'autorisant pour cela des textes de Gaius et de Justinien (*Comm.* II, §§ 80 et 82 ; Inst., § 2, *Quib. alien. licet*), qui, dit-il, « se servent positivement de ces expressions : *contrahit obligationem,* pour caractériser la position du prêteur » (3), il ne prend pas garde que « *contrahere obligationem* » signifie là, non pas *contracter une obligation,* comme il le suppose, mais *devenir créancier, acquérir une action personnelle* (la condictio ex mutuo), « *obligatio* » étant pris dans le sens actif. La preuve certaine, d'ailleurs, que les Romains voyaient un contrat unilatéral dans le *mutuum,* c'est que la *condictio ex*

(1) *Voy.* Locré (t. XV, p. 20) ; Fenet (t. XIV, p. 432).
(2) *Voy.* M. Troplong (n° 257).
(3) *Voy.* M. Troplong (nos 245 et 255).

mutuo était la seule action qui dérivât du contrat; l'emprunteur n'en avait aucune, de son côté, contre le prêteur.

A plus forte raison contestons-nous la doctrine de M. Duvergier, qui, défenseur plus absolu que M. Troplong de l'économie de la loi actuelle, s'efforce de prouver que l'obligation du prêteur de laisser jouir l'emprunteur est bien une obligation positive et non simplement négative, en ce qu'elle naît à l'occasion du contrat (1). A ce compte, en effet, il n'y aurait plus que des contrats synallagmatiques, puisque les contrats les plus unilatéraux engendrent, pour chaque partie, l'obligation de respecter les conventions conclues.

Cette discussion présentant, du reste, peu ou point d'intérêt pratique, il serait hors de propos d'y insister davantage : arrivons donc au commentaire des articles de la section.

1898. — Dans le prêt de consommation, le prêteur est tenu de la responsabilité établie par l'article 1891 pour le prêt à usage.

SOMMAIRE.

I. 171. Cet article oblige le prêteur à opérer la tradition qui seule parfait ce contrat. — 172. En outre, il applique au prêt de consommation les règles de la garantie telles qu'elles sont établies pour le prêt à usage. — 173. Toutefois les règles ne sont applicables dans ces termes qu'autant que le prêt de consommation est entièrement gratuit. S'il était à titre onéreux, le prêteur serait tenu comme est tenu celui qui livre dans tout autre contrat à titre onéreux comportant tradition.

I. — 171. Cet article oblige le prêteur à opérer de bonne foi la tradition qui seule parfait le contrat. C'est donc là, comme nous le faisions remarquer tout à l'heure, une obligation antérieure à la tradition, c'est-à-dire au contrat. Que si la tradition n'était pas régulière, l'emprunteur pourrait demander des dommages-intérêts au prêteur.

172. En outre, il en est du prêt de consommation comme du prêt à usage : la bonne foi, qui doit présider au contrat, oblige le prêteur à ne pas tromper l'emprunteur et à ne pas lui cacher, sous peine d'engager sa responsabilité, les vices de la chose prêtée. C'est ce qu'exprime notre article en déclarant applicable au prêt de consommation l'art. 1891, fait pour le prêt à usage, et d'après lequel, « lorsque la chose prêtée a des défauts tels, qu'elle puisse causer du préjudice à celui qui s'en sert, le prêteur est responsable, s'il connaissait les défauts et n'en a pas averti l'emprunteur. » Nous renvoyons, pour les explications, à notre commentaire de ce dernier article (*suprà*, nos 124 et suiv.).

173. Toutefois il y a un point qu'il faut préciser : si la garantie est due par le prêteur, au cas de prêt de consommation, dans les termes restreints où elle est établie par l'art. 1891, c'est seulement quand le prêt est complétement gratuit. Dans ce cas, en effet, la situation de celui qui a fait un prêt de consommation est exactement semblable à

---

(1) *Voy.* M. Duvergier (nos 191 à 197). *Junge :* MM. Boileux (t. VI, p. 403, note 2); Berriat Saint-Prix (n° 7525).

celle du prêteur qui a fait un prêt à usage ; l'un et l'autre ils procurent à l'emprunteur un service sans retour de la part de ce dernier. Il n'y a aucun motif pour que l'un soit tenu plus rigoureusement que l'autre au point de vue de la garantie. Dans ce cas, donc, on appliquera, tant pour la responsabilité du dol et du fait personnel que pour celle des vices connus et non déclarés, les règles telles que nous les exposons dans le commentaire de l'art. 1891.

Mais il n'en serait plus de même si le prêt n'était pas purement gratuit, si un intérêt y avait été stipulé en retour du service rendu. Le prêteur alors serait tenu à la garantie dans les termes où en est tenu celui qui fait la livraison dans tout autre contrat à titre onéreux comportant tradition.

Ainsi, 1° si l'emprunteur souffrait une éviction, le prêt serait nul, puisqu'il n'y aurait pas eu translation de la chose prêtée (*suprà*, n°s 152 et suiv.) ; mais, en outre, le prêteur devrait des dommages-intérêts, tandis qu'il n'en pourrait pas être réclamé par l'emprunteur si le prêt était gratuit (*voy.* n° 126).

2° Si la chose avait des vices non déclarés à l'emprunteur, le prêteur devrait la garantie quand même il n'aurait pas connu ces vices, tandis que, dans le cas de prêt gratuit, il n'en serait tenu qu'autant qu'il les aurait connus (*voy.* n° 128).

1899. — Le prêteur ne peut pas redemander les choses prêtées, avant le terme convenu.

1900. — S'il n'a pas été fixé de terme pour la restitution, le juge peut accorder à l'emprunteur un délai suivant les circonstances.

1901. — S'il a été seulement convenu que l'emprunteur payerait quand il le pourrait, ou quand il en aurait les moyens, le juge lui fixera un terme de payement suivant les circonstances.

SOMMAIRE.

I.   174. Le prêteur doit s'abstenir de demander la chose prêtée tant que n'est pas née l'obligation pour l'emprunteur de la rendre. La loi règle les deux cas qui peuvent se présenter.

II. 175. 1° Le terme est fixé par la convention : le prêteur ne peut pas demander la restitution avant l'échéance du terme, eût-il, dans l'intervalle, le besoin le plus pressant des choses prêtées. — 176. Néanmoins l'emprunteur peut être déchu du bénéfice du terme dans les cas prévus par l'art. 1188. — 177. Et, à l'inverse, il peut obtenir une prorogation de délai par application de l'art. 1244, sauf faculté pour le juge d'obliger l'emprunteur à servir des intérêts pendant le délai de grâce, quand même il n'y en aurait pas de stipulés par le contrat. — 178. L'emprunteur peut renoncer au bénéfice du terme, à moins que le prêteur ne prouve que le terme a été stipulé pour son avantage (art. 1187).

III. 179. 2° Le contrat de prêt est muet ou s'explique d'une manière indécise sur l'époque de la restitution : le juge, alors, peut accorder à l'emprunteur un délai, suivant les circonstances (art. 1900). — 180. Il en est de même lorsqu'il a été stipulé que l'emprunteur rendra la chose *quand il le pourra* ou *quand il en aura les moyens* (art. 1901). — 181. *Quid* dans le cas où le prêt est fait à la charge par l'emprunteur de rendre *quand il le voudra ?* — 182. Si la stipulation a été prise dans son sens propre, le contrat sera, suivant l'occurrence, soit une constitution de rente, soit une sorte de donation.

I. — 174. Le législateur s'occupe ici d'un devoir imposé au prêteur, devoir corrélatif à la seule obligation naissant vraiment du contrat, l'obligation de rendre contractée par l'emprunteur. Ce devoir se résume en ces quelques mots : le prêteur doit s'abstenir de demander la restitution de la somme ou de la chose par lui prêtée tant que n'est pas née l'obligation, pour l'emprunteur, de la rendre. A quel moment donc cette obligation de rendre prend-elle naissance? C'est ce qu'il faut déterminer pour arriver par là même à préciser le devoir que le contrat impose au prêteur. A cet égard, nous distinguerons les deux cas auxquels se réfèrent nos articles : celui où le terme a été fixé par la convention, et celui où le contrat ne s'explique pas ou s'explique d'une manière indécise sur ce point.

II. — 175. Quand le terme est fixé au contrat, l'obligation à la charge de l'emprunteur et le devoir corrélatif du prêteur sont réglés par cela même. Par exemple, je vous prête aujourd'hui, 15 mars, 1 000 francs ou vingt-cinq sacs de blé pour trois mois, c'est-à-dire jusqu'au 15 juin. Il est clair, d'un côté, que le 15 juin vous serez obligé de me rendre 1 000 francs ou vingt-cinq sacs de blé, et, d'un autre côté, que jusqu'à cette date je devrai m'abstenir de vous demander la restitution. Ajoutons que je devrai m'en abstenir rigoureusement, eussé-je même, dans l'intervalle, le besoin le plus pressant des 1 000 francs ou des vingt-cinq sacs de blé. En effet, la règle qui impose au prêteur le devoir d'attendre le terme convenu ne comporte pas, dans le prêt de consommation, le tempérament qu'y met l'art. 1889 pour le prêt à usage (*suprà*, nos 117 et suiv.). Et cela se comprend à merveille. Dans le prêt à usage, l'emprunteur conserve toujours la chose prêtée, puisque c'est cette chose même *in individuo* qu'il devra rendre, en sorte qu'il l'a toujours sous la main et peut la remettre, sans un notable préjudice, à quelque époque que l'emprunteur soit amené, par le besoin qu'il en éprouve lui-même, à la réclamer. Au contraire, dans le prêt de consommation l'emprunteur, n'ayant reçu la chose que pour en disposer même en la consommant, peut l'avoir consommée en effet, et il serait trop dur de le forcer à s'en procurer une semblable hâtivement, et peut-être à grands frais, pour en faire la restitution avant l'échéance du terme. C'est pourquoi l'art. 1899 dit d'une manière absolue que le prêteur ne peut pas redemander la chose prêtée avant le terme convenu.

176. Cependant, même en présence d'une stipulation précise, le bénéfice du terme n'est pas acquis nécessairement et quand même à l'emprunteur. Celui-ci, en effet, n'échappe pas à la loi commune de l'art. 1188, d'après lequel tout débiteur est privé du bénéfice du terme soit lorsqu'il tombe en faillite ou en déconfiture, soit lorsque par son fait il diminue les sûretés qu'il avait données par le contrat au créancier. Ainsi, pour citer un exemple, l'emprunteur a donné au prêteur une sûreté hypothécaire, il lui a conféré hypothèque sur une forêt de haute futaie, et puis il fait abattre les arbres de cette forêt : le prêteur est par cela même en droit d'invoquer l'art. 1188 du Code Napoléon

contre cet emprunteur, qui désormais est déchu du bénéfice du terme et peut être contraint à une restitution immédiate.

177. D'un autre côté, et en sens inverse, le terme convenu peut être prorogé dans l'intérêt de l'emprunteur, et cela encore par une application directe des principes généraux. Tel sera le cas où des circonstances défavorables auront empêché l'emprunteur d'exécuter son obligation; les juges pourront alors, usant de la faculté qui leur est donnée par l'art. 1244 du Code Napoléon, prendre en considération cette position malheureuse du préteur, et lui accorder, toutefois avec une grande réserve, des délais modérés, selon l'expression de cet article, pour effectuer la restitution.

Du reste nous admettons, avec la généralité des auteurs, que, dans cette hypothèse, les juges pourront obliger l'emprunteur à servir des intérêts au préteur durant le délai de grâce, quand même il n'y en aurait point eu de stipulés par le contrat (1).

178. Précisons un dernier point également suggéré par les règles sur les obligations en général : l'emprunteur peut toujours renoncer au bénéfice du terme, et restituer la chose prêtée avant l'époque fixée par la convention, à moins que le préteur ne prouve que le terme a été stipulé pour son avantage (C. Nap., art. 1187), ce qui se vérifiera surtout en matière de prêt à intérêt, lorsque ce dernier aura prêté son argent à un taux avantageux.

III. — 179. Si le contrat est muet sur le terme, il ne s'ensuit pas que l'emprunteur puisse être contraint à opérer la restitution à la volonté et à la première réquisition du préteur, et, par exemple, au lendemain du prêt ou quelques jours après. S'il en était autrement, si l'emprunteur pouvait être tenu de rendre incontinent, le prêt de consommation mentirait à son caractère de contrat de bienfaisance, car au lieu d'être avantageux au préteur, il lui serait onéreux et nuisible. Il faut donc dire avec Pothier que le préteur, en livrant une somme d'argent, par exemple, est censé avoir accordé tacitement un temps convenable dans lequel l'emprunteur pourrait faire de l'argent pour la lui rendre, et que l'emprunteur ne l'aurait pas empruntée s'il eût prévu qu'on l'exigerait de lui avant ce temps (2). Le juge, interprète de cette volonté présumée, accordera donc à l'emprunteur un certain délai combiné de façon que le prêt ne devienne pas dérisoire ni la restitution trop onéreuse. Ainsi doit être entendue la disposition de l'art. 1900, d'après lequel, s'il n'a pas été fixé de terme pour la restitution, le juge peut accorder à l'emprunteur un délai suivant les circonstances.

180. Il arrive souvent qu'on prête à un ami en stipulant que celui-ci rendra la chose *quand il le pourra* ou *quand il en aura les moyens*. L'art. 1901 prévoit cette hypothèse, dans laquelle, à l'inverse du cas précédent, c'est le préteur qui s'est mis à la discrétion de l'emprunteur. Néanmoins, les juges ont les mêmes pouvoirs, et s'il arrivait que par un

---

(1) *Voy.* MM. Duranton (n° 592); Duvergier (n° 220); Troplong (n° 203).
(2) *Voy.* Pothier (n° 48).

refus persistant de rendre l'emprunteur forçât le prêteur à recourir à la justice, le juge, consultant la volonté présumée des parties, devrait également, aux termes de l'art. 1901, fixer à l'emprunteur un délai raisonnable pour opérer, sans en être incommodé, la restitution de la somme ou de la chose prêtée. La Cour de Bordeaux s'est justement prononcée en ce sens dans une espèce où il était prétendu que l'engagement pris par le débiteur de payer quand ses moyens le lui permettraient constitue de sa part une obligation conditionnelle, et que c'est au créancier qui en réclame l'exécution de prouver qu'il est survenu dans la position du débiteur un changement qui lui permet de payer (1). La Cour de Bordeaux a considéré, avec une exactitude parfaite, qu'en présence d'une promesse de payement ainsi faite la fixation du terme est laissée à l'arbitrage du juge, qui n'a qu'à adopter un tempérament entre la trop grande exigence du créancier et le trop long retard du débiteur.

181. Il peut arriver encore que le prêt soit fait à la charge par l'emprunteur de rendre *quand il le voudra.* Sous cette forme toute de bon vouloir et de politesse de la part du prêteur, il sera facile souvent de découvrir un délai implicite, que les juges arbitreront, comme dans les cas précédents, suivant les circonstances. Ce délai sera assez habituellement la vie de l'emprunteur, en sorte que la restitution de la chose prêtée, facultative pour lui, sera obligatoire pour ses héritiers. Cela résulte d'un arrêt de la Cour de Paris (2), et l'on trouve la même interprétation dans un arrêt de la Cour de Toulouse (3).

182. Mais ce dernier arrêt va trop loin lorsqu'il pose en principe que l'obligation remboursable à la volonté du souscripteur ne peut jamais équivaloir à une constitution de rente et doit forcément s'entendre d'un payement reculé jusqu'à la mort du débiteur. Selon nous, au contraire, lorsque la stipulation que l'emprunteur payera *quand il voudra* aura été prise par les parties dans son sens propre, il n'y aura que l'apparence d'un prêt : le contrat passé sous ce nom sera, en réalité, un contrat de rente dans les termes de l'art. 1909 s'il est fait avec intérêts, ce qui aura lieu dans la plupart des cas (*infrà,* le commentaire de cet article); et s'il n'y a pas d'intérêts stipulés, ce sera une sorte de donation, qui cependant laissera subsister l'obligation de rendre à la charge du donataire, mais sans que cette obligation soit sanctionnée par une action; en sorte qu'elle sera plutôt naturelle que civile, et qu'elle ne produira d'autre effet que celui d'empêcher la répétition, de la part de l'emprunteur ou plutôt du donataire, du payement qu'il aurait fait volontairement ou par erreur.

---

(1) Bordeaux, 7 avril 1838 (S. V., 40, 2, 62; Dalloz, 42, 2, 88; *J. Pal.*, à sa date). — *Voy.* encore Bordeaux, 22 juin 1833 (S. V., 33, 2, 547; Dalloz, 34, 2, 48), dans une espèce où l'emprunteur promet de rembourser sur les premiers fonds dont il pourra disposer.

(2) Paris, 14 mai 1857 (S. V., 58, 2, 425).

(3) Toulouse, 20 mars 1835 (Dalloz, 36, 2, 95).

SECTION III.

DES ENGAGEMENTS DE L'EMPRUNTEUR.

1902. — L'emprunteur est tenu de rendre les choses prêtées, en même quantité et qualité, et au terme convenu.

1903. — S'il est dans l'impossibilité d'y satisfaire, il est tenu d'en payer la valeur eu égard au temps et au lieu où la chose devait être rendue d'après la convention.

Si ce temps et ce lieu n'ont pas été réglés, le payement se fait au prix du temps et du lieu où l'emprunt a été fait.

SOMMAIRE.

I. 183. L'obligation de rendre, dans le prêt de consommation, diffère de l'obligation de rendre dans le prêt à usage; en quoi elle consiste. — 184. Division.
II. 185. *A qui la restitution est due.* — La restitution n'est libératoire qu'autant qu'elle est faite au prêteur majeur et capable de recevoir, ou à ses héritiers également majeurs et capables. — 186. Indépendamment des conditions de capacité, le prêteur doit veiller à ce que celui à qui il rend la chose soit bien le prêteur à qui elle doit être rendue. — 187. Suite. — 188. Du cas où l'emprunteur tient la chose prêtée d'un autre que celui qui a fait le prêt. — 189. Suite. — 190. Du cas où le prêt a été fait *à non domino.*
III. 191. *A quelle époque doit être faite la restitution.* — Renvoi.
IV. 192. *Des choses qui doivent être rendues.* — Le prêteur doit rendre non la chose qu'il a reçue, mais une autre *chose de même espèce.* Signification de ces mots. — 193. Différence entre le mot *espèce* des jurisconsultes et le mot espèce des naturalistes. — 194. Transition au mode d'exécution de l'obligation de rendre.
V. 195. *Du cas où le prêt a eu pour objet des choses fongibles autres que de l'argent monnayé.* — L'emprunteur doit rendre des choses de même espèce. — 196. Il doit les rendre en même quantité et qualité : règles d'appréciation. — 197. Mais on ne tient aucun compte de la valeur, l'emprunteur devant toujours rendre les choses prêtées en même quantité et qualité, quelles que soient l'augmentation ou la diminution de leur prix (art. 1897). — 198. La loi prévoit le cas où l'emprunteur serait dans l'impossibilité de satisfaire à l'obligation de rendre des choses semblables à celles qu'il a reçues (art. 1903). — 199. Ce qui s'entend, non pas d'une impossibilité radicale, mais d'une quasi impossibilité : exemples. — 200. La loi prévoit deux hypothèses : — 201. Ou le temps et le lieu de la restitution ont été fixés par la convention, et alors l'emprunteur se libère en payant la valeur que la chose aurait eue au moment et à l'endroit convenus; — 202. Ou le contrat ne fixe ni le lieu ni le temps de la restitution, et alors l'emprunteur doit payer la valeur de la chose sur le pied du jour et du lieu où la chose lui a été livrée.
VI. 203. *Du cas où le prêt a eu pour objet de l'argent monnayé :* texte de l'art. 1895. — 204. Cet article n'est pas applicable dans le cas de prêt de métaux en lingots (art. 1896 et 1897). — 205. Réduit à ses termes, l'art. 1895 reproduit la doctrine résumée par Pothier, que l'argent prêté doit être rendu sur le pied qu'il vaut au temps du payement. — 206. Mais cette doctrine est absolument contraire aux principes économiques et même à la justice. — 207, 208, 209. Démonstration de la proposition. — 210. Néanmoins l'art. 1895 est précis et la disposition en doit être observée. — 211. Mais il ne doit pas être étendu hors de sa limite. — 212. Il n'est pas d'ordre public et il y peut être dérogé par des conventions particulières. — 213. Les observations qui précèdent s'appliquent aux payements en monnaie d'argent. *Quid* des payements en monnaie d'or? — 214. Et en monnaie de cuivre?

VII. 215. *En quel lieu doit être rendue la chose prêtée.*— Par exception à la règle générale de l'art. 1247, la restitution doit être faite au lieu où le contrat s'est réalisé ; — 216. Sauf le cas où les parties ont manifesté, expressément ou implicitement, une pensée contraire.

1. — 183. Nous arrivons enfin à ce qu'il faut regarder comme la
véritable, comme la seule obligation dérivant du prêt de consommation, à savoir : l'obligation de rendre qui pèse sur l'emprunteur. En
quoi cette obligation consiste-t-elle? Le trait essentiel qui sépare le
prêt de consommation du prêt à usage étant indiqué, nous savons par
cela même que l'obligation ne peut pas être la même dans les deux
sortes de prêt. Puisque l'emprunteur devient propriétaire des choses
prêtées et acquiert ainsi, par le contrat ou plutôt par la tradition qui
complète et parfait le contrat, le droit de disposer de ces choses même
en les consommant, il est de toute évidence que l'obligation par lui contractée ne saurait être, comme dans le commodat (*suprà*, art. 1875),
de remettre les choses mêmes qu'il a reçues à titre de prêt et qu'il n'a
pas dû conserver : l'obligation, pour lui, consistera donc à rendre des
choses semblables, c'est-à-dire d'autres choses de même espèce. C'est
ce que l'art. 1902 a voulu exprimer en disant que l'emprunteur est
tenu de rendre les choses prêtées, *en même quantité et qualité,* au terme
convenu.

184. L'article dit cela, et ne dit rien de plus. Toutefois, il convient
de placer à côté de cette disposition celle des art. 1895, 1896 et 1897,
qui se rattachent tous les trois à l'obligation de rendre, et dont, par ce
motif, l'explication aurait été, jusqu'ici, prématurément donnée (voy.
suprà, nos 132 et 169). Le moment est venu de les reprendre et d'en
commenter les dispositions avec celles des art. 1902 et 1903. Nous
aurons donc à expliquer ici : à qui la restitution doit être faite ; à quelle
époque elle doit avoir lieu ; quelles choses doivent être rendues ; comment l'obligation doit être exécutée, 1° quand le prêt a eu pour objet
de l'argent monnayé, et 2° lorsqu'il a eu pour objet des choses fongibles autres que de l'argent monnayé ; enfin, en quel lieu la restitution
doit être effectuée. Ce sont autant de points que nous allons reprendre
successivement.

II. — 185. Et d'abord, c'est au prêteur, pourvu qu'il soit majeur et
capable de recevoir, que la restitution doit être faite par l'emprunteur.
Si le prêteur est décédé, la restitution est due à l'héritier ou au successeur universel ; s'il est incapable de recevoir, ou si son héritier est incapable, la restitution doit être effectuée entre les mains du mandataire
légal. Notons, d'ailleurs, que la femme mariée et non séparée de biens
peut recevoir avec le consentement de son mari ; que le mineur émancipé et l'individu pourvu d'un conseil judiciaire peuvent recevoir, le
premier avec l'assistance de son curateur (art. 482), et le second avec
l'assistance de son conseil (art. 499 et 513).

L'emprunteur qui payerait imprudemment entre les mains d'un incapable s'exposerait à payer une seconde fois. Il devrait, pour échapper
à cette nécessité, prouver que le payement par lui fait a tourné au profit

de l'incapable qui l'a reçu. La restitution ne serait libératoire qu'à cette condition, tellement que si le payement avait tourné pour partie seulement au profit de l'incapable, l'emprunteur serait tenu de payer une seconde fois, jusqu'à concurrence de l'autre partie dont l'incapable n'aurait pas profité (art. 1241).

186. Indépendamment de ces conditions de capacité dont l'emprunteur aura à se préoccuper, il devra aviser à ce que celui qui reçoit la chose soit bien le prêteur auquel elle doit être rendue. A cet égard, il n'y a pas de difficulté possible si le contrat s'est formé sans intermédiaire entre le prêteur et l'emprunteur, si le premier a lui-même livré et remis à l'autre la chose prêtée, que celui-ci a reçue personnellement. Par exemple, Paul et Pierre, tous deux également majeurs et capables de contracter, se sont rapprochés en vue d'un prêt qu'ils ont conclu, et Paul, le prêteur, a remis à Pierre, emprunteur, une somme de 10 000 fr. que celui-ci s'est engagé à lui rendre dans cinq ans. Il est de toute évidence, dans cette hypothèse, que Paul, ou, en cas de décès, son héritier ou successeur universel, est le prêteur auquel les 10 000 fr. devront être rendus à l'expiration des cinq ans, en sorte que si la restitution était faite à tout autre qui n'aurait pas mandat de recevoir, l'emprunteur ne serait pas libéré.

187. Mais nous avons vu, en nous occupant soit des conditions essentielles du contrat (nos 138 et suiv.), soit de ses effets (nos 152 et suiv.), qu'en mainte circonstance il y a convention de prêt sans que la chose ait été remise à l'emprunteur par le prêteur personnellement, et même sans que le prêteur soit propriétaire de la chose prêtée. Or, dans quelques-unes de ces circonstances, la question de savoir à qui la restitution doit être faite, si elle ne présente pas une difficulté sérieuse, peut au moins être un sujet de doute et d'hésitation.

188. Écartons, toutefois, le cas où l'emprunteur tient la chose prêtée d'un tiers qui la lui a remise à la prière et pour le compte de celui à qui il l'avait demandée. Par exemple, Paul emprunte une somme d'argent à Pierre, qui, n'ayant pas la somme à sa disposition, prie Jacques de la compter pour lui, Pierre, et en son nom, à l'emprunteur; et Paul reçoit en effet la somme de Jacques, qui la lui remet au nom de Pierre. Ici, point de difficulté : la situation est la même que si la somme avait été comptée à Paul par Pierre lui-même. Ainsi décide Pothier sur l'autorité d'Ulpien (l. 15, ff. *De Reb. cred.*, et l. 9, § 8, *Cod. tit.*); et sa décision est d'une évidence palpable. Dès que la somme a été remise par Jacques, non pas en son nom, mais au nom de Pierre, c'est ce dernier qui, en réalité, est le prêteur; c'est envers lui que Paul est obligé : c'est donc à lui seul ou à ses héritiers que la restitution devra être faite. Il importe peu que de Pierre à Jacques il y ait un contrat de prêt intermédiaire, une obligation à raison de laquelle Pierre est responsable envers Jacques de la somme qu'il a fait avancer par ce dernier. Cela ne change pas le fond des choses ni les rapports entre Pierre et Paul; en définitive, tout revient à cette idée formulée par Pothier, que la numération d'espèces faite par l'ordre de Pierre en renferme deux en abrégé, en ce que c'est

comme si Jacques eût compté la somme à Pierre, et que celui-ci l'eût ensuite comptée à Paul (1).

189. Allons plus loin : supposons que c'est sans en avoir reçu l'ordre et à l'insu de Pierre que la somme empruntée a été remise au nom de ce dernier à Paul. Dans ce cas, il arrivera de deux choses l'une : ou Pierre ratifiera ce qui a été fait en son nom par Jacques, ou il refusera de ratifier. Si la ratification est donnée, le contrat de prêt sera désormais validé, et la ratification agissant rétroactivement jusqu'à la date du contrat, il s'ensuivra que l'obligation sera censée avoir été prise envers Paul dès cette époque, en sorte que c'est à lui seul ou à ses héritiers que la restitution devra être faite pour être libératoire. Si la ratification est refusée, Paul restera nécessairement étranger au contrat ; et dès lors le prêt sera censé fait par Jacques, à qui sera due la restitution de la somme par lui versée à Paul (2).

190. Faisons une dernière hypothèse : supposons un prêt de la chose d'autrui. Par exemple, vous avez dans vos greniers du blé qui m'appartient et dont je vous ai confié la garde ; néanmoins, à mon insu et sans mon consentement, vous prêtez ce blé à Paul en votre nom, et comme chose vous appartenant. — Nous savons qu'en principe il n'y a pas là un prêt valable : le prêteur qui n'est pas propriétaire ne peut pas, par cela même, faire à l'emprunteur cette translation de propriété, qui est essentielle dans le prêt de consommation, puisque sans elle l'emprunteur n'acquiert pas le droit de disposition inhérent au contrat. Mais nous avons expliqué aussi que lorsque l'emprunteur, quoique privé de ce droit, a néanmoins, en fait, consommé de bonne foi la chose prêtée, ce prêt, sans existence à l'origine, se trouve, par une application de l'art. 1238, rétabli avec tous ses effets, et par conséquent avec l'obligation de rendre qui en dérive (*suprà*, n° 156). Eh bien donc, à qui la restitution devra-t-elle être faite dans l'espèce ? Est-ce au propriétaire de la chose prêtée ? Est-ce à celui qui, sans en être propriétaire, l'a néanmoins prêtée comme si elle lui eût appartenu ? Évidemment, l'emprunteur n'a pu contracter aucune obligation envers le propriétaire qu'il ne connaît pas ; il n'a connu et n'a pu connaître que celui avec qui il a traité, celui qui lui a prêté la chose et qui, du reste, lui a procuré, par la tradition qu'il lui a faite de cette chose, les mêmes avantages exactement que s'il lui en eût transféré la propriété. C'est donc à celui-ci que la restitution devra être faite par l'emprunteur, sauf le recours du propriétaire contre celui qui a disposé indûment de sa chose (3).

III. — 191. Ce serait maintenant le cas de s'expliquer sur l'époque de la restitution, dont l'art. 1902 nous dit qu'elle doit être faite « au terme convenu. » Mais les art. 1899, 1900 et 1901, que les rédacteurs du Code ont jugé à propos d'inscrire dans la section précédente, où il est traité des *obligations du prêteur,* se réfèrent précisément à ce point.

(1) Pothier (n° 30).
(2) *Sic* Pothier (n°s 32 et 33).
(3) *Voy.* Pothier (n° 34) ; MM. Duranton (n° 565) ; Mourlon (5e édit., t. III, p. 390).

Nous avons présenté le commentaire de ces articles (*suprà*, n°s 174 et suiv.); nous ne pouvons donc que nous référer à nos observations; et nous passons à l'exécution de l'obligation particulièrement au point de vue des choses que l'emprunteur doit rendre.'

IV. — 192. L'obligation de l'emprunteur, dans le prêt de consommation, consiste, comme nous avons déjà eu fréquemment l'occasion de le dire, à rendre non la chose même qu'il a reçue, mais une autre chose de même espèce. C'est le cas, avant d'arriver à l'exécution, dont le mode varie, comme on le verra, suivant que le prêt a eu pour objet .telles ou telles choses fongibles, de préciser le sens dans lequel doivent être pris les mots « choses *de même espèce.* »

Pour le naturaliste et aussi pour l'homme du monde en général, l'*espèce* est l'ensemble des individus qui sont descendus ou peuvent être regardés comme descendus d'une paire primitive unique (1). — Pour le jurisconsulte, l'espèce est bien encore un ensemble d'individus, mais il apprécie ces individus à raison de leur utilité commune, non à raison de leur type uniforme ou de leur descendance généalogique. L'idée d'espèce s'applique donc aussi bien aux choses inanimées qu'aux êtres vivants; et du moment que plusieurs de ces êtres et de ces choses sont susceptibles de rendre le même service, du moment qu'en ce qui touche ce service il est indifférent d'avoir l'un ou l'autre, parce que l'un vaut l'autre, parce que l'un peut *remplir la fonction* de l'autre, en d'autres termes, parce que l'un est chose fongible par rapport à l'autre (l. 2 princ., et § 1, ff. *De Reb. cred.*), le jurisconsulte les range dans la même espèce. On voit par là qu'en droit l'idée d'espèce correspond à l'idée de chose fongible, en sorte que l'espèce pourrait être définie : une réunion de choses fongibles entre elles.

193. La différence entre cette définition et celle des naturalistes apparaît tout d'abord : l'espèce, pour ces derniers, est déterminée par les caractères physiques des individus; l'espèce, pour les jurisconsultes, dépend de la volonté des parties : et, quoique arbitraire, celle-ci est en général plus restreinte que l'espèce naturelle. Ainsi le cheval de selle et le cheval de labour; le mouton mérinos et le mouton anglais; le chien de chasse et le chien de berger; les vaches flamandes, normandes, bretonnes forment, dans les contrats, autant d'espèces différentes, tandis que le naturaliste les fait rentrer dans la même espèce, sous le nom de variétés et de races (2). Pour exprimer en droit l'idée de cheval, de chien, de vache, de mouton, quel qu'il soit, ce n'est pas le mot espèce qu'on emploie, c'est le mot *genre,* qui ainsi correspond à peu près au mot espèce des naturalistes.

194. Ces préliminaires posés, nous arrivons à l'exécution de l'obligation de rendre; et en suivant la marche tracée par le législateur, nous

---

(1) *Voy.* M. de Quatrefages (*Unité de l'espèce humaine*, chap. III, p. 54). — *Voy.* aussi M. Geoffroy Saint-Hilaire (*Histoire naturelle générale des règnes organiques,* part. 1).

(2) *Voy.* MM. de Quatrefages (*loc. cit.*, p. 68 et 69); Geoffroy Saint-Hilaire (*loc. cit.*).

distinguons les deux cas prévus dans la loi : 1° le cas où le prêt a eu pour objet des choses fongibles autres que l'argent monnayé ; 2° le cas où de l'argent monnayé a fait l'objet du prêt de consommation.

V. — 195. Lorsque l'emprunteur a reçu à titre de prêt des choses fongibles autres que de l'argent monnayé, il se libère en rendant au prêteur des choses de même espèce, c'est-à-dire des choses fongibles entre elles : des lingots pour des lingots, du blé pour du blé, de l'huile d'olive pour de l'huile d'olive, de l'huile de colza pour de l'huile de colza, à moins que les parties aient considéré ces deux espèces d'huile comme fongibles entre elles, auquel cas de l'huile de colza pourra être rendue pour de l'huile d'olive, et réciproquement.

196. En outre, comme il faut avant tout que la restitution soit complète, ou plutôt que le prêteur reçoive l'équivalent de ce qu'il a donné, l'emprunteur est tenu de rendre des choses non-seulement de même espèce, mais encore de même quantité et qualité (art. 1902) : *Qualis, quantaque,* disaient les Romains (l. 6, ff. *De Reb. cred.*).

La qualité s'apprécie d'après la valeur relative de l'objet prêté au moment de la tradition et au moment de la restitution. Ainsi, le prêt a eu pour objet cent sacs de blé de première qualité, c'est-à-dire de celui qui se vendait le plus cher au moment du prêt ou de la tradition ; le prêteur devra rendre cent sacs de blé de première qualité, c'est-à-dire de celui qui coûtera le plus cher au moment de la restitution.

Quant à la quantité, elle peut s'apprécier de trois manières différentes, suivant que les choses ont une utilité proportionnelle à leur nombre, à leur volume ou à leur poids. Dans le premier cas, on les comptera ; dans le second, on les mesurera ; dans le troisième, on les pèsera. Cette particularité des choses fongibles de s'estimer au poids, au nombre, à la mesure, avait tellement frappé les jurisconsultes romains qu'ils les désignaient par cette périphrase : *res quæ pondere, mensurâ, numerove constant* (l. 2, § 3, ff. *De Reb. cred.*). Du reste, il sera toujours facile, en s'attachant à l'intention des parties, qui seule doit être considérée ici, de reconnaître si elles ont entendu que les choses fussent rendues en les estimant au nombre, à la mesure ou au poids.

197. Telles sont les règles d'appréciation. Mais le point essentiel à noter ici, le point qui, en ce qui concerne le mode d'exécution de l'obligation de rendre, distingue le premier cas, dont nous nous occupons maintenant, du second cas, auquel nous allons bientôt arriver, c'est que si on tient compte de la quantité et de la qualité dans la restitution à faire par l'emprunteur, on n'y tient aucun compte de la valeur des choses rendues. Comme nous le disions tout à l'heure en prenant pour exemple un prêt de blé, on ne considère la valeur que pour fixer la qualité, c'est-à-dire qu'on tient compte de la valeur de la chose par rapport à elle-même, non de sa valeur par rapport aux autres choses. Cette dernière valeur reste sujette à toutes les variations qu'entraînent les lois économiques ; et ainsi le contrat de prêt est, jusqu'à un certain point, un contrat aléatoire, en ce sens que la valeur rendue par l'em-

prunteur peut être beaucoup au-dessus ou au-dessous de la valeur livrée
par le prêteur. Par exemple, celui qui, en 1860, a prêté cent sacs de
blé de première qualité valant alors 15 francs l'hectolitre, aura le droit
d'exiger en 1862, terme convenu, cent sacs de blé de première qualité,
bien que le prix, à cette dernière époque, soit de 30 francs l'hectolitre.
Supposons, à l'inverse, que le blé valût 30 francs l'hectolitre en 1860,
date du prêt, l'emprunteur sera libéré en rendant, en 1862, la même
quantité de blé, quand même il ne vaudrait plus alors que 15 francs.
Ces circonstances nous offrent l'exemple d'un bénéfice du double réalisé par le prêteur ou d'une perte de moitié subie par lui. Ainsi dispose
la loi (art. 1897); et c'est l'une des raisons les plus sérieuses de ne
permettre le contrat de prêt qu'aux personnes qui ont la pleine capacité
de disposer de leur bien (*suprà*, n°s 159 et suiv.).

198. L'obligation étant de rendre des choses semblables à celles
qui ont été prêtées, il fallait prévoir que l'emprunteur pourrait être
empêché d'y satisfaire. C'est l'objet de l'art. 1903, aux termes duquel
si l'emprunteur est dans l'impossibilité de rendre les choses prêtées en
même quantité et qualité, il est tenu d'en payer la valeur eu égard au
temps et au lieu où les choses devaient être rendues d'après la convention; et si ce temps et ce lieu n'ont pas été réglés, le payement se
fait au prix du temps et du lieu où l'emprunt a été fait.

199. Sur quoi on se demande tout d'abord si l'impossibilité dont
parle cet article doit être entendue d'une impossibilité radicale, comme
si, par exemple, la chose prêtée venait à être retirée du commerce par
le gouvernement; ou si elle doit s'entendre d'une quasi impossibilité
qui ferait obstacle à ce que l'emprunteur rendît la chose en nature,
comme dans le cas, par exemple, où les circonstances auraient rendu
la chose fort rare, et où il serait extrêmement difficile de se la procurer.

En s'inspirant des idées habituelles des rédacteurs du Code, qui
tendent à écarter les poursuites trop rigoureuses contre les débiteurs,
on se prononcera pour cette dernière interprétation (1), à l'appui de
laquelle, d'ailleurs, on peut invoquer les principes conformes de l'ancien droit (2). Sans doute il y a à objecter, au moins en législation,
que cette renonciation peu volontaire du créancier à l'exercice rigoureux de ses droits, cette charité qu'on lui impose, est contraire à la
liberté des conventions proclamée par notre droit (art. 1134). Mais
il faut répondre qu'il s'agit ici d'un contrat de bienfaisance, que par
cela même, et d'après l'intention présumée des parties, l'emprunteur
ne doit être contraint à la restitution de choses semblables à celles
qu'il a reçues qu'autant que la restitution en cette forme ne lui deviendra pas par trop onéreuse; enfin que si la situation eût été prévue
à l'origine, les parties n'eussent pas manqué assurément de substituer elles-mêmes une obligation pécuniaire à la restitution de la chose
en nature.

---

(1) MM. Duranton (n° 588); Troplong (n° 284).
(2) Notamment Cujas (sur la loi 22, ff. *De Reb. cred.*, n° 4).

Ainsi, les juges, pour se conformer au vœu du législateur, pèseront les circonstances, et sans sacrifier légèrement les droits du prêteur, ils devront pourtant venir au secours de l'emprunteur dont la position serait réellement trop difficile (1).

200. En supposant donc que la restitution en nature soit impossible dans le sens que nous venons d'indiquer, la dette de l'emprunteur se transforme en une dette d'argent; et il y a lieu d'en déterminer le montant.

A cet égard, l'art. 1903, comme on vient de le voir, prévoit deux hypothèses : celle où le temps et le lieu de la restitution ont été fixés par la convention, et celle où la convention est muette là-dessus.

201. Dans le premier cas, on estime la valeur que la chose aurait eue au moment et à l'endroit convenus, et l'emprunteur devra le montant de l'estimation, souvent très-considérable, puisque la chose est supposée rare et de difficile achat.

202. Le second cas, celui où le contrat ne fixe ni le lieu ni le temps de la restitution, avait fait naître des opinions fort divergentes parmi les anciens auteurs. L'opinion commune, adoptée par Pothier (2), d'après Cujas, consistait à dire que l'estimation devait se faire eu égard au temps de la demande et du lieu où la chose avait été livrée, à moins que le débiteur ne fût en demeure, auquel cas il devait l'estimation du jour de la condamnation si elle excédait celle du jour de la demande.

Aujourd'hui il n'y a plus de prétexte à ces controverses. La demeure du débiteur est punie uniformément d'une autre manière, c'est-à-dire par l'obligation de servir les intérêts de la chose prêtée (*infrà*, art. 1904). Quant à l'estimation, l'art. 1903 a tranché toute difficulté en décidant que l'emprunteur la doit, dans tous les cas, sur le pied du jour et du lieu où il a reçu la chose.

VI. — 203. Passons au cas qui, dans le prêt de consommation, est de beaucoup le plus fréquent, au cas où le prêt a pour objet de l'argent monnayé. Ici l'obligation de rendre est établie sur d'autres bases ; elle s'exécute d'une manière toute différente, en ce qu'on n'y doit tenir compte que de la *valeur,* qui, au contraire, n'est d'aucune considération dans le prêt des choses fongibles autres que l'argent monnayé (*supra*, n° 197). L'art. 1895 dispose, en effet, que l'obligation qui résulte d'un prêt en argent n'est toujours que de la somme numérique énoncée au contrat; et que s'il y a eu augmentation ou diminution d'espèces avant l'époque du payement, le débiteur doit rendre la somme numérique prêtée, et ne doit rendre que cette somme dans les espèces ayant cours au moment du payement.

204. Notons d'abord, avant d'apprécier la disposition de l'art. 1895 et d'en préciser la portée au point de vue de l'application, qu'elle est toute spéciale au prêt en argent monnayé. S'il s'agissait d'un prêt de métaux, la disposition ne serait pas applicable; cela résulte de l'art.

---

(1) Comp. Cass., 24 déc. 1828 (Dalloz, *Rép.*, v° Prêt, n° 212).
(2) Pothier (n°s 40 et 41).

1896, où il est dit expressément que la règle portée en l'article précédent n'a pas lieu si le prêt a été fait en lingots. Dans ce cas, l'obligation de rendre s'exécute suivant le mode établi pour le prêt de choses fongibles autres que l'argent monnayé (art. 1897); donc l'emprunteur doit rendre, quelles que soient les variations qui aient pu se produire dans la valeur du métal, des lingots semblables, en poids et en titre, à ceux qui lui ont été prêtés, et égaux en nombre. L'art. 1895, encore une fois, n'est fait que pour le prêt d'argent monnayé.

205. Réduit à ces termes, cet article reproduit une ancienne doctrine que Pothier résumait ainsi : « L'usage est constant dans notre jurisprudence que l'argent prêté doit être rendu sur le pied qu'il vaut au temps du payement. Notre jurisprudence est fondée sur ce principe, que dans la monnaie on ne considère pas les corps et pièces de monnaie, mais seulement la valeur que le prince y a attachée : *In pecuniâ non corpora quis cogitat, sed quantitatem* (l. 94, § 1, ff. *De Solut.*). Les pièces de monnaie ne sont que le signe public de cette valeur qui seule est considérée (l. 1, ff. *De Contrah. empt.*). — Il suit de ce principe que ce ne sont point les pièces de monnaie, mais seulement la valeur qu'elles signifient, qui fait la matière du prêt ainsi que des autres contrats. C'est donc la valeur signifiée par les pièces de monnaie, plutôt que les pièces mêmes qui n'en valent que le signe, que l'emprunteur emprunte, et par conséquent c'est cette valeur qu'il s'oblige de rendre; et en rendant cette même valeur, il satisfait à son obligation, quoique le prince ait apporté du changement dans les signes qui les représentent; *putà*, quoique la monnaie qui a cours au temps du payement soit d'un moindre aloi ou d'un moindre poids, ou qu'étant survenu une augmentation sur les espèces, il en faille un moindre nombre, pour faire cette valeur, que celui qu'il a reçu. » (1) L'art. 1895 reproduit cette doctrine, qui, controversée dans l'ancien droit où elle eut pour adversaires les jurisconsultes les plus éminents, Bartole, Favre, Cujas (2), est défendue aujourd'hui par la majorité des auteurs, au nom de la raison d'État et du respect dû aux actes du gouvernement (3).

Qu'il nous soit permis de le dire pourtant : nous croyons, quant à nous, que l'art. 1895 est en opposition avec l'idée de justice non moins qu'avec les principes économiques; et on nous pardonnera les quelques observations préliminaires que nous exposerons ici en vue de notre démonstration sur ce point.

206. On a longtemps soutenu, et le passage ci-dessus transcrit du traité de Pothier est un écho de cette doctrine, que les métaux précieux,

---

(1) Pothier (nos 35 et 36).
(2) Bartole (l. 101, ff. *De Solut.*); Favre (l. 3, ff. *De Reb. cred.*); Cujas (l. 2, § 1, ff. *Eod.*). *Junge:* Vinnius (*Comment. sur les Inst.*, lib. III, tit. xv, n° 12); Balde (l. 24, ff. *De Jure dot.*). — Mais *voy.*, en sens contraire, Dumoulin (*Somm. des cout.*, etc., nos 286 à 294, et *Tract. de usur.*, nos 693 et 694); Doneau (l. 3, ff. *De Reb. cred.*).
(3) MM. Delvincourt (t. III, p. 411, note 3); Duvergier (nos 174 et 175); Troplong (nos 233 à 239). *Voy.*, cependant, MM. Duranton (n° 574); Rossi (*Obs. sur le droit franç. dans ses rapp. avec l'écon. polit.;* — *Mém. de l'Acad. des sc. mor. et polit.;* — *Rev. de législ.*, t. II, p. 10); Massé (*Dr. comm.*, 2ᵉ édit., t. IV, n° 2133).

au moins lorsqu'ils sont convertis en monnaie, ne sont pas une marchandise, mais qu'ils sont le signe de la richesse ou plutôt la richesse elle-même. Ces idées, quoique la formule en reparaisse parfois encore de loin en loin (1), sont cependant abandonnées depuis longtemps, et on ne songe plus guère à les réfuter aujourd'hui. Il n'est plus sérieusement contesté, en effet, que la monnaie ne soit une marchandise de même nature que les autres, soumise comme elles, quant à sa valeur, à la loi de l'offre et de la demande, étant, au même titre qu'elles, l'un des éléments de la richesse générale d'un pays, mais ne constituant pas plus cette richesse, à elle seule, que les animaux domestiques, le blé, le vin, les vêtements, les produits de toute espèce et les machines y compris la terre cultivable, qui servent à les produire (2).

Seulement, les métaux précieux (notamment l'argent, qui est chez nous le métal type, et auquel, par ce motif, nous nous référons toujours ici) possèdent au plus haut degré les qualités qui les font rechercher de tous : la solidité, la dureté, la propriété de se maintenir indéfiniment sans altération, et de garder constamment la même nature. Enfin, ces métaux conservent sensiblement la même valeur sous un très-petit volume, ce qui les rend aisément transportables et échangeables. Aussi tous les peuples ont-ils été frappés des avantages qu'ils présentent comme pouvant servir à l'échange des autres marchandises, et les ont-ils en grande partie employés à cet usage, auquel ils semblaient destinés (3). De là le nom donné à l'argent par les Romains : *communis omnium rerum mensura*. L'argent est, en effet, la mesure commune de toutes les autres choses, et, aujourd'hui plus que jamais, ce caractère de l'argent en fait, comme nous l'avons dit, la chose fongible par excellence, et, à ce titre, l'objet le plus fréquent des prêts de consommation.

207. Par cela même, il est dans la catégorie des choses dont le caractère particulier est de s'estimer au nombre, au poids ou à la mesure, suivant qu'elles ont une utilité proportionnelle à leur poids, à leur volume ou à leur nombre (*suprà*, n° 196). Comment donc et d'après quel procédé l'argent doit-il être estimé? Il eût semblé naturel de s'arrêter au procédé du mesurage, puisque enfin le service que peuvent rendre les métaux précieux sont en raison directe de leur volume. Mais il est beaucoup plus facile de les peser que de les mesurer; et comme, en définitive, le poids des métaux est toujours exactement proportionnel à leur volume, on s'est arrêté de préférence au procédé de la pesée, qui conduit au même résultat : de là l'usage d'apprécier les métaux au poids, et c'est ainsi, comme on vient de le voir (n° 204), qu'on les estime encore lorsqu'ils sont prêtés en lingots ou masses brutes.

---

(1) *Voy.* notamment, au *Moniteur* du 30 mars 1862, l'interruption en ces termes : « Mais l'argent n'est pas une marchandise », adressée par le président du Sénat à un orateur qui soutenait une pétition tendant à l'abrogation de la loi de 1807 sur l'usure.
(2) *Voy.* M. Duvergier (n°s 244 et 247, notamment à la page 326). — *Voy.* aussi M. Michel Chevalier (*De la Monnaie*, sect. I, chap. II, § 1, p. 7, et chap. III, p. 21).
(3) M. Michel Chevalier (*loc. cit.*, sect. I, chap. IV).

208. Il est vrai que par un dernier progrès on est arrivé à se délivrer des embarras du mesurage et de la pesée pour les métaux convertis en monnaie, et qu'au lieu de mesurer ou de peser les pièces de métal on les a comptées pour en connaître la valeur. Mais prenons garde que la base ou la règle d'appréciation n'en est pas moins restée la même. C'est qu'en effet, ces pièces de métal ainsi fabriquées à l'avance pour servir aux échanges, ces pièces auxquelles nous donnons le nom de *monnaie, pièces de monnaie, argent monnayé*, ont été faites avec des proportions convenues et déterminées (1); et c'est parce que ces pièces ont chacune un poids spécial et connu de tous qu'il a suffi de les peser pour en connaître par cela même la valeur. Ainsi c'est toujours le poids du métal qui en fait la valeur, même pour l'argent monnayé; et le comptage ou le nombre n'intervient ici, dans le calcul, que comme moyen plus expéditif et plus simple d'arriver à connaître le poids.

Si donc nous obtenons aujourd'hui, pour une pièce de 1 franc, telle quantité d'autres objets, c'est que ces objets ont une valeur équivalente à 5 grammes d'argent, qui est précisément le poids de la pièce; et c'est parce que tous les vendeurs sont persuadés que chaque pièce contient réellement le poids officiel qu'ils l'acceptent sans difficulté, en payement de l'objet vendu. Si les pièces de 1 franc venaient à être altérées et ne contenaient plus que 4 grammes d'argent au lieu de 5, elles perdraient immédiatement un cinquième de leur valeur, et on exigerait 25 de ces pièces là où on n'en exige que 20 aujourd'hui; si la pièce de 1 franc ne contenait plus que 3, 2 ou 1 gramme d'argent, on en exigerait 33 plus 1 gramme, 50 ou 100.

209. Les gouvernements qui, après avoir altéré les monnaies, ont voulu néanmoins qu'elles conservassent la même valeur, ont méconnu une vérité économique certaine, évidente; ils ne s'y sont pas trompés assurément; et le procédé a dû apparaître moins comme une preuve d'ignorance de leur part que comme un moyen de payer au-dessous de ce qu'ils devaient en donnant, sous le même nom, à leurs créanciers, des pièces de monnaie d'une valeur inférieure. Et puis, lorsqu'ils ont été amenés par la logique de ce système à autoriser les débiteurs à payer, eux aussi, leurs dettes avec la monnaie dépréciée, ils ont consacré l'injustice et autorisé un manque de foi.

210. C'est pourquoi nous ne voudrions pas nous associer à l'avis des auteurs qui ont tenté l'apologie de l'art. 1895. Lorsque, prévoyant l'augmentation ou la diminution d'espèces, cet article dispose que le débiteur ne rendra que la somme prêtée dans les espèces ayant cours au moment du payement; lorsque par là il admet que, par exemple, le poids de la pièce de 1 franc venant à être abaissé de 5 grammes à 4, le

(1) C'est ce qu'Aristote expliquait déjà avec une rare lucidité. « On convint, dit-il, de donner et de recevoir dans les échanges une matière qui, utile par elle-même, fût aisément maniable dans les usages habituels de la vie; ce fut du fer, par exemple, de l'argent, ou telle autre substance analogue, dont on détermina d'abord la dimension et le poids, et qu'enfin, pour se délivrer des embarras de continuels mesurages, on marqua d'une empreinte particulière, signe de la valeur. » (*Politique*, liv. 1, chap. III, § 14, trad. de M. Barthélemy Saint-Hilaire, 2ᵉ édit., p. 32.)

débiteur pourra néanmoins donner en payement des pièces ainsi réduites, il autorise, en définitive, le débiteur à se libérer en rendant la
valeur qu'il a reçue amoindrie d'un cinquième. Et ceci ne se justifie ni
par la raison d'État, ni par le respect dû aux actes du gouvernement.

D'une part, en effet, même en supposant que la raison d'État autorise le gouvernement à se réserver le droit de ne payer à ses créanciers
qu'une partie de leurs créances en baptisant d'un nom nouveau la monnaie qu'il leur donne, en quoi cette raison d'État doit-elle s'étendre aux
autres débiteurs et peut-elle expliquer qu'on les autorise à user du
même procédé? Si les circonstances forçaient l'État à faire banqueroute,
serait-ce un motif pour que cet expédient fût érigé momentanément en
principe? Et croit-on qu'on le purifierait en le vulgarisant?

D'une autre part, qu'il faille, par respect pour les actes du gouvernement, accepter les lois même les plus mauvaises et s'y conformer strictement, cela se comprend sans aucune difficulté; mais ce n'est pas assurément un motif pour faire des lois mauvaises à l'avance et sans nécessité. A tout prendre, il eût été toujours temps, même pour le cas où
l'on aurait cru indispensable d'autoriser les débiteurs à donner pour
bonne une monnaie dépréciée, de faire à ce sujet une loi spéciale; mais
poser la nécessité en principe, comme dérivant d'un acte éventuel du
gouvernement, c'est à coup sûr ce que rien ne peut expliquer.

Quoi qu'il en soit, l'art. 1895 est précis et formel dans ses dispositions : *dura lex, sed lex.* Donc si le gouvernement venait à appeler
franc un poids d'argent de 4 grammes, tous débiteurs seraient libres de
se libérer en faisant subir à leurs créanciers la réduction d'un cinquième,
c'est-à-dire en leur rendant en francs nouveaux le nombre de pièces
qu'ils auraient reçues en francs anciens.

211. Mais par cela même que la disposition est exorbitante, il faudra
se garder de l'étendre hors de ses limites; et si l'altération des monnaies
n'était survenue qu'après l'exigibilité et quand le débiteur a été mis en
demeure, ce débiteur n'en devrait pas profiter. Il est en faute dès qu'il
est en retard de payer; et comme il ne serait ni raisonnable ni juste que
sa faute tournât à son avantage, on doit le considérer comme tenu, dans
ce cas, de rendre, non la valeur nominale, mais la valeur véritable de la
somme prêtée (1).

212. Nous pensons même qu'il ne faut pas voir dans l'art. 1895 une
disposition d'ordre public à laquelle il soit interdit de déroger par des
conventions particulières. Donc, s'il était formellement stipulé que,
quelles que fussent les variations des monnaies survenues au cours du
prêt, il n'en serait pas tenu compte au moment de la restitution, et
qu'en toute hypothèse le prêteur aurait à rendre une valeur égale en
poids à celle qu'il a reçue, ni plus ni moins, la convention serait licite
et devrait être exécutée. Ce serait, en effet, comme si le prêt avait eu

---

(1) *Voy.* M. Duranton (n° 575). Comp. Req., 3 juin 1850 (*J. Pal.*, 1851, t. I, p. 184;
S. V., 50, 1, 455; Dalloz, 50, 1, 201). — *Voy.* cependant MM. Duvergier (n° 218);
Troplong (n° 302).

pour objet de l'argent en lingots. C'est l'avis de quelques auteurs (1) ; nous convenons toutefois que l'opinion contraire est dominante dans la doctrine (2).

213. Nous avons parlé uniquement jusqu'ici de l'argent, laissant de côté les monnaies d'or et de cuivre, dont il nous reste à dire quelques mots.

Les pièces d'or et de cuivre ont été introduites pour faciliter le commerce ; mais il ne faut pas oublier que l'argent est, en France, le seul métal type pour les monnaies. La valeur relative entre deux métaux n'étant pas, en effet, et ne pouvant pas être invariable, il s'ensuit qu'un État ne doit avoir qu'un métal type (3), et l'argent ayant été choisi, chez nous, comme plus commun, plus divisible et d'une valeur plus stable que l'or, la loi du 7 germinal an 11, qui organisa les monnaies de ce dernier métal, ne fixa que provisoirement et en réservant les changements ultérieurs le rapport entre l'or et l'argent à 15 1/2. Depuis, cependant, le rapport a été maintenu, malgré de légères variations qui l'ont successivement fait en réalité monter à 15 3/4, puis descendre à 15 1/4 (4). Mais si des variations plus considérables nécessitaient un changement législatif, et si la valeur relative de l'or, par rapport à l'argent, était abaissée ou élevée par un acte du gouvernement, les payements pourraient être faits en nouvelle monnaie d'or. Il n'y aurait ici aucune injustice, puisque c'est la valeur d'une certaine quantité du métal type, l'argent, que les parties ont eu en vue en contractant, et que la quantité d'or qui leur est payée pourrait être aussitôt échangée par eux contre la quantité d'argent qu'ils ont le droit de réclamer. Adam Smith en a fait la remarque (5) ; nous ne pouvons mieux faire que reproduire ici ses observations : « Si la valeur nominale d'une guinée (monnaie d'or valant 21 shillings, 26 fr. 25 cent.), par exemple, était réduite à 20 shillings, ou portée à 22, comme tous les comptes sont dressés, et presque toutes les obligations et dettes exprimées en argent, la plus grande partie des payements pourrait, dans les deux cas, être opérée avec la même quantité d'argent qu'auparavant ; mais la quantité d'or exigée serait différente, plus grande dans un cas, moindre dans l'autre... On verrait donc l'argent servir de mesure à l'or, tandis que l'or ne servirait pas de mesure à l'argent ; et la valeur de l'or dépendrait de la quantité d'argent qu'on peut obtenir en échange, tandis que la valeur de l'argent ne dépendrait pas de la quantité d'or qu'on peut obtenir en échange. Mais cette différence serait entièrement due à l'usage où l'on est de dresser les comptes et d'exprimer le montant des sommes, grandes ou petites, plutôt en argent qu'en or. »

---

(1) *Voy.* MM. Duranton (t. XII, n° 93, et t. XVII, n° 577) ; Dalloz (v° Prêt, n° 203) ; Massé et Vergé, sur Zachariæ (t. IV, p. 464, note 5).
(2) Pothier (n° 37) ; MM. Merlin (*Rép.*, v° Prêt, § 2, n° 7) ; Duvergier (n° 177) ; Troplong (n° 240) ; Aubry et Rau, d'après Zachariæ (t. III, p. 110, note 12). — *Voy.* aussi Bruxelles, 27 nov. 1809 (S. V., 10, 2, 207, et Collect. nouv., t. III, 2, 149).
(3) *Voy.* cependant M. Michel Chevalier (*De la Monnaie*, sect. IV, chap. III, p. 162).
(4) M. Baudrillart (*Man. d'écon. polit.*, p. 242).
(5) Liv. I, chap. v, p. 60, de la 6ᵉ édit. ; 1791.

Comme Adam Smith, nous pensons qu'ici encore une convention particulière pourrait déroger aux règles générales et obliger le débiteur qui aurait reçu une certaine quantité d'or à en rendre pareille quantité en poids.

214. Quant à la monnaie de cuivre, il est vrai de dire que c'est moins une richesse que le signe de la richesse, moins une valeur réelle qu'une valeur nominale. Car la valeur intrinsèque des pièces de cuivre est fort inférieure à leur valeur officielle (1). La petite quantité de cuivre introduite dans la circulation, et la facilité de l'échanger, à la Monnaie, contre sa valeur nominale d'argent, empêchent cependant qu'elle ne se déprécie. La monnaie de cuivre ne peut, d'ailleurs, être donnée en payement que pour l'appoint de la pièce de 5 francs (déc. du 18 août 1810) (2).

Il est à remarquer qu'en Angleterre, où l'or est le métal type depuis 1816, l'argent n'a, comme le cuivre en France, qu'une valeur intrinsèque inférieure (de 10 pour 100 seulement) à sa valeur nominale. La confiance qu'inspire le gouvernement, et le grand usage de l'or et du papier-monnaie sous toutes les formes, qui diminue d'autant l'usage de l'argent, rendent aussi cet inconvénient peu sensible.

VII. — 215. Après avoir dit à qui la restitution doit être faite par l'emprunteur, à quelle époque elle doit avoir lieu, quelles choses doivent être rendues et comment l'obligation de rendre doit être exécutée, nous avons à nous expliquer, pour compléter cette partie de notre commentaire, sur le lieu de la restitution.

Si l'on s'en tenait, sur ce point, à la règle générale posée par l'art. 1247 du Code Napoléon, la restitution devrait être faite, comme pour tout payement de choses autres que des corps certains, au domicile du débiteur, c'est-à-dire de l'emprunteur; et telle paraît être l'opinion de Merlin (3).

Cependant les anciens auteurs, déterminés par cette circonstance que le prêt est un contrat de bienfaisance de la part du prêteur envers l'emprunteur, décidaient généralement que celui-ci, pour ne pas donner au premier la peine de se déranger, devait lui remettre la chose prêtée au lieu même où elle lui avait été livrée.

Ce dernier avis est le meilleur : il s'y faut rattacher, d'autant plus que le prêteur a droit à une chose égale, par sa valeur relative, à celle qu'il a prêtée, et que la condition serait difficilement réalisée si l'on prenait pour règle la disposition de l'art 1247. Par exemple, vous m'écrivez de Nantes pour m'emprunter à Strasbourg, où je suis domicilié, cent sacs de blé de première qualité. Si la restitution m'était faite à Nantes, je ne recevrais pas l'équivalent de ce que j'ai prêté, le blé de première qualité valant moins à Nantes qu'à Strasbourg. C'est sur ce fondement, sans aucun doute, que les rédacteurs du Code, prévoyant le cas où la restitution ne pourrait pas être faite en nature, disposent, par le deuxième para-

---

(1) M. Baudrillart (*loc. cit.*, p. 231).
(2) Rapporté dans les Codes Tripier sous l'art. 1243 du Code Napoléon.
(3) Merlin (*Rép.*, v° Prêt, § 2, n° 12). — *Junge :* M. Duvergier (n° 207).

graphe de l'art. 1903, que l'emprunteur rendra la valeur de la chose, au prix du temps *et du lieu* où l'emprunt a été fait. Sur ce fondement aussi, et en nous autorisant d'ailleurs de cette dernière disposition, nous déciderons que, par exception à la règle générale, et quoique le prêt ait toujours pour objet des choses fongibles, la restitution doit être faite au lieu où le contrat s'est réalisé (1).

216. Toutefois nous réservons le cas où les parties auraient manifesté, expressément ou implicitement, une pensée contraire. On comprend que les juges du fait auront, en cette matière et en ce point, un très-grand pouvoir d'appréciation. Dans la plupart des cas, quand le prêt ne sera pas gratuit, ils seront amenés à reconnaître que le payement doit avoir lieu au domicile du débiteur, surtout s'il s'agit d'argent. En effet, l'usage est, alors, qu'à défaut de convention les emprunteurs payent en leur domicile (*infrà*, n° 330); et, d'un autre côté, les raisons qui militaient tout à l'heure pour le prêteur, dans le cas de prêt gratuit, ne peuvent plus être invoquées à l'occasion d'un prêt intéressé.

1904. — Si l'emprunteur ne rend pas les choses prêtées ou leur valeur au terme convenu, il en doit l'intérêt du jour de la demande en justice.

SOMMAIRE.

I. 217. L'emprunteur qui est en demeure doit, pour tous dommages-intérêts, les intérêts, au taux légal, de la somme prêtée. — 218. Critique de cette disposition. — 219. Elle s'applique néanmoins même au cas où le prêt a eu pour objet des choses fongibles autres que l'argent. — 220. Les intérêts courent du jour de la demande en justice.

I. — 217. Toute partie qui manque à ses engagements doit être condamnée, d'abord à les exécuter par la force, ensuite à des dommages-intérêts qui sont en général de la perte que le créancier a faite et du gain dont il a été privé. Telle est la disposition de l'art. 1149 du Code Napoléon, qui, en cela, reproduit et consacre le *lucrum cessans* et le *damnum emergens* des anciens auteurs. — Ces dommages-intérêts sont, en général, fixés, par appréciation, d'après les circonstances particulières de la cause.

Mais lorsqu'il s'agit d'obligations ayant pour objet une somme d'argent, les rédacteurs du Code ont pensé que le créancier étant toujours présumé avoir pu se procurer d'autre argent moyennant un intérêt de 5 pour 100, l'indemnité à lui due par le débiteur à raison du retard doit être invariablement fixée à ce chiffre de 5 pour 100 d'intérêt, lequel est dû du jour de la demande (art. 1153).

L'art. 1904 applique cette dernière règle au contrat de prêt : en conséquence l'emprunteur qui est en demeure doit, pour tous dommages, les intérêts de la somme prêtée au taux légal de 5 pour 100 (l. 3, sept. 1807, art. 2), ce qui, pour le dire en passant, conduit à

---

(1) *Voy.* MM. Toullier (t. VI, n° 93); Duranton (n° 586); Troplong (n° 279).

ce résultat bizarre que, s'il y a déjà des intérêts stipulés par la convention, l'emprunteur en retard sera contraint, pour toute réparation, à continuer de les fournir, et sa demeure ne sera réprimée que par les frais d'une exécution forcée.

218. Après ce que nous avons dit sous les articles précédents, nous avons à peine besoin de faire remarquer que la présomption de la loi sera bien souvent à côté de la vérité. Dans les moments où l'argent est rare, on ne peut s'en procurer que très-difficilement moyennant un intérêt de 5 pour 100, tandis que, dans les moments où il est abondant, on en peut obtenir à un taux beaucoup moindre. De même encore, telle personne connue comme parfaitement solvable trouvera de l'argent à de meilleures conditions que telle autre personne qui sera considérée comme n'offrant pas les mêmes garanties. La règle absolue à laquelle les rédacteurs du Code se sont arrêtés pourra donc conduire à des résultats peu équitables : il eût été mieux, assurément, de laisser aux juges la faculté de distinguer suivant les espèces, et de s'écarter du taux de 5 pour 100 dans les cas, peu fréquents d'ailleurs, où cet intérêt consacré par l'usage ne réparerait pas le préjudice causé.

219. Quoi qu'il en soit, on se demande si notre art. 1904 a exclusivement en vue les prêts d'argent, et si la disposition n'en peut pas être étendue au cas où le prêt aurait pour objet d'autres choses fongibles. Nous qui voyons dans ce texte une disposition manquant d'équité, nous voudrions pouvoir suivre l'opinion de ceux qui en restreignent l'application au seul cas de prêt d'argent (1). Toutefois nous ne pouvons nous empêcher de voir que la disposition est conçue en termes généraux, et de décider par conséquent qu'elle comprend dans sa généralité tout ce qui peut faire l'objet d'un prêt. Elle parle de *choses prêtées,* et non d'*argent prêté ;* elle est conçue dans le même ordre d'idées que celle de l'art. 1905, qui assimile, quant à la possibilité de stipuler des intérêts, les prêts de denrées aux prêts d'argent. Il faut donc le prendre dans son sens absolu ; et par suite, dans le cas où il s'agira d'un prêt de denrées, on estimera la valeur des choses prêtées, et l'intérêt sera dû sur le pied de 5 pour 100, en prenant pour capital le montant de l'estimation.

220. En toute hypothèse, les intérêts courent, suivant la règle posée dans l'art. 1153, du jour de la demande en justice. On les appelle intérêts *moratoires,* du latin *mora,* demeure, par opposition aux intérêts *conventionnels,* ou stipulés par le contrat.

(1) *Sic* MM. Duranton (n° 590); Aubry et Rau, d'après Zachariæ (t. III, p. 432, note 3). — *Voy.* aussi l'arrêt déjà cité du 3 juin 1850.

CHAPITRE III.

DU PRÊT A INTÉRÊT.

OBSERVATIONS PRÉLIMINAIRES.

SOMMAIRE.

221. Le prêt à intérêt est envisagé ici comme une variété du prêt simple ou prêt de consommation. — 222. Inexactitude de ce point de vue. — 223. Le prêt à intérêt, contrat à titre onéreux, ne se rattache pas au contrat à titre gratuit dont il s'agit ici. — 224. Il se rattache au contrat de louage et constitue un louage de capitaux. — 225. L'erreur a sa cause dans l'emploi d'un même mot pour désigner des conventions différentes. — 226. Elle remonte au droit romain. — 227. Comment elle a été successivement reproduite dans notre ancien droit et dans le Code. — 228. Influence que l'inexactitude des mots a pu avoir sur l'appréciation du fond des choses. — 229. Suite. — 230. Transition et division.

221. Les rédacteurs du Code, après avoir dit qu'il y a seulement deux sortes de prêt (art. 1874), le *prêt à usage* ou commodat, auquel ils consacrent le premier chapitre de ce titre (art. 1875 à 1891), et le *prêt de consommation* ou simplement le prêt dont ils s'occupent dans le chapitre suivant (art. 1892 à 1904), en viennent cependant à traiter, dans un dernier chapitre (art. 1905 à 1914), d'une autre convention qu'ils appellent le *prêt à intérêt*, lequel serait une troisième sorte de prêt, ou tout au moins une variété du prêt simple : c'est la convention par l'effet de laquelle l'un des contractants, qui a reçu de l'autre soit de l'argent, soit des denrées ou autres choses mobilières, est tenu, envers ce dernier, à lui payer en retour, et jusqu'au remboursement ou à la restitution, une indemnité annuelle, appelée intérêt, pour le dédommager de la privation qu'il souffre momentanément de sa chose. — Nous avons indiqué déjà à diverses reprises (*supra*, nᵒˢ 14 et 146), et le moment est venu de montrer qu'il y a dans ceci à la fois un vice de méthode et une erreur touchant au fond même du droit.

222. En effet, lorsque nous convenons que vous me remettrez une somme de 1 000 francs, par exemple, à la charge par moi non-seulement de vous la rendre dans deux, trois ou quatre ans, mais encore de vous payer en attendant et jusqu'au jour où je vous la rendrai un intérêt annuel de 50 francs, il est évident que la convention qui se forme entre nous n'a rien de ce caractère de gratuité qui est le propre du contrat de prêt, qui est de son essence dans le prêt à usage (*voy.* nᵒ 20), et de sa nature dans le prêt de consommation (*voy.* nᵒ 146). La convention appartient incontestablement à la classe des contrats intéressés ; elle constitue en réalité et au fond le *loyer*, le *louage* d'un capital : y voir un prêt, l'inscrire et le réglementer, sous cette dénomination, dans le titre qui contient les règles spéciales au commodat et au prêt de consommation, c'est ne tenir aucun compte de la vérité des choses ; c'est mettre en oubli l'une des divisions assurément les plus impor-

7

tantes des contrats, celle qui les sépare en contrats *à titre onéreux* et contrats *à titre gratuit ;* c'est par conséquent tomber dans une confusion véritable, puisque ces deux sortes de contrats sont régis par des principes tout différents, ceux-ci, fondés sur la bienveillance et la charité, se distinguant des autres par des caractères essentiels, étant entourés de beaucoup plus de restrictions et emportant de graves dérogations au droit commun.

223. Sans doute, les rédacteurs du Code ont manqué plus d'une fois d'observer la règle qui prescrit de ne pas désigner sous le même nom des conventions différentes, de ne pas laisser à un contrat intéressé la dénomination qui convient à une convention gratuite. Ainsi, nous les verrons dans le titre suivant poser en principe que le dépôt est un contrat essentiellement gratuit (art. 1917), et néanmoins laisser au contrat sa dénomination, même quand il est accompagné de la stipulation d'un salaire (art. 1928, 2°). Nous les verrons disposer de même au titre *Du Mandat* (art. 1986). Mais il est vrai de dire qu'en aucune circonstance la règle n'a été aussi complétement méconnue que dans notre titre et à l'occasion du *Prêt*.

Et en effet, à propos du dépôt comme à propos du mandat, on peut prétendre avec quelque raison que la loi, en permettant qu'ils soient payés, a eu en vue, non pas un salaire excessif qui aussitôt ferait dégénérer le contrat en louage d'industrie, mais une rémunération honorifique plutôt que pécuniaire, et qu'une telle rémunération, sans proportion aucune avec l'importance du service rendu, n'altère pas plus l'essence du contrat que les charges et conditions ajoutées à une donation ne la transforment en une vente ou en un échange.

Mais le prêt à intérêt, dont nous avons maintenant à nous occuper, est dans un tout autre cas. Il est certain que l'indemnité appelée intérêt est, aux yeux de la loi, la compensation exacte et entière du service que le prétendu prêteur rend à l'emprunteur prétendu. C'est évident, puisque cet intérêt tient lieu d'indemnité pour la privation de jouissance qui résulte de la demeure du débiteur obligé, même à titre onéreux, à payer une somme d'argent (art. 1153, et *suprà*, n° 217). Il y a donc une véritable inexactitude à appeler du nom de *prêt* l'abandon de capitaux *à titre onéreux* tout comme l'abandon de capitaux à titre gratuit. Cette dénomination, réservée au prêt gratuit par l'ancienne jurisprudence qui ne reconnaissait pas la légitimité du prêt à intérêt, aurait dû conserver, dans le Code et sous notre nouveau droit, cette signification restreinte ; et la convention que les rédacteurs du Code appellent prêt à intérêt aurait dû recevoir une autre appellation, et tout au moins être classée, sous la dénomination que l'usage consacre, à côté du contrat auquel elle se rattache par sa nature.

224. Or, ce contrat, nous l'avons déjà dit, c'est évidemment le *louage*. De même qu'un *commodat payé* devient un louage de corps certain, de même un *prêt payé* ne peut être, si l'on va au fond des choses, qu'un louage de quantités. Et en effet, n'y retrouve-t-on pas tous les caractères du louage ? Il y a une chose dont une partie trans-

fère à l'autre la jouissance temporaire; un prix ordinairement périodique, et se payant par année ou à des termes plus courts; la garantie due par celui qui abandonne, moyennant ce prix, la jouissance de sa chose. On y peut relever cette seule différence que, dans le louage de corps certain, c'est la chose même dont la jouissance a été abandonnée qui doit être rendue, tandis que dans le louage de quantités c'est une autre chose de même espèce. Mais c'est la différence qui existe également dans le contrat de prêt proprement dit, et qui tient uniquement, comme nous l'avons expliqué (*suprà*, nos 4 et suiv.), à l'intention des parties contractantes, au point de vue auquel elles ont considéré la chose, suivant qu'elles l'ont envisagée comme corps certain ou comme chose fongible; et cette différence nous amène tout bonnement à constater qu'il y a deux sortes de louage, comme il y a deux sortes de prêt : le louage d'usage ou de corps certain, et le louage de consommation ou de choses fongibles, tous deux contrats à titre onéreux correspondant à deux contrats à titre gratuit, qui sont le commodat et le prêt simple.

225. Ces idées, pleinement acceptées par les économistes, qui n'hésitent pas à ranger la convention appelée *prêt à intérêt* par les rédacteurs du Code dans la classe des louages, sous le nom de *louage de capitaux* (1), ne sont pas encore généralement admises par les jurisconsultes, dont plusieurs persistent à maintenir le louage de capitaux dans la classe des prêts. Pourquoi cela? La cause en est justement dans cette confusion qui a consisté à désigner par une dénomination commune deux conventions essentiellement différentes, confusion permanente dans le langage du droit, et fort ancienne, puisqu'elle remonte jusqu'au droit romain.

226. En effet, bien que le louage de capitaux ait joué un grand rôle, dès cette époque, dans les affaires usuelles, les Romains ne l'avaient pas compris parmi les contrats limités qu'ils avaient créés en assez grand nombre; on n'arrivait à le conclure que par un détour. Les parties contractaient d'abord un *mutuum*, ou prêt gratuit. C'était un contrat réel, c'est-à-dire un contrat qui n'acquiert sa perfection que par la tradition (*suprà*, n° 12); et alors il produisait une action *stricti juris*, la *condictio ex mutuo*, laquelle ne pouvait comprendre qu'une chose égale en quantité à la chose reçue. C'est pourquoi il devenait nécessaire, quand on voulait prêter à intérêt, d'ajouter au contrat de *mutuum* une *stipulatio*, contrat verbal au moyen duquel on pouvait se faire promettre toute espèce de prestation. Dans le cas qui nous occupe, le prêteur se faisait promettre des intérêts, *usuræ*, par l'emprunteur, et c'est ainsi, au moyen d'un *mutuum* corroboré d'une *stipulatio*, qu'on arrivait indirectement à conclure un louage de capitaux (l. 40, ff. *De Reb. cred.*). Et cette opération, très-fréquente dans la pratique, amena les jurisconsultes à donner aussi le nom de *mutuum* à ce dernier contrat. M. Trop-

(1) Voy. MM. J.-B. Say (*Cours d'écon. pol.*, t. II, p. 76); Baudrillart (*Man. d'écon. pol.*, part. IVe, chap. III, p. 350).

long enseigne, il est vrai, sur l'autorité de Saumaise, que le terme propre et correspondant à l'idée de *prêt à intérêt* est le mot *fœnus* (1). Nous contestons, pour notre part, l'explication empruntée à Saumaise : ce dernier mot, s'il est employé parfois pour désigner ce contrat (l. 9, ff. *De Usur.; C.* l. 16, *Eod. tit.*), indique bien plus souvent le capital de la somme prêtée grossie des intérêts, ou même simplement les intérêts ; il est alors synonyme de *usuræ* (l. 4, § 1, ff. *De Nautico fœnore*). Mais la vérité est que l'on désigna sous la dénomination commune de *mutuum* et le louage de capitaux et le prêt gratuit, et que seulement on distingua deux espèces de *mutuum* : le *mutuum* avec stipulation d'intérêt et le *mutuum* simple.

227. Il en a été de même dans notre droit français. Lorsque, rompant avec les idées erronées qui avaient fait proscrire le louage de capitaux, la loi des 3-12 octobre 1789 permit d'ajouter au prêt une stipulation d'intérêt, le législateur ne songea pas qu'en changeant ainsi complétement la nature du contrat il eût été opportun d'en changer aussi la dénomination ; ou plutôt il ne vit pas, dans ce nouveau contrat, ce qu'il est réellement, une extension du contrat de louage, et il lui laissa le nom que les habitudes avaient consacré. En sorte que le mot *prêt*, comme le mot *mutuum* des Romains, s'est trouvé employé pour désigner à la fois et le prêt simple, et le prêt avec stipulation d'intérêt. C'est avec cette double acception qu'il est passé dans le Code d'abord, et puis dans le langage de ceux des jurisconsultes qui, s'attachant aux mots plus qu'au fond des choses, persistent à considérer comme une variété du prêt simple ce que le Code appelle un prêt à intérêt, et n'y veulent pas voir ce qu'il est au fond et en réalité, un louage de capitaux.

228. Le mal ne serait pas grand assurément s'il n'y avait dans tout ceci qu'une inexactitude de langage. Mais il faut prendre garde que, en droit, l'inexactitude dans les mots conduit trop souvent à l'inexactitude dans les idées. Et peut-être est-ce ici le cas. Nous ne voulons pas anticiper sur ce que nous aurons à dire bientôt en expliquant les articles qui vont suivre. Cependant, nous ne pouvons nous empêcher d'exprimer que le mot *prêt*, en rappelant malgré tout une certaine idée de gratuité et de bienfaisance, est entré pour beaucoup dans les motifs qui ont fait introduire les lois limitatives du taux de l'intérêt et ont maintenu ces lois jusqu'ici, malgré les attaques incessantes dont elles sont l'objet. Appelons les choses par leur nom, et disons que celui qui livre son argent moyennant une indemnité annuelle fait un *louage* de capitaux ; les restrictions mises aux conditions possibles du louage constituent une atteinte véritable au principe que les conventions font la loi des parties contractantes. Donnons à cette convention spéciale la dénomination de prêt, et les restrictions n'apparaissent plus que comme chose naturelle et parfaitement en rapport avec l'idée de bienfaisance et de gratuité inhérente à la convention ainsi dénommée.

229. Aussi voit-on que les partisans des lois limitatives du taux de

_____

(1) *Voy.* M. Troplong (n⁰ˢ 306 et 307).

l'intérêt ont le plus grand soin de les défendre en insistant sur ce qu'il s'agit ici d'un *prêt* et non d'un *louage*. M. Troplong y revient plusieurs fois, et, à deux reprises différentes, il reproche aux écrivains peu familiarisés avec le droit, et aux gens du monde qui ne connaissent pas les distinctions délicates de cette science, de n'avoir pas su distinguer le prêt à intérêt du louage (1). Mais il lave aussitôt de ce reproche ceux à qui il l'adresse, par le soin qu'il prend, après avoir comparé la chose louée au capital prêté et le prix de location à l'intérêt annuel, d'établir un parallèle, d'ailleurs très-exact, entre les deux contrats, et duquel il résulte que si théoriquement ils se distinguent l'un de l'autre par quelques nuances dont les yeux des jurisconsultes peuvent être frappés, en définitive, et au point de vue pratique, ils tendent tous les deux vers un but commun.

Ce sont aussi là nos prémisses ; mais, en en déduisant la conséquence naturelle et logique, nous arrivons à cette conclusion, qui sera le dernier mot de ces observations comme elle en a été le premier, que, puisqu'il y a identité dans la nature des deux contrats, les effets en auraient dû aussi être identiques, et, partant, que c'est non point au prêt, mais au louage, qu'il aurait fallu rattacher le louage de capitaux, auquel pourtant nous laisserons désormais, avec le Code, le nom consacré de prêt à intérêt.

230. Le Code envisage le prêt à intérêt à un double point de vue : comme impliquant l'obligation de rendre, et comme emportant aliénation d'un capital. Dans le premier cas, auquel s'appliquent les art. 1905, 1906, 1907 et 1908, le contrat constitue le *prêt à intérêt* proprement dit ; dans le second, auquel se réfèrent les art. 1909 à 1914, le prêt prend le nom de *constitution de rente*.

Nous avons à exposer les règles particulières à ce contrat dans l'un et dans l'autre cas.

1905. — Il est permis de stipuler des intérêts pour simple prêt soit d'argent, soit de denrées, ou autres choses mobilières.

SOMMAIRE.

---

(1) *Voy*. M. Troplong (nos 309, 326, 327).

des immeubles pour objet, elle fait de cette convention un véritable contrat de louage. — 244. Il en est ainsi même dans le cas où la convention a eu pour objet des choses mobilières, si ces choses ont été considérées comme corps certain par les parties. — 245. Les prévisions de la loi s'arrêtent donc au seul cas où la stipulation d'intérêts est ajoutée à un prêt de consommation.

V. — 246. Le prêt ne porte pas intérêt de plein droit; la stipulation d'intérêt doit être expresse. — 247. Si l'écrit présentait quelque obscurité, la convention devrait être interprétée dans le sens d'un prêt pur et simple. Applications.—248. Quand la stipulation ne fixe pas le taux de l'intérêt, les parties sont censées s'être rattachées au taux légal. — 249. *Quid* si le prêt était consenti en renouvellement d'un prêt à intérêt antérieur? — 250. La règle que le prêt ne porte pas intérêt de plein droit s'applique même au prêt commercial. — 251. Exception en ce qui concerne les sommes portées dans un compte courant.

I. — 231. L'art. 1905 consacre ou plutôt confirme le droit que la loi des 3-12 octobre 1789 avait établi, contrairement aux prohibitions de l'ancienne jurisprudence, d'ajouter une stipulation d'intérêt à la convention de prêt. C'est surtout en politique et en économie politique que le problème de l'intérêt de l'argent et les questions qui s'y rattachent ont leur très-grande importance. Aussi ont-ils occupé les historiens, les philosophes et les publicistes bien plus que les jurisconsultes. Leur importance n'en est pas moins très-sérieuse en droit, et surtout en droit pratique. Nous ne pouvons donc nous dispenser, avant de pénétrer dans les détails de cette dernière partie de notre sujet, de nous expliquer tant sur le principe que sur la légitimité de la disposition relative aux intérêts.

II. — 232. Dès qu'il a été reconnu qu'une marchandise, comme l'argent, peut être échangée contre une autre marchandise quelconque; qu'elle est, pour nous servir de l'expression qui caractérise cette sorte de marchandise, *une monnaie,* la préoccupation constante de ceux qui avaient soit un besoin, soit un désir à satisfaire, a été d'acquérir cette précieuse marchandise pour arriver ensuite à se procurer par elle les objets qu'ils convoitaient.

Or cette marchandise peut s'acquérir de plusieurs manières. Il y a d'abord la voie de l'achat; mais alors il faut que l'acheteur se prive de tel ou tel autre objet qui, peut-être, est également pour lui d'une très-grande utilité. Cet inconvénient même a dû faire songer à un autre moyen, qui fut l'emprunt. On empruntait la marchandise-monnaie, c'est-à-dire qu'on se la faisait donner immédiatement, en promettant de la rendre plus tard. Si donc le propriétaire de la monnaie avait confiance en la promesse qui lui était faite que sa monnaie lui serait rendue à telle époque déterminée, et si les avantages qui lui étaient offerts compensaient à ses yeux le sacrifice qu'il faisait en se privant momentanément de cette monnaie, il consentait à la remettre à l'emprunteur. Ainsi naquit le crédit, qui, demeuré longtemps voisin de cet état primitif, a pris de nos jours un si large développement.

233. L'avantage concédé en retour au prêteur d'argent, ou l'indemnité par lui réclamée de l'emprunteur, pour prix de la privation qu'il s'imposait à lui-même et du service qu'il rendait à ce dernier, fut, dès l'origine, la restitution d'une certaine quantité en sus de la quantité

livrée. Mais bientôt, quand le prêt était consenti pour une longue durée, l'usage s'établit de faire partiellement et à des termes périodiques, par exemple tous les mois ou tous les ans, cette restitution au moins quant à l'excédant. La quantité restituée s'indiquait par son rapport avec la quantité livrée, selon qu'elle était à cette quantité comme 1 est à 12, à 20, à 100 : on disait que l'intérêt, ou mieux que le taux de l'intérêt était d'un douzième, d'un vingtième, d'un centième de la quantité livrée, c'est-à-dire du capital.

III. — 234. Cet intérêt prélevé par le prêteur était-il ou non légitime ? La question a longtemps divisé les esprits et les divise encore. Cependant l'opinion la plus générale est que l'intérêt est licite et parfaitement conforme non-seulement aux lois économiques, mais encore à la morale la plus austère et à l'équité la plus rigoureuse. Cette dernière opinion seule est vraie. En effet, tout service mérite une récompense ; c'est le principe sur lequel reposent tous les contrats à titre onéreux. Or pourquoi en serait-il autrement en ce qui concerne le service rendu par le prêteur à l'emprunteur ? Pourquoi le propriétaire d'une somme d'argent devrait-il, plus que le propriétaire d'un autre objet quelconque, s'interdire de tirer profit de la chose qui lui appartient ? Il pourrait, nul ne le conteste, faire valoir lui-même ses capitaux. S'il ne pouvait ou ne voulait pas les utiliser ainsi, il lui serait loisible de les employer à l'acquisition d'une chose quelconque, d'un champ, d'une maison, d'un cheval, qu'il pourrait donner à loyer moyennant un prix dont assurément on ne lui reprocherait pas d'exiger le payement ! (1) Pourquoi donc lui défendre de louer l'argent en nature et d'en tirer profit, comme il lui serait permis de tirer profit des choses qu'il pourrait se procurer au moyen de cet argent ?... D'ailleurs, les conventions ne doivent-elles pas être et ne sont-elles pas libres ? Du moment que le prêteur n'emploie aucune contrainte pour faire accepter son argent à l'emprunteur ; du moment que celui-ci s'est décidé librement et en connaissance de cause à conclure le marché qu'on lui proposait ou qu'il proposait lui-même ; du moment qu'il a jugé, à tort ou à raison (la chose importe peu, les illusions que fait naître une convention ne pouvant pas être un motif suffisant de l'annuler), que le marché était avantageux pour lui et que mieux lui valait prendre l'argent que s'en priver, de quel droit pourrait-on dire que le marché est illicite et que l'emprunteur pourra manquer aux engagements qu'il a pris ? Il était libre de ne les pas prendre : c'était à lui à examiner, à peser les chances, à ne se décider qu'après réflexion. Mais dès qu'il a régulièrement et en connaissance de cause consenti à s'obliger, il est lié par son consentement, et ne peut pas se dispenser d'exécuter son obligation, pas plus en ce qui concerne le payement de l'indemnité représentant le prix du service qu'il a reçu que relativement à la restitution de la chose prêtée.

235. Néanmoins de très-nombreuses objections ont été proposées contre ce système : à Dieu ne plaise que nous les reprenions ici une à

_____

(1) *Voy.* Bentham (*Déf. de l'usure,* lettres IX et X).

une. Mais nous ne saurions passer complétement sous silence les trois principales, dans lesquelles on pourrait dire, du reste, qu'elles se résument toutes : l'une, fort ancienne, car elle a été exposée par Aristote et souvent reproduite depuis ; l'autre, particulièrement invoquée par les casuistes du moyen âge ; la troisième, enfin, toute nouvelle, proposée de nos jours par l'école socialiste ou par l'un des systèmes de l'école socialiste.

236. La première objection a son principe et sa base dans une division supposée des acquisitions qui seraient : ou naturelles, comme les fruits de la terre et le croît des animaux ; ou artificielles, comme le prix réclamé par les soldats ou les médecins pour les services rendus par leur courage ou par leur talent, les bénéfices que les commerçants retirent de leur négoce, les intérêts exigés par les prêteurs d'argent en outre du capital livré. Ces dernières acquisitions, dit Aristote (1), quand elles ne sont pas nuisibles à la société, sont au moins, au point de vue de l'utilité, infiniment au-dessous des acquisitions naturelles : aussi a-t-on raison de les mépriser, et surtout d'exécrer (*miseitai*) le mode d'acquisition qui a lieu au moyen de l'intérêt de l'argent ; car cet argent est matériellement stérile, il ne produit rien par lui-même, et le profit qu'on en retire est le plus contraire de tous à la nature et à l'honnêteté.

Mais quoi de moins fondé que cette division des modes d'acquisition ? Évidemment, en ne considérant comme honnête et licite que le gain obtenu à l'aide d'objets susceptibles de donner des produits matériels ou *naturels,* comme les appelle Aristote, on oublie qu'il faut en outre admettre aussi l'existence de produits immatériels (2) qui, sous le rapport de la valeur et de l'utilité, ne le cèdent en rien aux produits matériels, et qui dès lors peuvent, d'une manière non moins licite, donner lieu à une compensation pécuniaire même fort élevée. Certes, le médecin ou le soldat qui nous procurent la santé et la sécurité touchent l'indemnité qu'ils reçoivent en retour sans plus d'injustice que le cultivateur ne touche celle que nous lui donnons pour nous avoir nourri. Et puis, à côté des produits tant matériels qu'immatériels se placent les services qui consistent à en faciliter la réalisation et la distribution, tels que le transport de ces produits et leur mise à la portée du consommateur par le commerce, comme aussi les services qui peuvent nous être rendus soit directement, soit indirectement, par exemple en nous donnant le moyen de les obtenir d'un autre. Or le moyen le plus sûr d'obtenir un service étant de le payer, on peut bien dire que celui qui donne à une personne l'argent nécessaire pour payer le service qu'elle désire lui rend ce service en réalité, quoique indirectement. Qu'importe, en effet, qu'il le lui rende par lui-même, ou qu'il le mette en position de se le faire rendre par un autre ? Dans les deux cas, le résultat est le

---

(1) Liv. i, chap. iii, § 23, trad. de M. Barthélemy Saint-Hilaire, 2e édit., p. 36. C'est dans ce même livre, chap. ii, qu'Aristote s'est efforcé d'établir la légitimité de l'esclavage. Erreur due au temps et qui ne saurait diminuer notre admiration pour le génie de ce grand homme !

(2) Comp. J.-B. Say (*Cours d'écon. pol.,* t. I, p. 89 et suiv., édit. de 1840).

même pour celui qui obtient la satisfaction qu'il demande. Il reçoit un service; il doit donc le payer, et rien ne justifierait sa prétention de l'obtenir gratuitement parce qu'il l'obtient sous telle forme plutôt que sous telle autre (1).

237. La seconde objection n'est pas mieux fondée. Obliger l'emprunteur à payer des prestations périodiques, dit-on, c'est aller contre l'esprit et la nature du prêt, contrat de bienfaisance qui ne saurait devenir intéressé. Pour que l'intérêt fût licite, il faudrait que l'argent prêté pût être l'objet d'un louage, contrat onéreux, ce qui n'est pas (2). Cela ne saurait être, en effet, qu'autant que l'argent serait susceptible, tout en restant dans la même main, d'un usage continu et répété, de manière que la propriété restant au locateur, le locataire tirât parti de l'usage seulement. Or, la seule manière d'user de l'argent, c'est précisément de l'aliéner; de sorte que lorsqu'une personne livre de l'argent à une autre pour en user, comme en matière de prêt, celui qui reçoit l'argent en devient forcément propriétaire, à charge d'en rendre semblable quantité, et il en supporte les risques : deux conditions inconciliables avec le louage. Donc l'argent ne peut être que prêté; et comme le prêt est gratuit par essence ou par nature, l'argent ne peut être prêté que gratuitement.

Mais ici encore c'est le point de départ qui manque d'exactitude, et nous l'avons établi déjà dans nos observations préliminaires sur ce chapitre (*suprà*, nᵒˢ 224 et suiv.). Nous avons montré que, tout au contraire, l'argent peut parfaitement être l'objet d'un louage; que sans doute le louage de l'argent diffère du louage d'un corps certain, en ce que le locataire doit rendre, non pas l'argent même qu'il a reçu, mais de l'argent semblable ou en quantité égale; que toutefois cette différence, qui tient à la qualité de chose fongible attribuée par les parties à l'argent, ne fait pas que cet argent ne soit, en définitive, l'objet d'un louage, c'est-à-dire d'un contrat où l'usage d'une chose est momentanément abandonné par l'une des parties contractantes à l'autre, qui s'engage à payer un prix en retour de ce service (3). Quant aux risques de la chose, le locataire les supporte, il est vrai, comme conséquence de la propriété qu'il acquiert sur l'argent; mais à ces risques correspondent les avantages et les bénéfices que procure l'usage de l'argent, et il faut bien que le locataire ait cru que, tout compensé, cet usage lui serait encore avantageux, puisqu'il a consenti à en payer le prix. D'ailleurs, le propriétaire de l'argent court aussi un risque : le risque de perdre ses capitaux par suite de l'insolvabilité de celui auquel il les confie, et cette éventualité est même l'une des raisons qui lui fait réclamer un prix en échange de l'usage de ses capitaux, raison qui achève de justifier la stipulation de ce prix contre la seconde objection qui en conteste la légitimité.

238. Arrivons enfin au dernier argument qui a été mis en avant, de

---

(1) Comp. Bentham (*Déf. de l'usure*, lettre X).
(2) *Voy.* Domat (liv. ɪ, t. VIII); Pothier (*De l'Usure*, nᵒ 55).
(3) Comp. M. Duvergier (nᵒ 228).

nos jours, par l'école socialiste. Ici on part de ce principe que tous les biens existant sur la terre sont des dons qui émanent de Dieu ou sont faits par la nature aux hommes, et que ceux-ci doivent se les diviser équitablement, la part de chacun étant limitée à ses besoins. Si l'un d'eux, dit-on, prend au delà de cette part, il usurpe, il empiète sur la part des autres, et la société doit réprimer l'usurpation en contraignant l'usurpateur à remettre dans le domaine commun ce qu'il en a indûment distrait. C'est au nom de ce principe que l'on s'attaque tout d'abord aux capitalistes qui prêtent leur argent. N'est-il pas évident que ces capitalistes revendiquent un droit de propriété sur un argent qui n'est pas nécessaire à leurs besoins, puisqu'ils consentent à s'en priver? Il faut donc les contraindre à abandonner ces prétentions injustes et les obliger à faire gratuitement part de cet argent à ceux qui en ont réellement besoin! (1)

Mais on comprend que ce n'est là que l'une des déductions d'une théorie qui va beaucoup plus loin! Et en effet, une fois engagé sur cette pente, on est fatalement amené à la négation de toute propriété. Car de quel droit le propriétaire de deux maisons, qui n'en habite qu'une, tirerait-il un profit de l'autre, dont il n'a pas besoin, en la louant à un tiers à qui elle est nécessaire? Pourquoi le propriétaire de deux champs qui n'en peut cultiver qu'un conserverait-il l'autre? Et même sur la maison ou le champ, qui sont nécessaires à leur existence, pourquoi attribuer aux détenteurs actuels un droit de propriété indéfinie? Si leur besoin, qui est le principe et la justification de leur droit, vient à cesser, pourquoi le droit ne s'éteindrait-il pas lui-même à l'instant? Et en effet, pour les adeptes de cette doctrine le droit de propriété n'est plus qu'un droit précaire et viager; et la propriété, telle que nous la concevons, exclusive, immuable contre la volonté du propriétaire, est une usurpation et un vol, ou tout au moins elle ne sera plus que cela désormais, car, grâce faisant, on veut bien concéder que l'usurpation et le vol ont pu être commis de fort bonne foi par ceux qui ne s'étaient pas encore rendu compte de la théorie de la propriété telle qu'elle est présentée dans ce merveilleux système! (2)

C'est donc, en définitive, la légitimité du droit de propriété qu'il faudrait établir pour arriver à prouver, contre cette dernière objection, la légitimité de la stipulation d'intérêt ajoutée au prêt.

239. S'il y avait encore aujourd'hui à lutter contre ces idées dont la conscience publique a certainement fait justice, nous ne voudrions pas dire, avec quelques-uns de ceux qui s'en sont émus à juste titre, que la constitution de la propriété est une nécessité sociale, et que le principe, fût-il en lui-même antinaturel et injuste, n'en serait pas moins justifié comme indispensable au maintien de l'ordre social. Car nous tenons d'une part que la propriété a un autre fondement, plus solide et plus juste, que la nécessité sociale; et d'une autre part qu'il y a péril à

---

(1) *Voy.* M. Proudhon (*Gratuité du crédit;* Paris, 1850). Comp. M. Considérant (*Théor. du droit de prop. et du droit au trav.*).
(2) *Voy.* les trois mémoires de M. Proudhon sur la Propriété; Paris, 1840 et 1841.

présenter la propriété comme une combinaison artificielle, une institution établie par le pouvoir social, en ce que ce serait admettre qu'elle peut aussi être abolie arbitrairement, comme elle a été créée, si l'on vient à reconnaître qu'on peut se passer d'elle.

Mais nous dirions, avec le très-regrettable M. Frédéric Bastiat (1), que la propriété est légitime parce qu'elle est conforme à la justice et à la loi naturelle. C'est une erreur, sinon un mensonge, de prétendre que les hommes qui s'approprient exclusivement et au delà de leurs besoins une part du domaine commun, commettent une usurpation au préjudice de leurs semblables. On ne voit pas, ou l'on ne veut pas voir, quand on pose de telles prémisses, que ce domaine commun comprend simplement les matières premières, présent de Dieu distribué avec tant de profusion aux hommes, qu'en raison même de leur abondance ces matières premières, quelle que soit leur utilité, n'ont aucune valeur par elles-mêmes (2). Elles n'en acquièrent que par les soins de l'homme qui, prenant une certaine quantité de matière première, la débarrasse des obstacles qui l'empêcheraient de servir à ses besoins, la prépare, l'améliore, la transforme, lui donne une utilité nouvelle, et c'est la somme de travail nécessaire pour élaborer ainsi la matière première sans valeur, et la convertir en une matière précieuse, qui est la raison d'être et la justification du droit de propriété. N'est-il pas juste, en effet, que celui qui a créé une valeur nouvelle, qui a défriché une terre vierge, qui a creusé une mine et en a extrait l'or qu'elle contenait, recueille seul et à l'exclusion de tout autre le fruit de son travail? N'est-il pas légitime que la valeur qu'il a créée devienne sienne, qu'il soit propriétaire?

Donc, quand par son travail ou celui de ses ancêtres un homme a acquis des valeurs dont la somme dépasse ses besoins, c'est sans doute une raison pour lui d'être généreux et charitable; mais ce n'est pas une raison pour les autres hommes de le dépouiller, de le priver de ses richesses pour se les distribuer, ni même d'exiger de lui, s'il se prive de ses capitaux en les prêtant, qu'il les livre gratuitement à l'emprunteur qui les lui demande.

240. Ainsi, ni l'argument tiré de la stérilité de l'argent, ni l'objection puisée dans la nature du contrat de prêt, ni l'utopie de la gratuité du crédit, ne prouvent rien contre la vérité, la justice, la légitimité du principe posé par la loi des 3-12 octobre 1789 et reproduit par les rédacteurs du Code dans l'art. 1905. Et nous pouvons maintenir la conclusion que nous avons formulée par avance (n° 234), à savoir : que la stipulation d'intérêt ajoutée à une convention de prêt est licite et parfaitement conforme non-seulement aux lois économiques, mais encore à la morale la plus austère et à l'équité la plus rigoureuse.

241. Le principe ainsi justifié, venons à l'application et précisons la portée de notre art. 1905. Nous avons à expliquer ici à quelle

---

(1) Voy. la *Gratuité du crédit*; Paris, 1850, et *Harmonies économiques*, notamment, chap. ix, p. 266, 3ᵉ édit.
(2) Comp. M. Fréd. Bastiat (*Harmonies économiques*, p. 166, 3ᵉ édit.).

sorte de prêt peut être ajoutée une stipulation d'intérêt, et quelle est la condition nécessaire pour que le prêt devienne un contrat intéressé.

IV. — 242. En autorisant la stipulation d'intérêt dans les conventions de l'espèce, le législateur a dû avoir principalement en vue le prêt d'argent, qui, sans comparaison aucune, est celui qui se produit le plus fréquemment. Cependant la loi ne s'est pas attachée à ce cas d'une manière exclusive, car notre article permet de stipuler des intérêts non-seulement quand l'argent est l'objet du prêt, mais encore lorsque ce sont des denrées ou autres choses mobilières qui sont prêtées. Ainsi, le prêt de toutes choses mobilières est susceptible de produire des intérêts.

243. La loi ne parle que d'argent, de denrées, ou d'autres choses mobilières. Est-il besoin de faire remarquer qu'elle ne pouvait pas parler autrement, et spécialement qu'elle ne pouvait pas mentionner les immeubles ? Supposez, en effet, qu'ayant besoin de mes greniers pour enfermer vos récoltes, vous me les demandiez pour quelque temps, et que je vous les cède moyennant une somme de 300 francs que vous me payerez pour m'indemniser de la privation de mes greniers pendant que vous en aurez fait usage : ce n'est plus là un prêt, c'est à tous égards et sous tous les rapports un louage, c'est-à-dire un contrat tombant directement sous l'application des dispositions législatives qui lui sont propres, et qui, par conséquent, ne pouvait plus être dans les vues du législateur au moment où il traitait du *prêt à intérêt*.

244. Mais il faut aller plus loin, et en nous plaçant dans les termes mêmes de notre article, il faut dire que la stipulation d'intérêt ajoutée à une convention ayant pour objet même de l'argent, des denrées ou d'autres choses mobilières, ne fera pas nécessairement de cette convention un prêt à intérêt dans le sens de notre article. Par exemple, vous avez besoin de laisser croire que vous avez de l'argent dans votre caisse ou du blé dans vos greniers, et vous demandez à un ami qu'il vous cède un sac de 1000 francs ou vingt sacs de blé, lesquels sacs d'argent ou de blé lui seront rendus identiquement les mêmes après qu'ils vous auront servi à l'usage pour lequel vous les avez demandés. Dans ces termes, la convention constitue un prêt à usage ou commodat, puisque la chose qui en fait l'objet a été considérée comme corps certain entre les parties. Mais ajoutez à la convention qu'en rendant à votre ami soit son sac de 1000 francs, soit ses vingt sacs de blé, vous lui payerez une certaine somme d'argent à titre d'indemnité : le convention n'est plus un prêt ; elle constitue un véritable louage, et par les motifs déjà déduits au numéro précédent, elle n'est pas dans les prévisions de notre article.

245. Que conclure de là ? Que pour que la stipulation d'intérêt donne au contrat le caractère qui le place sous l'application de cet article, il faut de toute nécessité qu'elle soit ajoutée à un prêt de choses considérées comme fongibles par les parties, en d'autres termes à *un prêt de consommation,* c'est-à-dire au prêt qui transfère la propriété à l'emprunteur et l'oblige à rendre non pas la chose même qu'il

reçue, mais une autre chose semblable. Cela résulte, d'ailleurs, de ces mots *simple prêt* employés dans l'art. 1905, lesquels, désignant le prêt de consommation, d'après les définitions de l'art. 1784, montrent que, comme nous l'avons dit déjà, le prêt à intérêt n'est, dans la pensée du législateur, qu'une variété du prêt de consommation, et qu'en définitive ils sont assimilés l'un à l'autre.

V. — 246. Cette même assimilation nous conduit à cette conséquence (ce qui est le dernier point de notre explication sur cet article), que le prêt ne porte pas intérêt de plein droit. Le prêt étant gratuit de sa nature et n'étant qu'accidentellement onéreux, il s'ensuit, en effet, que la stipulation d'intérêt ne se présume pas (1). Notre article permet de l'ajouter à la convention; mais il faut qu'elle y soit expressément ajoutée, sans quoi le prêteur ne serait en droit d'exiger aucun intérêt, et l'emprunteur se libérerait complétement en rendant, au terme convenu, la chose prêtée en même quantité et qualité.

247. Il y a plus : non-seulement la stipulation doit être expresse, et même, d'après l'art. 1907, auquel nous arriverons bientôt, exprimée par écrit, mais encore, si l'écrit présentait sur ce point quelque obscurité, la convention devrait être interprétée dans le sens d'un prêt pur et simple, d'un prêt sans intérêt, contrairement au principe d'après lequel les libéralités ne se présument pas, entre les contrats à titre gratuit et les contrats à titre onéreux, ceux-ci étant la règle, ceux-là n'étant que l'exception.

La jurisprudence se fixe dans ce sens; on pourrait dire même que ses interprétations ont été parfois quelque peu exagérées.

Ainsi, elle a décidé que pour être réputé avoir consenti à payer des intérêts, il ne suffit pas de la clause : « sans intérêts pendant le terme », cette clause n'équivalant pas à la stipulation d'intérêt à partir de l'échéance du terme (2).

Elle tient de même que la clause portant que la dette sera payée dans un certain délai, avec les intérêts *jusqu'à cette époque,* ne fait pas courir de plein droit les intérêts après l'expiration du terme (3).

Pareillement elle considère que les intérêts ne sont pas stipulés dans le sens de la loi lorsque les parties cumulent, dans l'obligation écrite, les intérêts avec le principal pour n'en faire qu'un seul tout (4).

Mais ce ne sont là que des décisions d'espèces dans lesquelles, comme dans tous les cas analogues qui ont pu ou pourront se présenter, la solu-

---

(1) *Voy.* cependant Cass., 30 brum. an 12 (S. V., 7, 2, 313; Coll. nouv., 1, 1, 889).

(2) Agen, 19 juin 1824 et 19 mars 1833; Bourges, 25 avril 1826 et 28 mai 1827; Bordeaux, 2 mai 1826 (S. V., 25, 2, 70; 26, 2, 86; 27, 2, 39; 29, 2, 193; 33, 2, 553; Dalloz, 25, 2, 42; 27, 2, 41, 239). — *Voy.* cependant Bourges, 11 juin 1825 (S. V., 26, 2, 220; Dalloz, 26, 2, 26), et Bordeaux, 28 mai 1832 (S. V., 32, 2, 626; Dalloz, 32, 2, 210).

(3) Cass., 10 sept. 1811 (*voy.* l'arrêt à sa date dans les recueils de S. V. et J. Pal.). — *Voy.* cependant MM. Merlin (v° Intérêts, § 3, n° 12); Toullier (t. VI, n° 272). — *Voy.* aussi Toulouse, 19 janv. 1844 (S. V., 44, 2, 272; Dalloz, 44, 4, 240; J. Pal., 44, 1, 589).

(4) *Voy.* Agen, 3 et 17 août 1809; Cass., 29 janv. 1812. — *Voy.* cependant Req., 25 janv. 1815 (arrêts à leur date).

tion spéciale a été ou sera le résultat d'une appréciation de fait et de circonstances propres à révéler l'intention des parties ; tout ce que nous en devons retenir comme induction générale, c'est, d'une part, la nécessité d'une stipulation écrite, sinon d'une formule sacramentelle, pour que le prêt puisse porter intérêt, et, d'une autre part, la tendance marquée à faire prévaloir, par dérogation à la règle commune, l'idée de prêt gratuit sur celle de prêt onéreux, dans le cas où la stipulation relative aux intérêts n'est pas suffisamment précise et claire.

248. Ajoutons, toutefois, que si cette stipulation est seulement incomplète, en ce que les parties, tout en convenant expressément que le prêt porterait intérêt, ont omis d'en fixer le taux, le prêteur a incontestablement droit à des intérêts, et l'emprunteur ne saurait se dégager de l'obligation d'en payer. Ceci a pu être mis en doute depuis la promulgation du Code jusqu'à la loi du 3 septembre 1807, dont nous aurons tout à l'heure à expliquer les dispositions principales (*infrà*, n⁰ˢ 265 et suiv.), car il n'y avait pas alors un taux légal auquel on pût se rattacher, quand la convention ne fixait pas elle-même la mesure de l'intérêt à payer par l'emprunteur. Mais précisément cette dernière loi a déterminé un taux légal d'intérêt ; en sorte que lorsqu'il est expressément stipulé, dans la convention, que des intérêts sont dus par l'emprunteur même sans aucune indication quant à la quotité, le taux ne s'en trouve pas moins fixé au moins implicitement, la présomption étant que les parties se sont référées au taux légal, auquel elles n'ont pas voulu déroger (1).

249. Il n'en serait autrement que dans le cas où le prêt serait consenti en renouvellement d'un prêt à intérêt antérieur, auquel cas il y aurait lieu d'admettre que les parties ont entendu continuer sur le pied de l'ancien contrat (2). Encore même faut-il supposer que le taux des intérêts perçus en vertu de l'ancien contrat est inférieur au taux établi par la loi de 1807. Car, dans l'hypothèse inverse, il faudrait, à moins de supposer l'usure, c'est-à-dire un fait délictueux qui ne se présume pas, se rattacher encore à la présomption dont nous venons de parler. Précisons ceci par un exemple. Vous m'avez prêté, en 1805, 10 000 fr. pour dix ans, et, en vertu de la convention, je vous ai payé l'intérêt de cette somme sur le pied de 4 pour 100 par an. Si, en 1815, vous me prêtez ces mêmes 10 000 fr. pour dix ans encore, en stipulant toujours des intérêts, mais sans indication du taux, la présomption sera que nous nous sommes référés, à cet égard, au premier contrat, et pendant la durée de la nouvelle convention j'aurai à vous payer l'intérêt sur le pied de 4 pour 100 par an. Mais modifions l'hypothèse, et supposons que je vous ai payé l'intérêt, en vertu du premier contrat, à raison de 8 pour 100 par an : il est clair que le silence de la convention nouvelle pourrait difficilement être interprété par les tribunaux comme impli-

---

(1) Bourges, 11 juin 1825 (arrêt déjà cité); Lyon, 26 juin 1851 (*J. Pal.*, 1853, t. I, p. 377; Dalloz, 54, 5, 445). *Voy.* aussi MM. Duvergier (n° 256); Troplong (n° 411); Cotelle (*Des Intérêts*, n° 86).
(2) Bourges, 4 mars 1815 (à sa date dans les recueils).

quant la pensée de maintenir les intérêts à ce taux de 8 pour 100, qui, en présence de la loi de 1807, est usuraire : la présomption sera donc qu'en gardant le silence, dans notre nouvelle convention, sur le taux de l'intérêt, nous avons entendu nous référer au taux légal et le substituer à celui qui a été perçu en vertu du premier contrat.

250. Une question nous reste à résoudre pour compléter le commentaire de notre article : c'est celle de savoir si le principe que le prêt ne porte pas intérêt de plein droit est applicable même au prêt commercial. La négative a ses partisans, notamment parmi les interprètes du Code de commerce. Ainsi, M. Pardessus enseigne que les intérêts sont dus lorsque l'obligation de les payer résulte soit de la nature et de l'espèce de la négociation, soit de l'usage des lieux, qui peut suppléer aux conventions expresses (1). M. Massé se prononce dans le même sens, et, prévoyant l'objection prise de l'art. 1907, où il est dit que « le taux de l'intérêt conventionnel *doit être fixé par écrit* », il y répond en disant que « la disposition porte sur le taux de l'intérêt, et non pas *sur la stipulation même de l'intérêt,* dont aucune loi ne soumet la preuve à une forme particulière. » (2)

Nous ne croyons pas cependant que cette solution soit la meilleure. L'argument sur lequel elle repose nous touche d'ailleurs d'autant moins qu'il tend à faire du texte précité une disposition à la fois sans portée et d'une portée excessive. D'une part, en effet, supposons que l'art. 1907, dans la disposition qui exige une formule écrite, n'a trait qu'*au taux de l'intérêt,* c'est en faire une disposition désormais sans objet ; car, nous venons de le voir (n° 247), depuis que la loi du 3 septembre 1807 a établi un taux légal, le silence de la convention sur ce point ne tire plus à conséquence et n'empêche pas que des intérêts ne soient dus par l'emprunteur, les parties étant présumées s'être référées au taux établi par la loi. D'une autre part, s'autoriser de cet article pour dire que la preuve de *la stipulation même de l'intérêt* n'est soumise à aucune forme particulière, c'est dépasser le but ; car, dans ce qu'elle a d'absolu, cette thèse, si elle était exacte, atteindrait non pas seulement le prêt commercial, en vue duquel elle est posée, mais aussi le prêt civil, contrairement à la doctrine et à la jurisprudence qui reconnaissent et proclament invariablement la nécessité d'une stipulation expresse, d'une preuve écrite (*suprà,* n°s 245 et suiv.).

La vérité est que la disposition précitée de l'art. 1907 a eu, au moment où elle a été écrite, une double cause : la première, qui n'a plus sa raison d'être par l'effet de la loi de 1807, promulguée trois ans plus tard, de contenir les prêteurs par la nécessité où on les mettait de formuler leurs prétentions dans la convention de prêt (3) ; l'autre, toujours subsistante, de compléter en la précisant la disposition de notre

---

(1) M. Pardessus (t. II, n° 470. — *Voy.* aussi n° 289).
(2) M. Massé (*Droit comm.,* 1re édit., t. IV, n° 264 ; 2e édit., t. IV, n° 1699). *Junge :* MM. Devilleneuve et Massé (*Dict. de droit comm.,* v° Intérêt, n° 30). *Voy.* aussi Paris, 18 mai 1825 (S. V., 25, 2, 390 ; Dalloz, 26, 2, 75).
(3) *Voy.* le discours de M. Boutteville (Locré, t. XV, p. 50 ; Fenet, t. XIV, p. 462).

art. 1905, dont celle de l'art. 1907 ne doit pas être séparée. Or, quand l'art. 1905, d'une part, nous dit qu'*il est permis de stipuler des inté-rêts* pour simple prêt; quand, d'une autre part, l'art. 1907 nous dit, de plus, que le taux de l'intérêt conventionnel *doit être fixé par écrit,* que peut-on et que doit-on conclure de ces textes combinés, si ce n'est que les juges ne peuvent pas suppléer la stipulation même, et que le prêteur n'a droit à des intérêts qu'autant qu'usant de la faculté ou-verte par notre art. 1905, il a pris soin de le stipuler dans la conven-tion de prêt? La conclusion est nécessaire, et elle a été le fondement de la doctrine et de la jurisprudence lorsqu'elles ont posé en principe que la stipulation d'intérêt ne se présume pas, le prêt ne portant pas intérêt de plein droit. Eh bien, y a-t-il un texte quelconque qui, sous ce rapport, distingue entre le prêt civil et le prêt commercial? Il n'y en a certainement aucun. Donc il faut dire que le principe est applicable indistinctement et à l'un et à l'autre. Et c'est ce que la jurisprudence a dit avec toute raison (1).

251. Il est néanmoins, en matière commerciale, un cas réservé par la jurisprudence elle-même, dont la décision, d'ailleurs, est approuvée par tous les auteurs : c'est le cas de compte courant. Il est admis, en effet, que les intérêts des sommes portées dans un compte courant sont dus de plein droit par celle des parties au débit de laquelle elles figu-rent, à partir du jour même des avances constatées (2). Mais, à vrai dire, ce n'est même pas là une exception à notre principe; la décision procède des règles sur le mandat. En effet, les parties qui entrent en compte courant sont, comme l'enseigne M. Pardessus, respectivement mandataires, en faisant des avances l'une pour l'autre, soit au moyen de remises, soit au moyen de payements en l'acquit l'une de l'autre. En sorte que si les sommes portées dans un compte courant sont de plein droit productives d'intérêt à dater du jour des avances constatées, c'est en vertu et par application de l'art. 2001 du Code Napoléon.

1906. — L'emprunteur qui a payé des intérêts qui n'étaient pas stipulés, ne peut ni les répéter ni les imputer sur le capital.

SOMMAIRE.

I. 252. C'est un tempérament au principe que le prêt à intérêt ne se présume pas. Quelles en sont la nature et l'étendue? — 253. L'hypothèse de la loi est celle où

---

(1) *Voy.* Angers, 29 mai 1807 (S. V., 7, 2, 313; Coll. nouv., 2, 2, 249); Poitiers, 15 mai 1821 (Dalloz, t. XII, p. 146; S. V., Coll. nouv., 6, 2, 415); Colmar, 12 juill. 1824 (Dalloz, t. X, p. 578; S. V., 25, 2, 122; Coll. nouv., 7, 2, 403); Bourges, 16 mai 1845 (S. V., 47, 2, 57; *J. Pal.*, 1846, 2, 715; Dalloz, 47, 2, 32). — *Voy.* aussi M. E. Vincens (t. II, p. 159).
(2) *Voy.* Bordeaux, 4 juill. 1832; Rej., 17 mars 1824, 6 nov. 1832, 11 janv. 1841, 8 mars 1853, 24 mai 1854; Lyon, 20 nov. 1857 (S. V., 32, 2, 35; 25, 1, 147; 32, 1, 824; 41, 1, 636; 54, 1, 769; 55, 1, 737; 58, 2, 700; Dalloz, 33, 2, 19; 24, 1, 483; 33, 1, 42; 41, 1, 193; 54, 1, 336; 54, 1, 179; *J. Pal.*, 1853, t. I, p. 668; 1855, t. II, p. 42; 1858, p. 846). *Voy.* encore MM. Pardessus (t. II, n° 475); Delamarre et Lepoitevin (*Cont. de comm.*, t. II, n° 497); Massé (*loc. cit.*, 1re édit., t. IV, n° 263; 2e édit., t. IV, n° 1698); Aubry et Rau (t. III, p. 433, note 3); Noblet (*Du Compte courant,* nos 8 et 136).

des intérêts auraient été volontairement payés par l'emprunteur, bien qu'ils n'eussent pas été l'objet d'une stipulation *expresse.* — 254. Des intérêts qui ont été payés sans qu'il y ait eu aucune stipulation. Ils ne peuvent pas non plus être répétés, mais par un motif tout spécial. Conséquences.

I. — 252. L'emprunteur qui a payé des intérêts non stipulés, ne peut ni les répéter ni les imputer sur le capital : telle est la disposition de notre art. 1906, qui, en ceci, apporte un tempérament à la règle que le prêt à intérêt ne se présume pas. Mais quelles sont la nature et l'étendue de ce tempérament? Les auteurs ne sont ni parfaitement d'accord, ni suffisamment précis sur ce point ; et il n'est pas aisé, en effet, de savoir de quel principe, non énoncé par les rédacteurs du Code, procède la disposition de cet article.

253. Cependant voici quelle serait, à notre avis, l'hypothèse de la loi. — En parlant d'intérêts *qui n'étaient pas stipulés,* elle fait entendre qu'elle prévoit le cas où les intérêts n'auraient pas été l'objet de cette stipulation *expresse* dont la nécessité vient d'être établie dans le commentaire de l'article précédent ; le cas, par exemple, où les parties seraient simplement convenues que l'emprunteur reconnaîtrait par une indemnité convenable le service qu'il reçoit du prêteur. Dans ce cas, à défaut d'obligation civile, il y aurait au moins une obligation naturelle à la charge de l'emprunteur ; et c'est précisément à raison de cette obligation naturelle que notre art. 1906 prohibe la répétition des deniers versés (C. Nap., art. 1235) et leur imputation sur le capital (1).

254. Mais faut-il aller plus avant, et dire, avec les auteurs, que notre article prévoit également le cas où il n'y aurait eu aucune stipulation d'intérêt, même verbale, et où néanmoins l'emprunteur, par scrupule de conscience ou pour ne pas rester l'obligé du prêteur, aurait cru en devoir payer? (2) Nous ne le pensons pas. Le Code était trop peu favorable au prêt à intérêt pour le créer ainsi ou le supposer en dehors de la volonté des parties. Ce n'est pas à dire que, même dans cette hypothèse, l'emprunteur pût, plus que dans la précédente, répéter l'argent qu'il aurait versé. Mais la répétition lui serait interdite à cause de l'existence d'une donation manuelle, valable d'après notre droit ; et c'est à titre d'argent donné, non d'intérêt, que le prêteur conserverait les sommes qu'il aurait reçues. La distinction n'est pas sans portée ; car le payement, s'il est validé non par l'art. 1906, mais comme donation, sera soumis aux règles sur la donation, et par conséquent sujet au rapport, à la réduction, à la révocabilité pour cause de survenance d'enfants, etc.

1907. — L'intérêt est légal ou conventionnel. L'intérêt légal est

---

(1) *Voy.* MM. Delvincourt (t. III, p. 200, et note 3); Duvergier (n° 258); Massé et Vergé, sur Zachariæ (t. IV, p. 467, note 5); Aubry et Rau (t. III, p. 433); Duranton (n°s 599 et 600); Troplong (n° 412); Mourlon (t. III, 5e édit., p. 393).

(2) *Voy.* les auteurs précités. *Junge :* Merlin (v° Prêt, n° 1).

fixé par la loi. L'intérêt conventionnel peut excéder celui de la loi, toutes les fois que la loi ne le prohibe pas.

Le taux de l'intérêt conventionnel doit être fixé par écrit.

SOMMAIRE.

jet des choses autres que de l'argent : l'intérêt y peut donc être stipulé à un taux excédant le taux légal ; — 289. Et cela soit que l'intérêt soit stipulé en argent, soit qu'il soit stipulé en nature.

VII. 290. La lói est rédigée spécialement en vue du prêt d'argent ; et dans de tels prêts elle atteint toutes les combinaisons propres à procurer au prêteur un intérêt usuraire. — 291. De l'escompte sur négociation d'effets souscrits par le débiteur lui-même. — 292. De l'intérêt pris en dedans. — 293. Du droit de commission dans le prêt d'argent d'une nature purement civile. — 294. Du calcul des intérêts sur une année réduite à 360 jours. — 295. Des intérêts stipulés payables à des termes périodiques plus courts qu'une année.

VIII. 296. La loi de 1807 s'applique à tous les contrats ou à toutes les conventions qui, sous un déguisement quelconque, constituent un prêt à intérêt. — 297. Ainsi, elle s'applique : à la *donation* exigée par le prêteur comme condition du service qu'il rend ; — 298. Au contrat de constitution de rente ; — 299. Au contrat appelé *mohatra.* — 300. *Quid* du contrat de vente? Distinctions. — 301. De la vente sous condition résolutoire : spécialement de la *vente à réméré* et du *contrat pignoratif.* — 302. De la vente ou cession de créance. — 303. *Quid* du contrat d'échange? Distinctions. — 304. Du louage d'industrie ajouté au prêt. — 305. Du contrat de société ; caractères auxquels il se distingue du prêt. — 306. Suite : combinaison pratiquée sous le nom des *trois contrats.* — 307. De la transaction. — 308. De l'antichrèse.

IX. 309. Transition aux moyens de prouver l'usure. — 310. L'usure étant une fraude, toute espèce de preuve peut être employée dans le but d'en établir l'existence ; — 311. Même contre des actes sous seing privé ou même authentiques tendant à prouver que le prêteur n'a perçu que l'intérêt légal.

X. 312. Sanction contre l'usure constatée : il y a une sanction pénale et une sanction civile ; la première est étrangère à notre sujet. — 313. La sanction civile consiste en ce que le prêteur doit restituer les intérêts usuraires, ou en subir l'imputation sur le capital s'il est encore dû. — 314. La compensation, aujourd'hui, s'opère de plein droit au jour même des payements, d'après la loi du 19 décembre 1850, qui a fait cesser la controverse existant avant elle sur ce point.

XI. 315. De la prescription de l'action ouverte à l'emprunteur qui a payé des intérêts usuraires : le prêteur ne peut opposer que   prescription de trente ans. — 316. La prescription a son point de départ à la date de chaque payement et non du dernier seulement. — 317. L'action fondée sur l'usure n'est plus recevable dès qu'un jugement passé en force de chose jugée a condamné l'emprunteur à payer.

I. — 255. Nous avons vu, sous l'art. 1905, que le législateur, rompant avec les idées erronées qui, pendant des siècles, firent proscrire le louage des capitaux, a proclamé enfin, d'accord d'ailleurs en cela avec la conscience publique, la légitimité du prêt à intérêt. Cette question est aujourd'hui définitivement et irrévocablement résolue (*suprà*, nᵒˢ 231 et suiv.). Mais à côté et en quelque sorte subsidiairement s'élève une autre question de principe aussi, qui, tout naturellement, s'est posée sur notre art. 1907 : c'est celle de savoir si, la légitimité du prêt à intérêt étant certaine, il convient que la loi intervienne pour fixer un *maximum* que les parties ne doivent pas dépasser dans leurs transactions civiles ou commerciales ; et s'il ne vaudrait pas mieux, au contraire, n'imposer à l'intérêt d'autres limites que celles qui seraient établies par les parties elles-mêmes dans toute convention librement formée entre elles. Or cette question spéciale ou subsidiaire, à la différence de la question générale ou principale, est restée toujours et reste encore aujourd'hui un sujet de vive controverse, un problème sur lequel les esprits les meilleurs sont profondément divisés.

256. Amené par notre sujet même à dire quelques mots dans ce grave débat, nous avouons que nous le considérons comme tranché par les considérations mêmes sur lesquelles s'appuie la légitimité du prêt à intérêt. Le service rendu à l'emprunteur qui le demande ; l'obligation pour celui-ci de payer ce service ; la faculté qu'il a de refuser l'argent s'il en trouve le loyer exagéré ; son acceptation, de laquelle il résulte qu'il lui a paru préférable d'avoir l'argent même au prix qu'il en a donné que de ne l'avoir pas du tout (*suprà*, nº 234) : tout cela milite puissamment, à nos yeux, pour la liberté absolue des parties, et ne s'élève pas moins contre l'opportunité d'une loi limitative du taux de l'intérêt que contre toute disposition qui prohiberait la stipulation même d'intérêt d'une manière absolue.

257. A la vérité, l'argument fondamental de la thèse opposée consiste précisément à dire qu'il y a absence complète de liberté chez l'une des parties contractantes. L'intérêt exagéré ou *usure*, dit-on, doit être proscrit même dans une législation qui pose en principe que les conventions font la loi des parties (C. Nap., art. 1134), car au moins faut-il que les conventions soient libres. Or, l'intérêt exagéré que l'emprunteur se soumet à servir ne prouve que trop l'absence complète de liberté dans le consentement qu'il a donné. Qui ne sait, en effet, ce qu'il y a de séduction, pour un homme pauvre et nécessiteux, dans la perspective d'avoir une somme d'argent en sa possession ? Il souscrira, pour l'obtenir, à toutes les conditions que lui imposera un usurier impitoyable ! Et comment la loi laisserait-elle se conclure un tel marché, où la liberté de l'une des parties est évidemment annihilée par la supériorité de l'autre, sans intervenir pour rétablir les principes de la justice et de l'équité outrageusement violés ? (1)

Toutefois l'objection ne nous touche pas. L'emprunteur n'est pas libre, parce qu'il a besoin d'argent ; nous le voulons bien, et nous reconnaissons même que s'il s'agissait d'un emprunteur à intelligence faible chez qui le besoin d'argent aurait détruit la liberté d'une manière complète, il y aurait lieu de le relever du consentement qu'il aurait donné : le contrat de prêt devrait être rescindé, comme pourrait l'être tout autre contrat où le consentement de l'une des parties n'aurait pas été libre (2). Mais convenons qu'il n'en est pas ainsi en général. L'emprunteur, qui a besoin d'argent, sait que, de son côté, le prêteur a besoin aussi de placer ses capitaux, dont le revenu lui est nécessaire pour vivre ; il pose donc sa prétention en face d'une prétention rivale qu'il pourra discuter ; puis, si le contrat se forme entre les deux parties, c'est

---

(1) *Voy.* l'opinion de Cambacérès, Tronchet, Maleville, dans la discussion de notre article au conseil d'État (Fenet, t. XIV, p. 433 et suiv.; Locré, t. XV, p. 20 et suiv.); celle de Jaubert dans l'exposé des motifs de la loi du 3 septembre 1807 (Locré, t. XV, p. 69). — *Junge :* MM. Troplong (nos 244-254); Boileux (t. VI, p. 410 et suiv.).

(2) Comp. M. Duvergier (nos 247 et suiv.).

évidemment parce que les conditions n'en auront paru trop onéreuses
ni pour l'une ni pour l'autre.

Et pourquoi les choses se passeraient-elles autrement? Est-ce donc
que ce prêteur, dont on fait toujours à plaisir un usurier impitoyable,
serait le seul capitaliste auquel l'emprunteur pût s'adresser? Mais il y
en a beaucoup d'autres qui ne demandent qu'à prêter leur argent à des
conditions convenables, et qui volontiers concluraient le marché si par
trop d'exigence tel ou tel autre prêteur le laissait échapper. Voilà où
seraient la garantie, la protection, la sauvegarde de l'emprunteur, qui,
en définitive, ne serait pas plus à la discrétion du prêteur que l'acheteur, le locataire ou l'ouvrier ne sont à la discrétion du vendeur, du
bailleur ou du patron. Le législateur a-t-il jamais songé à intervenir
entre ces derniers? Et sous prétexte que le vendeur, le propriétaire, le
patron, sont après tout maîtres de la situation, a-t-il jamais imaginé de
s'interposer en fixant des limites qu'ils ne pourraient pas dépasser dans
leur convention avec l'acheteur, le locataire, l'ouvrier? Il n'y a pas
de raison pour qu'il en soit autrement en ce qui concerne la stipulation
d'intérêt dans le contrat de prêt.

258. D'autant plus que les lois limitatives du taux de l'intérêt n'ont
jamais atteint le but vers lequel elles tendent, la répression ou la suppression de l'usure (1). Les déguisements sans nombre sous lesquels
l'usure, comme nous l'allons voir tout à l'heure, parvient toujours à se
dissimuler, font qu'elle échappe à toute réglementation. Un usurier habile ne laisse pas de preuve des contrats qu'il passe; et, seuls, les
hommes timides qui n'osent pas, ou les hommes honnêtes qui ne veulent pas contrevenir aux lois, s'arrêtent et évitent de prêter à un taux
supérieur au *maximum* établi par le législateur. En sorte qu'à vrai dire
les lois sur l'usure ont ce résultat pratique que, loin d'atteindre les
usuriers, contre lesquels elles sont dirigées, elles les favorisent, au contraire, en leur donnant le monopole de l'usure, en les rendant seuls
maîtres du marché. Et c'est bien alors, mais alors seulement, que se
produisent les inconvénients signalés par les défenseurs des lois limitatives du taux de l'intérêt; c'est alors que le débiteur qui n'offre pas de
garanties suffisantes pour emprunter au taux légal (celui-là précisément
dont on prend en main la défense) reste à la merci d'un nombre restreint d'usuriers qui, en s'entendant pour ne point se faire de concurrence, lui imposent les conditions les plus dures, et se font de la loi
même qui les menace un motif de plus pour justifier, par les risques
auxquels ils se disent exposés, les avantages exorbitants qu'ils stipulent
en leur faveur.

259. Ces idées, bien qu'elles gagnent chaque jour du terrain (nous le
verrons tout à l'heure), n'ont pu prévaloir jusqu'ici et se faire jour dans
notre législation. Vingt ans avant 1789, elles étaient présentées, par le
grand ministre Turgot, dans un mémoire spécial que, pour notre part,

---

(1) Montesquieu (*Espr. des lois*, liv. XXII, chap. xxi); Bentham (*Déf. de l'usur.*,
lettr. III, IV, V, VI et VII). — *Voy.* aussi le discours du tribun Albisson (Locré, t. XV,
p. 62; Fenet, t. XIV, p. 472).

nous considérons comme supérieur à tout ce qui, avant et depuis, a été écrit sur ce sujet: « C'est une chose notoire, dit-il, qu'il n'y a pas sur la terre une place de commerce où la plus grande partie du commerce ne roule sur l'argent emprunté sans aliénation de capital (le *prêt à intérêt* par opposition à la *constitution de rente,* ou prêt avec aliénation de capital), *et où les intérêts ne soient réglés par la seule convention, d'après l'abondance plus ou moins grande de l'argent sur la place et la solvabilité plus ou moins sûre de l'emprunteur.* La rigidité des lois a cédé à la force des choses; il a fallu que la jurisprudence modérât dans la pratique ses principes spéculatifs, et l'on en est venu à tolérer ouvertement le prêt par billet, l'escompte et toute espèce de négociations d'argent entre commerçants. Il en sera toujours ainsi toutes les fois que la loi défendra ce que la nature des choses rend nécessaire. » (1) Néanmoins, le crédit de ce grand ministre fut impuissant à obtenir l'abolition des lois sur l'usure et la liberté du prêt à intérêt.

260. Plus près de notre temps, le vœu de Turgot a été satisfait en partie, en ce sens que le prêt à intérêt, ou l'intérêt de l'argent, a été déclaré licite par le décret de l'Assemblée constituante des 3-12 octobre 1789, confirmé en ce point par l'art. 1905 du Code Napoléon (*suprà,* n° 231). Mais la seconde partie, l'abolition des lois limitatives du taux de l'intérêt, reste toujours à satisfaire.

Ce n'est pas que l'opinion de ce grand ministre n'ait eu, aussi sur ce point, ses jours de faveur. Sans parler des lois qui, dans la période révolutionnaire, ont réglementé le prêt en sens divers, et notamment de celle du 5 thermidor an 4, dans laquelle la jurisprudence, à tort ou à raison, vit la proclamation du principe de la liberté absolue en ce qui concerne la stipulation d'intérêt dans le prêt (2), arrêtons-nous aux discussions dont notre art. 1907 fut l'objet, en 1804, au conseil d'État. Les idées de Turgot y trouvèrent d'énergiques interprètes. Elles furent défendues notamment par Regnault de Saint-Jean d'Angely, Treilhard; et aussi par Bérenger, qui les résumait en ces termes : « ... On a distingué entre l'intérêt juste et l'intérêt injuste. — Si l'on raisonne d'après la loi, il n'y aura sans doute d'intérêt juste que celui qu'elle détermine. — Cependant, dans les idées naturelles, un intérêt de 7 pour 100 peut n'être pas plus injuste qu'un intérêt de 3; car il est de la nature de l'intérêt d'être variable comme le prix des loyers, comme toutes les choses sur lesquelles les circonstances pourront influer. — Lorsqu'on a fixé l'intérêt à 5 pour 100, l'argent n'était employé qu'à l'exploitation des terres : ainsi, les bénéfices qu'il pouvait donner se trouvaient plus circonscrits que dans nos temps modernes, où une industrie plus active l'emploie à beaucoup d'autres usages. Aujourd'hui, en empruntant à

---

(1) Turgot (Mémoire sur les prêts d'argent, présenté au conseil d'État en 1769). Ce mémoire est imprimé à la suite de la *Défense de l'usure* de Bentham (Paris, 1828, Malher et C¹ᵉ).
(2) *Voy.* Cass., 3 mai 1809, 20 fév. 1810, 5 oct. 1813; Bruxelles, 10 janv. 1810 (Merlin, vᵒ Intérêts, § 6, n° 6; S. V., 10, 1, 205; 2, 343; 15, 1, 76). — *Voy.* cependant MM. Troplong (n° 350); Aubry et Rau (t. III, p. 434 et 435, note 12, 3ᵉ édit.).

7 pour 100, on peut obtenir des gains beaucoup plus considérables que dans les temps plus reculés, où l'on avait l'argent à 5. — Il n'y a donc pas de règle d'une justice absolue pour la fixation de l'intérêt. On ne peut pas plus le déterminer qu'on ne peut fixer un *maximum* au prix des denrées et des marchandises. — D'ailleurs, la loi serait presque toujours éludée, car les consciences timorées dont on a parlé sont très-rares. Chacun se dit que, pouvant tirer 10 pour 100 de son argent, il donne la moitié de son bénéfice à l'emprunteur s'il prête à 5. Cependant il est dangereux d'accoutumer les citoyens à se soustraire à la loi. Celle qui serait portée sur l'intérêt de l'argent ne servirait qu'à le faire hausser, et à rendre les emprunts plus rares et plus difficiles. — L'intérêt de l'argent ne doit donc être fixé par la loi que pour le cas où il ne l'a pas été par les parties. » (1)

Or, si on se reporte au texte de notre art. 1907, l'on voit que ces observations, qui résumaient exactement la pensée de Turgot, y sont, à leur tour, résumées et traduites. En effet, le législateur établit tout d'abord la distinction du taux de l'intérêt en *légal* et *conventionnel;* puis il pose en principe que l'*intérêt conventionnel pourra excéder celui de la loi,* ce qui laisse la voie librement ouverte aux stipulations des parties; enfin, cependant, comme la cupidité est intrépide quand elle peut espérer de cacher ses excès, le législateur veut la contenir par le frein de la honte (2), et dans cette vue il dispose que le taux de l'intérêt convenu sera nécessairement *fixé par écrit.* Par où l'on voit que, sauf cette nécessité de constater le taux de l'intérêt, la fixation en était, de par l'art. 1907, absolument abandonnée à la volonté des parties qui, à cet égard, pouvaient stipuler comme bon leur semblait. C'était bien la réalisation exacte et complète du vœu de Turgot.

261. Disons-le, toutefois, cet état de choses n'a pas été de longue durée. L'art. 1907 n'avait été voté qu'avec peine par une partie du conseil d'État. Les idées de Turgot avaient trouvé, dans cette assemblée, des adversaires en assez grand nombre. Maleville, Cambacérès, Tronchet, avaient mis à combattre ces idées autant d'énergie que Regnault, Treilhard, Bérenger avaient déployé d'ardeur à les défendre. Il était résulté de la lutte que l'action du législateur avait été réservée dans une disposition ajoutée à celle qui autorisait la stipulation de l'intérêt conventionnel à un taux supérieur à celui de la loi : il fut dit qu'il en serait ainsi *toutes les fois que la loi ne le prohiberait pas.* C'est à la faveur de cette réserve, et les anciens préjugés reprenant le dessus, que la liberté consacrée en principe par l'art. 1907 a pu bientôt être supprimée et détruite. En effet, trois ans et demi après la publication de cet article est apparue la loi célèbre *sur le taux de l'intérêt de l'argent* (3 septembre 1807), laquelle, après avoir fixé l'intérêt légal à 5 pour 100 en matière civile et à 6 pour 100 en matière de commerce, dispose

---

(1) *Voy.* Locré (t. XV, p. 20 à 28); Fenet (t. XIV, p. 433 à 449).
(2) Ce sont les expressions du tribun Albisson. *Voy.* aussi le rapport de M. Boutteville (Locré, t. XV, p. 50 et 63); Fenet (t. XIV, p. 462 et 473).

que l'intérêt conventionnel ne pourra excéder ce taux, et établit, contre les contrevenants, une sanction civile et des peines correctionnelles dont la rigueur a depuis été notablement augmentée par la loi des 19-27 décembre 1850. Tel est encore aujourd'hui l'état de la législation sur ce point.

262. Ainsi on n'a pas même tenu compte des idées qui, à diverses reprises, s'étaient fait jour dans la discussion de la loi, et qui même avaient déterminé la rédaction définitive de l'art. 1907. Celui qui stipule des intérêts, disait-on, les évalue d'après les bénéfices ordinaires que peuvent lui donner les moyens d'emploi qui existent. Mais les circonstances font varier l'espoir de ces bénéfices; le législateur ne peut donc les prendre pour base d'une règle générale sur la fixation de l'intérêt. D'où suit que la loi devant se régler sur les circonstances qui changent et qui varient, elle ne peut être invariable (1). En partant de là, il semble que la mission du législateur était de suivre les besoins de chaque époque, de prendre en considération la nature de l'intérêt, qui est d'être variable comme le prix des loyers et toutes choses sur lesquelles les circonstances peuvent influer, et se réglant sur ces variations, de tenir incessamment le taux de l'intérêt en rapport avec les circonstances. Or, voici près d'un demi-siècle que la loi de 1807 a été portée, et, si l'on excepte les décrets des 15 et 18 janvier 1814 qui en ont suspendu l'exécution pour un an (2), pas une disposition n'est venue toucher au taux par elle établi : le taux de l'intérêt est resté invariable malgré les crises de tout genre qui, au cours de cette longue période, ont si fréquemment modifié les conditions du marché.

263. Et pourtant il s'en faut, à nos yeux, que le passé ici garantisse l'avenir. Il est bien vrai qu'à en juger seulement par le résultat des tentatives faites à diverses reprises devant nos assemblées législatives pour obtenir l'abrogation de la loi, ses défenseurs, parmi lesquels on rencontre d'ailleurs les esprits les plus éminents, pourraient être complétement rassurés. En 1836, grâce à l'énergique concours que lui prêta M. le procureur général Dupin, elle triomphait, à la Chambre des députés, des violentes attaques dont elle fut l'objet de la part de M. Lherbette. Vingt-six ans plus tard, en 1862, et encore grâce à M. Dupin qui, par un heureux privilége de la nature, s'est trouvé là pour la défendre toujours et avec la même énergie, elle a eu raison, devant le Sénat, de l'argumentation si pressante et si démonstrative de MM. Forcade la Roquette et Michel Chevalier (3).

---

(1) *Voy.* l'opinion de Tronchet, rédacteur de l'art. 1907, et l'exposé des motifs de Galli (Locré, t. XV, p. 27 et 40); Fenet (t. XIV, p. 439 et 454).
(2) Locré (t. XV, p. 83).
(3) *Voy.*, pour ces deux discussions législatives, le *Moniteur* du 10 mars 1836 et celui du 30 mars 1862. En 1836, l'auteur de la proposition discutée à la Chambre des députés se vengeait un peu de sa défaite par ce mot : «que les principes d'économie politique ne sont pas les plus connus au palais. » Peut-être les orateurs de 1862 se sont-ils associés à cette observation. Mais assurément elle n'aurait pas pu être faite en Angleterre contre les jurisconsultes anglais, qui n'ont pas peu concouru, dans ce pays, au renversement de la loi qui établissait un taux maximum de l'intérêt. John Egkin Howenden, l'un d'eux, annotateur de Blackstone, disait, en 1829 : « L'opinion pu-

Mais, d'un autre côté, il est certain que la loi de 1807 n'est plus entière et que, dans le domaine de la pratique, elle perd chaque jour un peu de son terrain, tant par les interprétations de la jurisprudence que par l'action directe du législateur lui-même.

D'une part, la jurisprudence, dont nous aurons tout à l'heure à étudier et à discuter les décisions, a notablement limité l'application du taux de 5 pour 100 établi en matière civile en autorisant l'application sur une large échelle de celui de 6 pour 100 fixé en matière de commerce (*infrà*, n° 277). Et, en outre, ce qui est bien autrement significatif, même en matière commerciale, elle met ce taux hors de cause pour les opérations les plus usuelles et les plus importantes, en décidant que le banquier peut percevoir *un droit de commission* en sus, et que la loi n'est applicable ni à l'escompte, ni au contrat de change (*infrà*, n°s 281 et suiv.).

D'une autre part, le législateur lui-même transige avec la loi. Ainsi, par cela seul que la loi de 1807 n'a pas été promulguée dans les colonies, les parties y jouissent d'une liberté entière quant à l'intérêt conventionnel. — Pour l'Algérie, une ordonnance spéciale a disposé que «*la convention sur le prêt à intérêt fait la loi des parties*, et que l'intérêt légal, *à défaut de convention,* sera de 10 pour 100, tant en matière civile qu'en matière de commerce » (1); et si cette ordonnance a été rapportée en 1848, l'arrêté du pouvoir exécutif qui l'abroge maintient néanmoins à 10 pour 100 le taux de l'intérêt (2). Enfin, et mieux que tout cela, la loi du 9 juin 1857, portant prorogation du privilége de la Banque de France, est venue accorder à ce grand établissement la faculté, « si les circonstances l'exigent, d'élever au-dessus de 6 pour 100 le taux de ses escomptes et l'intérêt de ses avances » (art. 8).

Or ces transactions, ces compromis, qui entament la loi de 1807 dans son principe et réagissent contre elle, montrent que les préjugés par lesquels cette loi se soutient encore vont s'affaiblissant chaque jour. Il est donc permis de penser que le moment viendra enfin où, rien ne restant de ces préjugés, notre législation, à l'exemple de celle de bien des nations, la Hollande, l'Angleterre, l'Italie, l'Espagne elle-même (3), par lesquelles nous avons été devancés sur ce point, généralisera la mesure prise spécialement en faveur du plus important de nos établissements de crédit; fera du taux discrétionnaire établi dans l'intérêt de la Banque

---

blique semble se rapprocher du moment, quoiqu'elle ne l'ait pas encore atteint, où l'or et l'argent seront considérés exactement au même point de vue que tous autres articles de commerce. Quand le sens commun aura réussi à établir cette doctrine très-simple, on en arrivera naturellement à regarder comme aussi absurde la fixation d'un *maximum* en ce qui concerne le prix de l'usage de l'argent qu'en ce qui concerne toute autre marchandise. » (Blackstone, 18e édit., liv. II, tit. xxx, note 23.)

(1) Ord. des 7-18 déc. 1835 (Codes Tripier, sous l'art. 1907).

(2) Arrêté du pouvoir exécutif des 4-24 nov. 1848 (Codes Tripier, p. 1425).

(3) L'Angleterre, suivant l'exemple de la Hollande, a procédé à la réforme graduellement, par trois lois de 1818, 1833 et 1847, dont la dernière est due à l'initiative de sir Robert Peel; en Espagne, la réforme date de 1837, et de 1857 en Italie, où elle a eu lieu sous les auspices du comte de Cavour.

de France, par l'art. 8 de la loi de 1857, la règle pour tous; et affranchira les conventions privées du taux obligatoire fixé par cette loi de 1807, qui désormais n'est plus en rapport avec la situation du crédit, la circulation de l'argent et le mouvement industriel et commercial.

264. Quoi qu'il en soit, la loi du 3 septembre 1807 est pleinement en vigueur encore aujourd'hui dans la partie où elle n'a pas été modifiée par celle des 19-27 décembre 1850. Ces lois sont donc le complément nécessaire de notre art. 1907, et nous avons par conséquent à les commenter, au moins dans celles de leurs dispositions qui se réfèrent au droit civil. C'est pourquoi nous en plaçons tout d'abord le texte sous les yeux du lecteur.

Loi du 3 septembre 1807 sur le taux de l'intérêt de l'argent. — « ART. 1er. L'intérêt conventionnel ne pourra excéder, en matière ci- » vile, cinq pour cent, ni, en matière de commerce, six pour cent, le » tout sans retenue.

» ART. 2. L'intérêt légal sera, en matière civile, de cinq pour cent, » et, en matière de commerce, de six pour cent, aussi sans retenue.

» ART. 3. Lorsqu'il sera prouvé que le prêt conventionnel a été fait à » un taux excédant celui qui est fixé par l'article premier, le prêteur » sera condamné par le tribunal saisi de la contestation à restituer cet » excédant s'il l'a reçu, ou à souffrir la réduction sur le capital de la » créance, et pourra même être renvoyé, s'il y a lieu, devant le tribunal » correctionnel pour y être jugé conformément à l'article suivant. (Modifié par la loi des 19-27 décembre 1850, art. 1er.)

» ART. 4. Tout individu qui sera prévenu de se livrer habituellement » à l'usure, sera traduit devant le tribunal correctionnel, et, au cas de » conviction, condamné à une amende qui ne pourra excéder la moitié » des capitaux qu'il aura prêtés à usure; s'il résulte de la procédure » qu'il y a eu escroquerie de la part du prêteur, il sera condamné, outre » l'amende ci-dessus, à un emprisonnement qui ne pourra excéder deux » ans. (Abrogé et remplacé par la loi des 19-27 décembre 1850, art. 2 à 7.)

» ART. 5. Il n'est rien innové aux stipulations d'intérêts par con- » trats ou autres actes faits jusqu'au jour de la publication de la présente » loi. »

Les art. 3 et 4 de cette loi ont été modifiés ou abrogés par celle des 19-27 décembre 1850 relative au délit d'usure. Mais des sept articles dont cette dernière loi est composée, six ont pour objet la répression du délit d'usure et sont dès lors étrangers à notre sujet; un seul s'y rattache, c'est l'art. 1er, dont voici le texte : « Lorsque dans une instance » civile ou commerciale il sera prouvé que le prêt conventionnel a été » fait à un taux supérieur à celui fixé par la loi, les perceptions exces- » sives seront imputées de plein droit, aux époques où elles auront eu » lieu, sur les intérêts légaux alors échus, et subsidiairement sur le ca- » pital de la créance. — Si la créance est éteinte en capital et intérêts, » le prêteur sera condamné à la restitution des sommes indûment per-

» çues, avec intérêt du jour où elles lui auront été payées. — Tout ju-
» gement civil ou commercial constatant un fait de cette nature sera
» transmis par le greffier au ministère public dans le délai d'un mois,
» sous peine d'une amende qui ne pourra être moindre de seize francs
» ni excéder cent francs. »

L'état actuel de la législation étant ainsi connu et précisé, nous aurons d'abord à présenter quelques observations préliminaires touchant
les effets transitoires de la loi de 1807; la mesure dans laquelle elle est
d'ordre public; et ce qu'elle laisse subsister de notre art. 1907 : puis,
abordant le commentaire des dispositions de la loi, nous aurons à nous
expliquer sur le taux même de l'intérêt, la cause de la différence entre
l'intérêt civil et l'intérêt commercial, les objets auxquels s'applique la
loi, les contrats qu'elle atteint, les preuves autorisées à l'effet de constater l'usure, la sanction établie contre l'usure constatée et la prescription de l'action ouverte contre les usuriers.

II. — 265. La première remarque à faire sur la loi du 3 septembre 1807, c'est qu'elle dispose pour l'avenir. Elle ne saisit donc que
les conventions faites par les parties sous son empire, et reste absolument étrangère à celles qu'elle a trouvées en cours d'exécution, au
moment où elle a été promulguée. L'art. 5 de la loi s'en explique formellement en disant qu'il n'est rien innové aux stipulations d'intérêts
par contrats ou autres actes faits jusqu'au jour de la publication de la
loi. Ainsi un prêt a été consenti avec stipulation d'intérêt à 7 pour 100
par an, le 1er septembre 1805; les intérêts ont été dus à ce taux nonobstant les dispositions législatives qui, deux ans plus tard, ont établi
au taux inférieur de 5 ou 6 pour 100 l'intérêt légal et y ont ramené
l'intérêt conventionnel.

266. Ceci avait été contesté, sinon quant aux intérêts échus jusqu'à
la date de la loi, ce qui à aucun égard ne pouvait être mis en question,
au moins quant aux intérêts à échoir ou échus depuis la promulgation.
Le sens de l'art. 5, disait-on, se trouve déterminé par le principe de
non-rétroactivité, c'est-à-dire que les intérêts échus avant le 3 septembre 1807 continuent à pouvoir être exigés sur le pied déterminé
par la convention. Quant à ceux qui sont venus à échéance depuis, ils
doivent subir la réduction au taux que la loi a fixé, sans quoi l'intérêt
qualifié légalement usuraire se trouverait légitimé par la date du contrat, et la force de la convention prévaudrait sur celle de la loi, ce qui
n'a pu être l'intention du législateur. Mais précisément il a été, au contraire, dans la pensée de la loi de laisser toute leur force aux stipulations précédemment consenties; c'est justement là ce que décide
l'art. 5, qui non-seulement ne déroge pas à ces stipulations, mais encore qui dispose qu'il n'y a rien d'innové à cet égard, c'est-à-dire que
les conventions antérieures continueront à être exécutées. Aussi la jurisprudence, et notamment celle de la Cour de cassation, n'a-t-elle jamais hésité à reconnaître que les intérêts stipulés dans un contrat antérieur à la loi du 3 septembre 1807 doivent être payés d'après le taux
fixé par la convention, quoique ce taux soit plus élevé que celui dé-

terminé par la loi, sans distinction des intérêts échus avant et de ceux échus depuis sa promulgation (1).

267. Mais il n'en est pas de même en ce qui concerne les intérêts résultant de *quasi-contrats*. C'est pour n'avoir pas aperçu la différence que M. Duranton a dirigé de vives critiques contre un arrêt de la Chambre des requêtes dont la décision a été, au contraire, très-justement défendue par M. Duvergier d'abord, et ensuite par M. Troplong.

Dans l'espèce, le sieur Ser, qui s'était institué le *negotiorum gestor* de la veuve Delpon, avait reçu, en l'an 7 et en l'an 9, pour le compte de cette dame, deux sommes montant ensemble à 1 267 francs. En 1813, il fut assigné, par les héritiers de la veuve Delpon, en payement de cette somme avec les intérêts légitimes. Il s'agissait d'affaires commerciales, et comme en l'an 7 et en l'an 9 l'intérêt était de 5 pour 100, sans aucune indication en ce qui concerne l'intérêt commercial, la question s'éleva de savoir si les intérêts devaient être payés à ce taux seulement, ou si, au moins pour ceux qui étaient échus depuis la loi de 1807, ils n'étaient pas dus à raison de 6 pour 100, taux auquel l'intérêt commercial a été porté par cette loi. La question fut résolue en ce dernier sens par le tribunal de commerce, et, au deuxième degré de juridiction, par la Cour d'Agen, dont l'arrêt confirmatif a été vainement déféré à la censure de la Cour suprême, pour violation de l'art. 2 du Code Napoléon qui consacre le principe de la non-rétroactivité des lois. Le pourvoi fut rejeté par des motifs dont le principe, sinon l'expression même, est assurément incontestable (2). Par cela même qu'elle touche à l'ordre public, la loi de 1807 a saisi les individus et les choses à l'instant où elle a été promulguée. A la vérité, par une dérogation formelle à cette règle, l'art. 5 de cette loi a voulu que le taux par elle fixé restât sans influence sur les intérêts conventionnels stipulés *dans les contrats ou autres actes* faits jusqu'au jour de sa publication. Mais, ni dans cet article, ni dans aucun autre, elle n'a dit rien de semblable quant aux intérêts *non conventionnels* résultant de *quasi-contrats;* les intérêts procédant de cette cause restent donc sous la règle commune, et c'est sans aucune raison que la dérogation consacrée par l'art. 5 y serait étendue (3).

268. Ainsi, c'est pour les contrats et actes antérieurs à la loi de 1807 que la disposition exceptionnelle de l'art. 5 est écrite. Mais ajoutons aussitôt que si le prêteur a droit aux intérêts fixés par la convention antérieure à la loi de 1807 dans les termes mêmes et pour toute la durée de la convention, il n'y a plus droit, au delà, que dans la mesure établie par cette loi. Précisons ceci par quelques hypothèses.

---

(1) *Voy.* notamment les arrêts des 20 fév. 1810, 29 janv. 1812, 21 juin 1825, 5 mars 1834 et 15 nov. 1836 (S. V., 10, 1, 205; 12, 1, 209; 26, 1, 301; 34, 1, 597; 36, 1, 939; Dalloz, 10, 1, 107; 12, 1, 281; 25, 1, 225; 34, 1, 155; 37, 1, 46; *J. Pal.*, ces arrêts à leur date).

(2) Req., 13 mai 1817 (S. V., 18, 1, 225; Coll. nouv., 5, 1, 316; Dalloz, 18, 1, 247; *J. Pal.*, à sa date).

(3) Conf. MM. Duvergier (n° 312); Troplong (n° 358). *Voy.* aussi M. Favard de Langlade (*Rép.*, v° Intérêts, § 6). — Mais *voy.* M. Duranton (n° 612).

Une somme de 10 000 francs a été prêtée en 1805, avec stipulation d'intérêt à 10 pour 100 pour un temps illimité, par exemple jusqu'à parfait payement : il est clair que les intérêts étaient dus et ont dû être payés à ce taux de 10 pour 100 jusqu'au jour où le capital de 10 000 fr. a été rendu, et ce nonobstant la fixation d'un taux maximum inférieur par la loi publiée dans l'intervalle.

Au lieu d'être prêtée pour un temps illimité, cette somme de 10 000 francs remise par le prêteur le 1er janvier 1805 a été stipulée remboursable dans dix ans ; il est encore incontestable que, jusqu'au 1er janvier 1815, l'emprunteur a dû servir l'intérêt de 10 pour 100 par an, malgré que, dans l'intervalle, la loi de 1807 ait établi le *maximum* d'intérêt à un taux inférieur : c'est l'application exacte et directe de l'art. 5 de cette loi. Mais ce terme du 1er janvier venu, l'emprunteur ne rembourse pas le capital ; et soit en vertu du consentement tacite du prêteur, soit par suite d'une prorogation de délai expressément accordée, il conserve les 10 000 francs au même titre, pour les rembourser ultérieurement : la situation change. Alors, il est vrai de dire que les intérêts sont dus moins en vertu du contrat primitif que par l'effet d'une convention nouvelle, laquelle, se plaçant par sa date sous l'empire de la loi limitative du taux de l'intérêt, est nécessairement régie par cette loi quant à la mesure dans laquelle les intérêts doivent être perçus par le prêteur (1). Si donc l'emprunteur, dans notre espèce, avait continué le payement des intérêts, après le 1er janvier 1815, au taux de 10 pour 100 stipulé dans le contrat primitif, il aurait droit à la restitution de tout ce qu'il aurait payé, à partir de cette époque, en sus du taux fixé par la loi du 3 septembre 1807.

269. Du reste, ceci ne doit pas s'entendre seulement des intérêts *compensatoires,* les seuls dont nous ayons parlé jusqu'ici : la règle est également applicable aux intérêts *moratoires.* En sorte que si, le terme stipulé dans une convention de prêt étant venu à échoir après la publication de la loi de 1807, l'emprunteur n'avait pas rendu la somme à lui prêtée, les intérêts au payement desquels il a pu être condamné à raison du retard ont dû être fixés au taux établi par la loi, nonobstant les stipulations contenues à cet égard dans la convention de prêt. La Cour de cassation s'est prononcée en ce sens même dans une espèce où le débiteur était tenu, non point en vertu d'une convention de prêt, mais à raison d'un contrat de vente. Elle a jugé, en effet, que lorsque dans un contrat de vente antérieur à la loi du 3 septembre 1807, les intérêts du prix ont été stipulés à 10 pour 100 jusqu'à une époque déterminée pour le payement de ce prix, cette stipulation peut être considérée comme ne devant avoir effet que jusqu'à l'époque fixée par le contrat ; tellement que, si à cette époque le prix n'est pas payé, les intérêts moratoires qui ont couru depuis la loi du 3 septembre 1807 ne

---

(1) Bordeaux, 13 août 1829 ; Montpellier, 30 janv. 1832 (S. V., 31, 2, 47 ; 32, 2, 523 ; Dalloz, 30, 2, 45 ; 32, 2, 42 ; *J. Pal.*, à leur date).

doivent plus être alloués qu'au taux établi par cette loi (1). Nous ne contestons pas l'exactitude de cette application spéciale, car ici encore on peut dire, comme dans le cas du numéro précédent, qu'à l'expiration du terme une convention nouvelle a été tacitement substituée à la première ; que c'est en vertu de cette convention nouvelle, laquelle en définitive est un prêt et non plus une vente, que les intérêts sont dus au créancier ; et que cette convention, qui ainsi rentre pleinement dans les prévisions de la loi de 1807, ne peut être régie que par cette loi sous l'empire de laquelle elle s'est formée. Toutefois ceci laisse entière une question grave à laquelle nous viendrons bientôt, la question de savoir si, même sous l'empire de cette dernière loi, on doit considérer comme usuraire le *contrat de vente* dans lequel, la chose étant vendue à terme, il serait stipulé que, jusqu'au jour de l'échéance, le prix principal porterait des intérêts à un taux supérieur à celui de la loi (*infrà*, n° 300).

III. — 270. Cela dit sur les effets transitoires de la loi du 3 septembre 1807, voici une autre remarque à faire avant d'en préciser les effets actuels et directs. Cette loi qui, nous venons de le montrer, ne dispose que pour l'avenir, n'a d'action que par rapport aux conventions passées sur le territoire qu'elle régit. Ainsi, de même qu'elle est loi d'ordre public pour l'avenir seulement, de même elle n'est loi d'ordre public qu'en ce qui touche la prohibition de l'usure en France, c'est-à-dire la stipulation en France d'intérêt au-dessus du taux par elle fixé. Par là se justifie la doctrine consacrée par la jurisprudence, et enseignée par la majorité des auteurs, suivant laquelle la stipulation d'intérêt faite en pays étranger à un taux excédant l'intérêt licite en France peut néanmoins recevoir exécution en France et y être déclarée exécutoire par les tribunaux français, si, d'ailleurs, l'intérêt convenu n'excède pas le taux autorisé dans le pays où la stipulation a été faite (2). Remarquons, en effet, que l'intérêt n'est que le prix du risque des capitaux ; que ces risques varient suivant les circonstances de temps ou de lieu ; qu'ainsi l'établissement, en France, d'un taux légal basé sur la situation spéciale du pays ne saurait avoir pour effet d'y faire considérer comme usuraires des taux plus élevés admis dans d'autres pays sous l'influence de circonstances différentes. Cela est reconnu par notre législation elle-même, puisque, précisément en raison des risques plus grands que court le capital dans nos colonies, elle a permis d'y stipuler des intérêts au-dessus du taux fixé par la loi de 1807, qui ne s'applique qu'à

(1) Req., 13 juill. 1829 (S. V., 29, 1, 257; Dalloz, 29, 1, 298; *J. Pal.*, à sa date). Comp. Req., 7 nov. 1825 (S. V., 26, 1, 187; Dalloz, 26, 1, 17; *J. Pal.*, à sa date).

(2) Req., 14 mess. an 13, 10 juin 1857; Caen, 3 avr. 1824; Aix, 14 janv. 1825; Bordeaux, 26 janv. 1831; Bourges, 6 mars 1860 (S. V., 7, 1, 1026; 59, 1, 751; 26, 2, 9 et 66; 31, 2, 78; 60, 2, 621; Dalloz, 2, 476; 59, 1, 194; 25, 2, 145; 31, 2, 89; *J. Pal.*, 1857, p. 934; 1861, p. 695). — *Voy.*, en ce sens, Proudhon (*Droit civ.*, t. I, p. 153); Fœlix (*Droit intern.*, t. I, p. 232, 3ᵉ édit.); Massé (*Droit comm.*, 2ᵉ édit., t. I, nᵒˢ 616 et suiv.; 1ʳᵉ édit., t. II, nᵒˢ 131 et suiv.); Troplong (nᵒ 359); Taulier (t. VI, p. 443). — *Voy.* cependant MM. Duvergier (nᵒ 313); Garnier (*De l'Usure*, nᵒ 73); Demangeat, sur Fœlix (*loc. cit.*, note *a*).

la France continentale (voy. *suprà*, n° 263). Or, s'il arrive que deux personnes, même françaises et résidant habituellement dans la métropole, se trouvant soit dans nos colonies, soit dans un pays où les circonstances locales ont fait porter à 10, 12, 15 pour 100 par an le taux de l'intérêt, y forment une convention de prêt sur ces bases, la loi française n'a rien à reprendre à cela. Et par conséquent, si l'exécution de la convention vient à être demandée en France, où les parties sont ramenées par une circonstance quelconque, les tribunaux auxquels elles s'adressent ne peuvent, sans commettre un véritable excès de pouvoir, sans aller à la fois contre la justice et contre l'autorité des conventions, refuser leur sanction, sous prétexte que la stipulation, parfaitement licite dans le pays où elle a été faite, serait entachée d'usure au point de vue de la loi française. Tout au plus le pourraient-ils s'il était établi que les parties s'étaient rendues à l'étranger précisément pour faire fraude à la loi française, c'est-à-dire pour y stipuler des intérêts à un taux qu'il ne leur eût pas été permis de stipuler en France. Mais, sauf cette hypothèse, d'ailleurs bien invraisemblable, les tribunaux doivent laisser tout son effet à la loi étrangère sous l'empire de laquelle s'est formé le contrat auquel l'obligation de servir les intérêts se rattache comme conséquence immédiate.

271. La jurisprudence, qui consacre cette doctrine, est allée si loin dans cette voie qu'elle y a fait entrer même les intérêts moratoires. « Considérant, est-il dit dans un arrêt (1), que le billet dont le payement est réclamé par la veuve P... a été souscrit à l'île de la Réunion par les époux P..., qui y avaient leur domicile, et qu'il était payable dans cette île; — que, d'un autre côté, aux termes d'une législation spéciale dont l'existence n'est plus contestée, les intérêts légaux en matière civile, à l'île de la Réunion, sont de 9 pour 100 par année; qu'ainsi le bénéficiaire du billet a dû compter que, au cas de retard dans le payement, la demande en justice qu'il aurait formée ferait courir à son profit, en exécution de l'art. 1153 du Code Napoléon, les intérêts fixés par la loi, *c'est-à-dire les intérêts à 9 pour 100*; que, cette situation une fois fixée, il ne pouvait dépendre du débiteur de la changer en changeant de résidence; que c'est donc en vain que P... oppose que sa résidence est aujourd'hui en France et que la demande en payement a été formée devant un tribunal du continent; que cette circonstance accidentelle, et qu'il dépendait de lui de créer, ne peut être d'aucune influence sur la fixation du taux des intérêts à payer depuis la demande... »

Cependant nous ne voudrions pas aller jusque-là, si ce n'est dans le cas où les intérêts auraient été stipulés jusqu'à parfait remboursement du capital (2). Dans ce dernier cas, il est vrai de dire qu'il s'agit non pas d'intérêts moratoires, mais d'intérêts qui courent et doivent continuer de courir jusqu'au payement par la force de la convention. En sorte que

---

(1) *Voy.* l'arrêt de Bourges du 6 mars 1860 cité à la note précédente.
(2) *Voy.* l'arrêt de rejet du 10 juin 1857 cité à l'avant-dernière note.

le taux fixé entre les parties doit être maintenu, sans qu'il y ait lieu d'é-
tablir, entre les intérêts antérieurs et les intérêts postérieurs à la demande, une distinction qui serait contraire au texte comme à l'esprit de
la convention. Mais lorsque, une échéance ayant été fixée, comme dans
l'espèce de l'arrêt dont nous venons de rapporter les motifs, l'emprunteur l'a laissée pâsser sans rembourser le capital, la distinction, au
contraire, est absolument nécessaire. Les intérêts dus par l'emprunteur après la demeure ne procèdent plus de la convention primitive,
dont les effets ont cessé à l'échéance convenue ou à la mise en demeure; ils sont dus à raison du retard et en vertu de la loi. Comment
donc les tribunaux français devant lesquels la demande en payement
est portée pourraient-ils les allouer dans une mesure excédant le taux
établi par la loi française? (*Suprà*, n° 269.)

272. A plus forte raison faudrait-il prendre également la loi française pour mesure et pour règle si les intérêts étaient dus par suite
d'une prorogation de délai accordée expressément ou tacitement, en
France, par le créancier à son débiteur, à l'expiration du terme fixé
dans la convention formée en pays étranger. C'est, *mutatis mutandis*,
la question que nous avons résolue *suprà*, n° 268; la raison de décider
étant la même, nous ne pouvons que nous y référer.

IV. — 273. Enfin, complétons nos observations préliminaires par
une dernière remarque : la loi de 1807, bien que ses rédacteurs n'aient
pas suivi la pensée dominante qui avait inspiré notre art. 1907 (voy.
suprà, n°s 260 à 262), a complété cet article; elle n'en a pas abrogé les
dispositions. Ainsi, bien que la loi ait fixé, quant à l'intérêt conventionnel, le taux que l'art 1907 avait laissé à la discrétion des parties,
le prêteur n'aurait aucun droit à exiger que des intérêts lui fussent
servis au taux légal, ni même à un taux moindre, s'il avait négligé
d'écrire dans la convention la stipulation d'intérêt à son profit; il n'y
a pas, en effet, dans la loi de 1807, un seul mot d'où l'on puisse induire l'abrogation du deuxième paragraphe de l'art. 1907, aux termes
duquel le taux de l'intérêt conventionnel doit être fixé par écrit. L'opinion des auteurs est constante sur ce point, et la jurisprudence est conforme (1).

274. Toutefois, la seule chose qu'on puisse induire de là, c'est que
la preuve par témoins d'une convention verbale d'intérêt serait inadmissible même quand il s'agirait d'une valeur au-dessous de 150 francs;
et c'est la seule induction qui en ait été tirée par la jurisprudence et en
général par les auteurs. Seul M. Duranton va plus loin, en ce qu'il refuse
au créancier le droit de déférer le serment au débiteur ou de le faire interroger sur le fait de la promesse d'intérêt. « La loi, dit-il, voulait
qu'elle fût rédigée par écrit, afin de prévenir toute difficulté à ce sujet.

---

(1) *Voy*. Rennes, 19 avril 1811 (Dalloz, R. al., 11, 343; S. V., 13, 2, 116, et Coll.
nouv., 3, 2, 479); Cass., 22 juin 1853 (Dalloz, 53, 1, 211; *J. Pal.*, 1854, t. II, p. 88).
Voy. aussi MM. Delvincourt (t. III, p. 200, note 2); Duranton (n° 598); Duvergier
(n°s 253 et suiv.); Troplong (n° 409); Taulier (t. VI, p. 448); Massé et Vergé, sur
Zachariæ (t. IV, p. 469, note 4). — *Voy*. cependant M. Mourlon (t. III, p. 393).

On peut considérer la promesse non rédigée par écrit comme, en droit romain, on considérait la promesse d'intérêt qui, dans un contrat de prêt, n'était point faite en la forme de la stipulation, mais du simple pacte, promesse qui ne produisait aucune action... » Mais, nous avons eu déjà des occasions fréquentes de le dire, et nous le répétons, notre droit a répudié ces distinctions et ces théories du droit romain sur les pactes nus et les stipulations : ce n'est pas ici le cas de les reprendre. En définitive, c'est pour la preuve et non pour la validité de la stipulation d'intérêt que l'écrit est requis par les art. 1905 et 1907 du Code Napoléon. Si donc la stipulation était prouvée par l'aveu du débiteur à la bonne foi duquel le créancier aurait fait appel, par l'interrogatoire, etc., il n'y aurait pas de motif, vraiment, pour n'en pas reconnaître l'existence et pour en refuser le bénéfice à ce dernier.

V. — 275. La loi du 3 septembre 1807, dont nous pouvons maintenant aborder les dispositions spéciales, a, comme nous venons de le dire, complété l'art. 1907 du Code Napoléon, ou au moins elle a réalisé la mesure prohibitive que cet article pouvait faire pressentir lorsque, après avoir dit que « l'intérêt conventionnel peut excéder celui de la loi », il ajoutait qu'il en est ainsi « toutes les fois que la loi ne le prohibe pas. » En effet, la loi de 1807, prenant pour base la distinction établie par l'art. 1907 entre l'intérêt légal et l'intérêt conventionnel, a fixé la mesure ou le taux que ce dernier article laissait indéterminé : elle a dit que l'intérêt *légal* est, en matière civile, de 5 pour 100, et, en matière de commerce, de 6 pour 100, le tout sans retenue (art. 2); et de ce même taux elle a fait le *maximum* que l'intérêt *conventionnel*, soit en matière civile, soit en matière de commerce, ne pourra pas dépasser, sans devenir usuraire (art. 1er). Le législateur a envisagé l'état de la richesse publique, le mouvement des capitaux, la circulation du numéraire, les besoins de l'industrie, les ressources de la société; et tout cela considéré, il a fixé à ce taux de 5 et 6 pour 100 le prix du service rendu par celui qui prête son argent et du risque qu'il court en le prêtant.

276. On s'explique donc aisément la différence établie par la loi entre le taux de l'intérêt civil et le taux de l'intérêt commercial. Scaccia, dans son adage « *Pecunia mercatoris pluris valet quàm pecunia non mercatoris* », en a donné une raison qui n'est ni la seule, ni même la meilleure. Il y avait surtout à tenir compte des risques, puisque l'intérêt en est le prix; et c'est parce que les risques sont incontestablement plus grands en matière de commerce que le *maximum* de l'intérêt commercial a dû être et a été fixé à un taux plus élevé.

277. Ceci nous sert à résoudre une question vivement controversée entre les auteurs, et d'une importance capitale si l'on réfléchit que l'intérêt de 6 pour 100, quoique établi par la loi, devient usuraire dès que la stipulation en est faite en dehors des matières de commerce : c'est la question de savoir à quel signe on peut distinguer les matières civiles des matières commerciales, et quand on peut dire que le contrat constitue un prêt civil ou un prêt commercial. Pour nous il est

certain, d'abord par les expressions *matière* civile et *matière* de commerce dont se sert le législateur, ensuite et surtout par le motif même à raison duquel il est permis de stipuler un intérêt plus élevé dans les affaires commerciales, que le caractère civil ou commercial d'un prêt se détermine, abstraction faite de la qualité des parties, par la destination de la somme prêtée. Le prêt sera donc commercial et l'intérêt y sera stipulé légitimement au taux de 6 pour 100 dès que le capital emprunté devra être employé à une opération commerciale (1), quand même la question serait portée devant un tribunal civil (2), et quand même le prêteur (3) ou même l'emprunteur (4) ne seraient pas commerçants. La qualité des parties aura cette seule portée qu'il en pourra résulter une présomption, en ce sens que, sauf preuve contraire, l'opération sera présumée commerciale si l'emprunteur est négociant, et que, dans le cas contraire, elle ne sera pas présumée telle. Mais nous n'allons pas plus loin; et par conséquent nous repoussons la doctrine des auteurs et des arrêts qui, tenant la qualité des parties comme un moyen suffisant pour déterminer le caractère de l'opération, considèrent comme commercial le prêt fait à un négociant (5) et surtout le prêt consenti par un commerçant même à un non-commerçant et pour opération non commerciale (6). Quand on dit, à l'appui de cette solution, que le commerçant qui prête ses fonds aurait pu retirer 6 pour 100 de son argent en l'employant dans son commerce, on ne prend pas garde que là est la condamnation du système : car précisément le commerçant qui retire l'argent de son commerce le soustrait aux risques commerciaux en l'employant à un prêt civil; et l'on ne voit plus alors à quel titre il pourrait percevoir un intérêt plus élevé quand les risques qu'il court sont absolument égaux à ceux que courent tous autres prêteurs. La Cour de Montpellier a, sous la présidence de M. Calmètes (7), établi ce point dans un arrêt dont les remarquables motifs sont, à notre avis, complétement décisifs.

278. Ceci posé, déduisons les conséquences de la règle posée par le législateur en ce qui concerne le taux de l'intérêt conventionnel.

---

(1) Cass., 21 avril 1852; Bourges, 27 janv. 1857; Lyon, 29 janv. 1858 (S. V., 52, 1, 511; 58, 2, 697 et 695; Dalloz, 54, 5, 447; 57, 2, 68; J. Pal., 1853, t. II, p. 439; 1859, p. 969).
(2) Req., 1er juill. 1817 (S. V., 19, 1, 15, et Coll. nouv., 5, 1, 350).
(3) Liége, 24 nov. 1823; C. d'Et., 6 fév. 1831; Req., 10 mai 1837; Besançon, 4 juill. 1857 (S. V., Coll. nouv., 7, 2, 269; 31, 2, 349; 37, 1, 1008; 58, 2, 553; Dalloz, 31, 3, 56; 37, 1, 338).
(4) Cass., 7 mai 1845 (Dalloz, 45, 1, 305; S. V., 45, 1, 644; J. Pal., 1845, t. II, p. 550). Mais voy. Besançon, 15 déc. 1855 (S. V., 56, 2, 504).
(5) Voy. Lyon, 20 nov. 1857 (S. V., 58, 2, 699; J. Pal., 1858, p. 846).
(6) Voy. MM. Aubry et Rau (t. III, p. 436 et 437); Taulier (VII, p. 444); Troplong (n° 362). — Voy. aussi Bourges, 14 fév. 1854; Rej., 11 mars 1856 (S. V., 54, 2, 531; 56, 1, 729; Dalloz, 55, 2, 271; 56, 1, 407; J. Pal., 1856, t. I, p. 149; 1857, p. 157). — Mais voy. un autre arrêt de Bourges fort bien motivé, en sens contraire, du 3 mars 1854 (S. V., 54, 2, 234; Dalloz, 55, 2, 795; J. Pal., 1854, t. II, p. 582). — Junge : Cass., 5 janv. 1859, et Paris, 2 fév. 1861 (S. V., 59, 1, 220; 61, 2, 256; J. Pal., 1859, p. 117; 1861, p. 247; Dalloz, 59, 1, 34; 61, 5, 520). Voy. aussi M. Molinier (Droit comm., t. I, p. 91, note).
(7) Montpellier, 13 août 1853 (S. V., 53, 2, 469; J. Pal., 1853, t. II, p. 668).

Il en résulte d'une part que, dans la mesure du *maximum*, la stipulation d'intérêt est licite, légitime, et absolument obligatoire. L'emprunteur devra donc servir l'intérêt stipulé, et, comme le dit l'art. 1er de la loi de 1807, il devra le servir *sans retenue*. En ceci, la loi renverse la situation ou l'état de choses auquel il est fait allusion par ces deux mots. Dans l'ancien droit, en effet, les débiteurs de rentes étaient en droit de ne les acquitter que *sauf la retenue* de l'impôt établi par les rois sur les revenus. Au temps de Pothier, cet impôt était, soit comme il le dit dans un passage de son *Traité du contrat de constitution de rente*, de trois vingtièmes du revenu plus deux sols pour livre, soit, comme il le dit dans un autre passage du même Traité, de trois vingtièmes plus quatre sols pour livre (1). C'est là ce que le débiteur de la rente était en droit de retenir; toute stipulation contraire eût été considérée comme un moyen indirect d'excéder le taux légitime. Aujourd'hui, à l'inverse, l'emprunteur doit acquitter sans retenue aucune la totalité de l'intérêt convenu dans la mesure du *maximum* fixé par la loi; il n'aurait droit d'en retenir une portion quelconque qu'autant qu'il y serait autorisé par une clause spéciale de la convention.

279. D'une autre part, il résulte de la règle établie par la loi que toute perception d'un intérêt supérieur à 5 pour 100 en matière civile et à 6 pour 100 en matière de commerce est excessive, et donne droit à l'emprunteur d'exiger ce qu'il a payé en sus (voy. *infrà*, n°s 313 et suiv.).

280. Ceci, toutefois, comporte quelques exceptions. Rappelons, en effet, que la loi de 1807 n'a d'application que dans la France continentale. Des ordonnances spécialement faites pour les possessions françaises du nord de l'Afrique permettent d'y stipuler l'intérêt au taux de 10 pour 100, sans distinction entre le prêt civil et le prêt commercial. Et dans les autres colonies françaises, les parties peuvent fixer l'intérêt conventionnel comme elles l'entendent entre elles, la loi de 1807 n'y ayant pas été publiée (*suprà*, n° 263). Seulement la jurisprudence, dont nous avons eu l'occasion d'interroger les monuments (n°s 270 et 271), semble indiquer que l'usage y a établi le taux de 9 pour 100 en matière civile et de 10 pour 100 en matière de commerce.

281. Indépendamment de cette exception, la jurisprudence en a consacré plusieurs autres dont quelques-unes au moins s'expliquent peut-être par cette nécessité des choses qui, en présence d'une loi en opposition manifeste avec les besoins sociaux, amène dans la pratique ces transactions ou ces compromis dont nous parlons au n° 263, mais qui légalement sont peu justifiés. Ainsi en est-il de la jurisprudence qui s'est formée à l'occasion des trois contrats commerciaux connus sous la dénomination de *change*, d'*escompte*, de *commission*. Ainsi encore de celle qui, dans une pensée plus générale, pose en thèse que la prohibition de stipuler des intérêts excédant le taux légal ne s'applique

_____

(1) Pothier (*Tr. du contr. de const. de rente*, n°s 13 et 80).

pas aux conventions dans lesquelles le prêteur se soumet à des risques extraordinaires. Tout n'est pas à reprendre, nous l'avons fait pressentir, dans les décisions de la jurisprudence sur ces points, mais bien des choses en peuvent être contestées.

282. Ainsi il est admis par les tribunaux, aujourd'hui, que les trois opérations ci-dessus mentionnées, le change, l'escompte, la commission, ne constituent point par elles-mêmes une usure, et que ce caractère ne leur doit être attribué qu'autant qu'il résulte des circonstances que les parties ont déguisé sous ce nom un véritable prêt, afin d'arriver indirectement à une stipulation d'intérêt au-dessus du taux légal (1).

La solution est parfaitement exacte, et nous y souscrivons, en ce qui concerne le change. Il s'agit là, on le sait, de l'achat d'une créance payable dans un lieu autre que celui du contrat. Pour compenser le désavantage qui en résulte pour elle, la partie qui reçoit le billet en paye le montant sous la déduction d'une retenue appelée *change*, laquelle, variant suivant la valeur comparative de l'argent dans les deux places, peut quelquefois tourner à l'avantage du vendeur de la créance, par exemple si l'argent vaut moins dans le lieu du contrat que dans celui du payement. Le change diffère donc essentiellement de l'intérêt : il n'est pas, comme l'intérêt, le prix des risques et du louage de l'argent ; il est le prix de la remise d'une place sur une autre. Et, comme le Code lui-même tient compte de la valeur variable de l'argent d'une place à l'autre (art. 1296), il est bien évident que le change, même fort élevé, doit être distingué de l'usure, à laquelle il ne pourrait être assimilé que si les parties, sous le prétexte d'un contrat de change, avaient déguisé un prêt.

283. Mais assurément il n'en est pas de même en ce qui concerne l'escompte et la commission.

L'escompte est la retenue que fait un banquier ou tout autre acheteur de créances en payant un billet avant terme, soit au souscripteur lui-même qui payera à l'échéance, soit, quand celui qui présente le billet n'est pas le souscripteur, à un endosseur qui garantit le paye-

(1) Req., 8 nov. 1825 (Dalloz, 25, 1, 455; S. V., 27, 1, 84); Rej., 24 déc. 1825 (Dalloz, 26, 1, 108; S. V., 26, 1, 311); 16 août 1828 (Dalloz, 28, 1, 385: S. V., 29, 1, 37); 19 fév. 1830 (Dalloz, 30, 1, 130; S. V., 30, 1, 273); 16 mai 1838 (Dalloz, 38, 1, 349; S., 38, 1, 836; *J. Pal.*, 1838, t. II, p. 413); Cass., 27 nov. 1843 (S. V., 44, 1, 87; Dalloz, 44, 1, 33; *J. Pal.*, 1844, t. I, p..21); Req., 21 juill. 1847 (S. V., 47, 1, 797; Dalloz, 47, 1, 312; *J. Pal.*, 1847, t. II, p. 608); 10 nov. 1851 (Dalloz, 52, 1, 94; S. V., 52, 1, 628; *J. Pal.*, 1852, t. I, p. 49); 5 déc. 1854 (Dalloz, 54, 5, 174; S. V., 55, 1, 30; *J. Pal.*, 1855, t. I, p. 238); Rej., 28 avril 1855 (Dalloz, 55, 1, 264); 26 mai 1855 (S. V., 55, 1, 387); 7 mai 1844 (Dalloz, 51, 5, 494; S. V., 45, 1, 53; *J. Pal.*, 1845, t. I, p. 431); Req., 12 mars 1851 (Dalloz, 51, 1, 290; S. V., 51, 1, 401; *J. Pal.*, 1851, t. II, p. 388); 12 mai 1852 (S. V., 52, 1, 855); 17 mars 1862 (S. V., 62, 1, 130; *J. Pal.*, 1862, p. 478; Dalloz, 62, 1, 236); Pau, 17 janv. 1824 (S. V., 25, 2, 66; Dalloz, 29, 2, 135); Grenoble, 16 fév. 1836 (S. V., 37, 2, 361; Dalloz, 37, 2, 81); Agen, 11 mai 1853 et 19 juill. 1854 (S. V., 53, 2, 273; 54, 2, 593; Dalloz, 54, 2, 181; 55, 2, 164); Montpellier, 13 août 1853 (S. V., 53, 2, 469); Nancy, 8 juill. 1858 (Dalloz, 58, 2, 185; *J. Pal.*, 1858, p. 945); Bordeaux, 23 nov. 1860 (Dalloz, 61, 2, 61). *Voy.* aussi MM. Pardessus (p. 34 et 199); Troplong (n°° 369 et suiv.); Devilleneuve et Massé (v° Usure, n° 15); Petit (*De l'Usure*, p. 31); Paignon (*Opér. de banque*, n° 76 *bis*); Bédarride (*Dol et fraude*, n° 1153). — Mais *voy.* MM. Chardon (*Dol et fraude*, t. III, n° 489); Frémery (*Et. sur le droit comm.*, p. 80); Duvergier (n°° 290 et suiv.).

ment. — La commission est un droit qu'un banquier prélève en sus des intérêts, lorsqu'il procure des fonds à un client.

Les arrêts et la plupart des auteurs voient dans la première de ces opérations la vente d'une créance future (1); dans la seconde, ils voient un louage de services venant s'ajouter au prêt (2) : et c'est ainsi qu'elles échapperaient l'une et l'autre aux lois sur l'usure.

Pour nous, il nous est impossible de voir dans chacune d'elles autre chose qu'un prêt à intérêt.

284. Le prêt à intérêt, avons-nous dit, se compose de trois éléments : une somme donnée; une somme égale rendue ultérieurement; un prix ajouté en excédant à la somme rendue, au profit de celui qui l'a livrée. Or, dans l'escompte, ne trouvons-nous pas la somme donnée par le banquier; la somme égale rendue, ou dont la restitution au moins est garantie par le client; enfin le prix qui, au lieu d'être perçu, comme à l'ordinaire, soit périodiquement, soit au moment de la restitution, est reçu à l'avance par le banquier à l'instant où il livre la somme? Quelque soin que l'on prenne et quelque effort de discussion qu'on fasse, on ne pourra supprimer aucun de ces éléments dans l'opération, ni en changer la nature. On dit bien qu'il n'y a dans tout cela qu'une vente de créance non exigible. Mais le prêt à intérêt lui-même, qu'est-il autre chose que la vente d'une créance que le vendeur s'oblige personnellement à payer à l'échéance? (Voy. infrà, n° 302.) Or c'est là justement ce qui se produit dans cette opération de l'escompte, où l'on voit que la restitution de la somme livrée par le banquier est effectuée ou garantie par le client qui la reçoit; et c'est pour cela que l'escompte n'est en définitive qu'une variété du prêt à intérêt, que les dispositions prohibitives de la loi de 1807 devraient atteindre à ce titre (3). Il faut dire même que l'intérêt, précisément parce qu'il est payé à l'avance, devrait se tenir au-dessous du taux établi par la loi pour n'être pas usuraire. Mais nous aurons bientôt à revenir là-dessus (voy. n° 292).

285. Quant à la commission, il est par trop évident qu'elle est tout simplement un intérêt déguisé sous un autre nom. Quand vous empruntez 1000 francs à un banquier qui vous les prête en stipulant un intérêt de 6 pour 100, soit 60 francs pour un an, plus une commission de 1 et demi ou 2 pour 100, soit 15 ou 20 francs en sus, ce banquier auquel vous comptez 75 ou 80 francs pour prix du prêt de 1000 francs retire, quoi qu'on fasse et quoi qu'on dise, 7 et demi ou 8 pour 100 de son argent. Or c'est là un taux excédant celui de la loi, et par conséquent usuraire; car le prétendu louage de services dont la commission serait le prix est entré comme élément d'appréciation dans les données qui ont amené le législateur à fixer le taux de l'intérêt. Sans doute, on

(1) Voy. MM. Paignon, Bédarride, Troplong, et les arrêts des Cours de Pau, 17 janv. 1824; Grenoble, 16 fév. 1836, et autres, cités dans la note qui précède.
(2) Voy. notamment les arrêts de la Cour de cass. du 7 mai 1844, 12 mars 1851, 12 mai 1852, 17 mars 1862 et de la Cour de Nancy, 8 juill. 1858, cités au n° 282.
(3) Voy. MM. Chardon (Dol et fraude, t. III, n° 489); Frémery (Et. de droit comm., p. 80); Duvergier (n°° 293 et 294). — Voy. aussi Pothier (Usure, n° 130, et Vente, n° 575).

peut dire, et l'on dit en effet, que ce louage de services est peu marqué pour le simple particulier, tandis qu'il est la profession même, la raison d'être du banquier ; que ce dernier consacre aux opérations de prêt son temps, celui de ses commis, ses bureaux dont le loyer est cher, son matériel, tant en registres et objets mobiliers à l'usage des banques qu'en fonds disponibles (1). Que l'argument soit ou ne soit pas bon en législation, c'est de quoi nous n'avons pas à nous préoccuper ici ; mais, assurément, il n'est d'aucune valeur en jurisprudence, parce que la loi de 1807 est une dans son principe ; parce qu'elle ne distingue pas ; parce qu'elle ne permet pas dès lors de placer les banquiers plus qu'aucun autre en dehors de ses dispositions.

286. Enfin, nous contestons la vérité juridique des décisions qui, à un point de vue plus général, ont admis que la prohibition de stipuler des intérêts excédant le taux légal ne s'applique pas aux conventions dans lesquelles le prêteur se soumet à des risques extraordinaires (2). Les tribunaux estiment, dans ce cas, qu'il leur appartient de se déterminer d'après les circonstances, et s'il leur paraît que la convention nécessite de la part du prêteur des démarches actives, ou implique une situation dans laquelle les fonds prêtés sont plus ou moins gravement exposés, ils ne se font pas faute sinon de maintenir le prix du service tel qu'il a été fixé par les parties elles-mêmes, au moins d'en apprécier le montant sans s'astreindre au taux établi par le législateur. C'est, à notre sens, une violation manifeste de la loi. Dès que les tribunaux croient ne pas devoir respecter la convention des parties, dont, en effet, la volonté n'est pas libre en présence de la loi de 1807, ils doivent aller jusqu'au bout ; et il ne leur appartient pas de fixer arbitrairement l'intérêt à un taux excédant le taux légal, lequel est, par la volonté du législateur, le prix des risques, quels qu'ils soient, courus par le capital et du service rendu par celui qui le prête.

287. Sans doute, de telles concessions s'expliquent, comme nous l'avons dit, et peuvent être commandées par la force des choses, par les nécessités économiques, par les quasi impossibilités que l'application de la loi de 1807 rencontre dans la pratique, et on peut les regarder comme faisant à cette loi une de ces *heureuses violences* dont parlait un magistrat éminent qu'une mort prématurée a récemment enlevé à la magistrature. Mais il ne faut pas qu'on s'y trompe, elles vont toutes contre la pensée du législateur qui, en établissant un *maximum* d'intérêt, a entendu faire de ce *maximum* une règle strictement obligatoire. Que la loi soit mauvaise en elle-même, que l'abrogation en soit désirable, certes nous l'admettons ; mais ce n'est pas aux tribunaux qu'il appartient de l'abroger. Elle est la loi, en définitive, et tant qu'elle est debout, elle doit être obéie, c'est-à-dire respectée dans son principe et appliquée dans ses conséquences.

---

(1) *Voy.* MM. Bédarride (*Dol et fraude*, t. II, n° 1135) ; Troplong (n° 282). — Mais *voy.* M. Duvergier (n° 296).
(2) Rej., 7 mai 1844 ; Req., 13 août 1845, 8 juill. 1851 (S. V., 45, 1, 53 et 714 ; 51, 1, 501 ; Dalloz, 51, 5, 494 ; 46, 1, 35 ; 51, 1, 240 ; *J. Pal.*, 1851, t. II, p. 223).

Après avoir déduit ces conséquences dans les numéros qui précè-dent, nous allons déterminer les objets, les faits et les conventions aux-quels s'applique la loi du 3 septembre 1807.

VI. — 288. Aux termes de l'art. 1905, « il est permis de stipuler des intérêts pour simple prêt soit d'argent, soit de denrées, ou autres choses mobilières. » (Voy. *suprà*, n°s 244 et suiv.) En rapprochant de ce texte les dispositions de la loi de 1807, on s'est demandé si cette der-nière loi règle le taux de l'intérêt dans les prêts de denrées ou autres choses mobilières aussi bien que dans les prêts d'argent. Nous croyons, avec la majorité des auteurs (1), que la loi n'est pas applicable aux prêts de consommation ayant pour objet des choses autres que de l'argent. D'abord, il est remarquable que par son intitulé même (*Loi sur le taux de l'intérêt de l'argent*) la loi de 1807 indique qu'elle s'occupe de l'intérêt de l'*argent,* et nullement de l'intérêt des choses mobilières ou des denrées. Ensuite, en se reportant aux travaux préparatoires de cette loi, on voit que les orateurs n'ont également parlé jamais que de l'intérêt de l'argent. Enfin, en remontant plus haut encore, on est frappé de la distinction profonde que les anciens jurisconsultes faisaient entre les prêts à intérêt d'argent et les prêts à intérêt de denrées, con-sidérant les derniers comme infiniment moins dangereux que les autres. Tout cela doit amener à reconnaître qu'il n'a pas été dans la pensée du législateur de 1807 de limiter le taux de l'intérêt dans les prêts de denrées ou autres choses mobilières, et par suite que les parties sont absolument libres, dans les prêts de cette nature, de fixer comme elles l'entendent l'intérêt à servir ou à payer par l'emprunteur. Ainsi, vous me prêtez pour un an cinq pièces de vin d'une valeur totale de 2 000 fr., en stipulant qu'au terme de l'année je vous rendrai cinq autres pièces de vin de même valeur, plus 200 francs à titre d'intérêt; bien que cette dernière somme corresponde à un intérêt de 10 pour 100 par an, la stipulation n'aura rien d'usuraire, et je serai tenu de payer la somme en totalité sans avoir le droit de m'en faire restituer une portion quelconque quand je l'aurai payée; car il s'agit ici d'un prêt qui, par la nature de la chose prêtée, n'était pas soumis à la règle du *maximum* établie par la loi de 1807.

289. Il en serait ainsi quand même l'intérêt, au lieu d'être fixé en argent, serait stipulé en nature. Par exemple, dans l'hypothèse qui précède, il a été convenu qu'à l'expiration de l'année je vous rendrais, outre cinq pièces de vin d'une valeur égale à celle des cinq pièces de vin que vous m'avez prêtées, soit une sixième pièce de vin, soit une certaine quantité de blé (voy. *infrà,* n° 303); la stipulation ne serait pas usuraire quand même le vin ou le blé à rendre en excédant repré-senterait un intérêt supérieur au *maximum* édicté par la loi (2). En

---

(1) *Voy.* MM. Garnier (n° 9); Dalloz (v° Usure, p. 820); Rolland de Villargues (v° Prêt à int., n° 20); Petit (*De l'Usure,* n° 52); Vergé et Massé, sur Zachariæ (t. IV, p. 470, note 7); Massé (*Droit comm.,* 1re édit., t. IV, n° 267; 2e édit., t. III, n° 1702); Troplong (n° 361); Mourlon (5e édit., t. III, p. 393). — *Voy.* cependant MM. Duvergier (n° 279); Taulier (t. VI, p. 442 et 443).

(2) *Voy.* cependant M. Duvergier (n°s 266 et 268).

effet, dès qu'il s'agit d'un prêt de denrées, il n'y a pas de différence à faire entre le cas où l'intérêt lui-même consiste en denrées et celui où il consiste en argent : dans l'une et l'autre hypothèse, les parties ont traité en dehors des prévisions de la loi, et dès lors, quel que soit le bénéfice que la convention procure au prêteur, il n'est pas possible de la considérer comme usuraire et de lui appliquer la loi de 1807, qui n'est pas faite pour ce cas. Il n'en pourrait être autrement que si le procédé était employé pour dissimuler un prêt d'argent (voy. *infrà*, n° 296).

VII. — 290. C'est donc en vue du prêt d'argent que le législateur de 1807 a spécialement disposé. Mais ici les dispositions de la loi doivent atteindre non-seulement les stipulations directes et formelles d'intérêt excédant le taux légal, mais encore toutes les combinaisons, tous les moyens détournés employés pour procurer au prêteur un avantage excessif. Sans cela, la loi n'aurait rien fait contre l'usure, qui, on le comprend, se gardera toujours bien de se produire franchement et à découvert. Les tribunaux sont généralement pénétrés de cette nécessité, et nous allons les voir atteindre l'usure à travers tous les déguisements sous lesquels elle a essayé de se cacher.

291. Nous parlions tout à l'heure de la jurisprudence qui s'est établie à l'occasion de l'escompte *commercial*. On a cherché à tirer parti de cette jurisprudence si contestable en elle-même (*suprà*, n° 284), en soutenant qu'en aucune hypothèse cette opération de l'escompte ne tombe sous la prohibition de la loi. Voici une espèce dans laquelle la prétention a été élevée non sans quelque succès. Voulant faire des constructions sur un terrain par lui acquis, Paul, qui n'a pas les fonds nécessaires, s'adresse à Pierre pour en obtenir. Celui-ci agrée la proposition, et négocie à Paul de nombreux effets de commerce souscrits soit par lui, soit par des tiers, et à chaque opération il prélève ou il porte dans les billets consentis par Paul une somme, à titre d'escompte, excédant l'intérêt légal. Certes, c'était là une combinaison usuraire. La Cour de Paris, cependant, s'y était trompée ; et s'autorisant des précédents établis à propos de l'escompte commercial, elle avait décidé que les parties ayant librement débattu le taux de l'escompte, le débiteur ne pouvait plus revenir contre la convention et demander la restitution des sommes perçues au delà de l'intérêt légal (1). Mais la Cour de Paris n'avait pas aperçu qu'il y avait simplement, dans l'espèce, une ouverture de crédit ; que la création de billets souscrits directement par le crédité, et remis par lui au créditeur comme condition de l'ouverture de crédit, ne pouvait pas changer le caractère de la convention, laquelle constituait, en définitive, un véritable prêt conventionnel, c'est-à-dire un acte tombant essentiellement sous l'application de la loi. Aussi la Cour de cassation a-t-elle rétabli la vérité des choses en cassant une décision dont l'effet incontestable était de sanctionner un moyen détourné de procurer au prêteur un intérêt usuraire (2).

(1) Paris, 18 janv. 1839 (S. V., 39, 2, 262 ; Dalloz, 39, 2, 40 ; *J. Pal.*, à sa date).
(2) *Voy.* l'arrêt de la Cour de cass. du 27 nov. 1843, cité en note sous le n° 282.

292. La même jurisprudence a servi de prétexte à une autre combinaison : nous voulons parler du procédé qui consiste à prélever l'intérêt au moment même où le prêt est effectué, ou, selon l'expression consacrée, *à prendre les intérêts en dedans ;* c'est, à vrai dire, l'escompte appliqué au prêt civil. Voici l'opération : Je vous emprunte aujourd'hui, pour un an, la somme de 1 000 francs au taux de 5 pour 100. Vous consentez à me faire ce prêt; mais au lieu de me compter 1 000 francs à la charge par moi de vous rendre 1 000 autres francs, au terme convenu, plus 50 francs pour les intérêts, vous prélevez à l'instant même, sur le capital de 1 000 francs que je devrai vous rendre dans un an, cette somme de 50 francs représentative des intérêts, et je reçois amoindri d'autant le capital que je vous ai emprunté et que j'aurai à vous rendre. Mais les auteurs et les arrêts, ici, ont été d'accord pour reconnaître que le procédé tombe sous la prohibition de la loi de 1807 (1). Et en effet, l'opération est usuraire : car la somme de 50 francs étant le prix normal de la jouissance de 1 000 francs pour un an, il est évident que j'ai trop payé en abandonnant cette même somme de 50 francs pour les 950 francs seulement qui m'ont été comptés ; et il est évident aussi que le prélèvement de 50 francs vous a procuré un bénéfice illicite, d'une part en ce que vous avez reçu l'intérêt pour cette fraction de 50 francs que réellement vous n'avez pas avancée, d'une autre part en ce que vous avez bénéficié de l'intérêt de cette somme que vous avez retenue.

Aussi nous, qui considérons l'escompte même commercial comme une variété du prêt à intérêt, et qui par ce motif regardons comme mal fondée la jurisprudence d'après laquelle l'escompte échapperait à la loi de 1807 (*suprà*, n° 284), nous pensons que dans toute opération de ce genre l'intérêt, pour n'être pas usuraire, devrait être tenu au-dessous du taux fixé par la loi. Payé d'avance, il représente, comme on vient de le voir, une valeur plus forte que s'il était payé à l'échéance, conformément aux prévisions de la loi ; il y aurait donc à tenir compte de la différence : et, en faisant le calcul, on trouve qu'à un intérêt de 5 pour 100 correspond un escompte de 4,75, et à un intérêt de 6 pour 100 un escompte de 5,64.

293. Si de l'escompte nous passons à la commission, nous voyons que l'usure ne s'est pas fait faute non plus de chercher à tirer parti des extensions de la jurisprudence (*suprà*, n°s 282 et suiv.). Bien des prêteurs, en donnant au contrat de prêt la couleur d'une opération commerciale, ont essayé de se soustraire aux dispositions de la loi de 1807 et de se procurer le bénéfice d'une commission en sus de l'intérêt légal. Mais les tribunaux ont constamment déjoué ces calculs. Si la

---

(1) *Voy.* Agen, 12 mai 1853 et 19 juill. 1854 ; Cr. rej., 28 avr. et 26 mai 1855 (S. V., 53, 2, 273 ; 54, 2, 593 ; 55, 1, 387 ; Dalloz, 54, 2, 181 ; 55, 2, 164 ; 55, 1, 264 ; *J. Pal.*, 1853, t. II, p. 668 ; 1856, t. I, p. 155). *Voy.* aussi MM. Chardon (n°s 485 et 486) ; Pardessus (t. II, n° 471) ; Paignon (n°s 69 et 282) ; Duvergier (n° 299) ; Bédarride (n° 1153) ; Marc-Arnauld (dissert. *Sur le droit de comm. dû à l'occ. du prêt*, p. 68). — Comp. rej., 15 mars 1854 (Dalloz, 54, 1, 119 ; S. V., 54, 1, 452 ; *J. Pal.*, 1854, t. II, p. 73).

perception d'une commission, ont-ils dit, peut n'être pas usuraire, c'est seulement dans une affaire vraiment et réellement commerciale; il en est autrement quand il s'agit d'un prêt d'argent d'une nature purement civile. Vainement les parties auraient-elles donné au contrat la forme d'une affaire de commerce, soit par la création de lettres de change, soit par tout autre moyen. Il appartient aux tribunaux de décider, dans leur droit souverain d'appréciation, si l'opération en cette forme est sincère et réellement commerciale, ou si elle n'a eu pour but que de déguiser un prêt civil, d'en élever l'intérêt et d'augmenter les sûretés de remboursement (1). Et, en ramenant ces sortes de conventions à la vérité du fait, les tribunaux les ont justement placées sous l'application de la loi répressive de l'usure.

294. Ils ont procédé de même à l'encontre d'autres moyens imaginés également pour procurer au prêteur un intérêt supérieur au taux légal. Citons entre autres le calcul de l'intérêt établi sur douze mois de trente jours, soit 360 jours pour l'année au lieu de 365 ou 366. A cet égard, il est remarquable que par une sorte de contradiction la jurisprudence, du moins celle de la Cour de cassation, qui ne trouve pas l'usure dans l'escompte et la commission, à quelque prix que le loyer du capital prêté y soit porté, ne permet pas aux banquiers la dérogation bien moins grave, que nous signalons ici, à la loi de 1807 : elle considère, en effet, comme usuraire l'usage adopté par eux de baser leurs comptes courants sur une année de 360 jours (2). En ce point, la Cour de cassation abandonne la distinction qu'elle a semblé faire entre les banquiers et les prêteurs ordinaires; et c'est de toute justice, puisque les uns et les autres, en calculant les intérêts sur une année incomplète réduite à 360 jours, élèvent, au préjudice de l'emprunteur, le prix de l'argent au delà du *maximum* établi par la loi.

295. Par identité de raison, il faudrait admettre que lorsque les intérêts sont stipulés payables de six en six mois ou de trois en trois mois, il est nécessaire, aux termes de la loi de 1807 rigoureusement entendue, qu'ils soient légèrement inférieurs au taux par elle fixé comme mesure obligatoire (3). Ce point est néanmoins contesté, et on cite comme autorisant ce mode de payement à des termes périodiques plus courts qu'une année l'exemple donné par l'État, qui paye les anciennes rentes 3 pour 100 tous les six mois et les nouvelles rentes converties tous les trois mois (4). Toutefois l'exemple n'est pas concluant, en ce que les

(1) *Voy.* les deux arrêts d'Agen cités au numéro précédent. — Comp. Req., 12 mars 1851, cité en note sous le n° 282. — *Voy.* aussi MM. Troplong (n° 383); Paignon (n° 98); Marc-Arnauld (p. 104).
(2) Cass., 20 juin 1848, 14 mai 1852; Toulouse, 16 janv. 1835; Rouen, 19 juin 1847; Paris, 20 avril 1848 (S. V., 48, 1, 433; 52, 1, 855; 48, 2, 311; 49, 2, 298; Dalloz, 48, 1, 433; 52, 1, 309; 48, 2, 120; *J. Pal.*, 1848, t. II, p. 11; 1853, 1, 491; 1838, 2, 413; 1848, 2, 10). — *Voy.* cependant Grenoble, 1er avril 1846 (S. V., 46, 2, 460) et MM. Delamarre et Lepoitevin (*Cont. de comm.*, t. II, n° 498).
(3) *Voy.* Cass., 14 mai 1850 (Dalloz, 50, 1, 157; S. V., 50, 1, 441; *J. Pal.*, 1851, t. I, 164). — *Voy.* cependant Req., 12 mars 1851 (S. V., 51, 1, 401; Dalloz, 51, 1, 290; *J. Pal.*, 1851, t. II, p. 388).
(4) *Voy.* Marcadé (t. IV, n° 537).

dettes de l'État sont régies par des lois particulières qui, dérogeant en bien d'autres points à la loi de 1807, y peuvent bien déroger également en celui-ci.

VIII. — 296. Voyons maintenant à quelles conventions, à quels contrats cette loi se réfère. — Plus spiritualiste que les anciens casuistes, le législateur moderne a certainement voulu y comprendre tous les contrats qui, sous un déguisement quelconque, constituent *un prêt à intérêt,* c'est-à-dire tous ceux où l'une des parties livre à l'autre *une somme d'argent* que celle-ci s'oblige à rendre, avec l'addition d'une seconde somme comme prix du service qu'elle a reçu.

Remarquons même qu'il n'en est pas ici comme du *prêt de denrées,* dont nous parlions tout à l'heure (n° 289) : il n'est pas nécessaire que ce soit de l'argent en nature qui soit livré et rendu, pourvu que les objets du contrat, faciles à convertir en argent, n'aient été mis en avant par les parties que pour déguiser la convention usuraire (1), et échapper, en concluant au fond un véritable prêt d'argent, aux prohibitions de la loi de 1807. Il a été décidé en ce sens, par la Cour de cassation, qu'une constitution de rente perpétuelle a pu être réputée dissimuler un prêt usuraire lorsque les arrérages, stipulés payables en denrées, excèdent, comparaison faite de leur prix avec les mercuriales, le taux de l'intérêt légal, spécialement lorsqu'ils dépassent 9 pour 100 (2). (Voy., *infrà,* le commentaire de l'art. 1909.)

Ceci dit, occupons-nous des principaux contrats qui peuvent se résoudre en un prêt usuraire.

297. Le premier que nous rencontrons, en suivant l'ordre des articles du Code, est la *donation.* Il peut arriver, en effet, que le prêteur exige, comme condition du service qu'il rend à l'emprunteur, que celui-ci lui fasse une donation de somme d'argent. Il est clair qu'alors c'est un intérêt déguisé qu'il s'assure sous cette forme, et si cet intérêt dépasse le taux légal, le contrat sera de ceux que la loi de 1807 doit atteindre incontestablement. La jurisprudence s'est prononcée en ce sens en décidant que lorsqu'un emprunt est suivi d'une donation qualifiée rémunératoire de la part de l'emprunteur en faveur du prêteur, s'il paraît par les circonstances que cette donation a été une *condition du prêt,* elle se réunit à ce premier contrat pour former un tout indivisible, et s'il en résulte que le prêteur a trouvé, dans cette convention, un avantage supérieur à l'intérêt légal de la somme prêtée, elle est nulle pour le surplus (3). Mais, on le voit, il y a là une question d'appréciation à résoudre par les juges, et cette jurisprudence implique l'idée que la donation devrait être maintenue, au contraire, si elle était sérieuse, indépendante du prêt, si, par exemple, c'était une

---

(1) Comp. MM. Chardon (t. III, n° 15); Duranton (n° 487 et 489); Troplong (n° 361); Petit (n° 52); Cotelle (*De l'Intérêt,* n° 79); Garnier (n° 12 et 14).

(2) Req., 26 août 1846 (Dalloz, 46, 1, 357; S. V., 47, 1, 113; *J. Pal.,* 1848, t. II, p. 323).

(3) *Voy.* Pau, 17 janv. 1824; Bordeaux, 17 déc. 1827 (S. V., 26, 2, 66; 29, 2, 134; Dalloz, 29, 2, 133 et 134).

donation d'objets en nature, non destinés à être convertis en argent (1).

298. Il faut aussi comprendre parmi les contrats auxquels s'applique la loi de 1807 la rente constituée moyennant l'aliénation d'un capital en argent. Le point a été contesté notamment par M. Favard de Langlade, en ce que, dit-il, la loi de 1807 parle seulement du prêt proprement dit, et non du contrat de constitution de rente où, le capital étant aliéné, le prêteur a définitivement renoncé au droit d'en exiger le remboursement (2). Mais l'auteur n'a pas fait attention que la *rente* et le *prêt* ne constituent pas deux contrats distincts; qu'ils sont traités l'un et l'autre par le législateur dans un même chapitre ayant pour rubrique commune : *Du Prêt à intérêt;* par suite, que si la particularité qu'il signale modifie la convention en ce sens que dans la rente le capital est rendu non à la volonté du prêteur, comme dans le prêt, mais à la volonté de l'emprunteur, elle n'en altère pas, du moins, la nature et l'essence, si bien que l'art. 1909, dont nous allons bientôt présenter le commentaire, dit expressément, après avoir autorisé la stipulation d'un intérêt moyennant un capital dont le *prêteur* s'interdit de demander la restitution, que, « dans ce cas, le PRÊT prend le nom de constitution de rente. » Aussi l'opinion de M. Favard est-elle généralement contestée (3). L'ancien droit lui-même, d'ailleurs, ne lui aurait pas été moins contraire, car bien qu'on vît autrefois dans la rente non un prêt, mais une vente (voy. *infrà,* n° 323), on ne se faisait pas faute de limiter le taux des redevances périodiques ou arrérages auxquels elle donnait lieu. Et la Cour de cassation, ayant eu à s'expliquer sur ce point à l'occasion d'une rente ancienne, a jugé, en effet, que le débiteur pouvait demander l'imputation, sur le capital, des arrérages précédemment payés, en tant que ces arrérages excédaient le taux d'un intérêt légal (4).

299. Nous en disons autant du contrat appelé *mohatra* (5), imaginé par les jésuites, selon Pascal, ou plutôt employé par eux pour déguiser le prêt. C'est, en effet, une convention par laquelle l'une des parties vend à l'autre, moyennant une certaine somme, par exemple 1000 fr. payables dans un an, un objet que le vendeur rachète immédiatement, soit par lui-même, soit par un tiers interposé, pour une somme moindre, par exemple 850 francs, payable comptant. Il y a là évidemment une somme prêtée à 15 pour 100 d'intérêt pour un an : l'acheteur devra rendre, à l'expiration de l'année, le prix de la vente supposée, soit 1000 francs, pour les 850 francs qu'il reçoit en revendant à l'instant et au comptant la chose par lui achetée. — Mais avouons que

---

(1) *Voy.* Pothier (*Usure,* n°ˢ 98, 99). — *Junge :* MM. Chardon (n° 515); Troplong (n° 367). Comp. M. Duvergier (n°ˢ 281 à 283, 286, 287).
(2) Favard de Langlade (*Rép.,* v° Intérêt, n° 7).
(3) *Voy.* MM. Duranton (n° 603); Duvergier (n°ˢ 326 et 327); Petit (*De l'Usure,* p. 99 et 391); Troplong (n°ˢ 361 et 446). Req., 26 août 1846 (Dalloz, 46, 1, 357; S. V., 47, 1, 113; *J. Pal.,* 1848, t. II, p. 323).
(4) Cass., 31 mars 1813 (S. V., Coll. nouv., 4, 1, 315; Dalloz, alph., t. XII, p. 820).
(5) *Voy.* MM. Chardon (n° 506); Aubry et Rau, d'après Zachariæ (3ᵉ édit., t. III, p. 439, n° 36); Troplong (n° 364).

les jésuites, qui s'approprièrent cette fraude renouvelée du Bas-Empire en vue d'échapper à la prohibition canonique du prêt à intérêt, ne firent pas, en cela, preuve de beaucoup d'imagination.

300. La vente a servi de tout temps à déguiser des contrats usuraires, et les stipulations dont elle a été l'occasion sont fréquemment tombées sous le coup de la loi de 1807. Toutefois, il faut ici ne rien exagérer.

Par exemple, j'ai le désir d'acquérir une propriété qui me plaît ; je n'ai pourtant pas les fonds nécessaires, mais je sais que je les aurai dans cinq ans. Je m'adresse donc au propriétaire, qui consent à me faire la vente moyennant 80 000 francs payables dans cinq ans, plus 8 000 francs par an, soit 40 000 francs en tout, pour les cinq années de terme. Est-ce là un contrat usuraire dans le sens de la loi de 1807 ? et à l'expiration de la cinquième année, quand je payerai mon vendeur, serai-je en droit d'exiger qu'il se contente de 100 000 francs, soit 80 000 francs pour le prix stipulé en capital, plus 20 000 francs représentant l'intérêt calculé à 5 pour 100 par an pour les cinq années de terme ? Nous ne le pensons pas. Il ne faut pas se tromper, en effet, sur la pensée de la loi de 1807 : elle a voulu défendre et protéger l'homme poussé par un besoin pressant d'argent contre la cupidité et la convoitise de l'usurier dont il serait contraint de subir la loi. Or, telle n'est pas la situation dans notre espèce. Il s'agit d'un acheteur que rien n'oblige à acheter, et qui, par conséquent, est en position de défendre et de discuter ses intérêts vis-à-vis du vendeur. En définitive, en quelque forme qu'il ait été stipulé, c'est un prix de vente qui a été fixé entre les parties ; le vendeur a demandé de sa chose un prix de 120 000 francs que l'acheteur a consenti à lui payer. Pourquoi donc et à quel titre celui-ci prétendrait-il se libérer en lui comptant 100 000 francs seulement ? Ce n'est pas dans ce cas que le contrat de vente peut tomber sous l'application de la loi de 1807.

301. Mais il en est autrement des ventes sous condition résolutoire, et en particulier de la *vente à réméré*. Celles-ci, au contraire, ont été toujours suspectées de favoriser les contrats usuraires, et quelques législations, notamment celle de Genève, les ont même, pour ce motif, entièrement prohibées. La loi française les permet, mais pourvu qu'elles soient sincères. Elles perdraient ce caractère si, par exemple, le rachat de l'immeuble ne pouvait avoir lieu que moyennant une somme notablement supérieure au prix de vente. Il y aurait, dans une telle convention, un prêt usuraire combiné avec l'engagement de l'immeuble, dont le créancier deviendrait propriétaire si le débiteur ne payait pas : et elle devrait être annulée (1).

La forme de vente à réméré qui se prête le mieux à l'usure est celle qu'on a appelée *contrat pignoratif*. Au réméré s'ajoute alors la circon-

---

(1) *Voy.* MM. Delvincourt (t. III, p. 159, note) ; Duranton (t. XVI, n° 429) ; Troplong (*Vente*, n° 696). — *Voy.* cependant un arrêt en sens contraire de la Cour de Paris du 9 mars 1808 (S. V., 8, 2, 157 ; Coll. nouv., 2, 2, 360), relatif à un contrat de l'an 10. — *Comp.* M. Duvergier (*Vente*, t. II, n° 12).

stance que la vente est immédiatement suivie d'un bail consenti par l'acheteur au vendeur, moyennant un loyer fort élevé. Ce loyer n'est, en réalité, que l'intérêt usuraire du prix de vente; et ce prix lui-même constitue un prêt consenti par l'acheteur au vendeur, prêt garanti par l'immeuble, dont la propriété restera au prêteur s'il n'est pas remboursé au terme convenu (1).

302. Il y a une fraude analogue dans la vente de créance à un prix inférieur au prix nominal, avec convention que le vendeur garantit le payement de ce prix à l'échéance; si la différence entre le prix payé et le prix nominal excède les intérêts légaux qui courent du temps de la cession au temps de l'échéance, il faudra évidemment reconnaître dans la cession un prêt usuraire (2).

303. L'échange, et aussi la vente, imposés à l'emprunteur comme condition du prêt, sont aussi un des moyens employés pour éluder la loi de 1807. Et certes, si les deux contrats sont combinés de telle sorte qu'ils fassent arriver au prêteur, sous le nom de prix de vente ou de soulte d'échange, des intérêts usuraires en argent, il ne faut pas hésiter à leur appliquer les dispositions de la loi de 1807. La Cour de Colmar, pénétrée de cette pensée, a prononcé la nullité d'un contrat d'échange d'immeubles dont l'unique objet avait été de couvrir et de déguiser une opération usuraire; plus tard, la Cour de Paris, dans un procès qui a eu un certain retentissement, a prononcé la nullité d'une vente d'objets mobiliers évalués à 80 000 francs, laquelle vente avait été imposée comme condition d'un prêt dans le but de masquer la perception d'intérêts usuraires, et a réduit en conséquence le prêt de 110 000 francs à 30 000 francs (3). Dans ces termes, l'échange ou la vente constituent, en effet, une usure dont elles sont l'élément et le moyen.

Mais si la vente ou l'échange doivent donner au prêteur la propriété de corps certains qu'il a l'intention de garder en nature, nous ne croyons pas qu'on puisse voir dans ces contrats, quelque blâmable que puisse être l'abus par le prêteur de sa position vis-à-vis de l'emprunteur, une usure telle que l'entend le législateur (comp., *suprà,* n°s 289 et 296). Sans quoi, on aboutirait à rescinder ces contrats pour cause de lésion, contrairement à la loi, dans tous les cas où cette lésion aurait été déterminée par la pression qu'exerce un créancier sur son débiteur. La

(1) *Voy.* Bordeaux, 7 avril 1827; Montpellier, 25 août 1829 (S. V., 27, 2, 136; Coll. nouv., 8, 2, 355; 9, 2, 329; Dalloz, 30, 2, 153). — *Voy.* aussi MM. Aubry et Rau (t. III, p. 436).

(2) *Voy.* MM. Duvergier (n° 301); Troplong (n° 387). *Voy.* aussi Agen, 28 janv. 1824 (S. V., Coll. nouv., 7, 2, 307). Comp. Rouen, 4 déc. 1827 (S. V., 28, 2, 91; Coll. nouv., 8, 2, 421; Dalloz, 28, 2, 36), où la Cour déclare qu'une personne peut prêter sans usure, pour les déposer en cautionnement, des titres de rente dont elle touche les arrérages du Trésor et les intérêts à 5 pour 100 de l'emprunteur. — *Voy.* encore Req., 21 juin 1842 et 8 mai 1844 (S. V., 42, 1, 763; 44, 1, 612; Dalloz, 42, 1, 306; 44, 1, 241; J. Pal., 1842, 2, 62).

(3) *Voy.* Colmar, 25 mars 1825; Paris, 7 fév. 1835 (S. V., 26, 2, 111; Coll. nouv., 8, 2, 56; 35, 2, 139; Dalloz, 25, 2, 173; 35, 2, 68). — Comp. Riom, 20 mars 1822 (S. V., Coll. nouv., 7, 2, 46).

haine des usuriers, qui a conduit quelques auteurs à penser le contraire (1), nous semble les avoir fait aller trop loin.

304. Un louage d'industrie ajouté à un prêt sert souvent aussi à déguiser des intérêts usuraires. Le prêteur se présente comme locateur et fait payer les prétendus services qu'il rend à l'emprunteur par un loyer périodique. Ce loyer n'est pas autre chose qu'un intérêt usuraire ajouté à l'intérêt stipulé dans l'acte de prêt. Nous trouvons une application contraire dans une espèce où un capitaliste, en ouvrant un crédit à un manufacturier pour l'achat de marchandises destinées à l'alimentation de la fabrique de ce dernier, avait stipulé que les capitaux avancés par lui pour le payement des marchandises seraient productifs d'un intérêt de 6 pour 100, et en outre que ces marchandises, facturées en son nom à lui, prêteur, et payées aux vendeurs, quoique choisies et arrêtées par l'emprunteur, seraient frappées d'un droit de 10 centimes par kilogramme, droit qu'il percevrait en sus de l'intérêt stipulé : la Cour de cassation a décidé que ce dernier droit a pu être stipulé, sans qu'il y ait usure, en sus de l'intérêt légal, en ce qu'il constitue, non pas un supplément d'intérêts, mais le prix des démarches que le prêteur s'est chargé de faire et la compensation des risques auxquels il s'est exposé (2). Mais la décision se rattache à cette jurisprudence si essentiellement contestable (voy. *suprà*, n° 286), d'après laquelle la prohibition de stipuler des intérêts excédant le taux légal ne s'appliquerait pas aux conventions impliquant, pour le prêteur, des risques extraordinaires. Quoi qu'il en soit, en laissant de côté ce point de vue général sur lequel nous nous sommes expliqué *loc. cit.*, et en ramenant l'affaire à sa spécialité, nous voyons dans la perception dont s'agit une condition imposée à l'emprunteur par le prêteur, la condition même du contrat de prêt, et, par conséquent, un supplément qui, venant s'ajouter à des intérêts stipulés dans la mesure du *maximum*, constituait l'une de ces exagérations contre lesquelles sont dirigées les dispositions de la loi de 1807.

305. La société et le prêt sont deux contrats trop voisins pour qu'on n'ait pas fréquemment tenté de cacher un prêt sous les apparences d'une société. Il faut, pour distinguer ces deux contrats, rechercher si le bénéfice attribué à la partie, pour le versement de ses fonds dans la caisse sociale, est d'une somme périodique fixe, ou d'une somme variable et proportionnée aux profits réalisés. Dans le premier cas, il y a prêt ; dans le second, société (3).

306. Nous n'hésiterons donc pas à voir un prêt déguisé dans l'opération pratiquée anciennement, pour échapper aux lois prohibitives de l'intérêt, sous le nom des *trois contrats*. Elle comprenait, en effet : 1° un contrat de société où l'une des parties, l'emprunteur, apportait

---

(1) *Voy.* MM. Duvergier (n° 279) ; Troplong (n° 392).
(2) Req., 8 juill. 1851 (S. V., 51, 1, 501 ; Dalloz, 51, 1, 240 ; *J. Pal.*, 1851, t. I, p. 223).
(3) *Voy.*, à cet égard, Paris, 10 août 1807 ; Liége, 9 juill. 1821 ; Cass., 17 avr. 1837 ; Bordeaux, 3 juill. 1860 ; Req., 30 juill. 1861 (S. V., Coll. nouv., 2, 2, 288 ; 21, 2, 446 ; 37, 1, 276 ; 61, 2, 190 ; 61, 1, 789 ; Dalloz, 37, 1, 303 ; 61, 1, 425 ; 5, 458.

son industrie, et l'autre, le prêteur, son argent ; 2° un contrat d'assurance par lequel l'emprunteur assurait au prêteur, moyennant l'abandon d'une partie des bénéfices à lui promis, le remboursement intégral de sa mise dans la société ; 3° enfin, une vente aléatoire, par laquelle l'emprunteur achetait au prêteur la part de bénéfices laissée à ce dernier moyennant une somme périodique fixe. Dans le cas où ce contrat se reproduirait aujourd'hui, on ne pourrait pas hésiter à le frapper comme usuraire, si cette dernière somme excédait le taux légal.

307. En principe, il est admis par la jurisprudence qu'on peut transiger valablement sur un contrat usuraire et son exécution. La *transaction* serait donc obligatoire pour les parties si elle était sérieuse, surtout si le débiteur se trouvait actuellement libéré (1). Mais si la transaction n'était elle-même qu'un déguisement, si elle n'était faite que pour favoriser et maintenir les stipulations usuraires, ou si elle en contenait elle-même, elle serait nulle et inefficace (2).

308. Mentionnons enfin l'*antichrèse* : elle devra être ramenée aux conditions d'un prêt usuraire chaque fois que les fruits de l'immeuble donné en antichrèse seraient abandonnés au créancier, en compensation des intérêts qui lui sont dus (art. 2089), et que la valeur de ces fruits dépasserait sensiblement le taux des intérêts permis.

IX. — 309. Nous n'avons pas épuisé, il s'en faut, la liste des moyens dont l'usure se sert pour tenter de se soustraire aux regards. La jurisprudence elle-même n'a atteint, dans ceux dont nous venons de parler, que ceux qu'elle peut atteindre, parce que la preuve, quoique difficile, est néanmoins possible. C'est pourquoi ils ne sont guère à l'usage que des usuriers novices ; les usuriers consommés, c'est-à-dire les plus hardis et les plus dangereux de tous, n'y ont pas recours. Il est, en effet, un procédé plus sûr, et qui semble défier la justice parce qu'il ne permet pas de prouver l'usure. Ce procédé consiste simplement à exagérer la somme portée sur la reconnaissance écrite de l'emprunteur. Celui-ci a reçu 100 francs ; il déclare en avoir reçu 120, ce qui, en réalité, constitue un intérêt de 20 pour 100 par an, et même plus si la somme est restituable un an après (*voy.* n° 292). Et, nous le répétons, la preuve de la fraude est alors impossible, si bien qu'il n'y a pas, pour ainsi dire, de centre de population dans lequel on ne puisse citer un usurier habile, que chacun connaît pour tel, et qui néanmoins déjoue les investigations de la justice, et continue tranquillement un commerce que les lois de 1807 et 1850 rendent d'autant plus lucratif qu'elles lui en assurent le monopole exclusif en écartant du prêt à un intérêt au-dessus du taux légal les gens honnêtes par scrupule et désir d'obéir à la loi, et les usuriers timides par la crainte du châtiment.

310. Reste néanmoins à se demander comment l'usure doit être

---

(1) Req., 29 mai 1828; Rej., 21 nov. 1832; Req., 22 janv. 1833; Rej., 9 févr. 1836; Req., 16 nov. 1836 (S. V., 28, 1, 341; 33, 1, 95 et 98; 36, 1, 88 et 960; Dalloz, 28, 1, 258; 33, 1, 6 et 137; 37, 1, 46). *Voy.* aussi Limoges, 29 déc. 1854 (Dalloz, 55, 2, 145).
(2) Req., 22 juin 1830 (S. V., 30, 1, 409; Dalloz, 30, 1, 367).

prouvée dans les cas où la preuve en peut être faite. A cet égard, il est généralement admis que s'agissant ici d'une fraude, toute espèce de preuve peut être employée dans le but d'en établir l'existence. Ainsi la preuve par témoins et les simples présomptions peuvent être invoquées par quiconque veut établir qu'un prêt usuraire se cache sous les apparences d'un autre contrat. La Cour de Bordeaux a jugé, en ce sens, que celui qui attaque, comme n'étant qu'une simple impignoration, un acte de vente par lui consenti, peut être admis à prouver par témoins que postérieurement à cet acte il a payé à l'acquéreur des intérêts usuraires sur le prix apparent de la vente (1).

311. De même, lorsque l'usure est alléguée, la preuve par témoins et les simples présomptions doivent être admises, même contre l'existence d'actes, fussent-ils authentiques, qui tendraient à prouver que les intérêts perçus par le prêteur n'ont pas dépassé le taux établi par la loi. Il est en effet de jurisprudence que le principe de la foi due aux actes authentiques est inapplicable en cette matière, en sorte que les juges saisis de la question d'usure peuvent décider, par appréciation des circonstances, qu'un contrat authentique d'obligation ne constitue au fond qu'un prêt usuraire (2). Cependant, si les faits mêmes, les faits constitutifs de l'usure, étaient en contradiction expresse et formelle avec les énonciations de l'acte authentique, le principe de la foi due aux actes reprendrait son empire et ne permettrait pas que la preuve testimoniale et les simples présomptions fussent admises autrement qu'au moyen de l'inscription de faux. C'est ce que la jurisprudence n'a pas manqué de préciser (3).

X. — 312. Et maintenant, quelle est la sanction établie contre l'usure constatée? Aux termes de la loi, la sanction est de deux sortes : l'usure peut donner lieu à des peines correctionnelles, et elle entraîne contre l'usurier l'obligation de restituer. La première de ces sanctions touche à l'ordre pénal, et, dès lors, est étrangère à notre sujet. Nous avons à nous occuper ici de la seconde seulement.

313. Aux termes de l'art. 3 de la loi du 3 septembre 1807, lorsqu'il était prouvé que le prêt conventionnel avait été fait à un intérêt excédant le taux fixé par l'art. 1er de cette loi, le prêteur devait être condamné, par le tribunal saisi de la contestation, à restituer cet excédant, s'il l'avait reçu, ou à souffrir une réduction sur le principal de la créance. Ainsi, suivant l'occurrence, l'usurier devait restituer les intérêts usuraires ou les imputer sur le capital.

314. Mais l'usure une fois reconnue, l'imputation devait-elle être

---

(1) Bordeaux, 7 avr. 1827 (S. V., 27, 2, 136; Coll. nouv., 8, 2, 355). — *Voy.* encore les arrêts de la Cour de cass. du 28 juin 1821, 3 avr. 1824, 29 mai 1828, 18 fév. 1829 et 2 mai 1853 (S. V., 22, 1, 269; Coll. nouv., 7, 1, 427; 28, 1, 341; 29, 1, 96; 53, 1, 412; Dalloz, t. XII, p. 823; 22, 1, 170; 28, 1, 158; 29, 1, 375; 53, 1, 144; *J. Pal.*, 1853, t. I, p. 633). — *Junge* : MM. Toullier (t. IX, n° 193); Chardon (n°s 520 et suiv.); Aubry et Rau (t. III, p. 441 et note 44); Duvergier (n° 306); Duranton (t. XIII, n° 330); Troplong (n°s 405 et 406); Garnier (p. 100).
(2) *Voy.* Cr. rej., 23 déc. 1853 et 26 nov. 1858 (S. V., 54, 1, 405; 59, 1, 368).
(3) *Voy.* notamment l'arrêt cité du 28 juin 1821.

ordonnée par jugement, ou avait-elle lieu de plein droit? Les usures perçues portaient-elles intérêt du jour de la demande en restitution ou du jour même des payements? La loi ne s'expliquait pas à cet égard, et, à défaut d'un texte précis, la controverse était ouverte. D'une part, il était décidé par quelques arrêts et par des auteurs que les intérêts des sommes perçues usurairement, et dont la restitution était ordonnée, étaient dus, non pas seulement du jour de la demande en justice, mais du jour où ces sommes avaient été payées (1). D'une autre part, au contraire, la Cour de cassation avait décidé par trois arrêts successifs que lorsque des intérêts usuraires avaient été payés, il ne s'opérait pas de plein droit une compensation entre ces intérêts et la dette principale, ni une imputation de ces mêmes intérêts sur les sommes légitimement dues; mais que la compensation et l'imputation ne pouvaient s'opérer qu'autant qu'il y avait eu de la part du débiteur demande en restitution ou réduction, et par l'effet du jugement de condamnation qui liquidait les sommes à restituer (2).

La loi des 19-27 décembre 1850, coupant court à la controverse, a pris parti pour l'opinion la plus sévère, qui avait succombé devant la Cour de cassation. L'art. 1ᵉʳ de cette loi décide, en effet, que lorsque, dans une instance civile ou commerciale, il sera prouvé que le prêt conventionnel a été fait à un taux supérieur à celui fixé par la loi, les perceptions excessives seront imputées *de plein droit,* aux époques où elles auraient eu lieu, sur les intérêts alors échus, et subsidiairement sur le capital de la créance; et que, si la créance est éteinte en capital et intérêts, le prêteur sera condamné à la restitution des sommes indûment perçues, avec intérêt *du jour où elles lui auront été payées.*

XI. — 315. Mais ni la loi de 1850, ni celle de 1807, n'ont résolu une autre question fort importante, celle de savoir quelle prescription peut faire valoir l'usurier pour se soustraire à l'action civile dirigée contre lui. Certains auteurs font une distinction : si le prêt, disent-ils, ne s'est pas dissimulé sous la forme d'un autre contrat, l'obligation de restituer les intérêts indûment perçus se prescrira par trente ans; au contraire, si le prêt se présente sous l'apparence d'une vente, d'une société, ou de tout autre contrat, alors l'emprunteur qui voudra faire tomber l'acte, ou certaines clauses de l'acte, devra agir dans les dix ans, puisque toutes les actions en rescision sont prescrites après ce laps de temps (3).

Cette opinion, à notre avis, implique une confusion entre la rescision des actes et la nullité de certaines clauses prononcées par la loi elle-même. Dans le premier cas, l'acte, quoique entaché d'un vice, est provisoirement valable ; et la partie en faveur de laquelle la loi en permet l'annulation peut, en le ratifiant, le purger de ce vice : et c'est précisément

---

(1) *Voy.* notamment Montpellier, 20 déc. 1841 (S. V., 42, 2, 179 ; Dalloz, 42, 2, 171). *Junge :* MM. Chardon (t. III, n° 504); Duvergier (nᵒˢ 303 et 304).

⸮ (2) *Voy.* Rej., 9 nov. 1836; Cass., 16 janv. 1837; Req., 21 juin 1842 (S. V., 36, 1, 803; 37, 1, 234; 42, 1, 763; Dalloz, 37, 1, 31 et 150; 42, 1, 306). — *Voy.* aussi M. Troplong (n° 397).

(3) *Voy.* M. Chardon (n° 84).

parce que la loi voit une ratification tacite dans l'inaction de la partie pendant dix ans, qu'elle déclare l'acte inattaquable après ce long délai. Mais quand une clause ou une combinaison telle que celle qui aboutirait à l'usure est nulle de par la loi, comme contraire à l'ordre public, qu'elle n'est susceptible d'être validée ni par une ratification, ni par une exécution volontaire, il est clair que l'art. 1304 ne s'applique pas, et que, l'acte lui-même subsistant, la clause prohibée n'aura jamais d'effet. L'usurier ne pourra donc, quelque laps de temps qui se soit écoulé depuis le contrat, invoquer l'acte pour conserver les intérêts qu'il a perçus sans cause; il ne pourra faire valoir qu'une prescription fondée sur le principe général que toute action s'éteint par trente ans (1).

316. Et comme la prescription court aussitôt que l'action est née, par conséquent, dans notre espèce, aussitôt que l'indu payement a eu lieu, c'est chaque payement, et non le dernier seulement, comme le veulent quelques auteurs, qui servira de point de départ à la prescription (2).

317. Ajoutons que si, durant le cours de la prescription, il intervient un jugement qui condamne le débiteur à payer, ce jugement, s'il acquiert l'autorité de la chose jugée, rendra le débiteur désormais non recevable à former une action fondée sur l'usure (3).

1908. — La quittance du capital donnée sans réserve des intérêts, en fait présumer le payement, et en opère la libération.

SOMMAIRE.

I. 318. L'art. 1908 consacre une présomption en faveur de l'emprunteur, comme l'art. 1906 en consacre une en faveur du prêteur. — 319. Fondement de cette présomption et étendue qu'elle comporte. — 320. Elle n'est pas exclusive de la preuve contraire. — 321. Transition à la *constitution de rente*.

I. — 318. L'art. 1908 contient une disposition analogue, par sa nature, à celle de l'art. 1906, dont nous avons donné plus haut le commentaire (nᵒˢ 252 et suiv.) : le législateur établit encore ici une présomption. Mais il y a cette différence que, tandis que la présomption de l'art. 1906 est en faveur du prêteur auquel la loi permet de retenir les intérêts (non usuraires) qu'il a reçus, même quand il n'y en avait pas de stipulés dans la convention, la présomption de l'art. 1908 est en faveur de l'emprunteur, qui, même quand des intérêts seraient stipulés, est censé les avoir payés et en est complétement libéré, s'il rapporte la quittance du capital, donnée par le prêteur sans aucune réserve.

---

(1) Comp. M. Troplong (nᵒˢ 398 à 401).
(2) *Voy.* M. Troplong (nᵒ 402). — Mais *voy.* M. Chardon (nᵒ 530).
(3) *Voy.* Req., 27 mai 1840 (S. V., 40, 1, 620); Dalloz, 40, 1, 337; *J. Pal.*, 1840, 2, 583); 12 avr. 1841 (S. V., 41, 1, 637; Dalloz, 41, 1, 216; *J. Pal.*, 1841, t. II, p. 135); 8 mars 1847 (S. V., 47, 1, 470; Dalloz, 47, 1, 98; *J. Pal.*, 1847, t. I, p. 567); Bordeaux, 8 août 1850 (Dalloz, 55, 2, 232). — *Voy.* cependant Bourges, 2 juin 1831 (S. V., 32, 2, 120; Dalloz, 31, 2, 248).

319. La présomption, d'ailleurs, est fort juste ; elle a son fondement dans un usage constant et sanctionné par le Code (art. 1254), l'usage où est tout créancier de se faire payer d'abord les intérêts, improductifs par eux-mêmes et sujets à une très-courte prescription (art. 1154 et 2277), et de ne permettre au débiteur de lui rembourser le capital qu'après avoir reçu la totalité des intérêts. Cela étant, nous ne saurions admettre, du moins en principe, la solution consacrée par la Cour de cassation dans un arrêt duquel il résulte qu'en cas de payement partiel, l'art. 1908 s'applique seulement aux intérêts de la portion de capital payée, et que la présomption de payement peut n'être pas étendue aux intérêts, même alors échus, de la portion de capital non payée (1). Il y avait dans la cause des circonstances particulières qui peuvent expliquer la décision. Mais, en principe, elle serait fort contestable : car même quand partie seulement du capital est payée, le créancier est justement et naturellement porté à faire l'imputation de ce qu'il reçoit d'abord sur les intérêts échus, sans distinction aucune entre les intérêts correspondant au solde encore dû de sa créance et ceux qui proviennent de la portion qu'il reçoit. L'utilité n'est pas moindre, en effet, pour lui, à procéder ainsi dans ce cas que dans celui où la créance lui est payée en totalité. En sorte que si la quittance qu'il donne à raison d'un payement partiel est pure et simple, si elle est faite sans réserve des intérêts, il y a lieu de supposer qu'aucuns intérêts ne lui sont dus; et c'est le cas d'appliquer l'art. 1908, qui est fondé précisément sur cette supposition, et qui n'a rien d'assez restrictif dans ses termes pour que la disposition n'en puisse pas être invoquée par l'emprunteur dans cette situation.

320. Toutefois, on le voit, nous reconnaissons dans tout ceci l'influence que les circonstances peuvent exercer. C'est dire que nous ne partageons pas l'avis des auteurs, en assez grand nombre (2), qui font de la présomption établie par l'art. 1908 une présomption légale, *juris et de jure*, absolument exclusive de la preuve contraire. L'art. 1352 du Code Napoléon déclare que les seules présomptions contre lesquelles la preuve contraire n'est pas admise sont celles sur le fondement desquelles la loi annule certains actes ou *dénie l'action en justice*. Or, y a-t-il quelque chose de semblable dans notre espèce? Non, assurément : il s'agit de la présomption prévue au deuxième paragraphe de l'art. 1350, c'est-à-dire d'une simple libération résultant de certaines circonstances déterminées ; et quand pour faire rentrer cette présomption dans les dispositions rigoureuses de l'art. 1352 on dit que l'art. 1908 dénie implicitement l'action en justice au créancier par cela même qu'il déclare le débiteur libéré, on force évidemment le sens et la portée des mots. La disposition de l'art. 1352 est en elle-même

---

(1) Req., 8 mai 1855 (Dalloz, 55, 1, 244; *J. Pal.*, 1857, p. 864).
(2) *Voy.* MM. Delaporte (*Pand. franç.*, art. 1908); Zachariæ, édit. Massé et Vergé (t. IV, p. 467, note 3); Aubry et Rau (3e édit., t. III, p. 433 et note 5); Troplong (n° 414); Taulier (t. VI, p. 449); Mourlon (5e édit., t. III, p. 393); Boileux (t. VI, p. 429); Berriat Saint-Prix (n° 7579).

assez rigoureuse pour qu'on ne se contente pas de simples équivalents ; il faut, pour qu'elle soit applicable, être en présence d'une disposition formelle qui, sans équivoque aucune, dénie l'action en justice. Sans cela on serait conduit à en faire l'application à toutes les présomptions, puisqu'elles aboutiraient toutes, si elles ne souffraient pas la preuve contraire, à priver de toute action ceux contre qui elles sont établies (1).

321. Nous aurions tout dit sur le prêt à intérêt si le législateur ne l'eût envisagé que comme prêt ordinaire impliquant l'obligation de rendre. Mais il l'a envisagé, en outre, nous en avons déjà fait la re- marque (*suprà,* n° 230), comme contrat emportant aliénation d'un ca- pital. Les six articles dont le commentaire va suivre sont consacrés à cette variété du prêt à intérêt, que la loi désigne sous la dénomination de *constitution de rente.*

1909. — On peut stipuler un intérêt moyennant un capital que le prêteur s'interdit d'exiger.

Dans ce cas, le prêt prend le nom de *constitution de rente.*

1910. — Cette rente peut être constituée de deux manières, en perpétuel ou en viager.

SOMMAIRE.

I. 322. Définition de la rente constituée d'après Pothier. — 323. Ce serait, d'après lui et d'après les anciens auteurs, une *vente de créance.* Utilité de cette appré- ciation dans l'état de choses antérieur à 1789, en présence des lois prohibitives du prêt à intérêt. — 324. Ce n'était, d'ailleurs, qu'une application à la rente *constituée* du caractère qui appartenait à la rente *foncière.* — 325. Néanmoins l'appréciation était erronée. — 326. Retour à la vérité par les rédacteurs du Code, qui ont envisagé la constitution de rente comme une simple variété du prêt à intérêt. — 327. Elle est désormais fort rare, l'emprunt en cette forme n'étant plus guère pratiqué que par l'État. Transition.
II. 328. La constitution de rente est en général soumise aux mêmes règles de fond et de forme que le prêt. Il existe pourtant certaines différences. — 329. Ainsi la rente peut être constituée à titre gratuit, tandis que le prêt est toujours à titre onéreux. — 330. Ainsi encore elle est, sauf stipulation contraire, payable au domicile du débiteur. — 331. Ainsi les arrérages produisent eux-mêmes des intérêts aussitôt qu'ils sont échus, fût-ce même pour moins d'une année. — 332. Mais la différence importante, c'est l'aliénation du capital par le créan- cier, en ce sens que celui-ci doit s'interdire la faculté d'en exiger le rembour- sement : applications.
III. 333. Mode d'acquisition de la rente : elle s'acquiert par titre ; — 334. Mais non par la prescription. — 335. Il en était autrement sous l'ancien droit, et par con- séquent ce mode d'acquisition doit être maintenu en ce qui concerne les rentes antérieures au Code.
IV. 336. Du caractère des rentes : elles sont meubles, aujourd'hui, par la détermi- nation de la loi ; — 337. Sans aucune distinction entre les rentes dites autrefois *foncières* et les rentes constituées. — 338. Transition à quelques règles relatives au rachat.

I. — 322. Selon Pothier, la constitution de rente peut être définie :

(1) *Voy.,* en ce sens, MM. Toullier (t. X, n°s 31 et suiv. et 54) ; Duranton (n°s 431 et 606) ; Cotelle (*De l'Int.,* n° 212) ; Duvergier (n° 260). — Comp. Req., 15 juill. 1834, et Cass., 3 janv. 1842 (S. V., 34, 1, 567 ; 42, 1, 329 ; Dalloz, 42, 1, 41).

« un contrat par lequel l'un des contractants *vend* à l'autre une rente annuelle et perpétuelle, dont il se constitue le débiteur pour un prix licite convenu entre eux, qui doit consister en une somme de deniers qu'il reçoit de lui, sous la faculté de pouvoir toujours racheter la rente, lorsqu'il lui plaira, pour le prix qu'il a reçu pour la constitution, et sans qu'il puisse y être contraint. » (1) Dans cette définition, dont les éléments principaux sont, d'ailleurs, très-exacts, il y a pourtant un trait qu'il faut relever tout d'abord : c'est l'assimilation à l'aide de laquelle Pothier caractérise le contrat.

323. La constitution de rente est-elle, comme il le dit, une *vente de créance?* Les auteurs anciens, dont l'opinion en ce point a été suivie par quelques auteurs modernes (2), adoptaient en général la solution affirmative que Pothier fait passer dans sa définition. Et il faut convenir que dans l'état des choses antérieur à 1789 cette solution a eu sa très-grande utilité. On sait avec quelle sévérité le prêt à intérêt était proscrit alors. Mais comme il est dans la nature des choses que les services s'échangent contre des services, et notamment que celui qui rend service à un autre en lui prêtant de l'argent se fasse payer par l'emprunteur, on imagina une foule de moyens pour échapper à la prohibition et louer des capitaux sans s'exposer aux rigueurs de la loi (*suprà*, nᵒˢ 296 à 308). Le meilleur procédé pour atteindre ce but fut celui qui consistait à déguiser le prêt sous le nom et la forme d'un autre contrat; et presque tous servirent à ces fraudes, surtout le contrat de vente (*suprà*, nᵒˢ 300 et suiv.). Or, parmi toutes les formes qu'affectait ce contrat ainsi détourné de son but primitif, la constitution de rente fut la moins dissimulée, et pourtant la plus heureuse. Au fond, et dans la vérité des choses, elle n'est qu'un louage d'argent ou de capitaux. Mais la présenter sous cet aspect, c'eût été la condamner par avance, car *louer* son argent, c'est, en définitive, le prêter à intérêt, et le prêt à intérêt était défendu. On imagina donc d'y voir une vente, et de la présenter comme telle; car, disait-on, dans toute constitution de rente il y a, en réalité, un objet vendu qui est la rente elle-même, un prix qui est la somme payée par le débiteur au créancier de la rente, un vendeur qui est celui qui va servir la rente, un acheteur qui est celui à qui la rente sera servie. Et c'est ainsi qu'après quelque résistance de la part des canonistes rigides, la constitution de rente, distinguée du prêt ou du louage, fut considérée comme licite et devint le mode le plus fréquent de placer ses capitaux.

324. Du reste, si cette interprétation des anciens jurisconsultes a eu sa très-grande utilité, elle avait aussi son explication. Il ne faut pas oublier qu'outre la rente telle que nous venons de la montrer, et qu'on appelait *rente constituée,* il existait une autre espèce de rente, également fort pratiquée : la *rente foncière.* C'était le droit que se réservait le vendeur d'un fonds immobilier de percevoir de l'acheteur et de tous

---

(1) Pothier (*Tr. du cont. de const. de rente*, nᵒ 1).
(2) *Voy.* MM. Troplong (nᵒˢ 422 et 423) et Bugnet, sur Pothier (*loc. cit.* et notes sur les nᵒˢ 2 et 3).

les détenteurs du fonds des arrérages (*reditus,* revenu, d'où le mot rente) annuels. Ce droit, au moins aussi honorifique, dans les idées d'alors, que pécuniaire, rappelait indéfiniment le droit de propriété qu'avait eu autrefois sur l'immeuble le rentier ou ses ancêtres, droit qu'il semblait avoir conservé en partie, au moyen de la rente.

Or la rente *foncière* a précédé la rente *constituée,* qui ne s'est guère vulgarisée qu'aux treizième et quatorzième siècles. Elle lui a vraisemblablement servi de modèle, bien qu'on ait cherché les premiers germes des rentes constituées dans le droit romain, où elles étaient sinon inconnues, au moins d'une extrême rareté (1). En tout cas, la rente foncière avait incontestablement le caractère d'une véritable vente ; et assurément cela a été pour beaucoup dans l'opinion des jurisconsultes qui ont assigné le même caractère aux rentes constituées.

325. Quoi qu'il en soit, cette appréciation n'en était pas moins érronée. La vente est un contrat consensuel et synallagmatique ; la rente, comme le prêt, est, de l'aveu de Pothier lui-même (2), un contrat réel et unilatéral. — La vente comprend forcément, d'une part, une prestation ou un objet autre que de l'argent ; d'autre part, un prix ou prestation en argent : dans la rente, comme dans le prêt, les deux prestations ont pour objet une somme d'argent, soit qu'on considère l'obligation du débiteur comme portant principalement sur les arrérages, soit que, plus exactement selon nous, on la considère comme portant principalement sur le capital, toujours dû quoique non exigible. Il n'en faut pas davantage pour reconnaître qu'entraînés par le besoin d'éluder les lois prohibitives du prêt à intérêt, les anciens jurisconsultes avaient méconnu la vérité juridique dans l'assimilation qu'ils faisaient entre la constitution de rente et la vente.

326. Les rédacteurs du Code, qui ne se trouvaient pas en présence de la prohibition, sont revenus à cette vérité en partie, lorsqu'ils ont fait de la convention dont il s'agit ici une variété du prêt à intérêt, en lui laissant la dénomination de *constitution de rente* (art. 1909) ; ils l'eussent rencontrée plus complétement encore s'ils avaient dit de ce contrat, comme il aurait fallu le dire aussi du prêt à intérêt, qu'il participe du *louage* (*suprà,* n⁰ˢ 221 à 229). Cependant, ici, comme en ce qui concerne le prêt lui-même (n° 229), nous maintiendrons la dénomination consacrée, et, avec les rédacteurs du Code, nous définirons la *rente,* un prêt où l'emprunteur est libre de rembourser le capital à sa volonté : le prêteur prend alors le nom de *rentier* ou *crédi-rentier ;* l'emprunteur, celui de *débiteur de la rente;* et les intérêts, qui, d'ailleurs, peuvent, comme dans le prêt ordinaire, consister soit en denrées, soit en argent, s'appellent arrérages.

327. Du reste, depuis que nos lois ont permis le prêt à intérêt non déguisé, les constitutions de rente, on le conçoit, sont devenues fort

_____

(1) On trouve cependant l'exemple d'une sorte de rente au profit d'une ville dans la novelle 160. — Au surplus, *voy.* ce que dit à cet égard M. Ferd. Jacques dans une étude remarquable sur l'art. 1912 (*Rev. crit.,* t. X, p. 30 et suiv.).

(2) Pothier (*loc. cit.,* n⁰ˢ 2 et 3).

rares. L'État seul, à vrai dire, continue à emprunter sous cette forme, et la raison de cette particularité est facile à saisir : l'État ne saurait se mettre à la discrétion de ses créanciers, et pour ceux-ci le prêt sous forme de rente est peu gênant, à cause de la facilité qu'ils trouvent à rentrer dans leur capital, quand ils le veulent, en vendant leurs rentes à la Bourse. Les rentes sur l'État sont soumises à des lois spéciales que nous n'avons pas à commenter ici ; nous nous renfermerons dans notre sujet, c'est-à-dire la constitution de rente entre particuliers, laquelle, bien que désormais fort rare, se produit encore dans la pratique.

II. — 328. Envisagée comme une simple variété du prêt à intérêt, la constitution de rente est naturellement sujette aux lois de 1807 et de 1850 sur l'usure (*suprà*, n° 264). Elle exige aussi la même capacité chez les parties, et, en général, est soumise aux mêmes règles de forme et de fond que le prêt à intérêt. — Signalons pourtant quelques différences entre les deux variétés de ce contrat.

329. Et d'abord, tandis que le prêt à intérêt est toujours à titre onéreux, une rente peut être et est souvent constituée à titre gratuit. Mais alors ce n'est plus un prêt à vrai dire ; c'est, en réalité, une donation de somme, avec cette particularité que le donateur gardera le capital, qu'il le versera quand il voudra, et que jusque-là il sera obligé seulement à en servir les intérêts. Aussi exigerons-nous, pour la constitution d'une rente à titre gratuit, la capacité et l'accomplissement de toutes les formalités requises pour les actes à titre gratuit, donations ou testaments, et lui appliquerons-nous, la constitution une fois faite, les règles auxquelles ces mêmes actes sont soumis.

330. En second lieu, la rente, même à titre onéreux, se distingue du prêt en ce que l'on y suit la règle posée par l'art. 1247, relativement au lieu du payement. On sait que dans le prêt l'emprunteur doit, par exception à cet article, rendre la chose prêtée au lieu où le contrat s'est réalisé (*suprà*, n° 215). Au contraire, c'est chez le débiteur de la rente que le crédi-rentier en doit, en général, recevoir les arrérages. Les auteurs et les arrêts disent, en ce sens, que lorsque l'acte constitutif d'une rente ne s'explique pas sur le lieu du payement, la rente doit être réputée *quérable*, c'est-à-dire payable chez le débiteur où le créancier en doit aller *quérir* le payement (1).

Il en est ainsi, disons-nous, lorsque le titre constitutif est muet sur le lieu du payement. C'est dire que le contraire pourrait être stipulé entre les parties. Cela était cependant mis en question dans l'ancien droit. On se demandait si, dans un contrat de constitution de rente faite au taux de l'ordonnance, il pouvait être convenu que la rente serait payable au domicile du créancier. Et la raison de douter était que cette convention pouvait être considérée comme usuraire, en ce qu'elle mettait à la charge du débiteur quelque chose au delà du taux de l'ordonnance. Néanmoins, l'objection ne prévalait pas : on tenait

_____

(1) *Sic* Bruxelles, 6 avr. 1808 ; Grenoble, 19 juill. 1827 (S. V., Coll. nouv., 2, 2, 376 ; 8, 2, 395 ; 28, 2, 178). *Voy.* aussi Pothier (*loc. cit.*, n° 124) ; MM. Duvergier (n° 343) ; Troplong (n° 449).

que s'il en coûtait quelque chose au débiteur pour faire arriver son argent au domicile du créancier, c'était par une cause étrangère au contrat de constitution, à savoir l'éloignement de sa demeure ; et la convention était validée (1). Elle serait incontestablement validée de même aujourd'hui. Si donc l'acte constitutif énonçait, par dérogation à l'art. 1247, une indication de payement au domicile du créancier, ou même dans la ville habitée par ce dernier, la rente devrait être déclarée *portable* (2), c'est-à-dire payable chez le créancier, où le débiteur aurait à *porter* les arrérages.

331. En troisième lieu, les intérêts d'un prêt ne peuvent être capitalisés et produire eux-mêmes des intérêts qu'au bout d'une année (C. Nap., art. 1154), tandis que les arrérages des rentes produisent des intérêts aussitôt qu'ils sont échus, fût-ce pour moins d'une année (art. 1155).

332. Mais la différence capitale qui sépare la rente du prêt est celle que nous indique l'art. 1909 : il faut que le prêteur s'interdise la faculté d'exiger le capital dont il s'est dessaisi. L'acte de constitution de rente doit exprimer cette particularité, peu importe d'ailleurs dans quels termes. Il faut seulement que la volonté du constituant soit certaine ; et si une formule ambiguë laissait place au doute, on supposerait chez le créancier l'intention de se réserver la faculté de redemander son capital, ce qui impliquerait l'idée de prêt, plutôt que celle de laisser le moment du remboursement à la discrétion du débiteur, ce qui est le propre de la constitution de rente. Mais on comprend que si la supposition de prêt est dominante, elle n'est pas cependant absolue et exclusive. C'est ainsi que les clauses portant que le débiteur rendra le capital *à sa volonté*, ou *quand il le voudra*, ont été interprétées, suivant les circonstances, tantôt dans le sens d'une constitution de rente, tantôt dans le sens d'une exigibilité reculée jusqu'à la mort du débiteur. Nous avons présenté déjà sur ces clauses, en nous occupant du prêt de consommation, des observations auxquelles nous renvoyons le lecteur (3).

III. — 333. La constitution de rente s'établit, comme le prêt, par un acte écrit qui en doit exprimer les conditions ; notamment il faut, par application des art. 1905 et 1907, que le taux des arrérages y soit fixé.

334. Dans l'ancien droit, elle pouvait s'établir aussi et s'établissait quelquefois, même au pétitoire, sans le titre primitif, par le rapport de simples actes probatoires de la prestation des arrérages pendant trente ans (4). Ce mode d'acquisition de la rente par la prescription doit-il être admis aujourd'hui ? Pourrait-on accorder à celui qui, sans

---

(1) Dumoulin (*De Usur.*, quæst. 9) ; Pothier (*loc. cit.*).
(2) *Voy.* Caen, 3 août 1827 (S. V., 28, 2, 140 ; Coll. nouv., 8, 2, 402).
(3) *Voy. supra*, nos 180 et suiv. — *Junge* : Rej., 28 vend. an 11 (S. V., Coll. nouv., 1, 1, 707) ; Paris, 14 prair. an 13 (S. V., 5, 2, 570 ; Coll. nouv., 2, 2, 58) ; Paris, 3 déc. 1816 (S. V., Coll. nouv., 5, 2, 454) ; Nancy, 24 mai 1819 (arrêt inédit rapporté par M. Troplong, n° 431).
(4) *Voy.* Pothier (nos 158 et suiv.).

présenter d'écrit, prouverait qu'il a touché pendant trente ans consécutifs une certaine somme périodique à titre d'arrérages, le droit à une rente au capital dont ces arrérages représenteraient l'intérêt à 5 pour 100? La question est controversée. Nous n'hésitons pas, pour notre part, à nous prononcer pour la négative. Le crédi-rentier n'a pas de possession matérielle; il n'a qu'une quasi possession. Or, dans l'état actuel de notre législation, le seul droit qui puisse s'acquérir par la quasi possession est le droit de servitude; encore faut-il que la servitude soit continue et apparente. Le droit à une rente ne réunit aucune de ces conditions; il ne saurait donc être susceptible de s'acquérir par la prescription (1).

335. Ce n'est pas à dire que la question de fait de savoir si les conditions de la prescription de telle rente ont été remplies ne puisse pas s'agiter encore devant les tribunaux et même y être résolue affirmativement. La Cour de cassation a décidé, en effet, qu'à défaut du titre original d'une rente due à l'État comme représentant un émigré, la preuve de l'existence de cette rente résulte suffisamment de ce fait, constaté par les registres de l'administration, que les arrérages de la rente ont été volontairement payés à l'État pendant nombre d'années par le débiteur (2). Mais c'est parce qu'il s'agit là d'un droit antérieur au Code, et qui dès lors doit rester soumis, quant au mode d'acquisition, aux règles établies par la législation sous l'empire de laquelle il est né.

Il a été décidé, dans le même sens, et non moins justement, qu'une rente antérieure au Code Napoléon peut, d'après les circonstances et conformément à l'ancien droit, être établie par une seule reconnaissance, quand même elle ne relaterait pas la teneur du titre primordial, comme l'exige l'art. 1337 (3).

IV. — 336. Terminons, sur notre article, en précisant le caractère de la rente. A cet égard, le Code Napoléon consacre ou plutôt confirme une dérogation notable aux règles de l'ancien droit.

Le désir de séparer autant que possible la rente du prêt à intérêt avait poussé les anciens jurisconsultes à regarder d'abord toutes les rentes comme des rentes foncières. Les rentes constituées n'étaient tolérées que grâce à une fiction qui en faisait le prix d'un immeuble, bien qu'en réalité l'immeuble fictivement vendu restât dans le patrimoine du crédi-rentier. Aussi n'admettait-on pas celui qui n'avait pas d'immeuble à acquérir une rente; et poussant cette fiction à l'extrême, on rangea les rentes constituées dans la classe des immeubles, où se trouvaient classées les rentes foncières, comme droits réels immobiliers.

(1) *Sic* MM. Duvergier, sur Toullier (t. V, n° 102, en note); Duranton (t. XXI, n° 99). — *Voy*. cependant MM. Toullier (t. IX, n°s 100 et suiv.); Delvincourt (t. III, p. 412, note 3); Vazeille (*Prescr.*, t. I, n° 359); Troplong (n° 451, et *Prescr.*, t. I, n° 179).
(2) Cass., 1er juill. 1829 (S. V., 29, 1, 310; Coll. nouv., 9, 1, 321; Dalloz, 29, 1, 284; J. *Pal.*, à sa date).
(3) Req., 3 et 16 juin 1835 (S. V., 35, 1, 324 et 621; Dalloz, 35, 1, 235 et 306; J. *Pal.*, à leur date).

Plus tard, le véritable caractère des rentes constituées fut mieux apprécié ; toutefois, on ne crut pas devoir leur enlever celui que l'usage avait consacré, et elles restèrent immeubles jusqu'à la loi du 11 brumaire de l'an 7 qui les rendit à leur véritable nature en les déclarant droits mobiliers. Le Code Napoléon a confirmé cette disposition en déclarant également meubles, par la détermination de la loi, les rentes perpétuelles ou viagères, soit sur l'État, soit sur des particuliers (art. 529), et en réglant les conditions de leur rachat ou remboursement.

337. Du reste, le Code n'a pas maintenu l'ancienne distinction entre les rentes *constituées,* c'est-à-dire acquises moyennant l'aliénation d'un capital, et les rentes *foncières,* c'est-à-dire le *droit réel* retenu sur un immeuble aliéné. Aujourd'hui les rentes peuvent encore avoir pour principe, soit un prêt ou l'aliénation d'un capital, soit une vente ou l'abandon d'un immeuble ; mais, dans tous les cas, elles constituent des droits mobiliers et essentiellement rachetables. Toutefois il y a, sous d'autres rapports, des différences notables entre les deux classes de rente. Nous aurons bientôt à les préciser (*infrà,* nos 358 et suiv.).

338. Occupons-nous d'abord de quelques règles relatives au rachat dans le cas où la rente est constituée en perpétuel, c'est-à-dire de l'une des deux manières indiquées à l'art. 1910.

1911. — La rente constituée en perpétuel est essentiellement rachetable.

Les parties peuvent seulement convenir que le rachat ne sera pas fait avant un délai qui ne pourra excéder dix ans, ou sans avoir averti le créancier au terme d'avance qu'elles auront déterminé.

SOMMAIRE.

I. — **339.** En principe, la rente constituée en perpétuel est essentiellement et incessamment rachetable. C'est une déduction toute naturelle de la règle qui fait de la constitution de rente une variété du prêt à intérêt, la faculté de rembourser étant de droit commun. Cela s'expliquerait mal, au contraire, au moins en pur droit, si l'on acceptait l'idée que la constitution de rente est une vente de créance par le débiteur au créancier, car le remboursement serait alors un *rachat* qui ne devrait pas être effectué sans l'agrément du crédi-rentier, nul ne pouvant être contraint de vendre ce qui lui appartient : aussi nos vieux jurisconsultes français, conséquents avec le système qui faisait de la constitution de rente une vente de créance, avaient-ils déclaré la rente irrachetable contre la volonté des crédi-rentiers.

340. Toutefois, il est vrai de dire que la logique avait fini par céder devant l'intervention de l'Église, justement émue de la fâcheuse position des débiteurs de rente, et, sous l'influence d'une bulle papale (1), l'on admit, tout en restant dans cette idée de vente, que « le débiteur qui avait constitué la rente, et ses successeurs, auraient toujours la faculté de racheter la rente et de s'en libérer, en rendant au créancier la somme qui avait été payée pour le prix de la constitution. » (2) Telle était la règle, au moins pour les rentes constituées ; car, en ce qui concerne les rentes *foncières* (assimilées désormais aux autres, sous ce rapport, par la loi des 18-29 décembre 1790 et par l'art. 530 du C. Nap.), elles restèrent irrachetables en principe, sauf la faculté pour le débiteur de s'affranchir de l'obligation d'en payer les arrérages au moyen de l'abandon de l'immeuble, ou, pour employer l'expression consacrée, au moyen du déguerpissement.

Quoi qu'il en soit, c'est cette même faculté pour le débiteur de racheter la rente que notre article a établie dans des termes et sous des conditions qu'il faut maintenant préciser.

II. — 341. Le débiteur ne peut être admis à exercer le rachat, c'est-à-dire à rembourser le capital à sa volonté qu'autant qu'il y a constitution de rente *en perpétuel*. Si la rente était constituée à terme, par exemple si le capital en était stipulé exigible au bout d'un certain temps, le contrat, malgré sa dénomination, répondrait exactement à l'idée de prêt, et l'emprunteur resterait obligé à servir les intérêts jusqu'au terme fixé par la convention, car il n'aurait pas la faculté de rembourser le capital avant ce terme contre le gré du créancier.

Exceptons néanmoins le cas où le terme stipulé serait tellement éloigné qu'à vrai dire ce serait comme si le créancier s'était absolument interdit d'exiger le capital : la convention, alors, serait à bon droit considérée comme impliquant une constitution de rente en perpétuel, et l'art. 1911 serait par conséquent applicable. Rappelons à cet égard l'art. 1er de la loi des 18-29 décembre 1790, qui tient pour perpétuelles, et en conséquence rachetables, les rentes établies pour plus de 99 ans, ou sur plus de trois têtes ou vies d'homme.

342. D'ailleurs la faculté laissée au débiteur de racheter la rente en remboursant la capital peut être, sinon interdite, au moins limitée par la convention. Dans l'ancien droit, il était devenu tellement de l'essence des rentes constituées d'être rachetables, que toute clause contraire et

---

(1) Bulle de Pie V, an 1570.
(2) *Voy.* Pothier (*loc. cit.*, n⁰ˢ 51 et suiv.).

prohibant le rachat même pour un temps était nulle. On voit par notre article que le Code, moins rigoureux, permet au crédi-rentier qui veut s'assurer, au moyen de la rente, un placement d'une durée sérieuse, de stipuler que la rente sera irrachetable pendant un délai de dix ans ou que le débiteur ne pourra effectuer le rachat sans avoir averti le créancier au terme d'avance que les parties auraient déterminé : seulement, la convention ne pourrait pas enchaîner la liberté du débiteur de la rente pour une plus longue période de temps. Une convention qui irait au delà ne serait pas nulle, sans doute, en ce sens qu'elle ne pût pas être opposée au débiteur qui prétendrait exercer le rachat immédiatement ; mais elle devrait être ramenée au terme légal de dix ans, à l'expiration duquel la rente deviendrait rachetable à la volonté du débiteur (1).

343. L'exercice du rachat est subordonné à l'offre par le débiteur du payement total de ce qu'il doit au créancier en capital et arrérages échus, calculés au taux légal de 5 pour 100. Que s'il s'agit d'une rente en nature, le taux du rachat, lorsque les parties n'ont pas fixé de capital, est réglé d'après l'art. 2, tit. III, de la loi des 18-29 décembre 1790, laquelle, encore en vigueur aujourd'hui, s'applique non-seulement aux rentes antérieures à sa date, mais encore à toutes les rentes en nature créées postérieurement. Ainsi le remboursement doit être calculé sur un capital au denier 25 plus le dixième, soit en tout 27 et demi ; en d'autres termes, au taux de 3,7 pour 100 environ (2). — S'il s'agissait de rentes appartenant à des mineurs, il faudrait se référer à la même loi, aux termes de laquelle (art. 4, tit. II) les tuteurs ne peuvent liquider le rachat d'une rente due à leur pupille qu'à la charge de remploi (3).

344. En toute hypothèse, le débiteur doit offrir le payement total. Il ne serait reçu à rembourser la rente partiellement qu'autant qu'il y serait autorisé par une clause expresse du contrat. Les juges ne pourraient même pas, bien que l'art. 1244 du Code Napoléon leur en donne la faculté d'une manière générale, accorder des délais au débiteur et diviser les payements à faire au crédi-rentier. En effet, cet article exorbitant du droit commun est écrit spécialement pour le cas où le débiteur est sommé par le créancier d'avoir à le payer. Il ne saurait donc être applicable au cas où le débiteur a toute liberté de payer ce qu'il doit quand il le veut.

III. — 345. Mais faut-il écarter aussi, comme inapplicable au cas de remboursement d'une rente, la disposition de l'art. 1220, d'après lequel les dettes se divisent de plein droit entre les héritiers ? Faut-il, en conséquence, obliger l'héritier qui aime mieux rembourser la rente que de continuer à en payer les arrérages à s'entendre avec ses cohé-

---

(1) *Voy.* MM. Duranton (n° 611); Duvergier (n° 333); Troplong (n° 440).
(2) *Voy.* Cour de Caen, 16 nov. 1829, et Trib. de Caen, 20 mars 1848 (S. V., 48, 2, 399).
(3) Comp. Toulouse, 13 mai 1829 (S. V., 30, 2, 351; Coll. nouv., 9, 2, 263; Dalloz, 30, 2, 243).

ritiers pour la rembourser entièrement? Ou faut-il lui permettre d'opérer le remboursement pour sa part? La question est vivement controversée. Elle l'était déjà dans l'ancien droit, où cependant la première opinion, soutenue par Dumoulin et Pothier (1), paraît avoir été beaucoup plus suivie.

Toutefois il ne faut pas oublier que les auteurs d'alors voyaient, dans le remboursement de la rente, un rachat forcé; et il ne faut pas s'étonner qu'ils cherchassent à alléger la position du revendeur en lui permettant au moins d'exiger le rachat intégral. C'est la même idée qui, aujourd'hui, a fait décréter, en matière d'expropriation pour cause d'utilité publique, que les propriétaires de bâtiments expropriés en partie seront, s'ils le requièrent, expropriés en totalité (loi du 3 mai 1841, art. 50); et qui, dans une hypothèse encore plus voisine du rachat des rentes, a fait donner à l'acheteur d'un fonds vendu à réméré le droit d'exiger le rachat total du fonds, et de refuser le rachat partiel que lui offrirait l'un des héritiers. Mais puisque, aujourd'hui, malgré le mot rachat employé par les rédacteurs du Code pour se conformer à l'usage de la pratique, le débiteur de la rente se libère en opérant un véritable remboursement, il faut mettre à l'écart la considération par laquelle les anciens auteurs s'étaient surtout déterminés, et reconnaître que chaque héritier, succédant pour sa part à l'obligation de fournir la rente et devant une part des arrérages et du capital, jouit du droit qu'avait son auteur de rembourser ce capital à sa volonté. Sans cela, les rentes, malgré la disposition contraire de l'art. 1911, deviendraient en fait irrachetables; car, au bout de trois ou quatre générations, le nombre des héritiers pourrait être si considérable qu'il leur serait impossible de s'entendre jamais, comme la loi l'exige au cas de réméré, pour racheter la rente, et que le mauvais vouloir des uns paralyserait les efforts des autres pour arriver à ce résultat. Nier la faculté d'un remboursement partiel par les héritiers du débiteur, ce serait donc revenir indirectement à l'idée, repoussée par notre Code, de la perpétuité des rentes; ce serait en quelque sorte supprimer la faculté de rachat : c'est pourquoi nous pensons que l'art. 1220 doit recevoir ici son application.

346. A l'inverse, il est un cas où, après le décès du débiteur de la rente, chacun des héritiers peut exiger que la rente soit remboursée en entier : c'est celui où le service de cette rente est garanti par une hypothèque spéciale sur un ou plusieurs immeubles dépendant de la succession. La loi a voulu favoriser par là l'extinction des hypothèques. — Que si aucun des héritiers n'exige le rachat, la loi, pour éviter des recours entre les cohéritiers, veut que l'immeuble soit estimé, déduction faite du capital de la rente, et que celui dans le lot duquel il

(1) Voy. Dumoulin (Ext. labyr. divid. et ind., part. 2, n° 209, et part. 3, n° 23); Pothier (n° 190). Junge : MM. Merlin (Rép., v° Rente const., § 9, n° 3); Buguet, sur Pothier (loc. cit., en note); Dalloz (Rép., v° Rente const., § 131); Troplong (n° 463). — Mais voy. MM. Delvincourt (t. III, p. 416, note 6); Duranton (n° 613); Duvergier (n° 336); Aubry et Rau (t. III, p. 442, note 5, 3e édit.); Taulier (t. VI, p. 452).

tombe soit seul chargé de payer les arrérages, sans cependant que cet arrangement fasse perdre au créancier son droit contre les autres héritiers (art. 872).

347. La règle que le capital d'une rente n'est pas exigible souffre exception en certains cas dont il nous reste à parler pour compléter le commentaire de ce titre.

1912. — Le débiteur d'une rente constituée en perpétuel peut être contraint au rachat,

1° S'il cesse de remplir ses obligations pendant deux années;

2° S'il manque de fournir au prêteur les sûretés promises par le contrat.

1913. — Le capital de la rente constituée en perpétuel devient aussi exigible en cas de faillite ou de déconfiture du débiteur.

SOMMAIRE.

I.   348. Première exception à la règle que le capital de la rente n'est pas exigible. — Cas où le débiteur cesse de remplir ses obligations. — 349. L'exception était déjà consacrée par l'usage dans l'ancien droit.

II. 350. En quoi elle consiste sous le Code : au bout de deux années passées sans que le débiteur ait payé les arrérages, la résolution peut être prononcée contre lui, et il peut être contraint au rachat. — 351. Il faut que les deux années soient *consécutives*. — 352. Toutefois une mise en demeure préalable est nécessaire, soit que la rente soit quérable, soit qu'elle soit portable : controverse. — 353. Mais après la mise en demeure restée sans effet, les juges doivent prononcer la résolution sans accorder un nouveau délai.

III. 354. Cette première exception à la règle de l'inexigibilité du capital n'a pas lieu en ce qui concerne les rentes constituées avant 1789; — 355. Et les rentes viagères, ainsi que les rentes constituées à titre gratuit; — 356. Et enfin les rentes constituées moyennant l'abandon d'un immeuble.

IV. 357. Deuxième exception : du cas où le débiteur manque à fournir au prêteur les sûretés promises par le contrat; l'exception s'étend même aux rentes constituées à titre gratuit ou moyennant l'abandon d'un immeuble. Renvoi.

V.   358. Troisième exception : du cas de faillite ou de déconfiture du débiteur. Renvoi.

VI. 359. Transition aux différences qui séparent la rente-vente ou consentie moyennant l'abandon d'un immeuble de la vente-prêt ou consentie moyennant l'abandon d'un capital mobilier. — 360. A quelle condition on peut reconnaître l'existence d'une rente-vente. — 361. Les deux espèces de rentes diffèrent quant à la durée de temps pendant lequel elles peuvent être déclarées irrachetables; — 362. Quant aux clauses et conditions du rachat; — 363. Quant au délai après lequel la résolution peut être demandée pour non-payement des arrérages. — 364. La rente-vente d'immeubles est rescindable pour lésion; — 365. Et le payement des arrérages en est garanti par le privilége de vendeur et l'action résolutoire.

I. — 348. D'après l'art. 1184, tout contrat synallagmatique contient une clause résolutoire tacite, pour le cas où l'une des parties viendrait à manquer à ses engagements. La faculté est alors accordée à l'autre partie de demander la résolution du contrat. Cette clause tacite n'existait autrefois d'une manière générale que pour les contrats innommés : on s'en tenait, à cet égard, au droit romain (l. 5, ff. *de præsc.*

verb.). L'art. 1184 a pour but de l'étendre à tous les contrats qui supposent une réciprocité de services. Il ne faut donc pas prendre trop à la lettre les mots *contrats synallagmatiques* qui y sont insérés, mais qui, ainsi que les travaux préparatoires du Code en font foi (1), ont été pris dans le sens de *contrats à titre onéreux*. Ainsi, nous étendrions sans difficulté l'art. 1184 (2) au contrat de rente, quand même l'art. 1912 ne serait pas venu lui en faire une application spéciale, d'ailleurs quelque peu modifiée.

349. Disons, du reste, que, même dans l'ancien droit, plusieurs coutumes, et, à défaut des coutumes, des clauses particulières devenues en quelque sorte de style dans toutes les constitutions de rentes, portaient que le capital deviendrait exigible si le débiteur cessait de payer les arrérages pendant un temps qui variait en général de deux à cinq ans. C'est là l'usage qui avait été pris pour règle dans le projet du Code, sauf toutefois que le délai y avait été réduit à un an. Mais, sur les observations du Tribunat, une seconde année fut accordée au débiteur pour se mettre en mesure de remplir ses obligations. Et c'est ainsi qu'au bout de deux années passées sans qu'il ait payé les arrérages de la rente, la résolution du contrat peut être prononcée contre lui, sur la demande du crédi-rentier.

II. — 350. Nous disons deux années. Un arrêt (3) avait proposé de dire trois années, en argumentant d'une façon fort subtile du texte de l'art. 1912. Cet article parle du débiteur qui cesse de remplir ses obligations pendant deux années. Or, dit l'arrêt, pour ne pas remplir ses obligations, il faut d'abord être obligé, et le débiteur ne commence à l'être qu'après l'expiration de la première année. Car tant que cette année n'est pas écoulée, et que, par conséquent, les arrérages ne sont pas échus, il ne doit rien ; on ne peut dire de lui qu'il cesse de remplir des obligations qui ne sont pas encore nées. Ce n'est qu'au bout de la première année qu'il se trouve dans ce cas ; et comme le Code exige qu'il cesse de remplir ses obligations pendant deux ans, ce n'est que lors de la troisième échéance que ce terme de deux ans sera atteint, et que le débiteur pourra être contraint à rembourser le capital.

Mais qui ne voit que c'est là prêter à la lettre de la loi une signification que ses rédacteurs n'ont pas assurément voulu lui donner ? Pour quiconque lira l'article sans prévention et sans chercher à plaisir des difficultés qui n'existent pas, les mots : « si le débiteur cesse de remplir ses obligations pendant deux années », signifient : si le débiteur reste deux ans sans remplir ses obligations, c'est-à-dire sans payer les arrérages. Telle est certainement la pensée des rédacteurs du Code, conforme au langage de la pratique et de l'ancien droit, et c'est aussi l'interprétation qui a prévalu (4).

---

(1) Comp. Locré (t. XII, p. 342).
(2) Comp. M. Troplong (n° 472). — Mais *voy.* M. Mourlon (t. III, p. 400, 5ᵉ édit.).
(3) Caen, 26 juill. 1820 ; arrêt cassé par l'arrêt du 12 nov. 1822, cité à la note suivante.
(4) *Voy.* MM. Duranton (n° 617) ; Duvergier (n° 344) ; Aubry et Rau (*loc. cit.,*

351. Il va de soi également que l'art. 1912 entend parler de deux années *consécutives.* Si donc un crédi-rentier était assez indulgent pour laisser, sans protestation ni poursuite, son débiteur, qui lui doit deux années d'arrérage, imputer le payement d'une année sur le second terme, il serait non recevable, si ce débiteur laissait passer encore une année sans le payer, à demander contre lui la résolution du contrat (1).

352. Mais c'est une question plus grave de savoir quand on peut dire que le débiteur est en retard de payer. Se trouve-t-il dans ce cas par le seul fait de l'expiration du terme? Ou faut-il de plus une sommation de la part du créancier, suivant la règle qu'à défaut de clause expresse une interpellation est nécessaire pour constituer un débiteur en demeure? (Art. 1139.)

Les auteurs et les arrêts paraissent aujourd'hui fixés en ce sens qu'il faut distinguer la rente *portable,* ou payable au domicile du crédi-rentier, de la rente *quérable,* ou payable au domicile du débiteur. Quant aux rentes quérables, disent-ils, il faut une sommation faite par un huissier porteur de la quittance (2); mais pour les rentes portables, cette formalité n'est pas nécessaire, et le débiteur est mis en demeure par la seule échéance du terme : *dies interpellat pro homine* (3). Pour justifier ce dernier point, on s'appuie sur ces mots de notre art. 1912 : le débiteur *peut être contraint au rachat.* Il faudrait alors regarder cette locution comme plus efficace et plus énergique que celle-ci : *le contrat sera résolu de plein droit ;* car la loi elle-même nous avertit qu'une pareille clause ne fait pas obstacle à ce que le contrat tienne, et à ce que le débiteur puisse le consolider en se libérant entre les mains du créancier, tant que celui-ci ne lui a pas enlevé ce droit par une sommation, et ne s'est pas assuré, en le mettant ainsi en demeure, la faculté de faire valoir la clause résolutoire (art. 1656).

Or, il nous semble bien difficile d'attribuer à la première expression plus de force qu'à la seconde, qui, au premier abord, paraît si énergi-

---

p. 443 et note 6); Troplong (n° 413); Mourlon (*loc. cit.*); Taulier (t. VI, p. 452). Voy. aussi Cass., 12 nov. 1822 (S. V., 23, 1, 174; Coll. nouv., 7, 1, 154), arrêt qui casse celui de la Cour de Caen, cité à la note précédente.

(1) *Voy.* MM. Duranton (n° 618); Aubry et Rau (*loc. cit.*); Troplong (n° 484). — Voy. cependant MM. Duvergier (n° 346); Mourlon (*loc. cit.*).

(2) *Voy.* MM. Merlin (*Rép.*, v° Rent. const., § 10, n° 3); Delvincourt (t. III, p. 413, note 7); Toullier (t. VI, n° 559); Zachariæ (t. III, § 398); Aubry et Rau (t. III, p. 443, notes 7 et 9, 3e édit.); Duvergier (n° 342); Duranton (n°ˢ 616 à 620); Troplong (n°ˢ 474 à 481); Demolombe (t. I, n° 55); Massé et Vergé, sur Zachariæ (t. IV, p. 475, note 5); Taulier (t. VI, p. 452 et 453). Voy. aussi Rej., 28 juin 1836 (S. V., 36, 1, 690; Dalloz, 36, 1, 403; *J. Pal.*, 1837, t. I, p. 57); Aix, 10 déc. 1836 (S. V., 37, 2, 120; Dalloz, 37, 2, 102; *J. Pal.*, 1837, t. I, p. 361); Caen, 20 mars 1839 (S. V., 39, 2, 43¹; Dalloz, 39, 2, 196). Voy. cependant Aix, 28 avr. 1813, et Douai, 9 nov. 1814 (Dalloz, *Rép.*, v° Rente, p. 555), arrêts décidant que la résolution a lieu de plein droit; et Cass., 29 avr. 1860 (S. V., 61, 1, 145; *J. Pal.*, 1861, p. 843; Dalloz, 69, 1, 428), arrêt d'après lequel il y aurait mise en demeure suffisante, soit dans un exploit introductif d'instance à fin de payement des arrérages échus et de titre nouvel, soit dans la demande incidente à fin de payement du capital.

(3) *Voy.* les auteurs et les arrêts cités à la note précédente. *Junge :* Req., 8 avr. et 10 nov. 1818 (Dalloz, alph., t. XI, p. 554; S. V., Coll. nouv., 5, 1, 460 et 544); 16 déc. 1818 (S. V., Coll. nouv., 5, 1, 561); 25 nov. 1839 (S. V., 40, 1, 252; Dalloz, 40, 1, 27); 9 août 1841 (S. V., 41, 1, 796; Dalloz, 41, 1, 340).

11

que. Lorsque la loi entend qu'un débiteur soit mis en demeure sans interpellation et par la seule échéance du terme, elle ne se fait pas faute de le dire nettement, et, en tout cas, en des termes bien autrement précis et significatifs que ceux de l'art. 1912. Nous croyons donc, malgré le cortége imposant d'auteurs et d'arrêts qui appuient l'opinion contraire, que le débiteur d'une rente même portable qui reste deux ans sans payer les arrérages ne peut cependant être contraint au remboursement du capital qu'après avoir été mis en demeure par une sommation.

A plus forte raison, dès lors, sommes-nous de l'avis des auteurs qui admettent, par exception à leur doctrine rigoureuse, la nécessité d'une mise en demeure lorsque c'est par la faute du créancier que le débiteur n'a pas payé les arrérages, par exemple si, ayant changé de domicile, le créancier n'avait pas fait connaître le nouveau, ou si, ayant chargé un mandataire de recevoir les arrérages, il n'avait pas fait connaître au débiteur le mandataire qu'il aurait institué en remplacement du premier, décédé ou révoqué (1).

353. Mais une fois qu'interpellation a été faite au débiteur et qu'il lui a été laissé un délai moral suffisant pour se libérer (2), le juge ne peut pas ajouter à ce délai; il doit prononcer la résolution (3). Ainsi en est-il dans le cas de clause résolutoire expresse (art. 1656), par dérogation à l'art. 1244; la clause sous-entendue par l'art. 1912 ne doit pas avoir une moindre efficacité. En fait, cependant, de nouveaux délais ont été accordés par plusieurs arrêts (4); mais il faut remarquer que dans les espèces où ils sont intervenus on pouvait relever soit des irrégularités dans la sommation, soit de la négligence ou de la mauvaise foi dans le fait du créancier, toutes circonstances qui, ayant mis le débiteur dans le cas de ne pouvoir pas payer en temps utile, ont dû amener les tribunaux à ne pas prendre l'art. 1912 dans toute sa rigueur.

III. — 354. Précisons maintenant en vue de quelles rentes la première disposition de cet article est écrite. Et d'abord, s'applique-t-elle aux rentes constituées antérieurement à 1789? Le débiteur d'une rente constituée avant cette époque pourrait-il être contraint à rembourser le capital s'il restait deux ans sans payer les arrérages? La jurisprudence, suivie en cela par plusieurs auteurs, se prononce pour l'affirmative. Le remboursement forcé, dit-on, rentre dans les voies d'exécution à l'égard desquelles il faut suivre la législation en vigueur, non à l'épo-

---

(1) *Voy.* les auteurs cités aux notes précédentes. *Voy.* aussi Rej., 31 août 1818; Caen, 13 avr. 1824; Req., 19 août 1831 et 5 déc. 1833 (S. V., Coll. nouv., 5, 1, 531; 7, 2, 351; 34, 1, 300; Dalloz, 31, 1, 254; 34, 1, 65).

(2) La durée de ce délai est une question de fait et d'appréciation. Comp. Rej., 28 juin 1836; Aix, 10 déc. 1836, et Caen, 20 mars 1839, arrêts déjà cités. *Junge :* Amiens, 15 déc. 1821, et Bourges, 7 déc. 1826 (S. V., Coll. nouv., 6, 2, 499; 8, 2, 296; S. V., 29, 2, 210; Dalloz, 28, 2, 211). M. Duvergier (n° 351) va trop loin en disant qu'aucun délai moral ne doit être accordé.

(3) *Voy.* les mêmes arrêts. *Junge :* Pau, 14 juill. 1832 (S. V., 36, 1, 690; Dalloz, 36, 1, 403; *J. Pal.*, 1857, t. I, p. 57).

(4) *Voy.* les arrêts cités en note sous le numéro précédent, *in fine.*

que du contrat, mais au moment où s'élève la contestation (1). L'opinion contraire est préférable, à notre avis. D'après les auteurs et les arrêts eux-mêmes, l'art. 1912 suppose une clause sous-entendue et à laquelle une clause contraire pourrait fort bien déroger. Ce n'est donc pas là une voie d'exécution, comme on le prétend, c'est une question d'interprétation : partant, la seule loi applicable est celle du temps et du lieu où le contrat a été passé (2). Du reste, comme la disposition reproduite par l'art. 1912 était déjà, dans l'ancien droit, d'un usage à peu près général (voy. *suprà*, n° 349), la question offre peu d'intérêt ; et il est vrai de dire que, même dans notre système, il y aura fort peu de rentes où le non-payement des arrérages pendant deux ans ou quelquefois pendant un temps plus long (puisque le délai variait de deux à cinq ans dans l'ancien droit) n'amènera pas la résolution du contrat.

355. L'art. 1912 ne s'applique pas aux rentes viagères (voy. *infrà*, art. 1978). Et il ne s'applique pas non plus aux rentes constituées à titre gratuit. La disposition de cet article, n'étant au fond qu'une application spéciale du principe que la condition résolutoire est sous-entendue dans tous les contrats à titre onéreux, ne peut être étendue aux rentes gratuites, où l'idée de résolution ne se comprendrait même pas, puisque la résolution, ici, serait non le remboursement du capital, mais l'annulation de la donation (3).

356. Ajoutons, enfin, que l'art. 1912, placé sous la rubrique *Du Prêt à intérêt* ne concerne que les rentes constituées *moyennant un piétal* fourni par le crédi-rentier. Ainsi il ne faut pas l'étendre même à la rente constituée au moyen de la cession d'un immeuble par le crédi-rentier au débiteur de la rente. Ce contrat resterait soumis à la règle générale de l'art. 1184. Il suffirait donc que le débiteur manquât une seule fois à son obligation de payer les arrérages pour que le créancier fût en droit de se pourvoir en résolution de la cession. Mais, par contre, les juges pourraient, selon les circonstances, accorder au débiteur un délai pour se libérer (4).

IV. — 357. Le second cas dans lequel le débiteur peut, d'après le même art. 1912, être contraint au rachat, est celui où il manquerait à fournir au prêteur les sûretés promises par le contrat. Ce n'est là que

(1) *Voy.* les arrêts de la Cour de cass. du 6 juill. 1812, 4 nov. 1812, 10 nov. 1818, 27 mars 1832, 25 nov. 1839 (S. V., Coll. nouv., 4, 1, 144, 213; 5, 1, 544; 12, 1, 281; 13, 1, 397; 19, 1, 273; 32, 1, 650; 40, 1, 252; Dalloz, 32, 1, 164; 40, 1, 27; *J. Pal.*, 1840, t. I, 348). *Voy.* aussi MM. Merlin (*Rép.*, v° Rent. const., § 12, n° 3); Toullier (t. VI, n° 250); Delvincourt (t. III, p. 413, note 3); Henrion (*Rent. fonc.*, n° 81); Duvergier (n°ˢ 355 à 359); Troplong (n° 485).
(2) *Voy.*, en ce sens, MM. Proudhon (t. I, p. 64 et 65); Chabot (*Quest. trans.*, v° Rente const., § 1); Duranton (n° 615); Demolombe (t. I, n° 55). — *Voy.* aussi Liége, 13 déc. 1808 ; Turin, 17 déc. 1806 ; Bruxelles, 2 janv. 1811 ; Toulouse, 6 mars 1811 (S. V., Coll. nouv., 2, 2, 182 et 448; 3, 2, 326 et 428).
(3) *Voy.* Rej., 12 juill. 1813 (S. V., 13, 1, 354; Coll. nouv., 4, 1, 392; Dalloz, alph., t. XI, p. 553).
(4) *Voy.* Req., 5 mars 1817 ; Cass., 28 juill. 1824 ; Paris, 8 janv. 1825 (S. V., Coll. nouv., à leur date; Dalloz, 2, 2, 9). *Voy.* aussi MM. Fœlix et Henrion (n°ˢ 40 et 194); Duranton (t. XIV, n° 147, et t. XVII, n° 622); Duvergier (n° 265); Troplong (n° 488). — *Voy.* cependant M. Jourdan (*Thémis*, t. V, p. 321).

l'application à la constitution de rente d'une disposition consacrée en termes à peu près semblables et pour tous les contrats par l'art. 1188. Il ne s'élève sur ce point aucune question spéciale au cas de rente, et par conséquent nous pouvons nous référer aux explications de Marcadé sur ce dernier article. Remarquons seulement que, grâce à la disposition qu'il renferme, la règle dont il s'agit devra être appliquée même aux rentes constituées à titre gratuit (1) ou moyennant la cession d'un immeuble.

V. — 358. Enfin, le capital de la rente constituée en perpétuel devient aussi exigible dans le cas de faillite ou de déconfiture du débiteur (art. 1913). Ici encore nous trouvons la reproduction pure et simple, pour la constitution de rente, de la règle édictée par l'art. 1188 pour tous les contrats; nous n'avons donc pas à insister plus que dans le cas précédent.

VI. — 359. Nous aurions tout dit touchant les rentes constituées en perpétuel dont s'occupent les art. 1911, 1912 et 1913, si nous n'avions maintenant à nous expliquer sur un point réservé dans notre commentaire de l'art. 1910 (*suprà*, nº 337). — Il s'agit de préciser quelques différences qui existent encore, malgré l'assimilation établie par le Code, quant à la faculté de rachat et à la nature du droit, entre les rentes consenties moyennant l'abandon d'un immeuble, ou même d'un meuble corps certain (sauf, néanmoins, la rescision pour cause de lésion), et les rentes consenties moyennant l'abandon d'une somme d'argent, ou d'un autre capital mobilier fongible. Ces différences dérivent en général de ce que le principe de la première opération est un prêt, tandis que le principe de la seconde est une vente.

360. Notons avant tout que pour qu'on puisse reconnaître l'existence d'une rente-vente, il faut que la rente ait directement servi de prix à la chose vendue. Si, au contraire, cette chose avait été primitivement vendue moyennant un certain prix converti après coup en une rente, il y aurait alors novation de l'obligation primitive; le débiteur de la rente, au lieu d'être tenu en vertu d'une vente et comme acheteur, serait tenu en vertu d'un prêt et comme emprunteur. Il y aurait donc lieu de lui appliquer les règles relatives à une rente-prêt (2). Maintenant voyons en quoi sa position différerait de celle du débiteur par suite d'une rente-vente.

361. Et d'abord, l'art. 530 du Code Napoléon permet de déclarer cette dernière espèce de rente irrachetable, c'est-à-dire non remboursable, *pendant trente ans*, tandis que ce délai est réduit à dix ans par l'art. 1911 pour la seconde espèce de rente, et doit être ramené à ce terme de dix ans s'il a été excédé par la convention (*suprà*, nº 342).

362. Ce même art. 530 permet de régler, pour la vente-rente, les conditions et clauses du rachat, tandis que, pour la rente-prêt, le capital à rembourser ne peut dépasser le capital prêté qu'autant que par

---

(1) *Voy.* cependant M. Troplong (nº 494 et 495).
(2) Comp. Pothier (nº 166-173); MM. Duvergier (nº 366); Mourlon (5ᵉ édit., t. III, p. 404 et 405). *Voy.* aussi Caen, 9 avr. 1829; Dalloz (*Rép.*, vº Rente, nº 15).

l'augmentation combinée avec le taux des arrérages on n'arrive pas à un chiffre d'intérêts supérieur au taux établi par la loi (1).

363. La résolution d'un contrat de rente-vente peut être demandée par le crédi-rentier aussitôt que le débiteur de la rente cesse de remplir ses obligations, sauf le droit, pour les juges, de ne la prononcer qu'après avoir accordé à ce dernier un délai pour le payement. La résolution d'un contrat de rente-prêt ne peut être demandée qu'après l'échéance de deux années d'arrérages non payés; et alors, dès que le crédi-rentier a mis le débiteur en demeure par une sommation, les juges sont tenus de prononcer la résolution sans nouveau délai (*suprà*, n°s 350 et suiv., 356).

364. La rente-vente d'immeubles peut être rescindée pour lésion de plus des sept douzièmes.

365. Enfin, dans le même cas de vente d'un immeuble moyennant une rente, le payement des arrérages est garanti par le privilége du vendeur et par son droit de résolution, qui sont réels, et depuis la loi du 23 mars 1855, art. 7, se conservent tous deux de la même manière, c'est-à-dire par une inscription (2).

1914. — Les règles concernant les rentes viagères sont établies au titre *Des Contrats aléatoires.*

366. Le législateur fait ici allusion à la seconde des deux formes du contrat de constitution de rente (art. 1910) : il sagit de la *rente viagère*, ou du droit par une personne de se faire servir des arrérages sa vie durant, mais sans que ce droit passe à ses héritiers. Le contrat de rente viagère, basé sur la durée incertaine de la vie du rentier, est aléatoire au plus haut degré, et c'est avec raison que les rédacteurs du Code l'ont reporté au titre *Des Contrats aléatoires.* C'est donc dans l'un des titres suivants que nous aurons à nous en occuper (voy. *infrà*, art. 1968 et suiv.).

---

(1) *Voy.* là-dessus Marcadé (art. 530, t. II, n° 386).
(2) *Voy.* M. Mourlon (5e édit., t. III, p. 402).

TITRE XI.

DU DÉPOT ET DU SÉQUESTRE.

(Décrété le 14 mars 1804. — Promulgué le 24.)

CHAPITRE PREMIER.

DU DÉPOT EN GÉNÉRAL ET DE SES DIVERSES ESPÈCES.

1915. — Le dépôt, en général, est un acte par lequel on reçoit la chose d'autrui, à la charge de la garder et de la restituer en nature.

1916. — Il y a deux espèces de dépôts; le dépôt proprement dit, et le séquestre.

SOMMAIRE.

I.   367. Définition du dépôt en général. — 368. Utilité du contrat. — 369. Double signification du mot *dépôt* dans le langage ordinaire et même dans le langage du droit.

II.   370. Division du dépôt en deux espèces. — 371. Ce qui explique pourquoi il est qualifié *acte* et non *contrat*.

III. 372. Le dépositaire n'acquiert que la nue détention de l'objet déposé. — 373. Le dépôt est rangé dans la classe des contrats *synallagmatiques imparfaits*. — 374. Il est du droit des gens.

I. — 367. Le dépôt est l'un des quatre contrats que Pothier a rangés sous le titre commun de *Contrats de bienfaisance,* et dont il a tracé les règles immédiatement après ses deux traités sur le prêt (*Prêt à usage et précaire, Prêt de consomption*). Les rédacteurs du Code suivent le même ordre, sans relier les divers contrats les uns aux autres par une dénomination qui rappelle et précise leur caractère commun ; et après avoir traité des deux sortes de prêt dans le titre qui précède, ils s'occupent dans celui-ci du dépôt, qu'ils définissent : « un acte par lequel on reçoit la chose d'autrui, à la charge de la garder et de la restituer en nature. »

Ainsi, le dépôt confère uniquement la *garde* d'une chose : il se distingue en cela soit de la vente et de l'échange qui transfèrent la *propriété,* soit du louage et du commodat qui, sans déplacer la propriété, transfèrent l'*usage.*

368. Dans l'ordre naturel des choses, c'est au propriétaire lui-même qu'il appartient de prendre soin des objets compris dans son patrimoine, de veiller sur eux et de les garder : il semble que nul n'est intéressé plus que lui à leur conservation, puisqu'il en retire toute l'utilité. Mais que de circonstances peuvent contraindre le propriétaire à se dessaisir momentanément de sa chose et à la confier à un ami ! L'absence, le goût ou le besoin des voyages, le désir de soustraire à d'indiscrètes

recherches tel ou tel objet qu'on veut posséder en secret, toutes ces circonstances et mille autres qu'il est impossible de prévoir sont autant de causes susceptibles de donner naissance à ce contrat de dépôt, qui ainsi est, au premier chef, un contrat de confiance. « Depositum, dit » Ulpien, est quod custodiendum alicui datum est. Dictum ex eo, quod » *ponitur :* præpositio enim *de* auget depositum, ut ostendat, totum » fidei ejus commissum, quod ad custodiam rei pertinet. » (L. 1, princ., **ff.** *Depositi, vel contrà.*)

369. Dans le langage ordinaire, et même dans le langage du Code, le mot *dépôt* a une double signification. Dans la première, il indique le contrat même de dépôt (art. 1915), et c'est en ce sens qu'il est le plus habituellement employé; dans la seconde, il est pris pour l'objet même du dépôt, pour la chose déposée (art. 1941, 1944). Du reste, l'emploi d'un même mot comme signifiant tantôt le contrat, tantôt la chose qui en fait l'objet, n'est pas propre à la convention dont nous nous occupons ici; nous verrons le même fait se reproduire à propos du nantissement des choses mobilières ou du *gage.*

II. — 370. L'art. 1916 divise le dépôt en deux espèces : le dépôt proprement dit, et le séquestre. Quand je confie une chose à un tiers, parce qu'il y a quelque difficulté, quelque inconvénient pour moi à la garder, ou parce que dans un moment de péril je suis obligé de la remettre à un voisin jusqu'à ce que le danger soit passé, il y a *dépôt proprement dit.* Mais quand une chose litigieuse est remise entre les mains d'un tiers, soit du consentement des parties litigantes, soit par l'ordre du juge, il y a *séquestre.* Un chapitre spécial est consacré à chacune de ces espèces de dépôt.

371. La distinction sert à expliquer pourquoi les rédacteurs, voulant donner une définition qui embrassât tous les cas, même le cas de séquestre judiciaire, ont dit, dans l'art. 1915, que le dépôt est un *acte,* évitant de dire qu'il est un contrat. Sans doute, dans le séquestre judiciaire, comme dans le séquestre conventionnel, il faut bien le consentement de la partie qui va se charger de la garde de l'objet litigieux, et à ce titre on pourrait dire qu'il y a contrat entre cette partie et le juge. Mais comme il n'intervient pas de convention entre le dépositaire et celui à qui l'objet devra être rendu, il est vrai de dire que le mot *contrat* ne convient pas à la situation. Il y a ici, selon l'expression de Domat, « un dépôt judiciaire, différent de celui qui se fait de gré à gré, en ce que celui-ci est une convention, et que l'autre est un règlement ordonné par le juge. » (1)

III. — 372. Le transport qui se fait de la chose, dans le dépôt, n'a trait ni à la propriété, ni à la possession : le propriétaire acquiert la simple détention de l'objet. *Est in possessione, sed non possidet,* comme disent les textes du droit romain, montrant bien par là que le dépositaire reçoit la chose uniquement pour l'avoir sous sa garde et la surveiller. Il est un détenteur précaire (art. 2236) qui ne peut tirer aucun

(1) Domat (liv. 1er, tit. vii, Introd.).

avantage de sa possession, le déposant restant seul possesseur et retenant tous les bénéfices attachés à ce titre.

C'est pourquoi l'art. 1915 exige que le dépositaire reçoive la chose d'autrui; si par erreur il avait reçu en dépôt sa propre chose qu'il ignorait être sienne, le contrat serait nul de plein droit. « Qui rem suam » deponi apud se patitur, vel utendam rogat, nec depositi, nec commo- » dati actione tenetur... » (L. 15, ff. *Dep. vel cont.*) De même, si depuis le contrat le dépositaire devenait, à un titre quelconque, propriétaire de l'objet déposé, le contrat serait éteint et toutes les obligations qui en dérivent cesseraient à l'instant même (*infrà*, art. 1946). Exceptons toutefois le cas où celui qui aurait fait le dépôt d'une chose chez le propriétaire avait le droit de la retenir, sinon comme propriétaire lui-même, au moins à un autre titre, par exemple comme usufruitier ou comme créancier gagiste.

373. Le dépôt, comme le commodat, dont il se rapproche en plusieurs points, ne produit d'obligation principale et directe que du côté et de la part du dépositaire; quant au déposant, ses obligations ne peuvent naître que d'un fait secondaire et postérieur au contrat; il peut même se faire qu'il ne soit jamais obligé. C'est donc un contrat que l'on range aussi, comme le commodat (*suprà*, n° 28), dans la classe des contrats *synallagmatiques imparfaits*: aussi les Romains appelaient *actio depositi directa* l'action du déposant contre le dépositaire, et *actio contraria* celle du dépositaire contre le déposant, indiquant par là que la seule action qui prenne naissance au moment du contrat, c'est l'action directe, l'autre n'étant que l'accessoire de la première.

374. Le dépôt est un contrat du droit des gens; il est pratiqué chez tous les peuples et entre citoyens de tous les pays. Il est utile, et souvent indispensable, dans les transactions qui s'opèrent entre pays lointains. Aussi voit-on que les exigences du commerce ont amené l'établissement de professions spéciales dont les agissements consistent à garder les marchandises et à en surveiller l'envoi ou l'embarquement : il y est fait allusion à l'art. 575 du Code de commerce.

De ce caractère découle la conséquence que ce contrat est l'un de ceux qui se régissent par le droit naturel. Les Romains le considéraient déjà comme un contrat de bonne foi, ce qui apparaît nettement par la définition ci-dessus reproduite d'Ulpien; et ils avaient senti la nécessité de réprimer sévèrement l'infidélité du dépositaire, qu'ils notaient d'infamie. On comprend, en effet, qu'il en ait dû être ainsi chez un peuple où l'état presque permanent de guerre mettait à chaque instant les citoyens dans la nécessité de confier leur fortune mobilière à la garde d'un ami. Quoique moins fréquent chez nous, le contrat n'en devait pas moins être protégé; la loi répressive y a pourvu en édictant des peines sévères contre le dépositaire qui abuse de la confiance du déposant en détournant ou en dissipant les objets remis à sa garde (C. pén., art. 408).

CHAPITRE II.

DU DÉPÔT PROPREMENT DIT.

SECTION PREMIÈRE.

DE LA NATURE ET DE L'ESSENCE DU CONTRAT DE DÉPÔT.

1917. — Le dépôt proprement dit est un contrat essentiellement gratuit.

1918. — Il ne peut avoir pour objet que des choses mobilières.

1919. — Il n'est parfait que par la tradition réelle ou feinte de la chose déposée.

La tradition feinte suffit, quand le dépositaire se trouve déjà nanti, à quelque autre titre, de la chose que l'on consent à lui laisser à titre de dépôt.

1920. — Le dépôt est volontaire ou nécessaire.

SOMMAIRE.

I. — 375. Le dépôt, que l'art. 1915 a défini d'une manière générale, se divise, comme nous l'avons dit, en dépôt proprement dit et en séquestre. Le dépôt proprement dit fait l'objet du présent chapitre, et pour en bien préciser les caractères nous avons à en reprendre la définition ou à en analyser les divers éléments.

376. La gratuité est le premier des caractères du dépôt (art. 1917). C'est en effet un contrat de bienfaisance, un service d'ami. Les lois romaines s'en expliquaient clairement : « Si vestimenta servanda balnea- » tori data perierunt, dit Ulpien, *si quidem nullam mercedem servan-* » *dorum vestimentorum accepit, depositi eum teneri,* et dolum dumtaxat

» præstare debere puto : quod si accepit, ex conducto. » (L. 1, § 8, ff.
Dep. vel. cont.) Et Pothier, s'autorisant de ce texte, enseigne que si
celui à qui on confie la garde d'une chose exige quelque rétribution
pour sa garde, le contrat qui intervient n'est pas le dépôt : c'est une
autre espèce de contrat, c'est un contrat de louage par lequel le gardien loue sa garde pour le prix convenu (1). L'art. 1917 semble bien
avoir reproduit cette doctrine en disant que le dépôt est un contrat *es-*
sentiellement gratuit.

377. Remarquons, toutefois, que l'art. 1928, auquel nous arriverons.
tout à l'heure, suppose formellement qu'un salaire peut être stipulé
pour la garde d'un dépôt. Comment donc concilier ces deux textes,
dont l'un dit que le dépôt est un contrat *essentiellement* gratuit, et dont
l'autre laisse néanmoins au contrat sa dénomination de dépôt même
quand il est accompagné d'une stipulation de salaire? La majorité des
auteurs, imaginant que la conciliation n'est pas possible, s'attachent
exclusivement à la lettre de l'art. 1917, et enseignent qu'en toute hypothèse le salaire, quel qu'il soit, fait disparaître le contrat de dépôt et
le transforme en un contrat de louage (2). Selon eux, l'art. 1928 a pour
objet non point de définir le dépôt, sans quoi il serait en opposition avec
l'art. 1917, mais uniquement de dire que la règle qui oblige le dépositaire à donner à la garde des choses déposées le même soin qu'à la garde
des siennes propres doit être appliquée avec plus de rigueur si le dépositaire a stipulé un salaire. Et ce serait par une inexactitude de langage
que l'art. 1928 aurait conservé et maintenu la dénomination de dépôt
dans cette situation où, à défaut de gratuité, la convention, selon l'expression de Pothier à qui la disposition a été empruntée (n° 31), tient
plutôt du louage.

Il n'est pas permis, ce nous semble, de faire ainsi bon marché du
texte de l'art. 1928 et notamment des expressions *dépôt, dépositaire,*
qui y sont employées. La conciliation, d'ailleurs, est loin d'être impossible entre ce texte et celui de l'art. 1917; une simple distinction y suffit.
Si le prétendu dépositaire reçoit, en échange du service qu'il rend, une
somme ou toute autre rémunération qu'il a débattue avec le déposant,
et qu'il considère comme le dédommagement exact de sa peine, ce sera
alors, non plus un contrat de dépôt, mais un contrat à titre onéreux et
commutatif dans le sens de l'art. 1104 du Code Napoléon, qui nous
dit précisément que le contrat est *commutatif* lorsque chacune des parties s'engage à donner ou à faire une chose qui est regardée comme
l'équivalent de ce qu'on lui donne ou de ce qu'on fait pour elle. Mais
si la rétribution, même offerte *ab initio* par le déposant, n'est pas en
rapport avec les soins que devra prendre le dépositaire, qui se charge
du dépôt plutôt par obligeance que pour en retirer un bénéfice, comment voir là un louage ou tout autre contrat commutatif quelconque?

_____

(1) Pothier (n° 13). *Voy.* aussi Domat (*loc. cit.*, sect. 1re, n° 2).
(2) *Voy.* MM. Duvergier (t. XXI, n°s 408 et 409); Troplong (*Du Dépôt*, n°s 12 à 15);
Aubry et Rau (3° édit., t. III, p. 445, note 2); Mourlon (5° édit., t. III, p. 414); Taulier (t. VI, p. 459). Comp. M. Duranton (t. XVIII, n° 20).

Les conditions de l'art. 1104 ne s'y rencontrent pas : la convention se résume donc encore en un contrat de bienfaisance dans les termes de l'art. 1105, malgré le faible salaire que reçoit le dépositaire. C'est la distinction que nous avions formulée par avance dans le titre qui précède (*supra*, n° 223). Nous nous y tenons, parce qu'elle se justifie par les principes généraux, et aussi en partie par la tradition. Ulpien dit en effet : « Nam, quia nulla utilitas ejus versatur, *apud quem deponitur,* » merito dolus præstatur solus, nisi fortè et *merces* accessit » (l. 5, § 2, ff. *Comm. vel contrà*), par où il montre que le dépôt ne cesse pas d'être le dépôt, même quand il y a *merces*.

378. Cette distinction, d'ailleurs, sera faite sans grande difficulté par les juges, car elle se déduira presque toujours d'elle-même des faits et des circonstances. Par exemple, quand celui à qui un objet a été confié est de la classe des personnes qui font métier de recevoir des dépôts et qui spéculent sur ce genre de services, on présumera tout naturellement une convention de louage. Ainsi les dépôts de numéraire, de billets, de titres, qui se font à la Banque de France, et à raison desquels elle reçoit un droit de tant pour cent ; ainsi encore les dépôts ou consignations en matière commerciale, sont moins des dépôts que des louages de services, l'idée de commerce impliquant la spéculation et le bénéfice à réaliser. Au contraire, si la personne à laquelle le dépôt a été offert n'est pas dans l'habitude d'en recevoir, on présumera bien plus facilement, malgré la rémunération offerte et acceptée, qu'elle n'a entendu faire qu'un dépôt (1).

379. Dans tous les cas, le dépôt, suivant la remarque de Pothier (2), conserve son caractère de gratuité alors même que le déposant a fait spontanément des présents au dépositaire, en signe de sa reconnaissance : tant que celui-ci n'exige rien, le contrat reste gratuit.

Ajoutons que la gratuité, qui caractérise le dépôt soit volontaire, soit nécessaire, peut être absente et le sera souvent dans le séquestre, ainsi que nous le verrons à l'art. 1957.

II. — 380. Le second caractère du dépôt proprement dit, et par lequel il se distingue encore du séquestre (*infrà*, art. 1959), c'est qu'il ne peut avoir pour objet que des choses mobilières (art. 1918). Sous notre ancienne jurisprudence, les auteurs n'étaient pas d'accord sur ce point. Voët, argumentant par analogie du commodat et de quelques textes du droit romain, lesquels n'avaient trait qu'au séquestre, enseignait que les immeubles pouvaient aussi faire l'objet d'un dépôt (3). Cependant l'opinion contraire était plus généralement adoptée, comme fondée sur l'étymologie même du mot *depositum,* le contrat étant ainsi appelé, disait-on, *ex eo quod ponitur,* c'est-à-dire de ce que la chose dont on confie la garde est mise ès mains de celui à qui on la confie, ce qui ne peut convenir qu'aux meubles. Pothier, tout en rejetant cette

---

(1) *Voy.*, en ce sens, MM. Massé et Vergé, sur Zachariæ (t. V, p. 3, note 4) ; Dalloz (v° Dépôt, n° 13) ; Delvincourt (t. III, p. 207 et 429, notes).
(2) Pothier (n° 13).
(3) Voët (*Depositi*, n° 3).

explication, concluait néanmoins, comme la majorité des auteurs, que les immeubles ne sont pas susceptibles du contrat de dépôt. La meilleure raison qu'on en peut donner, selon lui, c'est que le but et la fin du dépôt étant la garde de la chose, afin que le déposant la retrouve quand il sera de retour ou en aura besoin, il n'est pas de la nature d'un immeuble que celui à qui il appartient puisse jamais avoir besoin de le donner en garde à un tiers pour le retrouver. Ainsi, quelqu'un confie à un ami les clefs de sa maison, qu'il n'habite pas : ce sera un dépôt des clefs ou même encore des meubles qui sont dans la maison; il charge, en outre, cet ami de visiter et surveiller la maison : ce sera, de plus, une convention de mandat; mais ce ne sera, en aucun cas, le dépôt de la maison elle-même, qui, ne pouvant être déplacée, n'a pas besoin qu'on la garde (1).

Quoi qu'il en soit, l'art. 1918 met fin à la controverse en disposant formellement que le dépôt ne peut avoir pour objet que des choses mobilières. C'est donc à tort que l'art. 125 du Code Napoléon donne la qualification de *dépôt* au titre des envoyés en possession provisoire *des biens* d'un absent; et la disposition doit être prise comme restreignant le pouvoir des envoyés en possession provisoire et signifiant qu'ils sont responsables de leur gestion au même degré qu'un dépositaire.

381. Si le dépôt ne peut avoir pour objet que des choses mobilières, ce n'est pas à dire que toutes les choses mobilières puissent être la matière du contrat : les meubles *corporels* en sont seuls susceptibles, parce seuls ils peuvent être gardés. Quant aux meubles incorporels, ils n'ont pas de consistance, pas de situation; ils ne peuvent donc pas être transportés chez le dépositaire. Notons que nous parlons seulement du *droit lui-même;* en ce qui concerne les titres qui constatent ce droit, ils sont dans la catégorie des choses corporelles et peuvent dès lors être la matière du dépôt.

382. Du reste, une chose mobilière, quels qu'en soient la qualité et le volume, peut être la matière du contrat, par cela seul qu'elle est corporelle, c'est-à-dire susceptible de déplacement. Ainsi, on peut déposer des actions, des lettres de change; et la jurisprudence est allée même, avec toute raison, jusqu'à dire que la remise d'un blanc seing constitue un dépôt volontaire (2).

383. Les choses fongibles sont pareillement susceptibles d'être confiées en dépôt; seulement il est nécessaire de spécifier dans l'acte les objets déposés, les espèces, les pièces de monnaie, qui devront être restitués, et non pas uniquement la quantité; sans quoi la convention constituerait non pas un dépôt, mais un prêt simple (3).

III. — 384. Un troisième caractère du dépôt, c'est qu'il doit avoir pour but unique la garde de la chose (art. 1915) : *Solam custodiam sine*

(1) *Voy.* Pothier (n° 3).
(2) *Voy.* Rej., 18 janv. 1831; Toulouse, 5 juin 1841; Riom, 30 mars 1844; Req., 3 mai 1848 (S. V., 31, 1, 192; 42, 2, 12; 44, 2, 321; 48, 1, 321; Dalloz, 31, 1, 49; 42, 2, 60; 45, 2, 70; 48, 1, 145 : *J. Pal.*, 1848, 2, 281).
(3) Cass., 26 avr. 1810; Besançon, 13 nov. 1811 (S. V., 11, 1, 65; Coll. nouv., 3, 1, 177; 2, 576; Dalloz, 11, 1, 145; Coll. alph., 5, 51).

ullâ utilitate accipientis continet. La remise de la chose est-elle faite pour une autre fin, c'est un contrat différent qui se forme : *Unius cujusque contractûs initium spectandum et causa* (l. 8, ff. *Mandati*). Par exemple, le plaideur qui confie à son avoué les pièces et titres nécessaires à la défense de sa cause ne fait pas un dépôt; la garde des titres et pièces par l'avoué n'est ici que l'accessoire du mandat que celui-ci a reçu du plaideur de soutenir le procès (1).

Ici apparaît la nécessité de mettre le dépôt en regard de plusieurs autres contrats avec lesquels il a certains points de contact; la comparaison fera mieux ressortir les caractères et la nature intime de celui qui est l'objet de notre examen.

385. Et tout d'abord nous rencontrons le mandat, celui de tous les contrats avec lequel il est le plus facile de confondre le dépôt, qui n'est, à le bien prendre, qu'une variété du mandat, un mandat *sui generis,* un mandat *de re custodiendâ.* L'intérêt qu'il y a à distinguer les deux conventions se manifeste à divers points de vue : ainsi, en conférant les art. 1927 et 1992, on voit que le mandataire est, en principe, tenu d'apporter à l'exécution de l'affaire à lui confiée une diligence plus grande que le dépositaire; ensuite, la loi enlève au dépositaire infidèle le bénéfice de cession de biens (*infrà,* art. 1945), tandis que le mandataire reste sous l'empire du principe général; enfin celui-ci peut opposer la compensation au mandant, ce qui est interdit au dépositaire (art. 1293, 2°).

Il est donc important de tracer la ligne de démarcation qui sépare le mandat et le dépôt.

A cet égard, on consultera tout d'abord les termes de la convention pour arriver à déterminer l'intention des parties. Si cette intention reste obscure, on pourra dire que le contrat a le caractère du mandat quand il en résulte une obligation de faire au profit du mandant à la charge du mandataire, puisqu'en général le dépôt n'oblige le dépositaire à aucun fait actif, la tâche de ce dernier se bornant à garder la chose. Disons toutefois qu'à cette obligation toute négative une obligation positive pourra venir s'ajouter dans telle ou telle circonstance, sans que le contrat en soit modifié; tel est le cas où l'obligation ajoutée serait la conséquence naturelle et nécessaire de l'obligation de garder. Par exemple : je dépose mon cheval chez vous; cela implique l'obligation de nourrir le cheval, et s'il vient à tomber malade, de le soigner; mais de ce que vous devez soit nourrir, soit soigner le cheval, la convention n'en reste pas moins entre nous un contrat de dépôt.

386. La jurisprudence s'est inspirée, en général, de ces principes; et elle en a fait l'application en décidant que la remise de deniers à un notaire par l'acquéreur d'un immeuble pour payer les créanciers inscrits est faite à titre de mandat et non de dépôt (2), comme aussi que le notaire qui se charge de recevoir pour le compte de son client

(1) *Voy.* Pothier (n° 9).
(2) Bourges, 6 mai 1851 (S. V., 52, 2, 429; Dalloz, 53, 2, 3; *J. Pal.*, 1851, t. I, p. 560).

des capitaux avec indication d'emploi, est un véritable mandataire et non un simple dépositaire, de même que celui qui reçoit des lettres de change pour les recouvrer au compte du bénéficiaire (1). Il y a là une obligation de faire spéciale, et qui, à tous égards, doit être considérée comme absorbant l'obligation toute négative résultant de la remise des capitaux ou des lettres de change.

387. Il n'est pas impossible cependant que les deux contrats de mandat et de dépôt se succèdent immédiatement sans s'absorber, bien qu'ils soient la conséquence nécessaire et inséparable l'un de l'autre. Par exemple, je vous confie un objet pour le garder pendant un certain temps, à l'expiration duquel vous avez la charge de vendre cet objet à un moment opportun, de l'expédier ou de le transporter quelque part. Il y a là évidemment deux contrats successifs, un dépôt d'abord, puis un mandat. Toutefois M. Troplong, ne voyant dans le dépôt qu'un préliminaire du mandat, conclut que ce dernier contrat absorbe l'autre (2). Il est plus vrai de dire, ce nous semble, que l'opération implique tout d'abord un véritable dépôt, qui pourra même en rester là, par exemple si l'événement favorable à la vente ou au transport de l'objet déposé ne se réalise pas, et qui ne se transformera en un mandat que le jour où, cet événement s'étant réalisé, l'objet sera vendu, transporté ou expédié.

A l'inverse, quand une personne a été chargée du recouvrement d'une somme et de la garder ensuite assez longtemps, par exemple jusqu'au retour du propriétaire qui est en voyage, il est équitable et naturel de dire que jusqu'à la réception de la somme cette personne est mandataire, après quoi, chargée qu'elle est de garder la somme pour la remettre au déposant, ce qui est le caractère essentiel du dépôt, elle prend la qualité de dépositaire et ne doit plus d'autre vigilance et d'autres soins que ceux du dépositaire.

388. Après le mandat, nous rencontrons le prêt à usage, dont le dépôt doit aussi être soigneusement distingué au point de vue de la responsabilité. Ce qui caractérise le prêt à usage ou commodat, c'est le droit accordé au commodataire ou emprunteur de se servir de la chose (*suprà*, nos 65 et suiv.). Est-ce à dire que toutes les fois qu'en déposant un objet j'aurai permis au dépositaire de s'en servir il y aura commodat? Non, assurément : l'art. 1930 suppose nettement, comme nous le verrons bientôt, que le dépositaire peut être autorisé à se servir de la chose déposée. Néanmoins, il faudra que le but principal et direct du contrat, pour qu'il ne perde pas le caractère de dépôt, soit toujours la garde de la chose, l'usage ne devant être que tout accidentel et très-rare.

389. C'est surtout quand il s'est agi d'apprécier le délit d'abus de confiance (C. pén., art. 408) que se sont élevées les difficultés les plus nombreuses touchant la limite des deux contrats, l'art. 408 ne

_____

(1) Paris, 18 janv. 1834; Cass., 20 mai 1814 (S. V., 34, 2, 93; Coll. nouv., 4, 1, 565; Dalloz, 15, 1, 524).
(2) M. Troplong (*Du Dépôt,* n° 32).

paraissant pas avoir compris la violation du mandat avant la loi du 17 avril 1832, et, même depuis cette loi, le commodat restant en dehors des prévisions de cet article. Il a été décidé notamment que le fait de retenir par devers soi un billet de complaisance livré pour faire croire à une fortune mensongère et favoriser des projets de mariage ne tombe pas sous le coup de l'art. 408, en ce qu'il y a là un commodat plutôt qu'un dépôt (1). Comme aussi il a été jugé que le détournement de marchandises livrées à charge de les rendre ou d'*en restituer le prix* n'a pas le caractère du délit d'abus de confiance, la remise faite en ces termes constituant, non point un dépôt, mais une vente conditionnelle (2).

390. Quand le contrat a pour objet de l'argent ou d'autres choses fongibles, et contient la clause que le dépositaire pourra se servir des choses déposées, il y a dépôt tant que ces choses subsistent en nature. Mais faut-il nécessairement admettre, dès qu'elles n'existent plus, que le dépôt s'est transformé en un prêt de consommation ? Nous ne le pensons pas : ce serait là une variété du dépôt, le dépôt irrégulier dont nous parlerons à l'art. 1930.

Toutefois s'il était entendu entre les parties, au moment du contrat, que les objets déposés vont se confondre immédiatement avec ceux du dépositaire prétendu, chargé seulement d'en rendre une pareille quantité, c'est alors qu'il y aurait, en réalité, prêt de consommation. C'est ainsi que le versement dans la caisse d'un banquier de sommes produisant intérêt, avec retrait facultatif, constitue une remise de sommes en compte courant, et non un dépôt (3).

391. Le dépôt peut servir quelquefois aussi à déguiser un nantissement. Le fait s'est produit, à notre avis, dans une espèce soumise à la Cour de cassation, dont la décision ne nous semble pas irréprochable. En fait, un banquier avait ouvert un crédit à un tiers, avec destination spéciale de ce crédit à l'acquisition d'actions industrielles ; l'acquisition devait être faite par le banquier, qui restait saisi des actions jusqu'au remboursement du montant du crédit. La Cour a décidé qu'il n'y avait là qu'un contrat de dépôt *affectant les actions au remboursement de la somme employée à leur achat* (4). Évidemment la solution n'est nullement en harmonie avec les caractères essentiels du contrat de dépôt ; et en outre elle est fort susceptible de favoriser la fraude, en ce qu'elle permet à tout débiteur de constituer des sûretés sur sa fortune mobilière, sans observer les formalités protectrices établies par l'art. 2075.

IV. — 392. Puisque le but principal et essentiel du contrat de dépôt est la garde de la chose, il est indispensable, en vue d'atteindre le but,

---

(1) Cass., 28 juin 1860 (S. V., 60, 1, 918 ; *J. Pal.*, 1861, p. 256 ; Dalloz, 61, 1, 471). Conf. Cass., 18 juin 1835 (S. V., 35, 1, 852).
(2) Cass., 22 juin 1860 (S. V., 60, 1, 917 ; *J. Pal.*, 1861, p. 471 ; Dalloz, 61, 1, 471).
(3) Req., 13 août 1856 (S. V., 57, 1, 637). *Voy.* une décision analogue dans un arrêt de la Cour de Bordeaux du 6 février 1840 (S. V., 40, 2, 267).
(4) Req., 10 déc. 1850 (S. V., 51, 1, 243 ; *J. Pal.*, 1853, 2, 631 ; Dalloz, 54, 1, 399).

que la chose soit remise entre les mains du dépositaire : c'est ce qu'indique l'art. 1919. Ainsi, le dépôt est un contrat réel, un contrat dès
lors qui n'est parfait que par la tradition. Sans doute, rien n'empêche
deux personnes de convenir entre elles que l'une sera obligée à une
certaine époque de recevoir en dépôt la chose de l'autre : une telle convention qui, en droit romain, n'aurait pas engendré d'action à moins
d'être revêtue des formes de la *stipulatio,* sera obligatoire d'après
notre droit et fera la loi des parties (C. Nap., art. 1134); mais elle ne
sera qu'un contrat innommé, régi par les principes généraux. Elle ne
sera pas encore le dépôt, qui, l'art. 1919 le montre assez, ne sera parfait que par la tradition, c'est-à-dire qu'autant que la chose étant passée
des mains du déposant dans celles du dépositaire, celui-ci sera en position d'exercer la garde qui est l'objet même du contrat de dépôt.

C'est donc bien à tort que M. Toullier, et après lui M. Duvergier, ont
critiqué la dénomination de *contrat réel,* donnée au dépôt et aux autres
contrats qui, comme le dépôt, exigent, pour leur perfection, la remise
de la chose au débiteur (1). Il est bien vrai que la tradition n'a plus,
dans notre droit, le même intérêt que dans le droit romain, sous l'empire duquel le simple pacte n'avait pas la force de produire une action :
aussi s'explique-t-on aisément que le Code n'ait pas mentionné cette
division des contrats au titre *Des Obligations conventionnelles.* Mais
c'est confondre le contrat lui-même avec la simple convention dont ce
contrat pourra souvent être précédé, que de refuser au dépôt, dans notre
droit, la qualification et le titre de contrat réel. Pothier ne s'y était pas
trompé; et il le qualifiait ainsi (2), bien qu'à son époque les principes du droit romain ne fussent pas admis déjà depuis longtemps.
C'est que, sauf l'effet particulier attaché à la tradition par la législation
romaine, le caractère subsiste tout entier; et l'expression rappelle cette
idée très-juste et très-vraie que tant qu'il n'y a pas eu remise effective
de la chose, le contrat ne peut pas prendre naissance avec ses effets
particuliers et les obligations qui en dérivent (3).

393. Cependant, quand la chose se trouve déjà en la possession de
celui à qui le déposant en veut confier la garde, la simple convention
suffit pour transformer le titre en vertu duquel cette personne possède,
et la constituer dépositaire. Ainsi, vous détenez ma chose à titre de locataire, et nous convenons que vous la garderez comme dépositaire; cette
convention suffit pour constituer le contrat de dépôt dans sa perfection :
il y a en quelque sorte novation dans votre qualité. En cas de contestation sur cette interversion de titre, ce sera à vous à faire la preuve, et
vous y aurez souvent un notable intérêt au point de vue de la responsabilité, qui sera appréciée beaucoup moins rigoureusement, si vous faites
prévaloir l'idée de dépôt, qu'elle ne le serait d'après les règles applicables aux autres contrats en général.

---

(1) *Voy.* MM. Toullier (t. VI, n° 17); Duvergier (t. XXI, n° 383). Comp. M. Taulier (t. VI, p. 459).
(2) *Voy.* Pothier (n° 7).
(3) *Voy.* M. Troplong (n° 20).

Cette convention qui suflit ici pour parfaire le contrat est appelée par le Code (art. 1919) *tradition feinte*, expression qui rappelle la distinction romaine entre la tradition réelle et la tradition *brevis manus*, et qui, bien que n'étant plus en harmonie avec les idées nouvelles, se retrouve encore plusieurs fois dans nos lois (art. 1606 et 1919).

Du reste, il n'est pas nécessaire que le déposant remette lui-même l'objet au dépositaire, ni que celui-ci le reçoive en personne : la tradition peut être faite de mandataire à mandataire.

V. — 394. Le dépôt proprement dit se subdivise en dépôt volontaire et en dépôt nécessaire. Cette subdivision, qui prend sa raison d'être dans les faits donnant naissance au dépôt, est déjà indiquée dans le droit romain. Le dépôt nécessaire ou misérable (*miserabile depositum*) est celui qui se fait dans une circonstance imprévue et presque toujours malheureuse. Le dépôt volontaire a lieu en toute autre circonstance, quels que soient d'ailleurs les motifs plus ou moins impérieux qui portent le déposant à le faire : ce qui le caractérise, c'est la liberté laissée au déposant de choisir le dépositaire.

La plupart des règles que nous allons trouver dans les articles suivants sont communes aux deux sortes de dépôt ; il eût donc été plus logique de ne pas les rapporter exclusivement au dépôt volontaire. Les rédacteurs du Code ont suivi en cela l'ordre de Pothier, qui néanmoins y avait mis plus de méthode, en ce qu'il traitait, dans un chapitre spécial, du dépôt nécessaire que nous voyons ici faire l'objet d'une simple section comprise dans le chapitre relatif au dépôt proprement dit. Quoi qu'il en soit, comme cet ordre n'entraîne pas d'inconvénients, nous ne croyons pas devoir nous en écarter dans les explications qui vont suivre.

SECTION II.

DU DÉPÔT VOLONTAIRE.

1921. — Le dépôt volontaire se forme par le consentement réciproque de la personne qui fait le dépôt et de celle qui le reçoit.

1922. — Le dépôt volontaire ne peut régulièrement être fait que par le propriétaire de la chose déposée, ou de son consentement exprès ou tacite.

SOMMAIRE.

I. 395. Le dépôt volontaire, comme tous les contrats, exige le consentement des parties. — 396. L'erreur sur l'objet même du contrat l'empêche de prendre naissance. — 397. Mais l'erreur sur la quantité ou la qualité des choses déposées est sans influence. — 398. *Quid* de l'erreur sur la personne du déposant ou du dépositaire ? Distinctions. — 399. Le consentement peut être exprès ou tacite.

II. 400. Le dépôt est valablement fait par toute personne qui détient ou possède la chose : sens et portée de l'art. 1922.

I. — 395. Le dépôt volontaire se forme par le consentement réciproque de la personne qui fait le dépôt et de celle qui le reçoit (art. 1921) : c'est ce qui caractérise le dépôt volontaire. Sans doute le dépôt nécessaire, lui aussi, se forme par le consentement de deux parties ;

mais il présente ce caractère particulier que la volonté du déposant y est en quelque sorte dominée par les circonstances dans lesquelles elle intervient. Dans le dépôt volontaire, au contraire, le déposant conserve toute sa liberté d'action : il peut choisir la personne à laquelle il veut confier sa chose, examiner à loisir le degré de probité et de diligence de cette personne et se déterminer en parfaite connaissance de cause. L'art. 1921 n'a voulu dire que cela.

396. De même que tous les autres contrats, le dépôt exige le consentement des parties sur l'objet même du contrat. Il faut que le déposant ait l'intention d'obliger le dépositaire à exercer la garde de la chose qui lui est livrée et qu'il devra rendre précisément la même ; il faut aussi que le dépositaire entende s'obliger dans les mêmes termes. Si donc l'une des parties avait la pensée qu'elle reçoit à titre de prêt ce que l'autre ne veut et n'entend lui livrer qu'à titre de dépôt, il n'y aurait pas de contrat, parce qu'il n'y aurait pas cet accord de volontés (*concursus in idem placitum*) sans lequel le contrat ne saurait se former (*voy.* nº 135) : le prétendu déposant serait fondé à réclamer sa chose par revendication si elle existait encore, ou par une action personnelle si elle était consommée, sans que ni l'une ni l'autre des parties eût à parler ou à exciper des effets particuliers au contrat de dépôt.

397. Si l'erreur sur le contrat entraîne la non-existence du dépôt, il en est autrement de l'erreur sur la substance, sur la qualité de la chose. Dans d'autres contrats, par exemple la vente ou le louage, une telle erreur pourrait donner lieu à une action en nullité ; dans le contrat de dépôt, elle ne produit pas d'effet en principe. Et cela s'explique de soi-même. Qu'importe au dépositaire que l'objet dont la garde lui a été confiée soit de telle matière quand il le croyait de telle autre, ou que la somme d'argent qui lui a été remise soit en réalité inférieure à celle qu'il a cru recevoir? C'est absolument indifférent au dépositaire, puisqu'il n'a pas le droit de se servir de la chose déposée. D'ailleurs, ce qui fait l'objet du contrat, ce n'est pas ce que l'un ou l'autre a entendu donner ou recevoir; c'est ce qu'il a effectivement donné ou reçu, car c'est là ce qui doit être restitué.

Toutefois, il pourrait y avoir lieu à contestation au moins dans un cas, celui où les objets déposés, par exemple une somme d'argent, ne se trouvant pas dans un coffre ou dans un sac cacheté, il y aurait déficit sur la quantité déclarée. La présomption, dans une telle hypothèse, militerait contre le dépositaire, qui serait en faute pour n'avoir pas vérifié au moment du dépôt; ce serait à lui de prouver qu'il n'a pu être rien distrait des objets ou de la somme déposés.

Ajoutons aussi que la chose pourrait être rendue au déposant immédiatement et sans attendre le terme fixé au contrat si, à raison d'un vice inconnu ou caché, elle était dangereuse, ou seulement susceptible de causer au dépositaire un préjudice quelconque qu'il n'aurait pas été possible à ce dernier de prévoir. Le dépositaire serait fondé même, en ce cas, à se faire autoriser à mettre la chose en séquestre jusqu'à ce qu'il pût donner avis au déposant.

398. L'erreur peut porter aussi sur la personne de l'un des contractants. Pothier, et après lui M. Duranton, ne distinguent pas ce cas, quant aux effets, de celui dont nous venons de parler; ils enseignent, sans distinction aucune, que de même que l'erreur sur la quantité ou la qualité de la chose, l'erreur sur la personne de l'un des contractants n'empêche pas le contrat d'être valable. La personne que l'on a eue en vue au moment du dépôt, disent-ils, ce n'est pas précisément la personne même que par erreur on a cru être celle qui donnait ou recevait la chose déposée; c'est uniquement celle, quelle qu'elle soit, qui a effectivement donné ou reçu la chose (1). Cette décision est assurément trop générale. Le dépôt est avant tout un contrat de confiance, presque toujours fondé sur des rapports d'amitié. Si donc le dépositaire a été dans l'erreur, et, quand il croyait rendre service à un ami, s'il a reçu une chose en dépôt d'une personne inconnue, qui peut-être lui suscitera des embarras ou des ennuis, on ne peut évidemment pas le contraindre à rester dans les liens du contrat; on doit l'admettre à en provoquer la nullité et à se dégager immédiatement en restituant la chose qu'il a reçue en dépôt, sans attendre l'expiration du temps pendant lequel il aurait dû, d'après la convention, en conserver la garde.

Dans l'hypothèse inverse, quand c'est le déposant qui a été dans l'erreur, en ce que, croyant confier sa chose à un ami, il l'a déposée aux mains d'une personne plus ou moins sûre, qu'il ne connaissait pas, on peut se ranger à l'avis de Pothier et de M. Duranton, en ce sens que le déposant n'aura pas à recourir à une action en nullité pour faire tomber le contrat. Il s'autorisera, en effet, de l'art. 1944 (voy., *infrà*, le commentaire de cet article), qui oblige le dépositaire à remettre le dépôt au déposant aussitôt que ce dernier le réclame, fût-ce même avant l'expiration du terme fixé par la convention; et il reprendra ainsi sa chose des mains de celui à qui il l'avait confiée par erreur (2). — Toutefois, nous supposons ici le cas de dépôt ordinaire; car s'il s'agissait du dépôt *irrégulier*, dont il sera question à l'art. 1930, du dépôt dans lequel le dépositaire peut, à un moment donné, se servir de la chose déposée, il en serait autrement : la convention s'opposant, dans ce cas, au retrait facultatif immédiat, le déposant devrait nécessairement recourir à l'action en nullité.

399. Le consentement exigé pour la formation du contrat ne doit pas nécessairement être exprès; il peut très-bien résulter des circonstances. Ainsi, il pourra s'induire de ce que le déposant a porté un objet et l'a laissé chez un ami, au vu et su de ce dernier, qui a pris l'obligation de le garder par cela seul qu'il ne l'a pas refusé. Mais, dans ce cas et dans tous autres cas analogues, il faudra que la volonté du dépositaire ne soit pas douteuse, et ressorte clairement des circonstances qui auront accompagné l'apport de l'objet (3).

---

(1) *Voy.* Pothier (n° 17); M. Duranton (t. XVIII, n°s 9 et 10).
(2) *Voy.*, en ce sens, MM. Duvergier (n° 398); Troplong (n° 38); Dalloz (v° Dépôt, n° 33); Massé et Vergé, sur Zachariæ (t. V, p. 3, note 1); Bugnet, sur Pothier (note sur le n° 17).
(3) *Voy.* Pothier (n° 14).

Il en est de même quant au déposant, dont le consentement peut aussi, aux termes de l'art. 1922, être exprès ou tacite.

II. — 400. Le même article déclare que le dépôt ne peut régulièrement être fait que par le propriétaire. C'est là une disposition dont la portée doit être précisée.

L'art. 1922 n'a pas assurément pour objet d'interdire à celui qui possède une chose sans en être propriétaire, mais en vertu d'un droit qui lui est propre, la faculté de faire valablement le dépôt de cette chose; personne ne conteste, en effet, que l'usufruitier, par exemple, ou le créancier gagiste ne puisse déposer, et cela même aux mains du propriétaire, la chose dont il a l'usufruit ou qu'il retient à titre de gage. — Bien plus, il faut admettre que même celui qui détient illégalement, un voleur, par exemple, peut très-valablement déposer la chose volée, et par là faire naître à son profit et contre le dépositaire l'action directe qui appartient à tout déposant : l'art. 1938, en effet, suppose formellement la validité d'un tel dépôt. — Enfin, il n'est pas douteux que le dépositaire ne puisse se constituer déposant et déposer la chose qu'il a lui-même reçue en dépôt. — L'art. 1922 ne fait obstacle à rien de cela en disant que le dépôt volontaire ne peut régulièrement être fait *que par le propriétaire de la chose déposée, ou de son consentement exprès ou tacite.*

Que signifie donc cet article? Et qu'a-t-il voulu dire? Une chose fort simple, et qui, même dans le silence de la loi, eût été aisément suppléée : c'est que le dépôt de la chose d'autrui, bien qu'il lie les parties contractantes entre elles (art. 1937 et 1938), ne lie pas le propriétaire lui-même quand il n'a pas donné au contrat son consentement exprès ou tacite; d'où suit que le propriétaire, en ce cas, est toujours en droit de réclamer sa chose, de se la faire rendre par le dépositaire, et n'a pas à craindre que celui-ci lui oppose l'art. 1948, relatif au droit de rétention. Tout ce qui peut être concédé au dépositaire, c'est le droit d'exiger le remboursement des frais qu'il a pu faire, et dont il serait peu juste que le propriétaire s'enrichît à ses dépens (1).

1923. — Le dépôt volontaire doit être prouvé par écrit. La preuve testimoniale n'en est point reçue pour valeur excédant cent cinquante francs.

1924. — Lorsque le dépôt, étant au-dessus de cent cinquante francs, n'est point prouvé par écrit, celui qui est attaqué comme dépositaire, en est cru sur sa déclaration, soit pour le fait même du dépôt, soit pour la chose qui en faisait l'objet, soit pour le fait de sa restitution.

---

(1) *Voy.* MM. Aubry et Rau (t. III, p. 446, note 4); Troplong (n° 39).

SOMMAIRE.

I. — 401. Le contrat de dépôt est parfait par le consentement, accompagné de la remise de l'objet au dépositaire ; mais il ne suffit pas que
le consentement existe, il faut encore qu'il soit prouvé, s'il est contesté.
C'est de la preuve que s'occupent les art. 1923 et 1924.

Dans l'ancien droit romain, le dépôt était soumis à la règle générale
qui permettait de prouver par témoins toute espèce de convention.
Justinien, frappé des abus qu'entraînait cet état de choses et des
parjures auxquels il donnait lieu dans les débats nombreux qu'il sus-
citait, exigea, pour la preuve du dépôt, un acte écrit et signé de trois
témoins (Authent. : *Si quis vult.* C. *qui pot. in pig.*).

Notre très-ancien droit français ne s'était pas assujetti à cette disposition ; le dépôt y pouvait être établi par la preuve testimoniale, alors
admise d'une manière générale. Cependant l'ordonnance de Moulins,
introductive d'un système nouveau en ce qui concerne la preuve, fut
publiée en 1556. Cette ordonnance ayant exigé (art. 54) qu'il fût passé
acte de toutes choses excédant la valeur de 100 livres, il semblait que
le dépôt dût, comme tous les autres contrats, être astreint à cette règle.
Mais des doutes s'élevèrent : on prétendit que réclamer du dépositaire
une reconnaissance écrite, c'était blesser dans sa délicatesse celui à qui
on demandait un service ; que par cela même il y avait en quelque sorte
une impossibilité morale, pour le déposant, à exiger cette reconnaissance ; et par suite que l'équité voulait que ce dernier, en cas de contestation sur l'existence du dépôt, fût admis à faire sa preuve par témoins. Toutefois on ne s'arrêta pas à ces considérations qui, d'ailleurs,
ne tendaient à rien moins qu'à violer la lettre et l'esprit de l'ordonnance. La jurisprudence tint bon, et, se retranchant dans la généralité
des termes de l'art. 54, comme aussi dans les motifs d'intérêt public
dont les rédacteurs de cet article s'étaient inspirés, elle en appliqua rigoureusement la disposition, estimant sans doute, comme cela résulte
de l'interprétation des auteurs, que c'était là le meilleur moyen d'éviter les procès et de prévenir le scandale des faux témoignages, et que,
d'ailleurs, quand le déposant n'a pas cru devoir exiger un acte écrit du
dépositaire, c'est qu'il a suivi la foi de ce dernier, en sorte qu'il ne peut

imputer qu'à lui-même le préjudice qu'il souffre, si plus tard le dépôt est contesté (1).

402. L'ordonnance de 1667, tit. XX, art. 2, est venue plus tard confirmer expressément cette jurisprudence dont notre art. 1923 et l'art. 1341 reproduisent la décision, en soumettant la preuve du dépôt volontaire spécialement aux règles du droit commun (2).

Il ne faudrait pas conclure, toutefois, du texte un peu laconique de l'art. 1923 qu'un acte écrit est toujours nécessaire au-dessus de 150 fr. La preuve testimoniale sera admissible, conformément à l'art. 1347, quand il existera un commencement de preuve par écrit (3), quand l'écrit sera perdu ou qu'il y aura eu impossibilité de se procurer une preuve écrite (art. 1348), par exemple si le dépôt a été obtenu par fraude (4), à la condition toutefois que le dol et la fraude aient été suffisamment caractérisés pour empêcher le déposant de se procurer la preuve écrite du contrat (5).

L'art. 1923 reçoit également exception quand il s'agit d'un dépôt commercial, lequel peut être prouvé par témoins, quelle qu'en soit la valeur (6).

403. Le déposant qui a négligé de demander une reconnaissance est donc, en principe, empêché d'intenter contre le dépositaire l'action en restitution du dépôt excédant 150 francs. Mais peut-il, éludant en quelque sorte la difficulté, agir contre le prétendu dépositaire comme il agirait contre tout autre détenteur quelconque d'un objet qui lui appartient? La même question se présente à l'occasion du commodat, et nous l'avons examinée aux n⁰ˢ 33 et 34. Elle ne paraît pas avoir été prévue par les auteurs à l'occasion du contrat de dépôt, où elle peut s'élever cependant et avec les mêmes difficultés. On peut dire en effet, dans le sens de la négative, que sans doute le déposant, qui est resté propriétaire, a bien le choix entre l'action personnelle résultant du contrat et l'action en revendication inhérente à sa qualité de propriétaire; mais que lorsqu'il a contrevenu à la règle de l'art. 1923, il ne saurait lui être permis de mettre de côté ce contrat, dont il lui est défendu de prouver l'existence par témoins, pour se rattacher exclusivement à son titre de propriétaire, parce que ce serait là une violation indirecte de l'art. 1341 et de l'art. 1923.

Cependant, malgré ces raisons de douter, nous estimons que le déposant peut agir par la revendication, à la condition néanmoins de ne prendre dans le contrat aucun de ses éléments de preuve. Il aura d'abord à établir son droit de propriété sur la chose revendiquée, et pour

---

(1) *Voy.* Brodeau, sur Louët (lett. D, somm. 33). — *Voy.* cependant Cujas (Parat. sur le tit. *Depositi*, au Code).

(2) *Voy.* sur ce point les explications de Marcadé (t. V, sur l'art. 1341).

(3) Cr. rej., 31 juill. 1812 et 3 déc. 1818 (S. V., Coll. nouv., 4, 1, 161, 5, 1, 555; Dalloz, Rec. alph., t. V, p. 52 et 85).

(4) Cr. rej., 22 août 1840 (S. V., 41, 1, 255; Dalloz, 40, 1, 436).

(5) Cass., 20 avr. 1844 (S. V., 44, 1, 848; Dalloz, 44, 1, 399).

(6) Metz, 5 août 1822; Rouen, 9 janv. 1829 (S. V., Coll. nouv., 7, 2, 110; 9, 2, 188; Dalloz, alph., t. V, p. 60; 29, 2, 272).

y arriver il devra évidemment se conformer à la disposition de l'art.
1341. Mais cette première preuve ne lui suffira pas; car le détenteur
de sa chose lui opposera la présomption de l'art. 2279, c'est-à-dire
sa possession qui vaut titre pour lui et qui fait que jusqu'à preuve
contraire il est censé être devenu propriétaire. Il faudra donc que le
déposant établisse en outre, pour renverser cette présomption, la mauvaise foi du défendeur, qui alors ne sera plus protégé par l'art. 2279;
et le revendiquant ou le demandeur établira cette mauvaise foi par tous
les moyens de preuve, même par témoins, pourvu toutefois qu'il n'invoque pas le titre de dépositaire du défendeur, puisqu'il ne pourrait
le faire sans se heurter alors contre la prohibition de l'art. 1923.

Quant à ce dernier, il lui sera assez difficile de contester la prétention du demandeur : il se gardera bien, lui aussi, de parler du dépôt,
car ce serait là un aveu dont le juge ne manquerait pas de s'emparer
contre lui. Il ne pourra donc repousser la demande qu'en contestant la
propriété du revendiquant ou les faits tendant à établir sa mauvaise
foi.

404. La règle qui défend de prouver par témoins un dépôt d'une
valeur excédant 150 francs serait souvent éludée s'il était permis, en
s'adressant aux tribunaux de répression, d'établir devant eux, par ce
moyen, l'existence du contrat. L'ancienne jurisprudence proscrivait
déjà ce détour abusif en décidant, d'une manière constante, qu'il n'est
pas permis d'employer la voie criminelle pour se procurer indirectement une preuve testimoniale réprouvée par la loi (1). La jurisprudence et la doctrine modernes n'ont pas hésité à suivre cet avis (2).

Le seul point qui a fait difficulté a été de savoir si le tribunal correctionnel, saisi d'un délit de violation de dépôt, est compétent pour
juger la question préjudicielle de l'existence même du dépôt. Quelques
auteurs ont pensé que cette question doit être renvoyée au tribunal
civil, qui seul aurait qualité pour en connaître (3). Mais c'est méconnaître évidemment les pouvoirs du juge de répression et la pensée de
l'art. 3 du Code d'instruction criminelle. Aussi est-il généralement reconnu aujourd'hui que le tribunal correctionnel saisi d'un délit de violation de dépôt est compétent pour statuer sur la question d'existence
du contrat, sauf toutefois à se conformer à notre art. 1923, en conséquence à n'admettre la preuve testimoniale qu'autant qu'elle pourrait
être admise par les tribunaux civils (4).

405. Notons, toutefois, que la règle prohibitive de la preuve testimoniale, tant au civil qu'au criminel, s'applique seulement au cas où il y a

---

(1) Nouveau Denizart (v° Dépôt, § 1, p. 269).
(2) *Voy.* Metz, 31 janv. 1821; Amiens, 17 avr. 1822; Req., 3 mai 1848; Orléans,
7 fév. 1853 (S. V., Coll. nouv., 6, 2, 356; 7, 2, 56; 48, 1, 321; 53, 2, 622; Dalloz, 48,
1, 145; 55, 5, 3; *J. Pal.*, 1848, t. II, p. 281; 1853, t. I, p. 281). — *Voy.* aussi MM. Marcadé (art. 1348, n° II); Troplong (n° 47); Massé et Vergé, sur Zachariæ (t. V, p. 5,
note 8).
(3) *Voy.* MM. Toullier (t. IX, n° 148); Duranton (t. XVIII, n° 31); Duvergier
(t. XXI, n° 417). — Cass., 12 mess. an 11 (S. V., Coll. nouv., 1, 1, 825).
(4) MM. Merlin (*Rép.*, v° Dépôt, § 1); Chauveau et Hélie (t. VII, p. 387). — Cass.,
2 déc. 1813; Angers, 1er juill. 1850 (S. V., Coll. nouv., 4, 1, 478; 50, 2, 476).

dépôt proprement dit dans le sens de l'art. 1915, et qu'il s'agit de prouver l'existence de ce dépôt. Il a été jugé, en conformité de ce principe, que la communication d'un titre, faite sur sa demande à celui que ce titre oblige, ne constitue pas un dépôt, la remise ayant été faite uniquement pour que le titre fût consulté, en sorte que la preuve du fait peut être établie par témoins (1). De même aussi quand le fait du dépôt n'est pas contesté, la preuve testimoniale peut être admise sur le point de savoir quel est l'auteur du dépôt et qui doit en supporter les frais (2).

Mais il résulte à l'inverse, d'un arrêt récent, que la remise d'actions industrielles à un agent de change par son client constituant un dépôt, la preuve n'en peut être faite que conformément à l'art. 1923 (3). Et la décision est bonne à noter en présence de l'usage, plus ou moins autorisé par la loi, où sont la plupart des agents de change de refuser un récépissé des titres, valeurs ou sommes d'argent qui leur sont déposés (cf. arr. du 27 prair. an 10, art. 11).

II. — 406. Quand le dépôt, étant au-dessus de 150 francs, n'est point prouvé par écrit, celui qui est attaqué comme dépositaire en est cru sur sa déclaration, d'après la disposition formelle de l'art. 1924. « Le déposant, a dit le tribun Favard au Corps législatif pour justifier la disposition, a suivi la foi du dépositaire, *totum fidei ejus commissum ;* il s'est livré à sa moralité, en laquelle il peut avoir eu trop de confiance, mais qu'il ne peut pas récuser. Il est seul coupable de son imprudence... » (4)

Ce mode de preuve, spécial au contrat de dépôt, remplace en quelque sorte l'aveu judiciaire, dont il est parlé à l'art. 1356 du Code Napoléon. Mais il en diffère, selon nous, en ce qu'il ne serait pas permis ici, comme en toute autre matière, de faire interroger le prétendu dépositaire sur faits et articles : le demandeur ne peut exiger du défendeur rien au delà d'une déclaration faite dans les termes de l'art. 1924.

407. Il ne faudrait pas croire, du reste, que la déclaration du dépositaire dût faire foi, quel que fût le fait sur lequel le déclarant serait appelé à s'expliquer : l'art. 1924 énumère limitativement les points à l'égard desquels le dépositaire sera cru sur son affirmation. La déclaration fera foi d'abord sur le fait même du dépôt : la loi, en présence de deux parties dont les allégations se contredisent, donne la préférence à celle du dépositaire, parce qu'elle présume que celui-ci sera presque toujours incapable de trahir la confiance qu'on aurait pu mettre en lui, en niant un dépôt qui aurait réellement eu lieu.

Quand, le dépôt étant avoué, la contestation porte sur la chose même qui a dû faire l'objet du contrat, le dépositaire en sera cru encore sur sa déclaration. Ainsi le déposant voudrait-il établir qu'outre les choses avouées par le dépositaire d'autres encore lui ont été re-

(1) Cass., 13 mai 1834 (S. V., 34, 1, 573).
(2) Req., 9 juill. 1806 (S. V., Coll. nouv., 2, 1, 263).
(3) Bordeaux, 3 janv. 1860 (S. V., 60, 2, 541; *J. Pal.*, 1860, p. 660).
(4) *Voy.* Locré (t. XV, p. 132); Fenet (t. XIV, p. 511).

mises, il n'y sera pas reçu. Par une conséquence nécessaire, le dépositaire devra être cru également quand il s'agira soit des conditions dans lesquelles se trouvait la chose au jour du dépôt, soit de l'emploi qui, d'après le contrat, pouvait être fait des choses déposées (1).

S'agit-il du fait même de la restitution du dépôt, le dépositaire doit encore en être cru sur sa déclaration, et si le déposant voulait contester les événements déclarés par le dépositaire comme ayant amené sa libération, il n'y pourrait pas être admis (2).

Ajoutons enfin que la déclaration du dépositaire une fois faite, le déposant ne peut pas en affaiblir la foi par de simples présomptions, car ce serait aller contre la disposition formelle de l'art. 1924 (3).

408. Mais, répétons-le, la disposition de cet article étant exceptionnelle et dérogatoire au droit commun, d'après lequel, en présence de deux prétentions contraires, le juge ne doit pas s'attacher à l'une plutôt qu'à l'autre, il y a lieu de la renfermer rigoureusement dans ses termes précis. C'est donc à bon droit que la déclaration du dépositaire a été considérée comme ne faisant pas foi sur le mode de la restitution (4), sur les contestations nées entre plusieurs déposants touchant leurs intérêts respectifs (5), sur les difficultés survenues à l'occasion du dépôt entre l'une des parties et des tiers (6).

409. La déclaration du dépositaire dans les termes de l'art. 1924 remplaçant l'aveu judiciaire (supra, n° 406), il est juste et logique de lui appliquer la disposition de l'art. 1356, et de décider par conséquent que cette déclaration ne peut pas être divisée contre le dépositaire qui l'a faite, à la condition toutefois que les divers éléments de la déclaration aient un lien intime entre eux et se réfèrent directement au dépôt (7).

410. Au surplus, si d'un côté la loi met le juge dans la nécessité, en l'absence de tout écrit constatant le dépôt, d'ajouter foi à la déclaration du dépositaire, à la discrétion duquel le déposant se trouve en quelque sorte livré, d'un autre côté il est équitable que ce dernier puisse, en l'absence de tout autre moyen de preuve, forcer le dépositaire à s'expliquer sur l'existence du dépôt allégué (8).

411. En outre, il doit lui être permis également de déférer le serment, conformément aux art. 1358 et suivants, quand il a épuisé tous les autres modes et que le dépositaire persiste à nier l'existence du dépôt. Le serment décisoire ne peut pas être déclaré inadmissible comme portant

(1) Voy. Riom, 26 déc. 1808 (S. V., Coll. nouv., 2, 2, 453).
(2) Bordeaux, 27 janv. 1816; Nimes, 9 janv. 1833 (S. V., Coll. nouv., 5, 2, 97; 33, 2, 206; Dalloz, alph., 10, p. 475; 33, 2, 186).
(3) Cass., 18 mars 1807 (S. V., Coll. nouv., 2, 1, 361; Dalloz, alph., t. V, p. 68).
(4) Req., 6 oct. 1806 (S. V., Coll. nouv., 2, 1, 293).
(5) Paris, 10 fév. 1831 (S. V., 31, 2, 223; Dalloz, 31, 2, 54).
(6) Montpellier, 7 janv. 1841; Nimes, 12 déc. 1850 (S. V., 51, 2, 141; Dalloz, 51, 2, 82; J. Pal., 1852, t. I, p. 537).
(7) Req., 10 janv. 1832; Paris, 20 fév. 1852 (S. V., 32, 1, 91; 52, 2, 124). — Voy. cependant Colmar, 26 juin 1816; Paris, 2 fév. 1842 (S. V., Coll. nouv., 5, 2, 164; 42, 2, 63).
(8) Riom, 22 janv. 1811; Aix, 28 fév. 1832 (S. V., Coll. nouv., 3, 2, 400; 32, 2, 517; Dalloz, 33, 2, 229).

sur un délit, car la seule dénégation d'un dépôt dans le but de se sous-traire à l'obligation de restituer la chose déposée ou d'en rembourser la valeur ne constitue pas le délit de violation de dépôt.

III. — 412. Le dépôt n'étant qu'un contrat synallagmatique impar-fait (*suprà*, n° 373), la formalité des doubles exigés par l'art. 1325 n'y doit pas nécessairement être observée, alors même qu'il y aurait stipu-lation d'un salaire, en tant que la stipulation ne serait pas de nature à faire dégénérer le dépôt en louage de services (*suprà*, n°s 377 et 378). Car le déposant pouvant se dispenser de payer le salaire en retirant im-médiatement le dépôt, il est vrai de dire que le contrat ne produit, à l'origine, d'obligation qu'à la charge du dépositaire.

Mais s'il s'agissait d'un dépôt de somme ou autre chose appréciable, l'acte devrait contenir le bon ou approuvé, conformément à l'art. 1326, s'il n'était pas écrit en entier de la main du dépositaire (1).

1925. — Le dépôt volontaire ne peut avoir lieu qu'entre personnes capables de contracter.

Néanmoins, si une personne capable de contracter accepte le dépôt fait par une personne incapable, elle est tenue de toutes les obliga-tions d'un véritable dépositaire; elle peut être poursuivie par le tu-teur ou administrateur de la personne qui a fait le dépôt.

1926. — Si le dépôt a été fait par une personne capable à une personne qui ne l'est pas, la personne qui a fait le dépôt n'a que l'action en revendication de la chose déposée, tant qu'elle existe dans les mains du dépositaire, ou une action en restitution jusqu'à concur-rence de ce qui a tourné au profit de ce dernier.

SOMMAIRE.

I. 413. Capacité nécessaire pour faire ou recevoir un dépôt. — 414. Les mineurs non émancipés et les interdits sont absolument incapables; le mineur émancipé peut faire, mais non recevoir un dépôt. — 415. Il en est à cet égard des per-sonnes pourvues d'un conseil judiciaire comme des mineurs émancipés. — 416. *Quid* des femmes mariées? Distinctions. — 417. Transition aux conséquences du contrat de dépôt dans lequel stipulent des incapables.

II. 418. Premier cas. Le dépôt est fait par un incapable à une personne capable; il n'en est pas moins valable quant à cette dernière, qui est tenue de toutes les obli-gations d'un véritable dépositaire. Au contraire, le déposant incapable peut faire rescinder le contrat, sauf néanmoins au dépositaire le droit de se faire tenir compte des dépenses nécessaires ou utiles qu'il aurait faites à l'occasion du dépôt.

III. 419. Deuxième cas. Le dépôt est fait à un incapable par une personne capable : le dépositaire n'est pas responsable de sa négligence dans la garde de la chose déposée; l'objet déposé peut être revendiqué tant qu'il existe entre ses mains; s'il l'a employé ou consommé, il n'est tenu que dans la mesure du profit qu'il a retiré. — 420. Exception à cette règle dans l'hypothèse où l'incapable aurait commis le délit d'abus de confiance.

IV. 421. Troisième cas. Le dépôt est fait par un incapable à un incapable; il y a lieu de suivre les mêmes règles que dans le cas précédent.

(1) Cass., 12 janv. 1814 (S. V., 14, 1, 33; Coll. nouv., 4, 1, 508; Dalloz, 14, 1, 165; alph., 5, 69).

I. — 413. L'art. 1925, dans sa première disposition, pose un principe applicable à toutes les conventions : le dépôt volontaire ne peut avoir lieu qu'entre personnes capables de contracter. L'art. 1124 nous avertit que les incapables de contracter sont les mineurs, les interdits, les femmes mariées, dans les cas exprimés par la loi, et généralement tous ceux à qui la loi interdit certains contrats. Il faut maintenant appliquer ceci au dépôt et voir dans quelle mesure le contrat est permis ou interdit à chacune de ces personnes.

414. Il n'y a point de difficulté, quant aux mineurs, au moins quant aux mineurs non émancipés, et aux interdits. La loi leur enlève l'administration de leurs biens pour la confier à un tuteur. C'est donc à ce représentant légal que passe implicitement le droit de mettre en dépôt les choses du mineur ou de l'interdit, ce qui peut être un acte de bonne administration. D'ailleurs, le tuteur ayant le droit d'intenter seul les actions mobilières et d'aliéner le mobilier, on en doit nécessairement conclure qu'il peut constituer un dépôt.

Quant au mineur émancipé, bien qu'il ait seulement la pure administration de ses biens, il peut, à notre avis, faire très-valablement un dépôt ; c'est là un acte qui n'excède pas les limites de la capacité restreinte dont il est investi par la loi, et il doit être d'autant plus admis à le faire que, d'après une opinion générale dont nous reconnaissons, d'ailleurs, l'exactitude parfaite, il peut aliéner son mobilier corporel et même s'obliger seul pour ce qui concerne son administration. Mais, à l'inverse, il serait incapable de recevoir un dépôt sans l'assistance de son curateur (art. 481 et 484), le fait de se constituer dépositaire ne pouvant à aucun égard être rangé dans la classe des actes d'administration.

415. Nous ferons la même distinction à l'égard de l'individu pourvu d'un conseil judiciaire (art. 499 et 513), lequel sera donc incapable sinon de faire, au moins de recevoir un dépôt. Il est vrai que la capacité, quant à lui, est la règle, la loi ayant énuméré limitativement les actes qui lui sont interdits, et qu'aucun article du Code ne lui a défendu de se constituer dépositaire ; mais la raison de décider réside en ce qu'en acceptant un dépôt il s'imposerait une charge de nature à l'obliger au delà des bornes assignées à sa capacité.

416. Enfin, en ce qui concerne la femme mariée, il y a une distinction capitale à faire. La femme est-elle soumise à un régime qui fait passer au mari l'administration de tous ses biens personnels (communauté, régime sans communauté, régime dotal quant aux biens dotaux), elle devient incapable comme le mineur non émancipé, et, n'ayant plus en main la gestion de sa fortune, elle ne peut consentir un acte de dépôt et doit laisser à son mari le soin de le consentir pour elle. A-t-elle conservé ou repris l'administration de ses biens (régime de la séparation), elle peut très-valablement faire un dépôt, car elle est plus capable que le mineur émancipé, puisqu'elle peut, c'est du moins l'opinion générale, aliéner son mobilier et s'obliger. — Mais sous quelque régime qu'elle soit mariée, la femme ne peut, à notre avis, recevoir un dépôt

sans l'autorisation de son mari, un tel acte dépassant assurément la mesure de la plus large administration.

417. Ceci dit sur la capacité, nous avons à préciser les conséquences que pourrait avoir un contrat de dépôt dans lequel auraient figuré des incapables. Trois hypothèses peuvent se présenter : celle où le déposant serait incapable, le dépositaire étant capable; l'hypothèse inverse; et celle où le dépositaire et le déposant seraient incapables.

II. — 418. La première est prévue par l'art. 1925 dans sa seconde disposition. Ainsi une femme mariée en communauté, un mineur non émancipé, ont confié à une personne capable la garde d'une chose mobilière corporelle : la nullité qui affecte le contrat, d'après le principe général écrit en tête de l'art. 1925, est simplement relative, en ce sens que le déposant incapable, qui y aurait intérêt, aura seul la faculté de faire rescinder le contrat, soit par lui-même s'il est devenu capable, soit par son représentant légal dans le cas contraire. Quant au dépositaire capable, il sera tenu, d'après la seconde disposition du même article, de toutes les obligations d'un véritable dépositaire, et il pourra être poursuivi par le mari ou par le tuteur.

Toutefois, il ne faut rien exagérer; si des dépenses nécessaires ou utiles avaient été faites par ce dernier à l'occasion de l'objet déposé, le déposant lui en devrait tenir compte, non pas, comme le dit Pothier (n° 6), en vertu de l'action de la gestion d'affaires, quasi-contrat dont les conditions ne se rencontrent pas ici, mais par une conséquence du principe que nul, pas même l'incapable, ne doit s'enrichir aux dépens d'autrui.

III. — 419. Dans la seconde hypothèse, c'est-à-dire quand le dépôt a été fait entre les mains d'un incapable par une personne capable, il faut se référer à l'art. 1926, qui prévoit spécialement ce cas. Ici encore, la nullité dont le contrat est affecté est simplement relative et n'existe qu'au profit du dépositaire incapable. Ainsi, les art. 1927 et suivants (dont nous allons présenter le commentaire) ne seront pas opposables à ce dernier, et quand même il n'aurait pas apporté à la conservation de la chose les soins ordinaires d'un dépositaire, il ne serait pas responsable de sa négligence, parce que l'action de dépôt ne pourrait pas être exercée utilement contre lui; il la repousserait en faisant prononcer la rescision du contrat. — Mais il n'en est pas tout à fait ainsi de l'obligation de restituer résultant du contrat à la charge du dépositaire, et l'art. 1926 y pourvoit. Sans doute, elle pourrait être atteinte au même titre que l'obligation relative à la garde par le vice qui affecte le contrat. Toutefois un autre principe domine ici; nous le rappelions tout à l'heure : c'est que nul, pas même un incapable, ne doit s'enrichir aux dépens d'autrui. Par suite le déposant aura, soit l'action en revendication qui appartient à quiconque veut reprendre sa chose dans les mains d'un tiers qui la détient indûment, si la chose déposée existe encore aux mains du dépositaire, soit une action personnelle, si, la chose ayant été employée ou consommée, le dépositaire incapable en a retiré quelque profit.

420. La généralité des termes de l'art. 1926 semblerait devoir conduire à cette conséquence, que l'incapable ne sera jamais tenu qu'autant qu'il devrait, en l'absence de toute action, s'enrichir au préjudice du déposant. Mais ce principe, vrai en thèse générale, reçoit ici une modification importante. Si la femme mariée, si le mineur qui a agi avec discernement, ont commis le délit d'abus de confiance prévu et réprimé par l'art. 408 du Code pénal, comme l'art. 1310 du Code Napoléon déclare que l'incapable n'est pas restituable contre ses délits, la condamnation aux dommages-intérêts prononcée contre eux le sera très-valablement, alors même qu'ils n'auraient retiré aucun profit du détournement de l'objet. On objecterait en vain qu'en ce cas le déposant est en faute de s'être confié à un incapable; car ce mineur, cette femme, n'ont pu ignorer les conséquences de la violation du dépôt. D'ailleurs, le même raisonnement pourrait être opposé quand le dépôt a été fait entre les mains d'une personne capable.

IV. — 421. Enfin, dans la dernière hypothèse, celle où le dépôt aurait été fait par un incapable entre les mains d'un incapable, c'est encore aux dispositions de cet art. 1926 qu'il faut se référer. Il est vrai que la situation n'y est pas spécialement prévue; mais il n'y a pas de raison, comme le dit Merlin, pour que le dépositaire incapable soit tenu vis-à-vis d'un déposant incapable autrement que vis-à-vis d'un déposant capable (1).

SECTION III.

DES OBLIGATIONS DU DÉPOSITAIRE.

422. L'obligation du dépositaire a deux chefs principaux : 1° garder avec fidélité la chose qui lui a été remise; 2° restituer cette chose au déposant quand celui-ci la réclame. Ces deux obligations se produisent et doivent être accomplies dans cet ordre; c'est aussi dans cet ordre que nous allons en examiner l'étendue et les conséquences.

1927. — Le dépositaire doit apporter, dans la garde de la chose déposée, les mêmes soins qu'il apporte dans la garde des choses qui lui appartiennent.

1928. — La disposition de l'article précédent doit être appliquée avec plus de rigueur, 1° si le dépositaire s'est offert lui-même pour recevoir le dépôt; 2° s'il a stipulé un salaire pour la garde du dépôt; 3° si le dépôt a été fait uniquement pour l'intérêt du dépositaire; 4° s'il a été convenu expressément que le dépositaire répondrait de toute espèce de faute.

1929. — Le dépositaire n'est tenu, en aucun cas, des accidents de force majeure, à moins qu'il n'ait été mis en demeure de restituer la chose déposée.

_____

(1) *Voy.* Merlin (v° Revendication, § 3). — *Voy.* aussi **MM.** Troplong (n° 59); Massé et Vergé, sur Zachariæ (t. V, p. 4, note 2).

I. — 423. Le dépositaire doit garder avec fidélité la chose qu'il a reçue en dépôt; c'est la première des obligations que le contrat met à sa
charge. Le dépositaire a cela de commun avec le commodataire, qui,
aux termes de l'art. 1880, est tenu de veiller à la garde et à la conservation de la chose prêtée; et bien que nous ne trouvions pas, dans les
dispositions de la loi relatives au dépôt, l'expression formelle de cette
sanction de dommages-intérêts qui a été écrite à la fin de ce dernier article, il est certain que le dépositaire, de même que le commodataire,
engage sa responsabilité et peut être condamné à des dommages-intérêts s'il manque à cette première des obligations résultant pour lui du
contrat de dépôt.

424. Mais dans quelle mesure doit-il ses soins à la garde de la chose
pour n'être pas réputé en faute? A cet egard, la position du dépositaire
diffère de celle du commodataire en ce qu'elle ne lui impose pas la vigilance au même degré : la règle est, en effet, dans l'art. 1927, aux
termes duquel le dépositaire doit apporter, dans la garde de la chose
déposée, les *mêmes soins* qu'il apporte dans la garde des choses qui lui
appartiennent. Ainsi, nous sommes ici dans l'un de ces cas exceptionnels que fait pressentir l'art. 1137 lorsque, après avoir coupé court à
ces fameuses théories des trois fautes et de la faute considérée *in abstracto* ou *in concreto*, sur lesquelles nous nous sommes expliqué en
traitant du commodat (*suprà*, nᵒˢ 76 et suiv.), et avoir posé en principe que désormais l'obligation de veiller à la conservation de la chose
soumet celui qui en est chargé à y apporter *tous les soins d'un bon père
de famille*, il ajoute que cette obligation est plus ou moins étendue relativement à certains contrats dont les effets, à cet égard, sont expliqués

sous les titres qui les concernent. Le dépôt est précisément l'un de ces contrats où l'obligation dont il s'agit est moins étendue, en ce qu'elle se modèle non pas sur ce type du bon père de famille, qui est la règle commune et celle à laquelle le commodataire est astreint, mais sur les habitudes personnelles de celui à qui elle est imposée. Telle est la disposition de l'art. 1927, qui en cela reproduit, sur la responsabilité du dépositaire, la théorie romaine, admise non sans hésitation, ainsi que le constate le texte même de la loi 32, ff. *Dep. vel contrà :* « *Quod Nerva* » *diceret... Proculo displicebat :* mihi verissimum videtur. Nam et si » quis non ad eum modum, quem hominum natura desiderat, diligens » est, nisi tamen ad suum modum curam in deposito præstat, fraude » non caret; *nec enim salvá fide minorem iis, quam suis rebus, diligen-* » *tiam præstabit.* »

425. Cet adoucissement apporté à la sévérité de l'art. 1137 se justifie d'ailleurs de lui-même. Le contrat, ici, ne concerne que l'utilité du déposant, auquel le dépositaire rend un service purement gratuit. Il ne faut donc pas demander compte à ce dépositaire, avec trop de sévérité, des négligences qu'il peut commettre; on doit supposer qu'en consentant à recevoir le dépôt il a entendu ne faire pour la garde de la chose d'autrui que ce qu'il a coutume de faire pour la garde de sa propre chose, et ne pas s'astreindre à une vigilance, à des soucis qu'il n'avait pas connus jusque-là (1).

426. Mais de ce que le dépositaire doit donner à la garde de la chose déposée les soins mêmes qu'il met à garder ce qui lui appartient, s'ensuit-il qu'il n'aura jamais à rendre compte de la faute légère commise dans la garde du dépôt, alors même qu'il ne la commettrait pas dans la gestion de ses propres affaires? En d'autres termes, s'ensuit-il qu'on n'aura jamais à exiger de lui les soins d'un bon père de famille? On a beaucoup discouru sur ce point dans l'ancien droit, et quelques auteurs y soutenaient que si le dépositaire se laissait aller à quelques négligences, d'ailleurs légères, mais qu'il n'aurait pas commises dans le gouvernement et l'administration de son patrimoine, on ne devrait pas lui en faire subir la responsabilité, même quand il aurait réalisé dans sa personne le type du bon père de famille (2). Mais Pothier s'était élevé contre cette doctrine; il avait démontré que tel fait qui, considéré *in abstracto*, ne serait qu'une faute légère, peut, eu égard à un dépositaire vigilant et attentif, devenir une faute lourde dont il doit être déclaré responsable (3). C'est cette opinion assurément que notre article a entendu reproduire. En toute hypothèse il faut prendre la prudence du dépositaire dans la gestion de ses affaires pour mesure et pour règle d'appréciation de sa conduite dans la garde du dépôt. Le dépositaire est-il un homme peu soucieux, en général, de ses propres affaires, le déposant n'a pas à se plaindre, pourvu qu'il n'ait à reprocher ni dol,

(1) Pothier (n° 26).
(2) La même doctrine a été reproduite sous le Code Napoléon. *Voy.* MM. Duranton (t. XVIII, n° 37); Aubry et Rau, d'après Zachariæ (t. III, p. 448 et note 1).
(3) Pothier (n° 27).

ni faute lourde à celui dont il a suivi la foi : *Debet sibi imputare quod talem elegerit*. La dépositaire est-il, au contraire, un administrateur vigilant, et tel que le déposant a pu avoir en lui pleine et entière confiance, il sera responsable s'il a manqué aux précautions qu'il aurait certainement prises pour la garde de sa propre chose. Le principe est, comme l'indique très-bien Pothier, qu'on doit se régler, non pas sur la gravité de la faute en elle-même, *in abstracto,* mais sur sa gravité, *in concreto,* relativement aux habitudes de celui qui l'a commise (1).

427. D'après cela, on peut aisément résoudre la question de savoir si le dépositaire serait en faute dans le cas où, surpris par un accident, il aurait sauvé la chose qui lui appartient de préférence à celle du dépositaire. A cet égard, il n'en est pas du dépositaire comme de l'emprunteur, qui, d'après l'art. 1882, est tenu de mettre en sûreté la chose prêtée plutôt que la sienne (*suprà*, nᵒˢ 94 et 95); et cela s'explique par cette circonstance qu'au lieu de recevoir un service, comme l'emprunteur, le dépositaire en rend un : aussi tout ce à quoi il est obligé, c'est de soustraire au danger les choses déposées en même temps que les siennes, si c'est possible, ou, après avoir sauvé les siennes, de sauver celles du déposant (2).

Toutefois, si les objets dont il avait reçu le dépôt étaient d'une valeur beaucoup supérieure à celle des siens propres, il serait responsable de ne les avoir pas sauvés de préférence. Ce sont ceux qu'il se fût attaché à sauver plutôt que tous autres s'ils lui eussent appartenu; or le principe, ici, c'est qu'il doit aux choses déposées les mêmes soins et la même vigilance qu'aux siennes propres; et c'est parce qu'il manque à cette obligation, dans le cas supposé, que, d'accord avec Pothier, nous le considérons comme responsable. Seulement, il n'aurait à rembourser que la différence entre la valeur de sa chose et celle de la chose déposée qu'il aurait laissée périr; le déposant ne souffre, en effet, de préjudice que dans la mesure de cette différence, puisque si la chose déposée avait été sauvée de préférence, le dépositaire aurait dû, aux termes de l'art. 1947 (voy. *infrà* cet article), être indemnisé de la perte de sa chose qu'il aurait sacrifiée pour sauver celle du déposant (3).

428. L'obligation de garder le dépôt avec fidélité est de l'essence du contrat, et on ne pourrait pas valablement convenir que le dépositaire ne sera pas responsable de la perte, même occasionnée par son dol. La loi 1, § 7, *Dep. vel contrà*, dit en effet que cette convention serait contraire aux bonnes mœurs. Ceci semble pourtant en opposition avec la loi 27, § 3, ff. *De Pactis*, d'après laquelle on pourrait convenir que le déposant n'aura pas l'action de dépôt. Mais, sans nous attacher aux diverses conciliations qui ont été tentées pour mettre les deux textes en harmonie, sans rechercher quelle est celle de ces conciliations qu'il faut

---

(1) *Voy.*, en ce sens, MM. Duvergier (t. XXI, nᵒ 427); Troplong (nᵒ 69); Taulier (t. VI, p. 464); Massé et Vergé, sur Zachariæ (t. V, p. 6, note 1). Comp. M. Mourlon (5ᵉ édit., t. III, p. 415).
(2) *Voy.* Pothier (nᵒ 29).
(3) *Voy.* M. Mourlon (*loc. cit.*).

accepter de préférence (1), disons que le principe est assurément dans
le premier. Quant à la loi 27 *De Pactis*, elle signifie uniquement, selon
nous, que la restitution du dépôt est mise absolument à la discrétion
du dépositaire : le déposant a en lui une telle confiance qu'il ne peut
même pas penser à un refus lorsque le dépositaire sera prié de faire la
restitution ; on veut lui éviter les ennuis d'un procès et les chicanes que
pourraient susciter des héritiers malveillants. Voilà probablement le
sens d'une loi dont l'espèce, d'ailleurs, ne se présentera peut-être jamais dans la pratique.

II.—429. Le principe écrit dans l'art. 1927, et duquel il résulte, en
définitive, que le dépositaire n'est responsable que de son dol et de sa
faute lourde, reçoit quatre exceptions par suite de circonstances accidentelles étrangères en elles-mêmes au contrat de dépôt, mais qui
viennent quelquefois s'y joindre et aggravent la responsabilité du dépositaire : ces exceptions sont indiquées dans l'art. 1928.

430. La première a lieu quand le dépositaire s'est offert lui-même
pour recevoir le dépôt. Il est naturel que le dépositaire soit tenu plus
rigoureusement en ce cas. Pothier en exprime le motif en ces termes :
« En allant s'offrir à la garde du dépôt, il a pu empêcher qu'on n'en
donnât la garde à une autre personne qui aurait été plus soigneuse que
lui : *Si quis se deposito obtulit, Julianus scribit periculo se depositi
illigasse ; ita tamen ut non solùm dolum, sed etiam culpam et custodiam præstet, non tamen casus fortuitos, l. 1, § 35, ff. Dep.* » (2)

Mais il faut bien entendre la disposition de l'art. 1928 sur ce point.
Elle suppose soit que le dépositaire a fait naître chez le déposant l'idée
même du dépôt, auquel celui-ci ne songeait pas, soit que, le déposant
ayant l'intention de faire un dépôt, le dépositaire s'est présenté et a
demandé à être préféré à un tiers. Il y a, dans l'un et l'autre cas, promesse implicite d'une vigilance plus grande, ce qui a déterminé le dépositaire soit à faire le dépôt, soit à donner à celui qui s'est offert la
priorité sur telle autre personne à laquelle il avait d'abord songé. Il ne
faudrait pas aller plus loin dans l'application de la disposition exceptionnelle de l'art. 1928 ; et, par exemple, ce serait en méconnaître et en
exagérer la portée que de l'appliquer dans le cas où un homme étant sur
le point de s'absenter, et ne trouvant personne à qui confier les objets
qu'il ne veut pas emporter, un tiers s'offre à lui pour le tirer d'embarras
et se constitue dépositaire. Le motif de la loi fait ici défaut évidemment. Ce sera, d'ailleurs, aux juges à saisir les nuances délicates qui
existent entre les diverses situations.

431. Cette première disposition exceptionnelle nous paraît devoir
être naturellement appliquée aux personnes qui, à raison de leurs fonctions, sont désignées et en quelque sorte imposées à la confiance publique pour recevoir des dépôts. Tels sont les notaires ; bien qu'ils ne
s'offrent pas d'eux-mêmes, leur situation et leurs habitudes profes-

(1) *Voy.*, à cet égard, M. Troplong (n° 75).
(2) Pothier (n° 30).

13

sionnelles suffisent pour qu'à leur égard la responsabilité soit plus rigoureusement appréciée. — Tels sont aussi les aubergistes et les hôteliers, comme nous le verrons plus loin sur les art. 1952 et suivant.

432. Le second cas prévu par l'art. 1928 est celui où le dépositaire a stipulé un salaire pour la garde du dépôt. Bien que le contrat de dépôt soit habituellement gratuit, nous avons vu cependant (*suprà*, nᵒˢ 377 et suiv.) qu'un salaire y peut être stipulé sans que le contrat perde son caractère et dégénère en louage de services. C'est précisément à ce cas exceptionnel que se réfère l'art. 1928, 2°. Il y a un salaire, faible, à la vérité, eu égard au service rendu ; mais enfin c'est un salaire. On est donc en droit d'exiger du dépositaire des services plus grands ; et comme il a un intérêt dans l'opération, comme le contrat n'est plus exclusivement à l'avantage du déposant, c'est le cas de se rattacher au principe posé dans l'art. 1137, qui, dans une telle situation, édicte la responsabilité de quiconque préposé à la conservation d'une chose n'y apporte pas tous les soins d'un bon père de famille (*infrà*, n° 435).

Notons seulement qu'il ne faudrait pas étendre l'exception au dépositaire qui aurait reçu, pendant le temps de sa garde, quelques présents volontaires de la part du déposant (*suprà*, n° 379). Ce n'est pas là ce qui pourrait faire considérer le dépôt comme salarié.

433. La troisième exception est appliquée par l'art. 1928 au cas où le dépôt est fait uniquement pour l'intérêt du dépositaire. Voici l'exemple cité par Pothier, qui l'emprunte à Ulpien (l. 4, ff. *De reb. cred.*) : « Vous m'avez prié de vous prêter une certaine somme, au cas que vous en eussiez besoin pour l'acquisition d'un héritage que vous vous proposiez de faire. Sur le point de partir pour un voyage, je vous ai laissé cette somme pour vous la prêter, au cas que vous fissiez l'acquisition, et pour qu'en attendant elle restât entre vos mains par forme de dépôt. Ce dépôt ne vous étant fait que pour vous faire plaisir, vous êtes tenu de la plus légère faute à l'égard de cette somme que je vous ai confiée. » (1) Il est évident, en effet, qu'ici le déposant ne stipulant même pas d'intérêt pour le cas où le prêt prévu viendrait à se réaliser, le dépôt, d'une nature toute particulière, est fait exclusivement dans l'intérêt du dépositaire, et par cela même commande une vigilance plus grande, de la part de ce dernier, que s'il s'agissait d'un dépôt ordinaire.

Du reste, il ne faut pas prendre à la lettre ces mots : *hoc depositum periculo est ejus qui suscepit,* du texte d'Ulpien cité par Pothier. Il en résulterait, en effet, qu'il faudrait mettre tous les risques à la charge du dépositaire ; et c'est l'interprétation de Doneau (2). Mais cette interprétation rigoureuse, déjà combattue par Pothier, serait, en tout cas, inadmissible aujourd'hui en présence de l'art. 1928, qui se réfère à l'art. 1927, ce qui montre dans quelle mesure il restreint l'exception, et surtout en présence de l'art. 1929, d'après lequel le dépositaire n'est tenu

---

(1) *Voy.* Pothier (n° 32).
(2) *Voy.* Doneau (sur la loi 4 *De Reb. cred.*).

des accidents de force majeure *en aucun cas,* et par conséquent dans aucune des hypothèses de l'art. 1928.

434. L'article suppose, pour aggraver la responsabilité du dépositaire, que le dépôt est fait dans l'unique intérêt de ce dernier; mais il en serait de même, par identité de raison, si le déposant et le dépositaire avaient un intérêt commun dans le dépôt, par exemple si, dans l'espèce empruntée à Ulpien, le déposant avait stipulé des intérêts. L'art. 1928, 2°, n'est lui-même qu'une application de cette idée.

435. Dans les trois cas que nous venons de parcourir, le législateur ne renvoie pas explicitement à l'art. 1137 pour fixer le degré de responsabilité applicable par exception au dépositaire. En faut-il conclure qu'il y aura, dans ces hypothèses, une situation intermédiaire entre la règle de l'art. 1137 et la dérogation de l'art. 1927? Cette question, examinée par les anciens auteurs, est aujourd'hui sans intérêt : le dépositaire devra la diligence d'un bon père de famille; et le point sera à apprécier par les juges du fait, qui tiendront compte des intentions et des circonstances.

436. Le quatrième et dernier cas prévu par l'art. 1928 a lieu quand les parties sont convenues que le dépositaire répondrait de toute espèce de faute, c'est-à-dire soit de la faute légère, soit même de la faute très-légère. Mais comme on s'écarte ici des principes ordinaires du dépôt, le législateur ne veut pas que la moindre obscurité plane sur la volonté du dépositaire; il exige une stipulation expresse.

III. — 437. Le dépositaire n'étant qu'un simple détenteur de la chose, dont la propriété appartient toujours au déposant, l'art. 1929 en induit que le dépositaire n'est tenu en aucun cas des accidents de force majeure : c'est une application de l'art. 1302, aux termes duquel le débiteur d'un corps certain et déterminé est libéré par la perte fortuite de l'objet dû. Par ces expressions : *en aucun cas,* l'art. 1929 veut faire entendre que le dépositaire est libéré même dans les hypothèses de l'art. 1928, ce qui aurait pu être mis en doute à raison de ce que les stipulations accessoires ajoutées au contrat, dans ces hypothèses, modifient quelque peu la nature et le caractère du dépôt.

D'ailleurs, le point de savoir s'il y a cas fortuit ou force majeure suffisant pour mettre le dépositaire à l'abri de toute responsabilité soulève une question de fait dont la solution rentre dans le pouvoir souverain des juges du fond (1).

438. L'art. 1929, n'étant, comme nous venons de le dire, qu'une application de l'art. 1302, met par cela même implicitement à la charge du dépositaire la preuve du cas fortuit opérant l'extinction de son obligation. Quand le dépositaire a fait cette preuve, il est présumé libéré, à moins que le déposant n'établisse à son tour que le cas fortuit a été précédé de quelque faute de la part de celui dans lequel il avait mis sa confiance.

439. Ce n'est pas tout : l'art. 1929 fait lui-même une exception à

---

(1) Rej., 5 déc. 1825 (Dalloz, 26, 1, 83; S. V., 26, 1, 290; Coll. nouv., 8, 1, 229).

cette règle que le dépositaire n'est pas tenu des accidents de force majeure, en réservant expressément le cas où le dépositaire a été mis en demeure de restituer. Il y a là une faute qui fait peser sur ce dernier la responsabilité du cas fortuit et de la force majeure. Toutefois il faut compléter la disposition un peu laconique de notre article par le texte plus développé de l'art. 1302. Lors même que le débiteur est en demeure, l'obligation est éteinte dans le cas où la chose fût également périe chez le créancier si elle lui eût été restituée. La demeure ne causant alors aucun préjudice au déposant, le juge n'aurait plus de base sur laquelle il pût asseoir la condamnation du dépositaire.

440. Mais serait-il permis de stipuler, par dérogation à l'art. 1929, que la force majeure sera toujours à la charge du dépositaire? Une telle stipulation serait-elle valable? Il semble que quand le dépôt est fait dans l'unique intérêt du déposant, la clause serait exorbitante et contraire à l'équité, bien que le droit romain parût la valider (l. 7, § 15, ff. *de pactis*); elle pourrait le plus souvent être considérée comme déguisant une libéralité conditionnelle. Mais rien ne s'opposerait à ce qu'elle fût insérée dans un contrat de dépôt où l'intérêt du dépositaire se trouverait mêlé à celui du déposant (1).

441. Il est bien entendu, d'ailleurs, que l'art. 1929 n'est applicable qu'au dépôt proprement dit. S'il s'agissait du dépôt irrégulier, dont nous allons nous occuper tout à l'heure, du dépôt dans lequel les objets sont à la libre disposition du dépositaire, tous les risques seraient à la charge de ce dernier (*infrà*, n° 445).

1930. — Il ne peut se servir de la chose déposée, sans la permission expresse ou présumée du déposant.

1931. — Il ne doit point chercher à connaître quelles sont les choses qui lui ont été déposées, si elles lui ont été confiées dans un coffre fermé ou sous une enveloppe cachetée.

SOMMAIRE.

I. 442. Le dépositaire ne peut, en principe, se servir de la chose déposée. — 443. Application de la règle dans le cas où le dépôt a pour objet une somme d'argent. — 444. Mais le dépositaire peut se servir de la chose quand il en a reçu la permission, expresse ou tacite, du déposant. — 445. Dans ce cas, le contrat ne se transforme pas nécessairement en commodat; il peut constituer un dépôt irrégulier. — 446. Sanction de l'art. 1930. — 447. Suite : le déposant dont la chose a été vendue par le dépositaire peut-il revendiquer cette chose entre les mains de l'acquéreur?
II. 448. Le dépositaire ne doit pas chercher à connaître les choses qui lui ont été confiées lorsque le déposant a voulu les tenir cachées. — 449. Quand le déposant les lui a fait connaître, il n'en doit pas faire part à d'autres. — 450. Sanction. — 451. L'art. 1931 règle les devoirs du dépositaire envers le déposant; dans le cas où le dépôt a été fait par plusieurs personnes conjointement, cet article n'est pas opposable aux déposants entre eux.

---

(1) *Voy.* MM. Troplong (n° 88); Massé et Vergé, sur Zachariæ (t. V, p. 7, note 3); Dalloz (v° Dépôt, n° 59).

I. — 442. A la différence du commodat, qui transfère l'*usage* d'une chose, le dépôt en transfère la *garde* seulement. Il résulte de là que le dépositaire ne peut, en principe, se servir de la chose déposée : c'est ce que le législateur a cru devoir exprimer dans l'art. 1930, qui, en défendant au dépositaire de se servir de la chose déposée, lui défend par cela même, et à plus forte raison, d'en disposer de quelque manière que ce soit, par conséquent de la prêter, de la vendre, de la dissiper ou détourner.

443. L'obligation du dépositaire est la même à cet égard, quelle que soit la nature des choses déposées; mais elle est impérieuse surtout dans les dépôts de deniers. La certitude morale que le dépositaire prétendrait avoir d'être en état de représenter l'argent au jour de la restitution ne l'excuserait pas de s'en être servi pour ses affaires. Pothier blâme avec raison la tolérance d'un auteur qui, dans un livre de théologie morale, exprimait l'avis qu'un dépositaire peut licitement et sans péché employer à ses affaires l'argent qu'il a reçu en dépôt, lorsqu'il a cette certitude morale, pourvu que l'argent ne lui ait pas été confié dans un sac cacheté (1). Rien ne serait, en effet, plus dangereux qu'une telle doctrine, dont les hommes plus ou moins faciles à se faire illusion sur leurs propres ressources et plus ou moins intéressés à se tromper à cet égard pourraient aisément abuser. Donc le dépôt d'une somme d'argent à découvert doit, au même titre que le dépôt d'un sac cacheté, être respecté par le dépositaire, qui ne saurait s'en servir dans son intérêt sans manquer à la foi du dépôt.

Mais Pothier lui-même nous montre qu'il ne faut pas aller à l'extrême : il reprend M. de Saci pour avoir, dans son *Traité de l'amitié*, tiré du principe cette conséquence que, dans le cas même où le dépositaire aurait besoin d'une somme d'argent qu'il a en dépôt pour sauver la vie à son intime ami, il devrait plutôt laisser périr son ami que de violer la foi du dépôt. Pothier pense justement que ceci doit souffrir une modification; que, par exemple, si, le besoin étant pressant, le déposant n'est pas sur les lieux et se trouve assez éloigné pour que le dépositaire ne puisse pas obtenir son assentiment à temps, celui-ci peut se servir de la somme déposée pour sauver la vie à son ami, si d'ailleurs il a le moyen de rendre cette somme (2). Nous disons de même, et d'une manière plus générale, que si le dépositaire auquel on aurait confié de l'argent sans spécifier les pièces de monnaie s'en servait et le remplaçait presque immédiatement, il y aurait une rigueur excessive et une véritable exagération à considérer le fait comme constituant une violation de dépôt (3).

444. D'ailleurs cette obligation de garder la chose déposée sans l'employer ou s'en servir cesse naturellement quand le déposant a permis au dépositaire d'en faire usage. La permission peut être expresse ou tacite; elle peut être donnée soit au moment même du contrat,

(1) Pothier (n° 37).
(2) *Id.* (n° 34).
(3) *Voy.* MM. Buguet, sur Pothier (*loc. cit.*); Troplong (n° 99).

soit ultérieurement : tout cela s'induit des termes de notre art. 1930.

Lorsque la permission est donnée par le déposant d'une manière expresse, il n'y a pas d'équivoque possible ; les termes de la convention règlent les droits sans aucune incertitude.

Il n'en est pas de même quand le dépositaire qui se sert de la chose ne peut s'autoriser que du consentement tacite ou présumé du déposant. A quelles conditions et dans quelles circonstances l'existence de ce consentement pourra-t-elle être admise? On comprend que c'est là une question de fait et d'appréciation ; que le point échappe à toute réglementation, et qu'il est absolument impossible de prévoir et d'énumérer tous les cas dans lesquels le consentement pourra ou devra être présumé. Les juges auront à se déterminer d'après les circonstances ; ils interrogeront les relations d'amitié existant entre les parties, la nature de l'objet déposé, l'intérêt qu'il peut y avoir à ce que cet objet soit ou non utilisé : ils seront plus faciles à présumer le consentement si l'usage est inhérent à la garde de la chose en ce sens qu'il doit contribuer à sa conservation, par exemple si le dépôt à pour objet une pendule, ou, comme le dit Pothier, un chien de chasse qu'on entretient, par l'usage qu'on en fait, dans l'habitude d'arrêter le gibier (1) ; plus difficiles, au contraire, si le dépôt a pour objet des choses fongibles, par exemple de l'argent, ou des choses que l'usage détériore plus ou moins rapidement, comme du linge.

445. Mais quand le dépositaire a obtenu l'autorisation de se servir de la chose déposée, ne peut-on pas dire que désormais le dépôt n'existe plus, et qu'il s'est transformé en un commodat ou en un prêt de consommation? Quelques auteurs se prononcent pour l'affirmative (2). Toutefois la solution est trop absolue. Sans doute, si, dans un acte qualifié dépôt, lequel a pour objet une somme d'argent, il a été stipulé, indépendamment de la faculté pour le dépositaire de se servir de la somme, un terme que le déposant devra respecter, les tribunaux pourront voir là une reconnaissance de dette déguisée dans un but plus ou moins avouable, peut-être pour faire fraude à la loi fiscale, peut-être pour cacher une libéralité ; et ils devront rendre à l'acte son véritable caractère. La Cour de cassation a décidé, en ce sens, que la convention par laquelle une personne, en recevant une somme d'argent, s'oblige à rendre *une pareille somme* en mêmes espèces *dans le terme d'un an*, constitue un contrat de prêt, bien que qualifiée dépôt (3).

Mais si l'usage autorisé n'est que secondaire et accidentel ; si l'emploi de la somme ne doit avoir lieu que pendant un délai très-court ; s'il est constant en fait que le contrat s'est formé pour le plus grand avantage du déposant, et que la garde de la chose a été le but principal et déterminant de la livraison qui en a été faite au dépositaire, l'opération con-

---

(1) *Voy.* Pothier (n° 37).
(2) *Id.* (n° 11) et M. Duranton (t. XVIII, n° 44). — *Voy.* aussi M. Favard (v° Dépôt, sect. 1, § 1, n° 6).
(3) Cr. cass., 26 avr. 1810 (Dalloz, 11, 1, 145 ; S. V., 11, 1, 65 ; Coll. nouv., 3, 1, 177).

-stitue sinon un dépôt dans le sens rigoureux du mot, au moins ce qu'on appelle un *dépôt irrégulier,* lequel, à la différence du prêt, oblige le dépositaire à faire la restitution à première réquisition du déposant, sans obliger ce dernier à respecter le terme qui aurait été stipulé (*suprà,* n°s 388 et 390) (1). La loi romaine mentionne cette espèce particulière de dépôt (l. 31, ff. *Locati cond.*), et indique les caractères qui le distinguent du dépôt véritable. La propriété des objets, le plus souvent de l'argent, passe au dépositaire du jour de l'emploi qu'il en fait ; par conséquent, c'est à lui d'en supporter les risques, et au jour de la restitution il n'est tenu de rendre qu'une égale somme ou quantité. L'art. 1930 a explicitement confirmé cette théorie des jurisconsultes romains.

446. Voyons maintenant quelle est la sanction de l'art. 1930. — Quand la chose déposée a été frauduleusement détournée, si elle vient à périr même par force majeure, elle périt pour le dépositaire. Il en est ainsi dans le cas de vol, aux termes de l'art. 1302 ; la disposition de cet article doit incontestablement être appliquée au cas de détournement de dépôt, qui, pour n'être pas le vol proprement dit, n'en constitue pas moins un fait délictueux par l'effet duquel l'agent, aussi bien que le voleur, est censé, selon l'expression de Pothier, dans une perpétuelle demeure de rendre la chose détournée (2).

On peut se demander seulement, à ce propos, si, même dans le cas où le dépositaire, après avoir détourné l'objet déposé, l'aurait réintégré pour le garder comme auparavant, il y aurait lieu de le rendre également responsable de la perte fortuite survenue depuis. L'affirmative serait peut-être dans la rigueur des principes ; et c'est l'avis de Pothier. Nous nous y rangerions pourtant difficilement. Le dépositaire a purgé la demeure en rétablissant la chose qu'il avait d'abord détournée. Serait-il juste, dès lors, de le rendre indéfiniment responsable ? Et puis, le déposant est-il véritablement intéressé à ce qu'on y mette tant de rigueur ? Ce qui lui importe surtout, c'est que le dépositaire, un moment infidèle, réintègre l'objet par lui détourné. Or, si le dépositaire sait que, quoi qu'il fasse, il est désormais et irrévocablement condamné à subir la responsabilité de la perte même fortuite, il sera d'autant moins porté à faire cette réintégration (3).

447. Indépendamment de la sanction civile dont nous venons de parler, le détournement frauduleux de l'objet déposé entraîne des peines correctionnelles. Il constituait un vol en droit romain et dans notre ancienne jurisprudence française. Notre Code pénal le qualifie *abus de confiance,* et l'atteint, sous cette qualification, par l'art. 408. Nous n'avons pas à nous occuper ici de l'application de ce dernier article, qui n'est pas de notre sujet. Mais une question s'y rattache que nous ne

(1) *Voy.* MM. Aubry et Rau, d'après Zachariæ (3ᵉ édit., t. III, p. 445, note 4) ; Massé et Vergé, sur Zachariæ (t. V, p. 7, note 5) ; Troplong (n° 115) ; Taulier (t. VI, p. 467).

(2) Pothier (n° 43).

(3) *Voy.* M. Dalloz (v° Dépôt, n° 66).

devons pas passer sous silence : c'est la question de savoir si, quand le
dépositaire a détourné la chose du déposant en la vendant à un tiers,
le déposant peut intenter contre l'acquéreur l'action en revendication.
Nous supposons, d'ailleurs, que l'acquéreur est de bonne foi : s'il en
était autrement, si l'acquéreur était de mauvaise foi, la question n'en
serait pas une ; l'action en revendication serait incontestablement admissible. Mais il est de bonne foi, et alors s'élève un doute sérieux qui
naît de l'art. 2279. Il est bien vrai que cet article pose, en faveur du
possesseur de meubles, un principe d'acquisition par la prescription instantanée. Toutefois, le même article fait aussitôt une exception pour
les choses volées. Or n'y a-t-il pas lieu d'étendre la disposition aux
choses dont le déposant a été dépouillé par *abus de confiance* de la part
du dépositaire? Plusieurs auteurs et quelques arrêts se sont prononcés
pour l'affirmative. Cependant la négative prévaut, et avec juste raison.
En définitive, la seconde disposition de l'art. 2279 n'est qu'une dérogation à ce principe posé dans la première, qu'en fait de meubles possession vaut titre ; c'est une disposition exceptionnelle. Cela étant, elle
doit, comme toutes les exceptions, être renfermée dans ses termes précis ; et puisqu'elle parle du vol seulement, elle doit être restreinte au vol
tel qu'il est défini et caractérisé par la loi, et ne saurait être étendue à
l'abus de confiance, qui, n'impliquant pas la soustraction, l'appréhension frauduleuse, manque du caractère distinctif du vol. Donc celui qui,
de bonne foi, a acquis la chose détournée au préjudice du déposant, est
protégé par le principe de l'art. 2279 contre toute action en revendication dont la chose par lui acquise serait l'objet de la part de ce dernier (1).

II. — 448. Nous arrivons à l'art. 1931, qui complète la série des
dispositions relatives au premier chef de l'obligation du dépositaire, et
qui, de même que l'article précédent, n'est qu'un corollaire de cette
obligation. En effet, par cela même qu'il s'oblige à garder la chose déposée avec fidélité, le dépositaire s'oblige à ne pas chercher à connaître
ou à ne pas violer le secret dont le déposant peut avoir voulu que le dépôt fût entouré. L'art. 1931 exprime donc que le déposant ne doit pas
chercher à connaître quelles sont les choses qui lui ont été déposées, *si
elles lui ont été confiées dans un coffre fermé ou sous une enveloppe cachetée.* Pothier, dont les rédacteurs du Code ont voulu reproduire la
pensée, disait, dans une formule plus générale et plus compréhensive,
que la fidélité due par le dépositaire à la garde du dépôt l'oblige à ne
pas chercher à connaître les choses qui lui ont été données en dépôt,
lorsque le déposant a voulu les tenir cachées.

449. Mais, allant plus loin, il enseigne que même lorsque celui qui a
donné en dépôt des choses de nature à être tenues cachées a bien voulu,
pour témoigner davantage sa confiance au dépositaire, lui donner connaissance des choses déposées, celui-ci n'en doit pas moins respecter le
secret du dépôt, en ce sens qu'il doit s'abstenir rigoureusement d'en

---

(1) *Voy.* là-dessus Marcadé (art. 2279, V).

donner connaissance à d'autres (1). Tout dépositaire doit assurément s'imposer cette règle de conduite encore aujourd'hui, pour être dans l'esprit de l'art. 1931.

450. Le dépositaire qui manquerait à son obligation à cet égard, soit en ouvrant le coffre ou en rompant l'enveloppe dans le cas spécialement prévu par notre article, soit en communiquant à d'autres le secret que le déposant lui aurait confié, ne serait excusable que dans une circonstance, celle où il aurait agi ainsi dans l'intérêt du déposant lui-même et pour la conservation de la chose déposée (2). Hors de là, la violation du secret constituerait un acte d'infidélité et un dol dont les conséquences pourraient n'être pas sans gravité. Sans doute, le dépositaire n'encourrait pas les peines correctionnelles édictées par les art. 406 et 408 du Code pénal, car ce n'est pas là l'abus de confiance prévu et puni par ces articles; mais, comme dépositaire infidèle, il ne pourrait plus invoquer l'art. 1924, d'après lequel le dépositaire est cru sur sa déclaration; il ne serait plus admis au bénéfice de cession de biens (*infrà*, art. 1945), et en outre il pourrait être condamné à des dommages si la violation par lui commise avait été une cause de préjudice pour le déposant.

451. L'art. 1931 règle les devoirs du dépositaire *envers le déposant*. Nous n'aurions pas cru nécessaire d'en faire la remarque si, dans une espèce où un dépôt avait été fait par deux personnes conjointement, la disposition n'eût été opposée, et avec succès, à l'un des deux déposants par l'autre. En fait, un paquet enveloppé et cacheté avait été déposé, par deux personnes conjointement, aux mains d'un tiers, avec une suscription portant que le dépositaire remettrait le paquet, sans l'ouvrir, à celui des deux déposants qui survivrait à l'autre. Plus tard, des difficultés étant survenues entre les deux déposants, l'un d'eux prétendit que le paquet déposé contenait une convention nulle et révocable, et pour soutenir la demande en nullité qu'il avait formée, il concluait, ayant tout d'abord à prouver l'existence physique de la convention, à ce que le juge ordonnât l'ouverture du paquet déposé. Mais, sur la résistance du second déposant, les juges devant lesquels l'action était portée ont pensé que tout se réduisait à savoir s'il y avait eu dépôt et quelles étaient les conditions du contrat; puis, se rattachant tant à l'art. 1931, qui impose l'obligation du secret, qu'à l'art. 1937, qui veut que le dépôt, lorsqu'une personne a été indiquée pour le recevoir, ne soit restitué qu'à cette personne, ils ont débouté le demandeur de son action. La décision a été frappée d'un appel sur lequel il n'a pas été suivi, les parties ayant transigé sur le fond même de leur contestation ; sans cela elle eût difficilement, ce nous semble, échappé à l'infirmation. Il eût été impossible, en effet, de n'y pas voir une fausse application des art. 1931 et 1937, qui, statuant en vue du contrat de dépôt, règlent, de même que les autres articles de cette section, les devoirs et les obliga-

---

(1) *Voy.* Pothier (n°⁸ 38 et 39).
(2) *Voy.* MM. Duvergier (n° 449); Massé et Vergé, sur Zachariæ (t. V, p. 7, note 6).

tions du dépositaire envers le déposant, envers les personnes au nom desquelles le dépôt est fait, envers celle qui a été indiquée pour recevoir le dépôt, envers les tiers opposants ou réclamants, envers les administrateurs ou les héritiers du déposant. Or, dans l'espèce, le dépositaire n'était pas en cause; il y avait en présence deux déposants luttant l'un contre l'autre; et évidemment ce n'est pas un contrat de dépôt qui s'était formé entre eux. A leur égard, le dépôt était un contrat accessoire à un contrat principal formé auparavant, et dont la nullité était alléguée par le demandeur. C'était là le point que le juge avait à apprécier, et c'est uniquement pour le mettre en mesure de le faire que le demandeur avait requis l'ouverture du dépôt. La demande était légitime en ce point, et ni l'art. 1931, ni l'art. 1937, n'y pouvaient faire obstacle. Ecrits en vue de l'obligation et des devoirs du dépositaire, ces articles ne sont pas opposables au déposant, et par conséquent ils ne sauraient empêcher, lorsque le dépôt a été fait par plusieurs personnes conjointement, que l'une d'elles ait le droit de demander l'ouverture du dépôt cacheté, et même le droit de faire cesser le dépôt, malgré ses codéposants, si elle a une juste cause d'en demander l'ouverture, ou de le faire cesser et de le retirer elle-même.

1932. — Le dépositaire doit rendre identiquement la chose même qu'il a reçue.

Ainsi, le dépôt des sommes monnayées doit être rendu dans les mêmes espèces qu'il a été fait, soit dans le cas d'augmentation, soit dans le cas de diminution de leur valeur.

1933. — Le dépositaire n'est tenu de rendre la chose déposée que dans l'état où elle se trouve au moment de la restitution. Les détériorations qui ne sont pas survenues par son fait, sont à la charge du déposant.

1934. — Le dépositaire auquel la chose a été enlevée par une force majeure, et qui a reçu un prix ou quelque chose à la place, doit restituer ce qu'il a reçu en échange.

1935. — L'héritier du dépositaire, qui a vendu de bonne foi la chose dont il ignorait le dépôt, n'est tenu que de rendre le prix qu'il a reçu, ou de céder son action contre l'acheteur, s'il n'a pas touché le prix.

1936. — Si la chose déposée a produit des fruits qui aient été perçus par le dépositaire, il est obligé de les restituer. Il ne doit aucun intérêt de l'argent déposé, si ce n'est du jour où il a été mis en demeure de faire la restitution.

SOMMAIRE.

quelles que soient les variations qu'ait pu subir la monnaie. — 456. Suite : du bordereau à dresser dans ce cas, et de la preuve en cas d'absence de bordereau.

III. 457. Mais le dépositaire ne doit rendre la chose que dans l'état où elle se trouve, fût-elle détériorée. — 458. *Quid* lorsque la chose n'existe plus? Le dépositaire doit rendre les accessoires qui en restent. — 459. Suite : il doit rendre ce qu'il a pu recevoir à la place ; — 460. Et si au lieu d'avoir reçu il doit recevoir, c'est le dépositaire qui devient créancier direct. — 461. Du cas où la chose n'existe plus aux mains du dépositaire, parce qu'il en a fait lui-même l'objet d'un dépôt.

IV. 462. L'héritier du dépositaire qui a cessé de bonne foi de détenir la chose est quitte en rendant ce qu'il a reçu et en cédant tous ses droits au déposant, — 463. A moins toutefois que, par un moyen ou par un autre, il puisse faire rentrer la chose en ses mains : en quoi consiste l'obligation de l'héritier en ce cas. — 464. Du cas où l'héritier a consommé de bonne foi la chose déposée. — 465. En aucun cas le déposant n'a l'action en revendication contre les tiers de bonne foi.

V. 466. Soit qu'il détienne, soit qu'il ne détienne pas la chose, le déposant doit restituer tout ce qu'elle a produit. — 467. Si le dépôt a eu pour objet une somme d'argent, il doit les intérêts depuis la demeure. — 468. *Quid* dans le cas où le dépositaire a disposé des choses déposées? — 469. Et dans celui où il a retiré des profits illicites ?

I. — 452. Nous arrivons au deuxième chef de l'obligation imposée au dépositaire par le contrat de dépôt : il s'agit de la restitution de la chose déposée. Treize articles de la présente section sont consacrés à ce second chef de l'obligation, et statuent successivement sur les trois questions qu'il présente à résoudre, et qui sont relatives : la première, aux objets qui doivent être restitués (art. 1932 à 1936); la seconde, aux personnes auxquelles la restitution doit être faite (1937 à 1941); la troisième, enfin, au lieu et à l'époque de la restitution (1942 à 1944). — Occupons-nous d'abord de la première question, à laquelle se rapportent les cinq articles sustranscrits.

II. — 453. L'art. 1932 formule sur ce point, en termes précis, l'obligation du dépositaire : celui-ci doit rendre identiquement *la chose même* qu'il a reçue. C'est la conséquence naturelle et nécessaire de sa première obligation. Il avait reçu les objets uniquement pour les garder; il n'en avait pas même la possession (*suprà*, n° 372) : l'intention du déposant a donc été qu'au jour où le dépôt prendrait fin le dépositaire lui rendrait les objets en nature (art. 1915), et non pas des choses équivalentes ou de même espèce, alors même qu'elles seraient supérieures par leur valeur ou leur qualité à celles qui ont fait la matière du contrat. Le déposant n'a pas, d'ailleurs, à établir l'intérêt plus ou moins grand qu'il peut avoir à la restitution des objets dans leur individualité; le but essentiel et unique de son action est la reprise de la chose telle qu'il l'avait confiée au dépositaire.

454. De ce caractère assigné à l'obligation il faut encore conclure que c'est la chose tout entière qui doit être rendue, et non une ou plusieurs parties successivement. Si donc il y a plusieurs dépositaires, ils sont tenus chacun pour le tout (art. 1221, 3°) : il y a là, en effet, un cas d'obligation indivisible, à moins toutefois que le dépôt ne porte sur un objet naturellement divisible, par exemple de l'argent qui aurait été déposé dans un sac non cacheté.

455. L'obligation de rendre la chose *individuellement* est tellement de l'essence du contrat que, d'après l'art. 1932, le dépositaire même de sommes monnayées y est soumis : le dépôt doit être rendu dans les mêmes espèces qu'il a été fait, soit dans le cas d'augmentation, soit dans le cas de diminution de leur valeur. C'est là une différence capitale entre le dépôt et le prêt de consommation (voy. *suprà*, art. 1895, n°s 203 et suiv.) : le dépositaire n'est nullement tenu à raison de la dépréciation que les pièces ont subie dans sa main, et, à l'inverse, il n'a aucun droit à profiter de leur augmentation ; car, ce qu'il doit, ce n'est pas telle quantité, telle somme d'argent, c'est un certain nombre de pièces de monnaie, qu'elles aient été ou non renfermées dans un sac ou dans un coffre. Il n'y aurait d'exception à la règle que dans le cas où le dépositaire aurait, du consentement du déposant, fait emploi des écus, à la charge d'en rendre une égale quantité, ce qui constituerait le dépôt irrégulier dont nous avons parlé plus haut, sur l'art. 1930 (*suprà*, n°s 444 et suiv.).

456. Pour faciliter l'accomplissement de l'obligation du dépositaire dans le cas de dépôt de sommes, et pour garantir la restitution au déposant, il est sage et prudent de dresser un bordereau constatant le nombre et l'espèce de pièces de monnaie, et d'y observer les formalités prescrites par l'art. 1326 du Code Napoléon. En l'absence de ce bordereau, on se référera aux règles générales sur la preuve (art. 1923 et 1924) ; et si la somme réclamée excède 150 francs, le dépositaire sera cru sur la qualité des espèces déposées. La seule difficulté qui pourrait s'élever ici serait, dans le cas où ces monnaies auraient changé de valeur dans l'intervalle, de déterminer la somme à laquelle il faut s'attacher pour savoir si la preuve testimoniale est ou non admissible. Ce sera, selon nous, à la quotité de la somme réclamée par le déposant, si le dépôt est nié par le dépositaire ; au contraire, si le dépôt est avoué et si la contestation porte uniquement sur la nature des pièces, ce sera à la somme numérique sur laquelle les parties sont tombées d'accord ; et, comme le dit M. Delvincourt, la preuve testimoniale ne sera admise qu'autant que la différence existant entre la valeur des pièces avouées par le dépositaire et celle des pièces prétendues par le déposant n'excéderait pas 150 francs, car il n'y a réellement procès que sur cette différence (1).

III. — 457. Si le dépositaire doit, en principe, rendre identiquement la chose même qu'il a reçue (art. 1932), il n'est tenu, du moins, de la rendre que dans l'état où elle se trouve au moment de la restitution, fût-elle alors détériorée. C'est un tempérament nécessaire qu'on eût aisément induit des termes des art. 1927 et 1929 précédemment commentés (*suprà*, n°s 423 et suiv.) ; le législateur a pris néanmoins le soin de s'en expliquer directement dans l'art. 1933 en ajoutant que les détériorations qui ne sont pas survenues par le fait du dépositaire sont à

---

(1) *Voy.* M. Delvincourt (t. III, notes, p. 431). — *Junge :* M. Duvergier (t. XXI, n° 456).

la charge du déposant. Ainsi, quand la chose déposée a éprouvé des détériorations qui ne proviennent ni du dol, ni de la faute lourde du dépositaire, celui-ci est libéré complétement en rendant cette chose dans l'état où elle se trouve au moment de la restitution, et en prouvant, en outre, comme nous l'avons dit à l'occasion de l'art. 1929, le fait qui a amené la détérioration ou la perte partielle (*suprà*, nos 437 et 438).

458. Que si l'objet du dépôt n'existait plus aux mains du dépositaire et lui avait été enlevé par une de ces circonstances, par un de ces faits dont il n'est pas responsable, il serait complétement affranchi de l'obligation de le rendre. Toutefois le déposant, dans ce cas de perte totale de la chose déposée, serait en droit d'exiger la restitution des accessoires. Par exemple, dit Pothier, si un cheval donné en dépôt est venu à mourir chez le dépositaire, celui-ci est quitte, sans doute, de l'obligation de rendre le cheval, mais il doit rendre la peau, les fers et l'équipage du cheval avec lequel le cheval lui avait été donné en dépôt (1).

459. Mais il peut arriver, dans le cas où la chose a été enlevée par force majeure au dépositaire, que celui-ci ait reçu un prix ou quelque chose à la place; l'art. 1934, prévoyant cette hypothèse, impose au dépositaire l'obligation de restituer le prix ou l'objet qu'il a reçu en échange, lequel prix ou objet se trouve, en effet, subrogé à la chose déposée. Par exemple, dirons-nous encore avec Pothier, une personne, en partant pour un voyage, m'a laissé en dépôt une grande quantité de blés, et, dans un temps de disette, j'ai été contraint par le magistrat de mener ces blés au marché et de les vendre : je suis obligé de rendre à celui qui m'avait donné les blés en dépôt la somme d'argent que j'ai reçue pour le prix de la vente; cette somme leur est subrogée, et j'en suis devenu dépositaire à la place des blés (2). Le cas peut encore être cité à titre d'exemple, car si exceptionnel que cela soit fort heureusement, il n'est cependant pas impossible de prévoir telle ou telle circonstance où l'autorité soit amenée à exiger que, dans un but d'intérêt public, le propriétaire se dépouille même d'objets mobiliers, tels que des denrées alimentaires, pour l'entretien des armées (3).

460. Que si le dépositaire n'a pas encore reçu, mais doit recevoir une indemnité ou un prix pour la chose déposée qui lui a été enlevée par force majeure, le déposant devient créancier direct de l'indemnité ou du prix. L'art. 1303, dont l'art. 1934 n'est qu'une application particulière, dit, en ce sens, que le dépositaire *doit céder ses actions au déposant*. Toutefois la formule est inexacte, et elle a été justement critiquée par les auteurs (4). Comme le déposant est resté propriétaire, toutes les actions sont nées en sa personne, et le dépositaire n'en a aucune à lui céder. La vérité est donc que l'indemnité ou le prix sera dû au déposant directement et devra lui être payé, s'il se fait connaître au débiteur.

---

(1) *Voy.* Pothier (no 44).
(2) *Id.* (no 45).
(3) Comp. l. 26-29 juin 1792, l. 12 brum. an 3, d. 15 déc. 1813, art. 1er, Règl. du 1er sept. 1827 sur le service des subsistances militaires.
(4) *Voy.* notamment Marcadé (art. 1303, t. IV, no 867).

461. Et si le dépositaire n'avait plus la chose en mains parce qu'il l'aurait lui-même déposée en celles d'un tiers, nous ne pensons pas, malgré le texte de la loi romaine (l. 16, ff. *Dep. vel contrà*), qu'en principe la cession de son action contre ce tiers pût le libérer envers le premier déposant. Il resterait tenu et responsable des faits de celui auquel il se serait confié, à moins qu'il ne prouvât qu'il a été dans la nécessité de se dessaisir de la garde de l'objet, ce qui constituerait pour lui un cas de force majeure (1).

IV. — 462. Le principe que la chose déposée doit être rendue identiquement la même, *in individuo,* souffre une autre exception nécessaire : c'est lorsque, le dépositaire étant venu à mourir, l'héritier, dans l'ignorance du dépôt, a disposé de bonne foi de la chose déposée, qu'il a considérée comme dépendant de la succession de son auteur. Comme il n'y a ici ni dol ni faute lourde à lui imputer, l'héritier n'est responsable à aucun titre, si ce n'est dans la mesure du profit que lui a procuré la disposition qu'il a faite de l'objet du dépôt. L'art. 1935 est conçu dans cette pensée.

Ainsi, l'héritier du dépositaire a-t-il vendu la chose et en a-t-il touché le prix, il se libère en restituant le prix même qui lui a été compté, et le déposant n'a rien à lui réclamer en outre, quand même ce prix serait inférieur à la valeur réelle de la chose qu'il avait confiée au dépositaire.

L'héritier, en vendant la chose à terme, est-il resté créancier du prix, c'est le déposant qui, en se faisant connaître à l'acheteur, devient créancier direct de ce prix même, sans qu'il ait, d'ailleurs, à se faire céder l'action de l'héritier, comme le dit l'art. 1935 en empruntant à l'art. 1303 la formule inexacte que nous avons eu l'occasion de relever (*suprà,* n° 460).

463. Nous supposons, d'ailleurs, que l'héritier, après avoir disposé de la chose, n'en pourrait ou n'en devrait pas, par un moyen ou par un autre, reprendre la possession. S'il en était autrement, ce ne serait plus le cas de l'exception, et il y aurait lieu de revenir à la règle.

Ainsi, si en vertu d'une action résolutoire ou pour toute autre cause l'objet était revenu entre les mains de l'héritier, celui-ci ne serait pas fondé à le retenir en offrant d'en payer le prix : l'obligation de rendre renaît du moment qu'il est au pouvoir de l'héritier de faire la restitution.

Bien plus, si l'héritier pouvait arriver aisément à racheter la chose qu'il aurait vendue dans l'ignorance du dépôt, le rachat serait pour lui une nécessité; il devrait racheter, sauf, bien entendu, à se faire tenir compte, par le déposant, de l'excédant de prix qu'il serait forcé de payer à l'acheteur primitif dans le cas où la valeur de la chose aurait augmenté dans les mains de ce dernier. Bien entendu aussi que, le rachat une fois opéré, la chose serait aux risques du déposant, qui n'en pourrait pas réclamer le prix si elle venait à périr par cas fortuit.

_____

(1) *Voy*. M. Dalloz (v° Dépôt, n° 74).

464. Si l'héritier, au lieu de vendre la chose, l'avait consommée de bonne foi, il en devrait la valeur au temps de la consommation; et s'il en avait fait donation, il serait également tenu d'en payer la valeur, mais seulement dans le cas où la libéralité lui profiterait, comme étant l'acquit d'une dette naturelle ou autrement, par exemple si elle avait été faite par le donateur pour constituer une dot à l'un de ses enfants.

465. A peine avons-nous besoin de rappeler qu'aujourd'hui, à la différence de ce qui avait lieu autrefois, le déposant n'aurait pas d'action en revendication contre les tiers de bonne foi (*suprà*, n° 447).

V. — 466. Soit que le dépositaire ait par devers lui la chose déposée, soit qu'il ne l'ait plus, l'obligation de rendre porte non-seulement sur la chose elle-même, mais sur ses accessoires et dépendances. L'art. 1936 fait spécialement l'application de cette règle aux fruits que la chose a pu produire chez le dépositaire. Toutefois celui-ci n'est tenu de rendre les fruits qu'autant qu'il les a perçus : comme le contrat ne lui impose pas l'obligation de cultiver la chose, il ne serait pas responsable des fruits qu'il aurait négligé de percevoir.

Mais du jour où il a été mis en demeure de faire la restitution, son obligation devient plus étroite : il doit non-seulement les fruits qu'il a perçus, mais encore ceux qu'il aurait négligé de faire produire à la chose.

467. Quand le dépôt a pour objet une somme d'argent, le dépositaire, qui ne peut et ne doit pas s'en servir, n'est pas tenu par cela même de faire raison au déposant des intérêts de cette somme. Cette règle fléchit néanmoins en quelques cas : citons d'abord le cas de dépôt irrégulier (*suprà*, art. 1930), quand des intérêts ont été stipulés dans la convention; citons ensuite, avec notre art. 1936, le cas où le dépositaire a été mis en demeure de rendre. Toutefois, dans ce dernier cas, il ne s'agit que d'intérêts *moratoires;* car, aux termes de cet article, ils sont dus seulement du jour où le dépositaire est mis en demeure de faire la restitution. Mais une simple sommation suffit pour faire courir les intérêts (1). Ce n'est pas ici, à vrai dire, une dérogation à l'art. 1153 qui exige une demande en justice : cet article s'applique uniquement aux obligations qui se bornent au payement d'une certaine somme; or l'obligation du dépositaire porte sur un corps certain. Et même nous croyons que dans le cas où le dépositaire aurait reçu l'autorisation de se servir de la somme, une simple sommation suffirait encore pour faire courir les intérêts, car l'art. 1936, étant conçu en termes généraux, s'applique même au dépôt irrégulier (2).

468. A ces deux cas exceptionnels nous en ajouterons un troisième, qui est celui où le dépositaire se serait indûment servi de la somme déposée. Mais les intérêts sont-ils dus de plein droit du jour où le dépositaire a disposé de cette somme? Il semblerait résulter du texte de l'art. 1936 qu'une sommation est toujours nécessaire pour faire courir ces

---

(1) Cass., 19 juill. 1836 (S. V., 36, 1, 590).
(2) Req., 22 mars 1852 (S. V., 52, 1, 332).

intérêts (1). Cependant nos anciens auteurs n'hésitaient pas à considérer l'obligation de payer des intérêts comme née de plein droit le jour où le dépositaire s'était emparé des écus; ils en donnaient pour raison que ce dernier devait se féliciter d'être poursuivi par l'action de dépôt plutôt que par l'action de vol que le déposant aurait pu exercer également (2). Aujourd'hui que l'action du déposant ne fait pas obstacle à l'exercice de l'action publique, cette considération serait sans valeur; et néanmoins c'est à la solution des anciens auteurs qu'il s'en faut tenir. Il est de principe, en effet, que le détournement frauduleux contient une mise en demeure implicite par l'effet de laquelle l'auteur du détournement n'est pas libéré par la perte de la chose détournée, de quelque manière que cette chose ait péri ou ait été perdue (art. 1302). Il n'y a certes pas de motif pour que cette mise en demeure implicite ne suffise pas aussi à elle seule pour faire courir les intérêts (3).

469. Mais faudrait-il aller jusqu'à forcer le dépositaire à rendre tous les profits qu'il a pu retirer, même illicitement, de l'objet déposé; par exemple, les gains qu'il a faits en jouant avec l'argent du déposant? Dumoulin pense que le dépositaire est quitte en rendant les intérêts au taux légal : il est de principe, dit-il, que la chose achetée de mauvaise foi par un tiers avec mon argent ne m'appartient pas (l. 6, C. *De Rei vindic.;* l. 17, C. *De Pign.*) (4); d'ailleurs, ajoute-t-on, il suffit que le déposant n'éprouve aucun préjudice, et il n'en subit aucun, puisqu'il a droit aux intérêts légaux. Cette opinion, reproduite sous le Code (5), ne nous semble pas devoir être suivie. En effet, il n'est pas permis, cela est élémentaire en droit, de s'enrichir par un fait que la loi réprouve : *Nemo ex delicto suo consequi debet emolumentum.* Et d'ailleurs ne peut-on pas dire que cette somme gagnée au jeu avec l'argent du déposant constitue un produit, un fruit civil de la chose déposée? L'art. 1936 veut que tout soit restitué au propriétaire. Le système contraire est non-seulement en opposition avec la loi elle-même, il est en outre peu moral : il encourage la cupidité et excite le dépositaire à violer la foi du contrat. Le déposant n'a-t-il pas été en danger, si la fortune avait tourné contre le dépositaire, de perdre son argent et de n'avoir qu'une action inutile contre un débiteur insolvable? Et n'est-il pas juste qu'en retour de ce risque le déposant obtienne tout le profit que son argent a pu procurer ?... (6)

1937. — Le dépositaire ne doit restituer la chose déposée, qu'à celui qui la lui a confiée, ou à celui au nom duquel le dépôt a été fait, ou à celui qui a été indiqué pour le recevoir.

1938. — Il ne peut pas exiger de celui qui a fait le dépôt, la preuve qu'il était propriétaire de la chose déposée.

---

(1) *Voy.* M. Duvergier (t. XXI, n° 470).
(2) Dumoulin (*Tract. de Usur.*, n° 626).
(3) *Voy.* M. Troplong (n° 104).
(4) Dumoulin (*Tract. de Usur.*, n° 628).
(5) *Voy.* MM. Duvergier (t. XXI, n° 471); Troplong (n° 105).
(6) *Voy.* M. Dalloz (v° Dépôt, n° 80).

Néanmoins, s'il découvre que la chose a été volée, et quel en est le véritable propriétaire, il doit dénoncer à celui-ci le dépôt qui lui a été fait, avec sommation de le réclamer dans un délai déterminé et suffisant. Si celui auquel la dénonciation a été faite, néglige de réclamer le dépôt, le dépositaire est valablement déchargé par la tradition qu'il en fait à celui duquel il l'a reçu.

1939. — En cas de mort naturelle ou civile (1) de la personne qui a fait le dépôt, la chose déposée ne peut être rendue qu'à son héritier.

S'il y a plusieurs héritiers, elle doit être rendue à chacun d'eux pour leur part et portion.

Si la chose déposée est indivisible, les héritiers doivent s'accorder entre eux pour la recevoir.

1940. — Si la personne qui a fait le dépôt, a changé d'état; par exemple, si la femme, libre au moment où le dépôt a été fait, s'est mariée depuis et se trouve en puissance de mari; si le majeur déposant se trouve frappé d'interdiction; dans tous ces cas et autres de même nature, le dépôt ne peut être restitué qu'à celui qui a l'administration des droits et des biens du déposant.

1941. — Si le dépôt a été fait par un tuteur, par un mari ou par un administrateur, dans l'une de ces qualités, il ne peut être restitué qu'à la personne que ce tuteur, ce mari ou cet administrateur représentaient, si leur gestion ou leur administration est finie.

SOMMAIRE.

I. — 470. Après avoir expliqué ce qui doit être rendu par le dépositaire, nous passons au second des trois points afférents à l'obligation

---

(1) « La mort civile est abolie » (l. 31 mars 1854, art. 1ᵉʳ).

de restituer : la question, maintenant, est de savoir à quelle personne la restitution doit être faite pour que le dépositaire soit valablement libéré. Il semble qu'aucune difficulté ne peut se présenter à cet égard, et, en réalité, il ne s'en présenterait aucune si le fait de la restitution n'était jamais débattu qu'entre le déposant et le dépositaire, à propos d'un contrat de dépôt formé en termes précis, sans condition, entre personnes capables et maîtresses de leurs droits : le sens intime dit que le dépositaire ne doit et ne peut rendre la chose qui lui a été remise en dépôt qu'à celui-là même qui lui en a confié la garde. Mais la convention peut avoir été modifiée par une clause particulière; d'un autre côté, il se peut que pendant la durée du dépôt un changement soit survenu dans l'état ou dans la situation de l'une ou de l'autre des parties contractantes, ou qu'elles soient décédées et représentées par un ou plusieurs héritiers; enfin, il est possible que le dépôt ait eu pour objet des choses dont le déposant n'avait ni la propriété ni la possession légitimes. La question de savoir à qui le dépôt doit être restitué prend ainsi une certaine complication, et comporte plus de détails qu'on ne serait tout d'abord porté à le penser.

Le législateur s'en occupe dans les cinq articles que nous réunissons ici et dont nous allons présenter le commentaire.

II. — 471. Et d'abord, attachons-nous à l'hypothèse la plus simple, celle où le fait de la restitution est débattu entre le déposant et le dépositaire originaires. A cet égard, l'art. 1937 prévoit trois cas distincts qui doivent être successivement précisés.

472. 1° Si le contrat n'est modifié par aucune clause particulière, par exemple si Paul, au moment de se mettre en voyage, a confié un coffre rempli d'objets précieux à Pierre, qui a consenti à le garder jusqu'au retour du déposant, il est clair que le coffre déposé ne peut et ne doit être rendu qu'à Paul. C'est envers lui seul que Pierre s'est obligé; il violerait la foi du dépôt s'il allait faire la remise du coffre à un autre.

473. 2° Si, au lieu de faire le dépôt par lui-même, le déposant l'a fait faire en son nom par un tiers, la restitution est due à celui au nom de qui la chose a été déposée. Le tiers qui matériellement a fait la livraison de la chose n'a été qu'un mandataire, un agent de transmission; *et à* moins que son mandat lui donne également le pouvoir de retirer la chose qu'il a livrée, c'est au mandant lui-même que cette chose devra être rendue par le dépositaire. Nous supposons, avec le texte de l'art. 1937, que le dépôt a été fait *au nom* du mandant. Que s'il avait été fait par le mandataire en son propre nom, ce serait autre chose : comme le mandataire, alors, est seul connu du dépositaire, la restitution lui serait faite valablement; et même, si le mandant venait à poursuivre le dépositaire, celui-ci, pour mettre sa responsabilité à couvert, aurait à en donner avis au mandataire avant de remettre la chose au poursuivant.

474. 3° Enfin, si en faisant le dépôt le déposant a indiqué un tiers pour le recevoir, c'est au tiers désigné que l'*objet* déposé doit être rendu par le dépositaire. Ainsi, un créancier gagiste a mis en dépôt la

chose qu'il tenait en gage, et il a chargé le dépositaire d'en faire la restitution au propriétaire : le dépositaire est valablement libéré en accomplissant le mandat qu'il a reçu du déposant, c'est-à-dire en rendant la chose au propriétaire désigné pour la recevoir. Il y a toutefois, sur ce troisième cas, plusieurs points à préciser.

Et d'abord le fait constitue, en définitive, une exception à la règle générale d'après laquelle la restitution du dépôt doit être faite au déposant lui-même ; il ne peut donc pas être présumé, et il faut qu'il soit établi nettement par la convention. A défaut d'une indication suffisamment précise, la présomption serait que le déposant s'était réservé le droit de reprendre le dépôt, sauf au dépositaire à prouver qu'il avait reçu mandat d'en faire la remise à un tiers (1).

Bien plus, même dans le cas où un tiers aurait été nettement désigné pour recevoir le dépôt, il faut distinguer si ce tiers a été présent ou absent à l'indication, et plus généralement s'il a droit ou non à la chose déposée. Si l'indication a été faite en l'absence du tiers désigné, elle ne lui confère aucun droit au préjudice du déposant, qui conserve toujours la faculté de révoquer l'ordre, et de réclamer l'objet déposé sans attendre même l'expiration du terme fixé pour la restitution (art. 1944, *infrà;* cf. art. 1121). Mais si le tiers désigné a figuré au contrat, il est devenu partie à l'acte : le dépositaire peut être considéré comme son mandataire, et c'est alors qu'il ne lui est pas permis de faire la restitution au déposant sans le consentement du tiers désigné (2).

Rappelons, enfin, ce que nous avons eu l'occasion de dire à propos de l'art. 1931 (*supràà,* n° 451) : de même que ce dernier article, l'art. 1937 règle les obligations du dépositaire envers le déposant; donc, si un dépôt avait été fait conjointement par plusieurs, avec indication que la chose déposée serait restituée au survivant, ce ne serait pas le cas d'invoquer l'art. 1937 contre l'un des déposants qui aurait une juste cause de faire cesser le dépôt, et de retirer la chose déposée même du vivant de son codéposant.

475. Du reste, s'il arrivait, dans les divers cas prévus par l'art. 1937, que le dépositaire, trompé par un concours fortuit de circonstances, fît la restitution à qui n'aurait pas qualité pour recevoir, sa responsabilité ne serait pas nécessairement engagée. Il y aurait à rechercher les causes de l'erreur; et s'il n'y avait pas là l'une de ces fautes que le dépositaire n'aurait pas commises dans la gestion de ses propres affaires, il devrait être déchargé de toute responsabilité.

III. — 476. Nous avons supposé jusqu'à présent que la personne à laquelle la restitution doit être faite est capable et maîtresse de ses droits : c'est l'hypothèse la plus fréquente. Mais il peut arriver que le dépôt ait été fait par un incapable : faut-il, en s'en tenant au texte de l'art. 1937, décider que le dépositaire devra restituer le dépôt à ce dernier? Non, assurément : le dépositaire, il est vrai, a accepté toutes

---

(1) Req., 9 mai 1831 (S. V., 31, 1, 203; Dalloz, 31, 1, 244).
(2) Paris, 11 nov. 1812; Req., 26 août 1813; Nîmes, 3 déc. 1822 (S. V., 13, 2, 34;
Coll. nouv., 4, 2, 194; 1, 429; 7, 2, 132; Dalloz, 15, 1, 75).

les obligations d'un véritable dépositaire (*suprà*, n° 418); mais la loi ajoute immédiatement *qu'il peut être poursuivi* par le représentant de l'incapable, ce qui signifie non que le représentant de l'incapable aura simplement la faculté de poursuivre, mais que si le déposant incapable exerçait lui-même l'action, le dépositaire pourrait refuser la restitution jusqu'à ce que le représentant fût venu l'autoriser (1). C'est une première exception à la règle de l'art. 1937.

477. Ajoutons immédiatement les deux dérogations contenues dans les art. 1940 et 1941.

L'art. 1940, prévoyant un changement d'état dans la personne du déposant, suppose que ce dernier est devenu incapable pendant la durée du dépôt : par exemple, que la femme, libre au moment où le dépôt a été fait par elle, est venue à se marier depuis et se trouve en puissance de mari au jour de la restitution; que le majeur, pleinement capable quand le contrat s'est formé, a été ultérieurement frappé d'interdiction. Dans ces divers cas et autres de même nature, la règle de l'art. 1937 doit fléchir nécessairement, et le dépositaire est tenu, sous sa responsabilité personnelle, de ne faire la remise de l'objet déposé qu'au représentant légal du déposant devenu incapable : c'est la décision de l'art. 1940.

Toutefois, il y a ici quelques points à noter.

Et d'abord, il faut admettre que la remise du dépôt au déposant lui-même devenu incapable n'engagerait la responsabilité du dépositaire qu'autant que celui-ci aurait eu connaissance du changement survenu dans l'état de ce dernier; si le dépositaire avait juste sujet d'ignorer ce changement, la remise par lui faite au déposant devenu incapable serait pleinement libératoire.

En second lieu, lorsque l'art. 2140 parle du dépôt fait par la femme pour dire qu'en cas de mariage contracté depuis, la restitution devra être faite au mari désormais investi de l'administration des droits et des biens de la déposante, il a en vue le cas le plus général, celui où la femme s'est placée sous le régime de la communauté. Que si elle a pris un autre régime, par exemple celui de la séparation, qui laisse à la femme l'administration de ses biens, le dépositaire n'aurait pas à tenir compte du changement d'état, et il se libérerait valablement en remettant le dépôt aux mains de la femme elle-même, qui aurait qualité et droit pour le reprendre, comme elle a qualité et droit, sous ce régime, pour le constituer. C'est une application des règles posées plus haut à l'occasion de la capacité requise pour la formation du contrat (*suprà*, n° 416).

Enfin, si l'acte de dépôt fait par une personne alors capable indique un tiers pour recevoir l'objet déposé, le changement d'état du déposant ne doit mettre obstacle à l'exécution de cette clause, qui au fond constitue un mandat, qu'autant que la cause de l'incapacité survenue en la personne du déposant est aussi une cause d'extinction du mandat : par

_____

(1) Pothier (n°s 5 et 6).

exemple, l'interdiction, la faillite ou la déconfiture (art. 2003). Si le changement d'état provient, au contraire, d'une cause qui laisse subsister le mandat, par exemple le mariage de la femme qui a fait le dépôt, la clause conserve son effet tant que le mari ne l'a pas révoquée en faisant notifier son intention au dépositaire.

478. L'art. 1941 suppose le cas inverse : le dépôt a été fait par une personne en une qualité qui a cessé au jour de la restitution ; ainsi, par un tuteur ou un mari dont la gestion a pris fin : la remise doit être faite à la personne devenue ou redevenue capable que l'administrateur représentait.

IV. — 479. Après avoir examiné l'hypothèse assez peu compliquée dans laquelle le fait de la restitution est débattu entre le déposant et le dépositaire originaires, nous avons à nous demander, avec l'art. 1939, quel va être l'effet de la mort de l'une ou de l'autre des parties par rapport à l'obligation de restituer.

Dans le cas bien simple où le dépositaire est mort laissant un seul héritier, cet héritier succède à toutes les obligations de son auteur, tant au point de vue de la responsabilité qu'au point de vue de la restitution, sauf le tempérament admis en sa faveur dans l'art. 1935 (*suprà*, n° 462).

Le cas où c'est le déposant qui est mort laissant aussi un héritier unique ne présente pas non plus de difficulté, quand le contrat n'a été modifié par aucune clause particulière : cet héritier intentera l'action comme aurait pu le faire son auteur.

480. Mais supposons que le déposant ait indiqué un tiers pour recevoir le dépôt, le problème n'est plus aussi simple : le décès du déposant va-t-il mettre fin à la faculté qu'avait le dépositaire de faire la remise au tiers désigné? Il y a d'abord un cas sur lequel il n'y a pas place pour le doute : le déposant avait chargé le dépositaire de remettre le dépôt à une tierce personne, sans ajouter que la remise pourrait être faite après sa mort : c'est un mandat qui s'est éteint par le décès du déposant (art. 2003) ; le tiers est désormais sans qualité pour recevoir, et le dépositaire engagerait sa responsabilité en lui faisant la remise : c'est bien là ce que signifie l'art. 1939 quand il dit qu'en cas de mort du déposant, la chose ne peut être restituée qu'à son héritier ; c'est aussi l'interprétation universellement admise (1).

481. Au contraire, l'acte de dépôt porte la clause expresse que la remise de l'objet déposé sera faite, après la mort du déposant, à un tiers désigné : décidera-t-on alors, comme dans le cas précédent, qu'après le décès du déposant le dépositaire ne peut plus exécuter le mandat? La plupart des auteurs se prononcent pour l'affirmative, en se fondant sur la rédaction limitative et en apparence impérative de l'art. 1939. Le mandat, disent-ils, a été révoqué par la mort du déposant (art. 2003) ; et il y a d'autant plus lieu de ne pas laisser ici la clause pro-

---

(1) Troplong (n° 146); Massé et Vergé, sur Zachariæ (t. V, p. 9, note 17). Rej., 22 nov. 1819 (Dalloz, 19, 1, 644; S. V., Coll. nouv., 6, 1, 135); Douai, 31 déc. 1834 (S. V., 35, 2, 215; Dalloz, 35, 2, 83); Paris, 14 mars 1853 (S. V., 53, 2, 507).

duire ses effets que, le plus souvent, elle renferme une donation déguisée, un fidéicommis qui pourrait cacher des fraudes à la loi ; or cette
libéralité, n'ayant pas été faite dans les formes exigées, doit rester sans
exécution si elle n'a pas été accomplie du vivant du déposant. Il y a
aussi plusieurs arrêts en ce sens (1).

Nous n'admettons pas, quant à nous, cette doctrine dans ce qu'elle a
d'absolu. Sans doute, le dépôt ainsi modifié renferme un mandat ; mais
ce mandat est d'une nature toute particulière ; il ne doit être exécuté,
d'après la volonté expresse du déposant, qu'après sa mort. Or qui a
jamais douté que le mandat *post mortem mandantis,* quelles que soient
les controverses qui aient pu s'élever sur sa validité en droit romain, ne
soit parfaitement valable dans notre droit actuel ? L'art. 2003 déclare
sans doute que la mort du mandant est une cause d'extinction du mandat ; mais cet article dispose dans la prévision de ce qui se produit habituellement ; il n'exclut en aucune façon l'exception qui pourrait résulter de ce que le contrat aurait été modifié par une clause particulière.
A ce premier point de vue, il est donc vrai de dire que, lorsque le mandat a été modifié par une clause qui le fait survivre au décès du mandant, l'art. 2003 ne fait pas obstacle à ce que le mandat reçoive son
exécution après que le mandant est venu à mourir.

Et maintenant, est-ce que l'art. 1939 y ferait obstacle davantage
dans le cas spécial où le déposant a déclaré qu'après sa mort la chose
déposée serait remise à un tiers par lui désigné ? Non, assurément, du
moins en principe. A la vérité, le tribun Favard, dont les partisans de
l'opinion contraire croient pouvoir invoquer le témoignage et l'autorité, s'exprimait en ces termes au Corps législatif : « Il semble d'abord
que la chose déposée devrait être remise à la personne indiquée pour la
recevoir, parce qu'elle est censée y avoir une espèce de droit acquis ;
mais, en y réfléchissant, on voit que le déposant a conservé jusqu'à sa
mort la propriété du dépôt, qu'il a pu le retirer à volonté, et que, la
destination projetée n'ayant pas eu son exécution, il en résulte que l'héritier du déposant lui succède dans la plénitude de ses droits ; qu'ainsi
le dépositaire ne peut pas, à l'insu de l'héritier, disposer du dépôt en
faveur de la personne qui lui avait été désignée, parce que le dépôt serait un fidéicommis qui aurait souvent pour but de cacher des dispositions prohibées. » (2) Mais qui ne voit que ces observations, de même
que l'art. 1939, se réfèrent exclusivement au cas où le déposant s'en
est tenu à désigner un tiers pour recevoir le dépôt, sans aucune indication particulière, et spécialement sans aucune manifestation de sa
part, de la volonté que la chose soit remise, même après sa mort, au
tiers par lui désigné ? La thèse que nous combattons s'en autorise donc

---

(1) MM. Duvergier (t. XXI, n° 483); Troplong (nᵒˢ 146 et suiv.); Aubry et Rau
(t. III, p. 449, note 9); Marcadé (t. III, n° 630). — Paris, 1ᵉʳ mars 1826; Caen,
12 mars 1827; Montpellier, 6 mars 1828; Rej., 16 août 1842; Cass., 29 avr. 1846;
Montpellier, 25 févr. 1862 (S. V., 26, 2, 297; 28, 2, 37; 29, 2, 18; 42, 1, 850; 46, 1,
689; 62, 2, 209; Dalloz, 28, 2, 69; 29, 2, 60; 42, 1, 341; 46, 1, 245; *J. Pal.*, 1846,
t. II, p. 223; 1862, p. 881).
(2) Fenet (t. XIV, p. 515); Locré (t. XV, p. 136).

à tort, et y cherche fort mal à propos un appui pour le cas où la constitution du dépôt, avec indication d'un tiers à qui la remise sera faite, est accompagnée de la clause expresse que la remise sera faite à ce tiers après le décès du déposant.

Vainement on objecte ensuite qu'un fidéicommis, une donation va se cacher sous ce dépôt prétendu. Nous pourrions dire d'abord qu'en fait il peut fort bien arriver qu'un dépôt ainsi constitué ne contienne aucune libéralité ; tel serait, par exemple, le cas où un usufruitier aurait confié à un tiers la garde de la chose grevée de son usufruit, en le chargeant de la rendre, après sa mort, au propriétaire. C'est déjà un argument contre un système qui, procédant d'une manière absolue et sans distinction, condamnerait ses partisans à se prononcer pour la nullité dans cette hypothèse où il n'y a pas même l'apparence d'une libéralité, et les conduirait à décider que le dépositaire doit, même dans ce cas, faire la restitution à l'héritier de l'usufruitier, c'est-à-dire à une personne qui, l'usufruit éteint, n'a aucun droit à l'objet déposé, et qui pourrait l'aliéner ou le détourner au mépris des droits du propriétaire désigné pour le recevoir ! Mais nous allons plus loin, et, alors même que le dépositaire saurait que le mandat dont il a été chargé contient en réalité une donation, nous disons que la remise par lui faite, après le décès du déposant, au tiers désigné, le libérerait complétement. C'était admis sans difficulté en droit romain (l. 26, pr. ff. *Depos.*) ; c'était constant dans l'ancienne jurisprudence, nonobstant les ordonnances qui subordonnaient la validité des donations à l'observation de formalités nombreuses (1) ; c'est également reconnu depuis le Code par plusieurs arrêts (2). Et la solution trouve sa justification complète dans la doctrine, qui, triomphant de toutes les résistances, a définitivement validé les donations déguisées. Assurément, le déposant aurait pu, sans que ni la doctrine, ni la jurisprudence y trouvassent à redire, faire une donation sous la forme d'une vente ou de tout autre acte à titre onéreux. Pourquoi donc ne pourrait-il pas la faire en disant que la chose par lui déposée sera remise, après lui, au tiers qu'il veut gratifier ? Et quel est l'obstacle juridique qui s'oppose à cette remise d'un objet mobilier à un tiers par l'intermédiaire d'un ami qu'on a chargé de la restitution ? Il n'y en a pas en principe ; c'est pourquoi nous tenons qu'en principe la remise faite en ce cas au tiers indiqué sera libératoire pour le dépositaire.

482. Mais notre théorie n'est pas absolue, et nous y faisons deux restrictions commandées par les principes eux-mêmes et consacrées par la jurisprudence. Nous disons d'abord que la libéralité ainsi faite ne sera valable qu'autant qu'elle ne renfermera pas une donation à cause de mort : notre droit ne reconnaissant plus cette forme de libéralité, ce serait par une violation indirecte de l'art. 893 que l'on dis-

---

(1) Arrêts de 1708, 1745 et 1758 (Nouv. Denizart, v° Donat. entre-vifs, § 12, art. 11). — *Contrà*, arrêt du Parlement de Paris de 1786 (Nouv. Denizart, *loc. cit.*).

(2) Rej., 12 déc. 1815 ; Limoges, 9 juill. 1821 ; Req., 2 avr. 1823 ; Lyon, 25 fév. 1835 ; Amiens, 16 nov. 1852 (S. V., 16, 1, 322 : Coll. nouv., 6, 2, 546 ; 23, 1, 238 ; 35, 2, 424 ; 54, 2, 60 ; Dalloz, 16, 1, 132 ; 23, 1, 182 ; 35, 2, 150 ; 54, 2, 255 ; *J. Pal.*, 1852, t. II, p. 655). *Voy.* aussi MM. Massé et Vergé, sur Zachariæ (t. V, p. 9, note 17).

poserait à cause de mort, sous la forme d'un dépôt. Il faut donc, pour que le dépositaire se libère valablement entre les mains du tiers désigné, que le déposant ait entendu se dessaisir actuellement et irrévocablement, car c'est alors seulement que la donation ne pourrait pas être attaquée (1).

Il faut, en second lieu, que la libéralité ainsi déguisée ne soit pas de nature à porter atteinte à la réserve ou ne soit pas faite à un incapable; et même encore dans ce cas se présenterait la question de savoir si la donation doit être nulle pour le tout, ou seulement réductible. Quand la donation déguisée excède simplement la quotité disponible, la jurisprudence décide avec raison qu'elle est seulement soumise à la réduction (2); mais quand elle a été faite à une personne à laquelle la loi défendait de recevoir au delà d'une certaine quotité, la donation est annulée pour le tout (3).

V. — 483. L'art. 1939, dont nous venons d'expliquer le premier alinéa, suppose dans sa partie finale que le déposant est mort laissant plusieurs héritiers. Quel va être le droit de chacun touchant la restitution du dépôt? Si la chose déposée est matériellement divisible, comme du blé, de l'argent, elle doit être rendue à chacun pour sa part et portion héréditaire.

484. Mais, si elle est indivisible, les héritiers doivent s'accorder entre eux pour la recevoir: à défaut par eux de s'entendre, le dépositaire continue à garder l'objet, ou se fait autoriser par justice à le remettre à un tiers jusqu'à ce que les héritiers se soient accordés ou que le partage ait attribué à l'un d'eux l'objet du dépôt.

Il faut ici entendre par chose indivisible un objet qui n'est pas susceptible de parties réelles, bien qu'il soit susceptible de parties intellectuelles: la loi a en vue non pas l'indivisibilité légale de l'art. 1217, mais la simple indivisibilité naturelle. On doit donc considérer comme indivisible, en ce sens, une somme d'argent renfermée dans un coffre ou un sac; car ce n'est pas la somme qui a été déposée, c'est le coffre ou le sac. Ainsi le dépositaire ne pourrait pas, sans violer le dépôt, ouvrir le sac ou la cassette pour remettre à l'un des héritiers sa part dans la somme d'argent. Toutefois, rien ne s'opposerait à ce que le juge, prenant en considération les circonstances, ordonnât l'ouverture et fît remettre à l'un des héritiers sa part afférente; après quoi, si le surplus de la somme déposée venait à périr par cas fortuit entre les mains du dépositaire, l'héritier qui a reçu sa part ne serait pas obligé de la remettre en commun (l. 12, C. Depos.). Cette portion, étant devenue la propriété de celui qui l'a reçue, ne pourrait lui être enlevée sans injustice: les risques, en effet, ne sauraient désormais être communs, par cela même

---

(1) Bordeaux, 8 août 1853 (S. V., 53, 2, 641; Dalloz, 54, 2, 81; *J. Pal.*, 1854, t. II, p. 120).
(2) Cass., 13 déc. 1859 (S. V., 60, 1, 624; *J. Pal.*, 1860, p. 220; Dalloz, 59, 1, 503).
(3) Cass., 2 mai 1855 (Dalloz, 55, 1, 193; *J. Pal.*, 1855, t. II, p. 525; S. V., 56, 1, 178); Orléans, 23 fév. 1861 (S. V., 61, 2, 410; Dalloz, 61, 2, 84; *J. Pal.*, 1861, p. 973); Req., 11 mars 1862 (S. V., 62, 1, 401; Dalloz, 62, 1, 534). — *Contrà*, Toulouse, 26 fév. 1861 (S. V., 61, 2, 327; *J. Pal.*, 1861, p. 818; Dalloz, 61, 2, 58).

que la chose a cessé d'être commune. Et vainement on opposerait la disposition de l'art. 1849 : en matière de société tout devant être commun, le gain et la perte se répartissent proportionnellement ; dans le cas de simple indivision, au contraire, la vigilance de l'un des copropriétaires ne doit pas pouvoir être invoquée par les autres à son détriment. — Toutefois il en serait autrement si, au lieu de choses fongibles, il s'agissait de plusieurs corps certains ; la remise d'un objet à l'un des héritiers n'enlèverait pas aux autres leur droit de propriété sur cet objet, qu'ils pourraient toujours réclamer malgré la perte fortuite des corps certains restés chez le dépositaire : un partage effectué dans les formes légales pourrait seul, en ce cas, faire cesser l'indivision entre eux.

485. Ceci dit sur le cas où, dans le contrat de dépôt, il y a pluralité de créanciers, passons au cas où il y a pluralité de débiteurs. La question est de savoir quelle est la part de responsabilité incombant à chacun d'eux. A cet égard, il faut se référer aux règles touchant l'obligation de tout débiteur d'un corps certain (art. 1221). Quand un dépositaire unique est mort laissant plusieurs héritiers, si l'un d'eux possède seul la chose déposée, il peut être poursuivi pour le tout comme détenteur ; s'ils la détiennent en commun, ou si, n'existant plus, elle est remplacée par une somme d'argent, par exemple dans le cas de l'art. 1934 ou de l'art. 1935, ils ne peuvent être actionnés que chacun individuellement pour sa part héréditaire. Si c'est par le dol de l'un d'eux que la chose a péri, celui-là est seul responsable pour le tout : c'est pour les autres un cas fortuit qui a amené leur libération.

Les mêmes décisions recevraient leur application au cas de plusieurs dépositaires primitifs, à moins qu'ils ne se fussent portés débiteurs solidaires ou cautions les uns des autres (1).

VI. — 486. Il nous reste un dernier point à examiner. Quelle est, au point de vue de la preuve à faire, l'obligation du déposant, demandeur à l'action en restitution ? Il doit établir d'abord sa qualité de déposant, et s'il n'est que l'héritier du déposant originaire, prouver sa qualité d'héritier ; sinon le dépositaire pourrait et même devrait se refuser à faire la restitution (2).

Mais faut-il aller plus loin et exiger du déposant la preuve qu'il est propriétaire de l'objet déposé ? L'art. 1938, conforme à la loi romaine (1. 31, § 1, ff. *Depos.*) et à la doctrine de Pothier (3), décide que le dépositaire actionné ne peut pas exiger du déposant la preuve de cette qualité. Que lui importe, en effet ? C'est du déposant qu'il a reçu la chose, c'est à lui qu'il est tenu de la restituer. Le déposant, s'il n'est pas propriétaire de l'objet, peut en être possesseur avec juste titre, par exemple comme créancier gagiste, et en cette qualité il avait le droit d'en effectuer le dépôt. Peut-être aussi le véritable propriétaire

---

(1) Pothier (nᵒˢ 64 et 65).
(2) Rej., 11 juill. 1860 (S. V., 60, 1, 971 ; *J. Pal.*, 1861, p. 501 ; Dalloz, 60, 1, 305).
(3) Pothier (nᵒ 51).

avait-il de justes motifs de rester inconnu; il ne doit pas être permis au dépositaire de chercher à le connaître.

487. Il y a, toutefois, un cas où cette règle eût été contraire à l'équité et à la morale : le cas est prévu au second alinéa de l'art. 1938, qui dispose dans l'hypothèse où le dépositaire viendrait à découvrir que la chose a été volée, et quel en est le véritable propriétaire. Le dépositaire doit alors dénoncer à celui-ci le dépôt qui lui a été fait, avec sommation de le réclamer dans un délai déterminé et suffisant. Cette exception était commandée par de hautes considérations de justice et de morale : le dépositaire a intérêt à ne pas se voir accusé de complicité dans un délit auquel il est resté complétement étranger; il doit donc prendre les devants, afin de prévenir les investigations de la justice. Et puis le plus simple bon sens ne dit-il pas que c'est au propriétaire seul que la chose doit être restituée, quand le tiers qui la réclamerait n'aurait d'autre titre que son délit?

Le dépositaire qui a ainsi découvert le véritable propriétaire de l'objet volé et lui a fait connaître sa qualité est tenu, sous sa responsabilité, d'attendre pendant le délai qu'il a lui-même fixé et dont la loi lui laisse à dessein le soin de déterminer la durée, sauf aux juges à voir si elle était suffisante pour permettre au propriétaire de faire sa réclamation. Mais le délai une fois expiré, si le propriétaire ne se présente pas, le dépositaire peut faire la tradition de l'objet à celui de qui il l'avait reçu; il y a présomption que la nouvelle qui lui était parvenue était dénuée de fondement.

488. Le dépositaire peut être instruit du vol de la chose par diverses voies : un aveu, une procédure, une condamnation ignorée du véritable propriétaire. Mais il ne doit pas se baser sur de simples soupçons, sur de vagues rumeurs, pour opposer à la demande en restitution un refus qui souvent pourrait causer au déposant un préjudice notable en faisant planer sur lui des doutes compromettants. Il faut en définitive, comme le dit très-bien le jurisconsulte romain, tenir compte de l'intérêt des deux parties, et se décider d'après une conviction bien arrêtée ou au moins sur des présomptions très-légitimes et très-fondées.

489. L'art. 1938 suppose que c'est le dépositaire qui, prenant les devants, fait la dénonciation au véritable propriétaire. Il peut arriver aussi que ce soit le véritable propriétaire qui, ayant le premier connaissance du vol, vienne avertir le dépositaire.

Dans les deux cas, du reste, le dépositaire, pour mettre à couvert sa responsabilité, doit exiger que le propriétaire fasse juger la validité de sa réclamation contradictoirement avec le déposant, ou que celui-ci consente à la restitution.

490. L'art. 1938 prévoyant exclusivement le cas de vol et étant une dérogation à la règle générale de l'art. 1937, il n'est pas permis d'en étendre l'application au cas de perte. Notre article ne fait pas, en effet, entre les choses perdues et les choses volées l'assimilation qui a été établie par l'art. 2279; il n'y a donc pas lieu d'y suppléer, d'autant plus que les considérations d'ordre public sur lesquelles est fondée la

deuxième partie de l'art. 1938 seraient mal à propos invoquées dans le dépôt des choses perdues (1).

1942. — Si le contrat de dépôt désigne le lieu dans lequel la restitution doit être faite, le dépositaire est tenu d'y porter la chose déposée. S'il y a des frais de transport, ils sont à la charge du déposant.

1943. — Si le contrat ne désigne point le lieu de la restitution, elle doit être faite dans le lieu même du dépôt.

1944. — Le dépôt doit être remis au déposant aussitôt qu'il le réclame, lors même que le contrat aurait fixé un délai déterminé pour la restitution; à moins qu'il n'existe, entre les mains du dépositaire, une saisie-arrêt ou une opposition à la restitution et au déplacement de la chose déposée.

SOMMAIRE.

I. 491. Le dépôt est restitué au lieu fixé par les parties aux frais du déposant; — 492. Ou au lieu du dépôt : sens de ces dernières expressions.
II. 493. Il est restitué à la première réquisition du déposant; — 494. Même quand un délai a été fixé pour la restitution. — 495. Il en est autrement, toutefois, dans l'un et l'autre cas, s'il existe entre les mains du dépositaire une saisie-arrêt ou une opposition. — 496. Différence entre la saisie-arrêt et l'opposition.

I. — 491. Le troisième et dernier point touchant la restitution du dépôt fait l'objet des art. 1942 à 1944, qui s'occupent du lieu et de l'époque de la restitution. Et d'abord, en ce qui concerne le lieu où doit se faire la remise de l'objet, deux hypothèses sont possibles : ou le contrat a fixé ce lieu, ou il a gardé le silence.

Quand la convention a précisé l'endroit dans lequel la restitution devrait s'opérer, il faut se conformer à l'intention des parties; et si, l'objet ne se trouvant pas en cet endroit, des frais sont nécessaires pour l'y transporter, l'art. 1942 nous dit qu'ils sont à la charge du déposant : « Cette décision est conforme, dit Pothier (n° 56), à ce principe d'équité : *Officium suum nemini debet esse damnosum.* Le dépositaire ne s'étant chargé du dépôt que pour faire plaisir à celui qui lui a fait le dépôt, l'équité ne permet pas qu'il supporte aucuns frais. » Peu importe, du reste, que ce lieu soit celui même où le contrat a été conclu : si le dépositaire a eu de bons motifs pour transporter la chose ailleurs, par exemple parce qu'il a changé de domicile, les frais n'en doivent pas moins rester à la charge du déposant.

492. Quand le contrat n'a pas fixé le lieu de la restitution, elle doit être faite dans le lieu même du dépôt (art. 1943). Ces expressions présentent un sens équivoque, résultant de la double acception du mot dépôt, qui signifie tantôt le contrat, tantôt la chose déposée. Cependant il ne faut pas hésiter à décider que le législateur a entendu parler

---

(1) Cf. MM. Troplong (n° 144); Aubry et Rau (t. III, p. 450, note 11); Massé et Vergé (t. V, p. 10, note 18). — *Contrà*, MM. Delvincourt (t. III, p. 433, note); Duranton (t. XVIII, n° 58).

du lieu où se trouve l'objet déposé au jour de la restitution. C'était déjà la doctrine de la loi romaine (l. 12, 1° ff. *Depos.*) et de Pothier (1) : le législateur moderne n'a certainement pas voulu modifier cette théorie, conforme du reste à la saine raison et à l'équité. Le dépositaire, obligé à rendre, ne peut être tenu à faire la restitution que là où il a transporté la chose sans mauvaise intention : si on le forçait à la rapporter au lieu du contrat, on mettrait à sa charge les frais de transport, ce qui serait contraire à cette idée que le dépositaire, rendant un service gratuit, ne doit pas éprouver de préjudice. On opposerait vainement la disposition de l'art. 1247, d'après lequel, lorsqu'il s'agit d'un corps certain et déterminé, le payement, dont le lieu n'a pas été désigné, doit être fait là où était, au temps de l'obligation, la chose qui en fait l'objet; car on ne saurait assimiler à un payement ordinaire, à l'exécution d'une convention où le plus souvent les deux parties sont également intéressées, la restitution d'un dépôt qui ne doit jamais être onéreuse pour le dépositaire (2).

Il faut seulement admettre, par tempérament, que si le déposant avait un intérêt marqué à ce que la restitution lui fût faite au lieu du contrat, il pourrait le demander : encore même faudrait-il que l'obligation du dépositaire n'en fût pas aggravée, c'est-à-dire, d'une part, que le déposant devrait lui rembourser les frais du transport, et, d'une autre part, que sa responsabilité, au point de vue de la garde de la chose, resterait la même, en ce sens que les risques seraient toujours au compte du déposant.

II. — 493. L'art. 1944 décide que le dépôt doit être remis au déposant aussitôt qu'il le réclame : le dépositaire, en effet, ne peut pas avoir d'intérêt à refuser ou retarder la restitution, puisque, n'étant qu'un simple gardien, il ne peut retirer de la chose aucune utilité. Mais alors même qu'il aurait été autorisé à s'en servir, ce qui constituerait le dépôt irrégulier, il n'en devrait pas moins, ainsi que nous l'avons vu *suprà,* n° 443, être prêt à rendre à toute réquisition : c'est précisément en cela que consiste la différence entre le dépôt et le prêt. Il ne faut pas, toutefois, forcer le sens des termes de notre article : si le dépositaire a acquis le droit d'user de la chose, s'il l'a transportée en un autre endroit sans aucune idée de fraude, si des circonstances indépendantes de sa volonté, l'apposition de scellés par exemple, s'opposent à la restitution immédiate, le déposant doit souffrir et attendre, sans aucune compensation, que le dépositaire ait pu faire les diligences nécessaires pour se procurer la chose. C'est ici une question d'équité et de bonne foi laissée à l'appréciation du juge (3).

494. Notre article impose au dépositaire l'obligation de la remise immédiate, alors même que le contrat aurait fixé un délai pour la res-

---

(1) Pothier (n° 57).
(2) Cf. MM. Duvergier (t. XXI, n° 488); Duranton (t. XVIII, n° 67); Troplong (n° 168); Massé et Vergé, sur Zachariæ (t. V, p. 10, note 20). — *Contrà,* M. Delvincourt (t. III, p. 432, note 4).
(3) Pothier (n° 59).

titution. Dans le dépôt, en effet, à la différence des autres contrats, le terme est toujours présumé stipulé en faveur du créancier : le dépositaire ne peut pas avoir de motifs plausibles pour différer le moment où il doit être déchargé de son obligation. Si cependant il apparaissait qu'un délai a été accordé en prévision de ce que le dépositaire ne pourrait pas faire la remise avant un certain moment, le déposant ne serait pas fondé à exiger la restitution avant l'expiration du délai.

Mais, en principe, la stipulation d'un terme n'a d'utilité que pour le déposant. Si, en effet, il n'y a pas de terme convenu soit explicitement, soit implicitement, le déposant peut être contraint à chaque instant à reprendre sa chose; le dépositaire n'a pas même à justifier de son intérêt à s'en décharger. Par cela même qu'il rend un service d'ami, il est censé avoir entendu ne conserver la chose qu'autant qu'il lui conviendrait de la garder : tant pis pour le déposant si une restitution ainsi prématurée et inattendue lui cause quelque préjudice. Mais c'est tout autre chose quand un délai a été fixé : le déposant trouve alors dans la stipulation le droit de résister au dépositaire qui voudrait lui rendre la chose avant le temps marqué. Nous réservons néanmoins le cas où le dépositaire aurait des motifs graves pour se décharger du dépôt; la stipulation d'un délai ne saurait alors l'empêcher de demander à la justice soit l'autorisation de rendre la chose au déposant, soit l'indication d'une personne entre les mains de laquelle il pourrait la laisser.

495. Ajoutons qu'en aucune hypothèse, soit qu'un terme ait été fixé, soit que la convention soit muette à cet égard, le dépositaire ne doit se dessaisir quand il existe entre ses mains une saisie-arrêt ou une opposition à la restitution et au déplacement de la chose déposée (art. 1944) : il y a là un obstacle juridique qu'il ne peut franchir sans se rendre responsable envers la personne qui prétend exercer un droit sur l'objet du dépôt. Le déposant ne peut désormais reprendre cet objet qu'à la charge de rapporter au dépositaire la mainlevée de la saisie ou de l'opposition. Celui-ci n'a pas d'ailleurs à examiner si cette saisie est ou non fondée : dès qu'elle existe et qu'elle lui a été notifiée dans les formes légales, il est tenu de garder par devers lui l'objet déposé. Du reste, une saisie-arrêt générale sur tout ce qui peut appartenir au débiteur suffit pleinement, dans la pensée de la loi, pour lier les mains au dépositaire; il n'est nullement nécessaire que la saisie porte spécialement sur la chose qui a fait l'objet du contrat. La Cour de cassation a décidé, toutefois, que si, à l'époque de la saisie-arrêt formée sur le dépôt, le dépositaire se trouve, à un autre titre, débiteur envers le déposant de sommes excédant les causes de la saisie, il ne peut refuser la restitution du dépôt sous prétexte qu'on ne lui rapporte pas mainlevée de la saisie (1). Mais ceci se rattache à la grave et difficile question de savoir si le tiers saisi peut valablement payer ce qui excède le montant des causes de la saisie, question qui n'est pas de notre sujet (2).

_____

(1) Req., 26 fév. 1835 (S. V., 35, 1, 872).
(2) *Voy.*, à cet égard, la monographie du jeune et très-regrettable M. Jules Tambour (*Des voies d'exécution sur les biens du débiteur*, t. II, p. 463 et suiv.). — *Voy.*

496. Quand l'obstacle à la restitution vient d'un créancier du déposant, la saisie-arrêt formée par ce créancier doit remplir toutes les conditions exigées par les art. 557 et suivants du Code de procédure : ce créancier doit donc, dans le délai fixé par l'art. 564, dénoncer au tiers saisi dépositaire la demande en validité de la saisie, à défaut de quoi la restitution serait valablement faite.

Lorsque, au contraire, l'obstacle vient d'un tiers qui prétend avoir la propriété ou tout autre droit réel sur la chose, ce tiers n'est pas tenu de suivre toutes les formalités de la saisie-arrêt; l'opposition, quelle qu'en soit la forme, pourvu qu'elle revête les caractères d'un acte extrajudiciaire, suffit pour que le dépositaire doive s'abstenir de faire la remise : l'art. 1944 n'a pas distingué sans motifs la saisie-arrêt de l'opposition (1).

1945. — Le dépositaire infidèle n'est point admis au bénéfice de cession.

SOMMAIRE.

I. 497. La peine prononcée par notre article n'entraîne pas nécessairement la contrainte par corps. — 498. *Secùs* si le déposant poursuit sa demande devant le tribunal correctionnel accessoirement à l'action publique. — 499. L'infidélité suppose la mauvaise foi.

I. — **497.** Le dépôt est, comme nous l'avons vu, un contrat de bonne foi et de confiance : aussi la loi ne peut-elle s'armer de trop de rigueurs contre le dépositaire qui viole la foi du contrat. Le droit romain, déjà, déclarait infâme celui qui violait ou niait son dépôt : notre article l'exclut du bénéfice de cession de biens; il lui fait application de la règle beaucoup plus générale de l'art. 1268, qui n'accorde cette faveur toute particulière de la cession judiciaire qu'au débiteur malheureux et de bonne foi, et l'art. 905 du Code de procédure reproduit cette exclusion en se référant tacitement à notre art. 1945.

L'effet de la cession judiciaire étant d'affranchir le débiteur de la contrainte par corps, il semblerait naturel de conclure de la disposition de ce dernier article que le dépositaire infidèle est contraignable par corps (2). Cependant l'induction serait trop absolue, et, en outre, elle impliquerait une violation manifeste de l'art. 2063, qui défend aux juges d'autoriser cette voie rigoureuse d'exécution en dehors des cas formellement exprimés : or, si l'art. 2060 y soumet le dépositaire dans le cas de dépôt *nécessaire,* il n'y a pas de disposition qui l'y soumette dans le cas de dépôt volontaire (3).

Est-ce à dire que notre article soit sans utilité sous ce rapport? Nul-

aussi, sur la question analogue qui se présente dans le cas du transport d'une créance, une dissertation de M. Th. Barrilliet (*Revue pratique,* 1862, t. XIII, p. 49).

(1) MM. Duvergier (t. XXI, n° 497); Aubry et Rau (t. III, p. 450, note 12); Massé et Vergé, sur Zachariæ (t. V, p. 11, note 21). Bordeaux, 28 fév. 1839 (S. V., 49, 2, 400); Req., 31 juill. 1855 (S. V., 56, 1, 155; Dalloz, 55, 1, 278). — *Contrà,* M. Troplong (n° 176).

(2) M. Duranton (t. XVIII, n° 69).

(3) M. Troplong (n° 181). Cass., 18 nov. 1834 (S. V., 34, 1, 777; Dalloz, 35, 1, 10).

lement. L'art. 126 du Code de procédure laisse aux juges la faculté de prononcer la contrainte par corps, en matière civile, pour dommages-intérêts excédant la somme de 300 francs ; si la condamnation prononcée contre le dépositaire excède cette somme, le juge pourra y adjoindre la contrainte par corps, sans que le dépositaire déclaré infidèle puisse s'affranchir de la contrainte en faisant cession de biens.

498. Il va de soi, d'ailleurs, que si le déposant poursuit sa demande devant le tribunal correctionnel, conjointement et accessoirement à l'action publique (C. pén., art. 408), le dépositaire sera toujours contraignable par corps, quel que soit le montant de la condamnation prononcée contre lui, l'art. 52 du Code pénal attachant de plein droit cette voie d'exécution aux condamnations à l'amende, aux dommages-intérêts et aux frais.

499. L'infidélité dont parle notre article consiste non pas dans un simple défaut de soins, une simple négligence, mais dans un dol caractérisé, dans le détournement ou la dissipation de l'objet déposé, et même dans la négation du dépôt faite avec intention de frustrer le déposant. L'art. 1945 est beaucoup plus large dans sa formule que l'art. 408 du Code pénal (1).

1946. — Toutes les obligations du dépositaire cessent, s'il vient à découvrir et à prouver qu'il est lui-même propriétaire de la chose déposée.

SOMMAIRE.

I. 500. Caractères de l'action directe de dépôt : elle se prescrit par trente ans ; mais la revendication ne se prescrit pas contre le dépositaire ou ses héritiers. — 501. L'action de dépôt se prescrit par trois ou dix ans, s'il y a eu délit ou crime. — 502. De la preuve à faire, après prescription de l'action personnelle, quand le déposant exerce la revendication.

II. 503. L'exercice de l'action directe de dépôt est paralysé par la preuve que le dépositaire est propriétaire ; — 504. Par un procès actuellement pendant sur le droit de propriété ; — 505. Enfin par le droit de rétention. — 506. Le dépositaire ne peut opposer la compensation.

I. — 500. L'art. 1946, qui traite d'un cas particulier de cessation du dépôt ou des obligations qui en résultent pour le dépositaire, nous amène naturellement à préciser, en terminant cette section, les caractères de l'action appartenant au déposant et les causes qui peuvent en paralyser l'exercice dans ses mains.

L'action de dépôt, appelée par les Romains *actio depositi directa,* parce qu'elle naît directement et immédiatement du contrat, est une action personnelle appartenant au déposant et à ses héritiers, et destinée à sanctionner toutes les obligations du dépositaire, dont nous avons parlé dans le cours de cette section.

Comme toutes les autres actions, l'action de dépôt tombe sous la disposition générale de l'art. 2262 ; elle se prescrit par trente ans. Il faut,

---

(1) MM. Massé et Vergé, sur Zachariæ (t. V, p. 11, note 22).

toutefois, s'entendre sur cette prescription. Tant que le dépositaire ou ses héritiers détiennent la chose déposée, le déposant est libre de laisser de côté l'action personnelle et de prendre la voie de la revendication : ici, l'art. 2262 est hors de cause, et tant que le dépositaire n'a pas interverti son titre, il est détenteur précaire, en sorte qu'aucune prescription n'est opposable à l'action en revendication (art. 2236). Mais si le dépositaire a cessé de posséder la chose, soit qu'il l'ait aliénée, soit qu'il l'ait perdue par suite d'une faute dont il serait responsable, il n'est plus passible que d'une simple action personnelle en dommages-intérêts; et rien ne fait obstacle alors à ce qu'il oppose à cette action la prescription de trente ans. De là il résulte que si le déposant intente, après les trente ans, l'action en revendication, il ne peut plus invoquer contre le détenteur sa qualité de dépositaire pour le rendre responsable des dégradations qu'il aurait pu commettre. Il reprend sa chose dans l'état où elle se trouve, sauf à faire considérer l'ancien dépositaire comme possesseur de mauvaise foi, et à le faire condamner comme tel (1).

501. Quand le fait de violation imputable au dépositaire est de nature à tomber sous l'application de l'art. 408 du Code pénal, en d'autres termes, quand il constitue un abus de confiance, l'action civile, liée qu'elle est à l'action publique, se prescrit, comme celle-ci et avec celle-ci, par trois ou dix ans du jour du délit ou du crime (C. instr. crim., art. 637 et 638); à l'expiration de ce délai si court, tout est consommé en faveur du dépositaire, qui est désormais à l'abri de toute action. Singulière bizarrerie de notre loi répressive! parce que le fait a revêtu le caractère d'un délit réprimé par le Code pénal, trois ou dix ans suffisent pour libérer le dépositaire, quand l'action aurait une durée de trente années si le fait imputable au dépositaire constituait un simple délit civil!

502. Faisons encore observer que lorsque, après les trente ans, le déposant intente l'action en revendication, c'est à lui de prouver que l'objet est réellement entre les mains du dépositaire; car l'action personnelle étant prescrite, il y a présomption que la restitution a eu lieu. Mais une fois cette preuve faite, ou bien encore si, toujours détenteur de la chose, le dépositaire prétend qu'il la détient à un autre titre, l'obligation de prouver l'interversion de sa possession incombe à ce dernier (art. 2231).

II. — 503. Voyons, enfin, quelles causes peuvent paralyser d'une manière définitive ou provisoire l'exercice de l'action dans les mains du déposant.

L'art. 1946 en indique une première : le dépositaire a découvert, et il prouve qu'il était propriétaire de l'objet déposé, ou bien il est devenu propriétaire depuis le jour du dépôt, et il le prouve : l'action du prétendu déposant s'évanouit à l'instant; car on ne peut pas, en principe, être dépositaire de sa propre chose.

Remarquons, du reste, avec notre article, qu'il ne suffit pas que le

---

(1) Pothier (n° 68).

dépositaire allègue vaguement un droit de propriété, la présomption étant en faveur de son adversaire; il faut qu'il prouve son droit, et qu'il le prouve promptement et sommairement; sinon il sera condamné par provision à restituer la chose, sauf à se pourvoir ensuite par l'action en revendication.

504. Le dépositaire trouverait encore le principe d'une autre fin de non-recevoir à la demande en restitution du déposant dans un procès actuellement pendant sur le droit de ce dernier. En effet, si la propriété de la chose déposée est litigieuse, le dépositaire peut provisoirement se refuser à la rendre, et attendre pour se libérer la fin du procès. Vainement opposerait-on la disposition de l'art. 1938; nous ne sommes pas ici dans les termes de cet article, qui, lorsqu'il défend au dépositaire d'exiger de celui qui a fait le dépôt la preuve qu'il était propriétaire de la chose déposée, ne suppose pas la moindre contestation. Ici, au contraire, il y a contestation et débat judiciaire : le sens intime dit que le dépositaire est en droit, pour sa plus grande sécurité, de refuser la restitution jusqu'à ce que la contestation soit vidée (1).

505. Enfin, le dépositaire peut invoquer à titre de fin de non-recevoir le droit de rétention que lui accorde l'art. 1948, à raison des dépenses par lui faites à l'occasion du dépôt. Nous y reviendrons à la section suivante.

506. Mais le dépositaire pourrait-il, quand il se trouve lui-même créancier du déposant à quelque titre que ce soit, lui opposer la compensation? La question semble ne pouvoir pas être proposée si l'on réfléchit que l'obligation du dépositaire a pour objet un corps certain, et qu'ainsi les conditions exigées par l'art. 1291 pour qu'il y ait compensation ne se rencontrent pas. Cependant l'art. 1293 prend soin de refuser au dépositaire le droit d'opposer la compensation. Quelle est la signification de cet article? Nous nous sommes expliqué à cet égard à l'occasion du *commodat*, où se présente la même question. Nous renvoyons à nos observations sur ce point (voy. *suprà*, nos 98 et suiv.). Ajoutons qu'on peut supposer aussi, pour expliquer l'art. 1293, un dépôt irrégulier dont le caractère mixte aurait pu faire naître des doutes : le dépositaire doit d'abord restituer ce qu'il doit, et ensuite il exercera son action (2).

Mais si le dépositaire avait été condamné à payer une somme d'argent représentant la valeur du dépôt dissipé ou perdu, il y aurait lieu à compensation; on se trouverait alors dans les conditions exigées par l'art. 1291 (3).

SECTION IV.

DES OBLIGATIONS DE LA PERSONNE PAR LAQUELLE LE DÉPOT A ÉTÉ FAIT.

1947. — La personne qui a fait le dépôt, est tenue de rembourser

---

(1) Paris, 2 juill. 1830 (Dalloz, *Jurispr. génér.*, v° Dépôt, n° 82).
(2) Pothier (*Oblig.*, n° 589). *Voy.* aussi Marcadé (art. 1293, III) et M. Larombière (art. 1293, n° 3).
(3) Marcadé (*loc. cit.*). *Junge :* M. Larombière art. 1293, n° 5).

au dépositaire les dépenses qu'il a faites pour la conservation de la chose déposée, et de l'indemniser de toutes les pertes que le dépôt peut lui avoir occasionnées.

1948. — Le dépositaire peut retenir le dépôt jusqu'à l'entier payement de ce qui lui est dû à raison du dépôt.

SOMMAIRE.

I. 507. Le dépôt engendre quelquefois une action au profit du dépositaire : motifs. — 508. Cette action a pour cause les dépenses nécessaires, et dans une certaine mesure les dépenses utiles, faites par le dépositaire à l'occasion du dépôt. — 509. Ces dépenses ne sont pas de plein droit productives d'intérêt. — 510. Le dépositaire doit aussi être indemnisé des pertes que le dépôt a pu lui causer.
II. 511. Cette action est garantie par le droit de rétention : nature de ce droit : renvoi. — 512. Elle est aussi quelquefois garantie par le privilége de l'art. 2102, 3°.

I. — 507. Le dépôt appartient, comme nous l'avons dit, à la classe des contrats synallagmatiques imparfaits; par cela même, et en principe, il n'engendre principalement et directement qu'une action : c'est l'action du déposant contre le dépositaire. Mais il peut arriver que le déposant ait eu des dépenses à faire ou des pertes à subir à l'occasion du dépôt; alors accidentellement et accessoirement à l'action principale du déposant une action naît au profit du dépositaire : c'est l'action appelée par les Romains *actio contraria*, parce qu'elle est produite *ex post facto*, et qu'elle n'est pas essentielle à l'existence du contrat. L'action peut, en effet, ne pas prendre naissance, et le contrat n'en exister pas moins dans toute sa perfection; tel est le cas si, du côté du dépositaire, il n'y a eu ni dépenses faites, ni pertes éprouvées. D'ailleurs cette *actio contraria* a son explication qu'il est aisé d'apercevoir : le dépositaire rend un service purement gratuit; il ne saurait donc être constitué en perte, et il doit avoir droit au remboursement de ses dépenses, dont l'équité et la justice demandent que le déposant ne s'enrichisse pas à ses dépens.

508. L'art. 1947, conçu dans cette pensée, exprime en conséquence que la personne qui a fait le dépôt est tenue de rembourser au dépositaire les dépenses qu'il a faites pour la conservation de la chose déposée. On donne comme exemple de ce premier chef d'obligation le cas où le dépositaire, ayant reçu en garde un cheval ou un autre animal, a dû nourrir le cheval, le soigner dans sa maladie : le dépositaire a droit de réclamer les frais de nourriture et d'entretien, ainsi que ceux de pansement et de médicaments(1). C'est de tous points incontestable, puisqu'il s'agit là de dépenses nécessaires.

Mais il faut aller plus loin : bien que l'article parle seulement des frais de conservation, les dépenses utiles doivent être remboursées, par le déposant, jusqu'à concurrence de la plus-value qu'elles ont procurée à l'objet, si le dépositaire a agi, en les faisant, comme un bon administrateur : autrement le déposant s'enrichirait aux dépens de ce dernier (2).

(1) Pothier (n° 69).
(2) MM. Duvergier (t. XXI, n° 502); Aubry et Rau (t. III, p. 451, note 1). — *Con-*

Toutefois, en ce qui concerne ces dépenses, le juge devra se montrer beaucoup moins facile : le dépositaire, en définitive, est en faute d'avoir excédé les pouvoirs très-restreints que lui conférait le contrat, et même si le dépositaire avait fait ces dépenses sans avertir le déposant, en tant qu'il lui aurait été facile de le prévenir, le juge pourrait le débouter de sa demande. En outre, il y aura toujours entre ces dépenses et les dépenses nécessaires et urgentes cette différence capitale que celles-ci seront dues en toute hypothèse, alors même que la chose aurait péri ensuite par cas fortuit, tandis que les dépenses utiles ne seront remboursées au dépositaire qu'autant que la chose existera encore au jour de la restitution.

Quant aux dépenses purement voluptuaires, le dépositaire qui aurait jugé à propos d'en faire, ce qui sera très-rare, aurait simplement le droit d'enlever ce qu'il aurait ajouté à l'objet, en le remettant dans son état primitif.

509. Les sommes que le dépositaire aurait pu débourser pour la garde et la conservation de la chose seront-elles de plein droit productives d'intérêt? En équité, on serait porté à se prononcer pour l'affirmative, d'autant plus que le législateur fait courir les intérêts de plein droit dans des cas beaucoup moins favorables (art. 1846, 1996, 2001, 2028). Cependant la loi est, dans celui-ci, absolument muette; il faut donc s'en tenir à la règle de l'art. 1153 : le législateur a peut-être pensé que les déboursés seraient presque toujours de trop faible importance pour les rendre de plein droit productifs d'intérêt (1).

510. Le déposant doit non-seulement rembourser ses dépenses au dépositaire, mais encore l'indemniser de toutes les pertes directes ou indirectes que le dépôt a pu lui occasionner (art. 1947). Ainsi, vous m'avez confié la garde d'un animal qui, étant atteint d'une maladie contagieuse, l'a communiquée aux animaux que j'avais dans mes écuries; vous m'avez par là causé un préjudice dont vous me devez la réparation, quand même vous auriez ignoré la maladie dont l'animal par vous déposé était atteint. Le bailleur serait tenu dans ces termes, d'après l'art. 1721, dans le contrat de louage; à plus forte raison en doit-il être ainsi du déposant dans le contrat de dépôt. On peut encore donner comme exemple le cas où le dépositaire aurait, dans un incendie, sacrifié ses propres effets pour sauver ceux du déposant (*suprà*, n° 427). Il faut, d'ailleurs, que la perte subie par le dépositaire ne soit pas le résultat de sa faute ou de sa négligence.

II. — 511. Comme garantie de l'action accordée au dépositaire, l'art. 1948 lui permet de retenir la chose jusqu'à l'entier payement de ce qui lui est dû à raison du dépôt. C'est là le droit de rétention, sur la nature et les effets duquel nous n'avons pas à nous expliquer ici : nous y reviendrons au titre *Du Nantissement*. Qu'il nous suffise de dire que, d'après l'opinion générale, le dépositaire a ce droit non-seulement à

---

trà, MM. Duranton (t. XVIII, n° 73); Massé et Vergé, sur Zachariæ (t. V, p. 11, note 1).

(1) *Voy*. M. Dalloz (v° Dépôt, n° 116).

l'encontre du déposant et de ses héritiers, mais encore vis-à-vis de leurs créanciers même privilégiés; le texte ne fait pas de distinction, et c'est surtout à l'égard des tiers, quand le déposant est en faillite ou en déconfiture, qu'il est utile pour le dépositaire de pouvoir garder la chose (1).

Mais remarquons avec notre article que ce droit existe seulement pour ce qui est dû à raison du dépôt, c'est-à-dire pour les dépenses nécessaires que le dépositaire a faites, pour les pertes qu'il a subies, et même, selon nous, pour le faible salaire qu'il aurait stipulé.

512. Outre le droit de rétention, le dépositaire a-t-il un privilége qu'il pourrait invoquer même après s'être dessaisi de la possession de l'objet? Pothier (n° 74) semblait bien le lui refuser, car il subordonnait la conservation du droit de rétention, appelé par lui improprement privilége, à la détention de l'objet. Cependant on s'accorde généralement à classer le dépositaire parmi les créanciers privilégiés, mais seulement lorsque sa créance a pour cause des frais faits pour la conservation de la chose; son droit est alors considéré comme rentrant pleinement dans les termes de l'art. 2102, 3° (2). La jurisprudence semble même aller plus loin, et accorder au dépositaire, dans tous les cas et même quand il n'est créancier que pour pertes à lui occasionnées par le dépôt, le droit de faire vendre l'objet déposé pour se payer sur le prix, et par privilége, de ce qui lui est dû (3).

SECTION V.

DU DÉPOT NÉCESSAIRE.

1949. — Le dépôt nécessaire est celui qui a été forcé par quelque accident, tel qu'un incendie, une ruine, un pillage, un naufrage, ou autre événement imprévu.

1950. — La preuve par témoins peut être reçue pour le dépôt nécessaire, même quand il s'agit d'une valeur au-dessus de cent cinquante francs.

1951. — Le dépôt nécessaire est d'ailleurs régi par toutes les règles précédemment énoncées.

SOMMAIRE.

I. 513. Définition du dépôt nécessaire. — 514. Il n'est pas indispensable que l'événement soit malheureux; mais il doit être imprévu. — 515. Le dépôt nécessaire est un contrat.

II. 516. Il suit les règles du dépôt volontaire, — 517, 518. Sauf pour la preuve, — 519. Et la contrainte par corps.

I. — 513. Le dépôt proprement dit se subdivise en dépôt volontaire

___

(1) MM. Duvergier (t. XXI, n° 505); Massé et Vergé, sur Zachariæ (t. V, p. 12, note 2).

(2) *Voy.* notre *Comment. des Priv. et Hyp.* (n° 143); MM. Troplong (n° 195); Aubry et Rau (t. III, p. 452, note 3); Massé et Vergé, sur Zachariæ (t. V, p. 12, note 2).

(3) Lyon, 27 août 1849 (S. V., 49, 2, 557; Dalloz, 50, 2, 14; *J. Pal.*, 1849, t. II, p. 596); Req., 10 déc. 1850 (S. V., 51, 1, 243; Dalloz, 54, 1, 399; *J. Pal.*, 1853, t. II, p. 631). — *Voy.* cependant MM. Troplong (*Priv. et Hyp.*, n° 257); Duranton (t. XVIII, n° 74); Duvergier (n° 506); Rauter (*Rev. étr. de législ.*, t. VIII, p. 769).

et dépôt nécessaire (art. 1920). C'est à cette seconde espèce qu'est consacrée la section V du chapitre II, à laquelle nous sommes arrivé.

Le dépôt nécessaire est défini dans l'art. 1949 : celui qui a été forcé par quelque accident, tel qu'un incendie, une ruine, un pillage, un naufrage ou autre événement imprévu. Comme son nom même l'indique, il prend naissance dans des circonstances telles que le choix d'un dépositaire n'a pas été possible. Le déposant a été sous l'empire d'une nécessité qui l'a contraint à confier sa chose au premier venu, sans pouvoir s'informer si le tiers méritait ou non sa confiance. C'est là le caractère distinctif du dépôt nécessaire ; c'est là ce qui motive la dérogation que le législateur a dû apporter en faveur du déposant aux règles sur le dépôt volontaire.

514. L'art. 1949 n'énumère pas, du reste, d'une manière limitative, les cas dans lesquels le dépôt nécessaire peut avoir lieu : il a emprunté ses exemples à la loi romaine (l. 1, § 3, ff. *Depos.*), qui, ne prévoyant que des circonstances malheureuses, avait qualifié ce dépôt de dépôt misérable (*miserabile depositum*). Il ne faudrait pourtant pas supposer que le dépôt nécessaire ne puisse avoir sa cause que dans un événement malheureux ; la nécessité qui en est le principe peut se produire en dehors de tout accident ou sinistre. Ainsi un citoyen est forcé de partir immédiatement pour un service urgent et de grave intérêt public ; un ambassadeur reçoit l'ordre de quitter sur-le-champ le pays auprès duquel il était accrédité : ces circonstances et autres analogues sont autant de causes qui peuvent donner lieu à la constitution d'un dépôt nécessaire.

Mais il faut dans tous les cas que le dépôt soit amené par un événement imprévu qui n'a pas permis au déposant de prendre une autre détermination : un simple embarras, une simple difficulté, ne suffiraient pas pour imprimer au dépôt le caractère de dépôt nécessaire (1). — Il faut, de plus, que l'objet déposé soit passé dans les mains du dépositaire pour être soustrait au péril. La Cour de Rennes a justement décidé, en ce sens, que lorsqu'il est établi que l'objet existait dans une maison autre que la maison incendiée, et qu'ainsi ce ne peut être pour le préserver de l'incendie qu'on l'a enlevé et déposé ailleurs, il n'y a pas lieu à l'application des règles spéciales sur le dépôt nécessaire (2).

515. A en juger par ce qui précède, et surtout par l'imprévu et la précipitation qui président à la remise de la chose par le déposant, il semblerait que le dépôt nécessaire ne constitue pas un contrat ; et c'est ainsi que paraît l'avoir entendu M. Réal dans son Exposé des motifs, quand il a dit : « Il ne s'agit pas ici d'un contrat, mais plus exactement d'un quasi-contrat fondé sur la nécessité. » (3) Mais il n'en est pas ainsi : l'imprévu de l'événement et le nombre peut-être fort restreint de personnes entre lesquelles on peut choisir ne font pas qu'il

---

(1) Crim. rej., 12 août 1848 (S. V., 49, 1, 298 ; Dalloz, 48, 5, 99 ; *J. Pal.*, 1849, t. II, p. 437).
(2) Rennes, 2 août 1819 (S. V., Coll. nouv., 6, 2, 121 ; Dalloz, alph., t. V, p. 73).
(3) Fenet (t. XIV, p. 502) ; Locré (t. XV, p. 125).

n'y ait pas là une convention, un contrat. « Quoique nécessaire, dit Domat, le dépôt ne laisse pas d'être volontaire et conventionnel, parce que la délivrance des choses à ceux à qui on les donne en dépôt tient lieu d'une convention expresse ou tacite. » (1) La même idée a présidé à la rédaction du Code : en effet, l'art. 1920 est écrit dans la section qui traite de la nature et de l'essence du contrat de dépôt.

II. — 516. Le dépôt nécessaire, étant un contrat, est assujetti en principe aux règles touchant le dépôt volontaire, tant au point de vue de la responsabilité et de la restitution qu'au point de vue de la capacité des parties contractantes (art. 1951). M. Troplong élève à tort des doutes sur ce dernier point, en prétendant que le dépôt nécessaire fait à un incapable ne constituerait qu'un quasi-contrat ayant force obligatoire pour astreindre l'incapable à la représentation de la chose déposée (2). Il n'est nullement besoin de supposer un quasi-contrat pour forcer l'incapable à la restitution, en tant que l'objet existe encore entre ses mains : l'art. 1926 y suffit parfaitement (*suprà*, n° 419).

517. Néanmoins, les règles ordinaires du dépôt ne sont pas toutes applicables au dépôt nécessaire : il y a deux dérogations.

La première est signalée par l'art. 1950, aux termes duquel la preuve par témoins peut être reçue pour le dépôt nécessaire même quand il s'agit d'une valeur au-dessus de 150 francs. Cette dérogation était écrite déjà dans l'art. 1348, 2°; et la faveur se justifie d'elle-même : les dépôts de cette nature se font à la hâte, sans longue délibération; il serait souvent impossible de dresser un écrit.

D'ailleurs, les art. 1348 et 1950 n'ont fait en ceci que suivre notre ancien droit. L'ordonnance de Moulins, en prohibant la preuve testimoniale, n'avait pas, il est vrai, réservé le cas de dépôt nécessaire; mais il est certain que les parlements avaient introduit une exception en faveur de ce contrat (3); et l'ordonnance de 1667, tit. XX, art. 3, vint ensuite confirmer cette jurisprudence, que les rédacteurs du Code ont également consacrée. — D'après cela, il faut dire que la preuve par témoins doit être reçue tant sur le fait du dépôt que sur la nature et la valeur des choses déposées : ici le dépositaire n'en est pas cru sur sa déclaration; il invoquerait en vain l'art. 1924, dont les motifs ne militent pas en sa faveur, puisqu'on ne peut pas dire que le déposant soit en faute, de telle sorte qu'il doive s'en remettre à la bonne foi du dépositaire.

518. Mais il ne suffirait pas d'établir le fait du dépôt au moyen de la preuve testimoniale; il faudrait encore, et même au préalable, constater la nécessité dans laquelle s'est trouvé le déposant. Et en effet, celui-ci ferait en vain la preuve du contrat, s'il ne se trouvait pas dans les conditions prévues par l'art. 1949. Les juges, ici, peuvent se déterminer au moyen des présomptions graves, précises et concordantes (art. 1353); ils peuvent même déférer le serment supplétoire au dépositaire.

(1) Domat (*Lois civ.*, liv. I, tit. vii, sect. 5, § 2).
(2) M. Troplong (208).
(3) *Voy.* Dauty (*Preuve par témoins*, p. 12 et 69).

519. La deuxième dérogation aux règles générales consiste en ce que la contrainte par corps a lieu pour le dépôt nécessaire (art. 2060, § 1). Déjà le droit romain donnait, en ce cas, l'action au double (*actio in duplum*) contre le dépositaire qui niait le dépôt (l. 1, §§ 1 et 4, ff. *Depos.*), et il paraît même que, d'après la loi des Douze Tables, le dépositaire volontaire était l'objet de la même rigueur (*Sent. Pauli*, lib. II, tit. XII, § 11). Mais il y avait là une assimilation injuste : sans doute, le dépositaire volontaire qui se rend coupable d'infidélité commet une mauvaise action ; mais le déposant, lui aussi, n'a-t-il pas à se reprocher d'avoir fait un choix imprudent? Dans le dépôt nécessaire, au contraire, il n'y a pas de faute imputable au déposant qui a agi sous l'empire de la nécessité ; il fallait donc prendre en main ses intérêts avec plus de sollicitude, et l'armer efficacement contre le dépositaire infidèle. De là la disposition de l'art. 2060, aux termes de laquelle la contrainte par corps a lieu pour dépôt nécessaire. — D'ailleurs la généralité de la disposition montre que cette voie d'exécution peut être attachée à toutes les condamnations prononcées contre le dépositaire à l'occasion du dépôt.

1952. — Les aubergistes ou hôteliers sont responsables, comme dépositaires, des effets apportés par le voyageur qui loge chez eux ; le dépôt de ces sortes d'effets doit être regardé comme un dépôt nécessaire.

1953. — Ils sont responsables du vol ou du dommage des effets du voyageur, soit que le vol ait été fait ou que le dommage ait été causé par les domestiques et préposés de l'hôtellerie, ou par des étrangers allant et venant dans l'hôtellerie.

1954. — Ils ne sont pas responsables des vols faits avec force armée ou autre force majeure.

SOMMAIRE.

— 540. Le législateur indique, comme exemple de force majeure, le vol fait avec force armée. *Quid* du vol par escalade ou à l'aide de fausses clefs? — 541. Du cas où le voyageur est en faute. — 542. L'aubergiste peut se décharger de la responsabilité par une convention expresse. — 543. Le peut-il au moyen d'une affiche?

I. — 520. Le législateur assimile au dépôt nécessaire dont nous venons de parler le dépôt des effets apportés par un voyageur chez un aubergiste ou hôtelier. Il en était ainsi déjà dans le droit romain et dans notre ancienne jurisprudence (1) ; et la raison en est exactement déduite par les jurisconsultes romains : quand quelqu'un se trouve en voyage et arrive dans une ville, il lui est à peu près impossible de prendre des renseignements sur la moralité de celui chez lequel il est obligé de se loger ; il doit nécessairement s'en remettre à sa bonne foi, en confiant à sa garde les objets qu'il amène avec lui : *Quia necesse est plerumque eorum fidem sequi et res custodiæ eorum committere.* (L. 1, pr., ff. *Nautæ caup.*) D'ailleurs l'aubergiste, exerçant une profession, s'impose par là même des obligations plus rigoureuses ; il s'offre à la confiance publique : on comprend donc que le législateur ait pu, sans injustice, lui demander une vigilance plus grande qu'à celui qui se charge volontairement et gratuitement de la garde d'un objet. La raison, ici, est la même que celle qui domine dans le cas de dépôt nécessaire proprement dit.

521. Le contrat qui se forme entre l'aubergiste et le voyageur est double : il y a d'abord un louage pour les soins et les services qui sont rendus à la personne et aux animaux que ce voyageur peut avoir avec lui, et pour l'asile qui leur est fourni. Et puis, comme accessoire de ce contrat principal, dont nous n'avons pas à nous occuper ici, il intervient un contrat de dépôt qui en est la suite ou la conséquence ordinaire, mais qui diffère du dépôt volontaire en ce qu'il est non pas un simple office d'ami, mais un service rendu en considération du bénéfice que le séjour des voyageurs dans l'hôtel procure à l'hôtelier. Sans doute, en lui-même, ce dépôt est gratuit ; mais comme il est la suite du contrat de louage, contrat intéressé, il devait soumettre le dépositaire à une responsabilité plus stricte.

II. — 522. Toutefois, il faut bien le remarquer, c'est par assimilation et seulement au point de vue de la preuve que l'art. 1952 traite l'aubergiste comme dépositaire nécessaire : au point de vue de la responsabilité, l'aubergiste est traité beaucoup plus rigoureusement. M. Duvergier critique donc à tort la définition de l'art. 1949, et lui reproche sans motif de n'avoir pas compris dans ses termes le dépôt d'hôtellerie (2). L'art. 1949 ne parlait et ne devait parler que du dépôt nécessaire proprement dit, de celui qui a lieu par suite d'un événement imprévu et presque toujours malheureux : le dépôt d'hôtellerie était réservé, parce qu'il est soumis à des règles spéciales, et diffère à certains égards du dépôt nécessaire.

_____

(1) Pothier (n° 77).
(2) Duvergier (t. XXI, n° 508).

523. Attachons-nous donc tout d'abord au côté par lequel le dépôt d'hôtellerie est assimilé par la loi au dépôt nécessaire. S'il n'y a dans le dépôt d'hôtellerie rien de cet imprévu qui, dans le dépôt nécessaire, a motivé l'admission de la preuve testimoniale même pour une valeur au-dessus de 150 francs, il y a du moins quelque chose qui devait conduire à la même dérogation : c'est l'impossibilité morale où est en quelque sorte le voyageur de se faire remettre une reconnaissance des objets par lui apportés dans l'auberge ou dans l'hôtellerie ; il y aurait, en effet, une gêne extrême, une perte de temps très-considérable pour l'hôtelier s'il était obligé de rédiger un écrit à l'arrivée de chaque voyageur. Ainsi nous ne disons pas, avec M. Troplong, que l'impossibilité d'où est née la pensée d'autoriser, par exception à l'art. 1341, la preuve testimoniale, résulte de l'état de fatigue du voyageur qui, à son arrivée, aurait autre chose à faire qu'à dresser un acte du dépôt qu'il confie à l'aubergiste (1). Nous disons que si l'exception a été introduite dans l'intérêt du voyageur, elle a surtout sa raison d'être dans les occupations qui, le plus souvent, ne permettraient pas à l'hôtelier de fournir aux voyageurs un écrit constatant le dépôt.

524. Mais prenons garde aux termes dans lesquels cette exception a été introduite. Sans doute, l'intérêt du voyageur est respectable ; mais celui de l'hôtelier méritait aussi d'être protégé. Avant tout, il importait de ne pas l'abandonner à des recours sans fondement, à la mauvaise foi de personnes qui pourraient alléguer l'existence d'un dépôt, et, à l'aide d'une connivence coupable avec des témoins soudoyés, en réclamer le prix imaginaire. Aussi l'art. 1348 du Code Napoléon, en autorisant la preuve testimoniale, prescrit-il au juge, conformément à l'ordonnance de 1667, dont il reproduit les termes (tit. XX, art. 4), d'avoir égard à la qualité des personnes et aux circonstances du fait. Ainsi le juge a un pouvoir discrétionnaire pour admettre ou rejeter la preuve testimoniale ; il doit prendre en considération la qualité des personnes, la vraisemblance de la réclamation présentée par le voyageur ; il doit examiner si les objets dont celui-ci demande à prouver l'apport dans l'auberge sont en rapport avec sa fortune, sa position, le but de son voyage : c'est là un premier moyen, qui sert de contre-poids équitable à la responsabilité si rigoureuse de l'aubergiste (2).

Ce n'est pas tout : après la preuve de l'existence même du dépôt, c'est-à-dire de l'apport dans l'hôtel des effets réclamés, le voyageur doit en établir la valeur, le nombre, la quantité et la qualité. Ici, le juge devra admettre avec plus de réserve encore la preuve testimoniale ; il devra s'aider des présomptions tirées du caractère de la personne qui réclame, de sa probité plus ou moins grande, et, selon les circonstances, il pourra lui déférer le serment *ad litem*, conformément à l'art. 1369 ; après quoi le juge pourra encore modérer dans son jugement l'appréciation qu'il trouverait exagérée, et même ne pas tenir compte des affir-

---

(1) M. Troplong (n° 213).
(2) Pothier (n° 81).

mations du plaignant si elles étaient en contradiction évidente avec sa position de fortune ou l'objet de son voyage.

525. Le législateur a donc pris en très-sérieuse considération l'intérêt du voyageur en lui permettant de faire preuve par témoins de son dépôt, même pour une valeur supérieure à 150 francs; mais, d'un autre côté, il s'est efforcé aussi, par un pouvoir très-large laissé aux magistrats, de mettre l'aubergiste à l'abri des combinaisons frauduleuses. On comprend qu'après avoir pris toutes ces précautions en faveur de l'un et de l'autre, le législateur a pu, sans se montrer trop sévère, faire peser sur l'aubergiste une responsabilité très-rigoureuse. C'est cette responsabilité que nous avons maintenant à étudier, en examinant successivement quelles sont les personnes comprises sous le nom d'aubergistes ou hôteliers, quelles sont les conditions exigées pour que leur responsabilité prenne naissance, enfin quelle est l'étendue de cette responsabilité.

III. — 526. Et d'abord nous comprenons sous la dénomination d'aubergistes ou hôteliers tous ceux dont la profession est de loger des voyageurs, soit que cette profession s'annonce publiquement par des emblèmes ou enseignes, soit qu'elle s'exerce sans aucun signe extérieur, mais au vu et su de tout le monde.

Il importe peu aussi que la profession de l'hôtelier soit de loger en même temps des personnes et des animaux, ou de loger exclusivement des personnes. Par suite, les hôtels garnis doivent être rangés parmi les hôtelleries dont parle notre article; il y a même raison que pour l'auberge proprement dite. Le législateur de 1838 semble l'avoir entendu ainsi, quand, dans la loi du 25 mai sur la compétence des juges de paix, il leur attribue jusqu'à 100 francs la connaissance des contestations entre hôteliers, aubergistes ou logeurs, et les voyageurs en garni, pour dépôt d'hôtellerie et perte ou avarie d'effets déposés dans l'auberge ou dans l'hôtel. Tel est aussi le sentiment général (1).

527. Il semble déjà plus difficile de faire rentrer dans les termes de notre article les baigneurs publics : il y aura du moins ici des distinctions à faire au point de vue de la responsabilité. Il est certain qu'on exigera plus de vigilance de celui qui tient un établissement somptueux et qui doit recevoir des personnes d'un certain rang que de celui qui a établi des bains en plein vent, avec un abri commun pour tous les effets des baigneurs. La différence des prix devra aussi être d'un grand poids; la personne qui exige une rétribution plus élevée s'engage, en retour, à une vigilance plus grande que celle qui ne demande qu'une somme très-faible, et à laquelle il serait injuste d'imposer une surveillance qui absorberait son mince bénéfice. Ainsi, sans partager l'avis absolu de quelques auteurs qui affranchissent complétement les éta-

(1) MM. Duranton (t. XVIII, n° 78); Duvergier (t. XXI, n° 521); Troplong (n° 228); Aubry et Rau (t. III, p. 453, note 1); Massé et Vergé, sur Zachariæ (t. V, p. 13, note 1). Cass., 27 juin 1811 (S. V., Coll. nouv., 3, 1, 370). Cela a été également jugé par la Cour impériale de Paris, le 23 mai 1863, par un arrêt auquel nous avons concouru (Gaz. des trib., 24 mai 1863).

blissements de bains (1), nous pensons que de tels établissements peuvent parfois, sinon toujours, être assimilés aux auberges ou hôtels sous le rapport qui nous occupe (2).

528. Mais il nous semble impossible, malgré l'avis contraire de plusieurs auteurs (3), d'appliquer notre article, qui établit, en définitive, une présomption contraire au droit commun et aggrave très-sensiblement les conditions ordinaires de la responsabilité, aux traiteurs, restaurateurs, teneurs de cafés, de billards et d'autres établissements du même genre.

Nous avons dit pourquoi et dans quel intérêt l'aubergiste ou l'hôtelier répond des effets introduits par le voyageur dans l'auberge ou dans l'hôtellerie (*suprà*, n° 520). Il n'y a pas le même motif, assurément, pour que le traiteur ou le restaurateur réponde des objets que le consommateur apporte accidentellement et presque toujours sans nécessité dans l'établissement. Les propriétaires de tels établissements ne sauraient, d'ailleurs, être tenus à une surveillance qui les obligerait à des dépenses sans rapport aucun avec les prix qu'ils peuvent exiger du public. C'est au consommateur lui-même à exercer cette surveillance; et il en doit d'autant plus prendre le soin qu'il lui est toujours possible de garder ses effets à vue pendant le court séjour qu'il doit faire dans l'établissement (4).

529. Notons, au surplus, que pour qu'il y ait lieu d'appliquer, dans les termes indiqués aux numéros précédents, la responsabilité qui pèse sur les aubergistes et hôteliers, c'est-à-dire de l'étendre aux simples logeurs, à ceux qui louent des chambres garnies, et, suivant les circonstances, aux baigneurs, il faut que ces personnes fassent leur *profession habituelle* de tenir ces sortes de maisons ou établissements qui appellent incessamment le public à la confiance duquel ils s'offrent. Une location accidentelle et momentanée ou faite par pure complaisance ne saurait donc placer celui qui la consent sous le coup de l'art. 1952. Il a été décidé, en effet, que les dispositions de la loi touchant la responsabilité des aubergistes ne sont applicables ni à l'individu qui, sans y être aucunement obligé, en reçoit un autre dans son domicile (5), ni à la généralité des propriétaires d'une ville qui, pour un temps de foire ou pour le cas d'une affluence extraordinaire d'étrangers, louent des appartements garnis dans leurs propres maisons (6).

IV. — 530. Voyons maintenant quelles sont les conditions exigées par la loi pour que la responsabilité des aubergistes ou hôteliers prenne naissance. L'art. 1952 exprime que les aubergistes et hôteliers sont

---

(1) MM. Duvergier (t. XXI, n° 522); Zachariæ, Aubry et Rau (t. III, p. 453, note 1).
(2) MM. Merlin (*Quest.*, v° Dépôt nécess.); Troplong (n° 229); Massé et Vergé, sur Zachariæ (t. V, p. 13, note 1). Rej., 4 juill. 1814 (S. V., 21, 1, 268; Coll. nouv., 4, 1, 589; Dalloz, alph., t. V, p. 72).
(3) MM. Troplong (n° 229); Massé et Vergé, sur Zachariæ (t. V, p. 13, note 1).
(4) MM. Duvergier (t. XXI, n° 522); Aubry et Rau (t. III, p. 453, note 1).
(5) Colmar, 26 juill. 1809 (S. V., Coll. nouv., 3, 2, 108; Dalloz, alph., t. V, p. 53).
(6) Nimes, 18 mai 1825 (S. V., 25, 2, 301; Coll. nouv., 8, 2, 78; Dalloz, 25, 2, 238).

responsables *des effets apportés par le voyageur qui loge chez eux.* Il suffit donc que les effets aient été apportés dans l'auberge pour que l'aubergiste en soit constitué dépositaire et responsable; la loi n'exige pas qu'ils aient été remis entre les mains de ce dernier ou de ses préposés. Le législateur a pensé que le fait matériel de la remise entraînerait trop d'inconvénients; dans l'usage, il n'a presque jamais lieu; d'ailleurs, il serait très-difficilement prouvé en cas de contestation. Le voyageur n'arriverait sûrement à faire la preuve qu'à la condition de tirer une reconnaissance écrite du fait; mais il serait alors plus simple de demander immédiatement une reconnaissance des effets eux-mêmes; on retomberait précisément dans cette difficulté de fait dont nous parlions tout à l'heure (n° 523) et qui a porté le législateur à permettre ici la preuve testimoniale.

Au surplus, l'art. 1952, en ce point, n'a fait que reproduire la règle du droit romain (l. 1, § 8, *Nautæ*) et de notre ancienne jurisprudence. Ce n'était pas, il est vrai, l'avis de Pothier, qui, s'autorisant d'une autre loi romaine (l. 1, § *fin.*, ff. *Furt. adv. naut.*), laquelle aurait été en contradiction avec la loi 1, § 8, *Nautæ*, précitée, enseignait que le dépôt n'existait pas par cela seul que le voyageur avait apporté ses effets dans l'auberge au vu et su de l'aubergiste, s'il ne les lui avait pas expressément donnés en garde (1). Et, à vrai dire, cette solution trouvait quelque appui dans le texte de l'ordonnance de 1667, dont l'art. 4, tit. XX, s'exprimait en ces termes : « N'entendons pareillement exclure la preuve par témoins pour dépôts faits en logeant dans une hôtellerie *entre les mains de l'hôte ou de l'hôtesse.* »

Néanmoins cette solution avait été justement écartée. Quant aux deux lois romaines précitées, il est clair qu'elles se concilient à merveille, comme M. Delvincourt en a fait la très-juste remarque (2) : il suffit d'observer que l'une (la loi 1, § 8, *Nautæ*) avait en vue l'action personnelle contre l'aubergiste, tandis que dans l'autre (la loi 1, § *fin.*, *Furti*) il s'agissait de l'*actio furti in duplum :* le droit romain se montrait avec raison plus difficile pour donner une action pénale que pour rattacher une simple action à un contrat; dans ce dernier cas, qui est précisément le nôtre, l'aubergiste était donc tenu par cela seul que les effets avaient été introduits dans l'hôtellerie. Quant à l'ordonnance de 1667, les nécessités de la pratique n'avaient pas permis d'en prendre le texte à la lettre, et, malgré la formule de l'art. 4, tit. XX, la jurisprudence tenait que la remise des effets n'était pas nécessaire pour que la responsabilité de l'hôtelier fût engagée (3). C'est aussi cette opinion qui est admise sous le Code par tous les auteurs (4). En principe, donc, le contrat de dépôt se forme tacitement entre le voyageur et l'hôtelier par le seul apport des effets dans l'hôtellerie, et celui-ci en devient responsable même à son insu.

---

(1) Pothier (n° 79).
(2) M. Delvincourt (t. III, p. 434, note 2).
(3) Serres (*Inst.*, liv. III, tit. xv, § 3); Danty (*Preuve par tém.*, p. 81, n° 21).
(4) MM. Delvincourt (*loc. cit.*); Duvergier (t. XXI, n° 513); Troplong (n° 218); Buguet (sur Pothier, n° 79); Aubry et Rau (t. III, p. 453, note 3).

Ceci dit, trois points importants sont à préciser : l'un relatif aux *choses* qui sont sous la surveillance de l'aubergiste ou de l'hôtelier ; l'autre touchant le fait de l'*apport* qui oblige l'hôtelier à cette surveillance ; le troisième concernant les *personnes* dans l'intérêt desquelles il doit l'exercer. En d'autres termes, il s'agit de fixer la portée des expressions *effets, apport, voyageur*, employées dans l'art. 1952.

531. La loi entend par le mot *effets* tout ce qu'un voyageur porte ou amène ordinairement avec lui : ainsi les vêtements, les marchandises, servant soit à la personne, soit au commerce du voyageur ; il faut même y comprendre les animaux (1). Pour tous ces objets, qui présentent un certain volume et peuvent facilement être aperçus, aucun doute ne peut s'élever : l'aubergiste en est responsable par cela seul qu'on les a introduits chez lui.

Mais en est-il de même des objets précieux, tels que des bijoux, des espèces d'or ou d'argent qui, d'une valeur souvent très-considérable, n'ont pas, à raison de leur mince volume, d'existence visible et patente ? Ne serait-il pas nécessaire que l'hôtelier ou l'aubergiste fût averti en termes exprès de leur introduction chez lui pour en être responsable, afin qu'il prît telles mesures de surveillance qu'il jugerait convenable ?

L'ancienne jurisprudence, dont le Répertoire de Merlin contient le résumé, présente à cet égard des solutions sinon absolument contradictoires, au moins fort divergentes. A côté d'arrêts appliquant le principe dans toute sa rigueur, on en voit d'autres qui déchargent l'hôtelier de toute responsabilité pour les objets précieux (2). La théorie des auteurs qui ont écrit depuis le Code, et les monuments de la jurisprudence moderne, n'offrent pas moins de diversité.

D'après les uns, l'aubergiste serait responsable seulement de l'argent, qui peut être considéré comme faisant partie du bagage des voyageurs, et non de la valeur des objets précieux qui ne lui auraient pas été déclarés ; selon d'autres, en cas de perte d'objets précieux non déclarés, les tribunaux ne devraient mettre à la charge de l'aubergiste qu'une indemnité proportionnée à la valeur que celui-ci a dû supposer à ces objets, d'après le volume de la malle ou du coffre où ils se trouvaient renfermés et leur nature, eu égard à la condition du voyageur et au but de son voyage (3).

Nous croyons qu'il faut aller plus loin, et que cette dernière solution même, bien qu'elle se rapproche plus que la première de la vérité juridique, ne répond pas cependant aux termes de l'art. 1952 pris dans leur généralité. Le sens et la portée de cet article ont été nettement précisés par le Tribunat, dont les observations montreront quelle a été la pensée du législateur sur cette question. L'art. 32 du projet de l'an 8, devenu l'art. 38 du projet soumis au conseil d'État, portait «que l'hôte-

---

(1) Rennes, 26 déc. 1833 (S. V., 34, 2, 286 ; Dalloz, 38, 2, 198).
(2) Merlin (*Rép.*, v° Hôtellerie).
(3) MM. Delvincourt (t. III, p. 434, note 2) ; Duvergier (t. XXI, n° 519) ; Aubry et Rau, d'après Zachariæ (t. III, p. 454, et notes 9 et 10). — Paris, 2 avr. 1811 (S. V., Coll. nouv., 3, 2, 467 ; Dalloz, alph., t. V, p. 71) ; Rouen, 4 fév. 1847 (S. V., 48, 2, 452 ; Dalloz, 47, 2, 74 ; *J. Pal.*, 1847, t. I, p. 450).

lier ou aubergiste est responsable des effets apportés par le voyageur, encore qu'ils n'aient point été remis à sa garde personnelle. » Mais le Tribunat demanda la suppression de l'article en ces termes : « La section regarde comme suffisant l'art. 37 (art. 1952), qui déclare formellement les aubergistes ou hôteliers responsables des effets apportés par le voyageur qui loge chez eux. Le dépôt de ces sortes d'effets, porte le même article, devant être regardé comme un dépôt nécessaire, il a paru beaucoup trop rigoureux d'assujettir les aubergistes ou hôteliers, sans distinguer aucune circonstance et sans excepter aucun cas, à la responsabilité de tout ce que le voyageur aurait apporté chez eux, quand même ce seraient des objets du plus léger volume et du plus grand prix, et que même le voyageur n'aurait prévenu personne. Cette extrême rigueur deviendrait quelquefois une grande injustice, et comme il est impossible que la loi prévoie ces différents cas, elle doit se contenter d'établir le principe général et doit laisser le reste à l'arbitrage du juge. C'est ce qu'elle a déjà fait au titre *Des Contrats ou obligations conventionnelles en général*. L'art. 247 de ce titre (art. 1348), en dispensant de la preuve par écrit les dépôts nécessaires, dans lesquels il comprend ceux faits par le voyageur en logeant dans une hôtellerie, cet article, disons-nous, ajoute en finissant : *le tout suivant la qualité des personnes et les circonstances du fait*.

« L'art. 38 du projet actuel étant supprimé, l'art. 37 du même projet et l'art. 247 de la loi sur les contrats paraîtront dictés tous deux par le même esprit; tous deux laisseront dans le domaine du juge ce qu'ils ne pouvaient en retirer sans les inconvénients les plus grands. » (1) C'est à la suite de ces observations que l'art. 38 fut supprimé, et que l'art. 1952 (art. 37 du projet) est resté tel qu'il était d'abord.

Il ressort clairement de là que le mot *effets,* employé par la loi, doit être pris dans son acception la plus large, et par conséquent comme comprenant même l'argent et les objets précieux; il en ressort, d'un autre côté, que le législateur n'a pas voulu décharger les aubergistes de la responsabilité, alors même que les effets de cette sorte n'auraient pas été déclarés, sauf toutefois qu'il n'y a rien d'absolu, en ce sens que si les aubergistes ne sont pas, en ce cas, dégagés de toute responsabilité, ils ne sont pas non plus responsables absolument et quand même. Tout dépend donc des circonstances que les juges du fait devront apprécier, non pas dans les termes limités où se renferme l'une des opinions que nous rappelions tout à l'heure, mais librement et dans tous les éléments susceptibles d'influer sur leur décision. Ainsi, ils prendront en considération la condition des voyageurs, les habitudes de l'hôtel, et ils se montreront plus ou moins faciles à consacrer la responsabilité de l'aubergiste ou de l'hôtelier, suivant que l'établissement de ce dernier sera tenu dans des conditions modestes, ou qu'il paraîtra destiné à recevoir des voyageurs que leur rang et leur fortune présentent naturellement comme devant porter avec eux des bijoux ou d'autres objets précieux. D'ailleurs,

---

(1) Fenet (t. XIV, p. 495); Locré (t. XV, p. 117).

en toute hypothèse, le voyageur agira prudemment en avertissant l'aubergiste, surtout s'il a en sa possession des sommes supérieures à sa condition ou à ses besoins présumés; mais, même à défaut d'avertissement, le juge pourra déclarer l'aubergiste responsable, sauf à atténuer cette responsabilité en raison de la faute commise par le voyageur, qui a gardé le silence alors qu'il détenait des sommes ou valeurs supérieures à celles que l'aubergiste pouvait présumer (1). C'est aussi sur ces données que semble s'être guidée la jurisprudence dans les monuments assez nombreux qu'elle nous offre sur la question (2).

532. L'*apport* des objets dans l'hôtellerie suffit pour engager la responsabilité de l'aubergiste : la loi n'exige pas que les objets aient été *remis en garde* à ce dernier. Mais que faut-il entendre par ce mot *apport* dans le sens de l'art. 1952? Il signifie sans aucun doute que les effets du voyageur doivent être effectivement introduits dans l'hôtellerie ou dans les bâtiments qui en sont une dépendance, tels que les cours, écuries et remises, que l'aubergiste peut surveiller aussi facilement que sa maison elle-même. Car le contrat de dépôt ne se forme entre les parties, et les obligations dérivant du contrat ne peuvent équitablement être mises à la charge de l'aubergiste, qu'autant que ce dernier a été mis à même de savoir que les voyageurs avaient des objets avec eux, et par là d'exercer ou de faire exercer sur ces objets une surveillance convenable : le principe est donc que l'aubergiste est responsable seulement des effets entrés chez lui. Toutefois il faut aller au delà, et M. Duvergier se méprend, ce nous semble, en supposant qu'il faut s'en tenir rigoureusement à ces règles (3) : la nécessité même des choses conduit à admettre, par tempérament, que les voitures et marchandises, même quand elles ne sont pas entrées, sont cependant sous la garde de l'aubergiste si, à raison de leur volume considérable ou de l'exiguïté des dépendances de l'hôtel, elles ont été placées dans le lieu où on a l'habitude de les faire stationner, fût-ce même sur la voie publique. L'aubergiste, en ce cas, a pris l'engagement tacite de surveiller les objets ainsi laissés au dehors : la condition d'*apport* imposée par la loi doit être tenue pour accomplie (4).

533. Voyons maintenant quelles sont les personnes en faveur desquelles le législateur édicte la responsabilité de l'aubergiste ou de l'hôtelier. A cet égard, le texte de la loi est précis : il protége spécialement *le voyageur qui loge* chez l'aubergiste ou l'hôtelier. Chacune de ces expressions a sa portée.

---

(1) MM. Troplong (n° 222); Massé et Vergé, sur Zachariæ (t. V, p. 13, § 739, note 4).
(2) Paris, 21 nov. 1836, 7 mai 1838, 26 déc. 1838, 29 août 1844, 23 mai 1863; Cass., 11 mai 1846; Rouen, 4 fév. 1847 (S. V., 37, 2, 78; 38, 2, 157; 46, 1, 364; 48, 2, 452; Dalloz, 37, 2, 4; 38, 2, 157; 39, 2, 32; 46, 2, 64; 46, 1, 192; 47, 2, 74; *J. Pal.*, 1846, t. II, p. 56; 1847, t. I, p. 450; *Gaz. des trib.*, 24 mai 1863).
(3) M. Duvergier (t. XXI, n° 515).
(4) MM. Duranton (t. XVIII, n° 83); Troplong (n° 227); Aubry et Rau, d'après Zachariæ (t. III, p. 453); Massé et Vergé, sur Zachariæ (t. V, p. 14, note 4); Paris, 15 sept. 1808, 14 mai 1839; Amiens, 1ᵉʳ déc. 1846 (S. V., 9, 2, 20; 39, 2, 264; 47, 2, 238; Dalloz, alph., 5, 71; 39, 2, 159; 47, 2, 76; *J. Pal.*, 1847, t. I, 111).

Ainsi la loi parle d'abord du *voyageur :* cela même indique qu'il s'agit là d'une personne étrangère à la localité où se trouve l'auberge ou l'hôtel dans lequel elle vient prendre momentanément sa résidence. La disposition de l'art. 1952 n'est donc pas faite, en principe, pour les personnes qui iraient habiter en qualité de locataires un hôtel ou une auberge de la ville dans laquelle elles seraient elles-mêmes fixées. Nous avons décidé, dans notre *Commentaire des Priviléges et Hypothèques* (n° 163), qu'en un tel cas l'aubergiste ou l'hôtelier n'a pas, à raison de ses fournitures, le privilége dont les effets du voyageur sont grevés aux termes de l'art. 2102, n° 5. Par une juste réciprocité, nous décidons ici que l'aubergiste ou hôtelier n'est pas responsable, comme dépositaire nécessaire, des effets apportés par le locataire dans son établissement. C'est qu'en effet il n'y a pas, entre ces locataires et l'aubergiste, les rapports qui s'établissent entre ce dernier et les voyageurs, en ce qu'il s'agit non plus d'un louage de services, mais d'une location d'appartement. Et puis nous ne trouvons plus ici ce qui, dans le dépôt nécessaire, est la cause et le principe de la responsabilité, en ce qu'à la différence du voyageur proprement dit, qui doit accepter de confiance et pour ainsi dire à l'aveugle l'hôtelier établi dans la localité qu'il traverse (*suprà*, n° 520), l'homme qui réside dans la localité même où l'hôtel est situé a tout le temps et tous les moyens nécessaires pour se renseigner sur l'établissement et les garanties qu'il offre avant d'aller s'y loger (1).

Ajoutons toutefois qu'il ne faudrait pas donner à l'expression *voyageur* dont se sert le législateur une signification trop restreinte. Dans une espèce qui se présentait récemment devant la première chambre de la Cour de Paris, on a soutenu que le voyageur, dans le sens de l'art. 1952, s'entend d'une personne habitant accidentellement et momentanément une auberge ou une hôtellerie, et non d'une personne qui réside habituellement dans des maisons garnies et y fait des séjours plus ou moins prolongés. La Cour de Paris ne s'est pas arrêtée à ce système : par un arrêt auquel nous avons concouru, elle a décidé que la durée du séjour dans une maison meublée ne fait point d'un *voyageur* un locataire et ne change pas la situation de celui-ci vis-à-vis du maître, qui reste tenu des obligations du dépositaire (2).

534. L'art. 1952 parle du voyageur *qui loge* chez les hôteliers ou aubergistes. Et par là il donne à entendre que la responsabilité n'est pas édictée en faveur de ces voyageurs qui déposent leurs effets dans un hôtel sans y loger. En général, les hôteliers n'exigent aucun salaire pour le service qu'ils rendent en ce cas; c'est, de leur part, une pure complaisance : on comprend donc qu'on ait dû les assujettir à une surveillance beaucoup moins rigoureuse que quand ils tirent un profit du voyageur en lui fournissant le vivre et le coucher. Dès lors, si un voyageur avait laissé des effets en dépôt à l'aubergiste pour être gardés pendant

(1) *Voy.* MM. Aubry et Rau, d'après Zachariæ (t. III, p. 453, note 1). — *Junge :* Angers, 11 juill. 1857 (Dalloz, 57, 2, 167). — *Voy.* néanmoins MM. Massé et Vergé, sur Zachariæ (t. V, p. 13, note 3).
(2) Paris, 23 mai 1863 (*Gaz. des trib.* du 24 mai).

un certain temps et remis ensuite à un tiers, il n'y aurait plus là qu'un dépôt volontaire n'obligeant l'aubergiste que dans les limites très-larges de l'art. 1927 (1).

Cependant, ici encore, il ne faut rien exagérer : il y a tels cas, en effet, où, bien que le voyageur ne loge pas pour le moment ou ne loge plus dans l'auberge, la responsabilité de l'aubergiste reste néanmoins engagée, à raison de circonstances particulières. Ainsi en ont décidé les tribunaux dans le cas où des chevaux ou d'autres animaux ayant été laissés dans une auberge par le propriétaire qui n'y a pas séjourné, ces animaux ont été remis par l'aubergiste à un individu autre que le propriétaire et non chargé par celui-ci de les retirer (2). Ainsi encore dans le cas où le voyageur, non résidant à l'auberge, aurait déposé entre les mains de l'aubergiste une somme d'argent pour être remise à un voiturier qui a l'habitude d'y loger (3).

Quant aux effets oubliés par le voyageur ou le baigneur dans l'établissement, l'aubergiste n'en doit pas être rendu responsable avec la même rigueur : il y a ici, de la part du voyageur ou du baigneur, une faute qui atténue d'autant la responsabilité du maître de l'établissement (4).

V. — 535. Un dernier point doit faire l'objet de notre examen : c'est l'étendue de la responsabilité des aubergistes, hôteliers et autres personnes que nous avons placées sur la même ligne, ou la limite qu'il convient d'assigner à cette responsabilité au point de vue des faits, positifs ou négatifs, susceptibles de l'engendrer.

A s'en tenir au texte de l'art. 1952, l'aubergiste ne serait responsable que comme un dépositaire nécessaire, c'est-à-dire qu'il serait affranchi dès qu'il aurait apporté à la garde des objets des voyageurs les soins qu'il a coutume de donner à ses propres affaires. Ceci, toutefois, serait inexact : c'est seulement au point de vue de la preuve que l'aubergiste ou l'hôtelier est assimilé par la loi au dépositaire nécessaire (*suprà*, n° 522); quant à la responsabilité elle-même, d'autres principes dominent, et devaient amener une aggravation aux règles ordinaires. L'aubergiste, exerçant une profession, garantit au public sa vigilance; il fait à tous l'offre permanente de ses services et appelle la confiance des voyageurs. Ajoutons que le contrat n'est pas absolument gratuit pour le dépositaire : sans doute, la garde des objets n'est pas rétribuée; mais comme elle est une conséquence du contrat principal, qui est à titre onéreux, elle participe elle-même du caractère de ce contrat; et on peut la regarder comme impliquant une convention intéressée de part et d'autre. Pothier conclut de ces considérations, empruntées d'ailleurs à la loi 5, ff. *Nautæ caup.*, que l'hôtelier doit apporter à la garde des effets du voyageur non pas seulement de la bonne foi, comme dans le cas des dépôts ordinaires, mais un soin exact, et dès lors qu'il est tenu

---

(1) Rej., 4 juill. 1814 (S. V., 21, 1, 268; Coll. nouv., 4, 1, 589; Dalloz, alph., t. V, p. 72).

(2) Rennes, 26 déc. 1833 (S. V., 34, 2, 286; Dalloz, 38, 2, 198).

(3) Paris, 6 avr. 1829 (S. V., 29, 2, 154; Coll. nouv., 9, 2, 244; Dalloz, 29, 2, 133).

(4) Req., 10 janv. 1832 (S. V., 32, 1, 91; Dalloz, 32, 1, 67).

même de la faute légère (1). Les rédacteurs du Code ont certainement entendu consacrer cette doctrine; l'art. 1953, et surtout l'art. 1954, vont nous en donner la preuve irrécusable.

536. L'art. 1953 prévoit le cas de vol ou de dommage des effets du voyageur; et soit que le vol ait été fait ou que le dommage ait été causé par les domestiques et préposés de l'hôtellerie, soit que le vol ou le dommage doive être attribué à des étrangers allant et venant dans l'hôtellerie, cet article consacre la responsabilité de l'aubergiste.

La disposition de la loi n'a rien qui doive surprendre dans la première hypothèse; elle est une application pure et simple des principes du droit commun (art. 1384) : l'aubergiste doit répondre du fait de ses préposés; il a dû s'enquérir scrupuleusement de leur conduite antérieure, de leur moralité, avant de les introduire chez lui, et s'il a des doutes, il doit les surveiller. Les hôtels n'offriraient plus aucune sécurité si les voyageurs, contraints qu'ils sont de livrer et confier leurs effets aux employés de la maison, pouvaient cependant, le cas de soustraction, de perte ou de dommage échéant, succomber dans leurs réclamations contre les aubergistes par cela seul que ceux-ci établiraient que la perte, le dommage ou le vol est le fait de leurs domestiques ou préposés : aussi tenons-nous pour parfaitement juridique la jurisprudence de laquelle il résulte que lorsque le vol a été commis ou le dommage causé par un domestique dans l'accomplissement des actes auxquels il est employé, l'aubergiste assigné en responsabilité ne peut pas s'affranchir, même en prouvant qu'il n'a pas été en son pouvoir d'empêcher le fait de son domestique (2).

537. Dans la seconde hypothèse, celle où le vol a été fait ou le dommage causé par des étrangers allant ou venant dans l'hôtellerie, la disposition de l'art. 1953, qui rend l'aubergiste également responsable, est empreinte de plus de sévérité, d'autant qu'elle s'applique non pas seulement, comme l'a prétendu M. Maleville sur l'art. 1954, au fait émanant de voyageurs ou autres personnes reçues dans la maison, mais encore à celui d'étrangers qui s'y seraient furtivement introduits. La disposition est néanmoins parfaitement juste. L'aubergiste se doit à lui-même, et surtout il doit aux voyageurs, obligés en quelque sorte de se confier à lui, d'exercer la plus rigoureuse surveillance sur quiconque peut s'introduire, aller et venir dans sa maison. Sans doute la grande circulation rendra parfois cette surveillance fort difficile; mais l'intérêt du voyageur ne peut être assuré qu'au prix de garanties excessives, et la loi a justement cherché à y pourvoir même au moyen d'exorbitantes sanctions.

538. La responsabilité de l'aubergiste est engagée par cela seul que les effets du voyageur sont endommagés ou perdus, quel que soit d'ailleurs le fait dommageable, perte, vol, destruction ou dégradation par incendie.

(1) Voy. Pothier (n° 77).
(2) Cass., 11 mai 1846; Amiens, 4 déc. 1846 (S. V., 46, 1, 364; 47, 2, 237; Dalloz, 46, 1, 192; J. Pal., 1846, t. II, p. 56; 1847, t. II, p. 254).

Il faut néanmoins et avant tout qu'il soit certain que le fait dont se plaint le voyageur a eu lieu dans l'hôtel où celui-ci a été reçu. La Cour de Paris (1) a refusé de consacrer la responsabilité de l'aubergiste dans une espèce où il était établi que les objets perdus ou volés avaient été déplacés ou portés au dehors par le voyageur. C'est de toute justice. On déciderait sans doute, en thèse générale, d'après ce que nous disions tout à l'heure (*suprà*, n° 532), que l'aubergiste répond des vols commis non-seulement dans l'hôtel même ou ses dépendances, mais encore sur la voie publique lorsque, faute d'emplacement, le voyageur est obligé de laisser ses effets chargés au dehors; car alors le vol implique un défaut de surveillance de la part de l'aubergiste dans des lieux naturellement commis à sa garde. Mais il n'en est plus ainsi lorsque, comme dans l'espèce jugée par la Cour de Paris, le voyageur a déplacé les effets et les a emportés en dehors de l'hôtel. Toute surveillance est, en ce cas, impossible de la part de l'hôtelier, et dès que le fait de perte ou de vol dont se plaint le voyageur n'est pas incompatible avec l'idée que les objets ont pu être perdus par le voyageur lui-même ou lui être volés au dehors, l'aubergiste doit être dégagé de toute responsabilité.

Mais, sauf ce cas, la responsabilité pèse sur l'aubergiste, quelle que soit la cause de la perte subie par le voyageur : la présomption est que la cause s'est produite par la faute de l'aubergiste; le voyageur n'a rien a établir, si ce n'est la consistance et valeur de ses effets par la voie indiquée plus haut (n° 524). Après quoi, c'est à l'aubergiste à détruire la présomption qui milite contre lui (2).

539. Comment, à quelles conditions et en quels cas fera-t-il cesser cette présomption et se dégagera-t-il de la responsabilité? Le législateur le fait pressentir en disposant, par l'art. 1954, que les aubergistes ne sont pas responsables des vols faits avec force armée ou autre force majeure. Remarquons les termes de cet article : le législateur n'a garde de dire que l'aubergiste n'est pas responsable du cas fortuit ou de la force majeure, comme il le dit d'un débiteur ordinaire dans les art. 1148 et 1302. Le cas fortuit et la force majeure, presque toujours assimilés quand on parle de l'extinction d'une obligation de corps certain, sont ici implicitement distingués, et c'est en cela qu'apparaît la différence existant, au point de vue de la vigilance et de la responsabilité, entre le dépôt d'hôtellerie et les autres dépôts, ordinaires ou nécessaires. En vain l'aubergiste prouverait-il qu'il n'y a pas faute de sa part : il reste obligé s'il n'est pas établi que la perte ou le vol a eu lieu par une force majeure qu'il n'a pu empêcher ni prévoir.

540. L'art. 1954 indique comme exemple de force majeure le vol fait avec force armée. Et en effet, l'aubergiste, en ce cas, a dû céder à la violence; on ne peut pas dire que sa prévoyance et sa vigilance aient été en défaut.

Mais assimilera-t-on à ce cas de force majeure le vol commis de nuit

(1) Paris, 30 avr. 1850 (Dalloz, 50, 2, 170; *J. Pal.*, 1850, t. I, p. 449).
(2) Paris, 17 janv. 1850 (S. V., 50, 2, 267; Dalloz, 51, 2, 122; *J. Pal.*, 1850, t. II, p. 46).

par escalade et effraction? Nous trouvons dans notre ancienne jurisprudence un arrêt du Parlement de Toulouse, du 27 février 1584, qui applique la responsabilité dans une espèce où des voleurs avaient enlevé
des marchandises déposées dans une écurie fermée à clef, au moyen
d'un trou pratiqué dans la muraille (1). Cette décision, généralement
approuvée, paraît également admise sous le Code (2). Elle nous semble,
toutefois, bien rigoureuse; il ne faut pas exiger l'impossible des hôteliers : s'il était établi qu'ils n'ont pas été moins précautionnés que le
père de famille le plus diligent, serait-il juste de les rendre responsables
de faits d'adresse ou d'audace que ne peut déjouer la vigilance même la
plus attentive? Qu'ils doivent faire surveiller leur établissement le jour
et la nuit, nous l'admettons sans doute; toutefois ce n'est pas à dire
qu'il faille en toutes circonstances les rendre responsables de faits qui
ont trompé toutes leurs prévisions. On dépasse donc la limite, à notre
avis, en posant en principe que l'effraction et l'escalade, surtout pendant la nuit, ne constituent pas des cas de force majeure susceptibles
de dégager la responsabilité de l'aubergiste.

Mais nous ne regardons pas comme un cas de force majeure le vol
commis au préjudice d'un voyageur à l'aide de fausses clefs : c'est là un
fait qu'on peut aisément prévenir en garnissant les portes de solides
verrous.

541. En dehors de l'hypothèse prévue par l'art. 1954, il est d'autres
cas où la responsabilité de l'aubergiste est atténuée et peut même disparaître complétement : c'est notamment quand le voyageur est lui-
même en faute et doit s'imputer des négligences. Ni l'art. 1954, ni aucun autre article, ne mentionnent, il est vrai, cette cause d'excuse et
d'affranchissement pour l'aubergiste; mais elle découle si naturellement des principes que les auteurs, tant anciens que modernes, n'ont
jamais hésité à l'admettre. La jurisprudence en a fait aussi, dans le droit
ancien comme dans le droit nouveau, de fréquentes applications.

Ainsi, on cite un arrêt du Parlement de Paris, du 27 août 1677, duquel il résulte que l'hôtelier n'est pas responsable quand il a averti le
voyageur de ne pas laisser son argent dans sa chambre dont la porte
n'était pas bien fermée (3).

La jurisprudence moderne abonde en décisions analogues. Elle a statué dans le cas où le voyageur négligent n'avait pas enfermé ses effets
dans les meubles à ce destinés; dans celui où le voyageur avait laissé la
clef à la porte de sa chambre ou de son armoire; dans celui où, au lieu
de déposer l'argent dans un casier spécialement destiné à cet usage par
l'aubergiste, le voyageur l'avait déposé dans un placard dont la clef avait
été par lui placée dans un tiroir non fermé; dans celui encore où un vol
avait été commis au préjudice du voyageur par son propre domestique,

(1) Maynard (liv. LXXXIII, n° 8).
(2) MM. Troplong (n° 235); Zachariæ, Aubry et Rau (t. III, p. 454). Req., 2 therm.
an 8 (S. V., Coll. nouv., 1, 1, 315); Paris, 3 mai 1831 (S. V., 33, 2, 186).
(3) Voy. Merlin (Rép., v° Hôtellerie).

circonstance spéciale en ce que la responsabilité du maître couvrait en quelque sorte celle de l'aubergiste (1).

Et dans ces hypothèses diverses, les tribunaux se sont soigneusement attachés aux circonstances : en les appréciant, ils ont recherché, d'un côté, dans quelle mesure le voyageur avait manqué de prudence ou s'était montré négligent ; d'un autre côté, si une part quelconque devait être faite au défaut de surveillance par l'aubergiste ; et statuant ensuite dans leur sagesse, tantôt ils ont déchargé l'aubergiste d'une manière complète, tantôt ils ont mis à sa charge seulement une partie de la responsabilité, suivant que le fait dont se plaignait le voyageur leur a paru imputable pour le tout à ce dernier, ou qu'ils l'ont considéré comme imputable au moins pour partie à l'aubergiste. De telles décisions sont trop dans l'esprit du droit et dans les conditions de l'équité pour qu'elles ne doivent pas être invariablement suivies dans tous les cas analogues qui peuvent se présenter.

542. Ce n'est pas tout : le principe de la responsabilité disparaît encore si l'aubergiste, ayant déclaré ne pas vouloir ou ne pas pouvoir se charger des risques, le voyageur avait accepté la déclaration. Ainsi, dans un jour de fête ou de foire l'affluence est telle qu'elle rend la surveillance très-difficile, impossible même ; l'aubergiste prévient les voyageurs qui, nonobstant, se refusent à aller ailleurs et se logent chez lui : il est par là même affranchi de toute responsabilité.

Mais nous supposons, on le voit, que le voyageur aurait le choix entre l'établissement de l'hôtelier qui lui fait une telle déclaration, et d'autres établissements existant dans la localité. C'est qu'en effet nous n'admettons pas que l'hôtelier puisse imposer la condition dont il s'agit si, son établissement étant isolé et situé loin de toute autre habitation, il n'était pas possible au voyageur de choisir une autre hôtellerie. Il pourrait y avoir là un calcul pour spolier le voyageur ou le livrer à des voleurs dont l'hôte serait lui-même le complice (2).

543. Il reste à se demander si l'aubergiste peut, pour limiter sa responsabilité, se prévaloir d'un avis affiché dans toutes les chambres, dans tous les lieux apparents de l'hôtel, indiquant les mesures de précaution à prendre par les voyageurs. La même question se présente à propos des bains publics, dans lesquels on trouve ordinairement des avertissements de ce genre. C'est là, sans doute, une sage précaution de la part du maître de l'établissement ; mais il est possible que de tels avis échappent à certains voyageurs ou baigneurs, surtout à ceux qui ne connaîtraient pas la langue dans laquelle ils sont rédigés. Il y a donc une question de fait à apprécier par le juge : assurément l'aubergiste ne cesserait pas d'être responsable des objets qui constituent le bagage or-

---

(1) Paris, 2 avr. 1811, 21 nov. 1836, 23 mai 1863 ; Douai, 19 août 1842 ; Rouen, 4 fév. 1847 ; Angers, 15 juill. 1857 (S. V., 14, 2, 100 ; 37, 2, 78 ; 42, 2, 421 ; 48, 2, 452 ; Dalloz, alph., t. V, p. 71 ; 37, 2, 4 ; 43, 2, 51 ; 47, 2, 74 ; 57, 2, 167 ; *J. Pal.*, 1847, t. I, p. 450 ; *Gaz. des trib.*, 24 mai 1863). — *Voy.* aussi MM. Troplong (n° 237) ; Aubry et Rau (t. III, p. 455, note 12).
(2) *Voy.* M. Troplong (n° 240).

dinaire de tout voyageur, et qui doivent rester avec lui dans sa chambre; mais en ce qui concerne les objets précieux, le voyageur peut être en faute pour n'avoir pas suivi le conseil qui lui était donné, et le juge pourra, selon les circonstances, le débouter de son action en responsabilité (1).

CHAPITRE III.

DU SÉQUESTRE.

SECTION PREMIÈRE.

DES DIVERSES ESPÈCES DE SÉQUESTRE.

1955. — Le séquestre est ou conventionnel ou judiciaire.

SOMMAIRE.

I. 544. Définition du séquestre en général. — 545. Son utilité. — 546. Le mot *séquestre* a une double signification.

I. — 544. Le séquestre peut être défini d'une manière générale : le dépôt d'une chose contentieuse, mobilière ou immobilière, fait par deux ou plusieurs personnes entre les mains d'un tiers qui prend l'obligation de la garder et de la restituer, après la contestation terminée, à celle des parties à laquelle elle aura été adjugée.

Le séquestre n'est qu'une variété du dépôt : aussi est-il en général, comme nous allons le voir, soumis à toutes les règles de ce contrat. Cela explique le laconisme de la loi, qui, en se référant aux règles sur le dépôt, a pu s'en tenir à indiquer les caractères propres au séquestre, et par lesquels le séquestre se sépare du dépôt proprement dit.

545. Le séquestre, ayant pour objet une chose litigieuse, présente à ce titre une utilité particulière; il a pour but de conserver les droits des parties intéressées au litige. Ainsi, quand deux personnes se disputent la propriété ou même seulement la possession d'une chose, il serait à craindre que, pendant le procès, celle qui détient l'objet ne fît des actes préjudiciables à l'autre; elle pourrait dégrader cet objet, l'aliéner même, s'il s'agissait d'un meuble; la justice peut alors lui enlever la possession pour la confier à un tiers : c'est le séquestre judiciaire. — Il peut se faire aussi que celle des parties qui est en possession trouve la possession onéreuse en ce que, par exemple, elle l'expose à faire des frais de garde et d'entretien sur un objet qui, en définitive, ne lui restera peut-être pas; pour s'en décharger, elle convient avec son adversaire d'en faire le dépôt chez un tiers : c'est le séquestre conventionnel.

546. L'expression *séquestre* indique non-seulement le contrat, mais encore la personne entre les mains de laquelle la chose est remise. Ce

---

(1) *Voy*. MM. Troplong (n° 241); Zachariæ, Aubry et Rau (t. III, p. 455). *Voy*. aussi les arrêts déjà cités des Cours de Paris, 21 nov. 1836; Douai, 19 août 1842; Rouen, 4 fév. 1847.

mot tirerait son étymologie, suivant Modestin (l. 110, ff. *De Verb. signifi.*), de ce que le séquestre suit en quelque sorte ceux qui sont engagés dans l'instance : *Dictus ab eo quod occurrenti aut quasi sequenti eos qui contendunt, committitur.* Mais cette origine ne présente rien de bien certain.

Il est à remarquer, du reste, que le législateur a évité dans notre chapitre de se servir du mot dans les deux acceptions, et de confondre ainsi, sous une même dénomination, l'acte et la personne ; l'expression séquestre désigne toujours, dans notre titre, le contrat lui-même. C'est seulement dans des articles qui traitent incidemment de la matière que l'expression est employée comme désignant la personne (C. Nap., art. 2060, 4° ; C. Proc., art. 681).

SECTION II.

DU SÉQUESTRE CONVENTIONNEL.

1956. — Le séquestre conventionnel est le dépôt fait par une ou plusieurs personnes, d'une chose contentieuse, entre les mains d'un tiers qui s'oblige de la rendre, après la contestation terminée, à la personne qui sera jugée devoir l'obtenir.

1957. — Le séquestre peut n'être pas gratuit.

1958. — Lorsqu'il est gratuit, il est soumis aux règles du dépôt proprement dit, sauf les différences ci-après énoncées.

1959. — Le séquestre peut avoir pour objet, non-seulement des effets mobiliers, mais même des immeubles.

1960. — Le dépositaire chargé du séquestre ne peut être déchargé avant la contestation terminée, que du consentement de toutes les parties intéressées, ou pour une cause jugée légitime.

SOMMAIRE

I.   547. Définition du séquestre conventionnel ; inexactitude de l'art. 1956, en ce qu'il suppose que le séquestre peut être constitué par une seule personne. — 548. Les parties doivent être opposées d'intérêt pour qu'il y ait lieu au séquestre. — 549. Le dépositaire a action pour le tout contre chacune des parties.

II. 550. Le séquestre peut être salarié sans dégénérer en louage. — 551. Quand il est gratuit, il suit les règles du dépôt, sauf deux différences. — 552. Le dépositaire n'acquiert pas de plein droit la véritable possession.

III. 553. Le séquestre peut avoir pour objet des immeubles. — 554. Le dépositaire ne peut faire la restitution, avant la fin du litige, sans l'assentiment de toutes les parties intéressées. — 555. Suite : des intervenants. — 556. Mais la restitution peut être faite, avant la fin du litige, pour une cause jugée légitime. — 557. De la restitution après la fin du litige.

I. — 547. Suivant la définition de l'art. 1956, le séquestre conventionnel est le dépôt fait, par *une* ou plusieurs personnes, d'une *chose contentieuse* entre les mains d'un tiers, qui s'oblige de la rendre, après la contestation terminée, à la personne qui sera jugée devoir l'obtenir.

A s'en tenir aux termes de la définition, on serait porté à penser que le séquestre peut être fait par une seule personne. Toutefois ce serait une erreur de le croire. Il y a dans les termes de la loi une inexactitude ou une inadvertance qui se révèle d'elle-même, puisqu'une chose ne saurait être *contentieuse* qu'autant que plusieurs personnes sont en présence et discutent à son occasion (1). — Cela est si clair qu'on s'explique à peine l'effort qui a été fait parfois pour justifier l'expression de la loi. D'une part, M. Duvergier dit que si l'art. 1956 définit le séquestre conventionnel un dépôt fait par *une* ou plusieurs personnes, c'est peut-être pour indiquer qu'il y a séquestre aussi bien lorsque la chose litigieuse, étant en la possession de l'un des prétendants, est déposée par lui, que lorsque, étant possédée en commun par ceux qui se la disputent, ils consentent à la remettre en dépôt jusqu'à la fin de la contestation (2). D'une autre part, M. Dalloz cherche à expliquer les termes de la loi en supposant le cas bien rare où une partie qui voudrait se débarrasser de la gestion d'une chose litigieuse, et qui ignorerait, par exemple, le lieu du domicile des héritiers de son adversaire décédé ou absent, la confierait à une personne qui l'administrerait en qualité de séquestre (3). L'une et l'autre explication sont évidemment inadmissibles, la seconde surtout, dans laquelle le fait supposé constitue non pas un séquestre, mais un dépôt proprement dit d'une chose litigieuse, si bien que, dans ce cas, il serait parfaitement loisible à la partie qui aurait fait le dépôt de se faire rendre la chose à toute époque, ce qui ne pourrait pas avoir lieu dans le séquestre, comme nous l'allons voir tout à l'heure (*infrà*, nos 554 et suiv.). La vérité est que la formule de l'art. 1956 est vicieuse; et il faut la rectifier en disant que le séquestre conventionnel exige, pour être constitué, le concours de deux ou plusieurs personnes.

548. Cela même ne suffit pas : il faut, de plus, qu'il y ait entre les déposants opposition d'intérêt, contestation sur la propriété ou la possession de la chose déposée. Chacun prétend avoir seul droit à l'objet, par conséquent chacun fait *in solidum* le dépôt entre les mains d'un tiers, qui, après la contestation, rendra l'objet déposé à celui d'entre eux qui sera jugé devoir l'obtenir.

Cette condition, du reste, n'implique pas nécessairement l'idée d'une instance portée devant un tribunal. Il y aurait litige ou contestation susceptible de donner lieu au séquestre conventionnel même dans le cas où la difficulté qui divise les parties serait soumise à des arbitres. Bien plus : le dépôt par deux personnes, entre les mains d'un tiers, de ce qui est le prix ou l'enjeu d'un pari engagé entre elles, constitue, dans le cas du moins où le pari est autorisé par la loi, un véritable séquestre conventionnel, puisque désormais la propriété de l'enjeu est incertaine, tellement que le dépositaire doit, pour être déchargé, se conformer à l'art. 1960 (4).

---

(1) *Voy.* MM. Delvincourt (t. III, p. 435, note 9); Duranton (t. XVIII, n° 85); Troplong (n° 249); Massé et Vergé, sur Zachariæ (t. V, p. 15, note 2).

(2) M. Duvergier (t. XXI, n° 527).

(3) M. Dalloz (*Jurispr. génér.*, v° Dépôt, n° 295).

(4) M. Delvincourt (t. III, p. 436, note 1). — *Contrà*, M. Troplong (n° 258).

549. Le séquestre étant censé fait *in solidum* par chacune des parties en cause, il s'ensuit que celle qui sera en définitive déclarée avoir droit à la chose pourra être poursuivie *in solidum* par le dépositaire pour le payement de son salaire et le remboursement de ses dépenses. Mais faut-il lui donner aussi l'action pour le tout contre l'autre partie? Quelques auteurs la lui refusent, par le motif que le dépôt est fait sous la condition que l'objet sera rendu au gagnant, qui seul dès lors aura eu intérêt au dépôt (1). Nous adoptons de préférence l'avis contraire, qui est celui de Pothier : le dépositaire a suivi la foi des deux parties, et il est d'autant plus équitable de lui accorder une action contre le perdant que celui-ci, en définitive, doit supporter les frais, puisqu'il a mal à propos contesté le droit de son adversaire. On peut, du reste, suivant la remarque de MM. Aubry et Rau, argumenter par analogie de l'art. 2002 (2). — Il est bien entendu, du reste, que le dépositaire peut exercer le droit de rétention dans les limites de l'art. 1948.

II. — 550. Le séquestre peut n'être pas gratuit, aux termes de la disposition formelle de l'art. 1957 : aussi ne saurions-nous admettre l'avis de quelques auteurs d'après lesquels le séquestre dégénérerait en un contrat de louage toutes les fois qu'il y a un salaire stipulé (3). Nous disons ici, comme nous l'avons dit à l'occasion du dépôt (*suprà*, n⁰ˢ 376 et suiv.), qu'il faut prendre la loi dans son expression littérale, et par conséquent reconnaître que la stipulation d'un salaire n'enlève pas au séquestre son caractère propre, puisque la loi lui conserve sa dénomination de *séquestre* même quand il n'est pas gratuit. Tenons donc que la seule différence existant entre le séquestre gratuit et le séquestre salarié se manifeste au point de vue de la responsabilité, qui devra être appréciée plus sévèrement dans le second cas, par application de l'art. 1928, 2° (4).

551. « Quand le séquestre est *gratuit*, dit l'art. 1958, il est soumis aux règles du dépôt proprement dit, sauf les différences ci-après énoncées. » Ce n'est pas à dire que d'autres règles soient applicables au séquestre *salarié :* nous venons de le voir, la seule différence consiste dans l'appréciation de la responsabilité du dépositaire. A tous autres égards, et par conséquent par rapport à la preuve, à la capacité des parties, à la restitution, sauf la modification apportée par l'art. 1960, les règles sont ici celles que nous avons exposées en traitant du dépôt; en sorte que nous n'avons plus à préciser que les points de différence.

552. Avant tout, disons un mot d'une différence prétendue que quelques auteurs signalent sur l'autorité des lois romaines (l. 17, § 1, ff. *Depos.;* l. 39, ff. *De Adq. vel amitt. poss.*), et qui consiste en ce que

(1) MM. Delvincourt (t. III, p. 435, note 9); Massé et Vergé, sur Zachariæ (t. V, p. 16, note 3).
(2) Pothier (n° 89). — MM. Aubry et Rau (t. III, p. 456, note 3).
(3) Pothier (n° 90). MM. Duvergier (t. XXI, n° 529); Troplong (n° 261); Zachariæ, Aubry et Rau (t. III, p. 455).
(4) MM. Delvincourt (t. III, p. 436, note 3); Massé et Vergé, sur Zachariæ (t. V, p. 15, note 1). Lyon, 26 janv. 1825 (S. V., 25, 2, 121; Coll. nouv., 8, 2, 15; Dalloz, 25, 2, 123).

dans le séquestre la possession de la chose passerait au gardien, tandis que dans le dépôt proprement dit le dépositaire a une simple détention (1). Cette différence n'existe pas *en principe* dans notre législation. Elle a pu avoir sa raison d'être dans le droit romain : l'usucapion n'y était pas interrompue par la demande en justice (*litis contestatio*) ; elle continuait à courir au profit de celle des parties qui était en possession au moment du procès ; en sorte qu'il y avait un véritable intérêt pour le demandeur, par exemple dans une action en revendication, à faire cesser le cours de l'usucapion, et le résultat était acquis aux parties par la translation de la possession à la personne chargée du séquestre. Or il n'y a plus de motif pour qu'il en soit ainsi dans notre législation, où la citation en justice suffit pour interrompre la prescription (art. 2244) : aussi, tout ce que l'on peut dire, c'est que la possession peut passer et passe, en effet, sur la tête du séquestre lorsqu'il *est convenu* qu'aucune des parties litigantes ne possédera ou ne prescrira (2) ; mais en principe et en l'absence de toute convention, il en est de la personne chargée du séquestre comme du dépositaire proprement dit : elle a simplement la détention de la chose.

III. — 553. Passons donc à des différences plus réelles, à celles qui sont déterminées par la loi elle-même : elles sont au nombre de deux.

La première est indiquée par l'art. 1959. Nous avons vu sur l'art. 1918 que le dépôt proprement dit ne peut avoir pour objet que des choses mobilières, la remise de choses immobilières pour les garder constituant plutôt un mandat (*suprà*, n°ˢ 380 et suiv.). Au contraire, d'après l'art. 1959, les immeubles peuvent être séquestrés aussi bien que les meubles. Cujas avait cependant contesté ce point : selon lui, il aurait fallu dire, par interprétation des lois romaines, que quand des immeubles sont remis entre les mains d'un séquestre, ce sont les fruits et non les fonds eux-mêmes qui sont donnés à garder (3). Mais l'interprétation n'a pas été et ne devait pas être suivie (4). Sans doute, quand on met un immeuble en séquestre, c'est surtout pour que le gardien en perçoive les fruits ; cependant tout ne se réduit pas à cela pour le gardien : il est, en outre, chargé de faire à l'immeuble toutes les réparations nécessaires ; et, sous ce rapport, les devoirs et les fonctions du gardien d'un immeuble séquestré ont beaucoup d'affinité avec ceux d'un administrateur ou d'un curateur aux biens ; par où l'on voit que l'induction restrictive de Cujas n'est pas admissible.

Ainsi, à ce premier point de vue, le séquestre diffère du dépôt proprement dit en ce que, lorsqu'il a pour objet un immeuble, il confère au gardien, par la force même des choses, des pouvoirs plus étendus que ceux qui appartiennent au simple dépositaire d'un objet mobilier : le gardien peut vendre les fruits sujets à dépérissement, quelquefois même renouveler les baux : aussi dirons-nous, avec M. Troplong, qu'il

---

(1) *Voy.* notamment M. Delvincourt (t. III, p. 436, note 2).
(2) Pothier (n° 86). M. Troplong (n° 253).
(3) Cujas, sur la l. 6 *Depositi*, lib. II Pauli ad edictum.
(4) Pothier (n° 87).

sera prudent de fixer par l'acte de constitution les fonctions et les limites des pouvoirs du gardien (1).

554. La seconde différence entre le dépôt et le séquestre est établie par l'art. 1960, et se manifeste à deux points de vue. Dans le dépôt proprement dit, quand il y a plusieurs déposants, chacun est libre de réclamer séparément sa part dans la chose déposée, si elle est matériellement divisible : d'un autre côté, quand aucun délai n'a été fixé pour la restitution, le dépositaire peut rendre la chose sans être obligé de justifier d'une cause légitime (*suprà*, nᵒˢ 483, 494). Dans le séquestre, il en est autrement sur l'un et l'autre point. D'un côté, aucun des déposants ne peut exiger la restitution de sa part : le séquestre n'est pas, en effet, un dépôt fait par plusieurs; chacun, nous l'avons dit, est déposant pour le tout : donc le concours de tous est nécessaire, pour lever le séquestre, tant que la contestation n'est pas terminée. Et, d'une autre part, le dépositaire, même quand il n'y a pas de terme fixé par l'acte, ne peut se décharger avant le temps, si ce n'est pour une cause sérieuse et jugée légitime; il a été tacitement entendu qu'il se chargeait du dépôt jusqu'après la contestation ; il doit donc, en principe, le garder jusqu'à cette époque. Reprenons successivement l'un et l'autre point.

555. Et d'abord, pendant la durée de l'instance, le dépositaire ne peut être déchargé que du consentement *de toutes les parties intéressées;* ce sont les expressions mêmes de l'art. 1960, et il est bien évident qu'elles doivent s'entendre de tous ceux qui à l'origine ont été parties, comme demandeur ou comme défendeur, à la contestation née à l'occasion de la chose séquestrée.

Mais il est possible que dans le cours du procès un tiers intervienne dans l'instance, conformément aux art. 339 à 341 du Code de procédure : le dépositaire qui veut se décharger doit-il obtenir aussi le consentement de ce tiers intervenant, bien qu'il n'ait pas été partie à l'acte de dépôt? La question fut soulevée au conseil d'État par M. Regnauld. Il serait difficile, en lisant la longue discussion engagée sur ce point, de dire quelle a été, en définitive, la pensée du conseil d'État. Cambacérès, qui présidait la séance, parla plusieurs fois, mais pour émettre des propositions presque toujours inexactes ; il semblait confondre le séquestre judiciaire et le séquestre conventionnel. Tronchet et Portalis soutinrent bien que le dépositaire était obligé seulement envers ceux qui l'avaient constitué gardien et qu'il n'avait pas à se préoccuper des tiers, à moins que ceux-ci se fissent connaître. Mais est-ce au moyen d'une opposition régulière qu'ils devraient se faire connaître? Ou bien le dépositaire devrait-il compter avec eux par cela seul qu'il aurait acquis une connaissance quelconque de leur existence et de leur prétention ? Tout cela est resté profondément obscur dans la discussion. Quoi qu'il en soit, l'Exposé des motifs a été parfaitement explicite. M. Réal y a déclaré positivement que l'art. 1960 ne se borne pas aux seules personnes qui ont constitué le séquestre, mais qu'il doit s'étendre à toutes celles qui, par

---

(1) M. Troplong (nᵒ 269).

leur intervention au litige, ont manifesté des prétentions capables d'exiger leur concours lors de la remise de l'objet séquestré (1). La décision, néanmoins, est rigoureuse par elle-même. Mais, quoi qu'il en soit, nous pensons avec la majorité des auteurs que le dépositaire qui aurait eu juste sujet de ne pas connaître l'existence du tiers intervenant ne devrait pas être déclaré responsable en vertu des principes généraux des art. 1382 et 1383 : le tiers serait en faute de ne s'être pas fait connaître, et il devrait seul supporter les conséquences de sa négligence (2).

556. Ensuite, même quand il n'y a pas de terme fixé, la personne chargée du séquestre ne peut rendre la chose avant la fin de la contestation qui a donné lieu au séquestre. Toutefois il y a ici une exception que consacrent les expressions finales de l'art. 1960 : la personne chargée de la garde d'un objet à titre de séquestre peut s'en faire décharger avant la fin de la contestation *pour une cause jugée légitime :* ce sera au juge, en cas de contestation sur la légitimité de la cause, à prononcer, et si l'excuse est reconnue valable, le juge devra nommer un autre dépositaire.

557. Quand la contestation est terminée, au contraire, le dépositaire a le droit et même l'obligation de faire la restitution à celle des parties qui a obtenu gain de cause, et à cette partie seule, sans qu'il soit nécessaire d'appeler les autres. Il ne doit, cependant, effectuer la remise qu'après s'être assuré que le droit du gagnant est désormais à l'abri de toute attaque ; il pourra même, pour mettre sa responsabilité à couvert, obliger le déposant à justifier que le jugement n'est plus susceptible d'aucun recours ; il invoquera à bon droit l'art. 548 du Code de procédure, et même il ne suffit pas que le jugement soit exécutoire par provision : l'exécution provisoire ne produit ses effets qu'entre les parties, et ne peut pas être invoquée contre les tiers étrangers au jugement (3).

SECTION III.

DU SÉQUESTRE OU DÉPÔT JUDICIAIRE.

1961. — La justice peut ordonner le séquestre,

1° Des meubles saisis sur un débiteur ;

2° D'un immeuble ou d'une chose mobilière dont la propriété ou la possession est litigieuse entre deux ou plusieurs personnes,

3° Des choses qu'un débiteur offre pour sa libération.

1962. — L'établissement d'un gardien judiciaire produit, entre le saisissant et le gardien, des obligations réciproques. Le gardien doit apporter pour la conservation des effets saisis les soins d'un bon père de famille.

---

(1) Fenet (t. XIV, p. 487 et 508) ; Locré (t. XV, p. 109, 127).
(2) **MM.** Duvergier (t. XXI, n° 532) ; Troplong (n° 274) ; Zachariæ, Aubry et Rau (t. III, p. 455, note 2) ; Massé et Vergé, sur Zachariæ (t. V, p. 16, note 2).
(3) **MM.** Troplong (n° 260) ; Zachariæ, Massé et Vergé (t. V, p. 16, note 3). — Cf. analog. Req., 25 mai 1841 (S. V., 41, 1, 497 ; Dalloz, 41, 1, 229).

Il doit les représenter, soit à la décharge du saisissant pour la vente, soit à la partie contre laquelle les exécutions ont été faites, en cas de mainlevée de la saisie.

L'obligation du saisissant consiste à payer au gardien le salaire fixé par la loi.

1963. — Le séquestre judiciaire est donné, soit à une personne dont les parties intéressées sont convenues entre elles, soit à une personne nommée d'office par le juge.

Dans l'un et l'autre cas, celui auquel la chose a été confiée, est soumis à toutes les obligations qu'emporte le séquestre conventionnel.

SOMMAIRE.

I. 558. Distinction entre le séquestre judiciaire et le dépôt judiciaire.
II. 559. Du séquestre judiciaire : il suppose un litige (art. 1961, 2°, et 1963); cas où il a lieu. — 560. L'art. 1961, 2°, est-il limitatif? Controverse. — 561. Cas exceptionnels de séquestre sans litige. — 562. Mode de nomination du gardien. — 563. Obligations du dépositaire et du déposant.
III. 564. Du dépôt judiciaire : le premier numéro de l'art. 1961, 1°, doit être complété par les art. 596, 597, 598 du Code de procédure. — 565, 566. Suite. — 567. Obligations du gardien et de celui ou de ceux qui l'ont constitué. — 568, 569. Suite. — 570. Dernier cas de dépôt judiciaire : le débiteur offre pour se libérer des choses autres que de l'argent (art. 1961, 3°).

I. — 558. La rubrique de la section III, intitulée *Du Séquestre ou dépôt judiciaire,* semble, par sa rédaction, indiquer qu'il n'y a aucune différence entre le séquestre et le dépôt judiciaire, et l'art. 1961 lui-même embrasse tous les cas dans une seule et même disposition. Il y a cependant, entre ces deux variétés du dépôt, une différence dont Pothier, avec son exactitude habituelle, n'a pas manqué de tenir compte (1). Ce qui caractérise le séquestre et le distingue du dépôt, c'est, ainsi que nous l'avons dit au début de ce chapitre (n°s 544 et 545), le caractère litigieux de l'objet confié à la garde d'un tiers. Or, si l'un des trois cas énumérés dans l'art. 1961, le second, présente ce caractère, le premier et le troisième en sont complétement dépourvus, car, lorsque la justice ordonne la remise aux mains d'un tiers soit de meubles saisis sur un débiteur (art. 1961, 1°), soit de choses qu'un débiteur offre pour sa libération (art. 1961, 3°), on ne peut pas dire que les meubles saisis ou les choses offertes ont le caractère litigieux. C'est donc à tort que l'art. 1961 range les trois cas sous la dénomination commune de *séquestre.* La vérité est que, tandis que le n° 2 présente un cas de *séquestre judiciaire* en ce que précisément il y est supposé qu'il y a litige sur l'immeuble ou la chose mobilière dont la justice est autorisée à ordonner le dépôt aux mains d'un tiers, les n°s 1 et 3 impliquent l'idée d'un simple *dépôt judiciaire,* en ce que la justice y est autorisée à charger un tiers de la garde d'une chose, sans qu'il y ait contestation sur la propriété ou la possession de cette chose. — D'ailleurs, malgré la

---

(1) Pothier (n°s 91, 98 et 99).

confusion apparente de l'art. 1961, les rédacteurs du Code n'ont pas absolument méconnu la distinction ; ils la consacrent implicitement par les art. 1962 et 1963, puisque le premier de ces articles a trait uniquement au dépôt judiciaire, tandis que le séquestre judiciaire est seul dans les prévisions du second.

Sans doute, il y a entre les deux situations des analogies profondes : elles ont cela de commun que la remise de la chose y est ordonnée par la justice, et, en outre, on peut dire que les obligations des parties seront souvent identiques dans l'une et dans l'autre. Mais il y a aussi certaines différences : c'est pourquoi nous les envisagerons distinctement. Occupons-nous d'abord du séquestre judiciaire, auquel se rapportent l'art. 1961, n° 2, et l'art. 1963 ; nous traiterons ensuite du dépôt judiciaire, auquel se réfèrent l'art. 1961, n°s 1 et 3, et l'art. 1962.

II. — 559. Il y a lieu au séquestre judiciaire quand la propriété ou la possession d'un immeuble ou d'une chose mobilière est litigieuse entre deux ou plusieurs personnes : tel est le texte de l'art. 1961, n° 2. Cette disposition a son origine dans notre ancien droit français, sous l'empire duquel elle était d'un usage très-fréquent. A une époque où la force l'emportait souvent sur le droit, et où les seigneurs étaient toujours disposés à terminer par les armes les contestations que la propriété faisait naître entre eux, on avait senti la nécessité de mettre un terme aux abus et aux violences en ordonnant le séquestre des objets litigieux. « Quand les preuves des possessions sont incertaines, ou y a crainte que l'on ne vienne aux mains, la complainte est fournie, et les choses contentieuses séquestrées. » (1) Comme ce moyen dépouillait le possesseur, et parfois même attribuait les fruits au séquestre qui était le roi (par exemple, en en matière de bénéfices), il devint odieux, et à mesure que la force perdit de son empire et que le droit prit le dessus, le moyen tendit à disparaître, ou du moins il devint facultatif, d'obligatoire qu'il était d'abord. Notre article, tout en le maintenant, en a fait une simple formalité, en la laissant, d'ailleurs, à la discrétion du juge (2), qui ne doit user qu'avec une grande réserve du droit qu'il a de l'ordonner.

Ainsi les tribunaux pourront ordonner le séquestre d'une chose quand, le débat portant sur la propriété, il y a danger pour le revendiquant à laisser la possession au défendeur, par exemple s'il s'agit d'une chose mobilière qui pourrait facilement être soustraite. De même, en matière de succession, lorsque les contestations existant entre les héritiers paraissent de nature à devoir retarder longtemps la liquidation, les juges pourront encore ordonner le séquestre. Ainsi en-

---

(1) Loysel (*Inst. cout.*, liv. IV, tit. IV, § 29, n° 768).
(2) Il a été justement décidé que la disposition de l'art. 1961 est facultative et non impérative, et, partant, que lorsque la possession d'un immeuble est litigieuse entre deux ou plusieurs personnes, les juges peuvent bien ordonner le séquestre, mais ne sont pas obligés de l'ordonner ; en sorte que s'ils recourent à toute autre mesure, par exemple s'ils maintiennent provisoirement chaque partie en possession, leur jugement ne peut être cassé de ce chef. Req., 28 avr. 1813 (S. V., 13, 1, 392 ; Coll. nouv., 4, 1, 340 ; Dalloz, 13, 1, 319). — *Voy.* aussi Req., 6 mars 1834 (Dalloz, v° Dépôt, n° 222).

core et surtout quand, le procès portant sur la possession, aucune des parties ne fait preuve de son droit exclusif, le juge du possessoire pourra, s'il n'y a pas de raison suffisante pour attribuer la possession à l'une plutot qu'à l'autre, ordonner le séquestre et renvoyer les parties à se pourvoir au pétitoire (1).

560. Mais l'art. 1961, n° 2, contient-il une simple indication donnée au juge, dont le pouvoir d'appréciation pourra s'exercer en toute liberté, bien qu'on ne se trouve pas dans les termes de l'article, ou faut-il, par une interprétation restrictive de la disposition, exiger qu'il y ait effectivement litige sur la propriété ou la possession pour qu'il puisse y avoir lieu au séquestre judiciaire? A ne consulter que l'ordonnance de 1667, on voit que, sous l'ancien droit, la plus grande latitude était laissée au juge. « Les séquestres, portait l'art. 2, tit. XIX, pourront être ordonnés d'office en cas que les juges estiment qu'il y a nécessité de le faire. » L'art. 1961 n'a pas reproduit, dans son n° 2, les termes si extensifs de l'ordonnance; et néanmoins plusieurs auteurs et nombre d'arrêts les prennent encore pour règle, en ce sens que, d'après eux, les tribunaux ont le droit d'ordonner le séquestre non-seulement dans le cas énoncé, mais encore toutes les fois qu'ils le jugent convenable pour la sûreté des parties et la décision de la cause. Nous inclinons à cet avis, et nous disons volontiers, avec la Cour de Bourges, « que l'art. 1691 n'est pas restrictif; qu'il cite une espèce dans laquelle le juge peut ordonner le séquestre sans porter défense de l'ordonner dans quelques autres cas; que sans doute la propriété doit être religieusement respectée dans toutes les mains où elle se trouve, et notamment que l'acquéreur doit jouir librement et paisiblement de la chose par lui acquise et payée; mais que si la vente est entachée de quelque vice, par exemple si la valeur n'en a pas été fournie, si le vendeur a juste sujet de craindre qu'elle ne lui soit pas payée, si enfin quelque circonstance fait sentir le besoin de conserver le gage, alors le principe d'équité, le premier de tous, celui pour qui tous les autres ont été faits, exige que la justice prenne les mesures les plus efficaces afin que les intérêts de chaque partie soient ménagés, et que celle qui, en définitive, sera jugée avoir droit à la chose la retrouve dans son entier. » (2)

Toutefois, nous rattachant ici à une distinction proposée par MM. Aubry et Rau (3), nous estimons qu'il en doit être ainsi seulement dans le cas où le séquestre est provoqué au cours d'une instance que le demandeur a introduite pour obtenir, n'importe en vertu de quel droit, la mise en possession d'une chose corporelle. Que si la mesure vient à être solli-

---

(1) Pothier (n° 98). — Rej., 31 juill. 1838 (S. V., 38, 1, 676; Dalloz, 38, 1, 341); Req., 11 fév. 1857 (S. V., 57, 1, 673; Dalloz, 57, 1, 252; *J. Pal.*, 1857, p. 431).
(2) Bourges, 8 mars 1822 (S. V., 23, 2, 96; Coll. nouv., 7, 2, 37; Dalloz, alph., t. V, p. 78). Comp. Bourges, 18 décembre 1826; Montpellier, 19 juillet 1827; Toulouse, 29 août 1827; Bordeaux, 17 mars 1831 (S. V., Coll. nouv., 8, 2, 301, 395 et 412; 27, 2, 121 et 217; 29, 2, 45; 31, 2, 287; Dalloz, 27, 2, 105; 28, 2, 247; 31, 2, 126). — *Voy.* aussi MM. Delvincourt (t. III, p. 436, note 4); Aubry et Rau, d'après Zachariæ (t. III, p. 456, note 2). — *Voy.* cependant MM. Duvergier (n° 536); Troplong (n° 293 et suiv.); Massé et Vergé, sur Zachariæ (t. V, p. 16, note 3).
(3) *Loc. cit.*

citée par voie d'action principale, ou par voie d'action incidente, ce qui aura lieu le plus souvent dans le cours d'une instance qui n'a pas pour fin directe et principale la mise en possession d'une chose corporelle, nous estimons que le juge ne peut ordonner le séquestre que dans les cas où la loi l'y autorise formellement. C'est en ce cas qu'il serait parfaitement exact de dire, avec M. Troplong, que le juge ne peut arbitrairement, sur la demande plus ou moins capricieuse de l'une des parties, dépouiller l'autre des avantages que lui assurent et sa possession et son titre apparent (1). Il a été justement décidé, en ce sens, qu'il n'y a pas lieu de nommer un séquestre des biens de la femme demandant la séparation de corps, quoiqu'elle allègue que son mari peut détourner les objets nécessaires à sa subsistance (2).

561. Notons, au surplus, qu'en certains cas il y a lieu à séquestre, de par la loi elle-même, bien qu'en réalité il n'y ait pas contestation sur la propriété ou la possession. Ainsi l'art. 602 du Code Napoléon ordonne le séquestre des immeubles soumis à l'usufruit lorsque l'usufruitier ne trouve pas de caution. De même l'art. 681 du Code de procédure déclare qu'en cas de saisie immobilière, si les immeubles saisis ne sont pas loués ou affermés, le saisi restera en possession jusqu'à la vente comme séquestre judiciaire. Enfin, d'après l'art. 465 du Code d'instruction criminelle, quand, après un arrêt de mise en accusation, l'accusé n'aura pas été saisi ou ne se présentera pas dans les dix jours de la notification qui lui aura été faite à son domicile, le président de la cour d'assises rendra une ordonnance portant que les biens de cet accusé seront séquestrés pendant l'instruction de la contumace. C'est l'administration des domaines qui est ici constituée dépositaire, et qui perçoit les fruits comme indemnité des frais de la procédure.

562. Après avoir précisé l'étendue d'application de l'art. 1961, 2°, il nous reste à nous demander, avec l'art. 1963, quel est le mode de nomination du séquestre judiciaire, quels sont ses fonctions, ses droits, ses obligations.

Quand le tribunal a décidé qu'il y a lieu à ordonner le séquestre, les parties intéressées peuvent s'entendre pour choisir la personne à laquelle la garde sera confiée, et si elles ne s'entendent pas ou si le tribunal ne juge pas à propos de leur laisser ce choix, le tribunal fait la nomination d'office. D'ailleurs, de ce que le gardien présenté par les parties aurait été agréé par le juge, il ne s'ensuit pas que le séquestre ne doive pas être regardé comme judiciaire : seulement, dans ce cas, il intervient véritablement un contrat entre les parties et le gardien, tandis qu'il y a simplement quasi-contrat quand celui-ci est nommé d'office (*suprà,* n° 371) (3).

Le juge n'est pas, du reste, limité dans le choix qu'il a à faire quand

---

(1) M. Troplong (*loc. cit.*).
(2) Liége, 13 janv. 1809 (S. V., 12, 2, 211; Coll. nouv., 3, 2, 6; Dalloz, 10, 2, 33). —Cf. Liége, 12 janv. 1813; Angers, 27 août 1817 (S. V., Coll. nouv., 4, 2, 235; 5, 2, 319; Dalloz, alph., 5, 191; 11, 908).
(3) Pothier (n° 98).

la nomination lui est déférée. L'ordonnance de 1667, tit. XIX, art. 5, lui défendait, à la vérité, de choisir ses parents jusqu'à un certain degré ; mais cette prohibition n'a pas été reproduite par le Code. Le juge peut même choisir pour gardien l'une des parties en cause (1).

563. Les fonctions du gardien consistent à garder la chose, à l'administrer dans les termes fixés par l'acte de nomination. Il en est, en définitive, sous ce rapport, du séquestre judiciaire comme du séquestre conventionnel : le gardien est soumis aux mêmes obligations, et comme garantie de sa gestion, il est contraignable par corps (art. 2060, 4°).

Mais, d'un autre côté, bien que la loi ne le dise pas formellement, il doit lui être alloué un salaire, alors même qu'une convention formelle sur ce point ne serait pas intervenue : le législateur ne reproduit pas ici, à dessein, l'art. 1957.

Il est même décidé par la jurisprudence que le salaire peut être indistinctement réclamé à l'une ou à l'autre des parties entre lesquelles existe le litige (2).

Ajoutons que le séquestre judiciaire ne doit pas être confondu avec la *récréance*. Le séquestre confère à celui qui en est chargé la simple détention de l'objet ; la récréance donne la véritable possession à l'une des parties pendant le procès au pétitoire.

III. — 564. Arrivons maintenant au *dépôt* judiciaire : il peut, comme nous l'avons indiqué, être ordonné dans deux cas. La justice, porte l'art. 1961, n° 1, peut ordonner le *séquestre* des meubles saisis sur un débiteur. Nous avons déjà dit que le mot séquestre est ici improprement employé : il n'y a véritablement séquestre qu'autant qu'il y a litige sur la propriété ou la possession d'un objet. Or il n'y a pas de contestation dans ce premier cas. Un créancier procède à une saisie-exécution : il faut, en attendant le jour de la vente, établir un gardien pour empêcher le détournement ou la détérioration des objets saisis ; l'huissier constitue ce gardien au nom de la justice ; mais le saisi n'en reste pas moins propriétaire et possesseur jusqu'à la vente ; « main de justice ne dessaisit personne » (3) : le gardien n'a que la nue détention des objets saisis. Il s'agit donc uniquement ici d'un dépôt ; et si ce dépôt est qualifié judiciaire, c'est parce qu'il est établi par un officier de justice.

D'ailleurs la constitution d'un gardien, au cas de saisie-exécution, n'est pas purement facultative pour l'huissier ; on pourrait s'y tromper à la lecture de l'art. 1961. Mais il faut compléter la disposition par trop laconique de cet article au moyen de divers textes du titre du Code de procédure sur les saisies-exécutions (1re part., liv. V, tit. VIII). Or il résulte manifestement des art. 596 et 597 que dans toute saisie d'objets mobiliers corporels un gardien est nécessaire.

565. Aux termes de l'art. 596, qui reproduit la doctrine de Pothier (n° 95), le saisi peut, pour éviter les frais de garde, présenter un gar-

---

(1) Paris, 2 juill. 1830 (Dalloz, v° Dépôt, n° 232). — *Contrà*, Toulouse, 13 mai 1812 (S. V., Coll. nouv., 4, 2, 214).
(2) Cass., 27 avr. 1859 (Dalloz, 59, 1, 171 ; *J. Pal.*, 1860, p. 351).
(3) Loysel, *Instit. coutum.*, liv. V, tit. IV.

dien solvable et réunissant toutes les qualités requises par la loi; si ce gardien est accepté par le saisissant ou par l'huissier au nom de ce dernier, il se forme entre le saisi, le saisissant et le gardien, un véritable contrat de dépôt : le dépositaire est responsable vis-à-vis de l'un et de l'autre, et il peut être poursuivi *in solidum* par l'un ou l'autre, suivant l'événement qui mettra fin à sa garde. Au contraire, quand le saisi ne présente pas de gardien, ou qu'il en présente un qui, manquant des conditions requises, ne peut pas être accepté par l'huissier, l'art. 597 exige qu'il en soit établi un par l'huissier, qui agit alors au nom du saisissant. C'est donc envers ce dernier seulement que le gardien contracte des obligations dans ce cas : le saisi, n'ayant pas été partie, ne peut acquérir aucun droit.

566. Dans l'un et l'autre cas, le dépositaire ou gardien doit remplir d'abord les conditions de capacité exigées par l'art. 1925; mais en outre certaines exclusions sont établies par la loi : ainsi l'art. 598 du Code de procédure ne permet pas de nommer comme gardien le saisissant, son conjoint, ses parents et alliés jusqu'au degré de cousin issu de germain inclusivement et ses domestiques. Ajoutons les femmes et filles, qui, sauf le cas de stellionat, ne sont pas contraignables par corps (art. 2066) (1).

567. L'établissement d'un gardien judiciaire produit entre le saisissant et le gardien, d'après l'art. 1962, des obligations réciproques.

Le gardien, suivant cet article, doit apporter à la conservation des effets saisis les soins d'un bon père de famille. La disposition s'explique d'elle-même vis-à-vis du gardien établi par l'huissier et qui est de plein droit salarié, ainsi que nous allons le voir tout à l'heure; elle est une application toute naturelle de l'art. 1928, 2°. Mais vis-à-vis d'un dépositaire que le saisi a lui-même présenté et qui s'est chargé gratuitement de la garde, c'est autre chose : il y a ici une distinction à faire. Vis-à-vis du saisi, le dépositaire, en ce cas, ne doit être tenu d'autres soins que ceux qu'il a coutume d'apporter à ses propres affaires; et c'est sur ces bases que doit être réglée la responsabilité quand c'est au saisi que le gardien doit rendre compte, car le contrat qui est intervenu entre eux est un véritable dépôt auquel s'applique l'art. 1927. Il en est autrement quand c'est avec le saisissant que le gardien doit compter; celui-ci, quoique présenté par le saisi et chargé gratuitement de la garde, n'en reste pas moins tenu de la diligence d'un bon père de famille. Et c'est de toute justice; car le saisissant était en droit d'établir un gardien salarié, qui aurait été obligé d'apporter toute la vigilance dont un bon père de famille est capable; la bonne volonté qu'il a mise à accepter, dans l'intérêt du saisi, le dépositaire qui lui a été offert, ne doit pas tourner contre lui (2).

568. Les autres obligations du gardien sont celles de tout dépositaire : il doit veiller à la conservation des objets; il ne peut les prêter ni

---

(1) Rej., 10 fév. 1840 (S. V., 40, 1, 216; Dalloz, 40, 1, 119).
(2) *Voy.* Pothier (n° 96).

les louer; il doit percevoir les fruits et revenus ; enfin il doit représenter les objets à la décharge du saisissant lors de la vente, ou à la partie saisie en cas de mainlevée de la saisie.

Sous ce dernier rapport encore, il importe de distinguer si le gardien a été établi directement par l'huissier, ou si, ayant été offert par le saisi, il a été accepté par l'huissier et le saisissant. Dans le premier cas, le saisissant seul a une action directe contre lui, car seul il a contracté : si donc il y a mainlevée de la saisie, ce n'est qu'indirectement et en vertu de l'art. 1166 que le saisi peut avoir action contre le gardien pour lui faire représenter les objets; et si le gardien est insolvable, le saisi aura action contre le saisissant, sauf à celui-ci à exercer son recours contre l'huissier. Dans le second cas, au contraire, comme le saisi lui-même est intervenu au dépôt judiciaire en même temps que le saisissant, tous deux auront, suivant qu'il y aura vente ou discontinuation des poursuites, l'action *in solidum* contre le gardien, et le saisissant ne sera nullement responsable envers le saisi, en cas de mainlevée de la saisie.

Comme garantie de toutes ces obligations, représentation des objets saisis, des fruits, revenus, et payement des dommages-intérêts, s'il y a lieu, le gardien est contraignable par corps (art. 2060, 4°; C. proc., art. 603 et 604).

569. Quant à l'obligation du saisissant, elle consiste à payer au gardien le salaire fixé par la loi (Tarif civil : décret du 16 février 1807, art. 34). Il est juste d'ailleurs que, corrélativement aux obligations rigoureuses qui pèsent sur lui, le gardien ait droit à un salaire.

Il a en outre le droit de demander sa décharge si la vente n'a pas été faite au jour indiqué par le procès-verbal, et, en cas d'empêchement, deux mois après la saisie (C. proc., art. 605 et 606).

570. La justice peut ordonner le dépôt « des choses qu'un débiteur offre pour sa libération » (art. 1961, 3°). C'est le second cas de dépôt judiciaire. Le cas se vérifie non-seulement quand le créancier refuse de recevoir, mais en général toutes les fois que le débiteur qui a le droit et le désir de se libérer est empêché de payer à son créancier, par exemple parce qu'il y a des saisies-arrêts formées entre ses mains.

Il faut, sur ce dernier cas, faire une distinction importante. Quand le débiteur doit une somme d'argent et veut la déposer, l'intervention du juge n'est pas nécessaire; les art. 1257 et suivants du Code Napoléon et l'art. 812 du Code de procédure posent des règles auxquelles le débiteur doit se conformer : il fera des offres réelles et consignera à la Caisse des dépôts et consignations, créée à cet effet par la loi du 28 avril 1816.

S'il est dû autre chose que de l'argent, le débiteur, en l'absence de toute loi indiquant un lieu où il puisse faire le dépôt en ce cas, s'adressera à la justice, qui pourra accorder l'autorisation de déposer la chose aux mains de la personne qu'elle désignera (art. 1264). La personne ainsi désignée sera un dépositaire judiciaire tenu de toutes les obligations imposées au gardien dont parle l'art. 1963, et ayant les mêmes droits.

TITRE XII.

DES CONTRATS ALÉATOIRES.

(Décrété le 10 mars 1804. — Promulgué le 20.)

571. Les rédacteurs du Code, interrompant la série des *contrats de bienfaisance* qu'ils reprendront bientôt par le titre *Du Mandat* (*infrà*, art. 1984 et suiv.), s'occupent ici de la rente viagère et autres contrats aléatoires. Ce n'est pas à dire que ce sujet ne se rattache par aucun lien à ceux qui précèdent. D'une part, le chapitre relatif à la rente viagère, partie principale du présent titre, est le complément, en quelque sorte, de la constitution de rente qui termine la matière du prêt (*suprà*, n°s 322 et suiv.), et s'il en est séparé par le titre *Du Dépôt*, c'est qu'il était bien difficile de ne pas traiter du dépôt immédiatement après le prêt, en raison des grands rapports et des affinités nombreuses existant entre ces deux conventions. D'une autre part, la rente viagère appartient à la classe des contrats réels principaux, en sorte qu'elle vient se placer assez naturellement à côté du prêt et du dépôt, qui précisément constituent les deux autres contrats réels principaux (*suprà*, n°s 12 et 392) (1).

Quoi qu'il en soit, le titre *Des Contrats aléatoires*, malgré le petit nombre de dispositions dont il se compose, offre au jurisconsulte un sujet d'études fort intéressant, et à coup sûr beaucoup plus pratique que le dépôt et le prêt à usage. C'est ce qui ressortira du commentaire des articles qui vont suivre.

1964. — Le contrat aléatoire est une convention réciproque dont les effets, quant aux avantages et aux pertes, soit pour toutes les parties, soit pour l'une ou plusieurs d'entre elles, dépendent d'un événement incertain.

Tels sont,

Le contrat d'assurance,

Le prêt à grosse aventure,

Le jeu et le pari,

Le contrat de rente viagère.

Les deux premiers sont régis par les lois maritimes.

SOMMAIRE.

---

(1) *Voy.* MM. Delvincourt (t. III, p. 195, texte); Berriat Saint-Prix (*Not. théor.*, n° 7783).

I. — 572. L'homme, dans ses rapports nombreux d'intérêt avec ses semblables, ne s'en tient pas aux faits certains, aux objets qu'il aperçoit et dont il lui est donné d'apprécier immédiatement la valeur et l'importance. Il porte plus loin ses regards et ses convoitises ; il cherche à pénétrer l'avenir, et calculant les probabilités, les chances, d'après les faits accomplis avant lui et d'après l'ordre naturel des choses, il fonde sur ces données des espérances de gain, ou il écarte au moyen d'un faible sacrifice actuel les coups du sort dont il pourrait être frappé plus tard; il tente la fortune ou cherche à en corriger les caprices. C'est ainsi qu'escomptant en quelque sorte l'avenir, l'homme transforme en une réalité ce qui n'est encore qu'une espérance plus ou moins fondée, fait passer au compte d'un tiers qui y consent moyennant une faible rétribution les risques auxquels il est exposé, et s'assure contre les dangers dont il est menacé soit dans ses biens, soit même dans sa vie.

Tels sont l'origine et le but du contrat aléatoire : il est né de nos espérances et de nos craintes. Par des combinaisons très-ingénieuses et presque toujours fort sages, il atténue les désastres en en répartissant la charge sur un grand nombre d'individus, ou il procure des ressources qu'un homme seul, réduit aux moyens ordinaires, n'eût jamais pu obtenir. L'utilité du contrat est donc incontestable, et peut-être est-ce pour ne l'avoir pas assez aperçue que le législateur moderne a glissé trop légèrement sur cette matière, effleurant à peine certains points et en laissant d'autres complétement dans l'ombre.

573. Le contrat aléatoire, du mot *alea*, qui indique un événement incertain, ne confère pas à l'une des parties un avantage purement gratuit, car l'espoir d'un bénéfice y est balancé par la perspective d'une perte possible. Ce que l'un des contractants donne à l'autre ne constitue pas une libéralité; c'est le prix du risque dont il l'a chargé : *suscepti periculi pretium*. Envisagé à ce point de vue, le contrat aléatoire est donc un contrat à titre onéreux.

Mais le contrat à titre onéreux se subdivise :

Quand, au moment de la convention, l'avantage, quel qu'il soit, que chacune des parties veut se procurer est certain, quand chacune d'elles donne ou croit donner l'équivalent de ce qu'elle reçoit, le contrat est *commutatif*. Au contraire, quand l'obligation de l'une des parties ou de toutes deux est incertain, soumis à des chances, aux probabilités de l'avenir, à certains événements fortuits, le contrat est *aléatoire,* et il est défini, dans l'art. 1964 : une convention réciproque dont les effets, quant aux avantages et aux pertes, soit pour toutes les parties, soit pour l'une ou plusieurs d'entre elles, dépendent d'un événement incertain.

574. Remarquons d'abord que l'expression *convention réciproque* n'est pas heureuse, et ne rend pas exactement la pensée du législateur. En effet, toute convention est réciproque, même dans un contrat unilatéral : il faut toujours, et nécessairement, le concours de deux parties qui s'entendent et tombent d'accord sur un certain point. Le législateur a voulu dire que le contrat, qui est le plus souvent synallagmatique, constitue une convention dont les effets sont réciproques, une convention faite dans l'intérêt réciproque des deux parties.

575. Néanmoins le texte indique nettement que la chance de gain ou de perte peut n'exister que pour l'une des parties. Et si nous nous reportons à la définition de l'art. 1104, nous voyons, au contraire, que le contrat est aléatoire quand l'équivalent consiste dans la chance de gain ou de perte *pour chacune des parties.* Les deux définitions successivement données par les art. 1104 et 1964 ne sont certainement pas adéquates ; et depuis la publication du Code, les auteurs discutent sur le point de savoir laquelle des deux doit être préférée. Cela tient à ce qu'on ne s'est pas entendu tout d'abord sur le point de vue où il convient de se placer.

Selon certains auteurs, il n'est pas possible qu'un contrat soit aléatoire pour l'un sans l'être pour l'autre ; et à leurs yeux la bonne définition est dans l'art. 1104. Ces auteurs, envisageant les conséquences probables du contrat, ne comprennent pas que dans une convention à titre onéreux l'une des parties puisse perdre sans que l'autre gagne, et réciproquement ; puis, prenant pour exemple le contrat d'assurance, sur lequel surtout la discussion s'est concentrée, ils s'attachent à montrer qu'il y a là, en effet, chances réciproques de gain ou de perte, non-seulement pour l'assureur, ce qui est incontestable, mais encore pour l'assuré, qui, si d'un côté il court le risque de payer la prime sans rien recevoir, a, d'un autre côté, la chance, le cas de sinistre échéant, de gagner ce que perdra l'assureur en lui payant l'indemnité, ce qu'il eût perdu lui-même s'il ne se fût pas assuré (1).

Mais c'est là confondre évidemment les conséquences que le contrat pourra produire par la suite avec les prestations imposées à chacune des parties, c'est-à-dire avec ce qui doit être pris pour base dans la définition du contrat. Et, en effet, lorsque le législateur subdivise les contrats à titre onéreux, à quel point de vue se place-t-il donc ? L'art. 1104 l'indique aussi clairement que possible : il se détermine eu égard à l'obligation de chacune des parties, à l'équivalent que chacune d'elles doit fournir en retour de ce qu'elle reçoit. Le point est parfaitement expliqué par M. Bigot-Préameneu en ces termes : « Si l'engagement

_____

(1) *Voy.* MM. Delvincourt (t. III, aux notes, p. 417, note 1); Mourlon (5ᵉ édit., t. III, p. 477).

de l'un est regardé comme l'équivalent de l'engagement de l'autre, le contrat est commutatif ; il est aléatoire si l'équivalent consiste dans la chance de gain ou de perte. » (1)

576. Or, en partant de cette donnée, incontestablement exacte, nous disons qu'il y a contrat aléatoire sans doute lorsque l'objet de l'obligation de chacune des parties est incertain, quand chacune d'elles court la chance de payer sans rien recevoir ou de recevoir sans rien payer : tel est le simple pari, la vente d'une espérance contre une autre espérance. Mais nous ajoutons qu'il y a aussi contrat aléatoire quand la prestation de l'un des contractants étant dès à présent fixée, il n'y a d'incertain que l'équivalent de cette prestation (2) : ce contractant a voulu, moyennant un sacrifice une fois fait ou à faire certainement, se soustraire aux chances de l'avenir, en les faisant peser uniquement sur l'autre partie ou sur les autres ; il n'y a plus rien d'incertain pour lui, et telle est la position de l'assuré dans le contrat d'assurance, ou celle du prêteur dans le prêt à grosse aventure.

En effet, l'assuré est désormais certain de payer la prime d'assurance, quoi qu'il arrive. Mais qu'a-t-il voulu précisément en formant ce contrat ? Il a voulu ce qu'il obtient immédiatement : la sécurité, son affranchissement de tous risques, de toutes incertitudes de l'avenir, la suppression enfin des chances mauvaises. Il n'est donc pas exact de dire que pour lui les effets du contrat dépendent encore d'un événement incertain. Et il est encore moins exact de prétendre que l'assuré gagne nécessairement, en cas de sinistre, ce que perd l'assureur en payant l'indemnité. D'une part, il est fort possible que celui-ci, ayant perçu pendant de longues années la prime d'assurance, ne perde pas, en réalité, quand il solde l'indemnité. D'une autre part, est-il sérieux de dire que l'assuré, en recevant cette indemnité, fait un gain en ce qu'il aurait perdu s'il n'eût pas fait le contrat ? Non, évidemment : l'assuré ne gagne rien que sa sécurité ; il obtient, quand le sinistre vient à se produire, la réparation d'un préjudice, mais son patrimoine n'en acquiert aucune augmentation. Il est donc certain que dans le contrat d'assurance, comme dans le prêt à grosse aventure, auquel s'applique le même raisonnement, le risque est d'un côté seulement, ce qui rentre dans la définition de l'art. 1964 ; et c'est l'avis de la généralité des auteurs (3).

577. Seulement nous nous séparons d'eux quand ils comparent ou assimilent, sous le rapport qui nous occupe, la rente viagère au contrat de jeu. Nous tenons, pour notre part, qu'il en est de la rente viagère comme du contrat d'assurance : la chance de gain ou de perte n'y existe que d'un côté, du côté du débiteur. Quant au crédi-rentier, l'objet de son obligation est dès à présent certain et déterminé : il a voulu, absolument comme l'assuré, se garantir contre les éventualités

---

(1) *Exposé des motifs* sur l'art. 1104 (Fenet, t. XIII, p. 222) ; Locré (t. XII, p. 318).
(2) *Voy.* Marcadé (t. IV, n° 389).
(3) *Voy.* MM. Duranton (t. XVIII, n° 95) ; Troplong (*Cont. aléat.*, n° 8) ; Larombière (t. I, n° 4).

de l'avenir, en abandonnant une fois pour toutes une somme d'argent ou quelque autre chose; il a acheté par là la certitude d'avoir, pendant toute sa vie, un revenu fixe et à l'abri de toutes les fluctuations. Les observations du Tribunat sur notre article sont d'ailleurs fort précises à cet égard. « Il est évident, y lit-on en effet, que le contrat aléatoire peut exister, quoique l'une des parties ait reçu une somme fixe, et qu'il n'y ait d'incertain que ce qui sera reçu par l'autre. Par exemple le contrat de rente viagère, que le projet place à juste titre au rang des contrats aléatoires, n'offre d'incertain que les arrérages de la rente qui produiront beaucoup ou se réduiront à rien, selon que la vie du débiteur sera très-longue ou très-courte. Mais le prix que le débiteur a reçu est une chose qui n'a rien d'incertain ni de variable. » (1)

578. Que conclure de tout cela? Que pour apprécier le caractère aléatoire d'un contrat il faut se placer au moment même où le contrat vient à se conclure, et se demander si la prestation de l'une des parties dépend d'un événement incertain, si l'objet de son obligation est provisoirement impossible à déterminer. Mais c'est se méprendre que de s'attacher aux faits qui pourront plus tard rendre le contrat avantageux ou préjudiciable à l'une ou à l'autre des parties. Et c'est aussi se créer des embarras presque insurmontables si l'on veut ensuite tracer avec certitude la ligne de démarcation entre les contrats commutatifs et les contrats aléatoires. N'arrive-t-il pas, en effet, tous les jours que l'acquisition d'un terrain de très-faible valeur est une source de bénéfices considérables pour l'acquéreur, par exemple quand une voie nouvelle de communication vient à lui donner des débouchés imprévus? N'y a-t-il pas là aussi une chance de gain ou de perte? Et cependant le contrat, à l'origine, n'était-il pas essentiellement commutatif?

C'est, d'ailleurs, en nous fondant sur ce principe que nous regarderons comme des contrats commutatifs certaines ventes où il y a cependant beaucoup d'aléatoire, mais où l'objet de l'obligation de chacune des parties est parfaitement déterminé au jour du contrat. Telle serait, par exemple, la vente faite à Paris, par l'État, de terres situées en Algérie. Il y a certainement, pour l'acquéreur qui n'a jamais visité le pays, et auquel il a été impossible de se renseigner, de grandes chances à courir. Cependant le contrat est commutatif, parce que l'État, débiteur, sait exactement quelle est l'étendue de son obligation. — Telle serait encore la vente d'une mine à exploiter ou déjà exploitée : si la mine existe réellement, il y a contrat commutatif, quelles que soient les incertitudes sur l'étendue ou la richesse de la mine.

579. Au surplus, cette controverse sur la distinction du contrat aléatoire et du contrat commutatif ne présente guère qu'un intérêt purement théorique. Il est vrai qu'il y a entre eux cette différence que la rescision pour lésion, admise dans le contrat commutatif, n'existe pas pour les contrats aléatoires. Cela, néanmoins, n'ajoute pas beaucoup à l'utilité pratique de la distinction, si l'on veut bien réfléchir qu'à la dif-

(1) *Voy.* Fenet (t. XIV, p. 258); Locré (t. XV, p. 160, 161).

férence du droit romain, où la rescision pour lésion était admise d'une manière générale, cette cause de rescision n'est maintenue dans notre droit que par exception et dans deux contrats seulement, la vente et le partage (cf. art. 888, 889, 1674).

Quoi qu'il en soit, la distinction sera presque toujours facile, en pratique, entre le contrat commutatif et le contrat aléatoire : d'après la définition fort exacte, à notre avis, de l'art. 1964, il suffira de reconnaître que l'objet de l'obligation de l'une des parties est incertain, bien que la convention soit dès à présent parfaite, pour qu'il y ait contrat aléatoire; c'est un point de fait à vérifier.

580. Toutefois, il faut prendre garde de ne pas confondre le contrat aléatoire et le contrat conditionnel : on pourrait croire, si on n'y faisait attention, que notre définition du contrat aléatoire conduit precisément à cette confusion ; car, dans une convention conditionnelle, il est vrai de dire que le contrat dépend d'un événement incertain : mais il y a cette différence capitale que le contrat aléatoire s'accomplit inévitablement, quel que soit l'événement, en ce qu'il est donné au hasard non pas de décider si le contrat aura son effet, mais seulement quel sera cet effet, tandis que dans l'engagement conditionnel le contrat n'existe qu'autant que l'événement arrive, son effet étant suspendu jusque-là. Ainsi, j'achète d'un pêcheur son coup de filet, le contrat est formé à l'instant même; il faut que le pêcheur jette son filet, et que je paye le prix convenu aussitôt que le filet sera retiré, qu'il y ait beaucoup, peu ou point de poisson : c'est le contrat aléatoire. — J'achète d'un pêcheur un brochet, s'il le pêche : il y aura contrat si, par l'événement, il y a un brochet pêché; mais si le pêcheur ne jette pas son filet, ou si, ayant jeté son filet, il n'amène pas un brochet, le contrat n'aura jamais existé : c'est le contrat conditionnel.

II. — 581. Il est des contrats qui de leur nature sont aléatoires, et qu'on ne pourrait concevoir dépourvus de ce caractère : tels sont les contrats énumérés par l'art. 1964, lesquels seuls font, par ce motif, l'objet de notre titre. Mais il en est d'autres qui peuvent devenir accidentellement aléatoires par l'effet de la manifestation de la volonté des parties : les uns rentrent dans la classe des contrats ordinaires, comme la vente d'un coup de filet, d'un usufruit, d'une hérédité, d'un droit litigieux; d'autres constituent des contrats innommés, et ne peuvent recevoir de dénomination précise. Ainsi en est-il de la convention faite par des cohéritiers, dans un partage, de laisser une maison indivise pour en jouir en commun, avec la réserve que la propriété entière de la maison appartiendra au dernier mourant (1) : il y a là, en effet, pour chacune des parties, l'équivalent dont parlent les art. 1104 et 1964, l'espérance de survivre; et comme la convention n'indique aucune intention de libéralité, c'est sans raison qu'elle a été attaquée en justice comme constituant soit une disposition à cause de mort, soit un testament conjonctif. Ainsi en est-il encore de la convention par laquelle l'héritier na-

_____

(1) Req., 10 août 1836 (S. V., 36, 1, 669; Dalloz, 37, 1, 129).

turel et un tiers, légataire présumé du défunt, s'obligent réciproquement à se payer, après l'ouverture de la succession, une certaine somme, savoir, le légataire présumé, s'il existe un testament en sa faveur, et l'héritier naturel, s'il n'en existe pas (1).

Ces conventions, que la volonté des parties peut multiplier à l'infini, restent soumises aux principes généraux; le législateur, ne pouvant les prévoir toutes, a dû se borner à tracer les règles propres aux contrats aléatoires principaux. Ainsi a-t-il fait : en conséquence, il traite ici de deux des contrats énumérés à l'art. 1964 : 1° le jeu et le pari; 2° la rente viagère. Quant aux deux autres contrats également mentionnés dans le même article, le prêt à la grosse et l'assurance, le législateur renvoie aux lois maritimes. Aussi nous bornerons-nous, quant à ceux-ci, à en donner une notion succincte, avant de nous occuper de ceux qui doivent faire l'objet spécial de notre examen.

582. Le prêt à grosse aventure, qui nous vient des Romains (ff. *De Nautico fœnore*, lib. XXII, tit. II), est un contrat par lequel un prêteur, appelé aussi donneur, prête une somme d'argent sur des objets exposés aux dangers de la navigation, avec la condition que si le navire arrive à bon port, l'emprunteur lui remboursera le capital prêté, plus une somme déterminée comme prix des risques courus; et que si, au contraire, la cargaison périt ou est endommagée pendant le voyage, par fortune de mer ou accident de force majeure, rien ne pourra être réclamé au delà de la valeur qui restera de cette cargaison. Comme l'indemnité stipulée par le prêteur en cas d'heureuse arrivée est ici l'équivalent des chances courues, et comme ces chances varient selon les saisons et selon la route suivie par le navire, la fixation en devait être abandonnée au libre arbitre des parties; elle ne pouvait pas être assujettie aux dispositions limitatives du taux de l'intérêt. Et il en a été ainsi même à l'époque où le prêt ordinaire à intérêt était prohibé d'une manière absolue.

Le contrat est exclusivement commercial; chacune des parties spécule, cherchant à faire un bénéfice; en sorte que les règles en devaient être posées dans les lois commerciales. Il en est traité, en effet, au Code de commerce, art. 311 à 331.

583. Le contrat à la grosse a dû être, dans l'ordre des temps, le premier moyen à l'aide duquel on a cherché à atténuer les effets du risque inséparable des transports maritimes. Mais cette forme primitive, suffisante à une époque où les voyages n'étaient ni fréquents ni lointains, devait, sous l'influence d'idées nouvelles et plus portées vers les entreprises lointaines et hasardées, inspirer la pensée de conventions plus efficaces. De là le contrat d'assurance, convention par laquelle une personne s'engage à indemniser une autre des dommages ou de la perte que celle-ci peut éprouver, moyennant une somme qu'on s'oblige à lui payer soit périodiquement, soit une fois pour toutes.

Ce contrat diffère en deux points du prêt à la grosse, et cette diffé-

_____

(1) Bordeaux, 4 fév. 1833 (S. V., 34, 2, 24; Dalloz, 34, 2, 38).

rence même, qui, sur les deux points, est à l'avantage du contrat d'assurance, a dû bientôt rendre ce contrat infiniment plus pratique. D'une part, l'assuré n'a pas à emprunter, il suffit qu'il paye le prix du risque ou les primes aux époques fixées; d'une autre part, ce prix du risque, dans l'assurance, consiste ordinairement en une somme assez faible, répartie sur un très-grand nombre d'années, tandis que dans le prêt l'équivalent consiste dans l'intérêt toujours élevé que l'emprunteur est obligé de payer.

584. A peu près inconnu des anciens, le contrat d'assurance fut imaginé et pratiqué à l'origine seulement pour les risques de mer : aussi la matière de l'assurance maritime a-t-elle été longuement et savamment élaborée par quelques auteurs, notamment par Pothier, qui lui a consacré un traité spécial. Le Code Napoléon se borne à renvoyer aux lois maritimes, c'est-à-dire au Code de commerce. Cela donnerait à penser que le contrat d'assurance ne peut jamais avoir pour objet qu'un intérêt commercial; mais ce serait une erreur de le croire. Longtemps déjà avant la rédaction du Code, on avait senti la très-grande utilité et les avantages de cette ingénieuse combinaison appliquée aux intérêts purement civils, aux risques de toute nature, aux dangers de l'incendie, à ceux de l'intempérie des saisons, même à ceux qui menacent la vie des hommes. En effet, l'assurance contre l'incendie, pratiquée en Angleterre, avait été introduite en France; les assurances sur la vie, dont la première fondée en Angleterre y remonte à l'année 1762 et fonctionne encore aujourd'hui, avaient aussi tenté de s'implanter chez nous en 1787 et 1788. Tous ces précédents auraient pu appeler l'attention des rédacteurs du Code sur un contrat sorti de ses limites primitives pour faire invasion dans les faits de la vie civile. Toutefois, l'art. 1964 se borne à un renvoi pur et simple au Code de commerce (liv. II, tit. x). Il en résulte que les assurances terrestres et sur la vie, n'ayant été l'objet d'aucune loi, sont restées sous l'empire des principes généraux et des analogies puisées dans le Code de commerce. Indiquons les formes sous lesquelles ce contrat se produit habituellement.

585. La première, trop peu répandue peut-être, et cependant la plus simple, est la mutualité. Plusieurs personnes s'engagent à s'indemniser réciproquement de tous les dommages que peuvent leur causer certains accidents, tels que l'incendie, la grêle. Ces associations, quelle qu'en soit la forme, n'ont pas de caractère commercial : aucune des parties ne cherche à faire un bénéfice; le but commun et unique est d'éviter une perte à celui des associés qui a été atteint par le sinistre.

La seconde forme, la plus connue, consiste dans l'engagement pris par l'une des parties de réparer le dommage causé par un accident d'une nature déterminée, moyennant une prime que l'autre partie s'oblige de lui payer et qui est le prix de l'assurance. Le contrat prend, dans ce cas, le nom d'assurance à prime, et il diffère du premier en ce que l'assureur, ordinairement une compagnie, spéculant sur les gains éventuels qui pourront résulter de la perception de la prime, fait un acte commercial, et donne par là même au contrat le caractère d'un acte de commerce.

586. Le contrat d'assurance a reçu d'autres applications encore; on a bientôt compris la possibilité d'y recourir en vue de dangers d'une autre nature, et de l'utiliser soit pour réparer le dommage matériel dont la mort de telle ou telle personne peut être l'occasion, soit pour suppléer à la diminution de ressources que la maladie ou la vieillesse peut entraîner après elle. De là l'assurance sur la vie, qui, de nos jours, a pris un développement fort considérable, et a revêtu des formes très-variées, dont nous indiquerons seulement les principales et les plus usitées.

587. Dans sa forme la plus simple et la plus voisine de l'assurance maritime ou terrestre, l'assurance sur la vie est un contrat par lequel l'assureur s'engage, moyennant une prime annuelle ou une somme fixe, à payer à la personne au profit de laquelle l'assurance est faite une indemnité que la mort de celui dont l'existence est mise en risque rendra exigible, et qui consistera soit en un capital, soit en des annuités. Ainsi un père s'engage à payer tous les ans une certaine somme, à condition qu'à son décès l'assureur fournira un capital ou une rente à ses enfants, que sa mort pourrait laisser dans le besoin. « Ce genre de contrat, dit une instruction du ministre de l'intérieur en date du 11 juillet 1818, est digne de protection : c'est un sentiment bienveillant et généreux qui porte le souscripteur à s'imposer des sacrifices annuels pour assurer aux objets de son affection une aisance dont sa mort pourrait les priver. » — Ou bien encore un tiers qui veut laisser à une personne un témoignage de sa libéralité stipule que, moyennant une prime par lui versée, l'assureur sera tenu de payer à son décès une somme à cette personne.

Sans doute l'assurance n'a pour but, ni dans l'un ni dans l'autre cas, d'indemniser les héritiers ou les tiers de la perte d'une personne qui leur est chère; cette perte ne peut pas s'estimer. Mais elle tend à réparer le dommage matériel que cette mort peut causer à leur fortune, en les privant de leur principal moyen d'existence, et sous ce rapport elle se rapproche beaucoup de l'assurance terrestre (1). Dans cette espèce d'assurance, l'assuré est, à proprement parler, non pas celui dont la vie est mise en risque, mais celui qui, survivant à ce dernier, profite de l'assurance.

Il est, du reste, parfaitement permis d'assurer sa propre vie ou la vie d'un tiers lorsqu'on a intérêt à l'existence de ce tiers. Ainsi un père peut stipuler qu'en retour de la prime qu'il doit payer, une somme lui sera comptée si le fils, qui doit par son travail subvenir aux besoins du père dans sa vieillesse, vient à mourir avant lui (2).

588. Le contrat d'assurance sur la vie se produit encore sous un autre aspect : c'est lorsque l'assureur s'oblige, moyennant une prime, à payer à l'assuré ou à un tiers, soit un capital, soit des annuités, à une

(1) *Voy.* M. Troplong (n°ˢ 154, 170).
(2) Limoges, 2 déc. 1836; Rej., 14 déc. 1853 (S. V., 37, 2, 182; 54, 1, 113; Dalloz, 54, 1, 308; *J. Pal.*, 1854, t. I, p. 117).

époque fixée d'avance, si à cette époque l'assuré ou le tiers vit encore. On a contesté, à tort, la validité d'une telle convention, sous prétexte qu'elle renferme un pari (1). Il n'y a pas ici les éléments du contrat que l'art. 1965 laisse dépourvu d'action. On veut se garantir contre les rigueurs de la maladie ou de la vieillesse. L'assuré achète sa sécurité pour le moment où, soit l'âge, soit les infirmités, ne lui permettront plus de subvenir à son existence par son travail, ou bien l'assuré veut garantir à ses enfants, par exemple, qu'arrivés à un certain âge, ils trouveront une somme destinée à faciliter leur établissement. Cette convention a, comme la première, un but moral et licite ; elle tend à prévenir un danger sérieux : elle réunit donc tous les caractères du contrat d'assurance, et à ce titre elle doit être validée (2).

589. Nous n'insisterons pas davantage sur ces notions générales ; le développement de la matière des assurances appartient à des traités spéciaux. Il faut revenir maintenant aux contrats aléatoires qui font l'objet de notre titre ; ils seront le sujet, comme dans le Code, de deux chapitres distincts.

CHAPITRE PREMIER.

DU JEU ET DU PARI.

OBSERVATIONS PRÉLIMINAIRES.

SOMMAIRE.

I. — 590. Il n'est pas nécessaire de définir le jeu considéré comme passe-temps ou délassement ; et à peine aussi est-il nécessaire de dire qu'envisagé à ce point de vue, le jeu, simple exercice de récréation, ne présente rien qui ne soit exactement conforme à la morale et au droit naturel. Il doit être permis à l'homme de chercher dans le jeu un amusement honnête, un utile repos, et de faire par là diversion à ses travaux ordinaires, qu'il reprendra avec plus d'ardeur après quelques heures de distraction.

> « Otia corpus alunt, animus quoque pascitur illis. »
> (L'esprit veut du relâche, il en est plus dispos.)

_____

(1) *Voy.* M. Alauzet (*Des Assur.*, t. II, n° 548).
(2) *Voy.* MM. Troplong (n° 168) ; Massé et Vergé, sur Zachariæ (t. V, p. 20, note 5).

Il est probable même que le jeu a pris naissance dans ces exercices honnêtes et modérés où l'émulation, le désir de surpasser ses rivaux, étaient l'unique stimulant du joueur, et où le seul honneur de la victoire suffisait au vainqueur. A l'époque où la guerre était la principale et presque la seule occupation, ces exercices consistaient sans doute en courses, en joutes, en tournois, toutes choses qui, tenant à l'agilité et à l'adresse, étaient propres à développer les forces physiques et à entretenir le courage.

591. Envisagé au point de vue juridique et comme un contrat, le jeu est une convention par laquelle les contractants promettent réciproquement que le perdant payera une certaine somme au gagnant ou lui remettra telle autre chose déterminée. La partie accomplie, le gagnant, bien qu'il n'ait rien à donner en retour de ce qu'il a reçu, n'entend pas cependant se considérer comme donataire : le gain qu'il a fait est pour lui la représentation ou le prix du risque par lui couru de perdre la même somme ou la même chose si la chance eût tourné contre lui. C'est là le caractère du contrat de jeu : il est intéressé de part et d'autre, et le risque y est égal des deux côtés, en ce qu'il y a, au moment où le contrat se forme, incertitude sur le point de savoir quel est celui des joueurs qui sera constitué débiteur (1).

592. Le caractère du contrat varie suivant le but qu'on se propose en jouant. On peut jouer uniquement pour se distraire, pour se procurer un passe-temps agréable, peu ou point dispendieux : c'est le jeu *désintéressé,* dans lequel, même quand on y engage une somme d'argent, le prix est si modique qu'en réalité il n'est pas plus un gain pour celui qui le reçoit qu'il ne constitue une perte appréciable pour celui qui le paye. Mais on joue aussi sans songer aucunement à se distraire, et dans le but unique de gagner et de s'enrichir au détriment de celui contre lequel on joue : c'est le jeu *intéressé* ou *gros jeu,* dans lequel on engage des sommes considérables dont la perte est notablement dommageable pour celui qui la subit. Le jeu *désintéressé* est moral et honnête; au contraire, le jeu *intéressé* ou *gros jeu* est réprouvé par la morale et aussi par le droit positif (2).

593. Intéressé ou désintéressé, le jeu, au point de vue de ses conditions constitutives, peut être divisé en trois espèces. — Il y a d'abord le jeu de pur hasard, dans lequel l'événement qui doit décider du gain ou de la perte est entièrement abandonné aux caprices de la fortune : tel est le jeu dit *la roulette.* — Il y a ensuite le jeu mélangé de hasard et d'habileté, dans lequel c'est tantôt l'adresse et tantôt le sort qui prend le dessus, mais où viennent toujours se mêler des chances susceptibles de mettre en défaut le calcul et l'habileté la plus consommée : tels sont, pour la plupart, les jeux de cartes. — Il y a enfin le jeu de pure adresse, dans lequel le hasard n'a pas de part, en général, bien que certaines circonstances, certaines influences, puissent modifier le

---

(1) Pothier (*Du Jeu,* n°⁵ 1 et 2).
(2) *Id.* (n° 29).

résultat qu'il était possible de prévoir d'après la force ou l'habileté déjà connue du joueur.

Cette division des jeux en espèces diverses conserve en partie, encore aujourd'hui, tant en droit civil qu'en droit pénal, l'intérêt pratique qu'elle a présenté autrefois.

594. A Rome, les jeux tenant à l'adresse et aux exercices du corps furent fort en honneur. Virgile, au cinquième livre de l'*Énéide*, retrace les luttes et les combats qu'on avait coutume de livrer aux jours solennels. De tels jeux durent faire longtemps les délices d'un peuple éminemment guerrier : aussi furent-ils constamment l'objet de faveurs et d'encouragements de la part du législateur.

Mais, au contact de la civilisation relâchée de l'Orient, il arriva que les jeux de hasard s'introduisirent à leur tour dans les habitudes romaines, et le goût s'en développa avec une telle énergie que le législateur dut intervenir. De là le sénatus-consulte mentionné par Paul dans la loi 2, § 1, ff. *De Aleat.* Ce sénatus-consulte, dont on ne connaît pas la date précise, et qui, selon l'expression de Pothier, « peut être du temps de Septime-Sévère ou de quelqu'un de ses prédécesseurs », défendit de jouer de l'argent à quelque jeu que ce fût, excepté à ceux qui tenaient à l'exercice du corps : « Senatus consultum vetuit in pecuniam » ludere : præterquam si quis certet hastâ, vel pilo jaciendo, vel cur- » rendo, saliendo, luctando, pugnando ; quod virtutis causâ fiat. » (L. précitée.) Tout ce qui fut permis, ce fut d'exposer, même à un jeu de hasard, son écot dans un festin : « Quod in convivio, vescendi causa » ponitur, in eam rem *familiæ* (1) ludere permittitur. » (L. 4 pr., ff. *De Aleat.*) A cela près, la prohibition fut absolue, et elle entraîna par voie de conséquence le refus de toute action à l'effet de réclamer en justice ce qui avait été gagné au jeu. Le sénatus-consulte alla plus loin encore, en ce qu'il accorda au perdant une action directe pour répéter contre le plaignant ce qu'il lui avait payé pour prix du jeu. Quant au fils et à l'affranchi qui, à cause du respect dû au père et au patron, ne pouvaient avoir une action directe à laquelle s'attachait la note d'infamie (l. 11, § 1, ff. *De Dolo malo*), ils avaient, contre le père ou le patron, une action *utilis* ou *in factum* (l. 4, § 2, ff. *De Aleat.*), laquelle, « sans emporter infamie, comme le dit Pothier, était aux mêmes fins. » (2)

Le préteur, qui accordait cette dernière action, était d'ailleurs intervenu par des dispositions plus générales. Il déclarait infâmes les joueurs d'habitude (*aleatores*), et il tenait ceux qui exploitaient des maisons de

---

(1) D'après Cujas (*Observ. de aleat.*), dont l'avis a été suivi par Pothier (*Pand.* et *Tr. du Jeu*, n° 41, note de l'édition de 1766), il faudrait remplacer par le mot *alcâ* le mot *familiæ*, qui, disent ces auteurs, ne présenterait aucun sens. Toutefois Favre maintient le texte. « Ratio dubitandi. Non ludunt virtutis causâ qui vescendi causâ » ludunt, sed ut gulæ potius inserviant... Dec. Honesta causa ludendi est etiam in » pecunia, ad vescendum in convivio, cum ea ratione *familiaritas* et concordia inter » eos qui *ex eadem familia* suut melius retineatur, nec possit quantitas pecuniæ in » immensum excrescere, nec tàm facilè rixarum et odii materiam excitare... » (*Rat. in secund. part. pand.*, lib. XI, tit. v). *Voy.* aussi l'opinion émise par M. D. Pilette dans une remarquable étude sur le jeu et le pari (*Revue prat.*, t. XIV, p. 472).

(2) Pothier (n°⁵ 40 et suiv., notes de l'édit. de 1766).

jeu de hasard pour si peu dignes de protection que si un vol était commis à leur préjudice pendant qu'ils donnaient à jouer, ou s'ils venaient
à être battus ou insultés dans leur maison et pendant qu'on y jouait,
il leur refusait toute action à l'effet d'obtenir la réparation du dommage
par eux souffert. « Prætor ait : Si quis eum, apud quem alea lusum
esse dicetur, verberaverit, damnumve ei dederit, sive quid eo tempore
dolo ejus substractum est, *judicium non dabo.* In eum, qui aleæ lu-
dendæ causâ vim intulerit, uti quæque res erit, animadvertam. » (L. 1,
ff. *De Aleat.*)

Ces dispositions même ne parurent pas suffisantes à Justinien. On
retrouve sans doute, dans les Constitutions de cet empereur, et la prohibition, contenue dans le sénatus-consulte précité, de jouer de l'argent à quelque jeu que ce fût, et l'exception faite en faveur de certains
jeux tenant aux exercices du corps, et que Justinien prit le soin, d'ailleurs, de préciser au nombre de cinq (Deinceps vero ordinet quinque
ludos, Monobolon, Contomonobolon, Quintanum contacem sine fibulà,
et perichyten et hippicem, quibus sine dolo atque callidis machinatio-
nibus ludere permittimus). Mais, sous l'un et l'autre rapport, les Constitutions de Justinien se montrèrent plus rigoureuses que le Sénatus-
consulte. D'abord, quant aux jeux exceptionnellement permis, tandis
que le Sénatus-consulte n'avait pas limité la somme d'argent qui pouvait y être exposée, les Constitutions en fixèrent l'importance à un solide, en tant, d'ailleurs, que les joueurs étaient fort riches (sed nec
permittimus etiam in his ludere ultra unum solidum, *si multum dives
sit :* ut si quem vinci contigerit, casum gravem non sustineat). Ensuite,
quant aux jeux prohibés, Justinien, en maintenant le droit conféré au
perdant par le Sénatus-consulte de répéter la somme payée en acquit
d'une dette de jeu, y ajouta notablement : d'une part, en ce qu'il affranchit l'action en répétition de la prescription ordinaire de trente ans,
déclarant que l'action ne serait éteinte qu'après une durée de cinquante
ans; d'une autre part, en ce qu'il voulut que les officiers municipaux
de la ville où il avait été joué contrairement aux prohibitions de la loi,
exerçassent eux-mêmes l'action en répétition si le joueur ou ses héritiers avaient négligé de le faire, et employassent à des travaux d'utilité
publique les sommes produites par l'exercice de l'action en répétition
(l. 1, 2, 3, C. *De Aleatoribus et alearum lusu*). Ainsi le gagnant ne
pouvait que très-difficilement espérer de conserver le profit qu'il avait
pu retirer du jeu : le législateur tendit par là à réprimer la passion fu-
neste qui s'était si largement développée dans les habitudes romaines,
pensant que mettre le gagnant dans la nécessité pour ainsi dire inévitable de rendre, c'était supprimer le mobile le plus puissant qui poussait à jouer.

595. Le jeu était une passion dominante aussi chez les Germains. Ils
mettaient à s'y livrer une ardeur et une témérité telles qu'au rapport
de Tacite, lorsqu'il ne leur restait plus rien ils donnaient pour enjeu
leur liberté et même leur personne : « Aleam (quod mirere) sobrii inter
» seria exercent, tanta lucrandi perdendive temeritate, ut cum omnia

» defecerunt, extremo ac novissimo jactu de libertate ac de corpore
» contendant. Victus voluntariam servitutem adit, quamvis junior,
» quamvis robustior, alligari se ac venire patitur : ea est in re prava
» pervicacia; ipsi fidem vocant. » (1)

596. Nos ancêtres, descendants des Romains et des Germains, ne
mentirent pas, sous ce rapport, à leur origine. Ils eurent également
pour les jeux de hasard un goût effréné que partagèrent, d'ailleurs, les
gens d'église et les hommes appartenant aux ordres sacrés, si bien que
l'autorité, tant spirituelle que civile, sentit le besoin d'y aviser. Le con-
cile de Mayence, en 813, fut sinon le premier, au moins l'un des premiers à défendre les jeux de hasard, et ses défenses à cet égard eurent
leur écho dans les Capitulaires de Charlemagne. On les retrouve pleinement confirmées et précisées dans les ordonnances de saint Louis
en 1254, de Charles le Bel en 1319, et notamment dans celle de
Charles V en 1369 (13 avril), qui, après avoir défendu les jeux de dés,
de tables ou trictrac, de quilles, de billes, de boules, et généralement
tous les jeux, exceptait, à l'exemple des Sénatus-consultes et Constitutions des Romains, les jeux propres à exercer au fait des armes. Depuis,
ces prohibitions furent, sauf les mêmes exceptions, successivement re-
nouvelées et étendues à mesure que l'esprit inventif des joueurs s'attacha, pour éluder la loi, à chercher des combinaisons inconnues ou à
créer de nouveaux jeux. On peut citer, notamment, l'ordonnance de
Charles VIII, faite pour la police des prisons du Châtelet de Paris; les
ordonnances de Charles IX, dites d'Orléans (art. 101), et de Moulins
(art. 59); la déclaration de Louis XIII (30 mai 1611); l'ordonnance de
Louis XIV (1691); enfin la déclaration royale du 1er mars 1781, qui a
été le dernier monument de notre ancien droit français sur la matière.

Ces dispositions législatives s'accordaient en certains points avec la
législation romaine. D'une part, en prohibant tous les jeux de hasard,
à l'exception de ceux qui tenaient aux exercices et à l'adresse du corps,
elles atteignaient avec une extrême rigueur moins encore les joueurs
que ceux qui tenaient maison de jeu, lesquels étaient soumis à de très-
considérables amendes et même à des peines infamantes. D'une autre
part, elles refusaient toute action en justice pour dettes de jeu, déclarant « nuls et de nul effet tous contrats, obligations, promesses, billets,
ventes, cessions et tous autres actes de quelque nature qu'ils puissent
être, ayant pour cause une dette de jeu, qu'ils fussent faits par des majeurs ou par des mineurs. » (Décl. du 1er mars 1781.) — Mais elles différaient du droit romain en un point important. Tandis qu'à Rome le
législateur chercha à refréner la passion du jeu en organisant le droit de
répétition dans les conditions les plus rigoureuses, en France, au contraire, les anciennes ordonnances prohibèrent la répétition en principe.
L'ordonnance de Moulins, rendue en 1556, ne l'accordait *aux mineurs*
que par exception. « Ordonnons, disait-elle, que les deniers et biens
perdus aux jeux de hasard *pourront être répétés par les mineurs*, leurs ·

(1) Tacite (*De Mor. Germ.*, § XXIV).

18

père, mère, tuteurs et curateurs ou proches parents. Voulons ceux biens leur estre rendus pour employer au profit des dits mineurs et éviter leur ruine et destruction, *sans par ces présentes approuver les jeux entre majeurs, pour le regard desquels entendons les ordonnances de nos prédéecsseurs estre gardées et y estre tenue la main par nos juges,* ainsi que la matière y sera disposée. » (Art. 59.) Ce qui, incontestablement, signifiait que l'action en répétition, admise en faveur des mineurs spécialement, était refusée aux majeurs, lesquels, de l'aveu de tous, ne pouvaient répéter ce qu'ils avaient volontairement payé en acquit d'une dette de jeu. A la vérité, on pouvait s'autoriser, en sens contraire, de ce texte de la déclaration de 1611 : « Faisons défense à toutes personnes de tenir brelans, ni s'assembler pour jouer aux cartes ou aux dez, même aux propriétaires détenteurs de leurs maisons, ou locataires d'icelles, d'y recevoir ceux qui tiendront les dits brelans, ou joueront es dits jeux, à peine d'amende, d'autre punition, s'il y échet, et d'être, en leur propre et privé nom, responsables de la perte des deniers qui y sera faite, *et tenus à la restitution d'iceux...* » Mais, Pothier en fait la très-juste remarque, la répétition était accordée non pas contre le joueur, mais contre celui qui avait prêté sa maison pour jouer, la loi prononçant cette peine contre lui pour le punir d'avoir, en prêtant sa maison, donné lieu à la perte du jeu (1).

Tel était l'état de la législation civile sur le contrat de jeu au moment de la rédaction du Code Napoléon.

597. Quant à la législation pénale sur la matière, bien qu'en elle-même elle soit étrangère aux règles du droit civil, il n'est pas hors de propos, cependant, d'en indiquer les vicissitudes. Le décret des 19-21 juillet 1791, tit. II, art. 36, reproduisit, en les adoucissant néanmoins, les dispositions rigoureuses de l'ancienne législation contre ceux qui tenaient des maisons de jeux de hasard : la sanction pénale, aux termes du décret, consistait en de fortes amendes et en l'emprisonnement. Plus tard, et à la date du 20 juin 1806, un autre décret maintint cette pénalité dans son ensemble; mais, en même temps, il fit à la prohibition absolue une dérogation notable, en ce qu'il autorisa le ministre de la police à faire des règlements particuliers pour la ville de Paris et pour les lieux où il existait des eaux minérales. Il arriva par cela même qu'il y eut des maisons autorisées où on donnait à jouer. On avait espéré contenir, en exerçant sur ces maisons autorisées une surveillance incessante et rigoureuse, la passion du jeu qui allait se développant de jour en jour, de même qu'en autorisant certaines maisons dont l'existence devenait publique on avait cru empêcher la formation d'établissements clandestins. Mais l'expérience montra combien ces espérances étaient vaines; et le gouvernement, cédant enfin à l'opinion publique, soumit aux chambres une loi qui supprimait les maisons de jeux à partir du 1er janvier 1838 (l. du 21 août 1836). Depuis cette époque, les art. 410, 475, 5°, et 477 du Code pénal, articles

____

(1) Pothier (n° 48).

qui avaient remplacé le décret de 1791, ont repris leur empire sur toute l'étendue du territoire français.

II. — 598. Laissons, quant à présent, le contrat de jeu, auquel nous reviendrons bientôt, et occupons-nous du pari, dont il faut aussi présenter l'historique.

C'est une convention par laquelle des personnes, qui diffèrent d'opinion sur un point quelconque, conviennent que celles dont l'avis sera reconnu contraire aux faits payeront aux autres une certaine somme ou leur donneront une chose déterminée.

Le pari ne paraît pas avoir été l'objet de dispositions aussi rigoureuses que le jeu.

599. La législation romaine ne le prohiba pas d'une manière absolue. Il résulte en effet des textes que le pari était valable en principe, la convention n'étant interdite qu'autant qu'elle intervenait à l'occasion des jeux illicites et prohibés. « In quibus rebus ex lege Titia, et Publi» cia et Cornelia *etiam sponsionem facere licet.* Sed ex aliis, ubi pro vir» tute certamen non fit, *non licet.* » (L. 3, ff. *De Aleat.*) Ainsi, il n'était pas permis de parier pour le gagnant aux jeux prohibés par les Constitutions ou Sénatus-consultes; mais en dehors de là, le pari constituait une convention parfaitement valable et qui, d'ailleurs, avait ses formes diverses dans l'usage. Elle s'établissait tantôt au moyen du dépôt des enjeux entre les mains d'une tierce personne (l. 17, § 5, ff. *De Præscr. verb. et in fact. act.*), tantôt au moyen d'une *sponsio* réciproque dans les formes du contrat verbal (*stipulatio et restipulatio*).

Il est vrai de dire, pourtant, que les textes, et notamment celui de la loi 3, *De Aleat.*, ci-dessus transcrit, ont été interprétés plus restrictivement. Quelques auteurs en ont induit qu'il aurait été dans la pensée de la loi de prohiber tous paris autres que ceux qui se seraient appliqués à des jeux exceptionnellement autorisés, c'est-à-dire aux jeux propres à développer les forces physiques. Mais on a fait justement remarquer que la loi précitée avait une portée toute relative, et que le législateur, en s'occupant du jeu, lequel est une occasion fréquente de paris, avait été amené à valider le pari fait à l'occasion de certains jeux, sans se préoccuper de l'idée de statuer sur la validité du pari en général (1). En effet, le texte de la loi 17, § 5, ff. *De Præscr. verb.* est décisif en ce sens. « Si quis, y est-il dit, *sponsionis causá* annulos » acceperit, nec reddit victori, præscriptis verbis actio in eum compe» tit. Nec enim recipienda est Sabini opinio, qui condici et furti agi » ex hâc causâ putat. Quemadmodum enim rei nomine, cujus neque » possessionem, neque dominium victor habuit, aget furti? Plane, si » inhonesta causa sponsionis fuit, sui annuli duntaxat repetitio erit. » Or le texte est général : il en résulte, non pas que le gagnant ne pouvait obtenir par l'action *præscriptis verbis* la remise des gageures qu'autant que le pari avait été fait à l'occasion de tel ou tel jeu licite ou exceptionnellement autorisé, mais que l'action appartenait au vainqueur dans un

_____

(1) *Voy.* M. Pilette (*Rev. prat.*, t. XIV, p. 479 et suiv.).

pari quelconque, quelle qu'en fût la cause, pourvu qu'elle ne fût pas déshonnête. Par où l'on voit qu'en thèse générale, le pari constituait une convention licite et parfaitement valable dans les principes de la loi romaine, et que, dans le cas où il avait un objet ou une cause déshonnête, chacune des parties, le gagnant comme le perdant, ne pouvait répéter du tiers dépositaire des objets engagés dans le pari autre chose que ce qu'elle avait déposé elle-même.

600. Dans notre ancienne législation française, les mêmes idées avaient prévalu. Il n'y avait pas non plus de dispositions précises sur le pari ; et certains auteurs, se rattachant aux interprétations restrictives que nous venons de combattre, ne tenaient la convention pour valable qu'autant qu'elle intervenait à l'occasion de jeux propres à fortifier le corps. Mais l'opinion commune était contraire : on voyait dans le pari une convention parfaitement valable toutes les fois que les causes n'en étaient pas immorales ou contraires à la loi (1) ; et plusieurs arrêts consacraient cette doctrine (2). Telle était aussi la pensée dominante des législations étrangères, notamment dans les ports de mer de l'Italie, où les assurances par gageure étaient fort pratiquées (3).

Du reste, les formes étaient, dans l'ancien droit français, les mêmes que dans le droit romain, les mêmes qu'on retrouve encore aujourd'hui dans l'usage. Ainsi on déposait la somme ou l'objet du pari aux mains d'une tierce personne, et la convention prenait dans ce cas le nom de gageure, parce qu'elle était accompagnée de la consignation des gages. Selon Loyseau, c'est en cette forme seulement que le contrat aurait permis au parieur d'agir en justice. « De mesme, dit-il, on peut dire qu'en France la justice contentieuse n'authorise point d'autres gageures que celles qui se font par consignation : car le mot de *gager* importe qu'il y ait consignation actuelle : et d'aucuns, au lieu de *gager* disent *mettre,* et appellent la gageure *misaille.* Et ce que les Romains ont donné action aux simples sponsions, estoit pour la force et énergie qu'ils attribuoient à la stipulation, qui de soy estoit suffisante pour produire action, bien qu'elle eust été faite sans cause : ce que nous ne pratiquons pas en France avec tant de rigueur : c'est pourquoi celui qui veut faire une gageure se doit assurer par consignation : ce qui sera alors toléré, parce qu'en telles manières on met volontiers les parties hors de cour et de procez, tranchant telles demandes par la maxime du titre *Quarum rerum actio non datur :* et par ainsi la possession prévaut. Que si quelquefois ceux qui veulent gager, se fiant à la foy l'un de l'autre, se contentent de faire des promesses réciproques, cela est bon pour faire honte à celui qui ne veut pas payer, mais non pas pour agir contre lui en justice contentieuse. » (4)

Néanmoins, deux autres formes étaient également usitées et n'étaient pas exclusives, quoi qu'en ait dit Loyseau, du droit d'agir en justice.

(1) *Voy.* Loyseau (*Déguerpissement,* liv. IV, chap. III, n° 15); Danty (p. 229).
(2) *Voy.* Danty (p. 234); Brillon (v° Gageure). — Arrêt du Parlement de Toulouse de 1668 (Catellan, liv. V, chap. LXI).
(3) Emérigon (p. 6).
(4) Loyseau (*loc. cit.,* n°ˢ 13 et 14).

Par l'une, précisément celle que Loyseau vient de rappeler pour l'exclure, les parties se liaient au moyen d'une promesse réciproque : c'était la *sponsio* des Romains. L'autre consistait en ceci, que l'une des parties livrait à l'autre une somme que celle-ci devait garder si elle gagnait le pari, ou rendre au double ou au triple si elle le perdait.

III. — 60¹. En résumé, on voit par cet aperçu que, soit en droit romain, soit dans notre ancien droit français, il y avait, entre le jeu et le pari, une différence notable : le jeu n'existait pas comme contrat ; il était illicite et prohibé, à l'exception de certains jeux spécialement désignés, lesquels étaient exceptionnellement tolérés ; au contraire, le pari était valable en principe, et par conséquent reconnu en justice, pourvu que, dans sa cause ou dans son objet, il ne fût pas contraire à la loi, à la morale, à l'honnêteté publique. On cherchait, d'ailleurs, à expliquer cette différence. Les anciens auteurs, sur l'opinion desquels elle s'était établie, la justifiaient en disant qu'en lui-même le pari ne présente pas des dangers aussi graves que le jeu. Scaccia notamment, dont l'opinion a été soigneusement analysée par M. Troplong, s'attachait à montrer qu'à la différence du joueur, celui qui parie agit moins en vue du gain que pour la satisfaction d'un désir ou d'une espérance. Et puis, ajoutait-il, en supposant qu'on parie pour se procurer un gain, la situation, au point de vue des périls, n'est pas pour celui qui parie ce qu'elle est pour le joueur. Celui-ci ne sait pas ce qu'il expose quand il commence à jouer ; entraîné malgré lui et dominé, en cas de perte, par le désir de recouvrer ce qu'il a perdu, il peut être conduit jusqu'à compromettre son patrimoine et l'avenir de ses enfants. Quant au parieur, il n'est exposé à rien de semblable : pour lui, la perte est limitée ; il sait par avance la mesure dans laquelle il est engagé, et si la décision du pari lui est contraire, sa perte ne dépassera pas le montant de l'enjeu. Veut-on, d'ailleurs, qu'après un premier pari on recommence, du moins ne sera-ce pas avec l'entraînement et la passion qui sont propres au jeu, et ne laissent pas au joueur l'usage de sa raison (1).

Ces considérations paraîtront ingénieuses peut-être ; mais, comme l'a très-bien montré M. Troplong, elles ne sauraient tromper ni la raison, ni la conscience. En définitive, le pari, quand on y regarde de près, participe à tous les vices du jeu ; il peut, aussi bien que le jeu, être une cause d'entraînement et de ruine, et assurément il ne méritait, à aucun titre, d'être traité avec plus de faveur.

602. C'est bien ainsi qu'en ont pensé les rédacteurs de nos Codes. En effet, ils ont laissé de côté les données de l'ancien droit sur ce point, et, établissant une assimilation complète entre le jeu et le pari, ils ont placé les deux conventions sur la même ligne en les confondant dans des dispositions communes à l'une et à l'autre.

Du reste, ce n'est pas seulement en ce point que les rédacteurs du Code ont modifié les principes de l'ancien droit, notamment du droit romain.

---

(1) Scaccia (§ 1, q. 1, n° 95), cité par M. Troplong (n°ˢ 88 et 94).

Ainsi, d'une part, sauf une exception relative au pari sur la hausse ou la baisse des effets publics, exception à laquelle nous reviendrons tout à l'heure (*infrà,* n° 604), ils n'ont pas formulé la prohibition qui était écrite dans le Sénatus-consulte attribué « à Septime-Sévère ou à quelqu'un de ses prédécesseurs » et dans les Constitutions de l'empereur Justinien. Mais, posant en principe ce qui n'était dans les données de la jurisprudence romaine qu'une conséquence déduite de la prohibition établie par le législateur (*suprà,* n° 594), les rédacteurs du Code Napoléon ont dit que *la loi n'accorde aucune action pour une dette de jeu ou pour le payement d'un pari* (art. 1965), ajoutant, d'ailleurs, et ceci à l'imitation de l'ancien droit civil, romain et français, que néanmoins certains jeux d'une nature particulière et déterminée sont exceptés de la disposition (art. 1966).

D'une autre part, les rédacteurs du Code ont formellement exclu cette action en répétition dans laquelle la législation romaine avait cherché un moyen de supprimer le jeu, et, se rattachant en cela à la règle contraire virtuellement consacrée dans notre ancien droit français (*suprà,* n° 596), ils ont disposé que, sauf le cas de dol, de supercherie ou escroquerie de la part du gagnant, le perdant au jeu ou dans un pari ne pourrait pas répéter ce qu'il aurait volontairement payé (art. 1967).

Toute la théorie du Code Napoléon sur le jeu et le pari se résume dans les dispositions que nous venons d'analyser, et dont nous avons maintenant à présenter le commentaire.

603. Mais auparavant nous devons insister sur une autre différence notable entre l'état actuel des choses et l'état ancien sur le sujet qui nous occupe : il importe de la préciser dès à présent, parce que nombre de questions, que nous rencontrerons au cours de notre commentaire, se rattachent à ce point et y sont en quelque sorte subordonnées. Le jeu, et aussi le pari sauf le cas que nous avons réservé, loin d'être, comme à Rome, l'objet d'une prohibition formelle, sont élevés aujourd'hui au rang de contrats *civils.* Cela résulte de leur insertion même au titre *Des Contrats aléatoires,* fait essentiellement caractéristique en présence de l'art. 1174, d'après lequel les règles particulières à *certains contrats* sont établies sous les titres relatifs à chacun d'eux.

Nous concluons de là que le contrat *civil* de jeu ou de pari est une source d'obligation *civile.* Ce point, néanmoins, est fort controversé, et il donne lieu, dans la doctrine, aux opinions les plus divergentes.

Dans un système absolu, prenant pour base l'art. 138 de l'ordonnance de janvier 1629 et quelques opinions émises au cours de la discussion du Code, on soutient que le jeu et le pari reposent sur une cause tellement injuste en elle-même qu'ils ne sauraient être le principe d'une obligation quelconque, civile ou même naturelle. C'est là ce qu'exprimait, en effet, l'article précité de l'ordonnance, en déclarant « toutes les dettes contractées pour jeu nulles, et toutes obligations et promesses faites pour le jeu, quoique déguisées, nulles et de nul effet et déchargées de toutes obligations *civiles et naturelles.* » C'est là aussi ce qui paraît avoir été dans les vues de plusieurs orateurs qui, dans la discussion de notre titre, ont présenté le jeu ou le pari non-seulement comme indigne de produire une action en justice, mais encore comme n'affectant des contrats que le maintien et la forme, et n'ayant droit au fond à aucune des protections accordées par la loi aux conventions ordinaires (1). On se rattache à ces idées, dans ce système, pour prétendre que le jeu ne peut être la source d'aucune obligation; et à l'objection naissant de l'art. 1967, qui en refusant au perdant le droit de répéter ce qu'il a volontairement payé assure incontestablement un effet à la convention, on répond que l'exécution de la dette de jeu n'est pas un payement proprement dit, puisqu'il n'existait ni dette civile, ni dette naturelle; et que si cependant la loi ne permet pas que ce qui a été payé soit répété, c'est parce qu'elle ne veut pas que la justice ait à s'occuper d'une question de jeu, qu'elle ait à statuer sur la demande de celui qui, en jouant, a méconnu lui-même la loi qu'il viendrait invoquer pour se faire rendre ce qu'il a volontairement payé (2).

Dans un second système, qui était celui de Pothier, on dit que le contrat de jeu ou de pari est bien la source d'une obligation, mais que l'obligation est simplement *naturelle*. L'obligation naturelle, dit-on, « est celle que le législateur, après lui avoir refusé l'efficacité ordinaire, parce qu'elle se trouve sous le coup d'une présomption générale d'inexistence ou d'invalidité, arrive à sanctionner ensuite, parce qu'une exécution libre, une novation volontaire, ou quelque autre acte d'où résulte l'aveu de la valeur réelle de la dette, vient prouver au législateur que sa présomption était en défaut pour ce cas particulier. » (3) Or telle est bien, de par les art. 1965 et 1967, la situation en ce qui concerne la dette de jeu ou de pari. En effet, le premier de ces articles pose en présomption générale l'idée qu'une telle dette est déraisonnable, sans fondement sérieux, indigne d'être protégée, et il refuse l'action; mais si le perdant, en exécutant librement sa promesse, prouve qu'il l'a trouvée modérée, convenable et proportionnée à sa fortune, la présomption tombe par l'effet même de l'aveu résultant du payement effectué, et en conséquence l'art. 1967 refuse la répétition. En ce sens, les art. 1965 et 1967 se rattacheraient comme corollaire à l'art. 1235, qui, partant de l'idée que tout payement suppose une dette, et que ce qui a été payé sans être dû est sujet à répétition, exprime précisément ensuite que « la répétition n'est pas admise à l'égard des obligations naturelles qui ont été volontairement acquittées. » C'est l'opinion dominante dans la doctrine (4); elle a aussi son écho dans les observations

---

(1) *Voy.* notamment l'Exposé des motifs de Portalis (Fenet, t. XIV, p. 539, 540 et 542; Locré, t. XV, p. 173 et 174). — *Voy.* encore les discours de Siméon et Duveyrier (Fenet, t. XIV, p. 550 et 558; Locré, t. XV, p. 186 et 198).
(2) *Voy.* MM. Duranton (t. X, n° 370); Mourlon (t. III, p. 429 et 430, 5e édit.); Dalloz (v° Jeu, n° 33); Taulier (t. VI, p. 493, à la note).
(3) Marcadé (t. IV, n° 669).
(4) *Voy.* Pothier (n°s 52 et suiv.). — MM. Delvincourt (t. II, p. 117 et 452, note 5; t. III, p. 252, et p. 418, note 3); Toullier (t. VI, n°s 381 et 382); Mollot (n° 486); Aubry et Rau, d'après Zachariæ (t. III, p. 7, note 21, et p. 417, note 3); Massé et Vergé, sur Zachariæ (t. III, p. 345 et 346, notes 9 et 10); Marcadé (*loc. cit.*); Larombière (art. 1235, n° 6).

qui se sont produites au cours de la discussion du Code (1), et nombre d'arrêts lui prêtent leur appui, sinon par la décision même, au moins par l'expression des motifs (2).

Enfin, dans un troisième système, qui emprunte quelque chose à chacun des deux précédents, on propose une distinction entre le cas où le jeu s'est renfermé dans de justes bornes et celui où le jeu a été désordonné. Dans le premier cas, dit-on, le contrat a été licite, il a eu une cause réelle et honnête; il doit donc être la source d'une obligation naturelle. Mais, dans le second cas, il n'a été qu'une spéculation intéressée; ce n'est pas la raison, c'est la passion qui a été le mobile des joueurs : le contrat devient alors illicite, il est contraire aux mœurs, et n'engendre pas d'obligation, même naturelle (3).

Aucun de ces systèmes n'est, à notre avis, dans la vérité juridique.

Le dernier, outre qu'il a le tort de créer une distinction qui n'a aucune base dans la loi, a l'inconvénient non moins grave de faire naître à chaque pas l'incertitude et le doute. Où est, en effet, la limite entre le jeu licite et le jeu désordonné? Comment et d'après quelle donnée cette limite sera-t-elle fixée? Sans doute, il faudra prendre en considération l'état de fortune des joueurs. Mais s'il arrive que l'un des deux soit très-riche et que l'autre soit pauvre, comment la règle sera-t-elle posée? Elle sera évidemment déterminée d'après l'état de fortune du perdant. Mais alors si c'est contre le plus riche que la chance a tourné, le gagnant, c'est-à-dire celui-là précisément qui avait entrepris un jeu illicite, puisque, quant à lui, il était désordonné, pourra donc recueillir le bénéfice d'un acte contraire à la morale et réprouvé par la loi! Ce système, on le voit, est condamné par ses conséquences possibles; en tout cas, l'incertitude et l'arbitraire qu'il comporte ne permettent pas de s'y arrêter.

D'un autre côté, le premier doit être repoussé à cause de son exagération même. C'est un écho de la doctrine mise autrefois en avant par les théologiens, qui, assignant au jeu une cause injuste, irréligieuse comme impliquant une profanation du sort, soutenaient qu'il ne pouvait pas être la source d'une action quelconque. Pothier, répondant à cette doctrine, avait montré déjà qu'en lui-même le jeu n'a pas une cause mauvaise, qu'à cet égard le vice provient exclusivement de l'abus qu'on peut faire du jeu, que le sort est ici tout à fait hors de question, et qu'en définitive il n'y a rien d'injuste à ce que le gagnant, qui, après tout, a couru le risque de payer si la chance eût tourné contre lui, reçoive, la chance lui ayant été favorable, le prix du risque qu'il a couru. Or ceci est vrai surtout dans l'état actuel de la législation. D'une part, en effet, non-seulement la loi n'a pas formulé la prohibition générale de jouer, mais encore il n'y a rien dans ses termes qui rappelle la disposition de l'ordonnance de 1629, d'après laquelle les conventions et promesses

---

(1) *Voy.* Locré (t. XV, p. 187, 199 et 200); Fenet (t. XIV, p. 551 et 560).
(2) *Voy.* notamment Req., 30 mai 1838; Colmar, 29 janv. 1841; Douai, 8 août 1857 (S. V., 38, 1, 753; 42, 2, 492; Dalloz, 38, 1, 226; 42, 2, 111; 58, 2, 46).
(3) *Voy.* M. Troplong (nᵒˢ 189 et 190).

faites pour le jeu étaient déchargées de *toutes obligations civiles et natu-relles.* D'une autre part, l'économie de la loi est par elle-même exclusive de l'idée que de telles conventions aient une cause illicite : c'est évident, puisque l'art. 1967, en rejetant la répétition, valide le payement, et par conséquent *donne effet* à la convention en exécution de laquelle le paye-ment a eu lieu, ce qui ne serait pas possible si la convention avait une cause illicite, l'art. 1131 du Code Napoléon exprimant positivement que l'obligation sans cause, ou sur une fausse cause, ou sur *une cause illicite,* ne peut *avoir aucun effet.*

Le jeu peut donc être la source d'une obligation, quoi qu'on en dise, dans le premier des systèmes ci-dessus rappelés. Mais, en maintenant notre proposition, nous répétons qu'il s'agit ici d'une obligation *civile,* contrairement au deuxième système, d'après lequel l'obligation serait simplement *naturelle.*

C'est en rattachant les art. 1965 et 1967 à l'art. 1235 que ce der-nier système a cherché à se justifier, et c'est là seulement, en effet, que ses partisans pouvaient espérer d'en trouver la justification. Mais il est impossible de ne pas voir, en y regardant de près, que les deux pre-miers articles n'ont rien de commun avec le troisième.

Prenons garde, en effet, que, dans notre législation, toutes les con-ventions, tous les pactes licites, même quand ils n'ont pas de titres par-ticuliers dans le Code, sont élevés au rang de contrats *civils* par la force de la loi (art. 1107 et 1134 C. Nap.). A plus forte raison en est-il ainsi quand ils ont un titre correspondant dans le Code; leur insertion au Code les élève d'autant plus au rang de contrats *civils,* et ils ont alors leurs règles particulières dans les titres qui les concernent (art. 1107). Or le jeu et le pari se trouvent dans ce dernier cas, d'abord par l'effet de l'art. 1964, qui les énumère parmi les *contrats aléatoires,* ensuite par l'effet des art. 1965 à 1967, qui établissent les règles spéciales aux-quelles ils sont soumis.

Ceci posé, on aperçoit aisément comment les art. 1965 et 1967 sont sans relation aucune avec l'art. 1235.

Et d'abord, quant à l'art. 1965, il énonce que la loi *n'accorde aucune action* pour une dette de jeu ou pour le payement d'un pari. Pourquoi cela? Serait-ce parce que le jeu et le pari engendrent simplement une obligation naturelle? En aucune façon. Élevés qu'ils sont au rang de contrats *civils* par l'effet des art. 1107 et 1964, le jeu et le pari devaient engendrer des obligations *civilement* obligatoires; et c'est parce qu'à ce titre ils auraient nécessairement produit une action en justice que le législateur, en réglant les effets *civils* de ce contrat, a cru devoir ex-primer que l'action serait refusée. Le législateur s'est déterminé, en cela, par des considérations particulières : nous aurons à les préciser bientôt en commentant l'art. 1965 (*infrà,* n° 606); toutefois on aper-çoit dès à présent qu'elles n'empruntent rien absolument aux idées d'où procède l'art. 1235.

Quant à l'art. 1967, la disposition n'en est pas moins étrangère à ces idées, et il est de toute évidence qu'elle ne pouvait pas s'en inspirer. Et en effet, si l'obligation naissant du jeu était simplement naturelle, à quoi bon l'art. 1967 serait-il venu dire que, « dans aucun cas, le perdant ne peut répéter ce qu'il a volontairement payé... »? C'eût été tout à fait inutile : l'art. 1235 y aurait pleinement suffi. Mais c'est précisément parce que le jeu était élevé au rang de contrat civil, ayant un titre particulier dans le Code, qu'il y avait à la fois et une raison civile pour poser cette règle, et un intérêt spécial à la formuler. — La raison apparaît d'elle-même quand on se reporte au droit ancien sur le contrat qui nous occupe. Les rédacteurs du Code se trouvaient en présence de deux systèmes absolument opposés : celui du droit romain, qui accordait l'action en répétition des sommes payées en acquit d'une dette de jeu ; celui de notre ancien droit français, dans son dernier état, qui, au contraire, refusait cette action, si ce n'est aux mineurs (*suprà*, n°s 594 et 596). Il y avait à prendre parti entre ces deux systèmes; c'est pour cette raison que l'art. 1967 a été édicté. — L'intérêt apparaît non moins évident quand on se reporte à l'art. 1965. Cet article vient de poser en principe qu'il n'y aura pas d'action pour *une dette* du jeu ou pour *le payement* d'un pari. Est-ce à dire que le jeu, alors qu'il n'est prohibé par aucune disposition du droit civil privé, et que même il est élevé au rang de contrat civil par son insertion au Code, n'est susceptible d'avoir aucun effet civil, et qu'il faille annuler indistinctement tous les actes accomplis entre les joueurs, même les payements que le perdant aurait faits volontairement? Non, le législateur ne l'entend pas de cette manière, et il s'en explique par l'art. 1967, qui, ainsi, apparaît dans la loi sinon comme le complément, au moins comme l'explication de l'art. 1965, en ce sens qu'il fixe la mesure dans laquelle le contrat *civil* de jeu ou de pari, quoique dépourvu d'action en justice, reste néanmoins *civilement* obligatoire.

En définitive, la loi dit aux joueurs qu'ils peuvent, sans s'arrêter aux jugements de l'opinion publique, ne pas tenir les *engagements* qu'ils auront *pris au jeu,* car toute action est refusée pour en réclamer l'exécution en justice; mais que s'ils ont joué *au comptant,* ou si, après coup, ils ont payé les sommes engagées, ils ne seront pas relevés de la perte, fût-elle excessive, parce qu'ils sont tenus par une convention, blâmable sans doute dans les abus dont elle a été l'occasion, mais qui en elle-même n'avait rien d'illicite. Or c'est là le règlement des effets *civils* d'un contrat *civil.* Voilà pourquoi il faut dire du contrat de jeu que, comme tout autre contrat, il est le principe d'une obligation civile (1).

604. Toutefois, il y a un cas que nous avons réservé (*suprà*, n° 602), et à l'égard duquel le législateur moderne a suivi les données de l'ancienne législation, au lieu de les abandonner, comme il l'a fait pour le pari en général. En effet, en même temps qu'elle tenait le pari comme valable en principe et susceptible d'être reconnu en justice, pourvu que la cause ou l'objet n'en fût pas contraire à la loi, à la morale ou à

---

(1) Notre savant ami M. Coin-Delisle s'est prononcé en ce sens dans une consultation délibérée avec MM. Malapert et Th. Bac. C'est aussi l'avis émis par M. D. Pilette, mais par d'autres motifs (*Rev. prat.*, t. XV, p. 441 et suiv.).

l'honnêteté publique (*suprà*, n° 601), l'ancienne législation condamnait expressément *le trafic ou le pari sur les effets publics*. Ainsi, dans un premier document législatif destiné à mettre un terme aux ventes simulées et à l'agiotage effréné que le système de Law avait suscités, nous voulons parler de l'arrêt du conseil du 24 novembre 1724, qui établissait la bourse comme lieu de négociation et instituait la compagnie et le privilége des agents de change, se trouvent des dispositions en assez grand nombre portant des peines plus ou moins sévères (l'amende et la prison), notamment contre « tous particuliers, de quelque condition et état qu'ils soient, qui auraient fait aucune assemblée et tenu aucun bureau pour y traiter de négociations, soit en maisons bourgeoises, hôtels garnis, cafés et partout ailleurs. » — A plus d'un demi-siècle d'intervalle, l'agiotage ayant amené de nouveau une baisse considérable, un autre arrêt du conseil intervint, à la date du 7 août 1785, sous l'inspiration du contrôleur général de Calonne. Le roi y exprimait, dans le préambule, « que depuis quelque temps il s'était introduit dans la capitale un genre de marchés ou de compromis aussi dangereux pour les vendeurs que pour les acheteurs, et par lesquels l'un s'engage à fournir, à des termes éloignés, des effets qu'il n'a pas, et l'autre se soumet à les payer sans en avoir les fonds...; que, s'étant fait présenter les ordonnances et règlements sur cette matière, il a reconnu que ce n'est qu'en éludant leurs sages dispositions qu'on est parvenu à établir ce jeu effréné consistant en paris et compromis clandestins sur les effets publics. » En conséquence, pour prévenir ou réprimer l'abus, l'arrêt contient une suite de dispositions au milieu desquelles nous relevons celle de l'art. 7 qui « déclare nuls les marchés et compromis d'effets royaux et autres quelconques qui se feraient à terme et sans livraison desdits effets, ou sans le dépôt réel d'iceux...; et défend très-expressément d'en faire de semblables à l'avenir, à peine de 24 000 livres d'amende au profit du dénonciateur, et d'être exclu pour toujours de l'entrée de la bourse; et si c'étaient des banquiers, d'être rayés de la liste. » — Le 2 octobre 1785, le 22 septembre 1786 et le 14 juillet 1787, intervinrent de nouveaux arrêts du conseil qui, en modifiant les conditions et les formalités établies par les arrêts précédents, maintiennent néanmoins la prohibition et la reproduisent sous les mêmes sanctions.

C'est précisément en ce dernier point que notre loi pénale actuelle a suivi les données de l'ancienne législation. En effet, l'art. 421 du Code pénal punit des peines portées par l'art. 419 (un mois à un an de prison, 500 à 10 000 fr. d'amende, et facultativement la surveillance de la haute police pendant deux à cinq ans) « les paris qui auront été faits sur la hausse ou la baisse des effets publics »; et l'art. 422 ajoute que « sera réputé pari de ce genre toute convention de vendre ou de livrer des effets publics qui ne seront pas prouvés par le vendeur avoir existé à sa disposition au temps de la convention, ou avoir dû s'y trouver au temps de la livraison. » Nous aurons à rechercher plus tard (*infrà*, n°s 626 et suiv.) si les art. 421 et 422 du Code pénal ont abrogé les arrêts du conseil de 1724, 1785 et 1786, en ce qui concerne les signes auxquels on doit reconnaître les marchés sérieux dans les opérations de bourse et les distinguer des marchés fictifs ou paris. Quant à présent, il nous suffit de constater que le pari, dans ce cas spécial, se distingue du pari en général en ce que, loin d'être élevé au rang de contrat, il est illicite et constitue un délit aux termes de la loi pénale. Il ne saurait donc, en ce cas, être la source d'aucune obligation susceptible de produire un effet civil quelconque.

Ainsi, deux personnes engagent un pari sur la hausse ou la baisse des effets publics, et conviennent que, tel événement survenant, l'une des deux payera à l'autre une somme déterminée si les fonds sont en hausse, et qu'au contraire, en cas de baisse, une somme égale lui sera payée : loin qu'il y ait là un contrat, une convention qui soit le principe d'une obligation civile, il y a un fait délictueux qui met ses auteurs sous le coup de peines correctionnelles.

De même si, au lieu de stipuler ainsi dans la forme habituelle des paris, les parties, procédant par déguisement, prennent la voie d'un marché dans lequel elles ont en vue, non pas les titres ou valeurs qui en sont l'objet apparent, mais uniquement la différence entre le cours du jour du marché prétendu et celui du jour de la livraison supposée, il suffira que la dissimulation soit établie pour que l'idée de convention susceptible de créer une obligation doive être écartée et qu'il reste un fait délictueux entraînant également, contre les parties, application de la loi pénale. Et ici nous ne distinguons même pas entre l'acheteur et le vendeur, c'est-à-dire celui qui a parié à la hausse et celui qui a parié à la baisse : l'un et l'autre, à notre avis, font un acte illicite. Le Tribunal de Toulouse en avait décidé autrement, et, s'attachant au texte de l'art. 422 du Code pénal, isolé de l'art. 421, il avait cru devoir faire une différence entre l'acheteur et le vendeur. « Si l'art. 422, avait-il dit, assimile aux paris punis par la disposition qui précède la vente d'effets publics que le vendeur ne prouverait pas avoir existé à sa disposition au moment de la convention ou de la livraison, la même assimilation n'en ressort pas nécessairement par analogie contre l'acheteur qui n'aurait pas été nanti des fonds suffisants au jour de l'achat. On comprend la différence établie entre les deux cas, si l'on songe que, dans le premier, le spéculateur joue nécessairement à la baisse, ce qui est bien plus odieux qu'une spéculation qui a trait à la hausse, c'est-à-dire à la prospérité des entreprises industrielles et du crédit public. » (1) Mais la décision a été infirmée par la Cour impériale de Toulouse, dont l'arrêt a été vainement déféré à la censure de la Cour suprême. Le Tribunal n'avait pas pris garde, en effet, « que l'art. 421 du Code pénal, ainsi que l'a dit la chambre criminelle de la Cour de cassation, érige en délit et punit les paris qui auraient été faits sur la hausse et la baisse des effets publics. Or, la disposition de cet article est générale; elle embrasse sous le mot *paris* tout ce qui est jeu touchant les effets pu-

---

(1) Jugem. du Trib. corr. de Toulouse du 2 sept. 1856. *Voy.* aussi, dans ce sens, M. D. Pilette (*Rev. prat.*, t. XV, p. 466).

blics ; et elle s'étend à l'acheteur comme au vendeur, sans distinction. Quant à l'art. 422, il ne restreint pas la portée de la disposition qui le précède : statuant par voie d'assimilation, il signale, parmi les cas que comprend la règle générale, un cas spécial dans lequel le caractère du pari et du jeu se révèle d'une manière irrécusable ; mais cela n'exclut en aucune façon le droit pour le juge, dans toute poursuite, de descendre dans l'appréciation des actes et des faits, et de rechercher, sous la forme extérieure qu'on aurait imprimée à ces actes et à ces faits, les opérations véritables qui se sont accomplies. » (1)

Ainsi, et en résumé, nous constatons, quant à présent, sauf à déduire ultérieurement les conséquences (*infrà*, nᵒˢ 636, 640, etc.), que si en thèse générale le pari, même quand il est dépourvu d'action, constitue un contrat civil engendrant une obligation civile, il en est autrement du pari sur la hausse et la baisse des effets publics, en ce qu'étant prévu comme délit par la loi pénale, il ne saurait produire aucun effet civil.

Et maintenant que nous nous sommes expliqué sur la nature des contrats de jeu et de pari et sur l'historique de la législation, nous pouvons, sans nous arrêter davantage à nos observations préliminaires, passer au commentaire des trois articles dans lesquels se résument les règles établies par le Code Napoléon à l'égard des deux contrats. — Nous nous occuperons distinctement, avec les art. 1965 et 1966, de la règle relative au refus d'action et de la mesure qu'elle comporte, et, avec l'art. 1967, de ce qui a trait au droit de répétition.

1965. — La loi n'accorde aucune action pour une dette du jeu ou pour le payement d'un pari.

1966. — *Les jeux propres à exercer au fait des armes, les courses à pied ou à cheval, les courses de chariot, le jeu de paume et autres jeux de même nature qui tiennent à l'adresse et à l'exercice du corps, sont exceptés de la disposition précédente.*

Néanmoins le tribunal peut rejeter la demande, quand la somme lui paraît excessive.

SOMMAIRE.

_____

(1) Crim. rej., 9 mai 1857 ; Toulouse, 6 déc. 1856 (*J. Pal.*, 1857, p. 819 et 1181 ; S. V., 57, 1, 545 ; 2, 113 ; Dalloz, 57, 1, 146).

doit être étendu au pari, en tant que le pari se rapporte à des faits ou à des actes tenant à l'adresse ou à l'exercice du corps. — 612. Mais la disposition n'est applicable qu'autant que les parieurs ont pris part personnellement au fait sur lequel le pari s'est établi. — 613. Exception en ce qui concerne les courses de chevaux.

III. 614. Le contrat se forme par le seul consentement. Néanmoins certaines conditions sont nécessaires à sa validité. — 615. Il faut que chacun des joueurs ou des parieurs ait le droit de disposer de la somme ou de la chose qu'il engage; — 616. Que le consentement des parties soit parfaitement libre; — 617. Qu'il y ait égalité de risques de part et d'autre; — 618. Que le jeu ou le pari soit tenu avec fidélité. — 619. Nonobstant la réunion de ces conditions, les juges peuvent rejeter la demande lorsque la somme engagée leur paraît trop élevée : ils doivent la rejeter *pour le tout;* — 620. Et cela quand même le gagnant aurait réduit lui-même le chiffre de sa demande.

IV. 621. Tous les jeux, sauf ceux qu'excepte l'art. 1966, sont soumis à la règle de l'art. 1965, et en conséquence dépourvus d'action, même quand ils ne sont pas de pur hasard. — 622. *Quid* en ce qui concerne le pari? Règles d'interprétation propres à le faire distinguer de certaines conventions aléatoires; — 623. Notamment de l'assurance sur la vie. — 624. Des paris sur la hausse et la baisse des effets publics. — 625. Suite : aperçu général des opérations de bourse : marché *au comptant;* marché *à terme* et ses variétés; *reports.* — 626. Ces opérations peuvent être sérieuses et légitimes; mais elles peuvent aussi être fictives. — 627. Dans ce dernier cas, elles présentent le caractère de pari sur la hausse ou la baisse, et sont dépourvues d'action non par application de l'art. 1965, mais parce qu'elles constituent un délit prévu et puni par la loi pénale. — 628. A quels signes on distingue les opérations fictives des opérations sérieuses : les arrêts du conseil de 1724, 1785 et 1786, avaient posé à cet égard des règles précises en annulant tout marché qui n'avait pas été précédé du dépôt des titres ou des pièces établissant la propriété. — 629. Ces arrêts sont abrogés aujourd'hui par les art. 421 et 422 du Code pénal. — 630. La jurisprudence s'était prononcée d'abord en sens contraire : arrêts célèbres. — 631. Mais elle s'est arrêtée à un système plus vrai en décidant que le dépôt préalable des titres n'est pas nécessaire, pourvu que les parties prouvent avoir été en position d'exécuter le marché à l'époque de la convention ou avoir dû s'y trouver lors de la livraison. — 632. La même décision est suivie vis-à-vis de ceux qui se livrent aux opérations de *report.* — 633. Spéculation sur la hausse et la baisse des *marchandises :* elle tombe sous l'application de l'art. 1965 quand elle constitue le *pari :* développements.

V. § 634. Conséquences juridiques du principe posé dans l'art. 1965. — 635. Le perdant actionné en justice peut s'affranchir en opposant l'exception de jeu. — 636. L'exception peut-elle être suppléée d'office par le juge? — 637. Du cas où le perdant a souscrit des billets en faveur du gagnant. Distinctions : — 638. Le gagnant est-il resté titulaire, le perdant peut encore opposer l'exception de jeu; — 639. Et même, si le billet énonce une cause mensongère, celui-ci peut prouver par témoins que la cause réelle est une dette de jeu. — 640. Suite. — 641. Le gagnant a-t-il transmis le billet à un tiers, il y a lieu de sous-distinguer. — 642. Suite. — 643. Du principe posé par l'art. 1965 il s'induit encore que la dette de jeu ne peut pas être compensée, ni ratifiée. — 644, 645. Peut-elle être soit novée, soit cautionnée? Distinctions.

VI. 646. Portée de l'art. 1965 : le principe est que l'action est refusée seulement pour les dettes naissant directement du jeu ou du pari. — 647. Mais le tiers qui a prêté de l'argent au joueur ou au parieur, et lui a fourni ainsi le moyen de jouer ou de parier, est-il privé de toute action pour se faire rembourser? Distinctions. — 648. Suite. — 649. *Quid* du cas où une dette de jeu ou un pari est acquitté par un tiers agissant comme simple gérant d'affaires? — 650. Et du cas où le tiers agit comme mandataire? Distinctions.

I. — 605. Les rédacteurs du Code, confondant le jeu et le pari dans une même pensée, ainsi que nous l'avons dit (*suprà*, n° 602), posent d'abord en principe que les deux contrats sont également dépourvus d'action en justice. « La loi, dit en effet l'art. 1965, *n'accorde aucune action* pour une dette du jeu ou pour le payement d'un pari. » Après quoi les rédacteurs du Code, se rattachant aux idées de l'ancien droit civil, français et romain, atténuent le principe dans ce qu'il a d'absolu, en consacrant une exception en faveur de jeux et de paris d'une certaine nature. C'est l'objet de l'art. 1966, aux termes duquel les jeux propres à exercer au fait des armes, les courses à pied ou à cheval, les courses de chariot, le jeu de paume et autres jeux de même nature qui tiennent à l'adresse et à l'exercice du corps, sont exceptés de la disposition de l'art. 1965.

Nous avons à nous occuper ici du principe et de l'exception. Avant tout, précisons les motifs de la loi sur l'un et l'autre point.

606. Dans son application au jeu, la règle que le contrat est dépourvu d'action n'est pas nouvelle; elle est tout simplement renouvelée de l'ancienne législation, et elle se justifie aujourd'hui par les motifs mêmes dont s'étaient inspirés les rédacteurs de nos anciennes ordonnances. Le jeu, simple exercice de récréation, même lorsqu'il est intéressé, si c'est avec modération, n'a rien de blâmable en soi, rien qui ne soit dans les fins de la nature. Mais alors, par son objet même comme par son peu d'importance, il n'est pas du ressort des lois, et dès lors il ne saurait être, dans ce cas, le principe d'une action (1). Que s'il dégénère en spéculation et se transforme en quelque sorte en un acte de commerce où les parties n'ont pour mobile que le désir et l'espoir du gain, le jeu est fondé alors sur une cause trop vicieuse et trop blâmable pour motiver et légitimer une action en justice. D'ailleurs il est susceptible, dans ces conditions, d'entraîner après lui tant de désordres, tant de conséquences funestes que, par prudence et comme moyen préventif, le législateur devait refuser par avance toute sanction aux engagements dont il pourrait être l'occasion. « Il est des choses, dit Portalis, qui, quoique licites par elles-mêmes, sont proscrites par la considération des abus et des dangers qu'elles peuvent entraîner; conséquemment, si le jeu, sous le point de vue que nous l'envisageons, n'était pas déjà réputé mauvais par sa nature, il faudrait encore le réprouver par rapport à ses suites. — Quelle faveur peuvent obtenir auprès des lois les obligations et les promesses que le jeu produit, que la raison condamne et que l'équité désavoue? Ignore-t-on que le jeu favorise l'oisiveté, en séparant l'idée de gain de celle du travail, et qu'il dispose les âmes à la dureté, à l'égoïsme le plus atroce? Ignore-t-on les révolutions subites qu'il produit dans le patrimoine des familles particulières, au détriment des mœurs publiques et de la société générale?... » (2)

Au contraire, dans son application au pari, l'art. 1965 contient une disposition nouvelle. Les anciens, considérant sans doute que le pari ou

---

(1) Pothier (n° 50). — *Voy.* aussi Portalis (Exposé des motifs de la loi); Fenet (t. XIV, p. 539); Locré (t. XV, p. 172 et 173).
(2) Fenet (*loc. cit.*, p. 540); Locré (*loc. cit.*, p. 173).

la gageure n'était pas susceptible d'exciter les passions au même degré
que le jeu, ni de produire des entraînements aussi funestes, n'avaient
pas cru, on l'a vu plus haut (n°s 598 et suiv.), devoir l'atteindre par les
mêmes prohibitions. Les rédacteurs du Code en ont, à juste titre, pensé
autrement. Et en effet, soit qu'il se réduise aux termes d'un simple amusement, soit qu'il devienne un contrat intéressé et dégénère en moyen
de spéculation, le pari ne saurait motiver ni légitimer une action en
justice : dans le premier cas, parce que, par son objet même et son peu
d'importance, il n'est pas du ressort des lois et ne mérite pas d'appeler
l'attention du législateur ; dans le second, parce que, participant à tous
les vices du jeu, il est, à cause de son principe, aussi bien que le jeu,
indigne de protection.

Voilà, quant à la règle posée dans l'art. 1965, les motifs qui ont déterminé le législateur.

En ce qui concerne l'exception consacrée par l'article suivant, elle
s'explique par la tradition et aussi par la nature des jeux qui en sont
l'objet. Nous l'avons rencontrée, en effet, dans la législation romaine,
qui, tout en prohibant les jeux avec une rigueur excessive, exceptait
ceux qui, en exerçant les Romains aux actions de force et de courage,
servaient à entretenir dans le peuple ses instincts éminemment guer-
riers. Nous l'avons rencontrée également dans notre ancien droit français, où elle nous est apparue avec le même caractère. Les rédacteurs
du Code ont été provoqués par là à reproduire l'exception ; et en la reproduisant ils ont exprimé le juste regret que les jeux qui en sont l'objet soient trop négligés dans nos temps modernes (1). C'est qu'en effet,
loin qu'ils soient blâmables en eux-mêmes ou dans leur cause, ces jeux
présentent une évidente utilité, en ce que, tenant à l'adresse et à l'exercice du corps, selon l'expression même de la loi, ils tendent au développement des forces physiques. On conçoit donc que les joueurs qui
s'y livrent puissent stipuler, comme moyen de soutenir l'émulation
entre eux, des avantages à recueillir par le vainqueur, et que le législateur, en autorisant les stipulations de cette nature, ait entendu que les
engagements et les promesses à ce relatifs, en tant qu'ils seraient renfermés dans de justes bornes, lieraient les parties et permettraient au
vainqueur d'en réclamer la réalisation ou le bénéfice, même devant les
tribunaux.

607. Les motifs des art. 1965 et 1966 ainsi expliqués, nous avons
à présenter le commentaire de ces articles. Les questions qui s'y rattachent sont fort nombreuses et ne manquent pas, pour la plupart, d'être
délicates. Nous les ramènerons toutes à cinq points principaux, que
nous exposerons successivement, et qui ont pour objet : 1° la nature
des jeux et des paris exceptionnellement pourvus d'une action ; 2° les
conditions nécessaires à la validité du contrat, et propres à faire triompher l'action en justice ; 3° les jeux et paris qui tombent sous la règle

_____

(1) Exposé des motifs de M. Portalis (Locré, t. XV, p. 174 et 175 ; Fenet, t. XIV,
p. 541).

d'après laquelle le contrat aléatoire est, dans ce cas particulier, dépourvu d'action ; 4° les conséquences juridiques de la règle ; 5° enfin les limites dans lesquelles l'application en doit être renfermée.

II. — 608. Les jeux que la loi sanctionne activement, en leur donnant la garantie d'une action judiciaire, sont, comme nous l'avons dit, selon le texte lui-même, « ceux qui tiennent à l'adresse et à l'exercice du corps » ; et l'art. 1966 range spécialement dans cette catégorie « les jeux propres à exercer au fait des armes, les courses à pied ou à cheval, les courses de chariot, et le jeu de paume », ajoutant, d'ailleurs, qu'il y a lieu d'y joindre les jeux *de même nature*. Voici, là-dessus, un premier point à préciser : c'est que la disposition de l'art. 1966 est, d'un côté, purement énonciative, en même temps que, d'un autre côté, elle est essentiellement limitative.

609. D'une part, l'art. 1966 est purement énonciatif dans l'énumération qu'il présente. C'est évident par la formule même dans laquelle le législateur exprime sa pensée, puisque après avoir mentionné, à titre d'exemple, certains jeux, tels que les courses à pied ou à cheval, les courses de chariot, le jeu de paume, le législateur complète sa pensée par ces mots, si expressifs au point de vue qui nous occupe : « et autres jeux *de même nature*. » Par conséquent, nous placerons dans la catégorie des jeux garantis par une action les joutes sur l'eau et la natation, le tir aux différentes armes et tous les exercices de gymnastique.

Nous y rangerions aussi le jeu de billard, contrairement aux idées qui dominent en doctrine et en jurisprudence. On dit bien de ce jeu que ses combinaisons appelées savantes par les joueurs ne sont d'aucun fruit pour le bien public et ne sauraient produire des soldats vigoureux ou des hommes utiles à la société (1) ; et sur ce fondement la jurisprudence décide invariablement que la garantie d'une action n'est pas due aux promesses ou engagements dont le jeu de billard pourrait être l'occasion (2). Mais ne s'éloigne-t-on pas en cela de la pensée de l'art. 1966 ? Nous ne nous porterons assurément ni le défenseur, ni le juge du jeu de billard ou de ses combinaisons plus ou moins savantes : nous avouons, sans le moindre regret, notre incompétence absolue à cet égard. Il y a seulement une remarque que nous voulons faire : c'est que les rédacteurs du Code, moins exclusifs en ceci que le législateur romain, ont formellement exprimé que le bénéfice de l'exception pourrait être invoqué en faveur de tous les jeux *tenant à l'adresse et à l'exercice du corps*. Est-ce que le jeu de billard ne serait pas dans cette condition ? Est-ce, en tout cas, que le *jeu de paume* y serait d'une manière plus exacte ? Or le jeu de paume n'est pas plus que le jeu de billard, par la nature de ses combinaisons, de ceux qui peuvent produire des soldats

(1) MM. Duranton (t. XVIII, n° 110) ; Aubry et Rau, d'après Zachariæ (t. III, p. 418, note 11) ; Massé et Vergé, sur Zachariæ (t. V, p. 23, note 5) ; D. Pilette (*Rev. prat.*, t. XV, p. 223). C'est aussi l'avis de M. Troplong (n° 57), à qui M. Pilette prête à tort l'opinion contraire.
(2) Poitiers, 4 mai 1810 ; Grenoble, 6 décembre 1823 ; Montpellier, 4 juillet 1828 ; Angers, 13 août 1831 (S. V., 10, 2, 367 ; 24, 2, 319 ; 29, 2, 106 ; 32, 2, 270 ; Coll. nouv., 3, 2, 264 ; 7, 2, 274 ; 9, 2, 110 ; Dalloz, alph., t. IX, p. 599 ; pér., 10, 2, 97 ; 32, 2, 141).

vigoureux ou des hommes utiles; le bien public n'a pas non plus, que nous sachions, de fruits précieux à en retirer. Il est compris, cependant, dans l'exception, et cela de par l'art. 1966 lui-même, qui le mentionne nominativement dans une énumération de jeux cités à titre d'exemple. Pourquoi donc en exclure le jeu de billard, qui, pas plus que le jeu de paume, n'est dominé par les caprices du hasard, et qui, aussi bien que ce dernier jeu, tient *par sa nature* à l'adresse et à l'exercice du corps?... (1)

610. Mais, d'une autre part, la disposition de l'art. 1966 est limitative en ce qui concerne *la nature* des jeux susceptibles d'engendrer une action en justice. L'article a en vue les jeux propres à exercer au fait des armes, les courses à pied ou à cheval, les courses de chariot, le jeu de paume *et autres jeux de même nature* qui tiennent à l'adresse et à l'exercice du corps. Donc les jeux qui ne sont pas de cette nature, et par conséquent ceux qui consistent en calculs et combinaisons propres à exercer l'esprit et à développer les forces intellectuelles, sont virtuellement exclus de la disposition. C'est pourquoi nous ne saurions admettre, avec M. Troplong, qu'une action puisse être accordée pour le payement de sommes ou d'objets gagnés au *jeu d'échecs* (2). Quelque ingénieuses qu'en soient les combinaisons, le jeu d'échecs n'a rien qui, de près ou de loin, le fasse participer de la nature de ceux qu'énumère notre article ou auxquels il fait allusion. Loin qu'il tienne à l'adresse ou à l'exercice du corps, il est peut-être de tous les jeux celui qui exige le calme le plus absolu et la tranquillité la plus parfaite; et l'on ne voit pas comment il serait rangé dans la catégorie de ces jeux gymnastiques qui seuls ont été visiblement dans la pensée du législateur. Vainement louera-t-on le jeu d'échecs pour sa similitude avec l'art de la guerre, avec lequel il rivalise de noblesse (3); vainement dira-t-on, avec M. Troplong, qu'il exerce l'esprit et offre un noble délassement. Le jeu d'échecs ne diffère pas, sous ce rapport, de beaucoup d'autres jeux, par exemple du jeu de dames et de nombre de jeux de cartes, qui, eux aussi, exercent l'esprit et offrent un noble délassement, et qui cependant, de l'aveu de tous, restent et doivent rester sans aucune action qui assure l'exécution des engagements ou promesses dont ils peuvent avoir été la cause. Vainement encore dira-t-on que les tribuns Siméon et Duveyrier ont, sans nommer le jeu d'échecs, semblé y faire allusion, lorsqu'ils ont dit, le premier, « que les jeux utiles à exercer les forces intellectuelles » doivent être rangés dans la classe privilégiée (4); le second, que l'on peut comprendre dans l'exception, « *quoique la loi n'en parle pas,* ces jeux composés de combinaisons ingénieuses, connus des anciens et cultivés à Athènes comme le plus honorable délassement, parce qu'ils exercent aussi la sagacité, la méditation, la présence d'esprit, et toutes les fa-

---

(1) *Voy.*, en ce sens, MM. Chardon (*Dol et fraude*, t. III, n° 558); Dalloz (v° Jeu, n° 14).

(2) M. Troplong (n° 50). Comp. M. Taulier (t. VI, p. 496).

(3) Thomas Actius (*De Ludo scacchorum*, q. 4, n°ˢ 7 et 8), cité par M. Troplong (*loc. cit.*).

(4) Fenet (t. XIV, p. 551); Locré (t. XV, p. 187).

cultés intellectuelles qui peuvent seules y disputer l'avantage. » (1) Ce sont là des opinions individuelles trop éloignées du texte et de la pensée de la loi pour qu'on s'y puisse arrêter, d'autant plus qu'elles conduiraient à grossir l'énumération de l'art. 1966 d'une infinité de jeux qui ne tiennent en rien à l'adresse ou à l'exercice du corps, et qui, par ce motif, en ont été toujours considérés comme exclus sans aucune hésitation (2).

611. Nous n'avons parlé encore que des *jeux* au point de vue de l'exception annoncée par l'art. 1966, suivant en ceci la lettre même de cet article qui, en effet, mentionne les jeux seulement. Est-ce à dire que l'exception ne doive pas être étendue au *pari?* En aucune manière. Le législateur a établi, entre le contrat de jeu et le contrat de pari, une analogie si complète que, soit quant au principe, soit quant à l'exception, ce qui est vrai de l'un est également vrai de l'autre. Ainsi, de même qu'en thèse générale la créance résultant d'un pari est, à l'égal de la créance résultant du jeu, dépourvue de toute action, de même cette créance, aussi bien que la créance née du jeu, sera exceptionnellement garantie par une action, en vertu de l'art. 1966, si le pari dans lequel elle a pris naissance se rapporte à des faits ou à des actes tenant à l'exercice ou à l'adresse du corps. « La gageure ou le pari, a dit M. Siméon au Tribunat, a les mêmes vices originels et les mêmes dangers que le jeu : comme lui, elle ne donne aucune action lorsqu'elle n'a de base que la recherche ou l'amour du gain; comme lui, elle est tolérée *lorsqu'elle a un objet raisonnable ou plausible, des actes, par exemple, de force ou d'adresse, et qu'elle n'est pas immodérée.* » (3).

612. Il y a néanmoins ici un point important à préciser : c'est que les parieurs, même dans ce dernier cas, ne peuvent invoquer le bénéfice de l'art. 1966 qu'autant que personnellement ils ont pris part au fait sur lequel le pari s'est établi. Ainsi Pierre et Joseph se livrent à l'exercice de la natation, et l'un d'eux parie qu'il arrivera le premier à un point déterminé; l'autre tient le pari, et, l'ayant perdu, il se refuse à payer. Le gagnant pourra le traduire en justice, et le faire condamner au payement. Cela fut ainsi jugé au Parlement de Bordeaux au mois de mars 1607 (4). On jugerait incontestablement de même aujourd'hui, puisque la natation tient à l'adresse et à l'exercice du corps, et qu'ainsi le pari dont elle a été l'occasion, dans l'espèce, rentre naturellement dans la catégorie de ceux en vue desquels l'art. 1966 est édicté (*suprà,* n° 609).

Mais supposons que des personnes, témoins de la lutte engagée entre les nageurs, imaginent de parier de leur côté, les uns prétendant que Pierre arrivera le premier, les autres prenant parti pour Joseph : les ga-

(1) Fenet (t. XIV, p. 561); Locré (t. XV, p. 201).
(2) *Voy.*, en ce sens, MM. Massé et Vergé, sur Zachariæ (t. V, p. 23, note 5); D. Pilette (*Rev. prat.*, t. XV, p. 222).
(3) Rapport de M. Siméon au Tribunat (Fenet, t. XIV, p. 551); Locré (t. XV, p. 187). *Junge :* MM. Troplong (n° 96); Taulier (t. VI, p. 497 et 498); D. Pilette (*loc. cit.*, p. 229).
(4) *Voy.* Brillon (v° Gageure).

gnants, dans ce cas, n'auraient aucun droit au bénéfice de l'art. 1966. Étrangers à l'exercice qui a suggéré le pari, ils ne peuvent pas dire qu'ils aient servi en quoi que ce soit l'intérêt ou l'utilité que la loi favorise; et par conséquent ils ne seraient pas dans la situation d'où naît l'action en vertu de laquelle ils pourraient appeler devant les tribunaux le perdant qui, après avoir tenu le pari, refuserait d'en acquitter le prix.

613. Ajoutons, cependant, qu'une exception doit être faite à cette règle pour un cas particulier, objet d'une faveur toute spéciale : nous voulons parler des courses de chevaux, nominativement comprises dans l'énumération de l'art. 1966. Ce n'est pas qu'à notre sens tous les paris que peuvent suggérer les exercices de ce genre soient susceptibles de donner lieu à une action judiciaire de la part du gagnant. Ainsi, nous n'admettons pas qu'une personne qui, s'étant trouvée sur le champ de course, a parié pour tel ou tel coureur, puisse ensuite appeler utilement devant les tribunaux celui qui a tenu le pari ou y être appelée par celui-ci à l'occasion de ce pari. Évidemment les promesses échangées entre personnes assistant aux courses simplement comme curieux ne sont pas du ressort de la loi, que l'objet en soit modique ou important. Mais ce que nous voulons dire, c'est qu'en cette matière le pari peut être garanti par une action au profit du gagnant, alors même que celui-ci est resté personnellement étranger à la course. Ainsi il n'est pas nécessaire que le propriétaire ou l'éleveur qui fait courir un cheval monte ce cheval et coure lui-même pour être admis à réclamer, même judiciairement, le prix d'un pari engagé avec un autre propriétaire ou éleveur faisant courir un autre cheval qu'il ne montait pas non plus. Ici ce n'est pas seulement le fait, l'exercice de la course que la loi favorise; elle veut aussi et surtout encourager le propriétaire qui fait courir. C'est dans cette vue que, cherchant à « favoriser la transplantation et la propagation des races les plus propres à améliorer l'espèce » (1), l'État lui-même, et les communes, ont imaginé de créer des primes auxquelles les maîtres des chevaux vainqueurs ont droit de prétendre, à l'exclusion des jockeys ou des écuyers qui ont monté ces chevaux. Or le maître pourrait assurément réclamer la prime en justice s'il arrivait que le payement lui en fût refusé. Il devrait donc être admis à réclamer de même, et par la même voie, s'il y avait lieu, le montant d'un pari qui, après tout, concourt aussi bien que la prime à entretenir l'émulation des éleveurs, et sert ainsi l'intérêt favorisé (2).

III. — 614. Le contrat de jeu ou de pari se forme par le seul consentement et ne requiert pas la tradition des sommes ou des objets engagés. Néanmoins le contrat n'est valable, et l'action dont il est pourvu dans l'hypothèse de l'art. 1966 ne saurait être admise en justice que sous certaines conditions. Pothier en signale quatre dont la réunion doit incontestablement être considérée comme nécessaire encore aujourd'hui.

---

(1) Inst. min. du 16 mai 1825.
(2) Paris, 11 fév. 1808 (S. V., 8, 2, 114; Coll. nouv., 2, 2, 345). — Voy. aussi M. D. Pilette (loc. cit., p. 232 et suiv.).

615. Il faut d'abord que chacune des parties ait le droit de disposer de la somme par elle engagée au jeu ou dans le pari. Ainsi, un mineur émancipé ou non, un individu pourvu d'un conseil judiciaire, un interdit, ne pourraient pas valablement jouer ou parier les sommes dont ils ont la propriété; car, bien que ces sommes leur appartiennent, ils n'en ont pas la libre disposition. Le gagnant leur réclamerait donc vainement en justice le payement d'une dette de jeu ou d'un pari; son action échouerait infailliblement dès que le perdant viendrait exciper de l'état d'incapacité qui le mettait dans le cas de ne pouvoir pas disposer des objets ou des sommes par lui engagés dans le jeu ou dans le pari. — Ce que nous disons du mineur, de l'interdit, de l'individu pourvu d'un conseil judiciaire, il faut le dire de la femme mariée. Elle peut, sans doute, exposer au jeu des sommes dont le peu d'importance permet de dire qu'elle joue avec l'autorisation au moins présumée du mari; mais elle ne pourrait pas valablement y engager des sommes un peu considérables, eût-elle même, comme le dit Pothier, le maniement de l'argent de la communauté, parce que l'argent lui est confié pour qu'elle s'en serve aux affaires de la maison, et non pour qu'elle le joue et le dissipe. — Il en serait ainsi même de la femme séparée, qui, si elle a le droit de disposer de son mobilier et de l'aliéner, ne le peut faire cependant que dans la mesure et les limites du droit d'administration, dans lequel, quelque étendu qu'on le suppose, le jeu ne saurait jamais rentrer (1).

616. Une seconde condition nécessaire à la validité du contrat de jeu ou de pari, c'est que le consentement des joueurs ou des parieurs soit parfaitement libre. Le consentement est sans doute de l'essence de tous les contrats; mais on y doit tenir plus encore dans celui dont il s'agit ici que dans tous les autres, parce que c'est surtout dans le jeu que l'entraînement, la passion, l'aveuglement, sont à craindre, et que le dol et la fraude sont possibles. Par exemple, supposons que Pierre, dissimulant la supériorité de ses forces, ait amené Paul à s'engager dans une partie où celui-ci a perdu une somme plus ou moins importante : dans cette situation, le consentement de Paul est affecté d'un vice qui atteint le contrat et en opère la rescision, en sorte que si Pierre demande ultérieurement le payement en justice, son action devra, par ce motif même, être écartée.

617. En troisième lieu, il faut qu'il y ait égalité de risques. Le contrat de jeu étant de la classe des contrats intéressés de part et d'autre (*suprà*, n° 591), il est clair qu'il ne sera valable qu'autant que les risques courus par l'un des contractants seront égaux aux risques courus par l'autre. Cela suppose que la partie s'engage entre joueurs de même force. Mais on comprend qu'il ne saurait être question ici d'une égalité absolument exacte. Dans les jeux tenant à l'adresse et à l'exercice du corps, il est à peu près impossible de trouver deux joueurs de force égale, et même il serait difficile d'en rencontrer un qui pût se dire certainement toujours égal à lui-même. Il suffit donc qu'il n'y ait pas entre

---

(1) Pothier (n°s 9 à 11).

les joueurs une disproportion telle que, l'un d'eux ayant la certitude morale de gagner la partie, le risque se trouve supprimé d'un côté, pour que le contrat ne soit pas, sous ce rapport, entaché d'un vice susceptible de le faire annuler (1).

Quant à l'inégalité de risques résultant uniquement de ce que l'un des joueurs exposerait au jeu une somme supérieure à celle qu'y engagerait l'autre, elle ne serait d'aucune considération. La convention est à la vérité en dehors des règles propres aux contrats intéressés de part et d'autre, et, en définitive, le gagnant, si c'est celui qui a engagé au jeu la somme la plus faible, aura reçu du perdant une sorte de libéralité; mais, comme le dit Pothier, c'est là un avantage que celui-ci n'a pu ignorer, qu'il a fait de son plein gré, en toute connaissance, et qui dès lors ne contient aucune injustice (2).

618. Enfin, la quatrième condition nécessaire à la validité du contrat est que les joueurs tiennent le jeu avec fidélité, et n'y apportent aucun fait de tricherie ou de supercherie. Pothier donne comme exemple d'infidélité au jeu le cas où, jouant au billard, l'un des joueurs laisserait sciemment son adversaire dans l'erreur sur le nombre de points déjà faits, s'abstiendrait de l'avertir s'il en marquait un nombre moindre, et gagnerait la partie à la faveur de cette méprise dont il aurait profité (3).

619. Ces conditions diverses étant réunies, il en résulte que le perdant est tenu civilement, si bien que s'il refuse de payer au gagnant la somme convenue, celui-ci peut l'y contraindre au moyen de l'action que l'art. 1966 lui donne dans ce cas.

Toutefois, de ce que la loi sanctionne ainsi le contrat dans cette circonstance, il ne s'ensuit pas qu'elle en abandonne les clauses à la libre volonté, au caprice des parties. Le législateur exige avant tout que le jeu ou le pari, même quand il tient à l'exercice et à l'adresse du corps, ne sorte pas des termes d'une simple distraction, et que la stipulation d'un prix, qui ne doit être qu'un moyen d'exciter l'émulation, ne fasse pas dégénérer la convention en une spéculation véritable. De là la disposition finale de l'art. 1966, aux termes de laquelle le tribunal peut toujours, le contrat réalisât-il toutes les conditions susceptibles de le valider, rejeter la demande quand la somme convenue entre les joueurs ou les parieurs lui paraît excessive.

Il s'agit là, on le comprend bien, d'une appréciation de fait qui rentre dans le pouvoir souverain des juges du fond. Ils prendront en considération, pour s'éclairer, la nature du jeu, la condition des joueurs, leur état de fortune, surtout leurs habitudes; et si les juges estiment que la somme est trop élevée, ils rejetteront la demande *pour le tout*. Il ne leur appartiendrait pas, en effet, de la modérer ou d'en restreindre le chiffre. Car, d'une part, ce seraient eux, en réalité, qui, en procédant ainsi, feraient le contrat; et, d'une autre part, on ne peut pas dire, dans ce cas, que les joueurs n'aient eu d'autre but que de stimuler leur courage : la

_____

(1) Pothier (n°s 19 et 25).
(2) *Id.* (n° 20).
(3) *Id.* (n° 28).

somme même qu'ils ont engagée prouve que la pensée du gain était le mobile unique du contrat, et le jeu étant abusif dans ces conditions, c'est le cas d'appliquer dans ce qu'elle a d'absolu la règle qui le dépouille de toute action.

620. Il importerait peu, d'ailleurs, que le gagnant, reconnaissant que la somme engagée au jeu ou dans le pari était exorbitante, réduisît de lui-même le chiffre de sa demande. Ce sacrifice qu'il s'imposerait volontairement ne saurait écarter l'application de la disposition finale de l'art. 1966 : le juge n'en devrait pas moins, à raison de la pensée de gain qui a présidé à la formation du contrat, rejeter la demande en totalité.

IV. — 621. Quand le jeu ou le pari ne rentre pas dans les prévisions de l'art. 1966, il est soumis à la règle établie par l'art. 1965, aux termes duquel « la loi ne donne aucune action pour une dette du jeu ou pour le payement d'un pari. » Après les observations dont l'art. 1966 vient d'être l'objet, la question de savoir quels sont les jeux auxquels la règle est applicable ne saurait présenter aucune difficulté : on peut dire, en thèse générale, que la règle est dans l'art. 1965, l'art. 1966 n'étant qu'une exception, et, par suite, que tous les jeux ou paris qui ne rentrent pas exactement dans la définition de ce dernier article doivent subir l'application du premier.

Ajoutons, d'ailleurs, en ce qui concerne les jeux, qu'il n'y a pas à distinguer entre ceux qui sont de pur hasard et ceux qui sont mélangés d'habileté et de hasard : les uns et les autres sont également soumis à la règle. C'est dire qu'il n'y a pas à se référer, pour l'interprétation de l'art. 1965, à la pensée qui, en droit pénal, a inspiré les dispositions prohibitives de la tenue de jeux : les art. 410, 475, 5°, et 477 du Code pénal sont, en effet, plus restreints dans leur portée que l'art. 1965 du Code Napoléon, en ce qu'ils s'appliquent seulement aux jeux de hasard proprement dits. C'est un point reconnu par la jurisprudence, qui journellement refuse d'assimiler aux jeux de hasard, dans le sens des dispositions prohibitives du Code pénal, certains jeux, par exemple la *poule* au jeu de *billard*, le jeu de cartes dit la *mouche,* etc. (1), qui, en droit civil, sont considérés comme dépouillés de toute action par application de l'art. 1965 du Code Napoléon.

622. Quant au pari, la question n'est pas aussi simple, et la difficulté tient ici : d'un côté, à ce que certaines conventions aléatoires très-permises se rapprochent tellement du pari qu'il est souvent fort difficile de les en distinguer; d'un autre côté, à ce que les contractants peuvent aisément déguiser le pari sous la forme d'autres contrats. Précisons néanmoins la règle de droit et rappelons que le pari, dans le sens de l'art. 1965, implique nécessairement la chance réciproque de gain ou de perte pour les deux parties : c'est là son caractère essentiel. Et disons en outre que, quel que soit le contrat dont les parties ont emprunté la forme pour déguiser le pari, le juge peut toujours, et en certains cas

(1) *Voy.* Crim. rej., 18 fév. 1858, 9 nov. 1861; Pau, 2 mai 1861 (S. V., 58, 1, 416; 62, 1, 326; *J. Pal.*, 1856, 1, 104; 1861, 1199; 1862, 1089; Dalloz, 58, 5, 219; 61, 5, 274).

même d'office (*infrà*, n° 636), rendre au contrat son véritable caractère pour lui faire produire ses conséquences légales (1).

D'après cela, nous verrons un pari dans le marché dont parle Loyseau, qui, dit-il, « se souvient d'avoir veu donner un arrest à la Cour, par lequel celui qui avoit acheté de la marchandise à haut prix, à payer quand il seroit prestre, mort ou marié, fut déclaré quitte en payant le juste prix, et défenses furent faites à toutes personnes de faire tels contrats. » (2) Au contraire, le marché dans lequel une augmentation du prix fixé aurait été stipulée pour le cas où un événement incertain viendrait à s'accomplir avant une époque déterminée sera considéré, non point comme un pari destitué de toute action, mais comme une vente parfaitement licite dont le prix serait subordonné à des conditions éventuelles (3). Il en serait de même de la convention par laquelle une partie assurerait à un propriétaire de vignobles une quantité de vin déterminée pour sa récolte de l'année, en se réservant, pour prime, le surplus de cette quantité, comme aussi en s'obligeant, en cas d'insuffisance, à fournir le complément en nature (4).

623. La règle une fois posée, nous n'avons pas la pensée, on le comprend bien, d'insister sur les applications dont elle peut être l'objet. Même sans entrer dans l'incommensurable voie des suppositions, et en nous en tenant uniquement aux faits relevés par les auteurs, aux paris dont on pourrait suivre la trace dans leurs écrits, nous serions conduit à des développements qui grossiraient le commentaire sans intérêt ni profit. Mais il y a certains paris qui, soit à cause de leur relation avec d'autres conventions, soit à cause des développements excessifs qu'ils ont pris de notre temps, et du caractère spécial qu'ils revêtent, ne peuvent pas être passés sous silence : nous y appellerons donc l'attention du lecteur.

624. En première ligne, nous dirons quelques mots des paris ou des gageures sur la vie des hommes. Ils se distinguent profondément de l'assurance sur la vie, avec laquelle pourtant on pourrait croire, si on s'en tenait aux apparences, que l'ancienne jurisprudence les avait confondus. L'ordonnance de la marine de 1681, liv. III, t. VI, art. 3, contenait, en effet, la prohibition formelle de faire aucune *assurance sur la vie*. Toutefois la confusion et l'équivoque n'étaient que dans les mots ; car les commentateurs entendaient les expressions de l'ordonnance comme s'appliquant, non pas au contrat, déjà pratiqué alors en Italie et en Angleterre et essayé en France, au moyen duquel on cherchait à se prémunir ou à prémunir un tiers contre le dommage pouvant résulter de la mort de celui dont l'existence était mise en risque, mais aux conventions dans lesquelles, en prenant la vie d'une personne pour

---

(1) Rej., 19 juin 1855; Amiens, 14 janv. 1859 (S. V., 56, 1, 162; 59, 2, 232; *J. Pal.*, 1855, t. II, p. 409; 1859, p. 204; Dalloz, 55, 1, 292; 59, 2, 70).

(2) Loyseau (*Déguerpissement*, liv. IV, chap. III, n°ˢ 13 et 14). — *Voy.* aussi Angers, 22 fév. 1809 (S. V., 9, 2, 244; Dalloz, alph., 9, 601).

(3) Rennes, 8 mars 1825 (S. V., Coll. nouv., 8, 2, 47).

(4) Poitiers, 23 mai 1855 (S. V., 55, 2, 430; *J. Pal.*, 1856, t. I, p. 190; Dalloz, 57, 2, 31).

base de la stipulation, on n'avait aucun préjudice à éprouver par l'effet du décès de cette personne complétement étrangère aux contractants. Ce sont donc ces dernières conventions que l'ordonnance prohibait, en ce qu'impliquant un pari, une spéculation sur la vie des hommes, elles présentaient un caractère tellement défavorable que le législateur avait cru les devoir réprouver.

De telles conventions, qui, au fond, n'ont rien de commun avec l'assurance sur la vie dont nous avons indiqué plus haut les formes principales (*suprà*, nᵒˢ 586 et suiv.), ne sont pas précisément interdites aujourd'hui, car la loi ne contient aucune disposition analogue à celles de l'ordonnance de la marine; mais elles seraient dépouillées de toute sanction par application de l'art. 1965, en ce que la convention, bien qu'elle affectât au plus haut degré la forme de l'assurance, n'en serait pas moins au fond une gageure, un véritable pari. Par exemple, vous savez que Paul, dont la vie et la mort ne vous importent en aucune manière au point de vue de vos intérêts pécuniaires, va faire un long voyage maritime, et au moment de son départ vous stipulez avec une compagnie que, moyennant une prime par vous payée, la compagnie vous devra 10 000 francs si Paul vient à périr : il est évident que, sous les apparences d'un contrat d'assurance, la convention n'est en réalité qu'une gageure, et qu'au fond la compagnie a parié que Paul arriverait au terme de son voyage en s'engageant à payer 10 000 francs s'il vient à périr auparavant, tandis que de votre côté vous avez parié que Paul n'arriverait pas en vous obligeant à payer le montant de la prime dans le cas contraire.

L'unique difficulté de la question consistera à distinguer et à reconnaître le caractère véritable et la portée de la convention intervenue entre les parties. Précisons, à cet égard, que le point à rechercher sera toujours de savoir si les contractants ont stipulé en vue de réparer ou de prévenir le dommage pouvant résulter, pour le stipulant, de la mort de celui qui contracte avec lui ou de telle autre personne indiquée au contrat, ou s'ils ont voulu spéculer sur un événement incertain et malheureux, la mort de l'un de leurs semblables. Dans le premier cas, il y a assurance sur la vie, contrat utile, essentiellement moral et auquel le législateur accorde toute sa protection; dans le second, il y a pari, contrat inutile, sans valeur juridique, et à raison duquel les parties sont dépourvues de toute action (1).

625. Nous insisterons plus longuement sur une autre espèce de paris qui de nos jours se sont développés dans les proportions les plus considérables : nous voulons parler des paris sur la hausse et la baisse des effets publics.

Quelque simples qu'elles soient ou quelque compliquées qu'on les suppose, les opérations dont sont l'objet, à la bourse, les effets publics et les valeurs susceptibles d'y être cotées se résument, en définitive, quant à la forme, en un achat ou une vente.

---

(1) *Voy.* M. Troplong (nᵒˢ 158 et suiv.). — *Voy.* cependant Limoges, 2 déc. 1836 (S. V., 37, 2, 182).

En allant du simple au composé, nous trouvons d'abord le marché *au comptant*. Par sa simplicité même et par son caractère d'actualité, cette opération est à peu près exclusive de l'idée de spéculation : aussi est-elle bien peu pratiquée à la bourse, où l'on tient que c'en serait fait du crédit public s'il fallait se résoudre à ne faire que des marchés au comptant. Quoi qu'il en soit, on pressent aisément comment s'accomplit l'opération et en quoi elle consiste : ce sont deux personnes dont l'une veut réaliser aujourd'hui telles ou telles valeurs qu'elle possède et en faire de l'argent, dont l'autre entend placer ses fonds précisément sur cette valeur ; l'*offre* de la première, la *demande* de la seconde, se rencontrent par l'entremise d'agents de change, et le marché est conclu immédiatement, ou tout au moins sans autre délai que le temps matériellement nécessaire pour consommer la mutation, c'est-à-dire l'intervalle d'une bourse à l'autre, s'il s'agit de titres *au porteur,* pour que l'échange se fasse entre le vendeur et l'acheteur, ou les quatre ou cinq jours exigés pour l'accomplissement des formalités du *transfert,* s'il s'agit de titres *nominatifs.* — Tel est le marché au comptant.

Vient ensuite la vente d'effets publics *à livrer,* autrement dit le *marché à terme.* C'est ici le véritable terrain de la spéculation, qui a sa raison d'être dans les variations si fréquentes de hausse et de baisse auxquelles est sujet le cours des effets publics et des valeurs de bourse : aussi le nombre des marchés à terme surpasse-t-il aujourd'hui celui des marchés au comptant dans des proportions telles que le chiffre de ceux-ci, pour une année entière, est à peine égal à celui des marchés à terme d'une seule bourse. Voici, au surplus, l'économie et le mécanisme de l'opération. Une personne, jugeant de l'état du marché par les circonstances dans lesquelles il se produit, par exemple les proportions de l'offre et de la demande, l'imminence de tels ou tels événements qu'elle prévoit, etc., estime que le cours des valeurs va prendre un mouvement de baisse ; et le 15 janvier, par exemple, la rente 3 pour 100 étant ce jour-là à 70 francs, elle donne mission à un agent de change de vendre pour elle, au cours du jour, un titre de 3 000 francs livrable quinze jours plus tard, soit le 30 janvier. Une autre personne, voyant les choses d'un autre œil, croit, au contraire, à la hausse ; en conséquence elle a acheté le titre par l'intermédiaire de son agent de change, et s'est obligée à payer la somme de 70 000 francs au jour convenu. Dans ces conditions, il y a *marché ferme,* et, quoi qu'il arrive du 15 au 30 janvier, quelles qu'aient été les oscillations de la rente, et quel que soit le taux auquel elle s'est arrêtée, la situation des parties est fixée d'une manière définitive. Si le vendeur a été trompé dans ses prévisions, en ce que la rente 3 pour 100, haussant au lieu de baisser, s'est arrêtée, le 30 janvier, à 71 francs, par exemple, il n'en devra pas moins livrer, pour les 70 000 francs convenus, le titre qui, au cours de ce jour, vaut 71 000 francs. Au contraire, si, sa prévision s'étant réalisée, la rente est descendue à 69 francs, par exemple, l'acheteur, qui avait compté sur la hausse, sera victime de ses fausses appréciations, et il devra payer 70 000 francs pour un titre qu'il aurait pu acquérir moyennant

69 000 francs le jour où il en prend livraison. Tel est le marché à terme.
— Cependant il y a une variété à laquelle la pratique a été conduite par
la nécessité de prévenir ou au moins d'atténuer dans une certaine mesure les dangers inhérents à la convention faite dans la forme et les conditions que nous venons de décrire : nous voulons parler du *marché
libre* ou *marché à prime,* ainsi appelé par opposition au précédent, qui
est le *marché ferme.* Ici, encore, la convention affecte la forme d'une
vente et d'un achat à terme ; mais elle est consentie sous cette condition que l'acheteur aura la faculté de renoncer au marché, en abandonnant une partie du prix, stipulée sous forme de *prime* et *payée* au moment où les contractants conviennent de l'opération. Ainsi une personne
croit entrevoir que le taux de la rente 3 pour 100 va monter ; le 15 janvier elle achète, au taux du jour, soit 70 francs, un titre de 3 000 francs
livrable le 30 janvier. Mais elle envisage en même temps que ses prévisions pourront ne pas se réaliser, ou même que la rente pourra subir
un mouvement de baisse ; et comme dans ce cas l'opération serait sans
profit pour elle ou même onéreuse, elle entend se réserver la faculté
de renoncer à l'opération moyennant la prime de 1 franc par titre de
3 francs de rente. Le marché est convenu dans ces conditions : en conséquence, l'acheteur paye à l'instant la prime de 1 000 francs ; et la convention exprime, dans une formule consacrée, mais quelque peu obscure
pour qui n'a pas la clef d'une langue toute spéciale, que le 15 janvier
il a été vendu à l'acheteur, pour livrer au 30 janvier, 3 000 francs de
rente 3 pour 100 à 70 francs, *dont un,* soit 70 000 francs, sur lesquels
le vendeur a reçu en compte la prime de 1 000 francs. Maintenant
vienne le 30 janvier, l'acheteur devra faire ce qu'on appelle *la réponse
des primes,* c'est-à-dire qu'il déclarera s'il *lève* ou non les titres, suivant
qu'en raison du cours du jour il aura intérêt à tenir le marché ou à y
renoncer. Par exemple, la rente est-elle montée à 72 francs, l'acheteur
lèvera les titres, puisqu'en payant les 69 000 francs qu'il reste devoir il
aura, moyennant 70 000 francs, un titre qui en vaut 72 000. Au contraire, la rente est-elle descendue à 68 francs ou plus bas, il renoncera
au marché, et la prime de 1 000 francs sera acquise au vendeur, comme
une sorte de dédit. Cette somme de 1 000 francs sera perdue sans doute,
dans ce cas, pour l'acheteur, qui ne recevra rien en échange ; mais la
prime lui aura permis de limiter à ce chiffre sa perte, qui serait plus
considérable s'il devait tenir le marché, puisqu'à la prime déjà soldée
de 1 000 francs il devrait ajouter 69 000 francs pour payer un titre qu'il
peut, au cours du jour, acquérir moyennant 68 000 francs ou même
moins.

Nous arrivons enfin à une dernière opération : c'est le *report.* Celle-ci
consiste à acheter au comptant, et à revendre au même moment et à
terme, une valeur, un effet public, ou réciproquement à vendre et à racheter ladite valeur simultanément. Elle a pour objet la réalisation du
bénéfice qui résultera de la différence entre le cours au comptant et le
cours à terme, laquelle différence se produit en conséquence de ce que
les effets publics, en général, acquièrent d'autant plus de valeur qu'on

approche davantage du jour où l'intérêt en doit être payé, en sorte que d'ordinaire ils se payent plus cher à terme qu'au comptant. — Le report, comme les autres opérations de bourse, affecte la forme d'un achat et d'une vente; mais, *au fond,* il diffère de ces opérations en ce qu'il constitue un prêt sur nantissement, dont nous apprécierons les effets et la portée dans notre traité-commentaire sur le *Nantissement.* Il en diffère sous un autre rapport encore : c'est que l'opération n'est pas unique habituellement; en effet, elle est répétée aux époques fixées par l'usage pour les liquidations, c'est-à-dire de quinzaine en quinzaine, et chaque fois elle donne lieu à un règlement de différences qui, suivant qu'il y a gain ou perte, sont supportées par le reporté ou lui profitent.

626. Ces diverses opérations, même celles qui sont déterminées en général par une pensée de spéculation, peuvent être loyales, sérieuses et parfaitement sincères; mais il est vrai de dire qu'elles sont trop fréquemment purement fictives.

Ainsi, quand un marché à livrer, *ferme ou libre et à prime,* est conclu entre deux personnes par l'intermédiaire d'agents de change, l'opération est légitime, et on n'y saurait trouver rien à reprendre si les contractants ont agi sérieusement, c'est-à-dire avec l'intention, l'un de livrer au terme convenu, l'autre de prendre livraison. Un homme dont la solvabilité est constante peut très-bien, en effet, dans une prévision de hausse, consacrer à l'achat d'effets publics une somme qu'il n'a pas à sa disposition à l'heure du marché, mais qu'il est assuré d'avoir au moment où il devra prendre livraison. Et à l'inverse, celui qui croit à la baisse peut très-bien vendre à terme des effets ou des titres que, pour une cause ou une autre, il n'a pas aujourd'hui sous la main, mais qu'il aura certainement le jour où il les devra livrer. Encore une fois, il n'y a dans tout cela rien qui ne soit parfaitement légitime; et assurément il y aurait excès à invalider de telles conventions, qui, en définitive, peuvent n'être que des actes de bonne administration. — Mais l'opération prend bientôt un autre caractère si, au lieu de s'accomplir entre l'acheteur et le vendeur sérieux et solvables que nous supposons, elle est conclue entre personnes qui non-seulement ne possèdent ni les titres ni l'argent, objet du marché, mais encore qui n'ont ni le désir, ni même la possibilité de les avoir jamais. Entre de tels contractants, le marché à livrer ou à terme implique une spéculation non pas sur les effets eux-mêmes, car, en réalité, il n'y a ici aucun effet qui doive entrer en circulation, mais uniquement sur l'écart qui pourra exister entre le cours du jour de la convention et celui du jour fixé pour la livraison supposée.

Par exemple, Paul achète à Pierre, le 15 janvier, à 70 francs, 9 000 francs de rente 3 pour 100 livrables le 30 janvier. C'est un marché ferme : il en résulte que Paul, d'une part, est dès à présent constitué débiteur d'une somme de 210 000 francs payables le 30 janvier, quel que soit le taux de la rente à cette date; d'une autre part, que Pierre est dès maintenant obligé à livrer le même jour les titres de 9 000 francs de rente 3 pour 100, quel qu'en soit le taux également. —

Si Paul et Pierre sont des contractants sérieux, il y a là une opération réelle, et l'on prévoit ce qui va se passer : le 30 janvier venu, Pierre livrera les titres et Paul en prendra livraison en payant 210 000 francs, en sorte que si la rente, ce jour-là, était descendue, par exemple, à 69 francs, Paul aurait fait une mauvaise affaire, puisqu'au 30 janvier il aurait pu acquérir les mêmes titres en payant 3 000 francs de moins, et, à l'inverse, que si la rente était montée à 71 francs, la mauvaise affaire serait pour Pierre, qui, en vendant ses titres ce jour-là, en aurait retiré 3 000 francs de plus. — Mais si Paul et Pierre ne sont pas des contractants sérieux ; si Pierre n'avait pas les titres qu'il a vendus ou s'il n'avait pas l'intention de les vendre ; si Paul, de son côté, n'avait pas les 210 000 francs, prix du marché, ou n'avait pas l'intention d'acheter, l'opération n'est que fictive : c'est un marché imaginaire, c'est une affaire supposée, et incertaine aussi bien que les fluctuations de la bourse qui en sont la raison même : en définitive, il y a uniquement, dans la pensée et dans les prévisions des parties, une différence que Paul, qui a traité en vue de la hausse, devra payer à Pierre si, au jour convenu, la rente se trouve en baisse, et que Pierre, qui au contraire a spéculé sur la baisse, payera à Paul si le cours de la rente a monté.

De même, en ce qui concerne le report, l'opération est sérieuse et légitime, ou fictive et illicite, suivant les vues, l'intention et la situation de celui qui s'y livre. En effet, l'opération est réelle et vraie si elle porte sur des valeurs ayant une existence certaine et connue. Par exemple, un capitaliste ayant en main une somme disponible, mais dont il n'aura l'emploi que dans un ou deux mois, en veut faire, en attendant, un placement utile ; il achète au comptant du 3 pour 100, qui est à 70 francs, et immédiatement ou en même temps il le revend fin courant à 70 fr. 35 cent., taux du 3 pour 100 à terme ; puis l'opération se renouvelle ou est *reportée* de quinzaine en quinzaine jusqu'au jour où le capitaliste peut réaliser l'emploi auquel son capital est destiné : au fond, il y a là un prêt qui, en mettant le prêteur à l'abri de la baisse, laquelle reste à la charge de l'emprunteur, lui procure, comme intérêt, la différence entre le taux de la rente au comptant et celui de la rente payable à terme. Et qui pourrait dire que l'opération n'est pas loyale et légitime ?... Mais si, au lieu d'un capitaliste ayant ses fonds, on suppose un spéculateur qui ne dispose de rien, ou de presque rien eu égard aux sommes dont il aurait besoin pour payer ses marchés fermes ; qui n'emploie le report que comme moyen de soutenir des spéculations hasardeuses entreprises sur des valeurs ou des effets dont il n'a jamais eu la pensée de prendre livraison ; qui depuis le commencement jusqu'à la fin de l'opération, et à chacune des liquidations successives auxquelles l'opération a donné lieu, n'a fait que percevoir ou payer des différences suivant le mouvement des cours... nous avons alors une suite d'opérations qui, dans le fait comme dans l'intention de notre spéculateur, n'ont jamais eu pour base que le hasard et la fiction.

627. Quand elles présentent ce dernier caractère, les opérations de bourse constituent, sous l'apparence d'une affaire régulière, un véri-

table pari sur la hausse et la baisse des effets publics ; et, à ce titre, elles sont destituées de toute action. Toutefois précisons bien la cause en raison de laquelle les parties ne peuvent demander à la justice de prêter son appui à la convention qu'elles ont formée. On a coutume de dire que si l'accès des tribunaux doit être refusé à quiconque s'est engagé dans un pari sur la hausse et la baisse des effets publics, c'est par une application directe de notre art. 1965, d'après lequel, en thèse générale, aucune action n'est accordée pour le payement d'un pari. Quoique généralement admise, la proposition, cependant, manque d'exactitude. Prenons garde, en effet, que l'art. 1965 est écrit en vue du jeu et du pari élevés par la loi au rang des contrats civils ; nous n'avons pas à revenir ici sur les observations présentées plus haut à cet égard (voy. *suprà*, n° 603) ; nous les rappelons seulement pour montrer que l'art. 1965 est, dans ce cas particulier, tout à fait hors de cause. Car, loin qu'à l'égal du pari en général, le pari sur la hausse et la baisse des effets publics soit élevé au rang de contrat civil, il constitue un fait délictueux prévu et puni par les art. 420 et 421 du Code pénal (*suprà*, n° 604). C'est donc uniquement parce que, dans ce cas, le pari présente ce caractère que ses agents ne sauraient être admis à en poursuivre l'exécution en justice : la cause qui ne leur permet pas de demander aux tribunaux civils de sanctionner leurs promesses ou engagements n'est pas dans l'art. 1965 du Code Napoléon ; elle est dans l'art. 1131 du même Code combiné avec les art. 420 et 421 du Code pénal.

628. Ceci dit dans l'intérêt de la vérité juridique, nous passons à un point dont les observations qui précèdent font pressentir la grande importance : il s'agit de distinguer, dans les opérations de bourse, les affaires régulières et sérieuses, qui, comme telles, ont droit à la protection de la justice, de celles qui, étant fictives, tombent sous la prohibition et les rigueurs de la loi. A quel signe, donc, peut-on les reconnaître ? C'est la difficulté la plus grave de cette matière. Notre ancienne législation y avait coupé court au moyen des arrêts du conseil dont nous avons eu à nous occuper déjà à un autre point de vue (*suprà*, n° 604). Le premier, celui du 24 septembre 1724, enjoignait aux particuliers qui voulaient « acheter ou vendre des papiers commerçables et autres effets, *de remettre l'argent ou les effets* aux agents de change, avant l'heure de la bourse, sur leur reconnaissance portant promesse de leur en rendre compte dans le jour... » (Art. 29.) L'art. 30 ajoutait : « Lorsque deux agents de change seront d'accord, à la bourse, d'une négociation, ils se donneront réciproquement leur billet, portant promesse de *se fournir dans le jour*, savoir : *par l'un les effets négociés, et par l'autre le prix desdits effets.* » Ces dispositions, sans prononcer expressément la nullité des marchés à terme, en impliquaient évidemment la prohibition, et ne laissaient la porte ouverte qu'aux marchés au comptant. Toutefois, la législation se relâcha plus tard de cette sévérité. Un second arrêt du conseil, intervenu à la date du 7 août 1785, *déclara nuls,* par son art. 7, « les marchés et compromis d'effets royaux et autres quelconques, qui se feraient à terme, et sans livraison desdits effets,

ou *sans le dépôt réel d'iceux*, constaté par acte dûment contrôlé, au moment même de la signature de l'engagement... » (Art. 7.) Comme on le voit, l'arrêt autorisait formellement les marchés à terme, en imposant seulement aux vendeurs l'obligation de ne pas vendre à découvert, c'est-à-dire sans être nantis des effets vendus, dont il fallait au moins faire le dépôt préalable; mais rien de semblable n'était imposé aux acheteurs, dont la liberté restait entière. Du reste, la même disposition exceptait de la nullité prononcée les marchés et compromis faits avant la publication de l'arrêt; elle décidait que ces marchés et compromis « auraient leur exécution, sous la condition expresse de les faire contrôler, par le premier commis des finances, dans la huitaine à compter de la publication, et de livrer ou de déposer, par acte en bonne et due forme, dans l'espace de trois mois, les effets dont la livraison aurait été promise... » Le résultat de ce contrôle ne fut pas désastreux autant qu'on l'avait craint; beaucoup d'opérations se liquidèrent par des compensations; d'autres parurent sérieuses, les parties étant en mesure d'effectuer et de prendre livraison. Ces circonstances, jointes aux réclamations nombreuses qui s'élevèrent contre l'arrêt, en amenèrent un nouveau, à la date du 2 octobre 1785, par lequel le roi en son conseil, tout en maintenant la nullité des marchés et compromis d'effets royaux et autres quelconques, faits à terme *sans livraison desdits effets ou sans le dépôt réel d'iceux*, ajoutait « qu'il pourrait seulement être suppléé au susdit dépôt par ceux qui, étant constamment propriétaires des effets qu'ils voudraient vendre, et ne les ayant pas alors entre leurs mains, *déposeraient chez un notaire les pièces probantes de leur propriété*. » (Art. 6.) Enfin, en présence de manœuvres nouvelles pratiquées en vue d'éluder les dispositions de la loi, il intervint, le 22 septembre 1786, un nouvel arrêt dont le préambule précise nettement l'objet et met en lumière les pratiques contre lesquelles il était dirigé : « Les défenses portées par l'arrêt du 7 août 1785, y est-il dit, ont, à la vérité, anéanti l'usage de ces compromis illusoires, inventés par la cupidité, et qui présentaient des pièges à la bonne foi, des ressources à l'intrigue, et des écueils à tous les gens avides de fortune; mais l'intérêt, toujours ingénieux à s'affranchir de ce qui le captive, a trouvé moyen d'éluder le règlement qui interdit tout marché d'effets royaux ou publics, sans livraison ou dépôt réel des objets vendus. Des reconnaissances concertées, des déclarations annulées par des contre-lettres, et des dépôts fictifs, voilent aujourd'hui les contraventions et rendent fort difficile d'en découvrir la trame... » En conséquence, l'arrêt, dans son dispositif, ordonne que ceux des 7 août et 2 octobre 1785 seront exécutés, et notamment l'art. 7 du premier, « et, en outre, qu'il ne pourra être fait à l'avenir aucun marché d'effets royaux ou autres effets publics, ayant cours à la bourse, pour être livrés *à un terme plus éloigné que celui de deux mois à compter de sa date* », et déclare nuls tous les marchés qui seraient à un plus long terme.

Telle a été, dans son ensemble, la législation antérieure à 1789 ; et l'on comprend que sous son empire rien n'était plus facile que de faire la distinction entre le marché fictif et le marché sérieux. Le marché à terme était légal sans doute, mais à la condition que le vendeur fût en possession des titres au moment de l'engagement, qu'il fît le dépôt préalable de ces titres ou au moins des pièces probantes de sa propriété, et que l'échéance, en tout cas, ne dépassât pas deux mois. Donc tout marché à terme qui ne se produisait pas dans ces conditions était réputé fictif par la présomption même de la loi.

629. Dans l'état actuel de la législation, les arrêts du conseil dont l'analyse précède ne sauraient plus être pris pour règle.

Il est vrai que les dispositions en avaient été maintenues et même aggravées par la législation intermédiaire. Ainsi, la loi du 8 mai 1791 et celle du 13 fructidor an 3 imposaient aux anciens agents de change le devoir d'exercer leurs fonctions *conformément aux anciens règlements,* et déclaraient agioteur quiconque serait convaincu d'avoir vendu des effets *dont, au moment de la vente, il ne serait pas* propriétaire. La loi du 28 vendémiaire an 4 vient ensuite, qui, renchérissant sur les arrêts du conseil de 1785 et de 1786 auxquels seuls les lois de 1791 et de l'an 3 semblaient s'être référées, proscrit les marchés à terme d'une manière absolue, autorisant et validant les seuls marchés *au comptant* (chap. I, art. 15; chap. II, art. 3 et 4).

Mais ces dispositions se trouvent aujourd'hui abrogées avec celles des anciens arrêts du conseil par le Code pénal, qui, après avoir posé en règle générale que le pari sur la hausse ou la baisse des effets publics constitue un délit (art. 421), répute pari de ce genre « toute convention de vendre ou de livrer des effets publics *qui ne seront pas prouvés par le vendeur avoir existé à sa disposition au temps de la convention, ou avoir dû s'y trouver au temps de la livraison.*» (Art. 422.) Il résulte de là qu'il n'est plus possible aujourd'hui de contester, en principe, la validité des marchés à livrer ou à terme; il en résulte, en outre, que la validité de ces sortes de marchés n'est plus subordonnée à la possession actuelle des titres vendus, ni au dépôt préalable soit de ces titres, soit des pièces probantes de la propriété, et que l'intention sincère et loyale de vendre ou d'acheter, la possibilité de livrer ou de prendre livraison à l'échéance, ne fût-on pas en possession des effets ou de l'argent au moment de la convention, suffisent pour écarter toute idée de pari et doivent amener à reconnaître qu'il y a eu entre les parties un marché véritable et sérieux.

630. La jurisprudence, cependant, en avait d'abord pensé autrement. Après avoir reconnu un instant qu'il n'existe *aucune loi en vigueur* qui proscrive les marchés à terme (1), elle s'était prononcée bientôt en sens contraire, et avait décidé, en prenant les anciens arrêts du conseil comme ayant force et vigueur, que les marchés à terme d'effets publics sont prohibés et nuls s'il n'y a dépôt préalable des effets ou

_____

(1) Paris, 13 fruct. an 13 et 29 mai 1810 (S. V., 24, 2, 347; 11, 2, 25; Coll. nouv., 2, 2, 89; 3, 2, 280; Dalloz, 1, 100; 11, 2, 103). *Voy.* encore Rej., 22 juin 1814 (S. V., Coll. nouv., 4, 1, 585; Dalloz, 24, 1, 313). — *Voy.* cependant Cass., 27 nov. 1811 (S. V., Coll. nouv., 3, 1, 429; Dalloz, alph., 6, 760).

des titres. Cela fut décidé notamment dans le célèbre procès débattu, il y a quarante ans, entre le comte de Forbin-Janson et l'agent de change Perdonnet ; et la décision était d'autant plus significative que les circonstances de la cause, dans leur caractère avoué, auraient permis à la justice d'annuler les opérations qui lui étaient soumises, sans toucher aux théories de droit sur lesquelles elle crut devoir s'appuyer.

Dans l'espèce, le comte de Forbin-Janson avait obtenu l'intermédiaire et le concours de l'agent de change Perdonnet pour des opérations de bourse auxquelles il avait l'habitude de se livrer. Après avoir fait, en novembre 1822, une première affaire qui s'était liquidée par une différence de 22 900 francs en sa faveur, il donna mission, le mois suivant, à son agent de change, d'acheter 150 000 francs de rentes sur l'État, livrables fin janvier 1823, contre le payement d'une somme de 1 334 450 francs. Il avait remis, comme couverture, trois cents actions du canal de Bourgogne, évaluées 156 000 francs. Les circonstances vinrent bientôt tromper les prévisions du comte de Forbin-Janson, dont l'opération impliquait évidemment une spéculation à la hausse. En effet, une baisse effrayante se manifesta au cours du mois de janvier ; et l'agent de change, qui se trouvait à découvert, ayant fait à son client sommation de prendre livraison, si mieux il n'aimait lui donner ordre de revendre, revendit, en effet, à la bourse du 1er février 1823, avec une perte de 341 325 francs. Compensation faite jusqu'à concurrence avec le produit des actions du canal de Bourgogne remises à titre de couverture, le comte de Forbin-Janson resta débiteur de 281 000 fr., au payement desquels il fut condamné par jugement du Tribunal civil de la Seine. Mais, sur l'appel, le jugement fut infirmé. Par quels motifs ? L'arrêt, rendu à la date du 9 août 1823, en contient de deux sortes : les uns de droit, les autres de fait. Ces derniers auraient pu suffire évidemment : la Cour constatait, en effet, qu'il résultait des circonstances, d'une part, que le comte de Forbin-Janson n'avait eu d'autre intention que celle de jouer sur des différences de bourse ; d'une autre part, que l'agent de change Perdonnet avait connu cette intention et s'était prêté, en connaissance de cause, aux actes et aux opérations à l'aide desquels son client avait voulu la réaliser. Il n'en fallait pas davantage pour justifier la conclusion, à savoir, qu'en présence d'une spéculation manifestement illicite, l'agent de change n'avait aucune action contre le client qui se refusait à effectuer le remboursement.

Mais soit qu'elle fût dominée par la pensée de modérer le mouvement qui, à ce moment, ramenait les marchés à terme dans la pratique des affaires, et dont les circonstances de la cause ne manifestaient que trop l'ardeur immodérée, soit par tout autre motif, la Cour de Paris voulut aller au delà. Elle rendit donc une décision doctrinale où on lit « qu'il résulte des lois et règlements sur la négociation des effets publics et sur les obligations imposées aux agents de change que la volonté constante du législateur, *depuis l'établissement de la bourse,* a été de prévenir les conséquences désastreuses qu'entraînerait, pour la société, le jeu ou le pari sur la variation du cours des effets publics ; que, *dans les marchés à terme,* le caractère du jeu et du pari sur les effets publics se manifeste principalement par la circonstance que la livraison des effets vendus *n'a pas été faite entre les mains de l'agent de change, et que le dépôt des mêmes effets n'a pas été régulièrement constaté au moment même de la signature de l'engagement;* que le caractère du jeu ainsi défini, il s'ensuit que les marchés entachés de ce vice sont entièrement nuls, et que la ratification qui en aurait été faite, ainsi que l'obligation à laquelle elle aurait donné naissance, n'ayant pour cause que des opérations illicites, ne peut servir de base à une action judiciaire...; que la stricte exécution des lois et règlements en cette matière peut seule mettre un frein à cette ardeur immodérée de s'enrichir qui s'est emparée des pères de famille qui, au lieu de se livrer à des professions honnêtes et utiles, se précipitent dans des spéculations désavouées par la morale, et toujours suivies d'une ruine complète ou d'une fortune scandaleuse... »

Et, de son côté, la Cour de cassation, quand elle aurait si bien pu rejeter le pourvoi par la fin de non-recevoir tirée de l'appréciation de faits à laquelle les juges du fond s'étaient livrés dans une partie de leur décision, aima mieux aborder le point de droit discuté dans l'autre partie; et, plus explicite encore que la Cour de Paris, elle posa expressément en thèse, ce qui ne résultait que par induction de l'arrêt attaqué, l'incompatibilité des marchés à terme avec les anciens arrêts du conseil, dont elle appliqua les dispositions en les tenant comme encore en vigueur. « Considérant, dit-elle, qu'il résulte des arrêts du conseil des 7 août, 20 octobre 1785 et 22 septembre 1786, que les marchés à terme d'effets publics sont nuls lorsque le dépôt de ces effets ou les formalités qui peuvent y suppléer, aux termes desdits règlements, n'ont pas été exécutés; que cette mesure est fondée, ainsi qu'il est dit dans le préambule du premier de ces arrêts du conseil, sur ce que ces sortes de marchés « sont des engagements qui, dépourvus de cause et » de réalité, n'ont, suivant la loi, aucune valeur, occasionnent une » infinité de manœuvres insidieuses tendant à dénaturer momentané-» ment le cours des effets publics, à donner aux uns une valeur exa-» gérée, à faire des autres un emploi capable de les décrier, etc... »; que ces motifs et la prohibition de ces sortes de marchés sont reproduits, et par conséquent confirmés, maintenus par la loi du 28 vendémiaire an 4; que les décisions judiciaires que l'on oppose pour prouver que ces dispositions sont tombées en désuétude ne sont concluantes ni en fait ni en droit : en fait, parce que, dans le nombre des décisions produites, il en est plusieurs qui reconnaissent, dans leurs motifs, que les lois contre les marchés à terme d'effets publics n'ont pas cessé d'être en vigueur, et qu'ils n'en ont écarté l'application que par des circonstances particulières tirées des espèces jugées; en droit, parce que l'on ne peut prescrire contre l'exécution des lois que le législateur signale lui-même, en les publiant, comme étant indispensables au bien de l'État et au maintien de la morale publique; que leur abrogation ne peut résulter que d'une loi; qu'ainsi, si, **comme on le prétend,** celle dont il s'agit ne peut se concilier avec les besoins du commerce, avec le système actuel des finances et du crédit public, le gouvernement seul a le droit de peser ces considérations et de les juger; — que l'on n'est pas mieux fondé à soutenir que cette loi a été abrogée, soit par l'art. 90 du Code de commerce, soit par l'art. 422 du Code pénal; que l'objet de l'art. 90 du Code de commerce a été de donner au gouvernement le droit de faire des règlements d'administration publique sur les négociations des effets publics, et nullement de révoquer et d'annuler les lois et règlements qui existaient alors à ce sujet; que, quant aux art. 421 et 422 du Code pénal, il est certain que les arrêts de 1785 et de 1786 n'ont pas été explicitement rapportés par ces articles; que cela est évident et non contesté; que l'on ne pourrait en induire une abrogation implicite qu'autant que leur disposition serait inconciliable avec celle des arrêts du conseil, en telle sorte que l'une et l'autre ne pussent être simultanément exécutées; mais qu'il en est autrement puisque, d'une part, rien ne s'oppose à ce que, conformément aux arrêts du conseil, les marchés à terme d'effets publics soient annulés lorsqu'ils n'ont pas été précédés du dépôt prescrit, et, d'autre part, à ce que, conformément au Code pénal, il y ait lieu à l'application de la peine qu'il inflige, lorsque le vendeur n'a pas à sa disposition, au moment du contrat, les effets qu'il vend, ou qu'il ne doit pas les avoir au temps de la livraison; qu'ainsi les arrêts du conseil ne prononcent que dans un intérêt purement civil sur l'acte passé entre les parties, et que le Code pénal, qui n'avait à s'occuper ni de cet acte, ni de cet intérêt, ne prononce, dans le cas qu'il prévoit, que sur la personne des contractants : d'où résultent deux dispositions différentes, mais non contraires, et dont, par conséquent, l'une n'a pas pour effet nécessaire de révoquer l'autre... » (1)

631. D'autres décisions encore avaient été rendues dans le même sens (2). Néanmoins, les tribunaux n'ont pas tardé à reconnaître qu'en présence des termes précis de l'art. 422 du Code pénal, la jurisprudence ne pouvait pas être maintenue dans la voie où elle venait d'être engagée. C'est qu'en effet il y a, entre les termes de cet article et le texte des anciens arrêts du conseil, une incompatibilité radicale. Vainement l'arrêt qui précède a-t-il cherché une conciliation impossible dans l'idée que les arrêts du conseil auraient prononcé *dans un intérêt purement civil* sur l'acte passé entre les parties : ce n'est là qu'une supposition, et elle est gratuite. La vérité est, et nous l'avons établi plus haut (*suprà*, n° 604), que les arrêts du conseil, en 1724, 1785 et 1786, furent en même temps et la loi civile et la loi pénale de la

---

(1) Rej., 11 août 1824 (S. V., 24, 1, 409, et Coll. nouv., 7, 1, 513; Dalloz, 24, 1, 306).
(2) La Cour de cassation en avait elle-même rendu une seconde à cette même date du 11 août 1824 (S. V., 24, 1, 414, et Coll. nouv., 7, 1, 516; Dalloz, 24, 1, 322).—*Junge :* Paris, 18 fév. et 10 avr. 1823; Orléans, 30 nov. 1825; Req., 2 mai 1827 (S. V., Coll. nouv., 7, 2, 176 et 255; 8, 2, 509; 1, 586; 27, 1, 450; Dalloz, alph., 6, 756, et 27, 1, 227). — *Voy.* encore, en ce sens, MM. Coffinières (*De la Bourse et de ses spéculations,* p. 109 et suiv.); Jeannotte-Bozérian (*la Bourse, ses opérations et ses opérateurs,* t. I, n° 253 et suiv.; t. II, n°s 451 et suiv.).

matière. A côté de la présomption de fraude qu'ils établirent, le premier contre les marchés à terme d'une manière absolue, les deux autres contre tout marché qui n'aurait pas été précédé du dépôt soit des titres, soit des pièces probantes de la propriété, ils placèrent une sanction pénale contre quiconque, méconnaissant les prohibitions établies, aurait contrevenu à leurs dispositions. Le caractère pénal des arrêts du conseil est donc incontestable; et il est impossible de n'en pas demeurer convaincu, quand on se reporte aux jugements qui furent rendus, à l'époque, par les commissaires généraux, auxquels le roi, en évoquant la connaissance du fait à son conseil, attribua juridiction. « Nous, commissaires généraux, porte entre autres un jugement du 29 novembre 1786,... avons ordonné et ordonnons que les arrêts du conseil concernant les marchés à terme seront exécutés; ce faisant, avons déclaré nuls et de nul effet les marchés dont il s'agit, comme faits à terme, sans livraison ni dépôt préalable; ordonnons que toutes sommes payées d'avance à compte desdits marchés, soit à titre de prime ou autrement, seront restituées; *condamnons les sieurs de Saint-Didier et de Saint-Albine chacun à l'amende de* 24 000 *livres portée par l'arrêt du* 7 *avril* 1785. » (1)

Cela étant, il est bien évident que les dispositions des anciens arrêts du conseil ont fait place à celles du Code pénal de 1810; et, par cela même, il est évident aussi qu'il n'y a plus aujourd'hui de signe déterminé par la loi pour distinguer le marché fictif du marché sérieux. Que dit, en effet, l'art. 422 du Code pénal? Qu'il y a lieu de réputer pari sur la hausse ou la baisse toute convention de vendre ou de livrer des effets publics *qui ne seront pas prouvés par le vendeur avoir existé à sa disposition au temps de la convention, ou avoir dû s'y trouver au temps de la livraison.* Donc on ne peut plus dire, soit avec l'arrêt de 1724, que tout marché d'effets publics n'est pas sérieux dès qu'il est à terme, soit avec les arrêts de 1785 et 1786, qu'un tel marché est réputé fictif quand il n'y a pas eu dépôt préalable des titres ou des pièces probantes de la propriété. La loi actuelle a mis à l'écart ces conditions, dont les circonstances de l'époque peuvent expliquer la rigueur. Elle a compris que les marchés à terme sont, en définitive, une nécessité du crédit public, et elle n'a eu garde de les mettre en suspicion. D'un autre côté, elle a senti que quand, en droit commun, l'opération la plus usuelle et la plus utile, particulièrement en matière commerciale, consiste à vendre la chose qu'on n'a pas, mais qu'on se procurera au moment voulu, il n'y a pas de motif vraiment pour que les effets publics, qui en définitive sont une valeur commerciale, soient placés dans une condition exceptionnelle sous ce rapport; et elle a supprimé la présomption de fraude attachée par l'ancienne loi à l'absence de la nécessité du dépôt préalable. Que demande-t-elle aujourd'hui à la spéculation? La preuve que le vendeur d'effets publics a eu la volonté sérieuse,

---

(1) Ce jugement, qui se trouve à sa date dans la Collection de Simon et Nyon, a été rapporté par Merlin (*Rép.*, v° Marché à terme, § 2, n° 1, note).

la possibilité de vendre, et que les effets étaient à sa disposition au jour de l'engagement, ou qu'ils ont dû s'y trouver au moment de la livraison ; la preuve que l'acheteur, de son côté, a eu l'intention d'acheter, et que s'il n'a pas, au jour du marché, il aura du moins, au terme convenu, le moyen de prendre livraison : la loi n'exige rien de plus. Il est donc bien vrai qu'il n'y a plus aujourd'hui, comme autrefois, de signe précis, de présomption légale à l'aide de laquelle on puisse distinguer le pari sur la hausse et la baisse du marché à terme véritable et sérieux, et que, sur ce point, tout, en définitive, se résume en une question de fait à résoudre d'après les circonstances, telles que le nombre des opérations, l'importance des sommes engagées, la position de fortune des contractants, et toutes autres qui rentrent dans l'appréciation souveraine des tribunaux.

C'est à ce parti, dominant aujourd'hui dans la doctrine des auteurs (1), que la jurisprudence s'est définitivement arrêtée. Elle n'y est pas venue tout d'un coup : à l'origine, les décisions par lesquelles elle abandonnait ses premiers errements semblent établir une distinction entre l'achat et la vente, et tandis que l'action dirigée par un agent de change contre un *acheteur* à terme d'effets publics est admise même quand celui-ci n'avait pas consigné son prix d'achat, au contraire, l'action dirigée contre le vendeur par l'agent qui, en recevant l'ordre de vente, n'a pas exigé le dépôt des titres ou au moins la preuve de la propriété, est rejetée (2). Mais ces décisions, qui, selon l'expression de M. Troplong, montraient des intentions progressives et intelligentes (3), étaient un acheminement vers la doctrine plus large et aussi plus exacte que nous venons de rappeler, et le dernier pas qui restait à faire dans cette voie ne s'est pas fait longtemps attendre : dès l'année 1849, la jurisprudence a décidé, en principe, abstraction faite de toute distinction entre l'achat et la vente, que les marchés à terme peuvent être déclarés sérieux et valables alors même qu'il n'y aurait ni livraison de titres, ni dépôt de prix, et que ceux-là seuls sont prohibés par la loi, par conséquent illicites et exclusifs de l'idée que l'exécution en puisse être poursuivie en justice, qui, d'après les circonstances, doivent être considérés comme servant à déguiser des opérations de nature à se résoudre nécessairement en différences par l'effet de la volonté originaire des parties (4).

Tel est le dernier état de la jurisprudence : il répond trop exacte-

---

(1) *Voy.* MM. Mollot (*Bourses de comm.*, n°s 450 et suiv.); Frémery (*Étud. comm.*, chap. XLV); E. Vincens (*Législ. comm.*, liv. VI, chap. V); Troplong (n°s 102 et suiv.); Aubry et Rau, d'après Zachariæ (t. III, p. 416); Massé et Vergé, sur Zachariæ (t. V, p. 21, note 3); D. Pilette (*Rev. prat.*, t. XV, p. 243 et suiv.).

(2) *Voy.* Req., 30 nov. 1842; Paris, 29 mars 1832, 9 juin 1836, 17 fév. 1842, 14 mars 1842 (S. V., 43, 1, 897; 32, 2, 293; 37, 2, 85; 42, 2, 255 et 232; Dalloz, 43, 1, 421; 32, 2, 150; 36, 2, 126; 42, 2, 231 et 232; *J. Pal.*, 1843, t. II, p. 628).

(3) *Voy.* M. Troplong (n° 143).

(4) Req., 27 janv. 1852, 1er avr. 1856; Paris, 25 avr. 1849, 11 mars 1851, 16 juill. 1851, 22 nov. 1852, 19 janv. 1858; Bordeaux, 15 juin 1857; Metz, 23 juin 1857 (S. V., 54, 1, 140; 57, 1, 192; 51, 2, 145 et 512; 57, 2, 733; 58, 2, 328; 59, 2, 81; Dalloz, 52, 1, 291; 56, 1, 148; 49, 2, 215; 51, 2, 217; 54, 2, 20; *J. Pal.*, 1853, t. I, p. 449; 1857, p. 1180; 1849, t. I, p. 571; 1851, t. II, 257; 1854, t. I, p. 390; 1858, p. 742).

ment aux besoins réels du commerce et du crédit public pour qu'il y ait à craindre de nouveaux retours.

632. Du reste, l'application n'en doit pas être restreinte aux seuls marchés à terme ; elle s'étend aussi aux opérations de report. En effet, nous l'avons indiqué plus haut (*suprà, n° 626*), il y a, en ce qui concerne les reports, comme relativement aux marchés à terme, des opérations régulières et parfaitement licites, et des opérations qui, sous les apparences du report, masquent de véritables paris. Dans ce dernier cas, non-seulement les parties ne peuvent pas poursuivre en justice l'exécution de leur convention, mais encore les opérations auxquelles elles se sont livrées les placent sous le coup des art. 421 et 422 du Code pénal. On a soutenu, cependant, qu'en se rendant bien compte de l'opération, on doit rester convaincu que, même dans le cas où il se résout en la différence entre le cours de la rente au comptant et le cours de la rente à terme, le report ne tombe pas sous l'application de nos lois pénales (1). Mais la jurisprudence en a décidé autrement : d'une part, la Cour de Paris, statuant en matière civile, a invalidé des opérations de cette nature par un arrêt qui a été vainement déféré à la censure de la Cour de cassation (2) ; d'une autre part, la Cour impériale de Toulouse, jugeant correctionnellement, a fait, aux parties qui s'y étaient livrées, l'application des art. 421 et 422 du Code pénal par une décision qui a de même été maintenue par la chambre criminelle de la Cour de cassation (3) : et c'est, à notre avis, la solution la meilleure. Sans doute, le report, dont l'objet certain est de procurer au capitaliste le placement de fonds dont il veut ne pas perdre l'intérêt, ou à l'acheteur la possibilité de faire un emploi provisoire, mais utile, d'un capital dont il ne peut ou ne veut disposer définitivement que plus tard, est une opération sérieuse à laquelle sont dues les sanctions de la loi. Mais quand il est évident, par les circonstances, par le mécanisme même de l'opération, que les parties n'ont eu en vue qu'une spéculation sur la différence de l'achat à la revente ; quand les achats ont été sans aucune proportion avec la fortune de l'acheteur ; quand, par suite, cet acheteur n'a pas levé les titres et n'a jamais eu l'intention de les lever ; quand, dans tout le cours de l'opération et à chaque liquidation de quinzaine ou de fin de mois, tout s'est résumé en différences que l'acheteur a perçues ou qu'il a payées suivant les chances bonnes ou mauvaises résultant de la variation des cours, comment serait-il possible de voir là autre chose que le fait illicite prévu par l'art. 421 du Code pénal, et destitué, à ce titre, de tout effet et, par suite, de toute action juridique ? N'est-il pas vrai de dire, au contraire, avec la chambre criminelle de la Cour de cassation, que par sa nature même le report, en permettant au re-

---

(1) *Voy.* M. D. Pilette (*Rev. prat.*, t. XV, p. 247).
(2) *Voy.* Paris, 11 mars 1851 ; Req., 27 janv. 1852 (S. V., 51, 2, 145 ; 54, 1, 140 ; J. Pal., 1851, t. II, p. 257 ; 1853, t. I, p. 449 ; Dalloz, 52, 1, 291). — *Junge :* Paris, 16 juill. 1851, 31 juill. 1852 (S. V., 51, 2, 512 ; 52, 2, 690 ; Dalloz, 52, 2, 95 ; 55, 5, 174 ; J. Pal., 1853, t. I, p. 370).
(3) *Voy.* Toulouse, 2 sept. 1856, et Crim. rej., 9 mai 1857 (J. Pal., 1857, p. 819 et 1181 ; S. V., 57, 1, 545, et 2, 113 ; Dalloz, 57, 1, 146).

porté de reculer incessamment la réalisation, et au reporteur de maintenir, au moyen de reventes concomitantes aux livraisons qu'il prend, le reporté dans la situation qu'il s'était faite, est susceptible d'imprimer plus fortement, au lieu de l'effacer, le caractère de pari aux opérations des parties?... C'est donc à bon droit que la jurisprudence a appliqué au report la distinction par elle établie à propos des marchés à terme d'effets publics.

633. Il en a été et il en devait être de même en ce qui concerne les marchés à livrer ayant pour objet certaines marchandises, telles que farines, blés, vins, huiles, eaux-de-vie, qui, elles aussi, sont sujettes à de très-brusques et de très-fréquentes variations. Mais notons qu'il ne saurait être question ici ni des anciens arrêts du conseil, ni des art. 421 et 422 du Code pénal : ces dispositions législatives ont prévu spécialement les paris sur la hausse et la baisse *des effets publics,* et leur caractère même ne permettrait pas de les étendre par analogie aux opérations qui, sous les apparences d'un marché à livrer, cacheraient le pari sur les variations du cours des marchandises. Donc si, dans ce cas, les opérations ne peuvent donner lieu à aucune action, c'est parce qu'elles rentrent dans la généralité des jeux et des paris, et qu'ainsi elles se placent sous l'application de notre art. 1965.

Ceci, néanmoins, a été contesté en thèse générale : on a prétendu que l'art. 1965 est fait exclusivement pour les matières civiles ; que s'il destitue de toute action le pari nu, auquel ne se mêle aucune spéculation commerciale, les lois du commerce autorisent, au contraire, les traités aléatoires qui sont essentiellement mélangés de jeu, de pari ; que dès lors l'art. 1965 ne saurait être pris comme annihilant ce qui, loin d'être proscrit, est formellement admis par les lois et les coutumes du commerce (1). Toutefois ce système est inadmissible dans ce qu'il a d'exclusif et d'absolu. Sans toucher à une grave question qui s'y trouve préjugée dans le sens de l'affirmative, celle de savoir si le droit commercial est composé de règles à lui propres et qui n'empruntent rien au droit civil, on peut dire que l'art. 1965 établit une règle appartenant à l'un aussi bien qu'à l'autre droit. Et, certes, quelque intérêt et quelque nécessité qu'il y ait à ce que la porte reste largement ouverte aux conventions aléatoires dans les affaires de commerce, il n'y a pas un commerçant sérieux qui pût entendre les choses de telle manière que la spéculation dût obtenir la protection de la loi, même quand elle n'aurait pour base que des opérations hasardeuses et purement fictives. Tout ce qu'on peut dire, c'est que l'intérêt du commerce, la bonne foi qui en doit être l'âme, la sécurité dont il a besoin pour ses transactions, exigent que les tribunaux se montrent fort réservés et même difficiles à admettre l'exception de jeu quand, sur la demande tendante à l'exécution des obligations résultant d'un marché à livrer ou à terme, l'exception est produite devant eux. Sous cette réserve qui donne au véritable commerce, c'est-à-dire au commerce sérieux et loyal, la seule satisfac-

---

(1) *Voy.* M. Bédarride (*Rev. crit. de législ. et de jurispr.,* t. X, p. 144 et suiv.).

tion qu'il demande et toute la protection dont il a besoin, on ne peut qu'approuver les données de la jurisprudence. Elle pose en principe que les paris sur la hausse ou la baisse des marchandises dont le prix est coté à la bourse sont compris dans les termes de l'art. 1965; mais, fixant aussitôt la limite au delà de laquelle la règle pourrait créer de dangereuses entraves pour les transactions commerciales, elle ajoute que « la loi a pour objet de tracer une ligne de démarcation salutaire entre la loyale négociation du fruit du travail et de l'industrie, ces spéculations sérieuses du commerce, et les marchés fictifs, ces transactions immorales et ruineuses où sont seulement engagées les sommes représentant la différence de valeurs ou de capitaux imaginaires. » (1) Ce point est ainsi réglé d'après les idées mêmes qui ont prévalu en matière de marchés à terme d'effets publics. Et, par conséquent, ici encore on distinguera les spéculations qui, faites sans intention de livrer jamais la marchandise, objet prétendu de la vente, n'engagent aucune valeur, aucun capital, et doivent nécessairement se résoudre en une différence, de celles qui, faites sans que le vendeur soit actuellement possesseur de la marchandise vendue, n'ont pas moins eu cette marchandise pour objet, et impliquent pour le vendeur obligation de livrer, et pour l'acheteur obligation de prendre livraison à l'époque convenue. Les premières seules seront considérées comme cachant, sous l'apparence d'un marché à terme, un jeu véritable, un pari pour le payement duquel la loi refuse toute action (2). C'est donc encore ici une question de fait; mais, nous le répétons, les juges du fond, à qui la solution appartient souverainement (3), doivent à l'intérêt du commerce de se montrer difficiles, surtout quand le procès s'agite entre négociants et sur choses de leur négoce, à admettre une exception dont l'effet doit être d'enlever à des transactions le caractère sérieux qu'elles affectent pour les faire dégénérer en opérations de jeu.

V. — 634. Nous avons vu quels sont les jeux et les paris dépourvus de toute action en justice, soit comme tombant sous l'application de l'art. 1965, soit comme illicites et nuls aux termes de la loi; nous avons maintenant, en suivant les divisions ci-dessus indiquées (*suprà*, n° 607), à déduire les conséquences juridiques de la règle.

635. Il en résulte, en premier lieu, que si le gagnant vient réclamer en justice une dette de jeu ou le payement d'un pari, le perdant peut,

(1) Ce sont les termes de l'arrêt du 26 février 1845, cité à la note qui suit.
(2) *Voy.* Req., 29 nov. 1836 (S. V., 37, 1, 455; Dalloz, 37, 1, 90; *J. Pal.*, 1837, t. I, p. 242); Cass., 26 févr. 1845 (S. V., 45, 1, 161; Dalloz, 45, 1, 101; *J. Pal.*, 1845, t. I, p. 463); Req., 1er avr. 1856 (S. V., 57, 1, 192; Dalloz, 56, 1, 148; *J. Pal.*, 1857, p. 1180); Paris, 26 août 1826; Bordeaux, 28 août 1826; Montpellier, 29 sept. 1827; Bordeaux, 29 août 1828; Lyon, 31 déc. 1832; Amiens, 15 juin 1835; Lyon, 11 janv. et 9 avr. 1840; Bordeaux, 16 juill. 1840; Paris, 11 mars 1842, 14 août 1847, 17 mars 1849, 16 juill. 1851; Montpellier, 25 janv. 1856; Metz, 3 avr. 1856 (*J. Pal.*, 1849, t. I, p. 431; S. V., 27, 2, 33; 28, 2, 134; 29, 2, 70; 49, 2, 333; 51, 2, 512; Dalloz, 27, 3, 36; 29, 2, 136; 34, 2, 37; 40, 2, 214 et 220; 42, 2, 233; 49, 2, 169 et 214; 52, 2, 95; 57, 2, 150).
(3) *Voy.* les deux arrêts des 29 novembre 1836 et 1er avril 1856, cités à la note précédente.

en opposant l'exception tirée de la cause même de la dette, se faire renvoyer de la demande. Ceci ne saurait souffrir aucune difficulté lorsque, les parties étant restées dans les termes mêmes de leur convention et dans l'état où elles étaient au moment où le jeu ou le pari a pris fin, le gagnant porte son action en justice : si le perdant oppose l'exception, la demande doit être rejetée ; c'est là un résultat nécessaire que les juges ne peuvent pas se dispenser de déclarer.

636. Mais peuvent-ils, quand la cause de la dette se manifeste d'elle-même à leurs yeux, suppléer l'exception dans l'intérêt du perdant qui s'abstiendrait de l'opposer? En principe, nous ne le pensons pas. La solution contraire résulte, à la vérité, d'un arrêt rendu par la Cour de cassation (1), et un arrêt de la Cour d'Amiens l'a expressément consacrée en ces termes : « Attendu que, d'après l'art. 1965 du Code Napoléon, la loi n'accorde aucune action pour une dette de jeu ou pour le payement d'un pari ; que les opérations dont il est question entre X..., d'une part, et G... et H... de l'autre, constituent des infractions à des lois d'ordre public ; que, dès lors, il n'est pas permis aux tribunaux de prononcer une condamnation pour des faits au sujet desquels il n'est accordé en justice aucune action, et qui, d'ailleurs, sont considérés comme des délits ; — qu'il importe peu, dans l'espèce, que G... et H... n'élèvent de contestation que sur la manière d'établir leur compte avec X... ; que, quel que soit le résultat de ce compte en faveur de ce dernier, la justice ne pourrait donner la sanction au payement d'un solde pour lequel la loi dénie toute action en justice. » (2) Mais il est à remarquer qu'il s'agissait, en fait, dans les deux espèces, d'opérations impliquant le pari sur la hausse et la baisse d'effets publics. Or le pari, dans ce cas, constitue un délit, comme la Cour d'Amiens l'exprime dans son arrêt ; et il est bien évident qu'il y avait là une question d'ordre public dans laquelle c'est toujours le droit et le devoir de la justice d'intervenir d'office, et sans se préoccuper en aucune façon de l'attitude qu'il convient aux parties de prendre devant elle. C'est ce que M. l'avocat général Bécot, organe du ministère public, mettait on ne peut mieux en lumière devant la Cour d'Amiens. « Supposez, disait ce magistrat, que le complice d'un fait délictueux, vol, usure, excitation à la débauche, contrebande, exercice illégal de la médecine, tenue de maison de jeu, que sais-je? supposez que ce complice imagine d'actionner les auteurs du délit en règlement de compte devant une juridiction civile ; supposez que les délinquants, retenus par la crainte de l'action publique ou de la honte, n'élèvent aucune exception, le juge sera-t-il condamné, en pleine connaissance de cause, à faire leur liquidation? La justice ne doit évidemment s'en occuper que pour les punir ; la loi ne peut consacrer civilement ce qu'elle proscrit pénalement. Le jeu de bourse est-il un délit

_____

(1) Rej., 19 juin 1855 (*J. Pal.*, 1855, t. II, p. 409 ; Dalloz, 55, 1, 292 ; S. V., 56, 1, 162).

(2) Amiens, 14 janv. 1859 (*J. Pal.*, 1859, p. 204 ; Dalloz, 59, 2, 70 ; S. V., 59, 2, 232). — *Voy.* aussi Paris, 10 juill. 1850 ; Rouen, 8 fév. 1854 (*J. Pal.*, 1850, t. II, p. 424 ; 1854, t. II, p. 603 ; Dalloz, 51, 2, 184 ; 54, 2, 133).

privilégié?... Quel caractère avait donc l'obligation que le demandeur voulait faire consacrer? Légalement aucun. Le juge était sans compétence pour en connaître sous le rapport du droit. On ne saurait s'autoriser des art. 1965 et 1967... Nous admettons qu'en qualité de jeu et de pari on applique, au pari sur la hausse et la baisse, les art. 1965 et 1967, c'est-à-dire que le gagnant n'aura pas d'action en payement, et que le perdant n'aura pas d'action en répétition; mais nous ferons aussi la part du délit, nous verrons dans le fait constitutif de la dette une atteinte à l'ordre public, et, pour cette cause, nous reconnaîtrons au juge le droit de se refuser à statuer sur la réclamation... »

Mais, nous le savons, il n'en est pas du jeu et du pari en général comme du pari sur la hausse et la baisse des effets publics. Loin qu'il constitue un délit, le jeu ou le pari en général, quoique dépourvu d'action aux termes de l'art. 1965, engendre une obligation civile (*suprà,* n° 603), si bien que la loi elle-même sanctionne le payement volontairement fait d'une dette de jeu, en refusant à celui qui a payé le droit de répéter (*infrà,* art. 1967). Or, si le perdant peut faire un payement qui, volontairement fait, est définitif et irrévocable, il peut, par cela même, renoncer à l'exception au moyen de laquelle il serait infailliblement affranchi de l'obligation de payer; et s'il renonce à l'exception, en ne l'opposant pas, comment les juges pourraient-ils d'office lui en imposer le bénéfice? Le jeu et le pari ordinaires étant tolérés par la loi, dirons-nous encore avec M. l'avocat général Bécot, leurs suites doivent être laissées dans le domaine privé, de sorte que le perdant, si on le poursuit en payement, est libre d'invoquer ou non l'art. 1965, et que le juge ne peut, plus sévère que la loi, attester l'ordre public là où elle ne l'a pas cru compromis.

637. Nous avons supposé, dans ce qui précède, que les parties sont restées dans l'état où elles se sont trouvées à la fin du jeu ou après le pari, c'est-à-dire l'une ayant perdu et l'autre ayant gagné, et celle-ci n'ayant pour principe de son action que la promesse ou l'engagement verbal du perdant. Toutefois il peut arriver, et il arrive souvent, quand les parties ont joué gros jeu, que le perdant, n'étant pas en mesure de payer comptant, reconnaisse sa dette en souscrivant des billets; et alors, en cas de résistance, c'est sous la forme de demande en payement des billets que l'action se produit en justice. Le défendeur pourrait-il même en ce cas opposer l'exception de jeu? Il faut distinguer : en effet, la demande peut être formée par le gagnant resté possesseur des billets ou par un tiers porteur auquel les billets ont été transmis.

638. Dans le premier cas, il ne saurait y avoir aucune difficulté, au moins en ce qui concerne le droit qui appartient au perdant d'opposer l'exception péremptoire résultant de l'art. 1965. Ce droit est entier et absolu, quelles que soient et la forme du titre et la cause qui lui est assignée. On opposerait en vain soit que la remise des billets par le perdant équivaut à un payement dans le sens de l'art. 1967, en sorte qu'aux termes de cet article même le perdant ne peut plus revenir sur un fait accompli, soit que la souscription des billets constitue

une novation par l'effet de laquelle le nouvel engagement a la sanction active qui manquait au premier. Les deux objections seraient également sans portée : la première, parce que c'est le payement *fait volontairement et sans fraude* qui seul, comme nous le dirons en expliquant l'art. 1967, est exclusif de l'action en répétition; la seconde, parce que, comme nous l'allons voir tout à l'heure (*infrà, n° 645*), la novation dont la dette de jeu serait l'objet ne peut pas avoir d'effet utile au point de vue où nous sommes ici. Nous le répétons donc, dans ce cas, le droit d'opposer l'exception de jeu reste entier pour le perdant (1), qui, même prenant les devants et sans attendre d'être actionné en justice, pourrait, tant que le gagnant reste nanti, assigner ce dernier en restitution des billets à lui souscrits (2).

639. La seule difficulté qui pourrait se produire en ce cas touche à la preuve. Encore même cette difficulté disparaîtrait complétement si les billets étaient souscrits pour dette de jeu, ou si, les billets portant une autre cause ou n'en indiquant aucune, le gagnant avouait qu'ils ont leur cause réelle dans le jeu ou dans le pari. La preuve serait alors toute faite, et le défendeur échapperait inévitablement à l'action du demandeur. Mais on comprend que les choses, habituellement, ne se passeront pas ainsi. Celui qui aura gagné et qui, sachant bien que la loi ne lui donne aucune action contre son cojoueur, aura exigé un engagement écrit en vue d'assurer sa créance, n'aura garde d'y laisser exprimer la cause véritable, pas plus que d'en faire l'aveu. L'engagement énoncera donc une cause fausse, que le demandeur ne manquera pas de présenter comme la cause véritable. Le défendeur pourra-t-il alors, pour justifier l'exception de jeu par lui opposée, être admis à prouver par témoins la fausseté de la cause énoncée? On pourrait être tenté de se prononcer pour la négative en s'autorisant de l'art. 1341, qui ne permet de recevoir aucune preuve contre et outre le contenu aux actes. Cependant, cette solution ne serait pas la meilleure. En définitive, ce que le perdant demande à établir, c'est la simulation, la fraude faite à la loi : il veut prouver que la dette dont le payement lui est demandé procède en réalité d'une cause sinon illicite, au moins destituée de toute action par une disposition expresse de la loi. Le fait est donc par sa nature de ceux qui peuvent être établis par la preuve testimoniale. C'est un point constant en doctrine et en jurisprudence (3).

---

(1) Req., 29 déc. 1814, 30 nov. 1826 (S. V., Coll. nouv., 4, 1, 648; 8, 1, 467; 16, 1, 212; 27, 1, 66; Dalloz, alph., 9, p. 598; pér., 27, 1, 75); 12 janv. 1842, 4 nov. 1857 (S. V., 42, 1, 438; Dalloz, 42, 1, 129; 57, 1, 441). Limoges, 2 juin 1819; Lyon, 21 déc. 1822; Grenoble, 6 déc. 1823; Limoges, 8 janv. 1824; Montpellier, 4 juill. 1828; Rouen, 14 juill. 1854; Lyon, 11 mars 1856 (S. V., Coll. nouv., 6, 2, 81; 7, 2, 141, 274 et 286; 9, 2, 110; 55, 2, 170; 56, 2, 16; 57, 2, 525; Dalloz, 21, 2, 67; 23, 2, 94; *J. Pal.*, 1857, p. 1090). — *Voy.* aussi MM. Toullier (t. VI, n° 382); Maleville (art. 1965); Duranton (t. XVIII, n° 107); Troplong (n°ˢ 61 et 196).

(2) *Voy.* les arrêts de Rouen, 14 juill. 1854, et Lyon, 11 mars 1856, cités à la note précédente.

(3) *Voy.* MM. Troplong (n° 64); Aubry et Rau (t. III, p. 417, note 5); D. Pilette (*Rev. prat.*, t. XV, p. 443 et 462), et les arrêts de Limoges, 12 juin 1819 et 8 janv. 1824; Lyon, 21 déc. 1822; Grenoble, 6 déc. 1823; Req., 4 nov. 1857, cités à l'une des notes qui précèdent.

640. Mais, contrairement à l'avis de M. Duranton (1), nous n'admettrons pas que si le défendeur fait défaut, les juges puissent, en s'aidant des circonstances de la cause et de présomptions graves, précises et concordantes, débouter le demandeur de sa prétention ; ou tout au moins nous proposons une distinction que nos observations précédentes ont déjà fait pressentir. Si la dette dont le payement est demandé en justice contre le défaillant procède d'un pari sur la hausse et la baisse des effets publics, nous dirons, comme M. Duranton, que les juges pourraient, en s'aidant de présomptions graves, précises et concordantes, restituer d'office, même en l'absence du défendeur défaillant, leur cause véritable aux billets, et, par suite, débouter le demandeur ; car le pari constituant alors un fait illicite, un délit atteint par la loi pénale (*suprà,* n° 604), il est vrai de dire que légalement les conclusions de la demande ne pourraient être trouvées ni justes, ni bien vérifiées, selon l'expression de l'art. 150 du Code de procédure. Mais on ne saurait aller plus loin : en toute autre hypothèse, le demandeur qui vient avec un titre apparent doit être accueilli dans sa demande par cela même que son adversaire ne se présente pas pour y défendre. Seul ce dernier pourrait, en démontrant la fausseté de la cause assignée au titre, et en établissant la cause véritable, opposer l'exception péremptoire résultant de l'art. 1965. Il renonce virtuellement à l'exception par cela même qu'il ne se présente pas pour l'opposer ; les juges n'ont pas à la suppléer, dans ce cas où le défendeur est défaillant, plus que dans celui où, étant présent en justice, il ne juge pas à propos de s'en prévaloir (*suprà,* n° 636).

641. Passons au cas où la demande en payement est formée par un tiers auquel le gagnant a cédé le titre portant reconnaissance de la dette. Quel est, en ce cas, le droit du défendeur ? Peut-il opposer encore l'exception de jeu ? Il y a ici une sous-distinction à faire.

S'agit-il d'une simple reconnaissance, le droit du défendeur reste entier si le tiers auquel la reconnaissance a été transmise par le gagnant s'est borné à faire la notification de la cession au débiteur cédé. Son droit ne serait entamé, et, du moins vis-à-vis du tiers qui l'appelle en justice, et qui ne sait rien de la cause de la dette, il ne pourrait être accueilli dans son exception de jeu que s'il avait accepté purement et simplement la cession que le gagnant a faite au cessionnaire demandeur (arg. de l'art. 1295).

S'agit-il d'effets négociables, billets à ordre ou lettres de change, souscrits par le perdant ou tirés sur lui, le tiers porteur auquel le titre aurait été transmis par voie d'endossement ne pourrait être écarté par l'exception tirée de l'art. 1965 qu'autant qu'il serait de mauvaise foi, c'est-à-dire qu'il connaîtrait la cause de la dette, soit qu'elle fût énoncée au titre, soit qu'elle lui eût été révélée. En toute autre hypothèse, le perdant, souscripteur ou tiré, se prévaudrait en vain de l'exception de jeu contre le tiers porteur qui lui demande son payement en justice : la faveur due à cette sorte de titre ne permet pas que le débiteur se dé-

_____

(1) T. XVIII, n° 109.

gage, au moyen de l'exception, vis-à-vis du tiers de bonne foi saisi par un endossement régulier.

Ce sont là des points généralement admis en doctrine et en jurisprudence (1).

642. Ce qui a fait plus de doute est de savoir si lorsque le perdant a été ainsi contraint de payer le tiers auquel le titre avait été cédé, il peut se retourner contre le gagnant qui avait fait la cession ou exercer, à raison de ce qu'il a payé, un recours contre ce dernier. Néanmoins, l'affirmative est aujourd'hui définitivement consacrée (2), et la solution est d'une exactitude parfaite. La Cour de Paris s'était d'abord prononcée en sens contraire dans une espèce où des jeux de bourse avaient été réglés en lettres de change que le bénéficiaire avait négociées et dont le tiré avait dû acquitter le montant à un tiers porteur de bonne foi. « Considérant, avait-elle dit (3), que H..., en remettant à D... les traites dont il s'agit ; lui donnait pouvoir de les négocier et d'en recevoir le prix pour leur compte, ce qui a eu lieu avant toute réclamation de la part de H... ; que le préjudice dont il se plaint n'est que le résultat de son fait volontaire et de la libre exécution de son engagement ; que D..., n'ayant fait desdites traites que l'usage qui lui était permis, ne peut être tenu à aucune garantie, et que H... ne peut avoir contre lui une action que la loi lui refuse et qui serait la répétition d'une somme payée... »

Mais ces motifs mêmes accusent l'inexactitude du point de vue où la Cour s'était placée en envisageant comme une répétition exercée par le perdant, contrairement à la disposition de l'art. 1967 (infrà, n°s 651 et suiv.), ce qui était, en réalité, de la part de ce dernier, l'exercice de la faculté à lui laissée par l'art. 1965. Et en effet, la remise de traites par un joueur en règlement de la dette qu'il n'est pas, quant à présent, en mesure de payer, ne constitue pas un payement réel : c'est tout simplement la promesse de payer au jour pris pour échéance. Lors donc qu'assigné en payement par le tiers auquel les traites ont été transmises, le souscripteur ou le tiré appelle de son côté le gagnant qui a fait la transmission et lui demande de le garantir, il n'exerce en aucune manière l'action en répétition contre ce dernier, puisque, ne lui ayant rien payé en fait, il n'a rien à répéter de lui. Que fait-il donc en réalité ? Il oppose l'exception de jeu en la seule manière que la transmission des traites lui permette désormais d'employer. L'erreur de la Cour de Paris avait consisté à voir la libre exécution d'un engagement procédant d'une convention de jeu ou de pari, c'est-à-dire un payement volontaire, dans le fait par le perdant d'avoir remis des

(1) Req., 29 nov. 1814, 30 nov. 1826 ; Cass., 12 avr. 1854 ; Rej., 4 déc. 1854 (S. V., Coll. nouv., 3, 1, 648 ; 8, 1, 467 ; pér., 27, 1, 66 ; 54, 1, 313 et 763 ; Dalloz, 27, 1, 75 ; 54, 1, 181 et 413 ; J. Pal., 1854, t. I, p. 527, et t. II, p. 545) ; Paris, 28 janv. 1853, 18 août 1856, 27 nov. 1858 (S. V., 53, 2, 231 ; 59, 2, 88 ; J. Pal., 53, t. I, p. 599 ; 1859, p. 154). — Voy. aussi MM. Mollot (n° 331) ; Troplong (n° 196).

(2) Voy. notamment les arrêts de la Cour de cassation et l'arrêt de la Cour de Paris du 27 novembre 1858, cités à la note précédente.

(3) Arrêt du 28 janvier, cité à l'avant-dernière note.

traites et d'en avoir laissé opérer la négociation sans réclamation. La remise des traites, dans le cas donné, si elle est le règlement de la dette de jeu, n'en est pas assurément le payement. Les traites ne valent donc, pour le gagnant, que comme simple promesse; et le titre est éphémère, en ce que, tant qu'il n'est pas sorti des termes de cette promesse par un payement effectif, le perdant peut faire évanouir le droit du gagnant en opposant l'exception péremptoire tirée de la cause même de son obligation. Or, l'usage anticipé que ce dernier a cru devoir faire du titre n'a pu rien changer au fond même des choses, ni rendre fixe et définitif un droit incertain et précaire. Vainement, donc, il aura transmis le titre à un tiers qui l'aura reçu même de bonne foi. Sans doute, il résultera de là que, assigné en payement, le souscripteur devra être condamné envers ce tiers auquel sa bonne foi ne permet pas que l'exception de jeu soit opposée. Mais il n'en sera pas moins en droit de recourir contre le gagnant, vis-à-vis de qui cette exception n'est pas couverte tant qu'il ne l'a pas volontairement payé, et de lui demander la seule chose que, dans la situation, il puisse lui demander, à savoir : de le relever et garantir des effets de la condamnation prononcée au profit de celui à qui le titre a été transmis ou transporté.

C'est donc bien là une application spéciale de l'art. 1965, ou plutôt c'est une conséquence naturelle et nécessaire de la règle posée dans cet article; et, comme la Cour de Paris, du reste, l'a reconnu elle-même plus tard (1), cette conséquence doit être admise d'autant plus que si l'usage anticipé que le gagnant ferait du titre en le négociant ou en le transportant avant l'échéance devait lui profiter d'une manière définitive, les joueurs heureux auraient à leur disposition le moyen le plus facile et le plus simple d'arriver à investir indirectement d'une action judiciaire des créances qui en sont dépourvues par la volonté expresse et formelle de la loi.

643. Ceci nous conduit naturellement à d'autres conséquences qu'il faut nécessairement déduire de la règle posée dans l'art. 1965 du Code Napoléon.

La règle étant que la loi refuse toute action pour la dette de jeu ou le payement d'un pari, il en résulte qu'une telle dette n'est susceptible ni d'être ratifiée ou confirmée, ni d'être compensée.

Quant à la confirmation ou ratification, elle n'est admise en principe que pour les actes annulables ou rescindables (C. Nap., 1338). Il n'en saurait donc être question quand il s'agit d'une convention qui, si elle n'est pas nulle absolument et illicite en elle-même, est néanmoins placée par la loi dans le cas de ne pouvoir pas être invoquée en justice.

En ce qui concerne la compensation, elle n'est possible qu'entre deux dettes qui ont également pour objet une somme d'argent ou une certaine quantité de choses fongibles de la même espèce, *et qui sont également liquides et exigibles* (C. Nap., 1291); or une dette qui a sa cause dans une convention de jeu ou de pari n'est jamais exigible, puisque le

---

(1) *Voy.* l'arrêt déjà cité du 27 novembre 1858.

créancier n'a aucun moyen de sanction, et que le débiteur, tant qu'il n'a pas volontairement payé, reste toujours maître de s'affranchir en opposant simplement l'exception péremptoire résultant de l'art. 1965 (1).

644. Mais on induit en outre, et assez généralement, de ce dernier article, qu'une dette ayant sa cause dans une convention de jeu ou de pari n'est susceptible ni de cautionnement ni de novation (2). La proposition ne saurait être admise d'une manière absolue. Elle est parfaitement exacte si l'on se place dans le cas où la cause de la dette serait un *pari sur la hausse et la baisse des effets publics.* En effet, la convention étant, dans ce cas, radicalement nulle, comme constituant un délit (*suprà,* n° 604), il est bien évident qu'on n'y saurait rattacher un cautionnement, lequel ne peut exister que sur une obligation valable (C. Nap., 2012), et qu'elle n'est non plus susceptible d'être novée, la novation supposant toujours l'*existence* d'une obligation antérieure, dont l'extinction est la cause de l'obligation nouvelle (C. Nap., 1271).

645. Mais la proposition manque assurément d'exactitude si nous faisons abstraction de ce cas particulier, et si nous envisageons le contrat de jeu et de pari en général. Il y a ici, nous le rappelons (*suprà,* n° 603), un *contrat civil,* reconnu, consacré par la loi civile, et engendrant une obligation *civile* qui, en elle-même, n'est pas illicite. Rien ne s'oppose donc, en principe, à ce qu'un cautionnement vienne s'ajouter accessoirement à cette obligation, ni à ce que l'obligation soit novée. Seulement, comme nous sommes aussi en présence d'un texte formel qui refuse toute action pour une dette de jeu ou le payement d'un pari, il sera vrai de dire que ni la novation, ni le cautionnement, ne pourront avoir pour effet soit de rendre au créancier l'action qui lui est expressément retirée par la loi, soit d'enlever au débiteur le droit qu'il a d'opposer l'exception de jeu et de le placer dans l'obligation de payer (3). Précisons ceci par des exemples.

Paul, qui a perdu 10 000 francs au jeu, sentant que de longtemps il n'aura la somme à sa disposition, offre à Pierre, qui l'a gagnée, de substituer à l'obligation de payer les 10 000 francs celle de lui livrer sa bibliothèque : Pierre accepte l'offre, et l'engagement est souscrit dans ces termes. Évidemment, il y a là tous les éléments de la novation, c'est-à-dire un premier engagement, lequel était licite en lui-même, quoique dépourvu de sanction, l'extinction de cet engagement, et la naissance d'un engagement nouveau : la novation est donc possible, en ce que rien ne s'oppose à ce qu'elle soit établie dans ses éléments constitutifs. Mais l'art. 1965 n'en subsiste pas moins avec ses effets et ses conséquences, et Paul pourra, sur la demande en livraison de sa bibliothèque, opposer l'exception de jeu, tout comme il aurait pu opposer cette exception si, l'obligation n'ayant pas été novée, il eût été assigné en paye-

---

(1) Req., 30 nov. 1826, 12 janv. 1842 (S. V., 27, 1, 66; 42, 1, 438; Coll. nouv., 8, 1, 467; Dalloz, 27, 1, 75; 42, 1, 129); Orléans, 30 nov. 1825; Angers, 13 août 1831 (S. V., 32, 2, 270; Coll. nouv., 8, 2, 509). — *Voy.* aussi MM. Aubry et Rau, d'après Zachariæ (t. III, p. 417, note 3).

(2) *Voy.* les auteurs et les arrêts cités à la note précédente.

(3) Conf. M. D. Pilette (*Rev. prat.,* t. XV, p. 448 et suiv.).

ment de la somme de 10 000 francs. On peut dire qu'en présence d'un tel résultat il n'y a pas, en fait, un intérêt appréciable à admettre la possibilité d'une novation plutôt qu'à la rejeter. Nous répondons que cet intérêt même existe dans une certaine mesure, en ce que si la bibliothèque, objet du nouvel engagement dans l'espèce, venait à périr par cas fortuit, Paul serait libéré sans avoir à opposer cette exception de jeu, qu'en définitive on ne produit jamais sans quelque scrupule. Dans tous les cas, il y aurait l'intérêt des principes, qu'il est toujours bon de ne pas sacrifier.

Au lieu de la novation, supposons le cautionnement. Paul a perdu au jeu une somme de 10 000 francs qui a été gagnée par Pierre, à qui il en souscrit la reconnaissance, avec engagement de payer à une époque déterminée; et Jacques cautionne l'obligation. Le cautionnement est incontestablement valable; on peut dire même qu'il n'est pas hors des prévisions de l'art. 2012 du Code Napoléon, lequel, après avoir dit que « le cautionnement ne peut exister que sur une obligation valable », ajoute aussitôt « qu'on peut néanmoins cautionner une obligation, encore qu'elle pût être annulée par une exception purement personnelle à l'obligé... » Le cautionnement est donc valable, et désormais Pierre a devant lui un débiteur principal, et une caution à laquelle il peut s'adresser subsidiairement. Cela, néanmoins, ne peut et ne doit rien changer à la situation de Paul, et, quoi qu'il arrive, celui-ci ne pourra ni directement, ni indirectement, être contraint à l'exécution de l'obligation qui a sa cause dans la convention de jeu ou de pari. Ainsi, est-il assigné en payement par Pierre, il reste toujours maître de s'affranchir en opposant l'exception péremptoire résultant de l'art. 1965. Est-il assigné par Jacques, qui, ayant payé comme caution, à défaut par le débiteur principal d'avoir payé lui-même, exerce contre lui le recours dont parle l'art. 2028, il reste également maître de se retrancher derrière la cause de son obligation, et d'écarter par là un recours qui, s'il était admis contre le gré du débiteur, ne serait qu'un moyen indirect de rendre obligatoire une dette dont le payement est, par la volonté de la loi, essentiellement facultatif pour le débiteur. Dans ce dernier cas, Jacques supportera, en définitive, la charge d'une dette qui ne lui était pas personnelle; mais c'est qu'il l'aura voulu. Engagé comme caution, il n'était pas tenu sous des conditions plus onéreuses que le débiteur principal (C. Nap., 2013); il aurait donc pu, aussi bien que ce dernier, se dispenser de payer en opposant l'exception de jeu : il ne doit s'en prendre qu'à lui-même de n'avoir pas su ou voulu exercer son droit.

VI. — 646. Un point nous reste à déterminer avant d'arriver au commentaire de l'art. 1967 : c'est la portée de l'art. 1965 en ce qui concerne précisément les dettes auxquelles la disposition en est applicable. La loi exprime qu'il s'agit *de la dette du jeu, du payement d'un pari*. Le principe est donc que l'action est refusée seulement pour les dettes nées directement de la convention de jeu ou de pari, et existant à la charge du perdant au profit du gagnant.

647. Mais d'autres contrats peuvent se former à l'occasion du jeu

ou du pari. Faudra-t-il les considérer comme tombant aussi, avec le jeu ou le pari à l'occasion duquel ils sont nés, sous l'application de l'art. 1965? Par exemple, Paul, voulant jouer ou engager un pari, manque des fonds nécessaires et s'adresse à Pierre, qui les lui prête : celui-ci sera-t-il dépourvu de toute action contre Paul pour obtenir le remboursement de la somme prêtée? Et parce que cette somme a fourni à Paul le moyen de jouer ou de déposer l'enjeu d'un pari, Pierre pourra-t-il être repoussé dans son action par l'exception résultant de l'art. 1965? La question se résout par une distinction qu'on peut, d'ailleurs, aisément pressentir.

Si le prêteur est complétement étranger à l'opération, s'il n'est pas intéressé dans la partie, s'il ignore même la destination des fonds qui lui ont été empruntés, il est de toute évidence que l'action en remboursement ne saurait lui être refusée, le joueur eût-il perdu l'entière somme qu'il a empruntée, et même au delà. Alors, en effet, l'action a sa base, non pas dans le contrat de jeu ou de pari auquel la loi refuse tout moyen de sanction, mais dans un prêt, contrat de bienfaisance digne, à ce titre, de la faveur et de la protection de la loi (1).

S'agit-il, au contraire, d'un prêteur intéressé, par exemple d'un prêteur qui dans une partie engagée a fait une avance à l'un de ses cojoueurs, qui n'a agi que dans la pensée de faciliter et de favoriser le jeu, c'est tout autre chose. La cause du prêt, dans ce cas, est aussi peu favorable que le jeu lui-même, et, pas plus que le jeu, elle ne saurait engendrer une action. Il a été justement décidé, en ce sens, que la Société des agents de change qui a prêté sur le fonds commun des sommes à un de ses membres pour faire face à ses découverts et lui donner le moyen de continuer ses opérations, sachant bien que l'agent se livre à des paris sur la hausse et la baisse, est sans action pour lui réclamer les fonds prêtés (2).

648. Modifions l'hypothèse, et supposons que Paul a emprunté non pas avant, mais après le jeu ou le pari, et pour payer une somme qu'il a perdue : la solution ne comporte plus les mêmes distinctions. Dans ce cas, le prêteur a voulu rendre un service à l'emprunteur en lui fournissant le moyen d'acquitter une dette que la loi ne reconnaît pas sans doute, en ce sens qu'elle laisse le créancier dépourvu de toute action, mais au payement de laquelle un homme d'honneur et de conscience doit se croire obligé. Le prêteur pourra donc agir judiciairement contre l'emprunteur si celui-ci se refusait à le rembourser; il le pourra soit qu'il ait connu l'origine et la cause de la dette au payement de laquelle les fonds empruntés ont été employés ou qu'il les ait ignorées, soit qu'il ait participé au jeu, cause de cette dette, ou qu'il y soit resté étranger. En toute hypothèse, l'action en remboursement a son principe dans le prêt, contrat sérieux, éminemment digne de la protection de la loi ; et

---

(1) Colmar, 29 janv. 1841 (S. V., 42, 2, 492; Dalloz, 42, 2, 111).
(2) Req., 30 mai 1838 (S. V., 38, 1, 753; Dalloz, 38, 1, 226; *J. Pal.*, à sa date). *Voy.* encore, dans le même sens, Douai, 8 août 1857 (Dalloz, 58, 2, 46). — *Voy.*, cependant, M. Dalloz (*Jurispr. gén.*, v° Bourses de commerce, n° 213).

par cela même qu'il est toujours libre de payer la dette de jeu sans pouvoir revenir sur le payement qu'il aurait fait de ses propres deniers (art. 1967), le joueur ne saurait se soustraire à l'obligation de rembourser les sommes par lui empruntées en vue d'éteindre cette dette et de s'en libérer (1).

649. A côté de cette première supposition, il en faut placer une autre qui se réalise fréquemment dans la pratique, celle où la dette qui a sa cause dans une convention de jeu ou de pari aurait été payée par un tiers en l'acquit du perdant. Il ne saurait y avoir aucune difficulté dans le cas où le tiers aurait payé en la simple qualité de gérant d'affaires, c'est-à-dire sans l'assentiment du joueur qui a perdu, ou même à son insu. Évidemment, en l'absence de toute manifestation d'intention de sa part, celui-ci ne peut être privé du bénéfice de l'art. 1965 ; le gérant d'affaires n'aurait donc pas d'action pour se faire rembourser, ou du moins l'action qu'il exercerait pourrait être écartée au moyen de l'exception puisée dans ce dernier article, tout comme aurait pu l'être celle que le gagnant aurait exercée lui-même s'il n'avait pas été payé.

650. Que décidera-t-on dans le cas où le tiers aurait agi, non pas comme gérant d'affaires, mais comme mandataire du perdant ? Par exemple, vous avez perdu au jeu ou dans un pari une somme plus ou moins considérable, et vous donnez mandat à un ami d'acquitter la dette et de vous libérer : le mandataire aura-t-il, en ce cas, contre son mandant, l'action de mandat ? En ces termes, la question est également sans difficulté, et cela même en supposant que le mandataire chargé de payer ait une connaissance parfaite de l'origine et de la cause de la dette. En effet, la dette de jeu, bien que légalement elle ne lie pas le débiteur qui en peut toujours refuser le payement, d'après l'art. 1965, n'en est pas moins susceptible d'être payée avec effet, si bien, il faut le répéter, que, lorsque le débiteur a cru devoir satisfaire à son engagement en payant, la loi ne lui permet pas de répéter la somme déboursée (art. 1967). En quoi donc le mandat de payer une pareille dette serait-il plus contraire à l'ordre public que le payement lui-même ? Puisque le payement est autorisé et consacré par la loi, il est vrai de dire que le mandataire, en se chargeant de l'effectuer, a pris à sa charge l'accomplissement d'un fait parfaitement légitime. Pourquoi donc n'aurait-il pas action contre le mandant à l'effet d'obtenir ce qu'il aurait déboursé en exécution du mandat ? A tout prendre, cette action a pour objet, non plus la dette qui avait sa cause et son principe dans le jeu, mais la dette toute nouvelle qui procède du contrat de mandat. Et puis, la refuser au mandataire, ou, ce qui revient au même, laisser le mandataire sous le coup de l'exception résultant de l'art. 1965, ce serait rétablir indirectement, au profit du perdant qui a payé, ce droit de répétition que la loi lui refuse, puisqu'on lui permettrait par là de revenir contre l'exécution

(1) Voy., sur ces divers points, MM. Aubry et Rau, d'après Zachariæ (t. III, p. 418); Massé et Vergé, sur Zachariæ (t. V, p. 22, note 4); Taulier (t. VI, p. 494); Troplong (nᵒˢ 66 et suiv.); D. Pilette (Rev. prat., t. XV, p. 444). Voy. aussi l'arrêt de Colmar du 29 janv. 1841, déjà cité.

qu'il a véritablement donnée à son engagement, par cela même qu'il a chargé un tiers de l'exécuter en son nom (1).

Mais la difficulté se présente dans le cas où le mandat de payer a été donné à celui-là même qui avait déjà reçu et accompli le mandat de jouer, qui participait au jeu et y avait un intérêt personnel. Sans doute, ici encore on peut dire, et on a dit en effet, que le jeu ou le pari, même lorsqu'il ne donne aucune action, n'est pas un fait illicite aux yeux de la loi, puisqu'il est un contrat; que le mandat de faire un contrat doit être valable; que rien ne s'oppose donc, en principe, à ce que le mandat de jouer produise tous les effets qui découlent naturellement du mandat; en d'autres termes, qu'il donne action au mandataire pour réclamer du mandant les dépenses auxquelles il a été entraîné pour l'exécution du mandat, et au mandant pour exiger du mandataire qu'il rende compte des sommes touchées à raison du jeu ou du pari (2). Il y a même un arrêt de la Cour d'Aix en ce sens. Dans l'espèce, un spéculateur avait parié sur la hausse et la baisse des trois-six par l'intermédiaire d'un agent qui, après avoir été l'instrument de toutes les opérations du pari, lui réclamait le remboursement de la perte par lui soldée et de ses deniers au gagnant. La Cour reconnaissait en fait « qu'il était évident que le joueur n'avait jamais eu l'intention de livrer ou de recevoir livraison lorsqu'il vendait ou achetait des quantités considérables de trois-six, mais qu'il avait voulu spéculer sur la hausse et la baisse »; elle ajoutait même que l'agent, « qui connaissait la position du joueur qui l'employait, et avait fait toutes les ventes et tous les achats, avait su que les marchés déguisaient un jeu ou un pari sur la hausse et la baisse, et que dès lors, sous ce rapport, il y aurait eu lieu d'appliquer l'art. 1965, qui n'accorde aucune action pour une dette de jeu ou pour le payement d'un pari. » Et néanmoins, après ces constatations, la Cour, s'attachant à la circonstance que le payement avait été effectué par le mandataire à la décharge du mandant et du consentement de celui-ci, décidait que, « par cela même que le joueur n'aurait pu exercer la répétition contre les gagnants s'il les avait payés lui-même, il ne pouvait pas exciper des dispositions de l'art. 1965 contre son mandataire pour se soustraire au remboursement de ce que ce dernier avait payé de ses deniers par les ordres et pour le compte de son commettant. » (3)

Cependant, même dans cette hypothèse, où il ne s'agit pas du pari qualifié délit par la loi pénale, cette solution ne nous paraîtrait pas la meilleure. En définitive, si le jeu ou le pari ordinaire n'est pas illicite dans le sens absolu du mot, il n'en est pas moins désavoué par la loi, puisqu'elle refuse de le sanctionner activement en privant les contractants de toute action. On peut donc considérer que celui qui a accepté le mandat de jouer ou de parier, c'est-à-dire d'intervenir en connaissance de cause dans une transaction ainsi désavouée par la loi, s'est

(1) Paris, 21 août 1856 (*le Droit* du 11 sept.). — *Voy.* aussi Req., 6 mars 1834 (S. V., 34, 1, 180; Dalloz, 34, 1, 156; *J. Pal.*, à sa date).
(2) *Voy.* M. D. Pilette (*Rev. prat.*, t. XV, p. 455 et 456).
(3) Aix, 25 mars 1844 (S. V., 45, 2, 35).

associé, à ses risques et périls, aux chances du jeu ou du pari; et que
s'il a payé le gagnant, fût-ce même en exécution d'un second mandat
qui, la perte une fois consommée, lui aurait donné la mission spéciale
de payer, il ne doit pas être admis à exercer une action en remboursement contre le mandant, parce que le second mandat, n'étant que la
conséquence ou même le complément du premier, est entaché du même
vice : aussi comprenons-nous à merveille que l'arrêt de la Cour d'Aix
ait été cassé (1). La décision, généralement approuvée par la doctrine,
est suivie en jurisprudence (2) : il faut s'y rattacher d'autant plus que
décider le contraire ce serait tromper le vœu de la loi, et, dans un cas
où elle ne donne *aucune action,* fournir un moyen toujours facile de
l'éluder en donnant à penser qu'entre des joueurs auxquels toute action
réciproque est interdite, un tiers pourrait se placer qui, participant au
jeu comme intermédiaire, viendrait plus tard, sous le prétexte de payements effectués à la décharge et en l'acquit du perdant, actionner ce
dernier en justice.

Mais, dans tous les cas, cette dernière solution est de tous points
incontestable si nous supposons le mandat intervenu dans le cas qui se
produit le plus fréquemment en fait, le cas où il s'agit d'un pari *sur la
hausse ou la baisse des effets publics.* La considération servant de base
à l'opinion contraire que nous rappelions tout à l'heure fait ici complétement défaut; car, loin d'être érigé en contrat civil, le pari, dans ce cas
particulier, constitue un fait délictueux prévu et puni par la loi pénale.
Donc le mandat donné pour accomplir les opérations inhérentes à un tel
fait est nul en lui-même, nul d'après les règles propres au mandat. Il
est de principe, en effet, que le mandat n'est obligatoire et ne produit
d'action que lorsqu'il a pour objet une chose qui n'offense ni les lois ni
les bonnes mœurs : *Rei turpis nullum mandatum est : et ideo hâc actione non agetur* (l. 6, § 3, ff. *Mand. vel cont.*). Dès lors, l'agent, le
mandataire qui a servi d'intermédiaire à une spéculation sur la hausse
et la baisse des fonds publics, ne saurait, à aucun titre, être admis à réclamer le remboursement des avances qu'il aurait faites en exécution
du mandat, lorsque cette spéculation n'est au fond qu'un pari. On peut
dire, ici, ce que Pothier dit à l'occasion d'un autre mandat spécial prévu
par la loi romaine (l. 12, § 11, ff. *Mand. vel cont.*), que peut-être le
mandant est-il obligé par la bonne foi à rembourser à son intermédiaire
les avances faites pour lui par ce dernier; mais que, de son côté, cet intermédiaire, en favorisant la passion du mandant pour un fait illicite,
s'est obligé lui-même à réparer le tort qu'il a causé; et que cette der-

---

(1) Cass., 26 fév. 1845 (*J. Pal.*, 1845, t. I, p. 463; Dalloz, 45, 1, 101; S. V., 45, 1,
161).
(2) *Voy.* MM. Aubry et Rau, d'après Zachariæ (t. III, p. 418, notes 8 et 9); Troplong (n°ˢ 73 et 74); Ballot (*Rev. de dr. franç. et étr.*, 1849, p. 809); Taulier (t. VI,
p. 495). C'est aussi l'opinion que nous avions émise dans la *Revue de législation*
(t. XXII, p. 539) et dans la *Revue critique* (t. II, p. 10 et suiv.). *Voy.* encore Bordeaux,
29 août 1828 et 3 fév. 1848; Paris, 16 juill. 1851 et 31 juill. 1852 (S. V., 29, 2, 70;
48, 2, 693; 51, 2, 512; 52, 2, 690; Dalloz, 29, 2, 136; 49, 2, 77; 52, 2, 95; 55, 5, 67,
174; *J. Pal.*, 1849, t. I, p. 536; 1853, t. I, p. 370).

nière obligation neutralisant et détruisant l'autre, il s'ensuit qu'elle ne peut engendrer aucune action (1).

La jurisprudence, d'ailleurs, s'est toujours autorisée de ces principes, et elle en a fait l'application, avec une exactitude parfaite, aux agents de change dans leurs rapports avec leurs clients, en décidant que l'agent de change, en toute circonstance où les opérations auxquelles il a prêté son ministère doivent être considérées comme un simple pari, est sans aucune action contre son client soit en payement de ses droits de commission, soit en remboursement des avances qu'il a pu faire pour ce dernier (2).

1967. — Dans aucun cas, le perdant ne peut répéter ce qu'il a volontairement payé, à moins qu'il n'y ait eu, de la part du gagnant, dol, supercherie ou escroquerie.

SOMMAIRE.

I.   651. Principe de l'art. 1967 : renvoi. — Division.
II.   652. L'art. 1967 a une portée générale et s'applique tant dans le cas de l'art. 1966 que dans le cas de l'art. 1965.
III. 653. Quand y a-t-il payement susceptible de faire obstacle à la répétition ? Il faut assimiler au payement tout acte qui dépouille définitivement le perdant. — 654. Ainsi la dation de meubles ou d'immeubles en payement peut constituer un payement dans le sens de l'art. 1967 : observation quant à la garantie en cas d'éviction. — 655. Il en est de même de la cession d'une créance : à quelles conditions. — 656. *Secùs* de la souscription de billets : renvoi. — 657. *Quid* lorsque les enjeux sont déposés sur la table ou consignés aux mains d'un tiers ? — 658. Le gagnant aurait-il action en ce cas contre le perdant qui se serait emparé des enjeux ou contre le dépositaire qui refuserait de les lui remettre ? Controverse.
IV.   659. A quelles conditions le payement ou les actes équivalents sont-ils exclusifs du droit de répétition ? Ils doivent d'abord avoir été accomplis *volontairement*. — 660. Conséquences : du payement fait par erreur et du payement fait par un incapable. — 661. Il faut, en outre, qu'il n'y ait pas eu dol, supercherie ou escroquerie de la part du gagnant.
V.   662, 663, 664. Observations particulières au droit de répétition dans le cas de pari sur la hausse ou la baisse des effets publics.

I. — 651. On a vu par le commentaire des articles qui précèdent que le contrat de jeu ou de pari, bien que dépourvu de toute sanction active, est néanmoins, sauf en ce qui concerne le pari sur la hausse et

---

(1) Pothier (*Du Mandat*, n° 8).
(2) Rej., 11 août 1824; Req., 25 janv. et 2 mai 1827, 5 mars 1834, 27 janv. 1852, 7 janv. 1857 (S. V., 24, 1, 409 et 414; 27, 1, 122 et 450; 54, 1, 140; *J. Pal.*, 1853, t. I, p. 449; Dalloz, 24, 1, 306 et 322; 27, 1, 125 et 227; 34, 1, 156; 52, 1, 291; 58, 1, 114); Paris, 29 mars 1832, 14 mars 1842, 10 juill. 1850, 11 et 28 mars 1851; Rouen, 9 fév. 1852; Bordeaux, 15 juin 1857; Lyon, 6 nov. 1857 (S. V., 32, 2, 293; 51, 2, 153 et 512;'57, 2, 733; Dalloz, 32, 2, 150; 42, 2, 232; 51, 2, 184 et 217; 52, 2, 95; 53, 2, 200; 58, 2, 31; *J. Pal.*, 1850, t. II, p. 424; 1851, t. II, p. 204 et 257; 1854, t. I, p. 529; *le Droit* du 19 nov. 1857). — On citerait à tort comme contraires les arrêts de la chambre des requêtes des 29 novembre 1831 et 16 avril 1833 (S. V., 32, 1, 37; Dalloz, 33, 1, 200), en ce que le moyen tiré de la nullité du mandat et du caractère illicite des opérations n'ayant pas été proposé devant les juges du fond, la Cour de cassation s'est bornée à décider que le moyen ne pouvait pas être suppléé par elle.

la baisse des effets publics, reconnu par la loi positive qui l'élève au rang de contrat civil. L'art. 1967, réglant les effets civils d'un contrat reconnu par la loi civile, et fixant la mesure dans laquelle ce contrat est civilement obligatoire, nous dit maintenant que dans aucun cas le perdant ne peut répéter ce qu'il a volontairement payé, à moins qu'il n'y ait eu, de la part du gagnant, dol, supercherie ou escroquerie.

Nous nous sommes expliqué, dans nos observations préliminaires, sur le principe de cet article et la pensée d'où il procède, de manière à n'avoir pas à y revenir (voy. *suprà,* n°ˢ 601 à 604). Nous passons donc au commentaire dans lequel nous nous occuperons successivement de la portée de l'art. 1967, de ce qui constitue un payement dans le sens de cet article, et des conditions auxquelles le payement est exclusif du droit de répétition. Nous présenterons ensuite quelques observations particulières au pari sur la hausse et la baisse des effets publics.

II. — 652. Il n'y a pas à insister longuement sur le premier point. La place qu'occupe notre article et sa formule même en indiquent nettement la portée. L'art. 1965 pose en thèse générale que la loi n'accorde aucune action pour une dette du jeu ou pour le payement d'un pari ; et l'art. 1966 ajoute que les jeux tenant à l'adresse et à l'exercice du corps sont exceptés de la disposition précédente, sauf le droit pour les juges de rejeter l'action en totalité lorsque les sommes engagées dans le jeu ou dans le pari leur paraissent excessives. L'art. 1967 vient immédiatement après et dispose que *dans aucun cas* le perdant ne peut répéter ce qu'il a volontairement payé, à moins qu'il n'y ait eu, de la part du gagnant, dol, supercherie ou escroquerie. Il résulte de là incontestablement que la disposition a une portée générale, et que sauf la réserve du cas de dol, de supercherie ou d'escroquerie de la part du gagnant, elle s'applique à tous les cas, par conséquent à celui de l'art. 1966 aussi bien qu'à celui de l'art. 1965. Ainsi, de même que le joueur qui s'étant livré à un jeu dépourvu de toute action en aurait volontairement acquitté la dette ne pourrait pas répéter ce qu'il a payé, de même celui qui s'étant livré à un jeu d'adresse en aurait payé le prix ne pourrait pas répéter ce prix en alléguant qu'il a été excessif. Dans l'un et l'autre cas, tout est consommé par le payement : la justice ne peut, pas plus d'office que sur la demande de la partie, tenir pour non avenu un engagement désormais avoué et librement exécuté par le perdant.

III. — 653. Mais quand y a-t-il payement susceptible de faire obstacle à la répétition? Le payement, dans le sens de l'art. 1967, s'entend-il seulement d'un versement en espèces fait au gagnant par le perdant ou par un mandataire spécialement chargé de l'effectuer? Ou bien faut-il assimiler au payement certains actes, tels qu'une dation en payement, une cession de créance, lesquels indiquent de la part du débiteur l'intention formelle et la volonté arrêtée de remplir son obligation? S'il en fallait juger par les dispositions de notre ancien droit, la question ne serait pas susceptible de se produire, en ce que tous les actes que nous supposons équipollents à payement étaient déclarés nuls quand ils avaient pour cause une dette de jeu. A la vérité, la dation en payement effectuée par une vente d'immeubles était implicitement reconnue et validée par l'ordonnance de 1629, dont l'art. 141 s'était borné à réserver les hypothèques acquises sur les immeubles par les créanciers du vendeur. « Et d'autant, disait cet article, que l'effrénée passion du jeu porte quelquefois à jouer les immeubles, nous voulons et déclarons que, nonobstant la perte et délivrance desdits immeubles, quoique déguisée en vente, échange ou autrement, les hypothèques demeurent entre eux aux femmes pour leurs conventions et aux créanciers pour leurs dettes, nonobstant tout décret, s'il est prouvé que l'aliénation desdits immeubles procède du jeu. » Mais la déclaration du 1er mars 1781 était allée plus loin. Usant contre le jeu d'une rigueur excessive, elle avait prononcé la nullité « des ventes, cessions, transports, et tous autres actes de quelque nature qu'ils puissent être, ayant pour cause une dette de jeu, soit qu'ils aient été faits par des majeurs ou des mineurs.» En présence d'une telle disposition, dont la jurisprudence moderne a fait l'application aux dations en payement ayant pour cause une dette de jeu contractée sous son empire (1), il eût été difficile de considérer comme susceptible de faire obstacle à la répétition tout autre payement que le payement en espèces.

Mais le Code Napoléon n'a pas reproduit cette disposition rigoureuse; et comme, d'ailleurs, il contient un système complet sur le contrat de jeu et de pari, la déclaration du 1er mars 1781 doit être considérée comme abrogée; en sorte que les tribunaux ne pourraient pas aujourd'hui, sans violer l'art. 1967, annuler les actes par lesquels celui qui aurait perdu au jeu ou dans un pari aurait volontairement acquitté sa dette. Seulement un tel acte, quel qu'il soit, transaction, vente de meubles ou d'immeubles, transport de créances, etc., ne pourra être opposé au perdant, dans les termes de cet article, qu'autant qu'il aura dessaisi ce dernier définitivement d'une valeur ou d'un droit quelconque, et indiquera par cela même la volonté bien manifeste du perdant de s'acquitter.

654. Ainsi, d'abord, la livraison de meubles ou d'immeubles à titre de dation en payement constitue bien un payement dans le sens de l'art. 1967 quand l'intention des parties est que le gagnant devienne immédiatement et d'une manière définitive propriétaire du meuble ou de l'immeuble qui en est l'objet; et, dans ce cas, le perdant ne pourrait incontestablement pas être entendu si, après avoir fait la dation en payement, il imaginait d'introduire en justice une action en répétition. — Mais si l'acte qualifié vente est, en réalité, une simple procuration donnée par le perdant au gagnant à l'effet de vendre l'objet mobilier ou immobilier et de retenir sur le prix le montant de la dette de jeu, il est clair qu'il n'y aura payement irrévocable et fait accompli susceptible

---

(1) Paris, 27 nov. 1811 (S. V., 12, 2, 60; Coll. nouv., 3, 2, 583; Dalloz, 23, 2, 96 alph., t. III, p. 598).

de faire écarter la répétition que par la réalisation de la vente suivie de la rétention de la somme perdue au jeu ou dans le pari. Comme le perdant peut jusque-là révoquer sa procuration, il est vrai de dire qu'il n'y a pas jusque-là une manifestation suffisante de l'intention et de la volonté d'accomplir l'obligation résultant du jeu ou du pari.

Notons, au surplus, que la dation d'un immeuble en payement, dans le cas où elle équivaut à payement à l'effet d'exclure la répétition, ne vaut pas comme vente proprement dite. Il résulte de là que, dans le cas d'éviction, le nouveau propriétaire n'aurait pas le recours en garantie. La raison, d'ailleurs, en est simple : le cessionnaire évincé ne pourrait recourir contre le cédant qu'en vertu de sa créance primitive de jeu, et c'est là-contre justement que s'élève l'art. 1965, aux termes duquel une telle créance ne donne pas d'action. La vente, dans ce cas, revêt donc ce caractère tout particulier qu'elle est tacitement faite sans garantie. Bien plus, le gagnant ne pourrait pas, en recevant l'immeuble en payement, se réserver utilement la garantie. La stipulation qu'il ferait à cet égard devrait être considérée comme non avenue, en ce qu'elle aurait pour résultat, si elle était consacrée, de rattacher indirectement au contrat de jeu la sanction active dont le législateur a voulu que ce contrat restât dépourvu (1).

655. Tout ceci est applicable à la cession de créance en payement d'une dette de jeu. Celui qui ayant perdu au jeu cède régulièrement et en payement au gagnant la créance qu'il a sur un tiers fait sans doute un payement dans le sens de l'art. 1967. Mais pour que ce payement soit exclusif de l'action en répétition dans les termes de cet article, deux choses sont nécessaires. D'une part, il faut que la cession soit faite sans garantie, ou que la stipulation de garantie, si elle a été ajoutée à la convention, reste sans effet, car le cédant qui garantit ne paye pas en réalité, il donne au cessionnaire deux débiteurs au lieu d'un (2). D'une autre part, il faut que la remise de la valeur ou de la créance cédée soit réellement translative, c'est-à-dire qu'elle transporte définitivement la propriété au gagnant; elle serait insignifiante, au point de vue de l'art. 1967, si elle était faite à titre de simple garantie.

Sans rien préjuger ici sur un point qui sera bientôt l'objet d'un examen spécial (nᵒˢ 662 et suiv.), le point de savoir si l'art. 1967 est applicable quand il s'agit d'opérations de bourse déguisant un pari sur la hausse et la baisse des effets publics, nous pouvons citer à l'appui de cette dernière observation la jurisprudence qui s'est formée à l'occasion des valeurs remises habituellement, à titre de couverture, aux agents de change par leurs clients. Elle établit nettement, en effet, que tant que l'agent de change reste détenteur des valeurs qu'il a reçues, il n'y a pas de payement, tellement que le débiteur peut répéter ces valeurs (3),

---

(1) *Voy.* Pothier (*De la Vente,* n° 192).
(2) Limoges, 2 juin 1819 (S. V., 21, 2, 17; *J. Pal.,* 21, 377; Dalloz, 21, 2, 67).
(3) Req., 27 janv. 1852; Paris, 11 mars 1851; Bordeaux, 15 juin 1857 (S. V., 54, 1, 140; 51, 2, 145; 57, 2, 733; Dalloz, 51, 2, 217; 52, 1, 291; 58, 2, 31; *J. Pal.,* 1851, t. II, p. 257; 1853, 1, 449; 1858, 742.

mais qu'il y a, au contraire, payement et fait accompli exclusif de toute action en répétition quand l'agent de change a vendu ces valeurs sans opposition de la part de son client et pour son compte (1).

Faut-il insister maintenant sur les circonstances propres à rendre une cession réellement translative, nous dirons que tout, ici, dépend du mode qui a été suivi pour opérer la cession, et que le mode varie suivant le genre de créance cédée.

Ainsi, s'agit-il d'un titre nominatif, il faut n'avoir pas négligé de remplir les formalités des art. 1689 et suivants du Code Napoléon. S'agit-il d'une valeur à ordre, il faudra n'avoir omis aucune des conditions dont l'ensemble constitue un endossement régulier (2). S'agit-il d'une valeur au porteur, la simple tradition aura suffi pour conférer un droit acquis au gagnant. — Ajoutons, d'ailleurs, qu'on assimile avec raison à ces divers modes de transmission la passation des titres en compte courant (3). En effet, l'opération a pour résultat de rendre le gagnant propriétaire, puisqu'elle fait entrer les valeurs dans sa caisse.

656. Mais le cas est différent quand, au lieu de faire une cession translative constituant un payement effectif, le perdant reconnaît sa dette en souscrivant un engagement ou des billets au gagnant. Nous avons expliqué déjà qu'il y a là non pas un payement, mais une simple promesse de payer pour la réalisation de laquelle le créancier n'a pas d'action, par application de l'art. 1965 (*suprà*, n°s 637 et suiv.). Par cela même il faut dire que le fait de reconnaître la dette soit en la forme d'une obligation notariée (4), soit par la souscription de billets ou effets de commerce (5), ne contient pas une manifestation suffisante de la part du débiteur de son intention de payer, pour qu'on y puisse voir l'équivalent de ce payement contre lequel l'art. 1967 ne permet pas de revenir, en interdisant la répétition. Il importerait peu, du reste, que la reconnaissance ou les billets déposés aux mains d'un tiers aient été ensuite remis par ce dernier au gagnant (6), avec ou sans l'assentiment du perdant; comme aussi il importerait peu, s'il s'agissait d'effets négociables, que le gagnant les eût transmis par la voie de l'endossement. Aucune de ces circonstances n'est susceptible de changer le caractère du fait primitif, qui n'en reste pas moins une simple promesse de payer; et c'est justement à cause de cela que le perdant, lorsqu'il est obligé d'acquitter le montant des billets à un tiers porteur de bonne foi, a, en

---

(1) Paris, 29 nov. 1858; Rej., 1er août 1859; Req., 2 août 1859 (S. V., 59, 2, 81; 59, 1, 817; *J. Pal.*, 1859, p. 41; 1860, p. 294; Dalloz, 59, 1, 289).

(2) Req., 25 janv. 1827 (S. V., 27, 1, 122; Coll. nouv., 8, 1, 509; Dalloz, 27, 1, 125).

(3) Paris, 22 mars 1832 (S. V., 32, 2, 481; Dalloz, 32, 2, 67).

(4) Lyon, 21 déc. 1822 (S. V., Coll. nouv., 7, 2, 141; Dalloz, 23, 2, 94).

(5) Req., 30 nov. 1826; Cass., 12 avr. 1854; Rej., 4 déc. 1854; Req., 4 nov. 1857 (S. V., 27, 1, 66; 54, 1, 313 et 763; Dalloz, 27, 1, 75; 54, 1, 181 et 413; 57, 1, 4 41; *J. Pal.*, 1854, t. I, p. 527, et t. II, p. 545); Angers, 13 août 1831; Rouen, 14 juill. 1854; Lyon, 11 mars 1856 (S. V., 32, 2, 270; 55, 2, 170; 57, 2, 525; *J. Pal.*, 1857, p. 1090; Dalloz, 32, 2, 141; 56, 2, 16).

(6) Angers, 22 fév. 1809 (S. V., 9, 2, 244; Coll. nouv., 3, 2, 31; Dalloz, alph., t. IX, p. 601).

principe, comme nous l'avons expliqué plus haut, son recours contre le gagnant au profit duquel il les a souscrits (voy. *suprà*, n° 642).

657. Au contraire, il y a incontestablement payement dans le sens de l'art. 1967 lorsque, les parties ayant déposé leur enjeu sur la table ou l'ayant remis aux mains d'un tiers, la somme totale des enjeux est enlevée par le gagnant ou lui est livrée par le dépositaire à l'issue du jeu, ou quand la difficulté objet du pari est vidée. Il y a, dans le dépôt des enjeux, une manifestation suffisante de la volonté de transmettre au gagnant les sommes engagées; c'est un payement anticipé fait sous condition : en sorte que, quand la condition est réalisée, en d'autres termes quand le gain de la partie a attribué au gagnant la propriété des enjeux, celui contre lequel la chance a tourné ne peut plus se faire relever de la perte qu'il a subie; et la perte fût-elle excessive, la voie de la répétition ne lui reste pas moins fermée.

658. Cela étant, nous n'éprouvons aucune hésitation pour résoudre une question soulevée par les auteurs dans cette hypothèse. On a supposé que le perdant, méconnaissant la loi du contrat, s'empare de son enjeu et le reprend bien qu'il ait perdu la partie, ou que le tiers aux mains de qui les enjeux avaient été déposés refuse de les remettre au gagnant; et on s'est demandé si ce dernier aurait action, en ce cas, soit contre le perdant, soit contre le dépositaire. Quelques auteurs se prononcent pour la négative, en se fondant sur ce que l'action, en définitive, aurait sa base dans une dette de jeu, ce qui la rendrait non recevable, comme contraire à l'art. 1965 : c'est notamment l'avis de M. Troplong (1). Il est bien clair, cependant, que cette opinion ne saurait être admise. De quoi s'agit-il, pour le gagnant, dans le cas supposé? Est-ce qu'il s'agit d'exercer une action personnelle fondée sur le contrat de jeu, et d'aller ainsi contre la disposition formelle de l'art. 1965? En aucune manière. Cet article a eu en vue les engagements pris pour dettes de jeu, les promesses qui peuvent être faites à l'occasion du jeu *sur parole*. Or, il n'y a rien de semblable dans l'espèce : les parties ont joué *au comptant*, sur dépôt des enjeux, avec l'intention précise et sous la condition incontestée que la propriété de ces enjeux serait transmise à celui que le sort favoriserait. Le gagnant est donc devenu propriétaire de l'enjeu du perdant dès que la chance a tourné en sa faveur; en sorte que lorsqu'il agit ensuite contre quiconque retient indûment cet enjeu, ce n'est pas l'action personnelle proscrite par l'art. 1965 qu'il exerce, c'est tout simplement l'action en revendication d'une chose qui lui appartient (2).

Du reste, M. Troplong admet le point de départ et le principe; car il n'hésite pas à reconnaître que le gagnant, dans le cas supposé, *est devenu propriétaire;* et s'il écarte, cependant, la conséquence ci-dessus déduite, c'est, dit-il, parce qu'il n'est pas possible de ne pas remonter

(1) *Voy.* M. Troplong (n°ˢ 201 et 202). — *Junge :* MM. Massé et Vergé, sur Zachariæ (t. V, p. 23, note 9).
(2) *Voy.* MM. Duranton (t. XVIII, n° 116); Aubry et Rau, d'après Zachariæ (t. III, p. 419, note 14); D. Pilette (*Rev. prat.*, t. XV, p. 464).

à la cause de ce droit de propriété et de le séparer du moyen qui l'a fait acquérir. Mais voyez jusqu'où irait l'objection ! Il en résulterait que le gagnant auquel, un jour, une semaine, un mois après la partie, le perdant aurait repris, par ruse ou par violence, ce que la chance du jeu lui avait fait acquérir, ne pourrait pas non plus agir en justice, car, dans ce cas aussi, il serait impossible de ne pas remonter à la cause du droit de propriété ! Nul, assurément, ne voudrait aller jusque-là. Eh bien, la situation n'est pas différente, en droit, parce que le perdant, au lieu de reprendre son enjeu par surprise entre les mains du gagnant un jour, une semaine, un mois après la partie, l'a repris sur la table au moment où il venait de le perdre : dans l'un et l'autre cas, il a pris une chose qui avait cessé de lui appartenir ; dans l'un comme dans l'autre cas, dès lors, le gagnant qui, devenu propriétaire, lui en demande la restitution, revendique sa chose et ne poursuit en aucune manière le payement d'une dette de jeu.

IV. — 659. Le payement ou les actes équivalents dont nous venons de présenter l'énumération ne sont susceptibles d'exclure l'action en répétition que sous certaines conditions dont il nous reste maintenant à parler.

En premier lieu, il faut, aux termes de l'art. 1967, que le payement ou l'acte équivalent ait été accompli volontairement par le gagnant. Le sens intime et le texte même de cet article indiquent comment ceci doit être entendu. La loi demande un payement fait *volontairement :* cela veut dire que le perdant doit avoir payé non pas seulement en l'absence de toute contrainte ou de manœuvres frauduleuses et en toute liberté, mais encore en pleine connaissance de la qualité de la dette et sachant bien qu'il ne pourrait pas être poursuivi s'il se refusait à effectuer le payement. C'est ainsi seulement que le fait par le perdant d'acquitter sa dette constitue un abandon formel de l'exception que lui fournissait l'art. 1965, et ne lui permet plus de revenir sur l'exécution volontaire qu'il a donnée à l'obligation ayant sa cause dans une convention de pari ou de jeu.

660. De là nous tirons une double conséquence.

D'un côté, si le débiteur a payé par erreur, ignorant que son refus de payer ne pourrait pas être suivi de poursuites, par exemple si c'est un héritier qui, ne connaissant pas la cause d'un billet souscrit par son auteur pour dette de jeu, en rembourse le montant au gagnant, l'art. 1967 restera sans application possible, et les sommes payées pourront être répétées (1).

D'un autre côté, la répétition sera également admissible de la part d'un incapable, par exemple un mineur même émancipé, un prodigue, une femme mariée, même séparée de biens, qui aurait acquitté une dette de jeu ; car on ne pourrait pas dire du payement fait par un incapable, c'est-à-dire par une personne n'ayant pas capacité pour vou-

---

(1) *Voy.* cependant M. D. Pilette (*Rev. prat.*, t. XV, p. 460 et 461).

loir, qu'il a été accompli volontairement et en parfaite connaissance de cause.

Cela a été expressément déclaré par la Cour de cassation dans un arrêt encore inédit.

Dans l'espèce, une femme séparée de biens avait donné mandat de jouer à une personne qui avait reçu d'elle des sommes considérables et les avait employées, du consentement de la mandante, à solder la perte. Celle-ci, après que tout était consommé, assigne son mandataire en restitution, soutenant que les ordres qu'elle avait pu donner n'étaient pas obligatoires contre elle et à la décharge de son intermédiaire, en ce qu'elle avait agi sans l'autorisation de son mari, dont elle était alors séparée de biens. Cette prétention avait échoué en première instance. Le tribunal avait considéré : d'une part, qu'à raison de la position de fortune où se trouvait la demanderesse, et de l'emploi qu'il s'agissait de faire de ses capitaux, l'intermédiaire par elle choisi avait pu penser qu'elle se renfermait dans les limites d'une administration licite et utile; d'une autre part, qu'elle avait agi en pleine connaissance de cause, avec une volonté parfaitement libre et le plus souvent en termes impératifs. Mais, par arrêt du 30 novembre 1860, auquel nous avons concouru, la Cour de Paris infirma la décision. Après avoir établi, en fait, que le défendeur n'avait pas été un simple intermédiaire chargé d'un rôle purement passif, qu'il avait été le détenteur de la majeure partie de la fortune de sa mandante, et avait accepté le mandat exprès de jouer, ayant la conscience de sa responsabilité et des dangers d'un pareil mandat, la Cour considéra, en droit, qu'il n'était pas fondé à se prévaloir des termes de l'art. 1449 du Code Napoléon, en ce que les opérations dont il avait été l'agent ne pouvaient être confondues avec les aliénations et dispositions pour lesquelles la loi attribue capacité à la femme séparée de biens dans la mesure du droit d'administrer, et en ce qu'elles constituaient, au contraire, des actes de désordre et de dissipation tels qu'ils avaient motivé la dation d'un conseil judiciaire à celle qui s'y était livrée. En conséquence, et sans s'arrêter à l'art. 1967, la Cour consacra en principe l'obligation de restituer, et ordonna la reddition, par le mandataire, du compte des sommes et valeurs par lui reçues de la mandante.

L'arrêt a été déféré à la Cour de cassation : le mandataire invoquait, entre autres motifs, une prétendue violation des art. 1967 et 1449 du Code Napoléon, en ce que la Cour avait admis la répétition, par une femme mariée séparée de biens, de sommes d'argent par elle payées, mais en conséquence d'une dette de jeu. Toutefois, le pourvoi a été rejeté par la chambre civile, au rapport de M. le conseiller Renouard, et l'arrêt de rejet, rendu à la date du 30 décembre 1862, exprime, sur ce moyen, « que si, aux termes de l'art. 1449, la femme séparée reprend la libre administration de ses biens, et peut disposer de son mobilier et l'aliéner, la capacité à elle ainsi conférée se borne aux actes relatifs à l'administration de ses biens et à l'indépendance de gestion de sa fortune mobilière, et ne s'étend pas à des opérations de la nature de celles qui ont eu lieu dans l'espèce, et que l'arrêt qualifie comme ayant constitué des actes de désordre et de dissipation...; que l'art. 1967 n'interdit la répétition des sommes payées que lorsqu'elles l'ont été volontairement, ce qui suppose que les payements ont été faits par une personne ayant légalement capacité pour vouloir ; qu'ainsi l'interdiction ne s'applique pas à la femme mariée même séparée, que l'art. 1449 n'autorise pas à payer sans autorisation... »

661. En second lieu, il faut, pour que le payement soit exclusif du droit de répéter, que le jeu ou le pari ait été tenu par le gagnant avec fidélité. C'est encore une condition formellement exprimée par notre article, qui, en interdisant la répétition sur le fondement d'un payement volontairement effectué, réserve le cas où il y aurait eu, de la part du gagnant, dol, supercherie ou escroquerie. Le perdant, en effet, n'a entendu payer que dans la supposition qu'il avait réellement perdu, tout ayant été loyal du côté de son adversaire heureux. Mais si de ce côté-là il y a eu dol et tricherie, le perdant n'est plus tenu par aucune obligation ; le payement qu'il a fait est donc sans cause, et sauf à prouver les faits de tricherie et de dol, il peut et il doit être accueilli dans son action en répétition.

V. — 662. Nous pourrions nous en tenir là dans notre commentaire sur l'art. 1967, si nous n'avions à revenir sur un cas particulier que nous avons réservé, le cas où le payement aurait eu pour cause la perte d'un pari sur la hausse et la baisse des effets publics. Le pari, dans ce cas, comme nous l'avons expliqué plus haut (n° 604), constitue un fait délictueux prévu et puni par la loi pénale : il se distingue ainsi du pari ou du jeu ordinaire, que la loi range, par les art. 1964 et suivants, au rang des contrats civils. La question se pose donc de savoir si l'art. 1967 est applicable dans ce cas particulier. A vrai dire, la solution affirmative résulte virtuellement de la plupart des décisions citées dans notre commentaire de cet article, car il est remarquable que ces décisions se rapportent presque toutes à des paris sur la hausse et la baisse des effets publics, et par là impliquent l'idée que l'article est applicable dans le cas où il s'agit de cette sorte de paris. Mais, en outre, la question a été expressément résolue en ce sens dans des espèces assez récentes, où elle a été l'objet même de la discussion. Dans une première espèce soumise à la Cour de Toulouse, cette Cour avait décidé, par arrêt du 29 août 1857, « que si l'art. 1965 du Code Napoléon repousse toute action pour une dette du jeu ou pour le payement d'un pari, l'art. 1967 du même Code ne permet pas au perdant de répéter ce qu'il a volontairement payé, à moins qu'il n'y ait eu dol, fraude ou supercherie ; que c'est sans doute une question grave que de savoir si les jeux de bourse, prohibés et punis par la loi, doivent être régis par cet article, ou, au contraire, s'ils ne violent pas l'ordre public et ne sont pas, à ce titre, incapables de donner naissance même à une obligation naturelle ; mais que cette dernière solution serait en contradiction avec l'état actuel de nos mœurs et de notre organisation financière ; que, dès lors, il faut reconnaître qu'en principe tout payement volontaire de dettes résultant du jeu de bourse n'est pas sujet à répétition. » Et l'arrêt ayant été déféré à la Cour de cassation, le pourvoi a été rejeté par la chambre civile sur ce fondement, « que les jeux de bourse qui se résolvent en un simple payement de différences sur la hausse ou la baisse des effets publics, sont *principalement* régis, quant à la répression dont ils peuvent être l'objet, par les art. 421 et 422 du Code pénal : quant aux rapports des joueurs soit entre eux, soit avec leurs agents, *par les art.* 1965 *et* 1967 *du Code Napoléon, dont les dispositions sont générales et n'admettent pas d'exception;* que l'art. 1967 refuse la répétition de ce qui a été volontairement payé pour dette de jeu, de même que l'art. 1965 refuse l'action pour payement de pareille dette; qu'il y a, en effet, même indignité, de la part des joueurs, à invoquer la loi qu'ils ont méconnue; que cette indignité, déjà consacrée par lesdits articles, résulte encore des dispositions des art. 421 et 422 du Code pénal, dont l'infraction ne saurait fonder une action en faveur des contrevenants... »

Et puis, à un jour d'intervalle, la chambre des requêtes, sur un pourvoi dirigé contre un arrêt de la Cour de Paris du 29 novembre 1858, a dit de même « qu'*aux termes de l'art.* 1967 *du Code Napoléon,* le perdant ne peut, dans aucun cas, répéter ce qu'il a volontairement payé, à moins qu'il n'y ait eu, de la part du gagnant, dol, supercherie ou escroquerie; *que cette disposition de loi est générale et s'applique au cas de sommes volontairement payées pour jeux de bourse;* qu'elle prend sa source dans ce principe qu'un délit ou un quasi-délit ne peut servir de base pour intenter une action en justice, et que le joueur, auteur ou complice d'une violation de la loi, ne peut fonder sur un tel fait une demande en répétition contre celui qui a coopéré à son infraction... » (1)

Ces motifs, cependant, ne sont pas à nos yeux d'une exactitude parfaite; et ici nous dirions de l'art. 1967 ce que nous avons dit déjà de l'art. 1965 (*suprà*, n° 627), qu'étant édicté en vue de régler les effets civils d'un contrat civil ou d'en fixer la mesure, il ne saurait être pris pour règle lorsqu'il s'agit d'opérations que la loi réprouve et auxquelles elle donne même le caractère de délit.

663. Mais est-ce à dire, parce qu'il s'agit ici d'une convention illicite à laquelle l'art. 1967 n'est pas applicable, que celui qui l'aura librement exécutée pourra revenir sur son exécution et répéter ce qu'il aurait payé volontairement? L'affirmative a ses partisans. Une telle convention, dit-on, n'est susceptible d'avoir aucun effet civil, aux termes de l'art. 1131 du Code Napoléon : donc elle ne crée aucun droit en faveur du créancier prétendu, et n'impose au débiteur aucune obligation. Que résulte-t-il de là? Que le débiteur qui aurait payé, même volontairement, aurait fait un payement sans cause, en payant ce qu'il ne devait pas; et, par

---

(1) *Voy.* Rej., 1er août 1859; Req., 2 août 1859 (S. V., 59, 1, 817; Dalloz, 59, 1, 289; *J. Pal.*, 1860, p. 294). — *Junge :* Req., 19 juin 1855 (S. V., 56, 1, 162; Dalloz, 55, 1, 292; *J. Pal.*, 1855, t. II. p. 409).

suite, qu'il peut toujours invoquer l'art. 1235, d'après lequel ce qui a été payé sans être dû est sujet à répétition (1).

Toutefois, la conséquence ne saurait être admise; et les arrêts que nous venons de citer en donnent eux-mêmes la raison décisive. Car si, mal à propos selon nous, ils rattachent leur solution à la règle formulée par l'art. 1967, ils disent, en outre, que le droit de répéter doit être refusé à celui qui, ayant perdu dans un pari sur la hausse et la baisse des effets publics, a payé volontairement, « parce qu'il y a une indignité, de la part des joueurs, à invoquer la loi qu'ils ont méconnue », ou encore « parce qu'un délit ne peut servir de base pour intenter une action en justice, et que le joueur, auteur ou complice d'une violation de la loi, ne peut fonder sur un tel fait une demande en répétition contre celui qui a coopéré à son infraction. » Or, là est véritablement la raison de décider. C'est une application naturelle et toute juste de la règle générale suivant laquelle les contrats illicites *chez les deux contractants* n'ouvrent pas plus d'action à la partie qui voudrait faire exécuter qu'à celle qui tenterait de revenir sur l'exécution qu'elle leur aurait volontairement et librement donnée. *Si et dantis et accipientis turpis causa sit, possessorem potiorem esse, et ideo repetitionem cessare dicimus.* — Les art. 1131 et 1133 du Code Napoléon sur les conventions contraires aux lois, aux bonnes mœurs ou à l'ordre public, n'ont pas d'autre portée.

Marcadé, nous le savons, est, sur ce point, d'un avis différent : il enseigne que notre droit actuel se serait écarté en ceci du droit romain, et qu'*en présence de l'art. 1376, qui sans distinction ni réserve oblige à la restitution de l'indu,* les payements faits en vue d'une cause contraire aux lois et aux bonnes mœurs ne sont nullement exclusifs aujourd'hui du droit de répétition, pas plus dans le cas où la turpitude serait commune aux deux parties que dans celui où elle n'existerait que du côté de celle qui a reçu le payement. Mais prenons garde de mêler des dispositions qui doivent rester étrangères les unes aux autres : l'art. 1376, dont Marcadé s'autorise, a trait uniquement à la répétition de l'indu proprement dit, dont il est traité au titre du Digeste *De Condictione indebiti* (lib. XII, tit. VI), et dès lors il ne saurait fixer la mesure ni servir à l'interprétation des art. 1131 et 1133, d'où procède la répétition dont le Digeste s'occupe au titre précédent (*De Condictione ob turpem vel injustam causam,* eod. lib., tit. V), c'est-à-dire la répétition des payements effectués sans cause ou en vue d'une cause immorale ou illicite. Or ces articles ne sont pas une innovation de notre droit : ils résument tout simplement une doctrine que notre ancienne jurisprudence française, attestée par Pothier, avait empruntée au droit romain. Et il résulte précisément de cette doctrine : d'une part, que dans le cas d'une convention illicite seulement du côté du stipulant, l'action en payement était refusée en même temps que la répétition était admise;

___

(1) *Voy.* M. D. Pilette (*Rev. prat.*, t. XV, p. 467). *Voy.* aussi Marcadé (sur l'art. 1133).

d'une autre part, que dans le cas où la convention était illicite des deux
côtés, la nullité du contrat avait pour effet d'interdire l'action au stipulant, sans donner au promettant le droit de répéter : l'un et l'autre,
dans ce cas, étant également indignes de la protection de la loi, dont ils
avaient violé les prescriptions, le fait l'emportait sur le droit. Cette doctrine est assurément conforme à la raison ; et comme, en définitive,
rien ne vient indiquer que les rédacteurs du Code aient eu un seul instant la pensée de la modifier, nous nous y rattachons avec la généralité
des auteurs (1).

664. Cela posé, il est clair que la répétition doit être exclue, dans
notre espèce, par une application directe de ces principes. Les motifs
de l'arrêt de la Cour de Paris à l'occasion desquels est intervenu l'un
des arrêts de rejet que nous citions tout à l'heure paraissent avoir été
rédigés dans cette pensée. La Cour, laissant un peu dans l'ombre la disposition de l'art. 1967, se rattache expressément aux principes posés
au titre du Digeste *De Condictione ob turpem causam*, pour rejeter la
demande en restitution de sommes perdues dans des opérations de
bourse (2) ; et la morale publique n'y perd rien, puisque, en définitive,
on arrive par là au même résultat que par l'application de l'art. 1967.
C'est pourquoi nous n'avons pas à revenir ici sur les solutions données
dans le commentaire de cet article, si ce n'est pour dire qu'elles s'appliquent incontestablement au cas particulier dont nous venons de nous
occuper.

CHAPITRE II.

DU CONTRAT DE RENTE VIAGÈRE.

OBSERVATIONS GÉNÉRALES.

SOMMAIRE.

---

(1) Merlin (*Quest.*, v° Cause des obl., § 2) ; Toullier (t. VI, n° 126, et t. XI, n°s 60
et 61) ; Aubry et Rau, d'après Zachariæ (t. III, p. 538 et note 10) ; Massé et Vergé, sur
Zachariæ (t. IV, p. 9, note 3) ; Larombière (t. I, art. 1133, n° 10). — *Voy.* aussi
M. Jeannotte Bozérian (t. I, n°s 360 et suiv.).

(2) Paris, 29 nov. 1858 (*J. Pal.*, 1859, p. 41 ; S. V., 59, 2, 81).

I. — 665. Une rente, en général, ainsi que nous l'avons expliqué dans le commentaire des art. 1909 et suivants (*suprà*, n⁰ˢ 322 et suiv.), est une créance dont le créancier s'interdit d'exiger le remboursement, mais à raison de laquelle il lui est dû des prestations périodiques en argent ou en denrées, prestations qui prennent le nom d'arrérages.

Quand l'obligation de servir ces arrérages est illimitée, le droit est qualifié *rente perpétuelle* : quand elle a pour mesure la durée de la vie d'une ou de plusieurs personnes, le droit prend la qualification de *rente viagère*.

666. Le Code traite de la rente viagère dans le titre des contrats aléatoires, dont le chapitre II est intitulé : *Du Contrat de rente viagère*. Il ne faudrait pas induire de là que, dans tous les cas, la rente viagère constitue un contrat aléatoire, et qu'elle ne peut jamais prendre naissance que dans une convention. Les principes et le texte même de la loi contredisent l'induction qu'on tirerait à cet égard soit de la rubrique de notre chapitre, soit de la place qu'il occupe dans le Code.

Et d'abord, les principes conduisent à reconnaître que la rente viagère n'est un contrat aléatoire qu'autant que la rente est établie à titre onéreux. C'est évident, en ce que le contrat *aléatoire* n'est qu'une subdivision des contrats *à titre onéreux* (*suprà*, n° 573). C'est évident aussi en ce que la chance de gain ou de perte ne se conçoit pas pour l'obligé dans un contrat à titre purement gratuit : celui qui s'est constitué débiteur ou qui a constitué son héritier débiteur de la rente n'a aucune espérance de gain, de même qu'il ne court aucune chance de perte ; seulement, la libéralité sera plus ou moins considérable, suivant que le service de la rente se prolongera plus ou moins ; mais c'est là donner, et donner n'est pas perdre, dans le sens ordinaire du mot.

D'un autre côté, la rente viagère ne procède pas nécessairement d'un contrat ; l'art. 1969 va nous dire lui-même qu'elle peut prendre naissance dans un acte de dernière volonté, dans un testament. Même quand elle a sa source dans une convention, cette convention peut être à titre gratuit ou à titre onéreux. Il est donc vrai de dire de la rubrique de notre chapitre que la signification en est trop restreinte eu égard à la portée de certaines dispositions. Mais sans insister sur cette observation, d'ailleurs de peu d'importance, précisons que le législateur a eu surtout en vue la rente viagère constituée à titre onéreux, que par incident seulement il traite de la rente créée à titre gratuit, ainsi qu'il prend soin de l'expliquer dans les articles à ce relatifs. Et ceci, du moins, a une importance pratique, en ce sens que partout où le législateur s'est abstenu de préciser, la présomption devra être qu'il a statué sur la rente viagère à titre onéreux, c'est-à-dire sur le contrat qui est ici principalement dans ses vues (voy. *infrà* le commentaire des art 1974, 1975).

667. M. Troplong, d'accord avec Heineccius, énonce que le contrat de rente viagère fut entièrement inconnu des Romains (1). Il serait plus

_____

(1) M. Troplong (*Des Contrats aléatoires*, t. XV, n° 204). — *Voy.* aussi M. Dalloz (*Jur. gén.*, v° Rente viag., n° 2).

juste de dire que la rente viagère, bien que connue des Romains, fut peu pratiquée, à Rome, comme contrat. Nous trouvons, en effet, dans la législation civile des Romains afférente aux testaments, une forme de legs qui a l'analogie la plus frappante avec le legs de rente viagère; il en est traité au digeste *De Annuis legatis et fideicommissis* (XXXIII, 1). Il y a plus : les sources nous présentent une convention conclue sous la forme d'un contrat verbal, qui présente tous les caractères de la rente viagère : *Decem aureos annuos, quoad vivam dare spondes?* (Inst., § 3, *De Verb. oblig.; —* l. 56, § 4, ff. *De Verb. oblig.*) N'y a-t-il pas là une créance d'annuités qui doit s'éteindre à la mort du stipulant? Qu'est-ce donc que cette convention, sinon un contrat de rente viagère? Mais, nous le répétons, les Romains, à en juger par la rareté des documents que fournissent les sources à cet égard, pratiquèrent peu le contrat de rente viagère : c'est surtout avec l'institution des précaires, dont nous avons dit quelques mots (*suprà*, nᵒˢ 50 et suiv.), que ce contrat commença à se développer et à s'étendre. Un particulier transmettait un fonds de terre ou une somme d'argent à un monastère ou à une église, et, en retour, il recevait des jouissances viagères en usufruit ou en rente : d'après un capitulaire de Charles le Chauve de 846, celui qui aliénait la propriété de la terre ou du capital devait obtenir, à raison de l'aliénation, qui était perpétuelle, des jouissances d'une valeur supérieure au revenu annuel de la chose aliénée, spécialement outre l'usufruit de ce qu'il avait aliéné, l'usufruit du double sur les biens ecclésiastiques, auxquels seuls s'appliquait ce capitulaire, et, s'il avait renoncé à l'usufruit de ce qu'il avait transmis, l'usufruit du triple sur les biens ecclésiastiques (1). Ce sont là les premières traces, dans notre droit français et chez nos ancêtres les Francs, de ce contrat de rente viagère, qui se propagea plus tard et s'établit dans les rapports des particuliers entre eux.

668. Elle eut pourtant, au moyen âge, à se défendre contre de très-vives attaques. Car on comprend que, fréquemment employée pour utiliser des capitaux que les lois prohibitives du prêt à intérêt condamnaient à rester stériles, elle ne pouvait manquer de recevoir le contre-coup des idées erronées sur lesquelles ces dernières lois furent assises. La rente viagère fut donc attaquée dans son principe, dans sa légitimité. Mais la lutte ne fut pas de longue durée. La rente *constituée* avait triomphé des attaques des docteurs (*suprà*, nᵒ 323); la rente viagère en devait triompher à plus forte raison. D'une part, les arrérages de la rente viagère n'ont rien de commun avec l'intérêt d'un prêt, en ce qu'au lieu d'être le prix de l'usage d'un capital, ils sont l'équivalent de ce capital même aliéné à toujours, et qui ne doit rentrer jamais dans le patrimoine de l'ancien propriétaire. D'une autre part, il y a dans la rente viagère un élément essentiel qui fait absolument défaut dans la rente constituée : c'est le caractère aléatoire, qui fait que, suivant l'événement, les arrérages produisent beaucoup ou se réduisent à rien ou presque rien : aussi

_____

(1) *Voy.* M. Troplong (nᵒ 205).

les critiques dont la rente viagère fut l'objet ne résistèrent-elles pas longtemps à l'examen; et il arriva ceci de remarquable, que tandis que la critique avait, à l'origine, trouvé parmi les canonistes ses interprètes les plus rigides, ce fut pourtant par les églises et les monastères surtout que le contrat fut pratiqué.

669. Au surplus, il ne faudrait pas que le caractère aléatoire fît confondre la convention dont il s'agit ici avec le pari. La rente viagère, bien qu'elle présente certaines analogies avec le pari, s'en distingue cependant par sa nature et par son but.

Et d'abord, il est de l'essence du pari qu'il y ait chance de gain ou de perte pour les deux parties : or, nous l'avons démontré en définissant le contrat aléatoire, dans la rente viagère l'un des contractants seulement, le débiteur, court des chances (*suprà*, n° 577). Cela seul suffirait à la légitimer, si l'on réfléchit, d'ailleurs, que ces chances procèdent d'une opération très-sérieuse, l'aliénation d'une chose actuelle et existante, immeuble ou meuble, moyennant une suite de redevances formant le prix.

Et puis, au point de vue du but, le pari ne présente aucune utilité pour la société; la rente viagère, au contraire, a presque toujours pour objet d'assurer l'avenir du crédi-rentier, de transformer les faibles revenus qu'il aurait tirés de sa fortune par les moyens ordinaires en des annuités plus considérables, et de mettre sa vieillesse à l'abri de l'indigence. Sans doute elle peut, comme on l'a dit au conseil d'État dans la discussion de la loi, n'avoir sa source que dans des principes d'égoïsme et dans la volonté d'augmenter un revenu déjà suffisant, en aliénant des fonds dont la disposition laisse des enfants, des proches sans ressources et même sans espérances. Mais, comme on l'a dit encore, l'abus qu'on peut faire de ce contrat ne doit pas empêcher de reconnaître ce qu'il a de légitime et de juste dans son but, quand la rente viagère n'est qu'un moyen de subsistance pour un homme isolé qui n'a point d'héritiers, ou pour une personne âgée et infirme qui a besoin de recourir à cet expédient de finance pour vivre (1). Et c'est à ce dernier point de vue qu'il faut se placer quand il s'agit d'apprécier le contrat et de reconnaître comment et en quoi il se distingue du pari.

II. — 670. Ceci dit sur le caractère et l'origine de la rente viagère, nous avons à nous expliquer sur la nature du droit conféré au crédirentier par l'acte de constitution. Il s'est élevé, à cet égard, des difficultés tenant aux éléments mêmes de ce droit. La valeur de la rente viagère, en effet, se compose exclusivement des arrérages qui en sont successivement perçus : il n'y a pas, comme dans la rente constituée en perpétuel, un capital distinct des revenus, et qui doive revenir intact au créancier à l'extinction de la rente, sans éprouver aucun amoindrissement par suite de la perception des annuités (*suprà*, n°s 339 et suiv.); tout au contraire, quand l'extinction de la rente viagère se pro-

---

(1) Exposé des motifs de Portalis (Locré, t. XV, p. 176; Fenet, t. XIV, p. 542 et 543).

duit, tout est désormais éteint pour le créancier, qui a, en quelque sorte, absorbé son capital au fur et à mesure de la réception des arrérages. Il semble donc que cette espèce de rente n'ait pas de capital, qu'elle ne constitue pas un être moral, mais que les arrérages fassent tout le principal, tout le fonds et l'être entier de la rente viagère. C'était la doctrine de Pothier (1), et elle a été reproduite sous le Code (2). Mais Pothier lui-même nous apprend que cette doctrine était déjà vivement combattue dans l'ancien droit, où elle s'était fait jour soit pour soustraire les rentes viagères à certaines prohibitions qui frappaient les rentes constituées, soit pour les dépouiller de la qualité de biens immeubles attribuée aux rentes perpétuelles; et il convient que la doctrine contraire prévalait au palais. « Voici, dit-il, le raisonnement sur lequel on l'établit. — Le droit de créance de rente viagère est un droit qui produit et fait naître des arrérages contre le débiteur, de même que le droit de créance de rente perpétuelle; avec cette différence seulement que le droit de rente perpétuelle, étant un droit perpétuel de sa nature, en produit à perpétuité : le droit de rente viagère, qui est un droit dont la durée est bornée, en produit seulement pendant le temps de sa durée. C'est pourquoi, de même que les coutumes ont feint dans les rentes perpétuelles un être moral et intellectuel de créance, distingué par l'entendement des arrérages qu'il produit, quoique dans la vérité ces rentes perpétuelles ne soient autre chose que la créance de tous les arrérages qui courront jusqu'au rachat, de même on peut aussi, dans les rentes viagères, feindre et supposer un être moral et intellectuel de créance, distingué des arrérages de la rente viagère qu'il produit, et qui ne diffère de celui que l'on considère dans les rentes perpétuelles qu'en ce que celui-ci est un être perpétuel, au lieu que celui que l'on considère dans les rentes viagères est un être périssable, dont la durée est bornée au temps de la vie de la personne sur la tête de qui elles sont créées. En effet, de même que, dans les rentes perpétuelles, les arrérages de la rente ne sont considérés que comme les fruits civils de la rente, de même, dans les rentes viagères, les arrérages de la rente viagère sont considérés, non comme l'objet principal du droit de créance de la rente viagère, mais comme étant pareillement les fruits civils de la rente viagère. » Plusieurs dispositions de nos Codes montrent que telle a été la doctrine adoptée par le législateur moderne. Ainsi l'art. 584 du Code Napoléon range dans la classe des fruits civils les arrérages des rentes, sans faire aucune distinction : or, si ces arrérages constituent un fruit, il est bien impossible qu'ils soient le fonds même de la rente. Ainsi, l'art. 588, plus explicite encore, décide que l'usufruit d'une rente viagère donne à l'usufruitier, pendant la durée de son usufruit, le droit d'en percevoir les arrérages, *sans être tenu à aucune restitution :* or, ces derniers mots, ajoutés évidemment pour couper court aux divergences de l'ancien droit sur l'usufruit des rentes viagè-

---

(1) Pothier (*Contrat de const. de rente,* n° 249; Introd. gén. aux contr., n° 55).
(2) *Voy.* M. Toullier (t. XII, n° 110). — *Voy.* aussi Zachariæ (§ 507, note 13).

res, montrent que le législateur moderne a fait de la rente elle-même un bien propre, un bien incorporel dont les arrérages ne sont que les fruits, lesquels, par l'effet de leur nature de fruits, appartiennent pour le tout à l'usufruitier (1). Les art. 610 et 1401, 2°, reproduisent implicitement la même doctrine, ainsi que l'art. 2277, dont la disposition a été toujours appliquée, sans aucune hésitation, aux arrérages de la rente viagère. Enfin l'art. 1977 lui-même prévoit formellement le cas où le constituant peut se faire restituer le capital de la rente. Tout démontre donc qu'aux yeux des rédacteurs du Code, la rente viagère doit être considérée comme un être moral, distinct des arrérages qu'elle produit et qui en sont les fruits ; elle peut être avec raison envisagée comme une chose non fongible, puisque ce n'est que peu à peu qu'elle périt. Telle est aussi l'opinion généralement admise (2).

671. Ce point de droit, d'ailleurs, n'a pas aujourd'hui, au même degré, l'importance qu'il avait autrefois. Les auteurs qui considéraient la rente viagère comme n'ayant pas de capital devaient la ranger dans la classe des meubles. Ceux, au contraire, qui regardaient la rente comme un être moral, distinct des arrérages, assimilaient les rentes viagères aux rentes perpétuelles, qui, dans la plupart des coutumes, avaient été déclarées immeubles. Cette dissidence ne peut plus se produire aujourd'hui que toutes les rentes, de quelque nature qu'elles soient, sont rangées dans la classe des meubles par la détermination de la loi (C. Nap., art. 529). De là il résulte incontestablement, quoi qu'en ait dit Toullier (3), que lorsqu'un crédi-rentier se marie sous le régime de la communauté légale, la rente viagère tombe d'une manière définitive dans la communauté, à la dissolution de laquelle elle doit être partagée entre l'époux qui l'a apportée et les héritiers de l'époux prédécédé (4).

Mais si l'intérêt de la question a disparu désormais au point de vue de la nature du droit, il subsiste toujours au point de vue de la prescription : c'est ce que nous expliquerons sur l'art. 1982, à l'occasion duquel on a remis en avant l'idée que la rente viagère n'aurait pas de fonds ou de capital, pour soutenir qu'elle est imprescriptible.

672. La rente viagère fait l'objet de deux sections, dont l'une traite des conditions requises pour la validité du contrat, et l'autre des effets de ce contrat.

SECTION PREMIÈRE.
DES CONDITIONS REQUISES POUR LA VALIDITÉ DU CONTRAT.

1968. — La rente viagère peut être constituée à titre onéreux,

---

(1) *Voy.* Marcadé (sur l'art. 588, et *Rev. crit.*, t. I, p. 444).
(2) *Voy.* MM. Delvincourt (t. I, p. 350, note 1); Duranton (t. XVIII, n° 158); Troplong (n° 215); Massé et Vergé, sur Zachariæ (t. V, p. 24, note 3); Mourlon (5ᵉ édit., t. III, p. 405). Comp. MM. Aubry et Rau, d'après Zachariæ (3ᵉ édit., t. III, p. 426 et note 6).
(3) M. Toullier (t. XII, n° 110).
(4) MM. Troplong (n° 225); Marcadé (art. 1401, 2°). — *Voy.* aussi le *Traité du contrat de mariage* que nous avons publié avec M. Rodière (1ʳᵉ édit., t. I, n° 352; 2ᵉ édit., t. I, n° 423).

moyennant une somme d'argent, ou pour une chose mobilière appréciable, ou pour un immeuble.

I. — 673. La rente viagère peut être constituée à titre onéreux en
des termes que l'art. 1968 indique séparément, comme pour montrer
qu'il y a entre eux certaines différences. Elle peut d'abord être créée
moyennant un capital en argent reçu par le constituant ; c'est là le contrat de rente viagère proprement dit, celui que Pothier a presque exclusivement en vue dans son traité du contrat de *Constitution de rente,*
quand, arrivé au chapitre relatif à la rente viagère, il la définit : « un
contrat par lequel l'un des contractants vend à l'autre une rente annuelle, et dont la durée est bornée à la vie d'une ou plusieurs personnes,
de laquelle rente *il se constitue envers lui le débiteur pour une certaine
somme qu'il reçoit pour le prix de la constitution.* » (1) La rente viagère
peut aussi être établie en échange d'une chose mobilière appréciable ou
d'un immeuble. Dans les deux cas, il intervient entre les parties une
opération qui peut s'analyser en une aliénation de la somme, du meuble
ou de l'immeuble, que le crédi-rentier ou acquéreur de la rente consent
au profit du débiteur de cette rente, en retour des arrérages que celui-ci
s'engage à lui payer.

674. Un premier caractère commun à ces deux termes distincts,
sous lesquels peut se manifester le contrat, c'est qu'il y ait aliénation
irrévocable de la part de l'acquéreur de la rente. Il n'en est pas ici
comme dans la constitution de rente en perpétuel. Les auteurs anciens
et quelques auteurs modernes, assimilant ces deux cas, ont vu une *vente*
dans le contrat de constitution de rente, aussi bien quand il a pour objet
une rente perpétuelle que lorsqu'il se rapporte à une rente viagère ; et
alors ils disent que l'aliénation est *plus parfaite* dans ce dernier cas, le
créancier des arrérages ne pouvant jamais, quoi qu'il arrive, recouvrer
le capital qu'il a fourni pour se les procurer (2). Nous avons, pour notre

_____

(1) *Voy.* Pothier (n° 215).
(2) *Voy.* Pothier (n° 227). *Voy.* aussi M. Troplong (n° 214).

part, combattu l'assimilation et établi que le caractère de vente n'apparaît à aucun degré dans la constitution de rente en perpétuel, laquelle est simplement un prêt où l'emprunteur est libre de rembourser le capital à sa volonté (*suprà*, nos 323 et 326). Nous disons, en conséquence, non pas que l'aliénation est *plus parfaite* dans la constitution de rente viagère, mais que le contrat de constitution de rente n'implique l'idée d'aliénation que quand il a pour objet la rente viagère, en ce que le crédi-rentier ne peut pas espérer que ce qu'il a aliéné lui soit jamais rendu par le constituant ou ses héritiers, qui doivent être un jour quittes de la rente par la mort de la personne sur la tête de qui elle est constituée.

675. Un deuxième caractère essentiel pour qu'il y ait réellement contrat de rente viagère est que la convention soit aléatoire. Le Code, en effet, comme nous en avons fait la remarque au début de ce titre, s'occupe seulement ici des contrats essentiellement aléatoires, de ceux qu'on ne pourrait concevoir en l'absence de chances de gain ou de perte au moins pour l'une des parties, et nous avons dit que la rente viagère, lorsqu'elle est à titre onéreux, est au nombre de ces contrats. Ainsi, le créancier vient-il à mourir peu de temps après l'établissement de la rente, il faut que le constituant, bien qu'il n'ait presque pas payé d'arrérages, ne soit tenu de rien restituer, en raison de ce qu'il était exposé à les servir pendant de longues années ; à l'inverse, le débiteur a-t-il fourni en arrérages beaucoup au delà du capital et des intérêts de la somme qu'il a reçue ou de la valeur de l'immeuble, il faut qu'il n'ait rien à répéter, parce qu'il avait la chance de payer beaucoup moins si le crédi-rentier était mort plus tôt. Tel doit être le caractère de la convention : en l'absence de cette *alea*, indispensable pour qu'il y ait rente viagère, le contrat qualifié tel n'est aléatoire que de nom, et ce n'est pas par les principes particuliers à notre matière qu'il pourrait être régi. Cela a été justement décidé par la Cour de Bourges, dans un cas où l'acquéreur d'un immeuble s'était engagé à payer jusqu'à la mort du vendeur une rente annuelle représentant l'intérêt du prix exigible après le décès de ce dernier (1). Nous verrons aussi, sur l'art. 1976, que malgré l'extrême latitude laissée aux parties par cet article pour la fixation du taux des arrérages, si ce taux est inférieur ou égal au revenu de la somme ou de l'objet aliéné, le contrat n'est aléatoire qu'en apparence, et doit rester soumis aux règles générales du contrat qu'il déguise, et par exemple à l'action en rescision pour lésion, si la rente viagère a été constituée moyennant l'aliénation d'un immeuble (*infrà*, n° 730).

676. Mais de ce que l'*alea* est de l'essence de la rente viagère il ne s'ensuit pas que toute convention par laquelle on stipule certaines prestations jusqu'à la fin de sa vie, moyennant un prix, constitue un contrat de rente viagère. Les arrérages, ici, de même que ceux de la rente perpétuelle, doivent consister en une somme déterminée en argent ou en

---

(1) Bourges, 2 avr. 1828 (Dalloz, 29, 2, 180; S. V., 29, 2, 248; Coll. nouv., 9, 2, 64).

une certaine quantité de fruits, payable à des termes périodiques : tel est, dans la langue juridique, le sens du mot *rente*, qui, bien que dérivant de *reditus*, et exprimant dans le langage économique le revenu de toutes choses, se prend ici pour une prestation périodique consistant en une quotité certaine et déterminée. Il ne faudrait donc pas considérer comme une rente viagère la convention par laquelle un individu vend un immeuble, à la charge par l'acquéreur de le nourrir, loger, chauffer et éclairer jusqu'à son décès : c'est une vente soumise aux principes généraux, et non aux règles particulières à la rente viagère (1).

II. — 677. Après avoir indiqué les caractères généraux et essentiels de la rente viagère constituée à titre onéreux, il convient de préciser exactement quelle est la nature de l'opération intervenant entre les parties, pour déduire les conséquences pratiques relatives soit à la forme, soit au fond du contrat.

Quand la rente viagère est constituée moyennant l'aliénation d'un capital en argent payé au constituant au moment même de la formation du contrat, il y a une véritable constitution de rente, qui forme un contrat particulier ayant ses règles propres : on y peut voir, selon la définition de Pothier rappelée plus haut, un contrat par lequel l'une des parties vend à l'autre une créance périodique et bornée à la durée de la vie d'une ou de plusieurs personnes, pour une certaine somme qui forme le prix de la vente. Dans ce cas, la rente viagère constitue, comme la rente perpétuelle, un contrat réel, parfait seulement par la réception du capital, et unilatéral, en ce que l'une des parties est seule obligée, celle qui doit payer les arrérages. Et, dans cette hypothèse, les arrérages ne commencent à courir que du jour du payement de la somme formant le prix. Toutefois, il n'est pas impossible de concevoir, même dans le cas de constitution à prix d'argent, un contrat consensuel et synallagmatique. Les parties, en effet, pourraient très-bien convenir que le prix de la constitution sera payable seulement dans un certain temps. Assurément, la stipulation serait valable; et, dans ce cas, le contrat serait consensuel, c'est-à-dire parfait par le seul consentement des parties, et synallagmatique, de telle sorte que si la personne sur la tête de laquelle la rente est constituée vient à mourir avant l'expiration du délai fixé, la somme n'en sera pas moins acquise au constituant, et les arrérages auront commencé à courir du jour du contrat, à moins de stipulation contraire; car, à partir de cette époque, les risques ont été à la charge de celui qui a promis la somme pour avoir la rente. Pothier, dont l'opinion est suivie par M. Troplong (2), se montre donc trop absolu en présentant la rente viagère constituée moyennant un prix en argent comme étant, dans tous les cas, un contrat réel et unilatéral, au même titre que le prêt et le dépôt, qu'on ne peut concevoir sans une chose prêtée ou déposée : encore une fois, la constitution de rente viagère moyennant une somme d'argent n'est en aucune façon exclusive,

---

(1) *Voy.* M. Troplong (n° 230). *Voy.* aussi Cass., 16 avr. 1822 (Dall., v° Rente viag., n° 7; S. V., Coll. nouv., 7, 1, 55).

(2) *Voy.* Pothier (n°s 221 et 222). — M. Troplong (n°s 220 et 223).

comme on le voit, de l'idée d'engagements réciproques naissant du seul consentement (1).

678. Quand la rente viagère est constituée moyennant un objet mobilier appréciable ou un immeuble, l'opération se modifie : les positions, dit très-bien M. Troplong, sont alors interverties. C'est toujours une vente qui est au fond de l'opération ; mais, dans cette vente, ce n'est plus la rente viagère qui est l'objet vendu ; elle est le prix : la chose vendue est, en réalité, l'objet mobilier ou l'immeuble, lequel est aliéné moyennant un prix consistant en prestations périodiques. C'est une vente véritable, qui prend la dénomination particulière de vente à fonds perdu. Telle est bien l'idée qui ressort de plusieurs textes du Code, et notamment de l'art. 918.

Dans ce dernier cas, la convention est en principe gouvernée par les règles générales du contrat de vente, sauf les modifications qui résultent de sa nature aléatoire, telles que l'exclusion de l'action en résolution pour défaut de payement du prix (art. 1978) et de l'action en rescision pour lésion. Le contrat sera donc, comme tout contrat de vente, parfait par le seul consentement des parties ; la propriété de l'objet sera transférée irrévocablement au débiteur de la rente ; tous les risques seront à sa charge : mais, à l'inverse, il aura le droit de conserver ou de réclamer l'immeuble, alors même que la personne sur la tête de laquelle la rente viagère avait été constituée viendrait à mourir peu de temps après le contrat, et les arrérages commenceront à courir du jour même de la formation de la vente. Enfin, le contrat sera un contrat synallagmatique obligeant l'une des parties à la prestation des arrérages, l'autre à la livraison de l'objet vendu.

III. — 679. L'acte de constitution de rente viagère à titre onéreux est soumis aux principes généraux, pour ce qui est de sa forme : il peut donc être fait sous seing privé ou par-devant notaires. Nous n'avons pas d'observation particulière à présenter pour le cas où les parties prennent la forme notariée. Que si elles optaient pour l'écrit sous seing privé, elles auraient à tenir compte des circonstances et à aviser, suivant que la convention est synallagmatique ou unilatérale, d'après la distinction que nous avons indiquée tout à l'heure. Ainsi, la rente est-elle établie moyennant l'aliénation d'un immeuble ou d'une chose mobilière, ou moyennant une somme d'argent pour le payement de laquelle un terme a été fixé, la convention est synallagmatique, et, conformément à l'art. 1325, l'acte devra être fait en autant d'originaux qu'il y a de parties ayant un intérêt distinct, et depuis la loi du 23 mars 1855, art. 1, il devra être transcrit si la constitution est faite moyennant un immeuble. La rente est-elle constituée moyennant un capital en argent, au payement duquel la réalisation du contrat est subordonnée, la convention est unilatérale, et il suffira que l'acte soit écrit en entier de la main du constituant, ou, du moins, qu'outre la signature de ce dernier

---

(1) MM. Delvincourt (t. III, p. 418, note 5); Duranton (t. XVIII, n° 157); Bugnet, sur Pothier (*loc. cit.*, en note); Mourlon (t. III, p. 406).

il porte le bon ou l'approuvé exigé par l'art. 1326, sauf les exceptions contenues dans cet article et tirées de la qualité de la personne (1).

680. Dans cette même hypothèse où il est fait dans la forme sous seing privé, l'acte de constitution reçoit l'application de l'art. 1328, dont la disposition est générale : pour pouvoir être opposé aux tiers, il doit avoir acquis date certaine par un des modes indiqués dans cet article. La question de savoir quels sont ici les tiers qui peuvent opposer au constituant le défaut de date certaine présente certaines difficultés qui reviendront sur les art. 1974 et 1975 (*infrà*, n°ˢ 722 et suiv.).

1969. — Elle peut être aussi constituée, à titre purement gratuit, par donation entre-vifs ou par testament. Elle doit être alors revêtue des formes requises par la loi.

1970. — Dans le cas de l'article précédent, la rente viagère est réductible, si elle excède ce dont il est permis de disposer; elle est nulle si elle est au profit d'une personne incapable de recevoir.

SOMMAIRE.

I. 681. De la rente viagère constituée à titre gratuit : en principe, elle n'est soumsie ni pour la forme, ni pour le fond, aux règles de ce chapitre. Renvoi. — 682, 683. Combinaison de l'art. 1970 avec l'art. 917. — 684. L'art. 1969 ne s'applique qu'à l'acte purement gratuit.

I. — 681. Les art. 1969 et 1970 s'occupent, par occasion, de la rente viagère constituée à titre gratuit, et seulement en vue de quelques dispositions particulières écrites dans ce chapitre, et qui, du reste, auraient pu trouver ailleurs une place tout aussi convenable (*infrà*, art. 1973 et 1981). Mais, nous l'avons expliqué au début même de ce chapitre, la rente viagère, lorsqu'elle est constituée à titre gratuit, n'appartient en aucune façon à la classe des contrats que le législateur a en vue dans cette partie du Code : établie par donation, elle procède à la vérité d'un contrat, bien que, dans sa définition, l'art. 894 présente la donation comme un acte (2) ; mais ce contrat n'a rien d'aléatoire, comme nous l'avons montré plus haut (n° 666) : établie par testament, non-seulement elle n'est pas non plus aléatoire, mais encore elle n'implique pas même l'idée de contrat; il y a simplement un legs. Ainsi, ni dans l'une ni dans l'autre des formes qu'elle peut affecter, la constitution de rente viagère à titre purement gratuit ne se rattache à la matière des contrats aléatoires. Aussi n'est-elle soumise en principe, ni pour le fond ni pour la forme, aux règles de ce chapitre; c'est ce qui résulte précisément de nos deux articles.

Quant à la forme, l'art. 1969 renvoie expressément aux formalités requises par la loi; d'où suit que la constitution doit être revêtue des formes du testament ou de celles de la donation, suivant que la rente

---

(1) Angers, 18 fév. 1837 (S. V., 39, 2, 426 ; Dalloz, 39, 2, 138).
(2) *Voy*. Marcadé sur cet article (5ᵉ édit., t. III, n° 440).

viagère est établie par acte gratuit entre-vifs ou par acte de dernière volonté. Et, en ce qui concerne le fond, l'art. 1970 procède de la même manière, en se référant aux règles d'après lesquelles les libéralités sont annulées si elles sont faites à une personne déclarée par la loi incapable de recevoir à titre gratuit, et réduites si elles excèdent la quotité disponible.

682. Toutefois, notons qu'en ce dernier point la formule trop générale de l'art. 1970, pour être sainement entendue, doit être combinée avec la disposition de l'art. 917. Or, aux termes de ce dernier article, si la disposition par acte entre-vifs ou par testament est d'un usufruit ou d'une rente viagère dont la valeur excède la quotité disponible, les héritiers au profit desquels la loi fait une réserve ont l'option ou d'exécuter la disposition, ou de faire l'abandon de la propriété de la quotité disponible. Nous n'avons pas à revenir ici sur le commentaire de cet art. 917. En nous référant à ce qu'en a dit Marcadé (1), nous rappelons que le but du législateur, en l'édictant, a été d'éviter autant que possible l'appréciation et l'estimation de droits dont la valeur, à raison de leur durée incertaine, reste jusqu'à leur extinction dans l'indétermination la plus complète. L'évaluation à faire pour arriver à la réduction rendrait nécessaires des opérations et des calculs reposant sur des données essentiellement problématiques, et il en pourrait résulter que de graves atteintes fussent portées à ces droits de la famille que l'institution de la réserve a eu pour but de défendre et de protéger. C'est pourquoi l'art. 917 laisse au choix de l'héritier réservataire, lorsque les arrérages d'une rente viagère, constituée à titre gratuit par son auteur, dépassent le revenu de la portion disponible, soit de servir intégralement la rente, soit d'abandonner en propriété la quotité disponible, selon que son intérêt le portera vers l'un ou l'autre parti.

683. Mais cette estimation que le législateur a voulu éviter autant que possible, et qui peut en effet n'être jamais indispensable de l'héritier réservataire au légataire ou au donataire (2), pourra cependant devenir inévitable pour les donataires ou pour les légataires entre eux. Ainsi, quand il y a plusieurs légataires en conflit, dont tous les legs réunis doivent être réduits en proportion de leur valeur respective (art. 926), il faut bien, si les parties ne s'entendent pas, faire l'évaluation de tous les legs, y compris ceux de rente viagère, afin de les réduire tous au marc la livre. En ce cas, et dans tous les cas analogues où il y a lieu à l'estimation de la rente, une question s'élève : c'est celle de savoir si c'est à la valeur de la rente au jour de la constitution, ou à sa valeur lors de l'estimation, qu'il se faut arrêter. Les principes énoncés en l'art. 923 conduisent à opter pour ce dernier parti. La rente viagère perd de sa valeur à mesure que la personne sur la tête de qui elle est constituée s'avance vers la vieillesse et en raison des infirmités auxquelles elle est de plus en plus exposée : c'est là un cas fortuit dont il

---

(1) Marcadé (*loc. cit.*, nos 557 et suiv.).
(2) *Id.* (*loc. cit.*, nos 560 et suiv.).

faut tenir compte, comme on le ferait nécessairement de celui par l'effet duquel la rente serait venue à s'éteindre du vivant du donateur. Donc, si la rente s'est amoindrie par l'effet du temps, il faut la prendre et l'estimer telle qu'elle est. Quant aux arrérages perçus par le donataire avant la mort du donateur, comme ce sont de véritables fruits, ils ne doivent pas être restitués (art. 928).

684. Remarquons encore avec l'art. 1969 que la loi n'exige l'emploi des formes nécessaires pour la validité des donations entre-vifs ou testamentaires qu'autant que la rente viagère est établie à titre *purement* gratuit, c'est-à-dire qu'elle constitue un acte de pure libéralité. Les dispositions rigoureuses du titre des donations ne lui sont plus applicables dès qu'elle ne se présente pas exactement dans ces conditions. La Cour de cassation a décidé en ce sens que l'acte par lequel une mère abandonne des biens à ses enfants, moyennant une rente viagère, quoique de beaucoup inférieure à la valeur des biens (1), de même que l'acte de constitution d'une rente viagère établie comme condition accessoire d'une vente dont le prix était d'ailleurs fixé et déterminé (2), doivent être considérés comme des actes à titre onéreux, et par suite sont valables, bien que non revêtus des formalités exigées pour les donations. Ainsi en est-il encore de la constitution d'une rente viagère en faveur d'une fille par celui dont elle a eu un enfant (3), ou au profit d'un domestique par son maître (4). Il y a, d'ailleurs, dans ces divers cas, une appréciation de circonstances que la Cour considère justement, par ses arrêts, comme échappant à sa censure.

1971. — La rente viagère peut être constituée, soit sur la tête de celui qui en fournit le prix, soit sur la tête d'un tiers, qui n'a aucun droit d'en jouir.

1972. — Elle peut être constituée sur une ou plusieurs têtes.

SOMMAIRE.

I. 685. Objet des art. 1971 et 1972 : indication de la personne dont la vie est prise pour terme de la rente. — 686. La rente viagère est constituée sur la tête du crédi-rentier : c'est le cas le plus ordinaire. — 687. Elle peut être constituée sur la tête d'un tiers. — 688. Suite. — 689. Elle peut être constituée sur la tête du débiteur lui-même.

II. 690. Elle peut être établie sur plusieurs têtes, soit conjointement, soit successivement. — 691. Dans le silence des parties, la rente appartient-elle tout entière au survivant? — 692. *Quid* dans le cas où la rente est constituée sur la tête et au profit de plusieurs personnes qui en fournissent le prix en commun? Controverse. — 693. Du cas où une rente est donnée entre-vifs ou par testament à deux personnes.

I. — 685. La rente viagère étant une opération dont l'existence et la durée sont réglées, comme son nom l'indique, sur la vie d'une per-

_____

(1) Rej., 1ᵉʳ mars 1809 (S. V., 9, 1, 185; C. n., 3, 1, 28; Dalloz, 19, 1, 124).
(2) Req., 5 nov. 1856 (S. V., 57, 1, 15; *J. Pal.*, 1857, p. 292; Dalloz, 57, 1, 112).
(3) Req., 30 nov. 1819 (S. V., 20, 1, 107; C. n., 6, 1, 158; Dalloz, 19, 1, 618).
(4) Rej., 3 fév. 1846 (S. V., 46, 1, 502; Dalloz, 46, 1, 159; *J. Pal.*, 1846, t. II, p. 70).

sonne, il est indispensable que l'acte de constitution contienne, implicitement ou explicitement, l'indication de la personne dont la vie donnera la mesure de la durée de la rente. Les art. 1971 et 1972 sont écrits en vue de cette indication ; c'est aussi l'objet des art. 1974 et 1975 expliqués plus loin (*infrà*, n⁰ˢ 703 et suiv.).

686. La rente est constituée habituellement sur la tête de la personne appelée à en recueillir le bénéfice, c'est-à-dire du crédi-rentier ou acquéreur de la rente. « L'usage le plus ordinaire, dit le tribun Duveyrier, est que la rente viagère soit constituée sur la tête de celui qui l'acquiert et qui en paye le prix. C'est la conséquence naturelle de son objet d'être attachée à la vie même qu'elle est chargée d'entretenir. » (1) Précisément parce que c'est là le cas le plus fréquent, c'est celui qui, en l'absence de toute stipulation, doit être présumé avoir été dans l'intention des parties : ainsi, quand je m'engage à servir une rente viagère de tant à un tel, sans autre explication, c'est comme si j'avais dit que je m'oblige à lui servir cette rente pendant sa vie.

687. La rente viagère peut aussi être constituée sur la tête d'un tiers qui n'a aucun intérêt au contrat : ainsi, pour dispenser le créancier de produire des certificats de vie, on peut placer la rente sur la tête d'un personnage illustre, d'un souverain. La stipulation n'a rien qui s'écarte des conditions juridiques : de même qu'il est permis de faire dépendre la résolution d'une convention quelconque de la mort d'un tiers, de même aussi doit-il être permis d'insérer la condition dans l'acte de constitution d'une rente viagère.

Dans ce cas, la personne qui doit profiter de la rente est distincte de celle dont la vie a été prise pour mesure de la durée de la rente; mais comme cette combinaison est rare et exceptionnelle, elle ne saurait être présumée : il faut donc qu'elle soit clairement et formellement exprimée.

Quand la rente est ainsi constituée sur la tête d'une tierce personne, cette personne n'acquiert aucun droit par le contrat : le créancier n'a pas entendu par cette désignation lui conférer le pouvoir de toucher les arrérages en qualité de mandataire, ni même celui de les recevoir en qualité d'*adjectus solutionis gratiá ;* il a voulu uniquement régler la durée de la rente sur la durée de la vie du tiers désigné.

Le tiers désigné n'ayant aucun droit de jouir de la rente, on doit évidemment conclure que sa présence au contrat n'est nullement nécessaire, pas plus que son consentement (2). Il est indifférent aussi qu'il soit ou non capable de disposer ou de recevoir, à quelque titre que ce soit, par cela même qu'il n'acquiert aucun droit par le contrat (3).

688. Dans ce cas, on ne peut plus dire que la rente soit viagère pour le créancier, en ce sens qu'elle doive durer pendant toute la vie de ce dernier : car, d'un côté, si le tiers désigné vient à mourir avant le

---

(1) Fenet (t. XIV, p. 562); Locré (t. XV, p. 202).
(2) *Contrà :* MM. Massé et Vergé, sur Zachariæ (t. V, p. 26, note 7).
(3) Pothier (n° 226).

créancier, la rente cesse d'être servie ; et à l'inverse, d'un autre côté, si le tiers survit, la rente doit être continuée aux héritiers du créancier jusqu'à ce que le tiers vienne à décéder. En ceci se manifeste une différence entre la rente viagère et l'usufruit, qui, étant un droit essentiellement personnel, s'éteint par la mort de l'usufruitier, alors même qu'il aurait été établi jusqu'à ce qu'un tiers eût atteint un âge déterminé (art. 617).

Il serait toutefois loisible aux parties de déclarer, dans l'acte de constitution de la rente, qu'elle s'éteindra également par la mort du créancier, et d'assimiler sur ce point la rente viagère à l'usufruit. Cette stipulation pourrait même être considérée comme implicitement contenue dans l'acte si la rente viagère, établie à titre gratuit, avait un caractère alimentaire (1).

689. De même que la rente peut être établie sur la tête d'un tiers, de même aussi elle peut être constituée sur la tête du débiteur lui-même. Le créancier trouve, dans cette combinaison, une sécurité plus grande que lorsque la rente est établie sur sa propre tête, en ce que le *votum captandæ mortis* est complétement annihilé : il n'a pas à craindre, en effet, que le débiteur, fatigué de servir la rente et poussé par une criminelle cupidité, attente à ses jours pour se délivrer de son obligation. Mais cette combinaison est d'autant plus rare qu'elle s'éloigne plus encore que la précédente du but que les parties se proposent habituellement par la constitution d'une rente viagère.

II. — 690. Outre la faculté consacrée par l'art. 1971 de constituer la rente même sur la tête d'un tiers qui n'a aucun droit d'en jouir, les parties ont encore celle de constituer une rente viagère sur plusieurs têtes (art. 1972). La rente peut être constituée ainsi, dit le tribun Duveyrier, « soit pour en attribuer successivement la jouissance aux personnes sur la tête desquelles elle est constituée, soit pour s'en conserver la jouissance à soi-même et à ses héritiers jusqu'à l'extinction de toutes les têtes qui entretiennent et prolongent sa durée. » (2) On peut donc, ainsi que ces expressions le laissent entrevoir, prendre à son choix, pour mesure de la durée de la rente, soit la vie des personnes au profit desquelles elle est établie, soit la vie de plusieurs personnes qui n'ont aucun droit d'en jouir. Cette nouvelle combinaison, consistant à multiplier le nombre des têtes sur lesquelles la rente est assise, présente l'avantage d'ajouter aux chances de durée, et, tout en conservant à l'opération le caractère aléatoire qui est de son essence, de diminuer autant que possible les risques inséparables de l'existence humaine. Mais la combinaison n'est possible qu'autant que les personnes appelées à profiter de la rente sont désignées dans l'acte même de constitution, sans quoi l'*alea* ne serait plus indépendante du fait des parties. Aussi ne peut-on qu'approuver un arrêt par lequel a été déclarée nulle, comme contraire à l'essence du contrat de rente viagère, la clause

(1) M. Duranton (n° 131).
(2) Fenet (t. XIV, p. 562); Locré (t. XV, p. 203).

par laquelle le créancier en stipule la réversibilité sur la tête d'une personne, à son choix, qu'il désignera s'il le juge à propos (1).

691. Les parties peuvent, en constituant ainsi la rente sur la tête de plusieurs personnes qui doivent en jouir, ne les appeler à la jouissance que successivement, au fur et à mesure du décès de chaque créancier dans un ordre convenu. Elles peuvent aussi les y appeler toutes conjointement, avec une clause de réversibilité susceptible d'assurer aux survivants l'accroissement résultant des extinctions. Dans cette hypothèse, aucune difficulté ne peut s'élever quand l'acte est précis et formel dans ses termes. Mais il arrive parfois que, la rente étant constituée sur plusieurs têtes, les parties n'ont pas stipulé la réversibilité. Qu'arrivera-t-il dans ce cas à la mort de l'une des personnes désignées? La rente sera-t-elle éteinte pour partie? Au contraire, continuera-t-elle à être servie en totalité aux survivants?

Il est d'abord un premier cas sur lequel tous les auteurs sont d'accord. Une rente viagère a été constituée sur la tête de deux ou plusieurs personnes restées étrangères au contrat, et qui ne doivent en retirer aucun profit : il est manifeste que la rente doit, à moins de déclaration contraire dans l'acte, subsister entière jusqu'au décès du dernier mourant. Le créancier a voulu, par cette combinaison, diminuer les chances d'extinction de la rente, et non pas scinder le contrat dans ses effets à la mort de l'une des personnes. Il y a là une seule rente dont l'extinction est subordonnée pour le tout à une condition copulative : il faut que tous les faits compris dans la condition soient réalisés pour qu'on puisse réputer la condition accomplie.

692. Mais en est-il de même lorsque deux ou plusieurs personnes qui fournissent en commun le prix de la rente la constituent sur leur tête et à leur profit? Par exemple, j'ai en commun avec Pierre la propriété d'une maison : nous en faisons l'abandon à un tiers moyennant une rente viagère; ou, pour nous placer dans une hypothèse qui se réalise plus fréquemment en pratique, un mari stipule, moyennant une somme qu'il tire de la communauté, une rente viagère à son profit et au profit de sa femme : l'un des crédi-rentiers vient à mourir, la rente est-elle éteinte pour moitié? L'affirmative est enseignée par quelques auteurs. Les deux stipulants, dit-on, sont créanciers chacun pour moitié. Or, quand une chose divisible est due à deux personnes sans solidarité, la créance se divise de plein droit. C'est donc comme s'il y avait eu deux constitutions de rente : le droit de l'un est absolument indépendant de celui de l'autre; l'un peut subsister, alors que l'autre s'éteint; mais il subsiste en ce cas tel qu'il était, il ne reçoit par là ni extension ni restriction; il reste intact, c'est-à-dire que le survivant continue à jouir comme auparavant de la moitié de la rente (2). Toutefois, cette solution est généralement contestée comme absolument

(1) Caen, 16 mars 1852 (S. V., 52, 2, 669; *J. Pal.*, 1853, t. II, p. 252; Dalloz, 53, 2, 95).
(2) *Voy.* notamment M. Duranton (n° 134). Comp. MM. Mourlon (t. III, p. 411); Delvincourt (texte, p. 206).

contraire à la pensée de l'art. 1972 telle qu'elle résulte des explications ci-dessus reproduites du tribun Duveyrier. Et, en effet, c'est bien
à tort que dans le cas donné on suppose l'existence de deux rentes distinctement créées ; la vérité est qu'il y a une seule rente établie sur plusieurs têtes, une rente constituant un être moral qui doit vivre et mourir
tout entier. Ce serait donc changer les conditions du contrat que d'admettre la diminution de la rente à mesure de l'extinction des têtes. Et
il ne serait plus vrai alors de dire, avec notre article, qu'une rente peut
être constituée *sur plusieurs* têtes, puisque, en réalité, il y aurait ici
deux rentes distinctes sur deux têtes séparées. C'est pourquoi nous estimons, avec la jurisprudence et la majorité des auteurs, que dans ce
cas encore la condition d'extinction de la rente est le double décès des
personnes sur la tête et au profit desquelles elle a été constituée (1).

693. En conséquence des mêmes principes, nous décidons que quand
on donne entre-vifs ou par testament une rente viagère à deux personnes, la mort de l'un des donataires n'empêche pas la continuation
de la rente pour le tout au profit du survivant, la condition copulative
à laquelle l'extinction de la rente est subordonnée n'étant pas réalisée (2).

1973. — Elle peut être constituée au profit d'un tiers, quoique le
prix en soit fourni par une autre personne.

Dans ce dernier cas, quoiqu'elle ait les caractères d'une libéralité,
elle n'est point assujettie aux formes requises pour les donations ; sauf
les cas de réduction et de nullité énoncés dans l'art. 1970.

SOMMAIRE.

I. 694. De la rente constituée au profit d'un tiers, le capital en étant fourni par une
    autre personne. L'art. 1973, relatif à ce cas, est une application et une exten-
    sion de l'art. 1121. — 695. En conséquence, le tiers doit accepter. — 696. Double
    caractère de ce contrat : à titre onéreux en général entre la personne qui fournit
    le capital et celle qui doit servir la rente, il est au contraire à titre gratuit entre
    le premier et le crédi-rentier. Néanmoins le contrat n'est pas, à ce dernier titre,
    assujetti aux formes des donations. — 697. *Secùs* en ce qui concerne la validité
    intrinsèque du contrat, sauf que les causes de nullité, de réduction et de révo-
    cation ne peuvent pas être opposées par la personne qui a fourni les fonds. Ex-
    ception en ce qui concerne la révocation pour survenance d'enfant.
II. 698. Du cas où la rente a été achetée par deux personnes en commun. La conven-
    tion présente-t-elle alors le caractère de libéralité ? — 699. *Quid* lorsque la rente
    a été achetée par un mari avec des biens communs et avec clause de réversibi-
    lité ? Hypothèses diverses. — 700, 701, 702. Suite : du cas où la rente est acquise
    moyennant un capital, en argent ou en immeubles, tiré de la communauté. Con-
    troverse : distinctions.

I. — 694. Les art. 1971 et 1972 n'embrassent pas toutes les combinaisons qui peuvent se produire dans le contrat de rente viagère :

---

(1) *Sic* Pothier (n° 242). — *Voy.* aussi MM. Massé et Vergé, sur Zachariæ (t. V,
p. 26, note 7) ; Taulier (t. VI, p. 503) ; Troplong (n° 245). — *Voy.* Req., 18 janv.
1830 (S. V., 30, 1, 142 ; C. n., 9, 1, 428 ; Dalloz, 30, 1, 79).
(2) *Contrà* : M. Duranton (n° 135). — *Voy.* aussi Dijon, 22 janv. 1845 (Dalloz,
45, 4, 335).

l'art. 1973 a trait à une autre combinaison assez fréquente dans la pratique. La rente est constituée au profit d'une personne qui n'en fournit pas le prix : c'est un tiers qui, voulant lui faire une libéralité, charge le constituant de servir la rente, soit pendant la vie d'un tiers étranger au contrat, soit pendant la vie de la personne qui doit bénéficier de l'opération. C'est à cette hypothèse que se réfère notre article, dans lequel il y a ainsi une application et même une extension de l'art. 1121. La personne qui fournit le prix de la rente pourrait en effet, en se tenant dans les termes de ce dernier article et en faisant un contrat principal à titre onéreux ou gratuit, y apposer comme condition accessoire l'obligation de servir une rente viagère à un tiers qu'elle veut gratifier. Ainsi, en vendant mon fonds à Paul ou en lui en faisant donation, je pourrai très-bien convenir qu'en outre du prix de vente ou comme condition de la donation, l'acquéreur ou le donataire fournira à un tiers par moi désigné une rente viagère pendant la vie de celui-ci ou d'une autre personne. Ou bien, stipulant une rente viagère à mon profit, je pourrai ajouter qu'après ma mort la rente sera continuée en tout ou en partie à un tiers que j'indique. Il y a, dans tous ces cas, une application pure et simple de l'art. 1121.

Mais notre article va plus loin : il permet aussi à celui qui fournit le prix d'une rente viagère de la constituer au profit d'un tiers, alors même qu'elle ne serait pas la condition d'une stipulation qu'il ferait pour lui-même, ou d'une donation : ainsi je puis compter une somme à un tiers qui se charge de servir une rente viagère à une personne que j'ai l'intention de gratifier. Or, cette combinaison ne rentre pas explicitement dans les termes de l'art. 1121 : elle n'est pas moins autorisée par l'art. 1973, qui est général et ne distingue pas entre le cas où la constitution de la rente au profit d'un autre que celui qui en fournit le prix est la condition d'une stipulation que ce dernier ferait pour lui-même et le cas où cette constitution est l'unique stipulation du contrat.

695. Cependant, en aucun cas, et spécialement dans le dernier, la disposition de l'art. 1973 n'est dérogatoire à l'art. 1119, d'après lequel on ne peut, en général, stipuler pour un autre que pour soi-même ; car le tiers au profit de qui la rente est constituée n'en peut jouir qu'autant qu'il a manifesté l'intention d'en profiter. C'est une conséquence de l'art. 1121, dont notre art. 1973, il ne faut pas l'oublier, est une application extensive. Ainsi, tant que la personne appelée à jouir de la rente n'a pas manifesté son intention d'accepter, il y a de la part du donateur une simple pollicitation, une promesse qui peut être retirée. La constitution ne devient définitive et irrévocable que par l'acceptation de l'offre qu'elle contient dans ses termes ; par l'effet de cette acceptation, le contrat est formé entre les parties ; le donateur est désormais lié, car alors, selon l'expression de l'art. 1121, celui qui a fait la stipulation ne peut plus la révoquer. Ajoutons, au surplus, que la manifestation d'intention requise de la part de celui au profit de qui la rente est constituée n'est même pas soumise à une forme particulière.

23

Elle peut être faite expressément en une forme quelconque ; elle peut aussi être tacite et résulter du seul fait, par le tiers, d'avoir touché un terme des arrérages ; il suffit, en un mot, que l'acceptation ne soit pas équivoque pour que le donateur reste irrévocablement lié.

696. La constitution de rente viagère, dans les termes de l'art. 1973, présente un double caractère : c'est parfaitement indiqué par le deuxième alinéa de cet article, et c'est, d'ailleurs, un effet nécessaire des opérations diverses dont l'ensemble constitue le contrat. — Entre la personne qui fournit le prix et celle qui doit servir les arrérages, le contrat est en général à titre onéreux ; il peut cependant être à titre gratuit, quand la rente est la condition d'une donation faite à un tiers. — Entre celui qui fournit le prix et celui qui, après son acceptation, doit percevoir les arrérages, il y a toujours et nécessairement un acte à titre gratuit, une donation, puisque ce dernier n'a rien fourni en échange de la rente dont il devient titulaire.

Cependant, le fait principal et dominant est ici le contrat intervenant entre celui qui fournit le capital en argent ou en immeubles et le débiteur de la rente ; la donation n'est qu'accessoire : aussi est-ce le contrat principal et les règles à lui propres qui déterminent la forme de l'acte dans toutes ses parties : voilà justement pourquoi l'art. 1973 déclare que la rente viagère n'est point assujettie, dans ce cas, aux formes requises pour les libéralités. Comme la donation n'est ici qu'accessoire, elle revêt la forme de l'acte principal, lequel étant le plus souvent à titre onéreux, implique affranchissement, en ce qui concerne la donation accessoire, des formes rigoureuses des art. 931 et suivants : c'est aussi pour cela qu'aucune formalité particulière n'est exigée pour l'acceptation du tiers appelé à toucher les arrérages de la rente.

697. Mais ceci regarde la forme seulement : quant à la validité intrinsèque et à ses effets, la constitution d'une rente viagère au profit d'un tiers est, comme donation, soumise aux règles générales sur les dispositions à titre gratuit : ainsi, elle est nulle, si elle est faite au profit d'une personne incapable de recevoir de celui qui a fourni la valeur ; réductible, si elle excède les limites de la quotité disponible ; révocable, si le donataire est placé ou se place dans l'un des cas de révocation exceptionnellement établis par la loi.

Il faut seulement préciser que les causes d'annulation, de révocation ou de réduction, dont la donation pourrait être affectée, ne sauraient influer en rien sur l'efficacité du contrat principal formé entre le constituant et celui qui a fourni le prix de la rente. En tout état de cause, ce contrat doit être exécuté, et l'obligation de servir les arrérages en totalité subsiste à la charge du constituant, à qui il n'appartient pas d'invoquer, pour s'en affranchir, les lois sur la nullité, la réduction ou la révocation des libéralités. Ces lois sont faites, non en sa faveur, mais, selon l'expression de Pothier, en faveur des *héritiers*, ou, suivant l'occurrence, en faveur du *donateur* lui-même. En conséquence, ceux-ci seulement en doivent profiter, et obtenir que la rente leur soit continuée à la place et pendant la vie de celui sur la tête de qui elle a été créée (1). Il y a un seul cas où le débiteur pourrait opposer au crédi-rentier donataire la révocation de la donation, et se refuser à lui continuer le service des arrérages : c'est le cas où la donation serait révoquée pour survenance d'enfants au donateur. La libéralité étant, d'après l'art. 960, révoquée de plein droit, il est permis à tout intéressé, et par conséquent au débiteur de la rente dans notre hypothèse, d'invoquer la cause de révocation, non pas sans doute pour se dispenser d'une manière absolue du service des arrérages, mais pour se mettre à l'abri des recours que pourraient plus tard exercer contre lui le donateur ou ses héritiers.

II. — 698. Nous avons raisonné jusqu'à présent dans l'hypothèse d'une rente viagère dont le prix a été fourni en totalité par l'acquéreur, et par conséquent sans aucune participation de la part du tiers appelé à en profiter : c'est le cas spécialement prévu par l'art. 1973. Sortons maintenant des termes précis de cet article, et supposons qu'une rente a été achetée à frais communs par deux personnes, avec la condition qu'elle continuera sans diminution au profit du survivant. Nous n'avons pas ici la donnée complexe de l'art. 1973, où apparaissent à la fois un contrat principal à titre onéreux, et une libéralité accessoire soumise, comme telle, au moins quant au fond, aux règles sur les dispositions à titre gratuit. Et on se demande si c'est encore le cas de suivre ces règles, sinon quant à la forme, au moins quant au fond, en ce qui concerne la convention supposée. Le doute naît de ce qu'à la mort de l'un des acquéreurs le survivant recevra des arrérages supérieurs à ceux qu'il aurait pu obtenir avec son capital : il semble donc qu'il recevra l'excédant sans avoir rien fourni en retour, et par conséquent que c'est là une libéralité qui, bien que dispensée des formes requises pour les donations, n'en doit pas moins, quant à ses effets et à sa validité intrinsèque, être soumise aux règles des donations. Il n'en est rien cependant : les deux acquéreurs ayant contribué au payement du prix de la rente, ne se trouvent pas dans l'hypothèse de l'art. 1973. D'ailleurs, aucun d'eux n'a eu l'intention de faire à l'autre une libéralité ; leur but commun, en réunissant leurs capitaux, a été de procurer une rente plus élevée à celui d'entre eux qui survivrait. C'est une convention aléatoire qui présente une analogie frappante avec la convention connue sous le nom de tontine. De même que dans la tontine, contrat à titre onéreux incontestablement, les survivants profitent seuls des capitaux apportés par les prédécédés, de même aussi, dans notre hypothèse, le survivant acquiert dans la rente la part du prédécédé, sans qu'il se mêle à son acquisition aucune idée de libéralité. Les règles sur les donations, leur nullité, leur réduction ou leur révocation, restent donc complétement inapplicables.

699. D'après cela, si deux époux, mariés sous un régime autre que la communauté, ont fourni chacun la moitié du capital de la rente viagère constituée avec clause de réversibilité, ou si, mariés en commu-

_____

(1) *Voy.* Pothier (n° 241).

nauté, ils ont fourni ce capital en biens à eux propres, la convention, étant aléatoire et par conséquent à titre onéreux, ne tombe ni sous l'application de l'art. 1096, qui déclare révocables au gré du donateur les donations faites entre époux pendant le mariage, ni sous celle de l'art. 1097, qui leur défend de se faire une donation mutuelle et réciproque par un seul et même acte.

De même quand dans un partage d'ascendants deux époux stipulent une rente viagère de leurs enfants, avec clause de non-réduction à la mort de l'un d'eux, il y a encore là une convention aléatoire échappant à la prohibition de l'art. 1097. Et, voulût-on soutenir que ce sont les enfants qui sont censés accorder cet avantage au survivant, il serait impossible de voir là le pacte sur succession future, prohibé dans notre législation : c'est une convention à titre onéreux, accessoirement liée au partage, et qui, à raison de sa nature aléatoire, présente la plus grande analogie avec la rente viagère stipulée réversible dans un contrat à titre onéreux proprement dit.

700. La question ne souffre pas de difficulté dans ces hypothèses diverses. Il en est autrement quand la rente viagère est acquise par le mari au moyen d'un capital en argent ou en immeubles tiré de la communauté, et avec stipulation de réversibilité sans diminution sur la tête de l'époux survivant. Une telle clause aurait-elle pour effet, le cas d'acceptation de la communauté par la femme échéant, d'exclure la nécessité du partage en ce qui concerne la rente? C'est la question qui, bien qu'elle tienne plus particulièrement à la matière de la communauté, a été soulevée par M. Troplong à l'occasion des contrats aléatoires. Et d'abord nous mettons à l'écart le cas où, en raison de circonstances particulières, il y aurait une telle inégalité de risques que le caractère aléatoire de la convention disparaîtrait à peu près complétement. Dans cet ordre d'idées, l'éminent jurisconsulte admet, et il est impossible de ne pas admettre avec lui que, par exemple, si un mari infirme et très-vieux, engagé dans les liens d'un second mariage avec une jeune femme, achetait des deniers de la communauté une rente réversible sur la tête du survivant des époux, les tribunaux seraient fondés à considérer cet acte comme inspiré au mari par le désir de favoriser une jeune épouse aux dépens des enfants du premier lit, et en conséquence à ne tenir aucun compte de la clause de réversibilité (1).

701. Mais M. Troplong va beaucoup plus loin : raisonnant abstraction faite de toutes circonstances particulières et en principe, il enseigne que lorsqu'une rente viagère est créée par des époux avec des valeurs de la communauté, à la condition que la rente se continuera sur la tête du survivant, celui-ci garde la rente entière et n'est tenu à aucune récompense à raison des arrérages que la condition de réversibilité lui procure en sus de sa part, en ce que, en stipulant cette réversibilité, les époux ont stipulé que la rente ne serait pas partagée, et ont établi un pacte

---

(1) *Voy.* M. Troplong (n° 255).

aléatoire en présence duquel on ne peut pas dire que celui qui en profite s'est enrichi aux dépens de la communauté (1). Or, nous avons contesté déjà cette doctrine de l'éminent jurisconsulte (2), et, après un nouvel examen de la question, il nous est impossible de ne pas persister dans notre sentiment.

Répétons ici que, dans toute rente constituée sur la tête de deux époux moyennant un objet de leur communauté, deux intérêts doivent être distinctement envisagés, lorsque la vie de l'un des créanciers vient à s'éteindre : l'intérêt du débiteur de la rente et l'intérêt du créancier survivant. La rente a-t-elle dû s'éteindre pour moitié, ou bien a-t-elle dû subsister pour le tout ? C'est la question qui se pose tout d'abord au point de vue de l'intérêt du débiteur. Nous avons vu déjà comment cette question doit être résolue en principe ; nous savons que la rente subsiste en totalité (*suprà,* n° 692). Pourtant ce point a été contesté, et c'est pour couper court à toute controverse qu'on exprime ordinairement, dans le contrat de constitution, que la rente ne sera pas réduite par le prédécès de l'un des créanciers. C'est là l'unique objet de la clause de réversibilité ; et M. Troplong suppose à tort que la clause, lorsqu'elle apparaît dans une constitution de rente faite par des époux au moyen de valeurs prises dans leur communauté, implique l'idée que la rente ne devra pas, comme tous les autres biens de la communauté, faire l'objet d'un partage à la dissolution de la société conjugale. — Et maintenant, à l'autre point de vue, est-ce que la nécessité du partage est exclue davantage par ce qu'il peut y avoir d'aléatoire dans la convention ? En aucune façon. Il est incertain, par la convention, si la rente reposera pour le tout sur la tête du mari ou sur celle de la femme ; voilà sur quoi porte l'*alea,* et pas sur autre chose. Mais cette incertitude écartée par l'événement du décès de l'un ou de l'autre des époux, restent les obligations du survivant relativement à la rente, et ces obligations sont réglées par les principes de la communauté. Or, le moins contestable de ces principes, c'est qu'aucun des époux ne peut retirer un profit personnel des biens de la communauté sans en devoir récompense. Cela étant, la question est résolue. Car, enfin, une rente créée durant le mariage avec des valeurs prises dans la communauté est incontestablement un bien de communauté. Et alors comment le survivant des époux pourrait-il la retirer du fonds à liquider, se l'attribuer et la retenir personnellement en totalité ?... La chose est à tous égards impossible. Ainsi en ont pensé les anciens auteurs. « Si le mari, dit Lebrun, a donné à fonds perdu une somme ou un conquêt qu'il a tiré de la communauté, moyennant une rente viagère payable aux deux conjoints, et après le décès de l'un d'eux au survivant, la même opération aura lieu à proportion ; et parce que le fonds n'est particulier à aucun des conjoints, mais est de la communauté, le survivant *rendra aux héritiers du prédécédé*

_____

(1) *Voy.* M. Troplong (n° 254). — *Voy.,* dans le même sens, MM. Massé et Vergé, sur Zachariæ (t. V, p. 26, note 7) ; Boileux, t. VI, p. 532 et 533).
(2) Voy. *Rev. crit. de législ. et de jurispr.* (t. II, p. 136 et suiv.).

la moitié des revenus de chaque année, à compter depuis le décès du prédécédé. » (1)

Et comme rien n'indique que la loi actuelle se soit écartée en ce point des principes anciens, la jurisprudence moderne s'est prononcée dans le même sens. Plusieurs arrêts de cours impériales en jugent ainsi dans notre hypothèse même, celle où une rente viagère est acquise par deux époux, pendant la communauté, avec stipulation que la jouissance entière appartiendrait au survivant (2); et la Cour de cassation a consacré la même doctrine à l'occasion d'une donation faite par deux époux conjointement, en mettant à la charge du donataire une rente viagère réversible sur la tête du survivant des époux donateurs (3). Dans cette dernière espèce, la Cour de cassation sanctionne le procédé des juges du fond, qui, en considérant la rente comme constituée au taux de 10 pour 100, avaient ordonné que la récompense serait de la moitié du capital fixé d'après ces bases. Sans doute le procédé peut être accepté comme mode particulier de partage; mais il est clair que c'est aux héritiers du prédécédé qu'est due la récompense ainsi calculée. Si elle était versée dans le fonds commun, il s'ensuivrait que l'époux survivant, y venant prendre sa part, aurait en définitive les trois quarts sur cette valeur, tandis que les héritiers de l'époux prédécédé auraient un quart seulement. L'arrêt ne s'explique pas là-dessus; mais le principe du partage égal dans tous les cas où le contrat de mariage n'a pas disposé autrement suffit à combler la lacune.

702. Nous avons supposé l'acceptation de la communauté par la femme ou par ses héritiers : les solutions qui précèdent s'appliquent à ce cas. Que si la femme ou ses héritiers renoncent, au contraire, à la communauté, c'est autre chose. Par le fait de la renonciation de la femme, le mari devient seul propriétaire des biens de la communauté (C. Nap., art. 1492); et alors la clause de réversibilité stipulée dans le contrat de constitution de rente implique évidemment l'idée de libéralité faite par le mari à sa femme, si c'est elle qui survit. Toutefois ce n'est pas une libéralité tombant sous la prohibition de l'art. 1097, qui interdit les donations mutuelles et réciproques entre époux. L'essence du don mutuel que ce dernier article a eu en vue est que chacun des époux reçoive quelque chose de l'autre. Ici, rien de pareil : l'événement dira quel est celui des époux qui profitera de la rente; et l'autre alors sera censé n'avoir été jamais crédi-rentier (4). L'art. 1097 est donc ici hors de cause : nous sommes pleinement dans l'hypothèse prévue par l'art. 1973. Vainement on dirait que la femme a, par sa renonciation, répudié les effets des actes de son mari avec ses droits sur les biens com-

---

(1) Lebrun (*Comm.*, liv. I, chap. v, dist. 2, n° 17). — *Junge :* Pothier (*Const. de rente*, n° 242); Bourjon (*Dr. comm.*, tit. viii, chap. ii, sect. iv, n°ˢ 13 et suiv.).
(2) Paris, 19 déc. 1819; Rennes, 16 juin 1841; Orléans, 28 déc. 1843 (S. V., Coll. nouv., 6, 2, 168; 41, 2, 553; 44, 2, 98; Dalloz, 42, 2, 103; 44, 2, 98). Comp. Rennes, 15 fév. 1840 (S. V., 40, 2, 226; Dalloz, 40, 2, 161).
(3) Req., 29 avr. 1851 (S. V., 51, 1, 329; Dalloz, 52, 1, 25; *J. Pal.*, 1851, t. II, p. 483).
(4) Paris, 25 mars 1841 (Dalloz, 44, 2, 97).

muns. La Cour de cassation a répondu à l'objection : Pendant le mariage, la femme ne peut rien faire qui déroge à son droit alternatif, dont l'exercice ne peut s'ouvrir qu'au décès du mari ; ce n'est donc ni en vue, ni à condition de l'acceptation de la communauté, que la réversibilité d'une rente viagère est stipulée : ainsi le droit de la femme à la réversibilité ne peut pas être subordonné à l'acceptation de la communauté. En définitive, la femme renonçante et, par le fait de sa renonciation, devenue étrangère à la communauté a droit, au même titre que tout autre étranger avec lequel le mari aurait jugé à propos d'acquérir la rente, à profiter de la clause de réversibilité (1).

1974. — Tout contrat de rente viagère créé sur la tête d'une personne qui était morte au jour du contrat, ne produit aucun effet.

1975. — Il en est de même du contrat par lequel la rente a été créée sur la tête d'une personne atteinte de la maladie dont elle est décédée dans les vingt jours de la date du contrat.

SOMMAIRE.

I.   703. Le contrat manque de l'un de ses éléments essentiels quand la personne sur la tête de laquelle la rente est constituée est morte au moment de la constitution : art. 1974. — 704. La bonne foi des parties, même quand l'erreur est commune, ne saurait valider le contrat. — 705. Différence entre la disposition de l'art. 1974 et celle de l'art. 365 du Code de commerce : explication. — 706. L'art. 1974 est pleinement justifié dans le cas où la mort de la personne sur la tête de laquelle la rente était constituée était ignorée des deux parties ou seulement de l'acquéreur de la rente. — 707. *Quid* si le fait était connu de l'acquéreur ? Présomption de libéralité. — 708. La loi a particulièrement en vue le cas où la rente est constituée sur la tête d'une personne étrangère au contrat : exception. — 709. La disposition en est-elle applicable aussi dans le cas où la rente étant constituée sur la tête de plusieurs personnes étrangères au contrat, l'une d'elles était décédée au jour de la constitution ?

II. 710. Le contrat est également infirmé lorsque la personne sur la tête de laquelle la rente est constituée étant atteinte d'une maladie qui rend sa mort presque certaine, le risque ne peut pas être considéré comme sérieux : art. 1975. — 711. Conditions d'application de cet article. Il faut : 1° que la personne sur la tête de laquelle la rente est constituée soit atteinte de la maladie au moment de la constitution ; — 712. 2° Que la personne soit morte de cette maladie ; — 713. 3° Qu'elle soit morte dans les vingt jours de la date du contrat. — 714. Calcul du délai. — 715. C'est toujours au demandeur en nullité à faire la preuve.

III. 716. Transition. — 717. L'art. 1975 ne s'applique qu'à la rente viagère créée *à titre onéreux.* — 718. Par cela même, il ne régit pas le cas spécial prévu par l'art. 1973. — 719. Du cas où la rente est constituée sur la tête d'un tiers : distinctions. — 720. De celui où elle est constituée sur la tête du créancier lui-même : controverse. — 721. De celui où elle est placée sur plusieurs têtes.

IV. 722. Quand l'acte est sous seing privé sans date certaine, c'est en principe aux héritiers du crédi-rentier à prouver qu'on se trouve dans le cas de l'art. 1975. — 723. Peuvent-ils invoquer l'art. 1328 ? — 724, 725. Suite : distinctions.

I. — **703.** Nous avons expliqué, à l'occasion des art. 1971 et 1972, que la rente viagère étant un contrat dont la vie d'une personne règle

---

(1) Req., 15 mai 1844 (S. V., 44, 1, 409 ; Dalloz, 44, 1, 229). MM. Duranton (n° 136); Troplong (n° 256).

et détermine la durée, il est indispensable que l'acte de constitution contienne implicitement ou explicitement l'indication de la personne sur la tête de laquelle la rente est constituée pour ne s'éteindre qu'à la mort de cette personne (*suprà*, n° 685). Or il est évident que si la personne indiquée n'existe plus au moment de la constitution, l'un de ses éléments essentiels manque au contrat; il n'y a pas une personne sur la tête de laquelle la rente soit assise; il n'y a plus d'*alea*, et par suite le contrat est frappé de nullité, tellement que celui qui avait fourni les fonds de la rente les peut répéter comme les ayant livrés sans cause (1). C'est ce qui résulte de l'art. 1974.

704. Ceci ne souffre aucune difficulté quand les parties ou même seulement celle qui a fourni la valeur ignorait, au temps de la constitution, la mort de la personne dont la vie devait régler la durée de la rente : le consentement est alors affecté d'une erreur tombant sur la substance même du contrat. Vainement, quand l'erreur est commune aux deux parties, invoquerait-on la bonne foi pour faire produire à la convention les effets d'un contrat putatif. La bonne foi, comme le dit fort bien M. Troplong, serait décisive s'il s'agissait d'établir que l'intention du constituant n'était ni dolosive ni perverse; mais elle ne saurait donner à l'opération juridique l'élément essentiel qui lui manque, l'*alea* qui est sa raison d'être, sa condition nécessaire (2). Sous ce rapport, l'art. 1974 concorde avec la disposition de l'art. 2056, aux termes duquel la transaction faite sur un procès terminé par un jugement passé en force de chose jugée, dont les parties ou l'une d'elles n'avait pas connaissance, est nulle, la transaction, par essence, ne pouvant intervenir que sur un droit plus ou moins douteux.

705. Mais il est évident, au contraire, qu'il y a contrariété de disposition entre notre article et l'art. 365 du Code de commerce, relatif au contrat d'assurance, classé aussi par la loi parmi les contrats aléatoires. Aux termes de ce dernier article, « toute assurance faite après la perte ou l'arrivée des objets assurés est nulle, s'il y a présomption qu'avant la signature du contrat l'assuré a pu être informé de la perte, ou l'assureur de l'arrivée des objets assurés. » D'où il résulte manifestement qu'au cas où il est certain qu'au moment de la signature du contrat l'assuré ignorait la perte ou l'assureur l'arrivée des objets, le contrat est valable, bien que les risques aient complétement cessé. Ici, donc, c'est l'opinion seule, la bonne foi qui fait la base du contrat. Cependant nous ne dirons pas, avec M. Duranton, qu'il y a entre l'article du Code Napoléon et celui du Code de commerce une contrariété de vues injustifiable, et qu'on ne pourrait expliquer que par le désir qu'auraient éprouvé les rédacteurs du Code de commerce de ne pas s'écarter des législations commerciales étrangères, qui ont, en général, admis dans les mêmes cas la validité du contrat d'assurance (3). Tout ici s'explique

(1) Pothier (n° 224).
(2) *Voy*. M. Troplong (n° 260).
(3) *Voy*. M. Duranton (n° 145).

naturellement par le caractère et l'objet respectifs des deux conventions. Malgré les nombreux points de contact entre la rente viagère et l'assurance, il y a cependant, entre les deux contrats, une différence notable. Dans le contrat de rente viagère, on peut dire que la vie de la personne forme, en quelque sorte, la cause déterminante pour les parties. Le crédi-rentier n'aliène le capital qu'il emploie à acquérir la rente que parce qu'il espère jouir des arrérages pendant un certain temps : or, si la personne dont la vie devait régler la durée de la rente n'existe plus, il est clair que l'obligation manque de cause, en sorte que le contrat est atteint dans son principe même. Au contraire, l'assurance a pour objet de garantir tous les risques, de dédommager l'assuré de tous les sinistres, et, sous ce rapport, il n'y a pas à distinguer entre les sinistres futurs et les sinistres passés, pourvu que ceux-ci soient ignorés au moment de l'assurance, parce qu'il importe à la sécurité commerciale que les uns aussi bien que les autres soient réparés. Voilà pourquoi le législateur a pu, sans se mettre en contradiction avec lui-même, tenir compte du risque putatif dans le contrat d'assurance et l'exclure du contrat de rente viagère (1).

706. Quoi qu'il en soit, revenons à notre art. 1974 : la disposition en est juste et parfaitement expliquée quand la mort de la personne sur la tête de laquelle la rente était constituée était ignorée des deux parties ou même de l'acquéreur de la rente seulement. Dans ce dernier cas, il y aurait même, pour annuler le contrat, un motif qui viendrait s'ajouter à celui sur lequel est fondé notre article : le constituant qui aurait connaissance du décès et n'en avertirait pas l'acquéreur commettrait un dol qui, aux termes de l'art. 1116, serait suffisant pour faire rescinder la convention; car il est évident que si l'acquéreur avait connu le véritable état des choses, il n'aurait pas contracté.

707. Que si l'acquéreur était informé de la mort du tiers sur la tête duquel il plaçait la rente viagère, le contrat est également nul comme constitution de rente viagère; il est comme non avenu même pour ce crédi-rentier prétendu qui, bien certainement, n'a pas dû compter recevoir des arrérages, puisque, à sa connaissance, la condition sous laquelle ils lui auraient été dus était déjà défaillie. Mais comme il faut donner effet à la disposition pour ne pas contrevenir à l'art. 1157 du Code Napoléon, on supposera que la volonté du disposant a été de faire une libéralité au constituant. S'il a donné et livré, comme prix de la rente, une somme d'argent ou des objets mobiliers, la donation a reçu toute sa perfection par la tradition réelle des effets : c'est une donation manuelle, dont la validité est universellement reconnue (2). Si c'est un immeuble qu'il a livré, la disposition constitue une donation déguisée sous la forme d'un contrat à titre onéreux, et, le cas échéant où elle viendrait à être contestée, elle serait sans doute validée en vertu de la jurisprudence qui, avec raison selon nous, consacre la validité et l'effi-

---

(1) Conf. M. Troplong (n° 261).
(2) Marcadé (art. 931).

cacité de tels déguisements : le tout, néanmoins, sous la réserve de l'action en réduction en faveur des héritiers à réserve et de l'action en nullité pour incapacité.

708. Nous avons supposé jusqu'ici, pour appliquer l'art. 1974, la rente viagère créée sur la tête d'une personne étrangère au contrat : c'est là, en effet, le cas que les rédacteurs de l'art. 1974 ont eu uniquement en vue. Il n'est cependant pas impossible de trouver une hypothèse où, la rente viagère étant établie sur la tête de l'acquéreur lui-même, l'art. 1974 serait également applicable, parce que la disposition en est générale et ne doit pas souffrir de restriction. Supposons, en effet, un mandataire livrant la propriété de son mandant moyennant une rente viagère constituée sur la tête du mandant lui-même; au jour du contrat, conclu par procuration, celui-ci était mort; le constituant et le mandataire l'ignoraient : si le contrat devait suivre la loi générale des engagements (art. 2008 et 2009), il serait valable; mais il y a la règle spéciale de l'art. 1974, qui s'oppose incontestablement à ce que le contrat ait ses effets.

709. Quand la rente viagère est établie sur la tête de plusieurs personnes étrangères au contrat, et dont l'une était décédée au jour de la convention, nous croyons qu'il faut encore, en principe, appliquer l'art. 1974 : l'acquéreur a été dans une erreur suffisante pour qu'il soit relevé de son engagement. Il comptait jouir de la rente pendant la vie de plusieurs personnes; c'est à quoi il tendait en usant de la faculté à lui laissée par l'art. 1972 : son espérance ne s'est pas réalisée; il peut donc demander la nullité du contrat (1). Il y aurait lieu, toutefois, de réserver le cas où la rente devrait être servie successivement à plusieurs personnes. Par exemple, un mari, stipulant en son nom et au nom de sa femme dont il avait reçu le mandat, s'est fait promettre une rente viagère en échange d'un immeuble propre à chacun pour moitié; la femme était morte à la date du contrat, et son décès était ignoré des parties : il n'importe; le mari n'est pas moins en droit d'exiger le service de la rente pendant toute la durée de sa vie (2).

II. — 710. Le contrat de rente viagère est nul non-seulement quand le caractère aléatoire, qui est de son essence, fait complétement défaut, ce qui est le cas de l'art. 1974, mais encore quand le risque ne peut pas être considéré comme sérieux, parce que la personne sur la tête de laquelle la rente viagère est constituée se trouve atteinte d'une maladie qui rend sa mort presque certaine, et dont elle est morte, en effet, dans un bref délai : l'art. 1975 répond à cette pensée. De même que dans le contrat de vente, par exemple, il y a nullité non-seulement lorsque le prix fait complétement défaut, mais encore quand, à raison de sa vileté, il ne peut pas être considéré comme sérieux, de même aussi dans la rente viagère le législateur a cru devoir invalider le contrat dans un cas où le risque ne lui paraît pas suffisant pour donner à la rente

(1) *Secùs* dans le cas de l'art. 1975 (*infrà*, n° 721).
(2) MM. Massé et Vergé, sur Zachariæ (t. V, p. 27, note 8).

le caractère aléatoire qui est un de ses éléments, et il établit dans l'art. 1975 une présomption de nullité. Cette présomption met fin désormais aux incertitudes et à l'arbitraire de l'ancienne jurisprudence, d'après laquelle le juge avait un pouvoir discrétionnaire pour apprécier les cas où la maladie de la personne dont la vie réglait la durée de la rente était assez grave pour amener la nullité du contrat (1).

711. La présomption est subordonnée à plusieurs conditions rigoureuses par l'art. 1975 : il faut que la personne sur la tête de laquelle la rente est établie soit atteinte de maladie au jour du contrat, qu'elle soit morte de cette même maladie, et enfin que le décès soit arrivé dans les vingt jours de l'acte de constitution.

Ainsi, la loi suppose d'abord que la personne sur la tête de laquelle la rente est établie est atteinte de maladie au moment du contrat : c'est la base même de la présomption établie par la loi. Il faut que la personne dont la vie règle la durée de la rente soit déjà en danger pour que les chances qui doivent nécessairement exister au moment de la convention puissent être considérées comme atteintes dans ce qu'elles doivent avoir de sérieux. Il importerait donc peu que le décès arrivât quelques jours, quelques instants même après la conclusion du contrat, s'il était la suite d'un accident indépendant de l'état de maladie de la personne indiquée au contrat de constitution de la rente.

Le législateur a évidemment en vue un état de santé tel qu'il inspire des craintes sérieuses et fondées sur la vie de la personne. La vieillesse, quelque avancée qu'elle soit, ne constitue pas une maladie dans le sens de l'art. 1975 (2). De même aussi l'état de grossesse de la femme sur la tête de laquelle le contrat de rente serait créé constitue plutôt un état naturel qu'une maladie; en sorte que le décès de la femme survenant dans le délai fixé par la loi n'entraînerait pas l'annulation du contrat, à moins que la grossesse ne fût déjà compliquée de symptômes maladifs tels qu'ils mettaient en danger l'existence de la femme et auraient rendu l'accouchement mortel (3).

712. Il faut, en second lieu, que la personne soit morte de cette même maladie dont elle était atteinte. Si elle meurt dans le délai fixé par une autre cause, quelle qu'elle soit, la présomption fait défaut : il est désormais impossible de savoir si la mort serait survenue dans le délai exigé et par suite de la maladie existant au moment du contrat.

713. Enfin, il faut que la personne meure de cette maladie *dans les vingt jours* de la date du contrat. Si donc la mort ne survenait qu'après les vingt jours, le contrat resterait valable, la mort fût-elle la suite de la maladie même dont la personne était déjà atteinte lorsque la rente a été constituée (4). Peut-être est-il à regretter que le législateur ait fixé

---

(1) Pothier (n° 225). M. Merlin (*Rép.*, v° Rente viagère, III).
(2) Angers, 19 avr. 1820 (S. V., 21, 2, 112; C. n., 6, 2, 247; Dalloz, 21, 2, 77; *J. Pal.*, 22, 375).
(3) Ricard (*Donat.*, part. I, n°ˢ 108 et 109). — *Voy.* aussi MM. Duranton (n° 148); Taulier (t. VI, p. 506); Troplong (n° 274); Massé et Vergé, sur Zachariæ (t. V, p. 28, note 10).
(4) Grenoble, 5 fruct. an 12 (S. V., 5, 2, 49; C. n., 1, 2, 217; Dalloz, 22, 2, 97).

un délai aussi court : il est certaines affections chroniques, même certaines maladies aiguës, dont la durée se prolonge au delà de vingt jours, et dont l'issue est cependant nécessairement fatale. Ce n'est pas une raison pour dire, avec M. Delvincourt, que les rédacteurs du Code auraient mieux fait en prenant l'art. 909 pour règle et, en conséquence, en déclarant l'acte nul toutes les fois que la personne sur la tête de laquelle la rente aurait été constituée était, au moment du contrat, atteinte de la maladie dont elle est morte depuis (1). C'eût été revenir aux incertitudes et à l'arbitraire de l'ancienne jurisprudence, et ressusciter les controverses auxquelles les rédacteurs du Code ont voulu couper court.

714. On appliquera au calcul du délai de vingt jours la règle généralement reçue, d'après laquelle le *dies à quo* ne doit pas compter pour la supputation. Il faudra donc, pour que la constitution de rente soit maintenue, que la personne ait vécu encore vingt jours entiers après la formation du contrat (2).

715. Reste, enfin, la question de preuve. Quand un contrat de rente viagère est attaqué comme nul par application de l'art. 1975, à qui incombe la charge de la preuve? Selon M. Delvincourt, ce serait au demandeur en nullité à prouver que la personne était malade lors du contrat et qu'elle est morte dans les vingt jours; mais une fois cette preuve faite, il y a présomption qu'elle est morte par suite de la maladie dont elle était atteinte, et ce serait au débiteur de la rente à prouver le contraire (3). Cette opinion, qui divise la preuve pour la mettre, par portions, à la charge de chacune des parties, a été justement rejetée. Celui qui invoque contre l'acquéreur de la rente le bénéfice de l'art. 1975 est demandeur; il doit donc justifier la demande. Or il s'agit ici d'une présomption qui n'existe que par la réunion de circonstances diverses; la demande ne saurait donc être justifiée qu'à la condition par le demandeur de prouver que toutes les circonstances indiquées par la loi se trouvent réunies, c'est-à-dire que la présomption se produit dans tous les éléments qui la constituent : sa preuve serait incomplète sans cela, et la demande ne pourrait qu'être rejetée (4).

III. — 716. Ceci expliqué sur le caractère et les conditions de la présomption établie par l'art. 1975, il faut préciser les cas en vue desquels cet article est édicté. Nous avons dit au début de ce chapitre que la rente viagère peut être constituée à titre onéreux ou à titre gratuit, en ajoutant, d'ailleurs, que les règles établies ici sont surtout applicables au contrat de rente viagère aléatoire, c'est-à-dire au contrat à titre onéreux.

---

(1) M. Delvincourt (t. III, p. 425, note 9).
(2) MM. Troplong (n° 276); Aubry et Rau, d'après Zachariæ (t. III, p. 422, note 12); Massé et Vergé, sur Zachariæ (t. V, p. 27, note 10). — *Voy.* aussi Rouen, 13 déc. 1821 (S. V., 22, 2, 224; C. n., 6, 2, 498).
(3) MM. Delvincourt (t. III, p. 424, note 8). *Junge* : Paris, 13 juill. 1808 (S. V., 9, 2, 221; C. n., 2, 2, 414; Dalloz, 22, 2, 97; alph., t. IX, p. 560).
(4) MM. Duranton (n° 147); Troplong (n° 273). Bordeaux, 11 fév. 1828 (Dalloz, v° Rente viag., n° 57).

717. Cela seul indiquerait que notre article n'est pas applicable à la rente viagère constituée à titre gratuit. Et, à vrai dire, ceci n'aurait jamais été mis en question si, par un arrêt échappé à la Cour de Montpellier, il n'eût été décidé que la nullité prononcée par notre article est applicable à la *donation* faite sous la réserve d'une rente viagère aussi bien qu'à la constitution de rente à titre onéreux (1). Mais cet arrêt était trop évidemment contraire aux principes pour qu'il pût faire jurisprudence. L'art. 1975 a eu pour but de maintenir dans le contrat l'égalité des risques; il est fondé sur l'intention présumée de l'acquéreur de la rente, qui n'eût pas aliéné son capital s'il avait connu l'état de la personne sur la tête de laquelle il constituait la rente. La disposition en doit donc être maintenue dans ses véritables limites, et c'est en méconnaître la pensée que de l'étendre à une opération à titre gratuit qui n'a rien d'aléatoire. Ainsi a jugé la Cour de cassation en cassant l'arrêt de la Cour de Montpellier (2).

718. Par les mêmes motifs aussi, l'art. 1975 ne peut pas régir le cas, spécialement prévu dans l'art. 1973, où la rente est constituée au profit d'un tiers, quoique le prix en soit fourni par une autre personne. Le créancier véritable, celui qui va recevoir les arrérages, ne livre rien comme représentation de ces arrérages : à son égard, la rente est à titre gratuit.

719. De ce qui précède il résulte donc que l'art. 1975 ne s'applique qu'autant que la rente viagère a été créée à titre onéreux. Toutefois, il y a même ici deux situations possibles à distinguer : celle où la rente est constituée sur la tête d'un tiers qui n'a aucun droit d'en jouir, et celle où la rente est constituée sur la tête de celui qui en fournit le prix (art. 1971). Dans le premier cas, si les parties ou seulement l'acquéreur de la rente a ignoré l'état désespéré du tiers dont on avait pris la vie comme mesure de la durée de la rente, l'art. 1975 est applicable sans aucun doute. Ici le consentement est vicié par l'erreur qui tombe sur la qualité substantielle de la chose que les contractants avaient principalement en vue (3); il y a même, si le constituant connaissait seul la maladie, un dol au moyen duquel il se procurerait un bénéfice injuste : le contrat, atteint dans sa base, est affecté d'un vice qui en doit entraîner la nullité.

Si, au contraire, dans cette même hypothèse, le créancier avait une connaissance parfaite de l'état de maladie du tiers sur la tête de qui la rente est constituée, nous ne croyons pas, malgré l'avis contraire de quelques auteurs (4), que le contrat doive rester absolument sans effet. S'il ne peut valoir comme convention aléatoire et à titre onéreux, il peut au moins valoir comme donation déguisée faite sous une condition casuelle, la mort de la personne dans les vingt jours. Nous ne saurions

---

(1) Montpellier, 28 déc. 1832 (S. V., 33, 2, 315; Dalloz, 34, 2, 36).
(2) Cass., 18 juill. 1836 (S. V., 36, 1, 535; Dalloz, 36, 1, 422). MM. Troplong (n° 267); Aubry et Rau (t. III, p. 421).
(3) Pothier (n° 225).
(4) MM. Aubry et Rau (t. III, p. 421, note 8); Massé et Vergé (t. V, p. 27, note 9).

voir, dans l'art. 1975, une disposition d'ordre public à laquelle les parties ne puissent pas déroger. Or, il y a une dérogation précisément dans la convention telle que nous l'avons supposée : le créancier a consenti tacitement à ce que l'égalité des risques fût mise de côté ; il n'y a pas de raison pour que son intention ne soit pas respectée.

Par cela même, et à plus forte raison, le contrat pourra-t-il être validé, au moins comme donation déguisée, quand les parties auront formellement manifesté l'intention de déroger aux dispositions de la loi (1).

720. La distinction proposée quant à la première hypothèse semblerait devoir conduire à cette conséquence, que l'art. 1975 n'est pas applicable à la seconde, c'est-à-dire quand la rente est constituée sur la tête du créancier lui-même, de celui qui en fournit le prix : car, pourrait-on dire, le créancier doit être présumé avoir connu son état, et avoir voulu que si le contrat ne produit pas effet en tant que rente viagère, il vaille du moins comme donation. Toutefois l'induction, en ces termes, serait trop absolue. Et, par exemple, elle serait complétement inexacte si rien ne venait manifester de la part du créancier l'intention de faire une libéralité. La donation ne se présume pas ; et loin de suppléer l'intention de donner de la part du malade qui s'est fait consentir une rente viagère à un moment où son état était tellement désespéré que la mort est venue l'atteindre moins de vingt jours après, il faut croire plutôt que, se faisant illusion sur la gravité de sa situation, il n'a aliéné son capital que dans l'espérance de recouvrer la santé. Il n'en est pas ici comme dans le cas précédent : nous ne nous trompons pas, ou nous n'avons aucune raison de nous tromper sur la situation d'un malade qui nous est étranger, tandis que par un bienfait de la nature nous nous abusons sur l'imminence du danger qui nous menace nous-même dans l'état de maladie ; et volontiers nous croyons à la vie et nous y rattachons avec d'autant plus d'énergie qu'elle est plus près de nous échapper. On doit donc, en ce cas, s'en tenir à l'art. 1975, dont l'application, il faut l'ajouter, sera d'ailleurs utile comme moyen de prévenir les tentatives coupables de spoliation qui trop souvent assiégent le malade à son lit de mort (2).

Mais s'il est prouvé en fait que l'acquéreur de la rente avait connaissance du danger dont il était menacé, s'il a manifesté l'intention bien formelle de donner effet au contrat, le contrat, à notre avis, devra être maintenu, sinon comme rente viagère, au moins comme don manuel ou comme donation déguisée, suivant que le créancier aura fourni de l'argent ou un immeuble. C'est là, en effet, une donation sous la condition, purement casuelle, de la mort dans le délai de vingt jours, et qui n'em-

---

(1) *Contrà* : MM. Aubry et Rau, Massé et Vergé (*loc. cit.*).
(2) MM. Duranton (n° 149); Taulier (t. VI, p. 565); Mourlon (t. III, p. 408); Massé et Vergé, sur Zachariæ (t. V, p. 27, note 10); Troplong (n° 264); Aubry et Rau (t. III, p. 421, note 8). Paris, 9 fév. 1807; Rouen, 25 janv. 1808 (S. V., C. n., 2, 2, 196 et 333; Dalloz, alph., t. XI, p. 572; t. V, p. 674); Req., 19 janv. 1814 (S. V., C. n., 4, 1, 515; Dalloz, alph., t. XI, p. 571).

prunte rien au caractère de la donation à cause de mort, puisque l'aliénateur ne doit jamais rentrer dans son capital. Pourquoi donc ne serait-
elle pas validée? Certes, il n'y a pas de disposition de loi qui enlève à un
mourant le droit de faire une donation entre-vifs; il n'y en a pas qui lui
interdise de sacrifier un capital qui lui devient inutile s'il meurt, ou qui
lui procurera un revenu plus considérable s'il revient à la santé. C'en est
assez, ce nous semble, pour défendre notre opinion contre la doctrine
contraire, qui cependant est généralement enseignée (1).

En résumé, donc, l'art. 1975 s'applique exclusivement, en principe,
au contrat de rente viagère à titre onéreux, avec les distinctions que
nous venons de formuler, et il est sans aucun effet vis-à-vis des actes à
titre gratuit. Mais il est bon d'ajouter que la qualification de donation
donnée à l'acte constitutif de la rente, et la rédaction de cet acte avec
les formalités prescrites pour les donations entre-vifs, ne suffiraient pas
à elles seules pour le soustraire à l'application de l'art. 1975, en ce que
la qualification et la forme de l'acte peuvent, selon les circonstances,
n'être pas suffisantes pour manifester l'intention du crédi-rentier de
faire une libéralité (2).

721. Reste une dernière hypothèse, celle où une rente viagère est
constituée sur la tête de plusieurs personnes, soit étrangères au contrat,
soit ayant le droit d'en jouir successivement ou conjointement. Dans ce
cas, si l'une de ces personnes vient à mourir dans les vingt jours de la
maladie dont elle était atteinte au jour du contrat, l'art. 1975 n'est pas
applicable : le contrat subsistera donc, et la raison en est simple; c'est
que la survie des autres personnes a maintenu dans ce contrat le caractère aléatoire qui est de son essence. Ceci n'est pas en opposition avec
ce que nous avons dit *suprà*, n° 709 : l'art. 1974 contient une application de la règle générale d'après laquelle toute erreur portant sur la
substance même entraîne la nullité du contrat, et la disposition, dès
lors, en doit être suivie dans tous les cas où le consentement du crédi-
rentier apparaît entaché d'une erreur substantielle; au contraire, l'art.
1975 édicte une présomption rigoureuse, une dérogation au droit commun : il faut donc ne pas l'étendre au delà de ses termes précis (3). D'a-
près cela, l'art. 1975 serait applicable, dans notre hypothèse, seulement
s'il arrivait que les personnes sur la tête desquelles la rente a été constituée vinssent à décéder toutes dans les vingt jours du contrat. Il y a eu
évidemment exagération à prétendre que l'article ne doit pas être appliqué même en ce cas (4).

---

(1) M. Troplong (n° 268) et les auteurs cités à la note précédente.
(2) Req., 10 juill. 1855 (S. V., 56, 1, 262; Dalloz, 56, 1, 175; *J. Pal.*, 1855, t. II,
p. 558).
(3) MM. Duranton (n° 150); Troplong (n° 275); Aubry et Rau (t. III, p. 421, note 8);
Massé et Vergé (t. V, p. 27, note 10); Taulier (t. VI, p. 506); Mourlon (t. III, p. 408).
Cass., 22 fév. 1820 (S. V., 20, 1, 182; C. n., 6, 1, 186; Dalloz, 20, 1, 129); Grenoble,
21 juin 1822 (S. V., C. n., 7, 2, 88; Dalloz, alph., t. XI, p. 572); Bordeaux, 10 fév.
1857 (S. V., 57, 2, 544; Dalloz, 58, 2, 7; *J. Pal.*, 1858, p. 506); Lyon, 1er juill. 1858
(S. V., 59, 2, 163; Dalloz, 59, 2, 27; *J. Pal.*, 1859, p. 748).
(4) *Voy.* M. Dalloz (v° Rente viag., n° 9). Mais *voy.* MM. Aubry et Rau (*loc. cit.*).

IV. — 722. Terminons sur notre article en reprenant les points ré-servés dans le commentaire de l'art. 1968 (*suprà*, n° 580). Nous avons dit que la rente viagère constituée à titre onéreux peut être constatée par un simple acte sous seing privé, qui doit, pour être opposable aux tiers, avoir reçu date certaine dans les termes de l'art. 1328. Des difficultés d'une nature toute spéciale s'élèvent ici précisément à cause de la facilité que les parties ont d'éluder les dispositions de l'art. 1975, en antidatant l'acte constitutif de la rente viagère pour en reporter la date avant les vingt jours fixés par la loi. La question de validité ne s'élevant qu'après la mort de celui qui a aliéné son capital moyennant une rente viagère sur sa tête, ce sont presque toujours ses héritiers qui ont intérêt à contester la sincérité de la date. Mais ne peut-on pas leur opposer l'art. 1322, d'après lequel l'acte sous seing privé a entre ceux qui l'ont souscrit et leurs héritiers ou ayants cause la même foi que l'acte authentique? Et, en présence de cette disposition, les héritiers seront-ils ou non empêchés de prouver, pour répéter le capital aliéné par léur auteur, que la rente a été créée sur sa tête dans les vingt jours qui ont précédé sa mort? Il y a, sur ce point, des hypothèses diverses à préciser.

723. Si la rente viagère a été constituée moyennant un capital en argent versé immédiatement, et si, le contrat étant unilatéral, l'acte produit consiste en un simple billet sans date certaine avant la mort du . crédi-rentier et portant seulement la signature du constituant, l'art. 1322 ne sera pas même opposable, et les héritiers pourront répéter le capital aliéné par leur auteur entre les mains du débiteur resté en pos-session du billet. Vainement le constituant voudrait-il prouver que la constitution de rente remonte à une date antérieure de plus de vingt jours au décès du crédi-rentier. Il n'y pourrait pas être reçu, parce que les personnes auxquelles l'acte est opposé sont des tiers dans le véri-table sens de l'art. 1328 : car elles agissent, dans l'hypothèse, non pas comme représentant leur auteur, qui n'avait pas apposé sa signature à l'acte et ne l'avait pas en sa possession, mais de leur propre chef, en exerçant des droits qui leur sont personnels (1).

724. Si l'acte constitutif de la rente viagère a été signé des deux par-ties, l'art. 1322 est, au contraire, opposable *en principe* aux héritiers du crédi-rentier. Cependant on a soutenu, d'une part, que, même en ce cas, les héritiers doivent être considérés comme des tiers dans le sens de l'art. 1328, et, partant, que l'acte sous seing privé constitutif d'une rente viagère, non enregistré, n'a pour eux date certaine que du jour du décès de leur auteur, sur la tête duquel la rente était constituée (2). D'une autre part, sans aller aussi loin, M. Delvincourt a enseigné que l'acte sans date certaine doit être présumé fait dans les vingt jours, sauf la preuve contraire, dont la charge, dès lors, incomberait au

_____

(1) Colmar, 20 déc. 1830 (S. V., 31, 2, 183; Dalloz, 31, 2, 115).
(2) Le Tribunal de Troyes s'est prononcé en ce sens, le 6 février 1838, par un ju-gement dont la cassation a été prononcée par arrêt du 5 avril 1842 (*voy.* les notes qui suivent).

constituant (1). Nous ne saurions admettre ces solutions, qui l'une et l'autre sont également contraires à la pensée de l'art. 1322.

Mais de ce que cet article doit ici rester dominant en principe il ne s'ensuit pas que les héritiers du crédi-rentier soient dans l'impuissance absolue d'exercer l'action ouverte en leur faveur par l'art. 1975, et qu'en présence d'une antidate dont la preuve serait possible, ils ne puissent pas faire rendre à l'acte de constitution de rente sa date véritable, et le placer ainsi sous le coup de la nullité prononcée par ce dernier article. Que conclure de là? Que si la date apparente de l'acte milite en faveur du constituant en vertu de l'art. 1322, les héritiers du crédi-rentier doivent cependant, en vertu de l'art. 1975, être admis à prouver, par tous les moyens de preuve, même par la preuve testimoniale, que l'acte a été antidaté. Le constituant pourrait-il, pour écarter la preuve, prétendre que les héritiers sont sans intérêt, en ce que, l'antidate fût-elle prouvée, l'acte n'en subsisterait pas moins, sinon comme constitution de rente à titre onéreux, au moins comme donation? Non, évidemment; car l'antidate ne suffirait pas à elle seule pour établir que l'aliénateur avait l'intention de donner, dans le cas où il viendrait à mourir dans les vingt jours du contrat (2). La preuve devrait donc être admise, et c'est par là seulement qu'on peut concilier les dispositions des art. 1322 et 1975 (3).

1976. — La rente viagère peut être constituée au taux qu'il plaît aux parties contractantes de fixer.

SOMMAIRE.

I. 725. Origine et motif de l'art. 1976. — 726. La promulgation de la loi sur le taux de l'intérêt (3 septembre 1807) lui a donné un sens qu'il n'avait pas au moment de la rédaction. — 727. Le taux des arrérages varie au gré des circonstances les plus diverses. — 728. Toutefois la liberté laissée aux parties à cet égard ne doit pas servir à déguiser des conventions usuraires.

II. 729. Conséquences de la liberté laissée aux parties. — 730. Mais le taux doit au moins être stipulé de manière à conserver au contrat son caractère aléatoire. — 731. Quand l'*alea* n'existe pas en réalité, il y a présomption de libéralité si la rente est acquise moyennant l'aliénation d'une somme d'argent. — 732. *Quid* si elle a été constituée moyennant l'aliénation d'un immeuble? Notre article n'exclut pas d'une manière absolue l'action en rescision pour lésion. De la jurisprudence dans les ventes d'immeubles à fonds perdu.

I. — 725. Le contrat de rente viagère à titre onéreux étant essentiellement aléatoire, il est impossible d'évaluer exactement les chances de gain ou de perte à la charge du constituant. La loi devait donc laisser la fixation des arrérages à la libre volonté des parties : elle ne pou-

---

(1) M. Delvincourt (t. III, p. 424, note 9).
(2) Req., 15 juill. 1824 (S. V., 25, 1, 46; C. n., 7, 1, 497; Dalloz, 24, 1, 371).
(3) MM. Duranton (n° 151); Taulier (t. VI, p. 506); Troplong (n° 277 et suiv.); Aubry et Rau, d'après Zachariæ (t. III, p. 422, note 13); Massé et Vergé, sur Zachariæ (t. V, p. 27, note 10). Req., 19 janv. 1814 (S. V., 20, 1, 479; C. n., 4, 1, 515; Dalloz, 14, 1, 233); Cass., 5 avr. 1842 (Dalloz, 42, 1, 199; S. V., 42, 1, 300); Bordeaux, 16 août 1852 (Dalloz, 56, 2, 19).

vait pas, comme dans la rente perpétuelle, fixer un maximum au delà
duquel la stipulation eût été usuraire. Les arrérages ne sont pas d'ailleurs, à vrai dire, un intérêt de l'argent déboursé par le crédi-rentier;
ils sont plutôt le prix du risque par lui couru de ne les recueillir que
pendant un temps très-court; et, comme il est impossible d'évaluer ce
risque, il fallait laisser aux contractants la faculté la plus large de débattre ce prix. L'art. 1976 dit en conséquence que la rente viagère peut
être constituée au taux qu'il plaît aux parties contractantes de fixer.

726. La disposition de cet article ne s'expliquait guère au moment
où le Code fut publié : en effet, l'art. 1907 laissait une liberté à peu
près entière pour la stipulation de l'intérêt conventionnel (*suprà*,
n°^{os} 260 et suiv.); en sorte qu'on pouvait ne pas apercevoir la portée de
notre article, qui ne faisait, après tout, que consacrer la même liberté.
Mais les rédacteurs du Code étaient si fortement imbus de l'idée qu'une
limitation du taux de l'intérêt était nécessaire et ne tarderait pas à être
édictée que, dans plusieurs articles, ils laissent pressentir l'avénement
de cette loi restrictive, et s'y réfèrent pour le moment où elle existera.
Notre art. 1976 est dans ce cas; et la loi du 3 septembre 1807 est venue
bientôt lui donner un sens précis, celui d'une dérogation à la règle de
maximum désormais établie. Donc, depuis cette loi, quelque élevé que
soit le taux de la rente viagère constituée moyennant l'aliénation d'un
capital en argent, il ne peut pas être permis au débiteur de prétendre
qu'il y a usure dans la fixation des arrérages et qu'ils doivent être réduits.

727. Le taux des arrérages varie donc à l'infini : il dépend de l'âge,
de la santé et du genre de vie de la personne sur la tête de laquelle la
rente est constituée. C'est aux parties à peser toutes ces chances, à
calculer toutes les probabilités, en faisant entrer aussi en ligne de
compte, dans une certaine mesure, les cas fortuits qui peuvent prolonger ou abréger la durée de la vie. Ces probabilités ont été depuis longtemps déduites de données générales, et nous sommes fixés par ce qu'on
appelle les tables de mortalité (lesquelles sont dressées soit d'après des
documents privés, soit d'après des statistiques officielles publiées par
les gouvernements) sur la durée moyenne de la vie dans les différentes
classes de la société. La première table dressée en France remonte à
l'année 1745 (table de Deparcieux); une seconde fut faite en 1786
(table de Duvillard) : elles ont été la base de tables de proportion com-
posées, en 1834, par Ph. Pellis, et qu'on peut consulter avec fruit.
Mais ce ne sont toujours là que des données générales et problématiques; elles peuvent varier suivant les circonstances et le milieu dans
lequel les parties sont placées.

728. Toutefois il ne faut pas conclure, de ce qu'une pleine liberté
est laissée aux parties pour fixer le taux des arrérages, que toute convention qualifiée rente viagère échappe aux dispositions restrictives de
la loi de 1807 : l'art. 1976 a uniquement en vue les contrats sérieux.
Ce n'est pas impunément qu'on s'autoriserait de cet article pour cacher
des conventions usuraires sous l'apparence d'une constitution de rente

viagère : il appartiendrait aux tribunaux de démasquer la fraude, et de
réduire au taux fixé par la loi pour l'intérêt de l'argent les arrérages stipulés. La jurisprudence est constante sur ce point (1). — Pothier dit
aussi en ce sens que, quand il est stipulé qu'après la mort de celui à
qui la rente viagère est constituée le débiteur rendra aux héritiers une
certaine partie de la somme qu'il a reçue, et que la portion de capital
qui doit lui rester n'est pas assez forte pour pouvoir être considérée
comme le prix de la rente viagère, le contrat pourra être déclaré nul et
usuraire comme contenant un prêt à intérêt déguisé, et tous les arrérages qui ont été payés devront être imputés sur le principal (2). Aujourd'hui que le prêt à intérêt est permis, il n'y aurait lieu à imputer
sur le capital que ce qui, dans les arrérages, serait reconnu excéder le
taux fixé par la loi de 1807 : le contrat devrait être maintenu quant au
surplus (3).

II. — 729. Passons aux conséquences découlant du principe posé
dans l'art. 1976. Elles sont particulièrement déduites dans l'art. 1979
(infrà, nos 767 et suiv.). Le constituant, quelque onéreux qu'ait pu devenir le service de la rente, n'est jamais reçu à se plaindre : si la somme
des arrérages payés et à payer dépasse même notablement le capital
aliéné par le crédi-rentier, le constituant n'en doit pas moins tenir le
contrat et l'exécuter. Il s'est exposé volontairement à ce risque de payer
de forts arrérages en retour de la chance qu'il courait de n'en payer que
d'insignifiants. C'était la condition même du contrat ; et il suffit que les
chances aient été égales, à l'origine, entre le créancier et le débiteur,
pour que l'exécution du contrat doive suivre son cours.

A l'inverse, le crédi-rentier ne peut pas demander une augmentation
d'arrérages quand, à raison des infirmités survenues depuis la constitution de la rente, on reconnaît que le taux convenu aurait pu être plus
élevé. Il a fixé le prix moyennant lequel il lui a convenu d'aliéner un
capital dont l'intérêt ordinaire était considéré par lui comme constituant un revenu insuffisant : les faits ultérieurs ne peuvent l'affranchir
de la loi telle qu'il l'a faite lui-même.

Par là aussi s'explique la jurisprudence d'après laquelle les ventes
d'immeubles à charge de rente viagère ne sont pas sujettes à l'action
en rescision pour lésion de plus des sept douzièmes, pourvu que l'acquéreur coure effectivement la chance de payer *plus ou moins que la valeur de la chose vendue*, à raison du taux de la rente et de l'âge de la
personne sur la tête de laquelle elle est constituée. Il est, en effet, impossible de voir s'il y a lésion au moment de la vente, puisque cette
lésion doit dépendre d'un événement futur et incertain (4).

730. Mais la conséquence n'est pas sans quelques difficultés dans son
application aux conventions où, les chances n'étant pas égales de part

(1) Rej., 31 déc. 1833; Req., 26 juin 1845 (S. V., 34, 1, 104; 45, 1, 834; Dalloz,
34, 1, 140; 45, 1, 860; J. Pal., 1848, t. I p. 682).
(2) Pothier (n° 245).
(3) M. Duranton (n° 153).
(4) Voy., sur ce point, Marcadé (t. VI, art. 1674, n° II).

et d'autre, le contrat ne présente véritablement pas le caractère aléatoire qui est de son essence. Ainsi, en aliénant un capital de 20 000 fr., ou un immeuble dont le revenu moyen est de 1 000 francs, le crédi-rentier a stipulé sur sa tête une rente de 1 000 francs, ou une rente de 1 200 francs sur la tête d'un vieillard de quatre-vingt-dix ans. Il est clair que l'*alea* manque dans les deux hypothèses, en ce que dans l'une et dans l'autre, s'il y a chance de gain pour le débi-rentier, il n'y a jamais pour lui chance de perte. En effet, dans la première, alors même que la vie du crédi-rentier se prolongerait au delà des bornes ordinaires, le débiteur de la rente n'aurait rien perdu, puisque les 1 000 francs qu'il paye chaque année sont l'exacte représentation des intérêts annuels du capital par lui reçu. Dans la seconde, il est bien vrai que le taux de la rente est quelque peu supérieur à l'intérêt ou au revenu du capital; mais cet excédant de 200 francs par an est si faible qu'il n'est pas encore possible que le débiteur coure des chances sérieuses de perte : car ce vieillard de quatre-vingt-dix ans vînt-il à vivre vingt ans encore, le débiteur de la rente aurait déboursé, en définitive, seulement 4 000 fr. en sus des intérêts, pour acquérir le capital ou l'immeuble de 20000 fr. — Comment donc et dans quelle mesure notre conséquence sera-t-elle prise pour règle dans une telle situation? Il faut distinguer.

731. Si la rente a été acquise moyennant l'aliénation d'une somme d'argent, cas où le contrat participe de la nature de la rente perpétuelle, on devra supposer que le crédi-rentier a eu l'intention de faire au constituant donation de la somme livrée, en s'en réservant la jouissance pendant le temps fixé pour la durée de la rente (1). L'acte sera donc maintenu comme tel; et vainement on en demanderait la nullité, sous prétexte que, puisqu'il y a un acte de donation, cet acte ne pourrait valoir que par les formes solennelles des art. 931 et suivants. En elle-même, la libéralité, qui est ici d'une somme de deniers, n'a besoin pour être parfaite d'aucune formalité : elle s'accomplit par la tradition de la somme, et elle est consommée du moment où les deniers ont été comptés; c'est un don manuel. Quant à l'acte formulé dans l'espèce, il contient non pas la donation, mais seulement la charge imposée au donataire de payer l'intérêt au donateur (2). Seulement il est bien entendu que dans ce cas, puisqu'il y a libéralité, il y a lieu aussi à l'application des règles sur la réduction, la nullité et la révocation.

732. Si la rente viagère a été constituée moyennant l'aliénation d'un immeuble, la situation n'est plus aussi simple. Il peut se faire d'abord, comme dans le cas précédent, que le vendeur ait entendu faire une libéralité à l'acquéreur et en ait librement manifesté l'intention d'une manière implicite ou explicite : dans ce cas, la libéralité, et la rente viagère qui en est une charge, seraient protégées par la jurisprudence qui valide, avec raison, les donations déguisées sous la forme d'un contrat à titre onéreux. Il a été jugé en ce sens qu'il y a lieu de maintenir

---

(1) Pothier (n° 219).
(2) Pothier (n° 220). M. Duranton (n° 155).

un acte d'aliénation à rente viagère si les circonstances démontrent que l'intention du vendeur a été de gratifier l'acquéreur de ce qui, dans les biens abandonnés, dépassait les charges imposées, alors même qu'il serait articulé que la rente stipulée est inférieure au revenu desdits biens (1).

Mais si, en fait, cette intention de donner n'existe pas, si les parties ont voulu simplement faire un acte à titre onéreux, la question se pose alors entre la nullité de la vente pour défaut de prix et la rescision, en tant que la lésion serait de plus des sept douzièmes. Cette question, fort débattue en doctrine et en jurisprudence, n'est pas de notre sujet. Nous nous bornons donc, en nous référant aux développements dont elle a été l'objet de la part de Marcadé, à dire, avec lui et avec M. Troplong, que la jurisprudence, en se prononçant géneralement pour la nullité de la vente, s'écarte des principes, la rescision étant la seule voie ouverte quand il y a lésion dans la mesure et les conditions déterminées par la loi (2).

SECTION II.

DES EFFETS DU CONTRAT ENTRE LES PARTIES CONTRACTANTES.

SOMMAIRE.

733. Aperçu général et division.

733. Le principal objet de cette section, ainsi que la rubrique l'indique, est de préciser les obligations et les droits de chacune des parties qui figurent au contrat de rente viagère.

Les art. 1977 à 1979 mettent à la charge du débiteur deux obligations qui consistent : la première, à fournir au créancier les sûretés promises par le contrat ; la seconde, à servir les arrérages aux époques déterminées et pendant toute la durée de la rente. L'exécution de chacune de ces obligations est placée sous une sanction spéciale.

L'art. 1980 détermine dans quelle proportion la rente est acquise au crédi-rentier, et l'art. 1983 lui trace la marche à suivre pour faire valoir son droit aux arrérages.

L'art. 1982 se rapporte à l'extinction de la rente, sans énumérer, d'ailleurs, les diverses causes par lesquelles elle s'éteint.

Enfin l'art. 1981, étranger en lui-même à l'objet de cette section, et dont la place était plus naturellement dans la première, signale une différence importante entre la rente viagère créée à titre onéreux et la rente constituée à titre gratuit.

Tels sont, en résumé, les différents points traités dans cette section, et que nous allons maintenant reprendre en détail.

1977. — Celui au profit duquel la rente viagère a été constituée

---

(1) Douai, 28 juill. 1846 (Dalloz, v° Rente viag., n° 75).
(2) Marcadé (art. 1592, III ; art. 1674, II ; *Revue critique*, t. I, p. 24) ; M. Troplong (*Vente*, n°ˢ 150 et 791).

moyennant un prix, peut demander la résiliation du contrat, si le constituant ne lui donne pas les sûretés stipulées pour son exécution.

I. — 734. La première obligation incombant au débiteur de la rente est de fournir au créancier les sûretés stipulées pour l'exécution du contrat : la résolution peut être demandée contre le débiteur qui ne remplirait pas cette obligation. C'est l'application du principe général consacré par l'art. 1184, aux termes duquel la condition résolutoire est sous-entendue dans les contrats synallagmatiques, ou plus exactement dans tous les contrats à titre onéreux, pour le cas où l'une des parties ne satisfera point à son engagement. Dans le contrat de rente viagère, en effet, de même que dans la rente constituée en perpétuel (art. 1912; *suprà*, n° 357) et aussi dans le prêt à intérêt, le créancier qui a exigé des sûretés particulières ne livre son capital que sous la condition d'obtenir les sûretés qu'il a eu la précaution de stipuler : c'est l'une des conditions nécessaires du contrat. Par conséquent, si ces sûretés ne lui sont pas fournies, il est en droit de reprendre sa chose. Ce n'est pas là une dérogation à la règle, spéciale au contrat de rente viagère, d'après laquelle l'aliénateur ne doit jamais rentrer dans son capital; c'est une application pure et simple des principes généraux. Remarquons, d'ailleurs, qu'il en doit être ainsi non-seulement quand le contrat est synallagmatique, mais encore quand il est unilatéral à titre onéreux : l'art. 1977 ne distingue pas. M. Troplong (1) semble cependant faire découler le droit de résolution du caractère synallagmatique du contrat; mais c'est évidemment à son caractère onéreux que ce droit se rattache : aussi l'art. 1184 eût-il été plus exact dans sa formule en disant que la condition résolutoire est sous-entendue *dans les contrats à titre onéreux*.

735. En quels cas la règle dont il s'agit ici est-elle applicable? A cet égard, nous pouvons citer avec Pothier (2), à titre d'exemple, le cas où le débiteur se refuse à présenter la caution qu'il s'était obligé de fournir incessamment; celui où il n'emploie pas, ainsi qu'il l'avait promis, l'ar-

(1) M. Troplong (n° 289).
(2) Pothier (n° 228).

gent qu'il a reçu, pour prix de la constitution, au payement du prix de l'acquisition de quelque héritage, ou au payement de ce qu'il devait à quelque ancien créancier, pour procurer à l'acquéreur de la rente la subrogation aux droits et hypothèques du vendeur ou de l'ancien créancier, etc. Mais, en définitive, la question de savoir quand il y a refus de fournir les sûretés promises doit être résolue par l'appréciation des circonstances et des termes du contrat. Ainsi, il a été justement décidé que l'adjudicataire d'un immeuble vendu à rente viagère, qui n'a pas fait transcrire son contrat dans le délai fixé par le cahier des charges, ne doit pas, par cela seul, être considéré comme n'ayant pas donné les sûretés stipulées : vainement le vendeur dirait que la transcription aurait valu pour lui inscription et conservé son privilége (1). Et, à l'inverse, il a été décidé non moins justement que la résolution peut être demandée si les biens donnés en hypothèque par le débiteur, et formellement déclarés dans l'acte quittes et libres de toutes dettes et hypothèques, se trouvent néanmoins grevés d'hypothèques que le débiteur a laissé subsister (2).

736. Du reste, la résolution établie comme sanction au profit du créancier ne doit être prononcée que dans le cas où les sûretés stipulées manquent à ce dernier par suite du refus absolu ou d'un fait personnel du débiteur, par exemple parce qu'il a lui-même détruit le meuble qu'il devait donner en gage au créancier.

Mais si l'objet a péri par cas fortuit, si l'immeuble sur lequel une hypothèque allait être inscrite s'est dégradé ou déprécié par force majeure, il en est autrement, en ce sens que le débiteur devrait être admis à donner en garantie un autre objet, mobilier ou immobilier, offrant les mêmes sûretés que le premier : et comme le créancier n'a pas contracté précisément en vue de tel ou tel objet, il ne serait pas écouté s'il rejetait l'offre et persistait à demander la résolution (3). Nous déciderions de même, en principe, dans le cas où la caution promise par le contrat étant morte ou devenue insolvable, le débiteur en offrirait une autre d'une égale solvabilité. Il n'en pourrait être autrement que s'il résultait des circonstances ou des termes du contrat que le créancier avait traité en considération de la caution désignée (art. 2020); mais nous tenons que l'intention ici doit résulter des circonstances, et, contrairement à l'avis de M. Duranton, nous n'admettons pas qu'elle doive être présumée (4).

D'un autre côté aussi, la seule insuffisance des sûretés stipulées et fournies, alors qu'elle existait dès le principe, sans qu'aucun fait du débiteur soit venu s'y ajouter, ne saurait justifier une demande en résolution, alors même que le débiteur serait dans l'impossibilité de servir les arrérages. Le créancier, dans ce cas, n'aurait pas même le

---

(1) Orléans, 6 fév. 1835 (S. V., 37, 2, 75; Dalloz, 37, 2, 120); Req., 13 juin 1837 (S. V., 38, 1, 45; Dalloz, 37, 1, 436).
(2) Bruxelles, 5 janv. 1826 (S. V., C. n., 8, 2, 173).
(3) Bruxelles, 21 avr. 1810 (S. V., C. n., 3, 2, 259; Dalloz, 11, 2, 26).
(4) M. Duranton (n° 163).

droit de demander des sûretés nouvelles : il doit s'imputer de n'avoir pas exigé des garanties plus sûres ou moins sujettes à dépréciation (1). L'art. 1978, du reste, confirme la solution, puisqu'en cas de non-payement il refuse au créancier le droit de faire résoudre le contrat (*infrà*, nᵒˢ 749 et suiv.). A ce point de vue, on doit considérer comme mal rendus les arrêts desquels il résulte que le vendeur d'un immeuble, à charge par l'acquéreur de le nourrir pendant sa vie, peut demander la résolution si l'acquéreur vient à tomber dans l'impossibilité de remplir ses engagements (2), et qu'un bail à rente viagère peut être résolu lorsqu'il résulte d'un procès-verbal de carence et d'inscriptions prises par des tiers pour des sommes excédant la valeur des immeubles du débiteur que ce dernier est dans l'impossibilité de servir la rente (3).

737. L'art. 1977, de même que l'art. 1912 relatif à la rente constituée en perpétuel, attache la sanction qu'il établit seulement au cas où le débiteur manque de fournir les sûretés stipulées. Toutefois, il ne faut pas hésiter à assimiler à ce cas celui où le débiteur, après avoir effectivement procuré les garanties, les diminue par son fait : il y a même motif de résoudre le contrat dans les deux hypothèses ; si le créancier a dû compter sur les sûretés stipulées, il a dû compter également que ces sûretés une fois données resteraient entières ou que, du moins, elles ne seraient pas diminuées par le fait du débiteur. Quand cette condition implicite du contrat vient à défaillir, le créancier a le droit de retirer sa promesse (conf. art. 1178 et 1188) : c'est un point consacré par la jurisprudence et par la doctrine des auteurs (4).

738. Mais il faut, bien entendu, que ce soit par le fait du débiteur que la dépréciation ou la diminution des sûretés se soit produite ; si elle est le résultat d'un cas fortuit ou d'une force majeure, elle ne doit pas entraîner la résolution. Vainement invoquerait-on ici la disposition de l'art. 2131 : une déchéance grave comme celle qui résulte de notre article, beaucoup plus grave que la simple déchéance d'un terme, ne peut pas être introduite par analogie (5). Le créancier n'aurait pas même, en ce cas, le droit de demander des sûretés nouvelles ; ce serait ajouter au contrat sans l'assentiment de l'une des parties (6).

739. Quant au point de savoir dans quels cas il y aura diminution de sûretés provenant du fait du débiteur, et de nature à motiver l'action en résolution, on comprend que c'est là une question de fait à apprécier d'après les circonstances. Toutefois, les juges ne devront pas s'y montrer trop faciles, car la résolution d'un contrat est toujours chose grave ; elle ne saurait être prononcée qu'en raison de faits bien

---

(1) MM. Aubry et Rau (t. III, p. 424, note 4). Pau, 5 fév. 1823 (Dalloz, 24, 2, 102 ; S. V., C. n., 7, 2, 169) ; Douai, 25 nov. 1833 (S. V., 34, 2, 238 ; Dalloz, 34, 2, 183).
(2) Rennes, 23 nov. 1820 (S. V., C. n., 6, 2, 325).
(3) Rennes, 2 juin 1815 (S. V., C. n., 5, 2, 48).
(4) MM. Duranton (nᵒ 163) ; Taulier (t. VI, p. 507) ; Mourlon (t. III, p. 412) ; Troplong (nᵒ 291) ; Aubry et Rau (t. III, p. 424, note 5) ; Massé et Vergé (t. V, p. 30, note 4). Colmar, 25 août 1810 (S. V., 11, 2, 52 ; C. n., 3, 2, 343 ; Dalloz, 10, 2, 165).
(5) M. Troplong (nᵒ 295). Douai, 25 nov. 1833 (arrêt déjà cité) ; Paris, 21 déc. 1836 (S. V., 37, 2, 427 ; Dalloz, 37, 2, 116).
(6) Cass., 18 déc. 1822 (S. V., 23, 1, 220 ; C. n., 7, 7, 173 ; Dalloz, 23, 1, 49).

caractérisés. Ainsi, et en principe, la vente de l'immeuble hypothéqué pour sûreté de la rente ne doit pas être considérée comme constituant par elle seule une diminution des garanties stipulées, alors surtout que par le contrat l'acquéreur s'engage au payement de la rente ; car, dans ce cas, le crédi-rentier n'a pas à craindre que l'acquéreur purge l'hypothèque ; il conserve sa garantie réelle. Mais quand même l'obligation de payer la rente ne serait pas imposée au nouveau propriétaire, il ne faudrait pas encore admettre d'une manière absolue, à l'exemple d'un arrêt de la Cour de Riom (1), que le simple fait de la vente suffit pour autoriser l'application de l'art. 1977. Le crédi-rentier, en effet, malgré la purge qui peut avoir lieu, n'éprouve aucun préjudice s'il est vigilant ; il peut, prenant un moyen formellement indiqué par l'art. 1978 (*infrà*, n° 759), demander, pour garantir son droit, l'emploi sur le prix d'une somme suffisante, destinée au service de la rente.

Mais quand au fait de la vente viennent se joindre d'autres circonstances de nature à diminuer les sûretés du créancier, l'action résolutoire peut être exercée. Ainsi, quand le prix dû par l'acquéreur n'est pas suffisant pour assurer le service de la rente, comme on ne peut repousser l'action qu'autant que ce service est assuré, la résolution doit être admise (2). Il en est de même quand le débiteur a vendu partiellement et en détail l'immeuble ou les immeubles hypothéqués, si les acquéreurs veulent remplir les formalités de la purge, et si la partie vendue est insuffisante pour assurer le payement intégral de la rente. Alors, en effet, le créancier serait exposé à recevoir le payement partiel de ses arrérages, ce à quoi il ne saurait être obligé.

On peut ajouter encore, comme circonstance aggravante de l'aliénation de l'immeuble, le fait que le créancier aurait laissé périmer son inscription hypothécaire avant la vente, ce qui met désormais l'acquéreur à l'abri de toute action hypothécaire. A la vérité, le créancier a ici une faute à s'imputer ; mais cette faute, qui ne le laissait pas désarmé vis-à-vis de son débiteur, puisqu'il pouvait toujours prendre une nouvelle inscription tant que l'immeuble n'avait pas changé de propriétaire, doit maintenant peser sur le débiteur, qui, en vendant l'immeuble sans charger l'acquéreur du service de la rente, a, par le fait, diminué et même supprimé la garantie du créancier, empêché désormais de prendre une inscription nouvelle. C'est donc à bon droit que, dans l'état des faits, la Cour suprême a admis l'action en résiliation du contrat (3).

740. Puisque la vente de l'immeuble hypothéqué ne suffit pas à elle seule pour entraîner la résiliation, à plus forte raison le simple fait d'hypothéquer cet immeuble ne doit-il pas produire cet effet, alors même que les créanciers hypothécaires auraient ensuite poursuivi la saisie. Le crédi-rentier peut seulement, comme dans le cas où il aurait lui-même opéré la saisie, faire ordonner ou consentir, sur le prix d'adju-

---

(1) Riom, 4 août 1818 (S. V., 19, 2, 37 ; C. n., 5, 2, 410 ; Dalloz, 19, 2, 5).
(2) Bordeaux, 6 juin 1840 (Dalloz, 40, 2, 200).
(3) Cass., 16 avr. 1839 (S. V., 39, 1, 511 ; Dalloz, 39, 1, 158).

dication, l'emploi d'une somme suffisante pour assurer le service de la rente (1).

II. — 741. Avant de passer aux effets de la résolution prononcée, nous avons à préciser certaines circonstances dans lesquelles le débiteur peut, comme par une sorte de fin de non-recevoir, éviter la résolution, et, en conservant le capital, maintenir le contrat.

Et d'abord, quand le débiteur a diminué, par son fait, les sûretés du créancier, il échappera à la résolution soit en rétablissant les sûretés promises, soit en en fournissant de nouvelles. Bien que le contraire soit généralement enseigné quand il s'agit de la rente constituée en perpétuel (art. 1912; *suprà*, n° 353), il faut maintenir, dans le cas de rente viagère, que le débiteur peut toujours, jusqu'au jugement définitif, prévenir la résolution en remplissant les conditions à lui imposées par le contrat, ou, s'il a violé ces conditions, en replaçant son cocontractant dans l'état primitif, par exemple en reconstruisant la maison hypothéquée qu'il aurait démolie ou en donnant hypothèque sur une maison d'égale valeur. Dès que le créancier est réintégré dans la situation qu'il s'était faite par le contrat, son intérêt est satisfait; par conséquent, la demande en résolution n'a plus de cause (2).

742. Il n'est pas douteux non plus que quand, avant la demande en résiliation du contrat soit pour refus des sûretés promises, soit pour diminution des sûretés données, la personne sur la tête de laquelle la rente était constituée vient à mourir, il est impossible désormais de faire prononcer la résolution du contrat, la rente étant éteinte : le créancier ou ses héritiers seraient sans intérêt, puisque les garanties ont perdu toute leur utilité (3).

743. En serait-il de même si la mort de la personne dont la vie devait régler la durée de la rente survenait après l'introduction de la demande en résiliation, mais avant le jugement définitif? On pourrait dire, pour la négative, que les jugements étant simplement déclaratifs, les effets en remontent au jour de la demande, et que par cela même que l'action a été régulièrement intentée, il y a un droit acquis auquel les événements ultérieurs ne peuvent pas porter atteinte. Néanmoins, cette doctrine est généralement rejetée. Il faut dire, avec Pothier, que l'extinction de la rente ayant supprimé la cause même de la résolution, le créancier ou ses héritiers sont désormais sans prétexte pour la demander : la résolution, en effet, n'a pas lieu de plein droit par l'inexécution des conditions; il faut qu'elle soit ordonnée par le juge : jusque-là, le constituant est admis à purger sa demeure, et peut se faire renvoyer de la demande en satisfaisant aux conditions du contrat. Il lui aurait donc été permis, jusqu'au jugement, de fournir les sûretés au créan-

---

(1) Paris, 23 avr. 1853 (S. V., 55, 2, 199; Dalloz, 55, 2, 351; *J. Pal.*, 1854, t. II, p. 471). *Contrà* : Dijon, 14 mars 1817 (S. V., 17, 2, 372; C. n., 5, 2, 251; Dalloz, 17, 2, 91).
(2) MM. Troplong (n° 296); Aubry et Rau (t. III, p. 425); Massé et Vergé (t. V, p. 31, note 5). Bruxelles, 21 avr. 1810 (S. V., C. n., 3, 2, 259; Dalloz, 11, 2, 26).
(3) *Contrà* : Bruxelles, 5 janv. 1826 (S. V., C. n., 8, 2, 173).

cier ; s'il ne les fournit pas aujourd'hui, c'est que l'extinction de la rente les rend désormais inutiles : et cela suffit pour que la demande en résolution ne puisse plus suivre son cours (1).

744. Mais, bien entendu, dans ce dernier cas aussi bien que dans celui où les garanties promises ont été données ou rétablies pendant l'instance, les frais régulièrement faits par le créancier ne resteront pas à sa charge, puisque son action avait été valablement intentée : il pourra obtenir un jugement afin de les faire retomber à la charge de son adversaire (2).

III. — 745. Nous arrivons aux effets de la résolution prononcée par jugement. L'effet principal est de contraindre le débiteur de la rente, qui a manqué à ses engagements, à restituer la totalité du capital qu'il a reçu en argent ou en immeubles : c'est là le seul cas dans lequel, d'après la loi, le crédi-rentier puisse rentrer dans l'objet qu'il avait aliéné.

746. Le contrat étant résolu en vertu d'une cause qui existait en germe à l'origine, *ex causâ antiquâ*, et la résolution remettant les choses au même état que si l'obligation n'avait pas existé (art. 1183), faut-il conclure que l'opération entière est désormais anéantie, et par suite que le crédi-rentier doit tenir compte au débiteur de ce qui dans les arrérages perçus excède l'intérêt légal, de lui restituer l'excédant, s'il est déjà rentré dans son capital, ou de subir la réduction de la somme qui doit lui être rendue? L'affirmative résulte d'un arrêt de la Cour de cassation qui, en se fondant sur l'art. 1183 du Code Napoléon et sur l'effet rétroactif du jugement prononçant la résolution, a jugé, par cassation d'un arrêt de la Cour de Rennes du 27 avril 1839, que le débiteur n'avait pu être déclaré tenu des arrérages au taux stipulé, et que ces arrérages doivent être réduits au taux de l'intérêt légal, à moins que l'excédant ne soit accordé au créancier spécialement à titre de dommages-intérêts (3). Toutefois, cette décision a été généralement critiquée, et, à vrai dire, il était difficile qu'elle échappât à la critique. Sans doute, l'effet de la condition résolutoire, lorsqu'elle s'accomplit, est, aux termes de l'art. 1183 du Code Napoléon, de remettre les choses au même état que si l'obligation n'avait pas existé. Mais, comme l'a dit la Cour de Caen dans un arrêt dont les auteurs se sont généralement et à très-juste titre inspirés en l'opposant à celui de la Cour de cassation, la disposition de cet article cesse là où son application est impossible. Et c'est ici le cas. Il est évident que la révocation d'un contrat de rente viagère, après une existence plus ou moins longue, ne peut pas replacer les choses dans leur état primitif. Rien, en effet, ne peut faire que le débiteur, tant que le contrat a duré, n'ait pas eu en sa faveur les chances favorables d'extinction de la rente dont il eût profité si elles eussent tourné pour lui. Or les arrérages qu'il a dû payer sont justement le prix

---

(1) *Voy.* Pothier (n° 229). MM. Duranton (n° 166); Mourlon (t. III, p. 412); Troplong (n° 297); Aubry et Rau (*loc. cit.*); Massé et Vergé (*loc. cit.*, note 6). Cass., 5 mars 1817 (S. V., 17, 1, 214; C. n., 5, 1, 291; Dalloz, 17, 1, 203).

(2) Pothier (*loc. cit.*). MM. Delvincourt (t. III, p. 419, note 4); Mourlon (*loc. cit.*).

(3) Cass., 23 août 1843 (S. V., 43, 1, 892; Dalloz, 43, 1, 385).

de ces chances, le prix du risque qu'elles ont fait courir au créancier. Il faut donc, quand le fait est accompli sous ce rapport, qu'ils restent à ce dernier, et on n'en peut rien distraire, sans quoi tous les inconvénients de la situation seraient à la charge du créancier (1).

747. Par cela même, appliquant ici une doctrine enseignée par Pothier et que l'arrêt précité de la Cour de cassation a méconnue en confondant dans la même pensée les arrérages postérieurs et les arrérages antérieurs à la résolution, nous concluons qu'il y a une différence notable à faire entre les uns et les autres. Après la résolution, le contrat de rente a pris fin ; le risque a désormais cessé pour le créancier, qui dès lors ne doit plus en recevoir le prix, et par conséquent il n'a plus droit qu'à l'intérêt légal comme dédommagement de la privation de jouissance de son capital jusqu'au jour où il lui sera restitué. Mais avant la résolution, et tant qu'elle n'est pas irrévocable par l'effet d'un jugement définitif qui la prononce, le créancier a droit aux arrérages, tels qu'ils ont été convenus, car ils sont, encore une fois, le prix du risque ; et le risque existe évidemment, même après la demande, tant que la résolution n'est pas définitivement prononcée (2).

Par contre, quand la rente viagère aura été constituée moyennant l'aliénation d'un immeuble, le débiteur, condamné à le restituer, gardera tous les fruits par lui perçus jusqu'au jour du jugement : sans quoi le créancier s'enrichirait à ses dépens (3).

748. Faisons remarquer, en terminant sur notre article, que l'action en résolution accordée à raison du refus par le débiteur des sûretés stipulées est ouverte au créancier seulement pour le cas où la rente a été constituée à titre onéreux, soit dans les termes de l'art. 1968, soit même dans les termes de l'art. 1973. Cela résulte du texte de notre article, qui parle de la rente constituée *moyennant un prix;* et c'est l'un des points par lesquels cet article se distingue de l'art. 1912 relatif à la rente constituée en perpétuel (*suprà*, n° 357). Quand la rente est constituée à titre gratuit, spécialement quand une personne se constitue par acte entre-vifs, ou constitue son héritier, par testament, débiteur d'une rente viagère, en promettant des sûretés particulières pour garantir le service de la rente, il est clair que le créancier auquel les sûretés promises ne sont pas fournies ne peut pas demander la résolution pour ce motif : la rente, ici, n'a pas de capital ; le créancier avisera à s'assurer son droit par l'emploi des moyens consacrés par l'art. 1978, non pas même en vertu de cet article, mais par application des principes généraux sanctionnés par

(1) Caen, 16 déc. 1843 (S. V., 44, 2, 97; Dalloz, 44, 2, 90). — *Voy.* aussi Req., 20 nov. 1827 (S. V., 28, 1, 193; C. n., 8, 1, 704; Dalloz, 28, 1, 26); Bruxelles, 10 août 1833 (S. V., 34, 2, 399; Dalloz, 36, 2, 95); Paris, 22 fév. 1837 (Dalloz, 37, 2, 154; S. V., 37, 2, 291); Dijon, 22 janv. 1847 (S. V., 48, 2, 206; *J. Pal.*, 1848, t. II, p. 100). *Junge :* MM. Duranton (n° 464); Mourlon (t. III, p. 411); Taulier (t. VI, p. 508); Troplong (n° 298); Aubry et Rau (t. III, p. 425, note 7); Massé et Vergé (t. V, p. 31, note 6).
(2) *Voy.* Pothier (n° 230). MM. Merlin (*Rép.*, v° Rent. viag., n° 4); Delvincourt (t. III, p. 420). — *Voy.* aussi Colmar, 25 août 1810; Bordeaux, 6 juin 1840 (arrêts déjà cités).
(3) M. Troplong (n° 302).

l'art. 2092 (*infrà*, n° 751). Que si l'on suppose une rente viagère réservée comme charge d'une donation faite à un tiers, le donateur pourra, si ce dernier manque de fournir les sûretés par lui promises, demander la révocation de la donation, non pas en vertu de l'art. 1977, mais pour inexécution des conditions et par application des art. 953 et 954. Du reste, ce dernier moyen produirait absolument les mêmes effets que le premier; et cela s'explique à merveille, puisqu'ils procèdent l'un et l'autre d'un principe commun, le principe posé dans l'art. 1184.

1978. — Le seul défaut de payement des arrérages de la rente n'autorise point celui en faveur de qui elle est constituée, à demander le remboursement du capital, ou à rentrer dans le fonds par lui aliéné : il n'a que le droit de saisir et de faire vendre les biens de son débiteur, et de faire ordonner ou consentir, sur le produit de la vente, l'emploi d'une somme suffisante pour le service des arrérages.

SOMMAIRE.

I. — 749. Le principe que la condition résolutoire est sous-entendue dans tous les contrats à titre onéreux, pour le cas où l'une des parties ne satisfait pas à son engagement, trouve, dans l'art. 1977, son application à l'encontre du débiteur de la rente qui refuse de fournir les sûretés stipulées. Il semble qu'à plus forte raison, le débiteur manquant de remplir la condition principale du contrat, l'obligation qui en forme un des éléments essentiels, celle de payer régulièrement les arrérages aux époques déterminées par le contrat, le même principe doit être appliqué. Il n'en est rien cependant. L'art. 1978, dérogeant au droit commun de l'art. 1184, formulé spécialement pour la vente par l'art. 1654 et pour la rente perpétuelle par l'art. 1912, déclare que le seul défaut de payement des arrérages n'autorise pas le créancier à demander la résiliation pour rentrer dans le capital mobilier ou immobilier par lui aliéné : le créancier n'a que le droit de saisir et de faire vendre les biens de son débiteur, et de faire ordonner ou consentir sur le produit de la vente l'emploi d'une somme suffisante pour le service des arrérages.

750. Pourquoi le législateur a-t-il ainsi dérogé, pour le contrat de rente viagère, à une règle générale commune à tous les contrats à titre onéreux? Les travaux préparatoires du Code ne fournissent aucune lumière à cet égard. Des trois orateurs qui, soit dans l'Exposé des motifs, soit dans les rapports au Tribunat ou au Corps législatif, ont successivement embrassé notre titre dans une vue d'ensemble, il n'en est pas un qui ait donné de l'art. 1978 une explication acceptable. Portalis a dit, dans l'Exposé des motifs, que « s'il en était autrement, il n'y aurait point de solidité dans les contrats; ils seraient dissous par la plus légère infraction de la part d'un des contractants. On ferait prononcer la nullité d'un acte lorsqu'on n'a que le droit d'en demander l'exécution » (1); toutes choses qu'on pourrait dire de tous les contrats pour y interdire l'action en résolution. Le tribun Siméon s'est borné à résumer le texte, sans chercher à en expliquer la pensée (2); et le tribun Duveyrier a vu dans la disposition un avantage pour le créancier, auquel on évite l'embarras de chercher un autre placement (3) : motif bien insuffisant, en ce que l'application pure et simple de l'art. 1184 aurait toujours laissé le créancier libre de choisir entre l'exécution du contrat et la demande en résolution.

On ne peut pas non plus se contenter de l'explication de quelques auteurs qui, n'assignant pas de capital à la rente viagère, sont conduits à dire que le créancier ne peut réclamer que des arrérages, et non un capital qui n'existe pas (4). Nous avons démontré (*suprà,* n° 670) que cette idée est inexacte, que la rente forme réellement un être moral distinct des annuités qu'elle produit. Et puis, comme le dit M. Troplong, quand même cette idée serait vraie, en quoi cela impliquerait-il l'exception au principe de l'art. 1184? Il y aurait toujours un des contractants qui pourrait soutenir qu'il n'a aliéné que sous une condition, et que cette condition ne se réalisant pas, il a le droit de revenir sur sa promesse et de se replacer au même état qu'avant le contrat (5).

La véritable raison, qui du reste aurait pu ne pas être jugée suffisante par des législateurs pour porter atteinte au principe de l'art. 1184, est dans le caractère aléatoire du contrat de rente viagère. Lorsque dans un contrat ordinaire, dans la vente par exemple, le juge prononce la réso-

---

(1) Fenet (t. XIV, p. 546); Locré (t. XV, p. 180).
(2) Fenet (t. XIV, p. 553); Locré (t. XV, p. 190).
(3) Fenet (t. XIV, p. 564); Locré (t. XV, p. 204).
(4) *Voy.* Pothier (n° 231). — *Voy.* aussi M. Delvincourt (t. III, p. 418, notes 1 et 2).
(5) *Voy.* M. Troplong (n° 308).

lution pour défaut de payement du prix, il est presque toujours possible, à quelque moment que cette résolution soit prononcée, de remettre les parties au même état qu'avant la convention : l'objet de l'obligation de chacune des parties n'a pas ordinairement changé de valeur; et si l'acheteur a payé une partie du prix, elle lui sera restituée.
— Dans la rente viagère, au contraire, l'obligation de l'une des parties, du débiteur de la rente, consiste à servir périodiquement des arrérages qu'il a déjà peut-être payés durant nombre d'années, au moment où la demande en résolution est introduite; que peut-être même il a payés dans une proportion telle que la somme totale en est égale à la valeur du capital qu'il a reçu. Il serait trop dur, non-seulement pour lui, mais encore et surtout pour ses autres créanciers, dont l'intérêt sera certainement toujours engagé, de le forcer à restituer ce capital : ce serait le priver, lui et ses ayants cause, des avantages du contrat qu'il a exécuté pendant un certain temps. — D'ailleurs, quoi qu'on fasse, il n'est plus possible de rétablir les choses au même état qu'auparavant. Bien que le Code considère la rente viagère comme un être moral dont les arrérages ne sont que les fruits, il n'en est pas moins vrai, au fond, que le rentier, en recevant chaque année l'arrérage, reçoit en quelque sorte une fraction du capital, et, comme on le dit vulgairement, mange peu à peu son fonds avec le revenu. Son droit n'a donc plus, au jour où les arrérages cessent de lui être comptés, la même valeur que le jour où ce droit s'est établi; et ce ne serait pas sans une grande injustice qu'il rentrerait dans un capital avec lequel il pourrait de nouveau se constituer une rente viagère de beaucoup supérieure à la première, puisqu'il est plus avancé en âge. — Enfin tout, dans ce contrat, a été abandonné au hasard : il est convenable dès lors de laisser au hasard son cours naturel, et de ne pas lui substituer un état de certitude qui dénaturerait l'opération. — Tels sont les motifs qui ont pu porter le législateur à déroger ici au droit commun par l'établissement d'une règle toute spéciale.

751. Mais précisément parce que la règle spéciale constitue une dérogation profonde au droit commun des contrats, il en faut restreindre l'application dans son objet précis, et il ne faut pas l'étendre au delà. A ce point de vue, nous précisons tout d'abord que l'art. 1978 est écrit pour le contrat de rente viagère proprement dit, c'est-à-dire un contrat présentant essentiellement le caractère aléatoire. Il ne serait donc pas applicable dans le cas où la rente viagère serait la condition d'une donation entre-vifs ou d'un legs. Le donateur crédi-rentier pourrait, en vertu de l'art. 953, faire résoudre la donation pour inexécution des charges, et ce moyen de la résolution n'aurait pas ici le caractère d'injustice qu'on pourrait lui reprocher s'il était employé contre le débiteur d'une rente constituée à titre onéreux; car le donataire a reçu un capital dont le revenu est bien supérieur aux arrérages qu'il doit, et il ne peut s'en prendre qu'à lui de la négligence qui lui fait perdre l'objet de la libéralité (1).

---

(1) MM. Troplong (n° 312); Aubry et Rau (t. III, p. 426, note 14); Massé et Vergé,

Que si la rente viagère était l'objet direct de la donation ou du legs, il est bien vrai que le crédi-rentier, donataire ou légataire, auquel les arrérages ne seraient pas payés, n'aurait pas à demander la résolution, puisque la rente alors est sans capital. Le seul moyen qu'il aurait à prendre en ce cas serait précisément celui de la saisie des biens du constituant, indiqué par notre article. Mais s'il agissait ainsi, ce serait, non pas en vertu de la disposition même de cet article tout spécial, mais par application des principes généraux consacrés par l'art. 2092.

752. Il n'y aurait pas lieu non plus à la dérogation établie par notre article, la rente fût-elle créée à titre onéreux, si c'est dans des circonstances telles qu'en réalité il y ait absence d'*alea*. Ainsi, quand j'aliène, moyennant une rente viagère de 2 000 francs, un capital de 40 000 francs ou un immeuble rapportant en moyenne 2 000 francs, il est bien clair que, quel que soit le nom qu'on donne à la convention, elle ne renferme pas de risques pour le débiteur, qui aura fait une affaire excellente si la rente vient à s'éteindre peu après le contrat, mais qui en aucun cas n'en pourra faire une mauvaise, puisque, quelle que soit la durée de la rente, il n'aura jamais payé que l'intérêt légal du capital. Le contrat restera donc, en ce cas, sous l'empire du droit commun établi par les art. 1184 et 1654.

753. C'est également au droit commun que seront soumis les contrats à titre onéreux, qui, bien qu'impliquant certaines chances, ne sont pas exclusivement des contrats de rente viagère. Ainsi, quand une vente a été faite dans de telles conditions que la rente viagère, qui en est le prix accessoire, doit être servie provisoirement, par exemple jusqu'à la mort du vendeur, époque à laquelle le prix principal deviendra exigible, le seul défaut du service des arrérages donnera lieu à la résolution du contrat en vertu de l'art. 1654 (1). De même, quand le prix de vente comprend, outre la rente viagère, une somme capitale, le défaut de payement de cette somme peut amener la résolution (2). Mais, dans ce dernier cas, une fois que le prix capital a été payé, la rente viagère restant seule, l'art. 1978 reprend son empire et doit être appliqué (3).

754. Enfin, on doit suivre non pas l'art. 1978, mais l'art. 1184, quand un tiers se fait céder par le crédi-rentier le bénéfice de son contrat. Ici, il y a une vente ordinaire soumise aux principes du droit commun (4). Il a été jugé aussi dans le même ordre d'idées que la cession par un usufruitier de son usufruit au nu propriétaire, moyennant une rente viagère de même valeur, constitue non un contrat aléa-

sur Zachariæ (t. V, p. 32, note 9). Cass., 18 juill. 1836 (Dalloz, 36, 1, 423; S. V., 36, 1, 535); Poitiers, 6 janv. 1837 (S. V., 37, 2, 261; Dalloz, 38, 2, 113); Caen, 21 avr. 1841 (S. V., 41, 2, 433; Dalloz, 41, 2, 229); Rouen, 27 août 1846 (S. V., 48, 2, 90).
(1) Bourges, 2 avr. 1828 (S. V., 29, 2, 248; C. n., 9, 2, 64; Dalloz, 29, 2, 180).
(2) Req., 20 nov. 1827 (S. V., 28, 1, 193; C. n., 8, 1, 704; Dalloz, 28, 1, 26).
(3) Orléans, 6 fév. 1835 (S. V., 37, 2, 75; Dalloz, 37, 2, 120); Req., 13 juin 1837 (S. V., 38, 1, 45; Dalloz, 37, 1, 436).
(4) M. Troplong (n° 314). Bordeaux, 1er août 1834 (Dalloz, 35, 2, 35).

toire, mais un échange qui permet au créancier non payé des arrérages de demander la résolution du contrat (1).

755. En dehors de ces hypothèses, l'art. 1978 reçoit son application à l'exclusion de l'art. 1184, et même de l'art. 1654, lorsque la rente viagère est le prix d'un immeuble (2). Il n'y a pas, du reste, à distinguer entre un défaut momentané, un simple retard dans le payement, et une impossibilité absolue de servir la rente : dans tous les cas, c'est au moyen indiqué par l'art. 1978 que le créancier doit recourir ; la voie de la résolution lui est absolument fermée (3).

II. — 756. Ainsi le créancier, comme l'exprime notre article, a seulement le droit de faire vendre les biens du débiteur, et de faire ordonner ou consentir sur le produit de la vente l'emploi d'une somme suffisante pour le service des arrérages. Ce moyen, dont l'exécution est en apparence facile, présente cependant dans l'application certaines difficultés dont il est maintenant à propos de chercher la solution.

757. Tout d'abord des doutes peuvent s'élever sur le point de savoir comment on assurera le capital nécessaire au service des arrérages. On peut concevoir une première combinaison consistant dans l'adjudication au rabais d'une somme suffisante. Le tiers adjudicataire serait alors chargé du payement des arrérages jusqu'à l'extinction de la rente, ce qui impliquerait un nouveau contrat aléatoire intervenant entre ce tiers et le débiteur primitif, représenté par la masse de ses créanciers. Ce moyen paraît, au premier abord, d'autant plus acceptable qu'il liquide immédiatement la situation des autres créanciers, en reportant sur un tiers les risques de la rente ; il n'est pas, du reste, formellement contraire aux termes assez élastiques de l'art. 1978 : aussi le trouve-t-on sanctionné dans un arrêt de la Cour de Caen (4). Cependant il ne devait pas prévaloir : d'une part, en effet, en dépouillant à toujours et irrévocablement les autres créanciers de la somme adjugée, il réserve à l'adjudicataire exclusivement des chances de gain qui pouvaient tourner à leur profit ; d'une autre part, en obligeant le crédi-rentier à suivre désormais la foi de l'adjudicataire, il le laisse sans aucune garantie vis-à-vis de ce nouveau débiteur, qui peut tomber en état d'insolvabilité.

Il fallait donc aviser à un moyen qui sauvegardât mieux les droits de tous. De là la combinaison qui consiste à prendre sur l'actif du débiteur, pour en faire emploi, un capital produisant une somme d'intérêts égale aux arrérages de la rente viagère. Par exemple, les arrérages sont-ils de 1 000 francs par an, on fait emploi d'une somme qui produise 1 000 fr. d'intérêt, soit 20 000 francs, si le placement se fait à 5 pour 100. Ce moyen a d'abord l'avantage de s'accorder mieux avec le texte de l'art. 1978, où il est question non pas d'une aliénation, mais d'un emploi, c'est-à-dire d'un placement de somme. En outre, il donne au crédi-rentier une entière sûreté, tout en respectant les droits des autres créan-

---

(1) Douai, 15 juin 1846 (S. V., 46, 2, 535).
(2) Req., 13 juin 1837 (arrêt déjà cité).
(3) Cass., 18 déc. 1822 (S. V., 23, 1, 220 ; C. n., 7, 1, 173 ; Dalloz, 23, 1, 49).
(4) Caen, 18 mai 1813 (S. V., 14, 2, 399 ; C. n., 4, 2, 311 ; Dalloz, 15, 2, 4).

ciers. En effet, l'acquéreur des biens du débiteur gardera par devers lui une somme prélevée sur le prix d'adjudication et suffisante pour assurer le payement des arrérages : si ce sont des immeubles qui ont été adjugés, le privilége et l'action résolutoire sauvegarderont les droits du crédirentier ; si ce sont des meubles, ce dernier pourra exiger de l'adjudicataire qu'il fasse un emploi sûr de son prix, par exemple qu'il se fasse subroger au privilége d'un vendeur, ou qu'il dépose à la Caisse des dépôts et consignations. Quant aux autres créanciers du débi-rentier, ils auront, de leur côté, l'avantage de conserver, pour le moment où la rente sera éteinte, le droit de toucher le capital réservé, soit à leur rang d'hypothèque, soit au marc la livre, selon leur qualité ; et s'ils veulent exercer leurs droits immédiatement, ils pourront se charger eux-mêmes du service de la rente, en donnant à cet effet des garanties au crédi-rentier (1).

758. Puis, le moyen d'assurer le payement des arrérages une fois connu, il faut mettre le crédi-rentier en présence des autres créanciers du débiteur commun, et fixer les droits respectifs des uns et des autres. Il y a ici deux situations à envisager distinctement : ou bien la rente viagère était garantie par une hypothèque sur un ou plusieurs immeubles, ou elle constituait un droit purement chirographaire.

759. Dans le premier cas, le crédi-rentier est colloqué à son rang pour le capital jugé nécessaire au service des arrérages. Si ce capital est suffisant pour produire tous les ans une somme d'intérêts égale au montant des arrérages, il en est fait emploi ainsi que nous venons de l'expliquer, et les créanciers hypothécaires postérieurs conservent leurs droits pour les exercer à l'extinction de la rente, si mieux ils n'aiment se charger eux-mêmes de la servir. — Notons que c'est *au capital jugé nécessaire pour le service des arrérages* que doit être portée la collocation du crédi-rentier. Il est arrivé parfois que les créanciers derniers en ordre ont prétendu faire réduire la collocation au montant du capital mentionné dans l'inscription, c'est-à-dire le capital aliéné, lequel est naturellement plus faible en raison même de ce que les arrérages d'une rente viagère sont fixés à un taux excédant l'intérêt ordinaire de l'argent. Mais la prétention a été constamment rejetée ; et c'est de toute justice, pourvu, d'ailleurs, que le créancier n'ait pas omis, en mentionnant dans son inscription le capital même de la rente, d'y énoncer également le montant des arrérages. Les tiers sont par là suffisamment avertis du caractère et de l'importance des droits du crédi-rentier (2).

Que si l'hypothèque portait sur plusieurs immeubles vendus successivement, le crédi-rentier pourrait se faire colloquer dans chaque ordre pour une somme suffisante ; et les créanciers ne seraient pas fondés à prétendre que le service des arrérages étant assuré par l'une des collo-

(1) Riom, 18 janv. 1844 (S. V., 44, 2, 166; Dalloz, 51, 2, 206; *J. Pal.*, 1852, t. 1, p. 29); Caen, 24 janv. 1851 (S. V., 51, 2, 495; Dalloz, 51, 2, 207; *J. Pal.*, 1852, t. I, p. 30).
(2) Nîmes, 11 avr. 1807 (S. V., C. n., 2, 2, 224); Paris, 30 mai 1831, 10 mars 1832 (S. V., 31, 2, 198; 32, 2, 407; Dalloz, 31, 2, 237, 224; 32, 2, 105). — *Voy.* aussi les arrêts précités de Riom, 18 janv. 1844, et de Caen, 24 janv. 1851.

cations, il n'y a pas lieu d'en admettre d'autres. La Cour de Paris a par deux fois jugé le contraire dans des arrêts remontant à une date fort ancienne (1); mais elle s'est méprise en cela, d'une part, en ce que par là elle a opéré la réduction d'une hypothèque conventionnelle, ce qui est contraire à l'art. 2161 ; d'une autre part, en ce qu'elle a mis en péril les droits du crédi-rentier, car s'il arrivait, les immeubles étant sujets à dépérissement, que celui sur le prix duquel la collocation est maintenue limitativement vînt à être détruit ou notablement déprécié, et en même temps que le débi-rentier devînt insolvable, le crédi-rentier verrait les sûretés s'évanouir toutes, alors cependant qu'il avait précisément voulu, en prenant hypothèque sur plusieurs immeubles, se prémunir contre cette éventualité. S'ensuit-il que matériellement il faille colloquer le crédi-rentier dans tous et chacun des ordres? Non, sans doute; mais en le colloquant dans le premier, il faut réserver son droit en obligeant les créanciers colloqués dans les autres à garantir le payement de la rente, pour le cas où la première collocation deviendrait inutile ou insuffisante (2).

760. Supposons maintenant que la vente des immeubles hypothéqués n'a pas produit un capital suffisant pour desservir la rente. En ce cas, plusieurs arrêts décident que le crédi-rentier a le droit de prélever annuellement sur le capital la somme nécessaire pour parfaire le montant de ses arrérages, de sorte que, le capital décroissant, les intérêts diminuent proportionnellement (3). Nous ne saurions admettre ce moyen, qui, en définitive, aboutirait d'une manière indirecte à la résolution proscrite par l'art. 1978. En effet, le créancier toucherait tous les ans une partie du capital. Mais il n'a droit qu'à des arrérages : il ne doit donc recevoir que des arrérages; et s'il ne reçoit pas tous ceux auxquels il avait droit d'après son contrat, il ne pourra s'en prendre qu'à lui-même : c'est sa faute s'il n'a pas exigé de plus larges garanties. Les créanciers venant en ordre après lui, s'ils veulent toucher le prix, ne seront donc tenus de lui fournir des sûretés que jusqu'à concurrence de ce qu'ils recevront.

761. Quand la rente viagère constitue une créance simplement chirographaire, le crédi-rentier n'est pas de meilleure condition que tous les autres créanciers. Il devra donc se contenter, comme eux, de la distribution au marc la livre qui sera faite entre tous. Mais on prendra pour base de la quote-part afférente au crédi-rentier un capital produisant une somme d'intérêts égale au montant total des arrérages, sauf aux autres créanciers à se partager ensuite ce capital après l'extinction de la rente.

762. Observons enfin sur notre article que, quand il parle de la saisie et de la vente des biens du débiteur, il n'entend pas exclure par là les

---

(1) Paris, 31 juill. 1813, 20 avr. 1814 (S. V., 15, 2, 71 et 270; C. n., 4, 2, 384; Dalloz, 15, 2, 13 ; 23, 2, 102).
(2) *Voy.* notre *Comment.-Traité des Priv. et Hyp.* (n° 603).
(3) Metz, 15 nov. 1843 (S. V., 44, 2, 85); Agen, 3 janv. 1814 (S. V., 15, 2, 105); Grenoble, 4 déc. 1855 (Dalloz, 56, 2, 278).

autres voies d'exécution. Le crédi-rentier aura donc, comme tout autre créancier, notamment le droit d'exercer toutes les actions de son débiteur, conformément à l'art. 1166 ; il pourra aussi procéder par voie de saisie-arrêt et d'opposition sur les sommes dues au débi-rentier, jusqu'à concurrence de ce qui sera nécessaire pour assurer dans l'avenir le service de la rente (1).

III. — 763. Nous avons indiqué la situation faite au crédi-rentier non payé des arrérages de la rente, et les moyens à l'aide desquels il peut, aux termes de l'art. 1978, poursuivre le payement. Disons maintenant qu'à cet égard les parties s'en tiennent rarement aux termes de la loi : en effet, il intervient souvent entre elles une convention qui, rétablissant le droit commun de l'art. 1184, déclare que le non-payement des arrérages entraînera la résolution du contrat. Une telle convention est-elle licite, ou, au contraire, n'est-elle pas en opposition avec la pensée qui a inspiré la disposition de l'art. 1978? En d'autres termes, cet article est-il impératif ou simplement interprétatif de la volonté des parties? C'est la question qui s'est posée peu après la publication du Code.

On a dit, contre la légalité de la convention, que la prohibition contenue dans notre article ayant sa raison d'être dans la différence entre le taux des arrérages habituellement stipulés dans les contrats à rente viagère et le taux de l'intérêt légal, la résolution convenue serait aussi contraire à l'essence du contrat que la résolution légale du droit commun ; que la volonté des parties expressément manifestée doit être, dès lors, impuissante à créer un droit que l'article prohibe formellement ; et que, d'ailleurs, si cette clause était autorisée, elle deviendrait de style dans les actes de constitution, et réduirait ainsi à néant la disposition de notre article (2).

Ceci, il en faut convenir, ne manque pas de force. Mais le principe de la liberté des conventions devait ici l'emporter. Nous l'avons dit, bien que sérieux, les motifs qui viennent appuyer l'art. 1978 auraient pu ne pas être jugés suffisants par le législateur pour entraîner une dérogation au droit commun ; par cela même, la dérogation a pu n'être admise que sauf convention contraire. Or c'est précisément ce qui a été convenu dans la discussion de notre article. « Il conviendrait de faire sentir dans la rédaction, a dit Cambacérès, que la règle générale que l'article établit n'est pas absolue, qu'il est permis aux parties *d'y déroger et de stipuler que, faute de payement de la rente, le créancier pourra rentrer dans son capital ou dans l'immeuble dont elle est le prix.* La rédaction proposée n'exclut pas cette clause dérogatoire ; mais il serait plus utile de l'autoriser formellement. » (3) Cette proposition admise fut renvoyée à la section ; et bien qu'elle n'ait pas amené de changement dans la rédaction de la loi, elle n'en doit pas moins être

---

(1) Cass., 16 avr. 1839 (S. V., 39, 1, 511 ; Dalloz, 39, 1, 158).
(2) M. Duranton (n° 170) Paris, 22 déc. 1812 (S. V., 13, 2, 142 ; C. n., 4, 2, 224 ; Dalloz, 15, 2, 76) ; Douai, 25 nov. 1833 (S. V., 34, 2, 238 ; Dalloz, 34, 2, 183).
(3) Fenet (t. XIV, p. 525) ; Locré (t. XV, p. 156).

acceptée comme l'expression de la pensée du législateur. Il faut donc tenir pour certain que l'art. 1978 ne se lie pas à l'ordre public, et, partant, que les parties y peuvent déroger par la convention. C'est ainsi qu'il est interprété par la jurisprudence (1).

764. Puisque la résolution peut être stipulée dans les termes et avec l'étendue de l'art. 1184, il doit aussi être permis aux parties d'aller plus loin encore dans cette voie, et de convenir que la résolution aura lieu de plein droit, sans qu'il soit besoin d'une demande en justice, par le seul effet de la mise en demeure, et même par le seul fait du non-payement d'un terme d'arrérages (2).

765. Et la clause stipulée en ces termes implique des conséquences spéciales qu'il faut signaler. D'abord, quand la résolution doit être prononcée par le juge, des délais peuvent être accordés au débiteur pour payer, ce qui ne saurait être quand la résiliation doit avoir lieu de plein droit (3). En outre, si le crédi-rentier décède avant d'avoir demandé la résolution ou même pendant l'instance, les héritiers ne sont recevables à intenter l'action ou à la continuer qu'autant que la résolution avait été stipulée de plein droit. Alors, en effet, le droit a été acquis au crédi-rentier dès le jour du non-payement des arrérages, et le tribunal n'intervient que pour constater le fait et revêtir de sa sanction le droit contesté du demandeur. Au contraire, dans le cas de l'art. 1184, le contrat subsiste jusqu'à l'instant où la résolution en est prononcée par le jugement; et désormais les héritiers n'ont plus ni à former ni à continuer l'action en résolution, puisque la rente a pris fin par la mort de la personne sur la tête de laquelle elle était constituée (4).

766. Mais dans l'un et l'autre cas le crédi-rentier aura le droit de retenir tous les arrérages jusqu'au jour de la résiliation, sans être tenu de restituer ce qui excède l'intérêt légal. Nous nous sommes expliqué sur ce point dans notre commentaire de l'art. 1977, en appréciant un arrêt de la Cour de cassation qui statue précisément dans l'hypothèse d'une clause de résolution pour non-payement des arrérages (*suprà*, nos 745 et suiv.).

1979. — Le constituant ne peut se libérer du payement de la rente, en offrant de rembourser le capital, et en renonçant à la répétition des arrérages payés; il est tenu de servir la rente pendant toute la vie de la personne ou des personnes sur la tête desquelles la rente a été con-

---

(1) Rouen, 27 janv. 1815; Bordeaux, 15 juill. 1816 (S. V., 15, 2, 140; 17, 2, 74; C. n., 5, 2, 12, 172; Dalloz, 15, 2, 80; 17, 2, 65); Rej., 26 mars 1817 (S. V., C. n., 5, 1, 300); Bordeaux, 14 mars 1829 (S. V., 29, 2, 168; C.n., 9, 2, 231; Dalloz, 29, 2, 218); Toulouse, 2 juin 1832 (S. V., 32, 2, 484; Dalloz, 32, 2, 137); Paris, 22 fév. 1837 (Dalloz, 37, 2, 154; S. V., 37, 2, 291); Rej., 23 août 1843 (déjà cité); Caen, 16 déc. 1843 (déjà cité); Cass., 2 déc. 1856 (S. V., 57, 1, 356; *J. Pal.*, 1857, p. 5; Dalloz, 56, 1, 443).

(2) *Voy.* l'arrêt déjà cité de Bordeaux, 14 mars 1829; Req., 19 nov. 1817; Bordeaux, 10 janv. 1839 (Dalloz, v° Rente viag., n° 99).

(3) Cass., 5 mars 1817 (S. V., 17, 1, 211; C. n., 5, 1, 291; Dalloz, 17, 1, 203); Caen, 16 déc. 1843 (déjà cité n° 763).

(4) Req., 20 juin 1831 (S. V., 31, 1, 269; Dalloz, 32, 1, 15).

stituée, quelle que soit la durée de la vie de ces personnes, et quelque onéreux qu'ait pu devenir le service de la rente.

SOMMAIRE.

I. 767. Motif de l'art. 1979. — 768. Il exclut l'application aux rentes viagères des dispositions législatives relatives à la faculté de rachat des rentes. — 769. Mais il est exclusivement applicable à la rente viagère constituée à titre onéreux. — 770. Les parties peuvent déroger à cet article ; — 771. Et même stipuler le rachat pour un capital moindre que le prix d'acquisition.

1. — 767. La seconde obligation du débi-rentier consiste, comme nous l'avons déjà dit (*suprà*, n° 733), à servir les arrérages *tant que dure la rente.* Le développement de ces dernières expressions se trouve dans l'article auquel nous arrivons. L'art. 1979 déclare, en effet, que le constituant ne peut, sous aucun prétexte, s'affranchir du payement de la rente, et qu'il est tenu de la servir jusqu'au décès de la personne ou des personnes sur la vie desquelles la durée en est mesurée, ce qui revient à dire, en d'autres termes, que la rente viagère, à la différence de la rente constituée en perpétuel, n'est pas rachetable.

Cette disposition, qui existait déjà dans l'ancien droit (1), et que, du reste, on aurait aisément suppléée, a sa cause et sa justification dans le caractère essentiellement aléatoire du contrat. A l'origine, les chances étaient égales de part et d'autre : si elles tournent contre le débi-rentier, en ce que la durée de la rente se prolonge, il doit subir la perte, par cela même qu'il aurait eu un droit incontestable au bénéfice, dans le cas où les chances auraient tourné pour lui par l'extinction immédiate de la rente. Ainsi, quelque prolongée que soit l'existence de la personne ou des personnes sur la tête desquelles la rente est établie, il faut que le débi-rentier tienne le contrat jusqu'au bout. La loi ne lui permet pas de s'en affranchir, même en renonçant *à la répétition des arrérages déjà payés :* c'est qu'en effet, le créancier a reçu ces arrérages comme prix des risques qu'il courait ; il a donc une juste cause pour les retenir et pour recevoir encore ceux qui lui sont dus jusqu'à l'extinction de la rente.

768. La rente viagère n'est donc pas rachetable en principe. Nous en concluons d'abord que les lois intermédiaires qui ont permis le rachat des rentes en général, à la volonté du débiteur, n'ont pas compris les rentes viagères dans leurs dispositions (2), et que les articles du Code qui parlent de la faculté de racheter les rentes n'ont trait qu'aux rentes rachetables de leur nature : tel est l'art. 872, d'après lequel, en matière de partage, chaque cohéritier peut exiger le remboursement des rentes qui grèvent les immeubles de la succession.

Nous concluons encore que, de même que le débi-rentier, ses créanciers, qui ne font qu'exercer ses droits, ne peuvent, même en cas de faillite ou de déconfiture, s'exonérer de la rente en la remboursant :

---

(1) M. Merlin (*Quest.*, v° Rente viag., § 1; *Rép.*, cod. verbo, § v).
(2) Cass., 21 mess. an 4 (Merlin, *Quest.*, v° Rente viag., § 1).

seulement, si sa créance est chirographaire, le crédi-rentier devra venir au marc la livre avec tous les autres créanciers de la masse, et, s'il y a concordat, les arrérages seront soumis à la réduction consentie par les créanciers au failli (1).

769. Notre article, comme les art. 1977 et 1978, est exclusivement applicable à la rente viagère constituée à titre onéreux : il ne saurait y avoir de doute à cet égard, quand même les termes de la loi ne seraient pas on ne peut plus expressifs en ce sens. Il faut reconnaître cependant que lorsqu'une rente viagère a été établie directement par donation entre-vifs ou par testament, celui qui s'en est constitué ou qui en a constitué son héritier débiteur ne peut pas s'affranchir du service des arrérages; toutefois cela tient, non pas au caractère aléatoire de l'opération, qui fait ici absolument défaut, mais à l'absence complète de capital. Si la rente viagère était imposée au donataire comme charge de la libéralité, le donateur aurait, à son choix, contre le donataire qui refuserait de servir les arrérages en offrant la restitution des choses à lui données, soit l'action en révocation en vertu de l'art. 953, soit la voie de la poursuite comme s'il s'agissait d'un débiteur ordinaire. Ceci se rattache, du reste, à la question beaucoup plus générale de savoir si le donataire peut s'affranchir des charges en abandonnant l'objet de la donation (2).

770. Tout ce que nous avons dit des motifs sur lesquels est fondé l'art. 1979 ferait douter de la validité d'une clause par laquelle les parties, dérogeant à la disposition de cet article, conviendraient que le constituant pourra se libérer du payement de la rente en remboursant le capital. Cependant l'opinion contraire est généralement admise. On tient que ce n'est pas aller contre l'essence du contrat, que c'est seulement en altérer la nature, que de diminuer les chances de perte du côté du débiteur. On valide donc la clause dérogatoire, d'autant plus, dit-on, qu'en définitive elle ne cause aucun préjudice au créancier, puisqu'il rentre dans son capital, avec lequel il peut acquérir une nouvelle rente viagère d'un taux presque toujours plus élevé, son âge étant plus avancé (3).

771. Cela étant admis, il n'y a aucune difficulté à admettre comme conséquence la validité d'une clause par laquelle il serait stipulé que le rachat sera fait moyennant un capital moindre que celui qui a été payé *ab initio,* par exemple que ce capital diminuera au fur et à mesure que le crédi-rentier avancera en âge. Le remboursement, en ce cas, devra être effectué suivant les stipulations particulières insérées au contrat touchant la personne qui doit le recevoir et l'époque où il doit avoir lieu.

1980. — La rente viagère n'est acquise au propriétaire que dans la proportion du nombre de jours qu'il a vécu.

---

(1) Cass., 22 mars 1847 (S. V., 47, 1, 433 ; Dalloz, 47, 1, 287 ; *J. Pal.*, 1847, t. II, p. 133).
(2) *Voy.* là-dessus Marcadé (art. 954).
(3) MM. Troplong (n° 324) ; Massé et Vergé, sur Zachariæ (t. V, p. 32, note 11).

Néanmoins, s'il a été convenu qu'elle serait payée d'avance, le terme qui a dû être payé, est acquis du jour où le payement a dû en être fait.

SOMMAIRE.

I. 772. L'art. 1980 fait aux arrérages de la rente viagère l'application du principe posé dans l'art. 586. — 773. Suite. — 774. Mais les parties peuvent stipuler que les arrérages seront payés d'avance ou par anticipation : le terme d'avance est acquis du jour où le payement a dû en être fait ; — 775. Et il suffit que la personne sur la tête de laquelle la rente était constituée survive d'un instant au jour de l'échéance : controverse. — 776. Les parties peuvent stipuler que le terme courant à l'extinction de la rente sera dû et payable à l'époque ordinaire.

I. — 772. La rente viagère, ainsi que nous l'avons démontré *suprà*, n° 670, constitue un être moral dont les revenus, appelés arrérages, sont rangés dans la classe des fruits civils, et par conséquent s'acquièrent jour par jour, aux termes de l'art. 586. Telle est l'idée qu'exprime notre article, quand il dit que la rente viagère n'est acquise au propriétaire que dans la proportion du nombre de jours qu'il a vécu, ou, pour parler plus exactement, dans la proportion du nombre de jours qu'a vécu la personne sur la tête de laquelle la rente était constituée, puisqu'elle peut aussi être établie sur la tête d'un tiers (*suprà*, n°s 685 et suiv.).

773. Le premier paragraphe de notre article contenant simplement une application particulière de l'art. 586, il y a lieu de suivre ici la règle d'acquisition déterminée par ce dernier article. Or les fruits civils s'acquièrent par jour, et non par heure ; donc les arrérages de la rente viagère seront dus seulement dans la proportion du nombre de jours *expirés* au moment du décès de la personne dont la vie servait à mesurer la durée de la rente. Le jour du décès n'est compris qu'autant que le décès a eu lieu à la fin de la dernière heure : il ne serait pas *complet* sans cela.

774. Mais il est permis aux parties de stipuler que la rente viagère sera payable d'avance ou par anticipation. Dans ce cas, le terme qui a été ou qui, du moins, a dû être servi d'avance, est acquis au crédirentier ou à ses ayants cause du jour où le payement a dû en être fait. Cette convention avait soulevé des doutes dans notre ancienne jurisprudence : certains auteurs, Pothier entre autres (1), voulaient que, quelle que fût la stipulation, les arrérages ne fussent acquis que jour par jour jusqu'au décès ; quelques-uns accordaient au débiteur la répétition de ce qu'il avait payé de trop, tandis que d'autres, tout en n'accordant pas d'action si le payement n'avait pas eu lieu, prohibaient la répétition. Le projet de Code (art. 17) sanctionnait cette dernière opinion ; mais il fut justement critiqué comme encourageant le débiteur à retarder le plus longtemps possible le payement du terme, et comme violant la loi générale des conventions, dont la liberté doit être absolue, quand elles

---

(1) *Voy*. Pothier (n° 248).

ne blessent ni les lois elles-mêmes, ni les bonnes mœurs (1). Il est vrai que la convention modifie quelque peu, suivant la très-juste remarque de M. Troplong, la nature du contrat, en ce qu'elle le fait survivre à la personne dont l'existence en déterminait la durée (2). Mais enfin elle a son côté très-utile, et puisqu'en soi elle n'a rien d'illicite, il convenait de la valider. — Du reste, à peine est-il nécessaire de faire remarquer que le créancier de la rente ou ses héritiers n'ont pas le droit d'exiger, outre le terme payé ou à payer d'avance, les arrérages en proportion du temps écoulé pendant le terme durant lequel la rente est venue à s'éteindre (3). Les arrérages sont payés d'avance pour tout le terme; on ne peut donc les faire payer encore une fois pour une partie.

775. Quand la rente est ainsi payable par terme et d'avance, on décide généralement que le créancier ou ses héritiers n'ont droit au terme qu'autant que la personne sur la tête de laquelle elle était constituée survit à la fin du jour fixé pour son échéance. On se fonde sur le principe, admis déjà par le droit romain, que, quand une dette est payable à jour fixe, le dernier jour du terme ou jour de l'échéance appartient tout entier au débiteur (C. comm., art. 161 et 162) (4). Mais de ce que le débiteur a tout le jour de l'échéance pour s'acquitter et ne peut être poursuivi que le lendemain, il ne s'ensuit pas que la somme ne soit pas acquise au créancier dès la première heure du jour de l'échéance : *stipulatio committitur*, auraient dit les jurisconsultes romains. Il suffit, pour cela, que la personne vive un instant pendant ce jour. Si on accorde au débiteur ce délai de grâce, ce n'est pas un motif pour dire que la dette n'est pas encore exigible; ce qui prouve, au contraire, qu'elle l'est devenue, c'est qu'en matière de titres à ordre le porteur est tenu d'exiger le payement ce jour-là (C. comm., art. 161) : c'est donc qu'à partir du premier instant de ce jour il n'y a plus de terme (5).

776. Ajoutons, enfin, que les parties peuvent également, sans stipuler que le terme sera payé d'avance, convenir que le terme dans lequel on sera lors de l'extinction de la rente sera dû en entier et payable à l'époque ordinaire.

1981. — La rente viagère ne peut être stipulée insaisissable, que lorsqu'elle a été constituée à titre gratuit.

SOMMAIRE.

I. 777. La rente viagère est, comme valeur augmentant l'actif du créancier, soumise aux règles générales de transmission et de saisie. — 778. Mais l'art. 1981 permet aux parties de modifier ces règles par la convention; — 779. Du moins dans le cas où la rente est constituée à titre gratuit. — 780. Suite. — 781. Dans le cas d'insaisissabilité de la rente, le débiteur ne peut opposer la compensation pour se dispenser de payer les arrérages. — 782. La question de cessibilité se résout par la même distinction.

(1) Fenet (t. XIV, p. 554 et 565); Locré (t. XV, p. 190, 206 et suiv.).
(2) M. Troplong (n° 330).
(3) *Voy.* M. Duranton (n° 175).
(4) MM. Troplong (n° 336); Aubry et Rau (t. III, p. 423, note 1); Taulier (t. VI, p. 510).
(5) Trib. de Marmande, 2 déc. 1857 (Dalloz, 57, 5, 281).

I. — 777. La rente viagère établie à titre onéreux ou à titre gratuit constitue, comme tout autre bien, une portion du patrimoine du crédi-rentier : c'est une créance qui augmente d'autant son actif, et qui, en conséquence, est soumise aux règles générales de transmission et de saisie. Le crédi-rentier peut donc la céder à un tiers. Nous l'avons vu *suprà*, n° 754, cette opération est soumise aux règles du droit com-mun, et non à la dérogation de l'art. 1978. Il y a même certains cas où la rente est transmise de plein droit d'une personne à une autre (*suprà*, n°s 688, 694 et suiv.).

De ce que la rente viagère est un bien comme tout autre, il en résulte encore qu'elle est comprise dans la généralité des termes des art. 2092 et 2093 : elle peut donc être saisie non-seulement pour les arrérages, mais encore à fin d'expropriation (1).

778. Tel est le droit commun en l'absence de toute stipulation parti-culière des parties. La question de savoir s'il peut recevoir des modi-fications par l'effet de la convention est résolue, dans l'art. 1981, par une distinction entre la rente viagère constituée à titre onéreux et la rente constituée à titre gratuit.

Dans le premier cas, le droit de saisie est absolu pour les créanciers et ne peut être restreint par aucune clause ; il s'étend non-seulement aux arrérages déjà échus, mais encore aux arrérages à échoir, et même à la rente, considérée comme être moral, que les créanciers peuvent faire vendre pour s'en partager le prix. Il est évident, en effet, que nul ne pouvant s'interdire la faculté de contracter des dettes, ne doit pas par cela même pouvoir enlever à ses créanciers le droit de se faire payer sur ses biens. Il serait par trop facile, sans cela, de se jouer de ses créan-ciers et de mettre sa fortune à l'abri de leurs poursuites.

779. Dans le cas d'établissement de la rente viagère à titre gratuit, au contraire, il a toujours été permis et il est toujours licite de déclarer la rente insaisissable. Le donateur ou le testateur, qui était libre de ne pas faire de libéralité, a pu, en en faisant une, y apposer telle restric-tion qu'il a jugée à propos ; il ne cause par là aucun tort aux créanciers de celui à qui il donne, puisqu'il était le maître de ne rien donner à leur débiteur : ceux-ci ne peuvent donc pas se plaindre. Notre ar-ticle n'est du reste, en ce point, que l'application du troisième para-graphe de l'art. 581 du Code de procédure, qui déclare insaisissa-bles les sommes et objets disponibles déclarés tels par le testateur ou donateur.

Ajoutons immédiatement que le quatrième paragraphe du même ar-ticle accorde le même privilége aux sommes et pensions pour aliments, encore que le testament ou l'acte de donation ne les déclare pas insai-sissables : la condition d'insaisissabilité est ici présumée de plein droit.

Toutefois l'art. 582 du même Code apporte une restriction à la clause

_____

(1) Caen, 21 juin 1814 (S. V., 14, 2, 397; C. n., 4, 2, 395; Dalloz, 15, 2, 2); Pa-ris, 2 janv. 1823 (S. V., C. n., 25, 2, 5; 7, 2, 148; Dalloz, 24, 2, 110).

permise par notre article et par l'art. 581 : les créanciers postérieurs à l'acte de donation ou à l'ouverture du legs peuvent opérer la saisie en vertu de la permission du juge et pour la part qu'il déterminera.

780. Mais, il faut bien le remarquer, l'insaisissabilité ne peut être utilement stipulée, et elle n'est consacrée par la loi que dans le cas de rente viagère constituée à titre purement gratuit. Ainsi, la stipulation ne vaudrait pas même pour la rente viagère qu'un donateur se réserverait comme condition de la donation par lui faite. Nous ne sommes plus ici dans les termes de notre article, dont l'application doit être rigoureusement limitée au cas où l'auteur de la libéralité se constitue ou constitue son héritier débiteur de la rente en faveur d'un tiers, et au cas spécialement prévu par l'art. 1973. Quand la rente viagère est une charge imposée à son profit par le donateur au donataire, il n'y a plus l'acte de pure libéralité en vue duquel notre article dispose, et la clause d'insaisissabilité y doit être d'autant moins tolérée qu'au moyen d'aliénations successives, faites sous la même condition, le donateur pourrait aisément soustraire ses biens à l'action de ses créanciers, et arriver ainsi à annihiler le droit de gage général consacré par l'art. 2092. La Cour de Rennes a donc justement décidé que la rente viagère, stipulée comme condition de l'abandon de tous ses biens fait par une mère à ses enfants, doit être réputée créée à titre onéreux, et par suite ne peut être déclarée insaisissable (1).

Dans ce même ordre d'idées, il faut dire que le vendeur ne pourrait pas stipuler avec effet l'insaisissabilité d'une rente viagère qu'il se réserverait dans le prix, la rente fût-elle même réservée à titre de pension alimentaire. L'art. 581, 4°, du Code de procédure, en déclarant insaisissables les sommes et pensions pour aliments, a uniquement en vue, comme le texte même l'indique, les sommes et pensions données par des tiers à titre gratuit.

781. Quand la rente viagère a été stipulée insaisissable par les parties, ou quand elle est déclarée telle par la loi, le débiteur ne peut, le cas échéant, user du moyen de la compensation vis-à-vis du créancier pour se dispenser de lui payer les arrérages (arg. de l'art. 1293, 3°). Il se placerait sans motif, par ce moyen, dans une position meilleure que celle des autres créanciers, en ce qu'il arriverait indirectement et par voie de rétention à se faire payer sur un bien légalement soustrait à leur action. Il faut néanmoins réserver le cas où le débiteur serait devenu créancier postérieurement à l'acte de donation ou à l'ouverture du legs : il pourrait alors faire admettre par le juge une compensation partielle, en vertu de l'art. 582 du Code de procédure.

782. L'art. 1981 a trait à la clause d'insaisissabilité, qu'il valide, mais seulement quand elle est écrite dans une constitution de rente viagère à titre gratuit. L'article ne dit rien de la clause d'incessibilité. Il n'en est pas moins certain que le droit de cession peut être restreint entre les mains du crédi-rentier, de même que le droit de saisie peut

---

(1) Rennes, 25 juill. 1840 (S. V., 41, 2, 422; Dalloz, 41, 2, 233).

être restreint entre les mains de ses créanciers. Mais il ne peut l'être que sous les mêmes distinctions. Ainsi, quand la rente viagère est constituée à titre gratuit, elle peut être déclarée incessible. Seulement, la stipulation ne touche qu'au fond même du droit : elle laisse le crédi-rentier libre de faire cession des arrérages à échoir; et quant aux arrérages échus, ils forment dans ses mains un capital dont il peut aussi librement disposer (1).

Voilà pour la rente constituée à titre gratuit. — Que si elle était créée à titre onéreux, la clause d'incessibilité serait vainement ajoutée au contrat : elle ne serait obligatoire ni pour le débiteur de la rente, qui n'a aucun intérêt à critiquer la cession, puisqu'il a reçu le prix de la rente, ni pour le crédi-rentier lui-même, qui n'a pu à l'avance enchaîner sa liberté (2).

1982. — La rente viagère ne s'éteint pas par la mort civile du propriétaire; le payement doit en être continué pendant sa vie naturelle.

SOMMAIRE.

I. 783. Modes d'extinction de la rente : 1° la mort. — 784, 785, 786. *Quid* si le débiteur tue la personne dont la vie réglait la durée de la rente? — 787. 2° La prescription : critique de deux arrêts. — 788. 3° Divers autres modes.

I. — 783. Après la loi du 31 mai 1854, abolitive de la mort civile, notre art. 1982 est sans objet. Mais la question de savoir quels sont les modes d'extinction de la rente viagère s'y pose tout naturellement. Le premier, le plus ordinaire et le plus naturel, est la mort de la personne ou des personnes sur la tête desquelles la rente était constituée. Cela résulte des expressions finales de notre article, aussi bien que des termes de l'art. 1980 : le législateur a cru inutile d'exprimer formellement la conséquence, tant elle ressort des principes eux-mêmes et de la nature du contrat.

Quand la rente est établie sur la tête du créancier lui-même, elle prend fin, sans aucun doute, par sa mort, sauf le droit de ses héritiers de réclamer les arrérages courus jusqu'au décès, et même le terme en totalité si, ayant été stipulé payable d'avance, il est encore dû, ou s'il avait été convenu que le terme courant serait payé en entier.

Quand la rente est constituée sur la tête d'un tiers qui n'a aucun droit d'en jouir, elle s'éteint par la mort non point du crédi-rentier lui-même, mais du tiers désigné. Si donc celui-ci survit, le service de la rente doit continuer au profit des héritiers ou des représentants du crédi-rentier.

Enfin, quand la rente est établie soit sur la tête de plusieurs personnes et à leur profit, soit sur la tête de plusieurs individus étrangers au contrat, l'extinction n'en est opérée, en principe, que par la mort de toutes ces personnes, en sorte que le prédécès des unes n'empêche pas

---

(1) Rouen, 29 janv. 1829 (S. V., 30, 2, 149; C. n., 9, 2, 197; Dalloz, 33, 2, 195).
(2) Orléans, 6 août 1841 (S. V., 41, 2, 575). Req., 1er mars 1843 (S. V., 43, 1, 345; Dalloz, 43, 1, 101).

la rente de subsister en totalité au profit des survivants : nous nous sommes expliqué déjà là-dessus (*suprà,* n°s 691 et suiv.).

784. Du reste, l'extinction de la rente se produit par la mort du crédi-rentier ou des personnes sur la tête desquelles la rente était constituée, quelle que soit la cause de la mort : c'est le principe. Ainsi, soit que le crédi-rentier dispose de sa vie par un suicide, soit qu'il périsse victime d'un crime ou d'une imprudence commise par un tiers, l'obligation de servir les arrérages cesse, sauf, dans ce dernier cas, l'action en responsabilité contre l'auteur du délit.

Le seul cas qui puisse faire difficulté est celui où le débiteur, voulant se débarrasser du service de la rente et hâter sa libération, aurait lui-même donné la mort au crédi-rentier ou à celui sur la tête de qui la rente était constituée. On a dit, en thèse absolue, que le contrat se trouve résolu en vertu du principe de l'art. 1184 (1). Nous ne croyons pas que la solution convienne à tous les cas.

Sans doute, quand la rente viagère a été constituée à titre onéreux, la résolution du contrat, qui oblige le débi-rentier à rendre tout ce qu'il a reçu, est le moyen le plus naturel et le plus équitable d'indemniser les héritiers du crédi-rentier. Il est bien vrai que c'est par le fait de ce débi-rentier que s'est accomplie la condition dont l'événement devait lui procurer sa libération, et, sous ce rapport, ce serait le cas d'appliquer l'art. 1178, c'est-à-dire de tenir la rente comme toujours subsistante. Mais il y aurait là des inconvénients et des dangers. La personne dont la vie devait régler la durée de la rente n'est plus là ; il faudrait donc, pour suppléer à son absence, fixer arbitrairement le temps pendant lequel le service des arrérages serait continué. On évite ce danger de l'arbitraire par la résolution, et, en même temps, on atteint d'une manière plus sûre et plus efficace le débiteur avare et criminel, en l'obligeant à tout restituer. La jurisprudence s'est donc justement arrêtée à ce moyen, dans ce cas (2), comme aussi elle a ajouté, avec raison, que non-seulement le débi-rentier est tenu de rendre, en conséquence de la résolution, tout ce qu'il avait reçu, mais encore que les arrérages de la rente doivent être payés jusqu'au jour du crime.

Seulement, contrairement à l'avis de M. Troplong, nous n'irions pas jusqu'à dire, dans ce cas de constitution de la rente à titre onéreux, que la résolution doit atteindre les tiers acquéreurs des immeubles aliénés en échange de la rente viagère (3). Il nous paraîtrait plus équitable d'appliquer, par analogie, l'art. 958 du Code Napoléon, qui, dans le cas de révocation des donations pour cause d'ingratitude, dispose que la révocation ne préjudicie ni aux aliénations faites par le donataire, ni aux hypothèques et autres charges réelles qu'il aurait pu imposer sur l'objet de la donation, et que, dans ce cas, le donataire sera condamné à res-

(1) MM. Troplong (n° 353); Toullier (t. VI, p. 511).
(2) Poitiers, 13 nivôse an 10 (S. V., 2, 2, 129; C. n., 1, 2, 45; Dalloz, alph., XI, 579). Paris, 18 janv. 1811 (S. V., 11, 2, 81; C. n., 3, 2, 395; Dalloz, 11, 2, 205). Amiens, 10 déc. 1840 (S. V., 43, 2, 3; Dalloz, 43, 2, 123).
(3) M. Troplong (n° 354).

tituer la valeur des objets aliénés, eu égard au temps de la demande, et les fruits, à compter du jour de cette demande.

785. Et maintenant, passons à l'hypothèse où la rente résulte d'un contrat à titre gratuit. — Si la rente a été retenue par un donateur et à son profit comme charge d'une libéralité par lui faite, il est clair que les art. 955 et suivants, relatifs à la révocation des donations pour cause d'ingratitude, seront applicables au donataire qui aurait donné la mort au donateur.

786. Si elle a été l'objet exclusif de la donation ou du testament, il est clair aussi que le moyen de la résolution n'est pas praticable, puisque rien n'a été donné en retour de la rente. Les tribunaux seront alors obligés, par la force des choses, d'accorder des dommages-intérêts aux héritiers, soit en condamnant le débiteur à fournir une somme une fois payée, soit en fixant une période de temps pendant laquelle le service de la rente sera continué. La même solution serait encore applicable dans le cas de l'art. 1973.

Elle le serait également dans le cas d'une constitution ordinaire à titre onéreux si, à raison de circonstances particulières, il était impossible de prononcer la résolution pour laquelle nous avons pris parti au n° 784. Telle était la situation qui se présentait dans l'espèce sur laquelle a statué la Cour d'Amiens par l'un des arrêts cités sous ce numéro. La rente viagère était le prix d'un usufruit établi sur un immeuble dont le débiteur était nu propriétaire; il n'était pas possible de faire rentrer aux mains des héritiers un usufruit dont la mort de l'usufruitier venait d'amener l'extinction; la nature de l'objet à restituer y résistait : c'est pourquoi la Cour dut faire continuer le service de la rente.

787. Le droit d'exiger le service d'une rente viagère, le fonds de la rente lui-même, s'éteint aussi, comme toute créance en général, par la prescription de trente ans (art. 2262). Les Cours de Metz et de Lyon ont méconnu, à cet égard, la vérité juridique lorsqu'elles ont jugé que le droit lui-même est imprescriptible, en se fondant sur ce que la rente n'a pas de capital, et ne se compose que des arrérages, et sur ce que l'art. 2257 s'oppose à ce que la prescription commence à courir, à l'égard d'une créance conditionnelle, avant l'arrivée de la condition, et puisse atteindre les arrérages à échoir (1). Cette doctrine est rejetée par tous les auteurs, comme contraire aux principes du Code : et en effet, si la créance dont il s'agit ici est limitée dans sa durée par un événement futur et incertain, elle est en elle-même pure et simple tant qu'elle existe, et la règle générale de l'art. 2262 doit l'atteindre (2).

On admet aussi généralement que la prescription court à dater du jour même de la constitution s'il n'a jamais été payé d'arrérages, et, au cas contraire, à dater du jour du dernier payement (3).

Quant aux arrérages échus, ils se prescrivent par cinq ans en vertu

---

(1) Metz, 28 avr. 1819 (S. V., 20, 2, 12; C. n., 6, 2, 61; Dalloz, 20, 2, 3); Lyon, 5 avr. 1824 (S. V., C. n., 7, 2, 343).
(2) Toulouse, 23 janv. 1828 (S. V., 29, 2, 260; C. n., 9, 2, 22; Dalloz, 29, 2, 155).
(3) *Voy.* là-dessus Marcadé (art. 2263).

de l'art. 2277 ; et la mort du crédi-rentier avant les cinq ans à partir de l'exigibilité n'interrompt pas la prescription (1).

788. Ajoutons enfin que la rente viagère peut être éteinte encore par la novation, par le rachat volontaire que le créancier peut permettre, par la remise qu'il accorde au débiteur, et par la confusion.

1983. — Le propriétaire d'une rente viagère n'en peut demander les arrérages qu'en justifiant de son existence, ou de celle de la personne sur la tête de laquelle elle a été constituée.

SOMMAIRE.

I. 789. La loi ne détermine aucun mode spécial pour justifier l'existence, sauf pour les rentes sur l'État. — 790. Renvoi à l'art. 135.

1. — 789. Nous avons vu que le payement des arrérages ne peut être exigé par le créancier qu'autant que la personne sur la tête de laquelle la rente a été constituée vit encore. Ainsi l'existence de cette personne est la condition même du droit, et par conséquent il faut que le créancier rapporte au débiteur la preuve que cette personne vit et a vécu jusqu'à la fin du jour où il reçoit ses arrérages. Le créancier est donc tenu, si la rente a été établie sur sa tête, de rapporter la preuve de son existence au débiteur qui peut très-bien ne pas le connaître personnellement ; et si elle a été placée sur la tête d'un tiers, il est tenu de justifier de la vie de ce tiers. En un seul cas il sera dispensé de faire la preuve : c'est le cas, très-rare du reste, où la rente serait constituée sur la tête du débiteur auquel les arrérages sont demandés.

La loi n'indique dans notre article aucun mode spécial pour faire cette justification : aussi décide-t-on généralement qu'il y a lieu de s'en rapporter à la prudence des juges pour apprécier les preuves de l'existence réelle du créancier ou de celui sur la tête de qui la rente est constituée (2). Mais habituellement c'est par un certificat de vie que le crédi-rentier prouve l'existence.

Quand il s'agit de rentes entre particuliers, la loi des 6-27 mars 1791, art. 11, attribue compétence pour délivrer ces certificats aux présidents des tribunaux de première instance et aux maires ; mais comme cette loi n'exige pas à peine de nullité que les certificats soient délivrés par les autorités qu'elle désigne, rien ne s'oppose à ce qu'ils soient rédigés en la forme ordinaire des actes notariés.

Quand il s'agit des rentes viagères ou pensions dues par l'État, les décrets des 11 et 25 septembre 1806 et une ordonnance du 6 juin 1839 attribuent compétence exclusive à certains notaires certificateurs pour délivrer les certificats de vie dans des formes spéciales.

Nous ne croyons pas, du reste, que les certificats délivrés par ces notaires certificateurs et dressés en la forme prescrite par le décret pré-

---

(1) Bordeaux, 21 mars 1846 (S. V., 46, 2, 545 ; Dalloz, 49, 2, 108 ; J. Pal., 1849, t. I, p. 88).

(2) Req., 18 juin 1817 (S. V., 17, 1, 288 ; C. n., 5, 1, 333 ; Dalloz, 18, 1, 409).

cité soient sans valeur dans le cas de constitution de rente entre particuliers. La Cour de cassation a décidé cependant que le certificat de vie délivré par un notaire certificateur, seul et sans témoins, n'est pas valable, les notaires certificateurs ne pouvant délivrer seuls de certificat que lorsqu'il s'agit de rentes sur l'État (1). Mais il y a là, ce nous semble, excès de rigueur. Puisqu'en principe aucun mode n'est fixé par la loi pour faire preuve de l'existence du crédi-rentier quand il s'agit de rentes entre particuliers, on ne voit pas pourquoi le certificat d'un notaire certificateur ne serait pas susceptible de faire foi autant que celui du maire dont parle la loi de 1791, alors même qu'il ne serait pas dressé en la forme ordinaire des actes notariés.

En tout cas, lorsque le crédi-rentier veut procéder à des voies d'exécution, à une saisie, par exemple, il doit munir l'huissier d'un certificat en bonne et due forme, et le faire signifier avec le commandement, sans quoi la poursuite pourrait être déclarée nulle (2).

790. A défaut de justification dans les termes de notre article, la demande du créancier serait repoussée.

Il suffit, du reste, que l'existence du créancier ou de celui sur la tête de qui la rente est constituée devienne incertaine pour que le débiteur soit en droit de se refuser au service de la rente : aussi s'accorde-t-on à reconnaître que le crédi-rentier ou ses représentants sont sous la règle de l'art. 135 du Code Napoléon. Dès lors, du jour où il y a présomption d'absence, le payement des arrérages est arrêté, il n'est pas nécessaire que le décès soit établi. Si l'état d'incertitude se prolonge pendant trente ans, la rente est éteinte; et s'il dure moins de trente ans, le droit n'est pas éteint, mais les arrérages ne sont jamais dus que pour cinq années. Vainement le crédi-rentier aurait-il tous les cinq ans intenté une demande en payement pour interrompre la prescription et faire valoir son droit, en cas de retour de la personne : comme sa demande aurait été chaque fois non recevable, la prescription n'aurait été interrompue ni pour le droit lui-même, ni pour les arrérages (art. 2247).

---

(1) Rej., 19 nov. 1817 (S. V., 18, 1, 85; C. n., 5, 1, 385; Dalloz, 17, 1, 567).
(2) *Voy.* les arrêts précités des 18 juin et 19 nov. 1817. — *Junge :* Paris, 17 janv. 1810 (S. V., 10, 2, 53). — *Voy.* aussi MM. Aubry et Rau (t. III, p. 423, note 3).

TITRE XIII.

DU MANDAT.

(Décrété le 10 mars 1804. — Promulgué le 20.)

SOMMAIRE.

I. 791. Origine et principe du contrat de mandat. — 792. Son utilité. — 793. Distinction entre le contrat civil et le contrat commercial de mandat. — 794. Division de ce titre.

791. Comme nous l'avons dit plus haut (n° 571), les rédacteurs du Code reprennent ici la série, interrompue au titre précédent, des contrats de bienfaisance. Le *mandat*, que Pothier a rangé, avec le prêt à usage, le prêt de consomption et le dépôt, sous le titre commun de *Contrats de bienfaisance*, prend en effet sa source dans la confiance et dans un sentiment de bon vouloir. C'est de là qu'on a tiré l'étymologie communément reçue du mot *mandat* (*mandatum, a manu datâ*). Le mandataire avait coutume de mettre sa main, symbole de la fidélité chez les anciens, dans celle du mandant, quand celui-ci lui abandonnait la gestion d'une affaire. Les théâtres de Plaute (1) et de Térence (2) témoignent de cet usage.

792. L'utilité d'un tel contrat se révèle d'elle-même. Quelles que soient l'activité, la force, l'intelligence d'un homme, il lui est souvent impossible, dans un état de civilisation un peu avancé, de pourvoir par lui-même à toutes ses affaires. Il est obligé alors de se confier à un autre homme, auquel il donne et qui accepte le mandat de le *représenter*.

793. Cette représentation se conçoit de deux manières :

1° Il peut arriver que le mandataire représente le mandant de telle façon que l'opération juridique conclue par lui, représentant, produise ses effets directement et immédiatement dans la personne du mandant, représenté, absolument comme si ce dernier avait agi par lui-même. C'est le contrat civil de *mandat*, tel que l'entend le Code Napoléon dans les art. 1984 à 2010, dont nous avons à présenter ici le commentaire.

2° Il peut se faire que le mandataire représente le mandant de telle façon que les effets de l'opération par lui conclue se produisent d'abord dans sa personne, et n'atteignent le mandant ou représenté que médiatement ou indirectement. C'est le contrat commercial de *commission*, régi par les art. 91 et suivants du Code de commerce.

Dans le premier cas, le mandataire agit non-seulement pour le compte, mais encore au nom du mandant, qu'il oblige envers les tiers avec lesquels il traite sans s'obliger lui-même. Dans le second, le mandataire agit pour le compte, mais non plus au nom du mandant ; il agit en son propre nom et s'oblige lui-même envers les tiers.

---

(1) Plaute (*Captivi*, v. 439 et suiv., act. II, sc. III).
(2) Térence (*Heautontimorumenos*, v. 493 et suiv., act. III, sc. I).

A l'inverse de ce qui a lieu chez nous, c'est ce dernier mode de représentation qui d'abord était seul admis, en droit romain, pour les affaires que nous appellerions civiles ; et c'est, au contraire, à propos des opérations commerciales que le premier mode avait été introduit par l'institution prétorienne des actions dites *institoria* et *exercitoria*.

794. Les rédacteurs du Code Napoléon ont divisé cette matière du *Mandat* en quatre chapitres dans lesquels il est successivement traité : 1° de la nature et de la forme du mandat (art. 1984 à 1990) ; 2° des obligations du mandataire (1991 à 1997) ; 3° des obligations du mandant (1998 à 2002) ; 4° enfin, des différentes manières dont le mandat finit (2003 à 2010). C'est aussi l'ordre que nous allons suivre

CHAPITRE PREMIER.

DE LA NATURE ET DE LA FORME DU MANDAT.

SOMMAIRE.

795. Aperçu général et division.

795. On a généralement dirigé contre ce premier chapitre du titre *Du Mandat* des critiques qui, il faut bien le dire, ne manquent ni de justesse ni de vérité. La rédaction des articles en est imparfaite ; l'ordre dans lequel ils sont présentés est peu méthodique ; il existe, enfin, des lacunes à combler. Néanmoins, nous nous abstiendrons d'entrer dès maintenant, à cet égard, dans des détails qui trouveront naturellement leur place au cours des observations qui vont suivre. Nous éviterons de même autant que possible de déplacer les articles pour rester dans les voies du commentaire ; et tout en reconnaissant que le plan de la loi n'est pas irréprochable, nous le maintiendrons, parce que nous ne pourrions en présenter un autre sans bouleverser l'ordre des articles que nous avons à commenter. Ainsi, nous prendrons texte de l'art. 1984 pour définir le mandat et préciser les conditions de fond nécessaires à l'existence ou à la validité du contrat ; de l'art. 1985 pour traiter des conditions de forme et de la preuve du mandat ; de l'art. 1986 pour préciser la nature et le caractère du contrat ; des art. 1987 à 1989 pour indiquer les diverses espèces de mandat et en fixer l'étendue ; enfin, de l'art. 1990 pour traiter de la capacité en cette matière.

1984. — Le mandat ou procuration est un acte par lequel une personne donne à une autre le pouvoir de faire quelque chose pour le mandant et en son nom.

Le contrat ne se forme que par l'acceptation du mandataire.

SOMMAIRE.

ne le transforme pas en contrat synallagmatique. Renvoi. — 803. Le mandat appartient à la classe des contrats de bienfaisance.

II. 804. Conditions de fond nécessaires à l'existence et à la validité du mandat : division.

III. 805. Conditions qui lui sont communes avec tous les contrats en général : — 806. 1° *Consentement* : son existence de fait est nécessaire à l'*existence* même du contrat. — 807. Mais c'est seulement dans sa validité que le contrat est atteint par les vices du consentement. — 808. Le consentement de celui qui se charge de l'affaire est désigné sous le nom d'*acceptation*. — 809. 2° *Objet* : l'objet du mandat est un acte que le mandataire s'oblige à faire. — 810. Il faut que ce soit un acte juridique; et tout acte juridique peut, sauf certaines conditions, être l'objet d'un mandat. — 811. *Quid* de l'acte qui, d'après la loi, doit être fait par la personne même qu'il intéresse : prestation de serment; comparution des époux devant le président préalablement à l'instance en séparation; acte de mariage? — 812. Il faut que le mandant puisse être censé accomplir lui-même l'acte juridique; — 813. Et que l'on puisse, sans absurdité, supposer l'acte accompli par le mandataire. — 814. Mais une personne qui ne pourrait faire certains actes pour son compte peut être chargée de les faire pour le compte d'un autre. — 815. Il faut que l'acte juridique ne soit ni entièrement incertain; — 816. Ni contraire aux lois ou aux mœurs. — 817. Néanmoins le mandat ayant pour objet une chose que la loi ne prohibe pas absolument, mais qu'elle interdit au mandant dans un intérêt spécial, peut n'être pas nul : exemple. — 818. L'acte juridique qui fait l'objet du mandat concerne habituellement l'intérêt du mandant seul; le mandat peut cependant être donné dans l'intérêt commun soit du mandant et d'un tiers, soit du mandant et du mandataire. — 819. Mais le mandat conféré dans l'intérêt exclusif d'un tiers serait inefficace : controverse. — 820. S'il était donné dans l'intérêt exclusif du mandataire, ce serait non plus un mandat, mais un conseil, une recommandation : renvoi. — 821. 3° *Cause* : c'est toujours la bienfaisance : renvoi. — 822. 4° *Capacité* : elle est une condition nécessaire sinon à l'existence, au moins à la validité du contrat : renvoi.

IV. 823. Conditions de fond propres au mandat. — 824. 1° L'idée de mandat entraîne nécessairement l'idée d'une représentation juridique. — 825. Examen de la doctrine qui, par application des principes du droit romain, voit le trait distinctif et caractéristique du mandat dans la gratuité et dans la nature ou la qualité des faits à accomplir par le mandataire : réfutation. — 826. Conclusion. — 827. 2° Une représentation juridique quelconque ne suffit pas : il faut que le représentant agisse *au nom* du représenté, et non en son propre nom. — 828. Lorsque le représentant agit en son propre nom, le contrat constitue non point le mandat proprement dit, mais la commission. — 829. Du reste, la distinction n'a d'intérêt que dans les rapports du contractant avec les tiers : renvoi.

V. 830. Différences et rapports du mandat avec d'autres agissements : — 831. Avec le louage d'ouvrage, le dépôt, le cautionnement et la société; — 832. Avec la commission, la préposition, le courtage. — 833. Du prête-nom et du gérant d'affaires : renvoi. — 834. A la différence du mandat, le conseil ou la recommandation n'entraîne ni obligation, ni responsabilité. — 835. En thèse générale, dans le doute il convient de supposer le conseil. — 836. Suite et applications. — 837. Néanmoins le conseil est une cause de responsabilité quand il a été donné de mauvaise foi; mais il ne crée la responsabilité que dans ce cas. — 838. Suite. — 839. La règle est applicable même au cas de conseil émanant d'un notaire. — 840. Applications.

1. — 796. Le mot *mandat* est susceptible d'acceptions nombreuses et très-diverses. En laissant de côté celles qui peuvent lui être données dans le langage vulgaire et en s'attachant seulement à celles qu'il reçoit dans la langue du droit, on en peut compter jusqu'à six.

Dans un premier sens, qui est celui où les rédacteurs du Code Napoléon l'emploient dans la rubrique et dans plusieurs dispositions de ce titre, mandat signifie le contrat intervenant entre celui qui charge une personne d'agir en son nom et celui qui accepte cette proposition. C'est l'acception la plus juridique; et si la langue était bien faite et assez riche, ce devrait être la seule. Toutes les autres s'y rattachent d'une manière plus ou moins éloignée.

Le mot *mandat* désigne aussi, dans un sens plus large, non-seulement le contrat civil réglé par les art. 1984 à 2010 du Code Napoléon, mais encore le contrat commercial de commission régi par les art. 91 et suivants du Code de commerce. Nous éviterons de l'employer dans cette acception, propre à jeter de la confusion dans les idées, et nous mettrons nos soins à distinguer toujours ces deux contrats.

Dans un troisième sens, le mot *mandat* exprime non plus le contrat, l'accord des volontés, mais seulement le *pouvoir* donné par une personne à une autre de faire quelque chose en son nom. Le législateur emploie le mot en ce sens dans notre article et dans l'article suivant. Le mot *mandat* est alors synonyme du mot *procuration,* souvent employé pour désigner ce même pouvoir.

Dans une quatrième acception, fort répandue en pratique, mandat désigne l'acte, *instrumentum,* le papier sur lequel le pouvoir se trouve constaté. Ici encore, l'expression *mandat* est prise indifféremment avec le mot *procuration.*

Voilà pour le droit civil. — Mais le mot *mandat* a aussi une signification, soit en droit criminel, où il désigne certains ordres émanés de magistrats ayant pouvoir à cet effet (*mandat* de comparution, d'amener, de dépôt, d'arrêt), soit en droit commercial, où il s'entend de l'ordre de payement qu'une personne donne à une autre d'opérer ses recouvrements.

797. Quant au mot *procuration,* il a deux sens qui apparaissent suffisamment dans ce que nous venons de dire : tantôt il signifie le pouvoir de représenter, tantôt il s'entend de l'acte qui contient et constate ce pouvoir.

798. Le sens du mot étant ainsi précisé, il faut définir le contrat. Selon la définition de notre article, « le mandat ou procuration est un *acte* par lequel une personne donne à une autre le *pouvoir* de faire quelque chose pour le mandant et en son nom. » Mais cette définition, justement critiquée par tous les auteurs, convient plutôt à l'acte instrumentaire où se trouve constaté le pouvoir conféré au mandataire qu'au contrat même de mandat, dont elle ne fait pas connaître suffisamment les caractères. Nous nous mettrons mieux en présence de la chose à définir et nous suppléerons à l'insuffisance et aux lacunes de notre article en disant que le mandat est un *contrat* par lequel une des parties confère à l'autre, *qui s'oblige à le remplir,* le pouvoir *de la représenter* en faisant un ou plusieurs actes juridiques pour son compte et en son nom. Nous savons que cette définition s'éloigne de l'opinion de quelques jurisconsultes qui n'admettent pas que le propre du man-

dat soit de conférer au mandataire un rôle toujours et nécessairement représentatif (1). Mais, sauf à revenir bientôt sur ce point et à établir ce que nous nous bornons, quant à présent, à formuler (*infrà*, n°ˢ 824 et suiv.), nous maintenons notre définition comme indiquant d'une manière précise les caractères propres et distinctifs du mandat *civil*, le seul dont nous ayons à nous occuper ici. Cette définition contient d'ailleurs en germe toute la théorie que nous allons exposer en traitant des conditions nécessaires à l'existence et à la validité du contrat.

Voyons, auparavant, à quelle classe de contrats appartient le mandat.

799. C'est d'abord un contrat du droit des gens : nous verrons, en effet, en expliquant l'art. 1985 (n°ˢ 843 et suiv.), que le droit civil ne l'assujettit à aucune forme particulière.

800. C'est un contrat *consensuel :* il se forme, en effet, par le seul consentement des parties, sans qu'il soit besoin de cette tradition préalable dont nous avons reconnu la nécessité dans les contrats de prêt, de dépôt, de rente viagère (*suprà*, n°ˢ 12, 392, 571).

801. C'est un contrat *synallagmatique imparfait,* en ce sens que des deux personnes qui concourent à la formation du contrat, l'une, le mandataire, est seule obligée directement et nécessairement; l'autre, le mandant, ne l'est qu'indirectement et par l'effet de circonstances ultérieures dont la réalisation n'est pas certaine, de telle sorte qu'il pourra se faire que le mandant ne soit jamais obligé. L'obligation *nécessaire* du mandataire est celle qu'il contracte par son acceptation de faire l'affaire dont il est chargé et d'en rendre compte : on ne conçoit pas de contrat de mandat sans l'existence de cette obligation. L'obligation *possible* mais incertaine du mandant est celle qu'il contracte éventuellement d'indemniser le mandataire des déboursés que l'exécution du mandat a pu occasionner : on conçoit, au contraire, le contrat de mandat sans l'existence de cette obligation, car il peut arriver que le mandataire ne débourse rien. — Les Romains exprimaient cette différence en appelant *mandati contraria* l'action par laquelle était poursuivi le payement de cette dernière obligation, tandis qu'ils appelaient *mandati directa* l'action par laquelle le payement de la première était réclamé.

Du reste, il ne faut pas que la qualification de synallagmatique imparfait donnée au contrat de mandat pour exprimer cette situation fasse prendre le change. Nous l'employons à cause de l'usage très-fréquent où l'on est de s'en servir ; mais le mandat n'est véritablement pas autre chose qu'un contrat unilatéral. C'est pourquoi on ne lui appliquera pas les règles propres aux contrats synallagmatiques, telles que la formalité du double écrit exigé par l'art. 1325 (voy. *infrà*, n° 862).

802. La stipulation d'un salaire n'enlève pas au mandat son caractère propre; notamment, elle le laisse à l'état de contrat unilatéral et n'en fait pas un contrat synallagmatique. C'est un point sur lequel nous aurons à revenir dans notre commentaire de l'art. 1986.

(1) *Voy*. notamment M. Troplong (*Du Mandat*, n° 8).

803. Le mandat, comme nous l'avons indiqué déjà (n° 791), appartient à la classe des contrats de bienfaisance, et c'est un caractère qui, aussi bien que le précédent, subsiste même quand le mandataire se trouve avoir quelque intérêt à l'affaire qui fait l'objet du contrat. Nous aurons également à revenir sur ce point.

II. — 804. Nous avons maintenant à nous expliquer sur les conditions de fond nécessaires à l'existence et à la validité du mandat. Ces conditions sont de deux sortes : les unes sont propres à ce contrat ; les autres lui sont communes avec tous les contrats en général. Nous traiterons de ces dernières d'abord, et ensuite de celles qui constituent les caractères distinctifs du contrat de mandat.

III. — 805. Les conditions communes à tous les contrats en général ont trait au consentement des parties, à leur capacité, à l'objet et à la cause du contrat. Ces conditions sont nécessaires soit à l'existence même, soit à la validité du contrat de mandat, suivant des distinctions que nous allons rappeler, en les reprenant successivement.

806. *Du consentement.* — L'existence de fait du consentement *des parties contractantes*, et non pas seulement *de la partie qui s'oblige*, comme le dit l'art. 1108 du Code Napoléon, est une condition nécessaire à l'existence même du contrat. Il faut se référer aux explications de Marcadé sur cet article dans le titre *Des Obligations en général*. Il n'y a rien de spécial, à cet égard, au mandat qui reste soumis aux règles générales ; et les Cours de Riom et de Paris n'ont fait que se conformer à ces règles en décidant : la première, que les tribunaux ne peuvent imposer aux parties un mandataire forcé pour l'exercice de leurs droits, et spécialement ordonner, contre le consentement d'un des héritiers, en prescrivant le partage d'une succession, que les titres et dossiers dépendant de cette succession seront remis à un huissier pour qu'il poursuive les recouvrements pendant les opérations et jusqu'à terminaison du partage (1) ; la seconde, par infirmation d'un jugement du tribunal de commerce, que le débiteur d'une somme exigible ne peut pas opposer au mandataire du créancier qui se présente pour la toucher que son mandat est nul pour cause de démence du mandant, si celui-ci n'est pas frappé d'interdiction (2).

807. Le consentement, d'ailleurs, doit être exempt de tout vice susceptible de l'entacher (le dol, la violence, l'erreur). C'est là une condition nécessaire, non pas, comme la précédente, à l'existence même du mandat, mais à sa validité. Les règles générales doivent également être suivies en ce point. Seulement il convient de faire remarquer que l'erreur sur la personne constituera une cause de nullité du mandat plus facilement que des autres contrats. Nous ne considérons cette cause de nullité que comme admissible plus facilement ; car nous ne voudrions pas dire qu'en matière de mandat l'erreur sur la personne dût toujours

---

(1) Riom, 11 avr. 1856 (S. V., 56, 2, 602 ; *J. Pal.*, 1857, p. 910 ; Dalloz, 57, 2, 22).
(2) Paris, 7 janv. 1815 (Dalloz, 16, 2, 60 ; S. V., 15, 2, 83 ; Coll. nouv., 5, 2, 4).

être une cause de nullité. L'art. 1110, deuxième alinéa, ne doit pas être perdu de vue : il subordonne la nullité résultant de l'erreur sur la personne à la condition que la considération de la personne soit la cause principale de la convention. Or il peut se faire, en certains cas, que la considération de la personne soit purement accessoire dans le contrat de mandat.

808. Le consentement de la part de celui qui se charge de l'affaire, c'est-à-dire du mandataire, est habituellement désigné sous le nom technique d'*acceptation*. — Nous dirons, en commentant l'art. 1985, dans quelle forme peut être conféré le pouvoir par le mandant et manifestée l'acceptation du mandataire (*infrà,* n°s 858 et suiv., 868 et suiv.).

809. *De l'objet.* — Tout contrat doit avoir un objet qui forme la matière de l'engagement (C. Nap., art. 1108) : l'objet du mandat est un acte que le mandataire *s'oblige* à faire (C. Nap., art. 1126). Donc, il ne saurait y avoir mandat si l'affaire dont le contrat a pour objet apparent de confier la gestion est *déjà consommée*.

810. Toute espèce d'acte à accomplir ne saurait faire l'objet d'un contrat de mandat : il faut que l'acte à accomplir soit un acte juridique.

Mais quels sont les actes juridiques qui peuvent faire l'objet d'un mandat? On peut dire qu'en principe tout acte juridique en est susceptible. Cependant la règle est générale, et non point absolue; elle est, au contraire, soumise à des restrictions de diverse nature.

811. D'abord elle souffre exception quand une disposition législative ordonne qu'un acte soit fait par la personne même qu'il intéresse. Mais il existe dans nos lois fort peu de dispositions de ce genre; on en peut citer deux seulement dans notre législation actuelle : ce sont les dispositions des art. 121 et 877 du Code de procédure. Le premier de ces articles, relatif à la prestation de serment, a proscrit les anciens serments *in animam mandantis ;* le second, afférent à la comparution des époux devant le président du tribunal préalablement à l'instance en séparation de corps, exige que les parties comparaissent *en personne,* sans pouvoir même se faire assister d'avoués ni de conseils.

Le Code Napoléon contient, au titre *Du Divorce,* une disposition qui exige également la comparution en personne, devant l'officier de l'état civil, des époux dont le divorce par consentement mutuel a été admis, et pour le faire prononcer (art. 294). Et cette disposition, abrogée par la loi du 8 mai 1816, abolitive du divorce, fournit encore aujourd'hui un argument aux auteurs qui pensent que le mariage par mandataire est prohibé par le Code Napoléon. Marcadé a soutenu cette opinion, sans y insister beaucoup toutefois (1); d'autres auteurs sont également d'avis que le mariage ne peut aujourd'hui être contracté par mandataire, tout en reconnaissant que la prohibition n'est pas expres-

(1) *Voy.* Marcadé (sur l'art. 36).

sément écrite dans la loi (1); d'autres, enfin, tiennent pour le sentiment contraire (2). Quoi qu'il en soit, et quelque parti que l'on prenne sur le point de savoir si l'officier de l'état civil doit ou non refuser son ministère aux personnes qui voudraient se marier par mandataire, ce qui, à nos yeux, est la seule question à discuter, il semblerait impossible que le juge pût annuler un mariage qui, de fait, aurait été contracté par l'intermédiaire de mandataires, la loi n'ouvrant nulle part une action en nullité fondée sur une telle cause. C'est reconnu, d'ailleurs, par ceux des auteurs qui repoussent ici l'intervention d'un mandataire (3).

En tout cas, il faut admettre une exception à la prohibition en faveur des mariages des princes.

812. Un acte juridique ne peut faire l'objet d'un mandat que s'il est de telle nature que le mandant peut être censé l'accomplir lui-même. *Qui mandat ipse fecisse videtur.* Pothier cite comme exemple à l'appui de sa proposition le cas où vous auriez mandé à Pierre d'emprunter à votre caissier une certaine somme d'argent à vous appartenant, laquelle, en conséquence, a été comptée par votre caissier à Pierre. Il n'y a pas là, en effet, de mandat; car l'emprunt, dans cette espèce, est une affaire que vous ne pouvez pas être censé faire vous-même, personne ne pouvant emprunter ses propres deniers (4).

813. Il faut aussi que l'on puisse, sans absurdité, supposer que l'acte peut être accompli par le mandataire; sans quoi, dit également Pothier, le mandat est *nugatorium et derisorium mandatum,* qui ne produit aucune obligation.

Ce n'est pas à dire qu'un contrat de mandat doive être invalidé par cela seul que le mandataire n'aurait pas l'aptitude, l'habileté ou les talents nécessaires pour conduire l'affaire dont il s'est chargé; car, en acceptant le mandat, le mandataire a donné à penser qu'il était dans les conditions voulues pour l'accomplir, et il suffit qu'on ait pu le croire sans absurdité pour que le mandat soit obligatoire, sauf la responsabilité du mandataire à raison du dommage que par son impéritie il aurait causé au mandant. Le mandat nul, comme *nugatorium et derisorium,* est celui-là seul que le mandataire est empêché de remplir par la nature même ou par la force des choses (5). Tel serait, par exemple, le mandat donné à un autre qu'un avoué de faire une procédure devant les tribunaux civils; nul, par la force même des choses, ne pouvant aujourd'hui postuler s'il n'est pas investi du titre d'avoué.

814. Mais rien ne s'oppose à ce qu'une personne qui ne pourrait pas faire certains actes pour son compte reçoive mandat de les faire pour le

(1) MM. Delvincourt (t. I, p. 137); Duranton (t. I, n° 87); Demolombe (t. III, n° 110).
(2) MM. Merlin (*Rép.,* v° Mariage, sect. 4, § 1, art. 1, quest. 4); Coin-Delisle (art. 36, n°s 5 et 7).
(3) *Foy.* néanmoins Bastia, 2 avr. 1849 (S. V., 49, 2, 238; Dalloz, 49, 2, 80; *J. Pal.,* 1849, t. II, p. 110).
(4) Pothier (*Du Mandat,* n° 10).
(5) *Id.* (n°s 12 et 13).

compte d'une autre. Ainsi, la personne qui déjà se trouve mandataire à l'effet de vendre certains objets peut recevoir mandat d'acheter ces mêmes objets pour le compte d'un tiers, bien qu'elle ne puisse pas les acheter pour elle-même, aux termes de l'art. 1596, deuxième alinéa, du Code Napoléon. On peut citer comme analogue en ce sens un arrêt duquel il résulte que l'assurance faite par celui qui est à la fois le mandataire de l'assureur et le commissionnaire de l'assuré est valable lorsqu'elle a lieu de bonne foi (1).

815. Il faut que l'acte à accomplir ne soit pas entièrement incertain (arg. de l'art. 1129). Nous disons *entièrement* incertain; car si le mandataire avait pu, à l'aide de quelques circonstances, connaître la pensée du mandant, bien que sa volonté ne fût pas nettement précisée, il n'y aurait pas lieu de dire que l'objet du mandat est incertain (2). Par exemple, je charge un ami qui se rend à Paris de *m'y acheter quelque chose;* voilà un mandat dont l'objet est entièrement incertain, le mandataire ne pouvant pas pressentir la chose même que j'ai voulu acheter. Mais j'ai chargé mon ami de m'acheter à Paris une chose que je désire offrir en présent à un avocat dont j'ai eu à me louer dans une affaire grave; voilà un mandat dont l'objet, quoique non précisé, n'est pas néanmoins incertain, parce que le mandataire peut, sur l'indication à lui donnée, choisir la chose qu'il convient d'acheter.

816. Il faut, enfin, que l'acte à accomplir ne soit pas contraire aux lois ou aux bonnes mœurs (arg. des art. 6 et 1833), sans quoi non-seulement le mandant n'aurait aucune action pour faire exécuter le mandat ou s'en faire rendre compte, mais encore le mandataire lui-même n'en aurait aucune pour se faire indemniser de ce qu'il aurait déboursé pour l'exécution. La Cour de Turin (3) a fait l'application de la règle dans un cas où l'acte avait pour objet l'introduction en France de marchandises prohibées. Il y aurait lieu de l'appliquer également au mandat à l'effet de transmettre une chose à une personne déclarée par la loi incapable de recevoir, par exemple aux congrégations religieuses non autorisées (4).

Ceci, pourtant, n'est pas absolu : certaines modifications peuvent résulter des circonstances.

Ainsi, d'une part, il peut arriver que l'acte accompli par un mandataire ait un caractère illicite, et que celui-ci ait néanmoins action en remboursement de ses avances. Il en est ainsi si, les vices de l'opération n'étant pas apparents, le mandataire a agi sans en découvrir ou soupçonner l'existence. Par exemple, je reçois mandat d'acheter de la rente pour le compte du mandant; et quand je crois que l'opération est sérieuse, il se trouve qu'elle n'est, de la part de ce dernier, qu'un pari sur la hausse ou la baisse des fonds publics. Évidemment, il serait inique de me refuser une action à l'effet d'être indemnisé de ce que l'exécution

(1) Rej., 11 avr. 1860 (*J. Pal.*, 1860, p. 593; S. V., 60, 1, 316; Dalloz, 60, 1, 240).
(2) Pothier (n° 9).
(3) Turin, 12 déc. 1807 (S. V., 7, 2, 716; Dalloz, 2, 679).
(4) *Voy.* M. Troplong (n° 427).

du mandat m'aura coûté, car c'est involontairement et dans l'ignorance absolue du caractère illicite du fait accompli que je m'en suis rendu complice (1).

D'une autre part, il peut se faire, à l'inverse, que l'acte ne soit pas en lui-même contraire aux lois ou aux bonnes mœurs, et que néanmoins le mandataire ne doive pas être reçu à se faire indemniser de ses avances. On peut donner à titre d'exemple le cas, cité par Pothier, où un débauché chargerait quelqu'un de prêter une somme d'argent à une courtisane (2). Pothier fait voir comment l'obligation de rembourser la somme prêtée se trouve détruite par celle que le mandataire a contractée envers le mandant de réparer le tort qu'il lui a causé en favorisant sa passion. La solution est assurément bonne à suivre encore aujourd'hui, sauf aux tribunaux à tenir compte des circonstances dans l'examen des questions délicates que le principe peut soulever dans l'application.

817. La règle suivant laquelle le mandat de faire une chose contraire à la loi est nul et ne saurait produire aucun effet s'entend seulement du mandat portant sur des choses que la loi défend absolument, et non sur celles que la loi ne défend que pour éviter les fraudes qui pourraient être commises au préjudice de certaines personnes auxquelles elle accorde une protection particulière. Ainsi, la loi défend au tuteur d'acheter les biens de son pupille (C. Nap., art. 450). Si le tuteur charge une personne de les acheter pour lui, le mandataire qui a exécuté ce mandat est obligé d'en rendre compte, et le tuteur est tenu de rembourser ce qui a été déboursé. Que si le mandat n'est pas encore exécuté, le mandataire qui a eu le tort de s'en charger pourra toujours réparer cette faute en renonçant au mandat. Sa renonciation, étant fondée sur un juste motif, celui d'obéir à la loi, ne saurait jamais être considérée comme intempestive, ni par suite l'exposer à aucune indemnité envers le mandant. Pothier, bien qu'il envisage, à tort selon nous, le contrat à la fois comme nul et comme valable, arrive, en définitive, aux mêmes résultats (3).

818. L'acte juridique qui fait l'objet du mandat concerne, le plus souvent, l'intérêt du mandant seul. Nul doute, cependant, que le mandat ne puisse être donné dans l'intérêt commun, soit du mandant et d'un tiers, soit même du mandant et du mandataire. Dans ce dernier cas, le mandataire est souvent qualifié *procurator in rem suam*. Peut-être conviendrait-il de laisser cette expression de côté dans l'état actuel de notre législation. Elle est empruntée aux Romains, chez lesquels elle avait un sens technique qui ne peut plus se retrouver aujourd'hui. On désignait par là le détour auquel on avait recours pour aboutir, en pratique, à un résultat que la théorie ne reconnaissait pas directement, celui que produit aujourd'hui la cession ou le transport des créances (4).

---

(1) *Voy.*, à cet égard, notre commentaire *Des Contrats aléatoires* (n° 650). *Voy.* aussi M. Troplong (*Du Mandat*, n° 31).
(2) Pothier (n° 8).
(3) *Id.* (n° 11).
(4) *Voy.* MM. Aubry et Rau (t. III, p. 458, note 6).

819. Mais le mandat peut-il être donné dans l'intérêt exclusif d'un tiers? La question est controversée; toutefois, il est vrai de dire que la divergence est dans les mots plutôt que dans le fond des choses. Pothier dit, sur l'autorité de Gaïus, qu'une affaire qui est entièrement celle d'un tiers peut être la matière d'un mandat. Puis il établit la proposition par des exemples. Si Pierre, dit-il, étant parti pour un voyage sans charger personne de ses affaires, je vous ai chargé de faire ses vendanges, ce mandat intervient *alienâ tantùm gratiâ;* les vendanges de Pierre, dont je vous ai chargé par ce mandat, étant une affaire qui est entièrement l'affaire de Pierre, et qui ne me concerne en rien, ce mandat intervient *alienâ tantùm gratiâ.* Il ne laisse pas, néanmoins, d'être valable, puisque, en vous chargeant de cette vendange, *j'en deviens moi-même chargé envers Pierre, et par conséquent j'ai intérêt que vous m'en rendiez compte, pour que je puisse moi-même en rendre compte à Pierre* (1). La plupart des auteurs, reproduisant cet exemple et d'autres encore également empruntés à Pothier, se prononcent dans le même sens et ajoutent, ce sont les expressions de M. Troplong, que rien n'est plus avéré en jurisprudence, sans citer néanmoins aucune décision judiciaire (2). D'un autre côté, cependant, des auteurs tiennent que le mandat conféré exclusivement dans l'intérêt d'un tiers serait inefficace (3). Mais, nous le répétons, la divergence est dans les mots; et quant à nous, nous croyons que la dernière formule est la plus exacte. Le mandat conféré dans l'intérêt exclusif d'un tiers serait, en effet, inefficace, parce que le mandant n'en pourrait pas réclamer l'exécution : *l'intérêt est la mesure des actions.* La contradiction apparaît, dans l'autre système, par les exemples que ses défenseurs produisent à l'appui de leur proposition, puisque ces exemples nous montrent toujours le *mandant* intéressé, au fond, à l'exécution du mandat. Il est vrai que l'intérêt du mandant consiste uniquement ici à se libérer de l'obligation qu'il contracte envers le tiers. Mais qu'importe? Dès que le mandant est lui-même intéressé, il est indifférent que ce soit à tel titre ou à tel autre : en définitive, on ne peut plus dire que le mandat soit constitué dans l'intérêt exclusif d'une autre personne.

820. Nous dirons de même que le mandat ne peut être donné dans l'intérêt exclusif du mandataire, ou du moins nous dirons que l'acte ainsi fait ne serait pas un mandat, à vrai dire; ce serait un conseil, une recommandation. Nous reviendrons bientôt là-dessus pour dire en quoi le conseil diffère du mandat (*infrà*, n°ˢ 834 et suiv.).

821. *De la cause.* — Le mandat étant un contrat de bienfaisance, la cause n'en est autre que l'intention de rendre un service. La loi considère l'intention de rendre un service, ainsi que celle d'exercer une libéralité, comme constituant une cause suffisante d'obligation. Il im-

---

(1) Pothier (n° **17**).
(2) MM. Delvincourt (t. III, p. 238); Duranton (t. XVIII, n° 201); Massé et Vergé, sur Zachariæ (t. V, p. 35, note 3); Troplong (n° 36); Domenget (*Du Mandat,* t. I, n°ˢ 70 et suiv.). Comp. M. Mourlon (t. III, p. 436 et 437).
(3) *Voy.* notamment MM. Aubry et Rau (t. III, p. 458, note 5).

porte de ne pas perdre de vue cette cause propre au contrat de mandat :
elle fournit un des signes caractéristiques à l'aide desquels on doit distinguer le mandat des autres contrats. C'est un point sur lequel nous
aurons à insister plus particulièrement dans le commentaire de l'art.
1986.

822. *De la capacité*. — La capacité de la partie qui s'oblige est ran-
gée par l'art. 1108 au nombre des conditions essentielles à l'*existence*
des contrats. Elle n'est pourtant, en général du moins, qu'une condition nécessaire à leur *validité*. Le contrat existe si bien que l'incapable
seul peut en demander la nullité. En matière de mandat, la capacité
des parties est soumise, en principe, aux règles du droit commun, et,
à certains égards seulement, à des règles particulières. Ce serait ici le
lieu, sans doute, de nous en occuper; mais un article spécial, l'art.
1990, étant consacré à ces règles, nous en traiterons séparément sur
cet article.

IV. — 823. Nous avons examiné, en en suivant le développement
dans leur application au mandat, chacune des conditions nécessaires à
l'existence ou à la validité des contrats en général. Il faut maintenant
préciser quelles sont les conditions propres au contrat de mandat et les
caractères qui le distinguent de toutes autres opérations. Ici, tout nous
semble pouvoir se résumer dans les deux propositions suivantes :

1° L'idée de mandat entraîne nécessairement avec elle l'idée d'une
représentation juridique. En dehors de cette représentation, au moyen
de laquelle une personne agissant à la place d'une autre oblige cette
autre personne envers les tiers et les tiers envers elle, nous concevons
des opérations variées, des opérations *sui generis*, en un mot des contrats innommés; nous ne concevons pas le mandat.

2° Une représentation juridique quelconque ne suffit pas; pour qu'il
y ait contrat de mandat proprement dit, il faut que le représentant
agisse *au nom* du représenté, et non pas en son propre nom. Lors
même que l'agent opère pour le compte d'une personne qu'il représente, tout n'est pas dit; s'il ne fait pas connaître cette personne aux
tiers, s'il agit *en son nom,* il peut y avoir le contrat de commission, il
n'y a pas le contrat de mandat.

Ces deux propositions résument, nous le pensons, les véritables caractères auxquels on doit reconnaître le mandat et le distinguer de tout
ce qui n'est pas lui. Mais elles sont l'une et l'autre très-énergiquement
contestées; et, par suite, nous avons à les défendre successivement et
à en établir l'exactitude.

824. Notre première proposition s'écarte des principes du droit romain, où, en effet, le mandat n'était pas caractérisé par la fonction représentative du mandataire : c'est le reproche capital qu'on fait à notre
thèse, et par là même on est conduit à lui substituer une théorie empruntée aux jurisconsultes romains. Le trait distinctif et caractéristique
du mandat, dit-on, n'est pas dans la représentation du mandant par le
mandataire, car celui qui *loue son travail* peut aussi avoir un rôle représentatif, en sorte que la représentation d'une personne par une autre,

loin d'être la condition *sine quâ non* du mandat, n'est pas incompatible avec le *louage d'ouvrage;* le trait distinctif du mandat est dans la *gratuité*. Mais cela ne suffirait pas, car si le mandat est gratuit de sa nature, il ne l'est pas par essence, si bien qu'il pourrait être salarié sans cesser d'être le mandat (*infrà,* art. 1986); et alors on ajoute que ce qui concourt avec la gratuité à caractériser le mandat, c'est *la nature ou la qualité des faits à accomplir par le mandataire.*

Telle était bien la théorie des interprètes du droit romain. Obligés de concilier l'idée de gratuité inhérente au mandat avec les faits de la pratique, où l'on voyait fréquemment apparaître la stipulation de salaire ajoutée à ce contrat, ils avaient imaginé de faire une distinction entre la somme promise comme l'équivalent d'un travail et la somme accordée pour récompenser un service. Dans le premier cas, la somme constituait un *prix;* dans le second, elle était un *honoraire :* et l'honoraire, seul compatible avec l'idée de mandat en ce qu'il n'était jamais l'équivalent du service rendu, lequel de sa nature était inestimable, pouvait être ajouté au mandat sans en changer le caractère. Mais comme il n'était pas toujours facile de reconnaître si le prix convenu était l'équivalent du travail et n'était rien que cela, les jurisconsultes romains imaginèrent une distinction nouvelle, celle-ci fondée sur la nature des travaux et des professions : ils distinguèrent entre les arts mécaniques et les arts libéraux. Les œuvres se rattachant aux arts mécaniques étant toujours appréciables à prix d'argent, on tint que toute convention ayant pour objet la confection, moyennant un prix, d'œuvres ou de travaux de cette classe constituait un louage ou un marché; au contraire, les œuvres de l'esprit ou de l'intelligence étant trop relevées pour qu'on les pût apprécier en argent, on estima que la récompense offerte à leur occasion n'était qu'un honoraire, et par conséquent n'enlevait pas son caractère de mandat au contrat dans lequel elle était stipulée.

C'est cette théorie, admise d'ailleurs dans notre ancienne jurisprudence française, où elle est formulée par Pothier avec une précision remarquable, que nombre d'auteurs parmi les plus éminents invoquent encore aujourd'hui (1), les uns, il est vrai, avec défiance ou à regret, mais d'autres avec une conviction ardente, et on pourrait dire passionnée. MM. Championnière et Rigaud l'acceptent comme une nécessité, tout en protestant contre des distinctions qui, n'étant plus soutenues, disent-ils, par l'habitude dont elles étaient le produit, doivent tomber et s'éteindre (2); au contraire, M. Troplong la présente « comme un fruit de la philosophie spiritualiste à laquelle crurent les jurisconsultes romains et leurs successeurs dans le droit français », et n'admet pas qu'on puisse s'en écarter, sous le Code Napoléon, « sans blesser l'honneur des professions libérales; sans exciter en elles l'esprit de spécula-

---

(1) *Voy.* Pothier (*Du Mandat,* nᵒˢ 22 et suiv.); MM. Merlin (*Rép.,* vᵒ Notaire, § 6, nᵒ 4); Championnière et Rigaud (*Tr. du dr. d'enreg.,* nᵒˢ 1479 et suiv.); Troplong (*Louage,* nᵒˢ 791 et 811; *Mandat,* nᵒˢ 8, 58, 164 et suiv., 237, 519 et suiv.). *Voy.* aussi Marcadé (sur l'art. 1779, nᵒ 2, t. VI, p. 517 et suiv.).

(2) MM. Championnière et Rigaud (*loc. cit.,* nᵒ 1487, à la note).

tion et de trafic, qui doit en être banni pour le bien de la société; sans
se jeter, enfin, dans les dangereuses erreurs d'un matérialisme déso-
lant. » (1)

825. Qu'il nous soit permis, pourtant, de maintenir ici l'opinion que
nous avons eu déjà l'occasion de présenter ailleurs (2). Nous croyons
fermement que le trait distinctif et caractéristique du mandat est dans
la fonction représentative du mandataire, et n'est que là. Nous reconnaissons bien qu'il en était autrement dans le droit romain; mais pour
que cela pût avoir la valeur d'une objection sérieuse, il faudrait montrer tout d'abord qu'il a été dans la pensée des rédacteurs du Code de
reproduire exactement les principes du droit romain en matière de
mandat. Or, la chose est impossible : il est certain et hors de controverse que, tout au contraire, le Code s'écarte de ces principes en un
point notable, essentiel même, et qui touche précisément aux caractères mêmes du contrat, à savoir : que dans notre droit actuel le mandataire oblige le mandant envers les tiers sans s'obliger lui-même, tandis
que le droit romain proclamait un principe diamétralement opposé. On
voit par là avec quelle réserve les arguments tirés des lois romaines doivent être reçus en notre matière, et comment, loin que notre thèse ait
à se défendre pour son désaccord avec les principes du droit romain, on
pourrait à plus juste titre reprocher à la thèse opposée sa communauté
d'idées avec ces mêmes principes.

Au surplus, le tort le plus grave de cette dernière thèse n'est pas
dans son point de départ, dans son origine. Si nous la contestons, c'est
surtout parce que, considérée en elle-même, elle ne saurait, dans l'état
de notre législation actuelle, servir à caractériser le mandat, et qu'en
définitive elle laisse le problème sans solution.

Et en effet, ne nous occupons pas de rechercher s'il y a quelque
chose, soit dans la loi, soit même dans les discussions dont la loi a été
précédée, qui rappelle cette distinction entre les arts mécaniques et les
arts libéraux, dont l'inégalité dans les personnes et dans les biens fut
l'unique raison d'être dans la France féodale aussi bien qu'à Rome;
laissons complétement à l'écart le point de savoir si, au milieu de ces
idées d'égalité qui, à partir de 1789, furent toujours la pensée dominante des constitutions françaises, une telle distinction aurait pu venir à
l'esprit des rédacteurs du Code autrement que pour être condamnée.
Admettons que, dans l'ensemble des travaux dont peut s'occuper l'activité humaine, il y en a qu'on paye par un prix, d'autres qu'on récompense par un honoraire, et, en conséquence, concédons qu'il faut regarder l'engagement pris par un artiste ou par un savant de faire une
œuvre d'art ou de science d'un autre œil que l'engagement pris par un
tailleur ou par un cordonnier auquel on donne ses habits ou ses chaussures à raccommoder. A quoi cela va-t-il aboutir? On en conclura que
l'artiste et le savant ne sont pas des locateurs d'ouvrage : nous le vou-

(1) M. Troplong (*Louage*, n°° 807 et 811).
(2) Voy. *Rev. de dr. franç. et étrang.* (année 1848, p. 49 et suiv.).

lons bien ! Mais s'ensuivra-t-il qu'ils soient des mandataires ? Evidemment non : le sens intime nous dit, sans qu'il soit besoin d'aucun effort de discussion, que le médecin qui nous soigne, le peintre qui fait notre portrait, ne sont pas nos mandataires, l'un en nous tâtant le pouls, l'autre en reproduisant nos traits, pas plus que le tailleur ou le cordonnier en raccommodant nos habits ou nos chaussures. Que sera donc cet engagement qui lie l'artiste ou le savant, s'il n'est ni le louage d'ouvrage, ni le mandat? Ce sera un contrat *sui generis,* un contrat innomé.

Et voilà justement pourquoi le système des jurisconsultes romains ne peut pas donner aujourd'hui la solution du problème. A Rome, l'engagement *sui generis* dont il s'agit ici constituait le mandat même, le mandat proprement dit; et il est aisé d'apercevoir l'intérêt de la solution. Le mandat était l'un des quatre contrats dits *consensuels,* c'est-à-dire de ceux où le seul consentement des parties suffisait pour engendrer une obligation complète et efficace. Les Romains durent dès lors être portés à élargir la sphère du mandat, afin de soustraire par là le plus de cas possible aux détours des contrats innomés, c'est-à-dire de ceux où l'obligation n'est complète qu'autant que *res subsecuta est.* Mais il n'y a plus rien de semblable dans notre droit. Les contrats innomés auxquels l'art. 1107 du Code Napoléon fait allusion sont régis par les principes posés au titre des Obligations en général et par ceux des contrats spéciaux dont ils se rapprochent le plus. Il n'est donc ni utile, ni possible aujourd'hui d'étendre le domaine du mandat. Les conventions de l'espèce qui, n'étant pas le mandat, ne seraient pas non plus le louage d'ouvrage, restent des contrats innomés, et les principes d'après lesquels les rapports des parties sont réglés doivent être empruntés au contrat nommé avec lequel leur convention présente le plus d'analogie.

Un arrêt de la Cour de cassation, dont on a coutume de se prévaloir comme d'une autorité topique dans le système que nous discutons, ne fait pourtant, en réalité et au fond, que confirmer cette appréciation. Dans l'espèce, un notaire qui, du consentement de tous les ayants droit et dans leur intérêt commun, avait fait la liquidation d'une succession, s'était déterminé, ne pouvant pas obtenir à l'amiable le payement de ses honoraires, à introduire une action à la suite de laquelle un jugement, en date du 12 janvier 1809, condamna solidairement chacun des héritiers. Le 12 juillet suivant, la Cour de Paris, sur l'appel interjeté par ceux-ci, infirma au chef de la solidarité; et, tout en reconnaissant que le travail de la liquidation avait été fait du consentement de tous les héritiers et dans leur intérêt commun, elle ordonna que le jugement sortirait effet contre chaque héritier pour la part qu'il amendait dans la succession. Mais, le notaire s'étant pourvu en cassation, l'arrêt a été cassé pour violation de l'art. 2002 du Code Napoléon (1). L'arrêt ne con-

_____

(1) Cass., 27 janv. 1812 (S. V., 12, 1, 198; Coll. nouv., 4, 1, 14; Dalloz, 12, 1, 216; alph., t. X, p. 435; *J. Pal.,* 13, 86; Coll. nouv., à sa date).

tient pas un mot qui touche aux caractères distinctifs du mandat. Il dit, à la vérité, ou plutôt il indique que *les notaires sont des mandataires;* et c'est de cela qu'on s'autorise dans le système en discussion. Mais cette proposition, d'ailleurs inexacte en elle-même (*infrà*, n° 853), est naturellement limitée par l'ordre d'idées où s'agitait le débat sur lequel la Cour a statué. Dans leur différend, les parties avaient cru devoir, l'une pour soutenir, les autres pour combattre la solidarité, seule en question au procès, qualifier la convention ou l'accord intervenu entre elles, et caractériser cet accord en le rattachant, ceux-ci au contrat de louage d'ouvrage, celui-là au contrat de mandat. Et, la discussion posée dans ces termes, la Cour de cassation, sans s'occuper de préciser les caractères distinctifs, soit du louage, soit du mandat, opte pour le dernier parti : elle n'admet pas que les notaires puissent être assimilés à des locateurs d'ouvrage; elle tient que c'est plutôt au mandataire que le notaire doit être comparé; et c'est par là qu'elle est conduite à décider que le notaire, dont plusieurs parties ont requis ensemble le ministère en vue d'un acte à faire dans leur intérêt commun, peut prétendre à la solidarité par voie d'analogie et par induction de l'art. 2002 du Code Napoléon; en sorte que l'idée de mandat apparaît là secondairement, non comme l'expression d'un principe : il y a une règle propre au mandat qui reçoit application à titre d'analogie. L'arrêt n'a pas évidemment d'autre portée : c'est si vrai que, de tous les arrêtistes qui rapportent la décision, pas un ne la présente, dans sa notice résumée, comme ayant jugé que les notaires sont réellement des mandataires; ils formulent comme résultant de l'arrêt l'idée que, dans le cas donné, tous les cohéritiers sont tenus solidairement envers le notaire du payement des honoraires, ajoutant, pour préciser davantage et montrer qu'il y a là simplement une analogie, qu'il en est de ce cas *comme de celui* où plusieurs ont promis un salaire au mandataire élu par eux conjointement (1).

Il n'y a donc pas à conclure de cet arrêt qu'on doive ou qu'on puisse même demander aujourd'hui à la qualité ou à la nature des faits à accomplir par le mandataire le trait distinctif et caractéristique du mandat. Tout ce que raisonnablement il est permis d'en induire, c'est, comme nous le disions tout à l'heure, que la distinction des faits suivant leur nature, la différence des travaux entre ceux que l'on paye avec un prix et ceux qu'on récompense par des honoraires, peuvent servir de guide pour déterminer quel est le contrat nommé, mandat ou louage, dont il y a lieu d'invoquer les principes quand il s'agit de régler entre les parties les effets de leur convention. Ainsi, on pourra dire que l'artiste ou le savant qui se serait obligé à faire, moyennant une somme convenue, un travail pour une personne, aura droit, le cas échéant, à être traité comme le serait un mandataire; par exemple, que s'il a travaillé pour plusieurs personnes il aura, contre chacune d'elles, le bénéfice de la solidarité par induction de l'art. 2002 du Code Napoléon, ou

---

(1) *Voy.* notamment S. V. (Coll. nouv., *loc. cit.*).

que, s'il a fait des avances dans l'exécution de son travail, il aura droit, par induction de l'art. 2001, à l'intérêt à dater du jour des avances constatées. Tout cela est fort bien ; mais cela ne conduit pas à la solution du problème. C'est qu'en effet, si la nature ou la qualité du travail qui fait l'objet de l'engagement pris par cet artiste ou par ce savant ne comportent pas qu'on fasse descendre la convention au rang du louage d'ouvrage, elles ne font pas cependant, pour cela, de cette convention un mandat proprement dit ; et par cela même elles ne sauraient servir à caractériser le mandat.

826. Qu'est-ce donc qui caractérise le mandat ? C'est, nous le répétons, la représentation juridique du mandant par le mandataire : là est vraiment le trait distinctif et caractéristique du contrat ; et cette proposition, exactement traduite par la maxime : *Qui mandat ipse fecisse videtur*, si elle a été contredite, comme on vient de le voir, par d'éminents jurisconsultes, a eu aussi ses défenseurs éminents qui l'ont déduite avec une grande fermeté (1). Vainement on oppose que la fonction représentative de celui qui fait quelque chose pour une autre personne n'est pas incompatible avec le louage d'ouvrage. Si l'on veut dire par là que le mandat peut concourir, dans une même opération, avec un autre contrat, spécialement avec le louage, l'objection est sans portée. Il n'y a rien, en effet, de plus commun dans notre droit que de voir des contrats différents mélangés et concourant ensemble dans une même convention ; mais il ne s'ensuit en aucune façon que ces divers contrats soient absorbés dans un seul, et spécialement parce que le louage et le mandat seraient entrés l'un et l'autre comme éléments dans une opération mixte, ce ne serait pas une raison pour les confondre et méconnaître les caractères propres à chacun d'eux. — Si l'on veut dire que la fonction représentative de l'agent est une condition commune au louage d'ouvrage et au mandat, l'objection procède d'une erreur évidente. Il suffit, pour s'en convaincre, de se reporter au texte de l'art. 1710, qui définit le louage d'ouvrage, et de le comparer à la disposition de notre art. 1984, qui a voulu définir le mandat. Le louage d'ouvrage, selon l'art. 1710, « est un contrat par lequel l'une des parties s'engage à faire quelque chose pour l'autre, moyennant un prix convenu entre elles. » Or, loin qu'il y ait là rien qui implique l'idée d'une représentation juridique, chaque expression fait ressortir l'idée d'un *marché* intervenant entre deux personnes dont l'une, tout en faisant quelque chose pour l'autre, procédera cependant de son chef, en vertu de son aptitude propre, pour elle-même ou pour son compte, dans son intérêt particulier, et en considération du prix convenu ou du bénéfice que lui procurera l'exécution du marché. A côté de cela, voyons la définition du mandat, si défectueuse qu'elle soit, dans les termes de notre art. 1984 : « C'est un acte par lequel une personne donne à une

_____

(1) *Voy.* notamment M. Duvergier (*Du Louage*, t. II, nᵒˢ 267 et suiv.). *Junge :* MM. Aubry et Rau (3ᵉ édit., t. III, p. 370, note 1 ; p. 458, note 2) ; Taulier (t. VI, p. 284 et suiv.) ; Boileux (t. VI, p. 147 et suiv.). — Comp. M. Mourlon (t. III, p. 438 et suiv.).

autre le pouvoir de faire quelque chose *pour le mandant et en son nom...* » Et qu'est-ce à dire, sinon que le mandat implique l'idée d'un agissement accompli par une personne, non pas pour elle-même et de son chef, mais pour une autre personne, au nom et du chef de cette autre personne que l'agent représente, et pour le compte de laquelle il procède et agit? Sans doute, l'art. 1984 ne met pas suffisamment en lumière les caractères propres du contrat; d'accord avec la généralité des auteurs, nous en avons déjà fait la remarque (*suprà*, n° 798) : mais enfin la fonction représentative du mandataire en ressort avec une évidence palpable, et, n'y eût-il que cela, on serait fondé à dire que c'est là précisément ce qui caractérise le contrat. Mais il y a, de plus, nombre de dispositions convergentes à la même idée. C'est parce que le mandataire n'agit pas pour lui et de son chef, parce qu'il est simplement l'organe du mandant, parce que sa personne doit disparaître « comme un échafaudage devenu inutile après la construction de l'édifice » (1), que sa capacité personnelle n'est d'aucune considération dès que le mandant est capable de contracter (art. 1990). C'est parce que le mandataire est « l'image du mandant et ne fait que le représenter » (2) que les engagements pris par lui lient et obligent le mandant envers les tiers (art. 1998), sans l'obliger lui-même (art. 1997). C'est parce que le mandat implique l'idée d'une représentation juridique ayant son principe uniquement dans la confiance inspirée au représenté par le représentant que le premier est toujours libre de retirer le pouvoir qu'il a donné (art. 2004). Tout cela est décisif, ce nous semble; et nous pouvons dire que notre première proposition est pleinement justifiée.

827. Quant à notre seconde proposition, quelques mots suffiront pous l'expliquer; car ici ce n'est point sur le fond des choses, ce n'est vraiment que sur les mots qu'il peut y avoir dissentiment. Nous disons qu'une représentation juridique quelconque du mandant par le mandataire ne suffirait pas pour caractériser le mandat : il faut que le représentant agisse *au nom* du représenté. Si le représentant agissait *en son propre nom* pour le compte d'un autre, il y aurait, non plus le contrat de mandat, mais le contrat de *commission*. La distinction est établie par la loi et résulte nettement de ses termes. D'une part, en effet, notre art. 1984, en définissant le mandat, précise, comme nous venons de le voir, que c'est le pouvoir donné au mandataire de faire quelque chose *pour le mandant et en son nom;* d'une autre part, les art. 91 et 92 du Code de commerce (fondus par l'effet de la loi du 23 mai 1863, modificative du tit. VI, liv. I, du Code de commerce, en un seul article portant le n° 94) expriment que « le commissionnaire est celui qui agit *en son propre nom* ou sous un nom social pour le compte d'un commettant... »

828. L'exactitude de cette distinction a été, cependant, très-vive-

(1) Expressions du tribun Tarrible dans son rapport au Tribunat (Locré, t. XV, p. 249; Fenet, t. XIV, p. 595 et 596).
(2) *Id.* (Locré, *ibid.*, p. 254 et 255; Fenet, *ibid.*, p. 600 et 601).

ment contestée. « Il semblerait à un esprit superficiel, dit notamment M. Troplong, que cette situation d'un mandataire agissant en son propre nom est particulière au contrat de commission, tandis que celle du mandataire agissant au nom du mandant est propre au droit civil. *Mais il n'y aurait pas de plus grande erreur...* » (1) N'exagérons pas les choses, et surtout tâchons d'éviter la confusion dont il nous paraît que cette critique n'est pas exempte. Nous ne prétendons en aucune manière que le droit civil n'admet pas des représentants ou des mandataires agissant en leur propre nom ; et nous n'entendons pas dire davantage qu'à l'inverse le droit commercial ne reconnaît pas de représentants agissant au nom de celui ou de ceux qu'ils représentent. Nous disons seulement et nous maintenons que dans la première situation, civil ou commercial l'agissement constitue la commission, tandis qu'il constitue le mandat dans la seconde ; en d'autres termes, de même que la commission n'est pas nécessairement commerciale et peut être civile, de même le mandat n'est pas nécessairement civil et peut être commercial : mais chacune des deux expressions n'en a pas moins sa valeur et sa signification propre.

La confusion dans laquelle on peut tomber à cet égard tient à ce que, comme nous l'avons dit plus haut, le mot *mandat,* dans les acceptions diverses qu'il reçoit dans la langue française, désigne tantôt le contrat où l'agissement a lieu au nom du représenté, tantôt le contrat où l'agissement a lieu au nom du représentant (*suprà,* n° 796). En sorte que, pris ainsi dans un sens large, le mot *mandat* comprend et le mandat proprement dit, et la commission : mandat est le genre, commission est l'espèce. Mais dès qu'on le prend par opposition au mot *commission,* on le renferme nécessairement dans un sens étroit, dans le sens d'un agissement par le représentant au nom du représenté, et voilà pourquoi, en revenant à notre seconde proposition, nous pouvons dire que le caractère propre et essentiel du mandat est dans la fonction représentative du mandataire agissant non pas seulement pour le compte, mais encore *au nom* du mandant.

829. Au surplus, c'est surtout dans les rapports de l'agent ou du contractant avec les tiers que la distinction entre le mandat et la commission présente de l'intérêt. Entre le représentant et le représenté, les rapports sont en général les mêmes dans l'un et l'autre contrat. Tout ce que nous dirons, sous les art. 1991 et suivants, de l'obligation où est le mandataire d'accomplir le mandat, de se renfermer dans les termes du mandat, d'agir en bon père de famille et de rendre compte, il faut le dire également du commissionnaire dans ses rapports avec le commettant.

V. — 830. Les conditions nécessaires à l'existence et à la validité du mandat, ainsi que les caractères particuliers et essentiels de ce contrat, étant ainsi déterminés, il est aisé de voir en quoi le mandat diffère de quelques autres conventions ou agissements avec lesquels il a, plus

_____

(1) M. Troplong (*Du Mandat,* n° 521).

ou moins, des points de contact : spécialement avec le louage d'ouvrage, le dépôt, le cautionnement, la société ; avec la commission, la préposition, le courtage ; avec le conseil ou la recommandation.

831. Il y a, entre le mandat d'un côté et d'un autre côté le louage d'ouvrage, le dépôt, le cautionnement et la société, des rapports et des différences que nous avons déjà signalés en partie.

Ainsi, le mandat et le louage d'ouvrage ont cela de commun que, dans l'un et l'autre contrat, on trouve une partie qui s'oblige à faire quelque chose pour l'autre ; et quand la stipulation d'un prix est ajoutée au mandat, qui de sa nature est gratuit (art. 1986), les deux contrats présentent alors un second élément commun. Mais, nous venons de le voir (nos 824 et suiv.), ils diffèrent par la fonction représentative qui est dans le rôle du mandataire et ne se trouve pas dans celui de locateur, par cette fonction qui fait qu'une personne agissant à la place d'une autre personne oblige cette autre personne envers les tiers et les tiers envers elle, ce qui ne saurait se produire dans le louage d'ouvrage.

Le dépôt, nous avons eu déjà l'occasion de le dire, n'est qu'une variété du mandat : c'est un mandat *sui generis,* le mandat *de re custodiendá.* Néanmoins, nous l'avons dit également, les deux contrats diffèrent en ce que l'un, le mandat, implique une *obligation de faire,* tandis que l'autre, le dépôt, n'oblige, en principe, à aucun fait actif (*suprà,* nos 20 et 385).

Le cautionnement a aussi de grandes affinités avec le mandat : nous y insistons dans notre commentaire de l'art. 2011 (nos 5 et suiv.). Mais il en diffère en ce qu'il est un contrat accessoire par lequel celui qui cautionne s'oblige personnellement, tandis que le mandat proprement dit est un contrat principal qui donne au mandataire le pouvoir d'obliger le mandant sans s'obliger lui-même.

Le contrat de société, bien que ses rapports avec le mandat soient fort éloignés, se rapproche cependant de ce dernier contrat dans certaines combinaisons qui se produisent en pratique. Ceci est expliqué dans notre Traité-Commentaire de la Société. Mais notons ici que la société est un contrat à titre onéreux et essentiellement synallagmatique (*voy.* notre commentaire des art. 1832 et 1833, nos 8 et suiv.), tandis que le mandat, contrat imparfaitement synallagmatique, comme nous le disons plus haut (n° 801), rentre dans la classe des contrats de bienfaisance, et y doit être maintenu alors même qu'il n'est pas absolument gratuit (*infrà,* art. 1986).

832. La commission, la préposition, le courtage, tous agissements touchant plus particulièrement aux affaires de commerce, conviennent aussi avec le mandat en ce que tous ils ont pour but de faire des opérations par autrui. Cependant il y a entre la commission et le mandat proprement dit, le mandat tel que nous l'entendons et l'avons défini ici, les différences déjà signalées (*suprà,* nos 827 et suiv.) et sur lesquelles nous n'avons pas à revenir. Quant à la préposition, elle se rapproche beaucoup plus du mandat : le préposé, qui diffère du commissionnaire par l'étendue ou la permanence de l'agissement, ne se

borne pas, comme le commissionnaire, à faire une opération individuellement déterminée; il fait, disent fort bien MM. Delamarre et
le Poitvin, un ensemble d'actes commerciaux compris dans la préposition, et il les exécute *pro arbitrio*, parce qu'*il tient*, dans un genre
d'affaires, la place de celui qui l'a commis (1). — Pour ce qui est du
courtage, c'est une simple entremise : le courtier est un *agent intermédiaire* (C. comm., art. 74) qui procure ou facilite les échanges de
valeurs, mais qui ne traite avec aucune des parties, ne s'engage avec
personne, et n'a pas ensuite à rendre compte, parce que, à la différence
du mandataire, il n'a en réalité rien géré.

833. Nous pourrions parler encore des rapports et des différences
existant entre le mandataire, le prête-nom et le gérant d'affaires. Toutefois nos observations à cet égard viendront plus à propos et plus utilement, en ce qui concerne le *prête-nom*, quand nous nous occuperons
des rapports du mandant ou du mandataire avec les tiers (*infrà*,
art. 1998), et, en ce qui touche le *gérant d'affaires*, quand nous nous
expliquerons, à l'article suivant, soit sur le mandat tacite, soit sur la
preuve du mandat (n°s 846 et 874).

834. Mais il convient de s'arrêter maintenant à la différence existant
entre le mandat et le conseil ou la recommandation. La règle théorique
a été nettement posée par Domat. Il faut distinguer, dit-il, les procurations, mandements et commissions où l'on donne une charge expresse,
avec dessein de former une convention qui oblige, et les manières d'engager par un conseil, par une recommandation ou par d'autres voies
qui ne renferment aucun dessein de former une convention, mais qui
regardent seulement l'intérêt de la personne à qui le conseil est donné,
ou celui d'une personne qu'on recommande, et qui laissent la liberté
entière de faire ou de ne pas faire ce qui est conseillé ou ce qui est re-
commandé. Car, dans ce cas, il ne se forme point d'engagement, et celui
qui reçoit un conseil, ou qui accorde quelque chose à une recommandation, ne s'attend pas qu'on lui réponde de l'événement (2). Voilà
donc la règle : le mandat emporte obligation; et, en effet, il oblige
d'abord celui qui le reçoit à l'accomplir et à rendre compte, et puis il
oblige éventuellement celui qui le donne à tenir le mandataire indemne
de tout ce qu'il aura dépensé en remplissant sa mission. Au contraire,
ni le conseil, ni la recommandation, n'entraînent d'obligation; celui
qui a reçu le conseil n'est pas obligé de le suivre, pas plus que celui à
qui la recommandation est adressée n'est tenu d'y faire honneur; en
sorte que s'il avait jugé à propos de s'y conformer, il n'aurait aucune
indemnité à réclamer ou à prétendre, encore que l'affaire eût mal
tourné.

835. Quelque simple qu'elle soit dans les termes et en théorie, cette
règle, à en juger par les décisions nombreuses de la jurisprudence, peut
soulever dans l'application des difficultés sérieuses. On ne saurait néan-

---

(1) MM. Delamarre et le Poitvin (*Tr. théor. et prat. du droit comm.*, t. II, n° 9).
(2) Domat (*Lois civ.*, liv. I, tit. xv, sect. 1, n° 13). *Voy.* aussi Pothier (n°s 18 et
suiv.). *Junge :* M. Troplong (n°s 15 et suiv., 44 et suiv.).

moins poser des principes fixes et certains à l'aide desquels ces difficultés pourraient être résolues : tout ici dépend des circonstances. La
seule chose qu'il y ait à dire, en thèse générale, c'est que, dans le doute,
il convient de supposer le conseil ou la recommandation et d'écarter le
mandat, qui, nous allons le voir dans le commentaire de l'article suivant, ne peut pas, en principe, être admis par supposition. C'est l'avis
des auteurs (1), et bien que l'idée se soit fait jour aussi dans la jurisprudence, et ait inspiré nombre de décisions, il est vrai de dire que, dans
bien des cas, elle a été visiblement méconnue ou éludée. Ceci apparaît
avec évidence dans les décisions auxquelles a donné lieu l'intervention
des notaires, soit dans les placements de fonds, soit même dans les
actes de leur ministère. La difficulté que nous avons en vue s'est produite surtout à cette occasion.

836. Le notaire est, sinon dans l'exercice de ses fonctions, au moins
dans les conditions mêmes et dans les nécessités de sa position, quand
il met en rapport des personnes qui ne se connaissent pas, quand il
cherche soit un prêteur pour un client qui a besoin de fonds, soit un
acquéreur pour un propriétaire qui veut vendre sa propriété. Assurément, il n'y a, dans ces faits pris en eux-mêmes, rien qui indique la
pensée, de la part du notaire, de se constituer le mandataire des parties pour lesquelles il s'emploie. Pourtant, nombre d'arrêts décident
que le notaire qui s'interpose pour le placement de fonds appartenant
à un individu *se constitue par là mandataire* de celui-ci, et dès lors est
responsable si, à raison de l'insuffisance des sûretés promises ou de
toute autre manière, l'affaire vient à mal tourner (2). C'est là ou au
moins ce peut être une exagération véritable. Sans doute la solution
est exacte si, comme cela se vérifiait dans quelques-unes des espèces
soumises aux tribunaux, l'interposition du notaire est accompagnée
d'agissements positifs, de promesses précises, de correspondances
significatives : l'interposition prend alors le caractère d'une ingérence
personnelle qui donne, en effet, à penser que le notaire s'est constitué
mandataire. Mais s'il n'y a rien de cela, et c'est le cas dans un grand
nombre des procès tranchés par les arrêts que nous signalons ici au lecteur, si le versement de fonds est effectué par la partie elle-même *figu-
rant à l'acte et y stipulant en son nom,* si les circonstances sont ainsi
exclusives de l'idée que le notaire ait agi dans l'intérêt et en la place du
prêteur ou du vendeur, il est vraiment impossible de ne pas voir dans
son interposition, dans son agissement, un conseil que ce dernier peut
suivre ou ne pas suivre à son gré, qu'il suit à ses risques, quand il

---

(1) Comp. Pothier (*loc. cit.*, surtout au no 20). *Voy.* aussi M. Troplong (no 50).
(2) Toulouse, 30 mai 1829 (S. V., 30, 2, 144; Dalloz, 30, 2, 181); Paris, 22 mai et
16 août 1832 (S. V., 32, 2, 459 et 567; Dalloz, 32, 2, 130 et 208); 26 janv. 1833 (S. V.,
33, 2, 157); Rennes, 9 juill. 1834 (S. V., 35, 2, 105); Req., 3 déc. 1835 (S. V., 36, 1,
145; Dalloz, 36, 1, 17); Douai, 22 déc. 1840 (S. V., 41, 2, 139; Dalloz, 41, 2, 139);
Req., 15 déc. 1841 (S. V., 42, 1, 143; Dalloz, 42, 1, 25); Paris, 18 fév. 1842 (S. V.,
42, 2, 204; Dalloz, 42, 2, 70); Rej., 17 mars 1845 (S. V., 45, 1, 262; Dalloz, 45, 1,
186; *J. Pal.*, 1845, 1, 388); Bordeaux, 20 juin 1853 (Dalloz, 54, 2, 113; *J. Pal.*, 1855,
1, 283).

prend ce parti, et sans s'attendre, selon l'expression de Domat, *à ce qu'on lui réponde de l'événement.* Y voir le mandat, c'est aller contre la vérité des choses et des positions ; c'est fausser la règle d'interprétation que, sur l'autorité des auteurs, nous rappelions tout à l'heure, à savoir : que dans le doute il faut s'attacher à l'idée de conseil ou de recommandation plutôt qu'à celle de mandat. Il importe peu que, dans le cas donné, l'intermédiaire soit un notaire ; la règle d'interprétation n'en subsiste pas moins à son égard ; car il s'agit ici de faits absolument étrangers aux fonctions du notaire, de faits où il intervient, non point comme officier public exerçant son ministère, mais à un titre purement privé et comme y pourrait intervenir toute autre personne non investie d'une fonction publique. Le droit commun milite donc pour lui comme il militerait pour tous autres dans cette situation ; et conséquemment il est vrai de dire même à son égard que, dans le doute, l'idée de conseil doit prévaloir sur celle de mandat.

837. Au surplus, le conseil et la recommandation peuvent eux-mêmes devenir une source d'obligations. Domat, complétant la doctrine rappelée plus haut (n° 834), ajoute, en effet, que « s'il y avait dol de la part de celui qui conseille ou qui recommande, ou s'il s'engage à quelque perte qu'on puisse lui imputer, comme s'il fait prêter de l'argent à un inconnu, à qui on ne prête que sur l'assurance qu'il donne qu'on sera bien payé, *il en répondra.* » (1) C'est incontestable : seulement, il faut dire que, dans ce cas, l'obligation procède non point de l'idée de mandat, mais du principe général consacré par les art. 1382 et suivants du Code Napoléon : aussi convient-il de maintenir la solution dans ses termes et de n'en pas étendre la portée.

838. Voici pourtant une espèce dans laquelle la règle de responsabilité a été visiblement dépassée. — Des immeubles avaient été vendus à des acquéreurs par l'intermédiaire d'un prête-nom qui, en définitive, était resté personnellement propriétaire au moyen de l'annulation d'une contre-lettre par laquelle il s'était engagé à passer acte de vente à ceux pour qui il avait acquis. Puis, s'étant laissé aller à payer, avant la transcription, à des créanciers délégataires du prix, il fut contraint de payer une seconde fois aux mains d'un autre créancier qui avait pris inscription du chef de ceux pour qui l'acquisition avait été faite primitivement. Après quoi, se retournant contre le notaire rédacteur de l'acte portant annulation de la contre-lettre, il l'assigna en responsabilité, le motif pris de ce qu'en payant avant la transcription il avait suivi le conseil de ce notaire, qui l'avait assuré qu'au moyen de l'annulation de la contre-lettre il avait, lui dernier acquéreur, succédé directement au vendeur lui-même, et que, partant, il n'avait rien à craindre des créanciers des acquéreurs intermédiaires. L'action échoua en première instance, les premiers juges ayant considéré, dans cette affaire où la bonne foi du notaire n'avait pas été un seul instant mise en doute, que ce no-

---

(1) Domat (*loc. cit.*). *Voy.* aussi Pothier (n° 18) ; MM. Merlin (*Rép.*, v° Mandat, § 1, n° 5) ; Duranton (n° 202) ; Aubry et Rau (t. III, p. 459, note 9).

taire, « en supposant qu'il eût donné le conseil de payer avant la transcription, n'aurait commis qu'une erreur de droit qui ne pouvait être
assimilée à une faute dont il dût être déclaré responsable. » Mais, sur
l'appel, la décision a été infirmée par la Cour de la Guadeloupe, le
motif pris de ce que le notaire ne devait pas ignorer « qu'en annulant
la contre-lettre, il ne pouvait empêcher de prendre inscription du chef
des acquéreurs jusqu'à l'expiration du délai fixé par les art. 834 et 835
du Code de procédure (abrogés aujourd'hui par la loi du 23 mars 1855),
en sorte que son erreur, qui met le second acquéreur dans le cas de
payer deux fois le prix de son acquisition, est tellement grossière qu'elle
constitue une faute lourde et le rend responsable envers l'acquéreur du
tort que celui-ci a éprouvé. » Et la Cour suprême, n'ayant vu dans tout
cela qu'une simple déclaration de faits et de circonstances, a rejeté, par
ce motif, le pourvoi dont cet arrêt a été l'objet (1).

Il y avait là, pourtant, autre chose qu'une de ces appréciations devant
lesquelles la Cour de cassation est impuissante ou désarmée; il y avait
une véritable confusion par l'effet de laquelle les principes du contrat
de mandat avaient été appliqués au simple conseil. C'est si vrai que la
Cour de cassation n'a cru pouvoir arriver au rejet du pourvoi qu'en in-
scrivant en tête de son arrêt « qu'il avait été déclaré, en fait (par les
juges du fond), que le demandeur *avait agi comme mandataire salarié...* » Mais la vérité des faits était méconnue en cela : dans l'espèce,
cette idée de mandat était restée et avait dû rester absolument étrangère
au débat soit en première instance, soit en appel. Si le demandeur en
cassation avait été affranchi de toute responsabilité par les premiers juges, c'est uniquement parce qu'il n'avait agi ou parlé que *comme simple
conseil;* et si, au contraire, il avait été condamné au second degré de
juridiction, ce n'est pas à raison d'un tort qu'il aurait eu dans l'accomplissement d'un mandat, c'est à cause du préjudice que le défendeur
avait souffert en suivant le conseil du demandeur en cassation. Ainsi, il
est constant qu'il y avait en présence, dans le débat, non point un mandant et un mandataire, mais deux plaideurs dont l'un avait donné à
l'autre un conseil que celui-ci avait jugé à propos de suivre. Or, dans
ces termes, le premier, dont la bonne foi d'ailleurs n'était pas même
mise en question, était protégé par la règle de droit suivant laquelle le
conseil n'engage la responsabilité qu'autant qu'il est donné par dol ou
de mauvaise foi, ou qu'il est le principe et la cause d'un dommage imputable.

839. Mais dans l'affaire jugée par la Cour de la Guadeloupe, le conseil était émané d'un notaire : et c'est évidemment là ce qui a déterminé la solution. Supprimez, en effet, cette qualité, et la décision reste
inexplicable. Vous achetez une maison, et un de vos amis, étranger
comme vous à la pratique des affaires et à la science des lois, vous détermine, par ses conseils, à payer votre prix avant la transcription :
dans ces termes, il est bien évident que, quelque dommage que vous

_____

(1) Req., 28 nov. 1843 (S. V., 43, 1, 861; Dalloz, 44, 1, 5; *J. Pal.*, 1843, t. II,
p. 802),

ayez éprouvé par la suite, eussiez-vous été contraint de délaisser la maison par vous acquise ou d'en payer une seconde fois l'entier prix, pas un tribunal, pas une cour ne voudrait entendre votre plainte, ni surtout vous permettre de recourir contre l'ami dont vous auriez suivi le conseil. C'est donc parce que la partie s'est trouvée en face d'un notaire que l'action a été admise par la Cour de la Guadeloupe dans l'affaire qu'elle a eu à juger. Toutefois, si la décision est expliquée par là, il s'en faut qu'elle soit justifiée. On peut dire, il est vrai, que par sa position même, par l'habitude qu'il a des affaires, par les connaissances qu'il est présumé avoir, le notaire acquiert sur l'esprit du client une influence telle que celui-ci ne peut guère se défendre de la pensée de suivre le conseil que le notaire lui a donné. Mais la question n'est pas là; c'est évident, car l'argument ne saurait avoir plus de valeur à propos des conseils émanant d'un notaire qu'il n'en aurait à l'occasion de conseils donnés par des personnes auxquelles leur situation relative permettrait aussi de l'opposer. Par exemple, au point de vue de la science, le conseil d'un professeur, d'un docteur en droit, etc., serait autorisé tout autant, sinon plus, que celui d'un notaire; et, au point de vue de l'influence, le conseil du maître, du supérieur hiérarchique, etc., n'aurait pas moins d'action. Est-ce à dire que le professeur, le docteur, le maître, soient, plus que tous autres et dans des conditions plus rigoureuses, responsables à l'occasion des conseils qu'ils auraient donnés? Assurément non; et pourvu que le conseil ait été loyal, sincère, dégagé de tout calcul de mauvaise foi, celui qui l'a reçu, quelque motif qu'il ait eu de s'y conformer et de le suivre, sera incontestablement privé de toute action en réparation du dommage que l'affaire aura pu lui causer. Laissons donc de côté un argument tout à fait secondaire, et attachons-nous aux principes. Or, ce que nous disons du professeur, du docteur, du maître, il faut le dire également du notaire. Sans doute, il est des cas où le simple conseil peut être une cause de responsabilité pour le notaire : c'est lorsque le conseil a trait à l'exercice même de la fonction notariale, c'est-à-dire à la rédaction des conventions que le notaire constate et auxquelles il donne l'authenticité : le rôle de rédacteur impliquant l'obligation et le devoir de diriger les parties, il en résulte que les conseils émanés du notaire dans cet ordre de faits et d'idées sont susceptibles d'engager la responsabilité dans les termes de la loi du 25 ventôse an 11. Mais hors de là, et en tout ce qui n'est pas l'exercice même de la fonction, les conseils que peut donner un notaire sont purement officieux; et, comme il n'y a aucune raison de les confondre à l'égard du notaire plus qu'à l'égard de tous autres avec le mandat même, il est vrai de dire que le notaire n'est et ne peut être responsable que dans les termes du droit commun. Donc, lorsqu'un conseil a été par lui donné sans dol ni mauvaise foi, la partie agit, en le suivant, à ses périls et risques, et, selon l'expression de Domat, elle ne doit pas s'attendre à ce qu'on lui réponde de l'événement.

840. C'est, du reste, ce qui a été reconnu plus d'une fois par les tribunaux et par la Cour de cassation elle-même.

Ainsi, un notaire avait été condamné, comme responsable d'un avis émané de lui, à garantir les frais et dépens d'un procès qui avait abouti à l'annulation de l'un de ses actes. Mais, saisie sur l'appel, la Cour de Caen, en infirmant le jugement de ce chef, a déclaré expressément qu'à la vérité le notaire, en sa qualité, « a le devoir d'éclairer les contractants sur la portée de leurs engagements, mais qu'en droit les *conseils donnés de bonne foi, même par un officier public,* ne sauraient engendrer aucune obligation, ni donner ouverture à aucune action contre lui... » (1)

Ainsi encore, la Cour d'Orléans s'était prononcée dans le même sens par infirmation d'un jugement qui avait déclaré un notaire responsable vis-à-vis de son client, créancier hypothécaire dont l'hypothèque conventionnelle avait été annulée à défaut de désignation des biens hypothéqués. « Sans doute, avait dit la Cour d'Orléans entre autres motifs, les notaires ont l'obligation morale d'avertir les parties des vices qui peuvent exister dans leurs conventions, mais il ne saurait résulter de là que si, de bonne foi, ils errent sur l'efficacité de conventions qu'ils sont chargés de constater, on doive les rendre responsables...; ainsi entendue, la responsabilité des notaires ferait peser sur ceux-ci des obligations qui n'atteignent pas, dans les cas analogues, les autres personnes exerçant des professions libérales, parce que l'erreur retombe d'abord et principalement sur la partie, qui ne peut dès lors rejeter sur le notaire les suites d'une erreur qui est la sienne et lui est imputable, l'ignorance d'une loi générale n'excusant personne... » Et le pourvoi dirigé contre cet arrêt a été rejeté par la Cour de cassation, sur ce fondement que *la bonne foi du notaire n'étant pas révoquée en doute,* la Cour d'Orléans avait bien jugé en décidant que l'obligation morale incombant au notaire (qui, d'ailleurs, n'avait pas agi *comme mandataire*) de donner des conseils aux parties contractantes et de les éclairer sur l'efficacité des actes ne peut pas s'étendre jusqu'à rendre le notaire responsable d'une erreur tenant au fond du droit et *non à la régularité de la forme...* (2)

Ce sont là les véritables principes; nous n'avons pas à y insister davantage, et après nous être expliqué sur les conditions de fond, en ce qui touche le contrat de mandat, nous passons, avec l'article suivant, aux conditions de forme.

1985. — Le mandat peut être donné ou par acte public, ou par écrit sous seing privé, même par lettre. Il peut aussi être donné verbalement; mais la preuve testimoniale n'en est reçue que conformément au titre *Des Contrats ou des Obligations conventionnelles en général.*

L'acceptation du mandat peut n'être que tacite, et résulter de l'exécution qui lui a été donnée par le mandataire.

---

(1) Caen, 2 fév. 1857 (Dalloz, 57, 2, 151).
(2) Req., 22 déc. 1840 (S. V., 41, 1, 39; Dalloz, 41, 1, 42).

SOMMAIRE.

I. — 841. Notre article a principalement trait aux conditions de forme du contrat de mandat, ou, en d'autres termes, au mode suivant lequel doit ou peut se manifester le consentement réciproque, qui est le principe sur lequel ce contrat repose essentiellement. Mais il y a un autre point que la loi ne devait pas omettre. Ce n'est pas tout, en effet, que le consentement des parties existe; il faut encore que l'existence en soit certaine, et, en cas de contestation, qu'elle puisse être prouvée.

Comment donc la preuve du mandat pourra-t-elle ou devra-t-elle être faite? Notre article touche à ce point corrélativement.

842. La loi s'est, en général, montrée plus exigeante sur la preuve que sur les conditions de forme du contrat de mandat. C'est une raison pour qu'on doive s'attacher à distinguer ces deux ordres d'idées trop souvent confondus. Sans doute, il existe entre eux une corrélation qui, au premier abord, semble très-intime et qui, dans une certaine mesure, explique qu'on n'ait pas généralement compris l'intérêt qu'il peut y avoir à les séparer. Cet intérêt existe néanmoins; et, autant pour y satisfaire que pour mettre plus de clarté dans nos explications, nous n'aborderons les questions qui s'élèvent à propos de la preuve du mandat qu'après avoir discuté celles auxquelles donnent lieu les conditions de forme propres à ce contrat. Ainsi, en nous attachant d'abord à ces dernières conditions, nous parlerons successivement, *au point de vue de la forme :* 1° du contrat de mandat pris dans son ensemble; 2° de son premier élément, c'est-à-dire de la constitution du pouvoir d'agir faite par le mandant; 3° et de son élément complémentaire, ou de l'acceptation du mandataire. Après quoi, abordant *les questions de preuve,* nous envisagerons distinctement le consentement réciproque des parties, et cela suivant que la manifestation en sera verbale ou écrite, expresse ou tacite.

II. — 843. Le contrat de mandat repose essentiellement sur le consentement réciproque des parties entre lesquelles il se forme. Celui qui charge une personne de faire quelque chose, a dit très-exactement le tribun Tarrible, n'a sur cette personne ni droit, ni autorité, pour la contraindre à exécuter ses volontés; il ne peut y avoir ni lien, ni devoir, ni obligation, jusqu'à ce que la commission ait été volontairement acceptée par le mandataire. C'est dans cet instant seulement que le contrat prend une consistance et qu'il forme entre les deux contractants les engagements qui lui sont propres (1). Ainsi, le contrat se forme par le concours de deux personnes dont l'une confère la charge ou le pouvoir d'agir pour elle à l'autre qui, présente ou absente, accepte soit expressément en consentant à se charger du mandat, soit tacitement en s'employant à l'exécuter.

844. Il résulte de cet aperçu, dans lequel se trouvent résumées les deux dispositions de notre article, que le mandat, contrat consensuel (*suprà*, n° 800), s'établit par le seul consentement des parties, et n'est assujetti, en thèse générale, à aucune forme particulière qui soit essentielle à sa validité : aussi peut-il être fait verbalement ou même par signes. Dans la pensée première des rédacteurs du Code, le mandat pouvait être donné ou par acte public, ou par écrit sous seing privé, même par lettres; mais, dans tous les cas, *il devait être écrit* (art. 2 du projet). Le Tribunat, sur la communication officieuse qu'il reçut du projet, fit justement remarquer qu'il y avait, en cela, une lacune dans la loi proposée (2); qu'il n'y avait aucun motif raisonnable pour exclure le

---

(1) Rapport au Tribunat (Fenet, t. XIV, p. 591; Locré, t. XV, p. 244).
(2) Fenet (t. XIV, p. 575); Locré (t. XV, p. 226).

mandat verbal et lui refuser son effet dans tous les cas où il pourrait être prouvé, selon les règles du droit commun telles qu'elles sont écrites au titre *Des Contrats ou des Obligations en général.* Conformément à ces observations, il fut admis que l'écriture n'est pas nécessaire pour la constitution du mandat, et que, même donné par paroles ou par signes, le mandat n'en est pas moins susceptible, dès que l'existence en est reconnue ou établie, de créer entre les parties les engagements propres au contrat.

845. Cela seul doit faire décider que, sous le Code Napoléon, de même qu'en droit romain et sous l'ancien droit français (avec moins d'étendue toutefois, nous le verrons tout à l'heure), le mandat peut se former même *tacitement,* c'est-à-dire sans qu'il intervienne aucune déclaration *expresse* de la volonté des parties. Le point, cependant, a été très-énergiquement contesté. Dans un système tout à fait radical, mis en avant par MM. Proudhon et Toullier, on prend texte, notamment, de notre art. 1985 pour prétendre que le Code Napoléon rejette ou exclut d'une manière absolue le mandat purement tacite. Il y a, dit-on, entre les deux dispositions de cet article une opposition ou une antithèse des plus significatives. Dans la première, il est dit que le mandat peut être donné par acte public, par acte sous seing privé, par lettre ou verbalement; donc le texte n'admet que le mandat *exprès,* soit écrit, soit verbal. Dans la seconde, il est dit, au contraire, que l'acceptation du mandat pourra n'être que *tacite.* Et cette opposition confirme d'autant plus l'induction tirée de la première partie de l'article (1). A côté de ce système il en faut placer un autre dans lequel, en partant également de l'idée que le mandat tacite serait aboli ou supprimé par le Code Napoléon, on croit cependant devoir faire sa part à la force même des choses. C'est notamment l'avis de MM. Duranton, Delamarre et le Poitvin, qui tiennent que le mandat tacite est parfaitement conforme à la raison, qu'il a été supprimé sans motif par le Code, et que la suppression dont il a été l'objet ne fait pas qu'on ne doive pas l'admettre dans une infinité de cas (2).

Nous disons, avec la jurisprudence et avec la majorité des auteurs (3), que si le mandat tacite doit être admis, en effet, dans une infinité de cas, c'est justement parce qu'il n'a rien qui ne soit parfaitement compatible avec les principes du Code Napoléon. Supposer le contraire, ce

---

(1) *Voy.* MM. Proudhon (*Usufruit,* t. III, n° 1347); Toullier (t. XI, n°ˢ 25 et suiv.); Taulier (t. VI, p. 514).

(2) *Voy.* MM. Duranton (t. XVIII, n° 218); Delamarre et le Poitvin (1ʳᵉ édit., t. I, n°ˢ 70 et suiv.; 2ᵉ édit., t. II, n°ˢ 45 et suiv.). Comp. M. Berriat Saint-Prix (*Not. théor. sur le Cod. civ.,* n° 7885).

(3) *Voy.* Req., 3 déc. 1835 (S. V., 36, 1, 144; Dalloz, 36, 1, 17); 14 déc. 1841 (S. V., 42, 1, 143; Dalloz, 42, 1, 26); 20 juin 1842 (S. V., 42, 1, 833; Dalloz, 42, 1, 363); Rej., 19 mars 1845 (S. V., 45, 1, 262; Dalloz, 45, 1, 186). Toulouse, 30 mai 1829; Paris, 22 mai, 16 août 1832, 26 janv. 1833; Rennes, 9 juill. 1834; Douai, 22 déc. 1840 (S. V., 30, 2, 144; 32, 2, 459 et 567; 33, 2, 155; 35, 2, 105; 41, 2, 139; Dalloz, 30, 2, 181; 32, 2, 130 et 208; 34, 2, 142; 41, 2, 139). *Voy.* aussi MM. Delvincourt (t. III, p. 238, note 3); Troplong (n°ˢ 118-131); Aubry et Rau (t. III, p. 460, note 1, 3ᵉ édit.); Massé et Vergé, sur Zachariæ (t. V, p. 37, note 2); Mourlon (5ᵉ édit., t. III, p. 431); Boileux (t. VI, p. 567 et suiv.). — *Voy.* encore Marcadé (art. 1372-1374, n° 2).

n'est pas seulement méconnaître cette force des choses devant laquelle on ferait céder la loi elle-même dans l'un des deux systèmes que nous venons d'indiquer, c'est aller contre toutes les données du Code touchant la manière dont le consentement peut être manifesté. Ennemi des solennités autant que des formes subtiles, le législateur français tient que le consentement, en général, n'est assujetti, pour sa manifestation, à aucune formalité intrinsèque qui soit essentielle à sa validité, et, par conséquent, il admet que le consentement peut être donné soit expressément dans une forme quelconque, c'est-à-dire par écrit, par paroles et même par signes, soit tacitement, c'est-à-dire par des faits ou par des actes assez caractérisés pour qu'il n'y ait pas de doute possible sur la volonté de celui de qui ils émanent.

A la vérité, la règle n'est pas absolue : il y a des exceptions pour certains contrats qualifiés solennels, et pour divers cas dans lesquels le consentement ne peut résulter que d'une manifestation expresse. Mais ces exceptions sont précisées par la loi, qui s'en explique quand elle juge à propos de le faire; en sorte que la règle générale tient et l'emporte dans tous les cas où l'on ne trouve pas une disposition exceptionnelle et dérogatoire. Or, le mandat, cette convention qui est du droit des gens (*suprà*, n° 789), et que les Romains classaient déjà parmi les contrats consensuels, a-t-il été l'objet d'une disposition de cette nature? Non; et c'est bien à tort que, pour soutenir le contraire, on fait appel à notre art. 1985. Si cet article, dans sa première disposition, parle seulement du mandat *écrit* et du mandat *verbal*, ce n'est pas assurément dans une pensée restrictive et pour exclure le mandat *tacite :* on en demeure convaincu quand on se reporte aux motifs par lesquels le Tribunat fut amené à proposer la rédaction de notre article dans les termes où il est écrit dans le Code. Comme nous le disions au numéro précédent, en présence d'un projet exigeant que le mandat fût toujours donné par écrit, et par cela même excluant le mandat verbal et, *à fortiori,* le mandat tacite, le Tribunat entrevit qu'on s'écartait en cela de la règle d'après laquelle l'écriture n'est exigée, au point de vue de la preuve, que pour choses excédant la somme ou valeur de 150 francs (C. Nap., art. 1341). Et c'est uniquement pour ramener sous l'empire de cette règle le contrat de mandat, qui par aucun motif, en effet, n'en devait être excepté, que le Tribunat proposa de dire, par addition au projet dans lequel il était parlé uniquement du mandat *donné par écrit,* que le mandat « pourrait aussi être donné *verbalement,* mais que la preuve testimoniale n'en serait reçue que conformément au titre *Des Contrats ou des Obligations en général.* »

Par où l'on voit nettement que le mot *verbalement,* introduit de cette façon et par ce motif dans notre art. 1985, n'avait pas pour objet et n'a pu avoir pour effet de faire entrer le mandat dans la classe des contrats exceptionnels au point de vue de la manifestation du consentement : il a été visiblement employé par opposition et uniquement pour dire que, sauf l'application des règles générales et de droit commun sur la preuve, le mandat pourrait être donné soit *par* écrit, soit *sans* écrit. Or, ainsi envisagée dans son objet précis, la formule de la loi, loin d'exclure le mandat tacite résultant des actes et des faits, le comprend, au contraire, virtuellement et par la force même des choses ; car les faits, selon la très-juste remarque de M. Troplong, n'ont pas moins d'énergie que les simples paroles, ou que les gestes, qui sont un langage en action ; et si l'on admet les gestes comme manifestation suffisante de la volonté, bien que l'art. 1985 ne les mentionne pas, il n'y a pas de raison pour qu'on n'admette pas également les faits ou les actes quand la signification n'en est pas douteuse (1).

846. On allait plus loin encore dans notre ancien droit français ; on tenait, sur l'autorité du droit romain, qu'il fallait considérer comme emportant mandat le silence d'une personne qui, ayant connaissance de l'immixtion d'un tiers dans ses affaires, souffrirait cette immixtion sans s'y opposer. Toutes les fois, dit Pothier, qu'au vu et su de quelqu'un je fais quelqu'une de ses affaires, il est censé par cela seul intervenir entre nous un contrat de mandat par lequel il me charge de cette affaire ; c'est conforme à cette règle de droit : *Semper qui non prohibet aliquem pro se intervenire, mandare creditur* (l. 60, ff. *De Reg. jur.*). (2)

En est-il de même sous le Code Napoléon? Ou bien, au lieu du contrat de mandat, faut-il voir là le quasi-contrat de gestion d'affaires? L'intérêt de la question est considérable si l'on réfléchit aux différences existant entre le mandat et la gestion d'affaires, entre le mandataire dont le fait suppose un pouvoir donné par le mandant et le gérant d'affaires dont la gestion procède d'une immixtion volontaire et toute spontanée. M. Toullier ne songeait pas à ces différences, assurément, en écrivant qu'il n'y a dans tout ceci qu'un intérêt purement théorique, et qu'il est très-indifférent que l'exécution des engagements résultant de la gestion d'affaires soit poursuivie par l'action dite *negotiorum gestorum*, ou par l'action de mandat (3). Rien n'est moins indifférent que cela : car s'il y a mandat tacite, dans la circonstance donnée, le mandataire aura le droit d'exiger le remboursement des déboursés faits en exécution du mandat, même des déboursés *inutiles* (*infrà*, art. 1999), tandis que s'il y a simplement gestion d'affaires, le gérant n'aura droit qu'aux dépenses utiles (art. 1375) ; dans le premier cas, le mandat finira par la mort du mandant, et le mandataire ne sera tenu d'achever l'affaire qu'autant qu'il y aura péril en la demeure (*infrà*, art. 1991), tandis que, dans le second, le gérant devra toujours, nonobstant la mort du propriétaire ou du maître, continuer l'affaire commencée jusqu'à ce que l'héritier ait pu en prendre la direction (art. 1373) (4). Il y a d'autres différences encore, dont quelques-unes seront signalées plus bas, notamment quand nous parlerons de la preuve (*infrà*, n° 874). Mais

(1) *Voy.* M. Troplong (n° 124).
(2) Pothier (n° 29).
(3) M. Toullier (t. XI, n° 26).
(4) *Voy.* MM. Delamarre et le Poitvin (2ᵉ édit., t. II, n° 45) ; Troplong (n° 136) ; Mourlon (5ᵉ édit., t. III, p. 432 et 433) ; Boileux (t. VI, p. 570). — *Voy.* aussi Marcadé (art. 1372-1374, n° 2).

celles qui précèdent suffisent pour mettre dans tout son jour le côté utile et pratique de notre question.

Or, cette question est désormais tranchée par le Code; nous y trouvons, en effet, un texte dont les termes précis ne permettent plus de considérer comme emportant mandat le silence d'une personne qui, témoin de l'immixtion d'un tiers dans ses affaires, ne s'oppose pas à la gestion : c'est l'art. 1372, qui, prévoyant justement cette hypothèse, la réduit aux conditions de la simple gestion d'affaires, soit que l'immixtion se soit produite à l'insu, soit qu'elle ait eu lieu au vu et au su du maître ou du propriétaire.

On conteste assez généralement, nous le savons, cette appréciation; on va même jusqu'à dire que l'art. 1372 n'a rien changé aux principes du droit romain tant sur le mandat que sur la gestion d'affaires, et que s'il réduit le contrat de mandat à la condition de quasi-contrat de gestion d'affaires, même lorsque le propriétaire *a eu connaissance de la gestion,* cela doit s'entendre, sous le Code Napoléon, comme on l'entendait en droit romain, d'une connaissance acquise, *après coup,* soit de la gestion elle-même dans son ensemble, soit de tel ou tel détail, et non de la connaissance que le maître aurait eue dès l'origine et à l'instant même où la gestion a été entreprise (1). A notre tour, nous pourrions opposer que les textes du droit romain d'où l'on tire cette distinction prétendue ne l'établissent en aucune manière, et que tout ce qu'on pourrait induire des principes du droit romain, c'est qu'à la différence des actes consommés avant que le maître eût connaissance de la gestion, lesquels procédaient de la gestion d'affaires, les actes accomplis depuis cette connaissance acquise étaient considérés comme faits en exécution d'un mandat tacite ou supposé. Mais il y a quelque chose de plus radical à dire : c'est que l'art. 1372 du Code Napoléon, général dans ses termes, a répudié par une innovation législative la règle du droit romain : *Semper qui non prohibet aliquem pro se intervenire, mandare creditur* (2). Aujourd'hui, celui qui intervient dans les affaires d'autrui, et les gère sans opposition de la part du maître, n'est pas un mandataire; c'est un gérant d'affaires, « soit que le propriétaire ou le maître *connaisse la gestion,* soit qu'il l'ignore » : ce sont les expressions de l'art. 1372, expressions précises, positives, et dont la généralité ne comporte aucune distinction.

Il n'y a donc pas à rechercher si la gestion a été entreprise par un tiers sous les yeux mêmes du maître, qui ainsi a connaissance de l'immixtion à l'instant même où elle se produit, ou si l'immixtion a eu lieu à l'insu du maître et ne lui a été révélée qu'après coup et au cours de la gestion; il n'y a pas à distinguer davantage entre les actes consommés avant et les actes accomplis après la connaissance acquise au maître de

_____

(1) *Voy.* MM. Troplong (n⁰ˢ 130 et suiv.); Massé et Vergé, sur Zachariæ (t. V, p. 37, note 2); Boileux (t. VI, p. 569). Comp. M. Mourlon (t. III, p. 432) et Marcadé (*loc. cit.*).

(2) Cette solution, simplement indiquée par MM. Delvincourt (notes du t. III, p. 238, note 3) et Bugnet (sur Pothier, n° 29, à la note), a été depuis savamment développée par MM. Aubry et Rau, d'après Zachariæ (3ᵉ édit., t. III, p. 460, note 2).

l'ingérence d'un tiers : dans tous les cas, l'agissement constitue la simple gestion d'affaires, et aucun des actes accomplis par l'agent, quelle qu'en soit la date, ne peut être considéré comme fait en vertu d'un mandat. Telle est la pensée que révèle l'art. 1372, dont il faut prendre les termes avec ce qu'ils ont d'absolu.

847. Ainsi, en résumé, si le mandat *tacite* subsiste encore sous le Code Napoléon, sans que notre art. 1985 y fasse obstacle, c'est seulement en tant qu'il résulte soit de la situation respective des parties, soit de faits précis ou de circonstances impliquant nettement l'idée que celui qui agit au nom d'une autre personne est investi du pouvoir d'agir; mais en présence de l'art. 1372 il ne serait plus vrai de dire, sous le Code Napoléon, que *sola patientia inducit mandatum.* En un mot, le Code Napoléon n'a pas supprimé, par l'art. 1985, tous les mandats tacites; mais, par l'art. 1372, il a proscrit l'application particulière que le droit romain faisait, dans un cas spécial, de la théorie du mandat tacite à la gestion d'affaires. En sorte qu'en définitive il appartient aux juges de décider en fait si une personne dont on a pris en main l'affaire est censée avoir donné au préalable le pouvoir sans lequel il n'y aurait pas contrat de mandat, mais que devant ce droit d'appréciation une limite est posée que les juges ne doivent pas franchir, celle de l'art. 1372.

848. Ces points établis, donnons quelques exemples de mandat tacite, en reprenant successivement les circonstances d'où l'on peut induire l'existence d'un tel mandat, c'est-à-dire : la situation respective des parties; les actes ou les faits susceptibles de manifester le consentement.

849. Ainsi, le mandat tacite résulte, au moins pour certains actes, ou dans une certaine mesure, de la situation des époux à l'égard l'un de l'autre.

Par exemple, on n'hésite pas à regarder la femme mariée comme ayant mandat tacite de son mari pour ce qui concerne les dépenses du ménage. La théorie de l'incapacité de la femme mariée, telle qu'elle résulte des art. 217 et suivants du Code Napoléon, est, en ceci, hors de cause : la femme ne s'oblige pas personnellement; c'est le mari lui-même qu'elle oblige. — Le mandat dont la femme est tacitement investie peut d'ailleurs comporter des agissements autres et plus étendus que ceux qui consistent en achats de choses nécessaires aux besoins de la vie, telles que comestibles, provisions ordinaires de la maison, ustensiles, vêtements de la famille, etc.; la Cour de Bordeaux l'a justement considéré comme impliquant la faculté pour la femme de faire, en l'absence de son mari, la location d'un logement pour elle et sa famille, et d'obliger par là ce dernier au payement des loyers (1). — Il y a plus : la femme mariée peut être considérée comme mandataire tacite de son mari même à l'effet d'acheter les objets nécessaires au commerce et même à la profession non commerciale de celui-ci. Les tribunaux ont souvent décidé, en ce sens, que le mari commerçant est tenu des obli-

_____

(1) Bordeaux, 29 mars 1838 (S. V., 38. 2, 389; Dalloz, 38, 2, 182).

gations commerciales contractées par sa femme, lorsqu'il est notoire que celle-ci, sans être marchande publique, gérait le commerce de son mari (1); et ils n'ont fait en cela que déduire une très-juste conséquence, le mandat tacite de gérer et administrer un négoce emportant, sauf toutefois la preuve contraire, mandat pour souscrire les obligations qui s'y rapportent.

A l'inverse, le mari peut être regardé comme mandataire tacite de sa femme : il peut, en effet, d'après la jurisprudence, la représenter en conciliation, sans être porteur de sa procuration (2); et la Cour de cassation est allée jusqu'à décider qu'il en est ainsi même dans le cas où il s'agit d'une *action immobilière* de la femme (3). Cela s'explique néanmoins en ce que la simple comparution devant le juge de paix en conciliation est, en définitive, comme le dit l'arrêt, un acte purement conservatoire, qui n'excède pas dès lors la mesure dans laquelle le mari a le droit de représenter sa femme, dans les termes de l'art. 1428 du Code Napoléon.

850. Dans ce même ordre d'idées, il est admis que le domestique peut être considéré comme le mandataire tacite de son maître à l'effet d'acheter les provisions du ménage : ici le mandat résulte encore de la situation respective des parties. Ceci n'est vrai pourtant que dans une certaine mesure : la doctrine et la jurisprudence s'accordent à reconnaître que le mandat s'applique limitativement aux achats faits au comptant, et que le domestique ne doit pas, en général, être réputé mandataire de son maître pour acheter à crédit (4). Nous disons *en général;* car les circonstances particulières pourront amener à étendre le mandat tacite même aux fournitures prises en compte et à crédit par un domestique pour son maître. S'il était reconnu, par exemple, que le domestique était dans l'habitude d'en agir ainsi, il serait difficile de ne pas considérer les achats comme faits de l'aveu et avec l'autorisation tacite du maître; et, en conséquence, celui-ci devrait être déclaré responsable envers le fournisseur au moins dans la mesure des fournitures ordinaires (5).

851. Ceci nous conduit naturellement à parler des préposés et des commis. Il est évident que, dans une certaine mesure, le préposé peut, à raison de sa situation, être considéré comme le mandataire du patron.

---

(1) Rej., 25 janv. 1821, 2 avr. 1822, 14 fév. et 1er mars 1826, 28 déc. 1846; Bourges, 24 brum. an 9; Angers, 27 fév. 1819; Douai, 21 nov. 1849 (Dalloz, 26, 2, 57; 21, 1, 127; 22, 1, 223; 26, 1, 125 et 171; 47, 1, 75; 50, 5, 315; S. V., 20, 2, 148; 21, 1, 177; 22, 1, 369; 26, 1, 332 et 333; *J. Pal.*, 1847, t. I, p. 372; 1851, t. II, p. 292). — *Voy.* cependant Bruxelles, 12 vent. an 12 (Dalloz, alph., t. X, p. 156; S. V., Coll. nouv., 1, 2, 180).
(2) Cass., 6 prair. an 2; Bourges, 6 pluv. an 10 (S. V., Coll. nouv., 1, 1, 30, et 2, 50; Dalloz, alph., 1, 116).
(3) Req., 10 mars 1814 (S. V., Coll. nouv., 4, 1, 545; 15, 1, 116; Dalloz, 14, 1, 391).
(4) Paris, 13 sept. 1828 et 28 avr. 1838 (S. V., 29, 2, 19; 38, 2, 218; Dalloz, 38, 2, 123). *Voy.* aussi MM. Duranton (t. XVIII, n° 220); Merlin (*Rép.*, v° Vol, sect. 2, § 3); Aubry et Rau (t. III, p. 460, note 1); Massé et Vergé, sur Zachariæ (t. V, p. 37, note 2); Troplong (n°ˢ 134 et 603).
(5) *Voy.* M. Duranton (*loc. cit.*).

La Cour d'Agen a décidé, en ce sens, que le secrétaire d'un évêché, qui arrête le compte de fournitures faites pour l'évêché, est réputé agir comme mandataire de l'évêque, qu'il oblige par cela même à payer le solde du compte, bien qu'il n'y ait pas de mandat apparent (1). — Il en est de même, en général, du commis par rapport au marchand, et spécialement du commis voyageur par rapport à la maison pour laquelle il voyage. Toutefois, la jurisprudence présente en ce dernier point des solutions fort diverses. Nombre d'arrêts décident qu'à défaut de mandat exprès autorisant un commis voyageur à acheter ou à vendre pour le compte de sa maison, ce commis est présumé n'être chargé que de recevoir des ordres en commission et de les transmettre à sa maison, en sorte que l'acceptation par la maison est nécessaire pour la perfection des marchés (2). D'autres arrêts décident, au contraire, que, même sans un mandat exprès, le commis voyageur oblige sa maison à l'exécution des marchés par lui conclus avec les clients (3). Mais ces solutions opposées ne sont pas contradictoires, tout dépendant ici des circonstances, notamment des habitudes et des usages suivis par la maison pour laquelle le commis s'est employé.

852. Enfin, nous signalons comme pouvant faire supposer le mandat la situation qui s'établit entre l'officier public ou ministériel et son clerc. Ce dernier peut très-bien, dans une certaine mesure et selon les circonstances, être considéré comme mandataire, en vertu d'un pouvoir tacite, de l'avoué, de l'huissier, du notaire dans l'étude de qui il remplit son office.

853. Mais on va plus loin, et, spécialement en ce qui concerne le notaire, il est assez généralement reçu de le considérer comme mandataire du client. Les notaires sont des mandataires, dit M. Troplong sur l'autorité de l'arrêt de la Cour de cassation dont nous avons eu déjà à préciser l'espèce (suprà, n° 825); et cette proposition, formulée comme l'expression de la vérité par M. Troplong, a été reproduite par d'autres après lui (4), et par des décisions judiciaires en assez grand nombre, dans lesquelles les notaires sont, en effet, déclarés mandataires légaux des parties (5). En elle-même, cependant, la proposition manque d'exactitude; et, à vrai dire, elle n'avait pas dans l'arrêt où elle apparaît pour la première fois la signification précise qui lui a été donnée depuis. C'est, comme nous l'avons expliqué (loc. cit.), dans une pensée de bienveillance, et, suivant l'expression de M. Troplong lui-même, pour venger les notaires de l'injustice qu'on leur faisait, que la Cour de cassation les considérait comme mandataires dans une espèce

(1) Agen, 5 juill. 1833 (S. V., 34, 2, 46; Dalloz, 34, 2, 66).
(2) Req., 19 déc. 1821; Montpellier, 24 déc. 1841 (S. V., 22, 1, 306; 42, 2, 145; Dalloz, 22, 1, 195).
(3) Angers, 12 août 1825 (S. V., 26, 2, 328; Dalloz, 26, 2, 237).
(4) Voy. MM. Troplong (n° 217); Championnière et Rigaud (n° 1482). — Voy. aussi Merlin (Rép., v° Notaire, § 6, n° 4).
(5) C. cass., 24 juin 1840, 18 mars 1850, 24 janv. 1853 (S. V., 40, 1, 503; 50, 1, 381; 53, 1, 180; Dalloz, 40, 1, 259; 50, 1, 101; 53, 1, 29; J. Pal., 1840, 2, 188; 1850, 1, 699; 1853, 1, 525). Paris, 21 mai 1851, 27 août 1852, 22 juin 1853, 14 janv. et 13 juin 1854, 4 déc. 1855 (J. Pal., 1853, 2, 451 et 560; 54, 2, 477; 1856, 2, 277).

où les parties ne voulaient voir en eux que des *locatores operarum :* au fond, la proposition revenait à dire que, si tant est qu'il y ait lieu de procéder par assimilation, c'est au mandataire plutôt qu'au locateur d'ouvrage que le notaire doit être comparé.

Quoi qu'il en soit, le notaire, quand il est dans l'exercice de ses fonctions, c'est-à-dire quand il reçoit les dispositions des parties et constate leurs conventions, n'est pas plus mandataire qu'il n'est locateur d'ouvrage. Il n'est pas permis d'en douter devant la définition que le législateur a placée en tête de la loi du 25 ventôse an 11, qui est comme la charte du notariat. « Les notaires, dit l'art. 1er, sont les *fonctionnaires publics* établis pour recevoir tous les actes et contrats auxquels les parties doivent ou veulent faire donner le caractère d'authenticité attaché aux actes de l'autorité publique et pour en assurer la date, en conserver le dépôt, en délivrer des grosses et expéditions. » Les notaires sont donc des *fonctionnaires publics,* suivant la qualification de la loi elle-même. Et quand on songe qu'ils sont institués, d'après cet article, pour donner aux actes qu'ils reçoivent le caractère d'authenticité *attaché aux actes de l'autorité publique;* que, suivant l'art. 19 de la même loi, leurs actes font foi en justice et *sont exécutoires dans toute l'étendue de l'empire;* qu'aux termes de l'art. 25, les grosses qu'ils délivrent sont intitulées et terminées *dans les mêmes termes que les jugements des tribunaux;* cette qualification de *fonctionnaire public* donnée par la loi au notaire apparaît pleinement justifiée. Cela étant, on pourra bien dire du notaire instrumentant, ou accomplissant un acte de sa fonction publique, qu'il est le mandataire de la loi ou de l'autorité souveraine dont il est le délégué; mais on ne pourra pas dire avec exactitude qu'il est le mandataire légal des parties dont il reçoit et constate les conventions. Ajoutons, d'ailleurs, que la nature même des choses y résiste invinciblement. Le mandat suppose l'absence de la partie et l'intervention d'une personne agissant ou stipulant pour la partie et au nom de celle-ci. Or, ici, la partie est à l'acte soit par elle-même, soit par un fondé de pouvoir. Quant au notaire, qui est aussi à l'acte, il ne fait rien au nom des parties; il ne le pourrait même pas, et c'est précisément le fondement de la jurisprudence, qui prononce la nullité des actes dans lesquels le notaire paraît stipuler pour le créancier absent (1) : s'il est à l'acte, c'est seulement comme rédacteur, pour donner à la convention l'authenticité attachée aux actes de l'autorité publique, ce qu'il ne pourrait pas faire assurément s'il était le mandataire des parties (2).

854. Mais s'il n'est pas un mandataire *légal* quand, procédant dans l'exercice de ses fonctions, il constate les conventions des parties et leur confère l'authenticité, le notaire peut du moins être constitué manda-

---

(1) Rouen, 2 fév. 1829; Toulouse, 31 juill. 1830; Cass., 11 juill. 1859 (S. V., 30, 2, 175; 31, 2, 133; 59, 1, 551; Dalloz, 30, 2, 154; 31, 2, 124; 59, 1, 401; *J. Pal.*, 1859, p. 775).

(2) Nous traitons ce point de droit avec l'étendue qu'il comporte dans notre *Traité de la Responsabilité notariale*, traité encore inédit, sauf quelques fragments publiés dans la *Revue du notariat et de l'enregistrement* (*voy.* notamment t. II, n° 181).

taire *conventionnel,* soit pour l'exécution de ces conventions, soit même dans un tout autre objet. Il n'y a pas, en effet, d'incompatibilité entre les fonctions publiques dont le notaire est investi et les agissements d'un mandataire conventionnel. On peut dire même qu'en bien des circonstances, notamment pour les placements de fonds, les transactions à conclure, les inscriptions hypothécaires à effectuer, les mainlevées et radiations à requérir, etc., le notaire est naturellement indiqué par sa situation même au choix de celui qui, ne voulant ou ne pouvant pas agir par lui-même, est conduit à faire agir pour lui et en son nom : seulement, nous ne croyons pas que ce mandat conventionnel puisse être admis par supposition. Il ne saurait suffire, assurément, que la qualité du notaire et celle du client soient constantes, que les relations existant entre eux soient établies, pour que le mandat tacite puisse être induit de là, comme on l'induirait, suivant les circonstances, de la situation du notaire vis-à-vis de son clerc. C'est donc à tort, nous n'hésitons pas à le dire, que la Cour de Paris, en déclarant un notaire responsable vis-à-vis de son client, a fait résulter le mandat, cause première de la responsabilité, de présomptions diverses, au premier rang desquelles figurait la circonstance que l'officier public condamné était le notaire habituel de la partie (1). Évidemment, il n'y a pas de lien nécessaire entre l'idée de mandat et le fait relevé par la Cour de Paris. Il ne s'agit pas, dans notre hypothèse, d'un acte de la fonction du notaire, d'un de ces actes à l'occasion desquels le notaire est, par la volonté de la loi, sinon le mandataire, au moins le conseil des parties dont il constate les conventions; il s'agit d'actes absolument étrangers à la fonction, et à raison desquels le mandat, encore une fois, ne saurait être supposé. Le mandat, ici, n'existe avec certitude qu'à la condition d'être exprès ou au moins avoué : on ne peut, sans créer un véritable danger pour le notaire, le faire résulter de la situation respective des parties. Ainsi, même quand une partie est le client habituel d'un notaire, il faut, pour qu'il y ait mandat conventionnel, que la proposition en ait été faite au notaire, qu'elle ait été acceptée par celui-ci, et le mandat n'existe ensuite que dans la mesure de la convention formée à cet effet. Encore même ne suffit-il pas que le mandat soit exprès; il faut, de plus, que l'existence en soit prouvée.

Mais ceci touche à la preuve; nous y reviendrons tout à l'heure. Complétons d'abord nos observations sur le mandat tacite.

855. Après les exemples tirés de la situation respective du mandant et du mandataire, nous passons au mandat tacite résultant d'actes ou de faits. Disons, en premier lieu, dans cet ordre d'idées, que l'existence d'un mandat tacite à l'effet de recevoir un payement peut être reconnue en la personne d'un huissier, d'un notaire, des clercs soit de notaires, soit d'avoués. Il a été décidé, en ce sens, que l'huissier porteur du titre, et qui a ainsi pouvoir de mettre ce titre à exécution, a par cela même

---

(1) Paris, 13 juin 1854; Rej., 14 fév. 1855 (S. V., 54, 2, 695; 55, 1, 171; *J. Pal.,* 1854, t. II, p. 477; 1856, t. II, p. 503; Dalloz, 55, 1, 170).

pouvoir suffisant pour recevoir la somme due et en donner quittance (1). Cependant il importe de s'attacher aux circonstances de chaque affaire, et il ne faudrait pas dire d'une manière absolue que, par exemple, un notaire sera investi du mandat tacite de recevoir par cela seul qu'une clause de l'acte rédigé par lui porterait que le payement serait effectué en son étude. La jurisprudence est fixée, au contraire, en ce sens que la simple indication d'un lieu pour le payement d'une créance, même dans l'étude d'un notaire, ne confère pas de plein droit et à elle seule pouvoir au notaire de recevoir et de donner quittance (2) : c'est seulement quand l'indication du lieu de payement concourt et se combine avec d'autres circonstances que les juges du fond peuvent induire du tout le mandat tacite à l'effet de recevoir payement (3).

856. Il en faut dire autant de l'élection de domicile, qui fréquemment figure dans les actes. En général, les élections de domicile, quand il n'y a pas de circonstance qui vienne leur donner une signification particulière, sont des clauses en quelque sorte de style au moyen desquelles ceux qui les stipulent s'assurent, soit, en cas de contestation, qu'ils seront jugés par le tribunal du lieu où l'acte est passé, soit, en cas d'offre réelle, qu'il n'y aura pas à colporter des fonds dans tel ou tel lieu plus ou moins éloigné où le créancier pourrait avoir son domicile. Il ne faudrait donc pas dire que le mandat tacite résulte de telles clauses, et il a été justement décidé que l'élection de domicile faite dans un commandement de payer n'emporte pas, pour la personne chez laquelle le domicile est élu, mandat de recevoir la somme due au créancier et d'en donner quittance (4). Mais lorsque des faits plus ou moins expressifs viennent s'ajouter à cette stipulation d'élection de domicile, ils lui prêtent une signification qu'elle n'a pas à elle seule, et spécialement ils peuvent conduire à voir un mandataire tacitement constitué dans celui chez qui le domicile est élu. La Cour de cassation en a décidé ainsi à l'égard d'un huissier qui, en signifiant un acte, avait fait lui-même *volontairement,* pour celui au nom duquel il instrumentait, élection de domicile en son étude; ou du moins elle a décidé qu'en un tel cas l'huissier peut être considéré comme s'étant ainsi constitué mandataire et comme responsable, à ce titre, de tous dommages résultant de sa négligence dans l'accomplissement du mandat (5).

857. Ceci dit sur les circonstances d'où l'on peut induire l'existence d'un mandat, complétons nos observations en ce qui concerne le contrat pris dans son ensemble en ajoutant qu'il peut être limité dans sa durée par la stipulation d'un terme ou modifié par une condition. Le mandant

---

(1) Req., 3 déc. 1838, 3 août 1840 (S. V., 39, 1, 339; 40, 1, 924; Dalloz, 39, 1, 37; 40, 1, 273).
(2) Cass., 23 nov. 1830, 21 nov. 1836 (S. V., 31, 1, 153; 36, 1, 892; Dalloz, 30, 1, 405; 37, 1, 53). Bordeaux, 11 juill. 1859; Lyon, 16 fév. 1860 (S. V., 60, 2, 680; 61, 2, 607; Dalloz, 60, 2, 78 et 92; *J. Pal.,* 1860, p. 1014; 1861, p. 1043).
(3) Rej., 12 mars 1844 (S. V., 44, 1, 321; Dalloz, 44, 1, 212).
(4) Req., 6 frim. an 13 (S. V., 5, 1, 233; Coll. nouv., 2, 1, 30; Dalloz, 5, 1, 126; alph., 6, 390).
(5) Req., 9 mars 1837 (S. V., 37, 1, 301; Dalloz, 37, 1, 206).

peut, en effet, comme l'exprime Pothier (1), charger le mandataire de faire pour lui une affaire déterminée, pendant un certain temps ou jusqu'à un certain temps, ou au cas qu'une certaine condition arrive ; et réciproquement le mandataire peut, en acceptant le mandat, déclarer qu'il s'en charge pour l'exécuter et l'accomplir soit après un certain temps, soit quand telle condition sera réalisée.

Et maintenant, reprenons distinctement, toujours au point de vue des conditions de forme, les deux éléments du contrat, c'est-à-dire le pouvoir d'agir ou la procuration, dont s'occupe le premier paragraphe de notre article, et l'acceptation, à laquelle se réfère le paragraphe second.

III. — 858. Nous savons que le mandat peut être exprès ou tacite, verbal ou écrit. Mais on comprend que, s'agissant ici des conditions de forme, il ne sera question, en général, que du mandat *écrit* (*voy.* cependant *infrà,* n° 867). Nous laissons donc à l'écart le mandat *verbal* et le mandat *tacite,* sauf à y revenir et à compléter les observations déjà présentées à cet égard (*suprà,* n°ˢ 844 et suiv.) quand nous traiterons de la preuve du contrat (*infrà,* n°ˢ 873 et suiv.).

859. Le mandat, selon l'expression de l'art. 1985, § 1ᵉʳ, peut être donné ou par acte public, ou par écrit sous seing privé, même par lettre. C'est le plus habituellement ainsi que se forme le contrat, au moins quant à la proposition qui émane du mandant. Celui-ci déclare dans cet acte, auquel notre article donne le nom de *mandat* en le prenant comme synonyme du mot *procuration* (*suprà,* n° 796), qu'il *charge* une personne, ou qu'il lui *donne pouvoir,* ou même qu'il la *prie,* de faire pour lui et en son nom tel ou tel acte juridique. En général, en effet, les termes, comme l'enseigne Pothier, sont de peu d'importance ; et pourvu que le mandat exprime la volonté, de la part du mandant, de charger un tiers d'agir à sa place et en son nom, il y a mandat constitué : « Sive » *rogo,* sive *volo,* sive *mando,* sive alio quocumque verbo scripserit, » mandati actio est. » (L. 1, § 2, ff. *Mandat.*) (2)

860. Il n'est même pas nécessaire que le mandant inscrive lui-même dans l'acte le nom de la personne à laquelle le pouvoir d'agir est conféré. La procuration peut, en effet, être donnée en blanc, et il arrive très-fréquemment dans la pratique qu'elle est donnée ainsi. Celui à qui elle est remise remplit alors le blanc en y écrivant le nom de la personne qu'il juge à propos de choisir ; et cette personne joue le rôle de mandataire à l'égard des tiers. Toutefois, si la désignation était faite par un autre, la procuration pourrait être arguée de nullité, même contre les tiers, par le mandant, à la charge, bien entendu, de prouver qu'elle a été remplie par un autre que celui à qui elle avait été donnée en blanc (3).

861. En général, le mandant a le choix de la forme : il peut opter

---

(1) Pothier (n°ˢ 34 et 35).
(2) Pothier (n° 30).
(3) *Voy.* MM. Toullier (t. VIII, n°ˢ 257, 258 et 269) ; Duranton (t. XIII, n°ˢ 127 et 128) ; Aubry et Rau (t. VI, p. 376 et 377).

entre l'acte sous seing privé et l'acte public ou notarié. Cette faculté de choisir comporte cependant certaines limitations : nous les indiquerons tout à l'heure. Auparavant il y a , sur l'une et l'autre forme, quelques points à préciser.

862. Et d'abord, quand le mandat est constitué par acte sous seing privé, il n'y a pas lieu de remplir la formalité du double écrit. L'art. 1325 du Code Napoléon, qui prescrit cette formalité, en exige l'observation seulement pour les actes sous seing privé contenant des conventions *synallagmatiques*. Or, nous savons que le mandat est un contrat unilatéral ; il n'est qu'imparfaitement synallagmatique (*supra*, nº 801).

863. Que si le mandat était constitué à l'effet d'emprunter, là formalité du *bon* ou *approuvé* prescrite par l'art. 1326 du même Code ne serait pas non plus nécessaire. Elle n'est exigée par cet article que pour le billet ou la promesse sous seing privé non écrit en entier par le souscripteur, et par lequel une seule partie s'engage envers l'autre à lui payer une somme d'argent ou une chose appréciable. Or, une telle obligation, si elle doit se produire dans l'acte d'emprunt qui sera ultérieurement contracté par le mandataire en exécution du mandat, ne se trouve pas du moins dans le mandat même à l'effet d'emprunter. La formalité du *bon* ou *approuvé* pourra donc être nécessaire pour la validité de l'acte d'emprunt en tant que cet acte ne serait pas écrit en entier de la main du mandataire représentant le mandant; mais l'accomplissement n'en saurait être exigé pour la validité de la procuration à l'effet d'emprunter. Cela résulte d'un arrêt récent de la Cour de cassation (1).

La Cour s'est prononcée ainsi dans une espèce où la procuration, conçue en termes généraux, n'exprimait pas même approximativement l'importance des emprunts à contracter, et cette circonstance, relevée par les juges du fond, avait été invoquée comme susceptible d'écarter l'application de l'art. 1326. L'arrêt de rejet semble n'avoir pas voulu consacrer cette solution, qui, en effet, va contre l'opinion sinon unanime, au moins générale, d'après laquelle la règle du bon ou approuvé s'applique aux obligations indéterminées aussi bien qu'aux obligations déterminées. Nous pensons aussi, de notre côté, que, par elle-même, cette circonstance ne suffirait pas pour que le mandat fût affranchi de la règle établie par l'art. 1326 : s'il échappe à cette règle, c'est que, dans aucune hypothèse, soit qu'il précise, soit qu'il ne précise pas l'importance des emprunts à contracter, le mandat ne contient l'*obligation de sommes* en vue de laquelle l'art. 1326 a été édicté.

864. Lorsque le mandat est constitué par acte authentique, spécialement quand l'acte est fait par-devant notaire, il peut être reçu en brevet. La loi du 25 ventôse an 11 sur le notariat est explicite sur ce point.

---

(1) Req., 6 fév. 1861 (Dalloz, 61, 1, 366; S. V., 62, 1, 72 ; *J. Pal.*, 1862, p. 321). *Voy.*, en ce sens, MM. Toullier (t. VIII, nº 303); Marcadé (art. 1326, nº 1); Bonnier (*Des Preuves*, nº 595); Massé et Vergé, sur Zachariæ (t. III, p. 504); Aubry et Rau (t. VI, p. 389); Larombière (art. 1326, nº 8).

L'art. 20 dit, en effet : « Les notaires seront tenus de garder minute de tous les actes qu'ils recevront. Ne sont néanmoins compris dans la présente disposition les certificats de vie, *procurations*, actes de notoriété; quittances de fermage, de loyers, de salaires; arrérages de pensions et rentes, et autres actes simples qui, d'après les lois, peuvent être délivrés en brevet. » On a cependant soutenu que, dans quelques cas spéciaux, par exemple pour les acceptations de donation (1) et les reconnaissances d'enfant naturel (2) par mandataire, le notaire doit garder minute de la procuration. On s'est fondé d'une part sur l'art. 933 du Code Napoléon, qui, en exigeant que la procuration à l'effet d'accepter une donation soit faite par-devant notaire, ajoute qu'une *expédition* en devra être annexée à la minute de la donation; et, d'une autre part, sur la loi du 21 juin 1843, qui, sous le rapport des solennités auxquelles elle astreint certains actes pour l'avenir, assimile complétement les reconnaissances d'enfant naturel aux donations et les procurations à l'effet de consentir de tels actes à ces actes eux-mêmes. Mais c'est attacher trop d'importance au mot *expédition* dont se sert le législateur dans l'art. 933 du Code Napoléon, comme aussi c'est ajouter à la loi du 21 juin 1843, qui, en exigeant la présence du notaire en second comme solennité nouvelle, pour certains actes, n'a rien dit qui, soit explicitement, soit implicitement, déroge au principe général posé dans l'art. 20 de la loi du 25 ventôse an 11. En définitive, on ne voit aucun motif sérieux pour ne pas maintenir dans la règle commune les procurations à l'effet de consentir les actes dont il s'agit ici (3).

865. Comme nous l'avons indiqué, la loi limite dans quelques cas la faculté laissée en général au constituant de choisir entre l'acte sous seing privé et l'acte notarié pour donner mandat ou procuration. Dans ces cas exceptionnels, la procuration doit être donnée par-devant notaire. Il en est ainsi, d'abord, quand la loi exige formellement elle-même l'authenticité de la procuration. Le Code Napoléon contient une disposition explicite à cet égard dans les art. 36, 66 et 933, § 2, pour les cas où le mandataire doit comparaître devant l'officier de l'état civil, former opposition à un mariage et accepter une donation entre-vifs; il exige, dans ces trois cas, que le mandataire soit porteur d'une procuration authentique.

Depuis la loi précitée du 21 juin 1843, il faut mettre au nombre des cas exceptionnels ceux que l'art. 2 de cette loi y ajoute en exigeant l'authenticité de la procuration si le mandataire est constitué à l'effet de consentir une donation entre-vifs, ou entre époux pendant le mariage, une révocation de donation ou de testament, ou une reconnaissance d'enfant naturel : l'authenticité ordinaire ne suffit pas même alors; la loi exige cette authenticité spéciale qui résulte de la présence réelle du notaire en second ou des témoins.

---

(1) *Voy.* MM. Troplong (*Donat.*, n° 1113); Duranton (t. VIII, n° 431).
(2) M. Girerd (*Rev. prat.*, t. IX, p. 133 et suiv.).
(3) *Voy.* MM. Toullier (t. V, n° 191); Aubry et Rau (t. V, p. 659, note 6).

Enfin, l'authenticité de la procuration doit être admise également comme une nécessité découlant forcément de la disposition de la loi toutes les fois que cette authenticité est exigée pour l'acte qui est l'objet même du mandat. Vivement contesté à l'origine, ce point de droit va s'établissant de plus en plus solidement chaque jour; et la jurisprudence, qui pendant longtemps avait persisté à se prononcer en sens contraire, a fait retour, dès l'année 1854, aux véritables principes, et s'y est tenue depuis avec fermeté. Nous avons mis à établir ou à justifier ces principes assez d'insistance, dans notre *Traité-Commentaire des Privilèges et Hypothèques,* pour que nous n'ayons pas à reprendre ici notre démonstration. En nous référant donc à nos observations sur ce point (*loc. cit.*, nos 470, 657, 1074), nous généralisons la solution, qu'il faut étendre de la subrogation à l'hypothèque légale de la femme, de la constitution d'hypothèque et de l'acte de mainlevée d'inscription à tous les actes pour lesquels la loi exige la forme authentique. Ainsi le mandataire doit être porteur d'une procuration notariée pour représenter le mandant soit dans un acte de subrogation conventionnelle consentie aux termes de l'art. 1250, § 2, soit dans un contrat de mariage (art. 1394), soit dans une cession de brevet d'invention (l. du 5 juillet 1844, art. 20, § 2). La chambre civile de la Cour de cassation a consacré ce point de droit précisément dans l'une de ces hypothèses, en décidant que le contrat de mariage passé en l'absence de l'un des futurs époux est nul, bien que le père se soit porté fort pour le futur absent (1).

866. Mais l'arrêt exprime, entre autres motifs, « que la validité du mandat est nécessairement subordonnée *à l'observation de la forme essentielle de l'acte qu'il a pour objet.* » Or, la formule est trop générale; il faut la renfermer évidemment dans l'ordre même d'idées en vue duquel elle est posée : car, prise à la lettre, la règle ainsi formulée serait condamnée par ses conséquences mêmes. En effet, la loi exige la publicité de l'acceptation d'une succession sous bénéfice d'inventaire (C. Nap., art. 793), de la renonciation à une succession (art. 784) et de la renonciation à la communauté (art. 1457). On n'en saurait conclure néanmoins, c'est du moins l'opinion générale, que la procuration à l'effet de renoncer à une succession ou à une communauté, ou d'accepter une succession sous bénéfice d'inventaire, doive être en la forme authentique (2). Et quand même on serait tenté de s'arrêter à l'induction contraire, l'authenticité de la procuration, en pareil cas, ne serait pas précisément « la forme essentielle à l'acte que le mandat a pour objet. » Il faudrait, pour arriver à une conformité exacte, que la procuration fût donnée au greffe, ce que nul, pensons-nous, ne saurait exiger.

867. La procuration à l'effet d'accepter bénéficiairement ou de renoncer devra-t-elle au moins être donnée par écrit? MM. Aubry et Rau

(1) Rej., 29 mai 1854 (S. V., 54, 1, 437; Dalloz, 54, 1, 208; *J. Pal.*, 1854, t. II, p. 251).
(2) *Voy.* MM. Aubry et Rau (t. V, § 612, note 9; 613, note 7).

n'hésitent pas à se prononcer pour l'affirmative, et ils invoquent à ce sujet l'art. 1988 (1). Mais cet article est évidemment ici hors de cause : il ne règle ni la forme, ni la preuve du contrat de mandat; il a trait à l'étendue des diverses espèces de mandat. Sans doute, la procuration en question devra être expresse, et le pouvoir d'accepter ou de répudier une succession ne sera pas compris dans un mandat conçu en termes généraux (*infrà*, n° 932). C'est là tout ce qui résulte de l'art. 1988, que les auteurs éminents dont nous contestons la doctrine paraissent avoir confondu ici avec notre art. 1985. Et la confusion de leur part s'explique d'autant moins qu'ils ont eux-mêmes reconnu et nettement établi que le mandat d'accepter une succession *purement et simplement* peut être conféré verbalement (2). Or le mandat d'accepter purement est, en ce qui concerne l'application de l'art. 1988, sur la même ligne que le mandat d'accepter bénéficiairement. — Au surplus, nous reconnaissons qu'en pratique la procuration à l'effet d'accepter sous bénéfice d'inventaire ou de renoncer sera presque toujours écrite; mais ce n'est pas une raison pour dire qu'elle serait inefficace ou nulle si elle était donnée verbalement.

VI. — 868. Passons maintenant à l'acceptation du mandat, c'est-à-dire à ce qui, en manifestant le consentement du mandataire et son intention de s'obliger, complète le contrat. De même que la procuration, l'acceptation peut être donnée en termes exprès et par écrit, soit dans l'acte même qui contient la constitution du pouvoir conféré par le mandant, soit dans un acte séparé, soit même dans une simple lettre. Dans ce cas, nous n'avons à préciser, quant à la forme et quant au lien de droit, rien que nos observations précédentes n'aient déjà fait pressentir. L'acceptation est-elle faite par acte sous seing privé, on dira de cet acte ce que nous avons dit de la procuration elle-même, qu'étant essentiellement unilatéral, il n'est pas assujetti à la formalité du double écrit. L'acceptation est-elle faite par lettre, le contrat est formé à l'instant même et devient obligatoire pour les parties, bien que le fait de l'acceptation constatée par la lettre ne soit pas encore connu du mandant (3).

869. Mais il n'est pas nécessaire, pour former le contrat de mandat, que l'acceptation soit écrite, ni même expresse. Aux termes de notre article, elle peut n'être que tacite et résulter de l'exécution donnée au mandat par le mandataire. En ceci, l'art. 1985 consacre des règles que Pothier rappelle en ces termes : celui à qui le pouvoir est donné par la procuration, est censé l'accepter tacitement, aussitôt qu'il commence à faire ce qui est porté par la procuration; le contrat de mandat est formé par cette acceptation tacite; il oblige le mandataire à parachever le surplus de ce qui est porté par la procuration, et à rendre compte, de même que s'il était intervenu une acceptation expresse (4). Rien, d'ail-

(1) *Voy.* MM. Aubry et Rau (*loc. cit.*).
(2) *Id.* (§ 611, note 38).
(3) *Voy.* M. Troplong (n°ˢ 106 et 109).
(4) Pothier (n° 31).

leurs, plus que cela n'est conforme aux principes généraux du droit actuel sur la manifestation de la volonté.

870. Maintenant faut-il aller plus loin et induire l'acceptation tacite de faits même négatifs et avant tout acte d'exécution? La question s'était posée, dans l'ancien droit, entre les auteurs, et plusieurs estimaient d'une manière absolue que celui à qui une procuration avait été remise ou envoyée était censé accepter le mandat avant même d'avoir commencé à l'exécuter, par cela seul qu'il avait reçu l'acte sans dire qu'il ne voulait pas se charger de l'affaire et sans le renvoyer. Cependant cette opinion n'était pas dominante; des idées moins absolues et plus équitables avaient prévalu (1). Les choses s'étaient-elles passées entre présents, on tenait qu'il y avait acceptation tacite et consentement à s'obliger de la part du mandataire qui, en recevant la procuration des mains du mandant, n'exprimait pas qu'il refusait de s'en charger. Au contraire, les choses s'étaient-elles passées entre absents ou par correspondance, on estimait, en thèse générale, que la rétention de la procuration par celui à qui elle avait été envoyée, ou le défaut de réponse à une lettre par laquelle l'affaire lui avait été offerte, ne suffisait pas pour faire présumer l'acceptation, la rétention de la procuration ou le défaut de réponse pouvant être l'effet de la négligence ou de l'oubli; et sauf le cas où à raison de la profession il y avait lieu de présumer l'acceptation, par exemple si l'envoi avait été fait à un procureur *ad lites,* on pensait que c'était au juge de décider, d'après les circonstances, si ou non la procuration avait été tacitement acceptée.

Ces distinctions peuvent encore donner aux tribunaux le moyen de reconnaître le parti auquel ils devront s'arrêter de préférence (2). Mais en elles-mêmes elles ne sont pas susceptibles de fournir des solutions tranchées; en sorte que, dans toutes les situations, les juges auront à faire usage de leur droit souverain d'appréciation et à se prononcer d'après les circonstances.

V. — 871. Arrivons enfin à la preuve du mandat. Comme nous l'avons fait remarquer, l'art. 1985 a touché corrélativement à ce point en exprimant que le mandat peut être donné verbalement, mais que « la preuve testimoniale n'en est reçue que conformément au titre *Des Contrats ou des Obligations conventionnelles en général.* » Précisons, avant tout, la situation même que le législateur a eue en vue dans cette disposition.

872. Et d'abord, il n'est question en aucune manière du cas où le mandat est constaté par écrit. Il n'y a donc pas à insister sur ce cas, dans lequel, en effet, aucune difficulté particulière ne peut s'élever au point de vue de la preuve. L'acte même ou l'écrit contenant le mandat prouvera l'existence de ce mandat; et, en général, tout écrit, fût-ce même une lettre, y pourra suffire. La Cour de cassation a décidé, en ce sens, qu'une lettre missive contenant mandat de vendre un immeuble a

---

(1) Pothier (n°ˢ 32 et 33).
(2) *Voy.* là-dessus MM. Troplong (n°ˢ 148-152); Mourlon (t. III, p. 431); Boileux (t. VI, p. 571).

pu être considérée non-seulement comme prouvant l'existence de ce
mandat, mais encore comme établissant la modification portée par cette
lettre à un mandat antérieur, donné par acte authentique, et qui exceptait le même immeuble du nombre de ceux que le mandataire avait pouvoir de vendre (1).

873. La disposition précitée de notre article est donc faite pour le
mandat *non écrit :* c'est dire que le mandat *tacite,* bien qu'il ne soit pas
spécialement dénommé, est compris dans la disposition aussi bien que
le mandat *verbal.* A cet égard, tout peut être ramené à cette proposition
fort simple : le contrat de mandat, placé sous l'empire des principes du
droit commun pour ce qui est de la manifestation de la volonté (*suprà,*
n° 845), est également soumis aux règles du droit commun en matière
de preuve (2). Rien, d'ailleurs, n'est plus conforme à l'intention dont
les rédacteurs du Code étaient animés lorsque, sur l'observation du
Tribunat (*loc. cit.*), ils ont modifié la première rédaction de l'art.
1985 (3); et rien ne se concilie mieux avec cet article tel qu'il a été
définitivement rédigé. Si donc nous avons dû reconnaître l'existence du
mandat tacite, en principe, nous devons dire maintenant que le mandat
tacite, pas plus que le mandat verbal, ne peut être prouvé que d'après
les règles du droit commun consacrées par les art. 1341, 1343, 1353,
auxquels notre art. 1985 se réfère expressément.

874. Mais il en est autrement en ce qui concerne la gestion d'affaires
que nous avons définie plus haut (*suprà,* n° 846). C'est là un quasi-
contrat, et conséquemment son existence ou les obligations qui en résultent peuvent toujours être établies au moyen de présomptions ou par
la preuve testimoniale, conformément à l'art. 1348 du Code Napoléon.
Les tribunaux, en général, tiennent compte de la différence notable
existant, sous ce rapport, entre le quasi-contrat de gestion d'affaires et
le contrat de mandat. Nous ne voudrions pas dire qu'il ne leur soit pas
arrivé de la méconnaître, ou que, du moins, confondant ces deux agissements, ils n'aient pas parfois, contrairement aux prohibitions des art.
1341, 1343, 1353 du Code Napoléon, cherché dans les circonstances
de la cause la preuve de l'existence d'un mandat, comme s'il se fût agi
de la gestion d'affaires (4). Mais, au fond, les tribunaux, en général, ne
s'y sont pas trompés. Quand ils ont dû ou cru devoir regarder les agissements d'une personne comme se rattachant à une gestion d'affaires,
c'est-à-dire à des démarches personnelles, à des agissements spontanés,
à une ingérence, enfin, qui par elle-même exclut la participation du
maître et ne permet pas, par conséquent, à celui-ci de se procurer une
preuve écrite, ils sont restés fermes dans cette idée que la gestion n'est
pas soumise, quant à la preuve de son existence ou des obligations qui

(1) Cass., 6 fév. 1837 (S. V., 37, 1, 201; Dalloz, 37, 1, 146).
(2) Req., 17 nov. 1856 (S. V., 58, 1, 64; Dalloz, 57, 1, 58; *J. Pal.,* 1858, p. 251).
(3) Locré (t. XV, p. 219, 220, 226, 244-246); Fenet (t. XIV, p. 568, 575, 591-593).
(4) *Voy.* les arrêts déjà cités de Paris, 13 juin 1854, et de Rej., 14 fév. 1855 (S. V.,
54, 2, 695; 55, 1, 171; *J. Pal.,* 1854, t. II, p. 477; 1856, t. II, p. 503; Dalloz, 55, 1,
170). *Voy.* aussi Req., 10 juin 1841, 7 mars 1842 (S. V., 41, 1, 861; 42, 1, 207).

en résultent, aux prohibitions établies en matière d'obligations conventionnelles, et, partant, que le fait peut être établi soit par l'ensemble des circonstances de la cause sans qu'il soit nécessaire d'un écrit, soit au moyen de la preuve testimoniale, quelle que soit la valeur du litige (1). Au contraire, quand les agissements ont apparu comme se rapportant à un mandat, à une procuration dont il aurait dépendu de la partie de retirer une preuve écrite, les tribunaux n'ont pas cru devoir faire taire les prohibitions des art. 1341, 1343, 1353, et tout en décidant qu'il leur appartient d'apprécier, d'après les circonstances de la cause et la nature de l'affaire, l'étendue du mandat et des obligations du mandataire, ils ont reconnu que, *pour ce qui est de l'existence même du mandat,* elle doit être établie suivant les règles ordinaires de la preuve des obligations conventionnelles (2).

Il faut dire maintenant en quoi consistent ces règles et à qui elles peuvent être opposées.

875. Sur le premier point, il n'y a pas de discussion possible. Quand il n'y a pas de convention écrite, l'aveu ou le serment peut suppléer au défaut d'écrit, et, dans ce cas, la preuve est faite quant à l'existence de la convention, verbale ou tacite, sur laquelle repose le mandat. Mais lorsque la convention n'est ni reconnue, ni avouée, il faut dire que, sauf le cas où la valeur du litige n'excède pas la somme de 150 francs, et sauf aussi le cas où il y a un commencement de preuve par écrit, l'existence n'en peut pas être établie par témoins. C'est l'application littérale des règles générales sur la preuve des obligations (art. 1341, 1343, 1347), de ces règles précisément que notre art. 1985 déclare applicables au mandat.

Et si l'existence de la convention ne peut pas être établie au moyen de la preuve testimoniale, elle ne peut pas l'être non plus, et par cela même, par la preuve indirecte résultant des présomptions. Car c'est une règle de droit, consacrée par la loi positive (art. 1353), que les présomptions de l'homme, ces conséquences que le juge tire de faits reconnus pour arriver à la connaissance de faits contestés, marchent de pair avec la preuve testimoniale, et que si elles sont admissibles dans tous les cas où cette dernière preuve peut être autorisée, elles ne doivent, du moins, être admises que dans les mêmes cas.

876. Sur le deuxième point, il y aurait, d'après une opinion assez généralement admise, à distinguer entre les tiers et les parties contractantes : tandis que les principes du droit commun, relativement à la preuve, seraient rigoureusement maintenus pour les parties entre elles, il y aurait lieu de laisser aux tiers, par dérogation, la faculté d'établir l'existence du mandat à l'aide de la preuve testimoniale ou des présomptions de l'homme, lorsque le mandataire aurait agi au nom du mandant

(1) *Voy.* notamment Rej., 17 mars 1845; Bordeaux, 20 juin 1853 (S. V., 45, 1, 262; Dalloz, 45, 1, 186; 54, 2, 113; *J. Pal.,* 1845, t. I, p. 388; 1855, t. I, p. 288).
(2) Rej., 2 juin 1847, 30 juin 1852, 19 juill. 1854, 21 mai 1861 (*J. Pal.,* 1847, t. II, p. 188; 1852, t. II, p. 268; 1862, p. 49; Dalloz, 47, 1, 208; 55, 1, 25; 61, 1, 389; S. V., 54, 1, 603; 61, 1, 606).

et aurait ainsi désigné aux tiers le mandant comme obligé (1). On peut dire, à l'appui de cette solution, que le mouvement des affaires serait entravé si les tiers étaient dans la nécessité d'exiger la représentation d'un mandat écrit conférant le pouvoir d'agir à celui avec qui ils traitent. Néanmoins, quelque favorable que soit ce motif, nous ne pouvons le regarder comme suffisant en présence d'un texte absolu qui n'établit ni directement, ni indirectement, en faveur des tiers, aucune dérogation aux règles ordinaires sur la preuve. C'est pourquoi nous pensons que la Cour de cassation a fait une application exacte des principes en décidant que la preuve d'un mandat tacite ne peut être puisée dans de simples présomptions, et cela sans faire aucune distinction entre les parties et des tiers qui étaient en cause et qui, dans l'espèce, avaient un puissant intérêt à ce que l'existence du mandat fût reconnue (2).

La solution, en elle-même et dans sa rigueur, n'est pas exempte d'inconvénients et de dangers, nous en convenons : aussi ajouterons-nous, comme correctif, que les tiers pourront au moins considérer l'opération comme une gestion d'affaires, et prétendre, de ce chef, l'obligation du maître envers eux. Ils seront alors reçus à faire, par témoins ou simples présomptions, la preuve du quasi-contrat de gestion d'affaires, selon les règles ci-dessus rappelées (n° 874). Leur situation ne sera pas, sans doute, favorisée autant qu'elle l'eût été s'ils avaient pu produire la preuve du mandat; mais ils ne sont pas complétement à l'abri de reproche.

877. Quant à l'acceptation du mandat, la preuve en est soumise à des conditions moins rigoureuses. Cela tient à l'économie même de notre article, dont la disposition finale exprime que « l'acceptation du mandat peut n'être que tacite et résulter de l'exécution qui lui a été donnée par le mandataire. » Ainsi, tandis qu'il faut la preuve directe du mandat, et que ni la preuve testimoniale, ni par conséquent les présomptions de l'homme, ne suffisent à en établir l'existence, lorsque le mandat est verbal ou tacite, si ce n'est dans les cas exceptionnels où ces moyens sont admis d'après le droit commun, la voie des conjectures est largement ouverte en ce qui concerne l'acceptation, qui peut être tenue pour constante bien qu'elle n'ait été formulée ni verbalement, ni par écrit. Les tribunaux ont donc, en cette matière, un pouvoir fort étendu d'appréciation. Toutefois, ce pouvoir n'est pas illimité, comme on le pourrait croire en prenant à la lettre la disposition de la loi; il y a une règle que la raison suggère, que la nature même des choses indique, et qui supplée à la loi, dont la disposition, d'ailleurs, ne devait et ne pouvait pas être plus précise : il faut, après avoir reconnu et déterminé l'objet même du mandat produit ou allégué, n'admettre, comme faisant preuve de l'acceptation par le mandataire, que les faits absolument corrélatifs, si bien qu'on ne les puisse comprendre et qu'ils n'aient de raison d'être que comme exécution du mandat.

_____

(1) *Voy.* MM. Troplong (n°⁵ 142-145); Boileux (t. VI, p. 571); Taulier (t. VI, p. 516); Massé et Vergé, sur Zachariæ (t. V, p. 39, note 4).
(2) Cass., 7 mars 1860 (S. V., 60, 1, 542; Dalloz, 60, 1, 114; *J. Pal.*, 1861, p. 221).

878. La règle étant ainsi précisée, on comprend que nous n'avons pas à nous étendre sur l'application. Nous ajouterons seulement quelques exemples à ceux que le lecteur pourra trouver déjà dans les explications qui précèdent, en se reportant à ce que nous avons dit soit sur le trait distinctif entre le conseil et le mandat (*suprà*, n° 836), soit sur le mandat tacite résultant d'actes ou de faits (*suprà*, n°s 855 et suiv.).

Ainsi l'existence, aux mains d'un notaire, de pièces, de titres, de documents se rapportant à une affaire a été fréquemment présentée comme établissant par elle-même la preuve que le notaire détenteur avait accepté le mandat de suivre cette affaire et de la mener à fin. Il est clair, cependant, que le fait isolé peut n'avoir aucune corrélation avec l'objet même du mandat, auquel cas il ne saurait avoir la portée d'une acceptation. Ainsi en a justement décidé le Tribunal de Montargis vis-à-vis d'un notaire qui, liquidateur d'une succession, retenait entre ses mains le titre d'une créance que la péremption était venue atteindre. Le Tribunal a considéré que le notaire n'aurait pu être déclaré responsable de la perte de la créance qu'autant qu'il eût été établi qu'il avait mission d'en poursuivre le payement ou de provoquer du débiteur un titre nouveau (1). Mais supposons qu'un ensemble de titres ait été laissé entre les mains du notaire liquidateur, que la plupart aient été recouvrés par lui, et même que les sommes en provenant aient été par lui réparties entre les héritiers, il y a là une preuve évidente de l'acceptation du mandat par le mandataire, en sorte que s'il se retrouve entre ses mains un titre irrecouvré et tombé en péremption, le notaire détenteur peut être déclaré responsable de la perte (2).

879. La Cour de Paris a fait également l'application de la règle dans une affaire au jugement de laquelle nous avons concouru. Dans l'espèce, un notaire avait été chargé par le sieur T... de mettre en adjudication une maison appartenant aux époux D... Des affiches rédigées à cet effet indiquèrent la vente, et T... y était désigné pour fournir les renseignements sur la propriété. — Le jour de l'adjudication venu, le même T... se présenta comme mandataire de la demoiselle B..., par laquelle il avait été chargé d'enchérir jusqu'à concurrence de 25 500 fr., et qui elle-même, d'ailleurs, s'était entendue la veille avec les vendeurs sur les conditions de l'acquisition. L'immeuble fut adjugé à T... comme mandataire de la demoiselle B...; et celle-ci ayant été bientôt reconnue insolvable, les parties se trouvèrent en présence devant le Tribunal de Versailles : le notaire réclamant ses frais contre les époux D..., vendeurs, comme solidairement tenus au payement avec l'acheteur; les époux D... demandant reconventionnellement la condamnation du notaire, comme responsable pour avoir adjugé l'immeuble à une personne insolvable; et T... se défendant contre la demande en garantie formée contre lui par le notaire, qui l'avait mis en cause. — Dans cette position, le Tribunal de Versailles, par jugement du 31 mai 1861, crut de-

(1) Montargis, 11 janv. 1858 (Dalloz, 59, 3, 8). *Voy.* aussi Lyon, 18 juill. 1845 (Dalloz, 45, 2, 111).
(2) Trib. de Meaux, 5 avr. 1859 (Dalloz, 59, 3, 60).

voir condamner non-seulement le notaire, par des vues qui ne sont pas de notre sujet et auxquelles, par conséquent, nous n'avons pas à nous arrêter ici, mais encore T..., vis-à-vis de qui le jugement statuait en ces termes : « Attendu qu'il n'est ou ne saurait être contesté que T..., agent d'affaires, chargé, d'après les indications mêmes des affiches, des renseignements à donner sur la vente, il l'était par suite du mandat que lui avaient donné les époux D... pour, par ses soins et démarches, parvenir à la réalisation effective de celle-ci ; — attendu qu'en acceptant, en outre, de la fille B... le mandat (qui sans doute, de la part de celle-ci, devait être aussi salarié) de se porter pour elle acquéreur, ce qu'il a fait, il a commis à l'encontre des époux D... une faute engendrant vis-à-vis d'eux sa responsabilité ; qu'en enchérissant, en effet, pour une personne sur la solvabilité de laquelle il ne s'était pas ou s'était mal renseigné, il a personnellement contribué au résultat dommageable dont les époux D... réclament la réparation... »

Mais c'était là une exagération manifeste. Il n'y avait au procès ni pièce, ni acte constitutif du mandat dans les termes, du moins, où il était allégué par l'un des mandants ; il s'agissait donc d'un mandat verbal, lequel n'étant prouvé, quant à son existence, que par l'aveu du mandataire, devait être maintenu, quant à son objet et à sa portée, dans la mesure fixée par l'exécution même qui lui avait été donnée. Or, fournir des renseignements sur une propriété dont la vente est annoncée, ce n'est pas s'engager à procurer la vente effective de cette propriété. Et, d'un autre côté, se rendre adjudicataire au prix indiqué par celui-là même au nom de qui on porte l'enchère, ce n'est pas assurer que ce dernier est ou sera en position de solder ce prix. C'est là ce qui avait échappé au Tribunal de Versailles. La Cour de Paris, en infirmant la décision attaquée devant elle (1), a tenu compte de ces nuances dans un arrêt où se trouve la pleine confirmation de la règle ci-dessus indiquée, à savoir : qu'il ne faut admettre comme preuve de l'acceptation tacite d'un mandat que les faits absolument corrélatifs à l'objet même du mandat, si bien qu'on ne les puisse comprendre et qu'ils n'aient de raison d'être que comme exécution du mandat.

1986. — Le mandat est gratuit, s'il n'y a convention contraire.

SOMMAIRE.

I. 880. La gratuité était de l'*essence* du contrat de mandat en droit romain et dans notre ancienne jurisprudence française ; aujourd'hui elle est simplement de la *nature* du contrat. — 881. Il suit de là : d'une part, que la stipulation d'un salaire ne change pas la nature du mandat et ne le fait pas dégénérer en louage d'ouvrage ; — 882. D'une autre part, qu'elle ne change pas le caractère du contrat et n'en fait pas un contrat synallagmatique.

II. 883. En principe, le mandataire ne peut réclamer un salaire qu'autant qu'il y est autorisé par la convention. — 884. *Secùs* dans les mandats relatifs à des affaires dont le mandataire se charge par profession : dans ce cas, le mandat est réputé

(1) Paris, 23 nov. 1863 (*Gaz. des Trib.*, 29 nov. 1863 ; *le Droit*, 6 déc.).

salarié. — 885. Application de la règle au mandat commercial en général; — 886. Et à certains mandats en matière civile.

III. 887. En dehors de ces cas, le salaire n'est dû qu'autant qu'il est stipulé ou promis; mais la promesse, même vague, pourvu qu'elle soit sérieuse, suffit : il n'est pas nécessaire que le salaire soit fixé. — 888. La promesse peut même être tacite et induite des circonstances par les juges. — 889. En quoi le salaire peut-il consister, comment et quand est-il dû? Renvoi.

I. — 880. En droit romain, la gratuité était de l'*essence* du mandat. Il fallait, pour que le contrat ne perdît rien de sa nature ni de son caractère, que le mandant ne se fût pas obligé à payer quoi que ce soit, argent ou autre chose, qui fût le prix des soins confiés au mandataire, et que celui-ci eût accepté la gestion par un pur office d'ami. Sans cette condition de gratuité, la convention dégénérait en contrat de louage. « Mandatum, dit le jurisconsulte Paul, nisi gratuitum, nullum est : nam » originem ex officio atque amicitià trahit. Contrarium ergo est officio » merces : interveniente enim pecunià, res ad locationem et conductio- » nem potiùs respicit. » (L. 1, § 4, ff. *Mand. vel cont.*) Il n'était pas sans exemple, pourtant, que le mandant témoignât sa reconnaissance au mandataire même par la promesse ou par le don d'une somme d'argent. Mais il fallait que cette récompense, pour qu'elle n'altérât pas le caractère du contrat, n'intervînt qu'après coup et comme un témoignage de la gratitude qu'inspirait au mandant le service à lui rendu par le mandataire. Ainsi, fait après coup, le don ou la promesse était considéré comme laissant subsister la gratuité, sans laquelle il n'y avait pas de mandat proprement dit. C'est pourquoi, si l'honoraire promis après l'exécution du mandat pouvait bien être réclamé par le mandataire, ce n'était pas, du moins, par l'action *mandati,* la promesse ne faisant pas partie du contrat de mandat; ce n'était que par la poursuite extraordinaire (*per persecutionem extraordinariam*) devant le président de la province : « ... De pecunià, quam de propriis opibus, vel ab aliis » mutuæ acceptam erogasti, mandati actione pro sorte et usuris potes » experiri. *De salario autem, quod promisit, apud Præsidem provinciæ* » *cognitio præbebitur.* » (L. 1, C. *Mand. vel cont.*)

En se reportant aux commentaires de Domat et de Pothier, on voit que notre ancienne jurisprudence s'était approprié ces règles à peu de chose près. Les mandataires constitués, dit Domat, exerçant d'ordinaire un acte d'obligeance et un office d'ami, leur fonction est gratuite; et si on convenait de quelque salaire, ce serait une espèce de louage où celui qui agirait pour un autre donnerait pour un prix l'usage de son industrie et de son travail. Mais la récompense qui se donne sans convention et par honneur, pour reconnaître un bon office, est d'un autre genre, et ne change pas la nature de la procuration. De son côté, Pothier explique de même, avec plus de développements, qu'il est *de l'essence* du mandat d'être gratuit; que la stipulation d'un salaire fait dégénérer le contrat en louage d'ouvrage; et que, néanmoins, si pour témoigner sa reconnaissance du service rendu le mandant promet ou donne une somme d'argent au mandataire, le contrat ne laisse pas d'être un contrat de mandat, pourvu que ce qui est donné ou promis ne soit pas le prix du service rendu par le mandataire, ce service n'étant pas quelque chose d'appréciable (1).

L'art. 1986 nous montre qu'il n'en est plus ainsi aujourd'hui. En disant que « le mandat est gratuit, s'il n'y a convention contraire », cet article indique clairement que le mandat, quoique ordinairement gratuit, comporte néanmoins une convention de salaire, laquelle, même quand elle est contemporaine du contrat et fait corps avec lui, n'en change ni la nature ni le caractère. Cela revient à dire que la gratuité n'est plus de l'*essence,* qu'elle est simplement de la *nature* du contrat de mandat.

881. Ainsi, d'une part, puisque le salaire ne change pas la *nature* du contrat, on ne peut plus dire aujourd'hui, avec Pothier et Domat, que la stipulation d'un prix au profit du mandataire fait dégénérer le mandat en louage de service ou louage d'ouvrage. Une telle stipulation donne, il est vrai, au mandat un point de contact de plus avec le louage; mais le mandat, même salarié, n'en reste pas moins profondément distinct de ce dernier contrat. Au fond, c'est incontestable; et si un grave dissentiment s'est produit à cet égard, c'est seulement en ce qui concerne les signes auxquels on peut reconnaître et distinguer chacun des deux contrats. Mais nous nous sommes expliqué à cet égard en discutant les conditions de forme propres au contrat de mandat (*suprà,* n°s 823 et suiv.) : nous ne pouvons, ici, que nous référer à nos observations.

882. D'une autre part, puisque le salaire ne change pas le *caractère* du contrat, il faut conclure que la stipulation d'un salaire ne fait pas de la convention un *contrat synallagmatique.* En effet, l'obligation pour le mandant d'acquitter le salaire est purement éventuelle; c'est l'exécution du mandat qui seule lui donnera naissance; en sorte qu'elle pourra ne pas naître, par exemple si le mandat n'est pas exécuté, s'il est révoqué par le mandant avant d'avoir reçu un commencement d'exécution (2). Il est donc vrai que, même quand le mandat est salarié, le contrat reste unilatéral ou imparfaitement synallagmatique, en ce qu'une seule des parties, le mandataire, est obligée directement et nécessairement par la convention même (*suprà,* n° 801).

Ces conséquences juridiques de la règle étant déduites, voyons l'application.

II. — 883. Le mandat étant gratuit de sa nature, le mandataire ne peut, en principe, réclamer un salaire que s'il y est autorisé par la convention. C'est évidemment la pensée que les rédacteurs de l'art. 1986 ont entendu formuler en disant que le mandat est gratuit, *s'il n'y a convention contraire.*

884. Toutefois, la règle n'est pas absolue : elle ne saurait, en effet, être étendue aux mandats relatifs à des affaires dont le mandataire se

(1) Domat (*Lois civ.,* liv. I, tit. xv, sect. 1, n° 9); Pothier (n°s 22 et 23).
(2) *Voy.* M. Mourlon (5e édit., t. III, p. 437 et 438).

charge par profession. Celui qui vit de son état n'a pas besoin de stipuler un salaire quand il est chargé de faire au nom d'une personne un acte
de son ministère ou de sa fonction. Les usages qui, en général, déterminent le salaire ou l'indemnité due à cet agent pour les opérations dont il
se charge habituellement stipulent en quelque sorte pour lui. Le mandant est censé se référer à ces usages en ne s'expliquant pas, et le mandataire trouve ainsi dans la convention, même muette, une promesse implicite en vertu de laquelle il peut réclamer un salaire. On voit par là que
la réclamation ne serait interdite au mandataire qu'autant que, par une
dérogation expresse aux usages, la gratuité aurait été convenue entre
les parties : en sorte qu'en renversant ici la proposition formulée dans
l'art. 1986, on peut dire que, dans les cas auxquels nous faisons allusion, le mandat est *salarié,* à moins de convention contraire.

885. Faut-il maintenant préciser ces cas, nous mentionnerons en
première ligne les mandats relatifs aux affaires commerciales (le mandat commercial, la commission, le courtage). Le lucre étant l'objet
même du commerce, il est peu probable que la convention entre le
mandant et le mandataire chargé d'une opération commerciale ne fixe
pas la mesure dans laquelle ce dernier sera rémunéré. Mais, enfin, s'il
arrivait que la convention fût muette à cet égard, ce serait bien alors le
cas de dire que, de part et d'autre, les parties sont présumées avoir
laissé à l'usage le règlement de l'indemnité. C'est l'opinion des auteurs,
et la Cour de Rennes l'a confirmée en décidant que celui qui a accepté
et rempli les fonctions de subrécargue est fondé, encore qu'il n'y ait pas
eu stipulation d'appointements de sa part, à réclamer le droit de commission accordé par l'usage à ce genre de fonctions (1).

886. Nous mentionnerons ensuite certains mandats donnés en matière civile et qui par des considérations analogues se trouvent dans le
même cas. Par exemple, il est clair que lorsque je charge un avoué de
me représenter dans un procès, un huissier de poursuivre l'exécution
d'un acte, un agent d'affaires d'opérer un recouvrement, le mandat que
je donne est réputé salarié, et qu'à défaut d'une stipulation expresse
relativement aux honoraires ou à l'indemnité, la loi elle-même, par ses
tarifs, ou la coutume, complète la convention et autorise le mandataire
à réclamer ce qu'on donne habituellement pour l'affaire dont il est
chargé (2). C'est de toute évidence, surtout quand le mandat a pour
objet un acte de la profession du mandataire.

Mais il faut aller plus loin, et dire qu'à l'égard du mandataire dont il
s'agit ici, le mandat peut, à défaut de stipulation expresse, être réputé

_____

(1) Rennes, 9 avr. 1827 (S. V., Coll. nouv., 8, 2, 355). *Junge :* Paris, 24 juill. 1809
(S. V., 14, 2, 169; Coll. nouv., 3, 2, 106; Dalloz, alph., t. IX, p. 966). *Voy.* aussi
MM. Vincens (*Législ. comm.*, t. II, p. 112); Delamarre et le Poitvin (t. I, nᵒˢ 104 et
suiv.); Troplong (nᵒˢ 229 et suiv.); Massé (*Dr. comm.*, 1ʳᵉ édit., t. VI, nᵒ 311; 2ᵉ édit.,
t. IV, nᵒ 2674).
(2) *Voy.* MM. Troplong (nᵒ 249); Mourlon (t. III, p. 437); Massé et Vergé, sur Zachariæ (t. V, p. 36, note 7); Aubry et Rau (3ᵉ édit., t. III, p. 459, note 8). *Voy.* aussi
Rej., 18 mars 1818; Req., 23 nov. 1858 (S. V., 18, 1, 234; Coll. nouv., 5, 1, 453; 59,
1, 597; Dalloz, 18, 1, 239; 59, 1, 131; *J. Pal.*, 1859, p. 1047).

salarié, même lorsque les actes qu'il a pour objet ne se rapportent qu'indirectement à la fonction ou à l'état du mandataire. C'est ainsi que des
honoraires, quoique non stipulés, ont été alloués à un notaire à raison
des soins qu'il avait été chargé de donner à l'administration des biens
d'un client ; à un *avoué*, à cause de la mission qu'il avait reçue de représenter une partie devant *le tribunal de commerce;* etc. (1) Ces applications n'ont rien d'exagéré en ce que, la profession même du mandataire
ayant déterminé le choix du mandant, la volonté des parties est de part
et d'autre ce qu'il y a de moins équivoque : le mandataire n'a consenti
à donner ses soins que parce qu'il avait la certitude d'en être rétribué ;
le mandant n'a pu les réclamer que dans la pensée de rémunérer celui
qui les lui a rendus.

III. — 887. En dehors de ces cas, la disposition de l'art. 1986 doit
servir de règle : c'est-à-dire que le mandat est gratuit, et il n'en peut
être autrement que s'il y a convention contraire. Mais si le salaire doit
être convenu pour que le mandataire ait droit à la rétribution, ce n'est
pas à dire qu'il doive être fixé. Dans notre ancienne jurisprudence, il en
était autrement. « La promesse que le mandant ferait d'un honoraire en
termes vagues et généraux, dit Pothier, serait nulle et ne produirait aucune obligation, comme si le mandant avait dit en termes vagues : *Je ne
manquerai pas de reconnaître d'une manière convenable le service que
vous voulez bien me rendre.* En cela, l'honoraire diffère du loyer, qui est
promis par un contrat de louage à celui qui nous a loué ses services...
La raison de la différence est que cette récompense, quoique promise en
termes vagues, étant le prix de services appréciables, est déterminable à
la somme qu'ils seront estimés par des experts ; au lieu qu'un honoraire
promis à un mandataire n'étant pas le prix de ses services, lesquels ne
sont pas d'ailleurs appréciables, la promesse de cet honoraire, faite en
termes vagues, n'a pour objet rien de déterminé ni de déterminable, et,
par conséquent, elle est nulle. » (2) Cette solution qui, dans notre ancien droit, se rattachait évidemment non-seulement à cette distinction
entre le prix et l'honoraire dont nous avons parlé plus haut (n⁰ˢ 824 et
suiv.), mais encore au principe d'après lequel le mandat était gratuit
par essence, ne saurait être suivie aujourd'hui quand, d'une part, la distinction entre l'honoraire et le prix n'est plus, comme nous avons essayé
de le démontrer, caractéristique du mandat, et quand, d'une autre part,
ce contrat est gratuit seulement par sa nature. Il y a donc erreur à faire
de la thèse de Pothier la règle de notre droit actuel (3). La vérité est que
la promesse même vague d'une rémunération est parfaitement valable,
pourvu qu'elle soit sérieuse. On ne peut pas dire qu'il y ait là une promesse dont l'objet soit indéterminé et incertain , puisque la quotité de
la rémunération promise peut être déterminée d'après les circonstances

(1) Rej., 24 juill. 1832 ; Req., 31 janv. 1843 ; Bordeaux, 25 janv. 1842 ; Bourges,
30 juill. 1859 ; Lyon, 8 nov. 1860 (S. V., 32, 1, 621 ; 43, 1, 125 ; 45, 2, 142 ; 60, 2, 48 ;
61, 2, 15 ; Dalloz, 32, 1, 311 ; 43, 1, 298 ; 42, 2, 93 ; J. Pal., 1860, p. 529 ; 1861,
p. 195).
(2) Pothier (n⁰ 24).
(3) *Voy.* notamment M. Boileux (t. VI, p. 575).

de fait, et notamment d'après les soins que l'affaire aura exigés du mandataire auquel elle a été confiée; et cela suffit, aux termes de l'art. 1129, § 2, du Code Napoléon. Aussi ne peut-on qu'approuver un arrêt de la Cour de Bordeaux duquel il résulte que, lorsque le mandant dit au mandataire que s'il surveille avec soin les intérêts qui lui sont confiés *il s'en trouvera bien*, il y a là une promesse qui autorise ce dernier à réclamer un salaire dont le montant peut être arbitré par les tribunaux d'après les circonstances (1).

888. Il y a plus : les tribunaux peuvent même, en l'absence de toute convention spéciale intervenue entre les parties, décider, par appréciation des circonstances, qu'un salaire est dû au mandataire, la convention contraire dont parle notre art. 1986 devant s'entendre d'une convention *tacite*, non moins que d'une stipulation, soit explicitement, soit vaguement formulée (2). Et l'appréciation des juges du fond, souveraine en ce point, ne peut donner ouverture à cassation (3).

889. D'autres questions se rattachent au salaire du mandat : on peut se demander, par exemple, en quoi le salaire peut consister ; comment et quand il est dû, suivant qu'il est stipulé purement et simplement ou sous condition. Mais l'examen de ces questions trouvera sa place dans notre commentaire de l'art. 1999.

1987. — Il est ou spécial et pour une affaire ou certaines affaires seulement, ou général et pour toutes les affaires du mandant.

SOMMAIRE.

I. — 890. On distingue diverses espèces de mandat. Et en effet, après l'article précédent, qui a fait apparaître une première distinction tenant au caractère même de la convention, le présent article nous en signale une seconde qui touche à son étendue : l'art. 1986 a montré que le mandat peut être *gratuit* ou *salarié,* et l'art. 1987 nous dit maintenant que le mandat peut être *spécial* ou *général*. Ces deux distinctions ne sont même pas les seules : il y en a une troisième qui tient au principe ou à la source du mandat, et qu'il est bon de préciser avant d'aborder le commentaire de notre article.

891. Le mandat est conventionnel, légal ou judiciaire.

Le mandat conventionnel est celui qui résulte du consentement des

---

(1) Bordeaux, 5 fév. 1827 (S. V., 27, 2, 102; Coll. nouv., 8, 2, 326; Dalloz, 27, 2, 184).

(2) Bordeaux, 25 juin 1852 (S. V., 53, 2, 63).

(3) *Voy.* les deux arrêts des 16 mars 1818 et 23 nov. 1858, cités sous le n° 886.

parties. Nous avons vu de quelle manière ce consentement peut être manifesté et comment l'existence en doit être prouvée.

Le mandat légal est celui qui procède de la loi elle-même : c'est le mandat que, dans un intérêt de conservation, de surveillance ou de protection, le législateur confie à certaines personnes, par exemple aux envoyés en possession provisoire des biens d'un absent (C. Nap., art. 120 et 134); aux tuteurs (art. 450); au père administrateur pendant le mariage des biens de ses enfants (art. 389); au mari administrateur des biens de sa femme (art. 1428, 1531, 1539).

Le mandat judiciaire est, au fond, un mandat légal : seulement, la loi charge les juges de désigner le mandataire. On peut citer, comme mandataires judiciaires, le curateur donné à l'absent présumé en vertu de l'art. 112; le notaire chargé de représenter les présumés absents dans les cas prévus par l'art. 113; l'administrateur provisoire, nommé pour prendre soin des biens du défendeur en interdiction, conformément à l'art. 497.

Les droits et les obligations des mandataires légaux ou judiciaires sont, en général, les mêmes que ceux des mandataires conventionnels : ils sont régis par les articles de notre titre, dont il faut combiner les dispositions avec les règles particulières établies par la loi dans les diverses matières.

892. Le mandat est encore dit *ad negotia* ou *ad litem,* suivant qu'il a pour objet des affaires extrajudiciaires ou une affaire judiciaire. Le mandat *ad litem* est défini par Pothier « un contrat par lequel celui qui a intenté ou qui veut intenter en justice une demande contre quelqu'un, ou celui contre qui on en a intenté une, confie la poursuite de sa demande, ou de sa défense contre celle qui lui est intentée, à un procureur de la juridiction, qui s'en charge. » (1) C'est précisément le mandat qu'on donne aujourd'hui aux avoués. Tout autre mandat est un mandat *ad negotia.* Pothier s'occupe avec détail du mandat *ad litem* dans son Traité du contrat de mandat (2). Les règles qui lui sont propres appartiennent à la procédure, et sont généralement exposées par les auteurs qui s'occupent de cette branche de notre droit civil. Nous ne croyons pas devoir en traiter ici d'une manière spéciale; mais nous signalerons, à mesure que nous en trouverons l'occasion, les différences existant entre le mandat *ad litem* et tout autre mandat.

Notons dès à présent que, dans l'usage, ce mandat est qualifié aussi mandat *judiciaire,* ce qui néanmoins ne fait pas qu'il se confonde avec le mandat judiciaire dont nous parlons au numéro précédent : il en diffère essentiellement, en effet, en ce que, dans la réalité des choses, il est conventionnel, l'avoué mandataire étant choisi par la partie elle-même et acceptant le mandat de la représenter.

II. — 893. Mais de toutes les divisions, la plus importante au point de vue doctrinal est celle qu'on rattache aux termes de notre art. 1987,

_____

(1) Pothier (n° 124).
(2) *Id.* (n°ˢ 124 à 143).

lequel, séparant les diverses espèces de mandat à raison de leur étendue, nous dit que le mandat est *spécial* ou *général*.

894. Au premier abord, c'est une question dont la solution semble très-facile que celle de savoir ce que c'est précisément qu'un mandat spécial, ce que c'est qu'un mandat général. Toutefois, l'état de la doctrine sur ce point montre combien il est malaisé de formuler à cet égard des définitions nettes et précises; et on comprend cet embarras quand, en se reportant au texte de notre article, on aperçoit ce qu'il y a de difficilement conciliable dans les deux idées qu'il exprime. Le mandat général, y est-il dit, est celui qui est donné *pour toutes les affaires* du mandant. Il faudrait conclure de là que le mandat n'est général qu'à la condition d'embrasser toutes les affaires du mandant, de telle sorte que la réserve d'une seule affaire mise en dehors du mandat suffirait pour le rendre spécial. C'est, en effet, la conclusion déduite par quelques auteurs. On est allé même plus loin, et on a dit que, pour être général, le mandat doit, d'une part, embrasser toutes les affaires du mandant, et, d'une autre part, conférer au mandataire le pouvoir de faire, au nom et pour le compte de ce dernier, *tous les actes juridiques susceptibles d'être accomplis par le mandataire*, et que tout mandat qui ne présente pas ce double caractère n'est que spécial, quelle qu'en soit d'ailleurs l'étendue (1).

Mais si cette définition du mandat général est en harmonie avec les derniers mots de notre article, qui, en effet, qualifie de général le mandat donné *pour toutes les affaires du mandant*, il faut reconnaître, d'un autre côté, que la définition du mandat *spécial* donnée par ce même article résiste à l'idée qu'on puisse considérer un mandat comme *spécial* par cela seul qu'il ne comprendrait pas toutes les affaires quelconques du mandant. Le mandat spécial étant, aux termes de cet article, celui qui concerne « une affaire ou *certaines affaires* seulement », on ne peut pas dire évidemment que, quand il embrasse toutes les affaires moins une ou deux, ce mandat soit spécial. C'est la remarque de M. Troplong, qui, voulant préciser à son tour le sens de l'art. 1987, enseigne que la procuration est générale, alors même qu'elle renferme le mandataire dans une certaine fonction, pourvu que, dans cette fonction, elle lui laisse le pouvoir de faire toutes les affaires, prévues ou imprévues, s'y rattachant successivement; et qui, ainsi, aboutit à cette conclusion, qu'il y aurait deux espèces de procurations générales, l'une comprenant toutes les affaires du mandant, l'autre ne comprenant qu'un certain genre d'affaires, et deux espèces de procurations spéciales, l'une ayant trait à une ou deux affaires certaines à conduire jusqu'au bout, l'autre ayant trait à un certain acte isolé d'une certaine affaire (2).

895. Ce dissentiment entre les auteurs, cette difficulté qu'en y regardant de près on éprouve à donner une définition nette et précise soit du mandat général, soit du mandat spécial, tiennent à ce que le sens de ces

---

(1) *Voy.* MM. Aubry et Rau (3ᵉ édit., t. III, p. 463).
(2) *Voy.* M. Troplong (nᵒˢ 274 et 275).

mots varie suivant les circonstances, et aussi à ce que l'on veut établir une relation trop intime entre notre art. 1987 et l'article suivant. Il y a, dans ces textes, des dispositions dont l'objet et la portée diffèrent essentiellement. L'art. 1987 a une valeur purement théorique; il est au nombre des articles du Code dont l'objet est d'*exposer* plutôt que de *disposer*. Sur le terrain de cet article qui indique et, on vient de le voir, en termes assez malheureux, la distinction dont le mandat est susceptible au point de vue de l'étendue, on peut discuter, en droit philosophique, sur la définition du mandat général, sur celle du mandat spécial, et discourir sur le point de savoir s'il y a lieu d'établir des catégories diverses dans chacune de ces espèces de mandat. Mais, même sur ce terrain, l'art. 1987 est peu propre à conduire à des solutions bien précises, et, en définitive, l'intérêt et l'utilité pratique ne sont pas là. Le Code lui-même nous ouvre d'autres aspects, en établissant nettement une autre distinction à laquelle il attache toutes les conséquences utiles : c'est la distinction qui apparaît dans l'art. 1988, où le législateur met en regard, et pour ainsi dire en opposition, le mandat *conçu en termes généraux* et le mandat *exprès*. Laissons donc l'art. 1987, sans y insister davantage, et abordons sans retard le commentaire de l'art. 1988.

1988. — Le mandat conçu en termes généraux n'embrasse que les actes d'administration.

S'il s'agit d'aliéner ou d'hypothéquer, ou de quelque autre acte de propriété, le mandat doit être exprès.

SOMMAIRE.

I.   896. Controverses de l'ancien droit sur la distinction entre le procureur *omnium bonorum simpliciter* et le procureur *cum liberâ* : l'art. 1988 a eu pour objet de les trancher. — 897. Suite. — 898. Aujourd'hui, le mandat conçu en termes généraux n'embrasse que les actes d'administration; s'il s'agit d'un acte de propriété, le mandat doit être exprès. — 899. Division.

II. 900. Définition du mandat conçu en termes généraux et du mandat exprès. — 901. Suite : le mandat est exprès non-seulement quand il donne pouvoir de vendre ou d'hypothéquer *tel immeuble,* mais encore quand il donne pouvoir soit de vendre, soit d'hypothéquer les meubles du mandant, sans spécifier ni désigner les immeubles. — 902. Il en est de même du mandat qui, embrassant tous ces actes, porterait pouvoir illimité d'aliéner, d'hypothéquer et d'emprunter. — 903. Conclusion.

III. 904. De quelques cas où, par exception, il ne suffit pas que la procuration soit expresse. — 905. Il en est ainsi quand la loi exige en termes formels un pouvoir spécial : exemples. — 906. De quelques autres cas où, sans exiger la spécialité aussi rigoureusement, la loi l'impose cependant dans certaines limites. — 907. Influence du principe de la spécialité de l'autorisation maritale.

IV. 908. De l'étendue du mandat conçu en termes généraux : il ne comprend que les actes d'administration. — 909. Importance qu'il y a à préciser les règles propres à déterminer l'étendue du mandat et à séparer l'administration de la disposition. — 910. Division.

V.   911. 1° *Recouvrement des créances du mandant.* Le mandataire administrateur a le pouvoir de s'adresser aux débiteurs du mandant pour les faire payer et de faire tous actes nécessaires à leur complète libération. — 912. Le pouvoir de toucher les créances comprend celui de recevoir le rachat des rentes. — 913. *Quid* du pouvoir d'accepter une *datio in solutum*? — 914. Et une novation? —

I. — 896. Cet article a eu pour objet de trancher une controverse qui divisait les interprètes du droit romain et nos anciens jurisconsultes : la question était de savoir s'il y avait lieu de distinguer deux espèces de mandats généraux, l'un général *simpliciter*, l'autre général *cum liberá* (*administratione*).

L'opinion commune était pour la distinction : on appelait procureur *omnium bonorum simpliciter* celui « que le mandant chargeait de toutes ses affaires », et le procureur *omnium bonorum cum liberá* était celui dont la procuration portait que « le mandat lui confiait la *libre* administration des affaires du mandant, et lui donnait une entière liberté de faire, par rapport à ces affaires, tout ce qu'il jugerait à propos. » L'intérêt pratique de cette distinction consistait en ceci, que les procureurs de cette dernière classe avaient des pouvoirs beaucoup plus étendus que ceux de la première. On tenait, en effet, que le procureur *omnium bonorum simpliciter* avait seulement la faculté de faire les actes d'administration, qu'il ne pouvait vendre que les récoltes et les choses périssables; en un mot, que toutes aliénations lui étaient interdites, sauf celles qui étaient à considérer comme rentrant dans les actes d'administration. Au contraire, on reconnaissait au procureur *omnium bonorum cum liberá* le pouvoir d'aliéner et de transmettre la chose à l'acquéreur lors même que l'aliénation sortait des limites dans lesquelles l'administration est renfermée. La distinction, du reste, était fondée sur un rapprochement de textes qu'on invoquait généralement comme lui prêtant de l'appui : d'une part, la loi 63, ff. *De Procurat.*, qui, en effet, limitait dans les termes indiqués les pouvoirs du procureur *omnium bonorum simpliciter;* d'une autre part, la loi 58, *Eod.;* la loi 9, § 4, *De Acq. rer. dominio;* les Institutes de Justinien, *De Rer. divis.*, § 43, qui paraissaient étendre dans la mesure que nous venons de dire les pouvoirs du procureur *cum liberâ.*

C'était, nous l'avons dit, l'opinion de beaucoup la plus répandue. Elle avait pourtant rencontré d'énergiques contradicteurs. Duaren, Doneau et d'autres ne croyaient pas devoir s'y arrêter, et Vinnius la combattit explicitement dans une dissertation *ex professo* où il soutenait que les expressions *procurator omnium bonorum, omnium rerum, totorum bonorum*, et les termes *cui libera administratio rerum* ou *negotiorum, concessa est,* sont entièrement synonymes dans les différents textes de droit où ils sont employés; que les derniers n'ajoutent rien à ceux par lesquels le mandant donne simplement pouvoir à quelqu'un « de gérer toutes ses affaires », sans rien dire davantage; et qu'en définitive le procureur *cum liberâ* n'a rien de plus que le procureur *omnium bonorum simpliciter,* l'un et l'autre devant se restreindre, quant aux actes d'aliénation, à ceux que peut exiger l'administration dont ils sont chargés (1).

897. Pothier, qui rend compte de cette controverse, n'ose pas y prendre part. « Quoique les raisons de Vinnius contre la distinction ordinaire, dit-il, paraissent assez plausibles, je n'oserais pas néanmoins décider entre son opinion et l'opinion commune : *lectoris erit judicium.* » (2) Mais, on le comprend, les rédacteurs du Code n'y pouvaient pas mettre la même réserve. Législateurs, ils avaient à se prononcer; et, sans tenir compte de l'opinion qui avait prévalu jusqu'à eux, ils ont, en rejetant la distinction entre les deux espèces de mandataires généraux, sanctionné, dans notre art. 1988, la doctrine si énergiquement déduite par Vinnius. Mais prenons bien garde aux termes dont le législateur s'est servi; il a laissé de côté l'expression assez vague et fort élastique de mandat *général,* et il a dit : « Le mandat *conçu en termes généraux* n'embrasse que les actes d'administration; s'il s'agit d'un acte de propriété, le mandat doit être *exprès.* » Il est dès lors essentiel de ne pas confondre le mandat général avec le mandat conçu en termes généraux, ni le mandat exprès avec le mandat spécial.

898. Qu'est-ce donc qu'un mandat conçu en termes généraux? Qu'est-ce qu'un mandat exprès? C'est le premier point que nous aurons à préciser dans le commentaire de cet article. Après quoi nous suivrons dans les détails qu'elle comporte l'application des règles sur l'étendue et la portée du mandat conçu en termes généraux et du mandat exprès.

---

(1) Vinnius (*Select. quæst.*, 1, 9).
(2) Pothier (n⁰ˢ 144 et 145).

II. — 899. Un mandat est conçu en termes généraux quand les parties n'ont pas déterminé d'avance en termes formels la nature des actes à accomplir par le mandataire. En toute hypothèse où les actes pour lesquels le mandataire est habilité sont déterminés quant à leur nature, le mandat est exprès, quels que soient l'importance ou le nombre des actes spécifiés et l'étendue des pouvoirs conférés au mandataire.

900. Ainsi, ce n'est pas seulement le mandat de vendre *tel immeuble*, de conférer hypothèque *à tel créancier*, de consentir hypothèque *sur tel immeuble*, ou tout autre mandat dont l'objet est ainsi particularisé qui constitue le mandat exprès. Le pouvoir d'aliéner *tous les immeubles* du mandant est aussi un mandat exprès, de même que celui de conférer hypothèque *sur tous les immeubles*, bien que les immeubles à vendre ou à grever d'hypothèque ne soient pas individuellement ou nominativement désignés, parce que la nature des actes à accomplir par le mandataire, *aliénation, constitution d'hypothèque*, est spécifiée de la manière la plus nette. La Cour de cassation a statué en ce sens et dans cet ordre d'idées quand elle a décidé que la procuration conférant en termes exprès le pouvoir d'emprunter ne cesse pas d'être expresse parce que le nom du prêteur, la forme et le chiffre des emprunts, n'y sont pas spécifiés (1).

901. Bien plus : le mandat qui, embrassant tous ces actes, porterait pouvoir illimité d'aliéner, d'hypothéquer et d'emprunter, est encore un mandat exprès. Dans ce cas, comme dans les précédents, le mandataire présente aux tiers une garantie complète, car le mandant ne serait pas admis à répudier les actes accomplis en exécution des pouvoirs illimités qu'il a conférés. Il se peut que quelques esprits, trop préoccupés peut-être de la distinction purement théorique signalée par l'art. 1987 entre le mandat spécial et le mandat général, éprouvent ici de l'hésitation et des scrupules en raison de la grande étendue que comporte le mandat dans cette dernière hypothèse ; mais il n'y a vraiment aucun doute à concevoir, du moins en thèse générale. Il n'en est pas du mandat comme, par exemple, de l'autorisation maritale. A la différence des art. 223 et 1538, qui règlent les conditions de cette autorisation, notre art. 1988 n'exige pas la *spécialité* pour le mandat : il veut seulement une déclaration *expresse*. Ce que le législateur entend ne pas admettre, c'est que le pouvoir de faire des actes de disposition appartienne au mandataire, s'il n'apparaît pas d'une manière indubitable que le mandant a eu l'intention et la volonté de conférer ce pouvoir à ce dernier. Mais quand l'intention du mandant à cet égard est constante et pleinement établie par les termes mêmes de la procuration, rien ne saurait empêcher qu'elle reçoive exécution.

Il ne faudrait pas considérer comme contraire à cette doctrine un arrêt de la Cour de Turin, duquel il résulte qu'un mandataire ne peut hypothéquer les biens de son mandant au profit de ses propres créan-

_____

(1) Rej., 6 déc. 1858; Req., 6 fév. 1861 (S. V., 59, 1, 678; 62, 1, 72; Dalloz, 59, 1, 75; 61, 1, 366; *J. Pal.*, 1859, p. 506; 1862, p. 321).

ciers, bien qu'il ait reçu le pouvoir illimité d'emprunter, d'hypothéquer et même d'aliéner (1). Loin de contredire notre solution, cet arrêt la confirme implicitement, au contraire. Car, s'il tient pour non avenues des constitutions d'hypothèque consenties en exécution du mandat, ce n'est pas en raison des pouvoirs illimités contenus dans ce mandat : c'est uniquement parce que le mandataire, en consentant ces actes *dans son intérêt personnel*, avait excédé les bornes du mandat, qui ne l'autorisait qu'à gérer les affaires et les intérêts du mandant.

902. Telle est l'idée qu'on doit se faire, en thèse générale, du mandat exprès, et telle est, par opposition, l'idée que révèle le mandat conçu en termes généraux. Par cela même, on aperçoit comment mandat conçu en termes généraux n'est pas synonyme de mandat *général,* pas plus que mandat *exprès* n'est synonyme de mandat *spécial.*

III. — 903. Mais avant d'arriver aux applications de la règle posée dans l'art. 1988, notons qu'il est des cas où, par exception, il ne suffirait pas que la procuration fût expresse dans le sens du § 2 de cet article, et où la loi exige, en outre, une certaine spécialité. Quels sont ces cas?

904. C'est d'abord quand la loi exige, en propres termes, un mandat ou un pouvoir spécial pour la passation d'un acte. Il en est ainsi en ce qui concerne la redaction des actes de l'état civil quand les parties intéressées ne sont point obligées de comparaître en personne (C. Nap., art. 36); les actes d'opposition à mariage (art. 66); la représentation des parents, alliés ou amis dans un conseil de famille (art. 412); les aveux judiciaires (art. 1356); etc. (*voy.* encore art. 198, 216, 352, 556, C. proc.). Dans ces cas, il ne suffit pas que la nature de l'acte soit déterminée; il faut encore que l'affaire en vue de laquelle le pouvoir est donné soit nominativement indiquée. La loi, en un mot, exige la *spécialité;* elle ne se contente pas d'une déclaration expresse. Ainsi, pour préciser par un exemple, il ne serait pas permis de charger un mandataire de faire des aveux judiciaires toutes les fois qu'il se présenterait l'occasion d'en faire au nom du mandant : le pouvoir ne peut être donné que pour faire en justice telle déclaration, tel aveu spécialement indiqué.

905. Quelquefois, sans exiger la spécialité aussi rigoureusement que dans les cas précédents, la loi l'impose cependant dans une certaine mesure et pour un certain ordre de faits. Par exemple, un contrat de mariage ne peut investir le mari que du pouvoir général de faire les actes d'administration; il ne pourrait pas lui conférer le pouvoir général d'aliéner les immeubles de la femme (C. Nap., art. 223 et 1538). En toute autre circonstance, un pouvoir ou un mandat donné en ces termes serait *exprès*, et, par conséquent, valable; si on doit ici le déclarer nul, ce n'est nullement en vertu de notre article, c'est par application des art. 223 et 1538.

---

(1) Turin, 10 nov. 1810 (S. V., 11, 2, 234; Coll. nouv., 3, 2, 56; Dalloz, 11, 2, 183).

906. Enfin, le principe de la spécialité quant à l'autorisation maritale, principe établi par ces mêmes art. 223 et 1538, fait obstacle à ce que la femme donne, pendant le mariage, soit à son mari, soit à un tiers, le mandat d'aliéner tous ses immeubles, ou de les hypothéquer, ou de contracter des emprunts dont le montant ne serait pas déterminé par avance. Nous trouvons cependant une décision contraire dans un arrêt récent de la Cour de Chambéry. Cette Cour pose d'abord en thèse que la femme mariée peut valablement, sans autorisation de son mari, consentir, relativement à ses biens paraphernaux, un mandat contenant le pouvoir de les aliéner, sauf l'obligation pour le mandataire de se pourvoir de l'autorisation maritale pour chaque acte d'aliénation. Puis, en se reportant aux circonstances particulières de la cause où il s'agissait d'un mandat qui était donné au mari lui-même, et lui conférait le pouvoir d'aliéner *tous les immeubles paraphernaux,* la Cour décide : d'une part, que, dans ce cas, l'autorisation pour chaque acte d'aliénation fait par le fondé de pouvoir résulte de cela seul que celui-ci a agi en sa double qualité de mandataire et de mari; d'une autre part, que le *mandat d'aliéner* les immeubles paraphernaux est, non point général, mais spécial, et qu'il comporte dès lors l'autorisation spéciale du mari, exigée par la loi (1).

Mais cette décision, contraire à la doctrine et à la jurisprudence (2), est à tous égards et de tous points inexacte. Il est certain, d'abord, que la femme ne peut donner un mandat soit à un tiers, soit à son mari lui-même, qu'avec l'autorisation maritale : le Code consacre à cet égard, dans les art. 215 et suivants, des principes absolus qui ne fléchissent que dans les cas formellement exceptés. Cela étant, on comprend qu'un mandat *illimité* de vendre, d'hypothéquer ou d'aliéner, ne saurait être valablement donné par la femme mariée : l'autorisation maritale manquant ici de la spécialité requise à peine de nullité par les art. 223 et 1538 du Code Napoléon, le mandat donné par la femme se trouve atteint dans sa validité par cela même. Vainement la Cour de Chambéry dit-elle que le mandat d'aliéner des immeubles, ou d'hypothéquer ces immeubles, ou de faire des emprunts, est un mandat *spécial* dans le sens de l'art. 1987 et comportant dès lors l'autorisation spéciale du mari. Il serait plus vrai de dire que c'est là un mandat *exprès;* mais enfin admettons l'appréciation de la Cour de Chambéry : de ce que ce serait là un mandat *spécial* dans les termes de l'art. 1987, s'ensuit-il que ce mandat comporte l'autorisation *spéciale* du mari dans les termes des art. 223 et 1538 du Code Napoléon? Non, évidemment : car la spécialité n'est pas, par rapport au mandat, ce qu'elle est par rapport à l'autorisation maritale. Dans les termes de l'art. 1987, un mandat serait

(1) Chambéry, 18 fév. 1861 (S. V., 61, 2, 284; J. Pal., 1861, p. 642).
(2) Voy. MM. Aubry et Rau (3ᵉ édit., t. IV, p. 132, note; 46 et 47); Demolombe (t. IV, nᵒˢ 207 et 210); Ernest Dubois (De l'Incapacité de la femme mariée, p. 241-243). Voy. aussi Req., 18 mars 1840, 19 mai 1841; Cass., 18 juin 1844, 15 fév. 1853, 10 mai 1853; Bordeaux, 9 déc. 1847 (J. Pal., 1840, 2, 480; 1844, 2, 349; 1848, 1, 395; 1853, 1, 513 et 524; S. V., 40, 1, 201; 41, 1, 60; 44, 1, 492; 48, 2, 537; 53, 1, 572; Dalloz, 40, 1, 160; 44, 1, 306; 53, 1, 76 et 160).

spécial même quand il aurait pour objet *certaines affaires,* et par conséquent quand même il conférerait le pouvoir de vendre les immeubles du mandant; au contraire, d'après les art. 223 et 1538, l'autorisation maritale donnée dans ces termes serait générale, et à ce titre frappée de nullité : elle n'est spéciale qu'autant qu'elle est donnée en connaissance de cause, par conséquent pour chaque affaire, pour chaque contrat distinctement. Or, cette différence suffit à trancher la question. La femme mariée qui, même autorisée, donnerait mandat d'aliéner tous ses immeubles, ou de les hypothéquer, ou de contracter des emprunts dont le montant ne serait pas déterminé par avance, procéderait contrairement aux dispositions des art. 223 et 1538 du Code Napoléon; et l'autorisation étant nulle pour défaut de spécialité, le mandat serait nul pour défaut d'autorisation (1).

Du reste, il ne faut pas pousser les choses à l'extrême. Nous relevons dans la jurisprudence un arrêt duquel il résulte que le mandat donné par une femme à son mari à l'effet d'emprunter jusqu'à concurrence de 500 000 francs, et d'hypothéquer les biens de la mandante à la sûreté de la dette, doit être validé (2). La décision est, à notre sens, parfaitement juridique : quand le mandat indique la somme jusqu'à concurrence de laquelle le mari mandataire peut emprunter au nom de la mandante, l'autorisation maritale peut et doit être considérée comme suffisamment spéciale, dans le cas même où les sommes à emprunter doivent atteindre un chiffre élevé.

907. Mais notons que les difficultés de cette nature ne peuvent se produire que dans les cas où il y a lieu réellement à l'autorisation maritale. Ainsi, prenons l'hypothèse inverse à celle où nous venons de nous placer : la femme, au lieu de donner pouvoir au mari, est autorisée par ce dernier soit à aliéner ou à hypothéquer tous les immeubles personnels à lui mari, ou tous les immeubles de la communauté, soit à emprunter des sommes dont le montant n'est pas déterminé par avance. Il est évident que ce n'est pas là l'autorisation maritale dans le sens des art. 223 et 1538; car il n'y a lieu à cette autorisation que pour les actes que la femme fait en son propre nom, sur ses biens personnels, pour les actes qu'elle aurait le droit de faire sans contrôle si elle n'était pas mariée; et ce n'est pas le cas ici, la femme n'ayant pas le droit de traiter personnellement et en son nom ou de disposer soit des immeubles de son mari, soit, durant la société conjugale, des immeubles de la communauté. De quoi s'agit-il donc dans notre hypothèse? D'un mandat dans les termes des art. 1987 et 1988; d'un mandat que le mari a donné à sa femme, et qu'il a pu lui donner dès qu'il n'a eu aucune raison de ne pas placer en elle toute sa confiance. Or, s'il en est ainsi, la spécialité telle que nous la définissions tout à l'heure en interprétant les art. 223 et 1538 est hors de cause, comme ces articles eux-mêmes : le mandat donné à

---

(1) En effet, les journaux judiciaires donnent aujourd'hui la notice d'un arrêt du 1er février 1864 par lequel la Cour suprême casse celui de la Cour de Chambéry.
(2) Req., 25 janv. 1843 (S. V., 43, 1, 247).

la femme par le mari dans les conditions illimitées que nous supposons ici est parfaitement valable, en sorte que les actes accomplis en conséquence doivent être maintenus, parce que, quelque étendue que le pouvoir comporte, il n'en est pas moins dans les termes des art. 1987 et 1988.

Ajoutons, d'ailleurs, que la solution devrait être suivie même dans le cas où la procuration donnée à la femme aurait pour objet l'administration des biens personnels à celle-ci, si d'ailleurs cette administration appartenait au mari d'après les stipulations du contrat de mariage. Par exemple, une femme commune en biens est autorisée par son mari à administrer ses biens personnels; ou encore, une femme dotale est autorisée à administrer ses biens dotaux : il ne s'agit pas là de l'autorisation maritale proprement dite, car, dans ces hypothèses, la femme n'aurait pas le droit d'administrer sa fortune personnelle. Ce serait un mandat : le mari resterait administrateur en principe, en vertu du contrat de mariage, dont les conditions ne peuvent pas être changées ; et la femme administrerait comme mandataire en vertu d'un pouvoir auquel ne s'applique pas le principe de la spécialité tel qu'il est établi pour l'autorisation maritale (1).

Par tout ce qui précède, on voit qu'en ceci les juges du fond doivent avoir un certain droit d'appréciation. Ils ne sont pas libres, sans doute, de transformer en mandat spécial ce qui serait un mandat général; il y a là une question de droit dont la solution relève de la Cour de cassation, ainsi que cette Cour l'a déclaré elle-même (2). Mais les juges peuvent très-bien décider, par interprétation de l'intention des parties et des clauses de l'acte, que cet acte constitue non une autorisation maritale pour laquelle la spécialité s'entend rigoureusement et conformément à l'art. 223, mais bien un mandat où la spécialité s'entend plus largement; disons mieux, où la spécialité n'est pas nécessaire et où il suffit d'une déclaration expresse d'après l'art. 1988. Sur ce point, la décision des juges du fond serait souveraine et échapperait à la censure de la Cour de cassation (3).

Après ces observations relatives aux cas exceptionnels où le mandat même exprès ne serait pas suffisant ou valable sans une certaine spécialité, revenons à notre art. 1988, non plus pour en expliquer les termes dont la signification nous est maintenant connue (*suprà*, nos 899-902), mais pour appliquer les règles qu'il formule touchant l'étendue du mandat.

IV. — 908. Le premier paragraphe de l'art. 1988 exprime que le mandat conçu en termes généraux n'embrasse que les actes d'administration.

---

(1) *Voy.* MM. Toullier (t. II, n° 644); Duranton (t. II, n° 448); Rolland de Villargue (*Rép. du not.*, v° Autorisation maritale, nos 128-130); Aubry et Rau (t. IV, p. 133, note 48); Demolombe (t. IV, nos 204 et 205); Ernest Dubois (*op. cit.*, p. 243-245). Mais *voy.* un arrêt de la Cour de Poitiers du 5 pluv. an 13 (S. V., 5, 2, 81; Coll. nouv., 2, 2, 22; Dalloz, alph., 10, 139).
(2) *Voy.* l'arrêt déjà cité du 18 juin 1844.
(3) Req., 6 fév. 1861 (S. V., 62, 1, 72; Dalloz, 61, 1, 366; *J. Pal.*, 1862, p. 521).

La question de savoir ce qu'il faut entendre par acte d'administration ne s'élève pas seulement à l'occasion du contrat de mandat. Elle se présente encore à propos de l'administration du mari, du tuteur, de la femme séparée de biens, du mineur émancipé, etc. Mais les mots acte d'*administration,* acte de *disposition,* n'ont pas par eux-mêmes un sens bien arrêté. Leur signification varie suivant les matières : ainsi on attribue au mandataire administrateur des pouvoirs qui ne sont pas accordés à la femme ou au mineur, et *vice versâ.* Il y a plus : même dans la matière du mandat, en présence de deux procurations conçues dans les mêmes termes et sans l'addition d'aucune clause particulière, l'administration doit être entendue d'une manière plus ou moins large, suivant les circonstances qui ont présidé à la constitution du mandat. C'est la remarque de Pothier : il distingue entre le cas où la procuration serait donnée sur le lieu même ou non loin du lieu où le mandat est constitué, et le cas où la procuration serait laissée par une personne partant pour un pays éloigné où elle va faire un long séjour; et il enseigne que la procuration, même conçue en termes identiques dans l'une et l'autre hypothèse, devrait être interprétée moins largement dans la première que dans la seconde (1).

909. Il n'en faut pas moins chercher à préciser les règles qui déterminent l'étendue du mandat. C'est important à un double point de vue. Entre le mandant et le mandataire, ces règles donnent la mesure de l'obligation résultant du mandat, le mandataire engageant sa responsabilité, comme nous le verrons notamment dans l'explication de l'art. 1991, quand il dépasse ses pouvoirs. Vis-à-vis des tiers, elles font apprécier les actes d'exécution au point de vue de leur existence et de leur validité, le mandant n'étant représenté par le mandataire, et par conséquent lié par ses actes, qu'autant que ce dernier n'est pas sorti des bornes du mandat (*infrà,* art. 1998).

Précisons donc les règles qui déterminent l'étendue du mandat conçu en termes généraux et appliquons le principe suivant lequel un tel mandat n'embrasse que les actes d'administration.

910. On peut ramener l'administration d'un mandataire aux cinq objets suivants : 1° faire payer les débiteurs du mandant; 2° acquitter ses dettes; 3° passer les conventions nécessaires à la conservation et à l'exploitation de ses biens; 4° aliéner même certains objets; 5° et, en général, veiller à la conservation des droits du mandant. Nous allons reprendre successivement ces diverses classes d'actes, et nous essayerons de préciser, sur chacune d'elles, où s'arrête, pour le mandataire, l'administration qui lui appartient, et où commence la disposition.

Seulement, nous dirons auparavant, par forme d'observation générale, que les principes du mandat, tels qu'ils vont être déduits, pourront souvent être tempérés par ceux de la gestion d'affaires, en ce sens que les tiers devront être admis à réclamer l'obligation du maître envers eux contre le mandant qui, en raison d'excès dans l'agissement du man-

_____

(1) Pothier (n° 147).

dataire, ne serait pas lié en cette qualité de mandant. Mais il convient d'ajouter que ce tempérament pourra n'être pas toujours efficace en ce que, comme cela résulte des art. 1375 et 1999 comparés, l'utilité des actes du gérant s'apprécie plus rigoureusement que l'utilité des actes du mandataire. Sans insister autrement sur ce point, auquel nous revenons d'ailleurs dans notre commentaire de l'art. 1999 (notamment n° 1086), venons à l'application.

V. — 911. 1° *Recouvrement des créances du mandant.* — Le *mandataire administrateur* (nous emploierons cette qualification de préférence soit à celle de mandataire général pour éviter toute confusion, soit à la périphrase embarrassante de mandataire investi d'un mandat conçu en termes généraux), le mandataire administrateur a tout d'abord le pouvoir de s'adresser aux débiteurs de son mandant et de les faire payer. Il peut non-seulement toucher les revenus, mais encore recevoir les capitaux, et, par conséquent, il a le pouvoir de libérer les débiteurs en leur donnant bonne et valable quittance. Par cela même, ce pouvoir entraîne celui de faire tous les actes nécessaires à la complète libération des débiteurs, et notamment le pouvoir de consentir mainlevée d'une inscription hypothécaire. Toutefois, il ne faudrait pas que le mandataire administrateur consentît la mainlevée de l'inscription avant l'entier payement de la dette; le mandataire qui, avant cela, concéderait la mainlevée soit pour le tout, soit pour partie, par pur sentiment de bienveillance, excéderait ses pouvoirs en ce qu'en réalité il ferait acte de disposition.

912. Le pouvoir de toucher les créances du mandant comprend celui de recevoir le rachat d'une rente, bien que ce rachat contienne une aliénation; mais il y a ici cette raison décisive, que le mandant lui-même ne pourrait pas se refuser au rachat (voy. *suprà* le commentaire des art. 1911 et suiv., n°s 339, 359 et suiv.).

Toutefois, si le mandant, usant de la faculté laissée au créancier de la rente par l'art. 530 du Code Napoléon, avait réglé les clauses et conditions du rachat, le mandataire devrait se conformer au règlement : il ne pourrait recevoir le rachat que suivant les clauses et conditions déterminées.

913. En principe, le créancier ne peut être contraint de recevoir une autre chose que celle qui lui est due, quoique la valeur de la chose offerte soit égale ou même plus grande (C. Nap., art. 1243). Mais si le créancier ne peut pas être contraint, il est parfaitement libre de consentir à recevoir de son débiteur une chose à la place de celle qui lui est due. Le mandataire administrateur pourrait-il agir de même au nom du créancier dont il aurait le mandat? On en peut douter, surtout dans le cas où la chose offerte en payement serait de moindre valeur que la chose due. Disons plus : même quand la chose offerte en payement apparaît tout d'abord comme égale ou même supérieure, il n'est pas absolument certain que la substitution de cette chose à la chose due serait avantageuse, en définitive, pour le mandant. Par exemple, la dette est d'une somme d'argent, et le débiteur donne un corps certain en payement : le créan-

cier (le mandant), le cas échéant où la chose périrait aux mains du mandataire, subira une perte à laquelle il n'eût pas été exposé si la somme à lui due avait été comptée. Toutefois, nous ne croyons pas que ce soit ici le cas de poser une thèse absolue : il ne serait pas plus juridique de refuser, en principe, au mandataire administrateur le pouvoir d'accepter une *datio in solutum* que de lui accorder ce pouvoir sans réserve. C'est un point à résoudre, dans chaque espèce, suivant les circonstances. Mais, il faut le dire, le mandataire et le débiteur agiront prudemment en s'abstenant autant que possible d'une opération dans laquelle, après tout, il y a danger, pour le premier, d'engager sa responsabilité, et, pour l'autre, de payer deux fois.

914. Ce que nous disons de la dation en payement, il faut le dire à plus forte raison de la novation. Ainsi, l'arrangement par lequel le débiteur, au lieu de fournir un autre objet que la chose due, payerait en obligation, prendrait un nouvel engagement, ou présenterait un nouveau débiteur, serait à considérer, moins encore que l'acceptation d'une *datio in solutum*, comme rentrant dans la classe des actes d'administration. Pothier dit, cependant, qu'un tel arrangement est dans les pouvoirs du mandataire *lorsque cela se fait pour le bien des affaires du mandant;* et c'est aussi l'avis de M. Troplong, qui, tout en reconnaissant que la substitution, par la novation, d'une obligation nouvelle à l'obligation du débiteur constituerait un excès de pouvoir de la part du mandataire, considère cependant que l'excès de pouvoir serait légitimé *si la novation était utile au mandant* (1). Mais subordonner le sort de la novation consentie par le mandataire à l'utilité qu'en retirerait le mandant, c'est sortir de notre question et y faire intervenir les principes de la gestion d'affaires. Nul doute que l'acte du mandataire qui dépasse son mandat ne puisse, le cas échéant, se soutenir à titre de gestion d'affaires. Mais nous recherchons ici ce qui est dans les pouvoirs du mandataire agissant en cette qualité de mandataire et non comme *negotiorum gestor;* et à notre sens, nous le répétons, la faculté de substituer par la novation une obligation à une autre n'y est pas comprise.

915. Au pouvoir de faire rentrer les créances du mandant se rattache celui de poursuivre les débiteurs afin de les contraindre au payement. Le mandataire administrateur peut donc adresser aux débiteurs tous commandements, sommations et assignations. Il a l'exercice des actions personnelles et mobilières du mandant. Il peut, en conséquence, pratiquer les saisies mobilières.

Mais il ne lui appartient pas de procéder à une saisie immobilière. Quoique la saisie réelle des immeubles du débiteur paraisse aussi appartenir à l'administration, disait Pothier, comme les frais sont si immenses qu'il est souvent plus avantageux à un créancier de laisser perdre sa créance que d'en venir à une saisie réelle, le mandataire ne doit pas être libre d'y engager le mandant, et il n'en peut venir là qu'après avoir con-

---

(1) Pothier (n° 150). — M. Troplong (n° 288).

sulté ce dernier et en avoir obtenu une procuration spéciale (1). Ce point est établi aujourd'hui par l'art. 556 du Code de procédure, d'après lequel la remise de l'acte ou du jugement à l'huissier vaut pouvoir pour toutes exécutions autres que la saisie immobilière et l'emprisonnement, *pour lesquels il est besoin d'un pouvoir spécial.*

Quant à l'exercice des actions réelles immobilières, il n'appartient pas au mandataire administrateur : c'est une conséquence de la règle qui lui interdit de disposer des immeubles, l'issue du procès pouvant être la perte des immeubles ou des droits immobiliers qui en sont l'objet.

916. Mais les actions personnelles et mobilières dont l'exercice appartient au mandataire administrateur peuvent-elles être conduites par lui comme elles pourraient l'être par le mandant lui-même et avec la même latitude? Non. Le mandant, s'il agissait lui-même, pourrait se désister de la demande, proroger les juridictions, compromettre, transiger, déférer le serment décisoire, acquiescer. Or, la plupart de ces actes sont interdits au mandataire. Sans doute, celui-ci aura bien le droit de se désister de la demande : il n'y a rien là qui ne rentre dans les pouvoirs de l'administrateur. Mais il ne pourra ni compromettre, ni proroger les juridictions : ces actes supposent une libre disposition qui n'appartient pas au mandataire.

Il lui sera également interdit d'acquiescer au jugement rendu contre le mandant : ce n'est pas qu'il soit obligé d'interjeter appel ; mais il ne doit pas s'en fermer la voie tant que les délais impartis par la loi ne sont pas expirés, et tout ce qu'il peut faire, c'est de laisser le jugement passer en force de chose jugée.

Quant à la transaction, elle est souvent le meilleur moyen de terminer heureusement une contestation, et à ce titre elle serait un acte de sage administration. Mais transiger, selon l'expression de Domat, « c'est d'ordinaire diminuer les biens, et il n'y a que celui qui en est le maître qui puisse en disposer de cette manière. » (2) C'est pourquoi Pothier, sans refuser précisément au procureur *omnium bonorum* le pouvoir de faire des transactions, était d'avis qu'on ne devait pas le lui accorder facilement, la transaction renfermant une disposition des biens et droits du mandant plutôt qu'une simple administration : il estimait, en définitive, que pour accorder ou refuser au mandataire le pouvoir de transiger, il fallait avoir égard à plusieurs circonstances, telles que l'éloignement du mandant, l'importance de l'affaire, etc. (3). La Cour de cassation s'est prononcée en ce sens dans une espèce régie par notre ancien droit, en décidant qu'il n'était pas nécessaire, avant le Code Napoléon, que le mandat pour transiger fût littéralement exprès, et dès lors qu'il appartenait aux tribunaux de décider, d'après les circonstances de la cause, si tel ou tel mandat général autorisait suffisamment le mandataire à transiger (4). — On est généralement moins facile sous

(1) Pothier (n° 151).
(2) Domat (*Lois civ.*, liv. I, tit. xv, sect. 3, n° 11).
(3) Pothier (n° 157).
(4) Req., 2 sept. 1807 (S. V., 7, 1, 450; Coll. nouv., 2, 1, 430; Dalloz, 7, 1, 450; alph., 9, 973).

le Code Napoléon, dont les dispositions sont considérées comme plus absolues. En effet, l'art. 467, relatif à l'administration du tuteur, fournit un argument puissant, en ce que, en refusant au tuteur seul le pouvoir de transiger au nom du mineur, il ne fait aucune distinction entre la transaction portant sur les droits mobiliers et celle qui aurait pour objet les droits immobiliers. Il y a toute raison de suivre ici la pensée de cet article; et dès lors il faut dire que le mandataire administrateur ne peut faire aucune transaction non-seulement en ce qui concerne les droits immobiliers du mandant, mais encore à l'occasion de ses droits purement mobiliers.

La logique conduirait à dire que le mandataire administrateur n'a pas non plus qualité pour déférer le serment litis-décisoire au défendeur à l'action personnelle, le serment renfermant une espèce de transaction. Et en effet, les tribunaux, dont la décision, d'ailleurs, est approuvée par nombre d'auteurs, se prononcent en ce sens (1), même dans le cas où le mandataire serait autorisé à faire tout ce que le client pourrait faire lui-même (2). Toutefois, il n'y aurait pas d'inconvénient, ce nous semble, à se montrer moins rigoureux ici que sur la transaction. C'était déjà la tendance de Pothier. Lorsqu'un procureur *omnium bonorum,* dit-il (3), n'a pas la preuve d'une créance du mandant, il a le pouvoir de déférer le serment décisoire au débiteur (l. 17, § fin. *De Jurej.*). Mais cela doit être restreint au cas auquel les règles d'une bonne administration demandent qu'on ait recours à cette dernière ressource, c'est-à-dire lorsqu'il n'y a pas d'espérance d'avoir des preuves. En cela, le procureur *omnium bonorum* est semblable à un tuteur (l. 35, ff. *De Jurej.*). La décision est bonne à suivre; et nous pensons qu'autant il convient de refuser au mandataire administrateur le pouvoir de déférer le serment au débiteur sur une créance ou un droit dont l'existence est susceptible d'être établie autrement, autant il serait juste de le lui accorder, au contraire, comme dernière ressource, si le mandataire n'avait à sa disposition aucun autre moyen de faire sa preuve.

917. Un dernier point nous reste à préciser. Quand le mandataire administrateur a obtenu le payement, volontaire ou forcé, des créances du mandant, quel emploi doit-il faire des deniers? Son premier soin et son devoir, c'est tout d'abord de faire servir ces deniers à l'entretien des biens dont la gestion lui est confiée. Mais, lorsqu'il a pourvu à ce soin, peut-il faire des capitaux restant disponibles tel usage ou tel emploi qu'il juge à propos? Peut-il notamment faire des acquisitions de meubles, de valeurs, même d'immeubles? En général, il doit s'interdire tout achat de choses qui ne conviendraient pas au mandant; et si celui-

---

(1) *Voy* Rej., 27 avr. 1831 (S. V., 31, 1, 194; Dalloz, 31, 1, 271); Bordeaux, 30 juill. 1829; Rouen, 21 fév. 1842; Nîmes, 12 janv. 1848; Rennes, 6 août 1849 (S. V., 30, 2, 7; 42, 2, 262; 48, 2, 393; 51, 2, 732; Dalloz, 30, 2, 6; 43, 2, 20; 49, 5, 112; 51, 2, 136; *J. Pal.*, 1842, 2, 47; 1848, 2, 353; 1850, 2, 97). *Voy.* aussi MM. Toullier (t. X, n° 375); Duranton (t. XIII, n° 587); Poujol (*Oblig.*, t. III, p. 413); Aubry et Rau (3ᵉ édit., t. VI, p. 349, note 5).
(2) Grenoble, 23 fév. 1827 (S. V., 27, 2, 137; Dalloz, 27, 2, 140).
(3) Pothier (n° 156).

ci est sur les lieux ou assez voisin pour être consulté, la prudence commande au mandataire de prendre son avis. Mais si le mandant est éloigné
de telle façon qu'il n'y ait pas possibilité de recourir à lui, le mandataire
avisera lui-même et agira en toute liberté, car la faculté de faire emploi
des capitaux est comprise dans les pouvoirs conférés par le mandat au
mandataire (1). Cela étant, il faut dire que ce dernier est autorisé à employer les fonds du mandant aussi bien en acquisition d'immeubles
qu'en achat de meubles et de valeurs industrielles ou autres. On demeure d'ailleurs convaincu, en interrogeant l'esprit du Code, que ce
sont surtout les acquisitions d'immeubles que le législateur voit d'un
œil favorable (2).

VI. — 918. 2° *Acquittement des dettes du mandant*. L'administration d'une fortune ne se borne pas au recouvrement des créances ; elle
comprend aussi l'acquittement des dettes : *qui paye ses dettes s'enrichit*.
Le mandataire administrateur a donc pouvoir de payer les créanciers du
mandant, et par suite il a qualité pour recevoir les commandements et
assignations, comme aussi pour défendre aux actions personnelles et
mobilières dirigées contre le mandant. — À défaut de dettes exigibles,
il peut employer les fonds disponibles au rachat des rentes dues par celui dont il gère la fortune. — Il peut offrir en payement autre chose que
l'objet dû, en tant, du moins, que la chose offerte à la place d'une autre
est d'une valeur égale ou moindre. — Il lui est permis également de
consentir novation avec les créanciers du mandant toutes les fois, du
moins, que la nouvelle obligation substituée à l'ancienne offre des
chances de libération plus faciles ; car le remplacement d'une obligation
onéreuse par une autre obligation qui l'est moins constitue un acte de
bonne administration : c'est une sorte de payement partiel. On voit par
là que, en ce qui touche la novation, les pouvoirs du mandataire diffèrent, quant à leur étendue, suivant que la convention est faite avec
les créanciers ou avec les débiteurs du mandant (*supra,* n° 914).

919. Lorsqu'il défend à une action personnelle et mobilière dirigée
contre le mandant, le mandataire ne peut, pas plus que lorsqu'il poursuit (*supra,* n° 916), proroger les juridictions, compromettre, ni transiger. Mais il peut accepter le désistement du demandeur. — Quant au
serment litis-décisoire, il n'y a pas même à se demander si le mandataire a qualité pour le prêter dans une instance engagée contre le mandant, puisque le serment décisoire ne peut être déféré que sur un fait
personnel à la partie à laquelle on le défère (C. Nap., art. 1359). Que
si la contestation portait sur un fait personnel au mandataire, par
exemple sur un payement dont ce dernier n'aurait pas donné quittance,
le serment sur ce fait pourrait lui être déféré, sans doute, aux termes
de l'art. 1358 ; toutefois, le refus par le mandataire de prêter le serment
ne nuirait en aucune façon aux intérêts du mandant (3).

---

(1) Pothier (n° 158).
(2) *Voy.* MM. Demolombe (t. IV, n° 157); Ernest Dubois (*op. cit.,* p. 203-205).
(3) *Sic* MM. Aubry et Rau (3ᵉ édit., t. VI, p. 349).

920. Le pouvoir de payer les dettes du mandant n'est pas absolu entre les mains du mandataire administrateur. Il est certaines dettes que ce dernier ne saurait acquitter sans dépasser la mesure du droit d'administration dont il est investi. Telles sont les dettes immobilières et les dettes purement naturelles. En effet, les dettes immobilières ne peuvent être acquittées que par une aliénation d'immeubles. Et quant aux obligations naturelles, leur accomplissement tient trop étroitement aux sentiments personnels de celui qui en est chargé pour qu'il soit permis à un mandataire de les accomplir sans un pouvoir exprès. Il faut dire même qu'à cet égard le mandat devrait avoir une certaine spécialité, et que le mandat de *payer les dettes du mandant,* tout exprès qu'il fût, ne serait pas cependant suffisant par lui-même.

VII. — 921. 3° *Conservation et exploitation des biens du mandant.* Le mandat conçu en termes généraux comprend en principe le pouvoir de passer toutes les conventions nécessaires à l'entretien et à l'exploitation des biens du mandant. Cela va jusqu'à la faculté d'obliger le mandant et par là d'obliger ses biens même immobiliers, en vertu du principe « *qui s'oblige oblige le sien.* » (Art. 2092.) Il y aura là, sans doute, une aliénation indirecte, et en un certain sens une disposition. Mais ce n'est pas à cette espèce d'aliénation qu'il faut appliquer le second paragraphe de notre art. 1988, sans quoi on réduirait à néant le pouvoir du mandataire administrateur. Ce texte s'entend seulement des actes directs d'aliénation et de disposition. Quant aux obligations susceptibles de lier le mandant, et par suite d'obliger ses biens, le mandataire administrateur les contracte valablement et utilement, pourvu qu'il agisse dans la sphère et pour les besoins de son administration.

922. D'après cela, le mandataire administrateur fera valablement les marchés avec les ouvriers en vue des réparations nécessaires à l'entretien et à la conservation des biens du mandant. S'il fait valoir par ses mains, il aura le droit d'acheter les engrais et généralement tout ce que réclament les besoins de l'exploitation.

923. S'il fait valoir par d'autres mains que les siennes, il est autorisé à passer les baux d'une durée ordinaire, c'est-à-dire les baux de trois, six et neuf ans, en prenant pour règle le terme que la loi fixe elle-même au mari, au tuteur, à l'usufruitier (C. Nap., art. 1429, 1430, 1718, 595). Ce n'est pas à dire, cependant, que tout bail consenti par le mandataire administrateur dût être annulé par cela seul qu'il excéderait la durée de neuf années. Il faut avoir égard aux circonstances. On prévoyait, dans l'ancien droit, le cas où l'objet du bail était un terrain inculte donné pour être défriché et planté en vigne : en ce cas, la durée de neuf ans n'étant pas suffisante pour dédommager le preneur des avances qu'il doit faire dans les premières années, sans percevoir aucuns fruits, on disait que le procureur *omnium bonorum* n'excéderait pas les bornes de l'administration en consentant le bail pour une durée deux ou trois fois plus longue (1). A peine est-il besoin de dire que la solu-

---

(1) Pothier (n° 148). — *Voy.* aussi M. Troplong (n° 280).

tion doit encore être prise pour règle : en un tel cas, comme dans les cas analogues, les tribunaux n'hésiteraient pas à valider les baux consentis par le mandataire administrateur pour un temps excédant la durée ordinaire.

924. La Cour de cassation a même décidé, dans un autre ordre d'idées, que le mandataire chargé d'administrer les affaires du mandant peut valablement consentir un bail des biens d'une succession échue à ce dernier depuis le mandat, et même avant qu'elle ait été acceptée par le mandant (1). Bien qu'en principe le mandataire administrateur n'ait pas qualité pour accepter une succession échue au mandant (*infrà*, n° 932), la décision se justifie en ce que le bail peut être considéré comme un acte d'administration provisoire dans le sens de l'art. 779 du Code Napoléon. Mais il ne faut pas oublier que les baux, suivant la très-juste remarque de MM. Aubry et Rau, ne sont actes d'administration provisoire qu'à raison des circonstances particulières dans lesquelles ils sont faits, et que le successeur, pour agir avec prudence et ne pas s'exposer à être déclaré héritier, doit protester par des réserves en consentant les baux, ou se faire autoriser par la justice (2). Le mandataire devra donc tenir compte de la situation et prendre les mêmes précautions pour ne pas s'exposer au reproche d'être sorti des bornes de son mandat.

925. Le mandataire peut faire des emprunts lorsque cela est exigé par les besoins de son administration. On sent que l'administration serait impossible dans bien des circonstances si l'emprunt était interdit à l'administrateur d'une manière absolue. Seulement, le mandataire doit user de ce moyen avec une grande réserve, et quand il y est contraint par la nécessité. On ne saurait poser ici aucune règle précise touchant la latitude qui doit être laissée à cet égard au mandataire administrateur : tout dépend des circonstances, et c'est, en effet, par les circonstances que les tribunaux se sont toujours déterminés (3). Il faut ajouter, toutefois, qu'en aucun cas le mandataire ne saurait conférer hypothèque sur les biens du mandant pour sûreté des emprunts qu'il aurait contractés au nom de ce dernier. Pothier était, sur ce point, d'un avis différent : il estimait que la faculté de conférer hypothèque devait être laissée au mandataire, pourvu que la constitution d'hypothèque fût exigée par les besoins de l'administration (4). Mais Pothier n'était pas lié par un texte précis et positif comme celui de notre art. 1988 ; et, en outre, il était naturellement amené à se prononcer en ce sens parce que, de son temps, l'obligation contractée par un acte notarié entraînait par elle-même hypothèque, sans qu'il fût besoin de la constitution

---

(1) Req., 8 août 1821 (S. V., 22, 1, 111; Coll. nouv., 7, 1, 485; Dalloz, 21, 1, 569; alph., 9, 960).
(2) Aubry et Rau (3e édit., t. V, p. 146, note 23).
(3) *Voy.* Bordeaux, 9 fév. 1829; Req., 15 fév. 1830; Rej., 12 nov. 1834; Req., 28 juin 1836 (S. V., 30, 2, 68; 30, 1, 235; 35, 1, 762; 36, 1, 448; Dalloz, 29, 2, 294; 30, 1, 127; 35, 1, 23; 38, 1, 62).
(4) Pothier (n° 160).

expresse que les art. 2127 et suivants du Code Napoléon exigent aujourd'hui.

926. En aucun cas, également, le mandataire ne peut obliger le mandant par des billets étrangers à l'administration qui lui est confiée (1). Et même pour toutes les obligations qu'il a pouvoir de contracter, le mandataire doit procéder de la manière la moins onéreuse au mandant. Ainsi, bien qu'il puisse souscrire des billets comme chargé de payer les dettes du mandant, il ne peut souscrire des lettres de change et soumettre ainsi ce dernier à la contrainte par corps (2).

VIII.— 927. 4° *Aliénations*. Bien que, d'après le dernier paragraphe de notre art. 1988, le mandat doive être exprès *s'il s'agit d'aliéner,* il faut reconnaître, cependant, que le mandat conçu en termes généraux emporte pouvoir d'aliéner dans une certaine mesure. Il en est, à cet égard, des aliénations comme des obligations : elles rentrent dans le pouvoir du mandataire administrateur en tant qu'elles constituent en réalité des actes d'administration. D'après cela, l'aliénation des immeubles n'y saurait jamais être comprise; mais certaines ventes de meubles y rentrent tout naturellement : telles sont les ventes des récoltes, du croît des animaux, et généralement de toutes les choses qui sont destinées à être vendues.

928. Quant aux meubles incorporels, la faculté de les aliéner ou céder n'est pas comprise, en principe, dans le mandat conçu en termes généraux. La Cour de Bruxelles a justement décidé en ce sens que l'endossement d'un billet à ordre n'est pas, de sa nature, un acte d'administration, et en conséquence que la femme investie par son mari d'une procuration générale n'est pas pour cela autorisée à faire le transport par endossement d'un billet à ordre appartenant au mari (3). On ne peut pas dire, cependant, que l'aliénation ou la cession des meubles incorporels demeure exclue toujours, et d'une manière absolue, des pouvoirs du mandataire administrateur. C'est ce que la même Cour a reconnu en jugeant que la femme, mandataire de son mari, transporte valablement à un tiers, en vertu de la procuration dont elle est munie, la propriété de billets commerciaux appartenant au mari, *si ce transport a lieu pour l'acquit d'une dette de ce dernier* (4). En ce cas, en effet, le transport n'excède pas les bornes d'une simple administration; car, nous le savons, le mandataire administrateur a mission d'effectuer le payement des dettes du mandant (*suprà*, n°s 918 et suiv.).

929. Rappelons ici que le mandat conçu en termes généraux emporte le pouvoir de consentir le rachat d'une rente due au mandant, bien que ce rachat contienne une aliénation (*suprà*, n° 912).

930. L'aliénation à titre gratuit (donation, remise de dette) est évi-

(1) Bordeaux, 22 pluv. an 9 (S. V., 1, 2, 699; Coll. nouv., 1, 2, 16; Dalloz, 2, 679; alph., 9, 96f).
(2) Aix, 10 juin 1833 (S. V., 33, 2, 643; Dalloz, 34, 2, 34).
(3) Bruxelles, 13 fév. 1809 (S. V., 10, 2, 531; Coll. nouv., 3, 2, 23; Dalloz, 9, 2, 173; alph., 2, 402).
(4) Bruxelles, 21 déc. 1809 (S. V., 2, 2, 988; Coll. nouv., 3, 2, 165; Dalloz, 10, 2, 71; alph., 10, 130).

demment, de sa nature, en dehors des actes d'administration. Toutefois, le mandataire pourrait faire certaines donations modiques, telles que cadeaux d'usage, gratifications. A plus forte raison pourrait-il consentir la remise de dette résultant d'un concordat.

IX.— 931. 5° *Conservation des droits du mandant.* Le mandat conçu en termes généraux impliquant pouvoir de veiller à la conservation des biens du mandant, il en résulte que le mandataire administrateur peut figurer dans les actions possessoires soit en demandant, soit en défendant; faire les actes interruptifs de prescription et faire procéder à l'inventaire des biens d'une succession ouverte au profit du mandant.

932. Toutefois, un tel mandat ne serait pas suffisant pour donner au mandataire le pouvoir d'accepter une succession échue au mandant. C'était l'avis de Pothier. Selon lui, si un procureur muni d'une procuration générale donnait à son mandant une qualité d'héritier dans quelque acte concernant les affaires d'une succession déférée à ce dernier; ou s'il se mettait, en son nom et à son insu, en possession des biens de cette succession et en disposait pour le mandant, celui-ci pourrait le désavouer et être reçu à renoncer à cette succession (1). Il en faut dire de même aujourd'hui; car très-certainement les pouvoirs du mandataire administrateur ne sauraient aller jusqu'à l'autoriser à accepter, même bénéficiairement, une succession échue à son mandant.

933. Mais aurait-il pouvoir de renoncer à la succession? Sur ce point, Pothier était moins absolu. Si le mandant, dit-il, n'est pas assez éloigné pour qu'on ne puisse l'instruire des poursuites faites contre lui, son procureur doit l'avertir et attendre ses ordres, et jusqu'à ce qu'il ait reçu un pouvoir spécial, il n'est pas partie capable de renoncer à la succession pour son mandant. Mais si celui-ci est en voyage de long cours, et qu'on ne puisse lui donner avis des poursuites, le procureur est, en ce cas, censé avoir reçu le pouvoir de renoncer à la succession, afin d'éviter les condamnations qui interviendraient contre le mandant faute de prendre qualité (2). — Ce tempérament est assurément fort équitable; nous doutons cependant, en présence du texte de notre art. 1988, que, même en ce dernier cas, la renonciation du mandataire administrateur pût être opposée au mandant. En aucune hypothèse, en effet, une renonciation à succession n'est à considérer comme rentrant dans les actes d'administration.

934. Voici, enfin, un dernier point sur lequel la décision de Pothier ne pourrait pas non plus être suivie aujourd'hui d'une manière absolue. D'après lui, le procureur *omnium bonorum* aurait, par la procuration générale à lui donnée, le pouvoir d'accepter les donations faites au mandant, comme aussi de recevoir la délivrance des legs, soit particuliers, soit universels, ou d'en poursuivre le saisissement en justice sous le nom de ce dernier (3). Or, cela ne serait certain aujourd'hui qu'en

---

(1) Pothier (n° 162).
(2) *Id.* (n° 163).
(3) *Id.* (n° 161).

ce qui concerne les legs particuliers, dont évidemment le mandataire administrateur peut recevoir ou exiger la délivrance.

Mais pour ce qui est des donations, l'art. 933 du Code Napoléon n'a pas reproduit exactement la disposition de l'ordonnance de 1731, d'après laquelle les donations devaient être acceptées par le donataire, ou par son procureur *général* ou *spécial* (art. 5) : cet article exige sinon une procuration authentique spéciale d'accepter *telle* donation, du moins une procuration générale d'accepter *les donations*, par conséquent une procuration *expresse* dans le sens de notre art. 1988, ce qui, dès lors, ne permet pas de considérer le pouvoir d'accepter comme compris dans le mandat *conçu en termes généraux*.

Et quant aux legs universels ou à titre universel, il faut incontestablement refuser au mandataire administrateur le pouvoir de les accepter, si l'on admet l'opinion d'après laquelle les légataires universels et à titre universel seraient tenus *ultrà vires* des dettes de la succession : la raison de décider alors serait la même que celle par laquelle on refuse au mandataire administrateur le pouvoir d'accepter une succession échue au mandant (*supra*, n° 932). Si Pothier est d'un avis contraire, c'est parce que, selon lui, les légataires universels seraient tenus des dettes seulement jusqu'à concurrence des biens légués, et qu'il serait toujours en leur pouvoir de se décharger des dettes en abandonnant ces biens, et en rendant compte (1). Mais, même dans ce système, la question de savoir si le mandataire administrateur a ou non pouvoir d'accepter les legs universels et à titre universel reste sujette à controverse : on argumentera par analogie, d'une part, pour la négative, des règles suivant lesquelles l'acceptation, même bénéficiaire, d'une succession est interdite au mandataire administrateur; d'une autre part, pour l'affirmative, des règles en vertu desquelles il est autorisé à accepter un legs particulier.

X. — 935. Après ces indications sur l'étendue du mandat conçu en termes généraux, nous aurions à nous occuper ici du mandat exprès et des règles d'interprétation en ce qui le concerne. Mais l'article suivant contient précisément un exemple d'interprétation, et, par ce motif, il convient de rattacher à cet article les observations que nous avons à présenter sur ce point.

1989. — Le mandataire ne peut rien faire au delà de ce qui est porté dans son mandat : le pouvoir de transiger ne renferme pas celui de compromettre.

SOMMAIRE.

I.   936. La règle que le mandataire ne peut rien faire au delà de ce qui est porté dans son mandat est commune à toute espèce de mandat : c'est pourquoi l'explication en doit être renvoyée au chapitre suivant. Transition aux règles d'interprétation du mandat exprès.

II. 937. Difficulté de formuler une règle précise pour l'interprétation du mandat

---

(1) Pothier (n° 162).

I. — 936. L'art. 1989 contient deux propositions distinctes dont la seconde seulement fera, quant à présent, l'objet de notre examen. Pour ce qui est de la première, elle exprime que le mandataire ne peut rien faire au delà de ce qui est porté dans son mandat. Or, c'est là une règle commune à toute espèce de mandat ; elle forme même le type d'après lequel on détermine l'obligation où est le mandataire d'accomplir le mandat. C'est pourquoi nous en renvoyons l'explication au chapitre suivant, spécialement à l'art. 1991 (*infrà*, n° 978 et suiv.); et nous passons immédiatement au commentaire de la seconde disposition, qui va nous conduire à fixer, pour le mandat exprès, comme nous l'avons fait pour le mandat conçu en termes généraux, l'objet et la mesure des pouvoirs conférés au mandataire.

II. — 937. La question est la même ici que pour le mandat conçu en termes généraux ; mais la solution est encore moins susceptible de se déduire nettement *à priori*. On peut, en ce qui concerne cette dernière espèce de mandat, poser une règle précise, à savoir que le mandataire ne doit rien faire au delà des actes d'administration. Il n'en est plus de même par rapport au mandat exprès. Le contenu d'un tel mandat variant à l'infini, suivant les termes de chaque procuration, il n'est pas possible de formuler une règle absolue. Disons toutefois, par forme d'observation générale, que ce serait exiger l'impossible que de vouloir renfermer le mandataire dans l'accomplissement littéral et judaïque des actes nommément indiqués en la procuration : il faut lui laisser le pouvoir de faire tout ce qui y est compris virtuellement sans y être littéralement exprimé. La difficulté consiste à ne pas abuser, dans l'interprétation, des termes de la procuration, tout en laissant au mandataire la possibilité de satisfaire aux nécessités de l'affaire ou de l'opération, objet du mandat.

938. Au surplus, l'art. 1989, dans sa seconde partie, donne un exemple d'interprétation lorsqu'il nous dit que le pouvoir de transiger ne renferme pas celui de compromettre. Cet exemple unique doit donc servir de guide pour la solution des difficultés susceptibles de s'élever sur le point de savoir si tel ou tel acte est ou non virtuellement compris dans tel ou tel mandat : interrogeons maintenant les monuments nombreux de la jurisprudence sur ce point.

939. Nous reprendrons l'ordre suivi à l'article précédent pour la détermination des pouvoirs du mandataire administrateur. Ainsi, nos observations auront pour objet l'interprétation du mandat exprès se rattachant successivement : 1° au recouvrement des créances du mandant; 2° au payement de ses dettes; 3° à des conventions à passer avec des tiers; 4° et aux actes d'aliénation.

III. — 940. *Mandat exprès à l'effet de recouvrer les créances du mandant.* On peut, à cet égard, se reporter aux principes exposés plus haut à l'occasion des actes de même nature compris dans le mandat conçu en termes généraux (n°ˢ 911-917). Toutefois, il y faut recourir avec réserve et sauf certaines distinctions. — Ainsi, le mandat exprès de toucher comprend bien le pouvoir de faire les actes nécessaires à la libération complète de ceux qui effectuent les payements, par exemple le pouvoir de consentir la mainlevée d'une inscription hypothécaire. Mais le mandat de toucher les revenus n'implique pas le pouvoir de toucher le capital, et celui de recevoir les arrérages d'une rente n'autorise pas le mandataire à recevoir le prix du rachat (1).

A plus forte raison, le mandat de toucher une créance n'emporte-t-il pas, en général, pouvoir de pratiquer des saisies ou d'exercer des actions. Et si le mandataire est chargé d'exproprier le débiteur, son mandat ne lui confère pas de plein droit le pouvoir de se rendre adjudicataire, pour le mandant, de l'immeuble exproprié (2). Sans doute, le mandataire pourra et devra, en conformité de l'art. 690 du Code de procédure, présenter une mise à prix de l'immeuble; mais cela ne lui donne pas le droit de se rendre adjudicataire au nom du mandant, et il

_____

(1) Rej., 4 therm. an 9 (S. V., 1, 2, 485; Coll. nouv., 1, 1, 501; Dalloz, alph., 6, 372).

(2) Req., 1ᵉʳ avr. 1839 (S. V., 39, 1, 379; Dalloz, 39, 1, 472).

ne peut être déclaré tel que dans les termes de l'art. 706, c'est-à-dire s'il ne survient pas d'enchères sur la mise à prix par lui indiquée comme poursuivant au nom du mandant. — Il a été décidé aussi, dans cet ordre d'idées, que le mandat donné par le vendeur de plusieurs immeubles de régler le payement du prix de ces immeubles avec tous les adjudicataires n'emporte pas le pouvoir d'accepter une déclaration de command qui a été faite à l'insu et sans le consentement du vendeur (1).

941. Le mandat de recouvrer une créance ne donne pas le pouvoir de la céder, ni, à plus forte raison, celui de faire une remise totale ou partielle, non plus que le pouvoir de transiger sur les difficultés élevées à l'occasion de la créance. — Il en est ainsi alors même que le mandat est donné au mandataire sous forme de cession de la créance. Les rapports des parties entre elles ne changent pas, en principe, à raison de la forme qu'a revêtue le mandat, et le mandataire qui veut rester dans son rôle ne doit pas, tout comme s'il eût reçu mandat directement, céder lui-même la créance, la remettre, y renoncer ou transiger. Mais il en est autrement à l'égard des tiers : vis-à-vis d'eux, cette forme de la cession opère une modification essentielle, en ce qu'elle fait du mandataire un véritable propriétaire. Ce mandataire est alors ce qu'on appelle un prête-nom : d'où il suit que, s'il dépasse son mandat, c'est une question à vider entre lui et le mandant; mais, vis-à-vis des tiers, l'acte qu'il a consenti, cession, remise ou transaction, doit sortir son plein et entier effet (2). — Nous reviendrons plus tard sur la différence existant entre le prête-nom et le mandataire (*infrà*, nᵒˢ 1078 et suiv.); il nous suffit, quant à présent, d'en indiquer l'existence.

942. Il y a plus : le mandat de recouvrer une créance donné sous forme de cession peut, *d'après les circonstances,* être considéré, même entre le mandant et le mandataire, comme donnant à ce dernier le pouvoir illimité de faire tous les actes d'un véritable propriétaire de la créance. Cela a été ainsi jugé par la Cour de Bordeaux (3).

IV. — 943. *Mandat exprès à l'effet de payer les dettes du mandant.* L'interprétation se fait encore ici conformément aux principes exposés sur le mandat conçu en termes généraux (nᵒˢ 918-920), sauf toutefois à s'y référer avec réserve. Ajoutons que, suivant les circonstances, ce pouvoir implique pour le mandataire la faculté d'emprunter pour remplir l'objet de son mandat. Il a été décidé en ce sens que l'individu chargé par un entrepreneur de constructions de conduire certains travaux et de payer les ouvriers est, par cela même, et sans avoir besoin d'un mandat exprès à cet égard, autorisé à emprunter pour remplir l'objet de son mandat, si le mandant n'a pas fait les fonds nécessaires et n'était pas sur les lieux au moment de l'emprunt (4).

V. — 944. *Mandat à l'effet de passer des conventions avec les tiers*

---

(1) Orléans, 2 fév. 1849 (S. V., 49, 2, 588; *J. Pal.*, 1849, 1, 313).
(2) *Voy.* Bordeaux, 25 juill. 1826 (S. V., 27, 2, 41; Coll. nouv., 8, 2, 268; Dalloz, 27, 2, 43).
(3) *Voy.* l'arrêt cité à la note précédente.
(4) Bordeaux, 9 fév. 1829 (S. V., 30, 2, 68; Coll. nouv., 9, 2, 204; Dalloz, 29, 2, 294).

en obligeant le mandant. Il n'emporte par lui-même que le pouvoir de conclure la convention désignée. Il ne donne pas qualité pour faire, une fois la convention passée, des actes qui, cependant, en seraient la suite naturelle. Par exemple, le mandat exprès à l'effet de louer telle propriété ne renferme pas le pouvoir de toucher le prix du louage.

945. Un tel mandat, même quand il est exprès, autorise le mandataire à passer bail seulement pour la durée ordinaire (trois, six, neuf ans), comme dans le cas de mandat conçu en termes généraux (*suprà,* n° 923); à moins qu'il n'apparaisse par les circonstances ou les termes du mandat que le mandant a eu la volonté de permettre la location pour un temps plus long. Un mandat de louer *à tels prix, clauses et conditions que le mandataire jugerait convenables* a été considéré comme suffisant pour autoriser le mandataire à consentir un bail de quinze années (1).

946. Le pouvoir exprès à l'effet d'emprunter oblige le mandataire à se maintenir, pour l'exécution, dans les termes et dans les conditions fixés par la procuration. Nous trouvons cependant, dans quelques recueils, mention d'un arrêt de la Cour de Bruxelles duquel il résulterait que le pouvoir d'emprunter à constitution de rente comprend celui d'emprunter sous obligation à terme (2). En elle-même, la solution ne saurait être admise; mais, autant que nous en avons pu juger par la notice qui figure seule dans les recueils, il y avait cette circonstance particulière, dans l'espèce, que le mandant avait reçu les fonds empruntés par son mandataire. La décision s'explique par là, en ce que le fait de la réception des fonds a pu apparaître comme une ratification de l'exécution du mandat. Sans cela, il eût été contraire aux principes, quand le mandataire avait si visiblement méconnu les termes du mandat, de considérer son agissement comme susceptible de lier et d'obliger le mandant.

947. Quant aux conditions et aux charges accessoires, comme les intérêts, les droits de commission, etc., le mandataire chargé d'emprunter doit se renfermer dans les règles consacrées par l'usage s'il n'est expressément autorisé par le mandat à aller au delà. Dans une espèce où un fondé de pouvoir autorisé à emprunter portait dans le compte par lui rendu au mandant une somme pour *supplément* d'intérêts ou droits de commission qu'il disait avoir payés pour obtenir les fonds nécessaires à son mandant, la Cour de Paris a justement décidé que le mandataire ne serait fondé à répéter ladite somme qu'autant que l'allocation de droits ou d'intérêts extraordinaires aurait été par lui consentie aux prêteurs en vertu d'une autorisation spéciale du mandant, et qu'à défaut d'autorisation spéciale, les suppléments d'intérêts ou droits de commission, non consacrés par la loi ou les usages, restent à la charge personnelle du mandataire (3).

---

(1) Paris, 27 nov. 1813 (S. V., 15, 2, 61; Coll. nouv., 4, 2, 364; Dalloz, alph., 9, 960).

(2) Bruxelles, 22 janv. 1806 (S. V., Coll. nouv., 2, 2, 108).

(3) Paris, 18 avr. 1836 (S. V., 36, 2, 503; Dalloz, 36, 2, 40).

948. Mais il convient de rappeler ici ce que nous avons dit plus haut par forme d'observation générale : si le mandat exprès à l'effet de passer des conventions ne donne pas le droit de faire, la convention une fois passée, même les actes qui en sont la suite naturelle, il comprend du moins le pouvoir de consentir tous les actes virtuellement contenus dans la procuration, bien qu'ils n'y soient pas littéralement indiqués (*suprà*, n° 937). La Cour de cassation a fait une juste application de cette règle en décidant que le mandat donné pour *traiter, composer, transiger, prendre tous arrangements en cas de faillite,* peut être réputé comprendre le pouvoir d'adhérer à une société en commandite formée entre le débiteur *en déconfiture* et ses créanciers pour rétablir les affaires du débiteur et sauver le gage des créanciers (1).

VI. — 949. *Mandat exprès à l'effet d'aliéner, d'hypothéquer ou de faire tout autre acte de propriété.* Le pouvoir du mandataire se renferme ici dans l'acte même indiqué par le mandat, et ne s'étend pas, à moins de convention spéciale et expresse, aux actes qui en peuvent être considérés comme la conséquence naturelle. Le pouvoir ne s'étend pas non plus aux actes qui présenteraient de l'analogie avec celui qui est l'objet même du mandat, ces actes fussent-ils, en apparence et même en réalité, moins graves : la maxime « *qui peut le plus peut le moins* » doit être ici entièrement mise de côté. Les applications qui vont suivre sont, en général, la déduction de ces règles.

950. Ainsi, le mandat de vendre un immeuble ne renferme pas celui de l'hypothéquer. Toutefois, si le mandat de vendre avait été expressément donné en vue de réaliser une somme d'argent nécessaire au mandant, il pourrait être décidé que le mandataire est autorisé à poursuivre le but que s'est proposé le mandant en empruntant moyennant affectation hypothécaire du même immeuble (2). On ne peut pas dire que ce soit là substituer un acte à un autre, en ce que la réalisation d'une somme d'argent peut ici être considérée comme l'objet réel du mandat, la vente n'étant indiquée que comme moyen.

951. Le mandat de vendre n'emporte pas celui de faire à l'acheteur commandement de payer (3); c'est une application spéciale de la maxime « *nul, en France, ne plaide par procureur.* » — Mais un tel mandat confère-t-il le pouvoir de toucher le prix de la vente? En thèse générale, il faut se prononcer pour la négative, et décider, en conséquence, que le payement fait par l'acquéreur entre les mains du mandataire n'est pas libératoire (4). Néanmoins, la doctrine fait une réserve qui nous semble devoir être accueillie; elle a pour objet le cas où le mandat de vendre ne contient pas ou exclut le pouvoir, pour le mandataire, d'accorder terme et délai : le mandataire ne pouvant pas alors se dispenser de vendre *au comptant,* il impliquerait qu'il n'eût pas le

_____

(1) Req., 4 janv. 1843 (S. V., 43, 1, 144; Dalloz, 43, 1, 82).
(2) Bruxelles, 29 mai 1806 (S. V., Coll. nouv., 2, 2, 149).
(3) *Id.*, 15 oct. 1819 (S. V., Coll. nouv., 6, 2, 144).
(4) Rouen, 9 nov. 1839 (S. V., 40, 2, 80); Req., 18 nov. 1824 (S. V., Coll. nouv., 7, 1, 566; Dalloz, alph., 9, 752).

pouvoir de recevoir le prix et d'en donner quittance (1). Il convient, d'ailleurs, d'ajouter que la situation n'est guère susceptible de se produire que dans le cas où le mandat de vendre a pour objet des meubles ou des effets mobiliers. Les transmissions immobilières comportent généralement certaines exigences qui excluent, pour ainsi dire, le payement au comptant.

952. Mais quand le mandat de vendre autorise expressément le mandataire à recevoir le prix, il emporte le pouvoir de recevoir ce prix des mains d'un tiers au moyen d'une cession, aussi bien que de celles de l'acheteur (2), et aussi, comme complément naturel, le pouvoir de payer les honoraires de l'officier public par qui la vente est faite (3). Et enfin, si le mandat a pour objet la vente d'un immeuble déterminé, il comprend le pouvoir de ratifier une vente antérieure de ce même immeuble (4).

953. Le mandat exprès de constituer une dot emporte pouvoir de consentir hypothèque sur les biens du mandant pour sûreté de la dot constituée. Cela a été mis en question devant la Cour de Paris, dans une espèce où un père avait donné pouvoir à son mandataire de consentir, en son nom, au mariage de sa fille mineure, de l'assister et autoriser au contrat de mariage, et d'en régler les clauses et conditions civiles. Le mandant ayant contesté, sur l'autorité de l'art. 1988, § 2, l'affectation hypothécaire consentie par le mandataire pour sûreté de la dot qu'il avait constituée, le Tribunal de première instance d'abord, et la Cour impériale ensuite, par adoption pure et simple de motifs, jugèrent, avec toute raison, que le mandataire, en réglant avec le futur époux la fixation du montant de la dot et le mode de garantie qui en est l'accessoire naturel, n'avait point outre-passé les bornes de son mandat; — que si l'art. 1988 exige un mandat exprès pour aliéner ou hypothéquer au nom du commettant, cela s'entend du cas où le mandat est conçu en termes généraux et n'embrasse que les actes d'administration, mais non du cas où, comme dans l'espèce, la dation d'une garantie hypothécaire *est un des moyens essentiels pour remplir l'objet même du mandat* et les conditions relatives à la dot (5).

954. Néanmoins, le mandat dont l'objet même est de constituer hypothèque doit être exprès, comme il est dit à l'art. 1988; et alors il ne confère au mandataire d'autre pouvoir que celui de consentir les garanties hypothécaires qu'il a pour objet. Ainsi, il ne permettait pas de conférer au créancier hypothécaire le droit de faire vendre l'immeuble sans formalités de justice (6), quand la clause de voie parée pouvait être insérée dans les actes d'obligation. — La Cour de Riom a cependant dé-

---

(1) *Voy.* là-dessus MM. Toullier (t. III, n° 23); Duranton (t. XII, n° 51); Aubry et Rau (p. 465, note 9); Troplong (n°⁵ 319 et 323).
(2) Bordeaux, 22 janv. 1827 (S. V., 27, 2, 65; Coll. nouv., 8, 2, 316).
(3) Paris, 21 avr. 1806 (S. V., 6, 2, 473; Dalloz, alph., 10, 433).
(4) Req., 17 mars 1840 (S. V., 40, 1, 197; Dalloz, 40, 1, 159).
(5) Paris, 17 mars 1827 (S. V., 30, 2, 17; Coll. nouv., 8, 2, 346; Dalloz, 29, 2, 290).
(6) Bordeaux, 21 déc. 1832 (S. V., 33, 2, 205; Dalloz, 33, 2, 152).

cidé que lorsqu'un tel mandat est accompagné de celui d'emprunter, il emporte le pouvoir d'éteindre d'anciennes dettes chirographaires et de les convertir en obligations authentiques avec hypothèque (1) : seulement, il y avait cette circonstance particulière, dans l'espèce, que les emprunts à effectuer par le mandataire avaient précisément pour objet d'éteindre les dettes chirographaires du mandant, en sorte que l'objet même du mandat était atteint, et même d'une manière non-seulement équipollente, mais encore plus simple, par la conversion de ces mêmes dettes en obligations à terme avec hypothèque. La décision s'explique par ces circonstances ; mais, en thèse, le mandataire aurait évidemment excédé ses pouvoirs si, chargé d'emprunter sur hypothèque, c'est-à-dire *de procurer des fonds* à son mandant au moyen de sûretés offertes aux prêteurs, il avait disposé de ces sûretés au profit d'anciens créanciers.

955. Le mandat de transiger doit aussi être renfermé dans son objet précis. Il ne contient pas, comme le dit notre article en donnant un exemple d'interprétation du mandat exprès, le pouvoir de compromettre. Et en effet, le mandant qui s'en remet à son mandataire du soin de faire une transaction n'entend pas par là se confier à des arbitres de lui inconnus qui, à la suite du compromis, trancheraient, par leur sentence, le différend sur lequel il n'a voulu que transiger.

D'ailleurs, la disposition de notre article reste la règle, alors même que le mandataire aurait reçu pouvoir de transiger par médiation d'arbitres. On peut supposer, il est vrai, que le mandant, en autorisant une médiation d'arbitres, a eu en vue autre chose et plus qu'une transaction pure et simple. Mais la Cour d'Aix, devant laquelle la difficulté a été soulevée, a dit avec toute raison qu'en principe le mandataire ne peut compromettre pour son mandant, s'il n'en a le pouvoir spécial et exprès ; que ce pouvoir, aux termes de l'art. 1989, n'est pas compris dans le mandat de transiger ; et que l'autorisation donnée au mandataire de transiger même par médiation d'arbitres ne modifie pas la règle, en ce que la transaction sur médiation d'arbitres reste toujours une transaction qui peut n'avoir rien de définitif, les parties étant libres de refuser la médiation si elles n'en acceptent pas les bases, et n'est pas le jugement en dernier ressort auquel les parties doivent se soumettre après que les arbitres ont prononcé sur le différend dont la connaissance leur a été déférée par le compromis (2).

956. De même que le mandataire chargé de transiger n'a pas le pouvoir de compromettre, de même il n'a pas le pouvoir de proroger un compromis (3). En effet, proroger un compromis, c'est compromettre à nouveau, c'est au moins renouveler l'acte ; et comme le mandataire n'a pas qualité pour le consentir, il ne saurait, par cela même, avoir le pouvoir de le renouveler.

---

(1) Riom, 10 mars 1818 (S. V., Coll. nouv., 5, 2, 364 ; *J. Pal.*, à sa date).
(2) Aix, 6 mai 1812 (S. V., 13, 2, 205 ; Coll. nouv., 4, 2, 109 ; Dalloz, alph., 1, 617).
(3) Cass., 18 août 1819 (S. V., 20, 1, 73 ; Coll. nouv., 6, 1, 117 ; Dalloz, 19, 1, 586 ; alph., 1, 620).

957. Le mandat de transiger sur des poursuites n'emporte pas pouvoir de transiger sur le fond de la contestation (1). Mais, lorsqu'il est accompagné du mandat de se désister, il comprend le pouvoir de renoncer à une exception de procédure, et par suite de ratifier la renonciation faite par un autre mandataire en dehors de ses pouvoirs (2). — Un tel mandat comprend aussi évidemment le pouvoir de faire des aveux ou reconnaissances (3). La Cour de cassation a décidé même que les aveux émanés du mandataire chargé de transiger sont opposables au mandant, bien qu'ils soient renfermés dans un simple projet de transaction, si cette transaction était projetée avec une commune et n'a manqué de produire son effet que faute d'avoir été approuvée par l'autorité supérieure (4).

958. Ajoutons, en terminant, que lorsqu'une procuration a pour but unique, de la part du mandant, la gestion et l'administration de ses biens par le mandataire, lorsqu'il s'agit, en un mot, du pouvoir conçu en termes généraux prévu par le paragraphe premier de l'art. 1988, le pouvoir exprès y inséré de transiger et compromettre ne conférerait pas au mandataire le droit de faire un acte de propriété au nom du mandant. Ce pouvoir doit alors être entendu conformément à l'esprit dans lequel la procuration a été conçue. Ainsi a décidé la Cour de Rouen dans une espèce où un propriétaire, frappé de cécité, avait été contraint par ce motif de confier à un voisin l'administration de ses biens, et lui avait donné en conséquence une procuration contenant les pouvoirs les plus étendus pour gérer et administrer, *même pour transiger et compromettre*. Des difficultés s'étant élevées plus tard entre la commune et le mandant à l'occasion d'un passage, avec bestiaux et harnais, que ce dernier exerçait sur une place, le mandataire se crut en droit de consentir à la commune un acte par lequel il déclarait, au nom du mandant, que ce passage n'avait été exercé qu'à titre de tolérance, et renonçait à jamais prétendre qu'il fût acquis par possession et prescription. Évidemment, le mandataire avait en cela excédé ses pouvoirs, et la Cour de Rouen décida justement que quelque généraux que soient les termes d'une procuration dont le but unique est la gestion et l'administration des biens du mandant, ils ne peuvent, alors même qu'ils comprennent le pouvoir de compromettre et de transiger, autoriser le mandataire à abandonner un droit réel appartenant au mandant (5).

1990. — Les femmes et les mineurs émancipés peuvent être choisis pour mandataires; mais le mandant n'a d'action contre le mandataire mineur que d'après les règles générales relatives aux obliga-

(1) Bruxelles, 16 mai 1811 (S. V., Coll. nouv., 3, 2, 497). *Voy.* aussi Req., 19 fév. 1834 (S. V., 34, 1, 748; Dalloz, 34, 1, 129).
(2) Req., 26 mars 1834 (S. V., 34, 1, 760; Dalloz, 34, 1, 230).
(3) Anal. Douai, 13 mai 1836 (S. V., 36, 2, 450; Dalloz, 37, 2, 81).
(4) Rej., 15 juin 1847 (S. V., 48, 1, 363).
(5) Rouen, 26 janv. 1853 (Dalloz, 54, 2, 36; S. V., 55, 2, 663; *J. Pal.*, 1855, 2, 215). *Voy.* aussi Req., 1er avr. 1834 (Dalloz, 34, 1, 191; S. V., 34, 1, 794).

tions des mineurs, et contre la femme mariée et qui a accepté le mandat sans autorisation de son mari, que d'après les règles établies au titre *Du Contrat de mariage et des Droits respectifs des époux.*

I. — 959. En nous occupant plus haut des conditions de fond nécessaires à l'existence et à la validité du contrat de mandat, nous avons réservé tout ce qui a trait à la capacité (*suprà,* n° 832). Nous y revenons avec notre art. 1990, dont la disposition se rattache à ce point exclusivement.

Dans le contrat de mandat, nous l'avons indiqué déjà, les conditions de capacité sont déterminées, en principe, par les règles du droit commun, et, à certains égards seulement, par des règles particulières. C'est maintenant ce qu'il faut expliquer et préciser en nous occupant successivement du mandant et du mandataire.

II. — 960. La capacité nécessaire pour donner un mandat est entièrement soumise aux règles générales sur la capacité. L'art. 1990 le suppose sans en rien dire, car il a trait seulement à la capacité requise pour accepter un mandat. Mais il le suppose nécessairement ; c'est évident par les discussions préparatoires de la loi. « Ce contrat, a dit le tribun Tarrible, n'ayant d'autre objet que celui de conférer au mandataire la gestion d'une affaire dont tout l'intérêt se rapporte au commettant, il est évident que celui-là seul qui a la capacité de traiter cette affaire peut en confier l'exécution à un autre... Les auteurs du projet de loi ont donc regardé comme superflu d'exprimer, relativement aux personnes qui pourraient donner le mandat, un principe qui dérivait de la nature de ce contrat... » (1) Il est donc constant qu'un mandat n'est valable qu'autant que celui qui le donne est capable de s'obliger, ou

(1) Rapport au Tribunat (Locré, t. XV, p. 248; Fenet, t. XIV, p. 594). — *Voy.* aussi Amiens, 1ᵉʳ mars 1839 (S. V., 40, 2, 28; Dalloz, 40, 2, 36).

plutôt de faire lui-même l'acte en vue duquel le mandataire est constitué. Ainsi, supposons qu'un mineur, un interdit, ou une femme mariée non autorisée, donne mandat à l'effet de faire un acte de propriété quelconque, il y a là une incapacité à raison de laquelle le mandant ne sera obligé ni envers les tiers qui auraient traité avec le mandataire, ni envers ce dernier lui-même, qui ne pourra rien réclamer des dépenses par lui faites pour l'exécution du mandat. Le mandant incapable, enfin, ne sera passible d'aucune action, si ce n'est, toutefois, de l'action *de in rem verso,* en tant qu'il aurait retiré un profit de l'exécution, et jusqu'à concurrence ou dans la mesure du profit qu'il en aurait retiré : ce qui, d'ailleurs, n'est encore que l'application des principes généraux.

961. Par ce qui précède, on voit que même les personnes qui n'ont pas une capacité pleine et entière peuvent cependant donner, dans la mesure de leur capacité restreinte, un mandat parfaitement valable. Il en est ainsi notamment de la femme mariée, du mineur émancipé, de l'individu pourvu d'un conseil judiciaire. En effet, dès que la capacité requise pour donner mandat n'est pas autre que la capacité nécessaire pour traiter l'affaire qui est l'objet même du mandat, il s'en induit avec évidence que tout mandat émanant de ces personnes devrait nécessairement être validé en tant que les actes dont elles auraient confié l'exécution à un mandataire seraient de ceux qu'elles pourraient elles-mêmes passer. Ainsi un mandat serait valablement donné par une femme séparée de biens pour des actes se rapportant à la libre administration que lui confère l'art. 1449 du Code Napoléon; par un mineur émancipé pour actes rentrant dans la pure administration qui lui est concédée par l'art. 481 ; par l'individu pourvu d'un conseil judiciaire pour tous actes autres que ceux qu'il lui aurait été interdit, en vertu de l'art. 513, de faire sans l'assistance de son conseil. Dans tous ces cas, les actes consentis par le mandataire en exécution du mandat obligeraient le mandant comme s'il les eût fait lui-même.

962. Mais lorsque le mandat est entaché de nullité, dans son principe, comme donné par une personne incapable, la nullité n'est pas effacée par la capacité survenant ultérieurement en la personne du mandant (1); comme aussi la bonne foi du mandataire et des tiers est impuissante à assurer ses effets au mandat. Il est vrai que les art. 2008 et 2009, dont nous aurons bientôt à présenter le commentaire, donnent à la bonne foi un effet prépondérant quant aux agissements du mandataire. Mais ces articles ont trait, comme nous l'expliquerons, à un mandat valable dans son principe, et dont l'extinction ou la révocation était restée ignorée. Ils sont inapplicables à notre hypothèse, où nous supposons un mandat entaché de nullité dans son principe. La Cour de cassation a donc justement décidé que le mandat donné par un failli *postérieurement au jugement déclaratif de la faillite,* et ayant pour objet la disposition d'une partie de l'actif, ne doit produire aucun effet, en

---

(1) M. Dalloz cite un arrêt de cassation du 2 niv. an 5 à l'appui de cette solution (*Nouv. Rép.,* v° Mandat, n° 58).

sorte que le mandataire, bien qu'il ait été de bonne foi, est responsable des actes par lui faits en cette qualité (1). La décision est rigoureuse, sans doute; mais elle est parfaitement conforme aux principes : puisque le pouvoir donné par le mandant a sa mesure exacte dans le pouvoir que le mandant aurait lui-même s'il agissait personnellement, il est de toute évidence que le failli, qui, par l'effet de la faillite déclarée, est absolument incapable de s'obliger, ne peut pas conférer un mandat susceptible d'engendrer une obligation.

Nous n'avons pas à insister davantage sur les règles de capacité relativement au mandant.

III. — 963. Quant au mandataire, sa capacité n'est pas requise pour la validité et l'efficacité du contrat de mandat : notre article indique cela en disant que « la femme et le mineur émancipé peuvent être choisis pour mandataires. » Cependant la proposition n'est vraie qu'en thèse générale et dans les rapports du mandant et des tiers avec lesquels le mandataire aurait traité; entre le mandant et le mandataire, elle n'est exacte que relativement. Reprenons ces divers points distinctement.

964. En thèse générale, disons-nous d'abord, la capacité du mandataire n'est pas requise pour la validité du mandat. Le tribun Tarrible a donné la raison décisive de ceci dans son rapport au Tribunat : « Le mandataire, a-t-il dit, ne traite pas de ses propres intérêts; il ne contracte aucune obligation personnelle; il fait l'affaire de son commettant d'après les intentions tracées dans le mandat; il n'est que le simple organe de ce même commettant, qui demeure seul obligé envers les tiers par la transaction passée en son nom lorsqu'elle est conforme au vœu qu'il a exprimé. — Le commettant ne peut être soumis, dans le choix de son mandataire, à d'autres règles que celles de sa confiance... Que le mandat ait été donné à un mineur ou à un majeur, à une femme mariée ou à un homme jouissant de la plénitude de ses droits civils, la personne du mandataire disparaît comme un échafaudage devenu inutile après la construction de l'édifice, et la transaction, relativement au commettant seul intéressé, a toute la solidité dont elle est susceptible. » (2)

965. Ces observations servent à résoudre une question née du texte, en apparence restrictif, de notre art. 1990. On s'était demandé, en effet, si cet article a disposé dans un esprit d'exclusion, en ce sens que le mandat dût être annulé si le mandataire choisi était un incapable autre « qu'une femme ou un mineur émancipé », par exemple un mineur *non émancipé* ou même *un interdit*. Mais le doute n'était guère possible. Si la capacité du mandataire n'est pas prise en considération pour l'existence et la validité du mandat, c'est parce que, selon l'expression du tribun Tarrible, le mandataire est un simple organe; c'est par une conséquence logique de l'idée que le mandataire oblige le mandant directement envers les tiers et ceux-ci envers le mandant, sans

---

(1) Req., 14 janv. 1862 (S. V., 62, 1, 398; Dalloz, 62, 1, 198; *J. Pal.*, 1862, p. 129).
(2) Fenet (t. XIV, p. 595 et 596); Locré (t. XV, p. 249 .

s'obliger lui-même par l'opération qu'il contracte. Or le raisonnement s'applique avec la même force à tous les incapables énumérés par l'art. 1124 du Code Napoléon, et par conséquent aux mineurs non émancipés et aux interdits non moins qu'à la femme mariée et au mineur émancipé. Ainsi, ces incapables peuvent très-bien être choisis pour mandataires : si notre article ne les a pas compris dans l'énumération qu'il présente, c'est non-seulement parce qu'en fait le cas n'est susceptible de se produire que bien rarement, mais encore parce que cet article, selon la très-juste remarque de MM. Aubry et Rau, a eu pour objet « bien moins d'énumérer les personnes capables de recevoir un mandat que de déterminer les effets de l'acceptation du mandat conféré à une personne jouissant de l'administration de sa fortune sans en avoir la disposition. » (1)

966. C'est dans ce but, en effet, que notre article a été rédigé; et ceci nous ramène naturellement aux réserves ci-dessus indiquées comme limitant la règle d'après laquelle la capacité du mandataire n'est pas requise pour la validité et l'efficacité du mandat.

Dans les rapports du mandant avec le mandataire, ce n'est là qu'une vérité relative. Sans doute, le mandant qui a choisi un mandataire incapable reste lié tant vis-à-vis de ce mandataire qu'envers les tiers avec lesquels celui-ci a pu traiter; car pour lui, mandant, le mandat est parfaitement valable. Mais il en est autrement en ce qui concerne le mandataire. « Si le commettant, a dit encore le tribun Tarrible, a fixé son choix sur un mineur, sur une femme mariée, ou sur toute autre personne qui n'avait pas la libre faculté de s'engager, il n'aura de reproche à faire qu'à sa propre imprudence; mais les obligations qui sont à la charge du mandataire demeureront soumises à la nullité ou à la restitution inséparable des engagements contractés par les personnes de cette classe. » (2) Et telle est la pensée que le législateur a voulu formuler en disant, par notre article, que « le mandant n'a d'action contre le mandataire *mineur* que d'après les règles générales *relatives aux obligations des mineurs,* et contre la femme mariée et *qui a accepté le mandat sans autorisation de son mari,* que d'après les règles *établies au titre Du Contrat de mariage et des Droits respectifs des époux.* » En ce dernier point, il eût été plus exact, sans doute, au lieu de se référer au titre *Du Contrat de mariage,* ce qui serait ne faire allusion qu'à la règle d'après laquelle les actes faits par la femme sans le consentement du mari n'engagent point la communauté (art. 1426 C. Nap.), de renvoyer au titre *Du Mariage,* puisque c'est là que sont posées les règles générales sur la capacité de la femme mariée (art. 217 et suiv.). Mais, quoi qu'il en soit, la pensée de la loi ne saurait être mise en doute. Il résulte invin-

---

(1) MM. Aubry et Rau (3ᵉ édit., t. III, p. 462, note 8). — *Voy.* aussi MM. Delvincourt (aux notes, t. III, p. 239, note 5); Duranton (t. XVIII, n° 212); Troplong (n° 332); Boileux (t. VI, p. 582); Mourlon (5ᵉ édit., t. III, p. 436); Massé et Vergé, sur Zachariæ (t. V, p. 40, note 6); Berriat Saint-Prix (*Not. théor.,* t. III, n° 7906). *Voy.* aussi Rouen, 27 fév. 1855 (S. V., 56, 2, 22; Dalloz, 56, 2, 275). — *Voy.* cependant M. de Fréminville (*De la Minorité,* t. II, n° 941 *ter*).

(2) Fenet (t. XIV, p. 596); Locré (t. XV, p. 249 et 250).

ciblement du texte que, quant au mandataire du moins, les obligations découlant du mandat restent soumises, comme l'explique le tribun Tarrible, à la nullité ou à la restitution inséparable des engagements contractés par les incapables.

Ainsi un mandataire, quoique incapable, pourra bien être poursuivi par l'action *de in rem verso,* en tant qu'il aurait retiré un profit de l'exécution du mandat; il pourra également être actionné en dommages-intérêts à raison des détournements qu'il aurait commis : ce sont là des actions ayant leur principe soit dans les règles générales d'après lesquelles nul, pas même l'incapable, ne doit s'enrichir aux dépens d'autrui, soit dans un fait délictueux dont tout agent, capable ou incapable, est responsable. Mais pour les actions découlant en général de l'acceptation d'un mandat, pour celles qui procèdent directement du contrat de mandat lui-même, le mandataire incapable pourra toujours s'en affranchir; et soit qu'on le recherche à raison de l'inexécution ou de la mauvaise exécution du mandat, soit qu'on le poursuive pour la reddition de son compte, il sera toujours libre d'échapper à l'action en opposant la nullité résultant de son incapacité. C'est ainsi que la règle d'après laquelle la capacité du mandataire n'est pas requise pour la validité du mandat ne présente, dans les rapports du mandant avec le mandataire, qu'une vérité relative.

967. Elle est, au contraire, absolument vraie entre le mandant et les tiers. Ici, il est complétement exact et parfaitement juste de dire que la capacité du mandataire ne doit être prise en aucune considération. C'est, nous le répétons, une conséquence logique de l'idée que le mandataire oblige le mandant directement envers les tiers et les tiers envers le mandant, sans s'obliger lui-même par l'opération qu'il contracte. Il est donc absolument indifférent pour les tiers que le mandataire soit ou non capable de contracter. Tout ce dont ils ont à se préoccuper est de savoir, d'une part, si le mandant lui-même est capable; d'une autre part, si l'acte qu'ils font avec le mandataire n'excède pas les pouvoirs conférés à ce dernier. Ces points vérifiés, les tiers sont désormais assurés de la validité de tout ce qui a été fait en exécution du mandat. Ainsi, ont-ils effectué un payement entre les mains d'un mandataire investi du pouvoir de toucher, le payement qu'ils ont fait est parfaitement libératoire, bien que le mandataire n'eût pas en sa personne la capacité de contracter. Et que ce dernier rende compte au mandant capable dont il a fait l'affaire, ou qu'il dissipe les fonds, les tiers n'ont pas à y regarder : l'affaire est conclue en ce qui les concerne, et en aucune hypothèse ils ne peuvent plus être recherchés. C'est en ce sens et dans cette mesure qu'il est vrai de dire que la capacité du mandataire n'est pas requise pour l'efficacité du mandat.

968. Mais, notons-le bien, nous supposons le contrat de mandat proprement dit. C'est à ce contrat, en effet, c'est-à-dire au cas où le mandataire agit au nom du mandant (1), que se réfère limitativement

_____

(1) *Voy.* M. Mourlon (5ᵉ édit., t. III, p. 436).

le principe d'après lequel on peut choisir pour mandataire une personne incapable de s'obliger. Le principe serait donc sans application dans le contrat de commission. M. Troplong dit, à cet égard, que l'art. 1990 s'applique *tant dans le droit commercial que dans le droit civil*, et il reprend MM. Delamarre et le Poitvin pour les doutes qu'ils semblent concevoir en ce qui concerne les affaires de commerce, ajoutant « qu'il serait singulier qu'une règle prise du droit commercial des Romains dût être rejetée du droit commercial des nations modernes. » (1) L'observation pèche par trop de généralité, et peut-être y a-t-il ici la trace de la confusion que nous avons déjà signalée (*suprà*, n°ˢ 827 et suiv.). Il est bien vrai que le principe en question n'est pas nécessairement étranger aux affaires commerciales : il y devra prévaloir, au contraire, toutes les fois qu'il s'agira du mandat proprement dit, lequel, comme nous l'avons expliqué *loc. cit.*, est susceptible de se produire dans les affaires de commerce aussi bien que dans les affaires civiles. Mais si la convention se résume en un contrat de commission, le principe demeure absolument inapplicable, que l'affaire soit commerciale ou civile, par la raison péremptoire que, dans la commission, à la différence du mandat, celui qui représente le commettant agit en son propre nom et s'oblige lui-même envers les tiers. Il faut donc nécessairement que la capacité de s'obliger existe en sa personne.

CHAPITRE II.

DES OBLIGATIONS DU MANDATAIRE.

SOMMAIRE.

969. Division.

969. Les obligations dont nous avons à nous occuper maintenant sont celles qui découlent directement et nécessairement du mandat, tellement qu'on ne pourrait pas concevoir de mandat où ces obligations n'existeraient pas. C'est pourquoi les Romains qualifiaient *directa* l'action au moyen de laquelle le mandant en réclamait l'accomplissement.

Ces obligations sont celles qui incombent au mandataire. Elles consistent :

1° A faire ce dont il est chargé comme mandataire ;
2° A se renfermer dans les pouvoirs qui lui ont été donnés ;
3° A y apporter les soins d'un bon père de famille ;
4° Enfin, à rendre compte de l'exécution du mandat.

Toutes ces obligations incombent également et indistinctement soit au mandataire proprement dit, c'est-à-dire à celui qui agit au nom du mandant, soit au commissionnaire, c'est-à-dire à celui qui traite en son propre nom.

Les deux premières sont expliquées dans le commentaire de l'art.

---

(1) *Voy.* M. Troplong (n° 332). *Voy.* aussi MM. Delamarre et le Poitvin (*Cont. de comm.*, t. I, n° 53).

1991; nous traiterons de la troisième sous l'art. 1992, et de la quatrième sous l'article suivant.

1991. — Le mandataire est tenu d'accomplir le mandat tant qu'il en demeure chargé, et répond des dommages-intérêts qui pourraient résulter de son inexécution.

Il est tenu de même d'achever la chose commencée au décès du mandant, s'il y a péril en la demeure.

SOMMAIRE.

I.   970. Aperçu général et division.
II. 971. Le mandataire est tenu d'accomplir le mandat tant qu'il en demeure chargé.
    — 972. Cette obligation est considérablement allégée, mais non détruite, par la faculté qui compète au mandataire de renoncer au mandat : renvoi. — 973. Mais en certains cas exceptionnels, l'obligation d'agir survit à l'extinction ou à la cessation du mandat : c'est lorsqu'il y a péril en la demeure. — 974. Dans tous les cas où il reste chargé du mandat, le mandataire en doit l'exécution totale au mandant. — 975. Exceptions dans le cas où l'exécution partielle est incontestablement préférable pour le mandant que le défaut absolu d'exécution ; — 976. Et dans celui où il résulte des circonstances que le mandataire a été autorisé à n'exécuter que pour partie. — 977. Du cas où l'obligation d'agir peut se transformer pour le mandataire en obligation de surseoir : renvoi.
III. 978. Le mandataire doit aviser, dans l'exécution, à ne rien faire au delà de ce qui est porté dans son mandat (art. 1989). — 979. L'application de la règle varie suivant le contenu de la procuration : renvoi. — 980. Non-seulement le mandataire ne doit pas aller au delà du mandat, mais encore il doit se conformer au mode d'exécution que le mandant a pu lui prescrire, c'est-à-dire exécuter le mandat *ad unguem.* — 981. A plus forte raison ne doit-il pas aller contre la forme du mandat : applications. — 982. Si, chargé d'acheter pour 100, il achète pour 120, peut-il forcer le mandant à prendre l'opération pour 100 ? Controverse. — 983. De la clause autorisant le mandataire à agir au mieux des intérêts du mandant.
IV. 984. Sanction sous laquelle est placé l'accomplissement des obligations résultant du mandat : le mandataire est responsable du dommage causé au mandant. — 985. La responsabilité incombe à tout mandataire quel qu'il soit. — 986. Mais elle n'est encourue, quelque tort qu'ait eu le mandataire, qu'autant qu'il en résulte réellement du dommage pour le mandant ; — 987. Et même, quand il y a dommage, la responsabilité du mandataire est couverte si ses actes sont ratifiés par le mandant.

I. — 970. Le mandataire est tenu d'accomplir le mandat tant qu'il en demeure chargé, et, s'il ne l'accomplit pas, il répond des dommages-intérêts résultant de l'inexécution. A côté de cette première obligation, mise par notre art. 1991 à la charge du mandataire, se place tout naturellement celle dont nous avons réservé l'examen et la discussion (*suprà*, n° 936) et que les premiers mots de l'art. 1989 consacrent en ces termes : « Le mandataire ne peut rien faire au delà de ce qui est porté dans son mandat. » Il faut dire tout d'abord en quoi consistent ces obligations, les premières qui soient imposées au mandataire. Nous compléterons ensuite le commentaire de notre article par quelques observations générales, communes à toutes les obligations du mandataire, touchant la responsabilité à laquelle l'inexécution peut donner lieu.

II. — 971. Le mandataire doit faire ce dont il s'est chargé. Il était libre d'accepter ou de ne pas accepter le mandat ; mais, une fois donnée, son acceptation l'oblige. Elle a été de sa part et elle reste un acte de bienfaisance, sans doute ; toutefois, il ne faut pas que le bienfait tourne au préjudice du mandant ; et c'est ce qui arriverait si, infidèle à sa promesse et trompant la confiance du mandant, le mandataire se dispensait, après avoir accepté, de faire l'affaire ou d'accomplir le mandat dont il a consenti à être chargé. « Qui mandatum suscepit, si potest id » explere, deserere promissum officium non debet : alioquin, quanti » mandatoris intersit, damnabitur. » (L. 27, § 2, ff. *Mand.*) On s'explique donc à merveille la disposition de notre article lorsqu'il dit que « le mandataire est tenu d'accomplir le mandat tant qu'il en demeure chargé, et répond des dommages-intérêts qui pourraient résulter de son inexécution. » C'est, d'ailleurs, la traduction à peu près littérale de deux autres textes du droit romain. « Sicut autem, dit le jurisconsulte Paul, » liberum est, mandatum non suscipere : ita susceptum consummari » oportet, nisi renunciatum sit. — Et si susceptum non impleverit, » tenetur. » (L. 22, § 11, et l. 5, § 1, ff. *Mand.*) — Occupons-nous, quant à présent, de l'obligation en elle-même ; nous reviendrons bientôt à la responsabilité que l'inexécution pourrait engendrer.

972. En consacrant l'obligation d'accomplir le mandat, l'art. 1991 y met cette restriction, que le mandataire n'en est tenu que tant qu'il demeure chargé de l'affaire. En effet, le contrat de mandat, comme nous le verrons sous l'art. 2007, a cela de particulier qu'il peut, quoique formé par l'accord de deux volontés, prendre fin par la seule volonté de l'une des parties : le mandant est toujours libre de révoquer la procuration par lui donnée, et, de son côté, le mandataire a la faculté d'y renoncer. Cette faculté de renonciation laissée au mandataire allège considérablement pour lui l'obligation où il est d'accomplir le mandat. Toutefois, elle ne rend pas l'obligation illusoire et ne la détruit pas ; car elle est donnée au mandataire sous cette réserve que sa renonciation ne causera pas de préjudice au mandant. Néanmoins, sauf cette réserve et en tant que la renonciation du mandataire ne sera ni préjudiciable, ni inopportune, il est vrai de dire que ce dernier, tenu d'accomplir le mandat seulement tant qu'il en demeure chargé, n'est obligé qu'autant qu'il le veut.

973. Mais, d'un autre côté, il faut ajouter qu'il est des cas exceptionnels où l'obligation d'agir survit à l'extinction ou à la cessation du mandat. En thèse générale, les causes qui mettent fin au mandat (art. 2003) affranchissent le mandataire de son obligation, puisqu'il n'est plus chargé de l'affaire ; ce dernier, alors, ne doit pas commencer l'exécution s'il n'a rien fait encore, et, s'il a déjà commencé, il doit s'arrêter : voilà la règle générale telle qu'on peut la déduire des termes du premier paragraphe de notre article. Toutefois, le paragraphe suivant contient une exception : le mandataire est tenu de continuer l'exécution, d'achever la chose commencée si, le mandat venant à prendre fin, il y avait péril en la demeure. Ainsi, l'affaire est commencée, et tout à coup le mandat

s'éteint; mais il y a une telle urgence à suivre sans désemparer qu'il ne serait pas possible, à moins de compromettre les intérêts du mandant ou de ses représentants, de surseoir et d'attendre des ordres : le mandataire doit continuer et achever l'affaire, bien que la cessation du mandat ait mis fin à ses pouvoirs. Le péril qu'il y aurait pour le mandant à un sursis est ici la raison décisive : c'est l'un des points par lesquels le mandat diffère de la gestion d'affaires, où le gérant est obligé, quoi qu'il arrive, qu'il y ait ou non urgence, de continuer sa gestion jusqu'à ce que le maître ou son représentant ait pu prendre la direction de l'affaire commencée (art. 1373).

L'art. 1991 formule en termes exprès l'exception établie dans son second paragraphe seulement pour le cas où le mandat prend fin *par le décès du mandant*. Mais nous verrons plus tard, en commentant l'art. 2003 (*infrà*, n° 1156), qu'il y a même raison d'imposer au mandataire l'obligation, en cas de péril en la demeure, d'achever la chose commencée, toutes les fois que l'extinction du mandat a lieu par une cause survenant en la personne du mandant.

974. Dans tous les cas où il demeure chargé de l'obligation, le mandataire en doit l'accomplissement total au mandant. Il ne doit pas rester en deçà des pouvoirs qui lui ont été conférés : une exécution qui ne serait que partielle serait en réalité l'inexécution du mandat. En bien des cas, ce pourrait être pis encore; et, en effet, il vaudrait mieux souvent, pour le mandataire, que l'affaire n'eût point été accomplie du tout que d'être faite seulement pour partie : aussi peut-on dire qu'en principe l'exécution du mandat est indivisible, et que l'exécution partielle autorise le mandant à répudier l'opération pour le tout.

975. Il est cependant certains cas où l'exécution, quoique partielle, ne pourrait pas ne pas être acceptée par le mandant. Il en serait ainsi, notamment, si l'accomplissement partiel était incontestablement préférable, pour ce dernier, au défaut absolu d'exécution. Par exemple, chargé de cautionner pour 1000, le mandataire a cautionné pour 500; chargé d'assurer la totalité d'un édifice ou d'une cargaison, il n'en a assuré que la moitié ou le quart : il sera en faute, peut-être, pour n'avoir pas accompli le mandat en totalité; mais comme il vaut mieux, en définitive, pour le mandant, être assuré ou cautionné pour partie que de ne pas l'être du tout, celui-ci serait, évidemment, mal fondé à répudier l'opération faite par le mandataire.

976. Tel serait encore le cas où il résulterait des circonstances que le mandant avait autorisé le mandataire à n'accomplir le mandat que pour partie : la prétention élevée par le mandant de ne pas accepter l'exécution sous prétexte qu'elle n'est pas totale devrait, à plus forte raison, être ici rejetée.

Il a été décidé, dans cet ordre d'idées, que lorsque le mandataire chargé de l'achat de marchandises s'est conformé au mandat pour l'achat d'une partie seulement, il ne s'ensuit pas que le mandant ait le droit de laisser la totalité des marchandises à la charge du mandataire, alors qu'il n'apparaît pas soit des circonstances, soit de la nature de l'affaire, que l'intention du mandant était de n'autoriser l'exécution du marché que pour la totalité (1).

977. Terminons sur ce point par une dernière remarque : le mandataire peut se trouver dans le cas de voir la charge d'agir se transformer en un devoir impérieux de surseoir à l'exécution. Tel serait le cas où ce dernier viendrait à acquérir la connaissance d'événements de telle nature que, s'ils étaient connus du mandant, celui-ci ne pourrait pas manquer de révoquer le mandat. Par exemple, dit Pothier (2), si le mandataire a été chargé d'acheter un certain héritage, et que depuis qu'il s'est chargé du mandat il ait découvert qu'il n'y avait pas de sûreté dans l'acquisition, ou que l'héritage a des vices très-considérables ignorés du mandant, la bonne foi oblige le mandataire à surseoir à l'exécution du mandat jusqu'à ce qu'il ait donné avis au mandant de ce qui est parvenu à sa connaissance, et qu'il ait reçu de lui de nouveaux ordres. — Mais c'est là une conséquence de l'obligation où est le mandataire d'accomplir son mandat en bon père de famille. Nous reviendrons sur cette obligation en commentant l'article suivant.

III. — 978. Ce n'est pas tout, pour le mandataire, d'accomplir le mandat lorsqu'il en demeure chargé ; il faut encore qu'en exécutant il se renferme strictement dans ses pouvoirs et ne fasse rien au delà de ce qui est porté dans son mandat. L'art. 1989 a formulé cette règle, qui contient, on peut le dire, le type des obligations du mandataire ; tout le reste y aboutit ou en découle : c'est pourquoi nous avons renvoyé à notre chapitre, où sont tracées les obligations du mandataire, les développements que comporte cette partie de l'art. 1989.

979. Ce qui est à faire avant tout pour savoir si le mandataire s'est renfermé dans ses pouvoirs, c'est de se reporter à l'acte qui le constitue. La règle abstraite demeure invariable : le mandataire ne peut rien faire au delà de ce qui est porté dans son mandat. Mais l'application varie suivant le contenu de la procuration. Nous n'avons plus à revenir ici sur nos explications touchant l'étendue soit du mandat conçu en termes généraux (*suprà*, n°s 909 et suiv.), soit du mandat exprès (n°s 937 et suiv.). Ces détails, auxquels le lecteur pourra se reporter, ne seraient pas ici à leur place ; c'est à la règle prise dans son ensemble et dans sa généralité que nous avons maintenant à nous attacher.

980. Le mandataire, suivant cette règle, ne doit rien faire au delà de ce qui est contenu dans son mandat ou sa procuration. Le *contenu* du mandat est ce qu'on appelle la *forme* du mandat. C'est ainsi que les Romains, de qui nous vient cette expression toute technique, disaient : « *Forma* mandati servanda est. » Le mot *forme* est pris maintenant dans un sens tout différent de celui qu'il présente quand on l'emploie au point de vue des conditions nécessaires à la validité du contrat de mandat (*suprà,* n°s 841 et suiv.) : il désigne ici l'ordre du mandant, avec son mode d'exécution et ses diverses circonstances de temps, de lieu,

_____

(1) Req., 6 avr. 1831 (*J. Pal.*, l'arrêt à sa date ; Dalloz, 31, 1, 117).
(2) Pothier (n° 45).

de prix, etc. C'est cet ordre, tel qu'il l'a reçu, que le mandataire doit exécuter.

Ainsi, non-seulement il ne doit pas aller au delà de son mandat, mais il doit encore, en se renfermant dans les actes qu'il lui est permis de faire, se conformer au mode d'exécution que le mandant a pu lui prescrire. Il doit obéir à l'ordre de ce dernier; il ne doit pas s'en constituer le juge. C'est ce qu'on exprime en disant que le mandat doit être exécuté *ad unguem,* et que l'on n'y admet pas les équipollents. Tel est, du moins, le principe; mais on comprend que les tribunaux peuvent, en se déterminant d'après les circonstances, admettre des tempéraments qui en modèrent plus ou moins l'application.

981. A plus forte raison le mandataire ne doit-il pas aller contre la forme du mandat. Ainsi, il ne lui est pas permis de substituer à la chose désignée par le mandant une autre chose même meilleure : la Cour de Rennes a décidé en ce sens que l'entrepreneur de transports qui a reçu mandat d'effectuer *par un navire à voile* l'envoi de marchandises, est responsable de la perte des marchandises, par suite d'un naufrage, s'il a fait l'envoi par un *bateau à vapeur* (1).

Ainsi encore, chargé de vendre, le mandataire ne doit pas échanger ; — chargé d'acheter du vin de tel cru et de telle année, il n'en doit point acheter d'une autre année et d'une autre provenance ; — chargé de se procurer une chose au marché de telle ville, il ne doit pas se la procurer au marché d'une autre ville (2) ; — enfin, chargé d'acheter pour tel prix, il peut sans doute toujours acheter à un prix moindre, mais il ne doit pas acheter à un prix plus élevé.

Il ne faudrait pas considérer comme contraire un arrêt de la chambre des requêtes, duquel il résulte que la vente faite par le représentant ou mandataire reconnu d'un commerçant est opposable à ce commerçant, alors même que ce représentant ou mandataire n'aurait pas reçu un pouvoir spécial pour la consentir, et qu'elle aurait eu lieu moyennant un prix autre que le prix fixé par le mandant (3). Loin d'avoir admis, en principe, que le mandataire chargé d'acheter peut transgresser l'ordre du mandant en ce qui concerne le prix fixé, la Cour de cassation, dans l'espèce, réserve à ce dernier son recours contre le mandataire pour se faire indemniser de la différence entre le prix payé et le prix indiqué; et si elle déclare le mandant lié par le marché vis-à-vis des tiers, c'est uniquement parce qu'il avait reconnu publiquement pour son représentant ou mandataire celui qui avait traité avec les tiers, et qu'ainsi il avait donné à penser que ce représentant avait des pouvoirs suffisants.

982. Ici se présente une question discutée depuis longtemps et sur laquelle les jurisconsultes romains eux-mêmes étaient divisés. — Lorsque le mandataire, chargé d'acheter pour 100, par exemple, voit l'opé-

(1) Rouen, 8 déc. 1856 (S. V., 57, 2, 307; Dalloz, 57, 2, 96; *J. Pal.,* 1858, 177). — *Voy.* aussi Grenoble, 23 déc. 1854 (*J. Pal.,* 1855, t. II, p. 75; Dalloz, 55, 2, 203; S. V., 55, 2, 140).
(2) Montpellier, 10 juill. 1829 (Dalloz, 31, 2, 118).
(3) Req., 16 août 1860 (Dalloz, 60, 1, 493; S. V., 61, 1, 288; *J. Pal.,* 1861, p. 840).

ration impossible à ce prix, et achète pour 120, il ne peut pas forcer le mandant à prendre le marché pour ce dernier prix : là-dessus, pas de doute. Mais peut-il l'obliger à le prendre pour 100, c'est-à-dire pour le prix porté dans la procuration? C'était le point controversé. D'après les Sabiniens, il fallait se prononcer pour la négative : le mandant, disaient-ils, n'ayant pas d'action contre le mandataire pour le contraindre à livrer pour 100, prix fixé par la procuration, ce qui lui avait coûté plus cher, le mandataire ne devait pas être admis, par une juste réciprocité, à exiger, même en consentant à perdre la différence ou en la prenant à sa charge, que le mandant se livrât pour le prix de 100 qu'il avait lui-même fixé. — Au contraire, suivant les Proculéiens, il était plus équitable d'accorder au mandataire le droit d'obliger le mandant à prendre le marché, sauf, de son côté, à indemniser ce dernier de ce qu'il en doit coûter de plus que si le marché eût été fait aux conditions de la procuration : « Sed Proculus rectè eum, usque ad pretium statutum, acturum » existimat : *quæ sententia sanè benignior est.* » (L. 4, ff. *Mand.*) C'est l'opinion que Justinien a consacrée dans ses Institutes (lib. III, tit. XXVII, *De Mandato,* § 7).

Pothier s'y est rattaché dans notre ancien droit. « L'argument des Sabiniens ne vaut rien, dit-il. Je ferais une injustice si j'obligeais mon mandataire à me donner la chose pour le prix porté par la procuration lorsqu'elle lui coûte plus cher : au contraire, mon mandataire ne me fait aucun tort en m'obligeant de prendre la chose pour le prix porté par la procuration, et en se chargeant lui-même, en pure perte pour lui, de ce qu'il l'a achetée de plus. » (1) M. Troplong, qui en rapportant la controverse prend parti aussi pour ce dernier avis, dit dans le même sens : « Qu'importe que le mandataire ait dépassé les limites de son mandat si, reconnaissant sa faute et consentant à s'exécuter, il met les choses au point où la procuration les avait mises? Le mandant voulait avoir une maison pour 100, elle lui est acquise pour 100. De quoi peut-il se plaindre? Cette opinion prévalut comme plus humaine. Elle est plus raisonnable. *Non debet utile per inutile vitiari.* » (2)

Nous l'avouons, cependant, cette solution ne nous paraît pas la meilleure; et, tout acceptée qu'elle soit au nom de l'équité, la thèse des Proculéiens, nous le croyons, n'est équitable que dans l'apparence. En définitive, elle aboutit à faire du mandataire l'arbitre souverain, le maître de la situation; elle lui donne les chances favorables, en mettant du côté du mandant toutes les chances contraires. En effet, chargé d'acheter pour 100, le mandataire voit l'opération impossible à ce prix, — c'est ce que l'on suppose toujours; — néanmoins, l'affaire lui semble avantageuse même à 120, et il conclut à 120. Que va-t-il arriver dans le système des Proculéiens? Il est bien aisé de l'entrevoir. Ou le mandataire a bien apprécié les choses, et l'affaire est réellement avantageuse même à 120 : le mandataire, alors, sera libre de garder l'opération pour

---

(1) Pothier (n° 94).
(2) M. Troplong (n° 270).

lui et d'en retirer le bénéfice. Ou bien il a été trompé dans ses prévisions, et l'affaire est désastreuse à ce point que, même aux conditions
de la procuration, elle entraînerait inévitablement une perte considérable : le mandataire, alors, laissera l'opération pour le mandant, qui
devra satisfaire aux conditions de la procuration, et, en s'imposant pour
tout sacrifice la perte de la somme représentant la différence entre le
prix fixé par le mandant et le prix d'achat, il mettra la presque totalité
du préjudice à la charge de ce dernier! Quoi qu'on en dise, un système
qui se résume en de tels résultats n'a pas pour lui cette équité au nom
de laquelle on le défend. A notre sens, le jurisconsulte Paul, interprète
des Sabiniens, donnait à l'équité une satisfaction bien autrement réelle,
en même temps qu'il touchait mieux le véritable point de la difficulté
en disant qu'il n'était pas juste que le mandataire eût, s'il lui plaisait,
une action contre le mandant, et que celui-ci n'en pût jamais avoir aucune contre le mandataire : « Iniquum est non esse mihi cum illo actio-
» nem si nolit, illi verò si velit mecum esse. » (L. 3, § 2, ff. *Mand.*)
C'est pourquoi nous tenons que lorsque le mandataire, dans l'impossibilité d'accomplir le mandat, fait néanmoins l'affaire à un prix plus élevé,
il la fait pour son compte et ne peut pas contraindre le mandant à la
prendre pour lui, même aux conditions de la procuration (1); et si une
exception pouvait être admise, ce serait tout au plus dans le cas unique
où l'opération présenterait utilité ou profit pour le mandant exclusivement.

Du reste, il ne faut pas confondre l'hypothèse dans laquelle nous
sommes ici placé avec la situation qui se produit dans le cas de mandat
divisible dont nous avons eu l'occasion plus haut de dire quelques mots
(*suprà,* n° 975). Que celui qui cautionne pour 120 étant chargé de
cautionner pour 100 ait une action contre le mandant jusqu'à concurrence de 100, c'est de toute justice, et cela s'explique tout naturellement par la divisibilité du mandat. Mais prenons garde que ce n'est
pas notre hypothèse : nous sommes ici en présence d'un mandat *indivisible,* le mandat d'acheter telle chose pour tel prix déterminé. L'obligation du mandataire est donc précisée et limitée; ses pouvoirs sont
circonscrits : s'il les excède, il n'accomplit pas son mandat, il n'agit
plus en mandataire, et dès lors il ne saurait être admis, en principe, à
exiger que le mandant, s'il n'y veut pas consentir, prenne pour lui un
marché qui, n'étant pas dans les conditions de la procuration, n'est pas
le marché qu'il a voulu faire.

983. Il arrive quelquefois que la procuration, après avoir précisé
l'acte à accomplir et le mode d'accomplissement, ajoute que le mandataire agira, d'ailleurs, *au mieux des intérêts du mandant.* Toutefois,
cette clause ne donne pas au mandataire toute la liberté et toute la latitude que, par sa formule même, elle paraît comporter. Notamment,
elle n'affranchit pas le mandataire de l'observation des règles ci-dessus
exposées; mais elle peut conduire à interpréter ces règles d'une manière

---

(1) *Voy.,* en ce sens, M. Bugnet, sur Pothier (note du n° 94).

plus large, et à en faire l'application avec moins de rigueur. Le mandat est dit alors *facultatif,* par opposition à la qualification d'impératif qu'il reçoit dans tous les cas où la procuration ne contient pas la clause en question ou toute autre clause analogue.

IV. — 984. Un dernier point nous reste à préciser : il s'agit de la sanction sous laquelle est placé l'accomplissement des obligations imposées au mandataire. On pressent aisément quelle peut être la nature de cette sanction. Le mandataire a donné au mandant la confiance, en acceptant le mandat, que l'objet en serait rempli. Si celui-ci est trompé dans cette attente, le tort ou le dommage qui en résulte doit être réparé. Le mandant, dit Pothier, s'il n'eût pas compté sur la parole du mandataire, aurait pu trouver un autre mandataire plus fidèle, ou aurait pu prendre des mesures pour faire par lui-même l'affaire qui faisait l'objet du mandat : *il est donc juste qu'il soit dédommagé par ce mandataire infidèle de tout le préjudice que lui cause son infidélité par l'inexécution du mandat*(1). Notre art. 1991 dit dans le même sens que le mandataire répond des dommages-intérêts qui pourraient résulter de l'inexécution du mandat. Et la même disposition est ensuite reproduite dans l'art. 1992, où se trouve consacrée l'obligation, pour le mandataire, d'apporter à l'affaire dont il est chargé les soins d'un bon père de famille.— Telle est donc la sanction : le mandataire est responsable du dommage par lui causé au mandant, soit en méconnaissant les deux obligations que nous venons de préciser, soit en manquant aux devoirs dont nous aurons à parler dans le commentaire de l'article suivant.

985. Cette responsabilité incombe à tout mandataire, quel qu'il soit. — Il arrive souvent que des clercs consentent à se laisser constituer mandataires des parties dans des actes passés devant leur patron, et se prêtent à cela avec une facilité d'autant plus grande qu'ils pensent ne pas prendre d'obligation et ne s'exposer à aucun danger. Ils s'abusent en ce point : en devenant, même dans ces circonstances, mandataires des clients de leur patron, ils s'obligent à agir comme toute autre personne à qui le mandat aurait été conféré spontanément, et ils sont tenus sous la même responsabilité. Il y a là-dessus un arrêt de la Cour de Metz que les clercs de notaire feront bien de ne pas perdre de vue, et qui, dans tous les cas, les avertira du danger que peut faire naître pour eux l'acte de complaisance auquel nous faisons allusion : il en résulte que le clerc de notaire qui a figuré dans un acte de vente passé chez son patron comme mandataire du vendeur est personnellement responsable du prix qui, conformément à une clause de l'acte, lui avait été payé par l'acquéreur, dans l'étude du notaire, et qu'il avait lui-même versé entre les mains de celui-ci (2).

Mais il est bon d'ajouter que, pour être déclaré personnellement responsable, le clerc doit au moins apparaître comme mandataire sérieux dans l'acte reçu par son patron. Par exemple, si, comme cela est arrivé

---

(1) Pothier (n° 38).
(2) Metz, 15 janv. 1856 (S. V., 56, 2, 208; Dalloz, 56, 2, 137).

dans une espèce jugée par la Cour d'Orléans (1), un notaire chargé des intérêts d'une personne faisait donner par cette personne procuration à son clerc pour conserver lui-même le droit de dresser les actes, la responsabilité des fautes ou du tort du mandataire pèserait tout entière non point sur le clerc, qui, dans le cas donné, ne serait qu'un prête-nom, mais sur le notaire lui-même.

986. Du reste, l'inexécution des obligations imposées au mandataire ne suffit pas à elle seule pour engager la responsabilité de ce dernier : il faut encore que le tort imputé au mandataire, inexécution totale ou partielle du mandat, excès de pouvoir, violation de la forme, faute ou même dol, soit réellement dommageable, c'est-à-dire qu'il cause une perte au mandant ou le prive d'un gain (C. Nap., art. 1149), pour que celui-ci soit en droit de réclamer des dommages-intérêts. C'était déjà la règle en droit romain. « Mandati actio tunc competit, cum cœpit in- » teresse ejus qui mandavit : cæterum si nihil interest, cessat mandati » actio : et eatenus competit, quatenus interest... » (L. 8, § 6, ff. *Mand.*) Cela s'induit également de notre article, qui, en disant, non point que l'inaccomplissement du mandat donne lieu par lui-même à des dommages-intérêts, mais que le mandataire est tenu des dommages-intérêts qui *pourraient résulter* de l'inexécution du mandat, fait entendre que si l'inexécution ne cause aucun préjudice au mandant, le mandataire n'est tenu à aucune réparation (2). La règle, d'ailleurs, est fondée sur la nature même des choses : l'intérêt étant la mesure des actions, il est de toute évidence que le mandant ne saurait avoir d'action dès que le tort ou la faute du mandataire ne lui préjudicie pas. Par exemple, chargé de renouveler une inscription hypothécaire, le mandataire ne fait pas le renouvellement et laisse l'inscription tomber en péremption ; il ne peut être question ni de réparation, ni de dommage s'il vient à être reconnu que, même renouvelée, l'inscription ne serait pas venue en rang utile.

Sur ce fondement est assise la jurisprudence suivant laquelle l'inexécution d'un mandat, même quand elle met le mandant en présence d'un préjudice éventuel et imminent, n'autorise pas ce dernier à former immédiatement une action en dommages-intérêts contre le mandataire ; elle donne lieu à de simples réserves pour le cas où l'éventualité du dommage se réaliserait, et le mandant, fût-il exposé au danger de voir le mandataire devenir insolvable, ne serait pas fondé à exiger une hypothèque ou une caution pour sûreté d'une créance qui peut-être n'existera jamais (3).

987. Il faut assimiler au cas où le mandant n'éprouve aucun préjudice celui où il ratifie, à l'*égard du mandataire lui-même,* les actes de mauvaise gestion de celui-ci : il renonce par là à l'action qu'il aurait pu

---

(1) Orléans, 7 janv. 1842 (S. V., 43, 2, 59 ; Dalloz, 43, 2, 85 ; *J. Pal.*, 1843, t. I, p. 282).
(2) *Voy.* MM. Delvincourt (aux notes, t. III, p. 239, note 1) ; Duranton (t. XVIII, n° 240) ; Boileux (t. VI, p. 584) ; Berriat Saint-Prix (*Not. théor.*, t. III, n° 7909).
(3) Paris, 29 mars 1811 (S. V., 11, 2, 217 ; Coll. nouv., 3, 2, 462) ; Req., 5 janv. 1852 (S. V., 53, 1, 216 ; Dalloz, 52, 1, 50 ; *J. Pal.*, 1854, t. I, p. 38).

avoir contre lui (1). Mais prenons garde que la ratification doit être faite vis-à-vis du mandataire lui-même et à son égard. La ratification à l'égard des tiers, dont nous nous occuperons sous l'art. 1998, laisserait, en effet, entière la question de responsabilité du mandataire : car le mandant qui accepte les actes faits entre des tiers de bonne foi et son représentant ne peut pas être considéré comme renonçant par cela seul au droit qu'il a d'attaquer ce dernier à raison de ces mêmes actes, et à lui demander réparation du tort qu'il lui aurait causé en les consentant (2). Si l'approbation des actes se trouvait dans une lettre confidentielle adressée à un tiers, le mandataire ne serait pas fondé davantage à s'en prévaloir pour se soustraire à la responsabilité (3). Mais nous aurons à revenir, en expliquant les art. 2004 et 2006, sur la portée des lettres missives (*infrà*, n° 1162).

1992. — Le mandataire répond non-seulement du dol, mais encore des fautes qu'il commet dans sa gestion.

Néanmoins la responsabilité relative aux fautes est appliquée moins rigoureusement à celui dont le mandat est gratuit qu'à celui qui reçoit un salaire.

SOMMAIRE.

I. 988. Le mandataire doit mettre une entière bonne foi dans l'accomplissement du mandat, et apporter à la gestion de l'affaire dont il est chargé tous les soins et l'habileté qu'elle réclame : justification de la règle. Division.

II. 989. Mesure de la responsabilité du mandataire : il répond de son dol. Il s'agit ici du dol purement civil ; quand la mauvaise foi et le dol prennent le caractère de délits caractérisés, ils sont du domaine de la loi pénale : renvoi. — 990. Le mandataire répond aussi de sa faute : le point de comparaison pour apprécier la diligence et reconnaître si le mandataire est en faute est dans le type abstrait du bon père de famille ; — 991. Même dans le cas de mandat gratuit : seulement alors le mandataire peut n'être pas condamné à l'entière réparation du préjudice qu'il a causé : controverse. — 992. Mais le mandataire ne répond pas, *en principe*, des cas fortuits et de force majeure : exceptions. Transition.

III. 993. Applications : le mandataire doit faire par lui-même l'affaire dont il s'est chargé ; toutefois, il n'est pas en faute pour s'être substitué un tiers : renvoi. — 994. Il est indistinctement tenu de ses fautes *in committendo* et *in omittendo*. — 995. Du cas où il n'accomplit pas le mandat soit dans le délai, soit dans le lieu fixé par la convention.

IV. 996. Atténuations dont ces règles sont susceptibles. La responsabilité du mandataire peut être modifiée par la convention : dans quelle mesure. — 997. Elle peut aussi être atténuée dans quelques circonstances particulières : la gratuité du mandat ou la modicité du salaire. — 998. *Quid* du cas où, se trouvant dans l'alternative de laisser périr sa chose ou celle du mandant, le mandataire préfère sauver la sienne ? — 999. Et de celui où le mandataire a, d'un côté, fait éprouver des pertes au mandant, et, de l'autre, lui a procuré des profits ? — 1000. Du cas où le mandataire, loin de s'offrir, aurait résisté à accepter le mandat, et de celui où le mandataire n'avait pas la capacité nécessaire à la gestion de l'affaire dont il s'est chargé.

---

(1) Cass., 9 mai 1853 (S. V., 54, 1, 30; Dalloz, 53, 1, 293; *J. Pal.*, 1854, t. I, p. 441).
(2) Req., 28 mars 1855 (S., V., 56, 1, 590; Dalloz, 55, 1, 165; *J. Pal.*, 1857, p. 218).
(3) Req., 4 avr. 1821 (S. V., 22, 1, 33; Coll. nouv., 6, 1, 412; Dalloz, 21, 1, 601).

I. — 988. Le mandataire doit apporter à l'affaire dont il est chargé les soins d'un bon père de famille. C'est, comme nous l'avons dit tout à l'heure (n° 969), la troisième obligation qui lui incombe; c'est celle que notre article consacre en disant que « le mandataire répond non-seulement du *dol,* mais des *fautes* qu'il commet dans sa gestion. » La disposition, d'ailleurs, s'explique tout comme celle des art. 1989 et 1991 (n°s 971 et 978), et par les mêmes considérations. Bien que le mandataire soit complétement désintéressé dans l'affaire qui fait précisément l'objet du mandat, bien que l'acceptation de la procuration soit de sa part un acte de pure bienfaisance, il n'en doit pas moins apporter la plus entière bonne foi dans l'accomplissement de sa tâche, et donner à l'affaire dont il a consenti à être chargé tous les soins et toute l'habileté que cette affaire réclame. Rien ne l'obligeait à accepter le mandat; mais, dès qu'il a bien voulu en prendre la charge, il est de son honneur et de son devoir, selon l'expression de Domat, de ne pas tromper la confiance du mandant que son acceptation a pu détourner de s'adresser à une autre personne; et, par conséquent, il est tenu de mettre dans sa gestion non-seulement la bonne foi, mais encore la diligence et l'exactitude (1). Le mandant est en droit d'exiger tout cela : c'est pourquoi le mandataire, aux termes de notre article, est tenu envers lui de réparer le tort qu'il lui a pu causer.

Quelle est la mesure de la responsabilité établie par la loi? En quels cas le mandataire est-il responsable? Quels sont les faits qui donnent lieu à la responsabilité? Quelles sont les modifications dont les règles sur la responsabilité sont susceptibles? Telles sont les questions principales que nous avons à résoudre dans le commentaire de cet article.

II. — 989. Et d'abord, le mandataire répond de son dol : c'est le premier mot de l'art. 1992. Quand, par mauvaise foi, le mandataire remplit son mandat de manière à nuire aux intérêts du mandant, ou s'abstient frauduleusement de l'accomplir, il se rend coupable d'une véritable trahison; et l'on comprend que la responsabilité engagée dans ce cas ne comporte ni atténuation, ni tempérament (*infrà,* n° 996).

Bien entendu, nous ne parlons ici du dol et de la mauvaise foi qu'au point de vue de la loi civile. Lorsque le dol et la mauvaise foi prennent le caractère d'un délit caractérisé, ils sont du domaine de la législation répressive. Le Code pénal y voit un abus de confiance lorsqu'ils consistent en un détournement de la chose remise à titre de mandat (art. 408). On y pourrait voir un autre délit, suivant les circonstances : et en effet, il résulte d'un arrêt rendu par la chambre criminelle de la Cour de cassation que le fait d'un mandataire d'avoir, après sa révocation, supprimé, de concert avec l'autre partie contractante, un traité relatif à la confection de travaux entrepris par son mandant, et de lui avoir substitué un autre traité faisant à l'entrepreneur des conditions plus avantageuses, constitue non une fraude purement civile dans l'exécution du

---

(1) Domat (*Lois civ.,* liv. I, tit. xv, sect. 3, n° 4). *Voy.* aussi Pothier (n° 46'.

mandat, ni un abus de confiance, mais le délit de destruction de titre (1).

Toutefois, nous le répétons, ceci n'est pas de notre domaine, et nous n'avons pas à y insister.

990. Le mandataire ne doit pas seulement agir de bonne foi; il faut aussi qu'il ne soit pas en faute. L'art. 1992 dit, en effet, que le mandataire « répond des fautes qu'il commet dans sa gestion. » En cela, la disposition est en harmonie parfaite et cadre exactement avec celle de l'art. 1137, où se trouve la théorie générale des fautes.

Quand on parle de cette théorie des fautes, on suppose toujours et nécessairement un débiteur qui n'a pas exécuté l'obligation dont il était tenu, et on se demande si ou non ce débiteur répond de l'inexécution. La réponse est qu'il en répond s'*il est en faute*, et n'en répond pas s'*il n'est pas en faute*. Mais quand peut-on dire du débiteur qu'il est en faute? La question a donné lieu à de longues controverses; et pourtant, il n'y en a pas de plus simple dès qu'on se rattache à la règle établie par le Code Napoléon. Le débiteur est en faute lorsqu'il n'a pas fait ce que, dans la circonstance où il s'est trouvé placé, aurait fait un homme soigneux et diligent, c'est-à-dire, pour employer l'expression consacrée, *un bon père de famille*. Ainsi, il n'y a pas à rechercher si le débiteur est ou non un homme soigneux dans la conduite de ses propres affaires; le législateur ne s'attache pas à cela : il laisse aussi à l'écart, comme nous l'avons expliqué dans notre commentaire *Du Prêt* (*suprà*, n°s 76 et suiv.), cette division des trois fautes (lourde, légère et très-légère) que nos anciens auteurs, notamment Pothier, avaient vue bien à tort dans le droit romain; et, prenant pour mesure ou pour point de comparaison un type abstrait, *le bon père de famille,* il consacre l'appréciation des fautes *in abstracto*, rejetant, d'ailleurs, sauf en un seul cas en faveur du dépositaire (*suprà*, art. 1927, n°s 424 et suiv.), l'appréciation des fautes *in concreto*. C'est la pensée même de l'art. 1137, § 1, aux termes duquel « l'obligation de veiller à la conservation de la chose, soit que la convention n'ait pour objet que l'utilité de l'une des parties, soit qu'elle ait pour objet leur utilité commune, soumet celui qui en est chargé à y apporter tous les soins d'un bon père de famille. »

La première disposition de l'art. 1992 est manifestement écrite dans cette même pensée. En disant que le mandataire répond des fautes par lui commises dans sa gestion, les auteurs de la disposition ont consacré l'appréciation de la faute *in abstracto,* puisque telle est la règle commune, et que, dans cette partie de l'article du moins, ils n'ont pas dit un seul mot susceptible d'en modifier l'application.

991. Mais ils ne s'en sont pas tenus là; et, de même que l'art. 1137, notre art. 1992 contient une seconde disposition. L'art. 1137 exprime, en effet, que l'obligation de veiller à la conservation de la chose est plus ou moins étendue relativement à certains contrats, *dont les effets, à cet*

égard, sont expliqués sous les titres qui les concernent. Or, d'après le second paragraphe de notre article, la responsabilité relative aux fautes doit être appliquée « moins rigoureusement à celui dont le mandat est gratuit qu'à celui qui reçoit un salaire » : et précisément nous trouvons là l'une de ces exceptions que le § 2 de l'art. 1137 a fait pressentir.

Seulement, il ne faut pas qu'on s'y trompe : le législateur n'entend pas dire par là qu'en ce qui concerne le mandataire gratuit la diligence sera appréciée *in concreto*. Rien n'indique, dans le texte de la loi, que le point de comparaison ne doive pas être toujours le type abstrait du bon père de famille (1). Tout ce qu'on y peut voir, c'est la pensée de laisser au juge un pouvoir discrétionnaire à la faveur duquel il pourra, vis-à-vis du mandataire gratuit, proportionner la sévérité aux circonstances. Dira-t-on que, même quand le mandat est salarié, c'est aux juges qu'il appartient de décider en fait si le mandataire a ou non agi en homme diligent, et qu'ainsi notre interprétation aurait pour résultat d'effacer la différence que le législateur a entendu établir, en ce qui concerne la responsabilité des fautes, entre le mandataire gratuit et le mandataire salarié? L'objection manquerait d'exactitude : nous maintenons la différence établie par la loi ; seulement, elle porte, dans notre interprétation, non point sur la diligence même, sur la nature des fautes, mais sur l'étendue, sur la mesure de la responsabilité. Ainsi, le mandat est-il gratuit, les juges, tout en reconnaissant que le mandataire n'a pas fait ce qu'aurait fait à sa place un bon père de famille, pourront, sans aller jusqu'à l'affranchir de toute responsabilité (2), ne pas le condamner à l'entière réparation du dommage causé par sa faute. Le mandat est-il salarié, les juges violeraient les art. 1137 et 1992 et encourraient la censure de la Cour de cassation si, tout en reconnaissant que le mandataire ne s'est pas conduit en bon père de famille, ils se dispensaient de le condamner à l'entière réparation du dommage causé.

992. Terminons sur ce premier point en ajoutant qu'il n'en est pas des cas fortuits et des accidents de force majeure comme du dol et de la faute : le mandataire n'en est pas responsable *en principe*. « A procu- » ratore dolum et omnem culpam, *non etiam improvisum casum* præstan- » dum esse, juris auctoritate manifestè declaratur. » (L. 13, C. *Mand.*) En ceci, le mandataire est dans la condition des débiteurs en général, dont l'art. 1148 du Code Napoléon dit qu'ils ne sont passibles d'aucuns dommages-intérêts lorsque, par suite d'une force majeure ou d'un cas fortuit, ils ont été empêchés de donner ou de faire ce à quoi ils étaient obligés, ou ont fait ce qui leur était interdit.

Toutefois, la règle n'est pas sans exception : sans nous arrêter, quant à présent, à l'hypothèse dont nous aurons à parler bientôt, où le mandataire a pris les cas fortuits et de force majeure à sa charge par la convention (n° 996), disons qu'il en est également responsable s'il était en

---

(1) *Voy.* cependant M. Troplong (n° 393); Massé et Vergé, sur Zachariæ (t. V, p. 41, note 3); Mourlon (5ᵉ édit., t. III, p. 441). — Comp. M. Berriat Saint-Prix (*Not. théor.*, n° 7914). — Mais *voy.* MM. Delamarre et le Poitvin (*Commiss.*, t. II, n° 233).
(2) Cass., 2 janv. 1832 (S. V., 32, 1, 319; Dalloz, 32, 1, 62).

faute ou en demeure lorsque la chose est venue à périr par cas fortuit ou force majeure. En ce point encore, la situation du mandataire est assimilée à celle du débiteur en général, dont, aux termes de l'art. 1302, l'obligation n'est éteinte par la perte ou la destruction du corps certain qui en faisait l'objet que si la chose a péri ou a été perdue *sans sa faute, à lui débiteur, et avant qu'il fût en demeure.*

III. — 993. Ces points précisés sur la mesure de l'obligation imposée au mandataire par l'art. 1992, sur la cause même de la responsabilité, passons aux applications, et, sans songer le moins du monde à embrasser ou à prévoir, ce qui serait absolument impossible, toutes les hypothèses dans lesquelles la responsabilité du mandataire peut être engagée, fixons quelques données touchant les fautes susceptibles de l'engendrer.

Et d'abord, le mandataire doit s'attacher à faire par lui-même la chose dont il s'est chargé. Il a dû consulter ses forces avant d'accepter le mandat; mais une fois lié par son acceptation, il doit se mettre à l'œuvre et conduire l'affaire dont la gestion lui a été confiée. Est-ce à dire qu'il commette une faute, comme on se l'est demandé quelquefois, par cela seul qu'il se substitue une personne qui agira à sa place, et qui le suppléera dans l'exécution du mandat? La question sera discutée sous l'art. 1994 (*infrà,* n° 1016). Toutefois, dès maintenant nous disons qu'en principe le seul fait de la substitution ne constitue pas une faute; il aggrave seulement la responsabilité du mandataire en ce que celui-ci répond, alors, non pas seulement de ses propres faits, mais encore des faits personnels du substitué. Ainsi s'explique et se justifie un arrêt de la Cour de cassation aux termes duquel le mandataire est réputé avoir commis dans sa gestion une faute lourde dont il est responsable envers le mandant lorsque, obligé de transmettre à une société tontinière des pièces qui devaient être remises à cette société dans un certain délai sous peine de déchéance, pour le mandant, de toute participation aux bénéfices acquis dans la société, il s'est substitué, même de l'aveu du mandant, un tiers qui, faute de surveillance de sa part, n'a pas accompli le mandat en temps utile (1).

994. La responsabilité est absolument indépendante de la nature et du caractère des fautes commises par le mandataire dans sa gestion. Ainsi, il n'y a pas à distinguer, sous ce rapport, entre les fautes *in committendo* et les fautes *in omittendo.* Le point de comparaison étant, comme nous l'avons expliqué, dans le type abstrait du bon père de famille, on comprend que le mandataire manque également à son obligation soit en faisant ce qui lui est interdit, soit en ne faisant pas ce qu'il doit faire (2).

D'après cela, on dira justement :

Que le mandataire qui transfère, au nom de son mandant, une rente sur l'État à un agent de change, et qui néglige de se faire payer du

_____

(1) Req., 26 nov. 1860 (Dalloz, 61, 1, 496; *J. Pal.,* 1862, p. 757).
(2) *Voy.* Pothier (n° 47).

prix dans les trois jours qui suivent le transfert, commet une faute et devient responsable de l'insolvabilité de cet agent de change survenue le quatrième jour (1) ;

Que l'agent de change qui, dans le mandat à lui donné de vendre un titre de rente, a été autorisé à en verser le produit pour sa décharge au crédit d'un confrère d'une autre place, par l'entremise duquel l'ordre lui a été transmis, engage sa responsabilité en usant de cette faculté s'il est à sa connaissance que la solvabilité de celui-ci était devenue douteuse (2) ;

Que le mandataire chargé d'opérer le recouvrement d'effets de commerce et de poursuivre le débiteur en cas de non-payement commet une faute en recevant, au lieu d'argent, d'autres effets de commerce, et devient garant du payement des effets par lui reçus (3) ;

Que le commissionnaire est en faute, et par ce motif garant des défauts, même cachés, de la marchandise achetée par son intermédiaire, si ces défauts pouvaient être découverts par une vérification scrupuleuse (4).

Nous n'ajouterons rien à cette énumération, qui pourrait être notablement allongée, ces applications indiquant suffisamment que la faute susceptible d'engager la responsabilité du mandataire s'entend de tout fait d'impéritie, de négligence, de mauvaise administration qui, en définitive, a tourné au préjudice du mandant.

995. Elle s'entend également des manquements portant sur le délai fixé par la procuration ou sur le lieu qui aurait été désigné. Ainsi, quand le mandant a exigé que l'affaire dont le mandataire a consenti à se charger fût faite dans tel délai ou dans tel lieu déterminés, ce dernier peut être condamné à réparer le préjudice résultant, pour le mandant, de ce qu'il aurait excédé le délai ou n'aurait pas accompli ce mandat dans le lieu désigné. La Cour de cassation en a décidé ainsi dans une espèce remarquable en ce que le mandataire avait reçu mandat de plusieurs personnes, et que ses retards avaient eu pour cause l'obstacle mis par l'une de ces personnes mêmes à l'exécution (5). Mais il y avait cette circonstance particulière que l'obstacle suscité par l'un des mandants n'était pas tel qu'il pût et dût arrêter le mandataire, ce qui a conduit à faire peser la responsabilité sur ce dernier.

Toutefois, on comprend que l'inobservation des prescriptions du mandat à cet égard pourra n'être pas imputable au mandataire. Il faut tenir compte des circonstances, qui, peut-être, n'ont pas permis d'agir dans le délai ou dans le lieu déterminés. En ce cas, s'il est établi, d'ailleurs, que le mandataire, tout en s'écartant des termes de la procuration,

---

(1) Paris, 22 avr. 1824 (S. V., 26, 2, 50; Coll. nouv., 7, 2, 351; Dalloz, alph., 6, 756, n° 2).
(2) Nantes, 29 juin 1859 (Dalloz, 59, 3, 71). *Voy.* anal., en ce sens, Req., 13 nov. 1848; Orléans, 10 janv. 1850 (Dalloz, 48, 1, 249; 51, 2, 224; S. V., 49, 1, 192; 51, 2, 124; *J. Pal.*, 1849, t. II, p. 273; 1850, t. I, p. 68).
(3) Grenoble, 29 mars 1832 (S. V., 32, 2, 438; Dalloz, 33, 2, 20).
(4) Rouen, 28 avr. 1858 (*J. Pal.*, 1860, p. 1152; Dalloz, 59, 2, 133).
(5) Rej., 19 déc. 1853 (S. V., 54, 1, 701; Dalloz, 54, 1, 26; *J. Pal.*, 1855, t. II, p. 396). *Voy.* encore Req., 19 fév. 1835 (S. V., 35, 1, 518; Dalloz, 35, 1, 72).

a cependant donné à l'affaire tous les soins d'un bon père de famille, sa responsabilité, quelque dommageables que soient les conséquences du retard ou du changement de lieu, est complétement dégagée. Il a donc été justement décidé : d'une part, que lorsqu'un mandataire n'a pu exécuter son mandat qu'après les délais à lui prescrits, s'il est établi, cependant, qu'il a agi pour le mieux des intérêts du mandant, il ne doit pas être déclaré responsable du retard, et le mandant peut être condamné soit à l'exécution des obligations contractées envers des tiers par le mandataire en vertu de ses pouvoirs, soit au payement des avances, frais et salaires dus à ce dernier (1); d'une autre part, que le capitaine d'un navire, chargé de vendre des marchandises dans un lieu désigné par la facture, mais qui, n'en trouvant pas un prix assez avantageux dans ce lieu, les y a laissées en consignation seulement, a suffisamment rempli son mandat s'il a pu croire mieux servir en cela les intérêts de son commettant, et par suite que, le cas échéant où les marchandises seraient vendues par le consignataire pour un prix inférieur à celui auquel le capitaine lui-même eût pu les vendre dans les lieux indiqués pour la vente, celui-ci n'est pas tenu d'en payer la différence à son mandant (2).

IV. — 996. Après avoir exposé les règles relatives tant à l'obligation où est le mandataire d'apporter à l'exécution du mandat les soins d'un bon père de famille qu'à la responsabilité à laquelle il est exposé par l'inaccomplissement de cette obligation, il nous reste à signaler les modifications dont ces règles sont susceptibles. D'abord, les parties elles-mêmes ont la faculté d'y faire certaines modifications.

Ainsi, les cas fortuits et de force majeure, dont le mandataire ne répond pas en principe (*suprà*, n° 992), peuvent cependant être mis à sa charge par le contrat. La loi suppose, dans l'art. 1302, § 2, que tout débiteur est libre de déroger, par cette convention exceptionnelle, à la règle générale qui laisse les cas fortuits à la charge du créancier. Il y a toute raison d'autoriser la dérogation dans le contrat de mandat (3). C'était, d'ailleurs, admis en droit romain : « Aristoni et Celso patri pla- » cuit, posse rem hac conditione deponi, *mandatum que suscipi,* ut res » *periculo ejus sit qui depositum vel mandatum suscepit.* Quod et mihi » verum esse videtur. » (L. 39, ff. *Mand.*) Le mandataire peut donc prendre à sa charge les cas fortuits et de force majeure. Il peut même se rendre assureur de l'opération : c'est la convention *del credere*.

A l'inverse, bien qu'il soit responsable, en principe, des fautes par lui commises dans sa gestion, le mandataire échappera, cependant, à toute responsabilité s'il a été convenu et stipulé entre les parties qu'il ne répondrait pas de ses fautes. Dans ce cas, le préjudice résultant d'un manquement quelconque de la part du mandataire dans l'exécution du mandat resterait pour le mandant, qui n'aurait droit à aucune réparation.

_____

(1) Req., 25 juin 1834 (S. V., 34, 1, 808; Dalloz, 34, 1, 291).
(2) Req., 18 mars 1835 (S .V., 35, 1, 770; Dalloz, 35, 1, 204).
(3) Pothier (n° 50).

Mais la stipulation ne saurait affranchir le mandataire de la responsa-bilité résultant de son dol. Une gestion dolosive ou de mauvaise foi ne saurait être couverte par aucune convention, quelque expresse qu'elle soit. C'est ce qui nous faisait dire tout à l'heure (n° 989) que la respon-sabilité du mandataire ne comporte ni tempérament, ni atténuation.

997. Les règles de la responsabilité peuvent aussi être modifiées par d'autres circonstances qui ne touchent pas nécessairement aux stipu-lations du contrat. La loi elle-même voit une de ces circonstances dans la gratuité, qui, aux termes de notre article, permet de modérer la con-damnation aux dommages dont le mandataire est passible à raison des fautes par lui commises dans sa gestion. C'est entrer dans la pensée de cet article de dire que, même quand la gratuité n'est pas complète, il n'y a pas moins lieu de modérer la condamnation si le salaire est telle-ment modique qu'on n'y puisse pas voir même l'apparence d'une ré-munération. La modicité du salaire ne saurait sans doute, quelle qu'elle soit, autoriser les juges à affranchir le mandataire en faute de toute res-ponsabilité, puisqu'il n'est pas permis d'aller jusque-là, même quand le mandat est absolument et complétement gratuit (n° 991); mais in-contestablement elle permet, lorsque, d'ailleurs, la faute n'est pas grave, de fixer avec modération l'indemnité due pour la réparation du dommage involontairement causé. Cela résulte de l'arrêt dont nous avons rappelé la décision *loc. cit.*

D'ailleurs, on le comprend, tout ici dépend avant tout des circon-stances, notamment de la nature, de la gravité des faits reprochés au mandataire. S'il commet, dans sa gestion, une de ces fautes qu'un homme même peu soigneux et peu diligent ne commettrait pas, il n'a droit évidemment à aucune indulgence. La quotité du salaire n'est plus alors d'aucune considération : le mandat fût-il même absolument gra-tuit, la responsabilité n'en reste pas moins entière; le mandataire doit la complète réparation du préjudice qu'il a causé. Ainsi, un négociant a promis de faire accepter une lettre de change, et il néglige d'obtenir l'acceptation; puis il arrive que, par une circonstance quelconque, par exemple la faillite du tireur, le mandant ne peut pas être payé : le né-gociant, qui n'a pas rempli sa promesse, est responsable dans la mesure même du préjudice par lui causé, et la circonstance que son action de-vait être absolument gratuite ne l'exempterait pas de l'obligation de rembourser l'entier montant de la lettre de change qu'il s'était chargé de faire accepter (1).

998. Il y a plus de doute sur le point de savoir si le mandataire est responsable lorsque, se trouvant dans l'alternative prévue à propos du commodat par l'art. 1882 (*suprà*, n°s 92 et suiv.), c'est-à-dire dans le cas de laisser périr sa chose ou celle du mandant, il préfère sauver la sienne. Nous ne voudrions pas dire que le mandataire soit en faute pour avoir agi ainsi. L'argument tiré de l'art. 1882 ne nous paraîtrait pas

---

(1) Aix, 23 avr. 1813 (S. V., 13, 2, 27; Coll. nouv., 4, 2, 266; Dalloz, alph., t. IX, p. 966).

ici concluant. La responsabilité très-sévère à laquelle cet article soumet le commodataire constitue une dérogation à la théorie générale des fautes, et dès lors la disposition en doit être strictement renfermée dans le cas en vue duquel elle a été édictée. Nous ne croyons pas non plus devoir nous attacher à la distinction proposée par M. Troplong (1) entre le mandat salarié et le mandat gratuit. Nous pensons, d'un côté, que le mandataire salarié n'est pas nécessairement en faute pour avoir sauvé sa chose de préférence à celle du mandant, et, d'un autre côté, que le mandataire gratuit n'est pas toujours exempt de responsabilité quand il a sacrifié la chose du mandant.

Mais il y a une autre distinction à laquelle, selon nous, il se faut arrêter; c'est celle qu'à l'occasion de cette même alternative nous avons établie vis-à-vis du dépositaire (*suprà,* n° 427) : elle a son principe dans la valeur comparative des deux choses. En définitive, ce que doit faire le mandataire, c'est ce que ferait à sa place un bon père de famille auquel les deux objets eussent appartenu. Or, évidemment, celui-ci, autant qu'il l'aurait pu, aurait sauvé la chose la plus précieuse. Le mandataire serait donc exempt de toute responsabilité lorsque sa chose par lui sauvée avait plus de valeur que celle qui appartenait au mandant et qu'il a laissé périr : il ne devrait, en ce cas, aucune indemnité à ce dernier. Au contraire, si la chose du mandant était la plus précieuse, c'est elle que le mandataire aurait dû sauver, en sacrifiant au besoin la sienne propre; il est en faute et responsable pour avoir agi autrement. Et, dans ce cas, peu importe que le mandat fût ou non salarié : la responsabilité serait également encourue dans l'un et l'autre cas; seulement, on pourrait user du tempérament indiqué dans le second paragraphe de notre article, c'est-à-dire appliquer la responsabilité moins rigoureusement si le mandat était gratuit que s'il était salarié.

Que si les deux objets étaient d'égale valeur ou à peu près, le choix du mandataire pour la chose du mandant serait inspiré, sans doute, par une délicatesse fort louable. Mais il nous paraîtrait difficile de dire qu'il y soit obligé par la loi, et par conséquent de le déclarer responsable dans une mesure quelconque pour avoir sauvé de préférence sa chose propre.

999. Une question non moins discutée est celle de savoir comment la responsabilité doit être appliquée lorsque d'un côté le mandataire a fait éprouver par sa faute des pertes au mandant, et que d'un autre côté il lui a procuré des bénéfices : on se demande spécialement si les pertes peuvent et doivent être compensées avec les bénéfices. Pothier se prononçait pour la négative. Les lois romaines, dit-il, ont fait cette question à l'égard d'un associé, et elles ont décidé qu'un associé, en pareil cas, n'était pas fondé à prétendre cette compensation, parce qu'il devait ses soins et son industrie à la société. Il y a même raison de décider

---

(1) *Voy.* M. Troplong (n° 409). — Comp. MM. Delamarre et le Poitvin (t. II, n° 77); Boileux (t. VI, p. 587).

la question contre le mandataire, qui ne doit pas moins qu'un associé tous ses soins et toute son habileté à la gestion des affaires dont il s'est chargé, s'y étant obligé envers le mandant par l'acceptation qu'il a faite du mandat. Il est vrai que la reconnaissance paraît devoir porter le mandant à cette compensation; mais la reconnaissance ne produit qu'une obligation imparfaite, et elle ne peut donner au mandataire un droit pour exiger cette compensation. C'est le sentiment de la glose (1).

Bien des auteurs se prononcent dans le même sens, en s'autorisant, par analogie, de l'art. 1850, qui, en matière de société, consacre expressément le principe des lois romaines rappelé par Pothier (2). Néanmoins la solution, prise dans sa généralité, nous semble trop sévère. Pothier cite lui-même des auteurs anciens qui, loin de suivre la glose, admettaient la compensation, en s'autorisant d'une loi romaine d'après laquelle, « lorsque l'administrateur des deniers d'une ville a placé une partie de ces deniers à un taux inférieur au taux commun et ordinaire, et le surplus à un taux plus cher que le taux ordinaire, de manière que l'intérêt qu'il a retiré du total des sommes monte au moins au taux ordinaire, il ne doit pas être condamné pour en avoir placé une partie à un moindre taux. » (L. 11, ff. *De Usur.*) Nous pensons, avec M. Troplong, que ce texte est, bien plus que l'art. 1850, afférent à la matière du mandat, et qu'il s'y faut rattacher pour admettre la compensation entre les bénéfices et les pertes, surtout dans le cas où ils se rapportent à la même affaire (3). Mais tout en reconnaissant que la compensation peut être admise, nous estimons qu'elle est simplement facultative, en sorte que si les juges se refusaient à la prononcer, leur décision, en ce point, ne saurait donner prise à la critique devant la Cour de cassation.

1000. Signalons enfin une dernière circonstance comme susceptible, à notre avis, d'atténuer, quant à ses conséquences, la responsabilité des fautes commises dans l'exécution du mandat : c'est lorsque, au lieu d'aller au-devant du mandat et de s'offrir lui-même au mandant, le mandataire a mis plus ou moins de résistance à se charger de l'affaire. Nous avons vu, dans notre commentaire *Du Dépôt*, que la responsabilité est appliquée avec plus de rigueur au dépositaire qui s'est offert de lui-même à garder le dépôt qu'à celui qui a simplement consenti à le recevoir (*supra*, art. 1928, n° 430). Il est juste et raisonnable d'introduire, par analogie, ce même tempérament dans la matière du mandat.

Mais le mandataire qui aurait accepté le mandat sans avoir la capacité ou les facultés nécessaires pour gérer l'affaire dont il s'est chargé n'aurait aucun droit à la même indulgence : celui-ci, au contraire, devra au mandant l'entière réparation du tort causé par sa faute. On dirait vainement que le mandataire, après tout, rend un service, qu'il ne faut pas dès lors se montrer trop rigoureux envers lui, ni surtout exiger de lui

(1) Pothier (n° 52).
(2) *Voy.* MM. Delvincourt (aux notes, t. III, p. 241, note 7); Duranton (t. XVIII, n° 244); Aubry et Rau (t. III, p. 465).
(3) *Voy.* M. Troplong (n°ˢ 403 et 433). — Comp. MM. Delamarre et le Poitvin (t. II, n° 147); Taulier (t. VI, p. 524); Boileux (t. VI, p. 586).

une habileté de conduite dont il n'est pas capable. L'objection porterait à faux. Sans doute, il ne faut pas exiger du mandataire l'habileté qui lui manque; mais on est en droit d'exiger, au moins, qu'il consulte ses forces avant d'accepter le mandat, et que, par son acceptation imprudente, il ne détourne pas le mandant soit de gérer l'affaire par lui-même, soit de s'adresser à un autre mandataire plus capable de la gérer (1).

1993. — Tout mandataire est tenu de rendre compte de sa gestion, et de faire raison au mandant de tout ce qu'il a reçu en vertu de sa procuration, quand même ce qu'il aurait reçu n'eût point été dû au mandant.

SOMMAIRE.

I. 1001. Aperçu général. Notre article ne comprend pas tous les éléments du compte à rendre par le mandataire; il faut le compléter par les art. 1996, 1999 et 2001 : renvoi. Division.

II. 1002. L'obligation de rendre compte est inhérente au contrat de mandat; néanmoins, il y peut être dérogé par la convention. Ainsi, la clause par laquelle le mandataire est dispensé de rendre compte est valable et doit produire son effet. — 1003. Il en est de même de celle qui le dispense soit de rendre un compte détaillé, soit d'appuyer le compte par des pièces justificatives. — 1004. L'obligation est considérée comme remplie par le dépôt aux mains d'un autre mandataire des pièces nécessaires à ce dernier pour l'exécution de son mandat.

III. 1005. De ce dont le mandataire doit se charger en recette : aperçu général. — 1006. Il est tenu de faire compte de tout ce qu'il a reçu en vertu de la procuration, quand même ce qu'il aurait reçu n'eût point été dû au mandant : développements. — 1007. Il doit compte des intérêts perçus contrairement à la procuration qui le chargeait de prêter gratuitement. — 1008. *Quid* des bénéfices illicites réalisés dans l'exécution du mandat? Distinctions. — 1009. Il doit faire raison des choses qu'il aurait dû percevoir et que par sa faute il n'a pas perçues : exceptions. — 1010. En général, il ne doit pas faire état des choses perdues par cas fortuit ou force majeure : exceptions. — 1011. Résumé et transition.

IV. 1012. L'action en reddition de compte appartient au mandant, à ses héritiers ou à ceux qui tiennent sa place; et, en général, elle ne peut être dirigée que contre le mandataire personnellement. — 1013. Mais l'obligation de rendre compte incombe à tout mandataire : applications. — 1014. L'action en reddition de compte est prescrite après trente ans; et il en est ainsi alors même qu'une action correctionnelle suivie d'une ordonnance de non-lieu a été intentée antérieurement contre le mandataire pour détournement frauduleux : renvoi. Mais il s'agit ici de la prescription libératoire, nullement de la prescription acquisitive : conséquences.

I. — 1001. Après ce que nous avons dit en expliquant les articles précédents, il est à peine besoin de faire remarquer que celui-ci ne fait que déduire une conséquence toute naturelle du contrat et consacrer la nécessité même de la situation établie par l'acceptation du mandat. Puisque le mandataire n'agit pas pour lui-même et que toutes ses opérations sont faites non pour lui, mais pour un mandant ou commettant, il faut bien que, le mandat venant à prendre fin par la consommation de

(1) Pothier (n° 48).

l'affaire ou par une autre cause, il liquide et remette à celui dont il
a fait l'affaire tout ce que l'exécution du mandat a fait arriver dans ses
mains. C'est à cette nécessité que répond l'art. 1993, en disant que
tout mandataire est tenu de rendre compte de sa gestion, et de faire raison au mandant de tout ce qu'il a reçu en vertu de sa procuration.

Rien, assurément, ne serait plus simple que l'accomplissement de
cette obligation, si le mandat n'avait jamais pour objet qu'une de ces
affaires qui sont consommées pour ainsi dire à l'instant même, et ne
laissent pas de trace après elles. Par exemple, vous êtes détenteur d'une
somme qui m'appartient, et vous acceptez le mandat d'employer cette
somme à l'achat de tels ou tels objets dont la vente est actuellement annoncée : il est bien évident que l'obligation de rendre compte du mandat, dès que ces objets auront été par vous achetés, consistera uniquement à me les remettre, avec ce qui me revient en argent, si vous
n'avez pas employé à l'acquisition l'entière somme dont vous étiez détenteur. Après quoi, tout sera consommé entre nous.

Mais le mandat comporte fréquemment d'autres agissements : il peut
avoir pour objet une suite plus ou moins longue d'opérations, et, dans
ce cas, il peut obliger le mandataire à se mettre lui-même en frais pour
conduire l'affaire. La liquidation, alors, est autrement compliquée ; elle
implique la nécessité d'un compte établi en la forme ordinaire, c'est-à-
dire d'un compte qui, après avoir mis en regard la recette et la dépense,
donne la balance finale, et, en cas d'excédant d'un côté ou de l'autre,
fait ressortir lequel du mandant ou du mandataire reste créancier. C'est
à ce compte précisément que l'art. 1993 fait allusion. Mais le législateur y parle seulement de ce qui doit figurer à la recette ; encore même
en parle-t-il d'une manière incomplète, car l'art. 1993 a trait uniquement aux capitaux : c'est dans l'art. 1996 qu'il est question des intérêts, lesquels, lorsqu'il y en a dont le mandataire doive faire raison au
mandant, constituent nécessairement l'un des éléments de la recette.
Quant à la dépense, il n'en est pas dit un seul mot dans notre article,
ni dans aucun autre de ce chapitre ; c'est au chapitre suivant, et spécialement aux art. 1999 et 2001, que le législateur a jugé à propos
d'en traiter.

Nous suivrons la loi dans la marche qu'elle trace elle-même ; et, pour
n'en pas déplacer les dispositions, nous laisserons, quant à présent, à
l'écart tous les détails auxquels se rapportent les art. 1996, 1999 et
2001 précités, et nous nous occuperons exclusivement ici de l'obligation en elle-même ; nous dirons comment elle doit être accomplie, à
qui appartient l'action en reddition de compte, contre qui elle doit être
dirigée et quelle en est la durée.

II. — 1002. L'obligation de rendre compte est inhérente au contrat ;
elle en est la conséquence même, et on peut dire qu'elle est en quelque
sorte inséparable de l'idée de mandat, en ce sens que celui qui accepte
le mandat s'oblige par là, même en l'absence de toute stipulation à cet
égard, à rendre compte de sa gestion.

D'ailleurs, l'obligation que le contrat impose par lui-même et de plein droit ne serait pas remplie par cela seul que le mandataire ferait connaître en bloc au mandant le montant de la recette, le montant de la dépense et le chiffre du reliquat. Il faut que le mandataire présente un compte proprement dit, un compte en la forme ordinaire, c'est-à-dire un état détaillé des recettes et des dépenses, la récapitulation de la balance, et que le tout soit appuyé de pièces justificatives en règle. Le mandant peut même exiger la communication des livres et journaux qui auraient été tenus pour la gestion (1). Ainsi doit être accomplie l'obligation incombant au mandataire, et, quelque générale qu'elle fût, une décharge ne l'en affranchirait pas. Il a été jugé, en effet, que le mandataire qui a reçu des sommes pour son mandant peut être tenu de fournir un compte détaillé de leur emploi, quoiqu'il lui en ait été donné décharge générale, si ce compte n'a pas été remis auparavant au mandant, en sorte que celui-ci soit dans l'impossibilité de vérifier s'il renferme des erreurs, omissions, faux ou doubles emplois (2).

1003. Pourtant, de ce que l'obligation de rendre compte se lie comme conséquence à l'idée de mandat s'ensuit-il que cette obligation soit tellement de l'essence du contrat que le mandataire n'en puisse pas être affranchi par la convention? La question s'est présentée; mais les circonstances ne permettent pas de dire qu'elle a été résolue nettement et en principe. Dans l'espèce, Pierre Paris, se trouvant momentanément en France et étant sur le point de retourner à Saint-Domingue, où il habitait depuis longtemps, donna, par acte du 25 janvier 1785, à Antoine Paris, son père, le pouvoir de jouir de tous les bestiaux et meubles qui lui appartenaient dans le domaine de *Bourdieu,* même de vendre et d'aliéner les bestiaux et meubles qu'il jugerait utile de vendre, ainsi que le domaine lui-même, l'autorisant à recevoir, en ce cas, le prix de vente et à l'employer, ainsi que les récoltes des immeubles, comme s'il était propriétaire desdits biens, *sans être tenu de rendre aucun compte à qui que ce soit.* — Après la mort du mandant, les héritiers, sans s'arrêter à cette dernière clause, demandèrent à l'héritière du mandataire, également décédé, un compte qui, en effet, fut ordonné en première instance. Mais la décision fut infirmée par la Cour de Bordeaux, le motif nettement pris des termes de la convention qui n'auraient pas permis, dit la Cour, qu'aucun compte fût demandé au mandataire lui-même, et qui dès lors ne permettent pas que le compte soit demandé aux héritiers de ce dernier. L'arrêt fut déféré à la Cour suprême, et l'admission du pourvoi donnait à penser que la décision de la Cour de Bordeaux n'avait pas paru irréprochable à la chambre des requêtes; mais devant la chambre civile on s'attacha, dans l'intérêt des défendeurs au pourvoi, aux circonstances particulières de la cause : notamment on fit remarquer que, dans l'espèce, en dispensant son mandataire de rendre un compte, Pierre Paris avait voulu faire un léger sacrifice en faveur d'Antoine Paris, son père; que, parvenu à une grande

---

(1) Bruxelles, 13 janv. 1820 (S. V., Coll. nouv., 6, 2, 184; Dalloz, alph., 10, 736).
(2) Nancy, 25 avr. 1844 (S. V., 45, 2, 151; Dalloz, 44, 2, 139).

fortune, au sein d'une grande aisance, dirigé par son respectueux attachement pour son père, qui était dans la gêne, il se crut obligé moralement à lui procurer quelque secours alimentaire ; que cette dispense de rendre compte rentrait même dans les dispositions de la loi qui oblige les enfants à fournir des aliments à leurs père et mère lorsque ceux-ci sont dans le besoin ; qu'ainsi la Cour de Bordeaux avait pu respecter une telle convention et en ordonner l'exécution, puisque, d'ailleurs, la loi ne détermine aucune forme pour les engagements alimentaires entre les père et mère et leurs enfants. C'est à ces idées que la chambre civile semble s'être arrêtée en rejetant le pourvoi : elle a dit, en effet, que l'arrêt attaqué, en consacrant la dispense de toute reddition de compte, n'avait fait que se renfermer dans les termes de la convention et qu'*apprécier les qualités et la position des contractants* (1).

Ainsi, la question n'est pas résolue en thèse générale. Dans cette espèce, où le mandat apparaissait comme un acte de piété filiale, la solution a été visiblement inspirée par les circonstances, et tout au plus est-il permis de l'invoquer à titre de préjugé (2). Néanmoins, nous croyons qu'elle doit être généralisée : si les règles constitutives du mandat accordent au mandant une action en reddition de compte contre le mandataire, elles ne défendent en aucune manière aux parties de convenir que ce dernier sera dispensé de rendre compte. Il se peut que dans telle ou telle situation la clause blesse l'ordre public ou les bonnes mœurs, et, dans ce cas, elle serait nécessairement réputée non écrite ; mais, en elle-même, elle n'est certainement ni illicite, ni immorale : c'est pourquoi elle doit, en principe, être maintenue et validée.

A plus forte raison pourra-t-on stipuler avec effet une clause qui, sans affranchir le mandataire de son obligation d'une manière absolue, l'autoriserait néanmoins à présenter son compte *en bloc* ou le dispenserait de produire, en rendant son compte, les pièces susceptibles d'en justifier les éléments. Il a été décidé même que le mandataire qui prouve avoir employé en l'acquit de son mandant des sommes par lui touchées pour ce dernier peut être dispensé de lui rendre un compte en forme, bien que la dispense ne soit pas écrite dans le mandat (3). Peut-être est-ce aller trop loin : la justification de l'emploi, si elle établit, en définitive, que le mandataire ne reste pas débiteur du mandant, ne saurait pourtant suppléer le compte en forme ou détaillé, qui seul permet à ce dernier d'embrasser l'ensemble des opérations et de voir si des erreurs ou des omissions ont été commises à son préjudice (*suprà*, n° 1002). Mais enfin la décision montre au moins que si la dispense soit de rendre un compte en forme, soit de produire les pièces justificatives, était formulée dans la convention, les tribunaux n'hésiteraient pas à la considérer comme efficace et valable.

Il y a toutefois ici un point qu'il importe de préciser. Ces clauses, notamment celle qui dispense absolument le mandataire de rendre

(1) Rej., 24 août 1831 (S. V., 31, 1, 316 ; Dalloz, 31, 1, 293).
(2) *Voy.* cependant M. Troplong (n° 415).
(3) Req., 11 janv. 1843 (S. V., 43, 1, 443 ; Dalloz, 43, 1, 166).

compte, bien qu'elles ne répugnent pas à l'essence du mandat, puisqu'elles le laissent subsister, impriment cependant à la convention un certain caractère de libéralité. Nous tirons de là une double conséquence : d'une part, la dispense de rendre compte ne sera convenue avec effet qu'entre personnes ayant la capacité de donner et de recevoir à titre gratuit ; d'une autre part, même en présence d'une dispense nettement formulée entre personnes capables, la reddition d'un compte de gestion sera néanmoins nécessaire et ne pourra pas être évitée toutes les fois qu'en vertu des règles de fond applicables aux libéralités, les bénéfices que le mandataire aurait retirés du mandat seraient soumis au rapport, à la réduction, à la révocation.

1004. Ajoutons, enfin, que l'obligation de rendre compte peut être considérée comme accomplie lorsque le mandataire dépose les pièces dont il était détenteur entre les mains d'un autre mandataire auquel ces pièces sont nécessaires pour l'exécution de son mandat : le mandataire est réputé avoir fait la remise par ordre du mandant. La Cour de cassation l'a ainsi jugé dans une espèce où un avoué, chargé de se rendre adjudicataire d'immeubles au nom de son mandant, avait remis le dossier de l'adjudication au notaire qui devait en solder le prix en l'acquit du même mandant (1).

III. — 1005. Recherchons maintenant ce dont le mandataire doit, selon l'expression de notre article, *faire raison au mandant,* c'est-à-dire se charger en recette dans le compte qu'il rend. Il résulte du texte de l'art. 1993 que le compte doit comprendre *tout ce que le mandataire a reçu en vertu de la procuration, quand même ce qu'il aurait reçu n'eût point été dû au mandant.* Toutefois, ce n'est pas assez dire : les observations qui précèdent permettent d'ajouter que le mandataire doit en outre se charger en recette d'abord des dommages-intérêts par lui dus au mandant, ensuite de tout ce qu'il aurait pu recevoir mais qu'il a manqué de recevoir par sa faute, enfin, en certains cas du moins, de ce qu'il a perdu sans sa faute. Tels sont, dans leur ensemble, les éléments du compte quant à la recette en principal. Nous avons à les reprendre successivement, sauf en ce qui concerne les dommages-intérêts, à l'occasion desquels nous pouvons nous référer aux explications présentées dans le commentaire de l'article précédent.

1006. Et d'abord, le mandataire doit se charger en recette ou faire raison au mandant de tout ce qu'il a reçu en vertu de sa procuration. C'est de toute évidence, puisque, ayant été seulement un représentant, il n'a pu rien recevoir, soit directement, soit indirectement, que pour celui au nom de qui il a agi et qu'il a représenté. Notre article n'excepte même pas de la règle les choses remises au mandataire, bien qu'elles ne fussent pas dues au mandant : il faut que le mandataire fasse raison de tout ce qu'il a reçu en vertu de sa procuration, « quand même ce qu'il aurait reçu n'eût point été dû au mandant. » Et ceci encore est de toute

---

(1) Req., 5 janv. 1852 (S. V., 53, 1, 216; Dalloz, 52, 1, 50; *J. Pal.,* 1854, t. I, p. 38).

évidence. Dans le rôle d'intermédiaire qu'il joue, le mandataire n'a pas à résoudre des questions de propriété ou d'obligation dont la solution serait peut-être difficile, et qui, dans tous les cas, sont sans intérêt pour lui. Ce n'est pas contre lui, en effet, que seront dirigées les actions réelles ou personnelles formées à l'occasion des choses par lui reçues en vertu du mandat; le mandant seul aura à se défendre contre ces actions, puisque, en réalité, c'est pour lui seul que les choses ont été remises ou payées : il est donc naturel que le mandataire en fasse état dans son compte.

Si, pourtant, il venait à découvrir que la chose par lui reçue pour le mandant a été volée, et quel en est le véritable propriétaire, il pourrait incontestablement suivre la marche tracée, en pareil cas, au dépositaire par l'art. 1938 (*suprà*, n⁰ˢ 487 et suiv.), c'est-à-dire dénoncer la remise qui lui a été faite, avec sommation au propriétaire d'avoir à réclamer. Mais il n'y a là rien d'obligatoire; le mandataire, en cela, est dans une position qui diffère de celle du dépositaire : si, au lieu de prévenir le véritable propriétaire, il faisait raison au mandant de la chose volée, il serait complétement couvert par l'art. 1993 et à l'abri de toute responsabilité.

1007. Si, chargé de faire gratuitement le prêt d'une somme d'argent à une personne déterminée, le mandataire, s'écartant des indications de la procuration, a stipulé des intérêts qui lui ont été payés, il les doit porter en recette dans son compte. C'est la conséquence nécessaire du principe qui l'oblige à faire raison de tout ce qui est venu en ses mains par suite ou à l'occasion du mandat.

En serait-il de même si, s'écartant absolument de la forme de la procuration, le mandataire avait consenti le prêt à une personne autre que celle dont le contrat portait la désignation? La raison de douter ici est que le danger de l'insolvabilité de l'emprunteur n'étant plus pour le mandant, il est vrai de dire que le prêt est fait par le mandataire à ses périls et risques. La loi romaine s'était fondée là-dessus pour autoriser le mandataire à retenir les intérêts dans ce cas (1. 10, § 8, ff. *Mand.*). M. Troplong dit avec raison que la décision ne saurait être suivie. En définitive, le mandataire a violé la forme du mandat; il ne peut pas s'autoriser de cette violation pour se procurer un avantage (1).

1008. Mais de ce que le mandataire doit porter en compte tout ce qu'il a reçu en vertu de la procuration, s'ensuit-il qu'il ait à faire raison même des bénéfices *illicites* par lui réalisés dans l'exécution du mandat? Cette question, dont la doctrine s'est incessamment préoccupée, se résout par une distinction. Ou les bénéfices ont été obtenus par le mandataire à l'occasion d'une procuration ou d'un mandat qui n'avait rien d'illicite en lui-même, ou les avantages illicites sont parvenus au mandataire par une suite directe de la procuration dont l'objet était précisément la réalisation de ces sortes d'avantages.

---

(1) *Voy.* M. Troplong (n° 417). — *Junge :* MM. Dalloz (n° 250); Massé et Vergé, sur Zachariæ (t. V, p. 44, note 14); Boileux (t. VI, p. 588 et 589).

Dans le premier cas, le mandataire doit incontestablement employer en recette les bénéfices illicites qu'il a réalisés. Nous relevons pourtant un arrêt duquel il résulte que le mandant n'aurait pas d'action pour réclamer les intérêts usuraires des sommes dont le mandataire aurait fait le placement en vertu du mandat (1). La décision est évidemment mal rendue. Dès que le mandat est valable en lui-même, la règle est nécessairement que l'obligation de rendre compte s'étend *à tout ce que le mandataire a touché;* et ce n'est pas assurément parce que ce dernier a commis un délit qu'il y a lieu de faire fléchir la règle en sa faveur. C'est l'opinion généralement admise (2); nous nous y rattachons par les motifs qui nous ont conduit à résoudre la même question contre le dépositaire, obligé aussi par l'art. 1936 à restituer au déposant tout ce qui a été produit par la chose déposée (*suprà,* n° 469).

Dans le second cas, c'est-à-dire quand le mandat lui-même est illicite, le mandataire ne doit aucun compte au mandant de ce qu'il a touché. La raison en est que le mandat est nul et non avenu; il n'est pas seulement annulable, il est inexistant. Par conséquent, comme nous l'avons expliqué plus haut (n° 816), il ne peut engendrer aucune action, pas plus contre le mandataire pour l'obliger à exécuter ou à rendre compte que contre le mandant pour le contraindre à indemniser le mandataire de ses avances ou déboursés.

Ceci est également admis par les auteurs et même plus généralement (3). Cependant, M. Troplong, qui, d'ailleurs, se prononce en ce sens, propose une exception pour le cas où, par l'erreur ou la prévarication du juge, le mandataire aurait obtenu vis-à-vis de ceux avec qui il aurait traité la liquidation des opérations illicites : l'auteur estime, sur l'autorité de deux lois romaines par lui citées, que le mandant pourrait, en ce cas, invoquer la chose jugée pour obliger le mandataire à lui faire raison du montant de la liquidation (4). Mais l'exception, à notre avis, n'est pas admissible en ces termes. Écartons d'abord les deux lois romaines sur lesquelles elle est appuyée : l'une, la loi 8, ff. *De Negot. gest.,* où on ne trouve pas, d'ailleurs, le § 4, invoqué par M. Troplong, ne contient aucune disposition qui touche à notre question; l'autre, la loi 46, § 4, ff. *De Procurat.,* ne parle en aucune manière de la restitution par le mandataire des *bénéfices illicites* autorisés par le mandat : elle dit seulement que le mandataire doit rendre *plus qu'il n'a réellement reçu* quand, *per errorem aut injuriam judicis,* il a été condamné à faire une restitution plus élevée. Puis, venant à l'exception en elle-même, nous disons que la liquidation d'opérations illicites, *obtenue par le mandataire au profit du mandant,* ne suffirait pas à elle seule pour obliger le mandataire à tenir compte et à faire état du résultat des opé-

---

(1) Metz, 6 fév. 1824 (S. V., Coll. nouv., 7, 2, 314). *Voy.* aussi MM. Dalloz (*Nouv. rép.,* v° Mandat, n° 250); Boileux (t. VI, p. 590).
(2) *Voy.* MM. Troplong (n⁰ˢ 422 et suiv.); Massé et Vergé, sur Zachariæ (t. V, p. 44, note 14); Taulier (t. VI, p. 525); Delamarre et le Poitvin (t. II, n° 459).
(3) *Voy.* les auteurs cités aux deux notes qui précèdent.
(4) *Voy.* M. Troplong (n° 421). *Junge :* MM. Massé et Vergé, sur Zachariæ (t. V, p. 44, note 14).

rations liquidées : la raison en est que le mandat, étant illicite en lui-même, n'existe pas en réalité, et que dès lors le mandataire peut toujours le méconnaître. Que faudrait-il donc pour qu'il en fût autrement ? Il faudrait de toute nécessité, non pas un jugement de liquidation entre le mandataire et ceux avec qui il aurait traité, mais un jugement rendu directement contre le mandataire lui-même et portant condamnation de restituer au mandant les bénéfices ou les avantages dont il s'agit : encore même l'obligation de restituer, qui alors serait imposée au mandataire, n'aurait-elle pas son principe dans le mandat ; elle naîtrait du jugement même, comme cela arrive toutes les fois qu'une décision passée en force de chose jugée condamne une personne à une prestation qu'en réalité elle ne devait pas.

1009. Le compte doit comprendre non pas seulement les sommes et les choses reçues en vertu de la procuration, mais encore, comme nous l'avons dit, toutes celles que le mandataire devait recevoir et que, par sa faute, il n'a pas reçues (1). L'obligation du mandataire, en ce point, ne saurait être par lui éludée sous le prétexte qu'il se serait scrupuleusement conformé aux ordres du mandant. Par exemple, il a été chargé de vendre telle chose à un prix fixé par la procuration, et il est prouvé qu'il aurait aisément retiré de la chose un prix supérieur s'il l'eût voulu : il devra compte de la différence ; car, en bon père de famille, il devait retirer de la chose tout ce qu'elle pouvait donner, et c'est son tort de n'avoir pas compris que, dans le mandat de vendre *pour une certaine somme,* il faut, selon l'expression de Pothier, sous-entendre « *ou plus, s'il est possible.* » A plus forte raison ne serait-il pas admis à ne tenir compte que du prix fixé par la procuration si en réalité il avait vendu pour un prix supérieur ; il se rendrait coupable de dol en refusant de déclarer le prix réel, et les juges, en ce cas, auraient à faire eux-mêmes l'évaluation (2). De même le mandataire qui, chargé d'acheter moyennant un prix fixé, aurait acheté à ce prix ayant pu acheter pour un prix moindre, devrait tenir compte de la différence, parce que, comme le dit encore Pothier, dans le mandat d'acheter pour une certaine somme on sous-entend « *ou moins, s'il est possible.* »

1010. Enfin, venons aux sommes et aux choses que le mandataire a pu perdre sans sa faute. En général, il n'est pas obligé à les comprendre dans le compte : c'est la conséquence directe de la règle d'après laquelle le mandataire ne répond pas des cas fortuits ou de force majeure (*suprà,* n° 992). Mais nos précédentes observations ont déjà fait pressentir que ceci comporte certaines exceptions.

D'abord, le mandataire peut s'être chargé des cas fortuits ou se trouver en demeure au moment où ils se sont produits ; il en répond dans ce cas : c'est le droit commun (*suprà,* n° 996). Par conséquent, son compte doit faire état de tout ce qui, dans une telle situation, a péri par cas fortuit ou force majeure.

---

(1) *Voy.* Pothier (n° 51).
(2) Paris, 25 sept. 1812 (S. V., Coll. nouv., 4, 2, 189).

En outre, et par une règle spéciale, si une indemnité avait été touchée par le mandataire à raison de la perte, le montant en serait dû au mandant et devrait figurer en recette dans le compte du mandataire (1).

Enfin, la libération par la perte de la chose et la dispense qui en résulte de l'obligation de porter en compte la chose perdue ont lieu seulement en ce qui concerne les corps certains. Ceci est sans application aux dettes de genre, *genera non pereunt*. Si donc le mandataire venait à perdre une somme d'argent, même sans aucune faute de sa part, il n'en devrait pas moins faire raison au mandant. Pour qu'il en fût autrement, il faudrait que l'argent appartenant à ce dernier se trouvât renfermé dans des sacs ou dans un coffre, c'est-à-dire individualisé de telle sorte que cela fût exclusif de toute confusion entre cet argent et les propres deniers du mandataire. Mais ceci est une question de dépôt autant et plus encore que de mandat; le mandataire serait traité comme dépositaire irrégulier, et nous pouvons nous référer à nos observations sur les art. 1932 et suivants (*suprà*, nᵒˢ 452 et suiv.).

1011. Ainsi, en résumé, le mandataire doit se charger en recette, dans la mesure indiquée aux numéros qui précèdent : 1° de tout ce qu'il a reçu en vertu de la procuration; 2° de tout ce qu'il aurait dû recevoir, mais qu'il a manqué de toucher par sa faute; 3° des dommages-intérêts par lui dus au mandant; 4° enfin et parfois, mais exceptionnellement, de ce qu'il a perdu même sans sa faute. Ce serait maintenant le cas de mettre en regard de ces éléments de la recette ce qui a trait aux dépenses, ou, comme le dit Pothier (2), au compte des mises et à celui des reprises. Mais, nous l'avons fait observer déjà, c'est un point que le législateur a réservé pour le chapitre suivant, et que dès lors nous réservons nous-même. Disons seulement ici, par forme d'avertissement, que lorsque la recette comprend des sommes d'argent, le mandataire peut compenser jusqu'à concurrence et retenir sur ces sommes celles qui, ayant été par lui déboursées pour sa gestion, doivent figurer à la dépense : il en est, d'ailleurs, autrement lorsque les choses à rendre au mandant sont des corps certains; le mandataire les doit restituer dans tous les cas, aucune compensation n'étant alors possible (C. Nap., art. 1291 et 1293) (3).

Ceci rappelé, venons au dernier objet de nos observations sur l'art. 1993, et voyons à qui appartient l'action en reddition de compte, contre qui elle doit être dirigée et comment elle peut être prescrite.

IV. — 1012. L'action en reddition de compte appartient au mandant, à ses héritiers ou à ceux qui le représentent ou tiennent sa place. Il a été justement décidé, dans cet ordre d'idées, que lorsque le mandat a été donné par une personne en qualité d'héritier, s'il arrive que le mandant vienne à être dépouillé de cette qualité d'héritier, c'est à celle

---

(1) *Voy.* M. Troplong (n° 434).
(2) Pothier (nᵒˢ 53 et 55).
(3) *Id.* (nᵒˢ 58 et 59).

EXPLICATION DU CODE NAPOLÉON. LIV. III.

qui en est investie, en définitive, qu'il appartient de demander au mandataire compte de sa gestion (1).

D'ailleurs, on le comprend, l'action ne peut être dirigée que contre le mandataire lui-même, sauf, bien entendu, ce que nous aurons à dire, dans le commentaire de l'article suivant, en ce qui concerne le droit qu'a le mandant d'agir directement contre les personnes que le mandataire se serait substituées (*infrà,* nᵒˢ 1024 et suiv.). Hors de là, c'est au mandataire lui-même que le compte doit être demandé. La Cour de cassation a consacré récemment cette nécessité, qui, au surplus, s'explique d'elle-même, en décidant que le mandat donné par un membre d'une communauté religieuse autorisée à un autre membre de cette communauté, à l'effet de passer une vente et d'en toucher le prix, ne saurait ouvrir une action en compte au profit du mandant contre la communauté elle-même, s'il n'est pas établi que le mandataire ait agi pour cette communauté, et que l'action, en ce cas, n'est ouverte que contre le mandataire personnellement (2).

1013. Mais l'obligation de rendre compte incombe à tout mandataire quel qu'il soit. Gratuit ou salarié, le mandat engendre cette obligation à laquelle le mandataire doit nécessairement satisfaire, à moins qu'il n'en ait été dispensé par la convention (*suprà,* nᵒ 1003). La femme elle-même, mandataire de son mari, en est tenue comme tout autre mandataire et de la même manière (3). Et il en est de même, en général, du mari mandataire de sa femme. Toutefois, quand, en vertu d'un mandat tacite de la femme, le mari a administré les biens dont cette dernière avait la jouissance par suite des stipulations matrimoniales, il n'est comptable que des fruits encore existants à la dissolution du mariage (C. Nap., art. 1539 et 1576).

Dans un autre ordre d'idées, la jurisprudence fait une limitation analogue, en sens inverse, en faveur des communautés religieuses autorisées, dont les statuts disposent que les revenus des membres qui en font partie appartiennent à la communauté. Il est décidé, en effet, que le mandataire chargé de verser les revenus dans la communauté est tenu, à la vérité, de rendre compte, mais que le compte ne peut être exigé de lui, ni par le mandant, ni par ses représentants, que relativement aux capitaux, et qu'il ne peut être demandé en ce qui concerne les revenus ou les fruits (4).

1014. L'action du mandant contre le mandataire pour réclamer la reddition du compte se prescrit par trente ans, comme toutes les actions en général. Il en est ainsi même dans le cas où une action correctionnelle, suivie d'une ordonnance de non-lieu, aurait été antérieurement intentée contre le mandataire pour détournement frauduleux de la

---

(1) Paris, 4 mai 1811; Cass., 14 oct. 1812; Rouen, 27 avr. 1814 (S. V., 11, 2, 246; 13, 1, 144; Coll. nouv., 4, 1, 202; 2, 386; Dalloz, 13, 1, 46; 17, 2, 108).
(2) Req., 8 mai 1861 (S. V., 61, 1, 620; *J. Pal.,* 1861, p. 1029; Dalloz, 61, 1, 279).
(3) Req., 18 déc. 1834 (S. V., 36, 1, 849; Dalloz, 36, 1, 140).
(4) Rej., 22 déc. 1851 (S. V., 52, 1, 33; Dalloz, 53, 1, 37; *J. Pal.,* 1852, t. I, p. 133).

somme qu'il était chargé de toucher (1). La question, en effet, n'est pas ici de savoir si l'action civile résultant d'un fait ayant le caractère de crime ou délit est soumise, comme l'action publique elle-même, à la prescription de dix et de trois ans établie par les art. 637 et 638 du Code d'instruction criminelle, question délicate que la doctrine et la jurisprudence tendent néanmoins à résoudre par l'affirmative (2). Il s'agit d'une action ordinaire qui a sa source, non pas dans un fait délictueux ou criminel, mais dans un droit de propriété, et dont l'objet final est, non point la réparation ou l'intérêt civil résultant d'un crime ou d'un délit, mais le remboursement ou la restitution de sommes ou de choses appartenant au mandant (3). Il est donc clair qu'une telle action ne se prescrit, comme toutes les actions en général, que par trente ans.

Quant au point de départ du délai, il se fixe naturellement au jour où est née l'obligation de rendre compte, c'est-à-dire au jour où le mandataire ayant reçu la chose pour le compte du mandant, le mandat a pris fin. La Cour de Paris a eu l'occasion de faire une application remarquable de la règle dans une espèce au jugement de laquelle nous avons concouru. Un mandataire chargé de recevoir les sommes dues à une succession ouverte en 1809, et tous loyers, arrérages et intérêts échus ou à échoir, des rentes et immeubles en dépendant, avait constamment conservé une inscription de rente appartenant à la succession, et en avait perçu les arrérages en sa qualité de mandataire, nonobstant la renonciation des héritiers. L'état de choses s'était continué jusqu'en 1835, époque où le mandataire cessa de percevoir les arrérages de la rente, lesquels furent dès lors perçus par le Domaine, la succession n'ayant pas été acceptée. En 1855, le Domaine, envoyé depuis deux ans en possession définitive de la succession, réclama contre les héritiers du mandataire le compte des arrérages perçus par ce dernier depuis 1809 jusqu'en 1835. Les défendeurs ne manquèrent pas d'opposer la prescription trentenaire, soutenant que la demande du Domaine n'ayant été formée qu'en 1855, les arrérages touchés par leur auteur depuis 1809 ne pouvaient plus leur être réclamés. Mais la Cour décida que le mandataire ayant continué jusqu'en 1835 l'exécution de son mandat primitif et unique, en recevant jusqu'alors les semestres des arrérages, c'est à partir de ladite année 1835, date de l'expiration du mandat, que la prescription avait pu commencer à courir au profit du mandataire contre ses mandants ou leurs ayants droit, et que trente ans ne s'étant pas écoulés encore à la date de la demande formée par le Do-

---

(1) Req., 16 avr. 1845 (S. V., 45, 1, 494; Dalloz, 45, 1, 266; *J. Pal.*, 1845, t. II, p. 641).

(2) Notamment Cass., 3 août 1841 (S. V., 41, 1, 753; Dalloz, 41, 1, 318); 29 avr. 1846 (S. V., 46, 1, 413; Dalloz, 46, 1, 143; *J. Pal.*, 1846, t. I, p. 719); Bordeaux, 31 juill. 1848 (S. V., 49, 2, 81; Dalloz, 49, 2, 74; *J. Pal.*, 1849. t. I, p. 664). *Junge*: MM. Mangin (*Act. pub.*, t. II, n° 363; Duranton (t. XXI, n° 102); Boitard (*Leç. C. inst. crim.*, 3ᵉ édit., p. 612, n° 320); Faustin Hélie (*Inst. crim.*, t. III, p. 790 et suiv.).

(3) Req., 23 janv. 1822 (S. V., 22, 1, 316; Coll. nouv., 7, 1, 14; Dalloz, 22, 1, 199); 6 juill. 1829 (S. V., 29, 2, 319; Coll. nouv., 9, 1, 324; Dalloz, 29, 1, 292).

maine, les héritiers du mandataire n'étaient pas recevables à opposer la prescription (1).

Du reste, on comprend qu'il ne peut être question que de la prescription libératoire pour le mandataire; son titre même ne lui permet pas de parler de la prescription acquisitive, car il possède au nom d'autrui, et sa possession est entachée de précarité. Ainsi, le mandant pourra, même après trente ans, exercer contre le mandataire une action en revendication à raison des immeubles détenus par ce dernier ou par ses héritiers (C. Nap., art. 2236 et 2237). Mais quant aux objets mobiliers, et notamment quant aux sommes d'argent touchées par le mandataire en cette qualité, le mandant ne peut en poursuivre la restitution. L'action en revendication lui faisant défaut (C. Nap., art. 2279), il ne pourrait les réclamer qu'en se fondant sur l'obligation imposée au mandataire de les lui restituer, c'est-à-dire en exerçant l'action personnelle résultant du mandat. Or, cette action se trouve prescrite; le mandataire est désormais libéré : à la différence de ce qui a lieu dans la prescription à fin d'acquérir, le mandant ne peut pas opposer ici la précarité de la détention (2).

1994. — Le mandataire répond de celui qu'il s'est substitué dans la gestion, 1° quand il n'a pas reçu le pouvoir de se substituer quelqu'un; 2° quand ce pouvoir lui a été conféré sans désignation d'une personne, et que celle dont il a fait choix était notoirement incapable ou insolvable.

Dans tous les cas, le mandant peut agir directement contre la personne que le mandataire s'est substituée.

SOMMAIRE.

(1) Paris, 5 nov. 1859 (*J. Pal.*, 1859, p. 1087).
(2) Req., 29 juill. 1828 (S. V., 28, 1, 429; Coll. nouv., 9, 1, 144; Dalloz, 28, 1, 359).

même quand le mandat n'est pas salarié. — 1022. Le pouvoir de substituer peut
être tacite aussi bien qu'exprès.

IV. 1023. — *Troisième hypothèse.* La procuration interdit au mandataire de se substituer une personne dans sa gestion : dans ce cas, le fait par le mandataire de
   substituer une personne constitue une faute qui le rend responsable des cas
   fortuits ou de force majeure survenus entre les mains du substitué. La défense
   peut être soit expresse, soit tacite; mais elle ne se présume pas facilement :
   exemples.

V. 1024. De l'action directe accordée au mandant contre le substitué. Elle doit,
   quoique la loi ne le dise pas, être accordée aussi, par une juste réciprocité, au
   substitué contre le mandant. Utilité et avantage de l'action directe. — 1025.
   Mais l'exercice de cette action, quelque généraux que soient les termes de la
   loi, comporte des restrictions nécessaires, particulièrement dans le cas où le
   mandataire primitif a fait la constitution en son nom et sans faire connaître au
   substitué le mandat dont il était lui-même chargé. — 1826. Suite et application.

VI. 1027. Transition aux rapports que la substitution fait naître : 1° entre le mandant
   et les tiers avec qui le substitué a traité : renvoi; — 1028. 2° entre le mandataire et le substitué; — 1029. 3° Entre le mandataire et les tiers qui ont traité
   avec le substitué; — 1030. 4° Entre le substitué et les tiers avec qui il contracte :
   renvoi.

I. — 1015. La substitution de mandataire, c'est-à-dire le fait par un
mandataire constitué de confier à une autre personne l'exécution, totale
ou partielle, du mandat dont il a consenti à être chargé, a été justement
signalée comme l'une des parties les plus difficiles de notre matière.
L'art. 1994, qui suit immédiatement le texte où est consacrée l'obligation imposée au mandataire de rendre compte, s'en occupe pour dire
quand, comment et dans quelle mesure le fait de la substitution engage
la responsabilité du mandataire de qui il émane, comment et dans quelle
mesure ce dernier doit comprendre dans le compte par lui présenté la
gestion de la personne qu'il s'est substituée. Ce sera l'objet principal
de notre commentaire. Mais à ces points se rattachent accessoirement
d'autres points que nous aurons également à préciser. Pour exposer
avec clarté cette importante partie de notre sujet, et résoudre les difficultés assez nombreuses qu'elle soulève, nous prendrons distinctement
les trois circonstances dans lesquelles le fait de la substitution est susceptible de se produire : 1° quand la procuration étant absolument
muette, le pouvoir de se substituer une personne dans la gestion n'est
ni accordé, ni refusé au mandataire; 2° quand la procuration confère à
ce dernier la faculté de faire la substitution; 3° quand elle contient une
interdiction à cet égard. Nous traiterons ensuite de l'action directe que
le dernier paragraphe de l'art. 1994 accorde au mandant contre le mandataire substitué, de l'étendue de l'action et des restrictions qu'elle
comporte. Enfin, après ces détails, dans lesquels apparaissent les rapports que la substitution fait naître entre le mandant et le mandataire
substituant, entre le mandant et le mandataire substitué, nous préciserons les rapports qui se forment entre le mandant et les tiers avec qui le
substitué a traité, entre le mandataire et la personne par lui substituée,
entre le mandataire et les tiers qui ont traité avec ce dernier, et entre le
mandataire substitué et les tiers avec qui il contracte.

II. — 1016. L'hypothèse qui se présente la première est, comme nous l'avons dit, celle où la procuration ne permet ni ne défend expressément au mandataire de substituer une autre personne pour faire à sa place l'affaire dont il s'est chargé. Elle est prévue au début même de notre article, où il est dit que le mandataire répond de celui qu'il s'est substitué dans la gestion : « 1° quand il n'a pas reçu le pouvoir de se substituer quelqu'un. »

Mais il y a ici un point important à préciser tout d'abord : quel est le principe ou la cause de la responsabilité établie par la loi? Si l'on se guide par les seules raisons du droit purement philosophique, la responsabilité ici procéderait d'une faute : on ne peut nier, en effet, que la considération de la personne entrant d'ordinaire pour beaucoup dans le choix que le mandant a fait de son mandataire, celui-ci devrait être tenu d'agir par lui-même, et qu'il y aurait faute de sa part à mettre quelqu'un à sa place pour l'exécution du mandat. Dans notre ancien droit, c'était le sentiment de Pothier, dont le principe, d'ailleurs, sinon les déductions, a été suivi, sous le Code, par quelques auteurs, notamment par M. Troplong. Ainsi, Pothier pose en thèse que lorsque le mandataire a fait, non par lui-même, mais par une personne qu'il s'est substituée, l'affaire dont il était chargé, quoiqu'il n'eût pas le pouvoir, par la procuration, de substituer un autre pour la faire, ce mandataire excède les bornes du mandat; d'où Pothier conclut que ce qui a été ainsi fait par le mandataire substitué n'oblige pas le mandant si celui-ci ne juge pas à propos de ratifier (1). M. Troplong, sans aller aussi loin dans les conséquences, admet cependant en principe la doctrine de Pothier. Ainsi, il ne dit pas que les actes du mandataire substitué n'obligent pas le mandant, car il reconnaît que celui-ci, lorsque ces actes ne lui sont pas préjudiciables, les doit nécessairement accepter et n'est pas recevable à s'en plaindre (*suprà*, n° 986). Mais il tient que le mandataire manque à une loi essentielle de la convention en se déchargeant sur une personne ignorée du mandant d'un office qui n'avait été confié qu'à lui-même et en vue de sa personne; et, d'après lui, ce serait uniquement et précisément parce qu'en se substituant quelqu'un dans sa gestion le mandataire s'écarterait de ses devoirs et commettrait une faute que la loi le rend responsable des écarts de conduite et des faits dommageables de son substitué (2).

Nous contestons, quant à nous, cette appréciation, et nous tenons que, même en l'absence de toute stipulation dans le contrat, le mandataire est autorisé, en général, d'après notre droit positif, à se substituer une autre personne dans sa gestion, et, partant, qu'il n'est pas en faute par cela seul qu'il fait la substitution. En effet, s'il était vrai que le mandataire qui se substitue un tiers excédât en cela les limites du mandat, il faudrait dire, en acceptant les conséquences extrêmes déduites par Pothier, que les actes du substitué n'obligent pas le mandant, à

_____

(1) Pothier (n°⁺ 90 et 99). *Voy.* aussi M. Berriat Saint-Prix (*Not. théor.*, t. III, n° 7923).
(2) *Voy.* M. Troplong (n°⁺ 446-450). Comp. MM. Mourlon (t. III, p. 441); Boileux (t. VI, p. 591).

moins que celui-ci ne les ratifie; car nous savons que le mandataire ne représente le mandant qu'à la condition de ne pas sortir des limites du mandat. Or, la disposition par laquelle notre article donne au mandant une action directe contre le substitué est exclusive de cette conséquence : et nous voyons déjà par là que les rédacteurs du Code ont voulu s'écarter de la théorie de Pothier. Mais ce n'est pas tout : la discussion le montre mieux encore; car on y voit que cette théorie, expressément proposée aux rédacteurs du Code, a été par eux écartée. En effet, le consul Cambacérès disait, d'accord avec Pothier, qu'il lui paraissait nécessaire de défendre formellement au mandataire de substituer lorsqu'il n'y avait pas été autorisé par le mandant, en ce que, dans ce cas, il est évident que ce dernier n'a accordé sa confiance qu'au mandataire, et non à celui par lequel il s'est fait remplacer. Treilhard et Tronchet, tout d'abord, objectèrent que le mandataire répond de celui qu'il emploie; que, dès lors, le mandant a une garantie, et qu'il serait dur de ne pas permettre au mandataire de se décharger du mandat lorsque les circonstances le réduisent à l'impossibilité d'agir par lui-même. Puis, le consul Cambacérès ayant insisté, Berlier fit remarquer « que la disposition proposée aurait, pour tout résultat, beaucoup de rigueur sans utilité; que, d'abord, il ne faut pas perdre de vue que le mandat est gratuit de sa nature, et qu'en matière de bons offices il ne faut pas faire la loi trop dure à celui qui les rend; — qu'en second lieu, la loi ne doit pas prescrire des obligations telles que, dans certaines circonstances, il devienne presque louable d'y déroger, comme cela arriverait si le mandataire tombait malade dans un moment où l'intérêt même du mandant exigerait quelques démarches actives; — qu'enfin, il n'y a rien de mieux que la responsabilité établie par l'article (1994) : si celui que le mandataire s'est substitué fait mal, le mandataire en répondra; mais s'il fait bien, quelle action le mandant pourrait-il avoir, lors même que la clause prohibitive existerait? Elle serait donc au moins inutile. » (1) Le consul Cambacérès se rendit à ces observations, et la disposition de la loi fut maintenue dans les termes où elle avait été présentée.

Or, rien n'est plus décisif que cette discussion; elle montre clairement l'esprit dans lequel l'art. 1994 a été rédigé; et, pour être fidèle à cet esprit, il faut dire, contrairement à la doctrine de Pothier, que le mandataire n'est pas en faute par cela seul qu'il charge un tiers d'exécuter le mandat à sa place; que, même non autorisé par la procuration à le faire, il use d'un droit en le faisant, et que seulement il en use sous sa responsabilité personnelle, à ses périls et risques, en ce sens qu'il reste responsable vis-à-vis du mandant des faits dommageables du substitué (2).

Il en reste responsable, disons-nous : et ces expressions, qui d'ailleurs traduisent exactement la formule même de notre article, précisent

_____

(1) *Voy.* M. Locré (t. XV, p. 223 et 224); Fenet (t. XIV, p. 572-575).
(2) *Voy.* MM. Aubry et Rau (3ᵉ édit., t. III, p. 467, note 15). *Voy.* aussi MM. Massé et Vergé, sur Zachariæ (t. V, p. 46 et note 20).

nettement le principe ou la cause d'où procède la responsabilité établie par la loi. L'art. 1994 se rattache, comme nous l'avons dit, à l'art. 1993, qu'il suit immédiatement; et sa disposition s'explique comme conséquence de l'obligation de rendre compte imposée par ce dernier article au mandataire. Celui-ci ne se décharge pas du mandat en mettant un tiers à sa place, ni, par conséquent, de l'obligation de rendre compte : voilà pourquoi il *reste responsable,* vis-à-vis du mandant, de celui qu'il s'est substitué, et doit, à ce titre, prendre à sa charge les faits de ce dernier comme s'il les eût accompli lui-même.

1017. Le mandataire peut donc, en tout état de cause, sans manquer à la loi du contrat, conférer à un tiers le soin de faire l'affaire dont il s'était chargé ; à plus forte raison pensons-nous qu'il ne commet pas de faute quand il se substitue une personne, à cause d'un empêchement qui ne lui permet pas d'exécuter le mandat par lui-même. — D'ailleurs, nous ne distinguons pas entre le cas où l'empêchement survient dans des circonstances telles que l'affaire n'éprouve pas de préjudice par suite du retard, et le cas où l'empêchement du mandataire se trouve accompagné de l'urgence de terminer l'affaire sans différer. On a dit que, tandis que, au premier cas, le mandataire devrait, pour n'être pas en faute, s'arrêter et s'abstenir, il puiserait, dans la nécessité, au second cas, non pas seulement le droit, mais encore le devoir de se substituer un tiers (1). Les observations qui précèdent montrent que, pas plus dans un cas que dans l'autre, le mandataire empêché d'agir par lui-même n'est en faute en chargeant une personne d'agir à sa place.

1018. Ceci posé, voyons la conséquence juridique. Elle est formulée dans la première partie de notre article : le mandataire répond de celui qu'il s'est substitué dans la gestion, quand il n'a pas reçu le pouvoir de se substituer quelqu'un. Ainsi, le mandant a toujours pour obligé son mandataire direct, lequel, dans le compte qu'il doit, se chargera des faits et des actes du substitué, absolument comme s'il les eût accompli personnellement. Mais, notons-le bien, c'est d'ailleurs la conséquence directe de notre principe, le mandataire ne répond du substitué que comme il répond de lui-même. Ainsi, nous ne dirons pas, avec M. Troplong, que si la force majeure venait à atteindre le substitué et à faire périr la chose entre ses mains, le mandataire en serait responsable (2). Sans doute, la proposition est rigoureusement exacte dans le système de M. Troplong, qui part de l'idée que le mandataire est en faute par cela seul qu'il se fait suppléer par un tiers quand la procuration ne l'a pas autorisé à le faire; car nous savons que si le mandataire ne répond pas en général des cas fortuits ou de force majeure, il en demeure néanmoins responsable, par exception, alors que les cas fortuits ou de force majeure ont été précédés d'une faute de sa part (*suprà,* n° 992). Mais, précisément, nous contestons qu'il y ait faute dans le seul fait de la substitution par un mandataire non autorisé à substituer; c'est pourquoi

_____

(1) M. Troplong (n°ˢ 465-482).
(2) *Id.* (n° 450).

nous arrivons à une conséquence diamétralement opposée à celle de l'éminent jurisconsulte.

III. — 1019. Une seconde hypothèse, également prévue par la loi, est celle où la procuration confère au mandataire le pouvoir de se substituer quelqu'un. L'art. 1994 dit, en effet, que le mandataire répond de celui qu'il s'est substitué dans la gestion « quand le pouvoir lui en a été conféré sans désignation d'une personne, et que celle dont il a fait choix était notoirement incapable ou insolvable. » On voit par là qu'il y a ici deux cas à distinguer : celui que la loi prévoit expressément, et celui où le pouvoir de substituer a été conféré au mandataire avec désignation spéciale de la personne qu'il pourrait mettre à sa place.

1020. Dans ce dernier cas, le substitué désigné par le mandant devient le mandataire direct de ce dernier ; le mandataire primitif disparaît et s'efface complètement, et il ne peut plus, quels que soient les agissements du substitué, être soumis à aucune responsabilité. Ainsi, un receveur des hospices qui, en vertu de l'autorisation *expresse et nominale* de l'administration, s'était substitué un tiers dans une partie de sa gestion, a été justement déclaré irresponsable de la gestion de ce tiers, aucune négligence grave n'étant d'ailleurs imputable à ce receveur dans la surveillance qu'il avait à exercer (1). Seulement, il faut remarquer ces dernières expressions ; elles montrent qu'en fait la substitution d'une personne, même expressément autorisée par la procuration, peut n'être pas exclusive de la responsabilité du mandataire primitif lui-même : c'est par là que cette décision se concilie avec la décision beaucoup plus récente d'un autre arrêt aux termes duquel le mandataire autorisé à se substituer un tiers pour l'exécution du mandat demeure responsable de l'accomplissement de ce mandat *quand il est déclaré personnellement en faute pour n'en avoir pas surveillé l'exécution*, alors même que le substitué prendrait son fait et cause, la responsabilité à laquelle il est soumis reposant sur une garantie simple née de l'acceptation du mandat, et dont ce tiers ne peut le décharger (2).

Sauf ce cas, où les conditions du mandat laissent à la charge du mandataire primitif un devoir de surveillance que ce dernier ne saurait négliger impunément, il est vrai de dire que la personne substituée sur l'indication spéciale du mandant prend la place du mandataire primitif, qui désormais a rempli son office, devient mandataire elle-même et représente directement le mandant. Celui-ci n'aurait alors rien à exiger de son mandataire primitif, rien à lui réclamer, si ce n'est pourtant en un cas seulement, le cas où ce mandataire, ayant connaissance de faits de nature à retirer au mandant la confiance qu'il avait dans la personne par lui indiquée, aurait néanmoins fait la substitution. C'est l'une des situations, déjà prévues, où la charge d'agir se transforme, pour le mandataire, en un devoir impérieux de surseoir et d'attendre (*suprà,* n° 977).

_____

(1) Req., 10 juill. 1827 (S. V., 28, 1, 56 ; Coll. nouv., 8, 1, 635 ; Dalloz, 27, 1, 300).
(2) Req., 26 nov. 1860 (Dalloz, 61, 1, 496 ; *J. Pal.,* 1862, p. 757).

1021. Dans le premier cas, c'est-à-dire quand la substitution est autorisée sans désignation de personne, le mandataire répond du choix qu'il a fait, mais il ne répond que de son choix. Notre article exprime cela en disant que le mandataire répond de celui qu'il s'est substitué dans la gestion, quand le pouvoir de substituer lui a été conféré sans désignation d'une personne, *et que celle dont il a fait choix était notoirement incapable ou insolvable.* Ainsi, dans ce cas, le mandataire ne répond pas, en principe, de la conduite de celui qu'il s'est substitué, lequel étant, de l'aveu et avec l'assentiment du mandant, investi de l'ordre d'agir, devient mandataire direct et, par cela même, personnellement responsable de ses fautes ; mais, par exception, le mandataire primitif en répond quand il a fait choix d'une personne notoirement incapable ou insolvable. La loi n'exige pas de lui qu'il choisisse une personne *notoirement capable et solvable.* C'est pourquoi nous ne voudrions pas dire, avec M. Troplong, qu'il faut distinguer ici entre le mandat gratuit et le mandat salarié, et décider, au moins dans le cas de mandat salarié, que la responsabilité du mandataire n'est dégagée qu'autant que le substitué par lui choisi est notoirement capable, solvable ou honnête (1). La seule différence existant, à notre sens, entre le mandat gratuit et le mandat salarié, au point de vue qui nous occupe, est celle qui se tire du tempérament autorisé par le second paragraphe de l'art. 1992 dans l'appréciation de la responsabilité relative aux fautes (*suprà*, n° 991).

1022. Du reste, le pouvoir de substituer peut être conféré au mandataire tacitement, aussi bien qu'en termes exprès (2). Il est même telles situations où il devra nécessairement être présumé. Par exemple, vous êtes à Bordeaux, et vous donnez à un agent de change de cette ville mandat de vous acheter telle valeur à la bourse de Paris. Il est bien évident que par là vous devez être présumé conférer à votre agent de change de Bordeaux, lequel ne peut pas opérer à la bourse de Paris, pouvoir de se substituer un agent de change dans cette dernière ville. Il en est de même si, étant à Beauvais, vous chargez tel marchand de vous y faire transporter un mobilier que vous avez à Paris. Il est clair que vous autorisez implicitement par là le marchand de Beauvais à se substituer la personne qui transportera le mobilier, et qui seule, si d'ailleurs le choix de cette personne ne peut pas être imputé à faute au marchand de Beauvais, sera responsable envers vous.

IV. — 1023. Une dernière hypothèse nous reste à préciser, qui, celle-ci, n'a pas été prévue par la loi : c'est celle où la procuration fait au mandataire défense de se substituer un tiers dans la gestion. Dans ce cas, le mandataire est manifestement en faute; il sort des limites du mandat si, contrairement à la prohibition, il n'agit pas par lui-même. C'est alors qu'il y a lieu de déduire les conséquences auxquelles nous résistions tout à l'heure, dans l'hypothèse où la procuration est absolu-

---

(1) *Voy.* M. Troplong (n°° 454 et 455). *Voy.* aussi MM. Delamarre et le Poitvin (t. II, n° 62).

(2) *Voy.* Pothier (n° 99).

ment muette sur le pouvoir de substituer (*suprà*, nᵒˢ 1016 et suiv.).
Ainsi, le mandataire répondra de la conduite de celui qu'il a mis à sa
place, et non-seulement de toutes les fautes de ce dernier, mais encore
des cas fortuits ou de force majeure survenus entre ses mains. Et le
mandant ne sera pas engagé envers les tiers par les actes du substitué,
à moins qu'il ne les ratifie ou que la faute commise par le mandataire,
en substituant, n'ait été pour lui la cause d'aucune espèce de préjudice.

Du reste, il en est de la défense comme de la permission de substituer : elle peut être soit expresse, soit tacite, comme toute manifestation de volonté en général ; mais elle ne doit pas être facilement présumée. Sans doute, il est telles circonstances où on devrait la considérer
comme résultant de la nature même ou de l'objet du mandat. Pothier
en donne un exemple lorsqu'il dit que si procuration a été donnée à un
avocat pour transiger à telles conditions qu'il voudra avec une partie
qui plaide contre le mandant, on ne devra pas présumer que ce dernier
ait voulu permettre au mandataire de se substituer une autre personne
pour faire la transaction (1). Mais en toute circonstance où l'exécution
du mandat n'exige pas de la part du mandataire une habileté spéciale,
la défense de substituer, lorsqu'elle n'est pas formellement exprimée,
ne doit pas être aisément suppléée par le juge. Tout dépend des circonstances, qu'il appartient aux tribunaux d'apprécier souverainement.

V. — 1024. Arrivons à la partie qui n'est ni la moins importante, ni
la moins délicate de notre sujet : nous voulons parler de l'action directe
appartenant au mandant contre le substitué. Le deuxième paragraphe
de l'art. 1994 donne cette action au mandant *dans tous les cas*, c'est-
à-dire que ce dernier peut agir directement contre la personne substituée, sans qu'il y ait à distinguer si la substitution était ou n'était pas
autorisée par le mandat ou la procuration.

Notre article ne dit pas, mais il faut admettre que, par une juste réciprocité, le substitué a aussi de son côté action directe contre le mandant, à raison de l'indemnité que celui-ci peut devoir pour l'exécution
du mandat.

On comprend, d'ailleurs, l'utilité et l'intérêt de cette action directe.
Si elle n'était pas établie par la loi, le mandant ne pourrait agir contre
le substitué, ou celui-ci contre le mandant, qu'en qualité de créancier,
conformément à l'art. 1166 du Code Napoléon. C'est pour éviter ce cir-
cuit d'actions que la loi permet au mandant de procéder directement
contre le substitué, et que, par voie de conséquence, il doit être permis
à ce dernier de procéder directement contre le mandant, tout comme
s'il n'y avait pas de mandataire primitif, et qu'ils fussent vis-à-vis l'un
de l'autre dans les rapports de mandant à mandataire. Et puis l'action
directe a cet avantage qu'en évitant le détour de l'art. 1166, elle assure
à celui qui l'exerce le montant ou le produit intégral des condamnations
par lui obtenues, sans avoir à craindre ce concours des créanciers du
mandataire primitif ou substituant, qu'il devrait nécessairement subir

---

(1) Pothier (nᵒ 99).

s'il ne pouvait agir lui-même que comme créancier de ce mandataire par le détour de l'art. 1166.

1025. Cependant, quelque généraux que soient les termes de la loi, il n'en faudrait pas conclure que le mandant soit toujours en droit de demander au substitué l'entière réparation du préjudice qu'il pourrait éprouver par suite de la substitution. Il faut, en effet, distinguer entre le cas où le mandataire primitif a fait connaître au substitué qu'il a mis à sa place le mandat dont il était lui-même chargé, et le cas où le mandataire primitif a laissé tout ignorer à la personne qu'il s'est substituée. Dans le premier cas, le substitué prend, en acceptant la substitution, l'obligation de se conformer aux prescriptions du mandat primitif; et alors il n'y a pas de restriction à l'exercice de l'action directe du mandant contre lui. Il en est autrement dans le second cas. Lorsque, autorisé ou non à se substituer une personne, le mandataire primitif fait la substitution en son propre nom, sans rien indiquer à celui qu'il met à sa place du mandat dont il est lui-même investi, il peut arriver sans doute que le mandant aura à accepter et à reconnaître les actes accomplis par le substitué, quoique celui-ci ne soit pas le mandataire ou l'agent de son choix; il en sera ainsi des actes conformes aux instructions par lui données en constituant le mandat. Mais il n'en aura pas moins pour obligé direct le mandataire par lui choisi, et, surtout si le substitué a exécuté sans faute la mission que ce dernier lui a confiée, le mandant n'aura rien à réclamer de lui directement, car, en ce cas, il n'aura pas l'exercice de l'action directe dont parle notre article. A ce point de vue, on ne peut qu'approuver un arrêt de la Cour de Rennes aux termes duquel, dans le cas où un agent de change de Paris a reçu d'un agent de change d'une autre ville un ordre pur et simple d'achat de titres au porteur, il peut, à défaut de payement du prix d'achat, faire revendre ces titres à son profit, et les tiers qui auraient donné à l'agent de change par lequel a été transmis cet ordre la commission de faire faire un tel achat n'ont aucune réclamation à former à cet égard contre l'agent de change acheteur, quand même celui à qui ils avaient donné mandat leur aurait annoncé que l'achat était effectué (1). En effet, il était constant, dans l'espèce, que le mandataire avait transmis à l'agent de change de Paris l'ordre pur et simple d'acheter, au mieux, des valeurs au porteur, sans indiquer même qu'il agissait pour des mandants desquels il avait reçu le prix. Dans cette position, il est clair que l'agent de change acheteur ne pouvait être soumis à l'action directe du mandant primitif, action qu'il eût dû subir, au contraire, si en achetant il eût su qu'il agissait comme mandataire substitué.

1026. Il y a, sur ce point, deux arrêts de la Cour de Lyon dont le rapprochement mettra cette distinction dans tout son jour. Dans l'une et l'autre espèce, un agent de change de Saint-Étienne avait été chargé par un client de vendre des valeurs négociables à la bourse de Lyon; par cela même, le mandant avait implicitement autorisé le mandataire à

(1) Rennes, 24 août 1859 (S. V., 60, 2, 36; J. Pal., 1860, p. 856).

se substituer un agent près la bourse de Lyon pour faire l'opération ; la substitution était, en effet, nécessaire, et même elle avait été prévue dans l'une des deux affaires, le mandant ayant donné une procuration avec le nom du mandataire en blanc. Mais tandis que dans l'une des deux espèces l'agent de change de Saint-Étienne avait, en se substituant un agent de change à Lyon, usé du pouvoir qu'il avait reçu à cet égard, et fait connaître à ce dernier, mandataire substitué, le mandant primitif dont il lui avait transmis la procuration, il n'avait en réalité fait aucun usage de ce pouvoir, dans la seconde espèce, en ce qu'il avait chargé l'agent de change de Lyon de vendre sans lui faire connaître que ce fût pour un tiers, et avait même ajouté au mandat de vendre un mandat d'acheter, comme si les deux opérations étaient solidaires.

Quoi qu'il en soit, le prix des titres vendus n'ayant pas été remis au mandant primitif, celui-ci procéda par action directe contre l'agent de change de Lyon en vertu du dernier paragraphe de notre article. La défense fut la même dans les deux affaires : l'agent de change assigné soutint que n'ayant pas contracté avec l'ancien propriétaire des titres vendus, il n'était pas soumis à l'action directe exercée par ce dernier contre lui ; qu'à raison des relations existant forcément entre deux agents de change de places différentes, il ne pouvait être considéré comme mandataire substitué du mandant, qui avait pour unique mandataire l'agent de change de Saint-Étienne ; et que, dans tous les cas, fût-il mandataire substitué, le mandant n'avait rien à lui réclamer, parce qu'il avait compensé, avec le mandataire direct auquel il devait compte, les sommes par lui perçues par suite de la négociation dont il avait été chargé par ce dernier. Mais, on le comprend, cette défense n'eut pas et ne devait pas avoir le même succès dans les deux affaires. Dans la première, la Cour de Lyon, dont l'arrêt a été vainement déféré à la Cour de cassation (1), a jugé que de ce que le mandant peut agir directement contre le mandataire substitué il suit que celui-ci, *lorsqu'il sait agir non pour le compte du substituant, mais pour le compte du mandant,* ne peut compenser les sommes qu'il a reçues par suite du mandat et qu'il doit encore, avec sa créance sur le substituant. Au contraire, la Cour a décidé, dans la seconde affaire, que le mandataire substitué est valablement libéré par une compensation établie entre lui et le substituant s'il est constant qu'il n'a pas connu la qualité de mandataire de celui-ci, non plus que le nom du mandant primitif (2).

La décision, dans l'une et l'autre espèce, est d'une exactitude parfaite.

Dans la première, l'agent de change de Lyon, bien qu'il n'eût pas contracté avec le mandant, ancien propriétaire des titres, n'en était pas moins devenu son mandataire direct ; car l'agent de change de Saint-Étienne, mandataire immédiat, formellement autorisé par le mandat à

_____

(1) Lyon, 8 juill. 1858 ; Req., 20 avr. 1859 (S. V., 59, 1, 298 ; Dalloz, 59, 1, 263 ; *J. Pal.,* 1860, p. 472).
(2) Lyon, 7 déc. 1859 (S. V., 60, 2, 206 ; Dalloz, 60, 2, 8 ; *J. Pal.,* 1860, p. 472).

34

mettre un tiers à sa place pour la vente des titres, avait évidemment, en le désignant et en lui faisant connaître la situation, représenté le mandant, qui, dès lors, était censé avoir fait la désignation lui-même. Cela étant, c'est au mandant, et non à l'agent de change de Saint-Étienne, qu'il devait le prix des titres par lui vendus; et, par conséquent, en même temps qu'il était soumis par là à l'action directe du mandant, il n'était pas en droit de compenser ce prix avec la créance qu'il avait sur l'agent de change de Saint-Étienne personnellement; car la compensation légale n'a lieu qu'entre deux personnes respectivement débitrices *l'une de l'autre*. Ainsi, le système de défense ci-dessus résumé était sans valeur dans cette première espèce.

Au contraire, il était tout-puissant dans la seconde. Ici l'agent de change de Saint-Étienne, mandataire direct de l'ancien propriétaire des titres, avait excédé les termes du mandat, ou, ce qui revient au même, investi du pouvoir de se substituer un agent de change de Lyon pour exécuter le mandat, il n'avait pas usé de ce pouvoir, en ce qu'il avait transmis en son propre nom l'ordre d'agir au substitué, sans lui faire connaître qu'il y avait là un premier mandant pour qui l'opération devait être faite. Dans cette position, l'agent de change de Lyon était évidemment fondé à prétendre : en thèse, d'abord, que, n'ayant traité qu'avec l'agent de change de Saint-Étienne, dont il avait exécuté l'ordre et suivi la foi, il n'était à aucun titre soumis à l'action personnelle et directe du mandant primitif, dont il n'avait pas même soupçonné l'existence; et puis, par voie de conséquence, qu'ayant à régler seulement avec l'agent de change de Saint-Étienne, lequel était véritablement son mandant, le compte des opérations faites sur la demande de ce dernier, il trouvait dans la compensation légale qui s'établissait entre le prix de la vente par lui opérée et les sommes à lui dues par un confrère un moyen de libération dont le mandant primitif ne pouvait pas lui enlever le bénéfice. Encore une fois, cette seconde décision est également d'une exactitude parfaite.

Aussi ne saurions-nous approuver un arrêt de la Cour de Rennes qui, dans une situation à peu près semblable, s'est prononcée en sens contraire (1). A la vérité, dans l'espèce, l'agent qui avait opéré la vente savait que l'agent intermédiaire n'agissait pas pour lui; mais en conclure que par cela seul cet agent est devenu mandataire par substitution du tiers propriétaire des titres vendus, de ce tiers dont le prétendu mandataire substitué n'a connu ni les droits, ni le nom, c'est exagérer les choses en supposant la possibilité de substitutions virtuelles qui évidemment ne sont pas dans la pensée de la loi. C'est seulement quand le mandataire substitué connaît non-seulement l'objet du mandat à lui transmis par le mandataire immédiat, mais encore la personne ou le nom du mandant, qu'il représente véritablement ce dernier, qu'il le rend créancier ou débiteur en contractant dans les termes de la procuration; et c'est seulement alors, par conséquent, que le mandant est

(1) Rennes, 28 juill. 1858 (*J. Pal.*, 1859, p. 582).

dans le cas de prendre utilement la voie de l'action directe ouverte par notre article.

VI. — 1027. Dans les observations qui précèdent apparaissent les rapports du mandant soit avec le substituant, soit avec le substitué. Précisons maintenant quels sont les rapports entre le mandant et les tiers avec qui le substitué a traité, entre le mandataire primitif et le mandataire substitué ou les tiers qui ont traité avec ce dernier, enfin entre le substitué et les tiers avec qui celui-ci contracte.

Entre le mandant et les tiers, les rapports sont exactement les mêmes que si les tiers avaient traité avec le mandataire primitif, toutes les fois que le substitué a agi au nom du mandant : ces rapports sont régis par les principes que nous aurons à exposer au chapitre suivant, en commentant l'art. 1998. Que si le substitué avait agi au nom du substituant, c'est ce dernier alors qui aurait le rôle de mandant à l'égard des tiers. Et le mandant primitif, qui n'a pas été nommé dans l'opération bien que cette opération ait été faite au fond pour son compte, sera dans une position semblable à celle du commettant proprement dit vis-à-vis des tiers avec lesquels le commissionnaire aurait traité. Or le commissionnaire agit en son propre nom, on le sait, à la différence du mandataire, qui agit au nom du mandant, tous deux, d'ailleurs, agissant pour le compte soit du commettant, soit du mandant (*suprà*, n° 827).

1028. Entre le mandataire et le substitué, la situation ou les rapports sont ceux qui existent entre un mandant et un mandataire ordinaires. Le mandataire primitif est le mandant du substitué : ce dernier est soumis aux obligations d'un mandataire envers le substituant, qui, réciproquement, s'oblige, envers le substitué, de la même manière qu'un mandant s'oblige en général envers son mandataire. Il en est ainsi, d'après un arrêt de la Cour de Paris (1), alors même que la substitution a lieu dans l'intérêt et au nom du mandant. Toutefois, et cela résulte de ce même arrêt, il peut être convenu entre le substituant et le substitué, dans ce dernier cas, que le premier disparaîtra complétement et que le substitué n'aura d'action que contre le mandant originaire. Mais ajoutons qu'une telle convention ne serait obligatoire que pour ceux entre qui elle serait faite : le mandant originaire resterait toujours fondé à prétendre que, quant à lui, le substituant n'est nullement effacé.

1029. Quant aux rapports entre le mandataire et les tiers qui ont traité avec le substitué, ils se précisent d'après une distinction dont le principe est dans le mode même de la substitution, dans la manière dont elle a été faite.

Si la substitution a eu lieu au nom du mandant, le mandataire originaire s'efface en ce qui concerne les tiers. C'est l'application des principes ordinaires, le mandataire ne s'obligeant pas personnellement envers les tiers, de même qu'il ne les oblige pas envers lui. Dans cet ordre

---

(1) Paris, 10 nov. 1842 (S. V., 13, 2, 302; Coll. nouv., 4, 2, 194; Dalloz, 14, 2, 7; alph., 4, 532; *J. Pal.*, 13, 933).

d'idées, il a été décidé qu'un mandataire chargé de vendre, qui, après avoir vendu, se substitue un tiers, n'a plus qualité pour recevoir le prix de la vente, en sorte que le payement fait entre ses mains ne libère pas l'acheteur (1). Et cela a pu être jugé ainsi dans une espèce où, en l'absence de stipulations conférant au mandataire chargé de vendre pouvoir d'opérer l'encaissement du prix, celui-ci, en substituant, avait perdu ce droit de toucher, qui ne pouvait coexister à la fois en sa personne et en celle du substitué.

Au contraire, si la substitution est faite au nom du mandataire lui-même, ce dernier transforme par là son rôle de mandataire en celui de commissionnaire : d'où il suit qu'il est obligé personnellement et a pour obligés les tiers avec qui le substitué a traité.

1030. Enfin, des rapports entre le substitué et les tiers avec qui celui-ci contracte, il n'y a rien de particulier à dire; ils sont les mêmes que ceux de tout mandataire avec les tiers : nous renvoyons donc, pour ce point, à notre commentaire de l'art. 1997.

1995. — Quand il y a plusieurs fondés de pouvoir ou mandataires établis par le même acte, il n'y a de solidarité entre eux qu'autant qu'elle est exprimée.

SOMMAIRE.

I. 1031. Notre article fait au mandataire spécialement l'application de la règle générale établie par l'art. 1202 : la reproduction de la règle n'en avait pas moins son utilité. — 1032. Ainsi, les comandataires, à la différence des comandants et des commodataires, ne sont pas de plein droit obligés solidairement : motifs de la différence. — 1033. Néanmoins, il peut y avoir solidarité entre comandataires; la loi elle-même l'établit de plein droit en certains cas exceptionnels. — 1034. De même, l'art. 1995 n'est pas applicable en matière commerciale. — Division.

II. 1035. Du cas où il existe plusieurs mandataires sans qu'il y ait solidarité entre eux : le principe est que chacun peut faire séparément tous les actes d'exécution du mandat; mais il peut résulter des circonstances que les comandataires soient tenus de se concerter pour agir. — 1036. Les obligations sont les mêmes pour chaque mandataire que s'il était seul chargé du mandat. *Quid* en ce qui concerne la responsabilité en cas d'inexécution totale, partielle ou défectueuse? Distinction suivant que le tort est imputable à tous les mandataires ou seulement à un ou à plusieurs.

III. 1037. Du cas où la solidarité existe entre les mandataires : c'est alors une solidarité parfaite; en conséquence, sont applicables les art. 1205 à 1207 du Code Napoléon. — 1038. S'ensuit-il que, dans le cas de perte arrivée par la faute de l'un des mandataires, le mandant puisse demander aux autres, qui ne sont pas en faute, non-seulement la valeur de la chose qui a péri, mais encore les dommages-intérêts? Controverse.

IV. 1039. Du cas où les mandataires sont constitués pour la même affaire, non plus par un seul et même acte, mais par des actes différents. Développements et distinctions.

I. — 1031. Dans les principes du droit romain, lorsqu'une même affaire avait été confiée à deux ou plusieurs mandataires, chacun des

_____

(1) Req., 7 déc. 1857 (S. V., 58, 1, 446; *J. Pal.*, 1858, p. 1036; Dalloz, 58, 1, 111).

mandataires était tenu pour le tout et, par conséquent, avec solidarité : « Duobus quis mandavit negotiorum administrationem : quæsitum est, » an unusquisque mandati judicio in solidum teneatur ? Respondi, » unumquemque pro solido conveniri debere : dummodo ab utroque » non amplius debito exigatur. » (L. 60, § 2, ff. *Mand.*) C'était aussi la règle de notre ancien droit français. Si deux personnes, dit en effet Domat, ont été constituées procureurs ou préposés à une même affaire, et que l'un et l'autre s'en chargent, ils en seront tenus solidairement si leur pouvoir ne le règle autrement ; car l'affaire est commise à l'un et à l'autre, et chacun en répond quand il accepte l'ordre (1).

Notre article, on le voit, établit la règle absolument contraire en disant que, quand il y a plusieurs fondés de pouvoir ou mandataires constitués par le même acte, il n'y a de solidarité entre eux qu'autant qu'elle est exprimée. L'art. 1995 ne fait d'ailleurs, en cela, que reproduire le principe général consacré par l'art. 1202, aux termes duquel « la solidarité ne se présume point ; il faut qu'elle soit expressément stipulée. » La répétition n'était pourtant pas inutile ; on en demeure convaincu en se reportant à notre ancien droit. L'art. 1202 de notre Code avait son équivalent dans la novelle 99, par laquelle Justinien, abolissant d'une manière générale la solidarité de plein droit, décidait qu'entre plusieurs débiteurs la volonté de s'obliger solidairement ne se présume pas et qu'elle doit être exprimée. Quelques auteurs, notamment Automne, en avaient conclu et n'hésitaient pas à dire que la novelle impliquait abrogation de la loi 60 précitée dans la disposition spéciale qui consacrait la solidarité des mandataires. Ce ne fut pas, néanmoins, l'avis dominant. On pensa plus généralement que la disposition de la novelle, comme l'exprime Pothier, ne devait pas s'étendre aux solidités qui se forment par la nature même de l'engagement, telle qu'est celle de deux mandataires qu'on a chargés de la gestion d'une ou de plusieurs affaires ; que cette gestion n'ayant point été partagée entre eux, et chacun d'eux s'en étant chargé pour le total, il était de la nature de leur engagement qu'ils en fussent chargés chacun pour le total et, par conséquent, solidairement (2). Mais les rédacteurs du Code, qui entendaient bien, contrairement à cette dernière doctrine, ne pas admettre que la solidarité s'établit de plein droit entre comandataires, auraient pu craindre, éclairés par les anciennes controverses, que la règle générale de l'art. 1202 n'y suffît pas ; ils ont avisé et coupé court à toute hésitation sur ce point en spécialisant la règle par la reproduction qu'ils en ont faite dans notre article : c'est ainsi que la répétition a sa véritable utilité.

1032. Ainsi, le Code traite les mandataires autrement que les mandants, car l'art. 2002, comme nous le verrons au chapitre suivant, établit la solidarité entre ces derniers (*infrà,* n° 1123). Il les traite autrement aussi que les coemprunteurs ou commodataires, car l'art. 1887, comme nous l'avons expliqué plus haut, entend que si plusieurs ont

---

(1) Domat (*L. civ.*, liv. I, t. XV, sect. 3, n° 13). *Voy.* aussi Pothier (n° 63).
(2) Pothier (*loc. cit.*).

conjointement emprunté la même chose, ils en soient solidairement responsables envers le prêteur (*suprà*, n° 105). Mais cela s'explique et se
justifie pleinement par cette idée qu'à la différence des mandants et des
emprunteurs, les mandataires rendent au lieu de recevoir un service.
L'acceptation d'un mandat est, en effet, de la part du mandataire, un
acte, plus ou moins pur suivant que le mandat est gratuit ou salarié,
mais dans tous les cas un acte de bienfaisance (*suprà*, n°s 803 et 881);
et, en conséquence, en mettant des obligations à la charge du mandataire, « il était juste, selon l'expression du tribun Tarrible, de les res-
serrer dans leurs bornes naturelles. » (1)

1033. Néanmoins, la solidarité peut exister entre comandataires.
Elle peut être établie par la convention, le texte même de notre article
le suppose. Elle est établie aussi de plein droit, de par la loi elle-même,
dans certains cas exceptionnels ﹡tel est notamment le cas de l'art. 1033,
qui, en s'occupant des exécuteurs testamentaires, dispose que, s'il y en
a plusieurs qui aient accepté le mandat, ils seront solidairement responsables du compte du mobilier qui leur a été laissé.

1034. Ajoutons que, suivant l'opinion commune, l'art. 1995 n'est
pas applicable en matière commerciale : on tient généralement, en effet,
que la solidarité existe entre les divers mandataires ou commissionnaires sans qu'elle ait été stipulée. Et c'est ainsi que des commissaires
nommés collectivement à l'exécution du concordat passé avec un failli
ont été déclarés solidairement responsables envers les créanciers des recouvrements par eux faits conjointement, bien que la solidarité ne fût
pas exprimée dans l'acte constitutif du mandat, et que l'un des commissaires eût seul eu le maniement des fonds recouvrés (2).

Ces préliminaires posés, nous avons trois cas à préciser : le premier,
où des mandataires constitués par le même acte ne sont pas solidaires
suivant la règle générale; le second, où les mandataires constitués par
le même acte sont, exceptionnellement, liés entre eux par la solidarité ;
le troisième, enfin, où plusieurs mandataires ont été constitués par des
actes successifs.

II. — 1035. Quand un même acte constitue plusieurs mandataires
sans établir la solidarité entre eux, on se demande s'ils doivent gérer
ensemble ou s'ils peuvent agir séparément. A cet égard, il faut se référer
à l'acte et voir s'il détermine les fonctions de chaque mandataire ou s'il
exprime que l'un ne pourra pas agir sans le concours de l'autre (arg. des
art. 1857 et 1858 C. Nap.). Que si la procuration ne réglait pas l'exercice des pouvoirs, chacun des mandataires pourrait faire séparément
tous les actes d'exécution du mandat. Pourtant, ceci n'est pas absolu :
il faut aussi tenir compte des circonstances et particulièrement de la nature de l'affaire. Par exemple, le mandat a pour objet un acte que cha-

(1) *Voy.* Locré (t. XV, p. 253); Fenet (t. XIV, p. 599).
(2) *Voy.* Paris, 28 avr. 1836 (S. V., 36, 2, 263; Dalloz, 37, 2, 172). *Voy.* aussi
MM. Frémery (*Et. de droit comm.*, p. 26); Delamarre et le Poitvin (t. II, n° 153);
Troplong (n° 497); Boileux (t. VI, p. 595). — *Voy.* cependant Lyon, 30 août 1836
(S. V., 38, 2, 382; Dalloz, 38, 2, 187).

que mandataire pourrait accomplir seul à la satisfaction du mandant; spécialement il s'agit de recevoir un payement et d'en donner quittance : chaque mandataire aura certainement le pouvoir d'agir seul, et celui qui agira consommera le pouvoir des autres. Mais le mandat a pour objet une affaire pour la réalisation de laquelle le mandant a compté sur les efforts réunis, sur la science, sur l'habileté des mandataires constitués; spécialement c'est une transaction à conclure sur un procès important : les mandataires alors devront se concerter et concourir tous à la transaction, afin que le mandant ne soit privé d'aucune des lumières sur la réunion desquelles il a compté pour obtenir les meilleures conditions (1).

Passons maintenant à la responsabilité.

1036. Les obligations des comandataires sont pour chacun d'eux celles que nous avons précisées en commentant les art. 1991 à 1993 : la chose va d'elle-même. Mais s'il arrive que le mandat reste inexécuté en tout ou en partie, ou qu'une faute soit commise dans l'exécution, sur qui pèse la responsabilité? Il faut distinguer.

Si l'inexécution totale, partielle ou défectueuse est imputable à tous, les mandataires sont responsables, sans doute, et tenus des dommages-intérêts envers le mandant; mais chacun n'en est tenu que pour une part virile. Les tribunaux ne pourraient pas, sans méconnaître les principes, faire concourir les mandataires à la réparation totale du dommage autrement que dans une mesure égale et chacun pour sa part. Il ne faut pas considérer comme contraire à la règle une décision par laquelle la Cour de Paris, dans une affaire où le mandant avait eu à souffrir gravement des actes faits en son nom par un mandataire et un huissier, a mis à la charge du premier la plus grande part des dommages-intérêts (2). Car, dans l'espèce, l'action était dirigée non point contre deux mandataires choisis par le mandant, mais contre un seul mandataire qui avait recouru au ministère d'un huissier, qui dès lors répondait de l'acte fait par ce dernier, comme de tout autre acte d'exécution du mandat, et qui, par cela même, aurait eu à supporter les dommages en totalité s'il n'y avait pas eu à relever contre l'huissier le tort personnel qui en devait faire mettre une portion à sa charge.

Mais il y aurait exception à la règle, et chacun des comandataires serait solidairement responsable et tenu des dommages pour le tout si le fait reprochable constituait un délit, un quasi-délit, un concert frauduleux auquel les mandataires auraient tous pris part : tel serait, par exemple, le cas où ils auraient, de concert et simultanément, abusé de leur mandat pour détourner à leur profit la chose confiée à leurs soins. Alors, en effet, chacun des auteurs du délit ou du quasi-délit devrait être considéré comme ayant causé individuellement un dommage qui peut-être n'aurait pas eu lieu sans sa participation (3); et c'est le fon-

_____

(1) *Voy.* Domat (*L. civ.*, liv. I, tit. xv, sect. 3, n° 14).
(2) Paris, 18 avr. 1836 (S. V., 36, 2, 503; Dalloz, 36, 2, 40).
(3) Cass., 29 déc. 1852 (S. V., 53, 1, 91; Dalloz, 53, 1, 49; *J. Pal.*, 1854, t. I, p. 494). *Voy.* aussi M. Rodière (*Solidarité*, n°ˢ 49 et 50).

dement de la solidarité qu'il faudrait déclarer exceptionnellement dans ce cas.

Si l'inexécution totale, partielle ou défectueuse est imputable à un seul ou à quelques-uns des comandataires, le mandant ne sera fondé à demander la réparation du dommage qu'à ceux-là seulement par la faute de qui le dommage aura été causé. Ainsi, la procuration indique-t-elle que l'un des mandataires ne pourra agir sans le concours de l'autre, celui-là seul sera passible de dommages-intérêts qui, par son refus de coopérer à l'exécution ou par sa coopération incomplète ou négligente, aura empêché l'exécution du mandat ou aura rendu l'exécution dommageable. — Il a été justement décidé, dans cet ordre d'idées, que lorsque deux mandataires ont été constitués, sans solidarité entre eux, pour recouvrer une somme due au mandant, celui-là seul est responsable qui s'est chargé d'encaisser les fonds et de les faire parvenir à ce dernier, encore bien que tous deux aient signé la quittance; et, par suite, que si celui des deux qui a encaissé les sommes devient insolvable, le mandant n'a aucun recours à exercer contre l'autre (1). D'ailleurs, il était bien avéré, dans l'espèce, qu'il n'y avait pas la moindre faute imputable à celui des deux mandataires qui avait laissé l'autre encaisser la somme; la solution, on le comprend, aurait dû être différente s'il en eût été autrement.

III. — 1037. Quand les comandataires sont solidaires par l'effet de la convention ou par la volonté de la loi, la solidarité qui existe entre eux a pour conséquence de les rendre responsables chacun pour le tout, comme si chacun d'eux était seul chargé de l'exécution du mandat; ils sont considérés alors comme se représentant réciproquement *ad perpetuandam obligationem.* C'est là, comme on le voit, la solidarité *parfaite,* et non la solidarité imparfaite établie par la loi entre personnes qui ne se connaissent point, comme, par exemple, les colocataires (C. Nap., art. 1734). Il faudra donc admettre, par rapport aux mandataires solidaires de par la convention, les effets propres à la solidarité parfaite. Ainsi, l'interruption de la prescription à l'égard de l'un entraînera interruption de la prescription à l'égard de tous (C. Nap., art. 1206); la mise en demeure par laquelle l'un des mandataires sera constitué débiteur des intérêts du reliquat (*infrà,* art. 1996) fera courir ces intérêts contre tous les autres (art. 1207); enfin, la valeur des choses qui périront par la faute de l'un pourra être demandée non-seulement à ce dernier, mais encore à ceux qui ne seront pas en faute (art. 1205).

1038. Mais faut-il aller au delà et dire qu'en cas de perte arrivée par la faute de l'un des mandataires solidaires, le mandant puisse demander aux autres, qui ne sont pas en faute, non-seulement la valeur de la chose qui a péri, mais encore les dommages-intérêts? Nous ne le pensons pas. L'art. 1205 dispose, en effet, que si la chose due a péri par la faute ou pendant la demeure de l'un ou de plusieurs des débiteurs solidaires, les autres codébiteurs, quoique non déchargés de l'obliga-

---

(1) Aix, 29 déc. 1843 (S. V., 44, 2, 447).

tion de payer le prix de la chose, *ne sont point tenus, cependant, des dommages-intérêts*. Or cette distinction, nettement établie par la loi entre la valeur de la chose et les dommages auxquels la perte peut donner lieu, ne doit pas être mise de côté dans notre hypothèse. MM. Aubry et Rau émettent cependant un avis différent : ils enseignent, en thèse générale, que chacun des mandataires solidaires répond *in totum* des conséquences des fautes commises par ses comandataires (1). Mais la nécessité de faire une différence, sous ce rapport, entre des mandataires solidaires et tous autres débiteurs solidaires ne ressort en aucune manière de leur argumentation ; et le rapprochement ou la comparaison qu'ils font entre les mandataires et les débiteurs solidaires d'un corps certain va même contre leur théorie, car précisément les débiteurs solidaires de corps certains sont bien tenus de payer la valeur de la chose qui a péri par la faute de l'un d'eux ; mais quant à ceux qui ne sont pas en faute, ils ne doivent pas les dommages-intérêts auxquels le créancier peut avoir droit.

Par une conséquence naturelle de ce qui précède, nous déciderions également que l'un des mandataires solidaires n'est pas responsable de ce que l'autre aurait fait en dehors du mandat. Ainsi en a pensé la Cour de cassation dans une espèce où deux mandataires solidaires ayant reçu mission de vendre les biens du mandant, à la charge de lui compter une somme déterminée, quel que fût le prix de vente, avec pouvoir de toucher seulement une certaine partie du prix, il était arrivé que l'un d'eux, abusant de son mandat, avait touché plus qu'il n'avait le droit de recevoir : la Cour a décidé que l'autre mandataire n'était pas responsable des sommes abusivement reçues par son comandataire, et, par suite, que si remise a été faite de leur dette aux acquéreurs par le mandant, cette remise devait réduire d'autant, en ce qui touche le mandataire qui avait bien géré, la somme déterminée qu'il était chargé de compter à ce dernier (2). Ici nous pouvons invoquer l'avis de MM. Aubry et Rau, qui, en effet, disent, comme nous, que l'un des mandataires solidaires n'est pas responsable de ce que l'autre a fait en dehors des limites de son mandat, et approuvent l'arrêt rendu par la Cour suprême (3). Mais, tout en nous autorisant du témoignage de ces jurisconsultes éminents, nous ne pouvons nous empêcher de remarquer que leur solution, en ce dernier point, s'accorde mal avec leur théorie sur le point qui précède. L'acte par lequel un mandataire dépasse son mandat constitue assurément une faute ; et il y a défaut d'harmonie, ce nous semble, à dire : d'une part, que le mandataire solidaire ne répond pas de ce que son comandataire a fait en dehors du mandat ; d'une autre part, qu'il répond, au contraire, de toutes les conséquences des fautes de ce comandataire.

IV. — 1039. Dans tout ce qui précède, nous avons supposé des mandataires constitués pour la même affaire par un seul et même acte. Il faut s'occuper maintenant du cas où deux ou plusieurs mandataires

---

(1) MM. Aubry et Rau (3ᵉ édit., t. III, p. 466 et note 11).
(2) Cass., 6 avr. 1841 (S. V., 41, 1, 592 ; Dalloz, 41, 1, 222).
(3) *Voy.* MM. Aubry et Rau (*loc. cit.* et note 12).

seraient constitués par des actes différents, avec déclaration, bien entendu, que la seconde procuration ne révoque pas la première.

Et d'abord, les comandataires constitués par actes successifs ne seront solidaires entre eux qu'autant que la solidarité aura été stipulée. C'est la règle consacrée par l'art. 1202; et cette règle, dont notre art. 1995 fait une application spéciale au contrat de mandat, doit être suivie dans notre hypothèse, bien que cet article semble se référer par ses termes au cas où les comandataires ont été constitués par un seul et même acte : seulement, la solidarité sera parfaite ou imparfaite suivant une distinction qu'il faut préciser. — Les mandataires ne s'étant pas obligés dans le même temps et par le même acte, il n'y aura entre eux solidarité parfaite qu'autant que leurs volontés se seront réunies et qu'ils se seront soumis à la solidarité d'un commun accord : par exemple, si Jacques, constitué mandataire aujourd'hui, déclare d'avance s'engager solidairement avec Joseph, qui sera constitué mandataire demain; ou si après que Joseph, dernier constitué, s'est soumis à la solidarité, Jacques vient déclarer qu'il entend s'y soumettre avec lui. — Que si les mandataires successifs s'obligent, chacun pour le tout, sans déclarer qu'ils se réunissent ensemble dans une sorte de société, ce sera alors une solidarité *imparfaite* qui s'établira; et les mandataires ne se représentant pas alors les uns les autres, il s'ensuivra que les art. 1205 et suivants du Code n'auront pas d'application. — Cette distinction, du reste, a été mise dans tout son jour par Marcadé sur les art. 1200 et 1201, en sorte que nous n'avons pas à y insister autrement (1).

S'il n'y a pas de stipulation relativement à la solidarité, les mandataires constitués par actes successifs sont dans une situation qui diffère de celle que nous avons décrite soit aux n°s 1035 et 1036, soit aux n°s 1037 et 1038. Elle touche à la solidarité en ce sens que chaque mandataire est tenu pour le tout de l'exécution du mandat, comme s'il était seul chargé de l'affaire; il y a des mandats distincts : c'est en cela précisément que la situation diffère de celle des mandataires constitués sans solidarité par un seul et même acte (*suprà*, n°s 1035 et 1036). Mais elle laisse les divers mandataires sans aucune relation entre eux; en sorte que non-seulement la poursuite exercée contre l'un ne fait pas courir les intérêts contre les autres et n'interrompt pas la prescription courant à leur profit, mais encore que la perte survenue par la faute de celui-ci emporte libération de ceux-là, pourvu, bien entendu, qu'ils ne soient pas eux-mêmes en faute : c'est en cela que la situation diffère de celle que la solidarité stipulée établit entre mandataires constitués par le même acte (*suprà*, n°s 1037 et 1038).

1996. — Le mandataire doit l'intérêt des sommes qu'il a employées à son usage, à dater de cet emploi; et de celles dont il est reliquataire, à compter du jour qu'il est mis en demeure.

---

(1) *Voy.* Marcadé (t. IV, n°s 601 et 602). *Voy.* aussi M. Toullier (t. VI, n° 723). Comp. M. Mourlon (t. III, p. 443).

I. — **1040.** Notre article, comme nous l'avons indiqué par avance (*suprà*, n° 1001), se rattache à l'art. 1993, où se trouve consacrée l'obligation, pour le mandataire, de rendre compte de sa gestion : il est, en ce qui concerne les choses dont le mandataire doit faire raison au mandant, le complément naturel et nécessaire de ce dernier article ; c'est dire qu'il est dominé par le même principe. Dans les choses qui sont l'objet du mandat, le mandataire ne fait ou ne doit faire rien que pour le compte de celui dont il a reçu et accepté la procuration ; tous les profits de l'affaire sont pour ce dernier ; simple représentant ou intermédiaire, le mandataire n'en saurait jamais rien retenir pour lui. C'est sur ce fondement que repose l'art. 1993, lorsqu'il dit que le mandataire doit faire raison au mandant de tout ce qu'il a reçu en vertu de sa procuration ; et notre article suit la même pensée en disant que le mandataire doit l'intérêt des sommes qu'il a employées à son usage, à dater de cet emploi ; et de celles dont il est reliquataire, à compter du jour qu'il est mis en demeure.

On voit par cette disposition qu'il y a deux cas distincts dans lesquels le mandataire est déclaré débiteur ou comptable de l'intérêt des sommes par lui touchées pour le mandant. Nous nous occuperons séparément de chacun de ces deux cas ; nous présenterons ensuite quelques observations communes à l'un et à l'autre.

II. — 1041. Et, d'abord, le mandataire doit l'intérêt des sommes, appartenant au mandant, qu'il a employées à son usage. Il y a dans cet emploi à son usage de sommes appartenant à celui dont il gère l'affaire un oubli de la loi du contrat, une violation comparable, dans une certaine mesure, à celle que commet le dépositaire en employant pour lui, sans la permission du déposant, des sommes dont il a reçu le dépôt (*suprà*, n° 443). C'était donc le moins que la loi obligeât le mandataire à tenir compte et à faire raison au mandant de l'intérêt de ces sommes indûment employées : aussi faut-il tenir la règle comme absolue, en quelque sorte, et dire que l'obligation de payer les intérêts incombe à tout mandataire, quel qu'il soit. La femme, mandataire de son mari, et le mari, mandataire de sa femme, n'en sont pas affranchis, sauf, à l'égard de ce dernier, la disposition des art. 1539 et 1578 du Code Napoléon. Et la jurisprudence a fait une très-juste application de la règle au notaire (1), au syndic d'une faillite (2), aux préposés de l'administration de l'enregistrement et des domaines (3), etc.

1042. Du reste, c'est par l'emploi que le mandataire devient débiteur de l'intérêt, et c'est à dater de l'emploi qu'il en doit compte. De là quelques conséquences.

Il en résulte, d'une part, que le mandataire ne doit pas l'intérêt des sommes par lui reçues pour le mandant par cela seul qu'il les a reçues. Même quand il est spécialement chargé de faire le placement des capitaux appartenant au mandant, il doit avoir, pour opérer ce placement, un délai quelconque avant l'expiration duquel on ne saurait raisonnablement mettre l'intérêt à sa charge (4). Ce n'est pas à dire que le mandataire ne puisse jamais être dans l'obligation de payer au mandant l'intérêt de capitaux dont il n'aurait cependant pas fait emploi à son profit; nous tenons, au contraire, qu'il devrait payer des intérêts si, ayant reçu des capitaux qu'il aurait pu et dû employer à l'acquittement d'une dette du mandant productive d'intérêts, il avait conservé ces capitaux improductifs entre ses mains. Mais, en ce cas, cette obligation, cette responsabilité du mandataire, ne doit pas être rattachée à notre article : elle a sa source dans une faute; le mandataire n'a pas fait ce qu'un bon père de famille eût fait à sa place; sa responsabilité doit donc être appréciée d'après les principes exposés plus haut à l'occasion de l'art. 1992 (*supra*, n°ˢ 990 et suiv.).

1043. D'une autre part, il en résulte que le mandant ne peut prétendre aux intérêts qu'autant qu'il établit le fait même de l'emploi abusif prévu par notre article. Vainement il prouverait que des sommes ou des capitaux à lui appartenant ont été reçus par son représentant; le fait prouvé ne serait pas suffisant; le mandant devrait établir en outre que ces sommes ou capitaux ont été effectivement employés par le mandataire et appliqués par celui-ci à son profit. Cet emploi constitue une

(1) Paris, 14 fév. 1823 (S. V., 23, 2, 261; Coll. nouv., 7, 2, 173; Dalloz, 23, 2, 131).
(2) Req., 1ᵉʳ déc. 1841 (S. V., 42, 1, 224; Dalloz, 42, 1, 17).
(3) Av. du cons. d'État des 9-20 juill. 1808 (S. V., 8, 2, 257).
(4) Metz, 6 fév. 1824 (S. V., Coll. nouv., 7, 2, 315).

violation de la loi du contrat ; on comprend dès lors qu'il ne peut pas être présumé. Il faut que la preuve en soit rapportée ; et comme, en définitive, le mandant joue ici le rôle de demandeur, c'est à lui qu'incombe l'obligation de faire cette preuve (1).

Mais le fait une fois établi, les intérêts sont dus de plein droit au mandant à dater de l'emploi, et le mandataire ne peut être affranchi de l'obligation de les payer quand même l'emploi n'aurait en réalité causé aucun préjudice au mandant. Ainsi, un mandataire chargé de payer un créancier du mandant avait disposé de la somme qu'il avait reçue à cet effet et l'avait employée à son profit au lieu d'effectuer de suite le payement : la Cour de cassation a déclaré le mandataire responsable et tenu *envers le mandant,* bien qu'en fait tout le préjudice eût été pour le créancier non payé de ce dernier (2).

1044. La prescription de cinq ans établie par l'art. 2277 n'est pas applicable aux intérêts dus par le mandataire sur les sommes qui, bien qu'appartenant au mandant, ont été par lui employées à son usage personnel : il en est ainsi au moins tant que le compte de gestion n'est pas arrêté (3). L'art. 2277, en effet, n'a pas en vue les intérêts de créances dont la quotité n'est pas encore déterminée, le créancier n'ayant pas, pour réclamer ces intérêts, une action distincte de celle qu'il peut exercer pour faire fixer, en principal, le montant de sa créance (4). D'ailleurs, il ne faut pas oublier que si l'art. 1996 a pris le jour de l'emploi pour point de départ des intérêts, c'est pour rester dans la loi du contrat qui, faisant du mandataire un simple représentant, un intermédiaire, implique l'idée que tout le profit de l'affaire reste à celui que ce mandataire a représenté ou pour le compte de qui il a géré. Or, cette pensée du contrat serait évidemment méconnue si, quand dix, quinze, vingt années sont écoulées depuis qu'il a employé à son usage personnel des sommes par lui touchées pour son mandant, le mandataire ne faisait pas raison des intérêts d'autant d'années, et si, ayant ainsi profité du capital pendant une aussi longue période, il était quitte en payant l'intérêt de cinq années seulement.

1045. Indépendamment des intérêts légaux, le mandataire peut, selon les circonstances, être tenu à d'autres dommages si l'emploi par lui fait a causé un préjudice au mandant. On cite comme exemple le cas où le mandataire ayant employé à son propre usage des capitaux destinés à acquitter une dette du mandant, celui-ci a été poursuivi par son créancier : on décide, avec toute raison, qu'en ce cas le mandataire, outre qu'il doit l'intérêt légal de la somme indûment employée, est

---

(1) *Voy.* MM. Duranton (t. XVIII, n° 246); Delamarre et le Poitvin (t. II, n° 463); Massé et Vergé, sur Zachariæ (t. V, p. 45, note 16); Troplong (n° 503).
(2) Rej., 19 déc. 1853 (S. V., 54, 1, 701; Dalloz, 54, 1, 26; *J. Pal.*, 1855, t. II, p. 396).
(3) Cass., 22 mai 1822; Liége, 10 juill. 1833; Cass., 7 mai 1845 (S. V., 22, 1, 416; 34, 2, 172; 45, 1, 644; Coll. nouv., 7, 1, 72; Dalloz, 22, 1, 390; 34, 2, 129; 45, 1, 305; *J. Pal.*, 1845, t. II, p. 550).
(4) *Voy.* MM. Troplong (*Prescript.*, n° 1028); Aubry et Rau (3ᵉ édit., t. VI, p. 525, notes 23 et 25); Marcadé (art. 2277, n° V); Vazeille (n°ˢ 612-616).

tenu d'indemniser le mandant des frais occasionnés par la poursuite (1). A la vérité, l'art. 1153 dispose que, dans les obligations qui se bornent au payement d'une certaine somme, les dommages-intérêts résultant du retard dans l'exécution *ne consistent jamais que dans la condamnation aux intérêts fixés par la loi.* Mais ici, comme le font remarquer les auteurs, l'obligation du mandataire ne se bornait pas au payement d'une certaine somme; elle consistait aussi à faire quelque chose, le mandataire devait acquitter la dette du mandant. Que si ce dernier devait, indépendamment des frais de poursuite, payer à son créancier des dommages-intérêts à raison du retard ou de l'inexécution de ses engagements, il est bien entendu que son mandataire serait également tenu de l'indemniser.

Dans tout ceci, nous supposons, on le voit, que l'emploi fait par le mandataire à son usage personnel des sommes par lui reçues en vertu de la procuration a été, pour le mandant, une cause de préjudice. S'il en était autrement, si l'emploi n'avait eu rien de préjudiciable pour le mandant, le mandataire serait quitte, évidemment, en tenant compte purement et simplement de l'intérêt légal des sommes par lui employées. Nous réservons toutefois le cas où l'emploi aurait procuré au mandataire des avantages supérieurs au montant de cet intérêt légal : ces avantages, selon nous, appartiendraient pour le tout au mandant; et il répugnerait à la nature du contrat que le mandataire en retînt une portion quelconque. M. Troplong admet la solution, mais seulement dans le cas où le mandat consisterait précisément à faire valoir la somme reçue; il la repousse, au contraire, dans le cas où le mandat n'obligerait pas le mandataire à donner une destination précise à la somme, et tient que, dans ce dernier cas, le mandataire, quelque avantage qu'il ait retiré de l'emploi, est quitte en tenant compte au mandant de l'intérêt légal de la somme employée (2). En ceci, l'éminent jurisconsulte ne fait que dire du mandataire ce que, dans un cas analogue, il a dit du dépositaire. Quant à nous, nous avons contesté la solution, dans le *Dépôt,* comme contraire à la nature du contrat (*suprà,* nº 469); nous la contestons également, et par le même motif, dans le contrat de mandat.

1046. Nous n'insistons pas davantage sur la pénalité civile établie par la loi contre le mandataire qui a indûment employé les deniers du mandant. A côté de cette pénalité civile, il peut y avoir une sanction pénale quand l'emploi constitue l'abus de confiance prévu et puni par l'art. 408 du Code pénal. Mais ceci n'est pas de notre sujet, et nous n'avons pas à nous y arrêter. Disons seulement que si l'emploi dont il s'agit ici peut constituer le délit d'abus de confiance, il ne le constitue pas nécessairement; le délit suppose une intention frauduleuse qui seule peut mettre l'agent sous le coup de la sanction pénale, et dont l'absence ne laisserait place qu'à l'application de la pénalité civile éta-

---

(1) *Voy.* MM. Duranton (t. XVIII, nº 246); Taulier (t. VI, p. 527); Troplong (nº 504); Mourlon (t. III, p. 443); Aubry et Rau (t. III, p. 466, note 8).
(2) *Voy.* M. Troplong (nº 502).

blie par notre art. 1996, lequel, différant essentiellement de l'art. 408 du Code pénal, n'est nullement fondé sur la même supposition.

1047. Et ajoutons, en terminant sur le premier cas auquel se réfère notre article, que la pénalité civile elle-même ne serait pas encourue si le mandataire avait appliqué à son usage les capitaux du mandant du consentement de celui-ci. On ne trouve plus, dans ce cas, l'abus et la violation du contrat qui engagent la responsabilité du mandataire. Dès qu'il est autorisé à se servir pour ses affaires personnelles des fonds appartenant au mandant, il n'est nullement responsable pour avoir employé ces fonds à son profit; et sa position vis-à-vis du mandant n'est pas autre, en réalité, que celle de l'emprunteur vis-à-vis du prêteur. Donc il ne doit pas des intérêts de plein droit pour les sommes par lui employées; il ne doit des intérêts qu'autant qu'il y a convention formelle à cet égard, conformément aux art. 1905 et suivants du Code Napoléon (*suprà*, n°s 246 et suiv.). Et si des intérêts ont été stipulés, ils sont prescriptibles par cinq ans, par application de l'art. 2277.

III. — 1048. En second lieu, le mandataire est tenu des intérêts comme reliquataire; c'est le deuxième cas prévu par notre article, aux termes duquel le mandataire doit l'intérêt des sommes dont il est reliquataire *à compter du jour qu'il est mis en demeure*. Il y a entre ces intérêts et ceux dont nous venons de nous occuper des différences notables qu'il faut préciser.

La première, qui résulte des termes mêmes de la loi, c'est qu'ils ne courent pas de plein droit. Toutefois, ils ne sont pas non plus sous l'empire de la règle générale de l'art. 1153, § 3, d'après laquelle les intérêts ne courent qu'à *partir de la demande en justice*. On s'accorde généralement à reconnaître que cette disposition est incomplète, en ce qu'elle ne fait pas mention des cas où, en écartant la nécessité de la mise en demeure qui résulte spécialement de la demande en justice, il y a lieu de faire retour au droit commun consacré par l'art. 1139, suivant lequel une simple sommation suffit pour faire courir les intérêts. Or, nous nous trouvons ici dans l'un de ces cas; et l'on tient, en conséquence, que si le mandataire ne doit qu'à compter de sa mise en demeure l'intérêt des sommes dont il est constitué reliquataire, cette mise en demeure du moins résulte suffisamment d'une simple sommation, conformément à l'art. 1139 du Code Napoléon (1).

1049. Il y a mieux : on décide que la mise en demeure du mandataire à l'effet de faire courir les intérêts peut résulter même de la correspondance des parties (2). Et la décision est d'une exactitude parfaite : la sommation n'est pas, en effet, le seul moyen de produire l'interpellation

_____

(1) *Voy*. Bourges, 13 avr. 1840 (S. V., 40, 2, 527). *Voy*. aussi M M. Duranton (t. XVIII, n° 248); Taulier (t. VI, p. 527); Mourlon (t. III, p. 443); Massé et Vergé, sur Zachariæ (t. V, p. 45, note 17); Berriat Saint-Prix (*Not. theor.*, 7931); Boileux (t. VI, p. 596); Troplong (n° 508); Aubry et Rau (t. III, p. 65, note 11, et p. 466, note 9).
(2) Req., 15 mars 1821 (S. V., Coll. nouv., 6, 1, 397; Dalloz, 21, 1, 197; *J. Pal.*, 23, p. 215). *Voy*. aussi MM. Troplong (n° 509); Delamarre et le Poitvin (t. II, n° 464); Aubry et Rau (t. III, p. 64, notes 8 et 9).

nécessaire pour opérer la mise en demeure; on peut dire que tous les actes ayant pour effet d'interrompre la prescription valent, à plus forte raison, comme actes d'interpellation : or la reconnaissance est bien assurément un acte interruptif.

Mais une saisie-arrêt formée entre les mains du mandataire du débiteur, lors même qu'elle a été suivie d'une sommation de consigner adréssée à ce mandataire par le saisissant seul, arrière du saisi, ne constituerait pas une mise en demeure dans le sens de la loi, et, par conséquent, elle ne rendrait pas le mandataire débiteur de l'intérêt des sommes que, nonobstant la sommation de consigner, il aurait conservées entre ses mains (1). Une telle saisie a pour effet, sans doute, de mettre les sommes dues par le tiers saisi sous la main de la justice et, par suite, d'interdire à celui-ci tout payement au préjudice du saisissant; mais elle ne peut à aucun titre faire que ces sommes produisent des intérêts au profit du débiteur saisi.

Il en serait de même de la simple demande en reddition de compte adressée par le mandant au mandataire (2). Elle ne suffirait pas à elle seule pour constituer la mise en demeure susceptible de faire courir les intérêts, car c'est seulement quand il est constitué reliquataire que le mandataire doit des intérêts ; or, il n'y a pas de reliquat à sa charge, ni, partant, de mise en demeure possible tant que le compte n'est pas apuré.

1050. Une seconde différence qui distingue les intérêts du reliquat des intérêts des sommes employées par le mandataire à son usage consiste en ce qu'ils sont sous l'application de l'art. 2277 du Code Napoléon, et se prescrivent ainsi par cinq ans. Nous savons, en effet, que si les intérêts des sommes employées par le mandataire à son usage sont soustraits à la prescription quinquennale, c'est parce que la quotité de la créance n'est pas encore déterminée (*supra*, n° 1044). Or, il n'en est pas de même ici; nous sommes en présence d'un compte apuré qui fixe nettement les sommes dont le mandataire est constitué reliquataire; les choses se placent donc tout naturellement sous l'empire de la règle générale établie par l'art. 2277. On peut, sous ce rapport, appliquer au reliquat du compte du mandataire en général ce que l'on dit du reliquat de compte de tutelle : le tuteur est une espèce de mandataire.

IV. — 1051. Il nous reste, pour compléter le commentaire de notre article, à présenter deux observations communes aux intérêts du reliquat dû par le mandataire et aux intérêts des sommes employées par celui-ci à son usage.

La première, c'est que l'intérêt est dû par le mandataire au taux légal de 5 ou 6 pour 100, suivant que le mandat est civil ou commercial. Il suit de là que, le mandat étant commercial, le taux sera de 6 au lieu de

(1) Caen, 25 fév. 1846 (S. V., 47, 2, 302; Dalloz, 47, 2, 120; *J. Pal.*, 1847, t. II, p. 35).
(2) Douai, 6 janv. 1849 (Dalloz, 49, 2, 96; *J. Pal.*, 1850, t. I, p. 661).

5, quand même le mandant ne serait pas un commerçant (*suprà*, n° 277) (1).

1052. La seconde observation, c'est que les intérêts dus par le mandataire ne sont pas productifs d'intérêts.

L'opinion émise par M. Troplong dans un passage de son commentaire *Du Mandat* a été présentée à tort comme contenant une doctrine contraire. L'auteur, d'accord en cela avec Pothier et sur l'autorité de Papinien, enseigne que si les fonds employés par le mandataire à son usage sont, non pas des capitaux du mandant, mais des intérêts versés par des tiers, le mandataire devra les intérêts de ces intérêts indûment employés par lui pour ses propres affaires (2). Or cela est fort juste, et la décision est parfaitement exacte ; car les intérêts dont le mandataire s'est servi ont constitué un capital pour lui. Il en doit donc l'intérêt : s'il n'en était pas tenu sous le prétexte que les sommes par lui reçues pour le mandant ne sont que des intérêts, il serait autorisé par cela même à appliquer ces sommes à ses propres affaires ou à son profit, au mépris évident de la disposition de notre article.

Mais la question de savoir si les intérêts dus par le mandataire au mandant produisent eux-mêmes des intérêts de plein droit est une tout autre question. Et il faut la résoudre par la négative en présence de l'art. 1154, d'après lequel les intérêts échus des capitaux ne peuvent produire des intérêts que par une demande judiciaire ou par une convention spéciale.

1997. — Le mandataire qui a donné à la partie avec laquelle il contracte en cette qualité, une suffisante connaissance de ses pouvoirs, n'est tenu d'aucune garantie pour ce qui a été fait au delà, s'il ne s'y est personnellement soumis.

SOMMAIRE.

I. 1053. L'art. 1997 clôt la série des dispositions comprises dans le chapitre relatif aux obligations du mandataire ; il diffère de ceux qui le précèdent en ce que, par les exceptions qu'il consacre, il touche aux rapports du mandataire envers les tiers. Division.

II. 1054. En thèse générale, le mandataire, même quand il excède ses pouvoirs, ne s'oblige pas envers les tiers ; l'art. 1997 suppose cette règle sans la formuler expressément. — 1055. Mais elle est propre au contrat de mandat, et c'est surtout à ce point de vue et sous ce rapport que le mandataire doit être distingué du commissionnaire : renvoi.

III. 1056. Néanmoins, la règle propre au mandat comporte certaines exceptions ; notre article a précisément pour objet de les consacrer. Il en résulte que le mandataire qui excède ses pouvoirs est responsable vis-à-vis de la partie avec laquelle il contracte dans deux cas. — 1057. Il est responsable, 1° s'il n'a pas donné à cette partie une suffisante connaissance de ses pouvoirs : à qui incombe la charge de prouver que suffisante connaissance des pouvoirs du mandataire

(1) Cass., 7 mai 1845 (S. V., 45, 1, 644 ; Dalloz, 45, 1, 305 ; *J. Pal.*, 1845, t. II, p. 550).

(2) *Voy.* Pothier (n° 56) ; M. Troplong (n° 499). *Junge* : MM. Massé et Vergé, sur Zachariæ (t. II, p. 45, note 15) ; Boileux (t. VI, p. 595).

a été donnée à la partie avec laquelle celui-ci a traité? Controverse. — 1058. Il est responsable, 2° si, tout en donnant connaissance aux tiers de ses pouvoirs, il s'était porté fort ou s'était personnellement soumis à la garantie. Dans tous les cas, le mandataire doit la garantie de sa qualité de mandataire.

I. — 1053. L'art. 1997 termine la série des dispositions comprises dans le chapitre relatif aux obligations du mandataire. Il se distingue des articles qui le précèdent dans le même chapitre en ce qu'au lieu de se référer aux obligations du mandataire envers le mandant il touche aux rapports du mandataire avec les tiers. Toutefois, c'est seulement par les exceptions qu'il consacre, et qu'il a précisément pour objet de consacrer, que l'art. 1997 a ce caractère particulier; mais ces exceptions mêmes supposent une règle par laquelle l'article se rattache à la pensée générale du présent chapitre. Nous aurons donc à dégager tout d'abord cette règle, à laquelle, d'ailleurs, nous avons eu déjà des occasions fréquentes de faire allusion; ensuite nous prendrons le texte en lui-même, et nous préciserons en quoi consistent les exceptions qu'il fait à la règle virtuellement consacrée.

II. — 1054. En principe, le mandataire ne s'oblige pas envers les parties avec lesquelles il contracte. Lorsqu'il n'est intervenu, dit Pothier, qu'en qualité de *mandataire,* ou de *procureur,* ou de *fondé de procuration,* d'un tel, son mandant, c'est, en ce cas, le mandant qui contracte par son ministère et qui s'oblige; le mandataire ne contracte aucune obligation, parce qu'il ne fait qu'interposer son ministère, par lequel le mandant lui-même est censé contracter (1). Il en est ainsi même quand, dans l'exécution, le mandataire excède ses pouvoirs et sort des termes de la procuration. Sans doute, il engage par là sa responsabilité, car c'est une règle fondamentale en cette matière (*suprà,* art. 1989, n°s 978-983) que le mandataire ne doit rien faire au delà de ce qui est porté dans son mandat; mais, en principe, c'est envers le mandant, et non vis-à-vis des tiers, que ses agissements excessifs le rendent responsable.

Or, notre article présuppose tout cela en exprimant que le mandataire qui a donné à la partie une suffisante connaissance de ses pouvoirs n'est tenu d'aucune garantie *pour ce qui a été fait au delà, s'il ne s'y est personnellement obligé.* Cela, en effet, implique de toute nécessité l'idée : d'une part, qu'en thèse générale le mandataire qui est resté dans les termes de la procuration est affranchi de toute obligation vis-à-vis des tiers, puisqu'on ne comprendrait pas qu'il fût alors obligé envers ceux-ci, ne l'étant pas quand il a transgressé les ordres du mandant; d'une autre part, qu'eût-il excédé ses pouvoirs, il n'est pas non plus obligé personnellement, en thèse générale, puisque, par la volonté de la loi, il n'est tenu alors à garantie que s'il n'a pas fait connaître ses pouvoirs ou s'il s'est personnellement engagé. — Il faut donc poser en thèse, par une induction nécessaire de notre article, que le mandataire, vis-à-vis des

_____

(1) *Voy.* Pothier (n° 87).

parties avec lesquelles il contracte en cette qualité, est un intermédiaire, un instrument dont se sert le mandant pour se mettre en rapport avec les tiers, un *nudus minister,* suivant une désignation souvent employée.

Au surplus, nous trouverons la justification et le corollaire de cette idée en traitant des obligations du *mandant,* et particulièrement dans le commentaire de l'art. 1998, où l'on verra que les rapports du mandant avec les tiers sont directs, le mandant se trouvant dans la même position que s'il avait traité lui-même. Mais, dès à présent, il faut ajouter que si le mandataire parlant au nom du mandant n'est pas, en principe, obligé envers les tiers, de même les tiers ne sont pas obligés envers lui.

Ainsi, le cas échéant où l'exécution du mandat lui ferait éprouver quelque perte, il n'aurait pas à recourir contre la partie avec laquelle il aurait traité. Il n'a d'autre recours, en effet, dans ce cas, que celui qui lui est accordé par l'art. 2000 contre le mandant pour se faire indemniser (*infrà,* n°s 1112 et suiv.) : c'est pour cela que, dans une espèce où un mandataire avait avancé le prix d'un cadeau par lui fait au nom du mandant, il a été décidé qu'à défaut de remboursement par ce dernier ou par ceux qui le représentent, le mandataire n'a pas son recours contre la personne gratifiée (1).

1055. Nous n'avons pas à insister autrement sur la règle qui s'induit de notre article; mais il convient de rappeler qu'elle est propre au contrat de mandat, en sorte que c'est particulièrement au point de vue de cette règle qu'il importe de distinguer le mandat proprement dit de la commission, le mandataire du commissionnaire. Rien de ce qui précède, en effet, ne s'applique à ce dernier; par rapport au commissionnaire, c'est tout l'inverse qu'il faut dire : il s'oblige personnellement envers les tiers, de même qu'il oblige les tiers envers lui; et, par contre, le commettant n'est pas obligé directement, pas plus qu'il n'a d'action directe vis-à-vis des tiers avec qui le commissionnaire a traité. Ceci a été expliqué déjà (*suprà,* n°s 827-829); et nous n'aurions pas cru devoir y revenir si les critiques dont cette distinction a été l'objet de la part de M. Troplong ne s'étaient pas produites surtout à l'occasion de l'art. 1997 (2).

Au surplus, tout en la critiquant, M. Troplong en accepte la donnée, en définitive, car il proclame lui-même que les rapports du mandant (et par suite ceux du mandataire) diffèrent du tout au tout selon que le mandataire agit *procuratorio* ou *proprio nomine.* Or, nous ne prétendons rien de plus : aussi avons-nous pu dire que le dissentiment ici est dans les mots, nullement dans le fond des choses. C'est, d'ailleurs, surabondamment démontré par les développements mêmes que l'auteur donne au commentaire de cet article : en effet, ses théories se concilient à merveille avec la distinction qui marque la différence entre le mandant et la commission, et même elles en reçoivent une plus vive lumière.

---

(1) Paris, 11 fév. 1808 (S. V., 8, 2. 78; Coll. nouv., **2,** 2, 344).
(2) *Voy.* M. Troplong (n°s 521 et suiv.).

— Rappelons aussi, pour écarter la supposition qui paraît avoir inspiré les critiques auxquelles nous faisons allusion, que notre distinction ne doit pas être entendue et appliquée en ce sens que la situation d'un mandataire agissant en son propre nom serait particulière au commerce, tandis que celle du mandataire agissant au nom du mandant serait propre au droit civil. Il doit être bien entendu, au contraire, que l'agissement *procuratorio nomine,* c'est-à-dire le mandat proprement dit, est susceptible de se produire en matière commerciale aussi bien qu'en matière civile, et réciproquement que l'agissement *proprio nomine,* c'est-à-dire la commission, peut avoir lieu en matière civile aussi bien qu'en matière commerciale (*suprà,* n° 828). La seule influence que la nature de l'affaire exercera à ce point de vue, c'est que le mandat sera plus fréquent en matière civile, tandis que la commission sera plus fréquente et, en cas de doute, plus facilement présumée en matière commerciale.

III. — 1056. Venons maintenant à l'objet direct de l'art. 1997. Il présuppose, comme on vient de le voir, que le mandataire qui agit au nom du mandant n'est pas personnellement lié envers les tiers, même quand il excède les bornes de son mandat. Son objet spécial est de fixer les conditions ou de déterminer les cas dans lesquels les tiers pourraient, par exception, dans cette hypothèse, exercer un recours contre le mandataire. Or, il en résulte que ce dernier, lorsqu'il a excédé ses pouvoirs, est responsable envers la partie avec laquelle il a traité dans deux cas seulement.

1057. Sa responsabilité est engagée, en premier lieu, lorsqu'il n'a pas donné à la partie une connaissance suffisante de ses pouvoirs. La partie, de qui les termes de la procuration ne sont pas connus, est fondée à croire que le mandataire a fait, en agissant au nom du mandant, ce qu'il était autorisé à faire; elle doit donc, pour n'être pas trompée, pouvoir recourir contre le mandataire, le cas échéant où le mandant, dont les ordres ont été transgressés, se refuserait à ratifier. Au contraire, la partie n'a nullement à se plaindre si, ayant connu le mandat dans sa mesure exacte, elle a volontairement accepté tels ou tels actes qui allaient visiblement au delà; elle a agi alors à ses périls et risques, et ne doit pas avoir, même contre le mandataire, un recours quelconque à exercer (1).

D'après cela, on aperçoit toute l'importance qui s'attache pour les tiers à la question de savoir si le mandataire a donné ou non une connaissance suffisante de sa procuration : comme ils n'ont pas d'action à exercer contre le mandant, qui n'est jamais représenté que dans les limites de la procuration par lui donnée, il est clair qu'ils se trouveront complétement dénués de recours s'ils ne peuvent pas s'en prendre à la personne du mandataire. Quand donc pourra-t-on dire que connaissance suffisante des pouvoirs a été donnée aux tiers? Et sera-ce le mandataire qui, pour s'exonérer de toute responsabilité, devra prouver qu'il

(1) Cass., 25 mars 1814 (S. V., 14, 1, 280; Coll. nouv., 4, 1, 551).

a fait les communications nécessaires? Ou bien sera-ce le tiers qui, pour avoir son recours, devra établir qu'il n'a pas été suffisamment averti? Si la question était susceptible d'être résolue en thèse absolue, la solution devrait, ce nous semble, être donnée contre les tiers, sur lesquels il conviendrait de faire peser, plutôt que sur le mandataire, la charge de la preuve. C'est l'avis de M. Delvincourt (1). Mais on a fait remarquer avec raison qu'il est bien difficile de poser une règle générale à cet égard (2). Tout, évidemment, dépend ici des circonstances, qui varient suivant les espèces; et le mieux est d'abandonner la solution au pouvoir discrétionnaire des tribunaux.

1058. Le mandataire est responsable, en second lieu, de ce qui est fait au delà du mandat si, tout en donnant à la partie avec laquelle il contracte connaissance suffisante de ses pouvoirs, il s'est personnellement soumis à la garantie. Par exemple, en transgressant les ordres du mandant, il s'est porté fort pour ce dernier et a promis la ratification; il est évident que par là il a donné action contre lui-même à la partie avec laquelle il a traité : il est personnellement obligé alors, comme l'est en général toute personne qui se porte fort pour une autre.

Les dernières expressions de notre article répondent à cette pensée, et, en cela, elles consacrent une application particulière d'un principe général. Quelques difficultés pourront s'élever dans la pratique sur le point de savoir si telle ou telle stipulation peut être considérée comme impliquant d'une manière suffisante une promesse de garantie(3). Mais, ce point résolu, la règle en elle-même sera toujours nécessairement d'une application simple et facile.

D'ailleurs, nous avons en vue, dans ce qui précède, seulement la garantie de ce que le mandataire aurait fait au delà du mandat. Pour ce qui est de la réalité du mandat, la garantie est due dans tous les cas et de plein droit; il n'est pas besoin qu'elle ait été promise. Par exemple, le mandataire a stipulé en cette qualité ne l'ayant pas ou ne l'ayant plus parce que le mandat avait pris fin, il est tenu à la garantie de cette qualité; et si le contrat demeure sans exécution, pour défaut de réalité du mandat, le mandataire est tenu à des dommages-intérêts envers l'autre partie (4). Toutefois la garantie est due, en un tel cas, par application de l'art. 1382 plutôt que de l'art. 1997.

---

(1) *Voy.* M. Delvincourt (aux notes, t. III, p. 241, note 6).
(2) *Voy.* MM. Aubry et Rau (t. III, p. 471, note 7); Massé et Vergé, sur Zachariæ (t. V, p. 53, note 7); Troplong (n° 592). *Voy.* aussi Douai, 15 mai 1844 (S. V., 44, 2, 403).
(3) *Voy.* Limoges, 25 mars 1846 (S. V., 48, 2, 34; Dalloz, 48, 2, 32; *J. Pal.,* 1848, t. I, p. 509).
(4) *Voy.* l'arrêt cité à la note précédente. *Junge :* Grenoble, 1er mars 1845 (S. V., 48, 2, 33; *J. Pal.,* 1845, t. II, p. 784; Dalloz, 48, 2, 32).

CHAPITRE III.

DES OBLIGATIONS DU MANDANT.

SOMMAIRE.

I. 1059. Observations préliminaires.

I. — 1059. Les rédacteurs du Code ont suivi dans ce chapitre une marche inverse de celle qu'ils avaient adoptée pour le chapitre précédent. En traitant des obligations du mandataire, ils s'étaient d'abord occupés des rapports du mandant et du mandataire entre eux (art. 1991 à 1996); puis, dans l'art. 1997, ils avaient touché aux rapports du mandataire avec les tiers. Au contraire, dans le présent chapitre, en traitant des obligations du mandant, ils envisagent les obligations qui incombent à ce dernier d'abord à l'égard des tiers (art. 1998), ensuite envers son mandataire (art. 1999 à 2002). Nous n'intervertirons pas l'ordre des articles, et nous suivrons une marche qui, d'ailleurs, s'explique très-rationnellement. Les obligations du mandataire qui se présentent les premières à l'esprit sont celles dont il est tenu envers le mandant, car celles qu'il peut avoir à remplir envers les tiers sont purement accidentelles, et le plus souvent il n'en existe même pas. Au contraire, quant au mandant, ses obligations envers les tiers sont la conséquence naturelle et directe du mandat, en ce sens qu'elles ont leur fondement sinon dans le contrat même de mandat, lequel reste étranger aux tiers et ne les soumet à aucune action, au moins dans les contrats intervenus, en exécution du mandat, entre les tiers et le mandant agissant par l'organe du mandataire. Mais les obligations du mandant envers le mandataire ne sont, comme nous l'avons expliqué déjà, ni une conséquence, ni une suite du mandat; elles naissent *ex post facto,* ou ne naissent pas, suivant que le mandataire a fait ou n'a pas fait des dépenses dans l'exécution, a subi ou non des pertes : et c'est ce qui a fait ranger le mandat parmi les contrats unilatéraux, bien que l'éventualité d'une obligation de la part de l'une des parties lui ait fait donner la qualification de *synallagmatique imparfait* (*suprà*, n° 801).

Cet aperçu explique et justifie la marche de la loi; nous en devons maintenant aborder le commentaire.

1998. — Le mandant est tenu d'exécuter les engagements contractés par le mandataire, conformément au pouvoir qui lui en a été donné.

Il n'est tenu de ce qui a pu être fait au delà, qu'autant qu'il l'a ratifié expressément ou tacitement.

SOMMAIRE.

I. 1060. Obligations et rapports du mandant envers les tiers qui ont traité avec le mandataire. Aperçu général et division.

II. 1061. Actes faits par le mandataire dans la limite de son mandat : ils sont censés faits par le mandant lui-même si le mandataire a agi *procuratorio nomine;* c'est là le cas du mandat proprement dit. Quand le mandataire agit en son propre nom, les conséquences sont essentiellement différentes. En quoi consiste la différence. — 1062. Néanmoins, les deux situations peuvent être réunies dans la même affaire. — 1063. La question de savoir si le mandataire s'est renfermé dans les termes du mandat se résout, *à l'égard des tiers,* d'après le contenu apparent de la procuration, en sorte que les actes faits par le mandataire peuvent être maintenus, bien que vis-à-vis du mandant ils constituent un abus ou un excès de pouvoir. Exemples. — 1064. Il faut néanmoins que les tiers soient de bonne foi : applications. — 1065. Suite. — 1066. Suite. — 1067. Différence entre ce cas et celui où le mandat lui-même apporte *ab initio* certaines restrictions à l'exercice des pouvoirs du mandataire.

III. 1068. Actes passés par le mandataire en dehors de ses pouvoirs : ils sont pour le mandant *res inter alios acta.* Quand peut-on dire qu'un acte du mandataire est en dehors des limites du mandat? Renvoi. — 1069. Les tiers ont-ils au moins, en cas d'excès de pouvoir de la part du mandataire, action contre ce dernier? Distinction. Renvoi. — 1070. Les actes passés en dehors de ses pouvoirs par le mandataire sont obligatoires pour le mandant qui vient à les ratifier. — 1071. En quoi consiste la ratification dont il s'agit ici, et en quoi elle diffère de la confirmation ou ratification régie par l'art. 1338. — 1072. La ratification est possible quel que soit le genre d'excès de pouvoir commis par le mandataire. — 1073. Elle peut s'appliquer même aux actes faits par une personne qui n'avait reçu aucun mandat. — 1074. Elle peut être expresse ou tacite : en quoi consiste la ratification tacite, et quels sont les actes ou les faits d'où elle résulte. — 1075. La ratification a un effet rétroactif : restrictions et réserves. — 1076. Elle ne peut avoir lieu pour partie. — 1077. La ratification à l'égard des tiers n'emporte pas nécessairement ratification à l'égard du mandataire. Renvoi.

IV. 1078, 1079. Différence existant entre le prête-nom et le mandataire. — 1080. Elle est subordonnée à la bonne foi des tiers. — 1081. De celui qui fait une déclaration de command : en quoi sa situation diffère de celle du mandataire et de celle du prête-nom.

1. — 1060. Le mandant, nous venons de le dire, peut être obligé, à la suite du mandat, soit envers les tiers, soit envers le mandataire lui-même. Il ne doit être question ici que des obligations du mandant envers les tiers, l'art. 1998 ayant trait exclusivement à celles-là.

En thèse générale, le mandant doit remplir, dans toute leur étendue, les engagements pris par le mandataire en exécution du mandat : c'est la conséquence du principe que le mandant, représenté qu'il est par son mandataire, est censé avoir contracté lui-même par le ministère de ce dernier (*suprà,* n° 1054). Mais pour que le mandant soit réellement représenté par le mandataire et, par conséquent, tenu vis-à-vis des tiers, deux conditions sont nécessaires : l'une, que l'engagement soit pris en son nom, c'est-à-dire que le mandataire ait agi *procuratorio nomine;* l'autre, que l'engagement rentre dans les pouvoirs conférés par la procuration. Donc, si le mandataire a traité *proprio nomine,* les actes passés avec les tiers sont étrangers au mandant, qui, seulement, pourra, suivant l'occurrence, poursuivre, conformément à l'art. 1166, comme exerçant les droits d'un créancier, ou être poursuivi par les tiers créanciers. D'un autre côté, si le mandataire a fait une affaire autre que celle dont il était chargé par la procuration, ou si en faisant l'affaire même dont il était chargé il a excédé ses pouvoirs, le mandant n'est pas tenu *à priori,* et les engagements pris par le mandataire ne sont à sa charge que dans le cas où, après coup, il vient à ratifier.

Telle est, par aperçu général, la théorie que notre article consacre. En la prenant dans ses détails, nous aurons à nous occuper successivement, d'abord des actes passés par le mandataire dans les termes et dans les limites du mandat, ensuite des actes par lui faits sans pouvoir ou au delà des pouvoirs contenus en la procuration, et de la ratification dont ces actes peuvent avoir été l'objet de la part du mandant. Après quoi, arrivant à un point que nous avons réservé (*suprà,* n° 833), nous dirons quelles modifications les règles subissent sur ces points lorsque le mandataire s'est présenté aux tiers comme *prête-nom.*

II. — 1061. Les actes faits par le mandataire dans le cercle et dans la mesure de ses pouvoirs sont à considérer comme s'ils étaient faits par le mandant lui-même. Les droits qui en dérivent sont acquis au mandant, et les obligations qui en naissent passent à sa charge de la même manière que s'il avait agi et contracté en personne. C'est le principe d'où découle la première disposition de notre article, aux termes de laquelle le mandant est tenu d'exécuter les engagements contractés par le mandataire, conformément au pouvoir qui lui a été donné; il se résume dans cette formule : *Qui mandat ipse fecisse videtur;* et il est le complément ou le corollaire des règles exposées dans le commentaire de l'article précédent (n°s 1054 et suiv.).

Par la force même des choses, nous retrouvons ici la distinction importante, essentielle, entre les actes faits par le mandataire au nom du mandant et ceux qu'il a faits en son propre nom. En effet, l'art. 1998, de même que l'art. 1997, ne saurait avoir d'application qu'autant que le mandataire a agi *procuratorio nomine,* c'est-à-dire lorsque les choses sont restées dans les termes du contrat de mandat proprement dit, et n'ont pas affecté le caractère de la *commission.* Ce n'est pas à dire que, dans ce dernier cas où les rapports créés par la convention s'établissent directement entre les tiers et le mandataire qui ont traité ensemble, le mandant reste sans action même contre ces tiers : c'est pour son compte, en définitive, que l'opération a été conclue, bien qu'elle n'ait pas été faite en son nom; il est donc créancier du commissionnaire, et, à ce titre, il peut, conformément à l'art. 1116, exercer contre les tiers les droits et actions de son débiteur; par contre, il peut être contraint par les tiers, exerçant les droits du commettant, à l'exécution des engagements résultant des actes consentis par ce dernier. Tout ce que nous voulons dire, c'est que la situation alors diffère essentiellement de celle qui est dans les prévisions de notre article, c'est-à-dire du cas où, le mandataire agissant réellement comme représentant le mandant, les actes par lui consentis ont été faits *procuratorio nomine.* En effet, les biens ne passent au *commettant* que grevés des hypothèques légales ou judiciaires procédant du chef du commissionnaire; le commettant n'agissant contre les tiers que comme créancier du commissionnaire, si celui-ci tombe en déconfiture ou en faillite, le commettant, au lieu de recevoir intégralement la somme due par les tiers à son débiteur, devra subir le concours des autres créanciers du commissionnaire et se contenter d'un marc la livre. Or, rien de cela ne se produit dans le cas de notre article (*suprà*, n° 1024). Et ces conséquences pratiques, auxquelles beaucoup d'autres pourraient être ajoutées, font apercevoir nettement quelle est la différence profonde qui sépare les deux situations. Au surplus, rien n'est mieux fondé que cette différence si l'on réfléchit que, dans le cas de mandat proprement dit, les tiers ont contracté en considération de la personne du mandant au nom duquel l'affaire a été traitée, tandis que, dans le cas de commission, ils n'ont eu égard qu'à la personne du commissionnaire dont ils ont suivi la foi.

1062. Néanmoins, quoique essentiellement différentes, les deux situations peuvent être prises dans la même affaire : c'est un effet du principe de la liberté des conventions. Ainsi, rien n'empêche que le mandataire agisse tout à la fois en son propre nom et au nom du mandant. En un tel cas, le mandant et le mandataire ont une action conjointe ou solidaire contre les tiers, et ceux-ci les ont également l'un et l'autre pour obligés. Ici, en effet, le mandant et le mandataire sont entre eux dans la position de codébiteurs, de cocréanciers et de copropriétaires. Il n'y a rien de contraire à ces propositions, d'ailleurs incontestables, dans un arrêt de rejet aux termes duquel la femme mariée, qui a reçu de son mari pouvoir de lui acheter un immeuble, contrevient au mandat si elle acquiert tant pour elle que pour son mari, et la contravention ne peut lui profiter, en ce sens que l'acquisition ainsi faite n'empêche pas le mari d'aliéner l'immeuble en totalité, comme si l'achat avait eu lieu exclusivement pour son compte (1). Sans doute, la Cour refuse là de considérer la femme comme copropriétaire, bien qu'elle eût acquis tant en son nom qu'au nom de son mari dont elle avait le mandat ; mais elle se fonde particulièrement sur ce que la femme était autorisée à s'obliger et nullement à acquérir, et elle refuse la qualité de copropriétaire à la femme par application des principes qui, plaçant la femme mariée dans un état d'incapacité, ne lui permettent pas d'acquérir sans autorisation. Il y avait même mieux à dire, dans l'espèce : c'est que si le mandat donné à la femme pouvait être considéré comme valable en ce qui concerne le pouvoir d'obliger le mari et d'acquérir pour lui, il était, en ce qui touche le pouvoir donné à la femme de s'obliger elle-même, absolument nul en vertu des principes sur la spécialité nécessaire à l'autorisation maritale. On peut voir ce que nous avons dit là-dessus dans notre commentaire de l'art. 1988 (*suprà*, n°ˢ 905 et suiv). Quoi qu'il en soit, cette décision spéciale ne détruit en aucune façon la proposition ci-dessus, à savoir : que lorsque le mandataire agit tant en son propre nom qu'au nom du mandant, ils sont l'un et l'autre, vis-à-vis des tiers, dans la position de codébiteurs, de cocréanciers, de comandataires. C'est seulement quand le mandataire a agi au nom du mandant que

---

(1) Req., 1ᵉʳ brum. an 13 (S. V., 5, 2, 667; Coll. nouv., 2, 1, 9; Dalloz, 5, 2, 45; alph., t. IX, p. 961). *Voy.* aussi Merlin, *Rép.*, v° Mandat, § 3, où sont reproduites les conclusions de l'illustre procureur général dans cette affaire.

celui-ci est seul obligé et tenu d'exécuter les engagements comme s'il les avait pris lui-même en personne.

1063. Il a été décidé même, par application de cette règle, que les *contre-lettres* passées entre les mandataires et les tiers font pleine foi de leur date et de leur contenu contre le mandant, qui, représenté par le mandataire, doit être considéré comme partie contractante et non comme tiers dans le sens de l'art. 1321 (1). La décision est, d'ailleurs, bien rendue dans l'espèce; mais il ne faudrait pas la généraliser et lui donner par là une portée qu'elle n'a pas et qui la rendrait sujette à critique si elle l'avait réellement. Ainsi, il ne faudrait pas dire, sans réserve ni distinction, que les contre-lettres passées entre le mandataire et les tiers sont opposables au mandant et peuvent lui être opposées soit par le mandataire lui-même, soit par les tiers. Cela n'est vrai qu'autant que la passation des contre-lettres rentre dans les pouvoirs conférés au mandataire. Il en était ainsi dans l'espèce à laquelle nous faisons allusion; voilà pourquoi l'arrêt a pu dire qu'en raison de l'identification parfaite qu'il y avait entre le mandataire et le mandant, celui-ci ne pouvait pas séparer l'acte public de l'acte secret, se prévaloir de l'un et rejeter l'autre, et qu'il était tenu de les exécuter tous les deux.

1064. Ainsi, c'est seulement quand le mandataire se renferme dans ses pouvoirs qu'il représente le mandant, que celui-ci est censé agir par lui-même, et qu'il est obligé comme s'il avait personnellement contracté : c'est la pensée même de la loi, qui, dans le premier paragraphe de notre article, déclare le mandant tenu seulement des engagements contractés par le mandataire *conformément au pouvoir qui lui a été donné*. Mais il y a ceci à noter que la question de savoir si le mandataire est resté dans les termes de la procuration se résout, à l'égard des tiers, d'après le contenu apparent de cette procuration. Il suffit donc, comme l'exprime Pothier, pour que le mandataire oblige le mandant envers celui avec qui il contracte, que le contrat *paraisse* renfermé dans la procuration (2). En effet, dès que les tiers se sont fait représenter la procuration, — et c'est une précaution qu'ils doivent prendre en général, — ils ont fait tout ce que la prudence leur commandait de faire, et la confiance qu'ils ont accordée à la personne du mandant sur la foi de cette procuration ne doit être trompée sous aucun prétexte. Il peut dès lors arriver qu'un acte soit fait, en réalité, en dehors des limites du mandat, si l'on en juge par ce qui a été entendu entre le mandant et le mandataire, et que cependant il doive être maintenu, au regard des tiers, comme fait en exécution du mandat.

Par exemple, pour emprunter à Pothier encore une hypothèse que les auteurs modernes ont généralement reproduite, si mon mandataire, à qui j'ai donné procuration d'emprunter pour moi 300 livres, après avoir, en vertu de cette procuration, emprunté cette somme d'un pre-

(1) Bordeaux, 25 juill. 1826 (S. V., 27, 3, 41; Coll. nouv., 8, 2, 268; Dalloz, 27, 2, 43). *Voy.* aussi MM. Bonnier (*Des Preuves*, n° 399); Plasman (*Des Contre-lettr.*, p. 38).
(2) *Voy.* Pothier (n° 89 et *Tr. des Oblig.*, n° 79).

mier prêteur, emprunte en mon nom pareille somme d'un second prêteur en vertu de ma procuration qu'il lui exhibe, il m'oblige envers ce
second prêteur, qui ne savait pas qu'il eût déjà emprunté cette somme
d'un premier prêteur, et qu'il excédait son pouvoir en faisant le second
emprunt (1).

De même encore, un premier mandat se trouvant modifié par des instructions nouvelles, le mandataire agit conformément aux instructions
du mandat primitif qu'il représente, et ne tient pas compte des instructions modificatives : il excède ses pouvoirs sans aucun doute ; néanmoins, le mandant restera obligé envers le tiers qui aura contracté sur
la foi du mandat primitif.

Pareillement encore, le mandant est responsable des fautes commises
et de la fraude employée par le mandataire envers les tiers, bien qu'en
définitive, en commettant les fautes et en employant la fraude, il ait
excédé les bornes du mandat (2). Ceci est, d'ailleurs, une application
de l'art. 1384.

1065. La règle qui domine ces solutions peut, sans doute, être dans
l'application une cause de préjudice considérable pour le mandant, le
cas échéant où l'insolvabilité de son mandataire rendrait inefficace le recours qu'il a contre celui-ci ; toutefois elle est, au fond, dans son intérêt, car il serait réduit à la nécessité d'agir toujours par lui-même si
les torts de son mandataire à son égard suffisaient à le dégager vis-à-vis
des tiers qui, sur la foi de la procuration, auraient traité avec ce dernier.
D'ailleurs, hâtons-nous de le dire, si la règle protége les tiers, c'est à
une condition qui n'est pas formulée, il est vrai, dans notre article,
mais dont nous trouvons le principe dans les art. 2005 et 2009, que
nous aurons à expliquer au chapitre suivant. Ces articles, en disposant
également que les engagements du mandataire, dans les cas qui y sont
spécialement prévus, doivent être exécutés à l'égard des tiers, y mettent
pour condition *que les tiers aient été de bonne foi.* Il faut, sans hésiter,
sous-entendre la même condition dans le cas de notre article, et dire
que si tout acte fait par le mandataire au nom du mandant oblige ce
dernier dès que l'acte *est ou paraît* renfermé dans les termes de la procuration, c'est à la condition que les tiers qui ont traité avec le mandataire aient été de bonne foi.

Ceci explique et justifie pleinement un arrêt duquel il résulte que
lorsqu'un mandataire a déserté les intérêts de son mandant et passé un
acte de vente préjudiciable à ce dernier, si l'acquéreur a été de concert
avec le mandataire pour cet abandon des intérêts du mandant, les
juges peuvent déclarer, en ce cas, que la vente est nulle (3). Peut-être
la décision n'est-elle pas parfaitement motivée, en ce que les juges mettant le mandant en scène comme s'il eût traité personnellement de la
vente de sa chose, font résulter la nullité du contrat de ce que le dol et

(1) Pothier (*Mandat, loc. cit.*).
(2) Req., 8 nov. 1843 et 14 juin 1847 (S. V., 43, 1, 852 ; 48, 1, 37 ; Dalloz, 44, 1, 7 ;
47, 1, 332 ; *J. Pal.*, 1848, t. I, p. 44).
(3) Req., 8 mars 1825 (S. V., 26, 1, 20 ; Coll. nouv., 8, 1, 69 ; Dalloz, 25, 1, 193).

la fraude pratiqués à l'égard du vendeur auraient vicié son consentement. Dans la vérité des principes, la vente consentie par le mandataire était nulle ou n'était pas opposable au mandant, parce que l'acheteur, en traitant avec le mandataire, s'était associé aux pratiques de ce dernier et avait manqué de bonne foi : la décision dès lors était, au fond, on ne peut mieux justifiée.

Nous n'en saurions dire autant d'un autre arrêt de rejet aux termes duquel un mandant est resté dépourvu de l'action en revendication d'un immeuble acquis en son nom et pour son compte par le mandataire, qui ensuite, au lieu de livrer la chose à l'acquéreur, en avait fait donation à un tiers (1). Sans doute, si le tiers eût été de bonne foi, toute recherche aurait été impossible à son égard ; c'est ce que déclare, avec raison, la Cour de Rennes dont l'arrêt était déféré à la censure de la Cour de cassation. Mais il était allégué, dans l'espèce, que le tiers avait une connaissance exacte de la véritable situation du mandataire ; et la Cour de Rennes décide que, nonobstant cela, le tiers ne doit pas être recherché, et que tout au plus le mandant, reprochable pour avoir suivi la foi de son mandataire, pourrait-il avoir, suivant les circonstances, une action en indemnité contre ce dernier. La Cour, en cela, nous semble avoir méconnu les principes, et, à notre avis, son arrêt aurait dû être cassé.

1066. Disons plus : l'erreur *imputable aux tiers* devrait, sous le rapport qui nous occupe, être assimilée à leur mauvaise foi. Si le mandant peut être lié par les actes du mandataire, bien qu'en réalité ces actes dépassent le mandat, encore faut-il que ceux qui ont traité avec le mandataire aient eu juste sujet de croire que les actes faits avec lui rentraient dans ses pouvoirs, et qu'ils ne soient pas tombés, en le supposant, dans une erreur à eux imputable, en ce qu'ils pouvaient aisément et qu'ils devaient l'éviter. Il a été justement décidé, en ce sens, qu'une compagnie d'assurance n'est pas responsable des abus de confiance commis par son agent, même à l'occasion de faits se rattachant à l'exercice de ses fonctions, si par la simple lecture des actes d'adhésion ou des polices qu'elle a signées la personne qui a été victime de l'abus de confiance a pu connaître la limite des pouvoirs de l'agent (2).

La Cour d'Amiens est allée plus loin encore : elle a décidé que l'acte fait par un mandataire, en vertu d'une copie erronée du mandat, doit, par application des art. 1109 et 1110 du Code Napoléon, être considéré comme non avenu s'il dépasse les pouvoirs déterminés par l'original même de ce mandat ; et qu'il en est ainsi non-seulement entre le mandataire et le mandant, mais aussi à l'égard des tiers envers lesquels le mandant, qui est étranger à l'erreur commise, ne peut être engagé au delà des termes du mandat qu'il a réellement donné (3). En fait, il s'agissait d'un mandat transmis télégraphiquement et d'un marché qui,

_____

(1) Req., 20 nov. 1839 (S. V., 40, 1, 249; Dalloz, 40, 1, 38).
(2) Orléans, 12 nov. 1860 (Dalloz, 61, 2, 21).
(3) Amiens, 11 mai 1854 (S. V., 55, 2, 186; *J. Pal.*, 1855, t. I, p. 58; Dalloz, 59, 2, 147).

par suite d'une erreur commise par les préposés du télégraphe dans la rédaction de la dépêche, avait été conclu pour un prix inférieur à celui que le mandant avait fixé. Dans cette situation, les tiers, qui n'avaient pas le mandant pour obligé, étaient également sans recours soit direct, soit indirect, contre le mandataire. Ils ne pouvaient atteindre ce dernier directement et lui demander une indemnité ; cela ressort avec évidence des principes ci-dessus exposés à l'occasion de l'art. 1997 (*suprà*, nos 1054 et suiv.). Ils ne pouvaient pas l'atteindre non plus indirectement en usant du détour de l'art. 1166, car le mandataire ne devait rien au mandant et n'était pas responsable vis-à-vis de lui, n'ayant ni faute, ni tort à se reprocher. Et comme ils ne pouvaient pas non plus s'adresser aux préposés du télégraphe, que la loi déclare irresponsables, et dont la responsabilité n'est engagée, d'après la jurisprudence, qu'autant qu'ils sont sortis de l'exécution des règlements régissant leurs rapports avec le public (1), il se trouvait, dans l'espèce, qu'ils avaient, eux à qui cependant aucun tort ne pouvait non plus être reproché, à supporter tout le poids de l'erreur par l'effet de laquelle leur contrat était annulé.

Aussi faut-il ne voir là qu'une décision d'espèce et n'accepter la solution que sous certaines réserves. La généraliser, ce serait se mettre en lutte avec l'esprit qui a inspiré la disposition des art. 2005 et 2009 ; ce serait enlever toute sûreté aux tiers qui traiteraient avec des mandataires porteurs de procurations transmises par la voie télégraphique. C'est pourquoi nous écartons de la cause un argument que la Cour d'Amiens nous semble y avoir introduit mal à propos, l'argument tiré des art. 1109 et 1110, lequel prouverait trop s'il pouvait être pris ici comme dominant la situation ; et, nous arrêtant à la circonstance déterminante, nous disons que l'arrêt peut trouver sa justification dans cette idée, formulée par la Cour elle-même, que le tiers acheteur avait été prévenu de l'erreur suffisamment à temps pour qu'elle n'eût pas pu être pour lui la cause d'un dommage quelconque en dehors de la non-réalisation du contrat.

1067. En terminant sur le premier paragraphe de notre article, notons un cas qui se distingue de celui où les tiers traitent sous la foi d'un mandat renfermant en apparence pouvoir de faire l'acte par eux conclu avec le mandataire, lequel acte se trouve néanmoins en réalité en dehors de la procuration, soit parce que l'objet de la procuration a été déjà consommé, soit parce que des événements ultérieurs l'ont modifiée ou y ont mis fin : c'est le cas où le mandat apporte lui-même, *ab initio,* certaines restrictions ou modifications dans l'exercice des pouvoirs du mandataire. Si, dans ce dernier cas, les tiers font avec ce dernier des opérations excédant les pouvoirs décrits en la procuration, ils n'ont pas d'action contre le mandant. Ils sont en faute pour ne s'être pas fait représenter l'acte de mandat, et ils n'auraient plus alors que le recours dont parle l'art. 1997, c'est-à-dire le recours contre le mandataire qui ne donne pas à la partie avec laquelle il contracte une suffisante connais-

---

(1) Arr. C. d'Ét., 10 sept. 1855 (Dalloz, 56, 3, 34).

sance de ses pouvoirs. C'est ainsi qu'il faudrait décider, au moins en thèse générale.

Cependant, mais par exception seulement, l'action des tiers contre le mandant pourrait être admise même en ce cas : il en serait ainsi spécialement si les tiers pouvaient être considérés comme dispensés par les circonstances d'exiger l'exhibition de la procuration. Telle était l'hypothèse précisément dans l'affaire que nous avons appréciée plus haut dans des observations auxquelles nous renvoyons le lecteur (*suprà*, n° 981, § 3). Il en était de même encore dans une autre espèce à l'occasion de laquelle il a été décidé qu'en matière commerciale, le mandant qui a donné pouvoir à plusieurs personnes de s'obliger en son nom, mais seulement *conjointement*, peut néanmoins être condamné à payer des effets souscrits par une seule d'entre elles, si cette personne était notoirement connue pour son mandataire, et si le mandant, ayant eu connaissance de la souscription de ces effets, n'a pas réclamé (1). En jugeant qu'en un tel cas on ne peut reprocher aux tiers de bonne foi de ne s'être pas enquis des modifications ou restrictions du mandat, les magistrats se sont justement inspirés des circonstances particulières de la cause. De plus, il était possible de voir dans l'espèce une ratification tacite de la part du mandant.

Ceci nous conduit naturellement à l'examen du deuxième paragraphe de notre article.

III. — 1068. Le mandant n'est pas tenu, en principe, de ce qui a pu être fait par le mandataire au delà du pouvoir qui lui a été donné. Tous actes faits par le mandataire en dehors de ses pouvoirs sont comme non avenus à l'égard du mandant; celui-ci n'a pas même à attaquer ces actes soit par la voie de l'action en nullité, soit de toute autre manière; il lui suffit de les méconnaître comme *res inter alios acta;* car c'est une règle, fondamentale en notre matière, et à laquelle nous avons plusieurs fois déjà fait allusion, que si le mandataire représente le mandant, c'est seulement dans les faits et les actions qui tiennent au mandat et s'y trouvent compris. D'ailleurs, nous n'avons plus à dire quels actes sont à considérer comme consentis par le mandataire en dehors de ses pouvoirs : nous nous sommes expliqué à cet égard dans notre commentaire des art. 1988 et 1989, tant au point de vue du mandat conçu en termes généraux (*suprà*, n°^{s} 909 et suiv.) que relativement au mandat exprès (*suprà*, n°^{s} 937 et suiv.). Nous ne pouvons que nous référer aux observations développées que nous avons présentées sur ce point.

1069. Nous n'avons pas non plus à revenir sur la situation qui, dans le cas donné, est faite aux tiers avec lesquels le mandataire a traité. Nous savons, par ce qui a été dit sur l'art. 1997, que, dépourvus d'action contre le mandant pour avoir fait avec le mandataire un acte sortant des limites de la procuration, les tiers peuvent n'avoir pas non plus de recours contre ce dernier, et que notamment ils n'ont pas à recourir contre lui s'ils ont traité ayant pris connaissance suffisante de ses pouvoirs

---

(1) Req., 24 fév. 1829 (S. V., 30, 1, 234; Coll. nouv., 9, 1, 239; Dalloz, 29, 1, 159).

(*suprà,* nᵒˢ 1056 et suiv.). Bornons-nous donc, en résumant la situation, à préciser que, sur ce point, les tiers ont le choix entre le mandant et le mandataire; que, suivant qu'ils prennent ou ne prennent pas connaissance de la procuration, ils peuvent s'attacher à la personne de l'un ou de l'autre; et passons, sans insister davantage, à l'exception que, d'après les termes mêmes de la loi, comporte le principe par elle posé.

1070. Les actes faits par le mandataire en dehors de ses pouvoirs, tout étrangers qu'ils soient, en principe, au mandant, peuvent devenir siens et obligatoires pour lui par l'assentiment et l'approbation qu'il leur donnerait après coup. En effet, d'après la seconde disposition de notre article, le mandant n'est tenu de ce qui a pu être fait par le mandataire au delà de ses pouvoirs qu'*autant qu'il l'a ratifié expressément ou tacitement.* Nous avons à nous expliquer sur le caractère de la ratification dont il s'agit ici; sur les excès de pouvoir qu'elle peut couvrir; sur la forme en laquelle elle peut se produire; enfin, sur les effets qui en résultent.

1071. Le mandant qui consent à approuver un acte excédant les pouvoirs par lui conférés à son mandataire fait ce qu'on nomme proprement une ratification : *ratihabitio mandato æquiparatur.* Toutefois, il faut se garder de confondre la ratification dont parle notre article avec celle que le législateur a en vue à l'art. 1338, en traitant des actes récognitifs et confirmatifs, dans le titre *Des Contrats ou Obligations conventionnelles en général.* Dans l'espèce de ce dernier article, le législateur suppose une obligation nulle ou rescindable, une obligation contre laquelle la loi admet l'action en nullité ou en rescision, et il dispose que l'acte de confirmation ou ratification n'est valable que lorsqu'on y trouve la substance de cette obligation, la mention du motif de l'action en rescision et l'intention de réparer le vice sur lequel cette action est fondée. C'est seulement, en effet, par ces énonciations que la ratification peut se montrer comme faite spécialement en vue de donner à l'obligation la force et la valeur qui lui manquent et de réparer les vices dont elle est affectée. Dans l'espèce de notre article, c'est tout autre chose : il s'agit là d'actes qui ne sont sujets en eux-mêmes ni à nullité, ni à rescision, et qui seulement sont entachés d'excès en ce que celui de qui ils émanent n'avait pas des pouvoirs suffisants pour les consentir. Donc, pour que le vice soit réparé, il suffit que celui dont la volonté a été méconnue, venant à connaître l'acte, se l'approprie comme s'il l'eût fait lui-même; et la ratification au moyen de laquelle il se l'approprie n'a nullement besoin, pour produire son effet, d'être accompagnée des mentions et énonciations auxquelles la ratification des obligations est assujettie par l'art. 1338.

Cette distinction, que la doctrine a toujours proclamée (1), avait été

(1) *Voy.* MM. Delvincourt (aux notes, t. III, p. 248, note 5); Favard (vᵒ Mandat, § 2, art. 2, nᵒ 2); Toullier (t. VIII, nᵒˢ 491 et 502); Duranton (t. XIII, nᵒ 265, et t. XVIII, nᵒ 258); Massé et Vergé, sur Zachariæ (t. V, p. 52, note 4); Boileux (t. VI, p. 600); Aubry et Rau (t. III, p. 471, note 2); Troplong (nᵒˢ 609 et suiv.).

méconnue pourtant par la Cour de Nîmes à propos d'une ratification donnée par un mandant à la transaction que son mandataire avait faite sur procès. « Attendu, avait dit la Cour, que la ratification de laquelle on veut faire résulter l'approbation de la transaction *ne contient pas la mention du motif de l'action en rescision et l'intention de réparer le vice sur lequel cette action était fondée;* que, d'après l'art. 1338 du Code civil, semblable ratification ne saurait être valable et n'a pas eu l'effet d'éteindre l'action en nullité fondée sur les dispositions de l'art. 1998. » Mais il y avait là une confusion, et la Cour suprême n'a pu manquer de réprimer cette fausse application évidente de l'art. 1338 dès qu'elle lui a été dénoncée. La décision a été cassée, en effet, et la Cour suprême a nettement établi que la ratification des actes faits par un mandataire en dehors ou au delà de ses pouvoirs assure effet à ces actes et ne permet pas de les quereller par action en rescision, bien que la ratification ne contienne pas la substance des conventions ratifiées et la mention des motifs de l'action en rescision; et qu'à cet égard l'art. 1338, applicable à la ratification des obligations qu'on a souscrites soi-même, ne s'applique pas aux conventions faites par un mandataire, la ratification de ces conventions étant réglée uniquement par l'art. 1998 du Code Napoléon (1). On voit encore apparaître parfois dans quelques décisions une certaine confusion dans les motifs exprimés (2). Mais la différence qui sépare les deux articles n'en est pas moins certaine; et, dans l'état actuel de la doctrine et de la jurisprudence, on peut affirmer qu'en toute circonstance où la question se présenterait d'une manière directe, cette différence serait inévitablement déclarée.

Une autre difficulté pourtant pourrait se produire. Bien qu'elle soit affranchie des règles de l'art. 1338, la ratification dont il s'agit dans notre article est, cependant, subordonnée, quant à son efficacité, à une condition nécessaire : il faut au moins que le mandant qui ratifie les actes excessifs de son mandataire le fasse en connaissance de cause. Or, on pourra souvent hésiter sur le point de savoir si, en ratifiant, le mandant a effectivement agi en connaissance de cause, et s'il a été suffisamment éclairé pour n'être pas admis à revenir sur la ratification par lui donnée. Mais on comprend qu'il n'est pas possible de formuler une règle absolue à cet égard. Tout ce qu'on peut dire, c'est que la ratification ne doit être considérée comme efficace et utile qu'autant que le mandant a eu, en la faisant, une connaissance nette sinon de toutes les circonstances, notamment des circonstances secondaires et accidentelles, au moins des circonstances essentielles ou substantielles de l'affaire : *clara et specifica scientia excessûs* (3). Ainsi, pour préciser ceci par un exemple, Paul, mon mandataire, a été chargé par moi de vendre des tableaux à la condition de ne pas traiter pour un prix au-dessous de 10 000 francs;

---

(1) Cass., 26 déc. 1815 (S. V., 16, 1, 243; Coll. nouv., 5, 1, 128; 16, 1, 91; alph., 9, p. 971).
(2) *Voy.* notamment Paris, 14 mai 1853, et Riom, 31 juill. 1851 (S. V., 53, 2, 507; 51, 2, 698; Dalloz, 54, 2, 256; 52, 2, 222; *J. Pal.*, 1854, t. I, p. 434; 1853, t. II, p. 54).
(3) *Voy.* M. Troplong (n°ˢ 613, 614 et 616).

Paul n'a pas trouvé cette somme, et il a vendu moyennant 9000 francs, qu'il m'a remis et que j'ai acceptés. Il y a, dans le fait de l'acceptation, une ratification efficace en ce qu'elle implique une connaissance entière de la circonstance essentielle, c'est-à-dire du marché conclu par mon mandataire dans des conditions autres que celles de la procuration; et il ne me sera pas permis de revenir contre cette ratification sous prétexte que je n'ai pas connu, en la faisant, soit la date du marché, soit le nom des acheteurs auxquels les tableaux ont été livrés.

1072. La ratification est possible quels que soient et de quelque nature que soient les excès commis par le mandataire dans l'exécution du mandat. Si en présence d'un abus qui implique la méconnaissance la plus absolue des ordres du mandant il convient pourtant à ce dernier de ratifier, la ratification peut être donnée, et nul ne saurait avoir à y redire. Bien plus : la ratification peut s'attacher aux actes d'un mandataire purement apparent et valider ces actes (1), ou à ceux d'un mandataire dont le mandat serait nul. Ainsi, le mandat donné par une femme à son mari de vendre ou d'hypothéquer ses immeubles, ou de l'obliger solidairement avec lui en consentant des subrogations à son hypothèque légale, est nul en ce qu'il est donné en vertu d'une autorisation maritale manquant de la spécialité exigée par l'art. 223 du Code Napoléon (*suprà*, n° 906). Néanmoins, les actes de subrogation ou autres, consentis par le mari en vertu d'un tel mandat, peuvent être validés et avoir effet s'ils sont l'objet d'une ratification ultérieure de la part de la femme (2).

1073. Enfin, rien ne s'oppose à ce que la ratification vienne s'appliquer à des actes faits par une personne qui n'avait aucun mandat de celui au nom de qui elle a agi. La ratification alors aura de l'utilité, surtout quand les actes consentis ne pourraient pas se soutenir à titre de gestion d'affaires. Mais, même dans le cas où les actes seraient susceptibles de valoir à ce dernier titre, la ratification ne serait pas absolument inutile : elle aurait effet dans la mesure des différences existant entre le quasi-contrat de gestion d'affaires et le contrat de mandat (*suprà*, n°s 846 et 874).

1074. La ratification peut, d'après les termes mêmes de notre article, être faite soit expressément, soit tacitement, et, en l'une ou l'autre forme, elle a la même valeur.

Elle est expresse quand elle est faite par déclaration purement verbale du mandant : seulement, la preuve de cette déclaration ne doit être reçue que conformément aux principes généraux consacrés par les art. 1341 et suivants du Code Napoléon, sur la preuve testimoniale. — Elle est expresse également lorsqu'elle se trouve consignée dans un acte écrit émanant du mandat; et un écrit quelconque, lettre, facture, bordereau, etc., y suffit, pourvu qu'il soit rédigé ou fait spécialement en vue de ratifier.

---

(1) *Voy.* Req., 14 mars 1860 (Dalloz, 60, 1, 258; S. V., 60, 1, 863; *J. Pal.*, 1861, p. 162).
(2) Angers, 26 janv. 1849 (S. V., 50, 2, 29; Dalloz, 49, 2, 53; *J. Pal.*, 1849, t. I, p. 630).

La ratification est tacite quand elle résulte d'un fait impliquant nécessairement l'idée, de la part du mandant, d'approuver les agissements
de son mandataire. Les auteurs citent des exemples nombreux de ratification tacite : ainsi, le fait du mandant qui, n'ignorant rien de la gestion du mandataire, profite néanmoins des actes consentis par ce dernier
en dehors de la procuration; le silence gardé par le mandant sur l'avis
qu'il a reçu de l'inexécution ou de l'exécution abusive du mandat, alors
d'ailleurs qu'il se tait en présence de faits qui l'obligeraient à s'expliquer; etc. La jurisprudence en fournit d'autres, parmi lesquels nous
pouvons citer la réception par le mandant de fonds empruntés par son
mandataire; l'abstention de toute réclamation relativement à un payement anticipé fait au mandataire dont le pouvoir était restreint à toucher les créances échues (1). Mais on comprend que les circonstances
d'où la ratification tacite peut s'induire sont susceptibles de varier à
l'infini : il appartient aux tribunaux, en les appréciant, de décider si la
ratification est ou n'est pas intervenue; leur décision, souveraine à cet
égard, échappe nécessairement au contrôle de la Cour de cassation (2).

1075. L'effet de la ratification est de mettre les actes abusifs ou excessifs du mandataire sur la même ligne que les actes faits dans les conditions mêmes de la procuration. La ratification produit ainsi un effet
rétroactif. Et le principe est fécond en conséquences. Il en résulte, par
exemple, que l'intérêt dû au mandataire, en vertu de l'art. 2001, à raison de ses avances (*infrà*, nos 1090 et suiv.), devra être calculé à dater
du jour où les avances auront été faites et non du jour de la ratification.
Il en résulte également que la perte arrivée avant la ratification reste à
la charge du mandant, alors même qu'elle n'a pas été connue de celui-ci
au moment où il consentait à approuver l'opération ou l'acte consommé
par le mandataire en dehors de ses pouvoirs. Seulement, il convient de
faire, en ce dernier point, une réserve qui, d'après nos précédentes observations, peut d'ailleurs être pressentie : dans le cas où la perte serait
telle que le mandant, s'il en eût connu l'importance, aurait pu ne pas
ratifier, la ratification serait susceptible d'être rétractée, comme n'ayant
pas été faite en connaissance de cause (*suprà*, n° 1071).

Notons, cependant, que l'effet rétroactif de la ratification ne saurait
préjudicier aux droits acquis à des tiers. La Cour de Riom a décidé en
ce sens que la ratification, par le mandant, d'une hypothèque constituée
en vertu d'un mandat dépourvu d'authenticité, et par conséquent nulle
par ce motif (3), ne saurait avoir d'effet rétroactif à l'encontre des
tiers (4). Sans doute, s'il s'agissait ici d'actes simplement annulables,
comme serait, par exemple, la constitution d'hypothèque faite par une

---

(1) Bruxelles, 22 janv. 1809; Rej., 3 juin 1845 (S. V., Coll. nouv,, 2, 2, 208; 45, 1,
830; Dalloz, 45, 1, 324; *J. Pal.*, 1845, t. II, p. 745).
(2) Req., 18 nov. 1824; Cass., 9 mai 1853 (S. V., Coll. nouv., 7, 1, 506; 54, 1, 30;
Dalloz, alph., 9, 752; 53, 1, 293; *J. Pal.*, 1854, t. I, p. 441).
(3) *Voy* notre *Traité-Comment. des Priv. et Hyp.* (nos 470 et 657).
(4) Riom, 31 juill. 1851 (S. V., 51, 2, 698; Dalloz, 52, 2, 222; *J. Pal.*, 1853, t. II,
p. 54). — *Voy.* aussi MM. Troplong (n° 620); Massé et Vergé, sur Zachariæ (t. V,
p. 52, note 4, *in fine*); Boileux (t. VI, p. 601).

personne en état de minorité, nous dirions que la ratification d'un tel acte consentie ultérieurement par le mineur devenu majeur est opposable même au créancier qui aurait acquis un droit réel sur l'immeuble dans l'intervalle écoulé entre la cessation de l'incapacité et le jour de la ratification. C'est d'ailleurs l'opinion que nous avons émise dans notre *Traité-Commentaire des Priviléges et Hypothèques;* nous nous référons à ce que nous avons dit sur ce point (1). Mais il s'agit ici d'actes faits *à non domino,* puisqu'ils étaient émanés d'un mandataire qui n'avait pas pouvoir de les consentir. Or, dans ce cas, il ne saurait appartenir au mandant, en ratifiant ce qui jusqu'à la ratification était *res inter alios acta,* de compromettre ou même d'annihiler les droits qu'il aurait pu conférer lui-même auparavant à des tiers.

1076. Il n'en est pas moins vrai, pourtant, que la ratification est un acte purement volontaire de la part du mandant, et, par suite, qu'il dépend de celui-ci d'être obligé envers les tiers qui ont traité avec le mandataire, tandis qu'il ne dépend pas de ces tiers d'être ou de n'être pas obligés envers lui. Ils ne seront obligés qu'autant que le mandant le voudra, et, s'il le veut, ils seront forcément obligés. Mais cette inégalité est le résultat ou la peine de l'imprudence des tiers; ils ont à s'imputer d'avoir traité avec un mandataire hors des termes de la procuration ou sans en avoir pris connaissance.

Cependant, quelque maître qu'il soit de la situation, le mandant n'en est pas moins tenu à une certaine réserve. Il ne pourrait pas, par exemple, en scindant l'opération accomplie par le mandataire, accepter celles des conditions qui lui seraient profitables et rejeter celles qu'il trouverait onéreuses. Les agissements du mandataire doivent être pris dans leur ensemble; et, suivant qu'il convient au mandant de les accepter ou de les répudier, il les doit accepter ou répudier pour le tout. Toute prétention contraire devrait être écartée comme répugnant à la bonne foi (2) : seulement, ceci n'exclut en aucune manière le droit pour les parties de modérer plus ou moins, par la convention, les effets de la ratification. S'il n'appartient pas au mandant d'imposer aux tiers, par une ratification partielle, la division de l'affaire conclue entre eux et le mandataire, il peut fort bien leur proposer d'abandonner quelques-uns des avantages stipulés en leur faveur comme condition de la ratification qu'il consentirait quant au surplus. Le mandant userait en cela d'un droit parfaitement légitime; et si la proposition était acceptée, la convention serait inattaquable : le mandant aurait pu ne pas ratifier du tout; il a pu, par cela même, ne ratifier que sous condition : ce n'est pas là, à vrai dire, ratifier pour partie.

1077. Rappelons, en terminant sur ce point : d'une part, que la ratification à l'égard des tiers n'emporte pas nécessairement ratification à l'égard du mandataire, et que, même après avoir ratifié, le mandant

---

(1) *Voy.* notre *Traité-Comment. des Priv. et Hyp.* (n° 616). — *Voy.* cependant Req., 2 août 1859 (S. V., 59, 1, 801; Dalloz, 59, 1, 419; *J. Pal.*, 1860, p. 418).
(2) *Voy.* MM. Troplong (n° 615); Massé et Vergé, sur Zachariæ (*loc. cit.*).

conserve son recours contre ce dernier à raison des abus de pouvoir par lui commis dans sa gestion (*suprà,* n° 987); d'une autre part, que le mandant peut être obligé directement envers les tiers, même pour des actes faits par le mandataire en dehors du mandat, quand ces actes sont susceptibles de se soutenir à titre de gestion d'affaires (*suprà,* n° 910).

IV. — 1078. Ici s'arrêtent les observations que nous avions à pré- senter touchant les obligations résultant du contrat de mandat et incom- bant au mandant vis-à-vis des tiers. C'est maintenant le cas d'aborder le commentaire des articles suivants (1999-2002), qui traitent des obligations du mandant envers son mandataire. Mais auparavant il con- vient de s'arrêter un instant à un point réservé plus haut (n° 1060), et qui apparaîtra plus clairement maintenant que nous avons précisé les rapports établis par le contrat non-seulement entre les diverses parties qu'il intéresse, mais encore entre ces parties et les tiers : nous voulons parler de la différence existant entre le mandataire et le prête- nom.

1079. Au surplus, c'est exclusivement à l'égard des tiers que cette différence se produit. Il n'en existe aucune, en effet, du mandant au mandataire. Comme il n'y a pas de forme sacramentelle pour la consti- tution du mandat, il s'ensuit qu'entre le mandant et le mandataire les effets sont absolument indépendants de la forme ou du mode sous le- quel la charge ou le pouvoir d'agir a été conféré. Ainsi, une vente, une cession, une donation, ou tout autre acte, pourra bien investir en appa- rence l'acquéreur, le cessionnaire, le donataire, de tous les droits du propriétaire; ce n'en sera pas moins un mandat qui, entre les parties, aura les effets propres à ce contrat dès qu'il sera entendu entre elles qu'en réalité c'est un mandat seulement qui est intervenu. Mais à l'é- gard des tiers, c'est tout autre chose : vis-à-vis d'eux, les rapports soit du mandataire, soit du mandant, sont changés du tout au tout. Le man- dataire, que l'on désigne alors sous la qualification technique de *prête- nom,* agit pour lui-même et sans faire connaître la personne du man- dant. C'est donc lui seul qui est personnellement obligé, comme nous l'avons fait remarquer déjà à diverses reprises; en sorte que tous les actes par lui passés avec les tiers, quelque contraires qu'on les suppose aux ordres du mandant, doivent être maintenus et restent obligatoires. Quant au mandant, il ne peut attaquer ces actes sous aucun prétexte; fussent-ils faits complétement en dehors des bornes du mandat, fussent- ils passés après que le mandat a pris fin, ils sont absolument inattaqua- bles de la part du mandant.

1080. Il y a pourtant à ceci une restriction importante qu'il convient de préciser immédiatement : il faut que les tiers avec lesquels le *prête- nom* a traité aient été de bonne foi, c'est-à-dire qu'ils aient ignoré la qualité du prête-nom et qu'ils l'aient pris pour le maître de l'affaire. Cette restriction, fondée tout à la fois sur les principes d'équité les plus évidents et sur l'esprit qui a inspiré la disposition des art. 2005 et 2009 (*suprà,* n° 1064), est consacrée dans un arrêt notable duquel il résulte que le prête-nom, *vis-à-vis des tiers qui connaissent sa qualité*, n'a d'autres pouvoirs que ceux d'un mandataire, en sorte que les actes faits restent sans valeur quand ils ont été accomplis après l'expiration des pouvoirs du mandataire par le décès du mandant; et qu'à cet égard il importe peu que la qualité de prête-nom résulte d'une contre-lettre ayant acquis date certaine seulement depuis le décès du mandant si d'ailleurs, avant ce décès, la qualité de prête-nom était connue du tiers avec lequel le prête-nom a traité (1). Il était produit, dans l'espèce, une consultation en sens contraire de MM. Piet et Vatimesnil, dont l'argumentation était principalement tirée de l'art. 1321, aux termes duquel les contre-lettres ne peuvent avoir leur effet qu'entre les parties contractantes. Mais la question n'était pas de savoir si les stipulations de la contre-lettre étaient ou non opposables aux tiers : il s'agissait de décider si, lorsqu'en traitant avec un prête-nom, les tiers ont connu cette qualité soit au moyen d'une contre-lettre qui a passé sous leurs yeux, soit d'une autre manière quelconque, ils ne savent pas, par cela même, qu'ils traitaient avec un mandataire et non avec le maître de l'affaire. Or, ce point de fait ne pouvant pas être résolu autrement que par l'affirmative, la conséquence, dans l'espèce, devait être que les tiers n'étaient pas admissibles à se prévaloir du titre apparent de prête-nom.

1081. D'ailleurs, il y a une situation qu'il ne faut pas confondre avec celle du prête-nom, et qui pourtant doit être distinguée aussi soit de celle du mandataire, soit de celle du commissionnaire : c'est la situation de celui qui traite pour un autre qu'il se réserve de nommer plus tard. Nous sommes ici en présence de la stipulation dont Marcadé a précisé le caractère dans son commentaire de l'art. 1584 du Code Napoléon (2), et qui est connue sous le nom de *faculté d'élire, déclaration de command* ou *élection d'ami*. On appelle *commandé* celui qui traite en se réservant la faculté de faire cette déclaration.

Or, le commandé se distingue du prête-nom : d'un côté, il ne se présente pas comme maître apparent de l'affaire; d'un autre côté, il agit non pas en vertu d'un mandat préexistant quoique secret, mais pour lui, sauf l'événement d'une sorte de condition résolutoire qui, en se réalisant, effacera son intervention.

Mais il se distingue aussi soit du mandataire, soit du commissionnaire : du mandataire, en ce qu'il procède non pas au nom d'un mandant dont il puisse représenter les ordres, mais en son propre nom, si bien que, suivant l'occurrence, il peut rester l'acquéreur définitif; du commissionnaire, en ce que, dans la réalité, il ne procède pas uniquement en son propre nom, et surtout en ce qu'il se trouvera complétement délié envers le tiers (le vendeur) dès que la déclaration de command aura lieu, la personne nommée devant prendre sa place avec effet rétroactif.

---

(1) Rej., 9 fév. 1848 (S. V., 48, 1, 481; Dalloz, 48, 1, 97; *J. Pal.*, 1848, t. II, p. 129).

(2) *Voy.* Marcadé (t. VI, p. 146 et 147). *Voy.* aussi M. Troplong (*Du Mandat*, n° 548; *De la Vente*, nᵒˢ 64-76).

1999. — Le mandant doit rembourser au mandataire les avances et frais que celui-ci a faits pour l'exécution du mandat, et lui payer ses salaires lorsqu'il en a été promis.

S'il n'y a aucune faute imputable au mandataire, le mandant ne peut se dispenser de faire ces remboursement et payement, lors même que l'affaire n'aurait pas réussi, ni faire réduire le montant des frais et avances sous le prétexte qu'ils pouvaient être moindres.

2000. — Le mandant doit aussi indemniser le mandataire des pertes que celui-ci a essuyées à l'occasion de sa gestion, sans imprudence qui lui soit imputable.

2001. — L'intérêt des avances faites par le mandataire lui est dû par le mandant, à dater du jour des avances constatées.

2002. — Lorsque le mandataire a été constitué par plusieurs personnes pour une affaire commune, chacune d'elles est tenue solidairement envers lui de tous les effets du mandat.

SOMMAIRE.

IV. 1101. *Payement des salaires.* Le mandant doit payer au mandataire le salaire qui peut lui être dû soit par convention expresse, soit par une convention tacite ou d'après les circonstances; — **1102.** Pourvu qu'il n'y ait aucune faute imputable au mandataire; — **1103.** Et surtout pourvu qu'il n'y ait pas dol de sa part. — **1104.** Le salaire promis n'est pas moins dû, bien que le mandataire ait reçu également un mandat salarié pour accomplir la même affaire de la personne avec laquelle le mandat le charge de traiter. — **1105.** Du cas où le mandat se trouve accompli sans que le mandataire s'en soit occupé; — **1106.** Et de celui où l'exécution du mandat se trouve arrêtée soit par force majeure, — **1107.** Soit par la révocation des pouvoirs conférés au mandataire. — **1108.** Le salaire est dû, bien que l'affaire n'ait pas réussi; il en est du salaire, sous ce rapport, comme des avances : renvoi. — **1109.** Mais le salaire diffère des avances en ce qu'il peut être réduit s'il paraît aux juges dépasser les limites d'une rémunération raisonnable des soins du mandataire. — **1110.** Le mandataire qui se substitue un tiers en lui promettant un salaire peut-il faire supporter ce salaire au mandant? — **1111.** Il en diffère encore en ce que les intérêts en sont dus seulement du jour de la demande.

V. 1112. *Indemnité des pertes.* Le mandant, aux termes de l'art. 2000, doit indemniser le mandataire des pertes que celui-ci a essuyées à l'occasion de sa gestion. — **1113.** Cet article coupe court aux anciennes controverses touchant la distinction entre le cas où les pertes sont la suite directe du mandat et le cas où le mandat n'en a été que l'occasion : aujourd'hui, l'indemnité est due dans les deux cas; — **1114.** Mais il faut que le mandataire ne soit pas en faute. — **1115.** Du cas où la perte essuyée par le mandataire est arrivée par la faute ou le dol du mandant. — **1116.** L'art. 2000 s'applique au mandat salarié aussi bien qu'au mandat gratuit. — **1117.** Transition à l'action accordée au mandataire en vue des obligations du mandant envers lui.

VI. 1118. L'action que le mandat engendre au profit du mandataire contre le mandant est, en elle-même, purement chirographaire; elle peut, en certains cas, être privilégiée. — **1119.** A partir de quel moment elle peut être exercée. — **1120.** Quelle en est la durée. — **1121.** Est-elle garantie par un droit de rétention? Renvoi. — **1122.** Le mandataire a, d'ailleurs, toutes les voies d'exécution qui sont à la disposition d'un créancier en général. — **1123.** Par une dérogation au droit commun, il a le bénéfice de la solidarité lorsqu'il a été constitué par plusieurs personnes (art. 2002) : — **1124.** Motifs. — **1125.** Mais la solidarité dans tous les cas n'existe entre les mandants que si le mandataire a été constitué, 1° par plusieurs personnes, 2° pour une affaire commune. — **1126.** Application de notre article aux avoués. *Quid* des arbitres, des experts, des notaires? — **1127.** *Quid* à l'égard des syndics de faillite? — **1128.** Et de l'avoué chargé d'occuper dans une instance intéressant la faillite? — **1129.** Et de l'associé gérant? — **1130.** La ratification ne donne lieu à une action solidaire contre ceux de qui elle émane que si elle est faite par le même acte.

I. — 1082. Nous arrivons maintenant aux obligations du mandant envers le mandataire : les quatre articles que nous réunissons ici se réfèrent tous à ces obligations.

Nous savons déjà qu'il n'en est pas de ces obligations comme de celles qui incombent au mandataire : elles ne sont pas essentielles et nécessaires dans le contrat de mandat, qui peut très-bien se former et exister dans ses conditions constitutives sans que de telles obligations y prennent naissance, puisqu'il peut très-bien arriver que le mandat ait été gratuit dans toute la rigueur du mot et que le mandataire n'ait fait aucune dépense ni éprouvé aucune perte dans l'exécution (*suprà,* n° 801). Mais il faut noter dès l'abord que si l'obligation vient à naître, le mandataire a droit d'en exiger l'exécution, quelle que soit la personne pour le compte de laquelle il a agi : seulement, il peut arriver que celui de qui le mandat émane ne soit pas tenu personnellement. Tel est le cas, par exemple, où le mandant ne serait lui-même que le mandataire ou le préposé d'une autre personne. La jurisprudence contient sur ce point des décisions nombreuses et diverses. Ainsi, la Cour de cassation a jugé spécialement qu'un receveur de l'enregistrement qui charge un huissier de poursuivre un redevable n'est pas tenu personnellement des frais dus à cet huissier, tout en reconnaissant néanmoins que l'huissier, dans l'espèce, aurait pu s'adresser au receveur si celui-ci était resté dans l'exercice de ses fonctions et tant qu'il y serait resté(1). Elle a décidé de même que l'avoué qui a été chargé soit par une société anonyme d'occuper dans une instance pour cette société (2), soit par un maire d'occuper pour une commune (3), soit par le syndic d'occuper dans une instance intéressant la faillite (4), n'a pas d'action personnelle, pour le payement des frais, soit contre le directeur de la société, soit contre le maire, soit contre le syndic, et qu'il doit s'adresser à la société elle-même, ou à la commune, ou à la faillite. Il suit de là que si le mandat donne lieu, le cas échéant, à une obligation d'indemniser le mandataire, cette obligation du moins ne peut être poursuivie contre le mandant lui-même quand il a agi, en conférant le mandat, comme mandataire ou préposé : ce qui rentre parfaitement dans les principes que l'art. 1999 nous a fourni l'occasion d'exposer.

1083. Les obligations dont nous avons maintenant à nous occuper consistent pour le mandant : 1° à rembourser au mandataire les dépenses qu'il a faites pour l'exécution du mandat ; 2° à lui payer les salaires qui peuvent lui être dus ; 3° et à l'indemniser des pertes qu'il a essuyées à l'occasion de sa gestion. Les deux premières obligations font l'objet de l'art. 1999 ; l'art. 2000 s'occupe de la troisième.

1084. Le Code ne dit rien d'une quatrième obligation dont parle Pothier (5) : le mandant devait procurer au mandataire la décharge des engagements contractés par ce dernier pour l'exécution du mandat. Il y a, dans cette omission par le Code, une autre raison encore de maintenir tout ce que nous avons eu déjà l'occasion de dire touchant le caractère distinctif du mandat (agissement d'une personne *au nom d'une autre*), et la réserve dont il faut user pour introduire dans notre matière les principes qui la régissaient sous l'ancien droit et en droit romain. En effet, cette quatrième obligation, que le Code ne mentionne pas à propos du mandat proprement dit, subsiste encore néanmoins quand le représentant a joué le rôle de commissionnaire ; en sorte que le mandant devra procurer au mandataire, obligé envers des tiers par suite de l'exécution du mandat, la décharge de ses engagements toutes

_____

(1) Req., 24 mars 1825 (S. V., 26, 1, 201; Coll. nouv., 8, 1, 91; Dalloz, 25, 1, 239).
(2) Req., 6 mai 1835 (S. V., 35, 1, 325; Dalloz, 35, 1, 268).
(3) Cass., 17 juill. 1838 (S. V., 38, 1, 577; Dalloz, 38, 1, 325).
(4) Req., 24 août 1843 (S. V., 43, 1, 757; Dalloz, 45, 1, 453); Lyon, 8 nov. 1860 (S. V., 61, 2, 15; *J. Pal.*, 1861, p. 195). *Voy.* cependant Paris, 12 août 1830, et Bordeaux, 24 avr. 1838 (S. V., 30, 2, 356; 38, 2, 269; Dalloz, 30, 2, 251; 38, 2, 145).
(5) *Voy.* Pothier (nᵒˢ 68, 80 et 81).

les fois que celui-ci aura agi *en son propre nom*. A défaut d'une disposition précise dans notre titre, qui n'en contient pas sur ce point, le
mandataire pourra prendre texte et argumenter de l'art. 1375, aux
termes duquel le maître dont l'affaire a été bien administrée doit non-
seulement remplir les engagements contractés par le gérant en son nom,
mais encore *indemniser le gérant de tous les engagements personnels
qu'il a pris*.

1085. Nous avons maintenant à reprendre en détail les obligations
du mandant telles qu'elles sont définies par les articles ci-dessus. Ainsi,
nous nous occuperons successivement : 1° du remboursement, en capital, des avances faites par le mandataire; 2° de l'intérêt de ces avances; 3° du payement des salaires; 4° de l'indemnité des pertes. Après
quoi, pour compléter le commentaire de ces articles, nous traiterons de
l'action ouverte au mandataire pour obtenir l'exécution des obligations
dont le mandant est tenu à son égard.

II. — 1086. La première obligation du mandant vis-à-vis de son
mandataire consiste à tenir ce dernier complétement indemne de ce
qu'il a déboursé pour l'exécution du mandat. Rien n'est plus équitable :
d'un côté, le mandataire qui rend un bon office n'y doit pas être du
sien; d'un autre côté, le mandant, puisqu'il a tout le profit de l'opération faite pour lui et en son nom, en doit supporter les charges et les
frais.

Ainsi, le mandataire a-t-il fait, en dépenses de voyage, en frais de
poursuite ou autres, quelques avances pour exécuter l'ordre du mandant, il en doit être indemnisé. — A-t-il employé et fait servir à la réalisation de l'affaire dont il était chargé non pas de l'argent tiré de sa
caisse, mais le prix d'une chose qui lui appartenait et qu'il a aliénée,
il en doit être remboursé également. C'est de toute évidence, et ce ne
serait pas même la peine de le dire s'il n'y avait à préciser qu'en ce cas,
comme l'indique Pothier d'après Africain (l. 37, ff. *Mand.*), le prix à
rembourser doit être réglé eu égard à ce que valait la chose au moment
où le mandataire l'a employée dans l'intérêt du mandant (1). — Enfin,
l'avance a-t-elle été faite, non pas par le mandataire lui-même, mais
par un tiers pour ce dernier et en son nom, le remboursement n'en est
pas moins dû par le mandant, quand même le tiers aurait entendu faire
don au mandataire des sommes par lui avancées, et n'aurait par suite
aucune répétition à exercer contre ce dernier. Le mandant serait mal
venu à dire qu'il n'en a rien coûté au mandataire pour l'exécution du
mandat; car l'avance ayant été faite par le tiers au nom du mandataire,
il est évident qu'il en coûte à celui-ci le montant de la libéralité à lui
faite et dont à aucun titre le mandant ne saurait profiter (2).

Mais, dans tous les cas, quelles que soient les avances faites dans l'intérêt du mandant, et quelle qu'en soit la source, le mandataire a droit
seulement au remboursement des valeurs réellement employées pour

---

(1) Pothier (n° 71).
(2) *Id.* (n°ˢ 67 et 73). *Junge :* M. Troplong (n° 623).

l'exécution du mandat. Dans une espèce où un mandataire avait payé, en pays étranger, les droits de douane relatifs à des marchandises importées ou exportées pour le compte du mandant, avec des titres au porteur d'un emprunt fait par le gouvernement de ce pays, il a été décidé que le mandant n'était pas tenu de faire raison au mandataire de la différence existant entre la valeur nominale des titres et leur valeur dépréciée au jour du payement des droits, bien qu'en réalité l'administration les eût reçus pour leur valeur nominale (1). La décision est juridique et parfaitement équitable en ce que les titres n'ayant pas, pour le mandataire, d'autre valeur que celle qu'ils avaient sur la place le jour où il en avait fait usage dans l'intérêt du mandant, il est vrai de dire que c'est cette valeur précisément et non pas une valeur supérieure qui avait été par lui déboursée pour l'exécution du mandat.

1087. Le droit au remboursement des avances est naturellement subordonné à une condition qui ressort des termes mêmes de l'art. 1999 : il faut que la dépense n'ait pas été occasionnée par la faute du mandataire. Ainsi doivent être entendues, selon nous, les expressions trop générales de cet article, *s'il n'y a aucune faute imputable au mandataire*. Et en effet, la circonstance que le mandataire aurait commis une faute quelconque dans sa gestion ne saurait toujours suffire à elle seule pour affranchir le mandant de l'obligation de payer ce qui a été déboursé pour l'exécution du mandat. Par exemple, dans un mandat comprenant plusieurs opérations, ou même une seule opération, mais fort compliquée, il arrive que le mandataire est en faute sur quelques points, et, au contraire, que sa gestion est irréprochable et même excellente sur d'autres : évidemment, les dépenses qu'il aura faites à l'occasion de ses actes de bonne administration devront lui être remboursées, et le mandant ne saurait se dispenser d'en tenir compte en s'autorisant de ce que sur quelques points l'affaire a été mal gérée. Tout ce que, dans une telle situation, on peut dire, c'est qu'il y aura lieu d'établir, entre le montant de l'indemnité dont le mandataire serait tenu à raison de ses fautes et les avances dont le mandant doit le remboursement, une compensation par l'effet de laquelle le mandataire pourra ne toucher qu'une faible partie ou même ne rien toucher du tout des sommes par lui déboursées (2). Mais on ne saurait aller au delà.

Il faut donc le dire : c'est seulement quand, dans une certaine mesure, elle a donné lieu à la dépense que la faute du mandataire affranchit le mandant de l'obligation de faire état ou de rembourser les sommes ou les frais avancés. Ainsi, pour emprunter un exemple à la jurisprudence, un tiers a été désigné au mandataire pour se faire payer les frais auxquels pourrait donner lieu l'exécution du mandat; le mandataire néglige de s'adresser à ce tiers qui, plus tard, ne se trouve plus en état de payer : il n'a pas de répétition à exercer contre le mandant, parce que c'est par

---

(1) Req., 15 mars 1854 (S. V., 56, 1, 30; Dalloz, 54, 1, 363; *J. Pal.*, 1855, t. II, p. 398).
(2) *Voy.* Rouen, 16 fév. 1829 (S. V., 30, 2, 344; Dalloz, 31, 2, 20).

sa propre négligence qu'il reste à découvert de ce que lui a coûté l'exécution du mandat (1).

1088. Lorsqu'il n'y a pas, à la charge du mandataire, une faute qui ait donné lieu aux dépenses, le mandant ne peut se dispenser de rembourser sous prétexte que l'affaire n'a pas réussi, et qu'ainsi la dépense a été inutile ; comme aussi il ne peut prétendre à aucune diminution sous prétexte que le mandataire aurait pu agir à moindres frais, et qu'ainsi la dépense a été exagérée. C'est la disposition du deuxième paragraphe de l'art. 1999, qui, en cela, marque l'une des différences existant entre la gestion d'affaires et le mandat.

Toutefois, il convient de ne pas dépasser ici la juste mesure. Certes, la différence est grande, essentielle même, entre le mandat et la gestion d'affaires : tous les auteurs en font la remarque (2). Mais, d'un côté, il ne faut pas perdre de vue qu'en matière de gestion d'affaires l'*utilité* doit être appréciée non pas d'après le résultat définitif et le profit actuel que retire le maître, mais d'après la sagesse qu'il y avait à entreprendre la gestion et à faire la dépense, en sorte que c'est seulement quand l'entreprise est mauvaise en elle-même et dans son principe, et qu'ainsi la dépense est absolument inutile, que le maître ne doit rien. Et, d'un autre côté, prenons garde qu'à l'inverse, dans le mandat, le mandataire, quelque favorable qu'il soit, n'a pas absolument carte blanche pour faire toute espèce de dépense, et qu'il ne devrait pas être écouté s'il demandait le remboursement d'avances par lui faites sans aucune utilité ou avec une exagération manifeste. Il faut donc concilier les choses de manière à ce que tous les intérêts soient sauvegardés.

Ainsi, en usant de quelque tolérance en faveur du mandataire, nous dirons, avec Domat, que « si les dépenses par lui faites excèdent ce que le maître de la chose y aurait employé s'il s'y était appliqué lui-même, celui-ci ne laissera pas d'être tenu de tout ce qui aura été dépensé *raisonnablement et de bonne foi, quoique avec moins de précaution et de ménage.* » (3) Mais on ne devrait concéder rien au delà. Il a été décidé, par exemple, que le notaire qui en qualité de mandataire d'une partie a payé au conservateur des hypothèques pour radiation d'inscription un droit plus élevé que celui dont la loi a fixé l'importance ne peut exiger du mandant le remboursement de ce qu'il a payé en trop (4) ; ou encore, que le mandataire qui payerait des droits de commission ou des suppléments d'intérêt ne pourrait en réclamer le remboursement qu'autant que ces frais ou ces droits extraordinaires seraient consacrés par l'usage (5). En généralisant ces solutions, on peut dire que le mandataire, dans tous les cas où il a visiblement exagéré les dépenses et où il est d'une évidence palpable qu'il aurait pu agir à moindres frais, n'a droit à être remboursé que sur le pied et dans la mesure de ce qu'il aurait dû dé-

---

(1) Req., 15 mars 1821 (S. V., Coll. nouv., 6, 1, 397 ; Dalloz, 21, 1, 199).
(2) *Voy.* notamment Marcadé (art. 1372-1374, n° 2 ; art. 1375, n° 1).
(3) Domat (*L. civ.*, liv. I, tit. xv, sect. 2, n° 3).
(4) Rej., 19 janv. 1831 (S. V., 31, 1, 157).
(5) Bordeaux, 19 juill. 1831 ; Paris, 18 avr. 1836 (S. V., 33, 2, 46 ; 36, 2, 503 ; Dalloz, 32, 2, 17 ; 36, 2, 40).

bourser (1). Cela s'induit, d'ailleurs, du texte même de l'art. 1999, qui, s'il a eu pour but de ne pas permettre au mandant d'élever des chicanes à propos des avances et des frais que pourrait imposer au mandataire l'exécution du mandat, a néanmoins expressément réservé le cas de faute : or, le mandataire est en faute lorsqu'il exagère la dépense, en ce que par là il perd de vue ce type abstrait du bon père de famille sur lequel, comme nous l'avons dit en commentant l'art. 1992 (*suprà*, n°ˢ 990 et suiv.), il doit régler sa gestion.

1089. Les dépenses faites par le mandataire forment l'un des éléments de son compte de gestion (*suprà*, n° 1011). Elles doivent donc être justifiées sur pièces régulières, comme, en général, tous les éléments de ce compte (*suprà*, n° 1002). Mais, nous l'avons dit dans le commentaire de l'art. 1993 (n° 1003), le mandataire peut être dispensé de rendre un compte détaillé. Il peut donc aussi être autorisé par la convention à présenter un simple état de ses avances et à demander au mandant qu'il le rembourse sur ce seul document (2).

1090. Toutes les règles qui viennent d'être exposées sur la disposition de l'art. 1999 relative aux avances sont de même susceptibles d'être modifiées par la convention. Ainsi, les parties pourraient stipuler avec effet que le mandataire recevra une somme fixe pour l'indemniser de toutes les avances qu'il aurait à faire pour l'exécution du mandat; que le salaire convenu lui tiendra lieu de toute indemnité; qu'il aura droit au remboursement seulement en cas de réussite de l'affaire. Il ne saurait y avoir rien à reprendre à de tels arrangements, que devront toujours protéger les principes sur la liberté des conventions.

Ceci dit sur cette disposition de l'art. 1999, il en faut rapprocher immédiatement l'art. 2001, qui a trait aux intérêts.

III. — 1091. Le mandataire, en effet, a droit non pas seulement au remboursement en capital, mais encore, d'après l'art. 2001, « à l'intérêt de ses avances, *à dater du jour des avances constatées.* » Nous trouvons, dans cette exception au principe que les intérêts sont dus seulement du jour de la demande (art. 1153), la contre-partie de la règle établie par l'art. 1996 au profit du mandant (*suprà*, n°ˢ 1041 et suiv.). De même que, par ce dernier article, la loi ne permet pas que le mandataire fasse un gain en se servant indûment des sommes appartenant au mandant, de même, par l'art. 2001, elle entend qu'il n'éprouve aucune perte sur les avances par lui faites; et il serait en perte évidemment s'il ne lui était pas tenu compte de l'intérêt à dater du jour où les avances ont été faites réellement. L'exception à la règle de l'art. 1153 est donc pleinement justifiée.

1092. Le Code Napoléon a succédé, sur ce point, à une législation dont les règles étaient loin d'être arrêtées. En droit romain, le mandataire avait aussi droit à l'intérêt de ses avances (l. 12, § 9, ff. *Mand.*); seulement, ces intérêts, comme tous les intérêts légaux à Rome, de-

____

(1) *Voy.* Pothier (n° 78).
(2) *Voy.* Merlin (*Rép.*, v° Mandat, § 4, n° 1).

vaient être appréciés par le juge : *ex officio judicis præstantur*. Mais dans notre ancien droit français trois doctrines pouvaient se produire, et on peut dire que les trois ont successivement trouvé leur appui dans la jurisprudence de la Cour de cassation.

D'abord, sous l'influence des lois prohibitives du prêt à intérêt, on pouvait considérer les avances du mandataire comme constituant une sorte de prêt, et, par ce motif, déclarer qu'elles ne devaient procurer aucuns intérêts à celui qui les avait faites. Pothier (dont la doctrine, au surplus, a été généralement contredite sur ce point, comme nous le verrons dans notre commentaire *Du Cautionnement*, art. 2028) disait, en ce sens, de la caution qui avait payé pour le débiteur principal, c'est-à-dire d'une sorte de mandataire, qu'en exerçant l'action en répétition, elle a droit de conclure au remboursement du total et aux intérêts seulement *du jour de la demande* (1). Et la Cour de cassation, dans notre matière même du mandat, a jugé qu'en effet les lois qui antérieurement à 1789 défendaient aux prêteurs de stipuler des intérêts pour simple prêt, pouvaient être considérées comme faisant obstacle à ce que les avances du mandataire produisissent des intérêts de plein droit, et que seulement ces lois, d'ailleurs changées sous ce rapport dès avant le Code par celle du 2 octobre 1789, n'empêchaient pas le débiteur de payer volontairement les intérêts qui, une fois comptés au créancier, ne pouvaient plus être répétés (2).

D'un autre côté, on pouvait dire que les lois prohibitives du prêt à intérêt devaient être restreintes à la matière spéciale qu'elles avaient pour objet de réglementer, qu'il n'y avait pas lieu de les étendre au contrat de mandat, et en particulier d'en faire l'application aux avances du mandataire. C'est la solution à laquelle s'est arrêtée la Cour de cassation lorsque, ayant à statuer de nouveau sur la question, au point de vue du droit antérieur au Code, elle a décidé que la déclaration de 1312 et l'ordonnance de Blois de 1579 étaient inapplicables à des avances faites par un mandataire au profit de son commettant, l'art. 2001 du Code n'ayant fait, sur ce point, que consacrer les principes établis en cette matière par les lois romaines et la jurisprudence (3).

Enfin, à défaut d'une disposition précise sur la matière même, on pouvait admettre en principe que les avances faites par le mandataire étaient productives d'intérêts, et quant au point de départ de ces intérêts, en laisser, par une sorte de retour aux règles du droit romain, la fixation au pouvoir discrétionnaire du juge. Et c'est ainsi que la question s'étant produite une troisième fois devant la Cour de cassation à l'occasion d'un mandat accompli à Saint-Domingue dans les années 1791, 1792 et 1793, cette Cour a validé une décision par laquelle les

---

(1) Pothier (*Oblig.*, n° 440).

(2) Req., 6 (et non 26) avr. 1815 (S. V., 15, 1, 313; Coll. nouv., 5, 1, 36; Dalloz, 15, 1, 301).

(3) Cass., 17 mars 1824 (S. V., 25, 1, 147; Coll. nouv., 7, 1, 416; Dalloz, 24, 1, 483).

juges du fond, sans s'arrêter soit à la date des avances constatées, soit à la date de la demande, avaient fixé le point de départ de l'intérêt des avances à une époque intermédiaire qu'ils avaient déterminée d'après les circonstances (1).

Quoi qu'il en soit, la disposition de l'art. 2001 ne comporte pas cette incertitude et ces hésitations : aujourd'hui l'intérêt, aux termes de cet article, est dû de plein droit au mandataire *à dater du jour des avances constatées.*

Seulement, les expressions de la loi présentent deux significations distinctes, entre lesquelles, d'ailleurs, le choix n'a jamais été et ne pouvait pas être douteux. Prises à la lettre, elles peuvent signifier : soit que l'intérêt est dû au mandataire *du jour de la constatation des avances;* soit que, sauf l'obligation pour le mandataire de justifier de ses avances, l'intérêt lui en est dû *à dater du jour où il les a faites.* C'est à cette dernière interprétation, unanimement acceptée d'ailleurs (2), qu'il faut évidemment s'arrêter. La première était discutée devant la Cour de cassation dans l'affaire qui a donné lieu au dernier des arrêts cités au numéro précédent; la Cour n'a pas eu à se prononcer, puisqu'elle statuait sur des avances faites par un mandataire dans les années 1791, 1792 et 1793, et auxquelles les dispositions de l'art. 2001 étaient par conséquent inapplicables. Mais l'organe du ministère public, M. Laplagne-Barris, qui crut devoir examiner et discuter la question, montra clairement que le doute n'était pas possible, et qu'en parlant non pas de la *constatation des avances,* mais *des avances constatées,* le législateur avait suffisamment indiqué, par l'ordre même dans lequel ces deux derniers mots sont placés, que sa pensée avait été préoccupée de l'idée d'aviser à ce que le mandataire n'eût, conformément à l'équité, à souffrir aucun préjudice des services qu'il pourrait rendre au mandant. « Interpréter autrement l'art. 2001, disait justement M. l'avocat général, c'est s'exposer à tomber dans une contradiction choquante. En effet, suivant le droit commun, les sommes réclamées en justice portent intérêt du jour de la demande. Mais si le mandataire, pour obtenir l'intérêt de ses avances, est obligé de les faire constater en justice, il pourra arriver que ces intérêts ne lui soient alloués qu'à partir d'une époque bien postérieure à la demande si, au moment de cette demande, il n'a pas encore les titres et documents établissant la preuve des avances par lui faites : d'où il suivrait que le mandataire, que la loi a voulu spécialement favoriser, serait moins bien traité qu'un créancier ordinaire. C'est ce que l'on ne saurait admettre. » Ainsi, c'est à la date même de l'emploi des sommes dépensées pour le mandant que le mandataire, sauf l'obligation de constater cet emploi, acquiert son droit à l'intérêt; et la constatation dont il est parlé dans l'art. 2001 a pour but d'indiquer que

---

(1) Rej., 16 mai 1836 (S. V., 37, 1, 135; Dalloz, 36, 1, 369).
(2) *Voy.* MM. Duranton (t. XVIII, n° 270); Berriat Saint-Prix (*Not. théor.*, n°ˢ 7950 et 7951); Aubry et Rau (t. III, p. 469); Massé et Vergé, sur Zachariæ (t. V, p. 48, note 6); Mourlon (t. III, p. 446); Boileux (t. VI, p. 608); Troplong (n° 674).

le mandataire doit faire la preuve de ses avances au moyen de pièces justificatives, quittances ou autres (voy. *suprà*, n° 1088).

1093. Maintenant, que faut-il entendre par *avances* pour l'application de l'art. 2001? Ce sont assurément les payements réellement effectués par le mandataire pour le compte du mandant. Mais ce n'est pas tout, et, suivant l'occurrence, le mandataire a droit de se dire en avance par cela seul que, sans avoir effectué le payement, il tient inactives entre ses mains les sommes à la disposition de ceux à qui elles doivent être comptées à la décharge du mandant. Ainsi, le mandant a chargé son mandataire de rembourser ses créanciers à l'époque où les créances seraient exigibles; celui-ci a tenu les fonds prêts de manière à ce que les créanciers qui y avaient droit pussent les recevoir à l'échéance; ils les ont laissés cependant aux mains du mandataire et ne sont venus les toucher que beaucoup plus tard : — les intérêts, a dit justement la Cour de cassation, n'en sont pas moins dus à dater du jour où le mandataire avait eu mission de les payer, puisque à dater de ce jour le mandataire ne pouvait plus faire usage des fonds pour son compte personnel (1).

1094. Mais il ne faut pas confondre avec cette situation celle du mandataire qui aurait en main des sommes liquides appartenant au mandant. Son premier devoir, dans ce cas, serait d'employer les fonds du mandant à l'extinction des dettes, et, s'il y pourvoyait au moyen de ses propres fonds, il n'aurait pas le droit de se dire en avance et ne pourrait invoquer l'art. 2001 pour réclamer l'intérêt des sommes qu'il prétendrait avoir avancées. Le mandataire n'était pas libre de laisser dormir en ses mains les capitaux du mandant et de faire le placement des siens au détriment de ce dernier. C'est la juste remarque de M. Troplong, avec qui il faut dire qu'en pareille occurrence le juge, avant d'appliquer aux avances prétendues du mandataire la disposition de l'art. 2001, aurait à opérer une compensation entre ces avances et les fonds du mandant (2).

Que si, au lieu de sommes liquides, le mandataire avait en main des valeurs du mandant qui ne pourraient être employées qu'à la condition d'être préalablement réalisées, il faudra résoudre d'après les circonstances la question de savoir si les avances que le mandataire aurait faites de ses propres fonds plutôt que d'employer ces valeurs réalisées sont productives d'intérêt dans les termes de notre article. S'il est reconnu que le mandataire a fait acte de bonne administration et agi en bon père de famille en avançant ses fonds, parce que, par exemple, les valeurs du mandant n'auraient pu être convenablement réalisées, l'application de l'art. 2001 ne saurait souffrir aucune difficulté. Si, au contraire, il est établi que les valeurs du mandant étaient facilement et avantageusement réalisables, l'article ne devra pas être appliqué.

1095. L'intérêt des avances est déterminé d'après le taux légal : ainsi, il est de 5 ou de 6 pour 100 suivant que le mandat a le caractère

---

(1) Req., 31 déc. 1845 (S. V., 46, 1, 616; *J. Pal.*, 1846, t. II, p. 433; Dalloz, 47, 4, 307).
(2) *Voy.* M. Troplong (n° 678).

civil ou commercial. Il n'y a rien à préciser sur ce point, si ce n'est que, le mandat étant commercial, l'intérêt des avances doit être alloué au mandataire à raison de 6 pour 100, quand même le mandant ne serait pas commerçant (*suprà*, n° 1051) (1).

1096. Tout mandataire, quel qu'il soit, a droit à l'intérêt des avances constatées. Nous verrons bientôt dans quelle mesure la règle est applicable à l'avoué vis-à-vis du client qu'il représente en justice (*infrà*, n° 1111). Constatons ici qu'elle est appliquée par la jurisprudence spécialement au notaire à raison des avances par lui faites à un client pour les affaires dont celui-ci l'a chargé. C'est ce qu'on peut voir notamment par l'arrêt cité plus haut, n° 1093.

Mais à ce propos est née une question qui, bien qu'elle paraisse aujourd'hui définitivement résolue par la jurisprudence, présente, à nos yeux, les doutes les plus sérieux : c'est la question de savoir s'il faut considérer comme avances, dans le sens de l'art. 2001, les droits d'enregistrement payés par les notaires pour les actes qu'ils ont reçus. La Cour de cassation décide invariablement la négative : tout en maintenant l'idée, inexacte selon nous (*suprà*, n° 853), que les notaires sont des mandataires, elle juge, cependant, que l'art. 2001, bien qu'écrit au titre *Du Mandat,* n'est pas fait pour les notaires, lesquels n'ont droit à l'intérêt de leurs avances, pour frais d'acte ou droit d'enregistrement, que du jour de la demande en justice, par application de l'art. 1153 du Code Napoléon (2). Et les Cours impériales, sauf quelques dissidences, ont suivi cette doctrine (3). Nous avons contesté, pour notre part, cette jurisprudence à diverses reprises, et, en l'examinant de nouveau, nous persistons à penser qu'elle n'est pas dans la vérité juridique. Les motifs en ont été nettement précisés par M. Troplong dans le rapport qui a précédé l'un des arrêts rendus par la Cour suprême, et dont la pensée se reflète dans tous les arrêts qui ont été rendus depuis. Sans doute, a dit en substance l'éminent magistrat, le notaire est le mandataire des parties pour recevoir leurs dispositions et les convertir en acte public ; mais quand il s'agit du payement des droits que le fisc prélève sur les actes, le notaire n'agit plus dans le rôle de simple mandataire des parties ; il paye parce que la loi fiscale lui en impose une obligation spéciale. D'après cela, il est débiteur, personnellement lié envers le Trésor, sauf son recours. C'est donc dans la loi fiscale qu'il faut aller puiser les conséquences de l'obligation qu'elle impose, de cette obligation qui dépasse les limites du mandat. Or, la loi du 22 frimaire an 7, qui, dans

---

(1) Req., 18 fév. 1836; Bordeaux, 17 janv. 1839 (S. V., 36, 1, 940; 45, 1, 644, à la note; Dalloz, 38, 1, 395; 39, 2, 114).

(2) *Voy.* 30 mars 1830, 11 nov. 1833, 24 juin 1840, 18 mars 1850, 24 janv. 1853 (S. V., 30, 1, 131; 34, 1, 29; 40, 1, 503; 50, 1, 381; 53, 1, 180; Dalloz, 30, 1, 188; 34, 1, 36; 40, 1, 259; 50, 1, 101; 53, 1, 29; *J. Pal.*, 1840, t. II, p. 188; 1850, t. I, p. 699; 1853, t. I, p. 525).

(3) Caen, 7 juin 1837; Dijon, 22 avr. 1844; Douai, 10 juill. 1847; Orléans, 2 déc. 1853; Grenoble, 17 déc. 1858 (S. V., 37, 2, 410; 49, 2, 12; 55, 2, 298; 59, 2, 433; Dalloz, 37, 2, 144; 49, 2, 253; *J. Pal.*, 1846, 1, 269; 1847, 2, 429; 1855, 1, 171; 1859, 361). *Voy.* cependant Riom, 8 déc. 1838; Grenoble, 14 juill. 1838 (S. V., 39, 2, 134 et 419; Dalloz, 39, 2, 94 et 251).

son art. 29, constitue le notaire débiteur du fisc, lui donne, dans l'art.
30, un moyen d'assurer son remboursement du côté de la partie débi-
trice ; et là elle ne parle pas des intérêts de plein droit. Elle les repousse
donc par son silence ; et, dès lors, les intérêts ne peuvent être dus que
du jour de la demande (1).

Qu'il nous soit permis de le dire, ou plutôt de le répéter, car à diverses reprises déjà nous avons discuté cette théorie (2), l'argumentation
ne nous paraît pas décisive. Que le notaire n'agisse pas comme mandataire de son client lorsqu'il fait l'avance du droit d'enregistrement, nous
l'admettons sans difficulté, car nous tenons, quant à nous, qu'aussi bien
dans le fait de la présentation d'un acte à la formalité que dans celui de
la réception de l'acte, le notaire accomplit une obligation de sa fonction
publique, en sorte qu'il n'est pas et ne peut pas être mandataire (voy.
suprà, n° 853). Mais de ce que le notaire ne peut et ne doit pas, en raison de cela, invoquer le bénéfice de l'art. 2001, s'ensuit-il qu'il soit
placé sous la règle de l'art. 1153 ? Nous ne le pensons pas. Ce dernier
article, en posant en principe que les intérêts ne sont dus que du jour
de la demande, réserve formellement les cas où la loi fait courir les intérêts de plein droit. Or, de ces cas exceptionnels, d'ailleurs assez nombreux, la doctrine même que nous contestons en fait pressentir un sous
la protection duquel le notaire peut placer l'intérêt de ses avances pour
droits d'enregistrement. On dit, en effet, que pour mieux assurer la
rentrée de l'impôt la loi donne deux débiteurs au Trésor, le notaire et
la partie, en sorte qu'en payant le droit d'enregistrement le notaire se
libère personnellement. Il n'en faut pas davantage. Car, enfin, cette
circonstance que deux débiteurs sont donnés au Trésor ne modifie en
rien le fond même des choses : l'action personnelle qui appartient à la
régie contre le notaire ne préjudicie pas à l'action de la régie contre
la partie, puisqu'on ne saurait admettre que celui-là précisément soit à
l'abri de toute action qui seul a intérêt à l'acte et en profite. Ainsi, en
définitive, la régie a deux débiteurs au lieu d'un, lesquels deux débiteurs sont tenus, non point pour partie, mais chacun pour le tout. Et
il en est ainsi, quoique la dette soit divisible, parce que les deux débiteurs sont solidaires, sinon en vertu de la convention, au moins en conséquence de la situation qui leur est faite par la loi (C. Nap., art. 1202).
Or, l'affaire ne concerne que l'un d'eux. La position est donc régie par
l'art. 1216, aux termes duquel « si l'affaire pour laquelle la dette a été
contractée solidairement ne concernait que l'un des coobligés solidaires, celui-ci serait tenu de toute la dette vis-à-vis des autres codébiteurs, qui ne seraient considérés, par rapport à lui, *que comme ses
cautions.* » Ainsi, quant au droit d'enregistrement, le notaire, débiteur
même comme notaire et non autrement, serait réputé caution de la
partie ; et alors, au point de vue de notre question, peu importe que

---

(1) *Voy.* M. Troplong (Rapport dans l'espèce de l'arrêt du 24 juin 1840 cité à l'une
des notes précédentes, et *Comm. du Mandat,* n° 684).
(2) Voy. *Revue critique* (t. III, p. 259 et suiv.); *Journal du Palais* (1853, t. I, p. 525
et suiv., à la note); *Revue du Notariat et de l'Enregistrement* (n° 584).

le notaire ne soit pas mandataire; son droit à l'intérêt de ses avances à dater du jour où il les a faites n'en est pas moins constant, en vertu de la règle, certaine aujourd'hui et mal à propos contestée autrefois par Pothier (*suprà*, n° 1092), d'après laquelle la caution a droit, *du jour du payement,* à l'intérêt des sommes payées pour le débiteur principal (art. 2028).

Et maintenant que dirons-nous des arguments empruntés à la loi fiscale? On suppose que c'est là et non ailleurs qu'il faut chercher les conséquences de l'obligation imposée au notaire! Mais il est par trop évident que la loi fiscale n'avait pas à déduire et à formuler ces conséquences. Son but unique, la Cour de cassation le proclame dans chacun des arrêts statuant sur la question, a été d'assurer la rentrée de l'impôt; tous les moyens en sont organisés dans cette vue; pour le surplus, la loi s'en réfère au droit commun. C'est donc au droit commun qu'il faut demander la solution des différends qui peuvent surgir entre le client et le notaire lorsque ce dernier vient exercer ses droits. On reconnaît cela sans hésitation aucune, comme nous l'allons voir dans le commentaire de l'art. 2002, quand le notaire, en répétant les avances par lui faites, excipe contre toutes les parties à l'acte de la solidarité établie par le droit commun (n° 1126). Comment donc lui en refuser le bénéfice quand il demande les intérêts, c'est-à-dire l'accessoire de ces mêmes avances? C'est, dit-on, que l'art. 30 de la loi de frimaire an 7, d'après lequel le notaire peut lever un exécutoire pour accélérer la rentrée de ses avances, ne dit pas un mot des intérêts de plein droit! Mais la loi spéciale parle-t-elle quelque part de la solidarité admise pourtant sans difficulté en faveur du notaire pour la dette du principal? Pas davantage. L'objection tirée du silence de la loi spéciale, quant aux intérêts, n'est donc pas sérieuse : d'autant plus, d'ailleurs, que le silence ici était commandé par la nature même des choses. D'abord, l'art. 30 de la loi de frimaire s'occupe de la procédure à suivre pour contraindre le client qui ne paye pas volontairement à se libérer envers son notaire; et, on en conviendra, la place eût été mal choisie pour y poser le principe des intérêts. Et puis il y avait ceci de particulier que, dans la pensée de la loi, l'*exécutoire* devait être pour le notaire ce que la *contrainte* est pour l'Administration elle-même, un mode sommaire de poursuite. A ce point de vue, l'exécutoire est une espèce de subrogation de l'officier public en avance des droits d'enregistrement, dans l'action de l'Administration. Or, quant à l'Administration, la contrainte n'a et ne peut avoir pour objet que le droit principal, puisque aucune loi ne l'autorise à exiger du contribuable en retard l'intérêt de ce principal. Donc, l'art. 30, qui substitue l'officier public dans le mode expéditif et sommaire réservé par la loi à l'Administration, ne devait et ne pouvait pas parler des intérêts. Cela veut-il dire que l'officier public, spécialement le notaire, ne puisse pas réclamer des intérêts par la voie ordinaire et dans la mesure d'une stricte équité? En aucune façon : l'art. 30, en ne disant pas un mot à cet égard, laisse les parties sous l'empire du droit commun. Or, le droit commun enseigne, nous le répétons, que le débiteur solidaire, la caution (et le notaire est cela quand il s'agit de l'avance du droit d'enregistrement), acquièrent l'intérêt de leurs avances du jour où les sommes avancées ont été par eux déboursées.

1097. Du principe que l'art. 2001 est fait pour quiconque peut être considéré comme agissant en qualité de mandataire, il résulte que les avances faites par l'époux survivant pour arriver à la libération de la société d'acquêts ayant existé entre lui et son conjoint prédécédé portent intérêt du jour où elles ont eu lieu (1). Il faut dire également, d'après un arrêt de la Cour de cassation (2), que le payement par une femme mariée sous le régime dotal ou non commune, d'une dette de son mari, donne droit aux intérêts de la somme avancée à dater du jour où le payement en a été effectué; et même que lorsque le payement ou l'avance comprend, avec le capital de la dette, des accessoires, comme frais ou intérêts, la femme a droit, dans les termes de l'art. 2001, à l'intérêt même de ces frais et intérêts, dont le montant, pour elle, constitue réellement un capital (*suprà*, n° 1052) : sans quoi, dit très-exactement la Cour de cassation, la femme ne se trouverait pas complétement indemnisée.

1098. Il en est de même de celui qui, en faisant une avance, agit non pas comme mandataire, mais comme *negotiorum gestor,* pourvu néanmoins que la dépense soit utile au maître. La Cour de cassation (3) a dit pourtant, dans les motifs de l'un de ses arrêts, « que les intérêts accordés par les lois romaines au *negotiorum gestor* et au curateur, à raison de leurs avances, du jour qu'elles étaient faites, ont cessé de courir de plein droit depuis la promulgation du Code. » Il s'agissait, dans l'espèce, de dépenses faites par une personne qui, après avoir agi comme *negotiorum gestor,* avait procédé plus tard comme tuteur de fait, et, à ce titre, avait, sans y être autorisée d'ailleurs, fait les avances dont elle réclamait l'intérêt. Or, en présence de l'art. 474 du Code Napoléon, d'après lequel les intérêts de ce qui est dû au tuteur ne courent que du jour de la sommation de payer qui aura suivi la clôture du compte, la Cour disait avec une exactitude parfaite que depuis la promulgation du Code, différent en cela des lois romaines, les avances du tuteur ne produisent pas des intérêts de plein droit à partir du jour où elles sont faites. Il n'en fallait pas davantage pour justifier la décision. Mais la Cour assimile, sous ce rapport, les avances du tuteur et celles du *negotiorum gestor;* et, en cela, le motif de l'arrêt manque d'exactitude. D'une part, même en droit romain, les intérêts ne couraient pas *de plein droit* au profit du gérant d'affaires à raison de ses avances et du jour où il les avait faites : seulement, ils étaient alloués *ex officio judicis,* en tant que la dépense, faite avec utilité pour le maître, n'avait pas été exagérée; et, dans ce cas, l'intérêt avait en effet son point de départ à la date de la dépense. D'une autre part, rien n'indique que, sur ce point, le Code Napoléon ait innové. Si l'art. 2001 est écrit spé-

(1) *Voy.* Bordeaux, 29 déc. 1831 (S. V., 32, 2, 633; Dalloz, 32, 2, 87).
(2) Cass., 26 fév. 1861 (S. V., 61, 1, 849; Dalloz, 61, 1, 481; *J. Pal.*, 1862, p. 166).
(3) Rej., 7 nov. 1825 (S. V., 26, 1, 187; Coll. nouv., 8, 1, 208; Dalloz, 26, 1, 17).

cialement pour le mandat, le principe qu'il consacre n'est contredit par aucune des dispositions de la loi sur la gestion d'affaires, et la raison d'équité qui le domine, et qui incontestablement se manifeste avec une égale évidence dans la gestion d'affaires, ne permet pas de douter qu'il ne doive aussi y être appliqué. Ce point est établi par M. Troplong avec une grande autorité de raison (1); et, comme lui, nous pensons que le gérant d'affaires, lorsqu'il a fait, sans exagération, une dépense vraiment utile pour le maître, auquel elle a procuré un véritable profit, doit obtenir l'intérêt de son argent à dater du jour où il l'a déboursé.

1099. L'action du mandataire pour réclamer l'intérêt de ses avances est soumise à la prescription trentenaire. L'art. 2277 du Code Napoléon est ici sans application, comme il est inapplicable, généralement, aux intérêts de créances dont la quotité n'est pas déterminée. Il faut se référer, sur ce point, aux règles exposées à propos de l'intérêt des sommes dues au mandant et employées par le mandataire à son usage (*suprà*, n° 1044). Mais ici encore, il faut le noter, la prescription trentenaire ne reste la règle qu'autant que le chiffre des créances n'est pas arrêté. Le règlement une fois fait, le mandataire a un titre dont désormais il peut poursuivre l'exécution, et dès lors les intérêts, quant à la prescription, sont régis par l'art. 2277 (2).

1100. Au surplus, en terminant sur ce point, faisons remarquer qu'en bien des cas le mandataire pourra, au lieu d'agir pour obtenir la bonification des intérêts à laquelle il a droit d'après l'art. 2001, recourir à un moyen infiniment plus simple : il imputera, sur les intérêts légaux des avances, les sommes par lui reçues pour le mandant avant de les imputer sur le capital. En effet, le mandataire n'est pas tenu de faire le compte d'un seul jet, de manière à ce qu'il n'y ait d'imputation qu'en fin de compte et au moyen d'une balance finale. Sans doute, ce dernier mode de procéder serait plus avantageux pour le mandant; mais rien n'oblige le mandataire à le suivre. Celui-ci est dans son droit en faisant le compte par échelette : il devra seulement éviter de faire produire intérêt aux intérêts de ses avances non éteints par la compensation. On a tenté, mais sans succès, de contester au mandataire le droit de procéder ainsi : ce droit a été consacré sans hésitation par le Tribunal de Charleville, dont la décision a été maintenue et par la Cour de Metz et par la Cour de cassation (3).

IV. — 1101. La deuxième obligation du mandant envers le mandataire consiste à payer les salaires, *lorsqu'il en a été promis* (art. 1999). On sait, d'ailleurs, qu'une promesse expresse n'est pas nécessaire, et que la *convention contraire* dont parle l'art. 1986 peut être purement tacite (*suprà*, n° 888). On sait aussi que la stipulation d'un salaire peut s'induire des circonstances, notamment de la nature de l'affaire, quand

---

(1) *Voy.* M. Troplong (n° 680).
(2) *Voy.* Req., 18 fév. 1836; Rouen, 4 mai 1843 (S. V., 36, 1, 940; 43, 2, 494; Dalloz, 38, 1, 395; 43, 2, 204).
(3) Req., 23 nov. 1858 (S. V., 59, 1, 597; Dalloz, 59, 1, 131; *J. Pal.*, 1859, p. 1047).

elle est commerciale, ou de la profession du mandataire, et qu'à cet égard l'appréciation des juges est souveraine. Nous ne pouvons que nous référer sur ces points à notre commentaire de l'art. 1986 (*suprà,* n°ˢ 883 et suiv.).

1102. Il en est du payement des salaires comme du remboursement des avances : le mandataire n'y a droit, aux termes de l'art. 1999, qu'autant qu'il n'y *a aucune faute à lui imputable.* Ainsi, un mandataire a par sa négligence mal rempli ou n'a pas rempli du tout le mandat dont il était chargé, il n'a aucun droit aux honoraires promis (1) : seulement, si la gestion du mandataire, mauvaise sur un point, avait été bonne sur d'autres, il y aurait à établir une sorte de décompte ; l'équité ne permettrait pas de refuser le salaire en totalité (*suprà,* n° 1087).

1103. A plus forte raison, le dol du mandataire le rendrait non recevable à réclamer le salaire promis ; et si le dol avait consisté précisément en manœuvres pratiquées en vue de se faire conférer le mandat, le mandataire, même après avoir exécuté, n'aurait droit à aucun salaire, et pourrait même être condamné à rendre celui qui lui aurait été payé (2).

1104. Sauf le cas de faute ou de dol, l'exécution du mandat donne droit au salaire, et le mandant ne peut se dispenser de le payer, lors même que le mandataire aurait reçu d'une autre personne payement pour exécuter la même chose. Par exemple, le mandant qui aurait promis une somme à son mandataire, si celui-ci parvenait à lui procurer l'échange de sa propriété contre une autre propriété désignée, ne pourrait, après la réalisation de l'échange, se refuser à payer la somme convenue, sous le prétexte que son mandataire aurait aussi reçu du coéchangiste, et moyennant salaire, mandat de lui vendre ou échanger sa propriété (3). Ainsi a jugé la Cour de Lyon ; et la décision est évidemment bien rendue. Nous n'admettons même pas la restriction qu'y met la Cour en disant, dans l'un des motifs de son arrêt, qu'il en serait autrement si le mandataire avait reçu le pouvoir de conclure l'opération sans l'intervention des mandants. La réserve, à notre avis, ne se justifie par aucune raison. Ce qui est vrai seulement, c'est que si le mandataire paraît avoir sacrifié l'intérêt de l'un des mandants, celui-ci pourra se refuser au payement des salaires ou en provoquer la réduction. Sa prétention serait fondée, alors, sur une faute du mandataire, peut-être sur un dol, en tout cas sur une mauvaise exécution du mandat. Mais dès que le mandataire a exécuté les deux mandats avec exactitude et régularité, dès qu'il a veillé avec soin à ce que les intérêts des deux mandants fussent conciliés, il a un droit acquis au salaire ; ni l'un, ni l'autre mandant ne sauraient être admis à le contester.

1105. Que si l'objet du mandat venait à être réalisé sans que le mandataire eût donné ses soins, ni fait aucune démarche pour l'accomplis-

---

(1) Rouen, 16 fév. 1829 (S. V., 30, 2, 344 ; Coll. nouv., 9, 2, 211 ; Dalloz, 31, 2, 20).
(2) Req., 7 août 1837 (S. V., 37, 1, 889 ; Dalloz, 37, 1, 458).
(3) Lyon, 9 août 1843 (S. V., 44, 2, 346).

sement du mandat, le salaire promis pourrait à bon droit être refusé (1). Néanmoins, si la promesse du salaire avait été renouvelée malgré l'inexécution ou la mauvaise exécution du mandat, il n'appartiendrait pas aux créanciers du mandant d'opposer au mandataire l'inaccomplissement du mandat, et de repousser par là sa demande; ils n'y seraient recevables qu'autant que le renouvellement de la promesse aurait été fait en fraude de leurs droits (2).

1106. Il peut arriver que l'exécution du mandat soit entravée par cas fortuit ou force majeure. Le mandataire, on le sait, est libéré, en principe, alors, de l'obligation d'accomplir le mandat et de celle de rendre compte des choses perdues par accident (*suprà,* n° 992). Mais en est-il de même du mandant? Sera-t-il du même coup libéré de l'obligation de payer le salaire promis ou convenu? Il faut distinguer. La force majeure ou le cas fortuit est-il survenu avant que le mandataire se soit mis à l'œuvre pour l'exécution du mandat, le salaire n'est pas dû; le mandataire n'a évidemment aucun droit à y prétendre : le mandant est complétement dégagé. L'événement s'est-il produit quand l'exécution était déjà commencée et quand l'objet du mandat se trouvait, par les soins du mandataire, plus ou moins près de sa réalisation, la justice exige, d'une part, qu'il soit tenu compte au mandataire des services par lui rendus, et, d'une autre part, que le mandant ne soit pas tenu cependant de payer en totalité le salaire ou l'honoraire qui n'avait été promis qu'en vue de l'entière consommation de l'affaire. Il y aurait donc là une proportion à établir; et, sous ce rapport, nous ne faisons pas de distinction entre l'hypothèse où le cas fortuit ou la force majeure atteindrait la personne du mandant et celle où il tomberait sur la personne du mandataire. Tout ce que l'on peut dire, c'est que si le salaire avait été payé en totalité, dans ce cas d'accomplissement partiel du mandat, on accueillerait peu favorablement une répétition de la part du mandant ou de ses héritiers (3).

Ces règles, toutefois, comportent une exception au profit du mandataire dont le salaire ou l'honoraire est fixé à raison de tant par mois, ou généralement à une somme payable à des époques périodiques. Il est évident qu'un empêchement momentané ne saurait entraîner comme conséquence une réduction quelconque dans l'honoraire ou le salaire promis. On a coutume de citer, à titre d'exemple, les professeurs dont le traitement n'est pas atteint s'ils suspendent leurs cours ou leurs leçons pour cause de maladie. Nous faisons remarquer toutefois, en nous référant à nos explications sur l'art. 1984, que ce n'est pas là un cas de mandat proprement dit, le professeur n'étant pas le mandataire de l'élève, ne faisant point d'opération juridique pour le compte et au nom de cet élève, ne le *représentant* pas, en un mot : il y a seulement entre eux un contrat innomé auquel il convient d'appliquer par analogie les

(1) Req., 11 nov. 1834 (S. V., 35, 1, 719).
(2) Req., 18 juill. 1843 (Dalloz, 43, 1, 435; S. V., 43, 1, 908).
(3) Comp. M. Troplong (n°ˢ 641-651).

principes relatifs au contrat nommé dont il se rapproche le plus (*suprà*, n°ˢ 824 et suiv.).

1107. On peut assimiler à la force majeure qui interrompt ou empêche l'exécution du mandat la révocation que le mandant est libre de faire, à toute époque, comme nous le verrons sur l'art. 2004, du mandat qu'il a conféré. Il a été décidé, en effet, que le mandataire dont le mandat est révoqué cesse d'avoir droit, pour l'avenir, au salaire promis, encore qu'il continue sa gestion d'une manière utile pour le mandant (1). Les juges, dans l'espèce, ont été déterminés particulièrement par cette circonstance que le mandant, après avoir révoqué son premier mandataire, s'était donné un autre gérant salarié. Mais il conviendrait, en généralisant la décision, de l'étendre même au cas de révocation non suivie de la constitution d'un nouveau mandataire. Sans cela, si le mandant qui révoquerait son mandataire au cours de la gestion était néanmoins tenu du payement des salaires, bien que l'opération ne fût pas entière, il n'aurait plus le libre exercice de ce pouvoir de révocation, qui, par la volonté de la loi et par la nature même du contrat, doit, en principe, rester à sa disposition (*infrà*, n°ˢ 1157 et suiv.) (2). Toutefois, et par équité, une indemnité proportionnelle pourra être allouée au mandataire révoqué qui, après sa révocation, aurait rendu au mandant de véritables services. En ceci, comme en beaucoup d'autres points dans cette matière, tout dépend des circonstances dont les juges du fond sont les appréciateurs souverains.

1108. Il en est du salaire dû au mandataire comme de ses avances : le mandant ne peut se dispenser de le payer sous prétexte que l'affaire n'aurait pas réussi. Il y a donc lieu d'appliquer ici, *mutatis mutandis,* ce que nous disons plus haut à propos des avances (n° 1087). Un cas cependant doit être excepté : si le mandataire s'est rendu assureur de l'affaire, il est garant du succès, et, par conséquent, il n'a droit à l'honoraire ou au salaire que si l'affaire réussit. L'exception existe de plein droit dans le contrat dit *del credere*. Mais elle peut être établie aussi par la convention, les parties étant libres de modifier les règles du mandat sur ce point, de dire que le payement, en tout ou en partie, du salaire sera subordonné à la réussite de l'affaire, et que le mandataire n'y aura droit qu'autant qu'il aura heureusement terminé l'opération.

1109. Mais, sous d'autres rapports, les salaires du mandataire diffèrent des avances par lui faites. Ainsi, en parlant des avances, l'art. 1999 dit que le mandant ne pourra pas les faire réduire s'il n'y a aucune faute imputable au mandataire. Or, l'article ne dit rien de semblable en ce qui concerne les salaires. La jurisprudence, aujourd'hui invariablement fixée, a tiré de là cette induction que les juges ont un pouvoir discrétionnaire pour mettre les honoraires promis au mandataire en rapport avec les services rendus ou les travaux accomplis, et pour réduire les

---

(1) Bruxelles, 24 fév. 1810 (S. V., 11, 2, 54 ; Coll. nouv., 3, 2, 216 ; Dalloz, alph., 9, p. 972).

(2) *Voy.* M. Troplong (n° 652).

allocations stipulées si elles semblent excessives (1). La Cour de Paris reconnaît même dans les motifs de l'un de ses arrêts que la réduction peut être demandée par le mandant après qu'il a volontairement payé les honoraires, et que dans ce cas une action en répétition lui doit être accordée contre le mandataire qui a reçu le payement (2). Et c'est ce qui est journellement décidé vis-à-vis des notaires, que la jurisprudence considère d'une manière absolue, à tort selon nous (*suprà*, n° 853), comme les mandataires des parties (3).

Du reste, ce droit d'appréciation laissé aux tribunaux sur ce point leur appartient non-seulement quand le mandat a été conféré ouvertement, mais encore quand il s'est dissimulé sous la forme d'un autre contrat. Les tribunaux ont incontestablement le pouvoir et le droit d'apprécier la nature réelle de l'opération et de la rechercher à travers tous les déguisements auxquels les parties ont pu recourir : aussi la Cour de cassation n'a-t-elle trouvé rien à reprendre dans la décision par laquelle les juges avaient appliqué le principe de la réduction des salaires à un mandat donné sous la forme soit d'une donation conditionnelle (4), soit d'une vente de droits successifs (5).

1110. Que si le mandataire s'était substitué un tiers pour l'exécution du mandat avec promesse d'un salaire, ce serait une question de savoir si les juges auraient à retrancher du salaire convenu entre le mandant et le mandataire le salaire promis par ce dernier au tiers qu'il s'est substitué. Toutefois, c'est là, dans la vérité des choses, une question de remboursement d'avances plutôt que de payement de salaires : elle doit être résolue en fait. Nous ne voudrions pas dire, avec M. Troplong (6), qu'en thèse générale le commettant sera tenu de ce supplément de salaire si la substitution a été nécessaire, et qu'il n'en sera pas tenu si elle a été purement volontaire de la part du mandataire. La distinction pourra sans doute être prise pour guide par les juges dans leur appréciation des circonstances, mais nous n'y saurions voir une règle invariable dont il ne serait pas permis de s'écarter.

1111. Le salaire ou l'honoraire promis diffère encore des avances faites par le mandataire en ce que les dispositions de l'art. 2001 ci-dessus commenté (n°s 1090 et suiv.) ne lui sont pas applicables. Ainsi, les émoluments dus à un mandataire, même lorsqu'ils sont reconnus par le mandant dans un arrêté de compte, ne sont pas productifs d'intérêt de plein droit; l'intérêt, ici, est dû seulement dans les termes du

---

(1) Req., 11 mars 1824, 7 fév. et 18 avr. 1855; Paris, 12 janv. 1856, 27 fév. 1857; Bordeaux, 12 fév. 1857 (S. V., 25, 1, 133; 55, 1, 527; 56, 2, 293; 57, 2, 599; 58, 2, 554; Dalloz, 24, 1, 363; 55, 1, 206; 56, 2, 175; *J. Pal.*, 1853, t. II, p. 72; 1856, t. I, p. 82; 1858, p. 433). — *Voy.* cependant M. Demolombe (*Rev. de législ.*, 26, p. 447).
(2) Paris, 20 nov. 1854 (S. V., 54, 2, 688; Dalloz, 55, 5, 243; *J. Pal.*, 1855, t. II, p. 514).
(3) *Voy.* notamment Req., 7 mai 1839, 1er déc. 1841, 14 mars 1853, 22 août 1854 (S. V., 39, 1, 682; 42, 1, 221; 53, 1, 251; 54, 1, 614; Dalloz, 39, 1, 217; 42, 1, 17; 53, 1, 56; 55, 1, 23; *J. Pal.*, 1853, t. II, p. 72; 1854, t. II, p. 331).
(4) Req., 31 janv. 1843 (S. V., 43, 1, 125; Dalloz, 43, 1, 298).
(5) Req., 18 avr. 1855 (S. V., 55, 1, 527; Dalloz, 55, 1, 206; *J. Pal.*, 1855, t. II, p. 515).
(6) *Voy.* M. Troplong (n° 640).

droit commun, c'est-à-dire à dater du jour de la demande (1). La Cour de cassation a décidé, par application de la règle, que la créance d'un avoué pour ses honoraires ne porte intérêt que du jour de la demande (2) ; et la décision est parfaitement exacte. Mais l'arrêt, confondant les honoraires avec les frais de procédure que l'avoué peut avoir avancés pour ses clients, décide en même temps que la créance de l'avoué à raison de ces frais ne tombe pas non plus sous l'application de l'art. 2001. Or, en ceci, l'appréciation de la Cour manque d'exactitude. L'avoué qui occupe pour une partie est un véritable mandataire ; il *représente* cette partie ; les frais dont il débourse le montant pour les besoins de la procédure constituent donc bien des avances dans le sens de l'art. 2001, et à raison desquelles il n'y a pas de motif pour refuser au mandataire le bénéfice de cet article. Aussi n'admettons-nous pas non plus une sorte de système mixte auquel quelques Cours se sont attachées en décidant que l'avoué a droit à l'intérêt de ses avances à compter du jour où cet intérêt a couru pour le client lui-même, et non point seulement, alors, à compter du jour de la demande (3). Cette décision, qui, au premier abord, apparaît avec un semblant d'équité, est contraire tout à la fois à l'art. 1153 et à l'art. 2001. Il faut opter ici entre la règle générale du premier de ces articles et l'exception consacrée par le second : nous avons dit, quant à nous, les motifs pour lesquels l'exception doit être préférée (4).

V. — 1112. La troisième obligation du mandant envers le mandataire est précisée par l'art. 2000, aux termes duquel « le mandant doit aussi indemniser le mandataire des pertes que celui-ci a essuyées à l'occasion de sa gestion, sans imprudence qui lui soit imputable. » Ceci est en corrélation parfaite avec la règle qui oblige le mandataire à faire raison au mandant de tout ce qu'il a reçu en vertu de sa procuration (art. 1993, *suprà*, n°s 1001 et suiv.) : il est de toute justice, en effet, de mettre les pertes à la charge de celui à qui doivent revenir tous les bénéfices de l'affaire.

1113. Et notons bien les expressions de la loi : elle dit que le mandataire doit être indemnisé des pertes qu'il a essuyées *à l'occasion de sa gestion*. Par là le législateur a mis un terme aux controverses agitées dans l'ancien droit sur le point de savoir si l'indemnité était susceptible d'être réclamée non-seulement quand les pertes étaient une suite directe et immédiate du mandat, mais encore quand le mandat n'en était que l'occasion. Domat se prononçait pour l'affirmative. « Si un procureur constitué, dit-il, souffre quelque perte ou quelque dommage, *à l'occasion de l'affaire* dont il s'est chargé, on jugera par les circonstances si la peine devra tomber sur lui ou sur celui de qui il faisait l'affaire. Ce qui

---

(1) Cass., 10 fév. 1836 (S. V., 36, 1, 512; Dalloz, 36, 1, 97).
(2) Cass., 23 mars 1819 (S. V., 19, 1, 327; Coll. nouv., 6, 1, 48; Dalloz, 19, 1, 321).
(3) *Voy.* Nîmes, 23 fév. 1832 ; Lyon, 8 nov. 1860 (S. V., 33, 2, 104; 61, 2, 15; Dalloz, 32, 2, 203; *J. Pal.*, 1861, p. 195).
(4) *Voy.* MM. Chauveau (*Comm. du tarif*, t. I, p. 87); Rivoire (*Dict. du tarif*, p. 39). Comp. MM. Berriat Saint-Prix (*Proc. civ.*, 7e édit., t. I, p. 174); Bonnesœur (*Taxe des fr. en mat. civ.*, p. 145); Bioche (*Dict. de proc.*, v° Avoués, n° 249).

dépendra de la qualité de l'ordre qu'il fallait exécuter, du péril, s'il y en avait, de la nature de l'événement qui a causé la perte, de la liaison de cet événement à l'ordre qu'on exécutait, du rapport de la chose perdue ou du dommage souffert à l'affaire qui en a été l'occasion... et des autres circonstances qui peuvent charger l'un ou l'autre de la perte ou l'en décharger. Sur quoi il faut balancer la considération de l'équité et les sentiments d'humanité que doit avoir celui dont l'intérêt a été *une cause ou une occasion* de perte à un autre. » (1) Mais Pothier, dont l'opinion était, d'ailleurs, plus généralement admise, disait, au contraire : « Il faut avoir une grande attention à distinguer si la perte soufferte par le mandataire est une perte dont la gestion dont ce mandataire s'est chargé ait été la cause, ou si c'est une perte dont cette gestion ait été seulement l'occasion ; car, si elle n'en a été que l'occasion, il n'en est pas dû indemnité au mandataire. C'est ce qu'enseigne Paul, l. 26, § 6, ff. *Mand.* » (2)

L'art. 2000 fait taire cette controverse en condamnant virtuellement la distinction. Désormais les pertes essuyées par le mandataire restent à la charge du mandant, même quand le mandat n'en a été que l'occasion ; et cette disposition de la loi, infiniment plus équitable que la doctrine de Pothier, est en même temps plus simple et d'une application plus facile dans la pratique. Elle est de plus en harmonie parfaite avec l'art. 1852, qui accorde une indemnité à l'associé pour les risques *inséparables de sa gestion*, et avec l'art. 1947, d'après lequel le dépositaire doit être indemnisé de toutes les pertes que le dépôt peut lui avoir *occasionnées* (*suprà*, n° 510). Conçues dans le même esprit, ces diverses dispositions doivent être interprétées les unes par les autres. C'est l'avis des auteurs (3) : seulement, quelques-uns avancent, trop hardiment peut-être, que, d'après le droit romain, le mandataire ne pouvait réclamer d'indemnité que pour les pertes dont l'exécution du mandat avait été la cause directe et immédiate. C'est bien là, il est vrai, la doctrine que Pothier a prêtée aux jurisconsultes romains ; mais la vérité est que les jurisconsultes de Rome étaient divisés sur la question, car à la loi 26, § 6, ff. *Mand.*, citée par Pothier, on peut opposer le texte d'Ulpien (l. 52, § 4, ff. *Pro socio*), et surtout le texte d'Africain (l. 61, § 5, ff. *De Furtis*), qui, malgré tous les efforts de conciliation tentés par Pothier, résistent à la distinction qu'il soutient sur l'autorité de Paul.

Quoi qu'il en soit, on ne peut que se féliciter de trouver dans le Code une disposition précise, non équivoque, devant laquelle doivent tomber des difficultés qui, avec de tels précédents historiques, n'auraient pas manqué de se produire si le Code ne se fût pas expliqué sur ce point.

Ainsi, le mandataire doit être indemnisé de la perte dont l'exécution du mandat est la cause ou même l'occasion. Sans doute, il ne faut pas pousser les choses à l'extrême, comme on l'a tenté devant la Cour de

---

(1) Domat (*L. civ.*, liv. I, tit. xv, sect. 2, n° 6).
(2) Pothier (*Mand.*, n° 76).
(3) *Voy.* MM. Troplong (n°ˢ 654-660, 663, 669); Delvincourt (aux notes, t. III, p. 242, note 1); Aubry et Rau (t. III, p. 469, note 3); Mourlon (t. III, p. 446).

Paris. Il s'agissait, dans l'espèce, d'un capitaine qui, après avoir fait une prise maritime pour le compte d'un armateur, avait, pendant qu'il était en course pour un autre armateur, été pris à son tour par la puissance même à laquelle appartenait le navire par lui précédemment capturé; rançonné alors à raison de la prise qu'il avait faite, il élevait la prétention de mettre le prix de la rançon à la charge de son ancien armateur, sous le prétexte que cette rançon était la conséquence d'une prise dont ce dernier avait profité : la Cour de Paris, dont l'arrêt a d'ailleurs été vainement déféré à la censure de la Cour de cassation, décida justement qu'en se livrant aux chances de la course maritime dans l'intérêt d'un nouveau mandant, le capitaine s'était exposé aux dangers inhérents à son entreprise, et que, dans cette occurrence, il ne pouvait pas mettre au compte du précédent mandant la perte qu'il avait essuyée dans l'exécution d'un mandat auquel le premier était absolument étranger (1).

Mais, sans exagérer la règle, il convient de la maintenir avec toute sa portée; d'où suit que tout dommage, toute perte, tout préjudice subis par le mandataire dans ce qui est véritablement l'exécution du mandat, à cause ou à l'occasion de cette exécution, donnent droit à une indemnité que celui-ci peut réclamer du mandant. La Cour de Paris, dont nous pouvons encore ici invoquer la jurisprudence, a fait de cette règle une application remarquable à un mandataire qui, dans l'exercice d'une surveillance à lui impartie sur des ouvriers, s'était porté, en vue de les soustraire à un danger, à une manifestation à la suite de laquelle s'était produit un accident gravement dommageable pour lui. Les premiers juges avaient estimé qu'il y avait eu là un élan généreux digne d'éloges sans doute, mais que l'accident avait eu là sa cause véritable et, partant, qu'il ne devait pas donner lieu à la responsabilité du mandant. Les juges d'appel en ont pensé autrement : ils ont dit, plus exactement et avec plus d'équité, que le préjudice souffert par le mandataire *ne pouvant être imputé à son imprudence* dans le sens de l'art. 2000, c'était le cas de reconnaître son droit à poursuivre contre le mandant la réparation d'un dommage dont l'exécution du mandat avait été incontestablement l'occasion (2).

1114. Au surplus, cette appréciation même de l'arrêt nous conduit à préciser qu'en ceci, comme sur toutes autres réclamations du mandataire contre le mandant (art. 1999), la loi fait une restriction parfaitement en rapport avec la règle suivant laquelle le mandataire répond des cas fortuits quand il est en faute (art. 1993; *suprà,* nᵒˢ 1009 et 1010) : le mandant n'est tenu à l'indemnité des pertes essuyées par le mandataire, à cause ou à l'occasion de sa gestion, qu'autant qu'il n'y a pas d'imprudence imputable à ce dernier (art. 2000). Par là se trouve résolue une question dont la doctrine s'est préoccupée depuis comme avant le Code Napoléon : nous voulons parler de la question de savoir si le mandataire

---

(1) Req., 23 déc. 1840 (Dalloz, 41, 1, 57; S. V., 41, 1, 253).
(2) Paris, 14 août 1852 (Dalloz, 53, 2, 75; *J. Pal.,* 1852, t. II, p. 571).

qui a donné tout son temps à l'exécution du mandat peut réclamer du mandant une indemnité à raison de la perte ou du dommage résultant pour lui de ce qu'il aurait été absolument empêché de donner à ses propres affaires les soins qu'elles auraient demandés. La négative est certaine. Il faut dire ici avec Pothier, dont au surplus l'opinion est généralement suivie en ce point, que ce qui a causé la perte ou le dommage, ce n'est pas tant la gestion du mandat *in se* que la témérité du mandataire à se charger d'une affaire qu'il n'avait pas le loisir de gérer. Il devait, avant de s'en charger, examiner s'il en avait le loisir : en acceptant le mandat sans examen ni réflexion, il a commis une imprudence : le mandant n'a pas à le relever de la perte ou du dommage qui en a pu résulter (1).

1115. A peine est-il nécessaire de faire remarquer que si les pertes dont le mandataire aurait à se plaindre étaient survenues par le fait, par la faute, et surtout par le dol du mandant, celui-ci ne pourrait par aucun moyen échapper à la nécessité de les réparer. C'est de toute évidence. Et si nous parlons de cette hypothèse, c'est uniquement pour dire qu'en un pareil cas les juges devraient trouver dans la faute, surtout dans le dol du mandant, une raison de se montrer plus faciles soit à grossir le chiffre de l'indemnité due au mandataire, soit, en cas de doute sur le point de savoir si le mandat est ou non la cause ou l'occasion de la perte, à se prononcer pour l'affirmative.

1116. Notons, en terminant sur cette dernière obligation du mandant envers le mandataire, que les règles ci-dessus sont applicables même au mandat salarié. L'art. 2000 ne fait aucune distinction, en ce qui concerne l'indemnité des pertes, entre le mandataire qui gère gratuitement et celui auquel un salaire est alloué. Et en effet, il n'y avait pas, au moins en principe, de distinction à établir sous ce rapport : l'affaire étant dans l'intérêt exclusif du mandant, même quand il y a stipulation de salaire au profit du mandataire, il est juste que les pertes occasionnées par la gestion ne restent pas, même en ce cas, à la charge de ce dernier (2). Ceci, néanmoins, ne doit pas être pris dans un sens trop absolu. Il est tels cas, en effet, où le salaire peut apparaître non-seulement comme le prix stipulé en vue de rémunérer le mandataire, mais encore comme un forfait dans lequel est comprise l'indemnité des pertes que celui-ci pourrait avoir à subir. La règle fléchirait évidemment en ce cas, et s'il arrivait que l'exécution du mandat entraînât avec elle un certain dommage, le mandataire n'aurait rien à réclamer en sus du salaire par lui accepté pour toute indemnité (3). Ce sont là, on le comprend, des questions d'appréciation dont la solution est abandonnée au pouvoir souverain des juges.

1117. Après avoir précisé une à une les obligations du mandant envers le mandataire, il nous reste à expliquer, pour compléter nos ob-

---

(1) *Voy.* Pothier (n° 77). *Junge :* MM. Massé et Vergé, sur Zachariæ (t. V, p. 49, note 8); Boileux (t. VI, p. 607); Taulier (t. VI, p. 530).
(2) MM. Duranton (t. XVIII, n° 269); Delamarre et le Poitvin (t. II, n° 318).
(3) *Voy.* M. Troplong (n°° 671 et 672).

servations sur ce point, comment ce dernier peut agir pour arriver à la réalisation de ses droits. Nous arrivons ainsi à l'action que les Romains appelaient *mandati contraria,* pour montrer qu'elle ne naissait pas directement du contrat de mandat, comme celle qui compète au mandant pour contraindre le mandataire à exécuter et à rendre compte.

VI. — 1118. Aujourd'hui, les obligations qui peuvent naître à la suite du mandat en faveur du mandataire et à la charge du mandant sont, comme toutes les obligations en général, l'objet d'une sanction active, en ce sens que la réalisation en peut être poursuivie devant les tribunaux. Ainsi, le mandataire peut actionner en justice le mandant qui refuse de s'exécuter volontairement à l'effet d'obtenir soit le remboursement de ses avances, soit le payement des salaires promis, soit l'indemnité des pertes essuyées à l'occasion de la gestion.

C'est là une action personnelle à laquelle le mandant, comme l'enseigne Pothier, d'après la loi 12, § 9, *Mand.,* ne peut se soustraire en abandonnant au mandataire tout ce qui est provenu de l'affaire qui a fait l'objet du mandat (1). Mais elle est purement chirographaire, du moins en principe; et on ne pourrait pas dire aujourd'hui, comme sous l'ancien droit, que le mandataire a, pour cette action, une hypothèque sur les biens du mandant lorsque la procuration est par un acte devant notaire (2) : il faudrait que la constitution d'hypothèque fût expressément consentie dans l'acte notarié (C. Nap., art. 2127) (3).

Cependant, le mandataire, soit civil, soit commercial, peut avoir droit à un privilége en vertu des principes généraux, par exemple comme ayant fait des frais pour la conservation ou pour le transport de la chose (art. 2102, n°ˢ 3 et 6). De plus, le mandataire commercial, soit qu'il joue vraiment le rôle de mandataire et agisse au nom du mandant (ce qui arrive rarement), soit qu'il agisse en son propre nom et joue le rôle de commissionnaire, a un privilége spécial dans les termes de la loi des 23-29 mai 1863, modificative des dispositions du Code de commerce sur *les Commissionnaires en général* (art. 95 C. comm., modifié). On sait que des difficultés assez nombreuses s'élèvent sur ce privilége; nous l'avons indiqué déjà dans le commentaire *Des Priviléges et Hypothèques* (n° 106), et de nouveau nous en renvoyons l'examen à nos explications sur le *Nantissement*.

1119. Le mandataire peut agir contre le mandant immédiatement après qu'il a fait la dépense ou contracté l'obligation en son nom pour le compte du mandant (4); il peut réclamer l'indemnité des pertes immédiatement après qu'il les a essuyées, ou le payement des salaires dès que la gestion est terminée. Ainsi, il est admis en jurisprudence que le mandant n'a pas le droit de retenir le salaire dû au mandataire jusqu'au règlement du compte à rendre par ce dernier, si d'ailleurs il n'apparaît pas qu'il y ait eu faute ou négligence de sa part, et que, sauf la faculté

(1) Pothier (n° 85).
(2) *Id.* (n° 86).
(3) *Voy.* notre *Comment. des Priv. et Hyp.* (n°ˢ 655 et suiv.).
(4) Pothier (n° 84).

pour le juge d'ordonner, selon les circonstances, que le mandataire fournisse caution de manière à ce que l'intérêt du mandant soit sauvegardé, celui-ci doit payer les salaires même avant que le compte de gestion ait été présenté (1).

Il y a plus : le mandataire peut agir contre le mandant même quand il n'a encore rien déboursé et précisément dans le but de ne rien débourser. Il peut, en effet, lui demander de lui garnir les mains, car s'il est obligé d'exécuter le mandat, il n'est nullement tenu, à moins de convention contraire, à débourser de ses deniers les sommes dont l'exécution du mandat peut exiger l'avance (2). — La caution (qui en réalité et au fond n'est que le mandataire du débiteur principal) se trouve, sous ce rapport, dans une situation particulière que nous expliquons dans notre commentaire de l'art. 2032.

1120. L'action du mandataire pour réclamer le remboursement de ses avances, le payement des salaires ou l'indemnité des frais, n'est soumise, en principe, qu'à la prescription de trente ans, comme toutes les actions en général (3). Seulement, il faut remarquer, en ce qui concerne le *payement des salaires,* qu'en certains cas particuliers l'action est circonscrite dans un délai infiniment plus restreint : spécialement, celle des avoués contre leurs clients se prescrit par deux ans (C. Nap., art. 2273); celle des huissiers, pour le salaire des actes qu'ils signifient et des commissions qu'ils exécutent, par un an (art. 2272, § 2). Ajoutons, d'ailleurs, que, dans la plupart des cas, l'huissier n'est pas un véritable mandataire, en ce qu'il ne représente pas la personne de celui pour qui il agit (conf. *suprà*, nos 823 et suiv.).

1121. Indépendamment du droit d'action incombant au mandataire contre le mandant, faut-il lui accorder encore le droit de retenir, en opposant une exception de dol, les objets appartenant au mandant, jusqu'à ce que celui-ci ait satisfait à son obligation? La solution de cette question fort délicate dépend d'une autre question plus générale, celle de savoir s'il y a lieu d'étendre le droit de rétention et de le consacrer même en dehors des cas expressément prévus par la loi.

D'ailleurs, la question se présente ici sous des faces diverses : le mandataire peut être, suivant les cas, tantôt un conservateur de la chose; tantôt un créancier privilégié pour frais de voiture ou pour dépenses prévues par l'art. 95 du Code de commerce; tantôt, enfin, un simple créancier chirographaire. Ce premier point résolu, une autre question s'élève qui n'est pas moins sujette à controverse : le mandataire, en supposant qu'il ait un droit de rétention, peut-il l'opposer non-seulement au mandant, mais encore à toutes personnes? En d'autres termes : le droit de rétention est-il réel ou personnel?

Mais tout ceci se rattache à la théorie du droit de rétention en général, dont nous avons renvoyé l'examen à notre commentaire *Du Nan-*

---

(1) Rennes, 9 avr. 1827 (S. V., Coll. nouv., 8, 2, 355).
(2) *Voy.* M. Troplong (n° 653).
(3) Bordeaux, 5 fév. 1827 (S. V., 27, 2, 102; Coll. nouv., 8, 2, 326; Dalloz, 27, 2, 184).

tissement (1). Nous réservons donc, quant à présent, la question spéciale.

1122. Le mandataire créancier du mandant, à raison d'avances par lui faites, de salaires à lui dus ou de pertes par lui éprouvées dans sa gestion, peut, d'ailleurs, user des voies de droit que la loi met à la disposition de tout créancier en général. La Cour de Paris a néanmoins refusé au mandataire d'une maison de commerce, auquel des salaires avaient été promis pour les opérations à lui confiées, le droit de saisir entre les mains des débiteurs de ses mandants les sommes appartenant à ceux-ci (2). Mais il y avait, dans l'espèce, cette circonstance décisive que la créance du mandataire n'était ni liquide, ni certaine; et les termes de l'arrêt laissent nettement à penser que s'il en eût été autrement, la saisie-arrêt eût été maintenue et validée.

1123. En outre, lorsque le mandat a été constitué par plusieurs personnes, le mandataire peut avoir le bénéfice de la solidarité contre chacun des mandants. C'est la disposition formelle de l'art. 2002, qui, dérogeant au droit commun, d'après lequel l'obligation divisible se divise entre les codébiteurs, la solidarité ne se présumant pas (C. Nap., art. 1202), dispose « que lorsque le mandataire a été constitué par plusieurs personnes pour une affaire commune, chacune d'elles est tenue solidairement envers lui de tous les effets du mandat », c'est-à-dire de toutes les obligations qui naissent en faveur du mandataire de l'exécution du mandat.

La règle, d'ailleurs, a été empruntée par les rédacteurs du Code à notre ancienne jurisprudence, qui, elle-même, l'avait prise dans le droit romain. « Paulus respondit, unum ex mandatoribus in solidum eligi » posse, etiamsi non sit concessum in mandato. » (L. 59, § 3, ff. *Mand.*) Et Domat, paraphrasant ce texte, disait que si plusieurs ont constitué un procureur ou donné quelques ordres, chacun d'eux sera tenu solidairement de tout l'effet de la procuration, mandement ou commission, envers le procureur constitué, et de le rembourser, indemniser et dédommager s'il y en a lieu, de même que s'il avait donné seul la procuration ou autre ordre, encore qu'il n'y soit pas fait de mention de solidarité (3). Pothier disait de même que lorsque le mandataire avait été chargé du mandat par plusieurs personnes il pouvait intenter action solidairement contre chacun des mandants (4). Seul, Despeisses émettait, sur ce point, un avis contraire, sur ce fondement que Paul, en complétant la réponse ci-dessus reproduite, avait ajouté : « Post condemnatio- » nem autem in duorum personam collatam, necessario ex causâ judicati » singulos pro parte dimidiâ conveniri posse et debere. » Mais Pothier fait justement remarquer que de ce que la sentence de condamnation rendue contre les deux mandants doit porter qu'*ils sont condamnés solidairement* pour qu'elle puisse être exécutée en son entier contre l'un

(1) *Voy.* notre *Comment. des Priv. et Hyp.* (n° 22).
(2) Paris, 27 fév. 1828 (S. V., 28, 2, 209; Coll. nouv., 9, 2, 40; Dalloz, 28, 2, 95).
(3) Domat (*L. civ.*, liv. I, tit. xv, sect. 2, n° 5).
(4) Pothier (n° 82).

et contre l'autre, il ne résulte en aucune manière qu'en principe chacun des deux mandants ne soit pas tenu solidairement et ne puisse pas être poursuivi pour le tout. Quoi qu'il en soit, l'art. 2002 a entendu établir la solidarité entre les mandants, et il l'a formellement établie.

Par là, le législateur fait aux mandants une condition essentiellement différente de celle des mandataires, entre lesquels la solidarité, d'après l'art. 1995, n'existe qu'autant qu'elle est formellement exprimée (*suprà*, n° 1032). Toutefois, comme le dit M. Berlier dans l'Exposé des motifs, ces dispositions opposées n'impliquent pas contradiction ; « car s'il est juste que, dans un acte officieux et souvent gratuit, celui qui rend le service ait une action solidaire contre ceux qui tirent d'un mandat un profit commun, il serait injuste de le charger envers ceux-ci du fait d'autrui sans une convention expresse : l'extrême différence de ces deux situations ne permet pas de conclure de l'une à l'autre. » (1)

1124. D'ailleurs, la disposition qui établit la solidarité entre mandants s'applique au mandat salarié aussi bien qu'au mandat gratuit ; car l'art. 2002 ne distingue pas, et, d'un autre côté, la stipulation d'un salaire ne fait pas perdre à la convention son caractère de mandat. Nous aurons bientôt à revenir sur ce point.

Ainsi, la règle ne comporte pas d'exception. Pothier en signalait une pourtant dans l'ancien droit : lorsqu'il y a plusieurs *mandatores pecuniæ credendæ,* disait-il, ils ont l'exception de division, à l'instar des cautions (2). Il y a un texte d'Ulpien qui paraît contraire à cette solution (1. 21, ff. *Mand.*). Mais, quoi qu'il en soit, l'art. 2002 ne reproduit pas l'exception, et il faut dire sans hésiter, sous le Code, que, même dans le cas où le mandat constitué par plusieurs personnes a pour objet le prix d'une somme d'argent, le mandataire a le bénéfice de la solidarité contre chacun des mandants (3).

1125. Toutefois, si la règle ne comporte pas d'exception, elle est du moins subordonnée à des conditions sans lesquelles elle ne serait pas applicable. Il y en a une d'abord dont l'art. 2002 ne parle pas, mais qui n'est pas moins nécessaire : il faut que le mandat constitué par plusieurs mandants soit donné par le même acte. Quand le mandat a été donné par des actes différents, il peut se faire, dit très-bien M. Rodière (4), que chacun des mandants soit tenu *in solidum,* par exemple dans le cas où l'indemnité réclamée par le mandataire ne serait pas plus forte que s'il n'y avait eu qu'un seul mandat. Mais de la solidarité proprement dite, il ne saurait en être question, parce que les mandants étant alors étrangers les uns aux autres, il y a, à vrai dire, autant de mandats que d'actes différents.

Avec cette condition, il y en a deux autres, celles-ci exprimées par l'art. 2002 lui-même : il faut, 1° que le mandat ait été donné par plu-

(1) Locré (t. XV, p. 238); Fenet (t. XIV, p. 588).
(2) Pothier (n° 82).
(3) MM. Rodière (*De la Solid. et de l'Indiv.*, n° 217); Duranton (t. XVIII, n° 271); Mourlon (t. III, p. 446); Berriat Saint-Prix (*Not. théor.*, n° 7954); Boileux (t. VI, p. 609); Troplong (n° 688).
(4) *Voy.* M. Rodière (*loc. cit.*).

sieurs personnes ; 2° qu'il ait été donné pour une affaire commune. Ainsi, il n'y aura pas solidarité dans le cas où, même par un seul acte, plusieurs mandants constitueraient un mandataire pour des affaires non communes. La Cour de cassation a décidé, en effet, que le mandat donné à un tiers par un cohéritier demandeur en partage, et le mandat donné à ce même tiers par les cohéritiers défendeurs de les représenter dans l'instance, peuvent être considérés comme ayant pour objet un intérêt contraire ou non commun, alors même que la demande en partage n'a pas été contestée par les défendeurs, et, par suite, que le mandataire n'a pas action solidaire contre les mandants à raison de ses avances (1). — De même, il n'y aura pas solidarité non plus dans le cas où l'affaire, objet du mandat, étant commune à plusieurs, le mandataire serait constitué par un seul mandant. Celui-là seul qui aura fait la constitution sera directement obligé ; quant à ceux que l'affaire intéresse, ils seront tenus seulement par l'action *de in rem verso.* Que si, dans cette hypothèse, le mandat était conféré non par un seul, mais par plusieurs de ceux que l'affaire intéresse, et toutefois non par tous, la solidarité existerait entre ceux qui auraient concouru à la constitution, et de telle façon qu'ils seraient obligés de faire l'avance même pour ceux qui n'auraient pas stipulé dans le mandat (2).

1126. La solidarité consacrée par l'art. 2002 profite, avons-nous dit, même au mandataire salarié (n° 1124) ; et, par une juste application de la règle, il a été admis et généralement décidé que l'avoué occupant dans une instance pour plusieurs personnes ayant un intérêt commun a, contre chacune d'elles, une action solidaire pour le remboursement de ses frais (3). Seule, la Cour de Besançon a contesté l'application de l'art. 2002 au mandataire *ad lites,* sous le prétexte que si le législateur eût voulu étendre la disposition jusqu'à lui, il s'en serait expliqué dans le Code de procédure ou dans le tarif (4) : motif sans valeur juridique, en ce que les avoués étant de véritables mandataires qui représentent réellement les clients pour qui ils occupent, leur action se place tout naturellement sous la protection de l'art. 2002, dont la disposition n'avait pas à être reproduite ou confirmée pour ce cas particulier.

La jurisprudence est allée plus loin : elle a accordé aussi le bénéfice de la solidarité, par application de notre article, soit aux arbitres (5), soit aux experts nommés par les parties (6) ou même d'office (7), soit aux notaires (8). Mais ici c'est plutôt par induction de l'art. 2002 que

(1) Req., 12 mars 1833 (S. V., 33, 1, 302 ; Dalloz, 33, 1, 138).
(2) Req., 11 fév. 1834 (S. V., 34, 1, 713 ; Dalloz, 34, 1, 87).
(3) Liége, 2 avr. 1810 ; Orléans, 26 juill. 1827 ; Grenoble, 23 mars 1829 ; Toulouse, 11 mai et 15 nov. 1831 ; Bordeaux, 28 nov. 1840 (S. V., 10, 2, 369 ; 28, 2, 159 ; 29, 2, 296 ; 32, 2, 393 et 581 ; 41, 2, 144 ; Dalloz, 10, 2, 130 ; 28, 2, 65 ; 30, 2, 105 ; 32, 2, 57).
(4) Besançon, 20 nov. 1809 (S. V., Coll. nouv., 3, 2, 148 ; Dalloz, alph., t. IX, p. 668).
(5) Cass., 17 nov. 1830 (S. V., 31, 1, 28 ; Dalloz, 30, 1, 389).
(6) Rej., 11 août 1813 ; Aix, 2 mars 1833 ; Montpellier, 30 janv. 1840 (S. V., 15, 1, 94 ; 33, 2, 568 ; 40, 2, 218 ; Dalloz, 14, 1, 591 ; 33, 2, 129 ; 40, 2, 134).
(7) Rennes, 25 janv. 1844 (S. V., 45, 2, 17 ; Dalloz, 45, 2, 158).
(8) Cass., 27 janv. 1812, 26 juin et 15 nov. 1820, 19 avr. 1826, 10 nov. 1828, 20 mai 1829 ; Riom, 8 déc. 1838 ; Toulouse, 20 avr. 1847 (S. V., 12, 1, 198 ; 20, 1, 409 ; 21,

la solidarité devait être accordée. Les notaires, nous l'avons surabondamment démontré (*passim*, et notamment n°s 825 et 853), ne sont pas, comme les avoués, les mandataires des parties qui recourent à leur ministère. Quand ils procèdent en leur qualité de notaires, ils accomplissent une obligation de leur fonction publique ; partant, ce n'est pas dans un mandat prétendu, mais dans la loi même de leur institution, qu'ils puisent et leur droit à des honoraires, et l'action pour les obtenir des parties pour lesquelles ils ont instrumenté. Et maintenant, que le bénéfice de la solidarité leur soit réservé contre chacune des parties auxquelles, dans un intérêt commun, ils ont prêté leur office, c'est de toute justice. Pourquoi ? Parce que leurs services, s'ils ne constituent pas l'exécution d'un mandat proprement dit, se résument, cependant, en des actes *sui generis* auxquels il est convenable de faire l'application plutôt de principes semblables à ceux du mandat que de ceux qui régissent le louage d'ouvrage (*suprà*, n° 825) (1). Ces dernières observations s'appliquent également aux services rendus par les arbitres et par les experts. C'est pourquoi, sans contester, au fond, les décisions de la jurisprudence sur le point indiqué, nous leur reprochons d'avoir, dans les termes, supposé le mandat proprement dit et, en conséquence, appliqué l'art. 2002 là où c'est par analogie seulement que la disposition de cet article devait être invoquée.

1127. Une difficulté particulière s'élève à propos des syndics de faillite. Le syndic est sans doute un véritable mandataire, en ce sens que, dans bien des circonstances, notamment dans les instances, il représente les créanciers du failli. S'ensuit-il, cependant, qu'ils doivent avoir une action solidaire, pour le remboursement de leurs frais, contre chacun des créanciers ? La question s'est présentée devant la Cour de Toulouse, et ensuite, sur le pourvoi, devant la Cour de cassation. Elle a été résolue par la négative, et il n'en pouvait pas être autrement, par cette raison décisive que le syndic représente non pas chacun des créanciers individuellement, mais tous les créanciers pris en masse comme composant une personne morale distincte (2). Il n'y a pas à distinguer, d'ailleurs, suivant que le syndic a été nommé par l'unanimité ou par la majorité des créanciers. La circonstance que le mandat du syndic est forcé dans ce dernier cas, en ce qu'il est imposé à la minorité, est absolument indifférente : elle ne change pas le principe.

1128. Par une suite toute naturelle de la même idée, l'action solidaire contre les créanciers du failli doit être refusée à l'avoué chargé par le syndic d'occuper dans une instance intéressant la faillite : l'avoué n'a d'action contre les créanciers que jusqu'à concurrence de leur part dans l'actif ; l'action solidaire ne lui appartiendrait qu'autant qu'il aurait agi en vertu d'une autorisation spéciale de leur part (3).

1, 95 ; 26, 1, 1396 ; 29, 1, 79 et 272 ; 39, 2, 419 ; 47, 2, 465 ; Dalloz, 12, 1, 216 ; 20, 1, 544 ; 21, 1, 42 ; 26, 1, 240 ; 28, 1, 438 ; 29, 1, 247 ; 39, 2, 251 ; *J. Pal.*, 1839, t. II, p. 386 ; 1847, t. II, p. 362).

(1) Comp. MM. Aubry et Rau (t. III, p. 470, note 7).
(2) Req., 23 mai 1837 (S. V., 37, 1, 839 ; Dalloz, 37, 1, 265).
(3) Req., 24 août 1843 (S. V., 43, 1, 757 ; Dalloz, 43, 1, 453).

1129. L'art. 2002 n'est pas fait pour les mandataires *légaux*. Ainsi, la disposition n'en pourrait pas être invoquée par le représentant d'incapables, par exemple par le tuteur de plusieurs mineurs que son compte constituerait reliquataire pour avances faites dans leur intérêt commun. La solidarité, dit très-exactement M. Rodière, constitue un droit exorbitant par lui-même; elle ne doit donc pas être étendue à des cas que la loi n'a pas formellement prévus; et il est visible que l'art. 2002 a eu en vue seulement les mandataires conventionnels (1).

Il y a plus : quoique écrit pour les mandataires conventionnels, l'art. 2002 ne profite pas à tous. Il en est un spécialement qui ne saurait en invoquer le bénéfice : c'est l'associé gérant. Celui-ci se distingue, sous ce rapport, du liquidateur d'une société dissoute. Rien ne s'oppose, évidemment, à ce que le liquidateur ait une action solidaire contre les associés. Mais, quand la société est debout, la qualité d'associé domine celle de gérant dans la personne de celui qui la conduit et la dirige : il ne peut, par cette raison même, avoir une action solidaire contre ses coassociés. Le développement de cette proposition a sa place naturelle dans le commentaire du titre *Des Sociétés*.

Quant au gérant d'affaires, il n'a pas non plus d'action solidaire contre les personnes dont il a géré les affaires, soit qu'il ait entendu gérer pour tous, soit qu'il ait cru ne gérer que pour l'un des intéressés. L'art. 2002 n'étant écrit qu'en vue du contrat de mandat, le *negotiorum gestor* devra, dans le premier cas, diviser son action contre ceux dont il a géré les affaires, et agir contre chacun proportionnellement à son intérêt. Dans le second cas, il aura, suivant la remarque de M. Rodière, une action *in solidum* contre celui dont il a entendu gérer l'affaire, et l'action *de in rem verso* contre les autres, proportionnellement à ce dont chacun d'eux aurait profité (2).

1130. Lorsque le mandataire constitué par plusieurs mandants a excédé les pouvoirs à lui conférés, ceux-ci ne sont plus obligés en principe. Mais s'il arrive qu'ils ratifient les agissements du mandataire, tout est validé; et, la ratification produisant un effet rétroactif, comme nous l'avons établi *suprà*, n° 1075, il s'ensuit que le mandataire est investi de son action solidaire contre tous les mandants de qui la ratification émane. Mais la condition dont nous parlons au n° 1125 sera nécessaire également ici : il faudra que la ratification soit donnée par les mandants dans le même acte; si elle était faite par des actes séparés, il y aurait autant de mandats que d'actes distincts, et la solidarité n'existerait plus, au profit du mandataire, entre les mandants (3). Ceci n'est nullement contredit par l'un des arrêts cités au numéro indiqué (4). Ce n'est pas d'une question de ratification qu'il s'agissait dans l'espèce : c'est à tort que les arrêtistes donnent, par leur rédaction, à supposer le contraire.

(1) *Voy.* M. Rodière (*De la Sol. et de l'Indiv.*, n° 220).
(2) *Voy.* MM. Troplong (n° 694); Delamarre et le Poitvin (t. II, n° 334); Rodière (*loc. cit.*, n° 219).
(3) MM. Delamarre et le Poitvin (t. II, n° 335); Troplong (n° 695); Boileux (t. VI, p. 610); Taulier (t. VI, p. 531); Massé et Vergé, sur Zachariæ (t. V, p. 50, note 13).
(4) Arrêt du 11 fév. 1834, cité au n° 1125.

La solidarité était contestée devant la Cour de cassation sous le prétexte qu'il s'agissait dans la cause d'une simple gestion d'affaires, laquelle, comme nous venons de le dire, ne donne pas au gérant le bénéfice de l'art. 2002, et la Cour a rejeté cette prétention uniquement parce qu'elle a vu dans le gérant prétendu un mandataire proprement dit.

CHAPITRE IV.

DES DIFFÉRENTES MANIÈRES DONT LE MANDAT FINIT.

SOMMAIRE.

I. 1131. Causes diverses susceptibles de mettre fin au mandat : elles ne sont pas toutes énumérées dans les dispositions de ce chapitre.

I. — 1131. Le mandat peut finir par des causes diverses qui toutes ne sont pas indiquées dans les articles dont le commentaire va suivre. L'art. 2003, par lequel s'ouvre la série des dispositions de ce chapitre, en signale trois, qui sont : 1° la révocation du mandataire; 2° la renonciation de celui-ci au mandat; 3° la mort naturelle ou civile, l'interdiction ou la déconfiture soit du mandant, soit du mandataire. Mais, outre que la dernière des trois causes signalées par la loi doit être complétée par la substitution du *changement d'état* à l'interdiction, laquelle n'est elle-même qu'une espèce de changement d'état, et par l'assimilation de la faillite à la déconfiture, il y a lieu d'ajouter d'autres causes encore. Le mandat, en effet, peut finir aussi : 4° par l'expiration du temps fixé pour sa durée; 5° par l'événement de la condition à laquelle il serait subordonné; 6° par la consommation de l'affaire faisant l'objet du contrat; 7° enfin, par la cessation des pouvoirs en vertu desquels il avait été conféré. Toutes ces causes d'extinction du mandat doivent faire l'objet de ce chapitre, par lequel se termine notre commentaire sur le titre *Du Mandat.*

Nous nous occuperons des cinq dernières sous l'art. 2003, réservant pour le commentaire des art. 2004 et 2006 tout ce qui a trait à la première (la révocation), et pour l'explication de l'art. 2007 tout ce qui se réfère à la seconde (la renonciation). Nous traiterons ensuite, à l'occasion de l'art. 2008, des effets produits entre le mandant et le mandataire par la cessation du mandat. Puis, réunissant les art. 2005 et 2009, dont l'un ne fait qu'appliquer à un cas particulier la théorie posée par l'autre en thèse générale, nous dirons quels sont les effets de la cessation du mandat par rapport aux tiers qui contractent avec le mandataire après l'expiration de ses pouvoirs. Enfin, nous terminerons, avec l'art. 2010, par l'indication des obligations imposées, en certains cas, aux héritiers du mandataire.

2003. — Le mandat finit,
Par la révocation du mandataire,
Par la renonciation de celui-ci au mandat,

Par la mort naturelle ou civile, l'interdiction ou la déconfiture, soit du mandant, soit du mandataire.

SOMMAIRE.

I. — 1132. Les causes extinctives du mandat, dont l'art. 2003 contient une mention expresse, constituent autant de dérogations aux règles ordinaires des contrats en général. Mais ces dérogations dérivent toutes de la nature propre au contrat de mandat. Il n'en est pas de même absolument quant à d'autres causes, qui, bien que non énumérées par le législateur, n'en opèrent pas moins la cessation du mandat. C'est ce que nous allons expliquer en reprenant successivement ces diverses causes : seulement, comme nous l'avons indiqué, nous laisserons, quant à présent, les deux premières de côté pour y revenir sous les art. 2004, 2006 et 2007. Nous aurons donc à nous occuper ici : 1° de la mort du mandant ou du mandataire; 2° de leur interdiction ou plus généralement de leur changement d'état; 3° de la déconfiture et de la faillite; 4° de l'expiration du temps fixé pour la durée du mandat; 5° de l'événement de la condition dans le cas de mandat conditionnel; 6° de la consommation de l'affaire formant l'objet du mandat, et 7° de la cessation des pouvoirs en vertu desquels le mandat aurait été conféré. Nous présenterons ensuite, pour compléter le commentaire de cet article, quelques observations communes aux diverses causes susceptibles de mettre fin au mandat.

II. — 1133. Et d'abord, il est naturel que le mandat finisse par la mort soit du mandant, soit du mandataire. Le mandant étant censé faire par lui-même ce qu'il fait par l'entremise du mandataire qui le représente, la fiction devient impossible dès que le mandant n'existe plus. En outre, la confiance qui conduit celui-ci à se faire représenter par le mandataire ne peut pas légalement être présumée passer aux héritiers. — D'un autre côté, le mandant est déterminé ordinairement, dans le choix d'un mandataire, par les qualités personnelles de celui-ci, par son expérience, sa probité, son habileté. Or, ces qualités ne sont pas héréditaires; elles ne survivent pas nécessairement au mandataire dans la personne de ses héritiers. C'est donc un principe puisé dans la nature même du contrat qu'il finisse également par la mort du mandataire (1).

1134. Notre article assimilait, sous ce rapport, la mort civile à la mort naturelle; et il est clair que la mort civile de l'une ou de l'autre des parties contractantes devait opérer l'extinction du mandat, quand elle existait dans notre législation. Il a été décidé pourtant par la Cour de cassation que les émigrés n'étaient pas recevables à prétendre que les mandats par eux donnés antérieurement à leur émigration avaient été révoqués par l'effet de leur mort civile encourue, et à demander en conséquence la nullité des actes consentis par leurs fondés de pouvoirs (2). Mais M. Merlin fait remarquer que l'émigré, dans l'espèce, pouvait être regardé comme n'ayant jamais encouru la mort civile (3);

(1) *Voy.* Pothier (n°ᵉ 101 et 103).
(2) Req., 2 sept. 1807 (S. V., 7, 1, 450; Coll. nouv., 2, 1, 430; Dalloz, 7, 1, 450; alph., 9, 973.
(3) M. Merlin (*Rép.*, v° Mandat, § 5, n° 2, *in fine*).

et cela explique une décision dont la pensée, d'ailleurs, était non pas d'aller contre les dispositions formelles de notre article, mais uniquement de protéger des transactions loyalement accomplies en refusant aux émigrés le droit d'exciper de la mort civile dont ils avaient été frappés pour faire annuler les actes faits par eux ou par leurs fondés de pouvoirs pendant la durée de cet état. — Quoi qu'il en soit, la cause d'extinction subsiste même depuis l'abolition de la mort civile par la loi du 31 mai 1854; mais elle s'est déplacée. En effet, les peines qui emportaient mort civile entraînent aujourd'hui l'interdiction légale : or, il en est de l'interdiction légale comme de l'interdiction civile dont nous allons parler bientôt; elle opère aussi l'extinction du mandat.

1135. Nous verrons dans le commentaire des art. 2008, 2009 et 2010, que, même après la mort du mandant ou celle du mandataire, le mandat peut encore, suivant diverses distinctions, produire quelques effets. Toutefois, nous devons le faire remarquer dès à présent, il ne faudrait pas tirer de là cette conséquence que la mort du mandant ou du mandataire ne met pas fin au mandat *de plein droit* : le décès de l'une des parties produit par lui-même et *ipso jure* cet effet, sans qu'il soit besoin d'aucun acte postérieur et particulièrement d'aucune notification. Sans doute, la notification pourra avoir souvent une grande importance; par exemple, si le mandant vient à mourir, la notification du décès au mandataire fournira la preuve la plus péremptoire que ce dernier avait connaissance de la cessation de ses pouvoirs (voy. *infrà*, nos 1172 et suiv.). Mais elle n'est pas indispensable, et le mandataire, du moment où, par une voie quelconque, il a eu connaissance du décès, doit s'abstenir à l'instant de tout acte impliquant l'exercice de pouvoirs auxquels l'événement a mis fin par lui-même. On peut induire cependant d'un motif inséré par la Cour de cassation dans l'un de ses arrêts qu'un mandataire traite valablement, bien qu'il ait connu soit le décès du mandant, soit la constitution d'un nouveau mandataire, tant que la révocation du mandat *ne lui a pas été notifiée* et que le décès du mandant *ne lui a pas été dénoncé* (1). Mais la proposition est complétement inadmissible, aussi bien dans le cas de décès que dans celui de révocation, et généralement dans tous les cas d'extinction du mandat. L'art. 2008, dont nous présenterons bientôt le commentaire, a une portée générale. Il entend que les actes faits par le mandataire après la cessation du mandat ne soient validés qu'autant que le mandataire a été, en les accomplissant, dans l'*ignorance* des causes qui font cesser le mandat : or, on ne peut pas dire que le mandataire soit dans l'ignorance de ces causes quand il est informé de leur existence d'une manière quelconque (2). Et la Cour de Paris a justement annulé une consignation d'aliments faite, après le décès du créancier, par l'huissier qui avait procédé à l'emprisonnement du débiteur, alors que les circonstances de la cause

(1) Req., 8 août 1821 (S. V., 22, 1, 111; Coll. nouv., 6, 1, 485; 21, 1, 569).
(2) *Voy.* M. Troplong (nos 713, 727, 787 et 815).

ne permettaient pas d'admettre que l'huissier eût ignoré le décès qui mettait fin à son mandat (1).

1136. Dans un cas particulier seulement, et par application de l'art. 344 du Code de procédure, on pourrait être admis à prétendre que le décès du mandant ne suffit pas à mettre fin au mandat : il s'agit du mandat donné par une partie à un avoué. La notification du décès est alors jugée nécessaire, et l'on décide en conséquence que la demande en péremption d'une instance est valablement formée par requête signifiée à l'avoué du demandeur originaire, quoique celui-ci soit décédé, si son décès n'a pas été notifié (2); encore même cette solution, toute dominante qu'elle soit en doctrine et en jurisprudence, n'est-elle pas admise d'une manière absolue : plusieurs décisions ont été rendues, en effet, en sens contraire (3).

1137. Que si le mandant ou le mandataire est une personne morale (société, corporation, commune, département, établissements d'utilité publique tels qu'hospice, mont-de-piété, caisse d'épargne et bureau de bienfaisance, congrégations religieuses et établissements ecclésiastiques tels que fabrique, chapitre, église ou monastère), le mandat prend fin par la dissolution de la société ou par la suppression de la corporation ou de l'établissement public.

Ainsi, le mandat de vendre donné à une société finit à la dissolution de la société, et ne peut continuer dans la personne du liquidateur (4).

Ainsi encore, les représentants d'une corporation ne peuvent, après sa suppression, être admis à poursuivre une action en justice (5). Et il en est ainsi alors même que des règlements administratifs auraient essayé de rétablir la corporation supprimée, de tels règlements, susceptibles d'avoir effet pour ce qui est de police, devant rester sans efficacité pour l'application du droit devant les tribunaux (6). Néanmoins, ceci n'est pas exclusif du droit, pour les anciens membres, de demander le consentement de l'autorité administrative à l'effet de se réunir, de délibérer sur la liquidation de leurs dettes et de nommer un représentant ou syndic. Il s'induit de là que les jugements rendus contre ce représentant ou syndic sont obligatoires pour chacun des membres de l'ancienne corporation (7).

1138. Quand le mandat a été donné par plusieurs pour une affaire commune, la mort de l'un des mandants met incontestablement fin au

---

(1) Paris, 17 mars 1826 (S. V., 26, 2, 314; Coll. nouv., 8, 2, 213; Dalloz, 2, 62, 239).
(2) Nimes, 2 fév. 1825; Montpellier, 17 janv. 1831; Paris, 25 août 1832; Riom, 6 nov. 1847; Caen, 16 avr. 1849 (S. V., 25, 2, 294; 31, 2, 271; 48, 2, 475; 49, 2, 624; Dalloz, 25, 2, 201; 31, 2, 132; 33, 2, 83; 48, 2, 194; 53, 5, 353; J. Pal., 1848, t. I, p. 626; 1850, t. I, p. 119).
(3) Voy. Nimes, 26 avr. 1813; Lyon, 16 mai 1817; Riom, 30 nov. 1840 (S. V., 16, 2, 122; 41, 2, 73; Coll. nouv., 4, 2, 297; 5, 2, 276; Dalloz, alph., 11, 200; 41, 2, 219).
(4) Cass., 11 vend. an 7 (S. V., 1, 1, 163; Coll. nouv., 1, 1, 107; Dalloz, 3, 1, 167; alph., 12, 99).
(5) Cass., 11 germ. an 2 (S. V., Coll. nouv., 1, 1, 29).
(6) Rej., 18 nov. 1823 (S. V., 24, 1, 219; Coll. nouv., 7, 1, 340; Dalloz, 23, 1, 467).
(7) Req., 7 sept. 1814 (S. V., 15, 1, 47; Coll. nouv., 4, 1, 610; Dalloz, 14, 1, 547).

mandat en ce qui le concerne. M. Troplong dit, en termes généraux, que le mandat étant donné par plusieurs pour une chose commune, « *la mort d'un seul mandant le fait cesser* »; et il se réfère à ses observations sur le cas de révocation (1). On pourrait conclure de là que, dans la pensée de l'auteur, la mort, en cette hypothèse, met fin au mandat non-seulement à l'égard du mandant prédécédé, mais encore en ce qui concerne les survivants. Cependant, la solution, dans ces termes absolus, ne serait pas admissible, et le renvoi même indiqué par l'auteur le prouve avec évidence. On ne peut pas dire que la révocation émanée d'un seul des mandants entraîne, *ipso jure*, révocation de la part de tous les autres. On ne peut pas dire davantage, du moins en thèse absolue, que la mort de l'un des mandants survenue au cours de l'exécution du mandat brise par elle-même, aux mains du mandataire, les pouvoirs à lui conférés par tous les mandants qu'il représente et au nom desquels il agit : c'est plutôt là une question de fait et d'appréciation à résoudre d'après les circonstances.

De même, si au lieu de plusieurs mandants nous supposons plusieurs mandataires constitués conjointement, la mort de l'un d'eux fera cesser le mandat quant à eux tous ou seulement dans la personne du mandataire décédé, suivant qu'il apparaîtra des circonstances que, dans l'intention du mandant, tous les mandataires devaient concourir et procéder d'un commun accord à la gestion de l'affaire, ou que chacun d'eux avait le pouvoir d'agir séparément et de suivre seul sur l'exécution du mandat (2).

1139. La règle que le mandat prend fin par la mort de l'un ou de l'autre des contractants n'est pas sans exceptions. Les unes se réfèrent exclusivement au cas où le mandant vient à mourir; les autres s'appliquent aussi bien au cas de mort du mandataire qu'au cas de mort du mandant. Il nous reste à les préciser.

1140. Quand le mandat est donné, non point dans l'intérêt exclusif du mandant, mais dans l'intérêt commun du mandant et du mandataire, ou même du mandant ou d'un tiers, il peut être considéré comme participant à la fois de la nature des contrats synallagmatiques et de la nature du contrat de mandat. Par suite, il subsiste alors, même après le décès de l'une ou de l'autre des parties. Il en est ainsi notamment du mandat implicitement contenu dans toute élection de domicile (3). Dans une espèce où une partie, en transigeant, avait élu domicile au siège d'une société de commerce, il a été soutenu que, la société étant dissoute, l'élection s'était évanouie. Mais les juges ont considéré que l'élection faite dans un contrat survit à la mort du contractant, et, en conséquence, ils ont décidé que, dans l'espèce, l'élection contractuelle, réciproquement proposée et acceptée comme condition de la transaction, n'était pas dépendante de la personne morale, était inhérente au

<hr>

(1) *Voy.* M. Troplong (n° 739).
(2) *Voy.* Pothier (n° 102).
(3) *Voy.* MM. Demolombe (t. I, n° 375); Aubry et Rau (3ᵉ édit., t. I, p. 527, et notes 19 et suiv.).

lieu et, par suite, n'avait pu cesser par la dissolution de la société (1).
— Du reste, ce que nous disons ici du décès doit s'entendre généralement de toutes les causes de cessation de mandat propres à ce contrat : aucune n'atteint le mandat inhérent à l'élection de domicile. C'est le fondement d'une décision aux termes de laquelle l'élection de domicile pour l'exécution d'un acte est attributive de juridiction au tribunal de ce domicile, *même après la déclaration de faillite de l'une des parties*, et ne permet pas aux syndics de prétendre qu'ils doivent être assignés devant le tribunal du domicile du failli (2).

1141. Par la même raison, le pouvoir conféré par un débiteur à son créancier de faire procéder à la vente amiable d'un immeuble sans suivre les formalités de la saisie immobilière (clause de voie parée) devait être considéré comme subsistant même après le décès, la faillite ou le changement d'état des parties, en supposant, d'ailleurs, que la légalité, si gravement contestée, de la clause, dût être reconnue (3). Aujourd'hui elle est formellement proscrite par l'art. 742 du Code de procédure revisé par la loi du 2 juin 1841. Toutefois, il est à remarquer que la prohibition s'applique seulement à la vente des immeubles ; elle n'atteint pas la vente de meubles, à l'occasion de laquelle la clause peut être stipulée avec effet ; et, si elle est stipulée, le mandat qu'elle renferme doit survivre au décès du mandant. Ainsi, on peut dire, avec la Cour de Douai, que le pouvoir donné par un débiteur à son créancier de faire vendre lui-même les récoltes de son fonds dans les formes ordinaires et sans suivre les formalités de la saisie-brandon, au cas où il ne payerait pas sa dette au jour de l'échéance, et de prélever sur le prix de la vente le montant de la créance, n'est pas révoqué par suite de la mort du débiteur (4). Mais, par contre, il y a lieu de critiquer un autre arrêt de la même Cour, qui, dans une espèce où le pouvoir avait été donné également dans l'intérêt du mandataire, a décidé, au contraire, que le mandat avait pris fin par la *faillite* du mandant (5). La faillite, bien qu'en principe elle soit une cause d'extinction (*infrà*, n° 1149), ne peut, pas plus que la mort, dans le cas particulier, faire obstacle au maintien et à l'exécution du mandat.

Si au lieu du prédécès du mandant (le débiteur) nous supposons, dans le même cas, le prédécès du mandataire (le créancier), le mandat ne sera pas révoqué non plus : il en sera de même si nous supposons la faillite, les syndics pouvant exercer le mandat ou user du pouvoir à la place du mandataire failli (6).

1142. Enfin, quand un tiers est désigné pour recevoir un payement,

---

(1) Bordeaux, 21 juill. 1834 (S. V., 34, 2, 550 ; Dalloz, 34, 2, 226).
(2) Bourges, 6 mars 1840 (S. V., 40, 2, 269 ; Dalloz, 40, 2, 208).
(3) Bordeaux, 12 et 19 août 1831 (S. V., 32, 2, 199 ; Dalloz, 31, 2, 239).
(4) Douai, 22 déc. 1848 (S. V., 50, 2, 161 ; Dalloz, 51, 5, 352). *Voy.* aussi MM. Duranton (t. XVIII, n° 284) ; Aubry et Rau (t. III, p. 474, note 10) ; Delamarre et le Poitvin (t. II, n° 445) ; Troplong (n°ˢ 718 et 737).
(5) Douai, 20 fév. 1847 (S. V., 48, 2, 180 ; Dalloz, 48, 2, 93 ; *J. Pal.*, 1848, t. II, p. 95).
(6) Bordeaux, 23 nov. et 23 déc. 1831 (S. V., 32, 2, 199 ; Dalloz, 33, 2, 29).

adjectus solutionis gratiá, le mandat de ce tiers ne s'éteint pas par une cause d'extinction survenant en la personne du mandant, le débiteur, dans l'espèce; au contraire, il est naturel qu'il prenne fin par une cause d'extinction survenant en la personne du mandataire, c'est-à-dire de l'*adjectus* (1).

1143. Quant au mandat donné sous forme de *prête-nom*, il faut distinguer. Entre les parties, nous le savons, les règles propres au contrat doivent être observées dans ce cas (*suprà*, nᵒˢ 1078 et suiv.). Le mandat cesse donc par les mêmes causes que le pouvoir conféré d'une manière explicite et directe, à moins de convention contraire. Mais c'est tout autre chose vis-à-vis des tiers, au moins de ceux qui, se fiant à l'apparence, ont vu dans le prête-nom le véritable maître de l'affaire. Ainsi, nous n'allons pas jusqu'à dire, avec M. Troplong, que le mandat se prolonge sans être affecté par le décès du mandant, *même à l'égard* des tiers qui ont su que la qualité de prête-nom n'était qu'apparente (2). Vis-à-vis de ceux-là, le prête-nom n'a pas, évidemment, d'autres pouvoirs que ceux d'un mandataire, et ces pouvoirs expirent par le décès du mandant. La Cour de cassation s'est justement prononcée en ce sens dans un arrêt dont nous avons eu déjà l'occasion de citer l'espèce (*suprà*, nᵒ 1080). Mais à l'égard de ceux qui n'ont rien su, la thèse de M. Troplong est parfaitement exacte, et pour eux il est vrai autant qu'équitable de dire que le mandat caché sous la qualification de prête-nom se prolonge au delà de la mort du mandant.

1144. Le mandat survit encore au décès du mandant en ce sens que le mandataire est tenu de continuer et d'achever la chose commencée quand il y a péril en la demeure. C'est la disposition formelle de l'art. 1991, § 2; mais nous nous sommes expliqué déjà sur ce point (*suprà*, nᵒ 973); nous n'avons pas à y revenir.

1145. Enfin, la disposition de la loi qui attache un effet révocatoire à la mort du mandant étant le résultat de l'interprétation faite par le législateur de la volonté présumée des parties, il s'ensuit que le mandat doit subsister, malgré le décès du mandant, toutes les fois qu'il apparaît nettement que, dans la pensée des parties, le décès n'en doit pas empêcher l'exécution. Cette intention peut être manifestée par une convention expresse et formelle; elle peut aussi s'induire de la nature même de l'affaire, par exemple si cette affaire ne peut ou ne doit être accomplie ou achevée qu'après le décès du mandant. On cite habituellement parmi les mandats que leur nature même signale comme devant survivre au décès du mandant celui d'ériger un monument à la mémoire de ce dernier, d'acheter un immeuble pour ses héritiers; on y place également le mandat donné aux exécuteurs testamentaires (3). La Cour de Paris a, par application de ce principe, validé et maintenu, nonobstant le décès du mandant, le mandat de publier, après la mort de ce dernier,

---

(1) Comp. MM. Duranton (t. XVIII, nᵒ 284); Aubry et Rau (t. III, p. 474, note 10).
(2) *Voy*. M. Troplong (nᵒ 738).
(3) *Voy*. Pothier (nᵒ 108); MM. Duranton (t. XVIII, nᵒ 283); Delamarre et le Poitvin (t. II, nᵒ 445); Troplong (nᵒ 728); Aubry et Rau (t. III, p. 474, note 8).

des écrits qui lui appartenaient (1) ; et la Cour de cassation a également
considéré le mandat de vendre des immeubles, pour en faire servir le
prix au remboursement d'avances faites par le mandataire, comme devant se prolonger jusqu'à l'entière libération du mandant, et, par conséquent, comme ne devant pas être éteint par le décès de ce dernier (2).

Du reste, nous n'admettrions pas la restriction proposée par M. Troplong, sur l'autorité de Straccha et de Casaregis, d'après lesquels le mandat fait pour durer même après la mort du mandant finirait cependant
si celui-ci laissait, en mourant, un héritier mineur (3). La raison donnée
par ces auteurs, à savoir que le mandant étant devenu mineur, de majeur qu'il était, il y a eu un changement d'état qui annule le mandat,
n'est rien moins que solide. En définitive, la minorité des héritiers ne
saurait détruire le droit dont a usé le mandant en exigeant que le mandat par lui conféré survécût à son décès : il faut donc que cette volonté
soit respectée. Et, quant à nous, nous ne verrions d'autre limite à apporter à la faculté dont jouit le mandant de disposer dans ces termes que
celle qui pourrait résulter des règles sur la quotité disponible, dans le
cas où l'exécution du mandat serait susceptible de porter atteinte à la
réserve.

1146. Ici se présenterait la question de savoir si la liberté de déroger
à la règle qui attache la fin du mandat au décès du mandant existe
même en matière de dépôt, et si la disposition de l'art. 1989, § 1,
d'après lequel, en cas de mort du déposant, la chose déposée ne peut
être rendue qu'à son héritier, doit être entendue en ce sens que la restitution doive être faite à l'héritier, alors même que le déposant a indiqué un tiers à qui l'objet du dépôt devra être remis après son décès.
Mais la question est examinée dans notre commentaire *Du Dépôt* (*suprà*, n°ˢ 481 et 482); et, sans y revenir, nous passons aux autres causes
d'extinction du mandat.

III. — 1147. Le changement d'état survenant en la personne du
mandant ou du mandataire met aussi fin au mandat. L'art. 2003 parle
seulement de l'interdiction en termes exprès ; toutefois, on ne fait pas
difficulté d'en étendre la disposition, par identité de motifs, à tout
changement d'état qui, de même que l'interdiction, rend incapable de
s'obliger et, par conséquent, soit de conférer, soit d'accepter un mandat (4).

Il est bien entendu, d'ailleurs, que lorsque le changement d'état survient en la personne du mandant, il affecte le mandat seulement dans la
mesure même où le mandant perd l'exercice de ses droits. Par exemple,
le mandat donné par une femme qui se marie ensuite cesse pour les
actes qu'elle ne pourrait faire sans autorisation ; mais il continue et subsiste quant aux actes que, d'après les stipulations de son contrat de ma-

---

(1) Paris, 10 déc. 1850 (S. V., 50, 2, 625; Dalloz, 51, 2, 1).
(2) Req., 22 mai 1860 (S. V., 60, 1, 721; Dalloz, 60, 1, 449; *J. Pal.*, 1861, p. 467).
(3) *Voy.* M. Troplong (n° 734).
(4) *Voy.* Pothier (n° 111); MM. Delvincourt (t. III, p. 246, aux notes); Duranton
(t. XVIII, n°ˢ 285 et 286); Aubry et Rau (t. III, p. 474, note 12).

riage, la femme aurait conservé le droit de faire par elle-même. Ainsi encore, le mandant avait une capacité pleine et entière quand il a constitué un mandataire, et il vient à être pourvu d'un conseil judiciaire : le mandat cesse seulement quant aux actes que sa situation nouvelle ne lui permettrait pas de faire seul.

Mais lorsque le changement d'état survient en la personne du mandataire, la même distinction ne doit pas être suivie, au moins dans tous les cas. Ainsi, le mandat conféré à une femme prend fin par le mariage de la mandataire, quel que soit l'objet du mandat. En est-il de même du mandat donné à une personne que sa prodigalité fait placer plus tard sous l'assistance d'un conseil judiciaire? On se prononce généralement pour l'affirmative. Cependant la solution nous paraît moins certaine : nous n'apercevons pas, en effet, un texte duquel on puisse induire que la dation d'un conseil judiciaire rend le prodigue incapable de s'obliger par l'acceptation d'un mandat.

IV. — 1148. L'art. 2003 mentionne, en dernier lieu, la déconfiture comme cause extinctive du mandat. C'est encore là une cause d'extinction puisée dans la nature même du contrat; et l'on s'explique à merveille que, selon la disposition de la loi, l'événement produise cessation du mandat quand il survient soit dans la personne du mandant, soit dans la personne du mandataire. Toutefois, il est vrai de dire que la déconfiture du *mandataire* se comprend surtout comme cause extinctive, le mauvais état des affaires de celui-ci étant propre à lui faire perdre la confiance qui avait déterminé le choix du mandant.

1149. Du reste, il faut étendre à la faillite ce que l'art. 2003 dit en termes exprès de la déconfiture seulement : donc la faillite est, de même que la déconfiture, une cause extinctive du mandat. C'est là, en effet, la déconfiture des négociants, encore même est-ce une déconfiture accompagnée de circonstances aggravantes. D'ailleurs, le maintien et la continuation du mandat, nonobstant la faillite du mandant, se concevraient difficilement, puisque la faillite emporte dessaisissement : aussi avons-nous décidé que le mandat donné par un failli postérieurement au jugement déclaratif de faillite est nul (*suprà,* n° 962), ce que nous ne dirions pas assurément du mandat conféré par un débiteur non commerçant en état de déconfiture.

Au surplus, l'extinction du mandat par la faillite a été reconnue par la jurisprudence.

Nous avons vu tout à l'heure la Cour de Douai consacrer le principe, et même avec exagération, en décidant que la faillite du mandant met fin au mandat même donné dans l'intérêt du mandataire, sans prendre garde que, participant alors de la nature des conventions synallagmatiques, il ne finit pas en général par le fait ou la volonté d'une seule des parties (voy. *suprà,* n° 1141).

Et nous le trouvons également admis par la Cour de cassation dans une espèce qui présentait à juger la question, neuve alors, de savoir si, lorsque le mandataire a fait des actes *après que sa faillite avait mis fin au mandat,* il est recevable à demander la nullité de ces actes, le cas échéant où il deviendrait ultérieurement l'héritier du mandant. La Cour, en se prononçant justement pour la négative sur cette question, qui d'ailleurs se présente non-seulement dans le cas de faillite du mandataire, mais encore à l'occasion de toute cause susceptible de mettre fin au mandat, déclare expressément, en s'autorisant du texte même de l'art. 2003, que le mandat finit par la faillite du mandataire (1).

Telles sont, d'après l'art. 2003 (en y ajoutant la révocation et la renonciation, dont nous traiterons dans le commentaire des articles suivants), les causes d'extinction puisées dans la nature du contrat. Mais le mandat finit encore par d'autres causes qui tiennent aux principes ordinaires régissant les contrats en général, et dont l'art. 2003 ne fait pas mention. Nous avons maintenant à les préciser.

V. — 1150. Et d'abord, il est évident que le mandat ne saurait se prolonger au delà du terme que les parties lui ont assigné. Donc, le mandat prend fin par l'expiration du temps pour lequel il aurait été constitué.

Mais quand il n'a pas été fixé de terme, le mandat ne cesse pas par le seul laps de temps, soit par dix ans, soit par un an. « Lorsque je n'ai limité aucun temps, ni apposé à la durée de ma procuration aucune condition, dit Pothier, elle vaut *in perpetuum,* c'est-à-dire tant que je vis et que je ne la révoque pas. Quelques praticiens ignorants disent qu'il faut en ce cas renouveler la procuration tous les ans; mais c'est une erreur qui ne mérite pas d'être réfutée. » (2)

Il y avait pourtant, dans notre ancien droit, des cas exceptionnels dans lesquels le seul laps de temps mettait fin au mandat : on les appelait les cas de *surannation.* Et c'est par là que les notaires, ou les praticiens dont parle Pothier, avaient été amenés, pour empêcher l'extinction, à insérer souvent la clause que la procuration vaudrait *nonobstant surannation,* même dans les cas où la clause n'était d'aucune nécessité. Nous avons aussi notre cas de surannation dans notre droit actuel; il y est seul, à notre connaissance, et y a été introduit par l'art. 4 de l'ordonnance du 1er mai 1816, d'après lequel les procurations pour toucher les arrérages de rentes et pensions de l'État ne sont valables que pendant dix ans.

1151. Quant à l'art. 121 du Code Napoléon, d'après lequel les héritiers présomptifs de l'absent *qui a laissé une procuration* peuvent, *après dix ans révolus,* poursuivre la déclaration d'absence et l'envoi en possession provisoire, il ne constitue pas un autre cas de surannation. Il est plus vrai de dire que c'est là une cause d'extinction du mandat à ajouter à celles dont nous nous occupons : seulement, la circonstance que l'absent a laissé une procuration générale a pour effet de retarder jusqu'après dix ans cet envoi en possession provisoire qui met fin au mandat et

(1) *Voy.* Cass., 24 août 1847 (S. V., 48, 1, 33; Dalloz, 47, 1, 329; *J. Pal.,* 1847, t. II, p. 751). *Junge :* MM. Troplong (n° 716); Delamarre et le Poitvin (n° 450); Massé (*Dr. comm.,* t. III, n° 242; 2° édit., n° 1195); Mourlon (t. III, p. 448).
(2) Pothier (n° 35).

fait cesser les effets de la procuration. Du reste, il n'en est pas de la simple présomption d'absence comme de l'envoi en possession : elle ne suffit pas à opérer l'extinction du mandat (1).

VI. — 1152. L'événement de la condition est aussi une cause extinctive du mandat. Il n'y a pas de raison pour que la condition ne produise pas ici ses effets ordinaires ; et, par conséquent, le mandat ne doit pas survivre et subsister après l'événement de la condition à laquelle il aurait été subordonné. D'ailleurs, ceci ne saurait être d'un grand intérêt pratique : il arrivera très-rarement qu'un mandat soit conditionnel.

VII. — 1153. Le mandataire est sans pouvoirs dès que l'objet du mandat est accompli : donc, l'extinction du mandat a lieu encore par la consommation de l'affaire qui en faisait l'objet. — Un mandataire avait été chargé d'opérer pour le mandant l'échange d'une pièce de terre, désignée dans la procuration, contre une propriété appartenant à un tiers également indiqué. L'échange fut opéré ; mais bientôt après le mandataire et le tiers, revenant sur la convention, détruisirent l'acte qui la constatait et substituèrent à la pièce de terre désignée un autre immeuble qui se trouva ne pas appartenir au mandant. Évincé plus tard par le véritable propriétaire, le tiers recourut en garantie contre le mandant, lequel ne manqua pas d'appeler son mandataire en cause. Dans cette position, on comprend quelles étaient les prétentions respectives des parties. D'un côté, le tiers évincé soutenait que le mandant était responsable du fait de son mandataire. D'un autre côté, le mandant répondait que le seul traité qui pût l'obliger était celui qui avait été primitivement conclu par son mandataire ; qu'après ce traité, celui-ci s'était trouvé sans pouvoirs et n'avait pu en conclure un nouveau qui fût susceptible de le lier, lui, comme mandant ; qu'ainsi l'action exercée par le tiers en vertu de ce nouveau traité était sans aucun fondement. Incontestablement, cette dernière prétention devait prévaloir, et, en effet, il fut justement décidé que, l'objet du mandat une fois accompli, le mandataire n'avait pu, d'accord avec le tiers, anéantir l'opération effectuée et lui en substituer une nouvelle ; qu'il était sans pouvoirs à cet effet ; et que dès lors si, par suite de la nouvelle opération, le tiers se trouvait éprouver un dommage, il ne pouvait exercer aucun recours contre le mandant (art. 1998), ni même contre le mandataire, dont il avait connu les pouvoirs (art. 1997 ; *suprà,* n° 1057) (2).

Mais la solution, il faut le noter, tient à cette circonstance particulière que le tiers, ici, avait agi en connaissance de cause et d'accord avec le mandataire. Au contraire, si, l'affaire étant consommée, le mandataire traitait avec un tiers de bonne foi en abusant de sa procuration, le mandant serait obligé, bien que l'acte fût fait après l'expiration du mandat. C'est, d'ailleurs, l'application du principe général posé par l'art. 2009, auquel nous allons bientôt arriver.

VIII. — 1154. Enfin, la dernière cause extinctive dont nous ayons

---

(1) Paris, 25 nov. 1811 (S. V., Coll. nouv., 3, 2, 580).
(2) Bourges, 19 juill. 1831 (S. V., 33, 2, 384 ; Dalloz, 33, 2, 48).

quant à présent à nous occuper résulte de la cessation des pouvoirs en vertu desquels le mandat avait été conféré. Cette cause d'extinction se présente dans tous les cas où le mandant est lui-même mandataire d'un mandant originaire; et elle est l'application de la règle générale : *Resoluto jure dantis resolvitur jus accipientis.*

Ainsi, Paul a été chargé d'une gestion par Joseph, et, usant du pouvoir de substituer dont nous avons traité dans notre commentaire de l'art. 1994 (*supra,* nos 1016 et suiv.), il a délégué Jacques pour exécuter le mandat en tout ou en partie : dans cette hypothèse, il est clair que le mandat conféré à Jacques, mandataire substitué, cessera d'abord par l'effet de la mort, du changement d'état, de la déconfiture de Joseph, mandant originaire; ces causes, faisant cesser les pouvoirs de Paul, mandataire direct, doivent par cela même entraîner l'extinction du mandat de Jacques, mandataire substitué.

Et ce que nous disons de la mort, du changement d'état, de la déconfiture du mandant originaire, on peut le dire aussi de la révocation dont le mandataire direct aurait été l'objet de la part de ce dernier. Néanmoins, il y a ici une réserve qu'il faut préciser. Par exemple, dans notre espèce, si le mandant originaire révoque le mandat par lui conféré à Paul, la révocation aura pour effet, en principe, de faire tomber la délégation faite par ce dernier au mandataire qu'il s'était substitué. Mais il en serait autrement s'il était établi que le mandant originaire, connaissant et approuvant la délégation, a accepté le substitué pour son propre mandataire. Alors la révocation dont les pouvoirs du substituant seraient l'objet n'atteindrait pas le mandat conféré au substitué.

Mais comment les causes d'extinction opèrent-elles si elles surviennent non point en la personne du mandant originaire, mais en celle du substituant? La question se résout par une distinction que Pothier a précisée. Lorsqu'un procureur, dit-il, a substitué quelqu'un pour la gestion d'une affaire dont il s'était chargé, le mandat de ce substitué s'éteint et finit par la mort de celui qui l'a substitué (ou par les autres causes d'extinction), car étant comptable de la gestion de son substitué, c'est pour lui et en sa place que ce substitué gère : il est le mandant de ce substitué. Mais il faudrait décider autrement si le substitué avait été chargé de gérer sur l'indication du mandant originaire lui-même; le substitué alors n'étant point du choix du procureur, mais de celui du mandant, c'est celui-ci qui est censé l'avoir directement établi son mandataire, et, par conséquent, le mandat de ce substitué ne finit pas par les causes d'extinction survenant en la personne du substituant (1). Cela revient à dire que les causes d'extinction survenant en la personne du mandataire substituant ou déléguant mettent également fin au sous-mandat, à moins que le mandant originaire eût expressément désigné le sous-mandataire ou se fût approprié la désignation faite par le substituant. D'après cela, le mandat donné par un mari pour l'administration des biens de sa femme finit quand le mari cesse d'avoir cette administra-

_____

(1) Pothier (n° 105).

tion, à moins que le mandataire du mari n'ait aussi été constitué mandataire par la femme dûment autorisée, ce qui arrivera très-rarement.
— Quant au mandat conféré par un tuteur, il cesse toujours à l'expiration de la tutelle elle-même, le mineur et l'interdit ne pouvant jamais être considérés comme s'étant approprié le choix fait par le tuteur, puisqu'ils sont incapables de faire un acte juridique quelconque et, par conséquent, de choisir un mandataire (1).

IX. — 1155. Terminons par deux observations communes aux diverses causes d'extinction du mandat. L'une est tout à fait générale : il faut distinguer si le mandataire a fait quelque chose avant que survienne la cause extinctive, ou si l'affaire n'a pas encore été commencée. Dans ce dernier cas, seulement, le mandat n'a aucune existence; il est censé n'avoir pas été donné. Mais quand l'extinction survient les choses n'étant plus entières, le mandat ne cesse que pour l'avenir; il subsiste pour le passé.

1156. L'autre observation est spéciale aux cas où les causes d'extinction surviennent en la personne du mandant, mais concerne tous ces cas : le mandataire doit, malgré la fin ou la cessation du mandat, faire tout ce qui est nécessaire pour achever l'affaire qu'il a commencée s'il y a péril en la demeure. En d'autres termes, la disposition de l'art. 1991, § 2 (*suprà*, n° 973), où le *décès du mandant* seul est prévu, doit être généralisée. Il y a plus : abstraction faite de toute idée de péril en la demeure, le mandataire peut, il doit même accomplir tout ce qui est une suite nécessaire de ce qu'il a commencé, par exemple livrer ce qu'il a vendu, envoyer au mandant ce qu'il a reçu pour lui, etc. L'application de cette règle à toutes les causes d'extinction dont il a été question sous cet article se comprend sans aucune difficulté. Elle se conçoit encore mieux dans le cas de renonciation dont il sera traité sous l'art. 2007. Enfin, dans le cas même où le mandat cesse par la révocation du mandataire (*infrà*, art. 2004 et suiv.), l'équité veut encore qu'il n'en soit pas autrement (2) : seulement, on pourra, dans ce dernier cas, se montrer moins sévère dans l'appréciation de la faute que le mandataire aurait commise en n'accomplissant pas l'obligation dont il s'agit ici.

2004. — Le mandant peut révoquer sa procuration quand bon lui semble, et contraindre, s'il y a lieu, le mandataire à lui remettre, soit l'écrit sous seing privé qui la contient, soit l'original de la procuration, si elle a été délivrée en brevet, soit l'expédition, s'il en a été gardé minute.

2005. — La révocation notifiée au seul mandataire ne peut être opposée aux tiers qui ont traité dans l'ignorance de cette révocation, sauf au mandant son recours contre le mandataire.

2006. — La constitution d'un nouveau mandataire pour la même

---

(1) Pothier (n°ˢ 104 et 112). *Voy.* aussi M. Troplong (n° 756).
(2) *Voy.* cependant MM. Troplong (n°ˢ 384 et 717); Massé et Vergé, sur Zachariæ (t. V, p. 42, note 4).

affaire, vaut révocation du premier, à compter du jour où elle a été notifiée à celui-ci.

I. — 1157. La libre faculté qu'a le mandant de révoquer la procuration est contraire aux principes ordinaires sur les contrats, lesquels, une fois formés par le concours de deux volontés, ne peuvent être anéantis par la volonté d'un seul. Mais cette faculté est puisée dans la nature même du contrat. D'une part, le mandat repose sur la confiance; de l'autre part, il a son principe dans le désir de rendre un service, désir plus ou moins pur selon que le mandat est gratuit ou salarié, mais qui néanmoins est au fond de tout mandat. Or la confiance peut s'altérer, et l'on ne rend pas un service à quelqu'un malgré lui. Il était donc naturel de donner au mandant le droit, pour ainsi dire absolu, de révocation : en conséquence, l'art. 2004 dispose que le mandant peut révoquer sa procuration *quand bon lui semble,* c'est-à-dire à tout instant, sans motifs, sans explication, par pur caprice.

1158. Ce droit de révocation existe soit que le mandat ait été conféré *in perpetuum,* soit qu'il ait été donné avec une limite de temps. Il existe également soit que le contrat se forme entre un seul mandant et un seul mandataire, soit que le mandat ait été constitué par plusieurs mandants pour une affaire commune ou donné à plusieurs mandataires : seulement, dans ce dernier cas, le droit de révocation appartient individuellement à chacun des mandants et à l'égard de chacun des mandataires. On s'est pourtant autorisé du principe que régulièrement la révocation doit émaner du pouvoir même qui a constitué le mandat, pour dire que, dans le cas de constitution par plusieurs pour une affaire commune, la révocation n'est efficace qu'à la condition d'être faite par tous. Mais c'est là une exagération : chacun des mandants doit être con-

sidéré comme ayant donné au mandataire des pouvoirs particuliers (1);
et, dans cette situation, il ne serait pas plus juste d'exiger le concours
de tous pour qu'un seul pût se départir et retirer sa procuration qu'il ne
serait raisonnable de prétendre que la révocation par un seul entraîne
révocation de la part de tous (voy. *suprà*, n° 1138).

1159. Cependant, tout absolu qu'il paraît être, le droit de révocation
comporte certaines réserves. Les motifs mêmes sur lesquels il repose
montrent qu'il n'existe réellement que dans le cas où le mandat est
constitué dans l'intérêt exclusif du mandant. Quand il est donné dans
l'intérêt du mandataire ou d'un tiers, il participe du contrat synallagmatique, et, par conséquent, il ne peut être révoqué par la seule volonté du mandant; la révocation doit nécessairement résulter du consentement des deux parties contractantes (2). La Cour de Bordeaux a
décidé, dans cet ordre d'idées, que la convention par laquelle l'une des
parties se charge de recouvrer une succession dévolue à l'autre et de
faire les avances nécessaires, sans répétition, même en cas de non-
réussite, à la condition de partager l'émolument à recueillir, est, non
pas un simple mandat révocable à volonté, mais une véritable convention synallagmatique, qui ne peut être révoquée que d'un consentement mutuel, ou pour les causes autorisées par la loi (3). Toutefois, ce
n'est là qu'une décision d'espèce; il ne faudrait pas la généraliser. Et,
en effet, la jurisprudence nous montre qu'en de fréquentes occasions les
tribunaux ont vu, par appréciation des circonstances, dans des conventions de ce genre, un mandat salarié révocable, et ont même usé du
droit qui leur appartient, comme nous l'avons indiqué plus haut (*suprà*,
n° 1109), d'en réduire le salaire (4).

Quoi qu'il en soit, il ne reste pas moins certain, en principe, que
lorsqu'il n'est pas constitué dans l'intérêt exclusif du mandant, quand
il n'est lui-même que la condition ou la suite d'une convention synallagmatique, le mandat est irrévocable, ou du moins il n'est pas révocable par la seule volonté du mandant. On peut appliquer ici ce que
nous avons dit ci-dessus du mandat donné par un débiteur à son créancier de faire procéder à la vente de ses biens (*suprà*, n° 1141), en ob-
servant toutefois que le mandat et son irrévocabilité, dans ce cas, ne
font pas obstacle à l'acquisition de droits réels par les tiers (5). On peut
appliquer également ce que nous avons dit du mandat donné à l'*adjectus
solutionis* (*suprà*, n° 1142); du mandat donné à l'un des associés par
l'acte même de société (C. Nap., art. 1856, § 2); et du mandat donné
au mari par contrat de mariage, lequel est irrévocable comme toutes

---

(1) *Voy.* notamment MM. Troplong (n° 119); Dalloz (n° 429); Boileux (t. **VI**,
p. 611).
(2) Bruxelles, 22 juin 1820 (S. V., Coll. nouv., 6, 2, 275).
(3) Bordeaux, 7 juill. 1837 (S. V., 37, 2, 452; Dalloz, 37, 2, 170).
(4) *Voy.* Req., 6 mars 1827, 31 janv. 1843, 7 fév. et 18 avr. 1855 (S. V., 27, 1, 169;
43, 1, 125; 55, 1, 527; Dalloz, 27, 1, 162; 43, 1, 298; 55, 1, 206; *J. Pal.*, 1855, t. II,
p. 515).
(5) Bordeaux, 13 fév. 1832 (S. V., 32, 2, 311; Dalloz, 32, 2, 126).

autres conventions matrimoniales (1). — Quant au mandat inhérent à l'élection de domicile, il est également irrévocable (*suprà*, n° 1140), en ce sens que l'élection de domicile doit toujours être conservée dans le même lieu; mais il peut être révoqué en ce sens que celui de qui l'élection émane peut désigner, dans ce même lieu, une personne autre que celle chez laquelle le domicile avait été d'abord élu.

1160. Il y a encore une autre restriction qui, sans atteindre le droit de révocation en lui-même, ne permet pas cependant au mandant de l'exercer avec les mêmes franchises : elle s'applique particulièrement au mandat salarié. La stipulation d'un salaire n'enlève pas au contrat, nous le savons, son caractère de mandat, et par conséquent, même quand il a promis un salaire, le mandant reste libre de révoquer sa procuration s'il juge à propos de le faire : seulement, il peut alors être contraint à indemniser le mandataire révoqué. Cela n'est pas douteux si, le cas de révocation ayant été prévu lors de la constitution du mandat, il a été convenu, entre les parties, que le mandant n'userait de son droit à cet égard que sauf à désintéresser le mandataire et à l'indemniser du préjudice que la révocation pourrait lui causer. Mais il y a plus : une telle convention peut être supposée quoique non exprimée dans le contrat; il appartient aux juges de la considérer, par appréciation des circonstances, comme ayant été tacitement entendue entre les parties (2). C'est ainsi que, d'après une jurisprudence constante, l'agent d'une compagnie d'assurance qui vient à être congédié brusquement et sans motif sérieux par cette compagnie est en droit d'exiger une indemnité à raison du préjudice que lui cause une telle révocation (3). Et cette jurisprudence est conforme à celle qui admet aussi, en faveur des commis ou employés, locateurs d'ouvrage, le droit de contester en justice la gravité des motifs de révocation et d'obtenir des dommages-intérêts, s'il était reconnu que ces motifs n'ont rien de sérieux (4).

II. — 1161. Après ces observations sur le droit de révocation en lui-même, venons au mode suivant lequel la volonté du mandant à cet égard doit être manifestée.

A peine est-il nécessaire de dire qu'il n'y a pas ici de forme sacramentelle : la révocation peut être expresse, c'est-à-dire faite directement par le mandant s'adressant au mandataire et déclarant lui retirer les pouvoirs qu'il lui avait conférés; elle peut aussi être tacite, c'est-à-dire manifestée par des actes ou des faits impliquant de la part du

---

(1) Nîmes, 2 mai 1807 (S. V., 7, 2, 657; Coll. nouv., 2, 2, 238; Dalloz, alph., t. X, p. 173).
(2) Req., 6 mars 1827 (S. V., 27, 1, 169; Coll. nouv., 8, 1, 541; Dalloz, 27, 1, 162).
(3) Colmar, 31 juill. 1856; Req., 8 avr. 1857; Rouen, 9 fév. 1859; Nancy, 23 juin 1860 (S. V., 57, 2, 138; 57, 1, 835; 61, 2, 165; Dalloz, 56, 2, 365; 58, 1, 134; 61, 2, 53; *J. Pal.*, 1856, t. II, p. 170; 1858, p. 473; 1861, p. 923).
(4) Paris, 12 fév. et 10 mars 1858; Rej., 8 fév. 1859, 25 juin 1860 (S. V., 59, 2, 381; 59, 1, 102; 60, 1, 858; Dalloz, 59, 1, 57; 60, 1, 286; *J. Pal.*, 1859, p. 385; 1860, p. 814).

mandant volonté de révoquer. L'art. 2006 donne un exemple de révocation tacite, cité par Pothier (1), qui, lui-même, l'avait emprunté à Ulpien : « Julianus ait, eum, qui dedit diversis temporibus procuratores » duos : posteriorem dando priorem prohibuisse videri » (1. 31, § 2, ff. *De Procur. et Def.*) ; l'art. 2006 dit de même que « la constitution d'un nouveau mandataire pour la même affaire vaut révocation du premier...» Toutefois, nous le répétons, ce n'est là qu'un exemple de révocation tacite : les juges peuvent induire la révocation de toutes autres circonstances susceptibles de faire présumer le changement de volonté (2).

Mais, en toute hypothèse, il faut que le changement de volonté résulte sans équivoque de l'acte révocatoire. Cela pourra toujours être reconnu sans difficulté dans le cas de révocation expresse. Il n'en sera pas de même quand on se trouvera en présence d'actes susceptibles en eux-mêmes de la faire présumer.

Ainsi, pour ne parler que de l'exemple donné par la loi, il est certain que la constitution d'un nouveau mandataire ne devra pas toujours et nécessairement être considérée comme impliquant révocation du premier. Comme c'est par la présomption de la volonté du mandant, dit justement Pothier, que le premier mandat est éteint par un second, l'extinction n'aura pas lieu s'il y a des circonstances contraires à cette présomption, par exemple des circonstances faisant connaître que la volonté du mandant a été de charger de l'affaire les deux mandataires pour qu'elle pût être faite par l'un ou par l'autre (3). Que faut-il donc pour que la constitution d'un nouveau mandataire vaille révocation du premier, selon l'expression de l'art. 2006 ? Il faut nécessairement qu'il y ait incompatibilité entre les deux mandats, et que le second soit la négation du premier. D'après cela, on dira qu'un mandat exprès succédant à un mandat exprès pour la même affaire implique révocation si rien n'indique, dans les circonstances, que le mandant a eu la volonté d'adjoindre un second mandataire au premier ; — qu'un mandat conçu en termes généraux succédant à un précédent mandat également conçu en termes généraux implique révocation s'il n'apparaît pas que, dans la pensée du mandant, les deux mandataires successivement constitués doivent administrer l'un et l'autre ; — que le mandat exprès révoque *parte in quâ,* c'est-à-dire quant à l'affaire qui en est l'objet, le mandat conçu en termes généraux ou mandat d'administrer, mais qu'à l'inverse le mandat conçu en termes généraux ne révoque pas, en général du moins, le mandat exprès antérieurement constitué (4) ; — que le mandat de liquider une société ne révoque pas un mandat antérieur à l'effet de vendre les immeubles de cette société (5) ; — que lorsqu'un débiteur a donné mandat à son créancier de vendre ses immeubles, soit sans for-

---

(1) Pothier (n° 114).
(2) *Id.* (n°ˢ 118 et suiv.).
(3) *Id.* (n° 116).
(4) *Id.* (n° 115).
(5) Cass., 3 août 1819 (Dalloz, 19, 1, 561; S. V., 19, 1, 359; Coll. nouv., 6, 1, 108).

malités de justice, soit par voie d'expropriation forcée, la révocation du mandat, quant au premier chef, n'emporte pas révocation quant au second (1) ; — que le mandat pour administrer est non pas révoqué, mais seulement momentanément suspendu, si le mandant a repris pendant quelque temps la gestion de ses biens (2).

Il reste à faire remarquer que l'effet révocatoire qui s'attache à la constitution d'un nouveau mandataire, lorsqu'il doit se produire, est absolument indépendant de la validité ou de la nullité de ce second mandat. Même dans le cas où la seconde procuration serait nulle, soit en ce qu'elle aurait été donnée à une personne incapable de la recevoir, soit en ce que le second mandataire aurait refusé de l'accepter, elle entraînerait révocation de la première, si elle présentait avec celle-ci le caractère d'incompatibilité dont nous venons de parler : toute nulle qu'elle soit, elle n'en contient pas moins indication de la volonté du mandant de donner la gestion de l'affaire qui en faisait l'objet à un autre que celui à qui il l'avait d'abord confiée (3).

III. — 1162. Ce n'est pas tout que le mandant ait la volonté de révoquer, il faut encore que cette volonté soit connue du mandataire. L'art. 2006 dit en ce sens que la constitution d'un nouveau mandataire vaut révocation du premier *à compter du jour où elle a été notifiée à celui-ci.* Une notification au mandataire est donc le complément naturel de *toute* révocation de mandat; car il faut généraliser cette indication de l'art. 2006, dont la disposition doit être étendue du mandat tacite, à l'occasion duquel elle est écrite, au mandat exprès : seulement, il faut prendre garde qu'une notification proprement dite n'est pas indispensable. Sans doute, en notifiant sa volonté, le mandant usera du moyen le meilleur pour mettre le mandataire dans le cas de ne pouvoir pas prétendre qu'il a ignoré la révocation du mandat; mais ce n'est pas à dire que le moyen soit nécessaire. Il y a lieu de rectifier les termes trop absolus, sous ce rapport, de l'art. 2006 par ceux de l'art. 2008 (*infrà*, n° 1172), et de dire, en conséquence, que lorsque le mandataire a eu connaissance de la révocation *d'une manière et par une voie quelconque,* son mandat, exprès ou tacite, est par cela même révoqué (*suprà*, n° 1135) (4).

C'est à partir de ce moment que le mandat révoqué prend réellement fin entre le mandant et le mandataire, comme nous l'allons expliquer tout à l'heure. Nous pourrions ajouter maintenant, en nous attachant à l'art. 2005, que le mandat ne finit pas nécessairement par là à l'égard des tiers. Mais cet article n'étant qu'une application spéciale de l'art. 2009, nous en réservons, quant à présent, le commentaire, pour y revenir bientôt (*infrà*, n° 1177), et nous complétons nos observations sur

(1) Bruxelles, 22 janv. 1806 (S. V., Coll. nouv., 2, 2, 108).
(2) Paris, 25 nov. 1811 (S. V., Coll. nouv., 3, 2, 580).
(3) Pothier (n° 114).
(4) *Voy.* Pothier (n° 121). *Junge :* MM. Delamarre et le Poitvin (t. II, n° 432); Troplong (n°° 711-713 et 787); Boileux (t. VI, p. 618); Aubry et Rau (t. III, p. 473, note 5); Massé et Vergé, sur Zachariæ (t. V, p. 55, note 6). *Voy.* aussi Req., 14 mai 1829 (Dalloz, 34, 1, 402).

les conditions de la révocation entre le mandataire et le mandant par une dernière remarque que suggère l'art. 2004.

1163. Cet article signale au mandant qui exerce son droit de révocation une autre mesure complémentaire qu'il doit prendre, spécialement dans le cas où le mandat est constaté par écrit. Le mandant peut alors, en révoquant sa procuration, contraindre, s'il y a lieu, le mandataire à lui remettre soit l'écrit sous seing privé qui la contient, soit l'original de la procuration si elle a été délivrée en brevet, soit l'expédition s'il en a été gardé minute. Ce que nous avons dit, dans le commentaire de l'art. 1998 (*suprà*, n° 1064), de la nécessité où est le mandant de satisfaire aux obligations prises par le mandataire, même après la fin du mandat, envers les tiers de bonne foi auxquels il a représenté ses pouvoirs, fait sentir tout l'intérêt qu'il y a pour le mandant à ne pas négliger cette précaution. En contraignant le mandataire à se dessaisir et à lui remettre l'écrit constatant le mandat, il le met dans l'impossibilité de continuer son rôle de mandataire vis-à-vis des tiers et de l'obliger en abusant du mandat. D'après cela, il faut dire que le mandant peut exiger la remise non-seulement de l'écrit constatant le mandat, mais encore de toutes les pièces qui s'y rapportent et même des lettres missives. La Cour de Bordeaux a justement décidé en ce sens que le principe suivant lequel les lettres missives sont la propriété de la personne à qui elles ont été écrites, du moment où elles lui sont parvenues, ne s'applique pas aux lettres écrites par un négociant à son commis voyageur relativement à ses commissions, et, en conséquence, que ce négociant peut toujours exiger la remise de ses lettres (1). Il n'y aurait d'exception qu'en ce qui concerne les lettres susceptibles de servir de décharge au mandataire; elles constitueraient alors un titre dont celui-ci pourrait à bon droit refuser de se dessaisir (2).

Que si le mandat avait été constaté par acte notarié dont il eût été gardé minute, le mandant, après avoir retiré l'expédition des mains du mandataire, agirait avec prudence en notifiant la révocation au notaire dépositaire de la minute, car, à moins que le mandant ne s'y fût formellement opposé, le notaire ne pourrait pas se refuser à délivrer une seconde expédition au mandataire (3), ce qui replacerait le mandant en présence du danger auquel le retrait de la première expédition avait eu pour objet de parer.

2007. — Le mandataire peut renoncer au mandat, en notifiant au mandant sa renonciation.

Néanmoins, si cette renonciation préjudicie au mandant, il devra en être indemnisé par le mandataire, à moins que celui-ci ne se trouve dans l'impossibilité de continuer le mandat sans en éprouver lui-même un préjudice considérable.

---

(1) Bordeaux, 12 mars 1842 (S. V., 42, 2, 266).
(2) *Voy.* M. Troplong (n° 768).
(3) Paris, 2 mai 1808 (S. V., 7, 2, 977; Coll. nouv., 2, 2, 382; Dalloz, alph., t. X, p. 783). Comp. Delvincourt (t. III, aux notes, p. 245, note 4).

SOMMAIRE.

I. — 1164. De même que le mandat peut prendre fin par la seule
volonté du mandant, ainsi que nous venons de le voir, de même il peut
cesser par la seule volonté du mandataire. Si le mandat est un acte de
confiance de la part du mandant, il est un acte de bon vouloir et d'a-
mitié de la part du mandataire, alors même qu'il est salarié, le salaire
étant une simple indemnité plutôt qu'une rétribution véritable. Or, le
sentiment qui a poussé à rendre service pouvant s'éteindre ou s'effacer,
il est juste que le mandataire puisse renoncer au mandat. A cet égard,
il a la même liberté que le mandant, en ce sens qu'il peut renoncer au
mandat sans donner aucune explication, sans causes, par pur caprice :
à ce point de vue, il est vrai de dire que le mandataire n'est obligé
qu'autant qu'il le veut; mais il convient d'y mettre aussitôt cette réserve, justement précisée par la loi elle-même, qu'avant tout il faut que
la renonciation ne soit pas intempestive et inopportune, ou, en d'autres
termes, qu'elle ne cause pas de préjudice au mandant (1) (*suprà,*
n°[os] 971 et suiv.).

1165. Ainsi, la faculté de renoncer au mandat se trouve naturellement subordonnée à cette condition que la renonciation ne sera pas
préjudiciable au mandant. La loi distingue donc entre la renonciation
qui peut nuire au mandant et celle qui est faite sans préjudice pour lui;
et cette distinction est bien plus propre à résoudre les difficultés pratiques susceptibles de s'élever sur ce point que cette autre distinction,
plus généralement proposée (2), entre le cas où les choses sont encore
entières, c'est-à-dire le cas où le mandant est encore à portée de faire
par lui-même l'affaire dont il s'agit ou d'en charger une autre personne,
et le cas où les choses ne sont plus entières. Aussi posons-nous en principe que lorsque la renonciation est susceptible de causer un préjudice
au mandant, le mandataire n'est pas libre de renoncer; la renonciation
qu'il ferait alors équivaudrait à l'inexécution du mandat : à ce titre, elle

---

(1) *Voy.* Pothier (n° 44).
(2) *Id.* (*loc. cit.*). *Junge :* MM. Delvincourt (t. III, p. 134); Troplong (n°[os] 796 et
suiv.); Boileux (t. VI, p. 620). .

engagerait la responsabilité du mandataire; et, soit que les choses fussent entières ou non, soit que le mandataire se fût mis en œuvre ou non pour l'exécution de l'affaire, il devrait indemniser le mandant : le commencement d'exécution ne saurait être considéré que comme l'une des circonstances propres à établir le préjudice souffert par celui-ci et à en fixer la mesure.

II. — 1166. Au surplus, il faut, aux termes mêmes de l'art. 2007, réserver le cas où le mandataire souffrirait lui-même un préjudice s'il restait chargé de l'exécution du mandat. Le mandataire est libre, alors, de renoncer sans qu'il lui en doive coûter rien, par cette raison décisive qu'il ne saurait être obligé à rendre à autrui un service qui lui serait préjudiciable à lui-même. La loi parle d'un préjudice *considérable*, indiquant par là qu'elle a eu en vue d'empêcher que le mandataire prît prétexte d'un préjudice insignifiant pour imposer au mandant les pertes réelles que pourrait lui occasionner une renonciation intempestive : aussi pensons-nous que l'expression dont se sert le législateur doit être prise dans un sens relatif plutôt qu'absolu. Ainsi, à notre avis, il faudra mettre en balance le préjudice que la renonciation ferait éprouver au mandant avec celui qui pourrait résulter de l'exécution du mandat pour le mandataire; et lors même que le préjudice dont le mandataire veut s'affranchir en renonçant ne serait pas à proprement parler considérable, il faudra tenir la renonciation comme possible sans indemnité si, en définitive, il est supérieur à celui qui résultera de la renonciation pour le mandant. A préjudice égal, nous croyons encore que le mandataire pourrait renoncer au mandat sans engager sa responsabilité; mais il ne le pourrait pas si le préjudice était moindre : il devrait alors exécuter le mandat, sauf à invoquer ultérieurement les dispositions de l'art. 2000 à l'effet d'être indemnisé du préjudice qu'il aurait eu à supporter (*suprà*, n°s 1112 et suiv.).

1167. Mais faut-il généraliser la pensée de notre article, et quand il parle seulement du préjudice à souffrir par le mandataire comme d'une cause autorisant, de la part de ce dernier, une renonciation même préjudiciable pour le mandant, faut-il dire que toute autre cause, telle que la maladie, le dérangement des affaires du mandant, les inimitiés capitales, un voyage, la perte d'une personne chérie, un mariage, etc., serait également susceptible d'autoriser le mandataire à renoncer impunément au mandat? Pothier se prononce pour l'affirmative, et les auteurs pensent généralement que notre art. 2007 embrasse toutes ces *justæ causæ* dans la généralité de ses expressions (1). Mais peut-être la solution est-elle trop absolue; et nous aimons mieux dire que tout ici dépend des circonstances. Le législateur a agi prudemment en s'en tenant à donner un exemple. C'est par l'appréciation des circonstances que les tribunaux, en se guidant sur cet exemple, seront amenés à voir si le mandataire est ou non dans l'impossibilité de gérer pour le mandant,

_____

(1) *Voy*. Pothier (n°s 39 à 42). MM. Troplong (n°s 800-805); Duranton (t. XVIII, n° 282); Boileux (t. VI, p. 620).

et, en conséquence, s'ils peuvent ou non autoriser une renonciation sans indemnité. La règle à suivre, en toute hypothèse, sera de rechercher si le mandataire qui renonce doit ou non être considéré comme étant en faute.

III. — 1168. Il en est de la renonciation au mandat par le mandataire comme de la révocation de sa procuration par le mandant : il ne suffit pas que le mandataire ait la volonté de renoncer, il faut que sa volonté à cet égard soit manifestée par une notification. Telle est la disposition formelle du premier paragraphe de l'art. 2007 ; et quand même la loi ne s'en serait pas expliquée, l'obligation n'en serait pas moins certaine. On comprend, en effet, que le mandant dont la procuration a été acceptée doit être mis en mesure, lorsque celui en qui il s'était confié renonce à exécuter le mandat, de choisir un autre mandataire ou de faire par lui-même ce qui était l'objet du mandat. Donc, soit qu'il renonce avec ou sans motifs, soit qu'en renonçant il cause un préjudice au mandant, le mandataire est, dans tous les cas, tenu, à peine de tous dommages, de notifier la renonciation à ce dernier.

Néanmoins, il y a lieu de réserver le cas où il serait empêché de faire la notification ou de la faire utilement. Si celui qui avait accepté une procuration ou un autre ordre, dit Domat, ne peut l'exécuter à cause d'un empêchement qui lui soit survenu, et qu'il ne puisse le faire savoir, comme si, dans un voyage qu'il s'était obligé de faire, il tombe malade en chemin, et qu'il ne puisse en donner avis, ou que l'avis se trouve inutile, arrivant trop tard, les pertes qui pourront suivre de l'inexécution de l'ordre en pareils cas tomberont sur celui qui l'avait donné, parce que ce sont des cas fortuits qui regardent le maître (1), et que, d'ailleurs, comme le dit Pothier de son côté, on ne saurait obliger le mandataire à l'impossible (2).

Il y a plus : le principe de la réparation étant ici, comme toujours, non point dans la faute, mais bien dans le préjudice qui en est résulté, il faut ajouter que si le défaut ou la tardiveté de la notification n'avait pas été préjudiciable au mandant, le non-accomplissement de l'obligation imposée au mandataire par notre article ne devrait donner lieu à aucun dommage.

IV. — 1169. Il y a, comme nous l'avons dit plus haut (n° 1159), des mandats irrévocables par des causes diverses. Parmi ces mandats, il y en a qui peuvent prendre fin par la renonciation du mandataire ; les autres ne sont pas susceptibles de finir ainsi. Il suffit pour s'expliquer la distinction et en faire l'application de se reporter à la cause même de l'irrévocabilité. Si elle tient uniquement à ce que le mandataire est intéressé à l'exécution du mandat, la renonciation est possible et reste soumise aux règles ordinaires : *Unicuique licet his quœ pro se introducta sunt renunciare.* Au contraire, si l'irrévocabilité du mandat tient à ce qu'il a été donné comme condition d'une convention

---

(1) Domat (*Lois civ.*, liv. I, tit. xv, sect. 4, n° 5).
(2) Pothier (n° 43).

synallagmatique passée avec le mandant, la renonciation n'est pas possible; du moins elle ne pourrait pas être faite par le mandataire unilatéralement (1).

1170. Quant au mandataire commercial et au commissionnaire, ils ont, en principe, la faculté de renoncer au mandat, comme le mandataire civil. Mais la renonciation du mandataire commercial serait plus difficilement légitimée si le mandant en éprouvait un préjudice (2).

2008. — Si le mandataire ignore la mort du mandant, ou l'une des autres causes qui font cesser le mandat, ce qu'il a fait dans cette ignorance est valide.

SOMMAIRE.

I. 1171. Entre le mandant et le mandataire le mandat finit, non point à dater de l'événement ou de la cause qui le fait cesser, mais à compter du jour où le mandataire connaît cet événement ou cette cause. C'est une faveur que l'équité et l'intérêt même du mandant devaient faire accorder au mandataire. — 1172. Par cela même, les actes faits par ce dernier, quand il connaît la fin du mandat, restent à ses risques : il n'a pas droit alors à la faveur de la loi. — 1173. A qui incombe de prouver le fait de la connaissance ou de l'ignorance du mandataire? Application de la règle que la mauvaise foi ne se présume pas. — 1174. L'art. 2008 n'est pas applicable au mandat nul dans son principe : renvoi.

II. 1175. Vis-à-vis des tiers, le mandataire n'est pas obligé par cela seul qu'il a contracté avec eux, connaissant la fin du mandat. Distinction. — 1176. La protection accordée par l'art. 2008 est avantageuse tantôt aux tiers, tantôt au mandant : exemples.

I. — 1171. L'art. 2008 a pour objet de déterminer le moment à partir duquel le mandat prend fin entre le mandant et le mandataire. Ce moment, ce n'est pas précisément celui où se produit la cause qui éteint le mandat, c'est celui où le mandataire acquiert la connaissance de cette cause. « Si le procureur constitué, disait-on dans l'ancien droit, ou autre préposé, qui ignore la mort de celui qui l'avait chargé, ne laisse pas d'exécuter l'ordre, ce qu'il aura fait de bonne foi dans cette ignorance sera ratifié; car sa bonne foi donne à ce qu'il a géré l'effet du pouvoir que le défunt lui avait donné. » (3) Notre article indique de même, et avec plus de généralité, que tout ce que le mandataire a fait dans l'ignorance non-seulement de la mort du mandant, mais encore de toutes les autres causes d'extinction (bien entendu, de celles qui sont étrangères à sa personne, celles qui lui sont propres ne pouvant être ignorées de lui), doit être validé. C'est là une dérogation : les principes rigoureusement appliqués conduiraient, en effet, à l'annulation de tout ce qui serait fait par le mandataire après l'événement qui met fin au mandat. Mais la dérogation était nécessaire; c'est une faveur que la loi devait à la bonne foi du mandataire. Et en cela, comme dans les art. 2005 et 2009 qui, nous l'allons voir tout à l'heure, accordent une

(1) *Voy.* MM. Aubry et Rau (t. III, p. 473).
(2) *Voy.* M. Troplong (n° 806).
(3) Domat (*Lois civ.*, liv. I, tit. xv, sect. 4, n° 6). *Voy.* aussi Pothier (n° 106).

faveur toute semblable à la bonne foi des tiers, la loi a fait plus et mieux encore que suivre les règles de l'équité ; elle a pourvu à l'intérêt du mandant lui-même, car, sans les garanties qu'une telle dérogation porte avec elle, il n'y aurait personne qui se déterminât à accepter un mandat, et, dans tous les cas, personne qui voulût traiter avec un mandataire.

1172. Donc, entre le mandant et le mandataire, le mandat finit non point à dater de la mort du mandant, de son interdiction, de sa faillite ou de sa déconfiture, de la révocation, mais à partir du jour où celle de ces causes qui fait cesser le mandat vient à être connue du mandataire. Mais par cela même que c'est là une faveur accordée par la loi à la bonne foi de ce dernier, il faut dire que cette faveur n'est pas due à celui qui a continué la gestion ayant connaissance de l'événement impliquant extinction de ses pouvoirs. Dès que cette connaissance lui est acquise, soit par une notification, soit d'une autre manière quelconque (*suprà,* n°s 1135 et 1162), le mandataire doit s'arrêter ; il ne peut et ne doit plus rien faire que ce qui est la suite nécessaire de ce qu'il a commencé (*suprà,* n° 1156) ; tout ce qu'il ferait au delà resterait à ses risques.

1173. En l'absence d'un fait précis ou d'une notification établissant nettement la situation, comment et par qui sera-t-il prouvé que le mandataire de qui émanent des actes accomplis après la fin du mandat a connu ou n'a pas connu, en les faisant, la cause d'extinction ? Sera-ce à celui-ci à prouver qu'il ignorait la cessation du mandat, ou, en d'autres termes, sera-ce au mandataire à prouver sa bonne foi ? Au contraire, sera-ce soit au mandant, soit à ses représentants ou aux tiers, suivant les circonstances, à prouver que le mandataire connaissait l'extinction du mandat, ou, en d'autres termes, à prouver la mauvaise foi de ce dernier ? La question ne comporte pas de doute à nos yeux, et nous ne l'aurions même pas posée si nous n'avions trouvé dans un arrêt rendu par la Cour de cassation en matière d'enregistrement un motif impliquant une solution que nous regardons comme peu conforme aux principes. L'arrêt décide que l'assignation en restitution de droits donnée au nom d'un redevable décédé par le mandataire de ce dernier est nulle, et ne peut par conséquent interrompre la prescription, alors qu'il n'est pas établi que ce mandataire ignorait le décès du mandant (1). Nous ne dirons rien de la décision en elle-même, qui ne touche pas à notre sujet. Mais il est important d'en relever les motifs. Le jugement attaqué pour écarter, au contraire, la nullité de forme résultant du décès constaté et admettre l'assignation donnée au nom du mandant comme valable et interruptive de la prescription, s'était fondé sur ce que le mandataire *devait être présumé* avoir procédé dans l'ignorance du décès du mandant. Et la décision est cassée par ce motif *que la présomption contraire était de droit.* C'est en cela que l'arrêt a méconnu, selon nous, la vérité juridique. L'art. 2008, nous le répétons, fait une concession à la bonne foi du mandataire. Or, d'après les principes généraux, la bonne

---

(1) Cass., 29 avr. 1845 (S. V., 45, 1, 666; Dalloz, 45, 1, 222; *J. Pal.,* 1845, 1, 62).

foi est présumée jusqu'à preuve contraire. Il faut donc que l'absence
de bonne foi soit établie, et la supposer c'est aller directement contre
la pensée même de la loi. Donc, en revenant à notre question, nous disons que ce sera au mandant, à ses représentants ou aux tiers à faire la
preuve que le mandataire connaissait, en faisant les actes dont ils refusent de prendre la charge, la cause qui avait mis fin au mandat. Sans
doute, toute facilité leur doit être laissée pour faire cette preuve ; tous
les moyens doivent leur être donnés, même celui de la preuve testimoniale ; mais encore faut-il que la preuve soit faite contre le mandataire :
à cette condition seulement, les actes attaqués pourront être laissés aux
risques de ce dernier.

1174. Rappelons, au surplus, une exception déjà indiquée. L'art.
2008 ne s'applique pas au mandat nul dans son principe : un tel mandat se distingue, sous le rapport qui nous occupe, du mandat valable en
lui-même, mais dont l'extinction avait été ignorée du mandataire. Nous
avons vu plus haut que lorsqu'il s'agit d'un mandat nul en principe, par
exemple en ce qu'il aurait été conféré par un incapable, le gérant est,
nonobstant sa bonne foi, responsable toujours des actes qu'il a faits
comme mandataire (n° 962), ce qui concorde également avec nos observations touchant la nécessité imposée au mandataire vis-à-vis des
tiers de garantir sa qualité (n° 1058).

II. — 1175. Un point essentiel reste à préciser par rapport aux tiers.
Vis-à-vis du mandant, le mandataire est toujours responsable des suites
fâcheuses que peut avoir la gestion par lui continuée à tort après l'expiration du mandat, et il en doit indemniser le mandant (1). Mais, vis-à-
vis des tiers, c'est autre chose. De ce que le mandataire a contracté avec
eux après connaissance acquise et prouvée de la fin du mandat, il ne
s'ensuit pas qu'il soit toujours et nécessairement obligé envers eux.
L'art. 2008 doit être combiné avec les dispositions soit de l'art. 2009
(infrà, n⁰ˢ 1177 et suiv.), soit de l'art. 1997 (suprà, n⁰ˢ 1056 et suiv.).
On recherchera donc avant tout si les tiers connaissaient eux-mêmes ou
s'ils ignoraient la fin du mandat, et ensuite si le mandataire a agi en son
propre nom ou s'il a traité au nom de son mandant ; la question de savoir si les tiers ont ou n'ont pas le mandataire pour obligé sera résolue
d'après le résultat de cette recherche, conformément aux règles exposées loc. cit.

1176. Terminons sur ce point en faisant remarquer que la protection accordée par notre article au mandataire de bonne foi devra conduire à des applications pratiques qui quelquefois seront avantageuses
au mandant et désavantageuses pour les tiers, et qui, d'autres fois,
seront avantageuses aux tiers et désavantageuses pour le mandant. La
jurisprudence fournit des exemples de cette application dans l'un et
l'autre sens.

La protection de la loi tourne au profit du mandant quand on décide,
par exemple, que l'acte interruptif de prescription fait par le mandataire

---

(1) Req., 24 déc. 1817 (S. V., 18, 1, 225 ; Coll. nouv., 5, 1, 305 ; Dalloz, 18, 1, 204).

interrompt la prescription près de s'accomplir en faveur d'un tiers (1), et qu'il en est de même d'une assignation (2), d'une reprise d'instance (3), d'un emprisonnement (4), faits au nom d'un mandant décédé.

Elle tourne au profit des tiers dans les décisions desquelles il résulte que le mandant doit exécuter la condamnation prononcée contre lui par des arbitres qui ont jugé en vertu d'un compromis souscrit par le mandataire après la fin du mandat (5); qu'il est tenu de respecter le partage consommé avec le mandataire dont les pouvoirs avaient expiré, spécialement le partage consenti par le mandataire d'une femme postérieurement au mariage par elle contracté (6).

2009. — Dans les cas ci-dessus, les engagements du mandataire sont exécutés à l'égard des tiers qui sont de bonne foi.

SOMMAIRE.

I.   1177. Du moment où le mandat prend fin à l'égard des tiers : c'est quand ils ont connaissance de l'extinction. Réunion et rapprochement des art. 2005 et 2009. — 1178. Les tiers ne sont protégés par la loi qu'autant qu'ils sont dans la bonne foi, c'est-à-dire dans l'ignorance de la cause qui a mis fin au mandat : conséquences. — 1179. La bonne foi des tiers est absolument indépendante de celle du mandataire. — 1180. Mais en cas de doute sur le fait de leur bonne ou de leur mauvaise foi, la charge de la preuve incombe au mandant ou à ses représentants.
II. 1181. Application de ces principes.
III. 1182. Cas où le mandant est lié nonobstant la mauvaise foi des tiers et du mandataire : il n'est pas un tiers dans le sens de l'art. 1328.

I. — 1177. Dans les cas énumérés aux articles précédents, les engagements pris par le mandataire, après la cessation du mandat, sont exécutés à l'égard des tiers qui sont de bonne foi. Telle est la disposition de notre article, dont il faut immédiatement rapprocher l'art. 2005, qui n'en est qu'une application spéciale. « La révocation notifiée au seul mandataire, dit, en effet, ce dernier article, ne peut être opposée aux tiers qui ont traité dans l'ignorance de cette révocation, sauf au mandant son recours contre le mandataire », ce qui est une simple application au cas particulier de révocation du principe général posé par l'art. 2009 en vue de toutes les causes susceptibles de mettre fin au mandat. D'ailleurs, nous n'avons plus à justifier ce principe. Introduit dans l'intérêt des tiers, il se justifie par les raisons d'équité sur lesquelles est fondé le principe analogue consacré par l'art. 2008 en faveur du mandataire lui-même (*suprà*, n° 1171).

1178. Il en est, dès lors, des tiers comme du mandataire : ils sont protégés par la loi tant qu'ils sont dans la bonne foi, c'est-à-dire dans

---

(1) Req., 6 nov. 1832 (S. V., 32, 1, 824; Dalloz, 33, 1, 42).
(2) Paris, 23 avr. 1807 (S. V., 7, 2, 65; Coll. nouv., 2, 2, 233; Dalloz, 7, 2, 65).
(3) Nîmes, 5 janv. 1825 (S. V., 25, 2, 135; Coll. nouv., 8, 2, 2; Dalloz, 25, 2, 137).
(4) Paris, 6 janv. 1826 (S. V., 26, 2, 284; Coll. nouv., 8, 2, 173).
(5) Req., 15 fév. 1808 (S. V., 8, 1, 196; Coll. nouv., 2, 1, 489; Dalloz, 8, 1, 111).
(6) Req., 26 avr. 1832 (S. V., 32, 1, 342; Dalloz, 32, 1, 169).

l'ignorance de l'extinction du mandat : seulement, on se demande comment le fait pourra être porté à leur connaissance. Ils seront évidemment moins facilement avertis que le mandataire. Vis-à-vis de ce dernier, le mandant a, comme moyens, la notification dont parlent les art. 2005 et 2006, et le retrait de la procuration qu'autorise l'art. 2004. Mais ces moyens n'agissent pas vis-à-vis des tiers. Quant à la notification, elle est, pour les tiers, *res inter alios acta*, et ne peut assurément pas prouver qu'ils ont été avertis aussi et ont connu le véritable état des choses. D'un autre côté, le retrait de la procuration des mains du mandataire n'y saurait non plus suffire, au moins absolument. Sans doute, ce pourra être un moyen utile, même vis-à-vis des tiers qui, pour être prudents, doivent, autant que possible, ne traiter avec le mandataire que sur le vu de la procuration. Mais, dans bien des cas, le moyen resterait insuffisant : par exemple s'il s'agit d'un mandat ayant pour objet, non pas une affaire spéciale, mais un ensemble de faits, une administration impliquant des détails journaliers et des agissements successifs, est-ce que les tiers doivent demander au mandataire, à chaque acte qu'ils font avec lui, la représentation de sa procuration ? Est-ce qu'il serait possible, surtout, de détruire les actes par eux faits avec loyauté par cela seul que, la procuration ayant été retirée des mains du mandataire, la représentation n'en eût pas été possible si elle eût été demandée ? Ainsi, les moyens dont le mandant peut user vis-à-vis du mandataire ne suffisent pas en eux-mêmes à l'avertissement des tiers. Ce sera donc à lui ou à ses représentants d'aviser. Ils devront agir suivant les circonstances. Si le mandataire était chargé de traiter avec une personne déterminée, la prudence leur commandera de notifier la cessation du mandat à cette personne aussi bien qu'au mandataire. Si ce moyen leur échappe, ils aviseront à en trouver d'autres qui donnent à la cessation du mandat une publicité suffisante pour que les tiers en puissent être informés.

1179. Du reste, la bonne foi des tiers est absolument indépendante de celle du mandataire. Les tiers peuvent très-bien ignorer que le mandat a pris fin pour telle ou telle cause dont le mandataire, au contraire, a une connaissance parfaite. La situation inverse, quoiqu'elle doive être infiniment plus rare, peut cependant se produire aussi. Et la Cour de Turin s'est méprise évidemment en décidant que la révocation du mandat, tant qu'elle n'a pas été notifiée au mandataire, ne fait pas obstacle à ce que les tiers traitent valablement avec ce dernier, *encore même qu'ils aient eu connaissance de la révocation* (1). Les art. 2005 et 2009 sont précis : les tiers n'en peuvent invoquer le bénéfice qu'autant qu'ils ont ignoré la cessation du mandat ; dès qu'ils l'ont connue, ils ne sont plus en droit d'exiger du mandant l'exécution des obligations prises à leur égard par le mandataire, et il importe peu que, par des circonstances exceptionnelles, ce dernier ait ignoré la cause qui ne lui permettait plus de traiter en sa qualité.

---

(1) Turin, 20 mai 1807 (S. V., 7, 2, 671; Coll. nouv., 2, 2, 246; Dalloz, alph., 2, 708).

1180. Il suffit, d'ailleurs, que les tiers aient eu connaissance de la
fin du mandat d'une manière quelconque, pour que les actes postérieurs ne puissent pas être réputés faits par eux de bonne foi. Une in-
formation qu'ils recevraient accidentellement ou d'une manière indirecte les mettrait aussi bien qu'un avertissement direct dans le cas de
ne pouvoir pas invoquer le bénéfice des art. 2005 et 2009. Mais en
cas de doute sur le point de savoir si les tiers sont de bonne ou de mauvaise foi, c'est-à-dire s'ils ont ignoré ou s'ils ont connu la cessation du
mandat, c'est au mandant ou à ceux qui en le représentant attaquent
l'acte conclu avec le mandataire qu'il incombe de faire la preuve. La
raison de décider est la même ici que dans le cas où c'est la bonne foi
du mandataire qui est contestée (*supra*, n° 1173). Et comme il s'agit
d'un fait, les tiers devront être admis à l'établir par tous les moyens,
même par la preuve testimoniale sans commencement de preuve par
écrit (1).

II. — 1181. Tels sont les principes consacrés par les art. 2005 et
2009. L'application en a été faite par la jurisprudence dans plusieurs
des décisions citées plus haut sous le n° 1176, et aussi, dans le jugement par lequel le Tribunal de la Seine a, dès les premiers temps qui
ont suivi la promulgation du Code Napoléon, reconnu la validité du
payement fait au mandataire révoqué par un débiteur de qui la révocation était ignorée (2). Sans insister davantage sur ces applications,
auxquelles beaucoup d'autres pourraient être ajoutées (3), nous voulons faire remarquer que la Cour de Paris n'a pas méconnu ces principes en décidant, par infirmation d'un jugement du même Tribunal,
que lorsque, en vertu d'une procuration donnée par le titulaire d'un
office, le mandataire a traité de l'office avec un tiers, le mandant ne
peut pas mettre obstacle à l'exécution du traité en déclarant à toutes
les parties qu'il retire sa démission (4). Dans l'espèce, en effet, le mandataire avait accompli son mandat, en traitant, avant toute révocation,
de l'office dont le mandant avait été titulaire; et c'est en se fondant sur
ce que le titulaire d'un office peut, tant qu'il n'a pas été remplacé, se
repentir et retirer la démission par lui donnée, que le mandant préten-
dait se soustraire à l'exécution du traité. Mais la prétention touchait à
d'autres principes; elle soulevait une question tout administrative, celle
de savoir si l'administration qui n'a pas encore nommé le successeur
présenté par un titulaire démissionnaire doit s'arrêter quand celui-ci
rétracte, en déclarant reprendre sa démission, la présentation qu'il avait
faite. Et la Cour de Paris a justement décidé que la solution de cette
question, qui n'est pas dans les attributions de l'autorité judiciaire, ne
peut faire obstacle à l'exécution d'un traité consenti par un mandataire
en vertu d'une procuration régulière et non révoquée.

---

(1) *Voy.* M. Duranton (t. XVIII, n° 275).
(2) Trib. de la Seine, 13 flor. an 13 (S. V., 4, 2, 135).
(3) *Voy.* notamment Req., 27 nov. 1861 (Dalloz, 62, 1, 483; S. V., 63, 1, 189;
J. *Pal.*, 1863, p. 684).
(4) Paris, 14 janv. 1815 (S. V., 45, 2, 73; Dalloz, 46, 2, 9; J. *Pal.*, 1816, t. I,
p. 293).

III. — 1182. Il est des cas, d'ailleurs, il faut le dire en terminant, où le mandant pourra se trouver lié par des actes faits, après la cessation du mandat, entre un mandataire et des tiers connaissant tous l'extinction du mandat : cela tient aux règles généralement admises en matière de preuve. Il est constant, en effet, en jurisprudence, que les actes sous seing privé passés par le mandataire font foi de leur date, à l'égard du mandant, bien qu'ils n'aient acquis date certaine que depuis la cessation du mandat (1); et cela est également admis par les auteurs (2). La doctrine est exacte et entièrement conforme aux principes exposés plus haut à l'occasion de l'art. 1998 (n°s 1061 et suiv.) : le mandant n'est pas un tiers dans le sens de l'art. 1328; il est censé avoir souscrit l'acte par lui-même. Mais il pourrait établir, par tous les moyens de preuve, que l'acte a été antidaté, et qu'ainsi il se reporte en réalité à un moment où le mandataire n'avait plus le pouvoir d'agir. — Il ne faudrait pas considérer comme contraire à cette jurisprudence un arrêt duquel il résulte que le bail consenti par un mandataire général n'est pas suffisamment constaté, au profit du preneur et contre le mandant, par la déclaration du mandataire, lorsque cette déclaration n'est faite par celui-ci que depuis sa révocation (3). Il s'agissait, dans l'espèce, d'un bail consenti verbalement par le mandataire : il n'y avait pas d'acte écrit.

2010. — En cas de mort du mandataire, ses héritiers doivent en donner avis au mandant, et pourvoir, en attendant, à ce que les circonstances exigent pour l'intérêt de celui-ci.

SOMMAIRE.

I. 1183. La disposition de l'art. 2010 peut être étendue à toute cause d'extinction du mandat survenant en la personne du mandataire. — 1184. Mais les héritiers de celui-ci ne peuvent que pourvoir, en attendant, aux affaires du mandant. — 1185. Exception à l'art. 2010 en faveur des héritiers mineurs, des femmes et généralement de tout héritier de bonne foi.

I. — 1183. L'art. 2010 contient une disposition d'équité qui peut être étendue du cas de décès prévu par la loi à toute cause de cessation du mandat survenant en la personne du mandataire. C'est ainsi qu'en cas d'interdiction ou de faillite de celui-ci, le tuteur ou les syndics devront également avertir le mandant et pourvoir, en attendant, à ce qu'exige son intérêt. De même, en cas de dissolution d'une société, le mandat donné à l'un des associés prend fin lors de la dissolution de la société; mais le liquidateur, bien qu'il ne devienne pas mandataire, doit prendre des mesures semblables à celles que notre article impose aux héritiers.

(1) Rej., 19 nov. 1834 (S. V., 35, 1, 666; Dalloz, 35, 1, 33); Bordeaux, 22 janv. 1827; Paris, 7 janv. 1834; Bourges, 17 mai 1842 (S. V., 27, 2, 65; 34, 2, 239; 43, 2, 100; Dalloz, 38, 2, 92; 43, 4, 295).
(2) *Voy.* MM. Troplong (n° 763); Aubry et Rau (t. III, p. 474, note 13; t. VI, p. 406, note 113).
(3) Angers, 11 avr. 1823 (S. V., 23, 2, 225; Coll. nouv., 7, 2, 192; Dalloz, 23, 2, 155).

1184. D'ailleurs, tout se borne pour eux à pourvoir, en attendant les ordres du mandant, à ce que les nécessités pourront exiger. Il n'est pas permis aux héritiers de se constituer mandataires eux-mêmes, ni de commencer l'exécution, ni même de faire, longtemps après, les actes qui seraient la suite de la gestion de leur auteur. Ainsi, ils ne seraient pas recevables à demander la résolution, pour défaut de payement du prix, d'une vente consentie par le mandataire avant la cessation du mandat. — Toutefois, si, par erreur de droit, ils s'étaient figuré que le mandat continuait en leur personne, ils pourraient être protégés par leur bonne foi (1).

1185. L'inaction des héritiers les rend passibles de dommages-intérêts envers le mandant. Toutefois, on admet généralement que la disposition de l'art. 2010 ne serait pas obligatoire pour les héritiers mineurs, pour des femmes, et même pour des héritiers, mâles et majeurs, qui auraient ignoré l'existence du mandat, et que même, quand ils n'ont pris aucun des soins que la situation commande, ils n'ont pas engagé leur responsabilité. Peut-être l'exception est-elle proposée en termes trop absolus; mais il est vrai de dire que la responsabilité des héritiers dans cette situation serait notablement amoindrie. Il appartiendra toujours aux tribunaux d'apprécier, d'après les circonstances, si les héritiers, quels qu'ils soient, ont fait, dans l'intérêt du mandant, ce que la bonne foi exigeait d'eux.

---

(1) Voy. M. Troplong (n° 832).

FIN DU TOME PREMIER.

ERRATA ET ADDITIONS.

Page 12. — Après la ligne 18, *ajoutez*, en note : il en est autrement depuis la loi du 13 mai 1863, qui, sur ce point, n'a pas sanctionné la solution admise en jurisprudence.

Page 34, à l'avant-dernière ligne. — *Ajoutez* : mais la loi du 13 mai 1863, revenant à la première jurisprudence de la Cour de cassation, a justement mis le détournement de la chose prêtée sur le même rang que le détournement des choses confiées à titre de louage, dépôt ou mandat.

Page 36, ligne 6. — *Au lieu de* : dans quelle mesure doit-il ; *lisez* : dans quelle mesure ce dernier doit-il...

Page 40, ligne 10. — *Au lieu de* : l'acquéreur ; *lisez* : l'emprunteur.

Page 115, au sommaire, n° 315. — *Au lieu de* : opposer que prescription ; *lisez* : opposer que la prescription.

Page 120, ligne 20. — *Au lieu de* : près d'un demi-siècle ; *lisez* : plus d'un demi-siècle.

Page 133, à la fin de la ligne 11, *mettez* un point au lieu d'une virgule.

Page 163, ligne 23, à la fin. — *Au lieu de* : piétal ; *lisez* : capital.

Page 178, lignes 15 et 16. — *Au lieu de* : concursus ; *lisez* : consensus.

Page 184. — A la fin de la ligne 16, *ajoutez* : Un décret du 10 octobre 1862 (promulgué le 28) ne permet plus d'en user ainsi. L'art. 6 dispose que « les agents de change sont tenus, *lorsqu'ils en sont requis par les parties,* de délivrer récépissé des sommes qui leur sont versées et des valeurs qui leur sont déposées. »

Page 203, au sommaire, n° 466. — *Au lieu de* : déposant ; *lisez* : dépositaire.

Page 265, ligne 11. — *Au lieu de* : garde de ne pas confondre ; *lisez* : garde de confondre.

Page 271, ligne 30. — *Au lieu de* : le plaignant ; *lisez* : le gagnant.

Page 308, lignes 42 et 43. — *Au lieu de* : l'absence de la nécessité du dépôt ; *lisez* : l'absence du dépôt.

Page 310, ligne 24. — *Au lieu de* : dont l'objet certain est ; *lisez* : ayant pour objet.

Page 336, ligne 12. — *Au lieu de* : desquels ; *lisez* : duquel.

Page 339, ligne 3. — *Au lieu de* : interprètes ; *lisez* : organes.

Page 448, note 2. — *Au lieu de* : Meaux ; *lisez* : Mâcon.

Page 466, ligne 7. — *Au lieu de* : n° 1086 ; *lisez* : n° 1087.

Page 510, lignes 27 et 28. — *Au lieu de* : uniquement ; *lisez* : principalement.

Page 564, ligne 12. — *Au lieu de* : n° 1060 ; *lisez* : n° 833.

Page 568, ligne 29. — *Effacez* le n° 1084 en tête de la ligne.

Page 569, ligne 8. — *Au lieu de* : n° 1085 ; *lisez* : n° 1084.

Page 569, ligne 17. — *Au lieu de* : n° 1086 ; *lisez* : n° 1085.

Page 570, ligne 14. — *Au lieu de* : n° 1087 ; *lisez* : n° 1086.

Page 571, ligne 3. — *Au lieu de* : n° 1088 ; *lisez* : n° 1087.

Page 572, lignes 9, 17, 28, 41. — *Au lieu de* : n°s 1089, 1090, 1091, 1092 ; *lisez* : 1088, 1089, 1090, 1091.

Page 574, ligne 9. — En tête de la ligne, *mettez* : n° 1092.

TABLE

DES MATIÈRES CONTENUES DANS CE VOLUME.

FIN DE LA TABLE.

Paris. — Typographie de J. Best, rue Saint-Maur-Saint-Germain, 15.

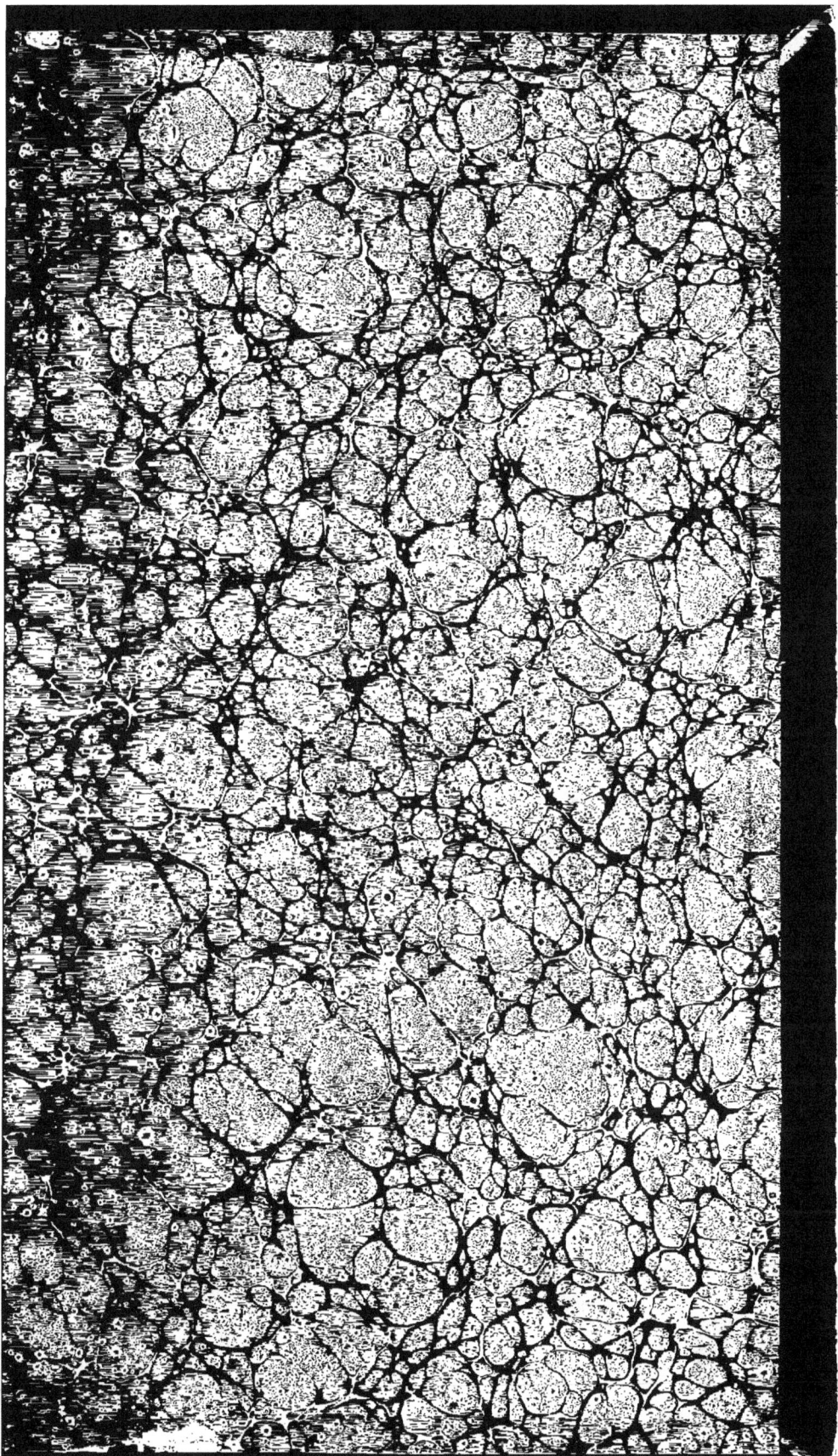

www.ingramcontent.com/pod-product-compliance
Lightning Source LLC
Chambersburg PA
CBHW060822220326
41599CB00017B/2258